中华人民共和国史编年

2015年卷

当代中国研究所　中央档案馆 编

当代中国出版社
Contemporary China Publishing House
2019年·北京

《中华人民共和国史编年》编纂委员会

顾　问　朱佳木

主　任　姜　辉　李明华

副主任　武　力　王绍忠　李正华　管明军

委　员　（按姓氏笔画为序）

丁　明　王凤环　王巧荣　王爱云
王瑞芳　纪国伟　宋月红　张金才
李　文　陈东林　欧阳雪梅　郑有贵
姚　力　徐　成　焦东华

《中华人民共和国史编年》2015年卷编写组

执行主编　王瑞芳

副 主 编　徐　成　王凤环

撰 稿 人　（按姓氏笔画为序）

陈希驰　徐　成　章舜粤　戴燕军

目　录

正　文

附　录

凡 例

一 《中华人民共和国史编年》(简称《国史编年》)是以编年体全面反映中华人民共和国各个领域重大史事的资料书，旨在为研究中华人民共和国史提供翔实可靠的史料，同时也为国内外读者查阅有关中华人民共和国史的资料提供方便。

二 举凡涉及中华人民共和国政治、经济、文化、科技、教育、卫生、民族、社会、人口、宗教、疆域、地理、区划、灾害、气候、生态、资源、军事、国防、外交等方面的大事，均在编写之列。

三 《国史编年》为多卷本，自1949年起，每年独立成卷，采用纲目体编写。

四 《国史编年》由纲文、目文、注释、附录等部分组成。部分条目史事简单，将纲目合一，仅以纲文记事。与纲目文内容相关的重要文献或史料，分别以文献或附录形式附在纲文或目文之后，并标明资料来源。对纲目文涉及的人名、地名等，作必要注释。注释采用页末脚注。

五 《国史编年》条目采自原始的或权威的资料，凡对某一事件有两种或两种以上说法的，在经过认真考证后，采用相对准确的说法，并用注释加以说明。

六 《国史编年》条目以时间先后为序，逐日排列。难以确定具体日期的，视具体情况分别标以上旬、中旬、下旬，月初、月底，或月、季、上半年、下半年。

七 在编写《国史编年》的条目时，原则上一事一条，遇有重大事件或一件事始终时间间隔较长的，可以出两个条目。

八 《国史编年》对各种机构、会议的称谓，凡文字较多的，在文内用简称，并在附录中附有该机构的全称与简称对照表。

九 《国史编年》采用1986年经国务院批示由国家语言文字工作委员会重

新发表的《简化字总表》，以及1988年由国家语言文字工作委员会和新闻出版署发布的《现代汉语通用字表》收录的汉字。

十　《国史编年》所用数字，除习惯用法或特殊用法以汉字标示外，一般用阿拉伯数字。文献中的数字遵从原文中的用法。

十一　《国史编年》中的人物在加注时，凡中国人，只注明生卒年（不详者空缺备考）、民族、籍贯、时任职务（兼数职者注主要职务）。凡外国人，取其标准译名，只注国别和时任职务。

十二　凡条目所涉及的内容在本卷或之前各卷中有相关内容的，凡编者认为有必要提示的，在该条目中用括号标注：参见本卷某月某日，或《国史编年》某某年卷某月某日。

十三　《国史编年》每卷在目录后面均置：（1）《凡例》，说明《国史编年》的体例；（2）《本卷编辑说明》，概述该年基本历史脉络、特点、主要资料来源、未尽事宜和作者分工。

《中华人民共和国史编年》编委会

2019年5月30日

本卷编辑说明

本卷为《中华人民共和国史编年》2015年卷，起止时间为2015年1月1日至12月31日。

2015年继续加大党的建设和领导力度。中共中央先后印发《关于在县处级以上领导干部中开展“三严三实”专题教育方案》《中国共产党地方委员会工作条例》《中国共产党党组工作条例（试行）》《关于加强社会组织党的建设的意见（试行）》《关于加强和改进党的群团工作的意见》《中国共产党巡视工作条例》《中国共产党廉洁自律准则》《中国共产党纪律处分条例》《关于加强和改进新形势下党校工作的意见》。2015年继续深入开展“三严三实”专题教育，锲而不舍地落实党中央八项规定精神，坚决纠正“四风”，严格执行国务院“约法三章”。加强行政监察和审计监督。大力推进党风廉政建设和反腐败斗争，一批腐败分子受到惩处。

以宪法为核心的中国特色社会主义法律体系进一步完善和发展。2015年全国人大常委会制定了国家安全法、反恐怖主义法、反家庭暴力法、国家勋章和国家荣誉称号法，还修改了大气污染防治法、食品安全法、人口与计划生育法等37部法律。其中，人口与计划生育法修正案自2016年1月1日起实施“全面两孩”政策。

在国家发展规划方面，2015年10月中共中央召开十八届五中全会，习近平代表中共中央政治局向全会报告工作，就《中共中央关于制定国民经济和社会发展第十三个五年规划的建议（讨论稿）》作说明，并发表讲话。全会审议通过《中共中央关于制定国民经济和社会发展第十三个五年规划的建议》。全会提出全面建成小康社会新的目标要求，强调实现“十三五”时期发展目标，破解发展难题，厚植发展优势，必须牢固树立并切实贯彻创新、协调、绿色、开放、共享的发展理念。在此之前，国务院于5月8日印发《中国制造2025》，提出通过“三步走”实现制造强国的战略目标：第一步，到2025年迈入制造强国行列；第二步，到2035年整体达到世界制造强国阵营中等水平；第三步，到新中国成立100年时综合实力进入世界制造强国前列，绘制了全面建成小康社会决胜期的宏伟蓝图。国家作出打赢脱贫攻坚战的部署，确定了到2020年7000万人脱贫的目标。

2015年是“十二五”发展规划的收官之年，这一年世界经济增速为6年来最低，国际贸易增速更低，大宗商品价格深度下跌，国际金融市场震荡加剧，对我国经济造成直接冲击和影响。面对中国经济“三期叠加”的局面，中国人民在中国共产党领导下，扎实苦干，多措并举，克服困难，经济继续保持了6.9%的增长速度，增速仍然居于世界前列。2015年国内生产总值每增长1个百分点的增量，相当于5年前1.5个百分点、10年前2.5个百分点的增量。人民币获批加入国际货币基金组织特别提款权（SDR）货币篮子，标志着人民币国际储备货币地位进一步提高，对中国金融改革和国际货币体系演进产生了深远影响。

2015年改革开放和经济社会发展等各项工作及成效主要表现在以下几个方面：

经济运行保持在合理区间，粮食产量实现“十二连增”，居民消费价格涨幅保持较低水平，特别是就业形势总体稳定，城镇新增就业1312万人，年末城镇登记失业率4.05%，超过全年预期目标，成为经济运行的一大亮点；经济结构调整取得积极进展，服务业在国内生产总值中的比重上升到50.5%，首次占据“半壁江山”，消费对经济增长的贡献率达到66.4%；全国居民人均可支配收入实际增长7.4%，快于经济增速，年末居民储蓄存款余额增长8.5%，新增4万多亿元；我国解决了6434万农村人口饮水安全问题；扶贫攻坚力度加大，农村贫困人口减少1442万人。

大众创业、万众创新蓬勃发展，全年新登记注册企业增长21.6%，平均每天新增1.2万户；科技领域一批创新成果达到国际先进水平，第三代核电技术取得重大进展，国产C919大型客机总装下线，中国超级计算机破世界纪录蝉联“六连冠”，中国科学家研制的暗物质探测卫星发射升空，屠呦呦获得诺贝尔生理学或医学奖。

着力稳增长调结构防风险，创新宏观调控方式。发行地方政府债券置换存量债务 3.2 万亿元，降低利息负担约 2000 亿元，减轻了地方政府偿债压力。

围绕激发市场活力，加大改革开放力度。深入推进简政放权、放管结合、优化服务改革。取消和下放 311 项行政审批事项，全部取消非行政许可审批，取消 214 项中央指定地方实施的行政审批事项，取消 123 项职业资格许可和认定事项。取消国务院部门行政审批中 70% 的中介服务事项。取消属于企业经营自主权范围的 18 项核准前置手续。简政放权三张清单、四大平台初步建立。“三证合一”“一照一码”全面实施，新登记注册企业 443.9 万户，增长 21.6%。不动产登记暂行条例正式实施。

继续坚持以开放促改革促发展。外商投资限制性条目减少一半，95% 以上实行备案管理，实际使用外资 1263 亿美元，增长 5.6%。非金融类对外直接投资 1180 亿美元，增长 14.7%。推广上海自贸试验区经验，新设广东、天津、福建自贸试验区。人民币加入国际货币基金组织特别提款权（SDR）货币篮子。亚洲基础设施投资银行正式成立，丝路基金投入运营。签署中韩、中澳自贸协定和中国—东盟自贸区升级议定书。“一带一路”建设成效显现，国际产能合作步伐加快，高铁、核电等中国装备走出去取得突破性进展。

聚焦提质增效，推动产业创新升级。制定实施创新驱动发展战略纲要和意见，出台推动大众创业、万众创新政策举措，落实“互联网 +”行动计划，更多传统行业通过 O2O 拥抱互联网，增强了经济发展新动力。一大批“创客”走上创业、创新之路。完善农业支持政策，促进农业发展方式加快转变。积极化解过剩产能，推进企业兼并重组。公布自主减排行动目标，推动国际气候变化谈判取得积极成果。2015 年高技术产业和装备制造业增速快于一般工业，单位国内生产总值能耗下降 5.6%。

开拓发展空间，促进区域协调发展和新型城镇化。继续推动东、中、西、东北地区“四大板块”协调发展，重点推进“一带一路”建设、京津冀协同发展、长江经济带发展“三大战略”，在基础设施、产业布局、生态环保等方面实施一批重大工程。制定实施促进西藏和四省藏区、新疆发展的政策措施。

增进民生福祉，推动社会事业改革发展。城镇保障性安居工程住房基本建成772万套，棚户区住房改造开工601万套，农村危房改造432万户，一大批住房困难家庭圆了安居梦。加快改善贫困地区义务教育薄弱学校办学条件，深化中小学教师职称制度改革，重点高校招收贫困地区农村学生人数又增长10.5%。全面推开县级公立医院综合改革，拓展居民大病保险，建立重特大疾病医疗救助制度、困难残疾人生活补贴和重度残疾人护理补贴制度。提高低保、优抚、企业退休人员基本养老金等标准，推行机关事业单位养老保险制度改革并完善工资制度。加强基本公共文化服务建设。

在国防和军队改革方面，11月28日中央军委印发《关于深化国防和军队改革的意见》，指出要牢牢把握“军委管总、战区主战、军种主建”的原则，以领导管理体制、联合作战指挥体制改革为重点，协调推进规模结构、政策制度和军民融合深度发展改革。2015年中国隆重纪念中国人民抗日战争暨世界反法西斯战争胜利70周年，首次举行此纪念日阅兵，集中宣示了我国作为世界反法西斯战争东方主战场的历史地位和重大贡献，彰显了中国人民同各国人民共护和平、共守正义的坚定信念。中国全面实施改革强军战略，宣布裁军30万。2015年11月7日，两岸领导人习近平和马英九在新加坡会面，双方就推进两岸关系和平发展，达成了积极共识，表明两岸关系和平发展是两岸同胞的共同心愿。

在对外交往方面，全方位外交成果丰硕。习近平等国家领导人出访多国，出席联合国系列峰会、二十国集团领导人峰会、亚太经合组织领导人非正式会议、气候变化大会、东亚合作领导人系列会议、世界经济论坛等重大活动。成功举行中非合作论坛峰会、中欧领导人会晤，启动中拉论坛。同主要大国关系取得新进展，同周边国家务实合作深入推进，同发展中国家友好合作不断拓展，同联合国等国际组织和国际机制的关系全面加强，经济外交、人文交流卓有成效。中国作为负责任大国，在国际和地区事务中发挥了重要的建设性作用。

这一年中国还获得了2022年冬奥会主办权。

在取得上述巨大成绩的同时，我国发展中还存在不少困难和问题。受全球贸易萎缩等因素影响，我国进出口总额出现下降，预期增长目标未能实现。投资增长乏力，一些行业产能过剩严重，部分企业生产经营困难，地区和行业走势分化。财政收支矛盾突出，资本市场基础性制度还不完善，例如6月份，中国股市动荡，股价大幅跳水，数千只股票跌停，金融等领域存在风险隐患。人民群众关心的医疗、教育、养老、食品药品安全、收入分配、城市管理等方面问题较多，环境污染形势仍很严峻，严重雾霾天气在一些地区时有发生。特别令人痛心的是，发生了“东方之星”号客轮翻沉事件和天津港特别重大火灾爆炸、深圳滑坡等事故，人员伤亡和财产损失惨重，教训极其深刻。政府工作还存在不足，有些改革和政策措施落实不到位，少数干部不作为、不会为、乱作为，一些领域的不正之风和腐败问题不容忽视。

本卷在编写过程中，依据和参考资料的主要来源为《习近平谈治国理政》第二卷、《十八大以来重要文献选编》中册，《党的十九大报告辅导读本》《十八大以来新发展新成就》《国务院公报》《人民日报》《光明日报》《经济日报》《中国统计年鉴》，以及中国共产党新闻网、中国政府网、中国人大网、中国政协网、中华人民共和国最高人民法院网、中华人民共和国最高人民检察院网、新华网、人民网及国务院各部委网站等。

本卷在编写过程中，武力、王瑞芳、王凤环、徐成参加了统稿工作，吴文红参与了资料整理和编辑工作，王绍忠、焦东华、纪国伟等参加了审定稿工作。

本卷撰稿人的分工如下：徐成：1 月 1 日—3 月 31 日，9 月 1 日—12 月 31 日；陈希驰：4 月 1 日—5 月 31 日，7 月 1 日—7 月 31 日；戴燕军：6 月 1 日—6 月 30 日，8 月 1 日—8 月 31 日；章舜粤：附录。

本卷编写组

正 文

1 月

1月1日

［纲　文］ **中共中央、国务院印发《关于加大改革创新力度加快农业现代化建设的若干意见》。**

［目　文］ 《意见》由五部分组成：一、围绕建设现代农业，加快转变农业发展方式；二、围绕促进农民增收，加大惠农政策力度；三、围绕城乡发展一体化，深入推进新农村建设；四、围绕增添农村发展活力，全面深化农村改革；五、围绕做好“三农”工作，加强农村法治建设。

《意见》要求，各级党委和政府要从全面建成小康社会、加快推进社会主义现代化的战略高度出发，进一步加强和改善对“三农”工作的领导，切实防止出现放松农业的倾向，勇于直面挑战，敢于攻坚克难，努力保持农业农村持续向好的局面。各地区各部门要深入研究农业农村发展的阶段性特征和面临的风险挑战，科学谋划、统筹设计“十三五”时期农村改革发展的重大项目、重大工程和重大政策。加强督促检查，确保各项“三农”政策不折不扣落实到位。巩固和拓展党的群众路线教育实践活动成果，坚持不懈改进工作作风，努力提高“三农”工作的能力和水平。

1月1日

［纲　文］ **中国长江三峡集团公司发布，2014年三峡电站全年发电量达988亿千瓦时，创单座水电站年发电量新的世界最高纪录，并首度成为世界上年度发电量最高的水电站。**

1月1日

［纲　文］ **国家主席习近平特别代表、国家副主席李源潮在巴西利亚出席巴西总统罗塞芙连任就职仪式。**

1月1日

［纲　文］ **《人民日报》发表题为《为明天共筑长青基业——元旦献词》的社论。**

1月2日

［纲　文］ **哈尔滨市北方南勋陶瓷大市场仓库发生火灾。**

［目　文］ 13时许，黑龙江省哈尔滨市北方南勋陶瓷大市场仓库发生火灾，火灾持续20余小时，造成11层高的建筑坍塌，5名消防员牺牲、14人受伤。

3日，国务委员、公安部部长郭声琨在公安部指挥中心通过视频调度指挥火灾救援处置工作时强调，要认真学习贯彻中央领导同志重要指示精神，采取有力措施及时有效扑灭火灾，坚决把火灾上升势头压下去，坚决保障人民群众生命财产安全。对牺牲的消防战士表示沉痛哀悼，对牺牲战士家属和负伤的消防战士、现场保安人员等表示亲切慰问。全力做好伤员救治和牺牲战士的善后处理和家属安抚工作。

4日，公安部政治部批准在哈尔滨“1·02”火灾救援中牺牲的消防战士杨小伟、侯宝森、傅仁超、张晓凯、赵子龙为烈士，并颁发献身国防金质纪念章。

1月2日

［纲　文］ **“蛟龙”号载人潜水器首次在西南印度洋中国多金属硫化物勘探合同区执行下潜科考任务**。

［目　文］ “蛟龙”号是中国自主研发设计的7000米级载人潜水器，2014年11月25日从江苏江阴起航，赴西南印度洋执行2014—2015年“蛟龙”号载人潜水器试验性应用航次（中国大洋35航次）第二、三航段任务。这是“蛟龙”号首次赴印度洋和海底热液区作业，也是“蛟龙”号历史上持续时间最长和距离最远的一次征程。

1月2日

［纲　文］ **中国航天科技集团公司五院成功研制新型航天器“发动机”**。

［目　文］ 中国航天科技集团公司五院自主研制的电推进系统取得重要成果：电推进系统在试验中已突破6000小时，开关机3000次，具备确保该卫星在轨可靠运行15年的能力。这意味着中国的电推进系统已达到国际先进水平，将全面迈入工程应用阶段，满足中国通信卫星系列平台、高轨遥感平台、低轨星座以及深空探测器的发展需求。

与航天器用化学燃料排出炽热气体的推进方式相比，电推进技术则采用喷出带电粒子或离子的新方式，有大幅减少推进剂燃料、定位更精准等优势。

1月2日

［纲　文］ **《人民日报》发表题为《绷紧安全这根弦》的评论员文章**。

1月3日

［纲　文］ **国务院印发《关于机关事业单位工作人员养老保险制度改革的决定》**。

［目　文］ 《决定》由十二部分组成：一、改革的目标和基本原则；二、改革的范围；三、实行社会统筹与个人账户相结合的基本养老保险制度；四、改革基本养老金计发办法；五、建立基本养老金正常调整机制；六、加强基金管理和监督；七、做好养老保险关系转移接续工作；八、建立职业年金制度；九、建立健全确保养老金发放的筹资机制；十、逐步实行社会化管理服务；十一、提高社会保险经办管理水平；十二、加强组织领导。

《决定》强调，自2014年10月1日起实施，已有规定与本决定不一致的，按照本决定执行。

1月3日

［纲　文］　**国务院印发《关于实行中期财政规划管理的意见》。**

［目　文］　《意见》由四部分组成：一、总体要求；二、中期财政规划主要内容；三、编制主体和程序；四、组织实施等方面内容。

《意见》要求，各地区、各部门要从推进国家治理体系现代化的高度，树立中期财政观念，强化组织领导，增强协调意识，做好基础工作，积极推动实行中期财政规划管理。

1月4日

［纲　文］　**保监会公布《保险违法行为举报处理工作办法》。**

［目　文］　《办法》共5章27条，主要有总则、工作机构和职责、举报的受理和答复、监督和管理、附则等内容。自2015年3月1日起实施。

1月4日

［纲　文］　**刘延东在北京考察儿童医疗保健工作。**

［目　文］　国务院副总理刘延东在首都儿科研究所附属医院和北京儿童医院听取医务人员对儿童疾病防治工作的意见建议后指出，当前我国儿童医疗保健资源供给不足、发展不平衡、医护人员劳动强度高，儿童看病难仍较突出。要把保障儿童健康作为医疗卫生事业优先发展的领域，结合深化医改，在“十三五”期间健全国家、省、市、县四级儿科医疗体系，加强对儿童专科医院和综合医院儿科的扶持，加大儿童医学科研特别是疑难杂症疾病攻关力度，发挥其对提升县域和基层诊疗能力的辐射带动作用，让群众在家门口享受到优质医疗服务。要加强新生儿疾病筛查防治，减少出生缺陷发生，提高出生人口质量。要落实贫困地区儿童发展规划，实施营养改善项目和重大疾病医疗保障。要完善医保体系，切实减轻患儿家庭负担，从制度上筑牢、织密社会安全网，为困难家庭儿童送去温暖和希望。各级政府要高度重视儿童医疗保健工作，强化责任，深化医改，加快儿科服务体系建设，不断提高儿科服务能力和保健水平，为亿万儿童的健康幸福提供有力保障。解决儿科医疗资源匮乏问题，人才是根本。要健全培养体系，提高儿科医生队伍专业化水平；切实改善执业环境，充分调动医务人员的积极性。

1月4日

［纲　文］　**原中华人民共和国体育运动委员会副主任、党组副书记何振梁在北京逝世，享年85岁。**

1月4日

［纲　文］　**2015年智利中国文化年在智利首都圣地亚哥市政剧院开幕。**

［目　文］　文化年由中国文化部和中国驻智利大使馆共同举办。开幕式上中国广播民乐团的演奏家上演了一台“春之韵”音乐会。中国驻智利大使李宝荣在开幕仪式上表示，在智利举办以“华艺新颜”为主题的2015年智利中国文化年是为纪念中国和智利建交45周年，体现了中国政府对进一步加强中智战略伙伴关系的重视。在为期1年时间里，中国

文化年以演出、展览、电影、讲座和图书出版等形式为智利民众呈现一场内容丰富、精彩纷呈的中国文化大餐。中国的歌剧、木偶、京剧、当代芭蕾舞等优秀剧目陆续登上智利各地舞台。

1月4日

［纲　文］ **《人民日报》发表题为《改革要有政治定力——一论在新起点上乘势而上》的评论员文章。**

1月4—6日

［纲　文］ **李克强在广东考察。**

［目　文］ 国务院总理李克强在深圳、广州考察创意制造、小微企业金融服务企业、自贸试验区和广东电力设计院。李克强强调，过去30多年，中国依靠改革开放，实现了经济社会快速发展，这是真干苦干实干的结果。中国经济发展进入新常态，面临许多新挑战。要保持经济在合理区间，必须继续坚持解放思想、实事求是，坚定不移推进改革开放。适应生产力发展要求，打破捆住群众手脚、束缚市场活力和社会创造力的不合理限制，推进牵一发动全身的重大改革，注重以结构性改革促进稳增长和调结构的平衡，使改革更有质量、发展更加协调，推动经济保持中高速增长、向中高端水平迈进，人民生活不断跃上新台阶。当前国内外形势复杂严峻，传统增长动力减弱，必须着力推动面向市场需求的大众创业、万众创新，为发展增添新动力。特别是要注重走活体制机制创新这着棋，推动金融改革迈出新步伐，发展民营银行和普惠金融，促进生产要素更多向有前景的新产品、新技术、新业态、新模式集聚，让众多“创客”自由创业、能够成业，使千千万万小微企业成长壮大、活力迸发。国际市场需求不振和竞争加剧，倒逼我们必须加快打造对外竞争新优势。要以中国装备“走出去”为突破口着力提高对外开放水平，推动更多高附加值的中国制造、中国标准到国际市场竞争，促进产能合作，实现出口升级、产业升级。

考察期间，李克强到深圳莲花山瞻仰邓小平铜像并敬献花篮，与亲历改革开放的老同志和晨练群众交流。

1月4—10日

［纲　文］ **应国家主席习近平邀请，哥斯达黎加共和国总统索利斯对中国进行国事访问。**

［目　文］ 访问期间，习近平在北京同索利斯举行了会谈，两国元首共同宣布中哥建立平等互信、合作共赢的战略伙伴关系，同意紧紧把握政治互信和互利合作两个轮子，带动中哥关系持续向前发展并共同见证了经济技术、经济特区、检验检疫等领域合作文件的签署。双方发表了《中华人民共和国和哥斯达黎加共和国联合声明》。国务院总理李克强、全国人大常委会委员长张德江在北京分别会见了索利斯。索利斯出席了在北京举行的中国—拉美和加勒比国家共同体论坛首届部长级会议开幕式。

习近平同索利斯会谈时强调，2014年7月，我同你在巴西利亚见面时，我把中哥关系比作美洲象耳树，生机勃勃、枝繁叶茂，你把中哥关系比作万里长城，坚不可摧。中哥都重视同对方国家发展关系，两国关系基础扎实、发展踏实、成果殷实。我们要站在战略高度，把握中哥长期友好、共同发展的大方向，在涉及彼此核心利益问题上相互理解和支持。要保持密切高层交往，加强两国政府部门、立法机构、政党友好交流，为双方合作凝聚广泛共识。要尽早着手研究、制定《2016 年至 2020 年中哥合作共同行动计划》，继续用好两国自由贸易协定。双方要密切气候变化等国际地区问题上沟通协调，共同维护发展中国家利益。建立中拉论坛为中拉开展整体合作搭建了重要平台，这是中拉双方共同的战略抉择。哥斯达黎加作为拉共体轮值主席国，为推动中拉合作做出积极贡献。

索利斯表示，哥斯达黎加政府和人民感谢中方为哥方经济社会发展和治理能力建设方面提供的支持。哥方愿意同中方加强在气候变化、联合国改革等问题上协调。哥斯达黎加为能作为拉共体轮值主席国为中拉论坛首届部长级会议发挥协调作用感到高兴，愿意为加强中拉合作继续作出努力。

李克强在会见索利斯时表示，中方高度赞赏哥方奉行一个中国政策，愿同哥方筑牢政治互信基础，深化务实合作，在重大国际和地区事务中密切沟通与协调，实现互利互惠共赢。希望两国制定好双方合作共同行动计划，拿出务实管用的措施。用好两国自贸协定，扩大经贸往来，促进相互投资。中方愿将本国优势产能和先进装备与哥方改善交通等基础设施的需求相结合，拓宽合作领域，打造新的亮点。

索利斯表示，哥中建交以来，两国全方位、各领域合作长足发展，既为双边关系不断注入新活力，也有利于哥斯达黎加经济社会发展。

1 月 5 日

［纲　文］　**中共中央印发《关于加强社会主义协商民主建设的意见》。**

［目　文］　《意见》由九部分组成：一、加强协商民主建设的重要意义；二、加强协商民主建设的指导思想、基本原则和渠道程序；三、继续加强政党协商；四、积极开展人大协商；五、扎实推进政府协商；六、进一步完善政协协商；七、认真做好人民团体协商；八、稳步推进基层协商；九、加强和完善党对协商民主建设的领导等。

《意见》要求，各地区各相关部门要根据本意见，结合实际，制定具体实施办法。

1 月 5 日

［纲　文］　**工商总局公布《侵害消费者权益行为处罚办法》。**

［目　文］　《办法》共 22 条，对《消费者权益保护法》中规定的经营者义务作了进一步明确和细化，并对经营者不履行法律、法规规定义务的行为明确了相应的处罚。本办法自 2015 年 3 月 15 日起施行。

1 月 5 日

［纲　文］　**中宣部在北京召开全国宣传部长会议。**

［目　文］　中宣部部长刘奇葆主持会议并作工作部署。中共中央政治局常委刘云山出席并讲话。

刘云山强调，要顺应党和国家事业发展新要求，扎实做好宣传思想工作，为全面建成小康社会、全面深化改革、全面依法治国、全面从严治党提供有力思想舆论支持。做好宣传思想工作，最根本的是用中国特色社会主义凝聚思想共识。要持续深入地学习宣传贯彻习近平总书记系列重要讲话精神，在领会精神实质上下功夫，在入脑入心上下功夫，做到学而信、学而用、学而行。学而信，就要坚定理想信念，筑牢精神支柱；学而用，就要坚持问题导向，用讲话精神指导解决实际问题；学而行，就要内化于心、外化于行，形成推动事业发展、实现中国梦的强大力量。宣传思想工作服务大局，要紧紧围绕"四个全面"战略部署，把握正确舆论导向，加强宣传阐释、营造良好氛围，推动中央决策部署贯彻落实。要深入推进社会主义核心价值观建设，注重典型引领、注重以文化人、注重制度规范，不断巩固各族人民团结奋斗的思想道德基础。要坚持以人民为中心的创作导向，推动作家艺术家更好扎根人民、扎根生活，创作更多充满真情、打动人心的文艺作品，尤其要提高作品质量、讲求社会效益，防止唯票房、唯收视率、唯点击量。要着眼提升国家文化软实力，主动精彩讲好中国故事，加强国际传播能力建设，推动文化走出去提质增效，努力营造良好国际舆论环境。做好宣传思想工作，要坚持党管宣传、党管意识形态，切实掌握工作的领导权和主动权。各级党委要对意识形态工作负总责，履行好把握正确方向、部署指导工作、加强督促检查、抓好队伍建设等责任；党委书记要承担起第一责任人的责任，带头履职尽责；各相关部门和单位要结合各自职能，把应尽的责任细化、实化、具体化。

1月5日

［纲　文］　**国土资源部、农业部在北京召开永久基本农田划定和设施农用地管理视频会议**。

［目　文］　国务院总理李克强、国务院副总理张高丽就工作部署作出批示。国土资源部副部长王世元主持。国土资源部部长姜大明、农业部部长韩长赋出席并讲话。全国各省、自治区、直辖市和省以下地方人民政府分管领导人，地方各级国土资源和农业主管部门负责人，新疆生产建设兵团国土资源局、农业局负责人，以及各派驻地方国家土地督察局有关人通过视频参加会议。

会议主要内容是：一、传达李克强、张高丽就工作部署的批示；二、部署耕地保护重大行动——落实永久基本农田划定和规范设施农用地管理工作。

李克强批示指出，我国人多地少，任何时候都要守住耕地红线，守住基本农田红线。要坚持数量与质量并重，严格划定永久基本农田，严格实行特殊保护，扎紧耕地保护的"篱笆"，筑牢国家粮食安全的基石。转变农业发展方式，推进农业现代化，需要设施农业的发展，既要明确其特殊用地政策，又要严格规范用地管理，加强监测督查，对土地违法违规问题动真碰硬、重典问责。地方各级政府要切实负起主体责任，在深化农村土地制度改革、推进新型城镇化过程中，坚定不移实行最严格的耕地保护制度、最严格的节约用地制度，将良田沃土、绿色田园留给子孙后代。

张高丽作出批示，要求国土资源部等部门认真贯彻落实李克强总理重要批示要求，扎扎实实把各项工作任务落实好，坚决守住耕地和基本农田红线，努力建设绿色田园，确保粮食安全，造福子孙后代。

会议指出，耕地是农业发展之基、农民安身之本，必须严格保护。要坚决贯彻中央的决策部署和国务院领导的重要指示，以高度的自觉抓好永久基本农田划定工作，以严格的措施加强设施农用地管理。永久基本农田是保障国家粮食安全和重要农产品有效供给必须确保的耕地，一经划定必须永久保护。保障国家粮食安全，根本在耕地，必须守住耕地红线，确保基本农田数量不减、耕地质量有提升，做到“藏粮于地”。要特殊支持、严格规范设施农用地管理，支撑现代农业发展，推动农业规模化经营，禁止耕地“非农化”，筑牢农村土地制度改革底线。要严格规范管理，树立底线思维，坚持“农地农用”的原则，综合运用各种手段，加强对设施农用地的监测督查。对借发展农业设施为名违法违规用地的，要严肃查处，重典问责，确保“三个不得、三个禁止”规定切实落到实处：即不得改变土地用途，禁止擅自用于其他非农建设；不得超标准用地，禁止擅自扩大用地规模；不得改变农业设施性质，禁止擅自将农业设施用于其他经营。

1月5日

［纲　文］　**林业局在北京召开全国林业厅局长会议。**

［目　文］　林业局领导、武警森林指挥部主要负责人出席会议，各省、自治区、直辖市林业厅（局），内蒙古、吉林、龙江、大兴安岭、长白山森工（林业）集团公司，新疆生产建设兵团林业局，各计划单列市林业局，林业局各司局、各直属单位主要负责人参加会议。会议的主要内容是深入学习领会习近平总书记系列重要讲话精神，全面贯彻落实党的十八大和十八届二中、三中、四中全会，以及中央经济工作会议、中央农村工作会议精神，总结2014年林业工作，部署2015年和今后一个时期林业工作。林业局副局长张建龙通报了《2014年工作完成情况和2015年安排意见》。

林业局局长赵树丛出席会议时表示，天然林保护是习近平总书记特别关心的问题，天然林是结构最复杂、群落最稳定、生物量最大、生物多样性最丰富、生态功能最强的森林生态系统。保护好生态，首先要保护好天然林。一定要站在建设生态文明、维护国家生态安全、实现中华民族永续发展的战略高度，坚定不移地严格保护天然林，加快制定全国天然林保护实施方案，全面落实中央的战略意图。要果断停止天然林商业性采伐，把所有天然林都纳入保护范围；要着力提升天然林生态功能，对独特的天然林实行重点保护；要提高天然林保护补助标准，并配套建立国家用材林储备制度，筑牢维护国家生态安全的根本基础。

1月5日

［纲　文］　**纪念陈锡联诞辰100周年座谈会在北京举行。**

［目　文］　国务院副总理张高丽、中组部部长赵乐际出席座谈会。中央军委副主席范长龙在讲话中深切缅怀了陈锡联的革命业绩和崇高风范并强调，要紧紧围绕党在新形势

下的强军目标，继承发扬我党我军光荣传统和优良作风，开拓进取，扎实工作，为维护国家主权、安全和发展利益，为实现“两个一百年”奋斗目标，实现中华民族伟大复兴的中国梦做出应有贡献。

陈锡联（1915年1月4日—1999年6月10日）是中国共产党第九届、十届、十一届中央政治局委员。曾任沈阳军区司令员、北京军区司令员，中央军委常委，国务院副总理，中国人民解放军陆军上将。

1月5日

［纲　文］　**民政部、国家减灾办发布2014年全国自然灾害基本情况。**

［目　文］　民政部、国家减灾办会同工业和信息化部、国土资源部、交通运输部、水利部、农业部、卫生计生委、统计局、林业局、地震局、气象局、保监会、海洋局、总参谋部、总政治部、中国红十字会总会、中国铁路总公司等部门对2014年全国自然灾害情况进行了会商分析。经核定，2014年，各类自然灾害共造成全国24353.7万人次受灾，1583人死亡，235人失踪，601.7万人次紧急转移安置，298.3万人次需紧急生活救助；45万间房屋倒塌，354.2万间不同程度损坏；农作物受灾面积24890.7千公顷，其中绝收3090.3千公顷；直接经济损失3373.8亿元。

综合来看，2014年全国灾情总体偏轻。与2013年相比，全部灾情指标均不同程度减少，其中紧急转移安置人口、倒损房屋数量偏少五成以上；与2000—2013年均值相比，因灾死亡失踪人口、倒塌房屋数量偏少八成左右。

1月5日

［纲　文］　**上海市高级人民法院召开“上海法院律师服务平台开通”新闻发布会。**

［目　文］　上海法院在全市范围内全面开通律师服务平台，上海1325家律师事务所的近1.7万名律师均可享受到律师服务平台的快捷服务。

1月5日

［纲　文］　**中国自主设计建造的首艘具有行政巡航功能的综合补给船“三沙1号”首航抵达永兴岛。**

［目　文］　从文昌市清澜港驶往三沙永兴岛的时间为10小时左右，该船可在8级风条件下正常航行，10级风条件下保证安全，续航能力可实现覆盖三大群岛的交通补给和行政管理，提升中国对南海的行政管辖能力。

1月5日

［纲　文］　**《人民日报》发表题为《严把改革质量关——二论在新起点上乘势而上》的评论员文章。**

1月5—6日

［纲　文］　**文化部在北京召开全国文化厅局长会议。**

［目　文］　文化部、中央有关部门、全国各省、自治区、直辖市和新疆生产建设兵团文化厅（局）长、计划单列市及各省会城市文化局长主要负责人，国家文物局有关负责

人，驻外使领馆文化处（组）和海外中国文化中心负责人等出席会议。文化部部长雒树刚代表文化部党组向大会作工作报告，总结了2014年的文化工作并就2015年的文化工作作出部署。

雒树刚指出，2015年文化部将深化国有文化单位改革，加快国有文化企业公司制、股份制改造，进一步深化国有文艺院团体制改革，根据院团分类提供差别化的政策支持，鼓励和吸引社会资本参与国有院团改制经营。稳步推进保留事业体制院团改革。深化文化事业单位人事、分配、社保、经费等制度改革，推进公益性文化单位组建理事会。2015年的文化工作要眼睛往下看，重心往下移，钱往基层投，劲往基层使，以把更多资源用到乡村、社区，用到边远地区、贫困地区和革命老区。

1月5—9日

［纲　文］　应国家主席习近平邀请，厄瓜多尔共和国总统科雷亚对中国进行国事访问。

［目　文］　访问期间，习近平在北京同科雷亚举行了会谈，两国元首共同见证了便利人员往来、经济、教育、科技、金融等领域合作文件的签署。双方发表了《中华人民共和国和厄瓜多尔共和国关于建立战略伙伴关系的联合声明》。国务院总理李克强、全国政协主席俞正声在北京分别会见了科雷亚。科雷亚出席了在北京举行的中国—拉共体论坛首届部长级会议。

习近平同科雷亚会谈时指出，2014年7月，双方在巴西利亚举行了富有成果的会见，就两国关系发展和中拉整体合作达成重要共识。双方有关部门、企业、金融机构正在抓紧落实，两国合作不断取得新进展。就中厄关系发展提出四点建议。一是增进互信，在涉及彼此核心利益的问题上继续相互理解和支持，共同为两国关系发展把好方向。密切两国政府、立法机构、政党等交流合作，交流互鉴治国理政经验。二是充分发挥金融合作引擎作用，推进能源、电力、矿产、基础设施合作，积极拓展农业技术、高技术、新能源合作，为两国企业赴对方国家投资兴业提供更多支持和便利，促进两国贸易均衡发展。三是执行好新一轮文化交流执行计划，办好两国建交35周年系列文化交流活动，加强学术机构、新闻、教育、体育等领域交流合作，以签署互免普通护照人员签证协定为契机，促进两国人员往来和旅游业发展。四是加强在国际组织中的合作，就重大国际事务密切协调配合，共同维护发展中国家整体利益。科雷亚表示，中国是兄弟般的友好国家，中国悠久的历史文化令人着迷，中国人民自强进取的精神令人钦佩。厄方感谢中国政府和人民重视并致力于发展同厄瓜多尔的合作，对两国关系发展速度如此之快、水平如此之高感到鼓舞。

李克强在会见科雷亚时表示，中方愿同厄方增进政治互信，加强对两国关系的设计与引领，推进各领域合作，让中厄关系发展更好造福两国人民。中方支持厄方制定国家工业发展整体计划，愿利用自身装备制造业等优势，帮助厄方开展钢铁、冶金、造船等工业建设，助力厄经济发展，实现互利双赢。双方要发挥好政府间合作机制的作用，稳步扩大经贸、金融等领域合作，培育新的合作增长点。希望厄方在担任拉共体轮值主席国期间，继续为促进中拉整体合作发挥积极作用。

科雷亚表示，厄中经济互补性强，双边合作不断深入。

1月6日

［纲　文］　**国务院在北京召开全国安全生产电视电话会议。**

［目　文］　国务委员、国务院安委会副主任王勇主持会议。国务院副总理、国务院安委会主任马凯，国务委员、国务院安委会副主任郭声琨出席会议。

会议要求认真贯彻落实习近平总书记、李克强总理的指示批示精神，把人民群众生命财产安全放在第一位，大力实施安全发展战略，狠抓责任落实，强化安全措施，加快改革创新，有效防范遏制重特大事故，积极推动全国安全生产状况实现根本好转。

会议指出，2014年各地区、各部门和各单位认真贯彻落实党中央、国务院的决策部署，安全生产工作取得明显成效，事故起数和死亡人数继续下降，大部分地区和重点行业领域安全生产状况进一步好转。但当前安全生产形势依然严峻，事故总量仍然较大，特别是近期连续发生多起重大事故和群众踩踏事件，造成重大人员伤亡，教训十分惨痛。要按照中办国办关于切实做好当前安全生产和人员密集场所安全管理工作的紧急通知要求，迅速组织开展安全生产大检查，深入推进打非治违专项行动，加强重点领域安全管理和风险防范，进一步强化春运组织、道路交通安全和消防安全管理，彻底排查安全隐患，强化应急准备，督促落实安全生产责任，全力以赴抓好岁末年初安全生产各项工作。

会议强调，2015年要进一步强化红线意识，完善落实“党政同责、一岗双责、齐抓共管”的安全生产责任体系。要深入宣传贯彻新《安全生产法》，加强安全生产法治建设，强化基层监管执法力量，严肃事故查处和责任追究。要继续深化重点行业领域安全专项整治，抓好煤矿治本攻坚和整顿关闭，打好油气输送管道隐患整治攻坚战。要夯实安全基础，继续开展企业标准化建设，强化安全教育培训，提升科技和资金保障能力。要继续深化安全生产改革创新，健全完善安全监管体制机制，创新监管方式方法，完善应急救援体系，提高政府管理服务水平。

1月6日

［纲　文］　**国务院印发《关于促进云计算创新发展培育信息产业新业态的意见》。**

［目　文］　《意见》由三部分组成：一、指导思想、基本原则和发展目标；二、主要任务；三、保障措施等内容。

《意见》强调，各地区、各部门要高度重视云计算发展合作，认真抓好贯彻落实，出台配套政策措施，着力加强政府云计算应用的统筹推进等工作。

1月6日

［纲　文］　**国务院办公厅印发《关于加强传染病防治人员安全防护的意见》。**

［目　文］《意见》由九部分组成：一、充分认识加强传染病防治人员安全防护的重要意义；二、加强传染病疫情调查处置的卫生防护；三、加强传染病患者转运救治的感染控制与职业防护；四、加强实验室生物安全条件建设和管理；五、做好医疗废物处置、患者遗体处理及相关人员防护；六、完善传染病防治人员工资待遇倾斜政策；七、完善传染病感染保障政策；八、加大传染病防治宣传教育力度；九、强化政府责任落实等。

《意见》强调，各地区、各有关部门要按照本意见精神，抓紧研究制定具体实施方案，细化政策措施，加强督导检查，确保各项工作落实到位。

1月6日

［纲　文］　中国第一部城际铁路建设行业标准《城际铁路设计规范》由国家铁路局批准发布，自2015年3月1日起实施。

1月6日

［纲　文］　文化部在北京召开“2015年驻外文化处（组）及文化中心负责人工作研讨会”。

［目　文］　文化部部长雒树刚出席会议并讲话。文化部副部长丁伟结合对外和对港澳台文化工作新形势、新要求，对下阶段工作进行了部署。驻73个国家和地区的94位驻外文化处（组）及海外文化中心负责人，文化部各有关司局、各直属单位负责人参加了研讨会。会上为2014年度驻外文化处（组）和海外中国文化中心先进集体和个人、2014年度优秀调研文章颁发了荣誉证书。

会议期间，与会代表学习党的十八届四中全会、中共中央总书记习近平在中央外事工作会议和中央文艺工作座谈会上的重要讲话精神，以及中办、国办印发的《关于进一步加强对外和对港澳台文化工作的意见》精神，回顾和总结2014年对外和对港澳台文化工作的成果和经验，规划和部署2015年各项工作，并围绕“加强顶层设计和事业规划，不断提高政策研究水平”“加强中外思想文化对话和中外智库交流与合作”“提升与‘一带一路’沿线国家的文化交流与合作水平”“推动文化软援助机制化发展”“推动‘欢乐春节’等品牌活动可持续发展”“构建国际文化贸易合作体系”“探索多模式发展海外中国文化中心，推进中心支持保障体系建设”“加强文化外交队伍建设”等议题进行了深入交流和研讨。

1月6日

［纲　文］　《人民日报》发表题为《改革离不开法治思维——三论在新起点上乘势而上》的评论员文章。

1月7日

［纲　文］　李克强主持召开国务院常务会议。

［目　文］　会议主要内容是：一、确定规范和改进行政审批的措施、提升政府公信力和执行力。会议认为，针对群众反映较多的审批“沉疴”，着力规范和改进行政审批行

为，治理“审批难”，是在不断取消和下放审批事项、解决“审批多”基础上，政府自我革命的进一步深化，是推进转变政府职能、简政放权、放管结合的关键一环，有利于提高行政效能，促进行政权力法治化，防止权力寻租，营造便利创业创新的营商环境，激发社会活力和创造力。按照依法行政、公开公正、便民高效、严格问责的原则，会议确定，一是推行“一口受理”。承担行政审批职能的部门全面实行“一个窗口”对外统一受理，申请量大的要安排专门场所，对每一个审批事项都要编制服务指南，列明申请条件、基本流程、示范文本等，不让地方、企业和群众摸不清门、跑累了腿。二是实行“限时办理”。建立受理单制度和办理时限承诺制，各部门受理申请要出具受理单，依法依规明确办结时限，不得以任何理由自行延长审批时限，防止审批事项久拖不决。探索对多部门审批事项实行一个部门牵头、其他部门协同的“一条龙”审批或并联审批，让审批提速。三是严格“规范办理”。各部门要对承担的每项审批事项制定工作细则，明确审查内容、要点和标准等，严禁擅自抬高或降低审批门槛，避免随意裁量。四是坚持“透明办理”。除涉及国家秘密、商业秘密或个人隐私外，所有审批的受理、进展、结果等信息都要公开。各部门要切实履行对申请人的告知义务，及时提供咨询服务。强化内部督查和社会监督，建立申请人评议制度。杜绝暗箱操作，给群众一个“明白”。五是推进“网上办理”。各部门要积极推行网上预受理、预审查，加强国务院部门间、中央和地方间信息资源共享，尽可能让地方、企业减少为审批奔波，切实方便群众。用便捷、高效、透明的行政审批打造政府服务品牌。二、讨论通过部分教育法律修正案草案。按照深化教育领域综合改革的需要，会议通过对教育法、高等教育法、民办教育促进法进行一揽子修改的修正案草案，决定提请全国人大常委会审议。草案增加了关于健全现代国民教育体系、发展学前教育等基本制度的规定，完善了高校设立审批、经费投入等管理制度，把部分高校设立审批下放到省级政府，强化学术委员会处理学术纠纷、学术不端等行为的作用，明确对民办学校实行分类管理，允许兴办营利性民办学校，并加大对非法招生、在国家教育考试中作弊、制售假冒学业证书等违法行为的打击力度，对责任人严肃追究责任。

1月7日

［纲　文］　**新华社讯，总政治部印发《2015年全军主题教育活动和专题教育整顿的意见》。**

［目　文］　《意见》明确，2015年全军开展“学习践行强军目标，做新一代革命军人”主题教育活动，团以上党委机关开展“三严三实”专题教育整顿。各级要认真贯彻党中央、中央军委和习主席决策指示，围绕政治工作时代主题，贯彻整风整改基调，突出领导干部这个重点，坚持正面教育与纠治问题相结合、弘扬传统与改进创新相统一，着力凝魂聚气、正本清源、革除积弊、激发动力，为推进军队建设、改革和军事斗争准备提供坚强思想政治保证。

《意见》强调，各级党委要履行管思想抓教育的主体责任，精心筹划部署，狠抓工作落实。在党委统一领导和政治机关组织指导下，主题教育活动由宣传部门牵头负责，专题教育整顿由组织部门牵头负责。要处理好主题教育活动与专题教育整顿的关系，基层部队主要开展主题教育活动，把“三严三实”要求贯穿其中；团以上党委机关主要开展“三严三实”专题教育整顿，把“学习践行强军目标、做新一代革命军人”内容纳入其中。主题教育活动与专题教育整顿的集中学习教育，时间上相对错开安排。要统筹抓好基础教育、经常性思想教育和形势政策教育，群众纪律、预防犯罪、资源节约等教育，纳入经常性思想教育；安全保密、计划生育、爱装管装等教育，结合战备、训练、管理等工作进行。要严格落实教育归口管理制度，教育任务由政治机关统一部署、宣传部门统筹计划，其他机关和部门不得自行安排教育。各大单位要结合实际搞好具体部署，推动教育改进创新、解决问题。总政主要搞好顶层设计和宏观指导，对部队教育开展情况进行检查通报。要以务实创新精神抓好教育，发挥真理真情真实的力量，在走心入脑上下功夫，深化网络思想政治教育，加强重大课题研究，不断增强教育的时代性和感召力。

1月7日

［纲　文］　**浙江省人大常委会原主任陈安羽在杭州逝世，享年93岁。**

1月7日

［纲　文］　**《人民日报》发表题为《从人民中汲取改革智慧——四论在新起点上乘势而上》的评论员文章。**

1月8—9日

［纲　文］　**中国—拉共体论坛首届部长级会议在北京举行，国家主席习近平出席开幕式并致辞。**

［目　文］　习近平在《共同谱写中拉全面合作伙伴关系新篇章》报告中强调，中拉论坛首届部长级会议的召开标志着双方整体合作由构想变为现实，向世界发出中拉深化合作、携手发展的积极信号，并对促进南南合作和世界繁荣进步产生重要而深远的影响。中方愿同拉美和加勒比国家一道，以中拉论坛首届部长级会议为新起点，推动中拉关系在更高水平上实现新发展。中方愿同拉美和加勒比国家一道，以长远的眼光，从战略的高度，共同打造好中拉整体合作这一新平台，牢牢抓住中拉整体合作的新机遇，共同谱写中拉全面合作伙伴关系新篇章。

开幕式由外交部部长王毅和拉共体轮值主席国哥斯达黎加外长冈萨雷斯共同主持。拉共体轮值主席国哥斯达黎加总统索利斯、拉共体候任轮值主席国厄瓜多尔总统科雷亚、委内瑞拉总统马杜罗、加勒比共同体轮值主席国巴哈马总理克里斯蒂出席并致辞。

会议主题是：新平台、新起点、新机遇——共同努力推进中拉全面合作伙伴关系。中拉双方经过讨论，就深化政府互信、扩大互利合作、推进论坛建设等达成广泛共识。会议通过了《中国—拉共体论坛首届部长级会议北京宣言》《中国与拉美和加勒比国家合作规划（2015—2019）》《中国—拉共体论坛机制设置和运行规划》三个成果文件。

7日，习近平、全国人大常委会委员长张德江在北京分别会见马杜罗；习近平、国务院总理李克强在北京分别会见克里斯蒂。

9日，李克强在北京集体会见与会的拉美、加勒比地区及国际组织的30余位外长、代表团团长。

1月8日

［纲　文］　**国家主席习近平就巴黎恐怖袭击事件向法国总统奥朗德致慰问电。**

［目　文］　习近平在慰问电中表示，恐怖主义是人类社会的公敌，是中法两国和国际社会共同面临的威胁。中方一贯反对一切形式的恐怖主义，愿同法国及国际社会一道，继续加强安全和反恐领域合作，维护两国及世界和平，维护各国人民生命安全。对袭击行为予以强烈谴责，向不幸遇难者表示深切的哀悼，向伤员和遇难者家属表示诚挚的慰问。

7日，外交部发言人表示，中国对发生在法国巴黎的恐怖袭击事件深感震惊并予以强烈谴责。中方向遇难者表示哀悼，向遇难者家属和伤者表示诚挚慰问。中方坚决反对一切形式的恐怖主义，支持法方为维护国家安全所作努力。

当地时间7日上午，法国讽刺漫画杂志《沙尔利周刊》位于巴黎的总部遭3名恐怖分子袭击，导致12人死亡、11人受伤，其中4人伤势严重。死者包括杂志主编、4位漫画家及两名警察。据当地媒体报道，这是法国本土40年来死亡人数最多的恐怖袭击事件。这起袭击事件不仅引起巴黎和法国民众的恐慌与愤慨，而且震惊了欧洲大陆。

1月8日

［纲　文］　**中共中央印发《关于加强和改进党的群团工作的意见》。**

［目　文］　《意见》由十一部分组成：一、新形势下加强和改进党的群团工作的重要性和紧迫性；二、坚定不移走中国特色社会主义群团发展道路；三、加强党委对群团工作的组织领导；四、推动群团组织团结动员群众围绕中心任务建功立业；五、推动群团组织引导群众自觉培育和践行社会主义核心价值观；六、支持群团组织加强服务群众和维护群众合法权益工作；七、支持群团组织在社会主义民主中发挥作用；八、支持群团组织参与创新社会治理和维护社会稳定；九、推动群团组织改革创新、增强活力；十、加大对群团工作的支持保障力度；十一、加强群团组织领导班子和干部队伍建设等。

《意见》强调，各省、自治区、直辖市党委，全国总工会、共青团中央、全国妇联等中央管理的群团组织，要根据本意见要求制定实施方案。中央各部委，国家机关各部委党组（党委），解放军各总部、各大单位党委，要结合各自实际研究提出贯彻落实本意见的具体措施。

1月8日

［纲　文］　**国务院办公厅印发《关于支持新疆纺织服装产业发展促进就业的指导意见》。**

［目　文］　《意见》由五部分组成：一、重要意义；二、总体要求；三、重点任务；四、政策措施；五、组织保障。

《意见》指出，国务院有关部门要会同新疆方面加强审计监察，定期或不定期开展资金使用情况专项检查，确保依法依规、专款专用。

1月8日

［纲　文］　**保监会、工业和信息化部、商务部、人民银行、银监会公布《关于大力发展信用保证保险服务和支持小微企业的指导意见》。**

［目　文］《意见》由六部分组成：一、总体要求；二、创新发展方式；三、提高服务能力；四、营造政策环境；五、夯实基础建设；六、注重协作监督。

《意见》强调，各保监局要加强与地方政府的沟通，会同当地有关部门，结合本地区发展实际，因地制宜地制定和细化各项政策措施，总结典型做法，完善各项制度，做好宣传，不断加强和改进对小微企业的金融支持和服务工作。

1月8日

［纲　文］　**环境保护部印发《企业事业单位突发环境事件应急预案备案管理办法（试行）》。**

［目　文］　《办法（试行）》共5章26条，主要有总则、备案的准备、备案的实施、备案的监督、附则等内容。自2015年1月8日起施行，《突发环境事件应急预案管理暂行办法》（环发〔2010〕113号）关于企业预案管理的相关内容同时废止。

1月8日

［纲　文］　**全国政协在北京召开双周协商座谈会，就“发挥国家实验室在原始创新中的引领作用”建言献策。**

［目　文］　全国政协主席俞正声主持会议。全国政协副主席万钢在座谈会上发言。科学技术部副部长李萌介绍了国家实验室建设的有关情况，教育部副部长杜占元、财政部部长助理余蔚平、中国科学院副院长丁仲礼与委员们互动交流。全国政协对如何发挥好国家实验室在原始创新中的引领作用十分关注，政协委员提出的相关提案被列为全国政协2014年重点提案，教科文卫体委员会对相关提案予以重点督办。全国政协委员程津培、卢柯、李灿、王梅祥、饶子和、才让、赵进才、丁烈云、陶智、高鸿钧、田中群、徐涛、武维华、潘建伟，以及管华诗、陈义龙等专家学者，就如何发挥好国家实验室在原始创新中的引领作用提出意见建议。

委员们认为，中国共产党的十八大和十八届三中全会对实施创新驱动发展战略作出重大部署，强调科技创新是提高社会生产力和综合国力的战略支撑，必须摆在国家发展全局的核心位置。国家实验室作为国家级战略性、综合性研究平台，在国家创新体系建设中具有重要地位，对于优化科技资源配置、探索体制机制创新、实现创新驱动发展具有重要意义。

一些委员建议，要重视国家实验室的建设，这对基础研究、多学科交叉重大攻关具有重要作用；要对国家实验室进行准确定位，总结好第一批筹建国家实验室工作的经验；在准确定位和第一批国家实验室验收的基础上，提供稳定的财政支持；要明确国家实验室的管理办法，对资金使用和管理、人员流动等有明确规定，使国家实验室的建设和管理走上正轨；要适应经济发展新常态，研究科研经费的结构性调整、提高科研经费的使用效率等问题，加大基础研发投入，提供经费保障。

1月8日

［纲　文］　**中国科协八届七次全委会议在北京召开。**

［目　文］　中国科协第八届全国委员会委员，部分在京中国科协荣誉委员及中国科协机关、直属单位负责人和全国学会、省级科协有关负责人500余人出席、列席会议。国家副主席李源潮出席会议并与中国科协全委会委员座谈。中国科协主席韩启德主持开幕式并作工作报告。会议传达了中央书记处对科协工作的指示精神，审议并通过了中国科协常委会工作报告，选举尚勇为中国科协第八届全国委员会常务委员会委员、第八届全国委员会副主席（主持常务工作）。尚勇主持闭幕式并作总结讲话。

1月8日

［纲　文］　**郭声琨在四川调研。**

［目　文］　国务委员、公安部部长郭声琨在四川慰问基层公安民警并调研时指出，全国公安机关和广大公安民警要深入学习贯彻习近平总书记系列重要讲话精神，积极适应全面建成小康社会、全面深化改革、全面推进依法治国、全面从严治党新形势，全面深化公安改革，大力推进“四项建设”，着力提升维护社会稳定、促进公平正义和服务人民群众的能力和水平。各级公安机关领导人要在政治上关心民警、思想上关爱民警、生活上关怀民警，不断增强队伍的凝聚力、向心力和战斗力。各级公安机关要大力加强法治理念教育，积极开展多种形式的法治文化建设，教育引导广大民警把法治精神内植于心、外践于行，坚决防止冤假错案的发生。要在创新群众工作方式方法、运用传统有效手段做好工作的同时，大力推进基础信息化建设，切实加强情报信息的联通共享、研判应用，努力做到准确预警、精确打击、有效防控。要充分依托现代科技手段，建立健全统一指挥、反应灵敏、运转高效、合成作战的快速反应机制，切实提高应急处置水平。要严格落实道路交通安全和消防安全管理措施，切实加强大型活动现场安全保卫和秩序维护工作，坚决防止发生重特大治安灾害事故。

1月8日

［纲　文］　**粮食局发布，2014年全国各类粮食企业的粮食收购量首次突破7000亿斤，总量达7298亿斤，同比增加409亿斤。**

1月8日

［纲　文］　**“美丽中国——2015丝绸之路旅游年”启动仪式在西安举行。**

［目　文］　为贯彻落实“一带一路”部署，国家旅游局2015年确定为丝绸之路旅游年。2015年的主题口号是“游丝绸之路，品美丽中国”“新丝路、新旅游、新体验”。国家旅游局对内将统筹整合国内旅游资源，建立陆上丝绸之路和海上丝绸之路宣传推广联盟，对外将加强与丝路沿线国家和地区的旅游合作，建立多层次、多渠道、全方位的旅游合作交流机制，进一步发挥旅游在互联互通方面的独特优势，在旅游层面落实“一带一路”建设。

1月8日

［纲　文］**《人民日报》发表题为《改革就得落地生根——五论在新起点上乘势而上》的评论员文章。**

1月8—9日

［纲　文］**粮食局在北京召开全国粮食流通工作会议。**

［目　文］会议主要内容是学习贯彻党的十八大和十八届三中、四中全会和中央经济工作会议、中央农村工作会议精神，总结交流2014年粮食流通工作，分析研判面临的新形势，研究部署2015年粮食流通工作；表彰全国粮食系统先进集体、先进工作者和劳动模范。发展改革委员会主任徐绍史传达了李克强总理和张高丽、汪洋副总理最近对粮食流通工作的批示并作讲话。国家粮食局局长任正晓作工作报告。国家公务员局副局长吴云华代表人力资源社会保障部宣读了《人力资源社会保障部、国家粮食局关于表彰全国粮食系统先进集体、先进工作者和劳动模范的决定》。

1月8—9日

［纲　文］**税务总局在北京召开全国税务工作会议。**

［目　文］全国人大常委会预工委、税务总局、各省、自治区、直辖市和计划单列市国税局、地税局主要负责人，特邀部门代表参加了会议。会议主要内容是：总结2014年税收工作，分析经济新常态下的税收工作，部署2015年税收工作。

会议指出：2014年，全国税务机关克服经济下行压力大、减税力度大等不利因素影响，坚持依法征税、应收尽收，全年组织税收收入103768亿元（已扣除出口退税），首次突破10万亿元大关，增长8.8%。2014年，国家新出台大的税收优惠有12类28项，税务部门认真落实税收优惠政策，通过由事前审批改为备案、将核定征收企业纳入优惠范围等举措，使小微企业受惠面进一步扩大到90%以上。

税务总局局长王军表示，2014年，在保持税收平稳增长的同时，税收改革在主动攻坚中实现新突破。2015年稳步深化税制改革，进一步推进消费税改革，积极推动清费正税，推进环境保护费改税，清理规范税收优惠政策。加大对结构调整、科技创新、小微企业、促进消费、保障民生等方面的税收政策支持和落实力度。积极研究和认真落实服务"一带一路"、京津冀协同发展、长江经济带三大战略的税收措施。

1月9日

［纲　文］**国家主席习近平电贺迈特里帕拉·西里塞纳当选斯里兰卡总统。**

1月9日

［纲　文］**中共中央、国务院在北京举行国家科学技术奖励大会。**

［目　文］中共中央总书记习近平向获得2014年度国家最高科学技术奖的中国科学院院士、中国工程物理研究院高级科学顾问于敏颁发奖励证书并表示祝贺。习近平等党和国家领导人向获得国家自然科学奖、国家技术发明奖、国家科学技术进步奖和中华人民

共和国国际科学技术合作奖的代表颁奖。

国务院总理李克强代表中共中央、国务院，向全体获奖人员表示祝贺，向全国广大科技工作者表示崇高敬意和诚挚问候，向参与中国科技事业的外国专家表示衷心感谢，他指出，创新是中华民族生生不息的秉性、发展进步的动力，人民是创新的主体。中国现代化建设正处于关键时期，经济发展进入新常态，要保持中高速增长、向中高端水平迈进，必须依靠创新支撑。国家繁荣发展的新动能，就蕴涵于万众创新的伟力之中。创新引领国家和民族发展的未来。必须把提升人力素质放在优先位置，大力培养创新型人才。要改革人才评价体系，把更多资源投到“人”身上而不是“物”上面，海纳百川、不拘一格用好人才。要破除论资排辈、头衔崇拜，敢于让青年人挑大梁、出头彩。要营造鼓励探索、宽容失败和尊重个性、尊重创造的环境，使创新成为一种价值导向、一种生活方式、一种时代气息，形成浓郁的创新文化氛围。加快建设创新型国家，为实现中华民族伟大复兴的中国梦不懈奋斗。

国务院副总理张高丽在主持大会时说，中共中央、国务院隆重奖励在我国科学技术事业发展中作出杰出贡献的科技工作者，充分体现了党和国家对我国科学技术事业发展的高度重视和对广大科技工作者的亲切关怀。希望广大科技工作者以获奖者为榜样，胸怀报国为民的理想追求，牢固树立敢为天下先的志向和信心，带动全社会创新创业的热潮，在攻坚克难中追求卓越，努力创造出无愧于时代的业绩，为实现“两个一百年”奋斗目标、实现中华民族伟大复兴的中国梦做出新的更大贡献。

国务院副总理刘延东在会上宣读了《国务院关于2014年度国家科学技术奖励的决定》。国家科学技术进步奖特等奖获得者、“天河一号高效能计算机系统”项目第一完成人、国防科技大学计算机学院院长廖湘科代表全体获奖人员发言。

2014年度国家科学技术奖励共授奖318项成果、8位科技专家和1个外国组织。其中，国家最高科学技术奖1人；国家自然科学奖46项，其中一等奖1项、二等奖45项；国家技术发明奖70项，其中一等奖3项、二等奖67项；国家科学技术进步奖202项，其中特等奖3项、一等奖26项、二等奖173项；授予7名外籍科学家和1个外国组织中华人民共和国国际科学技术合作奖。

大会前，习近平等党和国家领导人会见了国家科学技术奖获奖代表。

9日，刘延东在北京会见获得2014年度中华人民共和国国际科学技术合作奖的俄罗斯半导体物理学家若列斯·阿尔费罗夫、美国化学工程专家黎念之、新西兰草业科学家菲尔·罗尔斯顿、泰国育种科学家披沙拉·斯乃文、澳大利亚地质学家富兰克·佩拉诺、荷兰工程地质专家尼克·伦格斯，获奖组织美国德州大学MD安德森癌症中心代表奥立佛·伯格勒，并向他们颁发奖章。

刘延东高度评价以获奖者为代表的各国专家参与中国科技事业、为中国科技进步和经济社会发展做出的贡献，并表示面对经济发展新常态，中国政府将深入实施创新驱动发展战略，继续推进改革开放，支持中外科学家携手合作，互利共赢，共同应对全球性挑战，推动人类社会和平繁荣与进步。

1995年至2015年，共有94位外国专家和2个国际组织获得中华人民共和国国际科学技术合作奖。

1月9日

［纲　文］　**国务院任免国家工作人员**。

［目　文］　任命蒋建国为国务院新闻办公室主任，免去其国家新闻出版广电总局副局长职务；任命蔡名照为新华通讯社社长，免去其国务院新闻办公室主任职务；免去吴新雄的国家发展和改革委员会副主任、国家能源局局长职务；免去李从军的新华通讯社社长职务；免去刘赐贵的国家海洋局局长、中国海警局政委职务。

1月9日

［纲　文］　**汪洋在北京主持召开国务院防震减灾工作联席会议**。

［目　文］　会议主要内容是总结回顾2014年防震减灾工作，听取2015年地震活动趋势会商分析意见，安排部署重点工作任务。

国务院副总理、抗震救灾指挥部指挥长汪洋强调，要认真贯彻落实党中央、国务院决策部署，树立全面预防理念，完善“分级负责、相互协同”抗震救灾工作机制，落实各方责任，统筹推进监测预报、震害防御、应急救援体系建设，全面提升防震减灾能力，最大限度减轻地震灾害损失。我国是地震灾害较多的国家，目前仍处在地震活动水平较高、强烈地震多发的时期。要进一步加强防震减灾的基础性研究和重大科技攻关，加强震情监视跟踪，努力作出有减灾实效的预测预报。强化应急应对准备，抓紧建立与经济社会发展相适应的抗震设防标准。加快抗震安居工程建设，深入开展城乡老旧房屋、学校医院重要基础设施等的隐患排查和抗震加固，加强科普教育和应急演练，提升公众防震减灾意识和应急避险技能，夯实震害防御基础。

1月9日

［纲　文］　**气象局发布《2014年中国气候公报》**。

［目　文］　《气候公报》指出，2014年，影响中国的冷空气势力总体偏弱，风速偏小，气温偏高，大气污染扩散气象条件总体较差。冬半年（1—3月，10—12月）中国中东部平均风速为1.9米/秒，较常年偏小5%，大气环境容量下降。京津冀地区与近10年同期相比，大气环境低容量日数（56天）偏多6%。10月，华北地区有效降水日数偏少50%，强通风日数偏少40%，大气环境容量比常年同期偏低10%。大气环境容量持续偏低，致使大气污染物不断聚集，造成霾天气多发，全年共出现13次大范围持续性霾天气过程。

平均降水量636毫米，接近常年平均值（630毫米）；气温偏高0.5℃，是1961年以来排在第六的偏暖年份；极端天气气候事件较2013年少，暴雨洪涝、干旱等灾害轻，因灾造成死亡人数和受灾面积明显偏少，气象灾害偏轻。

2014年气象灾害经济损失2953亿元，比2013年偏少38%，气象灾害造成人员死亡和失踪人数849人，比2013年偏少57%。2014年是20世纪90年代以来，气象灾害造成人员死亡最少一年。

《气候公报》还显示，2014 年，全国年降水资源总量为 59048 亿立方米，比常年偏少 589 亿立方米，属于正常年份，其中辽宁年降水量是 1961 年以来最少，北京年降水量是 1961 年以来第六少的年份。北方 15 省（区、市）冬季气温均较常年同期偏高，采暖耗能较常年同期减少，减幅超过 20% 的有北京、河南、山东和天津。夏季中国大部地区气温接近常年同期或偏高，使降温耗能略偏高，全国夏季全社会用电量为 14761 亿千瓦时，同比增长 2.2%。

1 月 9 日

［纲　文］　**证监会公布《股票期权交易试点管理办法》《证券期货经营机构参与股票期权交易试点指引》，自 2015 年 1 月 9 日起施行。**

1 月 10 日

［纲　文］　**人力资源社会保障部、财政部印发《关于提高全国城乡居民基本养老保险基础养老金最低标准的通知》。**

［目　文］　《通知》说，经国务院批准，从 2014 年 7 月 1 日起，全国城乡居民基本养老保险基础养老金最低标准提高至每人每月 70 元，即在原每人每月 55 元的基础上增加 15 元。提高标准所需资金，中央财政对中西部地区给予全额补助、对东部地区给予 50% 的补助。此次增加的基础养老金金额，不得冲抵或替代各地自行提高的基础养老金。各地人力资源社会保障和财政部门要做好提高基础养老金标准的相关工作，尽快将提高后的养老金及时足额发放到位。要搞好政策宣传，正确引导社会舆论。同时，进一步健全参保缴费激励机制，引导和鼓励城乡居民选择更高档次缴费、长期持续缴费，增加个人账户积累，逐步提高养老保障水平。

1 月 10 日

［纲　文］　**科技部颁布《关于进一步推动科技型中小企业创新发展的若干意见》。**

［目　文］　《意见》由八部分组成：一、推动科技型中小企业创新发展的重要意义；二、鼓励科技创业；三、支持技术创新；四、强化协同创新；五、推动集聚化发展；六、完善服务体系；七、拓宽融资渠道；八、优化政策环境等方面的内容。

《意见》要求，各地方科技管理部门要高度重视科技型中小企业工作，加强与有关部门的沟通协调，结合各地情况，制定本意见的贯彻落实办法，采取有效政策措施，切实推动科技型中小企业创新发展。

1 月 10 日

［纲　文］　**国家京剧院在北京梅兰芳大剧院举办建院 60 周年纪念大会。**

［目　文］　文化部部长雒树刚、副部长董伟，中国文联副主席李屹，全国政协京昆室副主任、中国文联副主席杨承志和老艺术家、老同志代表以及国家京剧院全体演职人员出席大会。

雒树刚表示，当前，文艺事业正面临着前所未有的发展机遇，希望国家京剧院全体干部职工以及全国文艺工作者，认真学习贯彻习近平总书记系列重要讲话特别是在文艺工作座谈会上的重要讲话精神，进一步增强文化自觉、文化自信，不断创作思想性、艺术性、观赏性有机统一的优秀作品，为建设社会主义文化强国、实现中华民族伟大复兴的中国梦做出新的更大贡献。

国家京剧院院长张凯华在纪念大会上表示，国家京剧院将以习近平总书记系列重要讲话精神为指引，努力创作出体现中华美学精神，具有中国风格、中国特色、中国气派，无愧于伟大民族、伟大时代的优秀作品。

京剧表演艺术家杜近芳代表老艺术家表达了对剧院的深厚感情，以及对京剧后辈的殷切期望。她说："我是伴随着国家京剧院成长和发展的。出人、出戏、出精品，是国家京剧院的三大法宝，代代相传。作为老艺术家，收徒传艺已成为我的使命和担当。"

1955年1月10日，中国京剧院（后更名国家京剧院）成立，首任院长为京剧大师梅兰芳。建院60年来，剧院汇聚了一大批杰出的表演艺术家、剧作家、导演、作曲家和舞台美术家等，继承、创编、上演了500多部不同题材、体裁的优秀传统或新编历史剧和现代京剧，基本形成了善于继承、精于借鉴、勇于创新、精于塑造人物形象的艺术精神，以及思想内容丰富、艺术严谨、舞台清新、流派纷呈的艺术风格。多年来，剧院先后有60余个剧目、200余人次荣获"文华奖""五个一工程奖""中国京剧节金奖""梅兰芳金奖""梅花奖"等各类奖项。

1月10日

［纲　文］　**《人民日报》发表题为《惟创新者强》的评论员文章。**

1月10日

［纲　文］　**《人民日报》发表题为《守护文化遗产才能开创未来》的评论员文章。**

1月11日

［纲　文］　**《习近平关于党风廉政建设和反腐败斗争论述摘编》出版。**

［目　文］　《论述摘编》由中共中央纪律检查委员会、中共中央文献研究室编辑，中央文献出版社和中国方正出版社出版。该书共分9个专题，收入216段论述，摘自习近平2012年11月15日至2014年10月23日期间的讲话、文章、批示等40多篇重要文献。

1月11日

［纲　文］　**国务院总理李克强电贺拉尼尔·维克勒马辛哈就任斯里兰卡总理。**

1月11日

［纲　文］　**2015年全国中医药工作会议在北京召开。**

［目　文］　会前，国务院副总理刘延东作出批示，充分肯定了2014年中医药工作取得的成绩，对做好2015年工作提出了明确要求。

中医药管理局、各省、自治区、直辖市、计划单列市卫生计生委以及新疆生产建设兵团卫生局分管中医药工作负责人参加会议。会议总结2014年中医药工作，研究部署2015

年中医药改革发展重点任务。国家卫生计生委主任李斌出席会议并讲话，国家卫生计生委副主任、国家中医药管理局局长王国强作工作报告。

1月11日

［纲　文］　**南通中远船务工程有限公司设计建造的半潜式圆筒型海洋生活平台“希望7号”出海试航。**

［目　文］　该平台为世界首座半潜式圆筒型海洋生活平台，平台主甲板直径66米，主船体直径60米，型深27米，设计吃水19米，配备DP3动力定位系统，可供490人同时入住。其独特的圆筒型设计理念具有技术先进性、安全稳定性和作业可靠性等方面的优势，适应各种恶劣海域环境下的安全作业。

1月12日

［纲　文］　**习近平在北京主持召开座谈会，同中央党校第一期县委书记研修班学员座谈。**

［目　文］　中共中央政治局常委、中央党校校长刘云山，王沪宁、刘奇葆、赵乐际、栗战书等出席座谈会。浙江省丽水市莲都区委书记林健东、吉林省四平市伊通县委书记孙立荣、福建省漳州市东山县委书记黄水木、西藏自治区那曲地区双湖县委书记南培、陕西省渭南市富平县委书记郭志英、云南省普洱市宁洱县委书记李鸿等发言。本期研修班200名学员参加座谈会。

中共中央总书记习近平强调，县级政权所承担的责任越来越大，尤其是在全面建成小康社会、全面深化改革、全面依法治国、全面从严治党进程中起着重要作用。焦裕禄以自己的实际行动塑造了一个优秀共产党员和优秀县委书记的光辉形象。做县委书记就要做焦裕禄式的县委书记，始终做到心中有党、心中有民、心中有责、心中有戒。县委是我们党执政兴国的“一线指挥部”，县委书记就是“一线总指挥”。对党忠诚，是县委书记的重要标准。县一级阵地，必须由心中有党、对党忠诚的人坚守。要把牢政治方向，强化组织意识，时刻想到自己是党的人，时刻不忘自己对党应尽的义务和责任，相信组织、依靠组织、服从组织，自觉维护党的团结统一。要把学习掌握马克思主义理论作为看家本领，不断领悟，不断参透，做到学有所得、思有所悟，注重解决好世界观、人生观、价值观这个“总开关”问题。对中国特色社会主义要保持必胜信念，在涉及中国特色社会主义道路、理论、制度等重大原则问题上必须立场坚定、态度坚决。心中有党，是具体的而不是抽象的。作为党的干部，不论在什么地方、在哪个岗位上工作，都要经得起风浪考验，不能在政治方向上走岔了、走偏了。要自觉同党中央保持高度一致，自觉维护党中央权威，党中央提倡的坚决响应，党中央决定的坚决照办，党中央禁止的坚决杜绝。我们的权力是党和人民赋予的，是为党和人民做事用的，只能用来为党分忧、为国干事、为民谋利。要正确行使权力，依法用权、秉公用权、廉洁用权，做到心有所畏、言有所戒、行有所止，处理好公和私、情和法、利和法的关系。要带头执行民主集中制，按照程序进行决策，做到总揽不包揽、分工不分家、放手不撒手。要注意听取班子成员意见，带头增进和维护县委班子团结。依法治国的根基在基层。县委书记要做学法尊法守法用法的模范，做决策、开展工作多想一想法律的依据、法定的程序、违法的后果，自觉当依法治国的推动者、守护者。要始终严格要求自己，自觉弘扬和践行社会主义核心价值观，加强道德修养，追求健康情趣，把好权力关、金钱关、美色关，做到清清白白做人、干干净净做事、坦坦荡荡为官，引导全县形成健康向上的社会风尚。

从2014年11月起，中央党校举办县委书记研修班，计划到2017年底将全国县（市、区、旗）委书记轮训一遍。举办研修班的目的，主要是对县委书记进行系统理论培训和党性教育，引导县委书记用党的最新理论成果武装头脑、指导实践、推动工作。

1月12日

［纲　文］　**中共中央办公厅、国务院办公厅印发《关于加快构建现代公共文化服务体系的意见》。**

［目　文］　《意见》由七部分组成：一、总体要求；二、统筹推进公共文化服务均衡发展；三、增强公共文化服务发展动力；四、加强公共文化产品和服务供给；五、推进公共文化服务与科技融合发展；六、创新公共文化管理体制和运行机制；七、加大公共文化服务保障力度。

《意见》强调，各有关部门和单位要进一步认识构建现代公共文化服务体系的重要意义，根据本意见的要求，结合“十三五”规划的编制，尽快制定完善相关配套政策，明确责任，统筹建设，协同推进，狠抓落实。

1月12日

［纲　文］　**最高法印发《关于进一步加强刑事冤错案件国家赔偿工作的意见》。**

［目　文］　《意见》由八部分组成：一、坚持依法赔偿；二、做好刑事审判与国家赔偿的衔接；三、加强对赔偿请求人的诉权保护和法律释明；四、提升执法办案的规范性和透明度；五、严格依法开展协商和作出决定；六、加强国家赔偿决定执行工作；七、积极推进善后安抚和追偿追责等工作；八、加强对新情况新问题的调查研究。

1月12日

［纲　文］　**能源局印发《关于鼓励社会资本投资水电站的指导意见》。**

［目　文］　《意见》由五部分组成：一、充分认识鼓励社会投资的重要意义；二、发挥市场在资源配置中的作用；三、确立企业在投资中的主体地位；四、加强政府宏观调控和市场监管；五、完善社会资本投资的政策措施。

1月12日

［纲　文］　**中共中央政治局常委刘云山在北京会见芬兰社民党主席、财政部长林内率领的芬兰社民党代表团。**

［目　文］　刘云山应询介绍了以习近平为总书记的党中央的执政理念和中国经济社会发展情况。他说，新形势下我们党和国家全局工作的战略部署和重要着力点，就是全面

建成小康社会、全面深化改革、全面依法治国、全面从严治党。现在我国经济发展进入新常态，新常态蕴含着新机遇，也需要有新作为。中国提出的“一带一路”倡议是开放的、包容的、务实的，有利于促进中国与世界共同发展。中国共产党愿与芬兰社民党加强治国理政经验交流，推动中芬面向未来的新型合作伙伴关系向前发展。

林内积极评价中国经济社会发展成就，表示芬兰社民党愿与中国共产党加强对话交流，更好促进两国各领域务实合作。

1月12日

［纲　文］　**汪洋在北京主持召开国务院旅游工作部际联席会议第二次全体会议。**

［目　文］　国务院副总理汪洋强调，要深入贯彻落实习近平总书记系列重要讲话精神，按照李克强总理有关批示要求，着力发挥旅游在扩内需、稳增长、增就业、减贫困、惠民生及促进对外友好交往中的独特作用，着力创新旅游管理体制，着力发展现代旅游产业，着力规范旅游市场秩序，让旅游更安全、更便利、更文明、更舒心，推动我国由旅游大国向旅游强国转变。春节、元宵节是旅游旺季，也是旅游安全事故高发期。要高度重视旅游安全工作，落实旅游安全责任，加强安全隐患排查，强化安全措施，提高紧急救援能力，确保广大游客度过一个欢乐祥和的新春佳节。地方各级人民政府要加强对旅游安全工作的领导。各旅行社、景区、宾馆企业和一线从业人员要严格遵守相关法律法规，切实落实旅游安全的主体责任。有关部门要各司其职，加强配合，依法履行旅游安全监管责任，防止出现监管真空。

1月12日

［纲　文］　**浙江秦山核电厂扩建项目方家山核电工程2号机组成功并网发电。**

［目　文］　至此，秦山核电基地现有9台机组全部投产发电，总装机容量达到654.6万千瓦，年发电量约500亿千瓦时，成为目前中国核电机组数量最多、堆型最丰富、装机最大的核电基地。

1月12日

［纲　文］　**中国汽车工业协会发布，2014年中国汽车产销量双双超过2300万辆，创全球历史新高，连续6年蝉联全球第一。**

1月12—14日

［纲　文］　**中国共产党第十八届中央纪律检查委员会第五次全体会议在北京举行。**

［目　文］　全会由中央纪律检查委员会常务委员会主持。习近平出席全会并发表讲话。李克强、张德江、俞正声、刘云山、王岐山、张高丽等党和国家领导人出席会议。出席会议的中央纪委委员125人，列席365人。

全会的主要内容是：一、全会认真学习了中共中央总书记习近平的讲话。一致认为，讲话站在党和国家全局高度，全面总结一年来党风廉政建设和反腐败斗争取得的新成效。二、回顾总结2014年党风廉政建设和反腐败工作。三、研究部署2015年任务。四、审议通过了王岐山代表中央纪委常委会所作的《依法治国依规治党，坚定不移推进党风廉政建设和反腐败斗争》的工作报告。五、全会审议并通过了中央纪律检查委员会常务委员会关于申维辰、梁滨严重违纪问题的审查报告，确认中央纪律检查委员会常务委员会之前作出的给予申维辰、梁滨开除党籍处分的决定。全会号召，全党要紧密团结在以习近平为总书记的党中央周围，扎实工作、锐意进取，不断取得党风廉政建设和反腐败斗争新成效，为实现“两个一百年”奋斗目标、实现中华民族伟大复兴的中国梦提供有力保证。

13日，中共中央总书记习近平在讲话中指出，2014年，党风廉政建设和反腐败斗争成效明显。我们党从关系党和国家生死存亡的高度，以强烈的历史责任感、深沉的使命忧患感、顽强的意志品质推进党风廉政建设和反腐败斗争，坚持无禁区、全覆盖、零容忍，严肃查处腐败分子，着力营造不敢腐、不能腐、不想腐的政治氛围。2015年党风廉政建设和反腐败工作提出四个重点要求。第一，严肃责任追究，强化党风廉政建设主体责任，各级党委（党组）要切实把党风廉政建设当作分内之事、应尽之责，进一步健全制度、细化责任、以上率下。第二，横下一条心纠正“四风”，常抓抓出习惯、抓出长效，在坚持中见常态，向制度建设要长效，强化执纪监督，把顶风违纪搞“四风”列为纪律审查的重点。第三，保持高压态势不放松，查处腐败问题，必须坚持零容忍的态度不变、猛药去疴的决心不减、刮骨疗毒的勇气不泄、严厉惩处的尺度不松，发现一起查处一起，发现多少查处多少，把反腐利剑举起来，形成强大震慑。第四，深化党的纪律检查体制改革，加强制度创新，强化上级纪委对下级党委和纪委的监督，推动纪委双重领导体制落到实处。党章是全党必须遵循的总章程，也是总规矩。党的纪律是刚性约束，政治纪律更是全党在政治方向、政治立场、政治言论、政治行动方面必须遵守的刚性约束。

习近平强调，反腐倡廉建章立制要着重抓好四个方面的制度建设。一是要着力健全党内监督制度，着手修订党员领导干部廉洁从政若干准则、中国共产党纪律处分条例、巡视工作条例，突出重点、针对时弊。二是要着力健全选人用人管人制度，加强领导干部监督和管理，敦促领导干部按本色做人、按角色办事。三是要着力深化体制机制改革，最大限度减少对微观事务的管理，推行权力清单制度，公开审批流程，强化内部流程控制，防止权力滥用。四是要着力完善国有企业监管制度，加强党对国有企业的领导，加强对国企领导班子的监督，搞好对国企的巡视，加大审计监督力度。国有资产资源来之不易，是全国人民的共同财富。要完善国有资产资源监管制度，强化对权力集中、资金密集、资源富集的部门和岗位的监管。广大纪检监察干部要敢于担当、敢于监督、敢于负责，努力成为一支忠诚、干净、担当的纪检监察队伍。

1月12—14日

［纲　文］　**全国妇联十一届二次执委会议在北京召开。**

［目　文］　全国妇联主席沈跃跃主持会议。全国妇联十一届执委会执委236人出席会议。会议主要内容是：一、会议深入学习贯彻党的十八大，十八届三中、四中全会精神和习近平总书记系列重要讲话精神；二、传达学习了中共中央书记处对妇联工作的重要指示精神；三、全国妇联副主席、书记处第一书记宋秀岩作工作报告，全面总结了2014年妇联工作取得的新突破新进展新成绩，对2015年妇联重点工作作了部署。

1月12—20日

［纲　文］　**“童趣与天性：法兰西艺术院院士皮埃尔·卡隆油画艺术展”在中国美术馆举行。**

［目　文］　本次展览是中国美术馆国际交流系列展之一，展出了皮埃尔·卡隆的51幅油画作品。本次展览的学术主持与策展人、中国美术馆馆长吴为山在开幕活动中表示，中国美术馆重视国际交流和学术建设，近年来通过外国艺术家的捐赠以及从来华举办的外国当代艺术展中选择收藏，使得外国美术藏品有所增加。在引进更多有历史和文化价值的外国经典作品的同时，中国美术馆也将积极推动中国美术“走出去”。

1月12日—3月30日

［纲　文］　**“人民的形象”主题展在中国美术馆举行。**

［目　文］　展览由中国美术馆主办。展出周思聪的中国画《人民和总理》、刘文西的中国画《祖孙四代》、孙滋溪的油画《天安门前》、靳尚谊的油画《青年女歌手》等20世纪美术史名家名作近100幅。

1月12日

［纲　文］　**“纪念周信芳诞辰120周年”系列活动在上海、北京举行。**

［目　文］　活动由文化部、上海市人民政府共同主办。“麒艺流芳——纪念周信芳诞辰120周年”主题晚会12日晚在逸夫舞台举行，拉开了京沪两地系列纪念活动的序幕。在为期一周的时间里，举行了纪念演出、研讨会、《周信芳全集》首发式、麒派京剧电影观摩等一系列活动。

28日，“纪念周信芳诞辰120周年”北京站启动仪式暨京剧明星公开课在国家图书馆举行。活动的开场，播放了介绍周信芳一生的纪录片《大师》，让到场的观众了解周信芳和麒派艺术。北京站的活动包括主题演出、京剧明星公开课和主题讲座三大部分。

1月13日

［纲　文］　**财政部印发《党政机关会议定点管理办法》。**

［目　文］　《办法》共5章29条，主要有总则、会议定点场所及协议价格的确定、会议定点场所的变动调整、管理与监督、附则等内容。本办法自2015年1月13日起实施。

《办法》强调，各省级财政部门应根据本办法，结合本地区实际，制订具体实施细则，并报财政部备案。

1月13日

［纲　文］　**银监会、发展改革委印发《能效信贷指引》。**

［目　文］　《指引》共有5章23条，主要有总则、服务领域及重点项目、信贷方式与风险控制、金融创新与激励约束、附则等内容。自2015年1月13日起施行。

1月13日

［纲　文］　**中宣部、发展改革委在北京召开南水北调东中线沿线城市“人人节水行**

动”座谈会，对“人人节水行动”进行安排部署。

1月13日

［纲　文］　**《人民日报》报道，中共中央纪委对全国人大环境与资源保护委员会原副主任委员、云南省委原书记白恩培严重违纪问题立案审查。**

［目　文］　2016年10月9日，河南省安阳市中级人民法院公开宣判白恩培受贿、巨额财产来源不明案，对被告人白恩培以受贿罪判处死刑，缓期2年执行，剥夺政治权利终身，并处没收个人全部财产，在其死刑缓期执行2年期满依法减为无期徒刑后，终身监禁，不得减刑、假释；以巨额财产来源不明罪判处有期徒刑10年，决定执行死刑，缓期2年执行，剥夺政治权利终身，并处没收个人全部财产，在其死刑缓期执行2年期满依法减为无期徒刑后，终身监禁，不得减刑、假释。对白恩培受贿所得财物和来源不明财产予以追缴，上缴国库。

1月14日

［纲　文］　**国家主席习近平在北京会见国际奥协主席、亚奥理事会主席艾哈迈德亲王。**

［目　文］　习近平指出，国际奥协作为全世界205个奥委会的协调机构，不断加强团结，密切同国际奥委会合作和协调，为维护各奥委会利益、推动世界奥林匹克运动持续健康稳定发展发挥了积极作用。奥协长期以来也为促进中国体育事业发展做出积极贡献。体育运动在中国是一项神圣的事业，体育运动在中国的发展也是对人类发展的贡献。中国政府一贯重视发展体育事业，重视奥林匹克运动在社会发展中的重要作用。近年来，中国先后成功举办了北京奥运会、南京青奥会等赛事，极大激发了中国人民对奥林匹克运动的热情。为推动奥林匹克运动和冬季项目在中国发展，北京市和张家口市已经提出申办2022年第24届冬奥会。中国政府对此高度重视。北京举办冬奥会将带动中国3亿多人参与冰雪运动，这将是对国际奥林匹克运动发展的巨大贡献。

艾哈迈德表示，长期以来，中国是奥协的重要合作伙伴。中国很早以前就展现出举办大型国际赛事的能力。这些年来，国际体育运动机构同中国合作在中国成功举办了很多重大赛事，北京奥运会、南京青奥会是中国的骄傲，也是亚洲的骄傲。我们感谢中国政府对世界体育运动发展给予的重要支持。祝北京和张家口申办冬奥会好运。

13日，国务院副总理刘延东在北京会见艾哈迈德亲王时对艾哈迈德成功连任国际奥协主席表示祝贺并感谢其多年来对国际奥林匹克事业做出的贡献及对中国体育发展给予的支持，中国政府将一如既往推动体育事业发展，愿为奥林匹克运动和精神在中国的传播发展做出新的贡献。

1月14日

［纲　文］　**李克强主持召开国务院党组会议。**

［目　文］　会议强调，过去一年，国务院党组把党风廉政建设放在突出位置，持之

以恒狠抓中共中央八项规定和国务院“约法三章”落实，扎实推进简政放权等各项改革和制度建设，加强对公共资金的监督管理，严肃执纪问责，作风建设和反腐倡廉工作取得新的明显成效。要按照习近平总书记重要讲话精神和中央关于反腐倡廉的总体部署，以建设法治政府、廉洁政府为目标，以深化改革为动力，以正风肃纪为抓手，以制度约束为重点，持续推进政府系统党风廉政建设和反腐败工作，营造风清气正的经济社会发展环境。一要倡俭治奢，转变作风。坚持纠正“四风”和树立新风并举，继续严格执行中央八项规定和国务院“约法三章”，加强“三公”经费管理，节约政府开支，降低行政成本。二要简政放权，釜底抽薪。继续深入推进政府职能转变，大幅减少投资项目前置审批，取消全部非行政许可审批事项，消除行政审批“灰色地带”，整治“红顶中介”，加快建立权力清单、责任清单和负面清单，着力铲除滋生腐败土壤。三要依法行政，规范权力。推进政务公开，透明用权。用制度形成对权力的有效制约，筑牢法治“篱笆”，防范权力“越线”。四要加强监督，管好公帑。严肃财经纪律，加强审计监督，确保公共资金使用安全。五要始终坚持对腐败“零容忍”，不论何人，只要有贪腐，都要依法依纪严肃处理，做到有腐必反、有贪必肃。要严格落实党风廉政建设责任制，领导干部要严格自律作表率，决不允许有例外。要坚持“一岗双责、守土有责”，抓好职责范围内和分管部门的反腐倡廉工作，确保经济社会发展和党风廉政建设各项任务落实。会议决定，抓紧筹备召开国务院第三次廉政工作会议。

1月14日

［纲　文］　**李克强主持召开国务院常务会议。**

［目　文］　会议主要内容是：一、决定设立国家新兴产业创业投资引导基金，助力创业创新和产业升级。会议认为，设立国家新兴产业创业投资引导基金，重点支持处于“蹒跚”起步阶段的创新型企业，对于促进技术与市场融合、创新与产业对接，孵化和培育面向未来的新兴产业，推动经济迈向中高端水平，具有重要意义。会议确定，一是将中央财政战略性新兴产业发展专项资金、中央基建投资资金等合并使用，盘活存量，发挥政府资金杠杆作用，吸引有实力的企业、大型金融机构等社会、民间资本参与，形成总规模400亿元的新兴产业创投引导基金。二是基金实行市场化运作、专业化管理，公开招标择优选定若干家基金管理公司负责运营、自主投资决策。三是为突出投资重点，新兴产业创投基金可以参股方式与地方或行业龙头企业相关基金合作，主要投向新兴产业早中期、初创期创新型企业。四是新兴产业创投基金收益分配实行先回本后分红，社会出资人可优先分红。国家出资收益可适当让利，收回资金优先用于基金滚存使用。通过政府和社会、民间资金协同发力，促进大众创业、万众创新，实现产业升级。二、部署加快发展服务贸易，以结构优化拓展发展空间。会议确定了以下主要任务。一要做大规模。重点培育运输、通信、研发设计、节能环保等服务贸易，推动文化艺术产品出口。二要优化结构，提升高技术、高附加值服务贸易占比。支持有特色、善创新的中小服务企业发展，培育有国际影响的服务品牌。三要创新模式。利用大数据、物联网等新技术打造服务贸易新型网络

平台。四要扩大开放。有序放开金融、教育、文化、医疗等服务业领域，推动服务业双向互惠开放，加快实现内地与港澳服务贸易自由化。支持服务业企业通过新设、并购等方式到境外开展投资合作。会议强调，要制定重点服务出口领域指导目录，加强规划指导。结合“营改增”对服务出口实行零税率或免税，引导服务贸易企业运用金融、保险等工具拓展融资渠道，支持企业采用出口收入存放境外等方式提高外汇资金使用效率。要健全法规，完善与服务贸易特点相适应的口岸通关管理模式，提高便利化水平，促进外贸和国内产业升级发展。三、审议通过《博物馆条例（草案）》。

1月14日

[纲　文]　**全军纪律检查工作会议在北京召开。**

[目　文]　中央军委副主席许其亮出席会议并讲话。四总部、驻京各大单位、军委办公厅领导，军队中的中央纪委委员、军委纪委成员，各大单位纪委书记、纪检部长，军委巡视工作领导小组成员、巡视专员等出席会议。总政治部副主任兼军委纪委书记杜金才作工作报告，总结2014年军队党风廉政建设和反腐败工作，部署2015年主要任务，明确抓好工作落实需要把握的问题。

许其亮在讲话中强调，要认真学习贯彻十八届中央纪委五次全会特别是习主席重要讲话精神，进一步提高认识、坚定决心，认真贯彻全面从严治党的要求，以严的要求、严的举措、严的纪律，全力推进党风廉政建设和反腐败斗争深入发展，为实现党在新形势下的强军目标提供有力保证。习主席在中央纪委五次全会上发表重要讲话，深刻分析了党风廉政建设和反腐败斗争形势的严峻性和复杂性，明确了新形势下党风廉政建设和反腐败斗争的总体思路、主要任务和标准要求，是对全面从严治党的深入动员和再部署。各级党委、纪委要深刻领悟习主席决心意图，切实把思想和行动统一到习主席对形势的判断上来，统一到中央的部署安排上来，统一到对军队的特殊要求上来，统一到扎扎实实抓好军队党风廉政建设和反腐败工作上来，不断强化正风反腐的责任担当。要打好党风廉政建设和反腐败斗争的攻坚战持久战。要在严峻复杂形势面前保持清醒头脑。要坚决维护和落实军委主席负责制，一切行动听从党中央、中央军委和习主席指挥。要聚焦重点对象重点领域纠风反腐。要融入全军工作布局提供纪律保证。要强化党委的主体责任和纪委的监督责任。要推动纪检监察工作科学化法治化，增强依纪依法办案的意识和能力，用新的理念、用改革的思路办法来破解矛盾问题。

1月14日

[纲　文]　**香港特别行政区行政长官梁振英在香港发表2015年施政报告。**

[目　文]　梁振英在立法会发表《重法治 掌机遇 作抉择 推进民主 发展经济 改善民生》的报告，阐述特区政府2015年工作方针。

1月14日

[纲　文]　**外交部发言人就日本政府批准421亿美元的2015年国防预算表示，中国希望日本走和平发展道路。**

［目　文］　发言人表示，希望日方走和平发展道路，为促进本地区和平稳定发挥建设性作用。日本在军事安全领域的政策动向一直受到亚洲邻国和国际社会高度关注，它是日本能否走和平发展道路的一个风向标。我们希望日方以史为鉴，走和平发展道路，为促进本地区和平稳定发挥建设性作用。

1月14日

［纲　文］　**张万年在北京逝世**。

［目　文］　中国共产党的优秀党员，久经考验的忠诚的共产主义战士，无产阶级革命家、军事家，中国人民解放军的卓越领导人，中国共产党第十五届中央政治局委员、书记处书记，中央军委原副主席张万年，在北京逝世，享年87岁。

22日，张万年遗体在北京八宝山革命公墓火化。习近平、张德江、俞正声、刘云山、王岐山、张高丽等党、国家、军队有关领导人前往送别。

1月14—16日

［纲　文］　**汪洋在四川调研农业农村工作**。

［目　文］　国务院副总理汪洋在金堂县赵家镇和东风水库扩建工程现场，了解农村饮水工程建设、供水水质、水费收取、运营管护等情况，听取基层干部群众意见和建议。

汪洋强调，要认真贯彻落实党中央、国务院决策部署，把农村饮水安全作为最基本的民生问题切实抓好，进一步落实责任，创新机制，保质保量按时完成农村饮水安全目标任务，确保农民群众喝上干净的水。保障农村饮水安全关系亿万农民身体健康，是各级政府的重要职责。解决农村饮水安全问题，中央的资金是足额到位的，技术上也没有难题，各地要逐级落实责任，落实配套资金，加快建设进度，不折不扣地完成计划任务。要创新工程投资和管护机制，鼓励和引导社会资本投入，探索受益农户全过程参与建设和管理。要促进形成合理水价，完善用水收费制度，更多利用市场方式，调动建管主体积极性和农民对供水的监管积极性。要加强水源地保护和水污染防治，完善制水工艺和水质标准，不断提高供水质量。

汪洋在崇州等地就转变农业发展方式进行调研时强调，各地要立足实际，以发展多种形式的适度规模经营为核心，以创新农业经营体系和转变生产组织方式为支撑，守住基本底线，加快转变农业发展方式，实现农业持续健康发展。

1月14—16日

［纲　文］　**刘奇葆在贵州调研**。

［目　文］　中央书记处书记刘奇葆在贵阳、遵义、安顺等地，考察社区、企业、农村和宣传文化单位，与基层干部群众进行交流时强调，宣传思想文化工作的服务对象在基层，工作主体在基层，任务落实靠基层，要坚持重心下移，拿出实实在在的举措，打牢基层基础，补齐工作短板，使基层宣传思想文化工作强起来。学习宣传贯彻习近平总书记系列重要讲话精神是一项长期的政治任务。要坚持深入学习、联系实际，同贯彻落实中央重大决策部署结合起来，同解决改革发展稳定中的实际问题结合起来，同提高党员干部的思

想理论水平结合起来，做到学而信、学而用、学而行。

1月15日

［纲　文］　**习近平、李克强就中国核工业创建60周年作出指示、批示。**

［目　文］　中共中央总书记习近平指示指出，60年来，几代核工业人艰苦创业、开拓创新，推动我国核工业从无到有、从小到大，取得了世人瞩目的成就，为国家安全和经济建设作出了突出贡献。核工业是高科技战略产业，是国家安全重要基石。要坚持安全发展、创新发展，坚持和平利用核能，全面提升核工业的核心竞争力，续写我国核工业新的辉煌篇章。

国务院总理李克强批示指出，希望弘扬传统，聚焦前沿，全面提升核工业竞争优势，推动核电装备“走出去”，确保核安全万无一失，为把我国建成核工业强国而继续奋斗。60年前，党中央审时度势、高瞻远瞩，作出了发展我国原子能事业的战略决策。60年来，在党中央正确领导下，在全国各行各业大力协同和全国各族人民大力支持下，我国建立了世界上只有少数国家拥有的完整的核科技工业体系，实现了核能大规模和平利用，为国家经济社会发展、增强国家综合实力、保障国家能源安全、提高人民生活水平做出了积极贡献。

1月15日

［纲　文］　**全国人大常委会党组召开会议。**

［目　文］　全国人大常委会委员长、党组书记张德江主持会议。会议主要内容是学习贯彻习近平总书记在中共十八届中央纪委第五次全会上的讲话和全会精神。

会议强调，要认真学习领会、全面贯彻落实习近平总书记重要讲话精神和中央纪委五次全会精神，清醒认识形势，坚定必胜信心，在以习近平同志为总书记的党中央领导下，严守政治纪律和政治规矩，依法履行宪法法律赋予的职责，切实把党风廉政建设和反腐败斗争的各项任务落到实处。以习近平同志为总书记的党中央，从关系党和国家生死存亡的高度，以强烈的历史责任感、深沉的使命忧患感、顽强的意志品质推进党风廉政建设和反腐败斗争，坚持无禁区、全覆盖、零容忍，坚决遏制腐败现象蔓延势头，取得新的成效，深得党心民心。面对依然严峻复杂的形势，我们要把思想和行动统一到中央精神上来，牢记党风廉政建设和反腐败斗争永远在路上，持之以恒落实中央八项规定精神，坚持不懈反对不正之风尤其是“四风”，坚持“干净、干事”，坚持管好亲属和身边工作人员，坚守阵地，巩固成果，不断把党风廉政建设和反腐败斗争引向深入。要充分发挥全国人大及其常委会的重要作用，紧紧围绕党风廉政建设和反腐败工作的总体部署，全面落实立法、监督等方面的工作任务。要健全惩治贪污贿赂犯罪法律制度，推动形成不敢腐、不能腐、不想腐的有效机制。要加强对权力运行的制约和监督，规范行政审批、行政处罚、行政强制行为，为简政放权提供法律依据。要强化国有企业、国有资产资源监管，推进资产评估立法，督促严格执行预算法、企业国有资产法等法律。要加强对法律实施情况的监督检查，维护宪法法律权威，为反腐倡廉营造良好的法治环境。要加强纪律建设，把守纪律讲规矩摆在更加重要的位置。全国人大常委会各级党组织和党员干部要牢固树立纪律和规矩意识，自觉遵守，率先垂范，做政治上的"明白人"。要严明政治纪律和政治规矩，坚持正确政治方向，始终与以习近平同志为总书记的党中央保持高度一致，维护党中央权威，维护党的团结统一。要严格依法依纪依规办事，坚守组织原则，遵循组织程序，服从组织决定，切实增强党组织的战斗力、凝聚力，切实增强党员干部依法履职的能力。

1月15日

［纲　文］　**全国政协党组在北京召开会议。**

［目　文］　全国政协主席、党组书记俞正声主持会议。会议主要内容是：学习贯彻习近平总书记在十八届中央纪委五次全会上的讲话精神，部署进一步推进政协党风廉政建设和反腐败工作。

会议一致认为，习近平总书记站在党和国家全局的高度，充分肯定2014年党风廉政建设和反腐败斗争取得的新成效，深刻分析党风廉政建设和反腐败斗争的新形势，明确提出当前和今后一个时期工作的总体要求和主要任务，讲话旗帜鲜明、振聋发聩，对我们坚守阵地、巩固成果、深化拓展，不断把党风廉政建设和反腐败斗争引向深入、夺取反腐败斗争新胜利，具有重要指导意义。学习贯彻习近平总书记在十八届中央纪委五次全会上的重要讲话是全国政协党组重要的政治任务。一是要严守政治纪律，遵守政治规矩，遵循组织程序，服从组织决定，政协党组要把严守纪律、严明规矩放到重要位置来抓。二是要维护党中央权威，坚决维护党的团结统一，紧密团结在以习近平同志为总书记的党中央周围。三是要持之以恒落实中央八项规定精神，加强自我约束。四是要在党风廉政建设上严格自律，团结一致地把工作做好，使政协党组成员成为维护党的团结统一的模范、遵守政治纪律的模范、廉洁自律的模范。要深入学习贯彻习近平总书记在全国政协2015年新年茶话会上的重要讲话精神，不断凝聚人心，增添力量，加强人民政协协商民主建设，讲真话，进诤言，出实招，做好2015年政协工作，为继续推进全面建成小康社会、全面深化改革、全面依法治国、全面从严治党积极建言献策。

1月15日

［纲　文］　**国务院在北京召开全国机关事业单位养老保险制度改革工作全国电视电话会议。**

［目　文］　人力资源社会保障部、财政部负责人对改革方案有关问题作了说明。

国务院副总理马凯出席会议时指出，改革现行的机关事业单位退休养老制度，有利于实现社会化的养老保险全民覆盖，建立更加公平、可持续的社会保障制度；有利于深化收入分配制度改革，逐步化解"待遇差"的矛盾；有利于促进机关事业单位改革，推动人力资源合理流动，意义十分重大。改革的基本原则是：坚持公平与效率相结合，权利与义务相对应，保障水平与经济发展水平相适应，改革前与改革后待遇水平相衔接，解决突出矛盾与保证可持续发展相促进。改革的基本思路是"一个统一、五个同步"，即机关事业单位与企业等城镇从业人员统一实行社会统筹与个人账户相结合的基本养老保险制度；机关与事业单位同步改革，职业年金与基本养老保险制度同步建立，养老保险制度改革与完善工资制度同步推进，待遇调整机制与计发办法同步改革，改革在全国范围同步实施。改革的方法是实行“老人老办法、新人新制度、中人逐步过渡”。对改革前已退休的“老人”，保持现有待遇并参加今后的待遇调整；对改革后参加工作的“新人”，通过建立新机制，实现待遇的合理衔接；对改革前参加工作、改革后退休的“中人”，通过将改革前的工作年限“视同缴费年限”和实行过渡性措施，保持待遇水平不降低。推进机关事业单位养老制度改革，涉及面广，政策性强，必须加强领导，精心组织，统筹安排。要切实落实好国家已经确定的首次统一提高全国城乡居民基础养老金最低标准、第11次调整企业退休人员基本待遇、适当提高城乡低保对象补助水平、增加机关事业单位离退休人员离退休费以及乡镇机关事业单位人员建立乡镇工作补贴等政策措施，使相关人员基本生活得到保障并不断得到改善。要严格控制机关事业单位编制，严肃财经纪律，确保改革顺利进行。

1月15日

［纲　文］　**财政部印发《中央预算单位变更政府采购方式审批管理办法》。**

［目　文］　《办法》共4章20条，主要有总则、变更方式申请、审批管理、附则等内容。自2015年3月1日起实施。

1月15日

［纲　文］　**财政部、税务总局印发《关于金融企业贷款损失准备金企业所得税税前扣除有关政策的通知》，自2014年1月1日起至2018年12月31日止执行。**

1月15日

［纲　文］　**证监会公布《公司债券发行与交易管理办法》。**

［目　文］　《办法》共6章73条，主要有总则、发行和交易转让、信息披露、债券持有人权益保护、监督管理和法律责任、附则等内容。自2015年1月15日起施行。

1月15日

［纲　文］　**环境保护部在北京召开2015年全国环境保护工作会议。**

［目　文］　会议的主要内容是贯彻落实十八届三中、四中全会以及中央经济工作会议精神，深入贯彻中共中央总书记习近平系列讲话精神和国务院总理李克强、国务院副总理张高丽批示精神，总结2014年工作进展，研究部署2015年重点任务。

1月15日

［纲　文］　**全国知识产权局局长会议在北京召开。**

［目　文］　中央和国务院有关部委的相关负责人，全国各省、自治区、直辖市、新疆生产建设兵团、各计划单列市、副省级城市知识产权局主要负责人，部分央企代表，以及国家知识产权局有关部门（单位）主要负责人170余人参加了会议。国家知识产权局局长申长雨传达了国务委员王勇对知识产权工作的批示，并作了题为《改革创新 奋发有为 深入实施知识产权战略 努力建设知识产权强国》的工作报告。

1月15日

［纲　文］　**纪念遵义会议80周年大会在遵义召开。**

［目　文］　会议由中宣部、中央文献研究室、中央党史研究室、解放军总政治部、贵州省委主办。中宣部部长刘奇葆出席并讲话。

刘奇葆指出，遵义会议是中国共产党历史上一个生死攸关的转折点，在极端危急的历史关头，挽救了党，挽救了红军，挽救了中国革命，打开了中国革命的新局面。遵义会议的重大历史贡献，永载史册、永放光辉。遵义会议形成的革命传统、孕育的宝贵精神，是推动党和国家事业发展的强大力量。要继承发扬遵义会议革命传统，深入学习贯彻习近平总书记系列重要讲话精神，大力推进马克思主义中国化时代化大众化，坚定人们的中国特色社会主义自信。要发扬红色传统、传承红色基因，用革命文化传播和滋养社会主义核心价值观。要弘扬独立自主、改革创新精神，主动适应和引领新常态，奋力开拓中国特色社会主义更为广阔的发展前景。要坚持全面从严治党，严守政治纪律和政治规矩，保持党的先进性和纯洁性，使我们党始终走在时代前列、引领发展进步。

1月15日

［纲　文］　**中共中央党校举行2014年秋季学期毕业典礼。**

［目　文］　中央党校校长刘云山出席毕业典礼并为学员颁发毕业证书。赵乐际、赵洪祝、中央有关部门负责人、中央党校负责人出席毕业典礼。中央党校常务副校长何毅亭在毕业典礼上讲话，希望学员们要牢记习近平总书记提出的心中有党、心中有民、心中有责、心中有戒的要求，对党忠诚、为民奉献、敢于担当、廉洁自律，不辜负总书记和人民的期望。

中央党校本期毕业学员828人。学员们普遍反映，习近平总书记同中央党校第一期县委书记研修班全体学员座谈并发表重要讲话，既是对县委书记的谆谆嘱托，也是对党校全体学员和全国党员领导干部的殷切期望。在党校培训期间，通过学习深化了对党的基本理论特别是习近平总书记系列重要讲话精神的理解，提升了理论素养；深化了对党校开展党性教育必要性重要性的认识，增强了党性修养；深化了对党中央大政方针和重大决策部署的认识，增强了贯彻落实的自觉性和坚定性；深化了对教学相长、学学相长的认识，学到了经验，收获了友谊。

1月15日

［纲　文］　**京沪高速公路快充网络全线贯通。**

［目　文］　京沪高速全程1262公里，国家电网公司在沿线建成50座快充站，每座快充站先期建设2台充电机、4个充电桩，支持所有符合中国标准的电动汽车充电，是国内首个高速公路跨城际快充网络。

1月15日

［纲　文］　**范长龙在驻津部队院校调研。**

［目　文］　中央军委副主席范长龙在驻天津部队和院校调研时强调，全军和武警部

队要深入学习贯彻习主席系列重要讲话精神特别是国防和军队建设重要论述，着眼实现党在新形势下的强军目标，贯彻整顿、备战、改革、规划的总体思路，拿出有力举措，抓好具体落实，汇聚强军兴军正能量，开创年度工作新局面。要深入学习贯彻全军政治工作会议精神，弘扬优良传统，清除问题积弊，推动创新发展，为强军兴军提供坚强政治保证。要深化理论武装，强化军魂教育，严格政治纪律和政治规矩，把各级党委班子和干部队伍建设好，把官兵的思想根基打牢固，确保部队坚决听从党中央、中央军委和习主席指挥。要持续深入改作风、反腐败，扎实开展“三严三实”专题教育整顿，从思想、政治、组织、体制上坚决肃清徐才厚案件影响，让官兵看到新的气象和变化。要重视基层风气建设，纠治损害官兵切身利益的事；要多办暖人心、稳军心的事，保障官兵正当的福利待遇，保障官兵应有的休息权、休假权。各级要增强忧患意识和敌情观念，绷紧准备打仗这根弦，保持良好的战备状态。要以任务为牵引、以问题为导向抓备战，确保一旦有事能迅即反应、完成任务。要推进军民融合深度发展，在地方发展规划中更好体现国防需求。要坚持依法治军、从严治军，形成党委依法决策、机关依法指导、部队依法行动、官兵依法履职的良好局面。

1月15日

［纲　文］　**陕西省委原书记，全国政协原常委白纪年在西安逝世，享年89岁。**

1月15日

［纲　文］　**《人民日报》发表题为《党风廉政建设和反腐败斗争永远在路上——一论学习贯彻习近平同志在十八届中央纪委五次全会讲话》的评论员文章。**

1月15—16日

［纲　文］　**国土资源部在北京召开全国国土资源工作会议。**

［目　文］　会议的主要内容是：深入贯彻党的十八大和十八届三中、四中全会精神，全面落实中央经济工作会议和农村工作会议部署，分析经济发展新常态下国土资源工作面临的形势任务，总结2014年工作情况，部署2015年重点工作。国务院办公厅和国家机关有关部门负责人，国家海洋局、国家测绘地理信息局、地质调查局、武警黄金指挥部负责人，各省（区、市）及计划单列市国土资源主管部门、新疆生产建设兵团国土资源局、各省会城市国土资源主管部门主要负责人，解放军土地管理局主要负责人，部机关各司局、各派驻地方的国家土地督察局、部其他直属单位主要负责人参加会议。

国土资源部部长姜大明指出，2014年，国际环境复杂多变，世界经济仍处于金融危机后的深度调整期，我国经济在合理区间平稳运行，但经济下行压力持续加大，多重困难和多方面矛盾相互交织，改革发展稳定的任务艰巨繁重。在这种形势下，各级国土资源管理部门坚决落实党中央、国务院决策部署，认真履行新的职责定位，全面服务“稳增长、促改革、调结构、惠民生”工作大局，改革创新、主动作为，攻坚克难、扎实工作，各项工作都取得了新的成绩。要历史地、辩证地认识新常态下国土资源领域的阶段性特征，正确认识主动适应，努力把握新常态带来的机遇和挑战；同时强调，要主动作为奋发有为，扎实做好2015年国土资源工作。腐败是国土资源系统最大的危险，是国土资源事业发展的“拦路虎”和“绊脚石”。2015年国土资源工作的一项艰巨任务就是要正风肃纪、高压反腐，为国土资源事业健康发展提供坚强保障。

1月15—16日

［纲　文］　**证监会在北京召开2015年全国证券期货监管工作会议。**

［目　文］　会议主要内容是：会议总结2014年的工作，研究安排2015年的重点任务。中央纪委、中宣部、最高法、发展改革委、公安部、财政部、商务部、人民银行、国资委、税务总局等有关部门以及新闻单位的代表，证监会机关各部门、系统各单位的负责人及副处级以上干部在现场及视频分会场参加会议。

证监会主席肖钢表示，证监会系统各级领导班子和干部职工要深入学习贯彻落实党的十八大，十八届三中、四中全会和中央经济工作会议精神以及《国务院关于进一步促进资本市场健康发展的若干意见》，抓住机遇，迎接挑战，进一步提升资本市场服务实体经济的能力。肖钢深入分析了持续推进监管转型的形势，提出了探索建立事中事后监管新机制的若干举措，并就从严要求从严管理干部、加大反腐倡廉力度等工作进行了部署。

1月15—23日

［纲　文］　**第五届“中国外交官看世界摄影展”在北京举行。**

［目　文］　展览由外交部工会、外交部摄影协会主办，分外交纪实、人文风情、自然风光三类，遴选自外交部部属单位和驻外使领馆摄影爱好者提交的近1500幅照片，由专业评委评审而出。

1月16日

［纲　文］　**习近平主持召开中共中央政治局常务委员会会议，听取全国人大常委会、国务院、全国政协、最高法、最高检党组工作汇报。**

［目　文］　会议强调，中国共产党是执政党，党的领导是中国特色社会主义最本质的特征，是做好党和国家各项工作的根本保证。坚持党的领导，首先是要坚持党中央的集中统一领导，这是一条根本的政治规矩。实现“两个一百年”奋斗目标、实现中华民族伟大复兴的中国梦，统筹全面建成小康社会、全面深化改革、全面依法治国、全面从严治党，是前无古人的伟大事业，是艰巨繁重的系统工程，必须加强党中央的集中统一领导，以保证正确方向、形成强大合力。加强党中央的集中统一领导，支持全国人大常委会、国务院、全国政协、最高人民法院、最高人民检察院依法依章程履行职责、大胆工作、发挥作用，这两个方面是统一的，两个方面哪一方面都不能偏。党中央对全国人大常委会、国务院、全国政协、最高人民法院、最高人民检察院的统一领导，很重要的一个制度就是在这些机构成立党组。党组是党中央和地方各级党委在非党组织的领导机关中设立的组织机构，是实现党对非党组织领导的重要组织形式和制度保证。中央政治局常委会听取全国人大常委会、国务院、全国政协、最高人民法院、最高人民检察院党组汇报工作，是保证党

中央集中统一领导的制度性安排，意义十分重大，对全党也具有十分重要的示范意义。过去的一年，全国人大常委会、国务院、全国政协、最高人民法院、最高人民检察院党组自觉坚持党中央的集中统一领导，坚决维护党中央权威，围绕中心、服务大局，贯彻党章要求、认真履职尽责，充分发挥领导核心作用，注重加强思想政治建设，严格贯彻民主集中制，自觉承担管党治党的责任，保证了党中央重大决策部署和重要指示精神的贯彻落实，推动各自工作取得新进展，为党和国家各项事业发展大局做出了积极贡献。党组自身建设也取得明显成效。2015年是全面深化改革的关键之年，是全面推进依法治国的开局之年，也是全面完成"十二五"规划的收官之年。全国人大常委会、国务院、全国政协、最高人民法院、最高人民检察院党组，要带头遵守党的政治纪律和政治规矩，自觉在思想上政治上行动上同以习近平为总书记的党中央保持高度一致，在贯彻落实党中央重大决策部署上凝神聚焦发力，确保政令畅通，确保在各自工作中坚持正确方向。要观大势、掌全局、议大事、抓大事，围绕中心、突出重点，履职尽责、奋发有为，充分发挥职能作用。要着力加强党组自身建设，健全相关制度机制，严格党内政治生活，加强党风廉政建设，切实担负起全面从严治党的责任。

1月16日

［纲　文］　**知识产权局公布《用于专利程序的生物材料保藏办法》。**

［目　文］　《办法》共4章20条，主要有总则、保藏生物材料、提供生物材料样品、附则等内容。自2015年3月1日起施行。

1月16日

［纲　文］　**中国成功研发世界首个塞宾株脊髓灰质炎疫苗。**

［目　文］　中国医学科学院医学生物学研究所自主研发的世界首个塞宾（Sabin）株脊髓灰质炎灭活疫苗已正式获得新药证书和GMP认证，标志着中国该领域创新成果达国际先进水平。

1月16日

［纲　文］　**《人民日报》发表题为《开弓没有回头箭——二论学习贯彻习近平同志在十八届中央纪委五次全会讲话》的评论员文章。**

1月17日

［纲　文］　**中共中央总书记习近平电贺朱立伦当选中国国民党主席。**

［目　文］　习近平在贺电中表示：值此先生当选中国国民党主席之际，谨致祝贺。近年来，国共两党和两岸双方共同努力，携手开创两岸关系和平发展之良好局面，两岸同胞获益良多，更对两岸关系发展充满期待。冀望两党秉持民族大义，巩固坚持"九二共识"、反对"台独"之共同政治基础，加强交流，增进互信，推动两岸关系和平发展继续前行，造福两岸民众，共成民族复兴之伟业。

中国国民党主席朱立伦复电中表示：一月十七日贺电敬悉，谨申谢忱。贵我两党于过去六年多来，在“九二共识”的基础上，积极推动各层面的交流合作，已为两岸和平发展开创历史新局，并在贵我两党间建立了良性互动模式，积累互信基础。期盼贵我两党在两岸关系未来的发展上，继续扩大交流，创造互利双赢，促进两岸永续的和平与繁荣。

1月17日

［纲　文］《人民日报》发表题为《把守纪律讲规矩摆在更加重要的位置——三论学习贯彻习近平同志在十八届中央纪委五次全会讲话》的评论员文章。

1月18日

［纲　文］ 习近平为第四批全国干部学习培训教材作序。

［目　文］ 习近平强调，面对复杂严峻的国际形势，面对艰巨繁重的改革发展稳定任务，想一帆风顺推进我们的事业是不可能的。可以预见，前进道路上，来自各方面的困难、风险、挑战肯定会不断出现，关键看我们有没有克服它们、战胜它们、驾驭它们的本领。全党同志特别是各级领导干部要有本领不够的危机感，以时不我待的精神，一刻不停增强本领。只有全党本领不断增强了，“两个一百年”奋斗目标才能实现，中华民族伟大复兴的中国梦才能梦想成真。好学才能上进，好学才有本领。中国共产党人依靠学习走到今天，也必然要依靠学习走向未来。各级领导干部要勤于学、敏于思，坚持博学之、审问之、慎思之、明辨之、笃行之，以学益智，以学修身，以学增才。要努力学习各方面知识，努力在实践中增加才干，加快知识更新，优化知识结构，拓宽眼界和视野，着力避免陷入少知而迷、不知而盲、无知而乱的困境，着力克服本领不足、本领恐慌、本领落后的问题。各地区各部门各单位要认真组织干部学好用好这批教材，帮助广大干部深入学习领会党的十八大和十八届三中、四中全会精神，深入学习贯彻党中央的战略部署和工作要求，不断增强中国特色社会主义道路自信、理论自信、制度自信，不断提高知识化、专业化水平，不断提高履职尽责的素质和能力。

这批教材由全国干部培训教材编审指导委员会组织编写，由人民出版社、党建读物出版社出版。

2月28日，中组部在北京召开第四批全国干部学习培训教材出版座谈会。中组部部长赵乐际强调，要深入学习领会习近平总书记所作《序言》的重要精神，学好用好教材，加强改进教育培训工作，更好地服务党的事业发展、干部健康成长，为全面建成小康社会、全面深化改革、全面依法治国、全面从严治党提供有力保障。习近平总书记为这一批教材所作的《序言》，深刻阐明了全党加强学习、增强本领的重大意义、目标任务、重点要求，是推进学习型政党建设的“再动员”，是当代中国共产党人的“劝学篇”。

1月18日

［纲　文］《人民日报》发表题为《加强制度建设，强化党内监督——四论学习贯彻习近平同志在十八届中央纪委五次全会讲话》的评论员文章。

1月19—21日

［纲　文］　**习近平在云南考察并视察驻昆明部队。**

［目　文］　中共中央总书记习近平在昭通、大理、昆明等地，看望鲁甸地震灾区干部群众，深入企业、工地、乡村考察，就灾后恢复重建和经济社会发展情况进行调研并希望云南主动服务和融入国家发展战略，闯出一条跨越式发展的路子来，努力成为民族团结进步示范区、生态文明建设排头兵、面向南亚东南亚辐射中心，谱写好中国梦的云南篇章。

习近平强调，要全面贯彻党的十八大和十八届三中、四中全会精神，用全面建成小康社会、全面深化改革、全面依法治国、全面从严治党引领各项工作，加快贫困地区、民族地区经济社会发展，为到2020年如期实现全面建成小康社会奋斗目标加紧奋斗。我国经济发展进入新常态，并没有改变我国是世界上最大的发展中国家这一国际地位。一定要牢牢抓住发展这个党执政兴国的第一要务不动摇，在推动产业优化升级上下功夫，在提高创新能力上下功夫，在加快基础设施建设上下功夫，在深化改革开放上下功夫，扎扎实实走出一条创新驱动发展的路子来。要坚持城乡统筹发展，坚持新型工业化、信息化、城镇化、农业现代化同步推进，实现城乡发展一体化。要把生态环境保护放在更加突出位置，像保护眼睛一样保护生态环境，像对待生命一样对待生态环境，在生态环境保护上一定要算大账、算长远账、算整体账、算综合账，不能因小失大、顾此失彼、寅吃卯粮、急功近利。民族团结是我国各族人民的生命线，要坚持和完善民族区域自治制度，坚定不移执行党的民族政策，广泛开展民族团结教育，注重把建设各民族共有精神家园作为战略任务来抓，使各民族人心归聚、精神相依。关于从严治党，党中央的态度很鲜明，就是要采取一切措施，认真地而不是敷衍地、深入地而不是表皮地解决党内存在的各种矛盾和问题。各级党组织要在从严治党上进一步做起来、实起来。无论哪一层级、哪一领域的党组织，都应该严肃认真对待党赋予的职责，按要求进行严格的组织管理。党组织要管理党员、干部，党员、干部要自觉接受党组织管理，也是我们党的一个重要规矩。解决党内存在的问题，根本在于严格管理标准、延伸管理链条、落实管理责任，使每个党员、干部都及时纳入组织管理，使党组织对每个党员、干部都做到情况明、问题清、措施实。各级党组织要切实履行管党责任，结合实际建立健全管党机制。各级领导干部特别是主要领导干部要时时处处严格要求自己，努力做让党放心、让人民满意的好干部。

21日，习近平视察驻昆明部队。在第十四集团军机关和第二炮兵某基地听取工作情况汇报后强调，要认真贯彻全军政治工作会议精神，深化党的创新理论武装，扎实抓好“学习践行强军目标、做新一代革命军人”主题教育活动和团以上党委机关“三严三实”专题教育整顿，持之以恒改作风正风气，确保部队坚决听党指挥，确保部队高度集中统一和纯洁巩固。要弘扬我军光荣传统和优良作风，与时俱进创新政治工作的思维理念、运行模式、方法手段，切实增强政治工作的时代感和生命力。

1月19日

［纲　文］　**《习近平关于实现中华民族伟大复兴的中国梦论述摘编》在保加利亚出版。**

［目　文］　《论述摘编》保加利亚文版出版发行仪式在保加利亚首都索非亚举行，由保加利亚前政府总理布里兹纳什基主持。保加利亚总统普列夫内利耶夫、前总统斯托扬诺夫等政要以及保新闻出版界代表、专家学者等100多人出席。

保加利亚总统普列夫内利耶夫发表致辞说，《习近平关于实现中华民族伟大复兴的中国梦论述摘编》一书以更加新颖的视角反映当前中国社会现状、中国的社会发展目标及梦想，为中国的发展实践指明方向。2014年1月，我对中国进行了成功的国事访问，与习近平主席共同将双边关系确立为全面友好合作伙伴关系，未来双方将继续加强合作。实现中华民族伟大复兴的中国梦是中国人民追求的目标，也是使中国成为维护世界和平发展重要力量的伟大梦想。保加利亚梦和中国梦都与国家和世界和平繁荣息息相关，保加利亚人愿同中国朋友一起追寻梦想。

此书的出版发行在保加利亚引发极大关注。当地10多家主流媒体报道了出版发行仪式。保相关研究机构还与中国学者举办专题研讨会，就中国梦与世界梦、中华民族的伟大复兴与建设和谐世界的关系等议题进行交流。

20日，保加利亚举行《论述摘编》研讨会，保加利亚前副总统马林和来自保政界、学术界、媒体、出版界的20多位专家学者出席研讨会。

1月19日

［纲　文］　**李克强主持召开国务院第4次全体会议。**

［目　文］　会议主要内容是：讨论提请十二届全国人大三次会议审议的政府工作报告，决定将《政府工作报告（征求意见稿）》发往各省（区、市）和中央有关单位征求意见。

李克强指出，向全国人民代表大会报告政府工作，是国务院一项重要的法定职责。政府工作报告体现了政府向人民的庄严承诺，是接受全国人民监督的重要载体。我们要推进政府重大决策科学化民主化，在报告起草过程中广泛听取各界意见，统一思想、凝聚共识、集中民智，把人民的意愿和关切作为政府工作重点和着力点，扎实推进、务求实效。2014年，我国发展面临的国内国际环境复杂严峻，经济下行压力持续加大，多重困难和挑战相互交织。在以习近平同志为总书记的党中央坚强领导下，全国各族人民万众一心，锐意进取，全面完成经济社会发展主要目标任务，经济运行处于合理区间，经济结构有新的变化，发展质量有新的提升，人民生活有新的改善，改革开放取得重大进展，成绩来之不易。当前世界经济深度调整、复苏艰难，我国发展进入新常态，正处于爬坡过坎、攻坚克难的关键时期。2015年经济下行压力依然较大，面临的困难可能更多，政府工作艰巨繁重。必须坚持以经济建设为中心，紧紧抓住发展这个第一要务，按照稳中求进工作总基调，奋发有为，开拓创新，以结构性改革推动结构调整，增加公共产品和服务供给，促进大众创业、万众创新，实现稳增长、调结构的平衡和民生持续改善，努力完成全年经济社会发展和“十二五”规划各项任务，促进经济中高速增长、迈向中高端水平。做好一季度工作对全年十分关键，各地区、各部门要努力实现良好开局。一要抓紧落实好已部署的改革发展重点任务，各项工作都要早作安排、紧抓快办。深入调查研究，密切跟踪和分析经济运行中的新情况，着力破解发展难题。二要抓实抓好冬春农业生产，加强农田水利建设和春耕备耕。三要统筹做好煤电油气运协调保障，组织好春运工作，确保广大群众安全方便出行和重要物资运输。四要切实关心和保障困难群众基本生活，加大清理拖欠农民工工资督查力度。五要严厉打击危害食品安全等违法行为，加强安全生产，做好冬春森林草原防火和防灾减灾工作。

1月19日

［纲　文］　**李克强主持召开国务院常务会议。**

［目　文］　会议主要内容是：一、推进深化医药卫生体制改革，部署加强乡村医生队伍建设、更好保障农村居民身体健康。会议认为，加强乡村医生队伍建设，提升医疗技能，关心他们的生活和成长，对于促进基本公共卫生服务均等化和社会公平，让农村居民获得便捷、价廉、安全的基本医疗服务。会议确定，一是原则上按照每千服务人口不少于1名的标准在全国配备乡村医生。采取公建民营、政府补助等方式，支持村卫生室建设和设备购置。二是对乡村医生开展免费培训和脱产进修。对大专以上学历的乡村医生提供到省市大医院培训的机会。面向村卫生室免费定向培养3年制中、高职医学生。支持更多在岗乡村医生进入中高等医学院校接受学历教育。建立乡村全科执业助理医师制度。三是探索实施乡村医生与农村居民签约服务模式，并按规定收取费用。财政根据核定任务量和乡镇卫生院对乡村医生的考核结果等给予补助。四是拓宽乡村医生发展空间。乡镇卫生院优先聘用乡村医生，到村卫生室工作的医学本科毕业生优先参加住院医师培训。五是提高乡村医生收入。将2014年、2015年对农村地区新增的人均基本公共卫生服务补助资金，以政府购买服务的方式全部用于乡村医生，今后继续重点倾斜。对艰苦边远地区乡村医生加大补助力度。进一步提高乡村医生养老待遇，为他们搭建留得住、能发展、有保障的舞台。二、讨论通过《全国医疗卫生服务体系规划纲要》，促进优化资源配置和服务升级。明确了以下重点任务。一是分级设置各类公立医院，县级原则上设1个县办综合性医院和1个中医类医院，地市级和省级按人口规模合理设置地市办和省办的综合性医院。在京津冀、长三角、珠三角等地区探索建立跨区域医疗卫生机构。二是大力发展社会办医。三是科学布局优质医疗资源，合理确定公立医院床位数、大型设施配备等，支持社会办医院扩大床位规模。四是强化功能布局与分工协作，由基层医疗卫生机构逐步承担首诊、康复和护理等服务，分流公立医院普通门诊。整合疾病预防控制、妇幼保健等专业公共卫生机构。坚持中西医并重，加强医疗信息化建设，鼓励发展远程医疗。五是加快推进公立医院改革，破除以药补医，理顺医疗服务和药品价格，改革医保支付方式，实行政事分开、管办分离，让医疗服务更好为群众除患解忧。三、会议批准4914名做出突出贡献的专家、

学者和技术人员享受2014年政府特殊津贴。

1月19日

［纲　文］　**国务院印发《关于规范国务院部门行政审批行为改进行政审批有关工作的通知》。**

［目　文］　《通知》由四部分组成：一、总体要求；二、规范行政审批行为；三、强化监督问责；四、加强组织领导。

《通知》要求，各省、自治区、直辖市人民政府可参照本通知要求，结合实际，研究制定本地区规范行政审批行为、改进行政审批工作的意见或办法。

1月19日

［纲　文］　**发展改革委、民政部公布《关于规范养老机构服务收费管理促进养老服务业健康发展的指导意见》。**

［目　文］　《意见》由五部分组成：一、建立市场形成价格为主的养老机构服务收费管理机制；二、科学合理制定政府投资兴办养老机构服务收费标准；三、进一步规范养老机构服务收费行为；四、切实落实相关收费和价格减免政策；五、加快推进完善相关配套政策措施等方面的内容。

《意见》要求，各地民政部门要利用国家养老服务信息系统，对养老机构数量、收住老年人数量、收费标准等信息实行信息化管理。推动将养老机构服务质量、信誉状况等情况纳入信用体系建设。

1月19日

［纲　文］　**第28次全国"扫黄打非"工作电视电话会议在北京召开。**

［目　文］　国务院副秘书长、全国"扫黄打非"工作小组副组长江小涓主持会议。全国"扫黄打非"工作小组组长刘奇葆出席会议并讲话。中宣部常务副部长黄坤明宣读《2015年"扫黄打非"行动方案（要点）》。全国"扫黄打非"工作小组专职副组长李长江宣读《关于表彰2014年全国"扫黄打非"先进集体和先进个人的决定》。中宣部副部长、国家新闻出版广电总局局长、全国"扫黄打非"工作小组副组长蔡赴朝，中央政法委副秘书长、全国"扫黄打非"工作小组副组长陈训秋，工业和信息化部副部长、全国"扫黄打非"工作小组成员尚冰出席会议并发言。国家新闻出版广电总局副局长、全国"扫黄打非"工作小组副组长兼办公室主任吴尚之及全国"扫黄打非"工作小组成员单位负责人出席会议。各省（区、市）有关负责人在分会场出席会议。

1月19日

［纲　文］　**上证综指大跌逾260点，跌幅达7.7%，是2008年6月以来的单日最大跌幅。**

1月19日

［纲　文］　**江西赣州进境木材国检监管区正式直通运营。**

［目　文］　标志着中国内陆首个进境木材国检监管区建成并投入使用。赣州家具产

业年产值近700亿元，所需木材75%来源于国外，以往木材资源从国外采购后，中转至深圳盐田等港口入关报检，方能抵达赣州，采购成本高、周期长。如今，进口木材从国外码头直接抵达赣州，在赣州进境木材国检监管区完成口岸通关全流程，运输时间从半个月缩短至一星期，节约通关、物流、贸易等成本。

1月19日

［纲　文］　**“中国—巴基斯坦友好年”启动仪式在北京举行。**

［目　文］　200多位来自中国、巴基斯坦和东南亚的政府、文化界、学术界、媒体和知名企业的代表和小朋友出席启动仪式，并见证了中国—巴基斯坦两国政府和民间友好的历史时刻。期间举办“中巴大学生卡拉昆仑夏令营”“你好，孔子”全球公益巡展走进巴基斯坦等活动。

1月19日

［纲　文］　**《人民日报》发表题为《打铁还需自身硬——五论学习贯彻习近平同志在十八届中央纪委五次全会讲话》的评论员文章。**

1月19—21日

［纲　文］　**汪洋在浙江调研外贸工作。**

［目　文］　国务院副总理汪洋考察了阿里巴巴集团等企业及全国著名的淘宝村——临安市白牛村，并主持召开座谈会，听取有关方面的意见和建议。到杭州下沙、下城两个跨境电子商务产业园区调研。汪洋强调，要坚决贯彻落实党中央、国务院的决策部署，坚持稳中求进工作总基调，稳定和完善外贸政策，努力保持进出口稳定增长，更加注重推进外贸结构调整和转型升级，加快培育外贸竞争新优势，为促进经济平稳健康发展和扩大就业提供有力支撑。

1月19—20日

［纲　文］　**中国共产主义青年团十七届三中全会在北京召开。**

［目　文］　会议主要内容是：认真贯彻落实党的十八大和十八届三中、四中全会精神，深入学习贯彻习近平总书记系列重要讲话精神，认真学习中央加强和改进党的群团工作意见精神，贯彻中央书记处重要指示，总结2014年工作，研究部署2015年工作。

会议指出，2015年共青团工作的总体思路是：牢牢把握青年运动时代主题，注重思想引导、坚持改革创新、狠抓制度建设、强化从严治团，动员广大青年在全面建成小康社会、全面深化改革、全面推进依法治国、全面从严治党实践中做出更大贡献。

1月20日

［纲　文］　**国家主席习近平、国务院总理李克强就中阿建交60周年暨“中阿友好合作年”同阿富汗总统加尼、阿富汗首席执行官阿卜杜拉互致贺电。**

［目　文］　习近平在贺电中指出，建交60年来，中阿两国始终相互理解、相互尊重、相互支持，两国人民友谊深入人心。中国政府高度重视中阿关系，坚定支持阿富汗和

平重建，愿为帮助阿富汗推进和平进程发挥建设性作用，推动中阿关系再上新台阶。加尼在贺电中表示，感谢中方为推动阿富汗和平与和解进程所做贡献。阿方愿同中方一道，为建设本地区更加美好的未来而共同努力。

李克强在贺电中说，中国和阿富汗有着传统的友好关系。中国政府珍视中阿友谊，致力于发展中阿战略合作伙伴关系，支持阿和平重建，愿同阿方共同努力，促进阿经济发展、民生改善和长治久安。阿卜杜拉在贺电中表示，阿富汗人民珍视同中国人民的深厚友谊，阿方愿以庆祝“阿中友好合作年”为契机，进一步增进两国人民间的相互了解。

1月20日

［纲　文］　国务院印发《关于加快推进残疾人小康进程的意见》。

［目　文］　《意见》由六部分组成：一、总体要求；二、扎实做好残疾人基本民生保障；三、千方百计促进残疾人及其家庭就业增收；四、着力提升残疾人基本公共服务水平；五、充分发挥社会力量和市场机制作用；六、加强对推进残疾人小康进程的组织领导。

《意见》要求，各有关部门要根据本意见要求，按照职责和重点任务分工抓紧制定相关配套政策措施。省级人民政府要结合实际制定具体实施方案。国务院残疾人工作委员会要开展残疾人小康进程监测，督促检查本意见落实情况，重大情况及时向国务院报告。国务院将适时组织专项督查。

1月20日

［纲　文］　交通运输部发布《关于取消水运工程初步设计委托咨询收费标准的通知》。

［目　文］　《通知》说，为贯彻落实党的十八届三中、四中全会精神和国务院关于进一步加强涉企收费管理的要求，充分发挥市场配置资源的决定性作用，经研究，决定取消《关于加强水运工程初步设计审查管理的通知》（交水发〔2006〕330号）规定的水运工程初步设计委托咨询收费标准，实行市场调节价。项目审批部门不再委托技术审查咨询单位，由项目法人（建设单位）从符合条件的单位名单中自行选择技术审查咨询单位。自2015年2月1日起执行。此前与本通知不符的有关规定，按本通知执行。

1月20日

［纲　文］　俞正声在北京主持召开全国政协第十二届全国委员会第二十四次主席会议。

［目　文］　会议主要内容有：一、会议通报了中共政协全国委员会党组2015年工作要点。二、审议通过:（一）政协第十二届全国委员会第三次会议议程（草案）和日程（草案）;（二）政协全国委员会常务委员会工作报告（草案）;（三）政协全国委员会常务委员会关于政协十二届二次会议以来提案工作情况的报告（草案）;（四）政协第十二届全国委员会第三次会议各次全体会议执行主席和主持人名单；（五）关于免去令计划政协第十二届全国委员会副主席职务、撤销其全国政协委员资格的决定（草案）等有关人事事项。三、

会议书面审议：（一）政协全国委员会2014年度对外交往工作总结（稿）；（二）政协全国委员会办公厅2014年工作总结（稿）；（三）政协全国委员会办公厅关于2014年全国政协委员视察考察工作情况的报告（草案）；（四）政协全国委员会办公厅关于2014年反映社情民意信息工作情况的报告（草案）；（五）政协全国委员会各专门委员会2014年度工作总结（稿）。会议决定将上述有关草案（稿）提请政协十二届常委会第九次会议审议。

会议强调，全国政协十二届三次会议是在继续推进全面建成小康社会、全面深化改革、全面依法治国、全面从严治党的重要时期召开的一次重要会议，我们一定要认真学习贯彻中共十八大和十八届三中、四中全会精神，深入学习贯彻习近平总书记系列重要讲话精神，充分认识两会在我国政治生活中的重要意义，深入落实中央八项规定精神，进一步增强工作的责任感、紧迫感，高度重视，精心组织，确保会议风清气正，切实把十二届三次会议开成民主、求实、团结、奋进的大会。

1月20日

［纲　文］　**中国消费者协会第五届理事会换届选举暨第五届一次理事会大会在北京召开。**

［目　文］　国务院总理李克强批示指出：30年来，中国消费者协会和各地消协组织积极履行职责，为保护消费者合法权益、维护市场公平秩序、促进社会和谐做了大量富有成效的工作。希望各级政府和有关部门继续重视和支持消协组织工作，提供必要保障。各级消协组织要围绕更好维护消费者合法权益主动作为，创新维权机制，注重教育引导，推动社会各方共同努力，积极营造安全放心的消费环境，为促发展、惠民生作出新贡献。

工商总局局长张茅主持会议并作理事会报告。全国人大常委会副委员长张平、国务委员王勇出席会议并讲话。会议进行第五届理事会换届选举，张平担任中国消费者协会会长，张茅当选中国消费者协会常务副会长。

张平强调，要围绕保护消费者合法权益这个中心，主动适应经济社会发展新常态，把握好新修订的《消费者权益保护法》对中消协的新定位、新职责，提高认识，转变观念，开拓创新，不断提高消费维权工作的公信力、影响力和凝聚力，不断提升消协组织的自身能力，努力把中国消费者协会的工作提升到一个新高度。

1月20日

［纲　文］　**国家防汛抗旱总指挥部在北京召开全国防汛抗旱工作视频会议。**

［目　文］　会议的主要内容是：深入贯彻落实党的十八届三中、四中全会精神，回顾总结2014年防汛抗旱工作，安排部署2015年防汛抗旱任务。国家防总副总指挥、水利部部长陈雷出席会议并讲话。国家防总秘书长、水利部副部长刘宁主持会议，国家防总副秘书长、中国气象局副局长矫梅燕介绍2015年天气形势预测情况。辽宁、河南、湖南、广东、海南、云南等六省防指和长江防总作了交流发言。

1月20日

［纲　文］　**中央统战部在北京召开全国统战部长会议。**

［目　文］　全国政协主席俞正声出席会议并讲话。中央统战部部长孙春兰主持会议并作工作报告。

俞正声强调，统一战线要认真学习贯彻党的十八届三中、四中全会和中央经济工作会议精神，深入学习贯彻习近平总书记系列重要讲话精神，进一步开创统一战线工作新局面，为全面建成小康社会、实现中华民族伟大复兴的中国梦提供广泛强大持久的力量支持。过去一年，各级统战部门紧紧围绕党和国家工作大局，不断巩固共同思想政治基础，着力服务经济社会发展，切实维护民族宗教领域和谐稳定，统筹开展重点工作，各方面工作都取得了新的成绩。党要管党，其中包括党要管统战。各级党委一定要增强统战意识，特别是党委负责人要亲自主持研究统一战线重大问题，亲自做统一战线重要人士的工作。

孙春兰强调，要深入学习贯彻习近平总书记系列重要讲话精神、特别是关于统一战线的新思想新观点新要求，用以武装头脑，指导实践，凝聚人心。要抓住机遇，以破解重点问题为牵引，扎实推进统一战线各领域工作。要大力加强统战部门和统战干部队伍建设，努力把统战部门建设成为“党外人士之家”。特别要自觉守纪律、讲规矩，始终同以习近平为总书记的党中央保持高度一致，着力营造忠诚于党、忠诚于统战事业的良好政治生态。

1月20日

［纲　文］　**中组部、人力资源社会保障部、公务员局在北京召开全国公务员管理工作会议。**

［目　文］　中组部副部长、人力资源社会保障部部长尹蔚民主持会议。中组部常务副部长陈希出席会议并讲话。

会议强调，深化分类改革，加强公务员管理法规制度建设，从严管理监督，加强平时考核，营造守纪律、讲规矩的良好氛围。做好2015年公务员管理工作，要严格落实公务员法和《干部任用条例》，把握从严从实的主基调，加强正向激励，引导广大公务员做到对党忠诚、个人干净、敢于担当；加强教育培训，不断把学习贯彻习近平总书记系列重要讲话精神引向深入，使讲话精神成为广大公务员的思想罗盘和行动指南，增强奋发有为、敢于担当的思想自觉和行动自觉；深化分类改革，加强公务员管理法规制度建设，从严管理监督，加强平时考核，营造守纪律、讲规矩的良好氛围，引导广大公务员始终做到心中有党、心中有民、心中有责、心中有戒，敬业守责、履职尽责；强化正向激励，突出基层导向，注重关心爱护，完善职业保障，调动公务员奋发有为、干事创业的积极性。各级公务员主管部门要强化政治意识，始终把公务员管理作为一项政治性很强的工作，把中央关于从严治党从严治吏、严守政治纪律政治规矩等新要求，落实到公务员队伍建设的方方面面；创新工作理念，改进工作方法，健全协作机制，形成互联互通的工作格局，努力打造一支为党分忧、为国干事、为民谋利的高素质专业化公务员队伍。

1月20日

［纲　文］　**文化部在北京召开2015年全国文化志愿服务工作推进会议。**

［目　文］　会议全面总结了近年来特别是 2014 年文化志愿服务工作取得的成效，宣读了《文化部关于表扬 2014 年“文化志愿服务推进年”优秀典型的通报》。受表扬的优秀单位、个人和示范项目代表作了经验介绍。对 2015 年文化志愿服务工作进行了安排部署。

截至 2014 年 12 月，全国共有各类文化志愿服务团队 6700 多支，登记在册的文化志愿者人数突破百万。2014 年共开展基层文化志愿服务活动 31 万多次，服务群众 8700 多万人次。“春雨工程”“大地情深”两项示范活动共对接实施了 140 个项目，5000 多名文化志愿者深入城乡基层，举办各类演出、讲座和展览 500 多场，直接受益群众人数达 50 多万。

1 月 20 日

［纲　文］　**外交部发言人表示：新一轮伊核问题全面协议谈判进程在向前推进。**

［目　文］　发言人表示，伊朗核问题六国与伊朗在日内瓦举行新一轮伊核问题全面协议谈判，谈判中有关各方都展现了诚意，谈判进程在向前推进。中方认为，本轮谈判紧张、务实、深入，扩大了共识。中方希望各方抓住当前来之不易的历史机遇，与时间赛跑，在坚持现有共识的同时，做好“分步对等”这篇大文章，并作出政治决断，以形成一揽子方案。中方希望六国和伊朗目前的努力能够早日开花结果，尽早达成互利共赢的全面协议。

伊朗核问题六国与伊朗 18 日在日内瓦举行新一轮伊核问题全面协议谈判。此轮谈判是伊核问题六国与伊朗自 2014 年 11 月 24 日在维也纳决定谈判延期后举行的第二次谈判。中国外交部军控司司长王群出席。

1 月 20 日

［纲　文］　**《人民日报》发表题为《助力“人的新农村”》的评论员文章。**

1 月 20—21 日

［纲　文］　**中央政法工作会议在北京召开，习近平就政法工作作出指示。**

［目　文］　中共中央总书记习近平指示指出：新形势下，政法机关任务更重，人民群众要求更高。希望全国政法机关主动适应新形势，增强工作前瞻性，有效防控各类风险，履行好维护国家安全和社会安定的重大责任。2014 年，政法战线认真贯彻党中央决策部署，深入推进平安中国、法治中国、过硬队伍建设，各项工作特别是改革工作取得新成效。全国政法机关要继续深化司法体制改革，为严格执法、文明执法、公正司法和提高执法司法公信力提供有力制度保障。要坚持从严治警，严守党的政治纪律和组织纪律，坚决反对公器私用、司法腐败，着力维护社会大局稳定、促进社会公平正义、保障人民安居乐业。各级党委要切实担负起维护一方稳定的政治责任，把政法工作摆到经济社会发展全局中来谋划，积极研究解决影响政法工作的重大问题。要带头依法办事，支持人民法院、人民检察院依法独立公正行使审判权、检察权，支持政法各单位依照宪法法律独立负责、协调一致开展工作，为政法机关依法履行职责创造良好环境。要加强和改进对政法工作的

领导，选好配强政法机关领导班子，不断提高政法队伍思想政治素质和履职能力，培育造就一支忠于党、忠于国家、忠于人民、忠于法律的政法队伍，确保刀把子牢牢掌握在党和人民手中。

中央政法工作会议由国务委员、中央政法委副书记郭声琨主持。中央政法委委员及中央政法各单位、中央和国家机关有关部委的负责人，香港工委和澳门工委负责人，全军政法委员会委员、武警部队政法委书记，各省区市和新疆生产建设兵团党委政法委书记、常务副书记和高级人民法院、人民检察院、公安厅（局）、国家安全厅（局）、司法厅（局）、综治办、信访局（办）主要负责人，各省会（自治区首府）市和计划单列市党委政法委书记出席会议。

中共中央政治局委员、中央政法委书记孟建柱在中央政法工作会议上强调，习近平总书记关于政法工作的重要指示，进一步指明了加强政法工作的正确方向。全国政法机关要用习近平总书记重要指示统一思想、指导工作，深入学习贯彻党的十八大和十八届三中、四中全会及中央经济工作会议精神，深入学习贯彻习近平总书记系列重要讲话精神，主动适应形势新变化，坚持以法治为引领，以高度的政治责任感全力维护国家安全和社会稳定，以时不我待的紧迫感扎实推进司法体制改革，以坚定的法治信仰推进严格执法、文明执法、公正司法，以严的纪律铁的规矩切实加强政法队伍建设，不断提高政法机关服务大局的能力和水平，忠实履行好维护社会大局稳定、促进社会公平正义、保障人民安居乐业的职责使命。

会议提出，要坚持以法治为引领，深化司法体制改革，深入推进平安中国、法治中国、过硬队伍建设，有效防控各类风险，忠实履行好维护社会大局稳定、促进社会公平正义、保障人民安居乐业的职责使命，为全面建成小康社会创造安全稳定的社会环境、公平正义的法治环境、优质高效的服务环境。

1月20—22日

［纲　文］　**国务院总理李克强出席在瑞士达沃斯举行的世界经济论坛2015年年会，并对瑞士进行工作访问。**

［目　文］　李克强在达沃斯会见了瑞士联邦主席索马鲁加并与其共同见证了双边金融、食品药品、科研、人员往来等领域合作文件的签署；会见了世界经济论坛主席施瓦布；出席由世界经济论坛国际工商理事会主席、美国铝业公司董事长兼首席执行官柯菲德主持的与世界经济论坛国际工商理事会代表的对话会。

李克强在世界经济论坛2015年年会全会上发表题为《维护和平稳定 推动结构改革 增强发展新动能》的特别致辞中表示，当今世界充满不确定性也孕育希望，需要探讨应对全球新局势的新思路。面对复杂的国际局势，中国主张要维护和平稳定，有效和公认的国际秩序必须维护而不是打破，否则繁荣发展无从谈起。面对多元的世界文明，中国主张要促进和谐相处，不同文化、宗教和人民之间都应相互尊重、包容互鉴。面对多变的经济形势，中国主张要推动开放创新，各国在根据国情制定自身政策的同时，也要加强国际宏观经济政策协调，共同反对保护主义，扩大区域经济合作。国际社会应大力推进结构性改革，形成全球创新合力，打造全球价值链，迎接新科技革命到来，培育世界发展新动能。

会议期间，李克强分别会见了乌克兰总统波罗申科、哈萨克斯坦总理马西莫夫、塞尔维亚总理武契奇。

1月21日

[纲　文]　**国务院办公厅印发《关于做好2015年春节元宵节期间旅游安全工作的通知》**。

1月21日

[纲　文]　**国务院食品安全办、食品药品监管总局、保监会印发《关于开展食品安全责任保险试点工作的指导意见》**。

[目　文]　《意见》由七部分组成：一、充分认识开展食品安全责任保险试点工作的重要意义；二、明确开展食品安全责任保险试点工作的基本原则；三、确定食品安全责任保险的试点范围；四、合理设计食品安全责任保险条款和保险费率；五、建立健全食品安全风险管理机制；六、完善食品安全责任保险理赔机制；七、加强食品安全责任保险试点工作的组织实施。

《意见》要求，相关部门加强数据分析与共享，建立食品安全风险评级制度，将企业的安全管理评级、信用记录、行业风险差异、历史损失等情况纳入费率调整因子，利用费率杠杆机制提升企业安全管理水平。

1月21日

[纲　文]　**发展改革委、财政部、住房城乡建设部印发《关于制定和调整污水处理收费标准等有关问题的通知》**。

[目　文]　《通知》由六部分组成：一、合理制定和调整收费标准；二、加大污水处理费收缴力度；三、实行差别化收费政策；四、鼓励社会资本投入；五、确保配套措施落实到位；六、做好信息公开和宣传。

1月21日

[纲　文]　**质检总局公布《出入境特殊物品卫生检疫管理规定》**。

[目　文]　《规定》共6章37条，主要有总则、检疫审批、检疫查验、监督管理、法律责任、附则等内容。自2015年3月1日起施行，国家质检总局2005年10月17日发布的《出入境特殊物品卫生检疫管理规定》（国家质检总局令第83号）同时废止。

1月21日

[纲　文]　**教育部印发《国别和区域研究基地培育和建设暂行办法》**。

[目　文]　《办法》说，教育部拟订布点计划，支持高校培育和建设教育部国别和区域研究基地，教育部国别和区域研究基地将根据总体规划和布点计划，逐步设立、完善，全面覆盖世界各个国家和区域。国别和区域研究基地，是指高校整合资源对某一国家或者

区域的政治、经济、文化、社会等开展全方位综合研究的实体性平台。国别和区域研究基地要以咨政服务为首要宗旨，以政策研究咨询为主要任务，以完善组织形式和管理方式为重点。教育部会同有关部门负责基地培育建设工作的统筹规划、综合协调和宏观指导。高校负责基地的培育建设和日常管理工作。

1月21日

［纲　文］　**全国爱国卫生工作电视电话会议在北京召开。**

［目　文］　国务院总理李克强作出批示指出：爱国卫生运动对于预防和减少疾病、改善城乡环境卫生面貌、提高全民文明卫生素质，发挥了不可替代的作用。各地区、各部门要围绕解决影响群众健康的突出问题，结合深化医改，以改革创新的精神推进新时期爱国卫生运动，牢固树立公共卫生意识，加强爱卫会组织和基层医疗卫生服务体系建设。继续大力实施源头控制，坚持以人为本、群防群控；大力开展整治行动，推进卫生村镇、社区和城市建设；大力倡导健康生活方式，减少疾病发生和传播，为建设健康中国、造福广大人民群众做出新贡献。

会议主要议题是：贯彻落实《国务院关于进一步加强新时期爱国卫生工作的意见》，研究部署下一阶段爱国卫生工作。会议提出要努力创造促进健康的良好环境，积极推进社会卫生综合治理，全面提高群众文明卫生素质，全面推进城乡环境卫生整洁行动，维护群众身体健康，提高人民生活质量。

国务院副总理、全国爱国卫生运动委员会主任刘延东出席会议时强调，要认真学习李克强总理重要批示精神，深入贯彻落实《国务院关于进一步加强新时期爱国卫生工作的意见》，将爱国卫生运动不断向纵深推进，为建设健康中国、美丽中国、实现中国梦作出更大贡献。60多年来，爱国卫生运动立足我国的政治、组织、文化优势和有效的社会动员，提高了全民族文明素质和健康水平。各地各部门要继承发扬爱国卫生运动的成功经验和优良传统，全面推进改革创新，切实维护人民群众健康权益，为经济社会协调发展提供有力保障。要深入开展城乡环境卫生整洁行动，加强垃圾、污水、雾霾、食品安全等综合整治，大力推进改水改厕，推动城乡面貌取得天蓝地绿水净宜居新变化。要坚持预防为先、标本兼治，抓源头，治未病，推动健康教育进农村、进社区、进学校、进企业、进部队、进家庭，提高群众防病意识和能力，倡导健康生活方式。要牢固树立社会“大卫生”观念，深入推进卫生城镇创建，探索开展健康城市建设，不断完善卫生综合治理的有效形式和制度保障。要拓展爱国卫生运动内涵，创新工作方法，健全组织体系，强化执法、舆论和社会监督，不断提高爱国卫生工作水平。要切实抓好冬春季传染病防控，坚决避免发生大的疫情。

1月21日

［纲　文］　**最高法在北京召开全国高级法院院长会议。**

［目　文］　最高人民法院常务副院长沈德咏主持会议。会上，宣读了最高人民法院表彰全国优秀法院、全国优秀法官和全国法院办案标兵的决定。最高人民法院院领导、全

国各高级人民法院院长出席会议。全国人大代表马杰、孙家广、孙晓梅、李家明、杨庚宇、徐如俊、骞芳莉、蔡继明，全国政协委员严慧英、谢朝华应邀出席会议。最高人民法院各部门负责人和新闻媒体记者参加会议。会议全面总结2014年的工作，深入分析形势任务，研究部署了人民法院2015年的工作。

最高人民法院院长周强在会上强调，准确把握时代特征，始终坚持问题导向，主动把握和积极适应经济发展新常态，充分发挥审判职能，推进司法改革，深化司法公开，从严管理干部，加快推进审判体系和审判能力现代化，为全面建成小康社会、全面深化改革、全面依法治国、全面从严治党做出新的更大贡献。要加强顶层设计，指导司法改革试点法院、三个知识产权法院、两个跨行政区划法院以及前海合作区法院等新型法院积极开展工作，加快推进最高人民法院巡回法庭建设，确保巡回法庭改革顺利进行；要认真做好刑事案件速裁程序试点工作，健全刑事诉讼中认罪认罚从宽制度，继续深化涉诉信访改革，严格落实涉诉信访终结制度，充分保障当事人诉权；要加强司法职业保障，落实司法责任制。

1月21日

［纲　文］　**《人民日报》发表题为《肩负起新形势下的光荣使命》的评论员文章。**

1月21—22日

［纲　文］　**最高检在北京召开全国检察长会议。**

［目　文］　北京、上海、安徽、福建、湖北、广东6个省级检察院检察长在会上作了经验交流发言。

最高人民检察院检察长曹建明在会上强调，2015年检察机关要坚守防止冤假错案底线，探索建立刑事申诉异地审查制度，健全冤错案件发现受理、审查办理、监督纠正等机制。各级检察机关要重点加强对命案和主要靠言辞证据定罪案件的审查，坚决排除非法证据，防止事实不清、证据不足的案件或者违反法律程序的案件“带病”进入起诉、审判程序。对冤错案件，检察机关必须敢于监督、敢于纠错。要加强与公安机关沟通协调，探索建立重大、疑难案件侦查机关听取检察机关意见建议制度，完善检察机关不批捕、不起诉标准，规范退回补充侦查程序，完善对刑事拘留等限制人身自由司法措施和侦查手段的法律监督机制。对刑讯逼供、徇私枉法或者重大过失，导致涉案人员非正常死亡或者造成错案的，以及错案发生后拖延不纠正造成严重后果的，必须严肃查办。

1月21—22日

［纲　文］　**中国侨联九届二次全委会在北京召开。**

［目　文］　中国侨联主席林军代表中国侨联九届常委会作工作报告，对2015年的侨联工作作出部署。会议就创新拓展侨联工作、发挥侨胞作用、加强基层服务、依法维护侨益等进行交流。

国家副主席李源潮出席会议时指出，侨联要深入学习贯彻习近平总书记系列重要讲话精神，坚定不移走中国特色社会主义群团发展道路，积极推进“两个拓展”，团结广大归侨侨眷和海外侨胞为实现中国梦而奋斗。要把握侨情新变化新特点，在坚持“两个并重”基础上加快推进“两个拓展”，加强与海外侨胞和新归侨的联系服务，更好成为祖国联系服务广大侨胞的桥梁纽带，成为推动中国与世界各国人民友好的桥梁纽带。要坚持以人为本、为侨服务，依法维护侨界群众合法权益，继续做好帮扶困难归侨侨眷的实事。中国侨联委员和各级侨联干部要带头树立群众作风，经常深入基层、深入群众，知侨情、连侨心、解侨忧。

1月21—22日

［纲　文］　**文化部在洛阳召开全国文化市场管理工作会议。**

［目　文］　文化部副部长项兆伦出席会议并讲话。全国各省（区、市）和新疆生产建设兵团、各计划单列市文化市场管理部门和综合执法机构负责人、文化市场有关行业协会负责人和文化部文化市场司有关人员参加会议。会议总结了2014年文化市场管理工作，并对2015年重点工作作出安排和部署。会议提出要紧紧围绕建立健全现代文化市场体系，一手抓促进发展与繁荣，一手抓加强执法与监管。

1月22日

［纲　文］　**国家主席习近平在北京接受八国新任驻华大使国书。**

［目　文］　习近平欢迎来自五大洲的外国驻华使节们来华履新，请他们转达对各自国家领导人和人民的诚挚问候和良好祝愿，希他们任内为促进两国关系发展做出贡献。

八国新任驻华大使是：津巴布韦驻华大使奇卡瓦、塞尔维亚驻华大使巴切维奇、孟加拉国驻华大使卡里姆、马尔代夫驻华大使法赛尔、哥斯达黎加驻华大使莱昂、南苏丹驻华大使侯赛因、新西兰驻华大使麦康年、马来西亚驻华大使扎因丁。

1月22日

［纲　文］　**李克强向中国远洋运输集团希腊比雷埃夫斯港三号集装箱码头扩建项目动工典礼致贺词。**

1月22日

［纲　文］　**中宣部、中组部和云南省委在北京举办时代楷模高德荣先进事迹报告会。**

［目　文］　报告会由中宣部副部长王世明主持。中组部副部长陈向群出席报告会并讲话，云南省委常委、省委宣传部部长赵金出席报告会。中央和国家机关干部、首都各界和少数民族群众代表700多人参加报告会。

报告会前，中共中央政治局常委刘云山看望报告团成员时说，高德荣作为时代楷模，不仅是独龙族的带头人，也是全国党员干部的一面旗帜。高德荣的先进事迹，生动诠释了习近平总书记提出的心中有党、心中有民、心中有责、心中有戒的要求，展现了共产党人的精气神，传递了向上向善的正能量。党员领导干部向高德荣学习，就要认真践行“四有”要求，做到不忘恩、不忘本、不懈怠、不妄为，努力做高德荣式的好干部。要增强党的意识，忠诚党的信仰、党的宗旨、党的事业，在党言党、在党忧党、在党为党，勤勤恳恳干事创业，不辜负党的教育培养。要把人民放在心里、把百姓当作亲人，切实解决好“为了谁、依靠谁、我是谁”的问题，多为群众办实事解难事，带领群众实现小康生活的美好梦想。要牢记职位就是责任，当干部就必须尽职尽责、敢于担当，以奋发有为的精神，以“功成不必在我”的境界，肩负起促进改革发展、维护和谐稳定的重任。要树立正确的权力观，敬畏组织、敬畏人民、敬畏法律，守纪律、讲规矩、有戒惧，清清白白做人，干干净净做事，坦坦荡荡为官，坚守共产党人的精神高地。

高德荣曾任云南省贡山独龙族怒族自治县县长，长期坚守在条件艰苦的独龙江畔，全身心致力于家乡建设发展，被当地群众誉为“一心为民的好县长”。从怒江州人大常委会副主任岗位转任后，他主动返乡扎根独龙江，一心扑在群众脱贫致富上。

1 月 22 日

［纲　文］　**住房城乡建设部发布《城镇污水排入排水管网许可管理办法》。**

［目　文］　《办法》共 5 章 34 条，主要有总则、许可申请与审查、管理和监督、法律责任、附则等内容。自 2015 年 3 月 1 日起施行。

1 月 22 日

［纲　文］　**住房城乡建设部发布《关于修改〈市政公用设施抗灾设防管理规定〉等部门规章的决定》，自 2015 年 1 月 22 日起实施。**

1 月 22 日

［纲　文］　**全国政协在北京召开双周座谈会，就“残疾人权益保障”建言献策。**

［目　文］　全国政协主席俞正声主持会议。中国残疾人联合会副主席、理事长鲁勇介绍有关情况。民政部副部长邹铭、国家卫生和计划委员会副主任马晓出席会议并作书面发言。全国政协非常关注残疾人权益保障问题。此前，全国政协社会和法制委员会围绕“健全残疾人权益保障制度”开展专题调研，政协委员通过提案等方式积极推动残疾人权益保障。

委员们认为，党和国家高度重视残疾人事业。党的十八大和十八届三中、四中全会对加强残疾人权益保障作出明确部署，近日国务院常务会议确定了一系列保障和改善残疾人民生的措施。目前已形成了以《残疾人保障法》为核心的残疾人事业法律政策体系，残疾人生活发展状况有很大改善，但残疾人与社会平均水平差距较大的状况还没有根本改变，部分残疾人基本生活保障问题依然突出。残疾人是社会大家庭的平等成员，同样是社会的宝贵财富，是人力资源的组成部分。尊重和平等对待残疾人是社会文明和社会成熟的标志，与社会主义核心价值观联系紧密，涉及社会和谐、民生保障、平等公正。一些委员建议，残疾人事业要坚持政府主导、社会参与；要鼓励和支持残疾人平等地参与和融入社会，不断加强残疾人教育和就业政策保障；要对残疾人实行普惠和特惠相结合的政策，残疾人的特惠政策应与基本社会保障相衔接；残疾人特惠政策要突出重点，加强对重度残疾人的基本保障，积极推动残疾儿童的早期治疗，使有限的资金使用到最有效的地方；要重视康复医疗机构的建设；要建立健全残疾人事业的法律法规，使残疾人权益保障真正落到实处。

1月22日

［纲　文］　**孙春兰在北京会见第10次全国社会主义学院院长会议代表。**

［目　文］　中央统战部部长孙春兰接见会议代表时指出，中央社会主义学院是在党中央亲切关怀下创办发展起来的，发挥了人才培养基地、理论研究基地、方针政策宣传基地的重要作用，体现了党外代表人士教育培训主阵地、民主党派和无党派人士联合党校、党政干部培训重要组成部分的定位，为经济社会发展、为统一战线事业发展作出了重要贡献。全国统战部长会议明确了本年的工作任务。我们的首要任务是深入学习贯彻习近平总书记系列重要讲话，特别是关于统一战线工作的要求，进一步做好党外代表人士和各民主党派干部培训工作，增强中国特色社会主义道路、理论、制度自信，筑牢共同思想政治基础。希望社会主义学院围绕中央“四个全面”的战略部署，进一步发挥自身优势特色，挖掘人才智力资源，开展统一战线理论政策研究，充分发挥智库作用，总结经验和规律，全面提升教学质量和培训水平。

1月22日

［纲　文］　**海关总署在天津召开全国海关关长会议。**

［目　文］　海关总署党组书记、署长于广洲代表总署党组作题为《深化改革，厉行法治，努力做好新常态下海关各项工作》的主题讲话，总结2014年海关工作取得的成绩；强调要以习近平总书记系列重要讲话精神为指导，把握“大逻辑”“大市场”“大平衡”“大通关”，认清形势，坚定信心，谋划好全年工作。明确2015年海关工作总体思路是：全面贯彻党的十八大，十八届三中、四中全会和中央经济工作会议精神，深入学习贯彻习近平总书记系列重要讲话精神，主动把握和积极适应新常态，践行“四好”总体要求，推进“五型”海关建设，以落实“三互”推进大通关建设为重点，全面深化改革；以法治与改革统筹推进为关键，建设法治海关；以落实全面从严治党要求为主线，狠抓队伍建设，努力建设中国特色社会主义海关，为服务国家发展大局和社会和谐稳定作出新贡献。

1月22日

［纲　文］　**外交部发言人表示：中国在国际关系中一向倡导大小国家一律平等，反对大国欺负小国，同时也认为小国不能无理取闹。**

1月23日

［纲　文］　**习近平主持召开中共中央政治局会议。**

［目　文］　本次会议主要内容是：一、审议通过《国家安全战略纲要》。会议认为，制定和实施《国家安全战略纲要》，是有效维护国家安全的迫切需要，是完善中国特色社会主义制度、推进国家治理体系和治理能力现代化的必然要求。坚持正确义利观，实现全面、共同、合作、可持续安全，在积极维护我国利益的同时，促进世界各国共同繁荣。运

筹好大国关系，塑造周边安全环境，加强同发展中国家的团结合作，积极参与地区和全球治理，为世界和平与发展做出应有贡献。二、听取全国人大常委会、国务院、全国政协、最高人民法院、最高人民检察院党组向中央政治局常委会汇报工作的综合情况报告。对这些机构2014年的工作给予充分肯定。会议认为，全国人大常委会、国务院、全国政协、最高人民法院、最高人民检察院党组向中央政治局常委会、中央政治局汇报工作，是我们党长期以来形成的一个传统和制度，是保证党中央集中统一领导的制度性安排，要不断完善这方面的制度，自觉遵循并长期坚持。会议强调，统筹全面建成小康社会、全面深化改革、全面依法治国、全面从严治党的任务非常艰巨繁重。全国人大常委会、国务院、全国政协、最高人民法院、最高人民检察院党组要始终在思想上政治上行动上同以习近平为总书记的党中央保持高度一致，在贯彻落实党中央重大决策部署上凝神聚焦发力，确保党和国家各项工作保持正确方向。要观大势、掌全局、议大事、抓大事，围绕中心、突出重点，履职尽责、奋发有为，充分发挥职能作用。三、听取关于2014年贯彻执行中央八项规定情况的汇报，研究部署下一步改进作风工作。会议强调，贯彻执行中央八项规定精神取得了新的重要成效，但依然存在一些不容忽视的问题：慑于压力不敢做的效果比较明显，严格遵守有关规定的自觉性尚未普遍形成；一些违规违纪行为禁而不绝，搞变通现象较为突出；制度不落实的顽疾仍然没有解决，“稻草人”现象亟待破解。要坚持不懈抓好中央八项规定精神贯彻落实，坚决防止不良作风反弹回潮。要强化和落实各级党委（党组）抓作风建设的主体责任，制定明细的责任清单和问责规定。要以钉钉子精神狠抓制度执行，重点抓好公务接待、办公用房、会议培训、因公出国（境）、领导干部待遇、秘书配备、领导干部在社团兼职、国有企业负责人薪酬制度改革等方面制度的落实。要抓住干部群众反映强烈的突出问题，进一步开展专项治理，尤其要扎实推进公务用车制度改革，加大对培训中心、私人会所、疗养院治理力度，从严从紧开展驻省会城市办事机构清理规范工作，继续整治执法、监管、公共服务等窗口行业和领域违规收费和收红包、购物卡等问题，继续解决乱摊派、评比考核过多过滥等问题，坚决查处公款吃喝、公款旅游等突出问题。要在领导层面继续深入开展反“四风”、转作风活动，特别是集中抓好遵守政治纪律、政治规矩的工作，推动党的作风建设不断取得新成效。

1月23日

［**纲　文**］　**习近平主持中共中央政治局第20次集体学习。**

［**目　文**］　本次学习的主题是：辩证唯物主义基本原理和方法论。吉林大学孙正聿教授就这个问题进行讲解，并谈了意见和建议。

中共中央总书记习近平强调，辩证唯物主义是中国共产党人的世界观和方法论，我们党要团结带领人民协调推进全面建成小康社会、全面深化改革、全面依法治国、全面从严治党，实现“两个一百年”奋斗目标、实现中华民族伟大复兴的中国梦，必须不断接受马克思主义哲学智慧的滋养，更加自觉地坚持和运用辩证唯物主义世界观和方法论，增强辩证思维、战略思维能力，努力提高解决我国改革发展基本问题的本领。要学习掌握世界统一于物质、物质决定意识的原理，坚持从客观实际出发制定政策、推动工作。当代中国最大的客观实际，就是我国仍处于并将长期处于社会主义初级阶段，这是我们认识当下、规划未来、制定政策、推进事业的客观基点，不能脱离这个基点。既要看到社会主义初级阶段基本国情没有变，也要看到我国经济社会发展每个阶段呈现出来的新特点。经过30多年改革开放，我国社会生产力、综合国力、人民生活水平实现了历史性跨越，我国基本国情的内涵不断发生变化，我们面临的国际国内风险、面临的难题也发生了重要变化。我们提出要准确把握、主动适应经济发展新常态，就是适应国际国内环境变化、辩证分析我国经济发展阶段性特征作出的判断。准确把握我国不同发展阶段的新变化新特点，使主观世界更好符合客观实际，按照实际决定工作方针，这是我们必须牢牢记住的工作方法。要学习掌握唯物辩证法的根本方法，不断增强辩证思维能力，提高驾驭复杂局面、处理复杂问题的本领。我们的事业越是向纵深发展，就越要不断增强辩证思维能力。当前，我国社会各种利益关系十分复杂，这就要求我们善于处理局部和全局、当前和长远、重点和非重点的关系，在权衡利弊中趋利避害、作出最为有利的战略抉择。全面深化改革，要突出改革的系统性、整体性、协同性，使改革成果更多更公平惠及全体人民。要学习掌握认识和实践辩证关系的原理，坚持实践第一的观点，不断推进实践基础上的理论创新。我们推进各项工作，要靠实践出真知。理论必须同实践相统一。必须高度重视理论的作用，增强理论自信和战略定力，对经过反复实践和比较得出的正确理论，要坚定不移坚持。要根据时代变化和实践发展，不断深化认识，不断总结经验，不断实现理论创新和实践创新良性互动，在这种统一和互动中发展21世纪中国的马克思主义。

1月23日

［纲　文］　**国家主席习近平就“中国旅游年”在韩国首尔开幕致贺信。**

［目　文］　习近平对“中国旅游年”开幕表示祝贺，向韩国人民致以诚挚问候，并表示中韩文化交流源远流长。中国自古推崇“读万卷书，行万里路”。韩国诗人崔致远盛赞半岛“东国花开洞，壶中别有天”。韩国民众很能理解中国文化的深厚底蕴，中国民众也很欣赏韩国文化的独特魅力。这些为两国扩大包括旅游在内的人文交流奠定了坚实基础。希望双方以此为契机，全面扩大旅游合作和文化互鉴，为促进双边关系发展、增进人民友好感情做出新贡献。

韩国总统朴槿惠向“中国旅游年”开幕式发去贺信表示，韩中在历史和文化传统方面联系紧密。两国人员往来从建交之初的10万人次扩大到目前1000万人次，我期待2000万人次时代尽快到来。希望韩中两国以各自的创新和革新精神发展旅游合作，两国国民更多互访，了解对方国家的历史文化和传统风俗，增进友谊和信任，使两国成为更加亲密的邻邦。

互办“旅游年”是习近平2014年7月对韩国进行国事访问期间同朴槿惠达成的共识。2015年中韩双方在“中国旅游年”内举办百名韩国旅游记者来华采访、“韩国人看中国”摄影作品展等100多项旅游交流活动。

同日，“中国旅游年”开幕式在首尔举行，正在韩国访问的国务院副总理汪洋和韩国副总理黄佑吕共同出席并致辞。

1月23日

［纲　文］ **国家主席习近平就沙特国王阿卜杜拉逝世向沙特新任国王萨勒曼致唁电。**

［目　文］ 习近平代表中国政府和人民，对阿卜杜拉国王逝世表示深切的哀悼，向萨勒曼国王、沙特阿拉伯政府和人民、阿卜杜拉国王的亲属表示诚挚的慰问并表示，阿卜杜拉国王是沙特阿拉伯的卓越领导人，为促进国家繁荣稳定、维护中东海湾地区及世界和平发展做出了重大贡献。阿卜杜拉国王是中国人民的老朋友，为推动中沙战略性友好关系发展、推动两国各领域交流合作、增进两国人民友谊做出了突出贡献。阿卜杜拉国王的不幸逝世，不仅是沙特阿拉伯人民的巨大损失，也使中国人民失去了一位真诚的朋友，我对此深感痛惜。中国政府和人民十分珍视中沙友谊，相信在双方共同努力下，中沙战略性友好关系一定会继续向前发展。

24日，国家主席习近平特别代表、国务委员杨洁篪在利雅得出席沙特阿拉伯前国王阿卜杜拉吊唁活动。

26日，全国政协主席俞正声前往沙特驻华使馆吊唁阿卜杜拉国王逝世。

1月23日

［纲　文］ **国家主席习近平电贺萨勒曼·本·阿卜杜勒－阿齐兹·阿勒沙特继任沙特阿拉伯国王。**

1月23日

［纲　文］ **保监会发布《相互保险组织监管试行办法》。**

［目　文］ 《办法》共7章42条，主要有总则、设立、会员、组织机构、业务规则、监督管理、附则等内容。自2015年1月23日起施行。

1月23日

［纲　文］ **财政部、教育部印发《农村义务教育薄弱学校改造补助资金管理办法》。**

［目　文］ 《办法》共7章38条，主要有总则、资金使用范围、资金分配与拨付、资金申报、资金管理与绩效评价、资金监督检查、附则等内容。自2015年3月1日起施行。《办法》指出，地方财政和教育部门可以依据本办法，制定地方薄改补助资金管理和使用的具体办法或者实施细则。

1月23日

［纲　文］ **中国首座高震区水下沉管隧道试通车。**

［目　文］ 天津市滨海新区中央大道海河隧道试通车运行，海河南北两岸的车程由原来20多分钟缩短至3分钟，把中心商务区于家堡金融区与临港工业区、天津港散货物流区连为一体，为“京津冀一体化”注入强大的活力。该隧道全长4.2公里，双向六车道，抗震级别高达8级。

1月23日

［纲　文］　**全国认证认可工作会议在北京召开。**

［目　文］　质检总局局长支树平出席会议并讲话，质检总局副局长、认监委主任孙大伟作工作报告。全国认证认可工作部际联席会议成员单位和特邀单位代表，标准委、质检总局有关司局、在京直属单位负责人，认监委机关及下属单位班子成员在主会场参加了会议。

1月23日

［纲　文］　**中国古籍保护协会在北京成立。**

［目　文］　中国古籍保护协会第一届理事会会长为国家图书馆副馆长刘惠平。目前已有124个会员，会员中既有多家古籍保护、研究、出版机构，也有个人会员。作为一家民间行业组织，该协会承担着调动社会力量、引入民间资本，自下而上参与古籍保护工作的职能。

1月23—24日

［纲　文］　**中国文联第九届七次全委会在北京召开。**

［目　文］　中国文联主席孙家正主持会议。中宣部常务副部长、中央文明办主任黄坤明出席会议并讲话。中国文联党组书记、副主席赵实作工作报告。中国文联2015年围绕文艺行风建设、“深入生活、扎根人民”主题实践活动、实施“中国精神·中国梦”主题文艺创作工程开展工作。努力推动当代文艺开创新风貌为主题，以突出抓好文艺界行风建设为主线，把加强行风建设作为一条主线贯穿到中国文联的各项工作之中，提出五个“大力倡导”，即：大力倡导担当使命，大力倡导扎根人民，大力倡导创新求精，大力倡导健康批评，大力倡导崇德尚艺。

1月23日—2月8日

［纲　文］　**“百年华彩——中国水彩艺术研究展”在中国美术馆举行。**

［目　文］　展览由文化部艺术司、青岛市人民政府、中国美术馆、中国美术家协会、中央美术学院主办，是中国水彩艺术发展历程研究上最大规模的水彩艺术展，汇聚300多位艺术家的近700件优秀作品，100多件珍贵文献档案同时亮相，展示了百年来中国水彩艺术的历史和成就。

1月24日

［纲　文］　**中共中央办公厅、国务院办公厅印发《关于进一步规范刑事诉讼涉案财物处置工作的意见》。**

［目　文］　《意见》主要内容有：一、进一步规范刑事诉讼涉案财物处置工作，应当坚持公正与效率相统一、改革创新与于法有据相统一、保障当事人合法权益与适应司法办案需要相统一的原则，健全处置涉案财物的程序、制度和机制；二、规范涉案财物查封、扣押、冻结程序；三、建立办案部门与保管部门、办案人员与保管人员相互制约制度；四、规范涉案财物保管制度；五、探索建立跨部门的地方涉案财物集中管理信息平

台；六、完善涉案财物审前返还程序；七、完善涉案财物先行处置程序；八、提高查询、冻结、划扣工作效率；九、完善违法所得追缴、执行工作机制；十、建立中央政法机关交办案件涉案财物上缴中央国库制度；十一、健全境外追逃追赃工作体制机制；十二、明确利害关系人诉讼权利；十三、完善权利救济机制；十四、进一步加强协调配合；十五、进一步加强监督制约；十六、健全责任追究机制；十七、最高人民法院、最高人民检察院、公安部、国家安全部、财政部、中国人民银行等应当结合工作实际，制定实施办法，细化政策标准，规范工作流程，明确相关责任，完善协作配合机制，确保有关规定落到实处等部分的内容。

1月25日

［纲　文］　**教育部、人力资源社会保障部、财政部、总政治部、总后勤部印发《关于军队子女学校和幼儿园改革发展的若干意见》。**

［目　文］　《意见》说，军队子女学校原则上移交地方人民政府举办或撤销停办。位于营区外的军队子女学校，原则上整体移交地方人民政府举办。位于营区内的军队子女学校，驻大中城市的，原则上撤销停办；驻县以下城镇或艰苦边远地区的，原则上移交地方人民政府举办。移交学校整体纳入地方教育行政部门管理的公办学校序列，离退休教职工一并移交；撤销停办的学校，学生、教职工（含离退休）由部队驻地的地（市）级教育行政部门统一接收，正式教职工纳入当地公办学校教职工事业编制。军队子女学校移交地方后，继续接收原保障体系内军人子女入学。军队子女学校移交或撤销停办，所需费用由中央财政承担。军队幼儿园由军队继续举办，部队驻地学前教育资源能够满足军队人员子女教育需求的，原则上不再新办幼儿园；确需新办的，在军区级单位现有编制内调剂解决。

1月25日

［纲　文］　**中央和国家机关公车改革取消车辆首场拍卖会在北京举行。**

［目　文］　此轮公车改革，公车处置的全过程在审计、纪检监察和社会各界监督下进行。车辆公开招标、公开拍卖、公开结果。106辆公车已全部拍出，总成交价660.9万元，溢价71.17%。

1月25—30日

［纲　文］　**应全国人大常委会委员长张德江邀请，巴基斯坦国民议会议长萨迪克率团访华。**

［目　文］　访华期间，国务院总理李克强在北京会见了萨迪克。张德江在北京与萨迪克举行了会谈。国家副主席李源潮和萨迪克出席由中国人民对外友好协会和巴基斯坦驻华使馆共同举办的“中巴友好交流年”启动仪式。

1月26日

［纲　文］　**李克强在北京主持召开专家学者和企业界人士座谈会，听取对政府工作**

报告的意见和建议。

［目　文］　国务院副总理张高丽、刘延东、汪洋、马凯等出席座谈会。来自高校、科研单位、金融机构的专家学者对当前经济形势各抒己见，来自互联网、电子信息、创业投资、建筑材料等行业的企业负责人分别就行业发展及经济走势谈了看法。大家认为，2014年在复杂严峻的国内外形势下，中国经济实现了7.4%的增长，特别是在理顺政府与市场关系、激发市场活力上取得明显成效，鼓励创业创新又有很大突破，人民生活也有新改善，这很不容易。

国务院总理李克强说，2014年改革发展取得的成绩，是全国上下共同努力的结果。2015年工作千头万绪，发展还是第一要务，我们面临的困难和挑战不少，任务相当艰巨，需要大家齐心协力。当前中国经济发展进入新常态，必须按下全面深化改革的“快进键”，用好政府和市场这“两只手”，打造“双引擎”，让传统产业加快升级、新兴生产力加快成长，实现新常态下稳增长与调结构的平衡，使保持中高速增长、迈向中高端水平成为中国经济发展的主旋律。当前多重矛盾叠加，宏观调控难度加大，必须继续创新调控思路和方式，宏观政策既要坚持基本取向，又要动静相宜、主动作为，围绕区间调控实施更加及时精准、有力有效的定向调控。2015年要进一步深化财税金融等重点改革，在强实体、促创新、惠民生、防风险等方面更大发力。解放和发展生产力，当前就是要促进大众创业、万众创新。为此简政放权不能停步，放管结合要落到实处，营造宽松、公平的竞争环境，让千万人的创意与市场需求结合，把“草根原创”迸发出的新元素、新模式汇聚成驱动经济发展的新动力。国有企业要紧扣提高活力和竞争力深化改革，在看准的领域抓紧“破题”，努力走在创新发展、升级发展的前列。

1月26日

［纲　文］　发展改革委印发《加强原油加工企业商业原油库存运行管理的指导意见》。

［目　文］　《意见》由五部分组成：一、充分认识商业原油库存的重要意义；二、建立最低商业原油库存制度；三、切实加强商业原油库存运行监督管理；四、积极支持企业提高商业原油库存；五、建立健全监管制度。

1月26日

［纲　文］　财政部、税务总局发布《关于创新药后续免费使用有关增值税政策的通知》。

［目　文］　《通知》说：一、药品生产企业销售自产创新药的销售额，为向购买方收取的全部价款和价外费用，其提供给患者后续免费使用的相同创新药，不属于增值税视同销售范围。二、本通知所称创新药，是指经国家食品药品监督管理部门批准注册、获批前未曾在中国境内外上市销售，通过合成或者半合成方法制得的原料药及其制剂。三、药品生产企业免费提供创新药，应保留如下资料，以备税务机关查验：（一）国家食品药品监督管理部门颁发的注明注册分类为1.1类的药品注册批件；（二）后续免费提供创新药的

实施流程;(三)第三方(创新药代保管的医院、药品经销单位等)出具免费用药确认证明,以及患者在第三方登记、领取创新药的记录。自2015年1月1日起执行。

1月26日

[纲　文]　**中组部下拨党费6670万元,温暖送给生活困难党员和老党员。**

[目　文]　经中共中央同意,中组部从代中央管理的党费中下拨6670万元给各省(区、市)党委组织部和中央有关部门(系统)党委(工委)组织部,用于2015年元旦、春节期间走访慰问生活困难党员和老党员,重点是农村生活困难党员和老党员,城市下岗失业人员党员和老党员,灾区因灾致困、因灾致残的党员和抗灾救灾中因公牺牲党员的家属。

1月26日

[纲　文]　**保监会在北京召开2015年全国保险监管工作会议。**

[目　文]　会议主要内容是,全面贯彻落实党的十八大,十八届三中、四中全会和中央经济工作会议精神,主动适应经济新常态,贯彻落实《国务院关于加快发展现代保险服务业的若干意见》,总结2014年保险监管工作,部署2015年的保险监管任务。中央和国务院有关部门、部分高校专家学者及新闻媒体的代表,保监会机关各部门、各保监局负责人,中国保险行业协会、中国保险学会、中国精算师协会、中国保险资产管理协会、中国保险保障基金有限责任公司、中国保险信息技术管理有限责任公司负责人参加了会议。

2014年,全国保费收入突破2万亿元大关,保险业总资产突破10万亿元大关,保险业增速达17.5%,是国际金融危机以来最高的一年。财产险保费收入7203亿元,同比增长16%。人身险保费收入1.3万亿元,同比增长18.2%。全行业经营效益显著提升,保险公司预计利润2046.6亿元,同比增长106.4%,是历史上最好的一年。保险资金运用实现收益5358.8亿元,同比增长46.5%,创历史新高。保险投资收益率6.3%,综合收益率9.2%,比上年分别提高了1.3和5.1个百分点。资本实力明显增强,截至2014年底,全行业净资产1.3万亿元,较年初增长56.4%。

1月26日

[纲　文]　**安全监管总局在北京召开2015年全国安全生产工作会议。**

[目　文]　国务院副总理马凯和国务委员王勇分别作出批示,对2014年全国安全生产监管监察系统各方面工作都取得的新进展给予充分肯定,对在新的一年里进一步认清自身肩负的职责和使命、为促进全国安全生产形势持续稳定好转作出新的更大贡献提出明确要求。

会议贯彻落实党的十八届三中、四中全会和国务院安委会全体会议、全国安全生产电视电话会议精神,总结部署年度工作,提出要牢牢抓住依法治安这条主线,加快改革创新,深化治理整顿,适应经济发展新常态,在预防和治本上继续狠下功夫,全面完成安全生产“十二五”规划目标,为实现全国安全生产状况的根本好转打下坚实基础。2015年要突出抓好五项重点工作:一是推动安全生产责任体系建设;二是要打好煤矿、油气输送管道隐患治理两场攻坚战，深入开展重点行业领域安全整治；三是狠抓治本和预防措施，加强应急管理；四是加快安全生产科技进步和企业基础管理；五是推进依法治安，深化打非治违，严肃事故查处。

1月26日

［纲　文］ **中印尼高层经济对话第一次会议在北京举行。**

［目　文］ 国务委员杨洁篪与印度尼西亚经济统筹部长索菲安·查利尔共同主持会议，落实两国领导人达成的共识，就双方经贸和投资等重大合作议题深入交换意见。

双方一致认为，近年来，中印尼经贸合作成果丰硕。习近平主席提出的共建“21世纪海上丝绸之路”倡议与印尼佐科总统建设海洋强国的战略构想具有广泛的战略契合点，为双方深化各领域务实合作，推动中印尼全面战略伙伴关系提供了广阔空间。

双方签署了《中华人民共和国政府和印度尼西亚共和国政府高层经济对话第一次会议纪要》和关于电站合作的意向书。

1月26日

［纲　文］ **全国政协主席俞正声在北京会见巴基斯坦陆军参谋长拉希勒。**

［目　文］ 俞正声说，中巴两国和两国人民永远是好朋友。中方始终将对巴关系置于外交优先方向，愿同巴方一道，不断提升两国战略协作水平，深化全方位务实合作，推进中巴经济走廊建设，打造中巴命运共同体。俞正声表示，中方赞赏和支持巴方打击恐怖主义的努力，希望双方加强防务与安全合作以及地区事务协调配合，共同维护地区和平、安全、稳定。

拉希勒表示，对华关系是巴外交政策的基石。巴方珍视巴中友谊，巴军方将一如既往地推动巴中友好合作，继续坚定支持中方维护国家的核心利益。

1月26日

［纲　文］ **国家副主席李源潮在北京会见欧盟委员会前主席、意大利前总理普罗迪。**

1月26日

［纲　文］ **《人民日报》报道，经中共中央批准，中共中央纪委对十八届中央纪委原委员，河北省委原常委、组织部原部长梁滨严重违纪问题立案审查。**

［目　文］ 2016年11月25日，辽宁省鞍山市中级人民法院公开宣判，对被告人梁滨以受贿罪判处有期徒刑8年，处罚金人民币50万元；对梁滨受贿所得财物及其孳息予以追缴，上缴国库。2004—2014年，梁滨非法收受他人财物折合人民币约557万余元。梁滨到案后如实供述罪行，赃款赃物已全部追缴。

1月26—27日

［纲　文］ **2015年对台工作会议在北京举行。**

［目　文］ 国务委员杨洁篪主持会议。中共中央政治局常委俞正声出席会议并讲话。中共中央台办、国务院台办主任张志军作工作报告。

俞正声说，过去一年，以习近平为总书记的党中央，高度重视对台工作，准确把握台海局势及其新变化，提出了一系列推动两岸关系和平发展的政策主张，产生了广泛积极的影响。各地各部门认真贯彻决策部署，积极开展各项工作，克难前行，保持了两岸关系和平发展势头，取得新的进展。对台工作事关国家发展大局。我们要始终坚持从实现“两个一百年”奋斗目标和中华民族伟大复兴中国梦的战略高度，审视和谋划各项工作。要毫不动摇地继续坚持中央对台大政方针，广泛团结台湾同胞，维护台海局势稳定，坚决遏制“台独”分裂活动，坚定推动两岸关系和平发展，为解决台湾问题、实现祖国统一不断积累和创造条件。

会议要求，各地各部门要切实按照中央要求，把各项工作落到实处，积极有为，奋发进取，努力保持两岸关系和平发展势头。在坚持“九二共识”、反对“台独”的共同政治基础上，继续增进两岸政治互信、保持良性互动，巩固两岸关系和平发展制度化成果。积极推进两岸经济合作框架协议后续议题等制度化协商，深化协议执行成效，惠及更多民众。推进两岸经济融合发展，促进两岸产业合作总体规划布局，深化两岸金融合作，努力扩大台中小企业、农渔民参与面受益面。支持福建自由贸易园区、平潭综合实验区和昆山深化两岸产业合作试验区对台扩大开放、加强合作。切实帮助大陆台商解决实际困难。采取积极措施促进两岸人员往来，扩大两岸青少年和基层交流，深化两岸各领域交流合作。完善涉台法律法规和工作机制，加强两岸执法司法合作，维护台胞合法权益。各地各部门要高度重视对台工作，增强政治责任感和使命感，加强领导，发挥好协调机制的作用，抓好队伍建设，为推动两岸关系和平发展做出新贡献。

1月27日

［纲　文］　**李克强在北京主持召开教科文卫体界人士和基层群众代表座谈会，听取对政府工作报告意见和建议。**

［目　文］　国务院副总理张高丽、刘延东、汪洋、马凯等出席会议。复旦大学许宁生希望加大教育投入、促进教育公平。工程院院士张尧学建议加强创新文化和学术环境建设。作家王蒙提出要树立正确的创作导向，完善文化评价和激励机制。中国医学科学院肿瘤医院赫捷对提高我国癌症防控能力谈了看法。篮球运动员姚明建议改革体育管理体制，为体育产业发展“松绑”。影视演员陈道明提出要推出更多有国际影响力的影视作品。江苏凤凰出版传媒集团周斌建议推进全民阅读、提高公民素质。广州九尾信息科技公司王锐旭结合自身经历对大学生创业提了建议。甘肃兰州安宁区沙井驿棚户区居民张庆国讲述了棚改如何圆了自己的住房梦，李克强说，政府的一切工作都是为了人民。今天请大家来提意见，既是要让政府工作报告更全面反映社情民意，也是为了接地气、聚民智，把群众关心的问题变成政府决策的议题，把群众的愿望转化为政府的实际行动。大家谈的很重要，反映了群众的心声。我们以民之所望为施政所向，就是要努力把国家的事办得更好些，让人民群众的日子过得更好些。教科文卫体等社会事业是创造价值、引领发展的事业，在这

些方面提供更好的公共产品和服务，既是惠民生，也能促发展、调结构。政府责无旁贷地要加大支持力度，同时要把投入的钱用好，各方都来出力，把社会事业建成全社会共同参与、共同受益的事业。文化是民族的灵魂，承载着亿万群众的精神家园。要打造既有优秀文化传承、又能打动和凝聚人心的良好文化生态，加强知识传播和积累，建设“书香”社会。促进大众创业、万众创新，大学生是其中的重要力量，要为他们实现梦想和自身价值“铺路搭桥”、创造条件。我们抓经济社会发展，最终是为了民生。在加快棚户区改造的同时，还要加大城乡危房改造力度，让更多住房困难群众得到实惠。粮食安全是我们的根基。要以改革创新为动力，推进农业结构调整，发展多种形式适度规模经营，加快培养新型农民，促进农业现代化和农民增收。

1月27日

［纲　文］ **张德江在北京主持召开部分在京全国人大代表座谈会，听取对全国人大常委会工作报告的意见建议。**

［目　文］ 与会代表围绕工作报告稿、结合自身工作实际，畅所欲言、各抒己见。代表们表示，全国人大常委会过去一年工作重点突出、亮点纷呈，各方面工作取得新进展、新成效；人大制度已走过60年光辉历程，充分彰显制度优势。代表们本着知无不言、言无不尽的精神，对工作报告和常委会工作提出一些建议。杜德印、刘卫星、朝克代表提出，密切人大代表同人民群众的联系，畅通社情民意反映和表达渠道。荣华、李义虎代表建议，进一步提高代表建议办理工作水平，加强跟踪督办，增强办理实效。李大进、段强代表提出，人大监督要有权威性，应加大对“一府两院”工作的监督力度。周光权、王辉代表还对推进立法精细化、提高立法工作透明度、加强立法解释等提出建议。

张德江说，人大作为国家权力机关，要充分发挥代表在了解民情、反映民意、集中民智方面的独特作用。要把审议代表议案和办理代表建议作为自觉接受代表和人民监督、积极改进工作的重要途径，加强与代表沟通，注重切实推动解决问题、改进工作、完善机制。要认真研究、积极吸纳代表提出的意见建议，进一步加强和改进立法、监督、代表等工作，不断推动人大制度和人大工作完善发展。人大工作是党和国家工作的重要组成部分。要着力树立大局意识，坚定坚持党的领导、人民当家作主、依法治国有机统一。坚持党的领导，首先是要坚持党中央的集中统一领导，自觉在思想上政治上行动上同以习近平为总书记的党中央保持高度一致，确保人大工作正确政治方向，确保党领导人民有效治理国家。要着力围绕人大立法工作发挥职能作用，加强重点领域立法，确保及时完成与改革相关的涉法事项，完善立法体制机制，深入推进科学立法、民主立法。要着力加强和改进监督工作，切实把宪法法律赋予的监督职能发挥好，把监督和支持结合起来，坚持问题导向，积极回应社会关切，进一步提高监督工作的针对性和实效性。

1月27日

［纲　文］ **财政部、税务总局、人力资源社会保障部、教育部印发《关于支持和促进重点群体创业就业税收政策有关问题的补充通知》。**

［目　文］《通知》说，对高校毕业生享受创业就业税收优惠政策的流程进行调整，将《就业失业登记证》更名为《就业创业证》，同时取消《高校毕业生自主创业证》，毕业年度内高校毕业生从事个体经营的，持有注明“毕业年度内自主创业税收政策”的《就业创业证》，即可享受税收优惠政策。自2015年1月27日起施行。

1月27日

［纲　文］**卫生计生委、中医药局印发《肿瘤登记管理办法》。**

［目　文］《办法》共6章20条，主要有总则、组织机构和职责、肿瘤登记内容和工作流程、质量控制与考核评价、保障措施、附则等内容。自2015年1月27日起施行。

1月27日

［纲　文］**国务院总理李克强在北京会见印尼总统特使、经济统筹部长索菲安。**

［目　文］李克强指出，当前世界经济深度调整，全球更加聚焦东亚地区发展。中国和印尼隔海相望，同为新兴经济体和人口大国，保持战略互信，加强高层对话，深化互利合作，不仅有利于维护东亚地区和平稳定，而且也有利于为两国发展创造良好环境。中方建设21世纪海上丝绸之路的倡议同印尼发展战略有契合之处。印尼有开展大规模基础设施建设的需要，中国拥有优势富余产能，双方合作互补性强。中方愿同印尼进行产能合作，帮助印尼在当地建设相关工厂和生产线，这既有利于开展基础设施建设，也可以助力印尼工业化进程。

索菲安表示，印尼新一届政府高度重视发展同中国的关系，欢迎中国企业赴印尼投资和开展基础设施建设合作。印尼对中国技术、装备拥有信心，相信能够帮助印尼发展。

1月27日

［纲　文］**财政部、税务总局公布《关于对电池涂料征收消费税的通知》。**

［目　文］《通知》的主要内容有：一、将电池、涂料列入消费税征收范围在生产、委托加工和进口环节征收，适用税率均为4%；二、对无汞原电池、金属氢化物镍蓄电池（又称“氢镍蓄电池”或“镍氢蓄电池”）、锂原电池、锂离子蓄电池、太阳能电池、燃料电池和全钒液流电池免征消费税。2015年12月31日前对铅蓄电池缓征消费税；自2016年1月1日起，对铅蓄电池按4%税率征收消费税。对施工状态下挥发性有机物（Volatile Organic Compounds，VOC）含量低于420克/升（含）的涂料免征消费税；三、除上述规定外，电池、涂料消费税征收管理的其他事项依照《中华人民共和国消费税暂行条例》《中华人民共和国消费税暂行条例实施细则》等相关规定执行。

1月27日

［纲　文］**《人民日报》发表题为《从客观实际出发制定政策推动工作——论坚持运用辩证唯物主义世界观方法论》的评论员文章。**

1月28日

［纲　文］**李克强主持召开国务院常务会议。**

［目　文］　会议主要内容是：一、部署加快铁路、核电、建材生产线等中国装备“走出去”，推进国际产能合作、提升合作层次。会议认为，对接相关国家建设和发展需求，通过政府推动、企业主导，运用商业模式，促进中国重大装备和优势产能“走出去”，开展产能合作，实现互利共赢，不仅是扩大国际投资经贸合作的重要机遇，可以形成新的外贸增长点，也是国内产业优化升级的重要抓手。会议确定，第一，大力开拓铁路、核电等重大装备国际市场，整合行业资源，创新对外合作模式，探索采取合资、公私合营等投资运营方式，为有需求的国家提供工程设计咨询、施工建设、装备供应、运营维护等全方位服务，并通过国际合作开拓第三方市场。第二，以钢铁、有色、建材、轻纺等行业为重点，针对国际市场需要，支持企业利用国内装备在境外建设上下游配套的生产线，实现产品、技术和合规标准“走出去”。第三，通过对外工程承包、对外投资等，巩固通信、电力、工程机械、船舶等成套设备出口。支持企业境外并购、建立海外研发中心等，提高跨国经营能力。第四，完善支持政策。用好外经贸发展专项资金等现有政策，立足长远支持一批重大项目。按照市场原则，拓宽外汇储备运用渠道，支持企业在境内外发行股票或债券募集资金，发挥政策性金融工具作用，为重大装备和优势产能“走出去”提供合理的融资便利。第五，强化统筹配套。加强境外投资监管，规范企业经营秩序，坚决防止恶性竞争。第六，注重履行企业社会责任，带动当地就业，加强人员培训，做好后续服务。把我国优势产能和装备打造成国家新“名片”。二、确定支持发展“众创空间”的政策措施，为创业创新搭建新平台。会议指出，顺应网络时代推动大众创业、万众创新的形势，构建面向人人的“众创空间”等创业服务平台，激发亿万群众创造活力。第一，在创客空间、创新工场等孵化模式的基础上，大力发展市场化、专业化、集成化、网络化的“众创空间”，实现创新与创业、线上与线下、孵化与投资相结合，为小微创新企业成长和个人创业提供低成本、便利化、全要素的开放式综合服务平台。第二，加大政策扶持。适应“众创空间”等新型孵化机构集中办公等特点，简化登记手续，为创业企业工商注册提供便利。第三，完善创业投融资机制。发挥政府创投引导基金和财税政策作用，对种子期、初创期科技型中小企业给予支持，培育发展天使投资。第四，要打造良好创业创新生态环境。健全创业辅导指导制度，支持举办创业训练营、创业创新大赛等活动，培育创客文件，让创业创新慰然成见。

1月28日

［纲　文］　**国务院印发《关于加快发展服务贸易的若干意见》。**

［目　文］　《意见》由五部分组成：一、总体要求；二、主要任务；三、政策措施；四、保障体系；五、组织领导。

《意见》要求，各地区、各有关部门要从全局和战略的高度，充分认识大力发展服务贸易的重要意义，根据本地区、本部门、本行业实际情况，制订出台行动计划和配套支持政策。

1月28日

［纲　文］　**国务院批复广东省人民政府，同意珠海市城市总体规划。**

［目　文］　批复说，一、原则同意《珠海市城市总体规划（2001—2020年）（2015年修订）》（以下简称《总体规划》）。二、重视城乡区域统筹发展。重点加强对中心城及外围组团的规划统筹，在《总体规划》确定的7827平方公里的城市规划区范围内，实行城乡统一规划管理。城镇基础设施、公共服务设施建设，应当统筹考虑为周边农村服务。重点发展基础条件好、发展潜力大的建制镇。在严格保护历史文化名镇名村和传统村落的基础上，优化镇村体系和农村居民点布局，推进城乡一体化。三、合理控制城市规模。到2020年，中心城区常住人口控制在105万人以内，城市建设用地控制在105平方公里以内。四、完善城市基础设施体系。要加快公路、铁路、机场、港口等交通基础设施建设，改善城市与周边地区交通运输条件。五、建设资源节约型和环境友好型城市。六、创造良好的人居环境。要坚持以人为本，按照城市常住人口规模统筹安排关系人民群众切身利益的教育、医疗、市政等公共服务设施的规划布局和建设，推进城乡基本公共服务均等化。七、重视历史文化和风貌特色保护。八、严格实施《总体规划》。城市建设要实现经济社会协调发展，物质文明和精神文明共同进步。珠海市人民政府要根据本批复精神，认真组织实施《总体规划》，任何单位和个人不得随意改变。广东省和住房城乡建设部要加强对《总体规划》实施工作的指导、监督和检查。

1月28日

［纲　文］　**食品药品监管总局批准Sabin株脊髓灰质炎灭活疫苗（单苗）的生产注册申请。**

［目　文］　全球首个Sabin株脊髓灰质炎灭活疫苗由中国医学科学院医学生物学研究所研发，通过采用现行脊髓灰质炎减毒活疫苗的生产毒株（Sabin株），经培养收获病毒，结合灭活疫苗生产工艺制备而成。

1月28日

［纲　文］　**公安部交管局公布，中国机动车保有量达2.64亿辆，其中汽车1.54亿辆；机动车驾驶人突破3亿人，其中汽车驾驶人超过2.64亿人。**

1月28日

［纲　文］　**最高人民法院第一巡回法庭在深圳挂牌成立。**

［目　文］　第一巡回法庭是最高人民法院派出的常设审判机构，受理湖南、广东、广西、海南四省区内应当由最高人民法院审理的一审、二审、申请再审的民商事案件、行政诉讼案件、刑事申诉案件，以及涉港澳台民商事案件和司法协助案件等。此外，就地解决四省区的来信来访案件。第一巡回法庭作出的判决、裁定和决定是最高人民法院的判决、裁定和决定。

1月28日

［纲　文］　**第3届中国—苏丹执政党高层对话在北京举行。**

［目　文］　国家副主席李源潮与苏丹全国大会党副主席、总统助理甘杜尔共同主持对话。李源潮说，苏丹是中国的重要合作伙伴，中国党和政府全面发展对苏友好关系的政

策始终不变。希望双方通过执政党高层对话，巩固政治互信，深化治国理政经验交流，拓展务实合作，加强国际和地区事务协调配合，推动中苏、中非关系不断发展。甘杜尔说，苏丹珍视苏中传统友谊，愿通过两党高层对话平台，就治国理政、务实合作、国际事务加强交流与协作，实现互利共赢、共同发展。

同日，全国政协主席俞正声在北京会见甘杜尔时说，中苏建交56年来，两国关系经受住了时间和历史风云变幻考验，始终相互支持、患难与共。中国党和政府始终从战略高度和长远角度看待中苏关系，始终坚持在“真实亲诚”对非方针和正确义利观基础上发展两国关系。中方愿通过党际交往和民间交往等渠道，增进政治互信，交流治国理政经验，推动各领域务实合作。甘杜尔说，中国是苏丹真诚的朋友，两国始终相互支持，双边关系具有战略性。苏丹愿学习借鉴中方改革发展经验，不断深化两国、两党关系。

1月28日

［纲　文］　**《人民日报》发表题为《积极面对和化解前进中遇到的矛盾——二论坚持运用辩证唯物主义世界观方法论》的评论员文章。**

1月28—29日

［纲　文］　**中国农村青年致富带头人协会第2届会员代表大会在北京召开。**

［目　文］　会议通过了中国农村青年致富带头人协会工作报告和章程修正案，选举产生了协会第二届理事会和会长班子。团中央书记处书记徐晓当选中国农村青年致富带头人协会第二届会长。

国务院副总理汪洋与代表进行座谈时强调，农村青年是推动国家发展和社会进步的一支生机勃勃的重要力量，要牢记使命，开拓进取，争做发展现代农业的领头羊，建设社会主义新农村的排头兵，引领农村文明新风尚的先行者。我们这个伟大的时代为农村青年施展才华、成就事业提供了广阔舞台。农村青年要勇于创业，大力发展规模经营、集约经营，发展绿色农业、特色农业，走综合发展、可持续发展之路。要敢于创新，积极采用互联网等新的科学技术，树立新的生产经营理念，引入新的产业形态，推广新的营销模式。要着力创优，积极创办有特色的家庭农场、农民合作社、农业龙头企业等，把产业链、供应链、价值链等现代产业发展理念和组织方式引入农业，生产优质、安全农产品，努力创造优良业绩。要加强学习求知，既“富口袋”，也“富脑袋”，做观念新、视野宽、能力强、善经营的一代新型农民，建设美丽新农村，创造美好新生活。地方各级政府要营造鼓励和支持农村青年干事业、干成事业的良好氛围。

1月29日

［纲　文］　**习近平在北京接见全军外事工作会议和第16次武官工作会议代表。**

［目　文］　习近平指出，我们党历来高度重视军事外交，在不同历史时期，军事外交为推进国家总体外交、维护国家安全、推动我军建设发挥了重要作用，为共和国外交书写了光辉篇章。党的十八大以来，军事外交紧紧围绕党中央决策部署和工作要求，积极拓

展，锐意创新，取得许多新进展新突破。新形势下军事外交在国家外交和安全战略全局中的重要性进一步增强，地位更加突出。希望大家强化政治意识，从思想上政治上行动上同党中央保持高度一致。毫不动摇坚持党对军事外交的绝对领导，坚决贯彻党中央、中央军委决策指示，坚持从政治上观察、思考、处理问题，始终保持坚定正确的政治方向。希望大家服从服务大局，围绕实现国家外交战略、安全战略，加强军事外交整体设计，坚决维护国家主权、安全、发展利益。希望大家勇于开拓创新，解放思想、开阔眼界，深入把握新形势下军事外交和武官工作的特点和规律，积极改革创新，完善体制机制，调整优化布局，改进方法手段，增强工作的进取性和主动性。希望大家加强自身建设，大力发扬军事外交的好传统好作风，守纪律、讲规矩，筑牢思想防线，提高综合素质，自觉拒腐防变，不断提高工作能力和工作水平。

全军外事工作会议 1 月 30—31 日在北京召开。会议深入贯彻中央外事工作会议和习主席有关重要指示精神，学习把握军事外交面临的新形势、新任务和新要求，系统总结特点规律和经验，分析查找突出矛盾和问题，提出未来 10 年军事外交工作的整体目标、基本思路和战略布局，为服务国家政治外交大局和实现党在新形势下的强军目标发挥独特作用。中央军委副主席范长龙、国务委员兼国防部长常万全、中央外办主任杨洁篪出席会议并讲话。四总部、全军各大单位、武警部队领导以及中央和国家机关有关部门负责人出席会议。

1 月 29 日

［纲 文］ **张高丽在北京主持召开国务院食品安全委员会第 2 次全体会议。**

［目 文］ 会议主要内容是：学习习近平总书记关于保障食品安全的指示精神，学习李克强总理对食品安全的批示要求，全面总结 2014 年食品安全工作，研究部署 2015 年食品安全重点任务。

国务院副总理、国务院食品安全委员会主任张高丽表示，2014 年食安委各成员单位和有关部门单位紧紧围绕食品安全重点工作，齐抓共管、综合施策、标本兼治，巩固和发展了食品安全形势总体稳定向好势头。同时，也要清醒地认识到，当前食品安全处在问题“多发期”与监管工作“薄弱期”两碰头的特殊时期，食品安全形势依然严峻，风险隐患依然存在，监管能力依然不足。做好食品安全工作，总的是要按照党中央、国务院的决策部署，进一步完善治理体系，改革创新监管方式，紧紧围绕与群众生活密切相关的重点品种、重点领域，用最严格的监管、最严厉的处罚、最严肃的问责，严守不发生系统性、区域性食品安全事故底线。要坚持问题导向，紧盯“田间地头”“生产源头”，及时发现风险，列出“问题清单”，完善防控措施，努力把问题消灭在萌芽状态。要完善法律法规，加快构建法治秩序，切实做到有法可依、有法必依、违法必究。要加大投入力度，构建智慧监管网络，加强应急能力建设，健全快速反应机制，全面提升治理能力。要深化改革创新，完善监管体制，夯实基层监管力量，建立重心下移、力量下沉、保障下倾的工作机制。要强化企业主体责任，把食品安全与企业的“身家性命”牢牢捆绑在一起，使企业不想、不能、不敢以身试法。要充分调动社会力量，形成政府、企业、社会“三位一体”保障食品安全的工作格局。

国务院副总理、国务院食品安全委员会副主任汪洋出席会议，并指出在当前食品安全形势依然复杂严峻的情况下，要改革创新体制机制，积极探索有效方式，着眼长远研究治本之策，全面提升监管水平，调动各方面力量齐心协力维护食品安全。

1月29日

［纲　文］ **最高法发布《关于办理死刑复核案件听取辩护律师意见的办法》，自2015年2月1日起施行。**

1月29日

［纲　文］ **保监会、发展改革委印发《中国保险业信用体系建设规划（2015—2020年）》。**

［目　文］ 《规划》由八部分组成：一、基本现状和形势要求；二、总体思路与目标任务；三、深入推进保险商务诚信建设；四、加快推进保险政务诚信建设；五、加强保险业信用体系制度机制建设；六、加快推进保险业信用信息系统建设；七、强化保险业诚信教育与诚信文化建设；八、建立实施支撑体系。

1月29日

［纲　文］ **中国高速铁路营业里程超1.6万公里。**

［目　文］ 2014年，中国铁路新线投产规模创历史最高纪录，铁路营业里程突破11.2万公里。高速铁路营业里程超过1.6万公里，稳居世界第一。中西部铁路建设掀起高潮，营业里程达到7万公里，占全国铁路营业总里程的62.3%。

1月29日

［纲　文］ **联合国贸易和发展会议公布《全球投资趋势报告》。**

［目　文］ 《报告》说，2014年中国成为全球外商直接投资第一大目的地国。全球外商直接投资的长期发展趋势正从发达经济体转向发展中经济体。

2014年中国外商直接投资则继续保持稳定增长，达到1280亿美元。美国在2014年的外商直接投资总量则大幅下跌近2/3，仅为860亿美元。此前，美国一直是全球吸引外资第一大国。

1月29日

［纲　文］ **中国—以色列政府创新合作联合委员会第1次会议在北京召开。**

［目　文］ 国务院总理李克强、以色列总理内塔尼亚胡分别来信表示祝贺。

李克强在贺信中表示，科学是国家强盛之基，创新是民族进步之魂。中以都是尊重科学、崇尚创新的国家。中国正全面深化改革、进一步扩大开放，全方位加强国际创新合作，积极参与并融入全球创新网络，促进经济社会持续健康发展。这必将为两国创新合作提供良好机遇和广阔空间。科技超越国界，创新呼唤合作。希望中以创新合作联委会紧密联系两国科技工作者，充分调动各类创新资源，加强创新合作，为促进两国创新发展、增进人民福祉、实现互利双赢做出新贡献。

内塔尼亚胡在贺信中表示，以中创新合作联委会是一个新的重要里程碑。将以色列“创业国度”的创新精神同中国创新驱动发展战略相结合，两国关系与合作能够向前迈进一大步。

会议由中方主席、国务院副总理刘延东和以方主席、以色列外长利伯曼共同主持。双方签署了《中以创新合作三年行动计划（2015—2017）》，内容涵盖科技、教育、文化和卫生等多个领域的合作。

1月29日

［纲　文］ **《人民日报》发表题为《提高驾驭复杂局面处理复杂问题本领——三论坚持运用辩证唯物主义世界观方法论》的评论员文章。**

1月29—31日

［纲　文］ **俞正声在河北调研。**

［目　文］ 全国政协主席俞正声在保定的企业园区、工厂车间、寺院教堂，多次主持召开座谈会，与各界共商改革发展稳定大计。

俞正声指出，要主动适应经济发展新常态，坚持以提高经济发展质量和效益为中心，切实把经济工作的着力点放到转方式调结构上来，抓住京津冀协同发展的重大战略机遇，推进新型工业化、信息化、城镇化、农业现代化同步发展，逐步增强战略性新兴产业和服务业的支撑作用，推动传统产业向中高端迈进，努力保持经济稳定增长。要积极发现培育新增长点，主要靠市场发现和培育新的增长点，更多靠产业化的创新来培育和形成新的增长点，努力营造有利于大众创业、市场主体创新的政策环境和制度环境。要切实加强生态文明建设，更加自觉地推动绿色发展、循环发展、低碳发展，为子孙后代留下天蓝、地绿、水清的生产生活环境。要深入贯彻落实党的十八大和十八届三中、四中全会精神，全面贯彻党的宗教工作基本方针，精心做好宗教工作，积极引导宗教与社会主义社会相适应，发挥好宗教界人士和信教群众在促进经济社会发展中的积极作用，为全面建成小康社会多做贡献。

1月29—31日

［纲　文］ **应国务院总理李克强邀请，法国总理瓦尔斯对中国进行正式访问。**

［目　文］ 访问期间，国家主席习近平、全国人大常委会委员长张德江在北京分别会见了瓦尔斯。李克强在北京同瓦尔斯举行了会谈，双方一致同意推动中法全面战略伙伴关系迈进更加紧密持久的新时代。两国总理共同见证了能源、航天、电力、环保等领域双边合作文件的签署并出席了中法建交50周年纪念活动。瓦尔斯还访问了天津、上海等城市，参观了法国在华的技术创新、绿色经济、能源、交通等领域的卓越技术的标志性企业。

习近平在会见瓦尔斯时指出，我们要以更高的政治智慧和更强的政治意愿，推动中法关系稳定发展并取得更大成就。要以战略思维深化核能、航空、金融、可持续发展等领域务实合作，坚持开放思维，在更高层面结成更紧密的利益共同体。要用好中法高级别人文交流机制，加强两国人民特别是青年交流，进一步促进人员往来便利化。要加强在全球事务中的合作，中方支持法方主办2015年联合国气候变化大会。2015年是中欧建交40周年，中欧关系发展面临重大机遇。希望法方在中欧商谈投资协定、开展中欧自由贸易可行性研究、商签人员往来便利化协议等方面继续发挥建设性作用，共同推动中欧关系不断向前发展。

瓦尔斯表示，法国希望推进两国航空、核电、汽车、金融等方面合作，改进市场准入、投资保护工作，实现两国贸易发展中再平衡，欢迎中国投资者、学生、旅游者到访法国，积极探讨在第三国合作。

李克强同瓦尔斯会谈时指出，双方要继续做大做强核能、航空航天、高铁等传统领域合作，共同开拓第三方市场；开拓医疗卫生、生态环保、金融等新兴领域合作，助力各自经济发展和民生改善；挖掘双边贸易投资潜力，促进人员往来便利化。希望法方进一步放宽对华高技术产品出口，并为中国企业赴法投资提供更加开放、公平、友善的市场环境。中方重视发展同欧盟的关系，愿同欧方共同努力，推动年内第十七次中欧领导人会晤取得新的成果。希望法方作为欧盟重要成员，继续为中欧关系发展发挥建设性作用。

瓦尔斯表示，法方愿继续与中方共同努力，巩固和推动双方在各领域交流与合作的积极势头，深化航空航天、核能、金融、农业、高铁、新能源汽车、旅游等务实合作，包括在第三方市场合作。加强反恐、气候变化谈判等国际事务合作。法方欢迎中国企业赴法投资，将为他们提供更好的机制性保障。

1月30日

［纲　文］　习近平主持召开中央全面深化改革领导小组第9次会议。

［目　文］　会议审议通过了《关于贯彻落实党的十八届四中全会决定进一步深化司法体制和社会体制改革的实施方案》《省（自治区、直辖市）纪委书记、副书记提名考察办法（试行）》《中央纪委派驻纪检组组长、副组长提名考察办法（试行）》《中管企业纪委书记、副书记提名考察办法（试行）》。

中共中央总书记、中央全面深化改革领导小组组长习近平强调，落实2015年改革任务的责任重、要求高，各地区各部门要明确任务，落实责任，及早部署，精心组织，提高改革方案质量，加大改革落实力度，深入开展改革督察，努力使各项改革举措落地生根，确保各项改革取得预期成效、真正解决问题。

会议强调，全面深化改革是全党的一项重要工作，各级党委（党组）都要强化责任担当。党委（党组）书记作为第一责任人，既要亲自抓部署、抓方案、抓协调，又要亲自抓改革方案督办督察，一级抓一级，层层传导责任。全面深化改革，既要取势，又要取实。我国各地情况千差万别，改革需要在实践中不断探索、积累经验。中央全面深化改革领导小组要观大势、议大事、抓大事，履职尽责，充分发挥领导核心作用。要统筹谋划、协调推进中央和地方改革。需要中央先定调子、划底线的，要按照统一部署及时给地方交底。

需要地方先探路子、创造经验的，中央要及时给予授权，有效调动中央和地方两个积极性。地方各级党委要着力抓好有关重要改革部署的具体落实，抓好调查研究、问题反馈、实践创新。在细化落实中央确定的重大改革措施时，要结合实际，因地制宜，一环紧扣一环，一步紧跟一步，盯住干、马上办、改到位。党的十八届四中全会着眼于解决影响司法公正、制约司法能力的深层次问题，着眼于破解影响法治社会建设的体制机制障碍，对深化司法体制和社会体制改革作出了全面部署，专门制定一个实施方案非常必要。要抓住在司法体制和社会体制改革全局中居于基础性和制度性地位、牵一发而动全身的重点事项进行攻坚，以重点事项突破带动改革全面开展。要及时检查、及时评估，把解决了多少突出问题、群众对问题解决的满意度作为检验司法体制和社会体制改革成效的标准。当前，反腐败斗争形势依然严峻复杂，必须深化党的纪律检查体制改革，强化上级纪委对下级党委和纪委的监督，推动纪委双重领导体制落到实处。反腐败斗争要不断深入，关键在党，关键在人。纪委书记、副书记和纪检组长、副组长是纪检干部队伍的骨干，必须坚持高标准、严要求，把那些敢于担当、敢于监督、敢于负责的好干部选出来、用起来。

1 月 30 日

［纲 文］ **国务院公布《中华人民共和国政府采购法实施条例》。**

［目 文］ 《条例》共 9 章 79 条，主要有总则、政府采购当事人、政府采购方式、政府采购程序、政府采购合同、质疑与投诉、监督检查、法律责任、附则等内容。自 2015 年 3 月 1 日起施行。

1 月 30 日

［纲 文］ **银监会公布修订后的《商业银行杠杆率管理办法》，自 2015 年 4 月 1 日起施行。**

1 月 30 日

［纲 文］ **财政部公布，2014 年全国财政收入逾 14 万亿元。**

［目 文］ 全国一般公共财政收入 140350 亿元，比上年增加 11140 亿元，增长 8.6%。其中，中央一般公共财政收入 64490 亿元，同比增长 7.1%；地方一般公共财政收入（本级）75860 亿元，同比增长 9.9%。一般公共财政收入中的税收收入 119158 亿元，同比增长 7.8%。

1 月 30 日

［纲 文］ **世界自然保护联盟（IUCN）联合林业局、住房和城乡建设部在北京举办“IUCN 绿色名录中国自然保护地颁证仪式”。**

［目 文］ 世界自然保护联盟 IUCN 绿色名录于 2014 年首次发布，收录了中国等 8 个试点国家的 24 个自然保护地，其中包括中国 6 个自然保护地：四川唐家河国家级自然保护区、吉林龙湾群国家森林公园、陕西长青国家级自然保护区、黑龙江五大连池国家级风景名胜区、安徽黄山国家级风景名胜区、湖南东洞庭湖国家级自然保护区。

1月30日

［纲　文］　**全军审计工作会议在北京召开。**

［目　文］　中央军委副主席范长龙出席会议并讲话。中央军委办公厅主任秦生祥主持会议。解放军审计署领导、各大单位审计局（处）长、有关院校专家等参加会议。

范长龙指出，全军审计系统要深入学习贯彻习主席重要指示要求，深刻认识新形势下军队审计工作的职能任务，不断加强和改进审计工作，发挥好监督、防范、评价、服务等多方面作用，努力实现审计监督全覆盖，提高审计工作的综合效益，为提高军队建设和军事斗争准备质量做出应有贡献。要科学筹划组织新形势下军队审计工作，严格查纠领导干部经济决策失误、执行制度不严甚至以权谋私、贪污腐败等问题。要提高审计质量，依法开展审计工作。对审计中发现的问题，要拉单列表、建立台账，不整改不销号、不解决不撒手。各级党委要加强对审计工作的组织领导。各级审计部门要紧紧依靠党委领导开展工作。要注重协调配合，形成正风反腐的工作合力。要大力加强审计能力建设，提高审计工作质量水平。

1月30日

［纲　文］　**中国小额贷款公司协会成立大会在北京召开。**

［目　文］　出席会议的有民政部、发展改革委、工业和信息化部、公安部、财政部、农业部、商务部、工商总局、证监会、保监会、国务院法制办相关部门代表，及各省（自治区、直辖市）小贷公司监管机构、相关协会、小贷公司合作机构、高校和研究机构、新闻媒体和中国小额贷款公司协会全体会员代表。

中国小额贷款公司协会是经银监会和人民银行同意、民政部审批后成立的，由小贷机构和地方行业自律组织自愿结成的全国性行业自律组织。中国小额贷款公司协会业务主管部门是银监会，接受银监会、人民银行工作指导，并接受民政部的指导、监督和管理。

1月30日

［纲　文］　**国务院副总理汪洋在北京会见濒危野生动植物种国际贸易公约秘书处秘书长约翰·斯坎伦。**

［目　文］　汪洋高度赞赏公约在管控濒危野生动植物种国际贸易方面发挥的重要作用，并表示中国政府愿进一步加强与公约秘书处合作，继续履行公约义务，为促进野生动植物保护和打击非法交易做出新贡献。斯坎伦肯定了中国政府在推进濒危野生动植物种保护方面做出的积极努力，并期待进一步加强合作，努力促进全球濒危物种的恢复和增长。

1月30日

［纲　文］　**《人民日报》发表题为《直奔主题，保留辣味》的评论员文章。**

1月30日

［纲　文］　**《人民日报》发表题为《不断推进实践基础上的理论创新——四论坚持运用辩证唯物主义世界观方法论》的评论员文章。**

1 月 31 日

［纲　文］　**住房和城乡建设部印发《建筑业企业资质管理规定和资质标准实施意见》。**

［目　文］　《意见》由七部分组成：一、资质申请和许可程序；二、申报材料有关要求；三、资质证书；四、监督管理；五、有关说明和指标解释；六、过渡期；七、其他。自 2015 年 3 月 1 日起施行。

1 月 31 日

［纲　文］　**中国科学院武汉国家生物安全实验室正式竣工。**

［目　文］　该实验室是亚洲首个即将运行的 P4（Protection level 4）实验室，即生物安全等级最高的实验室，根据国际惯例，这是人类唯一可就埃博拉等活体病毒做实验的安全场所。

1 月 31 日

［纲　文］　**云南省第十二届人民代表大会第三次会议选举李纪恒为云南省人大常委会主任，选举陈豪为云南省人民政府省长。**

2 月

2月1日

［纲　文］ **国务院在北京召开“一带一路”建设工作会议。**

［目　文］ 国务院副总理张高丽主持会议。王沪宁、汪洋等以及“一带一路”建设工作领导小组成员和有关部门单位负责人参加了会议。会议主要内容是：一、学习习近平总书记关于“一带一路”建设的重要讲话和指示精神；二、学习李克强总理等中央领导的指示批示要求；三、安排部署2015年及下一段时期推进“一带一路”建设的重大事项和重点工作。

张高丽说，推进“一带一路”建设是党中央、国务院统筹国内国际两个大局作出的重大决策，对开创中国全方位对外开放新格局、促进地区及世界和平发展具有重大意义。习近平总书记提出“一带一路”构想并要求高举和平、发展、合作、共赢旗帜，秉持“亲诚惠容”的外交理念，以政策沟通、设施联通、贸易畅通、资金融通、民心相通为主要内容，积极推进“一带一路”建设，与沿线各国共同打造政治互信、经济融合、文化包容的利益共同体、责任共同体和命运共同体，造福沿线国家人民，促进人类文明进步事业。“一带一路”建设是一项宏大系统工程，要突出重点、远近结合，有力有序有效推进，确保“一带一路”建设工作开好局、起好步。要坚持共商、共建、共享原则，积极与沿线国家的发展战略相互对接。要把握重点方向，陆上依托国际大通道，以重点经贸产业园区为合作平台，共同打造若干国际经济合作走廊；海上依托重点港口城市，共同打造通畅安全高效的运输大通道。要强化规划引领，把长期目标任务和近期工作结合起来，加强对工作的具体指导。要抓好重点项目，以基础设施互联互通为突破口，发挥对推进“一带一路”建设的基础性作用和示范效应。

2月2日

［纲　文］ **习近平在北京出席省部级主要领导干部学习贯彻十八届四中全会精神全面推进依法治国专题研讨班开班式。**

［目　文］ 开班式由李克强主持，张德江、俞正声、刘云山、王岐山、张高丽等出席。

中共中央总书记习近平强调，各级领导干部在推进依法治国方面肩负着重要责任，全面依法治国必须抓住领导干部这个“关键少数”。领导干部要做尊法学法守法用法的模范，带动全党全国一起努力，在建设中国特色社会主义法治体系、建设社会主义法治国家上不断见到新成效。改革开放以来特别是党的十五大提出依法治国、建设社会主义法治国家以来，我国社会主义法治建设取得了重大成就，各级领导干部在推进依法治国进程中发挥了重要作用。同时，在现实生活中，一些领导干部法治意识比较淡薄，有的存在有法不依、执法不严甚至徇私枉法等问题，影响了党和国家的形象和威信，损害了政治、经济、文化、社会、生态文明领域的正常秩序。所有领导干部都要警醒起来、行动起来，坚决纠正和解决法治不彰问题。各级领导干部的信念、决心、行动，对全面推进依法治国具有十分重要的意义。领导干部要做尊法的模范，带头尊崇法治、敬畏法律；做学法的模范，带头了解法律、掌握法律；做守法的模范，带头遵纪守法、捍卫法治；做用法的模范，带头厉行法治、依法办事。领导干部都要牢固树立宪法法律至上、法律面前人人平等、权由法定、权依法使等基本法治观念，对各种危害法治、破坏法治、践踏法治的行为要挺身而出、坚决斗争。党政主要负责人要履行推进法治建设第一责任人职责，统筹推进科学立法、严格执法、公正司法、全民守法。用人导向最重要、最根本、也最管用。中国共产党是中国特色社会主义事业的领导核心，处在总揽全局、协调各方的地位。社会主义法治必须坚持党的领导，党的领导必须依靠社会主义法治。

国务院总理李克强在主持开班式时指出，习近平总书记的重要讲话统筹全面建成小康社会、全面深化改革、全面依法治国、全面从严治党，强调领导干部是全面依法治国的关键，要做尊法学法守法用法的模范。

2—6日研讨班学习期间，全体学员围绕贯彻十八届四中全会精神，认真学习领会习近平总书记在开班式上的重要讲话，结合实际、深入研讨，对领导干部在全面依法治国中的关键作用有了更深刻的认识，对全面依法治国的正确方向有了更清醒的把握，对领导干部做尊法学法守法用法的模范有了更自觉的追求，对在统筹“四个全面”战略布局中推进全面依法治国有了更深入的理解。

中共中央政治局常委刘云山出席专题班结业式并强调，深入贯彻全会精神、全面推进依法治国，领导干部做尊法学法守法用法的模范至关重要。要深刻认识领导干部对法治建设既可以起到关键推动作用，也可能起到致命破坏作用。要始终坚持全面依法治国的根本政治方向，正确把握党与法的关系，深刻认识中国共产党的领导是中国特色社会主义法治之魂，社会主义法治必须坚持党的领导，党的领导必须依靠社会主义法治，在坚定道路自信、理论自信、制度自信中深化法治实践。

2月2日

［纲　文］　**国家主席习近平在北京分别会见俄罗斯外长拉夫罗夫、印度外长斯瓦拉杰。**

［目　文］　习近平在会见拉夫罗夫时表示，在过去的一年里，中俄双方共同推动两国全面战略协作伙伴关系进入新的发展阶段，各领域合作结出丰硕成果。新的一年，我期待同普京总统保持密切沟通，推动落实双方达成的每一项共识。2015年是第二次世界大战胜利70周年，中俄两国要同国际社会一道，共同办好一系列庆祝和纪念活动，体现两

国作为二战东方和西方主战场，为世界人民反法西斯战争做出的历史性贡献，共同维护战后国际和平与安全。当前，以金砖国家为代表的新兴力量迅速崛起，推动了世界多极化和国际关系民主化进程。共同维护新兴市场国家利益，推进国际经济治理改革意义重大，中方将与俄方合作，办好2015年的金砖国家峰会。

拉夫罗夫表示，2014年俄中两国元首5次会晤，两国领导人在最高层达成的共识，给两国关系发展指明了方向。俄中合作对维护世界和平稳定非常重要。俄方将与中方一道办好纪念第二次世界大战胜利70周年相关活动，共同捍卫联合国宪章原则和宗旨。

习近平在会见斯瓦拉杰时指出，2014年9月我访问印度期间，受到印度政府和人民的热情友好接待，至今记忆犹新。以此访为标志，中印关系已步入一个新的发展阶段，两国领导人共识不断得以落实，双方友好交流合作势头很好。中印关系的稳定发展主要归功于两国领导人不断积累的政治互信和对一些重大问题达成的重要共识。两国领导人要继续保持沟通交流，共同把握两国关系发展的正确方向，我欢迎莫迪总理早日访华。双方要把握住世纪机遇，对接发展战略，继续推进并早日完成产业园区和铁路等战略性合作，惠及两国25亿人民，促进世界经济发展。我们要耐心管控好两国存在的分歧，不使分歧影响两国关系大局，本着真诚的意愿推动有关问题逐渐得以妥善解决。中方愿同印方加强在全球治理等重大国际地区问题上的沟通协调，推动国际秩序朝着更加公正合理的方向发展，共同维护新兴市场国家和发展中国家的利益。

斯瓦拉杰表示，习近平主席2014年对印度的访问对印度和印度人民非常重要，将印中关系提高到了新水平，两国领导人达成的共识正在得到落实。印方期待中国继续扩大对印投资，缓解两国贸易不平衡问题。希望双方加强对话，妥善处理边界问题。莫迪总理期待访问中国，希望双方早日开始相关准备工作，相信此访将取得新的重要成果。

同日，中俄印外长在北京举行第13次会晤。外交部部长王毅和俄罗斯外长拉夫罗夫、印度外长斯瓦拉杰共同举行会晤。三国外长就共同关心的国际和地区问题深入交换意见，一致同意加强战略沟通协调，加强政治层面磋商，尽快建立中俄印亚太事务磋商机制；继续加强在智库、工商界、农业、减灾救灾、医药卫生等五大领域务实合作，开展议会、媒体、人文和青年交流活动；加强在制定2015年后发展议程政府间谈判中的协调合作；推动巴黎气候变化大会达成全面、均衡的结果；反对一切形式的恐怖主义，支持国际反恐合作；促进阿富汗及地区持久安全与繁荣；坚持通过政治谈判寻求和平解决乌克兰危机；坚持通过政治外交手段全面、长期解决伊朗核问题；坚持叙利亚问题政治解决的大方向。会后发表了《中华人民共和国、俄罗斯联邦和印度共和国外长第十三次会晤联合公报》。

2月2日

［纲　文］ **《习近平谈治国理政》推介研讨会在柬埔寨金边举行。**

［日　文］ 柬埔寨副首相兼内阁大臣索安、中国驻柬埔寨大使布建国、柬埔寨王家研究院院长克洛堤达以及当地官员、学者等数百人共同出席了此次研讨会。

《习近平谈治国理政》由中国国务院新闻办公室会同中共中央文献研究室、中国外文局编辑，由外文出版社以中、英、法、俄、阿、西、葡、德、日等多语种向全球出版发行。书中收入了习近平在2012年11月15日至2014年6月13日期间的讲话、谈话、演讲、答问、批示、贺信等79篇，分为18个专题，还收入习近平各个时期照片45幅。

2月2日

［纲　文］　**财政部公布《关于废止部分规章和规范性文件的决定》。**

［目　文］　《决定》说以下规章和规范性文件予以废止：一、政府采购代理机构资格认定办法（财政部令第61号）；二、国债承销团成员资格审批办法（财政部 人民银行 证监会令第39号）；三、财政部、税务总局关于对一九九四年一月一日前签订开发及转让合同的房地产征免土地增值税的通知（财法字〔1995〕7号）；四、以折股方式缴纳探矿权采矿权价款管理办法（试行）（财政部 国土资源部财建〔2006〕695号）；五、中央地勘基金持有探矿权采矿权价款折股股权管理暂行办法（财政部 国土资源部财建〔2009〕623号）；六、外商投资企业财政登记管理办法（财政部财工字〔1996〕126号）；七、财政部办公厅关于进一步加强外商投资企业财政登记管理工作有关问题的通知（财办企〔2002〕166号）。本决定自公布之日起施行。

2月2日

［纲　文］　**安全监管总局公布《安全评价与检测检验机构规范从业五条规定（试行）》。**

［目　文］　《规定》说：一、必须按规定注册独立法人单位，严格按照资质证书规定的业务范围开展工作，对出具的报告负法律责任，严禁租借资质证书、非法挂靠、转包服务项目；二、必须按照法律法规和执业准则公平竞争，严禁假借、冒用他人名义要求服务对象接受有偿服务；三、必须做到客观公正、诚实守信，在网上公开评价报告、检测项目等有关信息，严禁出具虚假或漏项、缺项报告；四、必须严格执行从业人员管理规定，严禁出租资格证书、在报告上冒用他人签名；五、必须保障专业技术服务和报告质量，严禁应到而不到现场开展技术服务、抄袭他人成果。规定自公布之日起施行。

2月2日

［纲　文］　**税务总局发布《关于3项企业所得税事项取消审批后加强后续管理的公告》。**

［目　文］　《公告》由四部分组成：一、进一步简化小型微利企业享受所得税优惠政策备案手续；二、取消“收入全额归属中央的企业下属二级及二级以下分支机构名单的备案审核”的后续管理；三、取消“汇总纳税企业组织结构变更审核”的后续管理；四、除第一条外，公告自2015年1月1日起施行。

2月2日

［纲　文］　**国务院任命毕井泉为食品药品监管总局局长。**

2月2日

［纲　文］　**“印度旅游年”开幕式在北京举行。**

［目　文］　国务院副总理汪洋和印度外交部部长斯瓦拉杰点亮启动球。印度总理莫迪为“印度旅游年”开幕发来视频贺词。

汪洋出席开幕式并致辞说，2014年9月习近平主席访问印度时与莫迪总理共同决定，2015年在中国举办“印度旅游年”，2016年在印度举办“中国旅游年”，这是中印旅游合作中的大事，也是两国关系发展中的喜事。双方应认真落实两国领导人的共识，顺应两国人民的期盼，把旅游年活动办出特色、办出成效、办出水平，做大旅游市场的蛋糕，拉紧友谊与合作的纽带，打造双边关系发展的新亮点。中印两国是山水相连的友好邻邦，邻居越走越亲，朋友越走越近。中方愿意配合印方开展丰富多彩的旅游年主题活动，支持印方推介旅游资源和特色旅游产品，支持两国民航企业开辟更多直航航线，鼓励两国企业加强旅游市场联合开发和旅游基础设施投资合作，建立健全两国政府部门合作机制，及时协商解决两国旅游合作事宜，让中国游客赴印旅游更便捷、更安全、更舒心。

2月2日

［纲　文］　**中国二维码技术获重大突破。**

［目　文］　北京龙贝公司首创采用全新的数学方法和信息技术编码，成功研制了中国第一个具有完全自主知识产权的全新矩阵龙贝二维码技术，形成从根本上有别于且性能高于国外其他码制的龙贝码，位列世界领先水平。

2月2日

［纲　文］　**中国共产党的亲密朋友、无党派人士的优秀代表、天津市人大常委会原副主任庄公惠在天津逝世，享年78岁。**

2月2日

［纲　文］　**《人民日报》发表题为《适应新常态 实现农业农村新发展》的社论。**

2月2日—3月15日

［纲　文］　**“人民的艺术家——老舍、胡絜青藏画展”在中国美术馆举行。**

［目　文］　画展由中国美术馆主办，中国现代文学馆、北京老舍纪念馆、中国嘉德国际拍卖有限公司协办。200余件老舍、胡絜青的珍贵画作和藏品与观众见面。此次展览首次完整呈现了老舍、胡絜青所作、所藏的书、画、印、砚，全方位展示了他们的鉴藏眼光和艺坛交游。除二人以诗书画相结合创作的34件艺术作品外，展览还展出了老舍家藏的齐白石、黄宾虹、任伯年、吴昌硕、林风眠等老一辈艺术家的书画佳作、印章等。

老舍是中国著名的文学家，新中国第一位获得“人民艺术家”称号的作家，爱好收画藏画、评画论画。他的夫人胡絜青曾先后师从齐白石、于非闇，是中国20世纪女艺术家的代表人物之一。

2月3日

［纲　文］　**中央军委印发新修订的《军队基层建设纲要》。**

［目　文］　《纲要》深入贯彻中央军委主席习近平系列重要讲话精神，紧紧围绕建设

一支听党指挥、能打胜仗、作风优良的人民军队这一党在新形势下的强军目标，适应新形势新任务新要求，认真总结吸纳基层建设新经验，对新形势下基层建设的指导思想、基本标准、工作要求等，作了全面修改完善。对基层建设标准，聚焦实现强军目标，从“听党指挥、能打胜仗、作风优良”三个方面进行细化规范，充分贯彻和体现了党的军事指导理论的创新成果。对基层经常性主要工作，适应新的形势任务要求，提出了践行政治工作时代主题，培养有灵魂、有本事、有血性、有品德的新一代革命军人，抓好法治教育训练，开展实战化训练，杜绝三个“不正当”，纠治基层不正之风，提高精细化保障水平，加强装备“两成两力”建设等要求。对基层建设总结评比和表彰，为激发基层内在活力，调整了评比对象，将基层干部、营级单位纳入双争，并明确总部每年表彰践行强军目标标兵。对领导机关抓基层的职责，依据中央和军委有关规定，明确提出了按照法治要求转变指导方式，形成党委依法决策、机关依法指导、部队依法行动、官兵依法履职的良好局面，定期分析基层形势，加强动中抓建指导，坚持“三严三实”，力戒“四风”，落实当兵蹲连制度等要求。

中央军委要求，各级要认真抓好《纲要》学习贯彻，推动基层建设全面进步、全面过硬。《纲要》自2015年2月1日起施行。

2月3日

［纲　文］　**中共中央电贺越南共产党成立85周年。**

2月3日

［纲　文］　**民政部等10部门印发《关于鼓励民间资本参与养老服务业发展的实施意见》。**

［目　文］　《意见》由九部分组成：一、鼓励民间资本参与居家和社区养老服务；二、鼓励民间资本参与机构养老服务；三、支持民间资本参与养老产业发展；四、推进医养融合发展；五、完善投融资政策；六、落实税费优惠政策；七、加强人才保障；八、促进民间资本规范有序参与；九、保障用地需求。

《意见》强调，建立完善政府领导、民政牵头、相关部门参与的工作机制，充分发挥已经建立的各类养老服务议事协调机构的作用，加强政策协调，定期分析问题，共同研究鼓励民间资本参与养老服务业发展的推进举措。民政部门要切实履行监督管理、行业规范、业务指导职责，及时编制养老服务业发展规划。发展改革部门要将养老服务业纳入经济社会发展规划，支持养老服务体系建设。住房城乡建设部门要制订养老服务设施建设标准，组织编制养老服务设施专项规划，指导养老服务设施有序建设。其他有关部门要各司其职，按照职责分工，做好鼓励民间资本参与养老服务业发展工作。

2月3日

［纲　文］　**保监会发布《关于深化商业车险条款费率管理制度改革的意见》。**

［目　文］　《意见》由五部分组成：一、指导思想、基本原则和主要目标；二、建立健全商业车险条款形成机制；三、建立健全商业车险费率形成机制；四、加强和改善商业

车险条款费率监管；五、做好改革组织实施工作。

《意见》指出，保险监管机构、保险行业协会和财产保险公司要组织开展商业车险条款费率管理制度改革的政策宣导，重点做好商业车险条款费率的解释说明，普及保险知识，提升保险意识，为深化商业车险条款费率管理制度改革创造良好环境。

2月3日

［纲　文］　**税务总局发布《关于非居民企业间接转让财产企业所得税若干问题的公告》。**

［目　文］　《公告》对间接转让财产交易适用一般反避税规则的范围、合理商业目的判定要素、纳税义务、法律责任等作出了明确规定。自2015年2月3日起施行。

2月3日

［纲　文］　**民盟中央文化艺术研究院成立大会在北京举行。**

［目　文］　研究院是一个开放性、跨学科的文化艺术研究机构，以民盟在文化艺术界的代表性人士为主体，主要开展文化艺术领域的研究、创作、评论及推介等工作。

2月3—5日

［纲　文］　**应国家主席习近平邀请，阿根廷共和国总统克里斯蒂娜对中国进行国事访问。**

［目　文］　访问期间，习近平同克里斯蒂娜在北京举行了会谈，两国元首共同签署《中华人民共和国和阿根廷共和国关于加强两国全面战略伙伴关系的联合声明》，并见证了政治、经贸、金融、核能、文化、卫生、司法、航天、电信、旅游等领域合作文件的签署。国务院总理李克强、全国人大常委会委员长张德江在北京分别会见了克里斯蒂娜。

习近平同克里斯蒂娜会谈时指出，2014年7月，我对阿根廷进行了成功的国事访问，我同你共同宣布建立中阿全面战略伙伴关系，就加强两国各领域互利友好合作达成重要共识。在双方共同努力下，我们达成的共识正在变为现实。两国要加强全方位交往，发挥好两国政府间常设委员会的统筹协调作用，落实好两国政府共同行动计划。要深化务实合作，利用好经济合作与协调战略对话等机制，推动双方互利合作持续稳定深入发展。要建设好现有的铁路和水电站等重点项目，积极开展基础设施建设、农业、能源、矿产、装备制造等领域合作，将核电作为下阶段重点合作领域加以推进。要加强海关和质检交流，推动双边贸易健康稳定增长，继续加强金融合作，执行好本币互换协议。中方欢迎阿根廷企业积极开拓中国市场，将一如既往支持中国企业赴阿根廷投资兴业。中方愿同阿方加强在联合国、国际货币基金组织、二十国集团、七十七国集团加中国等国际组织和多边机制中的协作。

克里斯蒂娜表示，中国已经成为世界经济的重要推动力。阿方高度重视加强与中国深化全面战略伙伴关系，希望双方合作结出更加丰硕的成果。阿根廷正在推进能源多元化，当前阿中合作建设的基什内尔—塞佩尼克水电站是阿根廷有史以来最重要的水电站，阿方希望同中方开展核能合作，利用中国核能技术。

2月3—6日

［纲 文］ **汪洋在内蒙古大兴安岭林区调研。**

［目 文］ 国务院副总理汪洋考察了大兴安岭林区的森林管护和抚育作业现场、种苗基地、木材加工企业、森林防火指挥中心等，详细了解林业职工生产生活和生态移民搬迁情况，并召开座谈会听取林区改革发展的意见建议。汪洋强调，国有林区在维护国家生态安全、保障经济社会发展中具有不可替代的重要作用。长期以来，国有林区干部职工在艰苦条件下辛勤工作，为满足国家木材需求、保护和培育森林资源、保障国家生态安全，做出了重要贡献。目前林区进入转型发展的新阶段，要将提供生态服务和维护生态安全作为国有林区改革的基本出发点，坚持试点先行、有序推进，逐步停止重点国有林区天然林商业性采伐，积极推进政企事分开，建立归属清晰、权责明确、监管有效的森林资源产权制度。要创新资源管护机制和方式，通过政府购买服务、运用高新技术手段和现代交通工具等，提高管护效率。要发挥林区绿色资源丰富的优势，大力发展森林旅游、特色养殖种植等绿色富民产业，积极引入新技术、新业态和新商业模式，培育林区经济新的增长点。要加快完善林区基础设施和公共服务，妥善解决基本民生问题。要认真贯彻落实党中央、国务院关于推进国有林区改革的决策部署，坚持生态为本、保护优先，围绕发挥生态功能、维护生态安全的战略定位，加快完善国有林区森林资源保护机制和监管体制，因地制宜推进森工企业改制和改革，多措并举促进职工就业增收，推动林区森林资源持续增长、生态产品生产能力持续增强、绿色富民产业持续发展。

2月3—7日

［纲 文］ **国务委员兼国防部长常万全应邀对韩国和泰国进行正式友好访问。**

2月4日

［纲 文］ **习近平、李克强对台湾复兴航空坠机事故作出指示、批示。**

［目 文］ 国家主席习近平指示指出，要尽快准确掌握相关情况，积极协助开展伤员救治，做好家属安抚、善后处理等工作。

国务院总理李克强批示指出，要求有关方面与台湾加强沟通联系，尽快核实机上乘客伤亡情况，根据需要提供必要帮助。同时，做好大陆乘客家属信息通报、安抚和善后等工作。

中央台办获悉后立即启动应急机制，协调中国民航局、国家旅游局和福建省、厦门市紧急处置，联系台湾有关方面了解事故情况，派工作组到台湾开展相关工作。

2月4日10时56分，台湾复兴航空一架ATR-72轻型民航客机在执飞台北至金门航线时失事，坠于台北市与新北市交界处的基隆河。机上共有22名台湾乘客、31名大陆乘客以及5名机组成员，事故造成43人遇难，包括39名乘客（其中26名大陆乘客）和4名机组人员。

2月4日

［纲　文］　**李克强在北京主持召开各民主党派全国工商联负责人和无党派人士代表座谈会，听取对政府工作报告意见和建议。**

［目　文］　国务院总理李克强请大家对《政府工作报告（征求意见稿）》发表意见和建议。大家认为，2014年，中共中央、国务院积极应对国际国内纷繁复杂的困难和挑战，坚持稳中求进、改革创新，我国经济社会在新常态下实现平稳健康发展，主要指标处在合理区间，成绩有目共睹。同时，对做好2015年政府工作提出了意见和建议。民革中央主席万鄂湘说，要运用法治思维，进一步提高简政放权实效。民盟中央主席张宝文提出，要促进农业可持续发展、完善养老服务体系。民建中央主席陈昌智就健全多层次资本市场体系，服务实体经济发展谈了看法。民进中央主席严隽琪说，实施“一带一路”、京津冀、长江经济带三大区域发展战略，必须破除跨区域合作的体制机制障碍。农工党中央主席陈竺对推进医药卫生事业发展、加大公共产品和公共服务供给、着力改善民生提了意见。致公党中央主席万钢提出，要加强改革开放中的人才引进工作，完善支持大众创业万众创新的政策措施。九三学社中央主席韩启德说，要切实落实科技体制改革重大举措，提高财政投入效率。台盟中央主席林文漪提出，要全方位推进理论、技术、管理等创新，迎接新技术革命。全国工商联主席王钦敏说，要更加注重发挥企业家才能，促进非公有制经济健康发展。无党派人士代表就促进企业和农业走出去提出了建议。

李克强感谢各民主党派、全国工商联、无党派人士一直以来对政府工作的支持并说，大家的发言对做好政府工作很有启发、很有帮助，国务院将认真研究采纳。政府要依法有效施政，妥善应对好面临的各种困难和挑战，必须加强政府与各民主党派、全国工商联、群众团体等的沟通协作，广泛听取社会各界意见，同舟共济、形成合力，紧紧扭住经济建设这个中心，加快转变发展方式，推进科学发展，促进经济提质增效升级和社会文明进步。

2月4日

［纲　文］　**住房和城乡建设部、民政部、中国残联、全国老龄办发布《关于加强村镇无障碍环境建设的指导意见》。**

［目　文］　《意见》由三部分组成：一、总体要求；二、主要措施；三、加强组织领导。

《意见》指出，各地要进一步提高对村镇无障碍环境建设重要性的认识，加强组织领导，结合创建无障碍环境市县工作，健全无障碍环境建设工作机制，切实发挥组织、协调作用。各地住房城乡建设部门和其他相关部门要加强对无障碍环境建设工作的监督检查，指导乡镇、街道、村（居）民委员会、社区积极做好无障碍环境建设工作。

2月4日

［纲　文］　**税务总局发布《关于部分税务行政审批事项取消后有关管理问题的**

公告》。

［目 文］《公告》由七部分组成：一、关于取消“对纳税人申报方式的核准”后的有关管理问题；二、关于取消“印制有本单位名称发票的审批”后的有关管理问题；三、关于取消“对办理税务登记（开业、变更、验证和换证）的核准”后的有关管理问题；四、关于取消“扣缴税款登记核准”后的有关管理问题；五、关于取消“以上市公司股权出资不征证券交易印花税的认定”后的有关管理问题；六、关于取消“在营企业完成改组改制、符合豁免条件的东北老工业基地企业历史欠税豁免审批”后的有关管理问题；七、关于取消“营业税差额纳税试点物流企业确认”和“可用于调和为汽、柴油的石脑油、溶剂油计划及调整计划的核准”后需要明确的有关问题。公告自2015年2月4日起施行。

2月4日

［纲 文］ **教育部公布《高等学校科学研究优秀成果奖（科学技术）奖励办法》。**

［目 文］《办法》共8章52条，主要有总则、申报与提名推荐条件、推荐办法、评审标准、评审和授予、异议及处理、罚则、附则等内容。自2015年2月4日起施行。

2月4日

［纲 文］ **国家副主席李源潮在北京会见南非非洲人国民大会总书记曼塔谢率领的代表团。**

［目 文］ 李源潮说，当前，中南关系站在新起点上。希望双方落实好两国元首达成的战略共识，加强两党党建和执政经验交流互鉴，共同把中南关系打造成为政治互信、经济互利、人文互鉴、安全互助的全面战略伙伴关系。曼塔谢说，非国大与中国共产党关系密切，两党相互支持，坦诚相待。非国大愿在提高执政能力、推进改革等方面学习借鉴中方经验。

2月4日

［纲 文］ **《人民日报》发表题为《担负起全面依法治国的重大责任——一论学习贯彻习近平在省部级专题研讨班重要讲话》的评论员文章。**

2月5日

［纲 文］ **财政部公开2014年中央国有资本经营预算收支情况。**

［目 文］ 2014年中央国有资本经营预算收入1410.91亿元，完成预算的98.9%，增长33.3%。其中，利润收入1378.57亿元，股利、股息收入9.81亿元，产权转让收入22.53亿元。加上2013年结转收入152.19亿元，收入总量为1563.1亿元。

2014年，中央国有资本经营预算支出1419.12亿元，完成预算的89.9%，增长45.1%。其中，国有经济结构调整支出557.68亿元，重点项目支出332.9亿元，产业升级与发展支出137.9亿元，境外投资及对外经济技术合作支出181亿元，困难企业职工补助支出3.86亿元，调入公共财政预算用于社保等民生支出184亿元，国有股减持收入补充社保基金支出21.58亿元，其他支出0.2亿元。

2月5日

［纲　文］　**税务总局发布《关于进一步规范税收征管秩序 提高税收收入质量的通知》。**

［目　文］　《通知》由四部分组成：一、坚持依法依规组织收入；二、认真落实税收优惠政策；三、强化税收收入质量管理；四、加大监督检查工作力度。

《通知》要求，各级税务部门要牢固树立不落实税收优惠政策也是收过头税的观念，认真落实国家出台的各项减税政策，不能以任何理由在落实税收优惠政策上打折扣。要加大监督检查工作力度，一旦发现越权征税、违规征税、税收政策不落实、收过头税等问题，要及时纠正并严肃查处违规行为，追究相关人员责任，促进规范税收执法，做到依法征管。

2月5日

［纲　文］　**公安部、国家网信办、工业和信息化部、环境保护部、工商总局、安全监管总局发布《互联网危险物品信息发布管理规定》，自2015年3月1日起执行。**

2月5日

［纲　文］　**环境保护部发布《关于推进环境监测服务社会化的指导意见》。**

［目　文］　《意见》由五部分组成：一、充分认识推进环境监测服务社会化的重要意义；二、指导思想与基本原则；三、开放环境监测服务市场；四、扶持和规范社会环境监测机构发展；五、依法监督环境监测服务行为。

《意见》强调，社会环境监测机构在有关环境服务活动中弄虚作假，对造成的环境污染和生态破坏负有责任的，除依照有关法律法规规定予以处罚外，还应当与造成环境污染和生态破坏的其他责任者承担连带责任。对不符合监测规范、监测结果有误的，给予通报批评，限期整改；对于存在弄虚作假行为的或篡改伪造监测数据的，依法予以处罚，并列入黑名单，抄送质量技术监督主管部门；构成犯罪的，依法追究刑事责任。

2月5日

［纲　文］　**国家主席习近平特使、中央政法委书记孟建柱在曼谷会见泰国总理巴育。**

［目　文］　孟建柱转达了习近平主席致巴育的口信及中国领导人对巴育的亲切问候，并表示“中泰一家亲”在两国家喻户晓。2015年恰逢两国建交40周年，中方愿同泰方保持高层密切往来，加强战略对话，稳步推进在铁路、经贸、能源、教育等重点领域合作。中泰利益交融，安危与共，应从双方共同利益出发，照顾好彼此关切。中泰在湄公河流域开展了卓有成效的执法安全合作，中方愿在此基础上深化同泰方在禁毒、跨国有组织犯罪、网络安全等领域的信息交流和务实合作，建立综合性合作机制，共同应对国际和地区安全挑战。

巴育表示，泰中具有特殊的友好关系，两国应以建交40周年为契机，大力推进在农业、基础设施建设、旅游等领域的合作。泰方感谢中方对泰国改革与发展的支持，将积极参与中方倡议的“一带一路”建设，希望借鉴中国国家治理的经验，并在维护安全方面同中国发展更加紧密的合作关系。

访问期间，孟建柱与泰国第一副总理兼国防部长巴维举行会谈，见证了有关部门签署执法安全合作文件。

2月6日

［纲　文］　**李克强主持召开国务院常务会议。**

［目　文］　会议主要内容是：一、听取2014年全国两会建议提案办理工作汇报，完善公共决策吸纳民意机制。会议指出，2014年国务院各部门办理了7437件建议和4672件提案，分别占总数的86.7%和92.5%。在此基础上，各部门出台相关措施约1700项，完善了政府政策举措，一批群众关注的难点问题得到解决，推动了稳增长、促改革、调结构、惠民生、防风险。2015年全国两会将至，各部门要认真听取代表委员意见建议，创新工作机制，将建议提案办理与本职业务一并考虑、一体部署、一同推进。二、部署改革政府投资管理方式和转变职能，便利投资创业、规范市场秩序。会议认为，建立部门和地方协同联动的投资项目审批监管制度，是推进简政放权、放管结合的重要举措，可使政府管理更加规范高效，防止随意性和权力寻租，更好地服务和方便群众，对促进投资、带动创业就业具有重要意义。会议确定，运用互联网和大数据技术，加快建设投资项目在线审批监管平台，横向联通发展改革、城乡规划、国土资源、环境保护等部门，纵向贯通各级政府，推进网上受理、办理、监管“一条龙”服务，做到全透明、可核查，让信息多跑路、群众少跑腿。为此，一要合理划分权限。在取消或下放审批核准事项的同时，尽快下放规划、用地、环评等审批权限。按照方便办事、就近服务原则，合理确定下放层级，提高承接和监管能力，确保接得住、管得好。二要重点围绕开工建设和竣工投产环节，依据法律法规和发展规划、产业政策、技术和准入标准等开展全过程监管。建立统一代码制度，在项目受理时自动生成唯一代码。实施项目审批限时办结、建设进度信息在线备案、监管结果年度报告制度。三要加强在线监测、项目稽查等监督执法和信息公开，设立“异常信用记录”和“黑名单”，为守信者开设服务快速通道，对失信者采取联合惩戒措施。用“制度+技术”更好巩固简政放权成果，更大释放改革红利。三、讨论通过报请全国人大授权在土地制度改革试点地区暂时调整实施有关法律规定的决定草案。为慎重稳妥推进农村土地制度改革试点，更好保护农民合法权益，会议通过报请全国人大授权在试点地区暂时调整实施土地管理法、城市房地产管理法有关规定的决定草案。草案提出，要在坚守土地公有制性质不改变、耕地红线不突破、农民利益不受损底线的前提下，选择一些地区开展试点，允许符合条件的存量农村集体经营性建设用地使用权出让、租赁、入股，与国有建设用地使用权同等入市、同权同价；下放宅基地审批权，使用存量建设用地的由乡镇审批，使用新增建设用地的由县级审批；明确土地征收要综合考虑土地用途和区位、经济发展水平、人均收入等，合理确定补偿标准，妥善安排被征地农民住房和社会保障。

2月6日

［纲　文］　**国务院在北京召开推动长江经济带发展工作会议。**

［目　文］　会议由国务院副总理张高丽主持，主要内容是：一、学习中共中央总书记习近平关于推动长江经济带发展的重要讲话和批示精神，学习国务院总理李克强重要指示要求。二、研究讨论《2015年推动长江经济带发展工作要点》，部署下一步深入推动长江经济带发展工作。

张高丽表示，依托黄金水道推动长江经济带发展，是党中央、国务院准确把握时代变革大趋势，积极适应经济发展新常态，作出的重大战略决策。长江经济带在我国区域发展总体格局中具有重要战略地位，建设长江经济带，要按照习近平总书记的要求，坚持一盘棋思想，理顺体制机制，加强统筹协调，处理好政府与市场、地区与地区、产业转移与生态保护等关系，不搞“政策洼地”，不搞“拉郎配”，避免虚假项目和污染转移，防止低水平重复建设，更好地发挥长江黄金水道作用，为全国统筹发展提供新的支撑。我们要切实把思想和行动统一到党中央、国务院的重要决策部署上来，努力构建横贯东西、辐射南北、通江达海、经济高效、生态良好的长江经济带。

2月6日

［纲　文］　**刘延东在故宫博物院调研。**

［目　文］　国务院副总理刘延东考察了午门雁翅楼、文物保护修复工作室、古建筑修缮工地、地下文物库房、馆藏西藏文物展、观众服务设施等，听取了“平安故宫”工程建设汇报。

刘延东指出，在相关部门、社会各界的支持和故宫博物院的努力下，故宫的文物遗产保护、文化传播弘扬、景观环境改善和防火防盗防震等各项事业取得突破性进展。故宫是我国现存规模最大、最完整的古代宫殿建筑群，是中国人民的智慧结晶和中华文化的重要载体。要坚持创造性转化和创新性发展，开展形式多样的文化活动，让文物古籍鲜活起来，丰富人民群众精神文化生活，加强青少年优秀传统文化教育，提升国家软实力，实现博物院的社会价值和多元功能。要发挥科技对文物保护利用的促进作用，与高校、科研机构和国际同行加强合作，综合运用现代信息技术等手段，提高文物科学保护及藏品展示传播水平。要深入挖掘文物的文化精髓，大力加强文化产品研发创意，让更多人通过文创产品了解和喜爱优秀传统文化，推进文化与旅游等产业融合发展，增强故宫自我发展能力。要积极拓展对外交往，促进不同文明交流互鉴，推动中华文化现代化，增强中华民族凝聚力向心力和中华文化影响力感召力。

2月6日

［纲　文］　**外交部发言人表示，中国反对任何外国允许达赖前往窜访。**

2月6日

［纲　文］　**江苏省政协第六届、七届委员会主席、原党组书记孙颔在南京逝世，享年87岁。**

2月6日

［纲　文］ **《人民日报》发表题为《领导干部是全面依法治国的关键——二论学习贯彻习近平在省部级专题研讨班重要讲话》的评论员文章。**

2月6—11日

［纲　文］ **国务委员杨洁篪出席第51届慕尼黑安全会议并访问阿尔及利亚、津巴布韦和乌干达。**

［目　文］ 6日，杨洁篪在第51届慕尼黑安全会议开幕式上的致辞中强调，中国积极倡导共同、综合、合作、可持续的安全观，主张各国顺应和平、发展、合作、共赢的时代潮流，努力走出共建、共享、共赢、共护的安全新路。2015年恰逢第二次世界大战结束70周年和联合国成立70周年。70年来，世界保持了总体和平的局面，人类的发展事业取得显著进步，区域和跨区域合作方兴未艾。同时也应看到，世界经济复苏步履维艰，局部动荡此起彼伏，全球性挑战不断增多，恐怖主义威胁明显上升。维护世界和平、促进共同发展依然任重道远。

7日，杨洁篪在慕尼黑会见德国总理默克尔时转达了国家主席习近平、国务院总理李克强的问候，并表示2014年中德两国高层交往密切，双方确立了全方位战略伙伴关系的新定位，共同发表了《中德合作行动纲要》。中方高度重视中德关系，愿同德方一道，保持高层交往势头，加强各领域互利合作，办好2015年“中德创新合作年”及一系列双边活动，赋予两国全方位战略伙伴关系更多实质内涵。

杨洁篪在阿尔及利亚访问期间，在阿尔及尔分别会见了阿尔及利亚总统布特弗利卡、总理塞拉勒；在津巴布韦访问期间，在哈拉雷分别会见了津巴布韦总统穆加贝、副总统穆波科；在乌干达访问期间，分别会见了乌干达总统穆塞韦尼、总理鲁贡达。

2月7日

［纲　文］ **国务院批复商务部，同意建立国务院自由贸易试验区工作部际联席会议制度。**

［目　文］ 批复说：同意建立由国务院领导同志牵头负责的国务院自由贸易试验区工作部际联席会议制度。联席会议不刻制印章，不正式行文，请按照国务院有关文件精神认真组织开展工作。

2月7日

［纲　文］ **中央精神文明建设指导委员会在北京召开第3次全体会议。**

［目　文］ 中央精神文明建设指导委员会主任刘云山主持会议。中央精神文明建设指导委员会副主任刘延东、刘奇葆出席会议。会议主要内容是：贯彻落实中共中央精神，研究部署2015年工作。会议指出，过去一年精神文明建设工作取得明显成效，中国特色社会主义和中国梦的宣传教育深入开展，社会主义核心价值观广为弘扬，群众性精神文明创建向深度和广度拓展，有力服务了党和国家工作大局。

刘云山指出，要认真贯彻习近平总书记系列重要讲话精神，围绕“四个全面”战略布局，紧贴中心任务、弘扬改革精神，扎实推进精神文明建设各项工作，着力唱响主旋律、凝聚正能量、树立新风尚，为改革开放和社会主义现代化建设提供有力思想保证、精神动力和道德支撑。推进精神文明建设，根本的是巩固思想道德基础、激发团结奋进力量、弘扬社会新风正气。要着眼于实现中华民族伟大复兴的中国梦，深入进行理想信念教育，引导人们坚定道路自信、理论自信、制度自信。要主动适应经济发展新常态，针对改革发展中的矛盾和问题，做好思想引导工作，更好地坚定信心、鼓舞士气。要大力弘扬社会主义核心价值观，广泛开展面向群众的宣传教育和富有特色的主题实践活动，发挥好党员干部、道德模范、公众人物的引领作用，推动人们更好践行核心价值观。要切实加强青少年思想道德教育，发挥学校主阵地和主渠道作用，统筹学校教育、家庭教育、社会教育，引导青少年崇德向善、知行合一。要深化文明城市、文明村镇、文明单位和文明家庭创建，突出价值引领、强化道德内涵，开展普法宣传教育和群众性法治文化活动，不断提升公民文明素养和社会文明程度。要高度重视基层文化建设，推出更多面向基层和农村的优秀文化产品和服务，抓好基本公共文化服务，改善文化民生。

2月8日

［纲　文］　**中共中央、国务院印发《国有林场改革方案》。**

［目　文］　《方案》由四部分组成：一、国有林场改革的总体要求；二、国有林场改革的主要内容；三、完善国有林场改革发展的政策支持体系；四、加强组织领导，全面落实各项任务。

《方案》指出，各省（自治区、直辖市）政府对国有林场改革负总责，按照本方案确定的目标、任务和政策措施，结合实际尽快制定具体方案，确保按时完成各项任务目标。加强国有林场管理机构建设，维护国有林场合法权益，保持森林资源权属稳定，严禁破坏国有森林资源和乱砍滥伐、滥占林地、无序建设。做好风险预警，及时化解矛盾，确保社会稳定。

2月8日

［纲　文］　**中共中央、国务院印发《国有林区改革指导意见》。**

［目　文］　《意见》由四部分组成：一、国有林区改革的总体要求；二、国有林区改革的主要任务；三、完善国有林区改革的政策支持体系；四、加强组织领导，全面落实各项任务。

《意见》指出，要强化各级政府生态保护责任，加强森林资源监管，加强对森林资源保护绩效的考核，杜绝滥占林地、无序建设、乱砍滥伐、破坏森林资源的现象。要认真执行国有资产管理有关规定，严格纪律要求，防止国有资产流失。要依法保障林区职工群众的合法权益，维护林区和谐稳定。

2月8—9日

［纲　文］　**刘云山在北京看望文化界知名人士，代表中共中央总书记习近平和党中**

央向文化工作者致以诚挚问候和新春祝福。

［目　文］　中共中央政治局常委刘云山来到中国人民大学教授、著名马克思主义哲学专家陈先达家中，询问陈先达的生活和工作情况，对他为党的思想理论建设做出的贡献给予肯定，陈先达就深化马克思主义理论研究、加强哲学社会科学教材教学工作提出建议；在中国文联荣誉委员、著名书法家沈鹏家中，刘云山悉心了解书法艺术传承发展情况，希望老一辈书法家继续发挥传帮带作用、为弘扬中华优秀传统文化贡献力量；看望中国舞协名誉主席、著名芭蕾舞表演艺术家白淑湘时，赞赏她为芭蕾舞民族化进行的探索，白淑湘建议加强青年艺术人才培养、加大对代表国家水准的艺术门类扶持力度；看望原新闻出版署署长、著名出版家宋木文时，与他就出版业现状和前景进行交流，认真听取他关于提高出版质量、加强版权保护、重视社会效益等建议；在中国作协名誉委员、著名少数民族作家玛拉沁夫家中，赞扬玛拉沁夫为民族文学发展做出的成绩，并与他就加强少数民族文艺创作、繁荣中华民族文艺园地进行探讨。

文化界知名人士对习近平总书记和党中央的亲切关怀表示感谢，对党的十八大以来党治国理政的新举措新局面高度赞誉，对党和政府重视弘扬优秀传统文化、提升国家文化软实力等部署深表赞同，一致认为文化工作者赶上了好时代，文化发展展示出更加美好的前景。刘云山指出，国运兴、文运兴，文化是民族生存和发展的重要力量，实现中华民族伟大复兴的中国梦需要文化的繁荣兴盛。推进“四个全面”战略布局，赋予当代文化工作者重要责任和使命。希望广大文化工作者深入学习贯彻习近平总书记在文艺工作座谈会上的重要讲话精神，增强文化自信，坚守文化追求，树立正确创作导向，用更多更好的文化作品讲好中国故事、反映时代进步。要强化精品意识，学习老一辈文化工作者的优良传统，努力在扎根生活、扎根群众中丰富生活积淀，在深化艺术实践、积极探索创新中提高文艺表现力，为推动文化繁荣发展、建设社会主义文化强国做出积极贡献。各级党委、政府和有关部门要重视文化建设、关心文化人才，加强扶持引导、多办实事好事，为文化工作者施展才华创造良好条件。

2月9日

［纲　文］　**习近平出席中央军委慰问驻京部队老干部迎新春文艺演出会，向军队老同志和全军离退休老干部，致以新春的祝福。**

2月9日

［纲　文］　**国务院办公厅印发《关于完善公立医院药品集中采购工作的指导意见》。**

［目　文］　《意见》由七部分组成：一、总体思路；二、实行药品分类采购；三、改进药款结算方式；四、加强药品配送管理；五、规范采购平台建设；六、强化综合监督管理；七、切实加强组织领导。

《意见》要求，药品集中采购工作涉及多方利益调整，各地区、各有关部门要坚持正确导向，加强政策解读和舆论引导，充分宣传药品集中采购工作的政策方向、意义、措施和成效，妥善回应社会关切，营造良好社会氛围。

2月9日

［纲　文］　**国务院公布《博物馆条例》。**

［目　文］　《条例》共6章47条，主要有总则，博物馆的设立、变更与终止，博物馆管理，博物馆社会服务，法律责任，附则。自2015年3月20日起施行。

2月9日

［纲　文］　**发展改革委发布《关于进口原油使用管理有关问题的通知》。**

［目　文］　《通知》由五部分组成：一、指导原则；二、基本条件；三、用油数量；四、确认程序；五、有关要求。

2月9日

［纲　文］　**国务院召开第三次廉政工作会议。**

［目　文］　国务院总理李克强，国务院副总理张高丽、刘延东、汪洋、马凯，国务委员常万全、郭声琨、王勇出席会议。中央纪委书记王岐山应邀出席会议。

李克强指出这次会议的主要任务是，认真学习贯彻习近平总书记在十八届中央纪委五次全会上的重要讲话精神，落实中央纪委五次全会部署，总结2014年政府系统党风廉政建设和反腐败工作，明确2015年重点任务。

李克强对2015年政府系统党风廉政建设和反腐败工作提出了五点要求：一是放权限权，坚决打掉寻租空间。要对中介服务进行清理，破除垄断、规范收费、加强监管，坚决消除审批的“灰色地带”。二是严管公帑，确保资金安全运行。政府收支一律纳入预算并公开，向老百姓交出一本能看得懂的“明白账”。三是勤政有为，推动重大决策落实。领导干部要敢于担当，主动作为，善谋善为，干事创业谋发展。重大任务要明确分工，逐级签订目标任务责任书，立下“军令状”。四是标本兼治，坚定不移惩治腐败。要遵章守纪纠“四风”，大力倡俭治奢，持续推进政风作风转变。五是坚持“一岗双责”，认真落实党风廉政建设责任制。各级领导干部要以上率下，带头守纪律讲规矩，带头执行廉洁从政各项规定。各级政府及部门党组要切实履行主体责任，主要领导是第一责任人，对本部门本单位党风廉政建设负总责；各级监察机关要履行监督责任，确保经济社会发展和廉政建设各项任务落实。

2月9日

［纲　文］　**国务院批复广西壮族自治区、贵州省、云南省人民政府和国家发展改革委，同意左右江革命老区振兴规划。**

［目　文］　批复说：一、原则同意《左右江革命老区振兴规划（2015—2025年）》（以下简称《规划》），请认真组织实施。二、《规划》实施要进一步发扬艰苦奋斗、自力更生精神，进一步加大扶持力度，着力加强基础设施建设和发展特色产业，打造产业集聚、经济繁荣的活力老区；着力加强生态文明建设，创新生态建设、资源节约和环境保护体制机制，打造天蓝山青水净的美丽老区；着力加强保障和改善民生，提升基本公共服务

水平，打造人民安居乐业的幸福老区；着力促进城乡统筹与区域协调发展，弘扬老区革命精神与民族文化，打造全国旅游文化示范的文化老区，努力探索革命老区跨越发展、持续发展的新路子，加快老区开发建设步伐，增强老区自我发展能力，使老区人民共享改革发展成果，过上更加幸福美好的生活，与全国同步实现全面建成小康社会奋斗目标。三、广西壮族自治区、贵州省、云南省人民政府要加强对《规划》实施的组织领导，建立健全协调机制，按照《规划》确定的功能定位、空间布局和发展重点，制定分解落实方案，推动《规划》实施，切实把各项目标任务落到实处。《规划》实施中涉及的重要政策和重大建设项目要按规定程序报批。四、国务院有关部门要按照职能分工，在规划编制、政策实施、项目安排、资金投入和体制创新等方面给予积极支持，指导和帮助解决《规划》实施中遇到的问题。发展改革委要会同有关部门加强对《规划》实施情况的跟踪分析和督促检查，会同广西壮族自治区、贵州省、云南省人民政府适时开展《规划》实施情况评估，重大问题及时向国务院报告。

2月9日

［纲　文］　**李克强在北京与国务院参事、中央文史研究馆馆员座谈。**

［目　文］　李克强向新聘任的国务院参事钱颖一、仇保兴、方宁、王京生、甄贞、王辉耀、张红武、杨忠岐、樊希安、李武和新聘为中央文史研究馆馆员的中华文化研究学者陈平原、京剧表演艺术家吴江、美术家范迪安分别颁发聘书。林毅夫参事、陈来馆员、张玉香特约研究员等就“十三五”要解决的关键问题、搞好中华民族心灵建设、实施村庄整治启动农村内需、促进对外开放、建设工业强国等提出建议。

李克强指出，当前世界政治经济格局深度调整，我国经济发展进入新常态，保持经济中高速增长，推动发展向中高端水平迈进，面临许多新课题。要未雨绸缪，下好先手棋，加强对重大经济问题的前瞻性研究。围绕如何实现稳增长和调结构的平衡，加快新产业、新技术、新业态成长，促进大众创业、万众创新，打造新的“发动机”，形成新动能；如何抓住牵一发动全身的“牛鼻子”，促进重点领域改革不断取得突破；如何在完善定向调控中持续创新宏观调控思路和方式等深入研究，探寻规律，用新视角把脉经济，用新思路拓展新局，始终把握发展主动权，实现经济调速不减势、量增质更优。转变政府职能、建设法治政府是一篇大文章，许多难题尚待破解。本届政府成立以来，持续推进简政放权、放管结合的改革，给市场让出了空间，带动了大量就业，激发了全社会的创新活力。参事、馆员们有深厚的理论素养和丰富的实践经验，希望大家发挥熟悉国情、了解国际的优势，多提意见建议，帮助政府按照依宪治国、依法行政的要求，推进自身革命取得新的更大进展。

2月9日

［纲　文］　**马凯在北京检查春运工作。**

［目　文］　国务院副总理马凯在北京六里桥客运枢纽、北京南站检查时强调，要认真贯彻落实党中央、国务院决策部署，坚持以人为本、安全第一，千方百计挖掘运输潜力，想方设法提高运输效率，切实做好不同运输方式的运力统筹和有效衔接，继续发扬勇于奉

献、不怕疲劳、连续奋战的优良作风，全力做好春运各项工作，让广大人民群众平安顺利出行，过一个欢乐祥和的新春佳节。

2月9日

［纲　文］　**中央统战部、全国人大民族委员会、国家民族事务委员会、全国政协民族和宗教委员会、北京市人民政府在北京举行首都各民族人士迎春茶话会。**

［目　文］　茶话会由全国人大常委会副委员长向巴平措主持，中央统战部部长孙春兰出席茶话会并致辞。全国人大常委会副委员长艾力更·依明巴海，全国政协副主席马飚、齐续春和布赫、司马义·艾买提、热地、乌云其木格、司马义·铁力瓦尔地、白立忱出席茶话会。600余名首都各民族朋友欢聚一堂。

孙春兰指出，2014年是民族工作史上具有里程碑意义的一年。以习近平为总书记的党中央高度重视民族事业发展，进一步明确了大政方针和战略任务，各民族干部群众奋力拼搏、奋发图强，巩固发展了各民族共同团结奋斗、共同繁荣发展的良好局面。当前民族事业正站在新的历史起点上。要深入学习习近平总书记系列重要讲话，全面贯彻落实中央民族工作会议精神，毫不动摇地坚持中国特色解决民族问题的正确道路，坚持和完善民族区域自治制度，抓住三个区域发展重大国家战略实施机遇，促进民族地区加快发展，完成“十二五”规划的各项任务，深化各民族交往交流交融，进一步凝心聚力，为中华民族伟大复兴的中国梦团结奋斗。

2月9日

［纲　文］　**汪洋在北京与“中国种业十大功勋人物”和“全国十佳农民”进行座谈。**

［目　文］　国务院副总理汪洋指出，我国农业已到了必须加快转变发展方式、走中国特色农业现代化道路的关键阶段，要坚持依靠创新驱动，大力培育新型经营主体，因地制宜发展适度规模经营，努力实现持续健康稳定发展。农业发展的根本出路在科技进步和创新。要深化农业科研体制改革，发挥企业创新主体作用，释放科技人员创新创造潜能，努力在新一轮世界农业科技革命中抢占制高点、赢得先机，不断提高农业科技进步贡献率。农业科技创新，要以市场需求和产业发展为导向、以解决实际问题为核心，努力提高针对性和有效性。要坚持把种业作为农业创新驱动发展的突破口，下决心把民族种业搞上去。适度规模经营是现代农业发展的基本方向和重要标志。要尊重基层和农民群众的首创精神，发展多种形式农业适度规模经营，积极培育种养大户、家庭农场、农民合作社、龙头企业等各类新型经营主体。要组织实施好新型职业农民培育工程，加大农村实用人才培养力度，发挥好先进典型的示范引领作用，吸引更多优秀人才投身现代农业建设。

2月9日

［纲　文］　**国务院决定免去朱之鑫、解振华、徐宪平的国家发展和改革委员会副主任职务。**

2月9日

［纲　文］　**大型系列纪录片《中国文化之旅》首映仪式在北京举行。**

［目　文］《中国文化之旅》是文化部与探索亚太电视网合作策划。文化部外联局局长助理李立言、探索亚太电视网高级副总裁兼中国区总经理张方出席首映仪式并致辞。

该片共分三集，使用国际非虚构类节目通用的带入体验式制片方法，通过具有华裔血统的著名主持人丹尼丝·凯勒生动有趣的“寻根之旅”，向全球电视观众全面介绍中国文化在不同层面的传承、发展以及与世界文化的交流、融合，充分体现中华文明开放、包容、改革、创新的传统特质和时代风尚。

《中国文化之旅》在2015年春节期间以15种语言在37个国家和地区播出，包括东南亚频道、澳大利亚和新西兰频道、中国大陆频道、中国台湾频道、马来西亚频道、菲律宾频道和泰国频道。2015年春节后，国内的观众可在旅游卫视《玩转地球》栏目收看。以上节目还将通过中国商业视频网站、中国日报网、中国文化网、Discovery探索频道中国官网、微博、微信、中国文化网和Discovery探索旗下的旅游生活频道Facebook等网络及新媒体平台同时播出或推送。

2月9日

［纲　文］　**海洋局在北京召开全国海洋工作会议。**

［目　文］　会议传达国务院副总理张高丽的批示。国土资源部部长姜大明出席会议并讲话。国家海洋局党组书记王宏作了题为《深化改革，依法治海，推动海洋强国建设实现新跨越》的工作报告。国家海洋局党组成员、纪委书记吕滨作了题为《深化改革，落实责任，构建党风廉政建设新常态》的工作报告。来自国家部委及军方相关部门的负责人，沿海省（区、市）及计划单列市海洋厅（局）长、纪检组长，国家海洋局机关及局属单位主要负责人参加了会议。

姜大明提出，要全面实施海洋强国战略，扎实做好经济发展“新常态”下的海洋工作。一是把大力发展海洋经济作为促进经济持续健康发展的重要增长点。二是把创新驱动作为海洋事业发展的强大动力。三是把海洋环境保护作为生态文明建设的一个重要平台。四是把依法维护国家海洋权益作为全面推进依法治国的重要内容。姜大明强调，要坚持从严治党从严管理，切实加强海洋干部队伍建设。一是加强学习，坚定信念提高素质。二是严格遵守政治纪律，把讲规矩摆到更加重要的位置。三是加强党风廉政建设，建设廉政勤政的干部队伍。四是加强班子建设，切实发挥领导干部的表率作用。

2月9日

［纲　文］　**首个50ETF期权合约在上海证券交易所挂牌。**

［目　文］　上海证券交易所首个股票期权产品上证50ETF期权合约揭牌上市，境内资本市场进入了全新的期权时代。至此，上海证券交易所成为境内第一家产品线横跨现货与衍生品市场的综合型交易所。

2月9日

［纲　文］　**《人民日报》发表题为《领导干部要做尊法学法守法用法的模范——三论学习贯彻习近平在省部级专题研讨班重要讲话》的评论员文章。**

2月10日

［纲　文］ **习近平主持召开中央财经领导小组第9次会议。**

［目　文］ 国务院总理、中央财经领导小组副组长李克强，中央书记处书记、中央财经领导小组成员刘云山，国务院副总理、中央财经领导小组成员张高丽出席会议。会议主要内容是：听取中央财经领导小组确定的新型城镇化规划、粮食安全、水安全、能源安全、创新驱动发展战略、发起建立亚洲基础设施投资银行、设立丝路基金等重大事项贯彻落实情况的汇报，审议研究京津冀协同发展规划纲要。

中共中央总书记、中央财经领导小组组长习近平指出，两年来，中央财经领导小组已经召开了八次会议，确定了不少要办的大事，有必要检查一下这些事是不是落地见效了。总的看，各部门对贯彻落实中央财经领导小组确定的事项态度是坚决的，思路是清楚的，进度也是符合要求的。城镇化是一个自然历史过程，涉及面很广，要积极稳妥推进，越是复杂的工作越要抓到点子上，突破一点，带动全局。推进城镇化的首要任务是促进有能力在城镇稳定就业和生活的常住人口有序实现市民化。农民工市民化，大中小城市有不同要求，要明确工作重点。推进城镇化不是搞成城乡一律化。城乡公共基础设施投资潜力巨大，要加快改革和创新投融资体制机制。保障粮食安全，要加快转变农业发展方式，推进农业现代化，既要实现眼前的粮食产量稳定，又要形成新的竞争力，注重可持续性，增强政策精准性。保障水安全，关键要转变治水思路，按照“节水优先、空间均衡、系统治理、两手发力”的方针治水，统筹做好水灾害防治、水资源节约、水生态保护修复、水环境治理。保障能源安全，要明确责任、狠抓落实、抓出成效，密切跟踪当前国际能源市场出现的新情况新变化，趋利避害，加快完善石油战略储备制度，推进能源价格、石油天然气体制等改革，大力发展非常规能源。实施创新驱动发展战略，要增强紧迫感，把更多精力用在研究增强创新能力上，着力破除制约创新驱动发展的体制机制障碍，完善政策和法律法规，创造有利于激发创新活动的体制环境。亚洲基础设施投资银行的主要任务是为亚洲基础设施和“一带一路”建设提供资金支持，是在基础设施融资方面对现有国际金融体系的一个补充，要抓紧筹建。疏解北京非首都功能、推进京津冀协同发展，是一个巨大的系统工程。目标要明确，通过疏解北京非首都功能，调整经济结构和空间结构，走出一条内涵集约发展的新路子，探索出一种人口经济密集地区优化开发的模式，促进区域协调发展，形成新增长极。思路要明确，坚持改革先行，有序配套推出改革举措。方法要明确，放眼长远、从长计议，稳扎稳打、步步为营，锲而不舍、久久为功。

2月10日

［纲　文］ **国务院总理李克强在北京同外国专家举行新春座谈会。**

［目　文］ 著名经济学家、诺贝尔经济学奖得主迈克尔·斯宾塞和埃德蒙德·菲尔普斯、创意设计学家于尔约·索塔马、著名未来学家约翰·奈斯比特、机械工程学家克莱

顿·牟德等就中国宏观经济走向、发展创新型经济、国际人才合作、中国与世界的变革等谈了看法和建议。

李克强代表中国政府和人民，向外国专家和亲属致以诚挚慰问和新春祝福，向所有关心和支持中国改革开放和现代化建设事业的国际友人表示衷心感谢，并表示中国经济要长期保持中高速增长、向中高端水平迈进，必须实施结构性改革，走转变发展方式、提质增效升级之路，最大的动力来自改革和创新。激发大众创业、万众创新活力，不仅可以应对当前经济下行压力，而且有助于增强经济持续发展动力。我们将继续深入推进简政放权、放管结合、依法行政，建立鼓励创新创造的制度和生态体系，营造公平诚信守法的文化氛围，给创新者以激励，给创造者以空间，给创业者以保障，发展创新型经济。同时发挥国际人才的智慧，为他们提供施展才华、创业发展的舞台，让东西方智慧在这里碰撞、科技在这里交流、文化在这里融汇，为解决人类社会面临的难题提供更多创新方案。中国将全面加大人才引进来和走出去双向开放力度，降低国外人才引进门槛，简化投资兴业、出入境等手续，让拿"绿卡"更加便捷、创业就业一路畅通、程序公开透明。加强"软环境"建设，在公共产品和服务等方面提供更多国际化"窗口"，让更多外国人才愿意来、留得住，使中国成为各类人才创新创业的沃土。中国新的发展方式是开放的，也是与各国互利共赢的。中国作为发展中大国，在推进现代化的进程中将同世界更好地合作，形成命运共同体、发展共同体，维护世界和平与发展，促进全人类的福祉。

2月10日

［纲　文］　**国务院办公厅转发国家机关事务管理局《关于清理规范驻省会城市办事机构的指导意见》。**

［目　文］　《意见》由五部分组成：一、清理规范驻省会城市办事机构的总体要求；二、精简整合驻省会城市办事机构；三、积极推动驻省会城市办事机构职能转变；四、严格规范驻省会城市办事机构公务接待工作；五、切实加强驻省会城市办事机构管理。

《意见》强调，各地政府要高度重视清理规范驻省会城市办事机构工作，按照本意见要求，抓紧研究制定本地区实施方案，加强组织领导，落实工作责任，对需要保留的驻省会城市办事机构，要从严审批、完善制度、加强监管；对需要撤销的驻省会城市办事机构，要抓紧组织、强化指导、确保实效。2015年12月1日前，各省（区、市）政府要认真总结清理规范情况，总结报告送国家机关事务管理局汇总报国务院。对清理规范情况，将适时组织督导检查，并通报检查结果。

2月10日

［纲　文］　**交通运输部发布《关于推进交通运输安全体系建设的意见》。**

［目　文］　《意见》由四部分组成：一、交通运输安全体系建设的重要意义；二、总体要求；三、重点工作；四、相关要求。

《意见》强调，各部门、各单位要认清形势，高度重视交通运输安全体系建设，强化组织领导，明确一把手负总责，明确责任部门和责任人；要根据部统一部署，结合本单位实际，制定具体实施意见，细化工作目标，明确责任和完成时限。铁路、民航、邮政系统可结合各自安全监管职责和安全生产的实际，建立健全本系统的安全体系，保障综合交通运输安全生产稳定向好发展。

2月10日

［纲　文］　**新闻出版广电总局公布《内部资料性出版物管理办法》。**

［目　文］　《办法》共5章28条，主要有总则、准印证的核发、监督管理、法律责任、附则等内容。自2015年4月1日起施行。

《办法》强调，省、自治区、直辖市新闻出版行政部门可根据本地区内部资料管理的情况，对本办法规定的内部资料的审批条件和审批程序作出具体规定，也可以规定由副省级以下新闻出版行政部门承担部分审批职责。

2月10日

［纲　文］　**全国政协在北京邀请已故知名人士和党外全国政协委员夫人茶话迎春。**

［目　文］　全国政协副主席兼秘书长张庆黎主持茶话会。全国政协主席俞正声、中央统战部部长孙春兰出席。王定国（谢觉哉夫人）、徐素芝（陈俊生夫人）、许慧君（朱光亚夫人）、师剑英（马文瑞夫人）、许克坤（李沛瑶夫人）、赵恕之（陈劭先夫人）、夏华（张受益夫人）、李玲虹（蔡子民夫人）、黄浣碧（爱泼斯坦夫人）、文洁若（萧乾夫人）、赵一杰（陈航夫人）、贾秀君（徐廷泽夫人）、由昆（陈景润夫人）等出席。

全国政协副主席杜青林在茶话会上回顾了2014年党和国家事业发展取得的新成绩和新气象，介绍了十二届全国政协2014年在继承中创新、在创新中发展取得的新进展，并表示此时此刻，我们倍加思念曾经与中国共产党患难与共、风雨同舟、肝胆相照的亲密战友和朋友们。各位老大姐始终与至亲至爱的伴侣相濡以沫、并肩战斗，为我国革命、社会建设和改革事业奉献毕生心血，为统一战线和人民政协事业发展作出重要贡献。各位老大姐永远是党和国家的宝贵财富，永远都是推动人民政协事业发展的重要力量。关心好、照顾好、爱护好各位老大姐，是全国政协义不容辞的责任，希望大姐们继续关心和支持政协事业，多回政协这个民主之家、团结之家，多提宝贵意见和建议。

2月10日

［纲　文］　**人民银行公布，初步统计，2014年末社会融资规模存量为122.86万亿元，同比增长14.3%。这是央行首次公布社会融资规模存量数据。**

2月10日

［纲　文］　**发展改革委宣布，对美国高通公司罚款60.88亿元。**

［目　文］　发展改革委对美国高通公司滥用市场支配地位实施排除、限制竞争的垄断行为依法作出处理，责令高通公司停止相关违法行为，并处以其2013年度在我国市场销售额8%的罚款，计60.88亿元。

2月10日

［纲　文］　**姚明、申雪、赵宏博、张虹、李妮娜、侯斌等6位运动员接受了北京冬**

奥申委颁发的聘书，正式成为北京申办冬奥会形象大使。

2月10日

［纲　文］ **《人民日报》发表题为《发展社会主义民主政治的重大举措》的评论员文章。**

2月10日

［纲　文］ **邓力群在北京逝世。**

［目　文］ 中国共产党的优秀党员，久经考验的忠诚的共产主义战士，无产阶级革命家，我党思想理论宣传战线的杰出领导人，马克思主义理论家，中国共产党第十二届中央书记处书记邓力群，在北京逝世，享年100岁。

17日，邓力群遗体在北京八宝山革命公墓火化。习近平、李克强、张德江、俞正声、刘云山、王岐山、张高丽等党和国家领导人送别。

2月10日

［纲　文］ **文化部在北京举行“2015春节招待会”。**

［目　文］ 来自法国、意大利、日本等国家的驻华大使，欧盟、阿盟以及上合组织成员国的代表，共有百余个国家和地区驻华使节出席招待会。文化部部长雒树刚出席招待会并讲话。国家大剧院院长陈平主持招待会。文化部各司局、直属单位负责人，对外文化工作部际联席会议制度成员单位负责人与各国使节和代表进行了热烈交流。会后，中外嘉宾一起观看了由国家大剧院和总政歌舞团联合制作的舞剧《马可·波罗》。

2月11日

［纲　文］ **习近平在北京同党外人士共迎新春，代表中共中央，向各民主党派、工商联和无党派人士，向统一战线广大成员，致以新春的祝福。**

［目　文］ 民革中央主席万鄂湘、民盟中央主席张宝文、民建中央主席陈昌智、民进中央主席严隽琪、农工党中央主席陈竺、致公党中央主席万钢、九三学社中央主席韩启德、台盟中央主席林文漪、全国工商联主席王钦敏和无党派人士代表林毅夫、政协副主席董建华、何厚铧等应邀出席。俞正声、张高丽、孙春兰、栗战书等出席。

万钢代表各民主党派中央、全国工商联和无党派人士致辞表示，过去一年是我们国家十分不平凡的一年，中共十八届四中全会开启了全面推进依法治国的新征程，全面深化改革按下“快进键”，正风肃纪、激浊扬清的成效前所未有。作为与中国共产党肝胆相照、风雨同舟的民主党派和党外人士，我们将努力提高自身能力素质，识民情、接地气，讲真话、建诤言，不负重托、不辱使命，为全面建成小康社会、全面深化改革、全面依法治国、全面从严治党贡献力量。他还就制定“十三五”规划等提出了意见和建议。

中共中央总书记习近平在讲话中强调，2014年，面对复杂多变的国际环境和艰巨繁重的国内改革发展稳定任务，中共中央团结带领全国各族人民，坚持稳中求进工作总基调，适应经济发展新常态，全面推进经济建设、政治建设、文化建设、社会建设、生态文明建设以及国防和军队建设，积极开展全方位外交，各项工作取得新的重大进展。2014年是全面深化改革元年，我们蹄疾步稳推进各项改革，啃下了一些多年来难啃的硬骨头。中共十八届四中全会对全面推进依法治国作出部署，建设社会主义法治国家迈出新步伐。我们坚决反对和纠治“四风”问题，坚决惩治腐败，一批腐败分子被绳之以党纪国法。2014年，统一战线紧紧围绕党和国家工作大局开展工作，发挥了积极作用。各民主党派中央、全国工商联和无党派人士发挥各自特点和优势，就一些重大问题进行调研，参与重大改革举措贯彻落实，为维护和发展改革发展稳定大局做出了积极贡献。大家深入开展坚持和发展中国特色社会主义学习实践活动、理想信念教育实践活动，巩固了共同团结奋斗的思想政治基础。习近平代表中共中央，向大家表示衷心的感谢。2015年是全面深化改革、全面推进依法治国关键之年，是全面完成“十二五”规划收官之年。我们已经确定了前进的目标，要想登上高峰，看到无限风光，必须坚定信心、下定决心，不断往上攀登。在前进道路上，全国上下要心往一处想、智往一处谋、劲往一处使。这就需要巩固和发展最广泛的爱国统一战线，把各方面智慧和力量凝聚起来、调动起来，步调一致、齐心协力开拓前进。

2月11日

［纲　文］　**国家主席习近平应约同美国总统奥巴马通电话。**

［目　文］　奥巴马邀请习近平2015年9月结合出席联合国成立70周年纪念活动对美国进行国事访问，习近平接受了邀请。两国领导人互致新春祝福，同意在新的一年共同推动中美关系持续稳定健康发展，使中美新型大国关系建设取得更大进展。

习近平指出，过去一年我们多次深入交谈，就中美关系发展和事关国际及地区和平与发展的重大问题达成重要共识。我期待同奥巴马总统继续开展战略性交流对话。2015年中美战略与经济对话、人文交流高层磋商将在美国举行，希望双方共同努力，力争取得尽可能多的积极成果。双方要拓展经贸、军事、能源、环保、基础设施建设、执法等领域务实合作，扩大人文交流，不断夯实中美关系的基础。双方要加快双边投资协定谈判，培育贸易和投资合作新亮点，希望美方在放宽高技术产品对华出口、为中国企业赴美投资提供便利方面采取积极行动。双方要加强在气候变化、世界发展议程、世界卫生安全等重大问题上的沟通和协调。双方应该尊重和照顾彼此核心利益和重大关切，希望美方重视中方在台湾、涉藏等问题上的关切，防止中美关系受到不必要的干扰。

奥巴马表示，我多次表示，中国的成功符合美国利益。美中关系2014年取得历史性进展，美方愿同中方在现有基础上保持两国关系发展势头，加强经贸等领域务实合作，共同应对地区和全球性挑战，管控好分歧。美方希望两国落实已达成的共识，加强气候变化领域交流合作，为推动联合国巴黎气候变化大会取得成果进行协调。美方赞赏中国为帮助非洲应对埃博拉疫情作出的重要贡献，希望同中方一起促进全球卫生安全。美方对两国和全球经济发展高度关注，愿同中方加强协调，相互照顾关切，努力达成高标准的双边投资协定，加强对话合作，推动扩大全球需求。

两国领导人就纪念世界反法西斯战争胜利70周年、网络安全、伊朗核问题、朝鲜半岛局势等国际和地区问题交换了意见，表示要加强协调合作，推动各方携手解决涉及国际安全稳定的重大问题。

2月11日

［纲　文］　**习近平、李克强、刘云山、张高丽等在北京出席2015年军民迎新春茶话会。**

［目　文］　茶话会由全国双拥工作领导小组、民政部、解放军总政治部联合举办。国务委员、全国双拥工作领导小组组长王勇主持茶话会。习近平、李克强、刘云山、张高丽等同全国双拥模范代表、首都干部群众和驻京部队官兵代表欢聚一堂，畅叙军民鱼水情谊，共话双拥美好前景。

茶话会前，习近平等会见参加茶话会的全国双拥模范代表，并与大家合影留念。

2月11日

［纲　文］　**中共中央总书记习近平同越共中央总书记阮富仲通电话。**

［目　文］　习近平表示，很高兴在中越建交65周年之际同你通电话。这是我们连续第三年通电话，保持这样的联系和沟通，对推动中越关系健康稳定发展具有重要作用。65年来，友好合作是中越关系的主流。中越两党、两国和两国人民相互支持、相互帮助，坚持党的领导和社会主义道路，成为具有战略意义的命运共同体。当前，国际和地区形势继续发生深刻复杂变化，中越两国都处在全面深化改革和革新事业的关键阶段，双方加强政治互信，深化互利合作，加强舆论引导，妥善处理分歧，符合两国人民根本利益，也有利于地区和平、稳定、繁荣。中国共产党和中国政府始终高度重视中越传统友谊，坚持从战略高度和长远角度看待和把握中越关系，愿同越南共产党和越南政府一道，秉承十六字方针和“四好”精神，推动中越全面战略合作伙伴关系健康稳定发展。习近平欢迎阮富仲本年早些时候访华。

阮富仲对中国经济社会发展和法治国家建设取得的成就表示祝贺，并表示由胡志明和毛泽东等两国老一辈领导人精心培育的“同志加兄弟”的越中友谊和睦邻友好关系，是推动两国人民革命事业取得胜利的重要因素。越南党、国家和人民始终把发展同中国党、国家和人民的友好合作关系置于越对外政策中的头等优先地位。阮富仲邀请习近平访越，表示愿同中方一道，增进政治互信，深化务实合作，推动人文交流，推动两国关系平稳健康发展。

2月11日

［纲　文］　**国家主席习近平任免驻外大使。**

［目　文］　习近平根据全国人民代表大会常务委员会的决定任免下列驻外大使：一、免去郑祥林的中华人民共和国驻文莱达鲁萨兰国特命全权大使职务；任命杨健（女）为中华人民共和国驻文莱达鲁萨兰国特命全权大使。二、免去李军的中华人民共和国驻孟加拉人民共和国特命全权大使职务；任命马明强为中华人民共和国驻孟加拉人民共和国特

命全权大使。三、免去高燕平（女）的中华人民共和国驻以色列国特命全权大使职务；任命詹永新为中华人民共和国驻以色列国特命全权大使。四、免去霍玉珍（女）的中华人民共和国驻罗马尼亚特命全权大使职务；任命徐飞洪为中华人民共和国驻罗马尼亚特命全权大使。

2月11日

［纲　文］　**李克强主持召开国务院常务会议。**

［目　文］　会议主要内容是：一、部署进一步做好困难群众冬春生活安排和重特大疾病医疗救助工作。会议认为，保障困难群众基本生活，开展重特大疾病医疗救助，是政府的重要职责。会议听取了关于困难群众冬春生活安排情况的汇报。会议要求，要进一步开展困难群众排查，继续落实好社会救助和精准扶贫政策，尤其要确保受灾群众冬春救助资金及时足额到户，安排好高寒、高海拔地区受灾群众和在帐篷内越冬群众的基本生活，多做雪中送炭暖人心的事，决不能口惠而实不至。为加快推进重特大疾病医疗救助，缓解因病陷入困境群众的“不能承受之重”，会议确定，一是扩大救助覆盖面。在以低保家庭成员和特困供养人员为重点救助对象的同时，逐步将低收入家庭老年人、未成年人、重度残疾人和重病患者等纳入救助范围。二是提高救助水平。对重点救助对象加大救助力度，对因病致贫家庭重病患者在起付线以上的自负费用给予救助。三是突出救急解难。实行医疗救助经办机构向定点医疗机构提供预付资金，确保困难群众及时得到救治。四是加强统筹协调。整合使用城乡医疗救助基金，加强救助、医保等制度衔接，支持慈善等社会力量参与，用温情关爱抚慰困难病患。二、确定推进标准化工作改革措施、促进经济提质增效升级。会议指出，推动中国经济迈向中高端水平，提高产品和服务标准是关键。必须深化改革，优化标准体系，完善标准管理，着力改变目前一些方面存在的标准管理“软”、标准体系“乱”和标准水平“低”的状况，促进提升产品和服务竞争力，激发市场活力，推进经济提质增效升级。会议确定，一是完善标准化法规制度，开展标准实施效果评价，强化监督检查和行政执法，严肃查处违法违规行为，让标准成为对质量的“硬约束”。二是全面清理和修订现行国家、行业、地方标准，整合现行各级强制性标准，在涉及公众利益的健康、安全、环保等领域建立统一的强制性国家标准，逐步缩减推荐性标准，推动向公益类标准过渡。三是鼓励学会、协会、商会和产业技术联盟等制定发布满足市场和创新需要的团体标准，选择部分领域开展试点。四是提高标准国际化水平，努力使我国标准在国际上立得住、有权威、有信誉，为中国制造走出去提供“通行证”。三、研究加强土地管理和保护、更加有效支撑经济发展。会议指出，2014年，有关部门对土地出让收支和耕地保护情况进行了全面审计，并在全国对闲置土地开展专项督察。必须针对审计督察发现问题，采取铁腕措施，严肃问责，既要查处土地出让收支管理违规等乱作为，又要纠正土地闲置中反映出的各种不作为。严格落实耕地保护责任，强化土地出让收支等管理。同时加大对存量土地的盘活力度，推动重大项目落地和重大工程建设。用科学、严格、有效的土地管理，为稳增长、调结构、惠民生提供支撑。

2月11日

［纲　文］　**国务院总理李克强应约同希腊新任总理齐普拉斯通电话。**

［目　文］　李克强表示，中方重视同希腊的传统友谊和不断拓展的务实合作，愿坚持平等相待、互利共赢，推动两国关系迈上新台阶。中希关系前景广阔，合作成果惠及两国及地区人民。总理先生重申欢迎中方扩大对希投资，将履行双方业已达成的合作协议，希望贵国政府为中国企业在希腊经营提供更好法律保障。中远比雷埃夫斯港项目是中希合作的成功典范，不仅带动了当地就业，而且工人权益和工作条件得到更好维护和改善。希望双方信守承诺。中方愿同希方通力合作，把比港打造成为地中海一流港口和地区重要枢纽，使其为构建中欧陆海快线、促进亚欧互联互通发挥重要桥梁作用，相信这也将有利于欧洲一体化进程和均衡发展。

齐普拉斯表示，希腊政府高度重视发展对华关系，欢迎中国扩大对希腊的投资，希腊新政府不会改变双方现有合作项目的性质，有信心同中方一道，推动两国友好合作关系进一步发展。希腊愿同中国扩大海洋、海运等合作，同时开展基础设施建设、金融等一揽子合作。

2月11日

［纲　文］　**刘云山看望著名科技专家，代表习近平总书记和党中央向科技工作者致以诚挚问候和新春祝福。**

［目　文］　中共中央政治局常委、中央书记处书记刘云山来到我国著名核物理学家、“两弹一星”元勋、中国科学院院士于敏家中，悉心询问他的身体和生活状况，祝贺他获得2014年度国家最高科技奖，对他为我国国防科技事业做出的卓越贡献表示钦佩。于敏谈到要重视自主创新、掌握核心技术、实现科技赶超，推动中国制造向中国创造转变。刘云山指出，广大科技工作者要学习老一辈科学家求真务实的钻研精神，淡泊名利、潜心科研，把个人理想与国家前途命运结合起来，努力创造更多一流科研成果。

在看望著名物理化学家、中国科学院院士张存浩时，刘云山对他20世纪50年代初毅然回国参加新中国建设表示敬意，赞誉他急国家之所需、三次转换科研主攻方向致力报效国家。张存浩对我国科技创新取得重大成就深感欣慰，就把握人才成长规律、加强青年科技人才长期培养等提出建议。刘云山说，创新型青年人才代表着科技发展的希望，要敢于让优秀青年人才担重任、挑大梁，也希望老一辈科学家继续当好伯乐、做好传帮带工作。

于敏、张存浩表示要继续发挥好作用，为建设创新型国家再做贡献。刘云山指出，创新是动力之源，科技是重要支撑。全面建成小康社会、实现中华民族伟大复兴的中国梦，必须以创新为引领、以科技为引擎。以习近平为总书记的党中央高度重视实施创新驱动发展战略，采取一系列重大举措推动以科技创新为核心的全面创新。要积极适应我国经济发展新常态，坚持走中国特色自主创新道路，瞄准世界科技前沿，服务国家发展战略，促进科技成果与经济发展深度融合，推动我国经济向中高端水平迈进。国家发展、民族振兴靠人才，创新驱动实质上是人才驱动。要完善人才政策、健全体制机制、加大扶持力度，在用好、吸引、培养上下功夫，加快形成一支规模宏大的创新型人才队伍。要充分发挥党的政治优势和组织优势，热情关心科技工作者的工作和生活，在全社会大兴识才、爱才、敬才、用才之风，为优秀科技人才脱颖而出铺路搭桥，把各方面人才凝聚到党和国家事业中来。

2月11日

［纲　文］　**全国人大常委会委员长张德江在北京主持召开十二届全国人大常委会第四十一次委员长会议，决定十二届全国人大常委会第十三次会议2月25日至27日在北京举行。**

2月11日

［纲　文］　**中央巡视工作动员部署会在北京召开。**

［目　文］　中央纪委书记、中央巡视工作领导小组组长王岐山，中央书记处书记、中央巡视工作领导小组副组长赵乐际、赵洪祝出席会议。会议传达了中共中央总书记习近平关于巡视工作的指示精神。

王岐山强调，要以习近平总书记系列重要讲话为思想武器，落实中央纪委五次全会工作部署，坚持全面从严治党，聚焦问题、突出重点、创新方式，让巡视利剑高悬、震慑常在。

会议指出，中央决定2015年完成对中管国有重要骨干企业和金融企业巡视全覆盖。国有企业是我国公有制为主体的经济基础的重要体现，是中国特色社会主义的基石，为推动经济社会发展、提高我国综合实力做出了重要贡献。但是，从巡视、审计、信访反映的问题以及审查案例引出的问题线索看，国有企业在管党治党、党风廉政建设上也存在一些普遍性问题，有的问题相当突出。有的企业党委负责人不履行党要管党、从严治党职责，党组织没能发挥战斗堡垒作用。违反政治纪律、政治规矩，通过利益输送谋求个人升迁，选人用人问题突出，企业内部存在买官卖官、搞团团伙伙。利用手中权力在资产资源交易中贵买贱卖，采购招投标违规谋利，家属子女靠山吃山、谋取私利。有的国企负责人对中央八项规定精神置若罔闻，“四风”问题禁而不绝。种种情况表明，党的观念淡漠，主体责任不落实，是产生问题的总病根。2015年第一轮巡视要紧扣全面从严治党，聚焦突出问题、创新方式方法，实行“一托二”：每轮一个组巡视两家，13个组同类同步安排、分批集中汇报。要专注目标，盯住重点人、重点事、重点问题，机动灵活、闻风而动，提高发现问题的精准度。围绕“四个着力”，重点发现企业在作风、纪律、腐败、选人用人方面的普遍性问题，尤其要把落实“两个责任”、政治纪律和政治规矩执行情况作为巡视重要内容。要总结运用专项巡视已经掌握的工作规律，对照教育实践活动整改总结和督导报告查找问题。要深入研究企业的历史文化和行业特点，依其主要业务、资产资源，查找靠山吃山、利益输送问题。对于违反中央八项规定精神问题，只要查实就要交被巡视企业党委。要强化分类处置，把线索捋清楚，把担子压下去，推动企业党组织落实主体责任、切实整改，做到件件有着落。要做好归纳总结、写好巡视报告，透过发现的问题，着力从体制机制和监督管理上找原因，为深化改革开路，坚定不移把国企做大做强。分领域、分行业巡视，是巡视方式的又一次重要创新。要进一步整合资源、充实力量，从中央纪委、中组部、审计署、国有重要骨干企业监事会和省区市纪委、中央纪委派驻纪检组抽调干部。动员会后即开展集中培训，抓紧做好准备工作，春节一过就展开巡视。

2月11日

［纲　文］　**孙春兰在北京全国性宗教团体，向全国宗教界人士致以新春祝福。**

［目　文］　中央统战部部长孙春兰在中国佛教协会、中国道教协会、中国伊斯兰教协会和中国天主教爱国会、主教团等宗教团体，视察了各宗教团体的办公场所，了解了他们的工作情况和存在的困难。

孙春兰指出，各宗教团体作为党和政府团结信教群众的桥梁和纽带，在服务国家大局、团结引领信教群众、开展公益慈善事业、加强对外友好交往等方面，做了大量工作，做出了积极贡献。中国共产党的十八大以来，以习近平为总书记的党中央高度重视宗教工作，作出重要指示，提出明确要求。希望全国宗教界人士和广大信教群众深入学习贯彻党的十八大和十八届三中、四中全会精神，不断增强国家意识、法治意识、公民意识，自觉在法律范围内开展宗教活动，在法治轨道上保障宗教事业健康发展。要深入挖掘宗教教义教规中符合时代进步要求的积极因素，不断探索宗教与社会主义社会相适应的途径和方法，更好地发挥宗教界人士和信教群众在促进经济发展、文化繁荣、社会和谐等方面的积极作用。要着眼促进宗教团体、宗教院校和宗教活动场所管理的制度化、规范化，全面加强组织建设、思想建设、作风建设和人才建设，特别要下大力气培养中青年教职人员，努力造就一支政治上靠得住、宗教上有造诣、品德上能服众、关键时起作用的宗教教职人员队伍。

中国佛教协会会长传印、中国道教协会会长任法融、中国伊斯兰教协会会长陈广元、中国天主教爱国会主席房兴耀和主教团主席马英林等分别介绍了情况。各宗教团体负责人表示，一定要继续弘扬各宗教爱国爱教的优良传统，进一步加强宗教团体自身建设，引导广大宗教界人士和信教群众紧密团结在党和政府周围，坚持独立自主自办原则不动摇，坚定不移走与社会主义社会相适应道路，为实现“两个一百年”奋斗目标和中华民族伟大复兴的中国梦做出新贡献。

2月11日

［纲　文］　**国家副主席李源潮在北京会见美国常务副国务卿布林肯。**

［目　文］　李源潮说，当前，中美关系保持良好发展势头。希望双方加强战略沟通，深化互利合作，妥善处理分歧，确保习近平主席本年对美国进行国事访问圆满成功，推动中美关系不断向前发展。希望中美推动办好世界反法西斯战争胜利和联合国成立70周年有关纪念活动。

布林肯表示，美方愿与中方加强对话、扩大合作，确保习近平主席访美取得积极成果，推动美中关系取得新发展。

2月11日

［纲　文］ **《人民日报》发表题为《党的领导是中国特色社会主义法治之魂——四论学习贯彻习近平在省部级专题研讨班重要讲话》的评论员文章。**

2月11—12日

［纲　文］ **21世纪海上丝绸之路国际研讨会在泉州召开。**

［目　文］ 研讨会由国务院新闻办公室主办，新华社、中国社科院、中国外文局、福建社会科学院共同承办。设三个圆桌会议，议题分别为“海上丝绸之路：价值理念与时代内涵”“共同建设、共同发展、共同繁荣”“抓住发展新机遇，拓展合作新空间”。来自中国、俄罗斯、日本、韩国、印度、泰国、巴基斯坦、新加坡、印度尼西亚、澳大利亚、埃及、土耳其、英国、美国等30个国家的280余名专家学者，展开广泛对话、深入交流。

12日，中央书记处书记、中宣部部长刘奇葆出席研讨会并发表《扬帆海上丝路 实现共赢发展》的主旨演讲。

2月12日

［纲　文］ **习近平主持召开中共中央政治局会议。**

［目　文］ 会议主要内容是：一、讨论国务院拟提请第十二届全国人民代表大会第三次会议审议的《政府工作报告》稿。会议指出，2014年，我国发展面临的国际国内环境复杂严峻，全球经济复苏曲折乏力，国内经济下行压力持续加大，多重困难和挑战相互交织。在以习近平为总书记的党中央坚强领导下，我们科学把握大势，坚持稳中求进，继续创新宏观调控思路和方式，统筹稳增长、促改革、调结构、惠民生、防风险，全面完成经济社会发展主要目标任务，全面深化改革实现良好开局，全面推进依法治国开启新征程，全面建成小康社会迈出坚实步伐。一年来，我国经济社会发展总体平稳，稳中有进，经济运行处于合理区间，经济结构有新的变化，发展质量有新的提升，对外开放有新突破，人民生活有新的改善，发展的协调性和可持续性增强。完成本年经济社会发展主要预期目标和任务，关键是稳和进相互促进，要着眼于实现经济中高速增长和迈向中高端水平，坚持稳政策稳预期、促改革调结构，激励大众创业、万众创新，增加公共产品、公共服务，推动经济发展调速不减势、量增质更优。要稳定和完善宏观经济政策，继续实施积极的财政政策和稳健的货币政策，坚持区间调控，更加注重预调微调和定向调控。要深化改革扩大开放，深入推进简政放权和投融资、价格、财税、金融等体制改革，构建开放型经济新体制。要扩大居民消费和增加有效投资，加快推进农业现代化和新型城镇化，拓展区域发展新空间，推进产业结构优化升级。要加强以改善民生为重点的社会建设，做好教育、就业、社会保障、医药卫生等工作，打好节能减排和环境治理攻坚战。要加强政府自身建设，坚持依宪施政、依法行政，创新管理、强化服务，切实做到勤政为民。二、审议《关于巡视31个省区市和新疆生产建设兵团情况的专题报告》。会议指出，党中央高

度重视巡视工作，对加强和改进巡视工作作出重大部署，明确了中央巡视工作方针。在党中央有力领导下，巡视工作聚焦党风廉政建设和反腐败斗争这个中心，着力发现腐败、纪律、作风和选人用人方面的突出问题，形成有力震慑，做到巡视全覆盖、全国一盘棋。党的十八大以来，中央巡视组巡视了66个地区和单位，实现对31个省区市和新疆生产建设兵团全覆盖，工作成效显著。全党要清醒认识反腐败斗争依然严峻复杂的形势，深刻认识全面从严治党的重大意义，担负起管党治党的责任。从严治党，关键在治、要害在严。巡视工作必须巩固成果、深化拓展，做到利剑高悬、震慑常在，用最坚决的态度减少腐败存量，用最果断的措施遏制腐败增量。要把巡视监督作为党风廉政建设和反腐败斗争的重要平台，作为上级党组织对下级党组织监督的重要抓手，作为党内监督和群众监督结合的重要方式，为全面从严治党提供有力支撑。

2月12日

［纲　文］　**国务院印发《关于加快培育外贸竞争新优势的若干意见》。**

［目　文］　《意见》由九部分组成：一、充分认识加快培育外贸竞争新优势的重要性和紧迫性；二、总体要求；三、大力推动外贸结构调整；四、加快提升对外贸易国际竞争力；五、全面提升与“一带一路”沿线国家经贸合作水平；六、努力构建互利共赢的国际合作新格局；七、营造法治化国际化营商环境；八、完善政策体系；九、加强组织实施。

《意见》要求，商务部要会同相关部门制订培育外贸竞争新优势的行动计划，建立协调工作机制。各地区、各有关部门要制订具体工作方案，出台有针对性的相关措施，抓好政策落实工作。

2月12日

［纲　文］　**教育部办公厅印发《2015年教育信息化工作要点》。**

［目　文］《要点》由四部分组成：一、教育信息化工作思路；二、教育信息化工作方式；三、教育信息化工作核心目标；四、教育信息化重点工作。

2月12日

［纲　文］　**刘延东在中科院调研。**

［目　文］　国务院副总理刘延东考察中科院信息工程研究所、声学研究所、动物研究所、古脊椎动物与古人类研究所，了解科研创新进展情况，并看望慰问一线的科技工作者，向大家致以新春问候和良好祝愿，并表示要深入贯彻习近平总书记对中科院“四个率先”的要求，落实国务院决策部署，面向世界科技前沿、面向国家重大需求、面向国民经济主战场，聚焦实施创新驱动发展战略，推动以科技创新为核心的全面创新，切实破除体制机制障碍，不断增强自主创新能力，让创新成为驱动发展的新引擎，增添国家繁荣发展的新动能。

2月12日

［纲　文］　**孙春兰在北京会见班禅额尔德尼·确吉杰布。**

［目　文］　中央统战部部长孙春兰向班禅祝贺春节和藏历新年，班禅向孙春兰敬献了哈达并对党中央、国务院的亲切关怀表示衷心感谢，表示一定继承和发扬历世班禅爱国爱教的光荣传统，牢记责任，服务信众，决不辜负党和国家及广大僧俗信众的期望。

孙春兰对班禅各方面取得的进步表示祝贺，并表示中国共产党的十八大以来，以习近平为总书记的党中央对藏传佛教界代表人士培养工作，对班禅的成长进步十分关心，提出了新的希望和要求。近年来，班禅通过刻苦努力，政治上更加成熟，佛学造诣更加精深，文化素养不断提高，展现出藏传佛教大活佛的良好风范，在信教群众中的影响和威信不断扩大。本年是班禅坐床20周年，班禅的成长进步进入一个新的时期。希望班禅继续坚定政治立场，拥护共产党的领导，维护祖国统一和民族团结；不断精进修行，不仅要刻苦钻研佛经佛法，还要掌握现代科学文化知识，努力成为一名知识渊博的大活佛；积极发挥作用，引领藏传佛教与社会主义社会相适应，为实现中华民族伟大复兴的中国梦贡献积极力量。

2月12日

［纲　文］　**能源局发布，2014年，中国风电产业全年新增装机容量达到1981万千瓦。**

［目　文］　中国累计风电并网装机容量已经达到9637万千瓦，这一规模占全球风电装机总量的26%。

2月12日

［纲　文］　**第五届中华优秀出版物奖评选结果在北京揭晓。**

［目　文］　《中国梦是什么》等100种图书获优秀出版物图书奖，《信仰——我们的故事》等30种音像电子游戏出版物获优秀出版物（音像电子游戏出版物）奖，另有30篇论文获优秀出版物（论文）奖。中华优秀出版物奖由中国出版协会主办，每两年评选一次，与“五个一工程”奖、中国出版政府奖并列为业界三大奖。

2月12—16日

［纲　文］　**外交部部长王毅应邀对巴基斯坦、阿联酋、伊朗进行正式访问。**

［目　文］　12日，王毅在伊斯兰堡会见巴基斯坦总统侯赛因时表示，不管国际地区形势如何变化，中巴友谊坚如磐石。两国领导人已就打造“中巴命运共同体”达成共识。习近平主席将于年内尽早对巴进行国事访问，这必将把中巴战略合作伙伴关系提高到新水平。中巴要并行推进务实合作和安全合作两个轮子，使其相互促进。要促进人文交流。

侯赛因说，巴期待习近平主席早日对巴进行国事访问，这将极大地推动巴中关系发展。巴方将继续奉行一个中国政策，与中方加快巴中经济走廊建设，全力保障中国工程人员在巴安全，在推进阿富汗和解和重建方面与中方加强合作。

14日，王毅在迪拜会见阿联酋副总统兼总理穆罕默德时说，中方赞赏阿方积极呼应“一带一路”建设，愿将自身向西开放战略与阿东向政策对接，为双方合作注入新动力。双方可在继续保持传统合作基础上，开展产业和产能等新领域合作，实现互利共赢。

穆罕默德说，阿欢迎中国企业到阿投资兴业，中国游客来阿旅游观光。古代丝绸之路留下阿拉伯国家与中国友好合作的许多佳话，阿愿在新时期与中国共同推进“一带一路”建设，赋予丝绸之路合作新内涵。

15日，王毅在德黑兰会见伊朗总统鲁哈尼时说，中方愿与伊方共同建设“一带一路”，将伊朗东向政策和中国加快向西开放对接，在继续开展能源等传统合作基础上，拓展产业产能合作，实现优势互补和共同发展。希伊朗和六方把握机遇，坚定信心，克服困难，坚持不懈推动伊核谈判，尽早达成互利共赢的全面协议。

鲁哈尼说，伊方愿积极响应中方“一带一路”建设倡议，与中方拓展基础设施、能源、产能等领域合作。伊方积极评价中方在伊核问题谈判中发挥的公正和积极作用，愿与中方加强协调，推动谈判取得各方满意的结果。

2月13—16日

［纲　文］　**习近平在陕西调研并视察驻西安部队。**

［目　文］　中共中央总书记习近平在延安、铜川、西安等地的乡村、学校、社区、科研院所、革命根据地纪念场馆调研考察，看望慰问广大干部群众，向全国人民致以新春祝福，祝祖国繁荣昌盛人民幸福安康。

习近平在他曾劳动生活7年的延川县文安驿镇梁家河村看望村民，给乡亲们送上他自己出钱采办的年货并深情地对大家说，我迈出人生第一步就来到梁家河，7年时间里，梁家河父老乡亲给了我无数关爱，使我受益终生。我永远不会忘记梁家河，永远不会忘记父老乡亲，永远不会忘记老区人民。我给大家拜年，祝乡亲们羊年大吉、喜气洋洋、蒸蒸日上、吉祥如意，日子越过越红火。

习近平在中国延安干部学院主持召开陕甘宁革命老区脱贫致富座谈会。就推进老区扶贫开发工作讲情况、谈工作、提建议，并指出，革命老区是党和人民军队的根，我们永远不能忘记自己是从哪里走来的，永远都要从革命的历史中汲取智慧和力量。老区和老区人民为我们党领导的中国革命做出了重大牺牲和贡献，我们要永远珍惜、永远铭记。我们要实现第一个百年奋斗目标，全面建成小康社会，没有老区的全面小康，没有老区贫困人口脱贫致富，那是不完整的。各级党委和政府要增强使命感和责任感，把老区发展和老区人民生活改善时刻放在心上，加大投入支持力度，加快老区发展步伐，让老区人民都过上幸福美满的日子，确保老区人民同全国人民一道进入全面小康社会。

习近平在杨家岭参观著名的革命教育基地、党的七大会址时说，这里我来过多次，插队时每次到延安都要来看看，每次都受到精神上的洗礼；在延安市杨家岭福州希望小学，对辛勤工作在教育战线的广大教师致以新春问候，并表示我是延安人，回来看一看，向大家拜年。

习近平在铜川市耀州区照金镇考察。20世纪30年代初，在极其艰难困苦的情况下，刘志丹、谢子长、习仲勋等老一辈革命家在这里英勇开展革命活动，组建了中国工农红军第二十六军，成立了陕甘边特委和陕甘边革命委员会，创建了以照金为中心的陕甘边革命根据地。习近平向陕甘边革命根据地英雄纪念碑敬献花篮，参观了陕甘边革命根据地照金纪念馆，考察了当年红二十六军和陕甘边区游击队在山崖上利用天然洞穴修建的薛家寨革命旧址。

习近平在西安市，先后考察了中科院西安光学精密机械研究所、西安博物院、西安市雁塔区电子城街道二〇五所社区；听取陕西省委和省政府工作汇报，对陕西经济社会发展取得的成绩和各项工作给予肯定，希望陕西深刻领会和认真落实党的十八大以来党中央各项决策部署，把陕西改革发展稳定各项工作做得更好。

16日，习近平视察驻西安部队，向人民解放军全军指战员全体武警官兵民兵和民兵预备役人员致以新春祝福。习近平在接见驻西安部队正师职以上领导干部和副师级单位主官时充分肯定部队近年来在深化战备训练、开展科研试验、培育红色传人等方面取得的成绩，称赞他们为维护国家安全、促进地方经济社会发展做出了重要贡献并强调，当前，国防和军队建设目标任务已经明确，关键在抓好落实，抓住领导干部这个“关键少数”。各级领导干部要强化使命担当，践行“三严三实”要求，在实现强军目标中发挥模范带头作用。要带头坚定理想信念，毫不动摇坚持党对军队的绝对领导，深入学习党的创新理论，弘扬延安精神等优良传统，严守政治纪律和政治规矩，永远听党的话、跟党走。

2月13日

［纲　文］ **财政部、住房和城乡建设部印发《关于市政公用领域开展政府和社会资本合作项目推介工作的通知》。**

［目　文］《通知》由五部分组成：一、总体目标；二、基本原则；三、推介要求；四、组织实施；五、保障措施。

2月13日

［纲　文］ **国务院副总理张高丽在北京会见俄罗斯天然气工业公司总裁米勒。**

［目　文］ 张高丽说，天然气合作是中俄能源合作的重点，两国领导人高度关注和推动，已经取得重大突破。两国元首一致决定，2015年将继续保持中俄全面战略协作伙伴关系高水平运行，推动双方各领域合作不断取得新成果。中俄天然气合作要更加务实、更富有成效，真正达到互利共赢的目标。希望双方按照两国元首达成的共识，落实好东线天然气管道项目，加快推进西线天然气合作，积极拓展上游开发、工程建设服务、装备制造等领域的互利合作，促进两国经济发展，增进两国人民的福祉。

米勒表示，俄中能源合作已经达到战略水平。俄方愿同中方继续努力，积极发挥两国能源合作的巨大潜力，推进双方能源合作持续深入向前发展。

2月13日

［纲　文］ **国务委员杨洁篪同越南副总理兼外长范平明通电话。**

［目　文］　杨洁篪表示，2015年是中越建交65周年，双边关系迎来改善发展的重要机遇。习近平总书记同阮富仲总书记进行了通话，从战略高度和全局角度就下阶段中越全面战略合作伙伴关系发展作出了总体部署。中越双边合作指导委员会应保持密切沟通，加强协调，认真领会和落实两党总书记重要共识，筹备好双边高层交往，规划和实施好各领域合作，共同妥善处理海上问题，推动中越关系在新的一年进一步改善和发展。

范平明表示，两党总书记的通话对发展两党两国关系具有重要意义。越方愿同中方一道，根据两党总书记共识就双边各领域合作作出具体规划，加强高层往来，推动务实合作和人文交流，共同维护海上和平稳定。

2月13日

［纲　文］　**宁夏回族自治区人民政府原主席黑伯理在北京逝世，享年96岁。**

2月13日

［纲　文］　**经中共中央批准，中共中央纪委对河南省人大常委会原党组书记、副主任秦玉海，山西省原省委常委、副省长杜善学严重违纪问题立案审查。**

［目　文］　秦玉海身为党的高级领导干部，严重违反党的政治规矩和组织纪律，严重违纪违法，且党的十八大后仍不收敛、不收手，性质恶劣、情节严重。依据《中国共产党纪律处分条例》等有关规定，经中央纪委审议并报中共中央批准，决定给予秦玉海开除党籍、开除公职处分；收缴其违纪所得；将其涉嫌犯罪问题、线索及所涉款物移送司法机关依法处理。

2016年11月28日，山东省淄博市中级人民法院公开宣判河南省人大常委会原副主任秦玉海受贿案，对被告人秦玉海以受贿罪判处有期徒刑13年6个月，并处罚金人民币200万元；对秦玉海受贿所得财物及其孳息予以追缴，上缴国库。

杜善学身为党的高级领导干部，严重违反党的政治规矩和组织纪律，严重违纪违法，性质恶劣、情节严重。依据《中国共产党纪律处分条例》等有关规定，经中央纪委审议并报中共中央批准，决定给予杜善学开除党籍处分；由监察部报请国务院批准给予其行政开除处分；收缴其违纪所得；将其涉嫌犯罪问题、线索及所涉款物移送司法机关依法处理。

2016年12月20日，江苏省徐州市中级人民法院公开宣判山西省委原常委、山西省人民政府原副省长杜善学受贿、行贿、巨额财产来源不明案，对被告人杜善学以受贿罪判处无期徒刑，剥夺政治权利终身，并处没收个人全部财产；以行贿罪，判处有期徒刑3年；以巨额财产来源不明罪，判处有期徒刑7年，决定执行无期徒刑，剥夺政治权利终身，并处没收个人全部财产。对杜善学受贿所得财物和来源不明财产及其孳息予以追缴，上缴国库。

2月13—15日

［纲　文］　**李克强在贵州考察。**

［目　文］　国务院总理李克强在黔东南苗族侗族自治州和贵阳考察，代表党中央国

务院向各族群众致以新春祝福。

李克强在大山深处的侗族贫困村蒲洞村，走进几家贫困户，查看家中存粮和饮水质量，询问还有哪些困难，并向他们送上在集市购买的年货。他登上简陋的阁楼，了解房屋危险状况，看到村里还有不少房子透风漏雨，叮嘱随行负责人说，这是“民生之痛”，一定要加快农村危房改造，努力让群众住得安全、温暖。在村卫生室，了解村民就医、药品价格等情况。对村医说，你们是最贴近群众的“白衣卫士”，国家要进一步提高广大村医收入，解除后顾之忧，让你们更安心地服务好农民。增加医疗卫生、生态保护等公共服务供给，这都是扶在根上、帮在点上的举措，广大干部要扑下身子，真抓实干，一起努力拔掉“穷根子”。在村里与返乡过年的大学生围坐交谈时说，越是贫困的地方，越需要知识的力量。国家不断提高农村贫困地区学生上重点高校的比例，就是要为这些地区多培养人才。国家会进一步研究完善助学贷款等扶持政策，帮助更多寒门学子完成学业，更好地服务家乡、服务社会。

李克强到新批准为国家级新区的贵安新区考察规划和建设情况，并听取贵州大数据产业发展汇报后说，中国经济有很大回旋余地，特别是中西部蕴藏着巨大潜力，要紧紧扭住经济建设这个中心，坚持发展第一要务，奋发有为，注重体制机制创新，努力走出在扩大经济增量中实现转型升级的路子。要发挥优势，依托信息技术、互联网等发展新兴产业，带动大量新就业，让中西部在更高起点上实现跨越发展。

2月13—14日

［纲　文］　**汪洋在河南调研扶贫开发工作。**

［目　文］　国务院副总理汪洋在国家扶贫开发重点县滑县进村入户，了解贫困群众生产生活情况；实地考察扶贫企业、产业园区、就业培训基地，了解精准扶贫、产业扶贫工作进展；主持召开扶贫开发座谈会，听取意见和建议。

汪洋强调，扶贫开发要紧紧围绕抓落实、见实效深入推进，确保各项扶贫举措落地生根。用好扶贫考核指挥棒，引导贫困县把主要精力和工作重点放在扶贫开发上来。用好建档立卡数据库，形成个性化帮扶方案，促进精准扶贫、精准脱贫。充分发挥驻村工作队的作用，切实帮助贫困村解决资金、信息、技术、人才、管理等实际困难。加强对扶贫开发工作监督问责，管好用好扶贫资金，提高扶贫成效。扶贫开发进入攻坚期，要不断创新和强化举措。要创新扶贫开发筹资机制，发挥财政扶贫资金的导向和杠杆作用，撬动更多信贷资金、社会资本等用于扶贫开发。利用市场化办法，依托新技术、新商业模式和龙头企业，推进光伏扶贫、电商扶贫、旅游扶贫等，探索贫困群众稳定受益机制。研究完善鼓励政策，激发企业、社会组织、公民个人扶贫济困积极性。大力发展特色优势农业产业，打造知名品牌，加强市场监管，确保农产品质量和食品安全。

2月14日

［纲　文］　**刘延东在北京调研《宗教事务条例》落实情况。**

［目　文］　国务院副总理刘延东就全国性宗教团体落实《宗教事务条例》进行调研座谈。中国佛教协会会长传印、中国道教协会会长任法融、中国伊斯兰教协会会长陈广元、中国天主教爱国会主席房兴耀、中国天主教主教团主席马英林等参加座谈。大家表示，将紧密团结在党和政府周围，坚持发扬爱国爱教优良传统，为实现中华民族伟大复兴的中国梦贡献力量。

刘延东在听取各宗教团体的意见和建议后指出，必须从全面推进依法治国战略、建设法治社会的高度，落实党的宗教政策，依法加强对宗教事务的管理，维护宗教界合法权益，使广大宗教界人士和信教群众紧密团结在以习近平为总书记的党中央周围，为新常态下经济社会发展和民族复兴多做贡献。党中央、国务院始终高度重视宗教工作，全面贯彻党的宗教信仰自由政策，依法管理宗教事务，坚持独立自主自办的原则，积极引导宗教与社会主义社会相适应，得到了广大宗教界人士和信教群众的衷心拥护。各爱国宗教团体作为党和政府联系广大宗教界人士和信教群众的桥梁纽带，在推动社会经济发展、促进民族团结、维护祖国统一、增进社会和谐、开展对外友好交流等方面做了大量工作，发挥了积极作用。各级党委政府要继续贯彻落实《宗教事务条例》，坚持依法管理，引导宗教界人士和信教群众增强国家意识、公民意识、法治观念。要关心和维护宗教界的合法权益，积极做好服务，为他们排忧解难。宗教团体要加强自身建设，重视宗教教职人员培养，内强素质、外树形象，坚持爱国爱教、遵守法律、正行修德、服务社会。要挖掘弘扬宗教教义中符合时代要求的积极因素，促进宗教和睦与社会和谐。要引导信教群众投身社会主义现代化建设，积极参与抗震救灾、扶贫济困、捐资助学、敬老爱老等公益慈善事业，为全面建成小康社会做出新贡献。

调研中，刘延东还考察了各宗教团体办公场所，并向全国宗教界人士和信教群众致以新春问候。

2 月 15 日

［纲　文］　**中央全面深化改革领导小组会议、中央政治局常委会议审议通过《关于全面深化公安改革若干重大问题的框架意见》及相关改革方案。**

2 月 15 日

［纲　文］　**质检总局公布《出入境检验检疫报检企业管理办法》。**

［目　文］　《办法》共 6 章 29 条，主要有总则、备案管理、报检业务、监督管理、法律责任、附则等内容。本办法自 2015 年 4 月 1 日起施行，质检总局《出入境检验检疫报检员管理规定》（质检总局令第 33 号）、《出入境检验检疫代理报检管理规定》（质检总局令第 128 号）同时废止。《出入境快件检验检疫管理办法》（质检总局令第 3 号）、《出入境检验检疫报检规定》（检验检疫局令第 16 号）与本办法不一致的，以本办法为准。

2月15日

［纲　文］　**安全监管总局公布《劳动密集型加工企业安全生产八条规定》，自2015年2月15日起施行。**

2月15日

［纲　文］　**教育部公布《关于加强直属高等学校内部审计工作的意见》。**

［目　文］　《意见》由七部分组成：一、高度重视，切实加强组织领导；二、强化预算管理审计，促进提高资金使用效益；三、推动内部控制审计，切实加强风险防控；四、深化经济责任审计，推动领导人员履职尽责；五、加强重点领域审计，维护资金资产安全；六、拓宽内部审计范围，更好服务改革发展；七、加强审计整改和责任追究，推进结果公开。

《意见》强调，将经济责任审计结果，通过印发经济责任审计情况通报等方式，在学校内部进行公开。其他审计结果和审计调查结果，要按照有利于问题整改和解决的原则，在校内进行通报。在此基础上，要依照法律法规，结合学校实际，逐步向社会公开审计结果。

2月15日

［纲　文］　**俞正声在北京与全国性宗教团体负责人迎春座谈。**

［目　文］　全国政协主席俞正声邀请全国性宗教团体负责人座谈，共庆新春佳节，并代表中共中央和习近平总书记向全国宗教界人士和广大信教群众致以新春祝福。

俞正声在听取各宗教团体负责人发言后说，过去的一年，宗教工作的形势是好的，宗教关系是和谐的。各宗教团体在维护和谐稳定、开展公益慈善、服务信教群众等方面，做了很多工作，取得了显著成绩。运用法治思维和法治方式推进宗教工作，是当前和今后一个时期宗教工作的重要任务。全面推进依法治国，不仅要求宗教工作部门依法履行宗教事务管理的职责，也需要充分发挥宗教团体在法治建设中的积极作用，这样才能保护合法、制止非法、遏制极端、抵御渗透、打击犯罪，引导宗教与社会主义社会相适应。宗教工作的本质是群众工作，必须遵循群众工作的规律。希望各宗教团体把更多的时间和精力用在深入信教群众、创新方式方法上，积极联系服务宗教界人士和信教群众，更好地带领信教群众过好宗教生活，更好地帮助信教群众解决实际困难。特别是要对教规教义作出符合社会发展进步要求的阐释，用积极健康的内容正确引导信教群众。宗教界充分发挥积极作用，很大程度上取决于宗教团体的自身建设水平。宗教团体要在坚持正确政治方向的基础上，努力在推进民主管理、服务信教群众、参与公益事业等方面多下功夫，进一步提高在宗教界人士和信教群众中的影响力。要加强制度建设，提高宗教团体内部管理制度化、规范化水平，有意识、有计划地培养一批宗教领导人才、研究人才和专业人才。各级党委、政府要全面贯彻党的宗教工作基本方针，切实加强和改善对宗教工作的领导，积极支持宗教团体加强自身建设，努力为宗教界人士和信教群众发挥作用创造条件。春节在即，要特别注意关心宗教团体困难和信教群众生活，为他们排忧解难，确保广大信教群众都过上欢乐、祥和的节日。

2月15日

［纲 文］ **刘延东在北京冬奥会申办委员会调研。**

［目 文］ 国务院副总理刘延东听取了冬奥会申办委员会工作汇报，考察新闻宣传部、工程规划部、体育部等部门运行情况，同张家口运行中心进行视频连线，充分肯定各项工作取得的积极成效，并向全体工作人员致以新春问候和良好祝愿。

刘延东强调，中国政府申办冬奥会，是进一步弘扬奥林匹克精神、推广冰雪运动、提升国民健康水平、满足人民群众精神文化需求、建设体育强国、实现中国梦的重要举措。要遵循国际规则，借鉴成功经验，立足基本国情，扎实稳妥做好2022年冬奥会申办工作，为促进经济社会发展做出积极贡献。

2月15日

［纲 文］ **2014年度全军践行强军目标标兵先进事迹报告会在北京举行。**

［目 文］ 中央军委副主席许其亮，总参谋部、总政治部、总后勤部、总装备部、军委办公厅的领导，驻京部队官兵代表1000余人出席报告会。

报告会上，宣读了总参谋部、总政治部、总后勤部、总装备部表彰2014年度全军践行强军目标标兵的通报，许其亮等领导为受表彰的26个标兵单位和个人颁奖。海军372潜艇政委张学东、空军航空兵某师师长丁东宁、二炮某旅装备部高级工程师谭清泉、步兵某旅一连原班长降巴克珠、第26集团军某部副连长吴志辉、武警辽宁省总队第二支队反劫机中队中队长白方凯等6名标兵代表作了事迹报告。

2月15日

［纲 文］ **《人民日报》发表题为《啃下少数民族脱贫这块“硬骨头”》的评论员文章。**

2月15日

［纲 文］ **国家主席习近平特使、工业和信息化部部长苗圩在萨格勒布出席克罗地亚总统格拉巴尔·基塔罗维奇就职典礼。**

2月16日

［纲 文］ **习近平等党和国家领导人分别看望或委托有关方面负责人看望了江泽民、胡锦涛等老同志，向老同志们致以诚挚的节日问候，衷心祝愿老同志们新春愉快、健康长寿。**

2月16日

［纲 文］ **习近平给内蒙古军区边防某团一连官兵回信，勉励官兵为筑牢祖国安全稳定屏障再立新功。**

［目 文］ 习近平在信中说，内蒙古军区边防某团一连全体官兵：你们好！你们的来信我收到了。一年前，我到阿尔山看望大家，同志们在冰天雪地里守卫边疆的坚定决心和昂扬精神，给我留下了难忘的印象。一年来，同志们又取得了新进步，我感到很高兴。

希望同志们着力加强连队全面建设，推动强军目标在连队、在边防落地生根，为筑牢祖国北疆安全稳定屏障再立新功！最后，向全连同志问好！祝同志们春节愉快、工作顺利、阖家幸福！

2014年春节前夕，习近平冒着零下30多摄氏度的严寒，顶风踏雪来到内蒙古军区边防某团一连，登上边防哨所与官兵一同执勤站岗，深入班排宿舍嘘寒问暖，勉励官兵深入学习贯彻强军目标，矢志扎根边防、守卫边防、建功边防。最高统帅与基层官兵心心相印。近日，一连全体官兵满怀深情给习主席写信，汇报他们遵照习主席谆谆教导，一年来加强连队建设、履行戍边使命和个人成长进步等方面的情况，表示决不辜负习主席嘱托和期望，以实际行动争做有灵魂、有本事、有血性、有品德的新一代革命军人。

2月16日

［纲　文］　**国务院印发《关于完善出口退税负担机制有关问题的通知》。**

［目　文］《通知》说，为深化财税体制改革，理顺中央与地方收入划分，促进外贸稳定发展，国务院决定，进一步完善出口退税中央和地方负担机制，调整消费税税收返还政策，并自2015年1月1日起执行。现将有关问题通知如下：一、出口退税（包括出口货物退增值税和营业税改征增值税出口退税）全部由中央财政负担，地方2014年原负担的出口退税基数，定额上解中央；二、中央对地方消费税不再实行增量返还，改为以2014年消费税返还数为基数，实行定额返还；三、具体出口退税上解基数、消费税返还基数，由财政部核定。

2月16日

［纲　文］　**交通运输部、农业部、供销合作总社、邮政局印发《关于协同推进农村物流健康发展、加快服务农业现代化的若干意见》。**

［目　文］《意见》由八部分组成：一、充分认识推进农村物流健康发展的重要意义；二、推进农村物流健康发展的总体要求；三、加快完善农村物流基础设施；四、推广先进的农村物流运作模式；五、推广应用先进适用的农村物流装备；六、提升农村物流信息化水平；七、培育农村物流经营主体；八、强化政策措施保障。

《意见》指出，开展多种形式的农村物流试点和示范工程，选择一批农村物流需求及发展潜力大、基础条件好、特色鲜明的县（市），通过示范建设，在体制机制、设施装备、物流组织、信息平台、市场培育和规范等方面进一步创新，及时总结发展经验，加强宣传和交流推广。

2月16日

［纲　文］　**财政部发布《关于进一步调整海南离岛旅客免税购物政策的公告》。**

［目　文］《公告》说，为适应商品贸易经营业态的快速发展变化，进一步发挥海南离岛旅客免税购物政策（以下简称离岛免税政策）的效应，支持海南加快国际旅游岛建设，财政部经商发展改革委、商务部、海关总署、税务总局、质检总局、食品药品监管总

局，并报国务院批准，决定调整完善离岛免税政策部分内容。一、对离岛免税政策部分内容作如下调整：（一）增加免税品种类，将零售包装的婴儿配方奶粉、咖啡、保健食品、家用空气净化器、家用医疗器械等 17 种消费品纳入离岛免税商品范围。（二）放宽香水、化妆品、手表、服装服饰、小皮件等 10 种热销商品的单次购物数量限制。二、除以上调整外，离岛免税政策其他内容继续执行《财政部关于调整海南离岛旅客免税购物政策的公告》（中华人民共和国财政部公告 2012 年第 73 号）和《财政部关于开展海南离岛旅客免税购物政策试点的公告》（中华人民共和国财政部公告 2011 年第 14 号）的有关规定。同时，离岛免税商品须符合检验检疫、中文标签、产品认证、卫生许可、质量安全等相关规定。本公告自 2015 年 3 月 20 日起施行。

2 月 16 日

［纲 文］ **财政部发布《关于公布若干废止和失效的会计准则制度类规范性文件目录的通知》。**

［目 文］ 《通知》对《财政部关于印发〈中华人民共和国外商投资企业会计制度〉的通知》（财会字〔1992〕33 号）、《财政部关于印发〈工业企业会计制度〉的通知》（财会字〔1992〕67 号）等 39 件文件废止或失效。

2 月 16 日

［纲 文］ **《求是》杂志 2015 年第 4 期发表李克强题为《以改革创新为动力 加快推进农业现代化》的文章。**

［目 文］ 文章选自国务院总理李克强 2014 年 12 月 22 日在中央农村工作会议上的讲话。文章主要有三部分：一、深刻阐明加快推进农业现代化是现实与历史的重大任务。从现代化建设一般规律、稳定经济增长和促进农业长期持续发展看，都迫切需要加快推进农业现代化。二、要因地制宜，突出重点，依靠改革加快推进农业现代化。要大力发展农业产业化，积极发展多种形式适度规模经营，促进农业可持续发展，加大农业政策支持和资金投入力度，用好两个市场两种资源。三、要发挥好新型城镇化对农业现代化的辐射带动作用。解决好“三个 1 亿人”问题，积极推动以城带乡、以工促农，多渠道促进农民增收，深入推进新农村建设，加快推进农村扶贫开发。

2 月 16 日

［纲 文］ **刘延东在北京通过视频连线，向中国援非抗疫队伍致以慰问和新春祝福。**

［目 文］ 国务院副总理刘延东向中国在西非疫区国家援非抗疫队伍致以亲切慰问与新春祝福，并赞扬援非医务人员和驻外使馆工作人员在援非抗疫一线出色的工作，勉励援非抗疫队伍不负党中央、国务院重托，牢记使命、再接再厉，帮助疫区国家早日战胜疫情，做到“打胜仗、零感染”，向祖国和人民交上满意答卷。

2 月 16 日

［纲 文］ **《人民日报》发表题为《为了人民的安全感满意度公信力》的评论员文章。**

2月17日

［纲 文］ **中共中央、国务院在人民大会堂举行2015年春节团拜会。**

［目 文］ 习近平、李克强、张德江、俞正声、刘云山、王岐山、张高丽等党和国家领导人与首都各界人士2000多人欢聚一堂、共庆佳节。国务院总理李克强主持团拜会。

中共中央总书记习近平代表党中央、国务院，向全国各族人民，向香港特别行政区同胞、澳门特别行政区同胞、台湾同胞和海外侨胞拜年并指出，过年是盘点旧岁的时刻。过去的一年，是辛勤耕耘的一年，也是岁物丰成的一年。这一年是我国全面深化改革元年，国内改革发展稳定任务繁重艰巨，国际形势风云变幻。全党全国各族人民团结一心、众志成城，坚持稳中求进工作总基调，蹄疾步稳深化改革，持续有力推动发展，扎实有效改善民生，全面加强国防和军队建设，积极开展对外工作，聚精会神管党治党，对全面推进依法治国作出部署，改革开放和社会主义现代化建设各方面都取得新的重大进展。我们为伟大的祖国而自豪，为伟大的人民而自豪。我们要向勤劳勇敢的中国人民道一声辛苦，对他们焕发出来的非凡创造精神、创造的非凡业绩表示崇高的敬意。过年也是谋划新年的时刻。2015年，我们面临的形势依然严峻复杂，承担的任务更加繁重艰巨。我们要紧紧依靠人民，从人民中吸取智慧，从人民中凝聚力量，按照全面建成小康社会、全面深化改革、全面依法治国、全面从严治党的战略布局，更加扎实地推进经济发展，更加坚定地推进改革开放，更加充分地激发创造活力，更加有效地维护公平正义，更加有力地保障和改善民生，更加深入地改进党风政风，为国家增创更多财富，为人民增加更多福祉，为民族增添更多荣耀。我们正在进行的中国特色社会主义事业，是前无古人的开创性事业，前进道路不可能一帆风顺，我们必须准备进行具有许多新的历史特点的伟大斗争。我们要永远保持清醒头脑，继续发扬筚路蓝缕、以启山林那么一种精神，继续保持空谈误国、实干兴邦那么一种警醒，敢于战胜前进道路上的一切困难和挑战，使中国特色社会主义道路始终成为中华民族创造辉煌的必由之路，始终成为中华民族实现伟大复兴的必由之路，始终成为中华民族为人类做出新的更大贡献的必由之路。春节是万家团圆、共享天伦的美好时分。中华民族自古以来就重视家庭、重视亲情。家庭是社会的基本细胞，是人生的第一所学校。不论时代发生多大变化，不论生活格局发生多大变化，我们都要重视家庭建设，注重家庭、注重家教、注重家风，紧密结合培育和弘扬社会主义核心价值观，发扬光大中华民族传统家庭美德，促进家庭和睦，促进亲人相亲相爱，促进下一代健康成长，促进老年人老有所养，使千千万万个家庭成为国家发展、民族进步、社会和谐的重要基点。

2月17日

［纲 文］ **国务院公布《存款保险条例》，自2015年5月1日起施行。**

2月17日

［纲 文］ **发展改革委公布《电力安全生产监督管理办法》。**

［目　文］《办法》共 6 章 38 条，主要有总则、电力企业的安全生产责任、电力系统安全、电力安全生产的监督管理、罚则、附则等内容。自 2015 年 3 月 1 日起施行，原国家电力监管委员会《电力安全生产监管办法》同时废止。

2 月 17 日

［纲　文］**证监会公布《行政和解试点实施办法》。**

［目　文］《办法》共 5 章 39 条，主要有总则、行政和解的适用范围与条件、行政和解的实施程序、行政和解金的管理和使用、附则等内容。自 2015 年 3 月 29 日起施行。《办法》指出，证监会的工作人员违反本办法相关规定，滥用职权，玩忽职守，利用职务便利牟取不正当利益，泄露所知悉的有关单位或者个人的秘密，或者主动、变相主动提出行政和解、违反程序实施行政和解的，根据情节轻重，给予处分；构成犯罪的，依法追究刑事责任。

2 月 17 日

［纲　文］**范长龙在解放军战略规划部、解放军报社等单位慰问官兵。**

［目　文］中央军委副主席范长龙到解放军战略规划部、解放军报社、解放军电视宣传中心、解放军总医院、空军航空兵某师和武警北京市总队某中队，看望慰问官兵和职工。与中国在黎巴嫩、刚果（金）、南苏丹执行维和任务部队，在亚丁湾海域护航的海军舰艇编队的官兵视频通话，向在境外执行任务官兵致以新春祝福。到驻香港部队调研看望，要求大家为维护香港繁荣稳定贡献力量。

范长龙代表中央军委主席习近平和中央军委，向机关和部队官兵、新闻工作者、离退休老同志和职工、家属致以诚挚问候并强调，要深入学习贯彻习主席重要决策指示精神，紧紧围绕实现党在新形势下的强军目标，全面推进部队建设，不断提高履行使命的能力，坚决完成党和人民赋予的各项任务。全军和武警部队要坚决贯彻习主席重要决策指示，按照整顿、备战、改革、规划的总体思路，锐意进取，狠抓落实，努力开创强军兴军新局面。要深入贯彻落实全军政治工作会议精神，认真开展“三严三实”专题教育整顿，把思想政治建设抓得更加扎实有效，任何时候任何情况下都坚决听从党中央、中央军委和习主席指挥。要深入推进军事斗争准备，确保一旦有事上得去、打得赢。要全面推进依法治军、从严治军，确保部队安全稳定。要认真学习贯彻新修订的《军队基层建设纲要》，推动基层建设全面进步、全面过硬。要把作风建设和反腐败斗争引向深入，坚持不懈抓好中央八项规定和军委十项规定精神落实，彻底肃清徐才厚案件影响，深化突出问题整治，防止“四风”反弹回潮。各级领导机关要情系基层，关心春节期间坚守岗位、执行任务的官兵，让官兵过一个欢乐祥和的春节。

2 月 17 日

［纲　文］**许其亮在驻新疆部队调研并慰问官兵。**

［目　文］中央军委副主席许其亮到驻新疆的总装某基地、二炮某旅等部队，代表中央军委主席习近平和中央军委其他领导，向部队官兵、离退休老同志、职工和家属致以

新春祝福，并强调要深入学习贯彻习主席系列重要讲话精神，认真贯彻落实全军政治工作会议精神，加强和改进政治工作，确保部队坚决听党指挥、严守纪律规矩、投身建设改革、有效履行使命，为实现党在新形势下的强军目标作出新贡献。要把学习贯彻习主席系列重要讲话精神不断引向深入，使各级的思想观念、工作标准和实际行动紧紧跟上党的理论创新步伐。当前，要重点学好习主席古田全军政治工作会议、中央纪委五次全会和军队有关重要会议的讲话，准确把握新思想新观点新论断新要求，武装头脑、指导工作、推动发展。进一步强化军魂教育，坚定理想信念，打牢听党指挥、能打胜仗、作风优良的思想政治根基，严守政治纪律和政治规矩，一切行动听从党中央、中央军委和习主席指挥。要精心组织开展“学习践行强军目标、做新一代革命军人”主题教育活动和“三严三实”专题教育整顿，重焕我军政治工作形象威信，重整行装再出发。基层部队要紧贴青年官兵特点，紧贴单位实际，紧贴中心任务，找准载体抓手，把教育搞得鲜活扎实、富有成效。团以上党委机关和领导干部重点围绕习主席指出的“十个方面问题”，边教育边清理边规范，搞好专项整治，推动作风建设深入发展。坚持从做好人、做合格军人、做优秀共产党人抓起，正学风、正思想作风、正工作作风、正生活作风，着力营造风清气正的军营政治生态。要积极研究解决新情况新问题，改进创新方式方法，探索信息网络时代的政治工作，增强时代感生命力。要认真贯彻新修订的《军队基层建设纲要》，推动强军目标在基层落地生根、开花结果。

2月17日

［纲　文］　**常万全在解放军仪仗大队和解放军军乐团调研慰问**。

［目　文］　国防部部长常万全向官兵致以诚挚问候和新春祝福，并强调，要深入学习贯彻习主席系列重要讲话精神，围绕实现党在新形势下的强军目标，进一步强化政治意识和大局观念，加强思想政治建设，提高履行使命能力，努力打造展示国家和军队形象的过硬窗口。

2月17日

［纲　文］　**北京军区原副司令员兼北京军区空军司令员刘玉堤在北京逝世，享年92岁**。

2月17日

［纲　文］　**新华网讯，最高人民检察院经审查决定，依法对政协第十二届全国委员会原副主席苏荣以涉嫌受贿罪立案侦查并采取强制措施**。

［目　文］　依据《中国共产党纪律处分条例》《行政机关公务员处分条例》等有关规定，经中央纪委常委会议研究并报中共中央政治局会议审议，决定给予苏荣开除党籍、开除公职处分；将其涉嫌犯罪问题、线索及所涉款物移送司法机关依法处理。

2017年1月23日，山东省济南市中级人民法院对苏荣受贿、滥用职权、巨额财产来源不明案一审公开宣判，对被告人苏荣以受贿罪判处无期徒刑，剥夺政治权利终身，并处没收个人全部财产；以滥用职权罪判处有期徒刑7年；以巨额财产来源不明罪判处有期徒刑7年，决定执行无期徒刑，剥夺政治权利终身，并处没收个人全部财产。苏荣当庭表示服从法院判决，不上诉。

2月17日

［纲　文］　**中央纪律监察部网站消息，经中共中央批准，中共中央纪委对第十八届中央候补委员、山东省委原常委、济南市委原书记王敏严重违纪问题立案审查。**

［目　文］　王敏身为党的高级领导干部，无视党的政治规矩和组织纪律，严重违纪违法，且党的十八大后仍不收敛、不收手，性质恶劣、情节严重。依据《中国共产党纪律处分条例》《行政机关公务员处分条例》等有关规定，经中央纪委常委会议研究并报中共中央政治局会议审议，决定给予王敏开除党籍、开除公职处分；将其涉嫌犯罪问题、线索及所涉款物移送司法机关依法处理。给予其开除党籍处分待召开中央委员会全体会议时予以追认。

2016年9月30日浙江省宁波市中级人民法院公开宣判王敏受贿案，对被告人王敏以受贿罪判处有期徒刑12年，并处没收个人财产人民币200万元；对王敏受贿所得财物予以追缴，上缴国库。

2月19日

［纲　文］　**中央纪委原常务副书记、监察部原部长曹庆泽在北京逝世，享年83岁。**

2月20日

［纲　文］　**外交部就印度领导人到中印边界东段争议区活动向印方提出严正交涉。**

［目　文］　外交部发言人表示：中方在中印边界问题上的立场是一贯和明确的。中印边界东段地区存在巨大争议，这是众所周知的客观事实。中国政府从不承认所谓的“阿鲁纳恰尔邦”。中方对印度领导人到争议区活动表示坚决反对，并向印方提出了严正交涉。印方有关举动不利于双方妥善解决和管控分歧，也不符合两国关系发展大局。我们要求印方重视中方严正关切，与中方相向而行，坚持通过谈判公平合理地解决两国边界问题，在边界问题解决之前，不采取任何使边界问题复杂化的举动，维护两国关系良好发展势头。

21日，外交部副部长刘振民约见印度驻华大使康特时指出，中方在中印边界问题上的立场是一贯和明确的。中印边界东段地区存在巨大争议，这是众所周知、不容回避的客观事实。中国政府从不承认印度单方面设立的所谓“阿鲁纳恰尔邦”。印方执意安排领导人前往争议地区活动，损害了中方领土主权和权益，人为突出了两国在边界问题上的分歧，违背了双方妥善处理边界问题的原则和共识，中方对此表示强烈不满和坚决反对。中方重视发展中印关系，作为邻国和两个最大的发展中国家，两国在各个层面的合作都有着广阔前景。希望印方珍惜两国关系的良好发展势头，与中方相向而行，恪守双方就边界问题达成的重要共识，不要采取使边界问题复杂化的举动，坚持通过双边谈判解决边界问题的大方向，维护两国关系发展大局。

2月21日

［纲 文］ **中央军委印发《关于新形势下深入推进依法治军从严治军的决定》。**

2月23日

［纲 文］ **外交部部长王毅在纽约联合国总部主持安理会维护国际和平与安全公开辩论会。**

［目 文］ 王毅以安理会主席身份主持公开辩论会时表示，2015年我们将迎来世界反法西斯战争胜利和联合国成立70周年。这是一个值得共同纪念的重要年份，也是一个承前启后、继往开来的历史性时刻。作为安理会本月轮值主席，中方倡议举行这次公开辩论会，是为了同各国一道，以史为鉴，开辟未来。中国作为联合国创始成员国和安理会常任理事国，始终坚定捍卫《联合国宪章》的精神，支持联合国的作用，维护世界的和平与稳定。习近平主席提出构建以合作共赢为核心的新型国际关系，既是对《联合国宪章》宗旨和原则的继承，更是一次重要的创新和发展。对于21世纪的国际关系，我们主张：第一，要和平，不要冲突；第二，要合作，不要对立；第三，要公平，不要强权；第四，要共赢，不要零和。

同日，王毅在纽约联合国总部会见联合国秘书长潘基文。王毅感谢潘基文专门出席中方倡议召开的安理会公开辩论会，并表示中方这一倡议得到国际社会广泛支持和欢迎，80多个国家代表纷纷要求发言。这充分说明，在当前动荡不定、甚至有人称为“失序”的国际形势下，各方都更为关注联合国特别是安理会如何发挥应有作用、履行应尽职责，都认为有必要在联合国成立70周年之际重申对《联合国宪章》宗旨和原则的承诺，再次确认宪章所确定的国际关系基本准则。今天的会议就此发出了明确和一致的信号，同时也拉开了2015年纪念联合国成立暨世界反法西斯战争胜利70周年系列活动的序幕。

潘基文感谢中方成功举办这次安理会公开辩论会，强调值此联合国成立70周年之际，上述会议尤为及时、重要，联合国方面对此完全支持，感谢中国政府在维护国际和平方面给予联合国工作的支持。

2月24日

［纲 文］ **国务院印发《关于取消和调整一批行政审批项目等事项的决定》。**

［目 文］ 《决定》说，经研究论证，国务院决定，取消和下放90项行政审批项目，取消67项职业资格许可和认定事项，取消10项评比达标表彰项目，将21项工商登记前置审批事项改为后置审批，保留34项工商登记前置审批事项。同时，建议取消和下放18项依据有关法律设立的行政审批和职业资格许可认定事项，将5项依据有关法律设立的工商登记前置审批事项改为后置审批，国务院将依照法定程序提请全国

人民代表大会常务委员会修订相关法律规定。《国务院关于取消和下放一批行政审批项目的决定》（国发〔2014〕5号）中提出的涉及修改法律的行政审批事项，有4项国务院已按照法定程序提请全国人民代表大会常务委员会修改了相关法律，现一并予以公布。

《决定》指出：各地区、各部门要继续坚定不移推进行政审批制度改革，加大简政放权力度，健全监督制约机制，加强对行政审批权运行的监督，不断提高政府管理科学化规范化水平。要认真落实工商登记改革成果，除法律另有规定和国务院决定保留的工商登记前置审批事项外，其他事项一律不得作为工商登记前置审批。企业设立后进行变更登记、注销登记，依法需要前置审批的，继续按有关规定执行。

2月25日

［纲　文］　**中央军委印发《关于加强新形势下选人用人工作监督的意见》《军队领导干部秘书管理规定》。**

2月25日

［纲　文］　**总政治部印发《关于严格落实军队干部任职回避制度若干问题的规定（试行）》《军队后备干部工作规定（试行）》《作战部队指挥军官任职资格规定（试行）》。**

2月25日

［纲　文］　**李克强主持召开国务院常务会议。**

［目　文］　会议主要内容是：一、确定进一步减税降费措施、支持小微企业发展和创业创新。会议确定，在前期国家已出台一系列优惠政策基础上，继续加大对小微企业和创业创新的减税降费力度。一是从2015年1月1日至2017年12月31日，将享受减半征收企业所得税优惠政策的小微企业范围，由年应纳税所得额10万元以内（含10万元）扩大到20万元以内（含20万元），并按20%的税率缴纳企业所得税，助力小微企业尽快成长。二是从2015年4月1日起，将已经试点的个人以股权、不动产、技术发明成果等非货币性资产进行投资的实际收益，由一次性纳税改为分期纳税的优惠政策推广到全国，以激发民间个人投资活力。三是将失业保险费率由现行条例规定的3%统一降至2%，单位和个人缴费具体比例由各地在充分考虑提高失业保险待遇、促进失业人员再就业、落实失业保险稳岗补贴政策等因素的基础上确定。初步测算，仅这一减费措施每年将减轻企业和员工负担400多亿元。二、部署加快重大水利工程建设、以公共产品投资促进稳增长调结构。会议指出，2014年以来，有关部门和地方按照国务院加大公共产品供给的部署，加快推进重大水利工程建设，目前纳入规划的172项重大水利工程，57项已开工建设，27项拟于2105年内开工，其余的要抓紧前期工作，条件成熟的应尽早开工。这些项目主要集中在中西部地区，涉及农业节水、引调水、重点水源、江河湖泊治理、新建大型灌区等。加快建设这些重大工程事关民生福祉，有利于促进区域协调发展，对当前稳增长也有重要意义。会议强调，一要落实目标责任制，加快

项目审批和资金下达，力争2015年7月底前完成新开工项目的可研审批，中央财政用于续建项目的专项资金5月底前全部下达，中央预算内水利投资6月底前下达90%以上。二要发挥开发性金融作用，通过专项过桥贷款等方式，为地方开展水利建设提供过渡性资金支持。地方政府也可通过调整支出结构筹措建设资金。三要用改革的办法，通过财政贴息或其他市场化融资渠道，鼓励社会资本参与重大水利工程建设。四要对相关省份和重点项目开展专项督查、挂牌督办，进度严重滞后的要及时调整投资计划和资金预算，并督促整改、相应问责。使重大水利工程建设按期保质顺利推进，更好发挥促发展、惠民生的效益。三、决定提高中等职业学校和普通高中国家助学金补助标准、助力贫困学子和技能型人才成长。会议决定，从2015年春季学期起，将中等职业学校和普通高中国家助学金标准由生均每年1500元提高到2000元，并抓紧研究完善高校助学贷款政策。

2月25日

［纲　文］　**俞正声主持召开全国政协第二十五次主席会议。**

［目　文］　全国政协副主席杜青林、韩启德、帕巴拉·格列朗杰、林文漪、罗富和、李海峰、陈元、卢展工、周小川、王家瑞、王正伟、马飚、齐续春、陈晓光、马培华、刘晓峰、王钦敏出席会议。

会议主要内容是：一、传达中共中央总书记习近平对人民政协工作作出的重要指示；二、研究关于政协全国委员会常务委员会工作报告（草案）的修改意见；三、审议通过了《全国政协十二届三次会议关于认真贯彻中央八项规定精神切实改进会风的措施》、2015年全国政协对外交往计划；四、听取了关于政协十二届全国委员会第三次会议和常务委员会第九次会议筹备工作情况的汇报；五、审议通过了政协第十二届全国委员会委员增补名单和其他有关人事事项草案等；六、会议决定将上述有关文件草案提请政协十二届常委会第九次会议审议；七、会议根据常委会的授权，审议通过关于撤销马建政协第十二届全国委员会委员资格的决定，提请第九次常委会议追认。

2月25日

［纲　文］　**财政部、住房和城乡建设部发布《城镇保障性安居工程财政资金绩效评价暂行办法》。**

［目　文］　《办法》共5章20条，主要有总则、评价依据和内容、组织实施、评价结果及应用、附则等内容。本办法自2015年2月25日起施行。

《办法》要求，省级财政部门、住房和城乡建设部门应当加强本地区财政资金的绩效评价工作，根据实际情况制定本地区的绩效评价实施细则，并报财政部、住房和城乡建设部备案。

2月25日

［纲　文］　**国务委员杨洁篪在纽约同美国总统国家安全事务助理赖斯会晤。**

［目　文］　双方一致认为，国家主席习近平于2015年9月对美国进行的国事访问

意义重大，双方工作团队应密切配合，做好各方面准备工作，确保访问取得圆满成功。

杨洁篪指出，习近平主席与奥巴马总统不久前通电话时就进一步推进中美新型大国关系建设提出了重要指导意见。中美双方应认真落实两国元首达成的重要共识，规划和实施好两国高层及各级别交往，尊重彼此核心利益与重大关切，积极拓展各领域务实合作，加强在重大国际地区和全球性问题上的沟通协调，妥善处理分歧和敏感问题，推动中美关系在新的一年取得更大进展。在朝核问题上，杨洁篪强调中方坚持实现半岛无核化、坚持通过对话谈判和平解决半岛核问题、坚持维护半岛和平稳定。希望有关各方保持克制，避免采取任何相互刺激的言行，共同维护半岛和平稳定。杨洁篪重申了中方在伊朗核问题上的原则立场，希望伊朗核问题有关各方都能从大局出发，显示灵活，尽早达成全面协议。中方愿继续为推动伊朗核谈判发挥建设性作用。

赖斯表示，美方愿按照两国元首达成的重要共识，同中方加强各领域各层级交往与合作，合力应对地区和全球性挑战，同时以坦诚、建设性方式有效管控分歧，保持美中关系良好发展势头。

2月25日

［纲　文］《人民日报》发表题为《引领民族复兴的战略布局——论协调推进“四个全面”》的评论员文章。

2月25日

［纲　文］　济南军区原政治委员刘冬冬在北京逝世，享年69岁。

2月25日

［纲　文］　天津市委原副书记、副市长，政协天津市第八届、九届委员会主席、党组书记刘晋峰在天津逝世，享年88岁。

2月25—27日

［纲　文］　十二届全国人大常委会第十三次会议在北京举行。

［目　文］　全国人大常委会委员长张德江主持开幕会、闭幕会并参加了分组审议会。会议主要内容是：一、会议经表决，决定免去周生贤的环境保护部部长职务，任命陈吉宁为环境保护部部长。国家主席习近平签署第19号主席令予以公布。二、表决通过了全国人大常委会关于授权国务院在北京市大兴区等三十三个试点县（市、区）行政区域暂时调整实施有关法律规定的决定。三、会议分别表决通过了全国人大常委会关于批准《中华人民共和国和乌克兰友好合作条约》的决定、关于批准《中华人民共和国和土库曼斯坦友好合作条约》的决定、关于批准《中华人民共和国和大韩民国领事协定》的决定。四、会议经表决，原则通过了全国人大常委会工作报告稿。委员长会议将根据审议意见对报告稿作必要修改完善后，提请十二届全国人大三次会议审议。委员长会议建议，委托张德江代表全国人大常委会向十二届全国人大三次会议作工作报告。五、会议表决通过了十二届全国人大三次会议议程草案，决定提请十二届全国人大三次会议预备会议审议。六、通过了十二届全国人大三次会议主席团和秘书长名单草案，决定提

请十二届全国人大三次会议预备会议审议。七、通过了十二届全国人大三次会议列席人员名单。八、会议经表决，任命张海阳为全国人大法律委员会副主任委员，任命刘成军为全国人大教育科学文化卫生委员会副主任委员，任命李长才为全国人大教育科学文化卫生委员会副主任委员，任命刘晓江为全国人大外事委员会副主任委员。九、会议表决通过了全国人大常委会关于接受陈吉宁辞去全国人大常委会委员职务的请求的决定。十、会议表决通过了全国人大常委会代表资格审查委员会关于个别代表的代表资格的报告。

张德江说，本届全国人大常委会组成以来特别是过去一年来，把加强常委会同全国人大代表的联系作为贯彻党的群众路线、改进工作作风、提高工作质量的一个重要抓手，重点建立和实行委员长会议组成人员、常委会委员联系代表制度。今后，要在总结经验基础上不断完善，着力增强联系实效。一是常委会组成人员要坚持积极主动联系代表，采取多种方式听取代表的意见建议，委员长会议组成人员要发挥带头示范作用。二是要注重紧密结合全国人大及其常委会的中心工作，围绕立法、监督等方面重点工作了解基层情况和群众关切。三是全国人大常委会和省级人大常委会有关工作机构要做好组织协调和服务保障工作，每年年底将联系代表工作情况进行汇总和报告。

2月26日

［纲　文］　**中央军委印发《关于新形势下深入推进依法治军从严治军的决定》。**

［目　文］　《决定》对深入贯彻党的十八届四中全会精神和中央军委主席习近平依法治军从严治军重要论述、加强军队法治建设作出全面部署，要求全军用强军目标引领军事法治建设，强化法治信仰和法治思维，按照法治要求转变治军方式，形成党委依法决策、机关依法指导、部队依法行动、官兵依法履职的良好局面，提高国防和军队建设法治化水平。一个现代化国家必然是法治国家，一支现代化军队必然是法治军队。军队越是现代化，越是信息化，越是要法治化。深入推进依法治军从严治军，是全面依法治国总体部署的重要组成部分，是实现强军目标的必然要求，是深化国防和军队改革的重要保障，是确保部队有效履行使命任务和高度集中统一的坚强保证。全军官兵要把思想和行动统一到党中央、中央军委和习主席的决策部署上来，紧紧围绕党在新形势下的强军目标，勇敢担当起新一代革命军人的历史使命，积极投身依法治军从严治军伟大实践，自觉崇尚法治、建设法治、厉行法治，努力提高国防和军队建设法治化水平，为实现中国梦强军梦而奋斗！

2月26日

［纲　文］　**民用航空局公布《民用航空标准化管理规定》。**

［目　文］　《规定》共6章31条，主要有总则、组织机构和职责、标准的制定、标准的实施与监督、法律责任、附则等内容。自2015年5月1日起施行，1998年7月20日发布的《中国民用航空标准化管理规定》（CCAR-375SE-R1）同时废止。

2月26日

［纲　文］　**全国外贸工作电视电话会议在北京召开。**

［目　文］　国务院副总理汪洋、商务部部长高虎城、财政部副部长胡静林、海关总署署长于广洲和质检总局局长支树平出席并发言。发展改革委、农业部、人民银行、税务总局、工商总局、国研室、外汇局、贸促会等部门，以及进出口银行、出口信用保险公司的负责人约200人出席了主会场的会议。

汪洋指出，要强化工作责任，发挥地方发展外贸的积极性和创造性。继续完善出口退税分担机制，扩大出口信保规模和覆盖面。要积极挖掘进口潜力，扩大先进技术设备、关键零部件和消费品进口。推动加工贸易转型升级，加快发展服务贸易和服务外包。鼓励外贸商业模式创新，破解跨境电子商务、综合服务平台、市场采购贸易发展中的政策难题。加强进出口收费整治，建立收费项目“正面清单”制度，深化关检合作，提高贸易便利化水平。鼓励企业参与境外基础设施合作，推动装备制造业走出去，促进投资与贸易有效融合。

高虎城表示，2014年对外贸易实现平稳发展，我国第一贸易大国地位更加巩固，国际市场份额进一步提升，外贸转方式、调结构呈现出新亮点，贸易与投资互动趋势更加明显，创新驱动正在成为外贸增长的新动力，“一带一路”等新兴市场空间广阔，国内进口需求潜力大，为2015年外贸持续稳定发展奠定了有利基础。全国商务系统要充分认识外贸发展面临的这些新机遇新变化，切实增强做好2015年外贸工作的信心。

胡静林表示，财政部将继续完善出口退税分担机制；落实税收优惠及普遍降费政策，提高部分高附加值产品、玉米加工产品、纺织品服装的出口退税率，在全国符合条件的地区实施境外旅客购物离境退税政策，对服务出口实行增值税零税率或免税，会同有关部门在全国范围部署开展进出口环节经营服务收费专项清理规范工作；优化财政支持重点和方式，促进外贸提质增效，充分利用出口信用保险等政策性金融工具，改善外贸融资环境，促进对外贸易平稳健康发展。

于广洲表示，海关总署2015年5月1日起在全国范围内推开区域通关一体化改革，在沿海各海运口岸推广国际贸易“单一窗口”试点，继续深化关检合作“一次申报、一次查验、一次放行”，年内通关无纸化改革覆盖所有海关业务现场和领域，优化查验机制。

支树平表示，质检总局将开展重点产品和出口商品质量提升专项行动，培育宣传一批中国品牌，积极推动检测认证结果及其标准互认和检验检疫证书国际联网核查；加快国外向我出口食品企业的注册审核工作，取消进口旧机电产品备案，鼓励建设进口再生资源加工园区，增加指定认证机构，扩大进口预检验和采信第三方检验检测结果范围，扩大进口产品检验检疫直放范围；加快关检统一版“一次申报”系统的研发和上线运行，推进建立海运舱单信息交换标准，进一步推动检验检疫申报无纸化，对信用等级高的企业提高放行效率，尽快实现全国检验检疫一体化。

2月26日

［纲　文］　**外交部部长王毅应约同德国外长施泰因迈尔通电话。**

［目　文］　王毅表示，中德关系发展很好，双方保持密切交往。希望2015年中德关系能取得新的成果。施泰因迈尔表示，德中关系发展顺利，德方愿与中方共同努力，保证双方2015年一系列互访取得成功。

双方就伊朗核问题和乌克兰危机交换意见。王毅表示，伊核问题对国际和地区安全具有战略意义，各方应加强沟通，建立信心，相向而行，力争在下一轮谈判中就未决焦点问题达成原则共识。关于乌克兰危机，王毅表示，中方欢迎和支持明斯克协议。对德及有关方为通过政治对话和平解决乌危机所作的斡旋努力和所发挥的建设性作用表示赞赏，希望明斯克协议得到切实贯彻落实。希望在国际社会大力协助下，欧洲人能够运用智慧，解决好欧洲面临的问题。

2月26日

［纲　文］　**国际学术期刊《自然》发布一项最新研究成果。**

［目　文］　以中国天文学家为主的国际科研团队发现了一颗430万亿倍太阳光度、距离地球128亿光年、中心黑洞质量约为120亿个太阳质量的超亮类星体——这也是人类目前已观测到的遥远宇宙中发光最亮、中心黑洞质量最大的类星体。

2月26日

［纲　文］　**《人民日报》发表题为《让全面小康激荡中国梦——二论协调推进“四个全面”》的评论员文章。**

2月27日

［纲　文］　**习近平主持召开中央全面深化改革领导小组第10次会议。**

［目　文］　李克强、刘云山、张高丽出席会议。习近平指出，要科学统筹各项改革任务，协调抓好党的十八届三中、四中全会改革举措，在法治下推进改革、在改革中完善法治，突出重点，对准焦距，找准穴位，击中要害，推出一批能叫得响、立得住、群众认可的硬招实招，处理好改革“最先一公里”和“最后一公里”的关系，突破“中梗阻”，防止不作为，把改革方案的含金量充分展示出来，让人民群众有更多获得感。

会议审议通过了：一、《中国足球改革总体方案》。会议强调，实现中华民族伟大复兴的中国梦与中国体育强国梦息息相关。发展振兴足球是建设体育强国的必然要求，也是全国人民的热切期盼。发展振兴足球，必须克服阻碍足球发展振兴的体制机制弊端，为足球发展振兴提供更好体制保障。要遵循足球运动发展规律，坚持立足国情和借鉴国际经验相结合、着眼长远和夯实基础相结合、创新重建和问题治理相结合、举国体制和市场体制相结合，持续研究推动，不断总结改进。二、《领导干部干预司法活动、插手具体案件处理的记录、通报和责任追究规定》。会议指出，建立领导干部干预司法活动、插手具体案件处理的记录，通报和责任追究制度，是党的十八届四中全会提出的一项重要改革举措，主要目的是通过创新制度、加强监管，制约领导干部违法违规干预司法活动、妨碍司法公正的行为，对促进司法公正、抑制司法腐败具有制度性意义。三、《深化人民监督员制度改革方案》。会议强调，深化人民监督员制度改革是党的十八届三中、四中全会提出的一项重要改革举措，目的是进一步拓宽人民群众有序参与司法渠道，健全确保检察权依法独立公正行使的外部监督制约机制，对保障人民群众对检察工作的知情权、参与权、表达权、监督权具有重要意义。四、《上海市开展进一步规范领导干部配偶、子女及其配偶经商办企业管理工作的意见》。会议指出，按照中央全面深化改革领导小组工作部署，中央有关方面将完善领导干部亲属经商办企业、担任公职和社会组织职务方面的规定。上海市委提出了进一步规范领导干部配偶、子女及其配偶经商办企业管理的意见，这是贯彻落实党要管党、从严治党要求的一个实际步骤。

会议强调，党中央已经明确，由中央全面深化改革领导小组负责统筹推进十八届三中、四中全会重要改革举措的贯彻落实，各地区各有关部门也要抓紧建立由党委（党组）统一领导、统筹落实的推进机制。要根据改革举措的轻重缓急、难易程度、推进条件，部署改革推进的步骤和次序，抓好各项改革任务的统筹协调。要抓紧编制党的十八届四中全会重要改革举措中长期规划，以施工图方式明确190项改革举措的改革路径、成果形式、时间进度。要强化领导落实责任，统筹推进科学立法、严格执法、公正司法、全民守法。

会议还就行业协会商会与行政机关脱钩、加强城乡社区协商等问题进行了研究。

2月27日

［纲　文］　**习近平签署中华人民共和国主席令（第十九号）。**

［目　文］　主席令说，根据中华人民共和国第十二届全国人民代表大会常务委员会第十三次会议于2015年2月27日的决定：免去周生贤的环境保护部部长职务；任命陈吉宁为环境保护部部长。

2月27日

［纲　文］　**十二届全国人大常委会在北京举行第十五讲专题讲座。**

［目　文］　讲座题目是：全国人大对外交往工作。讲座由全国人大常委会委员长张德江主持。全国人大常委会副委员长李建国、王胜俊、陈昌智、严隽琪、王晨、沈跃跃、吉炳轩、张平、向巴平措、艾力更·依明巴海、万鄂湘、张宝文、陈竺，全国人大常委会委员，全国人大各专门委员会成员，各省（区、市）人大常委会负责人，部分全国人大代表等听取讲座。

全国人大常委会副秘书长、全国人大外事委员会副主任委员曹卫洲从全国人大对外交往的基本情况、重要作用、特点优势、管理工作和思考体会五个方面，介绍了全国人大对外交往工作的主要情况。

2月27日

［纲　文］　**税务总局公布《关于全面推进依法治税的指导意见》。**

［目　文］　《意见》由十二部分组成：一、深刻认识全面推进依法治税的重要性和

紧迫性；二、全面推进依法治税的指导思想、总体要求及实施路径；三、依法履行税收工作职能；四、提高税收制度建设质量；五、健全依法决策机制；六、坚持严格规范公正文明执法；七、强化权力制约和监督；八、全面推进政务公开；九、增强全社会税收法治观念；十、加强税收法治工作队伍建设；十一、加强党组对依法治税工作的领导；十二、狠抓工作任务落实。

《意见》指出，各省税务机关应当根据四中全会《决定》和本指导意见，结合实际制定具体贯彻落实措施，实化、细化、分解各项任务，建立健全责任落实机制，并将贯彻落实情况及时上报税务总局，确保全面推进依法治税各项工作部署落到实处。各级税务机关和广大税务干部要紧密团结在以习近平为总书记的党中央周围，高举中国特色社会主义伟大旗帜，深入学习贯彻党的十八大和十八届三中全会、四中全会精神，积极投身全面推进依法治税伟大实践，坚持崇法善治、厉行法治，坚持提升站位、服务大局，为加快税收法治化建设、推动实现税收现代化而努力奋斗！

2 月 27 日

［纲　文］　**中国人民解放军总政治部原副主任华楠在北京逝世，享年 94 岁。**

2 月 27 日

［纲　文］　**《人民日报》发表题为《改革让中国道路越走越宽广——三论协调推进“四个全面”》的评论员文章。**

2 月 27—28 日

［纲　文］　**政协十二届常委会第九次会议在北京举行。**

［目　文］　全国政协主席俞正声主持开幕会，出席闭幕会并讲话。全国政协副主席杜青林主持闭幕会。会议的主要议题是：一、通过政协第十二届全国委员会第三次会议议程（草案）和日程，原则通过将提交大会审议的政协全国委员会常务委员会工作报告和政协十二届二次会议以来提案工作情况的报告，通过政协十二届全国委员会第三次会议秘书长、副秘书长名单。二、会议决定增补吕虹、李冰、李从军、吴新雄、周生贤、侯树森、解振华、蔡武为政协第十二届全国委员会委员，增补吴新雄为经济委员会副主任，周生贤、解振华为人口资源环境委员会副主任，李从军为教科文卫体委员会副主任，吕虹为港澳台侨委员会驻会副主任，侯树森为港澳台侨委员会副主任，王胜洪、蔡武为外事委员会副主任，李冰为文史和学习委员会副主任。三、会议决定增补常荣军、刘佳义为政协第十二届全国委员会副秘书长。因工作调整，全广成不再担任第十二届全国政协副秘书长；因年龄原因，王胜洪不再担任第十二届全国政协副秘书长。会议通过接受仇保兴、冯琳、肖盛峰请辞政协第十二届全国委员会委员的决定。因工作调整，仇保兴不再担任人口资源环境委员会副主任，常荣军不再担任教科文卫体委员会驻会副主任；因年龄原因，马健不再担任港澳台侨委员会驻会副主任。四、会议通过关于免去令计划政协第十二届全国委员会副主席职务、撤销其全国政协委员资格的决定；追认政协第十二届全国委员会第二十三次、二十五次主席会议分别作出的关于撤销朱明

国、马建政协第十二届全国委员会委员资格的决定。五、举行了全国政协十二届常委会第七次学习讲座。国务院港澳事务办公室主任王光亚应邀作了题为《“一国两制”实践历史回顾及当前香港问题》的报告。

俞正声在闭幕会上指出，全国两会是我国政治生活中的大事，开好两会对统一思想、凝聚力量、鼓舞士气有重要作用。习近平总书记对开好全国两会作出重要指示，一定要认真抓好贯彻落实。要围绕中心、服务大局，围绕“四个全面”切实发挥优势和作用，认真履行职能。要把团结和民主两大主题贯穿于全部履职工作中，坚持社会主义核心价值观，充分发扬民主，拒绝浮躁和脱离国情的倾向。要改进会风、廉洁自律，严格遵守大会纪律，确保会议务实高效、风清气正、圆满成功。

2月27日—3月2日

［纲　文］　**驻外使（领）馆经商机构工作会议在北京召开。**

［目　文］　习近平、李克强分别作出指示、批示，充分肯定驻外使（领）馆经商机构的工作成绩，对做好新形势下驻外经商工作提出明确要求。国务院副总理汪洋同会议代表座谈并讲话。国务委员杨洁篪出席会议并作国际形势报告。

会议指出，驻外使（领）馆经商机构是我国外交机构的重要组成部分，承担着推动多双边经贸合作的重要职责。长期以来，驻外经商机构干部职工默默耕耘，为推动我国对外开放、促进经济社会发展、服务国家外交大局做出了重要贡献。当前全球政治经济格局深刻调整，世界经济复苏艰难曲折，我国经济发展进入新常态，改革开放步入新阶段，都对驻外使（领）馆经商机构工作提出了新的更高要求。要认真学习和深刻领会习近平总书记、李克强总理的重要指示批示精神，登高望远、胸怀总局，坚定信念、牢记使命，转变职能、找准定位，统筹协调、讲求方法，树立正确的义利观，加深同各国各地区的互利合作，发挥好经贸合作的“压舱石”和“推进器”作用，全面提升经济外交工作水平。驻外使（领）馆经商机构要注意提高调查研究水平，当好国内决策的“千里眼”和“顺风耳”。注重提高服务和协调能力，为走出去企业牵线搭桥、保驾护航，努力成为海外投资经营者之家。注重提高对外援助精细化管理水平，增强对外援助的综合效益。注重提高参与全球经济治理和经贸规则重构的能力，维护我国根本利益，促进共同发展。注重提高驻外工作管理水平，加强思想政治工作，完善规章制度，防范各种风险。注重提高驻外干部整体素质，培养政治坚定、本领过硬、作风优良的高素质经济外交干部队伍。

2月27—28日

［纲　文］　**应外交部部长王毅邀请，斯里兰卡外交部部长萨马拉维拉对中国进行正式访问。**

［目　文］　访问期间，国务院总理李克强在北京会见萨马拉维拉时表示，中国同周边国家交往中一贯坚持睦邻友好和互利共赢。中方将秉承“亲诚惠容”理念，同周边国家坦诚相见、相向而行，更好对接发展战略，打造周边命运共同体、发展共同体，通过友好

协商妥善处理有关问题，使合作经得起时间和风雨考验，让彼此的发展给对方带来机遇和助力，维护地区和平稳定，实现共同发展繁荣。

萨马拉维拉表示，斯里兰卡两大政党均奉行对华友好政策。斯新政府愿同中方共同努力，深化两国间业已存在的良好关系，把两国各领域合作提升到新高度。斯方欢迎更多中国企业赴斯投资，将为此提供便利并创造良好环境。

王毅在与萨马拉维拉会谈时表示，中斯关系是中国周边友好政策的重要一环，从来不针对第三方，也不受第三方影响。斯新政府成立以来，两国互动积极、良好。西里塞纳总统希望尽快对华进行访问，中方对此表示欢迎。习近平主席已经正式邀请西里塞纳总统于3月底访华，这将是斯新政府成立以来两国最高领导人首次接触，对推动两国关系发展具有重要意义。萨马拉维拉表示，斯中友谊建立在相互尊重、相互理解、共同价值和密切的人文交流基础上。斯新政府殷切期待进一步提升斯中关系发展水平，深化同中国的全方位合作。

2月28日

［纲　文］ **第四届全国精神文明建设工作表彰暨学雷锋志愿服务大会在北京举行，习近平会见与会代表。**

［目　文］ 中共中央总书记习近平在会见时指出，人民有信仰，民族有希望，国家有力量。实现中华民族伟大复兴的中国梦，物质财富要极大丰富，精神财富也要极大丰富。我们要继续锲而不舍、一以贯之抓好社会主义精神文明建设，为全国各族人民不断前进提供坚强的思想保证、强大的精神力量、丰润的道德滋养。改革开放之初，我们党就创造性地提出了建设社会主义精神文明的战略任务，确立了“两手抓、两手都要硬”的战略方针。30多年来，我国亿万人民不仅创造了物质文明发展的世界奇迹，也创造了精神文明发展的丰硕成果，涌现出一大批精神文明建设的优秀人物和先进典型，你们就是其中的代表。一个国家，一个民族，要同心同德迈向前进，必须有共同的理想信念作支撑。我们要在全党全社会持续深入开展建设中国特色社会主义宣传教育，高扬主旋律，唱响正气歌，不断增强道路自信、理论自信、制度自信，让理想信念的明灯永远在全国各族人民心中闪亮。要坚持“两手抓、两手都要硬”，以辩证的、全面的、平衡的观点正确处理物质文明和精神文明的关系，把精神文明建设贯穿改革开放和现代化全过程、渗透社会生活各方面，紧密结合培育和践行社会主义核心价值观，大力倡导共产党人的世界观、人生观、价值观，坚守共产党人的精神家园；大力加强社会公德、职业道德、家庭美德、个人品德建设，营造全社会崇德向善的浓厚氛围；大力弘扬中华民族优秀传统文化，大力加强党风政风、社风家风建设，特别是要让中华民族文化基因在广大青少年心中生根发芽。要充分发挥榜样的作用，领导干部、公众人物、先进模范都要为全社会做好表率、起好示范作用，引导和推动全体人民树立文明观念、争当文明公民、展示文明形象。只有站在时代前沿，引领风气之先，精神文明建设才能发挥更大威力。当前，社会上思想活跃、观念碰撞，互联网等新技术新媒介日新月异，我们要审时度势、因势利导，创新内容和载体，改

进方式和方法，使精神文明建设始终充满生机活力。抓精神文明建设要办实事、讲实效，紧紧围绕促进人民福祉来进行，坚决反对形式主义、官僚主义，努力满足人民群众不断增长的精神文化需求。

中央文明委主任刘云山、国务院副总理刘延东参加会见并出席大会，刘奇葆参加会见并主持会议。中央办公厅主任栗战书参加会见。刘延东在大会上宣读了《关于表彰第四届全国文明城市（区）、文明村镇、文明单位的决定》。刘云山在会议上指出，习近平总书记亲切会见代表并发表重要讲话，充分体现了对精神文明建设的高度重视，是对全党全社会推进精神文明建设的有力动员，是我们做好工作的重要遵循，要认真学习领会，很好贯彻落实。

2月28日

［纲　文］　**由人民日报社组织编写的《习近平用典》出版。**

［目　文］　该书从中共中央总书记习近平数百篇讲话和文章中遴选出使用频率高、影响深远、能体现习近平治国理政理念的典故135则，分敬民、为政、修身、任贤、天下、法治等13个篇章。针对每则典故，解读部分阐述了习近平总书记用典的现实意义，释义部分诠释了古典名句的深邃寓意。

2月28日

［纲　文］　**财政部印发《关于进一步加强行政事业性收费和政府性基金管理的通知》。**

［目　文］　《通知》由六部分组成：一、依法从严设立收费基金项目；二、严格规范减免、缓征、停征和取消收费基金管理；三、按照国务院统一部署清理规范收费基金；四、进一步提高收费基金政策的透明度；五、加快推进收费基金立法；六、认真履行收费基金管理职责。

《通知》要求，各地区要按照国务院的统一部署，认真落实国家统一制定的普遍性降费措施，将已公布取消、停征和减免的收费基金逐项落实到位，特别要落实好对小微企业、养老医疗服务业、高校毕业生就业等减免收费基金的政策，加大对小微企业、服务业和就业创业的支持。

2月28日

［纲　文］　**安全监管总局公布《煤矿作业场所职业病危害防治规定》。**

［目　文］　《规定》共11章73条，主要有总则、职业病危害防治管理、建设项目职业病防护设施“三同时”管理、职业病危害项目申报、职业健康监护、粉尘危害防治、噪声危害防治、热害防治、职业中毒防治、法律责任、附则等内容。自2015年4月1日起施行。

2月28日

［纲　文］　**安全监管总局公布《企业安全生产应急管理九条规定》，自2015年2月28日起施行。**

2月28日

［纲　文］ **税务总局发布修订后的《葡萄酒消费税管理办法（试行）》，自2015年5月1日起施行。**

2月28日

［纲　文］ **交通运输部印发《全国高速公路服务区服务质量等级评定办法（试行）》。**

［目　文］ 《办法》共5章28条，主要有总则、评定原则和标准、组织和管理、评定程序及方法、附则等内容。自2015年2月28日起施行。

2月28日

［纲　文］ **证监会、财政部公布《行政和解金管理暂行办法》，自2015年3月29日起施行。**

2月28日

［纲　文］ **国家副主席李源潮在北京会见伊斯兰合作组织巴勒斯坦和耶路撒冷问题部长联络组代表团。**

［目　文］ 李源潮说，中方一贯支持巴勒斯坦人民的正义事业，理解并支持巴勒斯坦以国家身份融入国际社会的愿望，希望巴以继续通过和谈解决巴勒斯坦问题。中方愿继续与阿拉伯、伊斯兰国家加强沟通，为早日实现巴勒斯坦问题的全面、公正解决不懈努力。

代表团团长、埃及外长舒凯里说，感谢中方长期坚定支持巴勒斯坦人民正义事业，欢迎中方为此发挥更大作用。

2月28日

［纲　文］ **外交部发言人就联大通过“纪念二战胜利70周年”决议表示，中方强调以史为鉴、开辟未来。**

［目　文］ 发言人表示，第69届联合国大会召开全会，协商一致通过中国、俄罗斯等80余国提出的“纪念二战胜利70周年”决议草案。决议强调，第二次世界大战对全人类，特别是亚洲、欧洲等地区民众造成了深重苦难，并决定召开联大纪念二战胜利70周年特别会议。中方希望各方以此为契机，以史为鉴，重申对《联合国宪章》宗旨和原则的坚定承诺；开辟未来，探索新形势下维护国际和平与安全的有效途径。这也是不久前王毅外长主持的安理会部长级公开辩论会达成的重要共识和对外发出的明确信号。

2月28日

［纲　文］ **《人民日报》发表题为《法治让国家治理迈向新境界——四论协调推进“四个全面”》的评论员文章。**

2月28日

［纲　文］ **《人民日报》发表题为《依靠学习，走向未来》的评论员文章。**

3 月

3月1日

［纲　文］ **中共中央党校举行2015年春季学期开学典礼。**

［目　文］ 中央党校校长刘云山出席典礼并讲话。赵乐际、赵洪祝、中央有关部门负责人、中央党校校委成员、新入学学员、在校全体学员和部分教职工参加开学典礼。中国浦东、井冈山、延安干部学院通过视频会议系统同步举行开学典礼。

3月1日

［纲　文］ **全国妇联在北京举行纪念“三八”国际妇女节暨全国妇女先进典型表彰大会。**

［目　文］ 国务院副总理刘延东、国家副主席李源潮会见受表彰的代表。全国妇联主席沈跃跃、全国政协副主席李海峰出席大会。大会表彰了10名全国三八红旗手标兵、300名全国三八红旗手、200个全国三八红旗集体、2000个全国巾帼文明岗、1000名全国巾帼建功标兵和500个全国巾帼建功先进集体。

3月1日

［纲　文］ **国家文物局水下文化遗产保护工作会议在北京召开。**

［目　文］ 文化部部长雒树刚出席会议并讲话，文化部副部长、国家文物局局长励小捷主持会议。文化部、国家文物局有关司局，国家博物馆、中国文化遗产研究院、国家文物局水下文化遗产保护中心相关负责人，全国相关省市和单位负责人参加会议。相关单位负责人汇报了2014年水下考古发掘与保护工作，并对2015年的重点项目进行了安排和讨论。

会上，经过整合组建的国家文物局水下文化遗产保护中心正式揭牌。该中心是国家对水下文化遗产保护事业进行统筹规划、管理的总平台，其前身为2009年9月在中国文化遗产研究院成立的国家水下文物保护中心，2014年6月经中编办批复同意独立建制，2015年1月30日并入原属于国家博物馆从事水下考古工作的编制职能后，水下文化遗产保护中心正式整合组建完成。

3月1日

［纲　文］ **《人民日报》发表题为《从严治党锻造坚强领导核心——五论协调推进“四个全面”》的评论员文章。**

3月2日

［纲　文］　**国家主席习近平在北京会见英国剑桥公爵威廉王子。**

［目　文］　习近平首先欢迎威廉王子访华，请他转达对伊丽莎白二世女王的诚挚问候和良好祝愿，并表示期待年内应女王邀请访问英国，同英国领导人共同规划中英关系未来发展。

中英两国都是世界上有影响的大国，拥有广泛共同利益，肩负着促进世界和平与发展的重要责任。目前，中英关系很好，中英全面战略伙伴关系正在驶入发展的快车道。双方贸易额已超过800亿美元，英国也是中国投资主要目的国，两国在金融、核电、高铁等领域合作不断取得新进展。2015年是中英文化交流年，中英是东西方文明的重要代表，两国加强交流合作必将为世界文明进步做出积极贡献。威廉王子十分喜欢足球，中国愿向包括英国在内的世界强队学习。中英足球合作进行了很多有益尝试，2013年中超联赛和英超联赛签署了合作意向书。中英在武术、气功等项目上还将举行一系列交流和赛事，希望你今后继续为促进中英体育交流合作多做贡献。

威廉向习近平转交了伊丽莎白二世女王的邀请信，表示女王邀请并热切期待习近平访英。威廉王子表示，英中关系源远流长，我很小时候就对中国抱有浓厚兴趣。近年来，两国经贸关系迅猛发展，人文交流活跃。我此行将去上海开启英国创意节，还要去云南领略其独特文化，此访对我个人富有教育意义。我愿为两国友好合作，特别是青年交流做出自己努力，使两国青年加强相互了解，更多了解世界，推动两国关系发展。我知道习主席也是足球迷，我希望有更多中国选手来英参加英超比赛。双方在举办奥运会方面进行过很好合作，希望两国继续加强包括体育在内的文化交流。

习近平介绍了中方在保护大象等野生动物方面的政策和所做工作，希望加强该领域国际合作。威廉王子对中方努力表示高度赞赏，希望中国成为野生动物保护领域的领导者。

同日，国家副主席李源潮在会见威廉王子时表示，中英都是有重要影响的大国，拥有广泛的共同利益。健康稳定的中英关系不仅有利于双方各自发展，也有利于世界和平与繁荣。2015年是两国关系发展史上非常重要的一年，希望双方共同努力，加强各领域交流合作，推动中英全面战略伙伴关系进入新的发展阶段。威廉王子说，英方愿与中方加强在野生动植物保护等领域的合作，深化人文交流，推动英中关系更好更快发展。

3月2日

［纲　文］　**国务院办公厅印发《关于发展众创空间推进大众创新创业的指导意见》。**

［目　文］　《意见》由八部分组成：一、构建一批低成本、便利化、全要素、开放式的众创空间；二、降低创新创业门槛；三、鼓励科技人员和大学生创业；四、支持创新创业公共服务；五、加强财政资金引导；六、完善创业投融资机制；七、丰富创新创业活动；八、营造创新创业文化氛围。

《意见》强调，各地区、各部门要高度重视推进大众创新创业工作，积极落实促进创新创业的各项政策措施，切实加大资金投入、政策支持和条件保障力度，在有条件的地区开展创业示范工程，鼓励各地积极探索新机制、新政策，营造良好创新创业环境。

3月2日

［纲　文］　**国务院办公厅印发《2015年食品安全重点工作安排》。**

［目　文］　《安排》由七部分组成：一、严格监管执法，着力解决突出问题；二、健全法规标准，完善制度体系；三、规范生产经营，全面落实企业责任；四、强化宣传和应急处置，提高风险管控水平；五、完善治理体系，坚持依法行政；六、加大投入力度，加强能力建设；七、狠抓督促落实，强化责任措施。

3月2日

［纲　文］　**财政部发布《关于开展地方盘活财政存量资金有关情况专项检查的通知》。**

［目　文］　《通知》由五部分组成：一、检查对象、方式和时间；二、检查的主要内容；三、检查依据；四、检查处理原则；五、检查要求。

《通知》强调，考评重点是检查工作的主要成效、检查报告与调研报告的质量、查处的重大典型案件、检查程序的规范性、报表数据填报质量、检查成果利用情况等内容，有关考评结果将在系统内予以通报。

3月2日

［纲　文］　**邹碧华先进事迹报告会在北京举行，习近平对邹碧华先进事迹作出批示。**

［目　文］　中共中央总书记习近平批示指出，邹碧华是新时期公正为民的好法官、敢于担当的好干部。他崇法尚德，践行党的宗旨、捍卫公平正义，特别是在司法改革中，敢啃硬骨头，甘当“燃灯者”，生动诠释了一名共产党员对党和人民事业的忠诚。广大党员干部特别是政法干部要以邹碧华为榜样，在全面深化改革、全面依法治国的征程中，坚定理想信念，坚守法治精神，忠诚敬业、锐意进取、勇于创新、乐于奉献，努力做出无愧于时代、无愧于人民、无愧于历史的业绩。

邹碧华先进事迹报告会由中组部、中宣部、中央政法委、最高人民法院和中共上海市委联合举办。各主办单位负责人、中央和国家机关干部代表、中央政法系统各单位干部代表、北京市法院干警代表等约800人参加了报告会。报告会上，5名报告团成员结合亲身经历，讲述了邹碧华的先进事迹和崇高精神。

报告会前，中共中央政治局常委、中央书记处书记刘云山会见报告团成员，代表习近平总书记，代表党中央，向邹碧华亲属表示慰问，并颁发中组部追授邹碧华的“全国优秀共产党员”证书。刘云山说，习近平总书记重要批示高度评价邹碧华的先进事迹和崇高精神，对广大党员干部学习邹碧华提出明确要求。每一名党员干部都应当像邹碧华那样，甘当“燃灯者”。“燃灯者”越多，我们的事业就越兴旺发达，我们的社会就越温暖如春，我们的国家就越充满光明。做“燃灯者”，就要点亮理想之光，彰显信仰力量，始终忠诚党、忠诚人民，坚守共产党人的精神追求；就要发扬奉献精神，为社会传递温暖，欢乐百姓的欢乐、忧虑百姓的忧虑，像善待亲人一样善待百姓；就要敢于担当、勤政敬业，树立问题意识，弘扬改革精神，勇于直面和解决困难矛盾，用铁的肩膀扛起应该肩负的担子。落实"四个全面"战略布局，实现中华民族伟大复兴的中国梦，需要广大党员干部身先士卒、走在前列，需要大力弘扬邹碧华精神。各级党组织要广泛开展向邹碧华学习活动，引导党员干部以先进典型为镜，深学、细照、笃行。各级宣传部门和新闻单位要进一步挖掘和宣传好邹碧华的先进事迹和崇高精神，为时代楷模立传、为榜样人物点赞，更好汇聚团结奋进的正能量。

邹碧华生前是上海市高级人民法院副院长，投身司法事业 26 年。2014 年 12 月，他突发心脏病经抢救无效因公殉职，终年 47 岁。邹碧华去世后，中宣部追授其"时代楷模"荣誉称号，最高人民法院追授其"全国模范法官"荣誉称号。

同日，中组部、中宣部、中央政法委、最高人民法院党组印发《关于认真学习贯彻习近平总书记重要批示广泛开展向邹碧华同志学习活动的通知》。

3 月 2 日

［纲　文］　中华全国总工会在人民大会堂举行全国先进女职工集体和个人表彰大会。

［目　文］　全总副主席、书记处书记刘国中主持表彰大会。全总副主席、书记处书记范继英宣读《中华全国总工会关于表彰全国五一巾帼奖状（奖章）、全国五一巾帼标兵岗（标兵）的决定》和《中华全国总工会关于授予 2015 年全国五一巾帼奖状（奖章）获得者全国工人先锋号、全国五一劳动奖章的决定》。

会前，中共中央政治局委员、中华全国总工会主席李建国会见受表彰的先进集体和个人代表并向全国广大女职工和工会女职工工作者致以节日的问候，并表示广大女职工要胸怀大局，在"四个全面"战略布局中，立足本职岗位，争创一流业绩，为深化改革和经济持续健康发展贡献自己的力量。习近平总书记在 2015 年春节团拜会上向全党和全社会提出了一个十分重要的问题，就是家庭建设问题。如果说女职工干事业是"半边天"，那么在家庭建设上就不止是"半边天"了，更要发挥不可替代的作用。希望广大女职工更加注重家庭建设，发扬中华民族尊老爱幼、亲善睦邻、勤俭持家等传统家庭美德，发挥自身优势和特点，建设一个有好家风的、和谐美满的家庭。

3 月 2 日

［纲　文］　最高法、最高检、公安部、司法部印发《关于依法办理家庭暴力犯罪案件的意见》。

［目　文］　《意见》由四部分组成：一、基本原则；二、案件受理；三、定罪处罚；四、其他措施。

《意见》要求，加强反家庭暴力宣传教育，人民法院、人民检察院、公安机关、司法行政机关应当结合本部门工作职责，通过以案说法、社区普法、针对重点对象法制教育等多种形式，开展反家庭暴力宣传教育活动，有效预防家庭暴力，促进平等、和睦、文明的家庭关系，维护社会和谐、稳定。

3月2日

［纲　文］　**证监会公布《公开发行证券的公司信息披露内容与格式准则第23号——公开发行公司债券募集说明书（2015年修订）》。**

［目　文］　《说明书（2015年修订）》共4章77条，主要有总则、募集说明书、募集说明书摘要、附则等内容。自2015年3月2日起施行，2007年8月15日发布的《公开发行证券的公司信息披露内容与格式准则第23号——公开发行公司债券募集说明书》（证监发行字〔2007〕224号）同时废止。

3月2日

［纲　文］　**外交部发言人表示：中国政府隆重举行抗战胜利70周年纪念活动。**

［目　文］　发言人表示，2015年是世界反法西斯战争胜利70周年，也是中国人民抗日战争胜利70周年。中方将根据惯例并参照各国做法，在北京隆重举行纪念活动，包括举行纪念大会、阅兵式、招待会和文艺晚会，习近平主席等中国领导人将出席。中国人民抗日战争是世界反法西斯战争的重要组成部分，作为世界反法西斯战争的东方主战场，中国战场爆发时间最早、历时最长。中国人民的抗日战争坚定了盟国与法西斯作战的信心，推动了世界反法西斯统一战线的形成，中国人民也为此付出了巨大的民族牺牲。我们希望通过举办纪念活动，唤起每一个善良的人对和平的向往和坚守，避免历史悲剧重演，共同捍卫二战胜利果实，开创人类更加美好的未来。

3月3日

［纲　文］　**国务院印发《关于在广东省对香港、澳门服务提供者暂时调整有关行政审批和准入特别管理措施的决定》。**

［目　文］《决定》说，根据内地与香港、澳门签署的《〈内地与香港关于建立更紧密经贸关系的安排〉关于内地在广东与香港基本实现服务贸易自由化的协议》（以下简称《内地与香港协议》）和《〈内地与澳门关于建立更紧密经贸关系的安排〉关于内地在广东与澳门基本实现服务贸易自由化的协议》（以下简称《内地与澳门协议》），国务院决定在广东省对香港、澳门服务提供者暂时调整下列行政法规、国务院文件和经国务院批准的部门规章规定的行政审批和准入特别管理措施：一、改革香港、澳门服务提供者在广东省投资服务贸易领域的管理模式。除了《内地与香港协议》中保留的限制性措施及电信企业、文化领域公司、金融机构的设立和变更，以及公司以外其他形式的商业存在的设立和变更之外，香港服务提供者在广东省投资《内地与香港协议》对香港开放的服务贸易领域，对公司设立及变更的合同、章程实施备案管理，暂时停止参照执行有关外商投资企业设立及变更的合同、章程审批规定；除了《内地与澳门协议》中保留的限制性措施及电信企业、文化领域公司、金融机构的设立和变更，以及公司以外其他形式的商业存在的设立和变更

之外，澳门服务提供者在广东省投资《内地与澳门协议》对澳门开放的服务贸易领域，对公司设立及变更的合同、章程实施备案管理，暂时停止参照执行有关外商投资企业设立及变更的合同、章程审批规定。备案后按内地有关规定办理相关手续。二、扩大服务业开放，暂时调整《外商投资电信企业管理规定》《中华人民共和国中外合作办学条例》《中华人民共和国国际海运条例》《娱乐场所管理条例》《征信业管理条例》《国务院办公厅转发文化部等部门关于开展电子游戏经营场所专项治理意见的通知》(国办发〔2000〕44 号)、《外商投资民用航空业规定》规定的有关行政审批以及有关资质要求、股比限制、经营范围限制等准入特别管理措施。

国务院有关部门、广东省人民政府要根据有关行政法规、国务院文件和经国务院批准的部门规章的调整情况，及时对本部门、本省制定的规章和规范性文件作相应调整，建立与上述协议要求相适应的管理制度。国务院将根据内地对香港、澳门的开放情况，适时对本决定的内容进行调整。

3 月 3 日

［纲　文］　**中央宣传部、中央文明办机关召开学习贯彻习近平在会见第四届全国文明城市、文明村镇、文明单位和未成年人思想道德建设工作先进代表时的重要讲话精神工作会议。**

［目　文］　会议强调要把学习贯彻习近平总书记重要讲话精神作为政治任务，充分认识讲话的重大意义，深刻领会讲话关于精神文明建设的重要思想、重要观点、重要论断，切实把思想和行动统一到讲话精神上来。习近平总书记亲切会见与会代表并发表重要讲话，充分体现了党中央对精神文明建设工作的高度重视、对精神文明建设工作者的亲切关怀，给人以鼓舞、给人以方向、给人以力量。讲话是对全党全社会推进精神文明建设的有力动员，是做好精神文明建设工作的重要遵循，要认真学习领会，很好贯彻落实。学习贯彻习近平总书记重要讲话精神，要领会精神实质，统一思想认识，准确把握精神文明建设的重要地位和作用，准确把握精神文明建设围绕中心、服务大局就是要紧紧围绕“四个全面”战略布局推进各项工作，准确把握抓好理想信念建设这个根本，准确把握重在建设的重要原则，准确把握为民利民惠民的基本要求，准确把握抓好精神文明建设要善于创新，准确把握党委政府的主体责任，增强“两手抓、两手都要硬”的自觉，为实现“两个一百年”奋斗目标和中华民族伟大复兴的中国梦提供精神力量。要以习近平总书记重要讲话精神为指导，切实做好当前和今后一个时期的精神文明建设工作。要突出工作重点，进一步理清思路，采取有力措施，狠抓工作落实。要继续抓好培育和践行社会主义核心价值观，加强对精神文明建设的理论研究和理论阐述，加大新闻宣传力度，突出文化惠民，推动精神文明建设立规立法。要继续推进文明城市、文明村镇、文明单位、文明家庭创建，深化道德模范和先进人物学习宣传活动，扎实开展青少年思想道德建设，持续抓好学雷锋志愿服务，不断促进文明旅游，切实把习近平总书记重要讲话精神贯彻落实到实际工作中去。

3月3日

［纲　文］　**文化部文化体制改革工作领导小组会议在北京召开。**

［目　文］　会议旨在学习贯彻中央文化体制改革和发展工作领导小组第六次会议精神和中央关于巡视工作的指示精神，审议《2015年文化系统体制改革工作要点》和《关于进一步加强和改善对文化部直属企事业单位管理的工作方案》，部署2015年改革重点工作和加强文化部直属企事业单位管理相关工作。会议原则通过了《2015年文化系统体制改革工作要点》和《关于进一步加强和改善对文化部直属企事业单位管理的工作方案》。

3月3—13日

［纲　文］　**中国人民政治协商会议第十二届全国委员会第三次会议在北京召开。**

［目　文］　习近平、李克强、张德江、刘云山、王岐山、张高丽等党和国家领导人出席开幕会、闭幕会。全国政协副主席杜青林主持开幕会，全国政协主席俞正声主持闭幕会。

会议主要内容有：会议通过了政协第十二届全国委员会第三次会议关于常务委员会工作报告的决议、政协第十二届全国委员会提案委员会关于政协十二届三次会议提案审查情况的报告、政协第十二届全国委员会第三次会议政治决议。会议号召，人民政协的各级组织、各参加单位和广大政协委员，更加紧密地团结在以习近平同志为总书记的中共中央周围，高举中国特色社会主义伟大旗帜，以邓小平理论、“三个代表”重要思想、科学发展观为指导，全面贯彻中共十八大和十八届三中、四中全会精神，深入贯彻落实习近平总书记系列重要讲话精神，万众一心，开拓奋进，为实现“两个一百年”奋斗目标、实现中华民族伟大复兴的中国梦而奋斗。

会议期间，习近平、李克强、张德江、俞正声、刘云山、王岐山、张高丽等党和国家领导人出席会议并参加分组讨论，与委员们共商国是。委员们围绕全面建成小康社会、全面深化改革、全面依法治国、全面从严治党战略布局，就改革发展稳定重大问题、关系群众切身利益实际问题和人民政协事业发展中的重要问题深入协商讨论，积极建言献策。俞正声在人民大会堂看望了参加全国政协十二届三次会议新闻报道工作的中央主要新闻媒体负责人和记者代表，向参加大会报道的新闻工作者表示诚挚慰问和衷心感谢。

俞正声在闭幕辞中强调，在中国共产党带领国家和人民行进在实现中华民族伟大复兴中国梦的历史进程中，政协委员要做到四个“始终”：始终秉持群众观念和为民情怀，远离官僚作风、浮华心态，更加深入地联系和服务群众、虚心接受群众监督。始终守持道德准则和廉洁自律，杜绝奢靡享乐和谋取私利，更加模范地遵守宪法法律、政协章程和制度规范。始终保持务实进取和勤勉敬业，反对耽于安逸、随波逐流和懈怠无为，更加有效地提升履职能力、增强工作实效。始终坚持民主协商和理性包容，力戒虚言妄语、极端偏激，更加切实地运用好政协的话语权和影响力。真正做到言必真、策必实、行必正，做到于国有利、于民有济、于己有为，无愧于政协委员的光荣称号。

3日，《人民日报》发表题为《民主广开言路 协商凝聚共识——热烈祝贺全国政协十二届三次会议开幕》的社论。

14 日，《人民日报》发表题为《发挥协商民主新优势——热烈祝贺全国政协十二届三次会议胜利闭幕》的社论。

3 月 4 日

［纲　文］　**张德江在北京主持十二届全国人大常委会第四十四次委员长会议。**

［目　文］　全国人大常委会副委员长李建国、王胜俊、陈昌智、严隽琪、沈跃跃、吉炳轩、张平、向巴平措、艾力更·依明巴海、万鄂湘、张宝文、陈竺出席会议。

会议听取了全国人大常委会副委员长兼秘书长王晨作的关于十二届全国人大三次会议主席团和秘书长名单草案审议情况的汇报，决定将名单草案提请十二届全国人大三次会议预备会议选举。会议通报了十二届全国人大三次会议主席团常务主席人选，提请十二届全国人大三次会议主席团第一次会议推选。会议听取了王晨作的关于十二届全国人大三次会议议程草案审议情况的汇报，决定将议程草案提请大会预备会议表决。会议还通报了十二届全国人大三次会议执行主席分组名单草案。

3 月 4 日

［纲　文］　**张德江在北京主持十二届人大三次会议预备会议。**

［目　文］　全国人大常委会副委员长李建国、王胜俊、陈昌智、严隽琪、王晨、沈跃跃、吉炳轩、张平、向巴平措、艾力更·依明巴海、万鄂湘、张宝文、陈竺出席会议。十二届全国人大现有代表 2964 人。截至 3 月 3 日，已经向大会秘书处报到的代表 2926 人。今天的预备会议，出席 2785 人，缺席 179 人，出席人数符合法定人数。

会议的主要内容是：经表决，选举产生了十二届全国人大三次会议主席团和秘书长。大会主席团由 172 人组成，李建国为大会秘书长；表决通过的会议议程，十二届全国人大三次会议将听取和审议政府工作报告；审查和批准 2014 年国民经济和社会发展计划执行情况与 2015 年国民经济和社会发展计划草案的报告，批准 2015 年国民经济和社会发展计划；审查和批准 2014 年中央和地方预算执行情况与 2015 年中央和地方预算草案的报告，批准 2015 年中央预算；审议全国人大常委会关于提请审议立法法修正案草案的议案；听取和审议全国人大常委会工作报告；听取和审议最高人民法院工作报告；听取和审议最高人民检察院工作报告等。

全国人大常委会委员长张德江在主持会议时宣布：十二届全国人大三次会议于 3 月 5 日召开，大会的各项准备工作已经全部就绪。十二届全国人大三次会议的指导思想是：全面贯彻党的十八大和十八届三中、四中全会精神以及中央一系列重要部署，高举中国特色社会主义伟大旗帜，以邓小平理论、“三个代表”重要思想、科学发展观为指导，深入贯彻习近平总书记系列重要讲话精神，按照全面建成小康社会、全面深化改革、全面依法治国、全面从严治党“四个全面”的战略布局，认真行使宪法和法律赋予的职责，完成会议各项议程，将大会开成一个民主、团结、求实、奋进的大会，动员全国各族人民在以习近平为总书记的党中央领导下，万众一心、开拓进取、扎实工作，为实现“两个一百年”奋斗目标、实现中华民族伟大复兴的中国梦做出新贡献。

3 月 4 日

［纲　文］　**张德江在北京主持十二届全国人大三次会议主席团第一次会议。**

［目　文］　会议推选十二届全国人大三次会议主席团常务主席。主席团常务主席由十二届全国人大常委会委员长、副委员长、秘书长担任。主席团常务主席召集并主持主席团会议。

会议表决通过了十二届全国人大三次会议日程。根据会议日程，这次大会定于 3 月 5 日上午开幕，3 月 15 日上午闭幕，会期 10 天半。

根据全国人大议事规则的规定，主席团第一次会议推选主席团成员若干人分别担任每次大会全体会议的执行主席。经过表决，会议推选了大会全体会议执行主席。会议经过表决，决定王晨、王万宾、乔晓阳、傅莹、陈世炬、焦焕成为大会副秘书长，傅莹兼任大会发言人。

会议经表决，决定了十二届全国人大三次会议表决议案办法。会议决定，代表提出议案的截止时间为 3 月 10 日 12 时。

3 月 4 日

［纲　文］　**人民银行、海关总署发布《黄金及黄金制品进出口管理办法》，自 2015 年 4 月 1 日起施行。**

3 月 4 日

［纲　文］　**全军“中国梦·强军梦·我的梦”主题活动汇展在北京举行。**

［目　文］　为贯彻中央军委主席习近平重要指示精神，凝聚强军兴军的强大青春能量，2014 年，总政治部在全军和武警部队部署开展“中国梦·强军梦·我的梦”系列主题团日活动。一年来，200 多万名官兵踊跃参与，共举办 9000 多场演讲比赛、12000 多场实践活动，展现出一幅幅敢于有梦、勇于追梦、勤于圆梦的壮美画卷。在主题团日活动中涌现出的 13 个先进单位和个人代表，现场进行了汇报展示。他们通过兵言兵语、兵讲兵事，从不同角度诠释了新一代革命军人的崭新风采。中央军委副主席许其亮出席观看并会见参加汇报展示的官兵代表，勉励大家坚决响应习主席号召，积极践行强军目标，争做有灵魂、有本事、有血性、有品德的新一代革命军人。

3 月 5 日

［纲　文］　**《人民日报》发表题为《锻造共产党人的人格力量》的评论员文章。**

3 月 5—15 日

［纲　文］　**中华人民共和国第十二届全国人民代表大会第三次会议在北京召开。**

［目　文］　习近平、李克强、俞正声、刘云山、王岐山、张高丽等党和国家领导人出席开幕会、闭幕会。全国人大常委会委员长张德江主持开幕会、闭幕会。

会议主要内容有：一、听取和审议了国务院总理李克强所作的政府工作报告。会议充分肯定国务院过去一年的工作，同意报告提出的2015年工作总体部署、目标任务和政策措施，决定批准这个报告。二、会议审查了国务院提出的《关于2014年国民经济和社会发展计划执行情况与2015年国民经济和社会发展计划草案的报告》及2015年国民经济和社会发展计划草案，同意全国人民代表大会财政经济委员会的审查结果报告。会议决定，批准《关于2014年国民经济和社会发展计划执行情况与2015年国民经济和社会发展计划草案的报告》，批准2015年国民经济和社会发展计划。三、会议审查了国务院提出的《关于2014年中央和地方预算执行情况与2015年中央和地方预算草案的报告》及2015年中央和地方预算草案，同意全国人民代表大会财政经济委员会的审查结果报告。会议决定，批准《关于2014年中央和地方预算执行情况与2015年中央和地方预算草案的报告》，批准2015年中央预算。四、会议听取和审议了张德江受全国人大常委会委托所作的工作报告。会议充分肯定全国人大常委会过去一年的工作，同意报告提出的今后一年的主要任务和工作安排，决定批准这个报告。五、会议听取和审议了周强院长所作的最高人民法院工作报告。会议充分肯定最高人民法院过去一年的工作，同意报告提出的2015年工作安排，决定批准这个报告。六、会议听取和审议了曹建明检察长所作的最高人民检察院工作报告。会议充分肯定最高人民检察院过去一年的工作，同意报告提出的2015年工作安排，决定批准这个报告。七、会议经表决，通过了关于修改立法法的决定。本决定自公布之日起施行。《中华人民共和国立法法》根据本决定作相应修改，重新公布。八、会议表决通过了关于确认全国人大常委会接受陈吉宁、陈豪辞去全国人大常委会委员职务的请求的决定。

会议期间，习近平、李克强、张德江、俞正声、刘云山、王岐山、张高丽等党和国家领导人出席会议并参加各代表团分组讨论，与人大代表们一起审议和讨论。张德江在人民大会堂看望参加十二届全国人大五次会议新闻报道工作的中央主要媒体负责人和工作人员，向参加大会报道的新闻工作者表示诚挚慰问和衷心感谢。

张德江在闭幕会上说，会议期间代表们肩负全国各族人民的重托，认真履行宪法和法律赋予的职责，讲大局、议大事，重实际、求实效，齐心协力、集思广益，使会议各项成果充分体现了党的主张和人民意志的统一。实现伟大目标需要坚忍不拔的意志和坚持不懈的努力。让我们紧密地团结在以习近平为总书记的党中央周围，高举中国特色社会主义伟大旗帜，动员全国各族人民积极投身改革开放和社会主义现代化建设，同心同德，开拓进取，扎实工作，为实现“两个一百年”奋斗目标、实现中华民族伟大复兴的中国梦而努力奋斗。

15日，十二届全国人大三次会议闭幕会后，国务院总理李克强会见中外记者，并回答记者提问，历时约2小时。参加采访的中外记者近900名。

5日，《人民日报》发表题为《为协调推进“四个全面”凝心聚力——热烈祝贺十二届全国人大三次会议开幕》的社论。

16日，《人民日报》发表题为《以制度筑自信 以民主聚人心——热烈祝贺十二届全国人大三次会议胜利闭幕》的社论。

3月6日

［纲 文］ **国务院办公厅印发《全国医疗卫生服务体系规划纲要（2015—2020年）》。**

［目 文］ 《纲要》由七部分组成：一、规划背景；二、规划目标和原则；三、总体布局；四、各级各类医疗卫生机构；五、卫生人才队伍；六、功能整合与分工协作；七、实施保障与监督评价。

《纲要》要求，各省（区、市）人民政府要强化规划实施监督和评价，建立区域卫生规划和资源配置监督评价机制，成立专门的评价工作小组，组织开展区域卫生规划实施进度和效果评价，及时发现实施中存在的问题，并研究解决对策。评价过程中要实行公开评议、公平竞争，运用法律、经济和行政手段规范、管理和保障区域卫生规划的有效实施。国务院有关部门要根据职责分工，开展规划实施进度和效果评价，必要时开展联合督查，以推动规划落实，实现医疗卫生资源有序发展、合理配置、结构优化。

3月6日

［纲 文］ **国务院办公厅印发《关于进一步加强乡村医生队伍建设的实施意见》。**

［目 文］ 《意见》由十部分组成：一、总体要求和主要目标；二、明确乡村医生功能任务；三、加强乡村医生管理；四、优化乡村医生学历结构；五、提高乡村医生岗位吸引力；六、转变乡村医生服务模式；七、保障乡村医生合理收入；八、建立健全乡村医生养老和退出政策；九、改善乡村医生工作条件和执业环境；十、加强组织领导。

《意见》指出，各地要切实维护乡村医生的合法权益，严禁以任何名义向乡村医生收取、摊派国家规定之外的费用。对在农村预防保健、医疗服务和突发事件应急处理工作中作出突出成绩的乡村医生，可按照国家有关规定给予表彰。各地和有关部门要建立督查和通报机制，确保乡村医生相关政策得到落实。

3月6日

［纲 文］ **住房城乡建设部发布《关于印发〈建设单位项目负责人质量安全责任八项规定（试行）〉等四个规定的通知》。**

［目 文］ 《通知》说，为进一步落实建筑工程各方主体项目负责人的质量安全责任，我部制定了《建设单位项目负责人质量安全责任八项规定（试行）》《建筑工程勘察单位项目负责人质量安全责任七项规定（试行）》《建筑工程设计单位项目负责人质量安全责任七项规定（试行）》《建筑工程项目总监理工程师质量安全责任六项规定（试行）》。现印发给你们，请遵照执行。执行中的问题和建议，请反馈我部建筑市场监管司、工程质量安全监管司。

3月6日

［纲 文］ **全国妇联在北京举行纪念“三八”国际妇女节中外妇女招待会。**

［目　文］　全国妇联副主席、书记处第一书记宋秀岩主持招待会。刘延东、孙春兰、李源潮、严隽琪、杨洁篪、李海峰和彭珮云、何鲁丽、顾秀莲、乌云其木格、陈至立、郝建秀、王志珍出席招待会。中央国家机关有关部门的女领导，两院女院士，港澳地区人大女代表、政协女委员，在京女将军等中国各界妇女代表以及外国驻华女大使、使节夫人、女外交官、武官夫人，联合国驻华机构女代表，在华工作的外国女专家、专家夫人等1000多人出席招待会。

3月6日

［纲　文］　**郭声琨在北京会见香港特别行政区行政长官梁振英。**

［目　文］　国务委员、公安部部长郭声琨对过去一年梁振英先生带领香港特别行政区政府取得的工作成绩给予高度赞誉，并表示内地公安机关将严格贯彻“一国两制”方针和基本法，坚定支持香港特别行政区纪律部队依法履职，进一步加强两地执法交流与合作，共同维护两地繁荣稳定和长治久安。

梁振英表示，将积极推动香港纪律部队与内地公安机关的交流合作，保持香港社会稳定和市民安居乐业。

3月7日

［纲　文］　**国务院批复浙江省人民政府、商务部，同意设立中国（杭州）跨境电子商务综合试验区。**

［目　文］　批复说：一、同意设立中国（杭州）跨境电子商务综合试验区（以下简称综合试验区），具体实施方案由浙江省人民政府负责印发。二、综合试验区建设要以邓小平理论、“三个代表”重要思想、科学发展观为指导，贯彻落实党中央、国务院的决策部署，以深化改革、扩大开放为动力，着力在跨境电子商务交易、支付、物流、通关、退税、结汇等环节的技术标准、业务流程、监管模式和信息化建设等方面先行先试，通过制度创新、管理创新、服务创新和协同发展，破解跨境电子商务发展中的深层次矛盾和体制性难题，打造跨境电子商务完整的产业链和生态链，逐步形成一套适应和引领全球跨境电子商务发展的管理制度和规则，为推动全国跨境电子商务健康发展提供可复制、可推广的经验。三、有关部门和浙江省人民政府要努力适应新型商业模式发展的要求，转变观念和工作方式，积极做好服务，大力支持综合试验区大胆探索、创新发展，同时控制好试点试验的风险。四、浙江省人民政府要切实加强对综合试验区建设的组织领导，健全机制、明确分工、落实责任，有力有序有效推进综合试验区建设发展。要在商务部等部门的指导下，尽快修改完善具体实施方案并抓好组织实施。五、国务院有关部门要按照职能分工，加强指导和服务。要加强部门之间的沟通协作和相关政策衔接，深入调查研究，及时总结经验，指导和帮助地方政府切实解决综合试验区建设发展中遇到的困难和问题，进一步为综合试验区发展营造良好的环境。商务部要加强综合协调、跟踪分析和督促检查，适时对综合试验区试点成果进行评估，重大问题和情况及时报告国务院。

3月8日

［纲 文］ **国务院办公厅印发《中国足球改革发展总体方案》。**

［目 文］ 《总体方案》由十一部分组成：一、总体要求；二、调整改革中国足球协会；三、改革完善职业足球俱乐部建设和运营模式；四、改进完善足球竞赛体系和职业联赛体制；五、改革推进校园足球发展；六、普及发展社会足球；七、改进足球专业人才培养发展方式；八、推进国家足球队改革发展；九、加强足球场地建设管理；十、完善投入机制；十一、加强对足球工作的领导。

3月8日

［纲 文］ **孙春兰在北京分别会见香港特别行政区行政长官梁振英、澳门特别行政区行政长官崔世安。**

［目 文］ 梁振英、崔世安对中央统战部一直以来给予香港特别行政区和澳门特别行政区的大力支持表示感谢，介绍了港澳近期发展形势和特区政府主要工作。

中央统战部部长孙春兰说，对于港澳地区来说，过去的一年是不平凡的一年。香港特别行政区政府依法推动“政改”、妥善处置非法“占中”事件，澳门顺利完成第四届行政长官选举，成功举办庆祝澳门回归祖国15周年大会及系列活动，两个特别行政区政府施政基础更加稳固。以习近平为总书记的党中央高度重视港澳的繁荣稳定和长治久安。全国人大常委会通过的有关决定，为香港政制发展确立了原则，明确了方向。两位行政长官的工作设想贯彻了中央精神，体现了对港澳实际的准确把握，一定会取得更好成绩。港澳社会要应对发展经济、改善民生、推进政制发展等挑战，关键还是要坚定不移地贯彻“一国两制”、“港人治港”、“澳人治澳”、高度自治方针，严格依照宪法和基本法办事。中央统战部将一如既往全力支持行政长官和特区政府，共同推动“一国两制”事业发展，维护香港、澳门长期繁荣稳定。

3月8日

［纲 文］ **《人民日报》发表题为《共担促进男女平等的责任与使命》的评论员文章。**

3月8—15日

［纲 文］ **2015年国际雪联单板滑雪世界青年锦标赛在中国亚布力举办。**

［目 文］ 锦标赛由国际滑雪联合会主办，中国滑雪协会、黑龙江省体育局承办，本次比赛共设5大项10小项赛事，来自34个国家和地区的277名运动员参赛。这是中国首次承办国际雪联A级比赛赛事。

3月10日

［纲 文］ **国务院办公厅印发《关于创新投资管理方式建立协同监管机制的若干意见》。**

［目 文］ 《意见》由八部分组成：一、总体要求；二、基本原则；三、切实接住

管好；四、突出监管重点；五、落实监管责任；六、创新监管方式；七、健全约束惩戒机制；八、加强组织实施。

《意见》要求，各地区、各部门要高度重视创新投资管理方式建立协同监管机制的相关工作，强化组织领导，保障监管平稳过渡，加强舆论宣传，进一步巩固简政放权成果，释放改革红利。

3月10日

［纲　文］　发展改革委、开发银行发布《关于推进开发性金融支持政府和社会资本合作有关工作的通知》。

［目　文］《通知》说，一、各省（区、市）发展改革部门要高度重视推进PPP工作，认真做好PPP项目的统筹规划、综合协调及跟踪指导；要进一步完善配套政策、破除行业垄断，积极营造良好合作环境；要加强PPP项目库建设，坚持按月调度分析，加快项目实施进度。二、各省（区、市）发展改革部门要加强协调，积极引入外资企业、民营企业、中央企业、地方国企等各类市场主体，灵活运用基金投资、银行贷款、发行债券等各类金融工具，推进建立多元化、可持续的PPP项目资金保障机制。三、各省（区、市）发展改革部门要加强与开发银行等金融机构的沟通合作，及时共享PPP项目信息及调度情况，协调解决项目融资、建设中存在的问题和困难。要会同有关部门加快项目审批核准等前期工作，协调落实建设条件，为融资工作顺利推进创造条件。四、开发银行充分发挥开发性金融的中长期融资优势及引领导向作用，积极为各地的PPP项目建设提供"投资、贷款、债券、租赁、证券"等综合金融服务，并联合其他银行、保险公司等金融机构以银团贷款、委托贷款等方式，努力拓宽PPP项目的融资渠道。五、开发银行积极提供规划咨询、融资顾问、财务顾问等服务，提前介入并主动帮助各地做好建设项目策划、融资方案设计、融资风险控制、社会资本引荐等工作，切实提高PPP项目的运作效率。六、开发银行加强信贷规模的统筹调配，优先保障PPP项目的融资需求。在监管政策允许范围内，给予PPP项目差异化信贷政策，对符合条件的项目，贷款期限最长可达30年，贷款利率可适当优惠。建立绿色通道，加快PPP项目贷款审批。七、开发银行认真贯彻国发〔2014〕60号文件关于"探索创新信贷服务"的要求，不断创新和完善PPP项目贷款风险管理体系，通过排污权、收费权、特许经营权、购买服务协议项下权益质押等方式，建立灵活有效的信用结构，切实防范贷款风险。八、各省（区、市）发展改革部门、开发银行各分行要加强沟通，密切合作，协力推进PPP项目顺利实施。要及时将各地PPP项目的进展情况、存在问题以及有关建议分别报送至发展改革委及开发银行总行。

3月10日

［纲　文］　发展改革委、商务部发布《外商投资产业指导目录（2015年修订）》，自2015年4月10日起施行。

3月10日

［纲　文］　教育部、国家语委印发《国家语言文字工作委员会语言文字规范标准管

理办法（2015年修订）》。

［目　文］《办法》共8章34条，主要有总则，规范标准的计划，规范标准的研制，规范标准的审定，规范标准的审批、发布，规范标准的复审，规范标准的实施，附则等内容。本办法自2015年3月10日起施行，2001年发布的原办法同时废止。

3月11日

［纲　文］　**国务院印发《深化标准化工作改革方案》**。

［目　文］《方案》由四部分组成：一、改革的必要性和紧迫性；二、改革的总体要求；三、改革措施；四、组织实施。

《方案》要求，在2016年12月底前完成对现行国家标准、行业标准、地方标准的全面清理工作，集中开展滞后老化标准的复审和修订，解决标准缺失、矛盾交叉等问题；逐步将现行强制性国家标准、行业标准和地方标准整合为强制性国家标准。

3月11日

［纲　文］　**国务院办公厅印发《关于开展第一次全国政府网站普查的通知》**。

［目　文］《通知》由四部分组成：一、目的和范围；二、方式和内容；三、时间和进度；四、组织和实施。

《通知》指出，各地区、各部门要组织做好本地区、本部门政府网站的检查和自查工作，采取逐级核查等方式，加强对普查结果的审核，确保数据信息真实、准确、完整。国务院办公厅将通过系统扫描和人工复核等方式对全国政府网站进行抽查、核查，并对有关情况进行通报。

3月11日

［纲　文］　**食品药品监管总局公布《食品召回管理办法》**。

［目　文］《办法》共7章46条，主要有总则、停止生产经营、召回、处置、监督管理、法律责任、附则等内容。自2015年9月1日起施行。

3月11日

［纲　文］　**国台办发言人表示，习近平最新对台讲话为拓展两岸关系发展指明方向**。

［目　文］　发言人表示，中共中央总书记、国家主席、中央军委主席习近平3月4日在看望参加全国政协十二届三次会议的民革、台盟、台联委员并参加联组会时，就两岸关系发表的重要讲话，为今后一个时期推动对台工作、拓展两岸关系发展道路指明了方向。习总书记的重要讲话提出了四个“坚定不移”，受到两岸各界广泛关注，产生积极反响。其中包含的主要精神是：第一，强调坚定不移走两岸关系和平发展道路，强调和平发展成果需要两岸同胞共同维护。第二，强调两岸双方坚持“九二共识”、反对“台独”这一共同政治基础的重要性。同时强调，坚持“九二共识”的核心在于认同大陆和台湾同属一个中国，强调“台独”是两岸关系和平发展的重大障碍，是台海和平稳定

的最大威胁，必须坚决反对和遏制。在这一点上，大陆方面的态度是明确的、一贯的，绝不会有任何变化。第三，表达了大陆方面为两岸同胞谋福祉的真诚善意，指出这是我们发展两岸关系的着眼点和落脚点。第四，呼吁两岸同胞携手同心，共同实现中华民族伟大复兴。习总书记的重要讲话准确把握台海局势新变化，总揽全局、着眼长远，显示了大陆方面推动两岸关系和平发展的信心、决心，具有很强的针对性。我们会认真地学习领会，贯彻落实。

3月12日

［纲　文］ **财政部印发《地方政府一般债券发行管理暂行办法》，自2015年3月12日起施行。**

3月12日

［纲　文］ **交通运输部公布《铁路危险货物运输安全监督管理规定》。**

［目　文］《规定》共5章40条，主要有总则、运输条件、运输安全管理、监督检查、附则等内容。自2015年5月1日起施行。

3月12日

［纲　文］ **交通运输部公布《铁路建设工程质量监督管理规定》。**

［目　文］《规定》共9章74条，主要有总则、建设单位质量责任和义务、勘察设计单位质量责任和义务、施工单位质量责任和义务、监理单位质量责任和义务、工程质量事故调查处理、工程质量监督、法律责任、附则等内容。自2015年5月1日起施行，《铁路建设工程质量管理规定》（铁道部令第25号）同时废止。

3月12日

［纲　文］ **中国气象局公布《气象预报发布与传播管理办法》，自2015年5月1日起施行。**

3月12日

［纲　文］ **中国气象局公布《气象信息服务管理办法》，自2015年6月1日起施行。**

3月12日

［纲　文］ **首都各界人士纪念孙中山先生逝世90周年仪式在中山公园中山堂举行。**

［目　文］ 纪念仪式由全国政协副主席、民革中央常务副主席齐续春主持。

全国政协副主席王家瑞代表中国人民政治协商会议全国委员会，全国人大常委会副委员长、民革中央主席万鄂湘代表中国国民党革命委员会中央委员会，中央统战部副部长林智敏代表中共中央统战部，北京市副市长程红代表北京市政府，民革中央副主席、民革北京市委会主委傅惠民代表中国国民党革命委员会北京市委员会，向孙中山先生像敬献了花篮。万钢、罗富和、陈晓光、马培华和何鲁丽、周铁农、罗豪才、厉无畏，以及全国人大、全国政协、中共中央统战部、民革中央、北京市等方面负责人，部分在京参加十二届全国人大三次会议和全国政协十二届三次会议的代表、委员等出席仪式。

同日，台湾各界通过举办系列展览、学术研讨会、两岸合唱音乐会等各种形式的活动，深切缅怀这位伟大的民主革命先行者。中国国民党、亲民党、新党和岛内各界人士，来到台北的“国父纪念馆”，向孙中山先生铜像鞠躬、献花。“国父纪念馆”“国史馆”、台湾“中山学术文化基金会”联手推出了历史纪录片《永不放弃——孙中山北上与逝世》，并举办了学术研讨会。“国父纪念馆”联手两岸相关单位，推出了纪念孙中山先生逝世90周年特别展览，绝大多数展品是首次同岛内观众见面。

3月13日

［纲　文］　**中共中央、国务院印发《关于深化体制机制改革，加快实施创新驱动发展战略的若干意见》。**

［目　文］　《意见》由九部分组成：一、总体思路和主要目标；二、营造激励创新的公平竞争环境；三、建立技术创新市场导向机制；四、强化金融创新的功能；五、完善成果转化激励政策；六、构建更加高效的科研体系；七、创新培养、用好和吸引人才机制；八、推动形成深度融合的开放创新局面；九、加强创新政策统筹协调。

《意见》要求，各级党委和政府要高度重视，加强领导，把深化体制机制改革、加快实施创新驱动发展战略，作为落实党的十八大和十八届二中、三中、四中全会精神的重大任务，认真抓好落实。有关方面要密切配合，分解改革任务，明确时间表和路线图，确定责任部门和责任人。要加强对创新文化的宣传和舆论引导，宣传改革经验、回应社会关切、引导社会舆论，为创新营造良好的社会环境。

3月13日

［纲　文］　**交通运输部发布《关于加快推进新能源汽车在交通运输行业推广应用的实施意见》。**

［目　文］　《意见》由三部分组成：一、总体要求；二、主要任务；三、保障措施。

《意见》要求，加强舆论宣传和引导，开展多层次、多样化的宣传活动，充分发挥媒体的舆论导向作用，大力宣传新能源汽车推广应用在环境改善、能源节约等方面的显著效果和重大作用。组织专家解读新能源汽车全寿命周期成本优势，提高公众对交通运输行业推广应用新能源汽车的认知度和接受度，形成有利于新能源汽车大规模推广应用的良好氛围。

3月13日

［纲　文］　**缅甸军机炸弹落入中国境内，造成云南省临沧市耿马县孟定镇大水桑树村正在甘蔗地作业的无辜平民5死8伤。**

［目　文］　外交部副部长刘振民紧急召见缅甸驻华大使提林翁，提出严正交涉并指出，缅甸军队同缅北果敢地区有关武装团体在中缅边境地区持续交火，酿成缅军机炸弹落入中方境内，造成中方无辜平民死伤事件。中方对此表示严厉谴责，敦促缅方对事件进行

彻底调查并向中方通报结果，严惩肇事者，妥为处理善后事宜，并立即采取有效措施，杜绝类似事件再次发生，切实维护中缅边境地区安全稳定。

14日下午，中央军委副主席范长龙与缅甸国防军总司令敏昂莱通话指出，近期，中缅边境地区多次发生缅军机越境，缅军炮弹航弹落入中方境内，造成中方人员伤亡和财产损失的严重情况，中国人民对此反应强烈。缅方要认识到问题的严重性，严肃认真对待此事，严惩肇事者，向死伤者家属道歉并赔偿，向中方作出交待。范长龙明确要求，缅军高层要严格管控约束部队，绝不能再次发生此类事件。否则，中国军队将采取坚决果断措施，保护中国人民生命财产安全。希望缅方从维护中缅两国两军关系大局出发，妥善处置有关事件，共同维护中缅边境地区安全稳定。敏昂莱表示，缅方理解中方感受，将尽快派人与中方一起进行认真调查，妥善解决问题，追究相关人员责任。缅军愿与中方一道全力推进两国两军友好合作。

4月2日，国家副主席李源潮、外交部部长王毅在北京分别会见缅甸总统特使、外交部部长吴温纳貌伦。李源潮在会见吴温纳貌伦时说，你作为总统特使专程来华就缅甸军机造成中国边民伤亡道歉，并表示缅方愿就此次事件有关问题作出妥善处理，中方对此表示肯定。希望缅方抓紧落实，同时采取措施坚决杜绝此类事件发生，推动中缅关系继续健康稳定发展。吴温纳貌伦表示，缅方对事件造成中方人员伤亡表示道歉，愿全力做好善后工作。缅方十分珍视缅中关系，迫切希望推动两国关系不断迈上新台阶。

王毅在会见吴温纳貌伦时表示，3月13日缅甸军机炸弹造成中国边民伤亡。中方多次向缅方表明了我们的严正立场。通过联合实地调查和多轮会谈，目前事件的经纬和责任已认定清楚。希望缅方认真对待，妥善处理，以维护中缅边境稳定和中缅关系大局。吴温纳貌伦说，我谨代表缅甸政府、缅甸军队正式向中方表示道歉，对遇难者家属和受伤人员表示深切慰问。缅方愿就赔偿事宜同中方保持沟通，并作出妥善安排。缅方还将依法追究、惩处有关责任人，并加强内部管理，不让类似事件再次发生。缅方愿同中方加强合作，共同维护缅中边境地区稳定，推动两国关系进一步向前发展。

3月14日

［纲　文］　**国家主席习近平特使、商务部部长高虎城在沙姆沙伊赫会见埃及总统塞西。**

［目　文］　高虎城向塞西转达习近平口信，强调中方重视并支持埃方发展经济、改善民生。塞西请高虎城转达对习近平主席的亲切问候和良好祝愿，感谢习主席委派商务部部长作为特使出席埃及经济发展大会并致辞，强调这充分体现了中方对埃及经济发展的鼎力支持，也向埃及人民和国际社会传达了两国巩固传统友谊、加强务实合作的积极信号。塞西欢迎更多中国企业参与埃及国家建设，在基础设施等领域加强合作。

13日，高虎城率中国政府经贸代表团出席在沙姆沙伊赫举办的埃及经济发展大会并在大会开幕式上致辞。

3月15日

［纲　文］　**习近平签署中华人民共和国第二十号主席令。**

［目　文］　主席令说，《全国人民代表大会关于修改〈中华人民共和国立法法〉的决定》已由中华人民共和国第十二届全国人民代表大会第三次会议于2015年3月15日通过，现予公布，自公布之日起施行。

3月15日

［纲　文］　**国家主席习近平与南非总统祖马就南非“中国年”开幕互致贺词。**

［目　文］　习近平在贺词中说，值此2015南非“中国年”开幕之际，我谨代表中国政府和人民表示热烈的祝贺。在南非“中国年”框架下，中南双方将在南非全国9省主要城市举办一系列精彩纷呈的交流活动，相信南非“中国年”将为中南人文交流掀开新的篇章。中方愿与南方携手努力，推动中南、中非友好合作取得更多成果，更好造福中非人民。

祖马在贺词中说，中南互办国家年对促进两国人文交流、推动双边关系迈上更高水平具有历史性意义。南方真诚感谢中方支持南方2014年在华举办中国“南非年”，也将全力支持举办2015南非“中国年”，期待这一活动充分展示中国丰富多彩的历史文化和国家建设的巨大成就。

同日，2015南非“中国年”开幕式在南非行政首都比勒陀利亚国家大剧院举行。文化部部长雒树刚和南非艺文部部长姆特特瓦作为两国政府代表出席开幕式，并分别宣读了中国国家主席习近平和南非总统祖马互致的贺信。南非执政党非国大主要领导人之一、总司库穆凯兹，南非国民议会事务主席迪迪扎，南非外交部总司长马吉拉，中国驻南非大使田学军，南非政府各部门高级官员、各界友好人士、各国驻南使节、旅南华侨华人、中资机构和留学生代表等约1300人出席。

3月15日

［纲　文］　**发展改革委发布《中央预算内直接投资项目概算管理暂行办法》。**

［目　文］　《办法》共6章27条，主要有总则、概算核定、概算控制、概算调整、法律责任、附则等内容。自2015年3月15日起施行，此前有关概算管理的规定，凡与本办法有抵触的，均按本办法执行。

3月15—18日

［纲　文］　**应全国人大常委会委员长张德江的邀请，欧洲议会议长舒尔茨率团访华。**

［目　文］　16日，习近平在北京会见舒尔茨时说，2015年是中国同欧盟建交40周年。建交以来，中欧关系得到长足发展。中国坚定支持欧洲一体化建设，始终将欧洲发展视为多极化进程重要组成部分。中国和欧洲都是当今世界重要力量，双方利益深度交融。2014年我访欧期间，双方共同确定打造中欧和平、增长、改革、文明四大伙伴关系。当

前，四大伙伴关系正在凝聚双方共识基础上向前发展。希望中欧共同努力，以建交40周年为新起点，保持高层交往，加大务实合作，进一步推动四大伙伴关系开花结果。中国全国两会刚刚结束，对2015年工作作了全面部署。我们还将研究制定“十三五”规划。相信在新的规划中我们会找到中欧合作的契合点和新机遇。舒尔茨说，当前，欧中拥有众多共同利益，也面临一些相似的问题和挑战，因此巩固和加强欧中关系至关重要。欧方愿与中方携手，积极加强各领域务实合作，推动欧中四大伙伴关系不断取得新进展。

同日，张德江在北京同舒尔茨举行会谈时说，2014年习近平主席访问欧盟总部期间，提出中欧要共同打造和平、增长、改革、文明的伙伴关系，得到欧盟领导人积极回应，为中欧关系注入了新的动力和活力。欧洲议会在欧盟决策机制中有独特作用和地位。全国人大愿加强同欧洲议会的友好往来，共同促进中欧全面战略伙伴关系深入发展。当前全国人大的重要任务就是要贯彻落实十二届全国人大三次会议精神，坚持走中国特色社会主义法治道路，依法履行职权，为实现中华民族伟大复兴的中国梦提供法律保障。舒尔茨说，欧洲议会愿与中国全国人大进一步加强高层往来，深化各层次交流合作，在应对挑战、促进欧中关系发展中发挥更大的作用。

3月15—20日

［纲　文］　**国务院副总理马凯出席2015德国汉诺威消费电子、信息及通信博览会并主持首次中德高级别财金对话。**

［目　文］　15日，2015年汉诺威消费电子、信息及通信博览会在德国汉诺威开幕。中国是本次博览会合作伙伴国，马凯和德国总理默克尔共同出席开幕式并致辞。国务院总理李克强通过视频贺词表示，本届博览会以“数字经济”为主题，这与中德创新合作的新需求十分契合。中方愿借助博览会合作伙伴国关系平台，启动“中德创新合作年”，同德方提出的“工业4.0”计划形成互补，推动中德关系与合作深入发展，共同开辟一条国与国之间合作共赢、共同繁荣的光明大道。默克尔在致辞中感谢李克强总理对本届博览会的良好祝愿，并表示中国是德国在亚洲最大的贸易伙伴，也是高科技研发领域的重要合作伙伴。德中在数字经济领域各有所长，两国就此开展合作可以实现优势互补，祝愿所有中国企业成功参展。

其间，马凯在汉诺威会见默克尔时表示，2014年是中德合作的“规划之年”，两国领导人确立了中德全方位战略伙伴关系新定位。2015年是中德合作的“落实之年”，我此次访德正是为落实去年两国领导人达成的诸多共识而来。中方愿与德方一道，不断增进相互信任，用好两国新的对话和合作机制，加强创新、金融和制造业务实合作，为双边关系发展注入持久动力。

默克尔表示，德中各领域交流合作日益密切。随着双方启动创新合作年，两国合作将达到新的水平。此次共有600多家中国企业参展，充分反映出中国在信息通信技术领域的实力和重要地位。

17日，首次中德高级别财金对话在德国柏林举行，马凯与德国财政部长朔伊布勒共同主持、德央行行长魏德曼出席会议。双方围绕“促进具有前瞻性及互惠互利的中德财金关系”的主题，就宏观经济、中德战略性合作方向、金融稳定、地区和国际经济合作等议题进行深入沟通，取得积极成果。双方强调这一对话机制是就中德财金领域的战略性、全局性、长期性问题进行沟通和政策协调的重要平台。双方承诺在二十国集团框架下加强宏观经济政策协调，开展财政金融领域的政策对话与务实合作，共同支持全球经济增长和国际经济治理的完善。德方将积极支持中方主办2016年二十国集团峰会，支持中方关于人民币按国际货币基金组织现行标准加入特别提款权（SDR）货币篮子的目标。德国宣布愿成为亚洲基础设施投资银行意向创始成员国，中方对此表示欢迎。双方就中欧、中德以及在第三方开展投资合作等达成一系列共识。双方欢迎对方银行机构互设分支机构，并拟就银行监管问题进行磋商。双方支持法兰克福离岸人民币市场和当地人民币清算行的建设与发展，支持德国金融机构使用人民币合格境外机构投资者（RQFII）额度进入中国市场投资。中国证券期货等金融机构将与德国机构合作，在德设立机构并开展RQFII相关业务。中方已批准德意志资产及财富管理投资有限公司的RQFII资格。欢迎上海证券交易所、中国金融期货交易所与德意志交易所集团在法兰克福合作建立离岸人民币金融工具交易平台。双方还就两国战略性合作方向达成了重要共识，并就中德、欧洲宏观经济形势交换了意见。

3月16日

［纲　文］　**国家主席习近平在北京会见哈佛大学校长福斯特。**

［目　文］　习近平欢迎福斯特访华并向福斯特简要介绍了刚刚闭幕的两会情况并强调，我们提出了“两个一百年”的奋斗目标，为了实现这一目标，中国将走一条适合中国国情的可持续发展道路。2014年我与奥巴马总统在北京成功会晤，进一步明确了推进中美新型大国关系建设的重点方向。我将于2015年9月对美国进行国事访问，愿届时与美各界人士共商构建中美新型大国关系大计。人文交流在中美关系发展历程中发挥着积极作用，已成为新时期两国关系的重要支柱。希望双方共同努力，促进中美人文交流合作不断深化，为中美关系发展注入更多的正能量。中国一直把教育放在优先发展的战略地位。中方重视同美方开展教育、科技交流合作。哈佛大学是世界知名高校，同中国教育界、科技界有着长期合作关系，取得了很好成果。希望两国高校增进交流，深化合作，更好地服务于中美关系的发展。

福斯特感谢习近平主席的会见，并表示美中教育交流合作对增进两国人民了解，推动两国关系发展起到了积极作用。哈佛大学与中国已建立起长期的重要合作关系，愿继续加强同中国教育界和科技界的交流合作，为进一步促进美中关系发展做出贡献。

3月16日

［纲　文］　**国务院办公厅印发《关于做好与贸易相关部门规章英文翻译工作的通知》。**

［目　文］《通知》说，为切实履行我国加入世界贸易组织承诺和其他双边承诺，便于国内外各方面更加全面、系统、准确地了解我国与贸易相关的部门规章，经国务院同意，现就做好与贸易相关的部门规章英文翻译工作通知如下：一、本通知所称与贸易相关的部门规章，是指国务院各部委、各直属机构制定的所有有关或影响货物贸易、服务贸易以及与贸易有关的知识产权的部门规章。二、国务院各部委、各直属机构负责翻译由本部门制定的与贸易相关的部门规章；部门规章由多个部门制定的，由主要负责制定工作的部门商有关部门翻译。三、自本通知印发之日起，对外公布的与贸易相关的部门规章的英文译本，原则上应当在该部门规章施行前通过本部门门户网站或其他方式对外公布，并抄送商务部和法制办；确有特殊情况的，不晚于规章施行后90天对外公布。四、国务院各部委、各直属机构应确保与贸易相关的部门规章的英文译本符合立法原意，专业术语准确，格式体例规范、统一。五、国务院各部委、各直属机构公布的与贸易相关的部门规章的英文译本为官方译本。如英文译本与中文文本遇解释上的分歧，以中文文本为准。六、国务院各部委、各直属机构应注重培养精通法律、英文的专业人才，指定内设机构承担翻译工作。

3月16日

［纲　文］**安全监管局公布《金属非金属矿山建设项目安全设施目录（试行）》，自2015年7月1日起施行。**

3月16日

［纲　文］**教育部印发《学生志愿服务管理暂行办法》。**

［目　文］《办法》共7章26条，主要内容有总则、工作机构、组织实施、认定记录、教育培训、条件保障、附则等内容。本办法自发布之日起施行。

《办法》要求，地方教育部门应根据本办法，结合实际制订相关实施细则并报教育部备案，各级各类学校应根据本办法，结合实际制订相关实施细则并报相应教育部门备案。

3月16日

［纲　文］**联合国减少灾害危险办公室宣布首届国际减灾最佳电视纪录片获奖名单，反映2008年四川地震重建工作的纪录片《重建四川》荣获本届最佳减灾故事奖。**

［目　文］《重建四川》由国务院新闻办公室监制，五洲传播中心与探索频道（Discovery）联合出品，于2011年5月12日汶川特大地震三周年之际，通过探索频道（Discovery）亚太电视网面向亚太地区的32个国家和地区播出。这部纪录片聚焦四川灾后重建的历程，以地震中被摧毁的北川县城异地重建为典型事例，记录了在全国支援和四川人民的共同努力下，在不到两年时间里建设完成一座安全、环保、富有民族特色的北川新城的全过程，向国际社会介绍了震后重建工作取得的进展和成就。通过地震亲历者的描述，该片还记录了当地人民努力重建家园，满怀希望走向新生活的历程。

3月17日

［纲　文］**国家主席习近平在北京会见美国前国务卿基辛格。**

［目　文］　习近平向基辛格介绍了刚闭幕的两会情况，称赞基辛格是中美关系的开拓者和见证者，赞赏他数十年来为推动中美关系发展做出的重要贡献并指出，中美关系正取得重要和积极进展。2014年11月，我与奥巴马总统在北京成功会晤，不久前我们再次通话，就中美关系发展作出了规划。构建中美新型大国关系不仅符合两国人民根本利益，也有利于亚太地区乃至世界和平、稳定和繁荣。中方高度重视中美关系，愿与美方一道努力，精心呵护两国关系，落实好双方达成的共识，加强高层及各层级交往，深化各领域务实合作，推动两国关系不断发展。我期待着年内对美国进行国事访问。中国致力于全面建成小康社会，走和平发展道路。中国发展需要和平的外部环境。同时，中国也是国际事务中的积极建设性力量。处理好中美关系，双方要总结两国关系发展的历史经验，坚持从大局出发审视和把握两国关系发展大方向，加深相互了解和理解，增进战略互信；坚持相互尊重和求同存异原则，建设性管控好分歧和敏感问题；坚持合作共赢的创新思维，共同把握好两国关系的重要机遇，进一步拓展双边、地区和全球层面的互利合作。

基辛格说，感谢习近平主席会见我这位中国的老朋友，中国正在进行着具有历史意义的改革大业。美中关系是事关全球和平、进步与发展的重要双边关系。构建美中新型大国关系符合双方利益，是着眼长远发展的远见之举。相信习主席2015年对美国的国事访问将是一次历史性访问并预祝访问成功。

3月17日

［纲　文］　**国务院在北京召开全国国有林场和国有林区改革工作电视电话会议。**

［目　文］　会议对2015年的国土绿化工作进行了安排部署。国务院副总理汪洋出席会议时指出，要认真贯彻落实党中央、国务院关于深化国有林场和国有林区改革的决策部署，围绕发挥生态功能、维护生态安全的战略定位，加快健全森林资源监管体制，创新资源管护方式，完善支持政策体系，推动林业发展由木材生产为主转向生态修复和建设为主、由利用森林获取经济利益为主转向提供生态服务为主，为促进生态文明建设和经济社会可持续发展提供有力保障。坚持生态导向、保护优先，是国有林场林区改革的第一原则。要有序停止重点国有林区天然林商业性采伐，积极推进国有林场林区政企事分开，形成精简高效的国有森林资源管理机构，建立归属清晰、权责明确、监管有效的森林资源产权制度。要立足发挥绿色资源优势，大力发展特色产业、替代产业、接续产业，多措并举促进职工就业增收，加快完善基础设施和公共服务，妥善解决基本民生问题。各有关地区和部门要明确改革任务，落实支持政策，切实加强领导，认真组织实施。要着力抓好重点区域造林绿化，努力巩固绿化成果，加快创新国土绿化体制和工作机制，确保“十二五”国土绿化各项目标任务全面完成。

3月17日

［纲　文］　**国务院在北京召开扶贫开发领导小组第5次全体会议。**

［目　文］　国务院副总理、国务院扶贫开发领导小组组长汪洋在会上指出，要认真学习领会习近平总书记近期关于扶贫开发工作的重要指示批示精神，全面贯彻落实政府工

作报告关于扶贫工作的部署和要求，进一步增强责任感和紧迫感，积极作为，真抓实干，大力推进精准扶贫、精准脱贫，保质保量地完成2015年再减少农村贫困人口1000万人以上的目标。经过前一阶段艰苦努力，农村贫困人口的精准识别和建档立卡已经完成，现在要充分利用这个成果，抓紧把年度减贫目标分解落实到具体的贫困人口，并将扶贫措施、项目安排、资金使用与之挂钩。要层层落实扶贫责任，地方各级政府要立下“军令状”，明确本地精准脱贫的目标、要求和责任，年底要逐一对照检查。要改革贫困县考核办法，细化指标，引导贫困县切实把主要精力放到扶贫开发上来。随着扶贫攻坚进入关键时期，要全面总结扶贫开发经验，积极探索新的扶贫方式，深入研究关系扶贫开发全局和长远的重大问题，进一步完善扶贫工作机制，使扶贫目标更加明确、举措更加有力、行动更加有效。

3月17日

［纲　文］　**发展改革委、财政部、水利部发布《关于鼓励和引导社会资本参与重大水利工程建设运营的实施意见》。**

［目　文］　《意见》由五部分组成：一、明确参与范围和方式；二、完善优惠和扶持政策；三、落实投资经营主体责任；四、加强政府服务和监管；五、做好组织实施。

《意见》指出，各地要大力宣传吸引社会资本参与重大水利工程建设的政策、方案和措施，宣传社会资本在促进水利发展，特别是在重大水利工程建设运营方面的积极作用，让社会资本了解参与方式、运营方式、盈利模式、投资回报等相关政策，稳定市场预期，为社会资本参与工程建设运营营造良好社会环境和舆论氛围。

3月17日

［纲　文］　**保监会印发《农业保险承保理赔管理暂行办法》。**

［目　文］　《办法》共6章43条，主要有总则、承保管理、理赔管理、协办业务管理、内控管理、附则等内容。本办法自2015年4月1日起施行，实施期限为3年。

3月17日

［纲　文］　**军队经济适用住房专项清理整治工作电视电话会议在北京召开。**

［目　文］　中央军委副主席范长龙出席会议并讲话。中央军委副主席许其亮出席会议。赵克石作动员部署。中央军委委员张又侠、吴胜利、马晓天、魏凤和等在分会场出席会议。四总部、军委办公厅有关领导，驻京大单位分管领导和政治部、联（后）勤部主要领导在主会场参加会议。全军和武警部队军级以上单位设分会场。

范长龙在讲话中指出，习主席对军队住房保障工作高度重视，多次作出重要指示批示，问题导向鲜明，纠治决心坚定，为抓好军队经济适用住房专项清理整治指明了方向，提供了根本遵循。要深入学习领会习主席重要指示精神，统一思想认识，把握工作方向，扎实推进清理整顿，务求取得实实在在的成效。这次专项清理整治，是大力推进党风廉政建设和反腐败斗争的重要举措，是贯彻深入推进依法治军、从严治军要求的具体体现，是对各级党委领导履行政治责任、听招呼守规矩的实际检验。要充分认识习主席和军委的坚定决心，充分认清这次专项清理整治的重要意义，强化政治意识、大局意识、号令意识，增强政治责任感和自觉性，认真抓好各项工作落实。各级要按照全军统一部署要求，确保清查见底、整治见效。要制定和执行好政策制度，尽快出台对重复购买、超面积、违规外售等突出问题的处理办法，正当福利待遇要给予保证，多占多得的要有个说法，违纪违法的要按规定查处。要紧紧依靠各级组织开展工作。军委、总部和大单位机关要以身作则。要形成长远管用的政策制度，深化军队住房制度改革问题研究，探索出适合我国国情军情的军人住房保障路子。

赵克石在动员部署时指出，要深刻认识清理整治问题积弊的紧迫性和重要性，当作严肃的政治任务来对待，当作事关强军兴军、深化改革、维护稳定的大事来抓。要聚焦重心、硬化举措，坚定不移地实现专项清理整治的决心意图。要强化责任在肩的使命担当，切实对事业负责、对官兵负责、对历史负责，勇于任事，尽心尽责地完成好任务。

3月17日

［纲　文］　**国务院副总理张高丽在北京会见美国前财政部长保尔森。**

［目　文］　张高丽表示，当前，国际形势正在发生复杂深刻变化，中美关系的健康稳定发展不仅符合双方的利益，也符合世界人民的利益。近年来，按照中美两国元首达成的共识，双方在政治、经贸、环保等各领域的合作都在加强，为共同建设中美新型大国关系打下了良好基础。保尔森基金会为中美关系发展做出了积极努力，希望在推动中美双边经贸、环保合作等方面取得新的成果。

保尔森表示，他本人和保尔森基金会将继续致力于开展同中方的交流与合作，进一步推动美中在经贸、环保等领域的合作向纵深发展。

3月17日

［纲　文］　**正兵团职离休干部、原空军学院顾问方子翼在北京逝世，享年98岁。**

3月17—21日

［纲　文］　**应外交部部长王毅邀请，尼泊尔外交部部长潘迪对中国进行正式访问。**

［目　文］　访问期间，国家副主席李源潮在北京会见了潘迪。王毅在北京与潘迪举行了会谈。王毅表示，中方赞赏尼方坚定奉行一个中国政策，不允许任何势力利用尼领土从事反华分裂活动。希望尼方一如既往地支持中方立场，采取有效防范措施，维护中尼共同的安全和稳定。潘迪表示，尼泊尔政府高度重视对华关系，坚定奉行一个中国政策，决不允许任何势力利用尼领土从事反对友好邻国和朋友的活动。

3月18日

［纲　文］　**国家主席习近平任免驻外大使。**

［目　文］　习近平根据全国人民代表大会常务委员会的决定，免去刘洪才的中华人民共和国驻朝鲜民主主义人民共和国特命全权大使职务；任命李进军为中华人民共和国驻朝鲜民主主义人民共和国特命全权大使。

3月18日

［纲　文］　中共中央办公厅、国务院办公厅印发《领导干部干预司法活动、插手具体案件处理的记录、通报和责任追究规定》，自2015年3月18日起施行。

3月18日

［纲　文］　国务院批复浙江省人民政府，同意宁波市城市总体规划。

［目　文］　批复说，一、原则同意《宁波市城市总体规划（2006—2020年）（2015年修订）》（以下简称《总体规划》）。二、重视城乡区域统筹发展。三、合理控制城市规模。到2020年，中心城区常住人口控制在395万人以内，城市建设用地控制在420平方公里以内。要贯彻城乡规划法关于“先规划、后建设”的原则，严禁在《总体规划》确定的建设用地范围之外设立各类开发区和城市新区。四、完善城市基础设施体系。五、建设资源节约型和环境友好型城市。六、强化生态环境的保护和建设。七、创造良好的人居环境。八、重视历史文化和风貌特色保护。九、严格实施《总体规划》。城市建设要实现经济社会协调发展，物质文明和精神文明共同进步。宁波市人民政府要根据本批复精神，认真组织实施《总体规划》，任何单位和个人不得随意改变。浙江省和住房城乡建设部要加强对《总体规划》实施工作的指导、监督和检查。

3月18日

［纲　文］　国务院总理李克强主持召开国务院常务会议。

［目　文］　会议主要内容是：一、明确《政府工作报告》的部门责任和分工，确保完成全年经济社会发展主要目标任务。会议指出，已经全国人大批准的《政府工作报告》是政府对全国人民承诺的“责任书”。面对错综复杂的国内外经济形势，各部门、各单位要按照《政府工作报告》部署，尽职尽责、勤政有为。会议确定了2015年政府工作12个方面62项重点任务和责任单位。（一）要确保经济运行在合理区间。抓紧实施积极财政政策加力增效措施，灵活有效运用货币政策工具，帮助企业和基层破解难题，稳定和扩大就业。（二）要加快培育“双引擎”。把简政放权、财税金融、投融资等改革推向纵深，更好激发市场活力和潜力。（三）要增强责任感和紧迫感，把各项工作抓细抓实、　抓到底。加强督查、考核和问责，确保兑现政府对人民的承诺。二、部署推进农业可持续发展，加快农业现代化。会议认为，“三农”工作是政府工作重中之重，必须保持抓农业劲头不松、投入不减、深化改革步伐不停，着力转变发展方式，走新型农业现代化道路，确保国家粮食安全，促进农民增收。会议通过的《全国农业可持续发展规划》确定：（一）优化农业生产布局，严格保护耕地，稳定粮食播种面积，采取深耕深松等方式提升耕地质量，到2020年建成集中连片旱涝保收的8亿亩高标准农田。（二）向体制改革要潜力，在稳定家庭经营的基础上，推进多种形式的适度规模经营，提高劳动生产率和产出水平。（三）实施水土资源保护、农业农村环境治理等重大工程，促进节约高效用水，防治农田和养殖污染，加强森林、草原、湿地、河湖等保护，发展生态循环农业。三、确定改进口岸工作政策措施，促进扩大开放和外贸稳定发展。会议认为，必须加强和改进口岸工作，营造便利

高效、公正透明的通关环境。会议确定，（一）要在现有基础上再取消和下放一批涉及口岸通关及进出口环节的审批事项，全部取消相关非行政许可审批，不得违法设定或变相设定审批。（二）要改进通关服务，提高非侵入、非干扰式查验比例，加强口岸执法政务公开，坚决取缔进出口环节违规设立的行政事业性收费，进一步规范经营服务性收费，推进通关无纸化，为企业减轻负担、提供便利。（三）要创新大通关协作机制，加快跨区域、跨部门大通关建设，推进全国一体化通关，由“串联执法”转为“并联执法”，积极推进国际贸易“单一窗口”。（四）要优化口岸布局，支持跨境电子商务综合试验区建设，建立和完善通关管理和质量安全监管系统，为创业创新营造更为宽松便捷的环境，助力中国经济保持中高速增长、迈向中高端水平。

3月18日

［纲　文］　**国务院在北京召开全国打击侵权假冒工作电视电话会议。**

［目　文］　工商总局、质检总局负责人和辽宁、上海、浙江、安徽四省（市）负责人在会议上发言。全国打击侵权假冒工作领导小组成员单位及相关部门负责人约120人在主会场参加会议。会议通报2014年打击侵权假冒工作进展情况，部署2015年打击侵权假冒工作。

国务院副总理、全国打击侵权假冒工作领导小组组长汪洋出席会议时强调，打击侵权假冒工作事关人民群众切身利益，事关创新型国家建设，事关中国国际形象，要适应经济发展新常态和依法治国新要求，坚持依法办事、标本兼治、点面结合，落实工作责任，加强协调配合，努力开创打击侵权假冒工作新局面。本届政府成立以来，各地区、各部门认真贯彻落实党中央、国务院的决策部署，开展20多次侵权假冒集中整治行动，共查办违法犯罪案件50余万件，抓获犯罪嫌疑人8.5万人，判决4万余人，有效遏制了侵权假冒蔓延势头。政府机关软件正版化如期完成，全面兑现了政府的庄严承诺。当前打击侵权假冒工作总体形势依然严峻。要继续开展重点领域专项整治，互联网领域整治行动延长到2015年底，车用汽柴油专项整治由京津冀地区推广到全国，农村和城乡结合部市场专项整治要向纵深推进。启动维护“中国制造”海外形象的“清风行动”，对出口非洲、亚洲、拉美和“一带一路”沿线国家的重点商品进行专项整治。巩固和扩大软件正版化成果，完善长效机制。落实侵权假冒行政处罚案件信息公开制度。发挥政府、企业、行业组织、社会公众的监督合力，构建侵权假冒社会共治新格局。

商务部部长、全国打击侵权假冒工作领导小组副组长高虎城出席会议并对2014年全国打击侵权假冒工作情况作了通报。2014年，各地区、各成员单位认真贯彻落实党中央、国务院决策部署和全国打击侵权假冒工作领导小组安排，加大工作力度，取得明显成效，全国打击侵权假冒工作迈上新台阶。相关执法部门针对互联网领域、农村和城乡结合部市场、电视购物以及药品、中药材、车用燃油等重点领域和商品开展了一系列专项整治，公安机关发起426起集群战役，关闭、屏蔽违法网站3400余家，查获假劣农资2.6万吨，对375个生产集中区域开展质量提升行动。22个省（区、市）建成行政执法与刑事司法衔接信息共享平台。同时，加快推进法规制度建设，加强宣传教育，积极开展知识产权国际交流合作，得到社会各方面积极评价。2015年，各地区、各有关部门将按照国务院决策部署，针对重点领域和商品持续开展专项整治，启动维护“中国制造”海外形象的“清风行动”，大力推动侵权假冒行政处罚案件信息公开，完善软件正版化长效机制，积极推动法规制度建设，优化打击侵权假冒法治环境。

3月18日

［纲　文］　**税务总局发布《关于企业向境外关联方支付费用有关企业所得税问题的公告》。**

［目　文］《公告》说，为进一步规范和加强企业向境外关联方支付费用的转让定价管理，根据《中华人民共和国企业所得税法》（以下简称《企业所得税法》）及其实施条例的有关规定，现就企业向境外关联方支付费用有关转让定价问题公告如下：一、依据《企业所得税法》第四十一条，企业向境外关联方支付费用，应当符合独立交易原则，未按照独立交易原则向境外关联方支付的费用，税务机关可以进行调整。二、依据《企业所得税法》第四十三条，企业向境外关联方支付费用，主管税务机关可以要求企业提供其与关联方签订的合同或者协议，以及证明交易真实发生并符合独立交易原则的相关资料备案。三、企业向未履行功能、承担风险，无实质性经营活动的境外关联方支付的费用，在计算企业应纳税所得额时不得扣除。四、企业因接受境外关联方提供劳务而支付费用，该劳务应当能够使企业获得直接或者间接经济利益。企业因接受下列劳务而向境外关联方支付的费用，在计算企业应纳税所得额时不得扣除。（一）与企业承担功能风险或者经营无关的劳务活动；（二）关联方为保障企业直接或者间接投资方的投资利益，对企业实施的控制、管理和监督等劳务活动；（三）关联方提供的，企业已经向第三方购买或者已经自行实施的劳务活动；（四）企业虽由于附属于某个集团而获得额外收益，但并未接受集团内关联方实施的针对该企业的具体劳务活动；（五）已经在其他关联交易中获得补偿的劳务活动；（六）其他不能为企业带来直接或者间接经济利益的劳务活动。五、企业使用境外关联方提供的无形资产需支付特许权使用费的，应当考虑关联各方对该无形资产价值创造的贡献程度，确定各自应当享有的经济利益。企业向仅拥有无形资产法律所有权而未对其价值创造做出贡献的关联方支付特许权使用费，不符合独立交易原则的，在计算企业应纳税所得额时不得扣除。六、企业以融资上市为主要目的，在境外成立控股公司或者融资公司，因融资上市活动所产生的附带利益向境外关联方支付的特许权使用费，在计算企业应纳税所得额时不得扣除。七、根据《企业所得税法》实施条例第一百二十三条的规定，企业向境外关联方支付费用不符合独立交易原则的，税务机关可以在该业务发生的纳税年度起10年内，实施特别纳税调整。八、本公告自2015年3月18日起施行。

3月18日

［纲　文］　**国土资源部办公厅发布《关于实施〈城镇土地分等定级规程〉和〈城镇**

土地估价规程〉有关问题的通知》。

［目　文］《通知》说，《城镇土地分等定级规程》（GB/T18507-2014）和《城镇土地估价规程》（GB/T 18508-2014）（以下简称“规程”）国家技术标准已经公开发布，于2014年12月1日起实施。为贯彻执行好规程，现就有关问题通知如下：一、加大宣传培训和指导监督力度。二、严格按规程制订、更新并公布基准地价。三、加强宗地地价评估管理。四、严格执行出让地价评估有关规定。五、加强土地市场中介行业监管。本文件的有效期为5年。

3月18日

［纲　文］**纪念赛福鼎·艾则孜诞辰100周年座谈会在北京举行。**

［目　文］全国政协主席俞正声、全国人大常委会副委员长李建国出席，全国政协副主席杜青林主持座谈会。李建国在座谈会上缅怀了赛福鼎·艾则孜为中国革命、建设、改革事业，为国家统一、民族团结、边疆稳定建立的不朽功勋，强调要学习他为国家、为民族、为人民不懈奋斗的崇高品格，弘扬他始终不渝的革命精神。

赛福鼎·艾则孜（1915年3月12日—2003年11月24日）是中国共产党第十、十一届中央政治局候补委员，第一、二、三、四、五、六、七届全国人民代表大会常务委员会副委员长，中国人民政治协商会议第八届全国委员会副主席。

3月19日

［纲　文］**国家主席习近平任免驻外大使。**

［目　文］习近平根据全国人民代表大会常务委员会的决定任免下列驻外大使：一、免去吴江浩的中华人民共和国驻斯里兰卡民主社会主义共和国特命全权大使职务；任命易先良为中华人民共和国驻斯里兰卡民主社会主义共和国特命全权大使。二、免去解晓岩的中华人民共和国驻埃塞俄比亚联邦民主共和国特命全权大使职务；任命腊翊凡为中华人民共和国驻埃塞俄比亚联邦民主共和国特命全权大使。三、免去郁序忠的中华人民共和国驻布隆迪共和国特命全权大使职务；任命卓瑞生为中华人民共和国驻布隆迪共和国特命全权大使。四、任命旷伟霖为中华人民共和国驻非盟使团团长、特命全权大使。五、免去叶皓的中华人民共和国驻阿尔巴尼亚共和国特命全权大使职务；任命姜瑜（女）为中华人民共和国驻阿尔巴尼亚共和国特命全权大使。六、免去张宪一的中华人民共和国驻斯洛文尼亚共和国特命全权大使职务；任命叶皓为中华人民共和国驻斯洛文尼亚共和国特命全权大使。七、免去黄勇的中华人民共和国驻斐济群岛共和国特命全权大使职务；任命张平为中华人民共和国驻斐济群岛共和国特命全权大使。八、免去吴海涛的中华人民共和国常驻联合国日内瓦办事处和瑞士其他国际组织副代表、特命全权裁军事务大使职务；任命傅聪为中华人民共和国常驻联合国日内瓦办事处和瑞士其他国际组织副代表、特命全权裁军事务大使。

3月19日

［纲　文］**文化部发布《关于加强网络游戏宣传推广活动监管的通知》。**

［目　文］《通知》要求，各地文化行政部门和文化市场综合执法机构要对所在地网络游戏企业的宣传推广活动进行全面摸底，建立信息档案；注重末端整治和前端治理相结合，线上监管和线下监管相结合，并加强推广活动现场的监管；协同公安、工信、工商等有关部门，建立会商、线索移送、联合执法等机制，联合打击违规广告推广联盟，对网络游戏宣传推广活动中涉及刑事犯罪的要及时移送公安部门。

3月19日

［纲　文］**中国与经合组织合作20周年研讨会在北京举行。**

［目　文］国务院副总理汪洋、经合组织秘书长安赫尔·古里亚出席会议并致辞。商务部部长高虎城、财政部部长楼继伟、中央财经领导小组办公室副主任易纲等出席研讨会高层对话并发言。中方参与经合组织合作的主要部门代表和经合组织成员国驻华使馆官员约140人参加了研讨会。

汪洋发表主旨演讲指出，中国政府重视与经合组织的合作。20年来，双方合作始终沿着正确的方向稳步前进，取得了可圈可点的成果。经合组织雄厚的人才资源和丰富的研究经验，为中国改革开放提供了重要借鉴；中国日新月异的发展实践，也开阔了经合组织的研究视野。只要始终秉持“开放包容、互利共赢、共同发展”的合作理念，双方合作完全可以超越意识形态、发展阶段、文化传统的差异，为双方发展进步和人类共同福祉贡献力量。当前中国经济发展进入新常态，改革进入攻坚期，对外开放步入新阶段，比任何时候都更加需要高瞻远瞩的新思想、审时度势的新战略、切合实际的新政策。双方的利益契合点在增加，合作之路必将越走越宽广。中方愿与经合组织共同努力，加强统筹协调，聚焦可持续发展，分享治理经验，深化全球治理合作，推动双方合作迈向新水平。

古里亚在发言中表示，经合组织与中国20年的合作是互利共赢的，这对进一步加强并积极参与国际规则制定，应对和化解世界经济面临的挑战至关重要。希望今后双方在共同制定并实施2015/16行动计划过程中加强各领域合作。

经合组织是国际上重要的经济和社会政策研究机构。中国与经合组织的合作始于1995年，经过20年发展，现在逐步拓展到多个政策领域，包括宏观经济观测、贸易和投资、竞争政策、科学技术、农业、环境和可持续发展、财政、教育、社会政策等。

3月19日

［纲　文］**中国研制世界首列氢能源有轨电车。**

［目　文］有轨电车在南车青岛四方机车车辆股份有限公司竣工下线。它的问世，填补了氢能源在全球有轨电车领域应用的空白，也使中国成为世界上第一个掌握氢能源有轨电车技术的国家。

3月19日

［纲　文］**统计局首次发布中国循环经济发展指数。**

［目　文］该指数以2005年为基期计算，2013年达到137.6，平均每年提高4个点，循环经济发展成效明显。

为贯彻落实十八届三中全会加快生态文明制度建设、完善发展成果考核评价体系的有关要求，国家统计局研究建立了循环经济综合评价指标体系，并据此对中国循环经济发展状况进行了测算。循环经济综合评价指标体系包含资源消耗强度、废物排放强度、废物回用率和污染物处置率等4个一级指标、16个二级指标。各项指数分别依据《中国统计年鉴》《中国环境统计年鉴》、国家统计局、有色协会、建材协会、钢铁协会和海关的统计资料计算得到。

资源消耗减量化稳步推进。2013年中国资源消耗强度指数为134.7，比2005年提高34.7个点，年均提高3.8个点。与2005年相比，5个资源消耗指标中有4个明显下降：单位GDP用水量下降49.1%，单位GDP生物质资源消耗下降37.5%，单位GDP能源消耗下降26.4%，单位GDP非金属消耗下降17.4%，但由于金属资源消耗大幅增长，单位GDP金属消耗则上升13.2%。

废物排放减量化效果明显。2013年我国废物排放强度指数为146.5，年均提高4.9个点。其间，由于工业固体废物等排放大幅增长，2011年的废物排放强度指数曾比2010年下降6个点，但2012年和2013年已明显回升。与2005年相比，2013年单位GDP主要污染物排放量和废水排放量下降明显，其中：单位GDP工业废水化学需氧量排放量下降60.3%，单位GDP工业废水氨氮排放量下降48.6%，单位GDP工业二氧化硫排放量下降62.8%，单位GDP废水排放量下降38.5%，但单位工业增加值固体废物产生量不降反升，比2005年上升10.7%。

污染物处置水平大幅提高。2013年我国污染物处置率指数为174.6，指数逐年上升，年均提高7.2个点，在4个分类指数中增幅最大。与2005年相比，2013年污染物处置率各项指标均明显提高，其中：城市污水处理率提高37.3个百分点，城市生活垃圾无害化处理率提高37.6个百分点，工业废水化学需氧量去除率提高19.4个百分点，工业废水氨氮去除率提高34.4个百分点，工业二氧化硫去除率提高37.5个百分点。

废物回用进展较慢。2013年我国废物回用率指数为108.2，在4个分类指数中增幅最小。2011年以来该指数连续下降，主要是由废钢等废旧资源回用率下降引起的。从各项指标来看，与2005年相比有升有降，其中：能源回收利用率提高0.5个百分点，工业用水重复利用率提高4.4个百分点，工业固体废物综合利用率提高5.5个百分点，废铅回用率提高8.8个百分点，但废钢回用率下降6.6个百分点，废铜回用率下降8.2个百分点，废铝回用率下降0.9个百分点。

3月19日

［**纲　文**］　**财政部公布《取消的行政审批项目目录》。**

［**目　文**］　《目录》包括《对财政有影响的临时特案减免税审批》《中央财政农业综合开发有偿资金呆账核销和延期还款审批》《豁免国有创业投资机构和国有创业投资引导基金国有股转持义务审核》《政府采购代理机构甲级资格认定》《境外（包括港澳台）会计师事务所在境内设立常驻代表处审批》五项行政审批项目。

3月19日

［纲　文］　**中国科学院国家天文台发布郭守敬望远镜首批巡天光谱数据。**

［目　文］　数据包含220万条光谱，其中信噪比大于10的恒星光谱172万条，超过目前世界上已知恒星巡天项目的光谱总数。此外，还包括一个108万颗恒星光谱参数星表，也是目前世界上最大的恒星光谱参数星表。

郭守敬望远镜为中国自主创新研制，是目前世界上口径最大的光谱巡天望远镜，也是世界上新型的、可以实现10米以上更大口径的大视场望远镜的最好方案。

3月19日

［纲　文］　**中共中央政治局常委刘云山在北京会见安哥拉人民解放运动副主席德阿尔梅达率领的代表团。**

［目　文］　刘云山应询介绍了2015年全国两会情况和“四个全面”战略布局并指出，中国经济发展进入新常态，面临的发展机遇不是减少了而是更多了，互利合作空间不是缩小了而是更大了，我们有信心把中国发展得更好，惠及包括非洲在内的整个世界。中安两国互利合作发展迅速，在能源、基础设施、金融、农业、人文等领域取得丰硕成果。中国共产党重视发展与安人运的关系，愿加强高层往来，深化治国理政经验交流，推动中安战略伙伴关系不断发展。德阿尔梅达说，安方衷心感谢中方对安哥拉独立解放事业和国家建设给予的坚定支持，安人运愿加强与中国共产党的交流合作，促进安中关系更好发展。

3月19日

［纲　文］　**国务院副总理刘延东在北京会见美国加州理工学院校长罗森堡姆一行。**

［目　文］　刘延东介绍了中国经济社会发展情况及中美人文交流新进展并指出，人文交流是构建中美新型大国关系的重要支柱，对增进人民了解和友谊、推动两国关系发展具有重要作用。六七十年前，中国著名科学家周培源、钱学森、华罗庚等都曾在加州理工学院深造，希望学院继续深化与中国高校、科研院所等各领域的交流合作，为推动中美人文交流做出积极贡献。

3月19日

［纲　文］　**中央办公厅主任栗战书在莫斯科会见俄罗斯总统普京。**

［目　文］　栗战书转达了习近平主席对普京总统的亲切问候和良好祝愿，并表示习近平主席高度重视发展中俄关系，珍视与总统先生建立的良好工作关系和个人友谊。两年来，两国元首8次会晤，就扩大和深化中俄全面战略协作伙伴关系和各领域合作达成一系列重要共识，引领两国关系进入新阶段，不断取得新成果。2015年，两国元首将在双多边场合密切接触。中共中央办公厅愿同俄罗斯总统办公厅加强沟通与合作，更好地督促落实两国元首达成的重要合作共识，办好庆祝第二次世界大战胜利70周年纪念活动。中俄作为二战在亚洲和欧洲的两个主战场，为世界反法西斯战争的胜利做出了巨大贡献，两国决定在中俄隆重举行二战胜利庆典活动，对于我们缅怀先烈、铭记历史、警示未来、维护

二战胜利成果、维护世界和平有着重要意义。

普京请栗战书转达他对习近平主席的诚挚问候和良好祝愿，并表示我热切期待着习近平主席2015年5月来莫斯科出席纪念卫国战争胜利70周年庆典并访俄。我愿同习近平主席共同推动两国各领域合作深入向前发展，并通过举办共同庆祝第二次世界大战胜利70周年活动，防止美化侵略者，维护历史公正，捍卫世界和平。

同日，栗战书与俄罗斯总统办公厅主任伊万诺夫举行会谈，就加强双方机制化交往等问题交换了意见，并共同会见了记者。

3月20日

［纲　文］　**国务院批复人民银行，同意存款保险制度实施方案。**

［目　文］　批复说，一、同意人民银行商有关部门提出的存款保险制度实施方案，请人民银行会同有关部门按照《存款保险条例》等法律法规规定认真组织实施。二、存款保险基金由人民银行设立专门账户，分账管理，单独核算，管理工作由人民银行承担。在存款保险基金积累较为充足且其他条件成熟时，可按程序设立独立机构，履行存款保险职能。三、人民银行要会同有关部门按照党中央、国务院决策部署，根据职责分工，加强协调配合，形成工作合力，确保存款保险制度平稳出台和有效运行。重大情况应及时报国务院。

3月20日

［纲　文］　**李克强在国家工商总局考察。**

［目　文］　国务院总理李克强在听取商事制度改革及新设企业特别是小微企业成长情况汇报时说，工商部门站在简政放权、放管结合改革第一线，你们的工作为稳增长、促创新、扩就业发挥了重要作用。当前商事制度改革还在进行时，创业创新还有许多束缚，要持续发力，让市场活力和改革红利更加充分释放；在数据分析室，考察企业法人库、市场监管等平台运行时说，加强和完善事中事后监管，促进公平竞争，也是为企业和群众提供更好服务的重要内容。要创新监管思路和方式，不断提高监管效率和水平。

李克强主持召开座谈会，听取工商总局负责人汇报后说，实现中国经济保持中高速增长、向中高端水平迈进，必须推动大众创业、万众创新，打造发展新引擎。这是一项重大改革，也是结构性改革。我们简化审批、放宽准入，催生小企业“铺天盖地”涌现，不仅可以更好激发群众创造力、带动就业，而且有利于提高社会化协作配套水平，促进大企业“顶天立地”。要切实落实好财税、金融等扶持政策，对准初创小微企业经营中的难点、“痛点”加力出招，让千百万新企业健康成长，在市场中更加活跃。要做好“互联网＋”的大文章，提升实体经济创新力和生产力，以“互联网＋”行动计划推动新兴产业蓬勃壮大。营商环境怎么样，不能仅和过去比，而要与发展的需要、群众的期望比，与国际通行规则对标，让市场主体“打分”评判和检验。特别是当前新产业、新技术、新业态、新模式风起云涌，所有审批和监管必须主动适应培育发展新动能的要求，不能没看清楚就套上“枷锁”。要善于倾听市场的呼声，为新兴生产力的成长创造条件。规范有效的市场监管不仅扶弱小、助公平，而且利发展、促繁荣。坚决打击制售假冒伪劣、侵犯知识产权等行为，会激励企业提供更多优质产品和服务，使公众对“中国制造”更有信心。工商部门是政府和市场的重要连接点。要抓紧推进“三证合一”等改革，年内力争实现“一证一号”，切实降低企业注册场所要求，继续简化企业登记和注销流程。依托大数据完善监管平台，探索建立统一监管机制，加快推进综合执法，坚决防止弹性执法、选择性执法，提升执法公信力。这对政府是自我革命，要从全局出发“忍痛”前行，也是打掉寻租空间。各部门都要主动谋划，形成合力，端出更多便民利企的改革“好菜”“新菜”，进一步激发市场活力。

3月20日

［**纲　文**］　**发展改革委、能源局发布《关于改善电力运行调节促进清洁能源多发满发的指导意见》。**

［**目　文**］　《意见》由四部分组成：一、统筹年度电力电量平衡，积极促进清洁能源消纳；二、加强日常运行调节，充分运用利益补偿机制为清洁能源开拓市场空间；三、加强电力需求侧管理，通过移峰填谷为清洁能源多发满发创造有利条件；四、加强相互配合和监督管理，确保清洁能源多发满发政策落到实处。

《意见》强调，各省（区、市）政府主管部门应会同相应能源监管机构，加强对电力调度、发电运行和年度发电计划实施的监督，定期组织通报电力运行信息，协调清洁能源并网及运行矛盾，切实保障清洁能源多发满发。能源监管机构要对可再生能源全额上网情况进行监管，对未能全额上网的，应查明原因，理清责任，督促相关方限期改正。

3月20日

［**纲　文**］　**保监会印发《深化商业车险条款费率管理制度改革试点工作方案》。**

［**目　文**］　《方案》由五部分组成：一、工作目标；二、工作任务；三、工作步骤；四、监督管理；五、工作要求。

《方案》要求，各单位要按照商业车险改革的整体工作部署，对改革试点效果进行跟踪评估和研究分析，深入剖析典型案例和问题，认真总结试点过程中好的经验做法，积极提出完善商业车险改革措施的意见建议，为商业车险改革全面实施奠定基础。

3月20日

［**纲　文**］　**全国春季农业生产暨森林草原防火工作会议在河南漯河召开。**

［**目　文**］　国务院总理李克强对会议作出批示：抓好“三农”工作是稳增长、调结构、惠民生的重要支撑。各地区、各部门要认真贯彻中央农村工作会议和《政府工作报告》的决策部署，切实抓好当前春季农业生产，抓紧开展春耕备耕各项工作，努力再夺夏粮和全年农业丰收，同时扎实做好森林草原防火和动物疫病防治工作。要按照推动农业可持续发展的要求，全面深化农村改革，转变农业发展方式，完善强农惠农富农各项政策，稳定粮食生产，提高农业劳动生产率，增强农民增收后劲，在推进农业现代化建设中取得

新成效。

农业部部长韩长赋主持会议。国务院副总理汪洋、国家林业局局长赵树丛、河南省委书记郭庚茂、中央农村工作领导小组副组长陈锡文出席会议。河南省省长谢伏瞻致辞。国务院有关部门负责人，各省（区、市）分管农业的副省长、副主席、副市长和发展改革、财政、农业、水利、林业、气象等部门负责人，有关省（区）畜牧部门、林业集团的主要负责人，各计划单列市、新疆生产建设兵团和黑龙江农垦总局负责人，以及总参谋部、总后勤部、武警部队有关部门负责人，中央农村工作领导小组办公室、全国人大农委、全国政协经济委负责人应邀出席了会议。农业部、国家林业局和河南、内蒙古、黑龙江、安徽、广西、四川、云南等省（区）负责人在会上发言，交流了经验和做法。

汪洋指出，要认真贯彻李克强总理重要批示精神，切实增强责任感和紧迫感，迎难而上，积极作为，创新思路，扎实工作，力争实现2015年农业"开门红"。在经济下行压力加大的情况下，做好2015年春季农业生产和森林草原防火工作，既具有特殊重要意义，也面临一些新情况、新问题、新挑战。要加强农业技术指导，做好农资供应和质量监管，加大信贷金融支持力度，保障农民春耕备耕。要做好农产品市场调控，稳定农产品价格，保护农民生产积极性。强化气象为农服务，加强农田水利建设，做好防汛抗旱准备，抓好动植物病虫害防控，提高农业防灾减灾水平。当前各地正陆续进入森林草原火灾易发多发期，要高度警惕、充分准备、严密防范，坚决避免发生重特大森林草原火灾和重大人员伤亡。加快转变发展方式，是保障农业持续稳定发展的必然选择和紧迫任务，从2015年春季开始就要有行动、有举措。要在稳定粮食生产的基础上，以市场为导向，综合采取规划引导、信息服务、创新驱动、质量监管等举措，推进农业结构调整，促进一、二、三产业融合发展，全面提高农业发展质量和效益。要大力发展多种形式的农业适度规模经营，强农惠农富农政策要向新型经营主体倾斜，鼓励他们扩大生产规模，采用先进技术，提高农业竞争力。

3月20日

［纲　文］　**在2015全国竞走大奖赛北京站，代表安徽队出战的吕秀芝以1小时25分12秒的成绩夺得女子20公里比赛冠军，并打破了切阳什姐在伦敦奥运会上创造的1小时25分16秒的亚洲纪录。**

3月20日

［纲　文］　**外交部部长王毅应约同美国国务卿克里通电话。**

［目　文］　王毅表示，当前中美关系保持稳定发展势头。习近平主席接受奥巴马总统邀请，将于9月对美国进行国事访问。此访对中美关系意义重大。双方要密切配合，精心做好各方面准备，确保访问取得圆满成功。下阶段，双方要认真落实两国元首达成的重要共识，围绕习主席访美这条主线，规划和实施好两国高层及各级别交往，加强在双边领域及重大国际地区问题上的沟通协作，为中美关系贡献更多"正能量"。中国是伊核谈判负责任的参与方，始终发挥着建设性作用。王毅阐述了中方对解决谈判难点的思路，强调谈判已到了突破口，要防止功亏一篑。各方应坚定政治意愿，相向而行，推动达成全面协

议。中方愿与美方加强各层次沟通，共同跑好伊核谈判这场马拉松的“最后一公里”。

克里表示，美方热烈欢迎并期待习近平主席对美进行国事访问，美方愿同中方密切配合，做好各项准备工作。克里向王毅通报了伊朗核问题谈判取得的最新进展以及面临的难点，高度赞赏中方为推进伊核谈判进程做出的积极努力。谈判已进入最后阶段，美方愿同中方保持密切沟通，共同推动谈判达成最终协议。

3月20日

［纲　文］ **外交部发言人表示：中国敦促美国停止在南海问题上发表不负责任言论。**

［目　文］ 针对美国第七舰队司令托马斯近日称东盟国家应联合建立海上力量在南海巡航，并承诺第七舰队将为此提供支持，发言人表示，美方有关言论丝毫无助于南海和平稳定，也无助于有关争议的妥善解决。中国在南海问题上的立场是明确的、一贯的。南海有关争议应当由直接当事国通过谈判协商解决，南海的和平稳定应当由中国和东盟国家共同维护，这是中国和东盟国家共同倡导的处理南海问题的“双轨”思路。我们希望美方恪守在领土主权归属问题上不持立场的承诺，停止发表不负责任的言论，多做有利于增进互信和地区和平稳定的事。

3月20日

［纲　文］ **中国人民志愿军烈士遗骸交接仪式在韩国仁川国际机场举行。**

［目　文］ 中韩双方代表在交接仪式上签署了交接书，确认交接的68位志愿军烈士的遗骸以及相关遗物。中方礼兵护送烈士遗骸登上中国人民解放军空军接运专机。

3月21日

［纲　文］ **中共中央、国务院印发《关于构建和谐劳动关系的意见》。**

［目　文］ 《意见》由八部分组成：一、充分认识构建和谐劳动关系的重大意义；二、构建和谐劳动关系的指导思想、工作原则和目标任务；三、依法保障职工基本权益；四、健全劳动关系协调机制；五、加强企业民主管理制度建设；六、健全劳动关系矛盾调处机制；七、营造构建和谐劳动关系的良好环境；八、加强组织领导和统筹协调。

3月21日

［纲　文］ **国家主席习近平特使、交通运输部部长杨传堂在温得和克出席纳米比亚总统根哥布就职仪式及纳米比亚独立25周年庆典。**

3月21日

［纲　文］ **中国首次生物航油商业飞行顺利完成。**

［目　文］ 一架由波音737机型执飞的海南航空飞机从上海虹桥飞抵北京，本次航班使用的是新型能源生物航油，这是中国首次使用生物航油进行载客商业飞行。

3月21日

［纲　文］ **第7次中日韩外长会在首尔举行。**

［目　文］　外交部部长王毅同韩国外长尹炳世、日本外相岸田文雄共同出席。

王毅表示，中方始终高度重视中日韩三国合作，不愿看到三国合作受到本不应有的干扰和破坏。希望三国以此次外长会为契机，本着正视历史、开辟未来的精神，妥善处理好历史问题，确保三国合作保持正确的方向。在此基础上，中方愿与韩日两国进一步加强各领域务实合作，为促进地区经济一体化进程和本地区的和平、稳定与繁荣作出应有贡献。

三方积极评价三国合作取得的进展，充分肯定三国合作对三国自身发展以及东亚区域合作的重要意义，同意继续推进政治、经贸、可持续发展、人文、非传统安全等各领域交流合作，做好三国投资协定推广落实工作，加快推进三国自贸区谈判。同时，共同支持东盟共同体建设，推动2015年底前如期完成“区域全面经济伙伴关系协定”谈判，努力实现2020年建成东亚经济共同体的愿景目标，携手推进地区经济一体化进程，促进地区的持久繁荣稳定。三方同意将继续支持秘书处在三国合作中发挥更大作用。

同日，王毅在首尔会见韩国总统朴槿惠时表示，三国外长会来之不易，希望此次会议成为三国合作的新的开始。希望三方本着正视历史、开辟未来的精神，妥善处理有关历史问题，改善双边关系，为三国合作的发展打牢基础。

朴槿惠表示，韩中日三国经济上相互依存，加强合作既必要也重要。2015年是二战结束和朝鲜半岛光复70周年，对于韩中日三国都是具有历史意义的年头。因此，正视历史，面向未来比任何时候都更加重要。韩国有句俗语，不是因为有了春天才开花，而是有花开才是春天。希望以本次三国外长会为契机，迎来三国合作之春。

3月21—23日

［纲　文］　**中国发展高层论坛2015年年会在北京举办。**

［目　文］　本届论坛由国务院发展研究中心主办，主题是：新常态下的中国经济。本次活动共安排43场次的活动，其中8场正式会议、25场经济峰会，69位跨国公司全球CEO、20余位国际组织高级官员和国际知名学者出席。国务院副总理张高丽出席22日开幕式并发表了《引领新常态 开创新局面》的讲话。

23日，国务院总理李克强在北京会见出席中国发展高层论坛2015年年会境外代表并座谈。杜邦公司董事长柯爱伦、诺贝尔经济学奖得主斯蒂格利茨、《金融时报》首席经济评论员马丁·沃尔夫等六人，围绕深化中外合作、促进社会公平、产业升级、防范金融风险、供需结构平衡、气候变化和社会建设等广泛议题发表看法。与会外方代表表示，中国经济发展与世界经济密切相关，国际社会高度关注。本次论坛是了解中国经济转型发展的很好机会。跨国公司愿积极参与中国改革开放进程，希望看到中国经济持续稳定发展。

李克强表示，当前中国经济与世界经济高度融合。中国经济进入新常态，我们主动适应，推进结构性改革，培育经济增长新动能，打造“双引擎”，促进经济保持中高速增长、迈向中高端水平。政府将大力简政放权，不做竞技场的“收票员”和“运动员”，而是做好“裁判员”，为大众创业、万众创新清障搭台，激发市场活力和社会创造力。同时，政府还要兜住底线，为困难群众提供基本生活保障，为创业者特别是青年人创业解除后顾之忧，促进社会公平，推动经济社会协调发展。中国政府正在推进新一轮高水平对外开放。我们将继续放宽市场准入，重点扩大服务业开放，同时加强知识产权保护，为外商营造稳定透明的政策环境、高效规范的行政环境和公平竞争的市场环境。中国对外开放的大门会越开越大。希望在华外资企业把握中国经济发展大势，共享中国发展机遇，实现共同发展。"中国制造2025"围绕创新驱动、智能转型、绿色发展，将在国际合作中进一步提升中国制造业水平。欢迎各国企业积极参与，利用国际产能合作等机会共同开发第三方市场。希望有关国家放宽对华高技术出口限制，倡导贸易自由化和投资便利化，共同反对保护主义。中外加强经济技术合作有利于双方，也有利于世界。

3月21—28日

［纲　文］ **"中国画学会展"在中国美术馆举行。**

［目　文］ 会展由中国画学会与中国美术馆共同主办。本次展览以"传承——开拓——使命"为主题，是中国画学会成立4年来全体理事的首次集体亮相，画展共展出人物画、山水画、花鸟画近240幅作品，许多作品都是画家们不同时期的精品力作，集中展示了当前中国画创作与创新的整体学术风貌。

中国画学会于2011年7月成立。学会旨在引导中国画的发展，倡导中国画学术研究，繁荣中国画创作。

3月22日

［纲　文］ **中国共产党中央委员会致电老挝人民革命党中央委员会热烈祝贺老挝人民革命党成立60周年。**

3月22日

［纲　文］ **2014年中国向世界知识产权组织申请专利数量增速最快。**

［目　文］ 总部位于瑞士日内瓦的世界知识产权组织发布报告称，2014年中国在世界知识产权组织《专利合作条约》（PCT）框架下共提交2.5539万件专利申请，较2013年增长18.7%，是全球唯一实现两位数增长的国家，申请总量位居全球第三位。

世界知识产权组织总干事高锐表示，国际专利申请数量快速增长，反映了知识产权的重要性日益得到认同，知识产权正从全球经济体系的外围迈向中心。

3月22日

［纲　文］ **国务委员杨洁篪应邀访问伊拉克。**

［目　文］ 杨洁篪在巴格达分别会见了伊拉克总统马苏姆、总理阿巴迪、国民议会议长朱布里、外交部长贾法里。伊方领导人表示，伊拉克赞赏中国发展成就，赞赏中国在国际事务中主持正义，感谢中方支持伊维护国家安全稳定。伊方高度重视发展对华关系，愿同中方加强能源、电信、农业、科研等领域合作，促进两国人民友好交往。

3月22—29日

［纲　文］ **应全国人大常委会委员长张德江的邀请，拉美议会议长卡斯蒂略率团**

访华。

［目　文］　来访期间，张德江在北京同卡斯蒂略举行了会谈。国家副主席李源潮在北京会见了卡斯蒂略。

张德江与卡斯蒂略会谈时简要介绍了中国人大制度和不久前闭幕的十二届全国人大三次会议情况，并表示中国和拉美国家都是发展中国家和新兴经济体。近年来，在双方共同努力下，中拉关系呈现全方位发展的良好局面。2014年7月习近平主席访拉期间，同拉美国家领导人共同宣布建立平等互利、共同发展的中拉全面合作伙伴关系。2015年1月，中拉论坛首届部长级会议在北京举行。中拉关系进入双边合作与整体合作并行发展、相互促进的新时期。当前中拉合作面临新的发展机遇，中方宣布的深化中拉务实合作的新举措，目的是为了更好实现双方优势互补和在更高水平上的共同发展，更好造福中国和拉美人民。

卡斯蒂略说，拉美议会作为本地区最重要的议会间组织，高度重视发展与中国立法机关的友好往来，对中国全国人大成为拉美议会观察员感到荣幸。期待双方进一步加强交流与合作，增进人民间的了解和友谊，为拉中关系发展注入新活力。

3月23日

［纲　文］　**国家主席习近平、国务院总理李克强、全国人大常委会委员长张德江、国务院副总理张高丽就新加坡前总理李光耀逝世分别向新加坡总统陈庆炎、新加坡总理李显龙、新加坡国会议长哈莉玛、新加坡副总理张志贤致唁电。**

［目　文］　习近平代表中国政府和人民并以个人的名义，对李光耀逝世表示深切的哀悼，向李光耀的亲属表示诚挚的慰问，并表示李光耀先生是新加坡共和国的缔造者，也是广受国际社会尊重的战略家和政治家。李光耀先生是中国人民的老朋友，是中新关系的奠基人、开拓者、推动者。李光耀先生同中国老一辈领导人共同确立了中新关系发展方向，为增进两国人民友谊、开拓两国合作做出了重要贡献。李光耀先生的逝世，是新加坡人民的损失，也是国际社会的损失。中方高度重视发展中新友好合作关系，愿同新方一道，坚持和发展两国传统友谊，以2015年中新建交25周年为契机，巩固睦邻友好，深化互利合作，更好造福两国和两国人民。李克强、张德江也分别发唁电，向新加坡政府和人民表示沉痛哀悼。

25日，张高丽前往新加坡驻华使馆吊唁新加坡前总理李光耀逝世并在吊唁簿上题词。

26日，习近平、李克强等党和国家领导人向新加坡驻华使馆送花圈，悼念新加坡前总理李光耀先生。

29日，国家主席习近平特使、国家副主席李源潮出席新加坡政府为前总理李光耀举行的国葬。

3月23日

［纲　文］　**中共中央、国务院印发《关于深化供销合作社综合改革的决定》。**

［目　文］《决定》由五部分组成：一、深化供销合作社综合改革的总体要求；二、拓展供销合作社经营服务领域，更好履行为农服务职责；三、推进供销合作社基层社改造，密切与农民的利益联结；四、创新供销合作社联合社治理机制，增强服务“三农”的综合实力；五、加强对供销合作社综合改革的领导。

3 月 23 日

［纲　文］ **能源局印发《关于做好 2015 年度风电并网消纳有关工作的通知》。**

［目　文］《通知》由六部分组成：一、要高度重视风电市场消纳和有效利用工作；二、认真做好风电建设的前期工作；三、统筹做好“三北”地区风电的就地利用和外送基地的规划工作；四、加快中东部和南方地区风电的开发建设；五、积极开拓适应风能资源特点的风电消纳市场；六、加强风电场的建设和运行管理工作。

3 月 23 日

［纲　文］ **国务院总理李克强在北京分别会见国际货币基金组织总裁拉加德、亚洲开发银行行长中尾武彦。**

［目　文］ 李克强在会见拉加德时表示，当前世界经济复苏动力不足，地缘政治带来复杂影响。各国应加强宏观经济政策协调，保持全球金融体系稳定，为世界经济复苏营造良好环境。中国将以结构性改革推动结构调整，围绕服务实体经济和防范金融风险推进金融改革。大力发展中小银行和民营银行，为中小微企业提供更好融资支持。发展多层次资本市场，调动社会资金力量，降低企业资金杠杆率，让经济活力更充分显现。为大众创业、万众创新提供有力支持和服务。2015 年适逢国际货币基金组织对特别提款权（SDR）进行审查。中国希望通过加入 SDR，积极参与维护全球金融稳定的国际合作，同时促进中国资本市场和金融领域的进一步开放。中国将推出有针对性的改革措施，加快实现人民币资本项目基本可兑换，提高人民币可自由使用程度，为国内个人跨境投资和境外机构投资者投资中国资本市场提供更多便利，用开放带动改革。

拉加德表示，中国的改革开放在全球经济治理中发挥着积极和重要作用。中国金融改革的成功将为其他国家提供榜样，有助于促进全球金融稳定。国际货币基金组织重视同中国的关系，愿就 SDR 审查事宜同中方保持沟通与合作。

李克强在会见中尾武彦时表示，中国同亚行的合作顺利推进，成果丰硕。我们赞赏亚行为促进中国经济社会发展、减少贫困、参与区域经济合作等提供的支持。中国作为最大发展中国家，愿不断推进同亚行的合作伙伴关系，希望亚行为促进亚太地区减贫与发展发挥更大作用。中方倡议建立亚洲基础设施投资银行，是为了加快本地区互联互通，促进经济社会发展。亚投行将以开放、包容的姿态，同现有多边开发银行相互补充，实现互利共赢。

中尾武彦表示，亚行长期参与中国改革开放进程，也得到中方重要支持。亚行钦佩中国发展和减贫成就，认为中国经验对全球发展有益。亚投行的成立适应了本地区经济发展需要，亚行愿同亚投行开展合作。

3月23日

［纲　文］　**全国政协主席俞正声在北京会见日本自民党干事长谷垣祯一和日本公明党干事长井上义久率领的日本执政党代表团。**

［目　文］　俞正声说，经双方共同努力，中日关系正在恢复改善，代表团此时来访具有重要意义。希望日方与中方共同努力，切实遵循两国政府达成的四点原则共识，巩固中日关系的政治基础。执政党交往为中日关系改善发展发挥了重要作用。中国共产党重视与日本执政两党的友好关系，愿继续加强高层往来和机制化交流，夯实两国战略互惠关系的基础。谷垣和井上均表示，2014年两国最高领导人会晤为两国关系改善打下基础。日方希望通过此访恢复和发展两国执政党机制化交往，促进日中关系向前发展。

3月23日

［纲　文］　**国务院副总理刘延东在北京会见世界银行常务副行长兼首席运营官英卓华。**

［目　文］　刘延东赞赏世界银行对中国医药卫生事业改革与发展的支持和帮助，介绍了中国医改进展情况，表示中国政府愿同世界银行及国际社会加强在医药卫生等领域的交流合作，分享经验，提高人民健康水平，为促进全球卫生事业发展发挥积极作用。英卓华高度评价中国医改的成就，表示愿与中方保持密切合作，推动双方在卫生等领域取得更多成果。

3月23日

［纲　文］　**全国政协在北京召开双周协商座谈会，就“《促进科技成果转化法》的修订”议题建言献策。**

［目　文］　全国政协主席俞正声主持座谈会。科技部副部长李萌介绍了《促进科技成果转化法》修订的有关情况。财政部部长助理许宏才、国务院法制办副主任袁曙宏与委员互动交流。全国政协委员潘复生、王志雄、徐一天、陶凯元、高杰、种明、韩真发、高抒、周玉梅、刘振宇、李健、王海波、尹卓、李玉光、夏涛、马力、柳传志、宋河发等专家学者，就此问题提出意见建议。

委员们认为，1996年公布施行的《促进科技成果转化法》对促进科技成果转化为现实生产力，推动经济社会发展发挥了重要作用。但是，随着我国经济社会发展和科技体制改革的深入，该法有些内容已难以适应实践需要。目前我国科技成果的转化率还比较低，其中有传统的思想观念、管理体制等原因。修改现行的《促进科技成果转化法》十分必要和迫切，主要目的是要充分调动科研人员的积极性，有效规范科技成果转化行为。要解决好非物质和非货币资产的处置和管理问题，制定具体的办法，与物质资产有所区别，这在很大程度上会影响《促进科技成果转化法》修订后的实施效果；要解决好收益分配问题，切实保障科研人员利益；要重视和加大知识产权保护的力度，从长远看中国还是要靠自主创新，对专利侵权行为要加大惩罚力度；要强化企业在科技成果转化中的主体地位和作用，促进企业积极参与科研的组织和实施，推进产学研合作，促进科研与市场的结合；《促进科技成果转化法》在修订过程中要加强与专利法、知识产权法等其他有关法律的衔接，并尽快出台实施细则。

3月23日

［纲　文］ **澳门特别行政区行政长官崔世安在澳门立法会发表2015财年施政报告。**

［目　文］ 崔世安表示，特区政府2015年的施政重点是“统筹规划，稳健发展，汇聚民智，同创新篇”。将在现有财政储备中划出一定比例，设立“特区投资发展基金”。将加强政策研究，提升政府回应速度和质量，增强政策解说能力，确保政府与社团和居民的良好互动。

3月23日

［纲　文］ **中国工商银行加快实施互联网金融战略。**

［目　文］ 中国工商银行在北京向全国正式发布了互联网金融品牌“e-ICBC”和一批主要产品，成为国内第一家发布互联网金融品牌的商业银行，这也标志着中国最大的商业银行已经全面加快互联网金融战略的实施。

“e-ICBC”互联网金融品牌主要包括“融e购”电商平台、“融e联”即时通讯平台和“融e行”直销银行平台三大平台，支付、融资和投资理财三大产品线上的“工银e支付”“逸贷”“网贷通”“工银e投资”“工银e缴费”等互联网金融产品，以及“支付+融资”“线上+线下”和“渠道+实时”等多场景应用。

3月23日

［纲　文］ **辽宁红沿河核电站3号机组首次并网发电。**

［目　文］ 辽宁红沿河核电站3号机组于2009年3月开工建设，国产化率达80%，国产化水平较红沿河1、2号机组进一步提高，反应堆控制棒驱动系统首次实现国产化，反应堆压力容器、蒸汽发生器、汽轮发电机等关键设备均由国内厂家供应，促进了中国核电装备制造业的发展。

3月23—24日

［纲　文］ **中方特别代表、国务委员杨洁篪在新德里出席中印边界问题特别代表第18次会晤并访问印度。**

［目　文］ 23日，中印边界问题特别代表第18次会晤在印度新德里举行。杨洁篪同中印边界问题印方特别代表、印度国家安全顾问多瓦尔就边界问题交换意见，就两国双边关系及共同关心的国际地区问题进行了战略沟通。双方认为，2014年9月国家主席习近平成功访问印度，两国领导人为未来5至10年中印战略合作指明了方向，作出了规划。双方将共同落实两国领导人重要共识，保持高层互访势头，推动中印战略合作伙伴关系不断向前发展。双方重申，在边界问题解决之前，妥善管控争议，共同维护两国边境地区和平与安宁。

24日，印度总理莫迪在新德里会见杨洁篪。莫迪说，2014年习近平主席成功访问印度，印度人民至今对此记忆犹新。请转达对习近平主席、李克强总理的诚挚问候，我期待访问中国，同中国领导人就进一步发展印中关系深入交换意见，向国际社会发出印中两国致力于推进友好合作的积极信号。印中关系正沿着双方领导人确定的方向快速发展，这不仅有利于两国和两国人民，对亚洲和全世界都将产生积极影响。

杨洁篪表示，中印双方正抓紧落实习近平主席访印成果，并为莫迪总理访华做好筹备工作。作为世界上两个最大的发展中国家，中印携手合作，构建更加紧密的发展伙伴关系，将助力两国各自发展，也有利于促进地区乃至全球的和平稳定与发展。中方愿同印方一道，不断深化互信，积极拓展合作，推动中印战略合作伙伴关系不断迈上新台阶。

3月23—28日

［纲　文］　**应全国人大常委会委员长张德江邀请，泰国立法议会主席蓬贝率团访华。**

［目　文］　24日，张德江在北京同蓬贝举行会谈时说，2015年是中泰建交40周年。建交以来，不论国际地区形势和两国国内情况如何变化，两国政治互信不断深化，各领域合作蓬勃发展，中泰关系始终保持良好发展势头，已成为中国与周边国家发展睦邻友好和互利合作的典范。习近平主席提出建设“一带一路”的战略构想，“亲诚惠容”的周边外交理念和建设中国—东盟命运共同体等一系列倡议。泰国是东盟重要成员，也是海上丝绸之路沿线重要国家。加强和扩大双边友好合作面临新的机遇，前景广阔，意义重大。希望双方落实好两国领导人达成的重要共识，共同推动中泰全面战略合作伙伴关系取得更大进展。

蓬贝表示，泰中友好源远流长。泰国的改革、发展事业得到了中方大力支持。两国铁路合作项目也在积极推进。泰国立法议会愿继续加强与中国全国人大的交流合作，为泰中一家亲添砖加瓦。

25日，国家副主席李源潮在北京会见了蓬贝。

3月24日

［纲　文］　**习近平主持中共中央政治局会议。**

［目　文］　会议主要内容：一、审议通过《关于加快推进生态文明建设的意见》，会议指出，生态文明建设事关实现“两个一百年”奋斗目标，事关中华民族永续发展，是建设美丽中国的必然要求，对于满足人民群众对良好生态环境新期待、形成人与自然和谐发展现代化建设新格局，具有十分重要的意义。党的十八大以来，在以习近平为总书记的党中央坚强领导下，各地区各部门统一思想、扎实工作、积极推进，在生态文明建设上不断取得新的重大进展。当前和今后一个时期，要按照党中央决策部署，把生态文明建设融入经济、政治、文化、社会建设各方面和全过程，协同推进新型工业化、城镇化、信息化、农业现代化和绿色化，牢固树立“绿水青山就是金山银山”的理念，坚持把节约优先、保护优先、自然恢复作为基本方针，把绿色发展、循环发展、低碳发展作为基本途径，把深化改革和创新驱动作为基本动力，把培育生态文化作为重要支撑，把重点突破和整体推

进作为工作方式，切实把生态文明建设工作抓紧抓好。要全面推动国土空间开发格局优化、加快技术创新和结构调整、促进资源节约循环高效利用、加大自然生态系统和环境保护力度等重点工作，努力在重要领域和关键环节取得突破。必须加快推动生产方式绿色化，构建科技含量高、资源消耗低、环境污染少的产业结构和生产方式，大幅提高经济绿色化程度，加快发展绿色产业，形成经济社会发展新的增长点。加强顶层设计与推动地方实践相结合，深入开展生态文明先行示范区建设，形成可复制可推广的有效经验。全党上下要把生态文明建设作为一项重要政治任务，以抓铁有痕、踏石留印的精神，真抓实干、务求实效，把生态文明建设蓝图逐步变为现实，努力开创社会主义生态文明新时代，为推动世界绿色发展、维护全球生态安全做出积极贡献。二、审议通过广东、天津、福建自由贸易试验区总体方案，进一步深化上海自由贸易试验区改革开放方案。会议指出，推进自由贸易试验区建设，是我国经济发展进入新常态的形势下，为全面深化改革、扩大开放探索新途径、积累新经验而采取的重大举措。上海自由贸易试验区运行一年多来取得了积极进展，形成了可复制可推广的经验。广东、天津、福建自由贸易试验区和扩展区域后的上海自由贸易试验区要当好改革开放排头兵、创新发展先行者，继续以制度创新为核心，贯彻“一带一路”建设、京津冀协同发展、长江经济带发展等国家战略，在构建开放型经济新体制、探索区域经济合作新模式、建设法治化营商环境等方面，率先挖掘改革潜力，破解改革难题。4省市党委和政府及中央有关部门要解放思想、改革创新，大胆实践、积极探索，统筹谋划、加强协调，支持自由贸易试验区先行先试。要加强组织领导，明确责任主体和实施方案，抓好各项改革开放试点事项实施工作，有效防控各类风险。要及时总结评估试点实施效果，形成更多可复制可推广的改革经验。

3月24日

［纲　文］　**习近平主持中共中央政治局第21次集体学习。**

［目　文］　本期学习的主题是：深化司法体制改革、保证司法公正。吉林省社会科学院黄文艺教授就这个问题进行讲解，并谈了意见和建议。中共中央政治局各位委员听取了他的讲解，并就有关问题进行了讨论。

中共中央总书记习近平指出，深化司法体制改革，建设公正高效权威的社会主义司法制度，是推进国家治理体系和治理能力现代化的重要举措。公正司法事关人民切身利益，事关社会公平正义，事关全面推进依法治国。要坚持司法体制改革的正确政治方向，坚持以提高司法公信力为根本尺度，坚持符合国情和遵循司法规律相结合，坚持问题导向、勇于攻坚克难，坚定信心，凝聚共识，锐意进取，破解难题，坚定不移深化司法体制改革，不断促进社会公平正义。我国司法制度是党领导人民在长期实践中建立和发展起来的，总体上与我国国情和我国社会主义制度是适应的。同时，由于多种因素影响，司法活动中也存在一些司法不公、冤假错案、司法腐败以及金钱案、权力案、人情案等问题。这些问题如果不抓紧解决，就会严重影响全面依法治国进程，严重影响社会公平正义。党的十八大以来，党中央对司法体制改革高度重视，紧紧围绕建设中国特色社会主义法治体系、建设社会主义法治国家，紧紧围绕维护社会公平正义，抓紧落实有关改革举措，取得了重要进展。司法制度是上层建筑的重要组成部分，我们推进司法体制改革，是社会主义司法制度的自我完善和发展，走的是中国特色社会主义法治道路。党的领导是社会主义法治的根本保证，坚持党的领导是我国社会主义司法制度的根本特征和政治优势。深化司法体制改革，完善司法管理体制和司法权力运行机制，必须在党的统一领导下进行，坚持和完善我国社会主义司法制度。要把党总揽全局、协调各方，同审判机关和检察机关依法履行职能、开展工作统一起来。司法体制改革必须为了人民、依靠人民、造福人民。要紧紧牵住司法责任制这个牛鼻子，凡是进入法官、检察官员额的，要在司法一线办案，对案件质量终身负责。法官、检察官要有审案判案的权力，也要加强对他们的监督制约，把对司法权的法律监督、社会监督、舆论监督等落实到位，保证法官、检察官做到"以至公无私之心，行正大光明之事"，把司法权关进制度的笼子，让公平正义的阳光照进人民心田，让老百姓看到实实在在的改革成效。司法体制改革必须同我国根本政治制度、基本政治制度和经济社会发展水平相适应，保持我们自己的特色和优势。我们要借鉴国外法治有益成果，但不能照搬照抄国外司法制度。完善司法制度、深化司法体制改革，要遵循司法活动的客观规律，体现权责统一、权力制约、公开公正、尊重程序的要求。问题是工作的导向，也是改革的突破口。要紧紧抓住影响司法公正、制约司法能力的重大问题和关键问题，增强改革的针对性和实效性。党的十八届三中、四中全会提出的司法体制改革任务，都是看准了的事情，都是必须改的，要坚定不移落实到位。中央政法委和各牵头单位要规划好各项改革出台的时机、方式、节奏，不断推出一批群众认可的硬招实招。中央政法单位要带好头，无论是制度、方案的设计，还是配套措施的推出，都要从党和国家事业发展全局出发，从最广大人民根本利益出发。各地区各部门要大力支持司法体制改革，抓好工作任务落实。对已经出台的改革举措，要加强改革效果评估，及时总结经验，注意发现和解决苗头性、倾向性、潜在性问题。要下功夫凝聚共识，充分调动一切积极因素，形成推进改革的强大力量。

3月24日

［纲　文］　中共中央办公厅、国务院办公厅印发《关于推行地方各级政府工作部门权力清单制度的指导意见》。

［目　文］　《意见》由三部分组成：一、基本要求；二、主要任务；三、组织实施。

《意见》要求，省级政府2015年年底前、市县两级政府2016年年底前要基本完成政府工作部门、依法承担行政职能的事业单位权力清单的公布工作。乡镇政府推行权力清单制度工作由各省（自治区、直辖市）结合实际研究确定。垂直管理部门设在地方的具有行政职权的机构的权力清单公布，要与当地政府工作部门权力清单公布相衔接。中央编办、国务院法制办要加强对地方的指导，地方各级机构编制部门和政府法制部门要切实负起责任，在同级党委和政府领导下，会同有关部门积极做好推行权力清单制度工作。对推行权力清单制度情况，相关部门要适时组织督查。

3月24日

［纲　文］　**国务院办公厅印发《关于加强节能标准化工作的意见》。**

［目　文］　《意见》由五部分组成：一、总体要求；二、创新工作机制；三、完善标准体系；四、强化标准实施；五、保障措施。

《意见》要求，各地区、各有关部门要充分认识节能标准化工作的重大意义，精心组织，加强配合，抓紧研究制定具体实施方案，拓宽节能标准化资金投入渠道，扎实推动各项工作，确保各项政策措施落实到位。

3月24日

［纲　文］　**安全监管总局公布《用人单位职业病危害防治八条规定》。**

［目　文］　《规定》从责任制、工作场所、防护设施、防护用品、警示告知、定期检测、培训教育、健康监护等八个方面对所有产生职业病危害的用人单位提出了明确要求。自2015年3月24日起施行。

3月24日

［纲　文］　**外交部部长王毅应约同伊朗外长扎里夫通电话。**

［目　文］　扎里夫通报了伊核谈判最新情况尤其是面临的问题，赞赏中方在伊核谈判中发挥的积极作用，表示愿与中方和其他各方继续致力于推进伊核谈判。

王毅表示，伊核谈判已进入马拉松长跑的最后冲刺阶段，十分关键。达成协议应是大势所趋、人心所向，符合包括伊朗在内各方的共同和长远利益。中方希望各方抓住当前重要窗口期，调动有利因素，继续相向而行，作出政治决断。中方将继续在谈判中发挥建设性作用。

3月24—28日

［纲　文］　**应国家主席习近平邀请，亚美尼亚共和国总统萨尔基相对中国进行国事访问并出席博鳌亚洲论坛2015年年会。**

［目　文］　访问期间，习近平在北京同萨尔基相举行了会谈，两国元首共同签署《中华人民共和国与亚美尼亚共和国关于进一步发展和深化友好合作关系的联合声明》并见证了经贸、金融、司法、执法、海关、教育、旅游等领域合作文件的签署。国务院总理李克强、全国人大常委会委员长张德江在北京分别会见了萨尔基相。

习近平在会见萨尔基相时指出，建交23年来，我们两国彼此尊重、相互支持，平等互利开展合作，在国际和地区事务中协调配合，推动两国关系健康稳定发展并取得重要成果。中方愿意在丝绸之路经济带建设框架内，发挥自身技术和装备优势，同亚方探讨合适的合作方式，希望亚方积极推动欧亚经济联盟同中方开展合作。中方将继续帮助亚美尼亚开展汉语教学，增加来华留学政府奖学金名额，愿加强双方文化、新闻和学术界交流互动。加强在重大国际和地区问题上的协调和配合，有利于维护双方共同利益，促进世界和地区和平、安全、稳定。

萨尔基相表示，中国是亚美尼亚外交最重要、最优先的方向之一，亚方希望将亚方重要的公路铁路等基础设施项目纳入丝绸之路经济带设想，将在亚美尼亚推广中文教育，开办孔子学院，加强两国人文领域交流。我们愿意同中方共同努力，推动两国关系和各领域合作不断迈向新高度。亚美尼亚坚定奉行一个中国政策，坚决支持中国早日实现国家统一。

3月24—28日

［纲　文］　**国际奥委会2022年冬奥会评估委员会在北京、张家口考察。**

［目　文］　国务院副总理刘延东、国际奥委会评估委员会主席茹科夫在北京出席陈述会开幕式并致辞。刘延东在致辞中指出，中国大力支持和参与奥林匹克运动，把发展体育运动、增强人民体质作为重要任务，努力实现健康中国的目标。中国政府全力支持北京联合张家口申办2022年冬奥会，将按照以运动员为中心、节俭办赛、可持续发展的要求，认真履行《北京2022年冬季奥林匹克运动会和残奥会申办报告》的各项承诺，为举办冬奥会提供有力保障。

茹科夫在致辞中指出，北京已经将《奥林匹克2020议程》的精髓融入到奥运会的理念之中。作为两个候选城市之一，北京将最先从《奥林匹克2020议程》中受益。站在新时代的前沿，北京拥有很多优势，你们最大限度地利用现有的世界水平的体育场馆；你们充分利用举办大型国际赛事的经验，同时你们还有明确的奥运遗产利用目标。评估委员会将怀着开放的心态，不带任何偏见地完成此次评估。评估委员会期待在未来5天内进一步了解北京是如何利用奥运遗产；如何将核心理念付诸实践；申办冬奥会又如何与京津冀协同发展的重大国家战略相契合等内容。会后，评估团听取陈述报告并进行了询问，此后又对北京、张家口进行考察。

27日，国务院副总理刘延东会见国际奥委会2022年冬奥会评估委员会全体成员。茹科夫对考察工作表示满意，对北京、张家口的申办工作给予积极评价。28日，国际奥委会2022年冬奥会评估团陈述会闭幕会在北京举行，北京市委书记郭金龙、国际奥委会评估委员会主席茹科夫致辞。中国奥委会主席、国家体育总局局长刘鹏，北京冬奥申委主席、北京市市长王安顺出席。

3月25日

［纲　文］　**国家主席习近平、国务院总理李克强就德国之翼航空公司客机失事分别向德国总统高克、德国总理默克尔和西班牙国王费利佩六世、西班牙首相拉霍伊致电表示慰问。**

［目　文］　外交部部长王毅就德国之翼航空公司客机失事造成包括德国、西班牙籍乘客在内的大量人员遇难分别向德国外长施泰因迈尔、西班牙外交大臣马加略致慰问电。

24日，德国之翼航空公司一架由西班牙巴塞罗那飞往德国杜塞尔多夫的空客A320客机在法国南部坠毁，机上144名乘客和6名机组人员全部遇难。

3月25日

［纲　文］　**李克强主持召开国务院常务会议。**

［目　文］　会议主要内容是：一、确定2015年国务院立法工作重点，让改革发展沿着法治轨道前行。会议通过国务院2015年立法工作计划，确定了完善社会主义市场经济制度、保障和改善民生、促进文化发展、保护生态环境、加强政府自身建设等方面的重点立法项目，其中政府投资条例、环境保护税法等急需的立法将尽快提请审议，城镇住房保障条例、农田水利条例、居住证管理办法等立法将抓紧完成。二、部署加快推进实施《中国制造2025》，实现制造业升级。会议指出，推动中国制造由大变强，使中国制造包含更多中国创造因素，更多依靠中国装备、依托中国品牌，促进经济保持中高速增长、向中高端水平迈进，具有重要意义。会议强调，要顺应“互联网+”的发展趋势，以信息化与工业化深度融合为主线，重点发展新一代信息技术、高档数控机床和机器人、航空航天装备、海洋工程装备及高技术船舶、先进轨道交通装备、节能与新能源汽车、电力装备、新材料、生物医药及高性能医疗器械、农业机械装备十大领域，强化工业基础能力，提高工艺水平和产品质量，推进智能制造、绿色制造。会议决定，推出中国制造重点领域升级方向绿皮书目录指引，动态调整、滚动推进。坚持市场主导、改革创新，发挥企业主体作用，大中小企业配套推进，务求重点突破，取得实效，财税、金融、人才等政策都要给予倾斜。通过不懈努力奋斗，打造中国制造业升级版。三、听取中国北车南车重组进展情况汇报，强调以国资国企改革优化资源配置。会议听取了中国北车、中国南车重组进展情况的汇报，要求遵循市场规律和企业自愿原则，为重组创造有利条件，确保企业稳定运营，促进效益提升。会议强调，要继续加大国企国资改革力度，加快国有资本投资公司、运营公司试点，充分发挥市场机制作用，促进强强联合，优化资源配置，有效解决重复建设、过度竞争等问题。进一步完善公司法人治理结构，健全激励约束机制，提高经营管理水平，推进核心技术研发和整合，创新商业模式，增强国有企业活力，提升利润率，促进税收增加。推动中国装备走出去，打造面向全球的竞争新优势。

3月25日

［纲　文］　**国务院办公厅印发《2015年全国打击侵犯知识产权和制售假冒伪劣商品工作要点》。**

［目　文］　《要点》由六部分组成：一、完善法律法规，健全规章制度；二、围绕社会热点，加强监管执法；三、强化保障措施，提高执法效能；四、深化改革创新，强化司法保护；五、推动社会共治，引导全民守法；六、深化合作交流，做好涉外应对。

3月25日

［纲　文］　**国土资源部、住房和城乡建设部发布《关于优化2015年住房及用地供应结构促进房地产市场平稳健康发展的通知》。**

［目　文］　《通知》由四部分组成：一、合理安排住房及其用地供应规模；二、优化

住房及用地供应结构；三、统筹保障性安居工程建设；四、加大市场秩序和供应实施监督力度。

《通知》要求，用地向国家支持的新兴产业、养老产业、文化产业、体育产业等项目用途倾斜。

3月25日

［纲　文］　**交通运输部发布《关于做好交通运输行业为农民工服务工作的实施意见》。**

［目　文］　《意见》由四部分组成：一、促进农民工稳定就业；二、切实保障农民工合法权益；三、深化为农民工服务工作；四、努力把为农民工服务各项工作落到实处。

《意见》要求，各地要结合实际情况，加强对农民工工作情况的监督检查，发现问题要及时处理解决。交通运输部将结合每年建设市场督查检查、工程质量安全综合督查、春运检查等工作，将农民工工作作为检查重点内容，加强督促检查，确保各项工作落到实处。

3月25日

［纲　文］　**全国人大常委会职业教育法执法检查组第一次全体会议在北京举行。**

［目　文］　全国人大常委会委员长张德江主持会议。国务院副总理刘延东、全国人大常委会副委员长艾力更·依明巴海、陈竺出席会议。全国人大常委会副委员长兼秘书长王晨对执法检查工作作了部署。法律实施主管部门汇报了职业教育法贯彻实施情况。

张德江说，加强对法律实施情况的监督检查是2015年全国人大常委会监督工作的重点。开展职业教育法执法检查，要全面了解、掌握职业教育事业发展和职业教育法实施情况，增强问题意识，抓住影响和制约职业教育发展的突出问题，抓住职业教育法实施的薄弱环节，深入分析原因，认真研究提出解决问题的思路和对策，推动改进工作、解决问题、完善法律制度。对执法检查工作提出三点要求：一要深入基层，了解实情。坚持实事求是，注重问题导向，既要总结经验，更要查找不足，敢于直面问题、聚焦问题，不回避矛盾。二要周密组织，统筹安排。坚持依法办事，严格执行监督法等法律的规定，注重把常委会开展职业教育法执法检查同听取审议国务院关于职业教育工作情况报告结合起来，把执法检查、报告工作同开展专题询问结合起来，把监督工作同立法工作、代表工作结合起来，切实增强人大监督工作的针对性和实效性。三要研究问题，增强实效。坚持远近结合，既要立足现实，又要着眼发展，着力推动问题解决，着力研究探索职业教育发展规律，走出一条中国特色职业教育发展之路。

此次执法检查由张德江委员长任组长。执法检查组将组成4个小组，分赴广东、江苏、河南、湖南、吉林、重庆、甘肃、新疆等8个省（区、市）进行检查，同时委托其他23个省（区、市）人大常委会对本行政区域内职业教育法的实施情况进行检查，并提供书面报告。

3月25日

［纲　文］　**中共中央政治局常委、中央纪律检查委员会书记王岐山在北京会见俄罗**

斯总统反腐败局局长普洛霍伊。

［目　文］　王岐山指出，以习近平为总书记的党中央从实现“两个一百年”奋斗目标的任务出发，提出“四个全面”这个引领中华民族伟大复兴的战略布局。全面从严治党是全面建成小康社会、全面深化改革、全面依法治国的根本保障。中国发展取得举世瞩目的成就，同中国特色社会主义道路、理论和制度密切相关，证明了我们制度的优越性。应对在党长期执政条件下的各种风险和挑战，必须强化党的自我监督。我们有信心通过不断实践和制度创新，实现自我完善、自我净化、自我革新，确保党始终成为中国特色社会主义事业的坚强领导核心。希望中俄加强双边多边反腐败领域合作。普洛霍伊表示，愿同中方相互借鉴反腐败工作经验，深化交流合作。

3月25日

［纲　文］　**国家副主席李源潮在北京会见伊拉克伊斯兰达瓦党核心领导机构成员、对外关系负责人萨迪克率领的达瓦党代表团。**

［目　文］　李源潮说，中方始终从战略高度和长远角度看待和发展中伊关系，支持伊重建进程并愿提供力所能及的帮助。希望双方不断增进政治互信，深化务实合作。中国共产党愿与达瓦党加强治党治国经验交流，推动两国关系全面深入发展。萨迪克说，党际关系意义重大，达瓦党希望与中国、中国共产党及中国人民不断发展良好合作关系。

3月25日

［纲　文］　**纪念彭冲诞辰100周年座谈会在北京举行。**

［目　文］　全国人大常委会委员长张德江、全国人大常委会副委员长李建国出席，全国政协副主席杜青林主持座谈会。李建国在座谈会上缅怀了彭冲为中国革命、建设、改革事业，为社会主义民主法治建设做出的历史贡献，强调要学习他的革命精神和优良作风，紧密团结在以习近平为总书记的党中央周围，同心协力、扎实工作，为实现中国梦而努力奋斗。

彭冲（1915年3月—2010年10月18日）是中国共产党第九、十届中央候补委员，第十一至十三届中央委员，第十一届中央政治局委员、中央书记处书记，第五届全国政协副主席，第五至七届全国人大常委会副委员长。

3月25日

［纲　文］　**安徽省委原副书记、省政府原省长，政协第八届、九届全国委员会常务委员傅锡寿在合肥逝世，享年85岁。**

3月25日

［纲　文］　**《人民日报》发表题为《以“权力清单”推进治理现代化》的评论员文章。**

3月25—27日

［纲　文］　**俞正声在四川省阿坝藏族羌族自治州调研。**

［目　文］　全国政协主席俞正声在阿坝州民族村寨、学校医院、基层社区，考察藏区经济社会发展情况。在海拔3500多米的红原县瓦切镇，察看日干村村民活动室、牦牛

养殖专业合作社，与牧民围坐一起唠家常、话发展。俞正声指出，加快藏区发展，根本目的是改善群众生活。要把改善民生作为衡量发展质量的重要标准，更加注重民生事业的投入和发展，进一步把资金和项目向基层倾斜、向农牧区倾斜，扎实做好顺民意、惠民生、得民心的实事，真正把党和政府的温暖送到藏区群众心坎上。

俞正声在马尔康县松岗镇中心校，看望师生员工，了解民族教育发展和学生学习生活情况。在镇卫生院，询问藏区基层医疗卫生保障情况。俞正声指出，要加强双语教学，合理设置专业结构，提高民族地区理工科教育水平，增强少数民族学生的就业能力。要大力发展医疗卫生事业，培养更多高水平医务人员，为群众特别是农牧民提供更好服务。

俞正声在康玛尔寺，了解藏区寺庙规范化管理情况，看望宗教界人士，鼓励他们发扬藏传佛教护国利民的光荣传统，培养更多爱国爱教又具有较高宗教造诣的僧才并强调，要全面贯彻党的宗教信仰自由政策，自觉运用法治思维和法治方式开展宗教工作，积极引导藏传佛教与社会主义社会相适应，坚决抵制境外势力对藏传佛教的影响，维护宗教和谐稳定的良好局面。

俞正声在与阿坝州县相关负责人座谈时强调，要坚持综合施策、标本兼治，努力保持藏区全面发展和持续稳定势头。要适应经济发展新常态，坚持以就业为中心来谋划发展思路，着力加强交通等基础设施建设，切实搞好生态环境保护，不断改善人民生活。要继续深入开展对达赖集团斗争，坚决维护祖国统一、民族团结和社会稳定。

3月25—29日

［纲　文］　**应国家主席习近平邀请，斯里兰卡总统西里塞纳对中国进行国事访问并出席博鳌亚洲论坛2015年年会。**

［目　文］　访问期间，习近平在北京同西里塞纳举行了会谈，两国元首积极评价中斯关系，强调将继承好、维护好、发展好中斯友好，推动新形势下中斯关系继续健康稳定发展，更好造福两国和两国人民，为地区及世界和平与发展作出贡献。双方共同见证了基础设施建设、卫生等领域合作文件的签署。国务院总理李克强、全国人大常委会委员长张德江在北京分别会见了西里塞纳。西里塞纳出席博鳌亚洲论坛2015年年会开幕式并致辞。

习近平在会见西里塞纳时表示，中斯友好是两国历代领导人及各界人士精心培育的结果，是两国人民共同拥有的宝贵财富，应该长期继承好、维护好、发展好。中方始终将斯里兰卡置于周边外交重要位置，愿同斯方一道努力，深化各领域互利合作，推动两国真诚互助、世代友好的战略合作伙伴关系不断迈上新台阶。中斯双方要在涉及领土、主权等核心利益问题上继续相互理解、相互支持。中方愿与斯方加强治国理政经验交流，祝愿斯里兰卡在国家发展道路上取得新的更大成就。双方要积极共建21世纪海上丝绸之路，充分利用丝路基金、亚洲基础设施投资银行等融资渠道，稳步推进大项目建设和产业合作，早日完成中斯自由贸易谈判。中方愿鼓励中国企业在斯投资，希望斯方保护好中国企业合法权益。

西里塞纳表示完全同意习近平对两国关系阐述的看法和主张，高度评价中国对斯里兰卡的一贯支持，并表示斯方对中国政府支持汉班托塔港等斯大项目建设表示感谢，愿与中方一道落实好两国业已达成的各项协议。目前科伦坡港口城出现的情况是暂时的、短期的，问题不在中方。斯方欢迎更多中国企业赴斯投资，并将向投资者提供健康投资环境。

3 月 25—28 日

［纲　文］ **应国家主席习近平邀请，印度尼西亚共和国总统佐科对中国进行国事访问并出席博鳌亚洲论坛 2015 年年会。**

［目　文］ 访问期间，习近平在北京同佐科举行了会谈，两国元首共同见证了经贸、基础设施建设、航天、税务、海上搜救等领域合作文件的签署，双方一致同意发表《中华人民共和国和印度尼西亚共和国关于加强两国全面战略伙伴关系的联合声明》。国务院总理李克强、全国人大常委会委员长张德江在北京分别会见佐科。李克强和佐科共同出席了主题为“深化互利合作，共享发展机遇”的中国—印尼经济合作论坛并发表致辞。佐科出席博鳌亚洲论坛 2015 年年会开幕式并致辞。

习近平在会见佐科时表示，中方愿充分利用亚洲基础设施投资银行、丝路基金等，支持印尼发展“海上高速公路”，积极参与印尼港口、高铁、机场、造船、沿海经济特区建设。双方应该深化海洋、经贸、能源、电力、农业、渔业、科技、航天等领域合作，加快推进综合产业园区建设。双方应该加强防务、执法合作，共同打击跨国犯罪。双方要共同规划并办好中印尼建交 65 周年相关庆祝活动，加强青年、宗教、学术等领域交流合作。中国支持印尼举办万隆会议 60 周年相关纪念活动，推动亚非各国增进互信，深化合作，实现共同发展。

佐科表示，印尼欢迎中国国有和民营企业参与印尼港口、机场、水坝等基础设施建设和经济特区建设。希望双方扩大货币互换规模，努力使两国贸易 2020 年达到 1500 亿美元，印尼愿意同中方加强反腐、反恐、执法、打击跨国犯罪领域合作。

3 月 25—31 日

［纲　文］ **应国家主席习近平的邀请，澳大利亚联邦总督科斯格罗夫对中国进行国事访问并出席博鳌亚洲论坛 2015 年年会。**

［目　文］ 访问期间，国家主席习近平、国务院总理李克强、全国人大常委会委员长张德江在北京分别会见了科斯格罗夫。科斯格罗夫出席博鳌亚洲论坛 2015 年年会开幕式并致辞。科斯格罗夫还对广东、重庆进行了访问。

习近平在会见科斯格罗夫时表示，2015 年是中澳建设全面战略伙伴关系的开局之年，我愿同总督先生和阿博特总理保持沟通，发挥高层交往对两国关系的引领作用。双方要办好新一轮两国总理年度定期会晤等机制性对话，并加强两国政府部门、立法机构、政党交往。双方要争取年内签署、批准并尽早实施中澳自由贸易协定。双方要在互利互补的基础上积极推进中国西部大开发同澳大利亚北部大开发的对接合作，争取在能源资源、农牧业、基础设施建设、生态环境保护等领域找准切入点，促成一批新项目。要加强司法执法合作，携手打击跨国犯罪活动。加强青少年交流，让中澳友好更加深入人心。中方愿继续同澳方通过两军高层互访、防务磋商、联演联训等形式，提升防务合作水平，巩固两国关系的安全纽带。我们愿同包括澳大利亚在内的各国一道，共同纪念二战胜利70周年，维护联合国宪章宗旨和原则，促进世界和平、稳定、繁荣。

科斯格罗夫表示，这次访华是我就任总督后首次国事访问，我感到非常高兴。中国刚刚成功举办博鳌亚洲论坛年会，这是一次重要会议，再次证明亚太地区充满活力。习近平主席在会上阐述的观点令人鼓舞。我此访期间还访问了广东、重庆，澳大利亚希望成为中国西南部开发的伙伴。澳方已申请加入亚投行，欢迎中国在悉尼开设人民币清算行。澳方正在核准澳中自贸区协议，相信协议生效后将给两国带来重要利益，有力推动两国经贸往来。

3月26日

［纲　文］　**国务院批复江西、湖北、湖南省人民政府和发展改革委，同意长江中游城市群发展规划**。

［目　文］　批复说，一、原则同意《长江中游城市群发展规划》(以下简称《规划》)，请认真组织实施。二、《规划》实施要以邓小平理论、“三个代表”重要思想、科学发展观为指导，深入贯彻党的十八大和十八届二中、三中、四中全会精神，全面落实党中央、国务院关于依托黄金水道推动长江经济带发展的决策部署，加快实施新型城镇化战略、促进中部地区崛起战略和创新驱动发展战略，以全面深化改革为动力，推动完善开放合作、互利共赢、共建共享的一体化发展机制，走新型城镇化道路，着力推进城乡、产业、基础设施、生态文明、公共服务“五个协同发展”，积极探索科学发展、和谐发展、转型发展、合作发展新路径和新模式，努力将长江中游城市群建设成为长江经济带重要支撑、全国经济新增长极和具有一定国际影响的城市群。三、江西、湖北、湖南省人民政府要切实加强组织领导，密切协调配合，落实工作责任，完善定期会商机制和工作推进机制，抓紧制定实施方案和专项规划，依法落实《规划》明确的主要目标和重点任务。四、国务院有关部门要按照职能分工，在规划编制、政策实施、项目安排、体制创新等方面给予积极支持，指导和帮助解决《规划》实施中遇到的问题。发展改革委要会同有关部门加强对《规划》实施情况的跟踪分析和督促检查，研究新情况、解决新问题、总结新经验，适时会同江西、湖北、湖南省人民政府组织开展《规划》实施情况评估，重大问题及时向国务院报告。

3月26日

［纲　文］　**财政部印发《关于进一步推进地方预算执行动态监控工作的指导意见》**。

［目　文］　《意见》由三部分组成：一、总体要求；二、主要任务；三、保障措施。《意见》要求，各级财政部门要深化国库集中支付制度改革，在做好零余额账户资金动态监控的基础上，逐步将财政专户资金、预算单位实有资金、转移支付资金等纳入动态监控范围，最终将动态监控范围拓展到所有财政资金和全部预算单位。

3月26日

［纲　文］　**总参谋部发布《关于加强和改进战役战术训练的意见》。**

［目　文］　《意见》要求，全军和武警部队深入贯彻落实习主席关于实战化军事训练的一系列重要指示和军委决策部署，进一步掀起以战役战术为重点的实战化训练热潮，提高部队履行新时期军队使命任务的能力。各级充分认清加强和改进战役战术训练的重要意义和现实紧迫性，切实加强组织领导，严格落实主官任教、按级任教的教学组训责任，健全战役战术训练考评标准，深化战训法集训，培养教学组训"明白人"。要着眼提高战役战术训练质量，按照"能组织实战化训练的骨干队伍，能支撑实战化训练的战法体系，能保障实战化训练的装备器材，能配合实战化训练的专业蓝军，能开展实战化训练的场地环境"的要求发展完善战役战术训练条件建设。同时明确，各级每年必须对所属部队战役战术训练进行考核，突出考核指挥员特别是军政主官，军政主官作战指挥技能和教学组训能力考核达不到优秀，单位不能评为军事训练一级。

3月26日

［纲　文］　**国务院总理李克强向中国—中东欧国家旅游合作促进年启动仪式致贺信。**

［目　文］　李克强在贺信中表示，中国—中东欧国家旅游合作促进年是2014年12月中国—中东欧国家领导人贝尔格莱德会晤的共识之一，也是《贝尔格莱德纲要》的一项重要内容。作为中国—中东欧国家合作的重要组成部分和重点领域，扩大旅游合作有助于促进中国和中东欧国家人员交流，深化人民间相互了解，巩固传统友谊，助力各国经济发展。中国和中东欧国家旅游资源丰富，开展旅游合作基础良好，潜力巨大。中国每年有超过1亿人次出境，越来越多的中国和中东欧国家游客希望更深入地了解对方悠久的历史、灿烂的文化，领略其优美的自然风光和独特的人文景观。中方愿同中东欧各国一道，共同办好旅游合作促进年系列活动，力争将旅游合作打造成为中国—中东欧国家合作新的增长点，为双方传统友谊注入新活力，为深化互利共赢的中欧全面战略伙伴关系做出新贡献。

同日，中国—中东欧国家旅游合作促进年启动仪式在匈牙利首都布达佩斯举行。国家旅游局局长李金早在启动仪式上宣读李克强总理贺信并发表致辞。中国驻匈牙利大使肖千、联合国世界旅游组织官员、中国和中东欧16国旅游部门和旅游企业代表等出席启动仪式。

匈牙利总理欧尔班也发来贺信。贺信说，匈牙利一向致力于推动中国—中东欧国家合作，这不仅符合中国与中东欧国家的利益，也符合欧盟的利益。在当前日新月异的国际形势下，深化同中国这样最具发展活力国家的关系至关重要。中国—中东欧国家旅游合作促进年的举办，必将推动双方旅游合作深入发展，增进双方民众对对方国家和文化的了解，为经贸等各领域合作可持续发展打下坚实基础。

3月26日

［纲　文］　**中央军委副主席范长龙在北京会见了巴基斯坦海军参谋长穆罕默德·扎考拉。**

［目　文］　范长龙说，中巴是全天候战略合作伙伴，习主席高度重视发展中巴关系。中方将在“一带一路”框架下与巴方推进中巴经济走廊建设，打造“中巴命运共同体”。中方积极支持巴国家和军队建设，愿与巴方进一步深化反恐、海上安全、军工技术等各领域合作，加强在地区安全事务中的协调与配合。扎考拉说，巴方愿与中方一道，进一步深化两军特别是海军在各领域的务实合作，推动两军友好合作水平不断迈上新台阶。

3 月 26 日

［纲　文］　**武汉市工商局“企业名称登记移动申报系统”正式上线，中国首创的“互联网 + 工商服务”模式正式启动。**

3 月 26—29 日

［纲　文］　**博鳌亚洲论坛 2015 年年会在海南举行，习近平出席开幕式并发表主旨演讲。**

［目　文］　本届年会主题为“亚洲新未来：迈向命运共同体”。围绕主题，年会共设置 77 场正式讨论，包括 2 场全体大会、41 场分论坛、6 场圆桌讨论等，议题涉及宏观经济、区域合作、产业转型、技术创新、政治安全、社会民生等六大领域。与会人士高度关注“一带一路”、亚洲基础设施投资银行、东盟共同体、东亚经济共同体等话题，在多个分论坛进行了深入探讨，形成了很多重要共识。来自五大洲国家和地区领导人、国际组织负责人以及政界、工商界人士、专家学者 2000 多人参加年会。

28 日上午举行开幕大会，国家主席习近平和亚美尼亚总统萨尔基相、奥地利总统菲舍尔、印尼总统佐科、尼泊尔总统亚达夫、斯里兰卡总统西里塞纳、乌干达总统穆塞韦尼、赞比亚总统伦古、澳大利亚总督科斯格罗夫、哈萨克斯坦总理马西莫夫、马来西亚总理纳吉布、荷兰首相吕特、瑞典首相勒文、卡塔尔副首相阿勒马哈茂德、俄罗斯第一副总理舒瓦洛夫、泰国副总理兼外长他纳萨等外国领导人出席。

习近平在《迈向命运共同体，开创亚洲新未来》的主旨演讲中指出，2015 年是世界反法西斯战争暨中国人民抗日战争胜利 70 周年，联合国成立 70 周年，万隆会议召开 60 周年，东盟共同体建成之年。这是值得人们纪念的重要年份，也是激发人们铭记历史、鉴往知来的重要时刻。回顾 70 年的历程，今天亚洲取得的发展成就，是亚洲各国人民一代接一代持续奋斗的结果，是许多政治家和仁人志士艰辛努力的结果。人类只有一个地球，各国共处一个世界。世界好，亚洲才能好；亚洲好，世界才能好。迈向命运共同体，必须坚持各国相互尊重、平等相待；必须坚持合作共赢、共同发展；必须坚持实现共同、综合、合作、可持续的安全；必须坚持不同文明兼容并蓄、交流互鉴。中国人民正在按照全面建成小康社会、全面深化改革、全面依法治国、全面从严治党的战略布局，齐心协力为实现“两个一百年”奋斗目标、实现中华民族伟大复兴的中国梦而奋斗。借此机会，我愿重申，在前进道路上，中国坚持和平发展，决心不会动摇；坚持共同发展，理念不会动摇；坚持亚太合作发展，政策不会动摇。中国最需要和谐稳定的国内环境与和平安宁的国际环境，任何动荡和战争都不符合中国人民根本利益。中国近代以后遭遇了 100 多年的动荡和战火，中国人民绝不会将自己曾经遭受过的悲惨经历强加给其他国家和民族。“一带一路”建设秉持的是共商、共建、共享原则，不是封闭的，而是开放包容的；不是中国一家的独奏，而是沿线国家的合唱。前进的道路不会一帆风顺，期望的成果不会唾手可得。不管征程多么曲折、多么漫长，胜利总是属于那些永不放弃、百折不挠、携手前行的人们。我相信，只要我们大家认准目标、锲而不舍，就一定能携手迈向命运共同体、开创亚洲新未来！

博鳌亚洲论坛理事长、日本前首相福田康夫在欢迎辞中表示，10多年来，博鳌亚洲论坛取得可喜发展，希望所有成员共同努力，把论坛打造成增进相互信任，实现共同繁荣的论坛，推动亚洲共同体建设。

会议期间，习近平在博鳌分别会见了与会的马来西亚总理纳吉布，荷兰首相吕特，瑞典首相勒文，尼泊尔总统亚达夫，美国盖茨基金会主席比尔·盖茨、国际电信联盟秘书长赵厚麟和论坛咨询委员会委员、外国部长及企业家代表，香港特别行政区行政长官梁振英、澳门特别行政区行政长官崔世安及港澳企业家代表，台湾两岸共同市场基金会荣誉董事长萧万长及基金会代表，华商圆桌会议代表等。国务委员杨洁篪在海南博鳌会见了泰国副总理兼外长他纳萨。

27日，习近平、国务院总理李克强在北京同来华进行工作访问并出席博鳌亚洲论坛2015年年会的哈萨克斯坦总理马西莫夫会见、会谈。李克强和马西莫夫共同见证了中哈签署加强产能与投资合作备忘录，以及两国开展钢铁、有色金属、平板玻璃、炼油、水电、汽车等广泛领域产能合作的33份文件，项目总金额达236亿美元。李克强在北京同来华出席博鳌亚洲论坛2015年年会的瑞典首相勒文举行会谈。

3月26—27日

［纲　文］　**张高丽在北京、天津、河北调研。**

［目　文］　国务院副总理张高丽在北京、天津、河北调研京津冀协同发展有关工作，考察了相关企业，了解重大项目推进情况。27日上午，张高丽在天津主持召开推动京津冀协同发展工作座谈会，听取发展改革委和北京市、天津市、河北省有关工作情况的汇报，研究部署下一阶段工作。

张高丽表示，推动京津冀协同发展工作已经进入重点突破、抓好落实的关键阶段。习近平总书记多次作出指示批示，全面深刻阐述疏解北京非首都功能、推动京津冀协同发展的目标、思路、方法和工作重点，我们要认真贯彻落实。李克强总理要求树立大局意识，统筹推进各项重点工作。按照党中央、国务院决策部署，京津冀协同发展领导小组加强统筹，三省市和有关部门密切配合，坚持顶层设计和务实推进同步，京津冀协同发展各项工作取得积极进展，打下了良好基础。下一步推动京津冀协同发展，要突出重点、抓好项目，加大力度、加快节奏，确保2015年实现良好开局。要抓紧完善京津冀协同发展规划纲要，制定分工方案和三年滚动实施计划，加快编制专项规划及三省市地方协同发展规划。要加快推进一批在建项目和计划新开工项目，做好项目储备，以项目建设带动重点领域率先突破，发挥重大项目对稳增长和协同发展的关键作用。要切实抓好年度重点工作任务落实，抓紧推进体制机制改革、强化创新驱动、开展试点示范等工作。要把生态文明建设摆在更加突出位置，牢固树立“绿水青山就是金山银山”的理念，更加自觉推动绿色发展、循环发展、低碳发展，联防联控环境污染，大力发展绿色经济，加快推动生产方式和生活方式绿色化。要突出核心工作，稳妥有序推动北京非首都功能疏解，加强政策引导和先行启动示范项目带动。三省市和有关部门要积极主动负起责任，完善工作督办机制，切实把各项工作抓实抓好抓出成效。推动京津冀协同发展责任重大、使命光荣。我们要在以习近平为总书记的党中央坚强领导下，紧紧围绕“四个全面”战略布局，齐心协力推动京津冀协同发展，为实现“两个一百年”奋斗目标、实现中华民族伟大复兴的中国梦做出贡献。

3月26—28日

［纲　文］　**汪洋在甘肃调研扶贫开发工作。**

［目　文］　甘肃省积石山保安族东乡族撒拉族自治县位于六盘山集中连片特困地区，2013年，国务院副总理汪洋带队在该县三个村开展入户调查，以“解剖麻雀”方式了解贫困成因、探索脱贫之计。汪洋再次来到积石山县，回访贫困农户，开展问卷调查，询问群众生产生活情况，了解两年来扶贫工作进展，并与基层干部座谈，听取扶贫开发意见建议，研究谋划下一阶段扶贫工作举措。汪洋还到临夏、广河、临洮等国家扶贫开发重点县调查建档立卡、整村推进、产业扶贫等工作。

汪洋对甘肃省扶贫开发工作予以肯定并强调，扶贫开发是我们第一个百年奋斗目标的重点工作，是最艰巨的任务，要按照党中央、国务院的决策部署，不断增强使命感和紧迫感，紧紧围绕精准扶贫、精准脱贫，探索脱贫致富新路径，坚决打好扶贫攻坚战，决不能让困难地区和困难群众在全面建成小康社会进程中掉队。近两年精准扶贫迈出了实质性步伐，成效已经显现，特别是完成了贫困户建档立卡，为下一步扶贫攻坚打下好的基础。同时也要看到，深化精准扶贫、精准脱贫要有一个过程，扶贫对象要进一步精准，提高准确度，解决好扶持谁的问题；扶贫方式要进一步精准，提高针对性，解决好扶什么的问题；扶贫资源要进一步精准，提高有效性，解决好怎么扶的问题。要因地制宜，因户施策，做到各项扶贫措施精准发力，切实造福群众。要细化实化贫困县扶贫开发实绩考核办法，完善驻村干部帮扶制度，健全对口帮扶机制，集中力量解决群众脱贫面临的突出问题。各地要结合实际，认真研究扶贫开发新情况新问题，积极创新扶贫攻坚的思路和举措。

3月26—30日

［纲　文］　**应国家主席习近平的邀请，奥地利总统菲舍尔对中国进行国事访问。**

［目　文］　访问期间，习近平在北京同菲舍尔举行了会谈，两国元首见证了经贸、农业、质检等领域合作文件的签署。国务院总理李克强、全国人大常委会委员长张德江在北京分别会见了菲舍尔。菲舍尔出席了博鳌亚洲论坛2015年年会开幕式并致辞。

习近平在会见菲舍尔时赞赏他多年来为两国关系发展做出的重要贡献并指出，我愿同你一道努力，播种友谊、深耕合作，推动两国关系取得更大发展。中奥要做互尊互信的朋友，尊重和照顾彼此核心利益和关切，加强政治、外交、司法等领域沟通合作，夯实政治关系互信基石，加强在联合国等多边组织及重大国际和地区问题上的沟通和协调。在先进制造业、环保和绿色科技、智能城市和电网建设、农业、金融等领域深挖潜力，培育新的合作增长点，扩大双向投资规模。双方要加强人文交流，共同举办建交45周年系列文化活动，开展创新科研合作和青年交流，鼓励扩大地方和民间交往，促进人员往来和旅游合作。中方愿在"一带一路"框架内同沿线国家加强合作，欧洲是丝绸之路经济带的终点，中奥可就具体项目积极探索合作可行性。中方希望奥方在推动欧盟尽早同中方达成投资协定、启动中欧自由贸易区联合可行性研究等方面发挥积极作用，欢迎奥方参与中国—中东欧国家合作。

菲舍尔表示，中国经济强有力发展，给国家带来了繁荣，改善了人民生活。中国重视并积极参与联合国等国际机构，在全球事务中发挥领导作用，奥方对此高度评价。中方提出的"一带一路"倡议对奥地利非常有吸引力，奥方高度重视，愿意积极参与。奥方也十分重视亚洲基础设施投资银行，期待该银行能为中国与中东欧合作提供帮助。希望奥中加强金融、农业、能源、科技、文化、艺术、体育等领域合作。

3月26日—4月2日

[纲　文]　**应国家主席习近平的邀请，赞比亚总统伦古对中国进行国事访问。**

[目　文]　访问期间，习近平在北京同伦古举行了会谈，两国元首就中赞关系、非洲形势、中非合作等深入交换意见，一致表示，中赞友好是双方共同命运的选择，我们要珍惜中赞传统友谊，牢牢把握住中赞友好大方向，深化两国各领域务实合作，更好造福两国人民并见证了经济技术、基础设施建设、通信等领域合作文件的签署。国务院总理李克强、全国政协主席俞正声在北京分别会见了伦古。伦古出席了博鳌亚洲论坛2015年年会开幕式并致辞。

习近平同伦古会谈时指出，中赞两国要保持高层交往良好势头，用好双边合作机制，加强治国理政经验交流，在涉及各自核心利益和重大关切问题上继续相互理解和支持。我们要发挥中国在赞比亚业已建立的中国投资贸易促进中心、农业示范中心、赞比亚—中国经贸合作区等两国经贸合作的"孵化器"作用，深化基础设施建设、矿业、农业、加工制造业、投资、贸易等领域互利合作。中方愿同赞比亚、坦桑尼亚一道努力，把坦赞铁路建设成发展之路、繁荣之路。双方应该扩大教育、文化、体育、新闻媒体等交流，促进青年往来。中方愿意同赞方深化多边协作，就国际和地区重大事务加强协调合作，维护发展中国家共同权益，为促进世界和平、发展做出新贡献。2015年是中非合作论坛成立15周年，论坛第六届部长级会议将在南非举办。中方愿同包括赞方在内的论坛成员共同努力，把会议办成加强中非团结、促进合作共赢的一次盛会。

伦古表示，中国是非洲人民的真诚朋友，非洲发展的好伙伴，中国为非洲发展、应对包括疫情在内的各种危机方面提供了重要帮助，赢得了非洲人民信任。中非合作对非洲乃至全人类都非常重要，希望双方在中非合作论坛框架内加强和提高合作水平。非洲支持开放的经济政策，致力于区域一体化，希望中国将区域合作网络延伸到非洲，帮助非洲实现发展繁荣。

3月27日

［纲　文］　**刘云山同在中央党校学习的部分高校党委书记、校长座谈。**

［目　文］　中组部、中宣部、中央党校、教育部负责人出席座谈会。12所高校的党委书记、校长结合实际，讲情况、谈认识、提建议，普遍反映党的十八大以来高校党建工作和思想政治工作进一步加强，主流积极健康、趋势不断向好，广大师生对以习近平为总书记的党中央治国理政的大政方针衷心拥护，对党和国家发展前景充满信心，同时也要清醒认识面临的新情况新问题，采取有效措施加以解决。

中共中央政治局常委、中央书记处书记刘云山在听取大家发言后说，高校党建是整个党的建设的重要组成部分，是办好中国特色社会主义大学的根本保证。高校党委和党委书记要进一步增强党建意识，认真落实党建工作责任制，切实抓好学校领导班子和干部队伍建设，抓好学校党组织建设和党员队伍管理，抓好党风廉政建设和师德师风建设，把党要管党、从严治党的要求落到实处。思想政治工作是立德树人的重要工作，事关青年学生健康成长。要加强马克思主义理论教育，完善相关学科设置和教材体系。要深入学习研究中国特色社会主义理论体系，深入学习研究习近平总书记系列重要讲话精神，把社会主义核心价值观贯穿教书育人全过程，打牢道路自信、理论自信、制度自信的思想基础。要加强对中国实践经验的总结提炼，加强战略性全局性问题研究，构建具有中国特色的话语体系和学术评价标准。思想政治理论课是大学生思想政治教育的主渠道，要坚持与时俱进、树立问题导向，充分发挥思想政治理论课的应有作用。要总结推广高校思想政治理论课的好经验好做法，紧密联系党和国家事业发展的生动实践，充分考虑学生的接受习惯，注重案例分析、互动交流，对准现实问题，着力解疑释惑，增强思想政治理论课的实际效果。各级党委和党委组织部门、宣传部门以及教育行政部门，要切实加强对高校党建工作和思想政治工作的指导，帮助解决实际问题，努力营造良好环境。

3月27日

［纲　文］　**国务院办公厅印发《机关事业单位职业年金办法》。**

［目　文］　《办法》规定，从2014年10月1日起实施机关事业单位工作人员职业年金制度。这是机关事业单位养老保险制度改革的重要组成部分，对于建立多层次、可持续养老保险制度，保障机关事业单位工作人员退休后的生活、促进人力资源合理流动具有重要意义。职业年金强制建立，发挥机关事业单位基本养老保险的补充作用；适用范围和缴费基数均与基本养老保险的相关规定一致，切实维护制度统一；实行单位和个人共同缴费，采取个人账户方式管理；个人账户资金随同工作变动转移，促进人员的合理流动；根据本人退休时的个人账户储存额确定待遇水平，缴费与待遇挂钩；社保经办机构负责职业

年金的经办管理，不断提高管理服务水平；职业年金基金实行市场化投资运营，实现保值增值；政府部门加强监管，确保资金安全。

3月27日

［纲　文］　**证监会公布《公开募集证券投资基金参与沪港通交易指引》，自2015年3月27日起施行。**

3月27日

［纲　文］　**国务院副总理马凯在北京与希腊副总理德拉加萨基斯举行会谈并共同出席“中希海洋合作年”启动仪式。**

［目　文］　马凯表示，中方高度重视发展对希关系，愿本着互尊互信、互利共赢的原则，继续扩大各层面交往，深化各领域合作，推动中希关系迈上新台阶。中方视希腊为中国在欧盟的好朋友和重要合作伙伴，中希合作是中欧合作的重要组成部分，乐见一个更加团结、繁荣、稳定的欧洲。德拉加萨基斯表示，发展对华战略关系是希腊外交重要优先方向，希方愿发挥区位优势，积极响应中方关于“一带一路”建设的倡议，进一步深化两国在经贸、投资、港口、人文等领域的合作。

3月27日

［纲　文］　**《人民日报》发表题为《以全面改革优化“创新生态”》的评论员文章。**

3月27—28日

［纲　文］　**王岐山在河南调研。**

［目　文］　中共中央政治局常委、中央纪委书记王岐山在河南省调研并主持召开座谈会时强调，要站在党和国家事业发展全局的高度，认识全面从严治党的深刻内涵，真正做到“纪”在“法”前，用纪律管住大多数，把从严治党落实到基层，密切党同人民群众的血肉联系。全面从严治党上升为战略布局，体现了以习近平为总书记的党中央治国理政的战略谋划。全面建成小康社会、全面深化改革、全面依法治国，都要靠全面从严治党作保障。全面从严治党，就要把我们的制度优势充分发挥出来，战胜面临的风险和挑战，实现执政党的自我完善、自我净化、自我革新。全面从严治党，是具体的、不是抽象的，8700万党员的执政党，必须把纪律挺在法律前面，明确纪律的内涵，密切联系实际、求真务实，把纪律执行到位，真正使纪律成为管党治党的尺子、不可逾越的底线。全面从严治党，就是要敢于担当，落实主体责任和监督责任要冲着纪律去，领好班子、管住干部、以上率下，实现全方位、全覆盖，既不能光说不干，也不能大轰大嗡。全面从严治党，就是要把严明纪律体现在日常管理监督中，严格执纪、动辄则咎，抓早抓小，使广大党员真正敬畏纪律、遵守纪律。2015年要在巩固省一级成果的基础上，层层传导压力，把责任落到地市一级。党风廉政建设和反腐败斗争是全面从严治党的重要方面，是管党治党的有力支撑。人心向背是最大的政治。不正之风和腐败损害群众切身利益，侵蚀干群关系，动摇党的执政之基，人民群众深恶痛绝。基层党组织要深刻领会中央精神，把准方向、迈出步伐、由浅入深、由易到难，推动党风廉政建设落实到基层，着力解决群众反映强烈的问

题，维护群众利益。必须紧紧抓住基层党组织建设这个关键环节，大力弘扬焦裕禄精神和红旗渠精神，深化教育实践活动成果，使广大基层干部增强宗旨意识，牢记为民务实清廉，把基层党组织建设成坚强战斗堡垒，让群众看得到、体会得到、享受得到全面从严治党成果。纪委的职责就是监督执纪问责，要把执纪放在首位，聚焦主业，使“三转”向基层延伸。既要立足当前，遏制不正之风和腐败蔓延势头，又要着眼长远，强化纪律建设，使监督执纪问责成为常态。要运用辩证唯物主义和历史唯物主义驾驭现实，用历史、哲学、文化思考支撑信心。保持坚强政治定力，有静气、不刮风，不搞运动，踩着不变的步伐，以抓铁有痕、踏石留印的劲头，把党风廉政建设引向深入。

调研期间，王岐山专程来到红旗渠纪念馆，参观青年洞。在林州市姚村镇冯家口村党支部考察，与村党支部成员、老党员和群众代表交流。

3月27日—4月1日

［纲　文］　**应国家主席习近平的邀请，乌干达共和国总统约韦里·穆塞韦尼对中国进行国事访问**。

［目　文］　访问期间，习近平在北京同穆塞韦尼举行了会谈，两国元首高度评价中乌友谊和互利合作，同意共同抓住机遇，顺势而为，实现两国发展战略对接，把中乌关系打造成为体现平等互信、合作共赢新型国际伙伴关系的典范，共同推动中非关系向前发展。双方还共同见证了经济技术合作、基础设施建设、人员培训等领域合作文件的签署。国务院总理李克强、全国人大常委会委员长张德江在北京分别会见了穆塞韦尼。穆塞韦尼出席了博鳌亚洲论坛2015年年会开幕式并致辞。

习近平在会见穆塞韦尼时指出，建交53年来，两国各领域友好互利合作成果丰硕，给两国人民带来实实在在的实惠。穆塞韦尼总统是中国人民的老朋友，是中乌关系发展的坚定推动者。两年前，我们在南非德班金砖国家领导人第五次会晤期间举行会见，就全面发展中乌关系达成重要共识。中乌双方要密切政府、政党、立法机构、军队、地方等各领域高层交往，交流治国理政经验，在涉及彼此核心利益和重大关切问题上继续保持相互理解和支持。双方要推进产业对接和产能合作，实现优势互补。中方愿意同乌方分享在发展经济特区和工业园区等方面的经验，加强基础设施建设、投资、医疗、旅游等领域合作。中方鼓励和支持中国企业赴乌干达开展能矿、产业开发、农业等合作。双方要扩大人文交流，增进青年往来。双方要加强在重大国际和地区事务中的沟通协调，密切防务合作，共同打击恐怖主义，维护地区及世界和平稳定。

穆塞韦尼表示，中国援建的坦赞铁路打破了西方对非洲国家的封锁。在这一进程中，乌干达和非洲国家希望同中国的发展战略和对外合作政策进行对接，同赴非投资兴业的中国企业进行战略对接，加强在水电、标准轨铁路等基础设施建设以及石油、矿产、旅游、工业产业园等领域合作，希望中国政府大力支持。我们愿意同中国加强人文交流。

李克强在会见穆塞韦尼时表示，中方愿积极参与乌方“2040远景规划”，将自身优势产业和富余产能同乌干达基础设施建设等需求更好对接，帮助乌干达加快工业化和现代化进程，更好实现自主可持续发展；毫无保留地同乌方分享和交流有关发展经验；推动乌干达机场、水电站、通信设施等大项目建设；同乌干达等东非国家共同推动东非铁路网建设，实现互利共赢，共同发展。穆塞韦尼表示，感谢中方帮助乌方建设急需的水电站和铁路等项目。欢迎中方企业继续参与乌干达能源、化肥、农产品加工、水电开发等项目和东非铁路网建设。

3月28日

［纲　文］　**发展改革委、外交部、商务部发布了《推动共建丝绸之路经济带和21世纪海上丝绸之路的愿景与行动》。**

［目　文］　《行动》由八部分组成：一、时代背景；二、共建原则；三、框架思路；四、合作重点；五、合作机制；六、中国各地方开放态势；七、中国积极行动；八、共创美好未来。

《行动》指出，共建“一带一路”是中国的倡议，也是中国与沿线国家的共同愿望。站在新的起点上，中国愿与沿线国家一道，以共建“一带一路”为契机，平等协商，兼顾各方利益，反映各方诉求，携手推动更大范围、更高水平、更深层次的大开放、大交流、大融合。“一带一路”建设是开放的、包容的，欢迎世界各国和国际、地区组织积极参与。

3月28日

［纲　文］　**美国飞虎队桂林遗址公园开园。**

［目　文］　国务院副总理刘延东出席开园仪式，并表示在世界反法西斯战争暨中国人民抗日战争胜利70周年之际，回顾中美两国人民在二战期间并肩战斗、患难与共谱写的可歌可泣的正义篇章，对于两国缅怀历史、面向未来，共同建设中美新型大国关系具有重要意义。希望中美两国在新的历史时期扩大交流合作，将两国人民友谊发扬光大，为维护世界和平进步做出更大贡献。

美国飞虎队历史委员会主席詹姆斯·怀特黑德带领近百名美国飞虎队队员的亲属参加，其中包括91岁高龄的美国飞虎队老兵杰·温雅德、飞虎队指挥官陈纳德的女儿辛西娅·陈纳德及外孙女内尔·卡洛韦。同日，刘延东会见了詹姆斯·怀特黑德一行。

3月28日

［纲　文］　**外交部部长王毅应约与巴西外长维埃拉通电话。**

［目　文］　维埃拉表示，巴西高度重视与中国的战略合作，愿作为创始成员国加入亚投行。巴西希与中国密切合作，在国际金融事务中发挥作用。王毅表示，中方欢迎巴西作为创始成员国加入亚投行。巴西这一决定将增强亚投行的代表性，体现中巴战略伙伴关系。中方愿与巴方加强在国际金融事务中的合作。

3月29日

［纲　文］　**国务院印发《关于进一步促进展览业改革发展的若干意见》。**

［目　文］《意见》由五部分组成：一、总体要求；二、改革管理体制；三、推动创新发展；四、优化市场环境；五、强化政策引导。

《意见》要求，各地区、各部门要充分认识进一步促进展览业改革发展的重要意义，加强组织领导，健全工作机制，强化协同配合。各地区要根据本意见，结合自身经济社会发展实际研究制订具体实施方案，细化政策措施，确保各项任务落到实处。各有关部门要抓紧研究制订配套政策和具体措施，为展览业发展营造良好环境。商务部要会同相关部门做好指导、督查和总结工作，共同抓好落实，重大事项及时向国务院报告。

3月29日

［纲　文］　**国务院办公厅印发《贯彻实施质量发展纲要2015年行动计划》。**

［目　文］《计划》由四部分组成：一、简政放权，充分发挥企业的质量主体作用；二、提高监管的针对性和有效性；三、推动社会共治，形成推动质量提升的合力；四、加强质量基础工作，为质量升级提供支撑。

《计划》要求，地方各级人民政府加强对质量工作的组织领导和统筹协调，结合实际制定本地区的具体工作方案，明确时限和要求，推进落实责任，并确保完成任务。

3月29日

［纲　文］　**许其亮在驻山西、河北部队调研。**

［目　文］　中央军委副主席许其亮在调研时指出，要认真学习贯彻习主席系列重要讲话精神特别是“四个全面”战略布局，深入贯彻古田全军政工会精神，紧紧围绕政治工作时代主题，革弊鼎新、固本开新、改革创新，大力加强和改进思想政治工作，在强军兴军征程中发挥强大生命线作用。“四个全面”是党中央治国理政思想的凝练和升华，体现了习主席对当代中国发展的战略运筹，蕴含着一整套结合实际、继往开来、勇于创新、独具特色的系统思想，在民族复兴进程中具有纲领性指导作用。各级要紧跟党的理论创新步伐，把学习贯彻“四个全面”作为重大政治任务来抓，作为精神旗帜和战略总纲牢固确立起来，作为科学指南在部队各项建设和工作中落下去。要紧紧围绕强军目标，持续深入学习贯彻习主席国防和军队建设重要论述，学以致用、知行合一，统一思想、改造思想、解放思想，坚决听从党中央、中央军委和习主席指挥，在新起点上开创工作新局面。

许其亮指出，习主席提出有灵魂有本事有血性有品德，描绘了新一代革命军人的“时代画像”，赋予新形势下思想政治教育新的目标任务，是我军思想政治建设的重大创新。要以培塑“四有”为目标任务统揽政治教育，牵引推动思想政治教育改革创新。要高标准抓好“三严三实”专题教育整顿，着力整顿思想、组织、作风、纪律，彻底肃清徐才厚案件流毒影响，把干部工作大检查、财务大清查等专项整治踩实抓到底。尤其要抓好专题民主生活会这个环节，认真清理和纠治党内生活原则性战斗性不强等问题，一年一年抓下去，把好传统恢复发扬起来。深入贯彻古田全军政工会精神，最终要以思想政治上的进步和新的风貌，引领带动部队开新图强再出发。

3月29日

［纲　文］　**《人民日报》发表题为《传承弘扬丝路精神，共筑梦想同谱华章》的评论员文章。**

3月30日

［纲　文］　**国务院总理李克强、国务院副总理汪洋在北京分别会见美国总统特别代表、财政部长雅各布·卢。**

［目　文］　李克强在会见雅各布·卢时表示，一个良好的中美关系符合两国利益，有利于亚太和世界的和平、稳定与繁荣。2015年9月习近平主席应邀对美国进行国事访问，将有力推动中美关系发展。下阶段，双方要共同办好新一轮战略与经济对话、人文交流高层磋商等机制性活动，增进互信，深化合作，密切在重大国际和地区问题上的沟通协调。与此同时，本着相互尊重、求同存异的原则，建设性地管控分歧，推动中美新型大国关系沿着正确的轨道向前发展。中美分别作为世界上最大的发展中国家和最大的发达国家，经济互补性强，合作前景广阔。即将启动的中美双边投资协定负面清单谈判是双方近期工作的重点。中国政府将重点扩大服务业和一般制造业开放，把外商投资限制类条目缩减一半。中国开放的大门将开得更大，市场会更加开放、透明、可预期，各类投资者在中国将享受更好的投资环境。中美要共同推动全球贸易、投资自由化、便利化。希望美方放宽对华高技术出口管制，解决中资企业赴美投资过程中遇到的问题，尽快批准国际货币基金组织份额和治理结构改革方案，支持把人民币纳入特别提款权（SDR）。

雅各布·卢表示，中国的发展繁荣和深入参与国际体系符合美国利益。美方期待习近平主席年内访美，愿同中方办好两国战略与经济对话等活动，增进对话，在全球经济框架内加强合作，在地区和国际事务中加强沟通协调。期待两国投资协定谈判取得进展。欢迎中国在亚洲基础设施建设方面发挥更大作用，愿在双边和多边领域加强相关合作。

汪洋在会见雅各布·卢时表示，过去一年，中美关系取得历史性新进展。2015年9月，习近平主席将应奥巴马总统邀请对美国进行国事访问。双方要共同努力，确保访问取得圆满成功。希望双方认真落实两国元首达成的重要共识，办好第七轮中美经济对话，力争在加快中美投资协定谈判、深化气候变化和能源领域合作、推动省州和城市间投资合作等方面取得一些有分量的成果，拓展共同利益，管控好分歧，推动中美经济关系健康稳定发展。雅各布·卢表示，美方愿与中方保持沟通，共同办好中美经济对话，为习近平主席访美做好准备工作。

3月30日

［纲　文］　**刘延东在广西调研。**

［目　文］　国务院副总理刘延东在桂林旅游高等专科学校、来宾职业教育园区和南宁第六职业技术学校观摩课堂教学，考察实习实训基地并与师生交谈，充分肯定广西职业教育发展的成绩并指出，要坚持服务“一带一路”的建设、区域经济社会发展和行业产业

需求，深化综合改革，推进产教融合、校企合作、质量提升，进一步增强职业教育主动对接经济、服务社会的能力，积极探索中国特色职业教育发展道路。深化人才培养模式和课程体系改革，强化职业道德、人文素质培养和职业技能训练，为学生终身发展打下扎实基础。在全社会倡导尊重职业教育和技能人才的理念，弘扬劳动光荣、技能宝贵、创造伟大的时代风尚。

刘延东在桂林临桂二小、来宾祥和小学、南宁邕宁民族中学调研时指出，要大力发展民族教育，保障和促进民族地区群众受教育权利，提高各民族群众科学文化素质，继承弘扬中华民族优秀传统文化，为维护民族团结和社会稳定、促进各民族共同繁荣发展提供人才和智力支持。

刘延东考察了兴安县人民医院，并到来宾桥巩乡六村公共服务中心卫生室看望村医时强调，要全面推开县级公立医院综合改革，破除以药补医，理顺医药价格，完善法人治理结构，建立适应行业特点的人事薪酬制度，推动建立科学补偿新机制和现代医院管理制度。落实和完善乡村医生补偿、养老和培养培训等各项政策，保障村医合理待遇，努力建设一支素质较高、适应需要的村医队伍。逐步建立慢性病等分级诊疗制度，让群众就近享受优质医疗服务。

3月30日

［纲　文］　**农业部在北京召开中国远洋渔业30年座谈会。**

［目　文］　农业部部长韩长赋主持会议。国务院副总理汪洋出席会议并讲话。农业部副部长于康震作了全国远洋渔业发展情况报告。沿海省、自治区、直辖市及计划单列市渔业主管厅（局）的主要负责人及有关人员参加了会议。会议主题是：总结远洋渔业30年发展成就和经验，谋划“十三五”远洋渔业发展战略、思路和措施。

汪洋指出，要积极顺应经济社会发展和对外开放的新形势，转变远洋渔业发展方式，加快建设布局合理、装备优良、配套完善、管理规范、支撑有力的现代远洋渔业产业体系，提升综合实力和国际竞争力，推动我国从远洋渔业大国迈向远洋渔业强国。30年来，我国远洋渔业从无到有、从小到大、从弱到强，取得了举世瞩目的成就，为丰富我国水产品供给、促进渔民增收、推动农业国际交流合作和农产品贸易、维护国家海洋权益，做出了重要贡献。在世界远洋渔业产业转型、格局调整的新阶段，要把增强企业实力和产业综合效益作为主要着力点，积极培育壮大现代化的远洋渔业企业，促进捕捞、加工、物流业相互融合和一体化发展，努力打造一批我国远洋渔业知名企业和产品品牌。要认真落实和完善各项扶持远洋渔业的政策，用现代物质条件、科学技术改造远洋渔业，用现代经营理念、管理手段提升远洋渔业。要加强安全教育和管理，树立我国负责任渔业大国的良好形象。

3月30日

［纲　文］　**中央军委副主席许其亮在北京会见英国国防参谋长霍顿。**

［目　文］　许其亮说，作为两国关系的重要组成部分，中英两军各层级各领域交流

合作逐步走深走实。我们愿与英方一道，进一步增进互信，加强务实交流，推动两军关系不断发展，为两国全面战略伙伴关系增添实质内容。霍顿说，英中两国两军关系发展良好，此访与中方达成许多共识，希望双方继续增进互信和理解，推动两军关系健康发展。

3月30日

［纲　文］　**中国在西昌卫星发射中心用长征三号丙运载火箭，成功将首颗新一代北斗导航卫星发射升空并进入预定轨道。**

［目　文］　21时52分，该星的发射成功标志着中国北斗卫星导航系统由区域运行向全球拓展的启动实施。北斗卫星导航系统简称北斗系统，是中国自主建设、独立运行，与世界其他卫星导航系统兼容共用的全球卫星导航系统，可在全球范围内全天候、全天时为各类用户提供高精度、高可靠的定位、测速、授时服务，并兼具短报文通信能力。

此次发射的新一代北斗导航卫星，由中国科学院和上海市政府合作共建的上海微小卫星工程中心研制。用于发射任务的长征三号丙运载火箭由中国航天科技集团公司研制，这是长征系列运载火箭的第204次飞行。

4月23日，中国科学院上海微小卫星工程中心宣布，中国首颗新一代北斗导航卫星已于4月21日10时13分准确进入工作轨道并通过测试，工作正常，地面已成功接收到卫星下发的导航信号，这标志着此次卫星研制、发射取得圆满成功。

3月30日

［纲　文］　**外交部发言人表示，当前伊核谈判已取得重要进展。**

［目　文］　发言人说，当前伊朗核问题谈判形势发生了积极变化，谈判已经取得重要进展。伊核问题六国（美国、英国、法国、俄罗斯、中国和德国）与伊朗就核问题的新一轮外长会29日晚在瑞士洛桑举行。这也是2014年11月伊核谈判决定延期以来举行的首场伊核问题外长会。中方希望谈判各方能够把握机遇，展现灵活，作出政治决断，推动本轮谈判取得突破，以便早日达成公正平衡、互利共赢的全面协议。

发言人表示，中方作为伊核问题六国机制的成员之一，一直以积极建设性姿态参与谈判，为推动伊核问题的全面、长期、妥善解决做了大量努力。王毅外长已前往瑞士洛桑出席伊核问题六国外长会议，重点就解决当前谈判面临的主要问题与各国外长进行商谈。中方将继续与有关各方并肩携手，全力推动谈判早日开花结果。

3月31日

［纲　文］　**国家主席习近平同乌兹别克斯坦总统卡里莫夫通电话。**

［目　文］　习近平祝贺卡里莫夫再次当选乌兹别克斯坦总统，并表示相信在卡里莫夫总统领导下，乌兹别克斯坦人民一定能在国家建设和发展振兴的伟大事业中不断取得新的成就。近年来，中乌关系实现跨越式发展。两国建立起战略伙伴关系，签署了友好合作条约，政治互信和战略协作不断深化，各领域互利合作蓬勃发展。中方高度重视中乌关系，坚定支持乌方走符合本国国情的发展道路以及为维护主权、安全、发展等核心利益

所作努力。新形势下，希望中乌双方携手努力，开拓进取，共享机遇，共迎挑战，加强在丝绸之路经济带建设框架内的合作，推动两国关系发展取得更多新成果，更好造福两国人民。

卡里莫夫感谢习近平祝贺他当选乌兹别克斯坦总统，并表示习近平主席第一时间向我致贺，体现了两国和两国领导人相互信任和相互尊重，表明中国政府高度重视中乌关系。我完全同意习近平主席对两国关系的评价和主张，我将在新任期内全力推动乌中关系发展。近年来，习近平主席就国际和地区事务、就世界和平与发展提出了一系列具有深邃思考的重要倡议和建议，表明中国对国际事务的影响力在上升。乌兹别克斯坦将加强同中国在国际和地区事务中的合作。

3月31日

［纲　文］　**国务院总理李克强在北京会见《金融时报》总编巴伯。**

［目　文］　李克强表示，当前世界经济仍处在深度调整之中，复苏依然低迷。面对经济下行压力，我们实施定向调控，加强预调微调，同时加大简政放权、放管结合等改革的力度，激发市场活力，使经济运行保持在合理区间。中国作为世界第二大经济体，保持中高速增长实属不易。我们将努力在稳增长、促改革、调结构、惠民生之间保持平衡。中国完全有条件实现经济持续健康发展。中国与世界已经深度融合。中国是国际经济金融体系的积极参与者、建设者。中国的发展是和平开放的发展、互利共赢的发展，将为世界带来更多机遇。希望国际媒体客观报道中国的发展变化和经济长期向好的预期，促进中外加深理解，求同存异，加强合作。巴伯表示，中国经济正在实现历史性的转型，国际社会高度关注中国经济发展，期待中国在国际事务中继续发挥建设性作用。

3月31日

［纲　文］　**质检总局公布《关于废止和修改部分规章的决定》。**

［目　文］　《决定》说，一、对《认证培训机构管理办法》（2005年9月29日质检总局令第81号公布）、《认证咨询机构管理办法》（2005年9月29日质检总局令第82号公布）2件部门规章予以废止；二、对《认证证书和认证标志管理办法》作出修改；三、本决定自2015年3月31日起施行。

3月31日

［纲　文］　**新闻出版广电总局、财政部印发《关于推动传统出版和新兴出版融合发展的指导意见》。**

［目　文］　《意见》由四部分组成：一、总体要求；二、重点任务；三、政策措施；四、组织实施。

《意见》强调，各级出版行政主管部门主要负责人亲自抓、负总责，会同财政部门结合本地区（部门）实际，切实加强对出版融合发展的组织领导。要形成统一高效的议事决策和协调推动机制，整合各方资源，加强外部协作，强化内部协调，为推动出版融合发展提供有力保障。

3月31日

［纲　文］　**保监会发布《关于取消和调整一批行政审批项目等事项的通知》。**

［目　文］　《通知》说，一、自2015年4月1日起，保监会及各保监局不再受理已取消项目的申请。对已经受理的申请，应继续按照相关法律法规做好审批工作。二、保监会及各保监局应按照《中国保监会取消的行政审批项目及后续管理措施表》执行取消项目的后续管理措施。三、保监会及各保监局应按照《中国保监会改为后置审批的工商登记前置审批事项及后续管理措施表》执行改为后置审批的工商登记前置审批事项的后续管理措施。四、请各保监局收到本通知后，及时转发辖内各保险公司分支机构、保险中介机构及其分支机构、国外保险机构驻华代表机构、保险行业协会、保险学会，并按照《中国保监会行政审批事项目录》要求，做好行政审批有关工作。

3月31日

［纲　文］　**林业局公布《建设项目使用林地审核审批管理办法》《林业固定资产投资建设项目管理办法》，自2015年5月1日起施行。**

3月31日

［纲　文］　**国务院副总理张高丽在北京会见由美国进步中心前总裁、前白宫办公厅主任波德斯塔率领的进步中心代表团。**

［目　文］　张高丽表示，近年来，在中美双方共同努力下，两国关系不断向前发展。中方愿与美方一道，认真落实两国元首达成的共识，大力拓展各领域合作，推动中美新型大国关系建设不断取得新的进展。气候变化关乎全人类生存与发展，也是中美重要合作领域。希望双方不断拓展应对气候变化务实合作的深度和广度，取得更多实实在在的成果。

波德斯塔表示，美中关系具有重要的全球性影响，美中双方应该加强合作，共同应对各种全球性挑战，推进美中新型大国关系建设。

3月31日

［纲　文］　**中国最大国有林区内蒙古大兴安岭林区结束63年的采伐历史，迎来生态建设发展时期。**

［目　文］　针对长期以来天然林资源过度消耗而引起的生态环境恶化的现实，中国自20世纪90年代末期开展了天然林资源保护工程（简称“天保工程”），该工程实施后，林区开始以木材生产为主向以生态建设为主的转变。到2013年，内蒙古大兴安岭林区每年的木材采伐量已从天保工程实施前的396万立方米减少到110万立方米。

3月31日—4月3日

［纲　文］　**应外交部部长王毅邀请，蒙古国外长普日布苏伦对中国进行正式访问。**

［目　文］　访问期间，国家副主席李源潮在北京会见了普日布苏伦。王毅与普日布苏伦在北京举行了会谈，两国外长同意在涉及彼此核心利益和重大关切问题上继续相互坚定支持。双方商定，把中方提出的丝绸之路经济带倡议同蒙方提出的草原之路倡议进行战

略对接，全面提升和整合双边经贸务实合作。商定积极落实中蒙经贸合作中期纲要，实现2020年双边贸易100亿美元目标。双方决定加快推进跨境经济合作区建设步伐，商定积极研究签署双边自贸协定。商定加强人文交流，不断夯实两国关系民意基础。双方还同意加强在国际和地区事务中的协调与配合，在联合国、亚欧会议、上海合作组织、亚洲基础设施投资银行等国际组织和机制框架内加强合作。

3月31日—4月6日

［**纲　文**］　**应文化部邀请，泰国文化部部长威拉来华访问。**

［**目　文**］　访问期间，文化部部长雒树刚在北京会见威拉并共同签署《中华人民共和国文化部和泰王国文化部2015年至2017年文化交流执行计划》。威拉出席了泰国文化部在北京举办的庆祝中泰建交40周年暨诗琳通公主60寿诞系列活动。

4 月

4 月 1 日

［纲　文］ **习近平主持召开中央全面深化改革领导小组第 11 次会议。**

［目　文］ 中央全面深化改革领导小组副组长李克强、刘云山、张高丽出席会议。中央全面深化改革领导小组成员出席，中央和国家有关部门负责人列席会议。

中共中央总书记、中央全面深化改革领导小组组长习近平强调，必须从贯彻落实“四个全面”战略布局的高度，深刻把握全面深化改革的关键地位和重要作用，拿出勇气和魄力，自觉运用改革思维谋划和推动工作，不断提高领导、谋划、推动、落实改革的能力和水平，切实做到人民有所呼、改革有所应。

会议审议通过了以下内容：一、《乡村教师支持计划（2015—2020 年）》。会议指出，到 2020 年全面建成小康社会、基本实现教育现代化，薄弱环节和短板在乡村，在中西部老少边穷岛等边远贫困地区。各级党委和政府要加强组织领导，因地制宜制定符合乡村学校实际的有效措施，把准支持重点，着力改革体制，鼓励和引导社会力量参与支持乡村教师队伍建设。二、《关于城市公立医院综合改革试点的指导意见》。会议强调，公立医院是我国医疗服务体系的主体。要把深化公立医院改革作为保障和改善民生的重要举措，着力解决好群众看病就医问题。要落实政府的领导责任、保障责任、管理责任、监督责任。要立足我国国情，加快推进改革试点，尽快形成可复制可推广的经验。三、《人民陪审员制度改革试点方案》。会议指出，人民陪审员制度是社会主义民主政治的重要内容。要通过改革人民陪审员制度，推进司法民主，促进司法公正，提升人民陪审员制度公信度和司法公信力。四、《关于人民法院推行立案登记制改革的意见》。会议强调，改革人民法院案件受理制度，变立案审查制为立案登记制，目的是要通过改进工作机制、加强责任追究，切实解决人民群众反映强烈的“立案难”问题，保障当事人诉权。五、《党的十八届四中全会重要举措实施规划（2015—2020 年）》。会议指出，《实施规划（2015—2020 年）》，是今后一个时期推进全面依法治国的总施工图和总台账。

会议强调，推进全面深化改革、全面依法治国，任务很重，时间很紧。要发扬钉钉子精神，乘势而上、顺势而为，加大改革方案出台力度，试点工作要抓紧抓实。出台的方案一定要有可操作性，细化改革任务的责任主体、完成时限、考核问责等。改革方案通过后，能公开的要向社会原原本本发布，以利社会共同监督落实。要抓好改革方案的进度统筹、质量统筹、落地统筹，理清各项改革的“联络图”和“关系网”，增强改革的有序性。会议还就深化农村改革、鼓励社会力量兴办教育促进民办教育健康发展等问题进行了研究。

4 月 1 日

［纲　文］　**李克强主持召开国务院常务会议。**

［目　文］　会议主要内容是：一、部署盘活和统筹使用沉淀的存量财政资金，有效支持经济增长。会议认为，改革和完善财政资金管理，盘活沉淀的存量资金统筹用于发展急需的重点领域和薄弱环节，可以提高资金使用效益，更好发挥积极财政政策稳增长、调结构的效用。为此，要抓紧出台方案，完善相关规定，对统筹使用沉淀的存量财政资金建立任务清单和时间表，对工作不力的严肃追责。把“零钱”变成“整钱”，把“死钱”盘活用好。各部门要顾全大局、带头示范，统筹使用的财政资金重点向中西部倾斜，带动有效投资，增加农村贫困地区的公共产品和服务供给。对存量资金较多的部门适当调减来年预算总额，清理整合政府性基金、国有资本经营收益和各部门专项资金，对专项用途资金实行清单制管理。二、确定加快发展电子商务的措施，培育经济新动力。会议指出，发展电子商务等新兴服务业，是“互联网＋”行动的重要内容，对于促进传统产业和新兴产业融合发展，减少流通成本，激励创业扩大就业，拉动消费，改善民生，增加金融活力，促进发展升级，具有重要意义。要创新政府管理和服务，积极支持电子商务发展，为其清障搭台，在发展中规范和引导。一要按规定将网络从业人员纳入社会保险，给予同等就业创业扶持。建立适应电子商务发展的多元化投融资机制，引导创业投资基金加大对电子商务初创企业的支持，放开外商投资电子商务业务外方持股比例限制。二要推动电子商务与贸易流通、工业生产、金融服务等相关领域联动发展，创新和拓展面向“三农”的服务，推进网络购物、网络化制造和经营管理、跨境电子商务等新业态成长，建设促进居民消费的电子商务平台，支持实体店与电商、线上与线下协同发展。三要加强法规标准和信用体系建设，营造公平竞争的环境和舞台，提升电子商务产品质量，完善网上交易投诉和维权机制，打击网络盗窃、诈骗等违法行为，保护知识产权和网络交易安全。三、决定适当扩大全国社保基金投资范围，更好惠民生、助发展。会议决定，在依法审慎合规、确保安全的前提下，一是把社保基金债券投资范围扩展到地方政府债券，并将企业债和地方政府债投资比例从 10% 提高到 20%。二是将基金直接股权投资的范围，从中央管理企业的改制或改革试点项目，扩大到中央企业及其子公司，以及地方具有核心竞争力的行业龙头企业包括优质民营企业。三是将基金的信托贷款投资比例上限由 5% 提高到 10%，加大对保障性住房、城市基础设施等项目的参与力度。四是允许基金按规定在全国银行间一级市场直接投资同业存单，并按照银行存款管理。会议要求，在把社保基金资产更多配置到收益相对较高且比较稳定的领域时，要做好政策衔接，控制投资风险，坚决守住安全“红线”，在促发展中壮大保民生的实力。

4 月 1 日

［纲　文］　**国务院印发《关于改进口岸工作支持外贸发展的若干意见》。**

［目　文］《意见》由六部分组成：一、优化口岸服务，促进外贸稳定增长；二、加强口岸建设，推动外贸转型升级；三、深化口岸协作，改善外贸发展环境；四、扩大口岸开放，提升对外开放水平；五、夯实口岸基础，提高服务经济社会发展能力；六、加强对口岸工作的组织领导。

《意见》指出，各省、自治区、直辖市人民政府要制定落实国家口岸发展规划的配套措施，结合本地实际进一步完善口岸工作制度，统筹规划口岸发展。县级以上地方人民政府要进一步加强对本地区口岸工作的领导，建立健全口岸工作综合协调机制，完善口岸基础设施，强化口岸综合治理，推进跨区域口岸合作和大通关建设，做好口岸服务保障工作，确保口岸安全高效运行。

4月1日

［纲　文］　**发展改革委公布《水电站大坝运行安全监督管理规定》。**

［目　文］《规定》共7章46条，主要有总则、运行管理、定期检查、注册登记、监督管理、法律责任、附则等内容。自2015年4月1日起施行，原国家电力监管委员会《水电站大坝运行安全管理规定》同时废止。

4月1日

［纲　文］　**司法部公布《关于进一步深化狱务公开的意见》。**

［目　文］《意见》由六部分组成：一、进一步提高对深化狱务公开重要意义的认识；二、进一步深化狱务公开的指导思想及原则；三、进一步深化狱务公开内容；四、进一步创新狱务公开方式方法；五、进一步完善狱务公开工作制度；六、进一步加强组织领导。

《意见》要求，各省（区、市）司法厅（局）、监狱管理局要积极向党委、政府汇报，争取党委、政府对深化狱务公开工作的关心和重视。要积极与有关部门沟通，争取支持与配合。要按照《意见》要求，结合本地区实际，认真研究制定具体实施方案，积极稳妥推进深化狱务公开工作有序开展。

4月1日

［纲　文］　**发展改革委、粮食局、财政部、农业发展银行公布《租赁社会粮食仓储设施收储国家政策性粮食的指导意见（试行）》。**

［目　文］《指导意见（试行）》主要由六部分组成：一、总体要求；二、资格审核和确认基本流程；三、租仓储粮管理要求；四、责任落实和监督检查；五、违规行为处理；六、其他有关事项。

《指导意见（试行）》强调，省级粮食行政管理部门、农发行省级分行和中储粮分公司要结合本地实际，进一步细化明确租仓储粮资格审核、流程确认和储粮管理等要求。

4月1日

［纲　文］　**宗教局、中央统战部、公安部、住房城乡建设部、旅游局、文物局印发《关于开展整治违法违规设立功德箱等借教敛财问题专项工作的通知》。**

［目　文］《通知》要求，一、功德箱只能设立在宗教活动场所，用于接受宗教性捐

献，非宗教活动场所、非宗教团体不得以功德箱或其他形式收取宗教性捐献。二、各地宗教、公安、住房城乡建设、旅游、文物等部门要运用法律、行政和舆论等手段开展综合治理，依法取缔非宗教活动场所和非宗教团体违法违规设立的功德箱，严厉查处假冒宗教教职人员非法从事宗教活动、骗取钱财等案件。要对违法主体进行教育，并视情予以通报；有违法所得的，没收违法所得；情节严重的，处违法所得1倍以上3倍以下的罚款；涉嫌犯罪的，移交司法机关处理；对情节严重、屡禁屡犯的典型案件要严肃处理，支持曝光揭丑，并追究相关组织和责任人责任。三、政府宗教事务部门要开展政策法规宣传普及工作，推动实行功德箱信息公告制度，采用必要方式方便信众游客识别；推动设立监督举报电话，接受宗教界、信众游客和社会舆论的监督，推动监督检查工作的常态化。四、政府宗教事务部门要指导宗教活动场所严格按照《宗教活动场所财务监督管理办法（试行）》，加强对功德箱的监督和管理。五、对于支持、参与乱设功德箱等借教敛财活动的党政干部，群众可向纪检监察机关反映，由纪检监察部门按党纪政纪严肃处理，构成犯罪的依法追究刑事责任。

4月1日

［纲　文］　**教育部发布《关于做好2015年重点高校招收农村学生工作的通知》。**

［目　文］　《通知》由四部分组成：一、继续实施农村贫困地区定向招生专项计划；二、继续实施农村学生单独招生计划；三、继续实施地方重点高校招收农村学生专项计划；四、确保考试招生工作公平公正。

《通知》强调，请各省级教育行政部门速将本通知转发至本省（区、市）各级教育行政部门、招生考试机构、有关高校和高中教育阶段学校。

4月1日

［纲　文］　**外交部发言人就日本外务省2015年版《外交蓝皮书》草案的问题表示，在钓鱼岛问题上采取单方面行动挑起事端、改变现状的正是日本自己。**

4月2日

［纲　文］　**国务院印发《水污染防治行动计划》。**

［目　文］　《计划》由十部分组成：一、全面控制污染物排放；二、推动经济结构转型升级；三、着力节约保护水资源；四、强化科技支撑；五、充分发挥市场机制作用；六、严格环境执法监管；七、切实加强水环境管理；八、全力保障水生态环境安全；九、明确和落实各方责任；十、强化公众参与和社会监督。

《计划》强调，我国正处于新型工业化、信息化、城镇化和农业现代化快速发展阶段，水污染防治任务繁重艰巨。各地区、各有关部门要切实处理好经济社会发展和生态文明建设的关系，按照“地方履行属地责任、部门强化行业管理”的要求，明确执法主体和责任主体，做到各司其职，恪尽职守，突出重点，综合整治，务求实效，以抓铁有痕、踏石留印的精神，依法依规狠抓贯彻落实，确保全国水环境治理与保护目标如期实现，为实现

“两个一百年”奋斗目标和中华民族伟大复兴中国梦做出贡献。

4月2日

［纲　文］　**国务院办公厅印发《关于加强安全生产监管执法的通知》。**

［目　文］　《通知》由五部分组成：一、健全完善安全生产法律法规和标准体系；二、依法落实安全生产责任；三、创新安全生产监管执法机制；四、严格规范安全生产监管执法行为；五、加强安全生产监管执法能力建设。

《通知》强调，各地区、各有关部门要充分认识进一步加强安全生产监管执法的重要意义，切实强化组织领导，积极抓好工作落实。各级领导干部要做尊法学法守法用法的模范，带头厉行法治、依法办事，运用法治思维和法治方式解决安全生产问题。国务院安全生产监督管理部门要会同有关部门认真开展监督检查，促进安全生产监管执法措施的落实，重大情况及时向国务院报告。

4月2日

［纲　文］　**财政部印发《可再生能源发展专项资金管理暂行办法》。**

［目　文］　《办法》共18条，规定可再生能源发展专项资金实行专款专用、专项管理、财政部和地方政府的职责、重点支持范围、财政部会同有关部门对可再生能源发展专项资金使用情况进行监督检查和绩效考评。本办法自2015年4月2日起施行。

4月2日

［纲　文］　**财政部印发《地方政府专项债券发行管理暂行办法》。**

［目　文］　《办法》共26条，明确了地方政府专项债券的定义、形式、期限、偿还主体、信用评级、信息披露、承销管理及程序、监督检查等内容。本办法自印发之日起施行。

4月2日

［纲　文］　**安全监管总局发布“关于修改《〈生产安全事故报告和调查处理条例〉罚款处罚暂行规定》等四部规章的决定”。**

［目　文］　决定对《〈生产安全事故报告和调查处理条例〉罚款处罚暂行规定》《安全生产违法行为行政处罚办法》《安全生产监管监察职责和行政执法责任追究的暂行规定》《建设项目安全设施“三同时”监督管理暂行办法》部分条款进行修改，自2015年5月1日起施行。

4月2日

［纲　文］　**全国深化供销合作社综合改革电视电话会议在北京召开。**

［目　文］　国务院副总理汪洋出席会议并讲话。会议指出，深化供销合作社综合改革要以密切与农民利益联系为核心，以提升为农服务能力为根本，以强化基层社和创新联合社治理机制为重点，因地制宜推进体制改革和机制创新。拓展供销合作社经营服务领域，不断构建可持续为民服务体系。推进供销合作社基层社改造，通过劳动合作、资本合作、土地合作等多种方式，吸引各类新型农业经营主体参与，不断夯实为农服务基础。

汪洋强调，要认真贯彻落实《中共中央国务院关于深化供销合作社综合改革的决定》，紧紧围绕“三农”工作大局，以密切与农民利益联结为核心，以提升为农服务能力为根本，坚持社会主义市场经济改革方向，深入推进供销合作社体制改革和机制创新，促进供销合作社在农业现代化建设中发挥更大作用。服务“三农”是供销合作社的立身之本、生存之基，供销合作社要把为农服务放在首位。推动供销合作社由流通服务向全程农业社会化服务延伸，向全方位城乡社区服务拓展，加快形成综合性、规模化、可持续的为农服务体系。要加快基层社改造，通过劳动合作、资本合作、土地合作等多种途径，采取合作制、股份合作制等多种形式，广泛吸纳农民和各类新型农业经营主体入社，不断强化供销合作社与农民在组织上和经济上的联结。要加强各层级供销社的联合合作，进一步理顺社企关系，构建联合社机关主导的行业指导体系和社有企业支撑的经营服务体系。各地区各有关部门要加强组织领导，明确改革任务，落实支持政策，精心组织实施，确保改革顺利推进。

4月2日

[纲　文]　**国家卫生计生委在武汉召开全国农村基层卫生工作会议。**

[目　文]　国家卫生计生委副主任马晓伟主持会议。会议总结了近年来农村基层卫生工作，并部署了当前和今后一段时间改革发展任务。国家卫生计生委主任李斌出席会议并讲话，湖北省省长王国生出席会议并致辞。各省、自治区、直辖市、计划单列市、新疆生产建设兵团卫生计生委（卫生局）相关负责人，全国人大农委、科教文卫委和全国政协科教文卫体委有关同志，国家卫生计生委相关司局负责人及农村卫生专家代表参加了会议。湖北省卫生计生委等单位作了工作经验交流。与会代表到武汉市黄陂区前川卫生院和油岗村卫生室进行了现场调研。

李斌提出，加强乡村医生队伍建设，力争到2020年，让每个家庭有一名合格的家庭医生，每个居民有一份电子化的健康档案，有一张智能健康卡，实现人人享有基本医疗卫生服务。当前和今后一个阶段，农村基层卫生发展要围绕建立基本医疗卫生制度，坚持以农村为重点、预防为主，进一步巩固完善基本药物制度和基层运行新机制，进一步明确县、乡、村三级医疗卫生机构的功能定位，推动建立分级诊疗制度。改革新农合支付方式，推进大病保险，提高国家基本公共卫生服务项目的质量和效果，增强群众的获得感。

4月2日

[纲　文]　**文化部部长雒树刚在北京与卡塔尔文化、艺术与遗产大臣哈马德·本·阿卜杜勒阿齐兹·库瓦里签署《中华人民共和国文化部和卡塔尔国文化、艺术与遗产部关于2016中卡文化年的合作意向声明》。**

4月3日

[纲　文]　**习近平等党和国家领导人参加首都义务植树活动。**

［目　文］　习近平、李克强、张德江、俞正声、刘云山、王岐山、张高丽等党和国家领导人在朝阳区孙河乡的植树点，同首都群众一起义务植树。

习近平同参加植树的干部群众说，经过新中国成立以来特别是近30多年来不断植树造林，我们国家树更多了、山更青了、地更绿了。中国在植树造林方面为人类作出了重要贡献。同时，我们也要看到，与全面建成小康社会奋斗目标相比，与人民群众对美好生态环境的期盼相比，生态欠债依然很大，环境问题依然严峻，缺林少绿依然是一个迫切需要解决的重大现实问题。我们必须强化绿色意识，加强生态恢复、生态保护。这是个历史性的时刻。绿化祖国，改善生态，人人有责。要积极调整产业结构，从见缝插绿、建设每一块绿地做起，从爱惜每滴水、节约每粒粮食做起，身体力行推动资源节约型、环境友好型社会建设，推动人与自然和谐发展。

4月3日

［纲　文］　**李克强在北京主持召开中国装备走出去和推进国际产能合作座谈会。**

［目　文］　张高丽、汪洋、马凯等出席会议。外交部、发展改革委、商务部、中国信保公司、中国铁建、中广核集团等单位负责人作了发言。

国务院总理李克强说，当前，我国经济发展进入新常态，面临许多新的机遇和挑战，要实现中高速增长、迈向中高端水平，对外开放必须要上新水平。要在努力推动外贸转型、有效利用外资的基础上，加快中国装备走出去和推进国际产能合作，这是实现我国经济提质增效升级的重要举措，有利于培育对外开放新优势，推动形成优进优出开放型经济新格局，使中国经济与世界经济在更高层次上深度融合。目前，许多国家对基础设施建设和推进工业化的需求很大，而我国很多装备和产能质优价廉，综合配套能力强。这有助于顶住经济下行压力、拓展我国发展新空间，有利于相关国家加快发展、扩大就业，并可为中国与发达国家合作开拓第三方市场创造更多机遇。一是突出深化改革。除少数必经批准的外，其他境外投资一律取消项目核准，实行备案管理，清理取消束缚对外投资的各种不合理限制和收费，让企业放开手脚闯世界，使产业在国际同台竞争中不断升级。二是突出市场运作。以企业为主导，依照商业原则，灵活运用境外经贸园区、工程总承包、第三方合作等多种“出海”模式，做好国内产能与国外市场的对接，更好契合不同地区尤其是“一带一路”沿线国家的需求。三是突出质量和信用。企业要用讲信誉、守规则、重质量、铸精品的行动和成效，将中国装备和国际产能合作打造成靓丽的国家新名片。四是突出大企业和中小企业优势互补、协同推进，构建全产业链战略联盟，依靠整体优势增强国际市场开拓能力。

李克强还指出，推动装备走出去和国际产能合作，金融服务要同步跟进。一要拓宽外汇储备运用渠道。通过定向发行专项债券等方式，对重点合作项目提供更多融资服务。二要在加强风险防范前提下，更好发挥优买贷款、援外优惠贷款作用，扩大支持国别范围和行业领域。三要破除商业融资障碍。推动中资金融机构海外网点建设，支持企业以境外资产、股权等权益为抵押开展贷款，探索境外发债备案制，鼓励开展公私合营项目贷款业务。四要发挥好财政资金的引导作用。五要扩大出口信用保险覆盖面。增加中长期信用保险、海外投资险规模，在基础费率、承保期限等方面提供更好的服务。

4 月 3 日

［纲　文］　**国务院办公厅办印发《2015 年政府信息公开工作要点》。**

［目　文］　《要点》由五部分组成：一、推进重点领域信息公开；二、全面加强主动公开工作；三、强化依申请公开管理和服务；四、建立健全制度机制；五、加强组织领导和机构队伍建设。

《要点》强调，各地区各部门要把政府信息公开工作纳入重要议事日程，与经济社会管理工作紧密结合，同步研究、同步部署、同步推进，主要负责人要主动听取公开工作情况汇报，研究解决突出问题，同时明确一位负责人分管公开工作。要理顺工作关系，减少职能交叉，加强专门机构建设和人员配备，统筹做好信息公开、政策解读、舆情处置、政府网站、政务微博微信和政府公报等工作，并在经费、设备等方面提供必要保障。把信息公开列入公务员培训科目，加大各级政府尤其是市、县级政府相关工作人员培训力度，不断提升工作能力和水平。各地区各部门要制定本工作要点分解细化方案，明确分工，加强督导，确保各项任务落实到位。落实情况要纳入政府信息公开工作年度报告并向社会公布，接受公众监督。国务院办公厅应适时对本工作要点落实情况进行督查，并组织开展第三方评估。

4 月 3 日

［纲　文］　**最高法印发《关于进一步加强和改进民族地区民汉双语法官培养及培训工作的意见》。**

［目　文］　《意见》的内容有：一、总体要求；二、加强思想政治教育，坚持正确政治方向；三、加大培养力度，充分发挥双语法官重要作用；四、加强双语法官培训工作，提高培训针对性和实效性；五、加强组织领导，确保双语法官培养及培训工作顺利开展。

4 月 3 日

［纲　文］　**财政部印发《政府和社会资本合作项目财政承受能力论证指引》。**

［目　文］　《指引》共 6 章 34 条，主要有总则、责任识别、支出测算、能力评估、信息披露、附则等内容。自 2015 年 4 月 3 日起施行。

4 月 3 日

［纲　文］　**发展改革委、财政部公布《国家物资储备管理规定》。**

［目　文］　《规定》共 7 章 39 条，主要有总则，国家储备物资的收储、动用、轮换，储存管理，安全保障，监督检查，罚则，附则等内容。自 2015 年 6 月 1 日起施行。

4 月 3 日

［纲　文］　**财政部、公安部、工商总局、工业和信息化部、民政部、人民银行、体育总局、银监会印发公告，坚决制止擅自利用互联网销售彩票的行为，严厉查处非法彩票，利用互联网销售彩票业务必须依法合规。**

4月3日

［纲　文］ **保监会发布《保险公司资本保证金管理办法》。**

［目　文］ 《办法》共5章29条，主要有总则、存放、备案、监管、附则等内容。自2015年4月3日起实施，《关于印发〈保险公司资本保证金管理办法〉的通知》（保监发〔2011〕39号）同时废止。

4月3日

［纲　文］ **《人民日报》发表题为《深化综合改革，更好服务“三农”》的评论员文章。**

4月3—9日

［纲　文］ **应全国人大常委会委员长张德江邀请，南非国民议会议长姆贝特率团访华。**

［目　文］ 访华期间，国务院总理李克强在北京会见了姆贝特。张德江与姆贝特在北京举行会谈，共同主持中南议会定期交流机制第三次会议第一阶段会议。

4月3—6日

［纲　文］ **应中国政府邀请，泰王国玛哈扎克里·诗琳通公主殿下访华。**

［目　文］ 访华期间，全国政协主席俞正声、国务院副总理刘延东、国家副主席李源潮在北京分别会见了诗琳通。

俞正声欢迎诗琳通在中泰建交40周年之际再次访华，赞赏诗琳通长期致力于发展中泰友好事业，为增进两国人民的相互了解和友好感情做出了积极贡献，并表示2014年8月泰国新一届政府成立以来，中泰关系继续保持稳定发展势头。双方高层会晤频繁，铁路合作取得重大进展，两国在经贸、科技、人文、执法安全等领域也开展了卓有成效的合作。希望双方以建交40周年为契机，推动两国关系深入发展。诗琳通表示，很高兴再次访华，此访期间将举办以互联互通为主题的个人摄影展，并就加强两国教育、文化、科技等领域交流与合作同中方交换意见，相信泰中友好关系将发展得越来越好。

4月4日

［纲　文］ **香港举办《中华人民共和国香港特别行政区基本法》颁布25周年研讨会。**

［目　文］ 香港特别行政区政务司司长兼基本法推广督导委员会主席林郑月娥为研讨会致开幕辞。行政长官梁振英作主题演讲。全国政协副主席董建华、中央政府驻港联络办主任张晓明出席座谈会。

梁振英说，纪念《基本法》颁布25周年，重温《基本法》的起草和咨询过程，对正确理解“一国两制”、“港人治港”、高度自治的初衷和本意，包括做好政改工作，很有现实意义，也很有指导价值。今天有人提出的关于中央政府权力、特区政府权力和普选等问题，在30年前开始的起草和咨询过程中，都已经详细讨论过、研究过，并且在25年前通过的《基本法》有了具体决定。今天我们要做的，不是凭空想象各自认为理想的做法，而是依《基本法》办事，落实执行。

清华大学法学院院长王振民从法律的角度，讲解了《基本法》下中央和香港特别行政区的关系；香港机场管理局行政总裁林天福从经济发展角度，讲述了香港如何在“一国两制”下利用特殊地位发挥优势、配合国家发展；特区政府前商务及经济发展局局长马时亨等嘉宾与四位香港青年人互动对谈，分享了各自对《基本法》和“一国两制”的认知、体会。

4月4日

［纲　文］《人民日报》发表题为《香港繁荣稳定的根本保障——纪念香港基本法颁布二十五周年》的评论员文章。

4月6日

［纲　文］　首次澜沧江—湄公河对话合作外交高官会在北京举行。

［目　文］　高官会由外交部主办。会议主题为“六个国家，一个命运共同体：建立澜沧江—湄公河对话合作机制，促进次区域可持续发展”。会议由外交部副部长刘振民和泰国外交部副次长诺帕敦共同主持。柬埔寨、老挝、缅甸、越南高官与会。

与会者表示，湄公河国家与中国建立对话合作机制，有利于湄公河国家实现可持续发展，缩小东盟国家发展差距，助力东盟共同体建设。六国要加强在政治安全、经济和社会人文等领域的交流与合作，共同促进次区域的和平稳定与发展繁荣。

同日，外交部部长王毅在会见出席会议的湄公河国家高官时表示，湄公河国家是中国打造亚洲命运共同体、推进“一带一路”建设的重要合作伙伴，澜沧江—湄公河对话合作具有明显的相互需求和良好的双边基础。这一地区的和平稳定、发展繁荣，不仅符合六国共同利益，也将有力促进东盟共同体建设以及东盟一体化进程，并为推动中国—东盟关系发展和东亚区域合作发挥积极作用。六国要抓住历史机遇，携手推进合作，实现互利共赢，打造澜沧江—湄公河流域国家命运共同体。

4月6—9日

［纲　文］　外交部部长王毅应邀对俄罗斯、白俄罗斯进行正式访问。

［目　文］　6—8日，王毅在俄罗斯访问期间，在莫斯科会见了俄罗斯总统普京；与俄罗斯外长拉夫罗夫举行会谈，双方一致认为，要进一步增进政治互信，坚定相互支持，深化务实合作，加强民间交流，密切国际协作，保持全面战略协作伙伴关系的高水平运行。作为二战中亚洲和欧洲的两个主战场，中俄两国有责任也有义务相互支持，各自并共同举办二战胜利70周年纪念活动，以铭记历史，启示后人，更好地维护和促进世界和平。我们也支持世界上一切爱好和平的国家举办相应的活动。中俄作为安理会常任理事国，应当率先维护联合国宪章的宗旨和原则，推动安理会履行维护国际和平与安全的首要责任，推动国际和地区热点问题的和平解决，努力构建以合作共赢为核心的新型国际关系。中俄务实合作仍有巨大发展空间和潜力，愿意积极探索中方提出的丝绸之路经济带倡议与俄

方的跨欧亚通道和欧亚经济一体化设想相互对接，开辟两国合作新的增长点，共同为亚欧大陆的发展振兴增添新的动力。加强两国的民间友好至关重要，双方将在去年基础上办好2015年的中俄青年友好交流年活动，进一步夯实中俄全面战略协作伙伴关系的民意和社会基础。应该加强在上合组织和金砖国家之间的合作。中方将支持俄罗斯办好2015年的上合组织和金砖国家峰会，进一步维护好新兴市场国家和广大发展中国家的共同利益。

8—9日，王毅在白俄罗斯访问期间，在明斯克会见了白俄罗斯总统卢卡申科；与白俄罗斯外长马克伊举行会谈，达成广泛共识。双方一致同意，以共建丝绸之路经济带为契机，把白俄罗斯作为重要合作伙伴，发挥白俄罗斯独特的区位优势，以工业园等示范性大项目为重点，拓展产能、基础设施、高科技、金融信贷等领域务实合作，推进两国发展，造福两国人民。双方一致同意，以纪念世界反法西斯战争胜利和联合国建立70周年为主线，共同维护二战胜利成果，维护历史公正和国际正义，推动国际秩序朝着更加公正合理的方向发展。要以签署两国友好合作条约为动力，加大相互支持力度，维护共同利益，携手构建以合作共赢为核心的新型国际关系。

4月7日

［纲　文］　**第二届夏季青年奥林匹克运动会总结表彰大会在南京召开，习近平、李克强作出指示、批示。**

［目　文］　会议宣读了习近平的指示和李克强的批示。中共中央总书记习近平指示强调，南京青奥会成功举办，进一步向世界展示了中国开放自信、热情友善的良好形象，赢得广泛好评。希望总结经验，传承和发扬好青奥会留下的宝贵财富，更加重视青少年体育工作，引导广大青少年继续弘扬奥林匹克精神，积极参与体育健身运动，强健体魄、砥砺意志，凝聚和焕发青春力量，为中华民族伟大复兴做出应有贡献。

国务院总理李克强批示指出，此次盛会注重创新特色，突出青春主题，向世界传播了“中国好声音”，为奥林匹克事业发展积累了“南京经验”。要进一步弘扬青奥精神，培育国家繁荣进步的强大生力军。

南京青奥会先进集体和先进个人受到表彰，运动员、教练员、志愿者代表作了发言。

第二届夏季青年奥林匹克运动会于2014年8月16日至28日在江苏省南京市举行，是继2008年北京奥运会后，在中国举办的又一项具有国际影响的奥林匹克盛事。

4月7日

［纲　文］　**国家防汛抗旱总指挥部在北京举行2015年第一次全体会议。**

［目　文］　国务院副总理、国家防汛抗旱总指挥部总指挥汪洋，国家防汛抗旱总指挥部副总指挥、水利部部长陈雷，国家防汛抗旱总指挥部副总指挥、解放军副总参谋长戚建国出席会议并发言。国家防汛抗旱总指挥部副总指挥、国务院副秘书长毕井泉宣布国家防总有关成员调整名单。国家防汛抗旱总指挥部秘书长、水利部副部长刘宁汇报2014年汛后以来工作及2015年工作安排意见。中国气象局局长郑国光汇报2015年气象预测情

况。中宣部、发展改革委、财政部、民政部、国土资源部、交通运输部、农业部、武警部队等国家防总有关成员单位负责人在会上发言，国家防总全体成员参加会议。

汪洋强调，据专家会商预测，2015年气象年景总体偏差，防汛抗旱防台风形势不容乐观，要认真贯彻落实党中央、国务院的决策部署，把确保人民群众生命安全放在首位，立足于防大汛、抗大旱，认真查找薄弱环节，全面落实各项应对措施，扎实有效地做好防汛抗旱工作，为促进经济平稳健康发展、保持社会和谐稳定提供有力保障。随着经济社会发展和全球气候变化影响加剧，旱涝形势更加复杂，防灾减灾任务更加繁重。各地区、各有关部门要切实加强组织领导，认真落实行政首长负责制，依法科学统一、有力有序有效地做好防汛抗旱工作。要抓紧汛前准备，加快病险工程除险加固、水毁震损工程修复和抗旱应急工程建设，确保防汛抗旱工程、队伍、预案、物资等各项措施落实到位。加强天气预报和灾情监测预警，强化汛期值守、巡坝查险、险情抢护，全力避免人员伤亡。加大节水技术推广力度，稳步推进水价、水权制度改革，建立节水新机制。立足长远，加强防汛抗旱基础设施建设，推进水资源的合理利用和保护，提高防灾减灾水平。

4月7日

［纲　文］　**财政部印发《政府和社会资本合作项目财政承受能力论证指引》。**

［目　文］　《指引》共6章34条，主要有总则、责任识别、支出测算、能力评估、信息披露、附则等内容。自2015年4月7日起施行。

4月7日

［纲　文］　**工商管理总局公布《关于禁止滥用知识产权排除、限制竞争行为的规定》。**

［目　文］　《规定》共19条，对非价格的滥用知识产权排除、限制竞争行为进行了规定。其主要内容包括：禁止经营者之间利用行使知识产权的方式达成垄断协议；禁止具有市场支配地位的经营者在行使知识产权的过程中滥用市场支配地位，排除、限制竞争；专利联营、标准中行使知识产权行为可能构成垄断的具体情形等内容。自2015年8月1日起实施。

4月7日

［纲　文］　**海关总署公布《海关总署关于废止部分规章的决定》。**

［目　文］　《决定》说，为了适应经济社会发展需要，切实推动简政放权、转变职能，深化行政审批制度改革，现决定废止1988年4月6日以海关总署〔1988〕署货字第343号发布的《中华人民共和国海关对加工贸易保税工厂管理办法》、1993年1月5日以海关总署令第41号发布并于2014年5月5日以海关总署令第218号修改的《中华人民共和国海关对进料加工保税集团管理办法》。自2015年4月7日起生效。

4月7日

［纲　文］　**中国第二次湿地资源调查结果显示，青海省湿地资源面积位居中国第一。**

［目　文］　青海省林业厅副厅长邓尔平说，青海省湿地面积从2003年的556万公顷增加到814.36万公顷，增长近五成，占中国湿地总面积的15.19%。目前青海省初步构建了以自然保护区和国家湿地公园为主的湿地保护管理体系。已建成11处各类型自然保护区，省内有3处湿地列入国际重要湿地名录，17处列为国家重要湿地名录。全省禁止开发区域面积达23.04万平方公里，占全省总面积的32.11%。

4月7日

［纲　文］　**全国政协主席俞正声在北京会见埃塞俄比亚联邦院议长卡萨。**

［目　文］　俞正声说，中埃两国是好伙伴、好朋友、好兄弟。自1970年建交以来，两国关系一直健康顺利发展。双方高层互访频繁，政治互信不断增强，经贸合作和人文交流深入发展。2015年是中埃建交45周年，中方愿同埃方共同努力，落实好两国领导人达成的共识，不断开创中埃关系新局面。中国全国政协十分重视发展与埃塞俄比亚联邦院的交流与合作，愿进一步密切双方各层次人员往来，加强经验交流。卡萨对中国多年来在各个方面给予埃塞俄比亚的帮助表示感谢，并表示愿进一步深化双方的了解与友谊，推动中埃各领域合作。

8日，全国人大常委会委员长张德江在北京会见卡萨时说，埃塞俄比亚是中国对非合作的重要伙伴，建交45年特别是近年来，两国高层交往密切，中埃友好深入人心，各领域合作成果丰硕，双边关系堪称南南合作的典范。中国全国人大重视发展与埃塞俄比亚联邦院的友好关系，继续按照习近平主席提出的“真实亲诚”的对非工作方针和正确义利观，相互借鉴治国理政经验，不断夯实合作的法律基础，不断营造友好的社会氛围，切实把中埃友谊转化为惠及两国人民实实在在的成果，全面推动中埃关系深入发展。卡萨说，埃方视中国为战略合作伙伴，愿继续保持高层交往势头，落实好两国领导人达成的重要共识和双方重大合作项目，扩大人文交流和议会交流。

4月7日

［纲　文］　**外交部发言人表示，中国将会继续坚定地维护中国的领土主权。**

［目　文］　有记者问，日本出台了新的外交蓝皮书，对于中日关系的描述改变了说法。请问中方对此有何评论？外交部发言人表示，对于中日关系，中方的立场是一贯的。我们愿意在中日四个政治文件的基础上，本着以史为鉴、面向未来的精神，发展与日本的战略互惠关系。我们多次强调，钓鱼岛是属于中国的，中国维护领土主权的意志决不允许有任何的怀疑，我们将会继续坚定地维护中国的领土主权。同时，我们也愿意继续致力于通过对话来妥善解决和管控有关问题。

针对日本部分教科书在历史认识问题的描述上再现倒退，发言人表示，中方严肃敦促日方本着对历史高度负责的态度，以正确历史观教育年轻一代。中方对日本国内有关动向表示严重关切。钓鱼岛及其附属岛屿自古以来就是中国的固有领土，这有着充分的历史和法理依据。无论日方采用什么手段宣传自己的错误立场，都无法改变这一基本事实。南京大屠杀是日本军国主义在侵华战争中犯下的残暴罪行，铁证如山，早有定论。日方对有关问题的认识和处理，实质上反映出日方能否持有诚实和负责任的正确历史观。历史就是历史，不能也不容篡改。我们再次严肃敦促日方本着对历史高度负责的态度，以正确的历史观教育年轻一代，切实履行正视和反省侵略历史的承诺，以实际行动为改善与邻国关系作出努力。

4月7日

［纲　文］ **《人民日报》发表题为《闻鼙鼓而思良将》的评论员文章**。

4月7—10日

［纲　文］ **应中共中央总书记、国家主席习近平邀请，越共中央总书记阮富仲对中国进行正式访问**。

［目　文］ 访问期间，习近平在北京与阮富仲举行了会谈，两党总书记积极评价对方国家发展成就，就两党两国关系、国际和地区形势等共同关心的问题深入交换看法，达成重要共识。双方强调要珍惜和维护中越传统友谊，秉承长期稳定、面向未来、睦邻友好、全面合作方针和好邻居、好朋友、好同志、好伙伴精神，推动中越全面战略合作伙伴关系持续发展，更好造福两国人民。习近平和阮富仲共同见证了《中国共产党和越南共产党合作计划（2016—2020年）》以及金融、基础设施、文化、司法、税务、维和等领域合作文件的签署并出席第15届中越青年友好会见活动。双方发表了《中越联合公报》。国务院总理李克强、全国人大常委会委员长张德江、全国政协主席俞正声在北京分别会见阮富仲。阮富仲还到云南省参观访问。

习近平与阮富仲会谈时强调，中越拥有广泛共同利益，友好合作是主流，应该始终以中越友好大局和两国发展大计为重，坚持相互尊重、友好协商、求同存异、管控分歧，始终把握中越关系发展正确方向，推动中越全面战略合作伙伴关系长期稳定健康发展。中方欢迎越方参与21世纪海上丝绸之路建设，愿同越方一道用好双边合作指导委员会机制，落实好中越全面战略合作伙伴关系行动计划，成立基础设施合作工作组和金融合作工作组，推进互联互通合作，推动经贸合作迈上新台阶。要加强两军交往，深化安全和执法领域合作，切实保护对方国家驻在本国的机构、企业、人员安全。要加强新闻宣传、文化、教育、医疗、旅游等领域交流和地方合作，培养更多中越友好接班人。

阮富仲表示，将全面推进和落实两党业经达成的共识，开展党建、干部培训、加强法治等方面交流，加强两国立法和政治协商机构交流；充分利用和提升两国现有各领域各类合作机制，加强外交、国防、执法、安全沟通合作；加强两国贸易投资合作，推进边贸往来和跨境经济合作区建设。越方正积极研究参与21世纪海上丝绸之路建设，希望同中方加强农业、制造业、基础设施、互联互通等领域合作，大力开展科技、卫生、教育、文化、环保、旅游、媒体、青年、地方交流合作，不断增进两国人民相互了解和友谊。

李克强在会见阮富仲时表示，我们愿同越方于年内尽早启动北部湾湾口外海域共同考察，进而推动湾口外海域乃至更大范围海域共同开发取得实质进展。中方愿同越方加强多边领域经济合作，在大湄公河、泛北部湾经济合作等次区域机制中开展务实合作，更好造福两国和本地区人民。阮富仲说，越方愿同中方加快推进海上、陆上、金融三个工作组的工作，按照已达成的协议和共识，就海上问题加强磋商谈判，找到双方都能接受的办法，共同维护和平稳定的环境。

4月8日

［纲　文］　**李克强主持召开国务院常务会议。**

［目　文］　会议主要内容是：决定在全国范围清理规范涉企收费、下调燃煤发电上网电价和工商业用电价格、依法适当降低铁矿石资源税征收比例，多措并举减轻企业负担，支持实体经济发展。

会议认为，按照《政府工作报告》部署，进一步实行结构性减税和普遍性降费，是坚持定向调控稳增长、调结构，精准发力促创新、扩就业的重要举措，可以更加充分发挥积极财政政策作用，进一步激发市场活力，聚焦经济运行中的新情况和企业面临的突出问题，大力清障减负，推动大众创业、万众创新持续蓬勃发展，增强经济发展动力。集中用半年时间开展专项行动，在全国全面清理涉企行政事业性收费和政府性基金，涉及行政审批前置、市场监管和准入等具有强制垄断性的经营服务性收费，行业协会商会涉企收费等，通过简政放权、放管结合、转变政府职能，立规矩、建机制，用依法、规范、透明的管理制度扼制“任性”收费，挖掉乱收费的“病根”。一是对去年中央和地方政府确定取消、停征和减免的600多项收费规定进行自查、督查，必须落实到位，不得以任何理由拖延或拒绝执行，不得变换名目继续收取，尤其要落实好对小微企业、服务业、保障性住房、高校毕业生就业等减免收费基金的政策。二是凡没有法律法规依据且未按规定批准，越权设立的涉企收费基金项目一律取消，坚决纠正擅自提高征收标准、扩大征收范围的行为。三是凡没有法定依据的行政审批中介服务及收费全部取消。严禁行业协会商会打着政府旗号擅自设立收费项目或提高收费标准，严禁强制企业入会并收取会费，严禁强制企业付费参加会议、培训、展览或赞助捐赠等行为。四是取消政策效应不明显、不适应市场经济发展需要的政府性基金，整合重复设置的收费基金。五是对清理规范后保留的涉企收费建立清单，并向社会公布，清单外一律不得收费。为降低企业成本，适当下调燃煤发电上网电价和工商业用电价格。一是按照煤电价格联动机制，下调全国燃煤发电上网电价平均每千瓦时约2分钱。二是实行商业用电与工业用电同价，将全国工商业用电价格平均每千瓦时下调约1.8分钱，减轻企业电费负担。继续对高耗能产业采取差别电价，并明确目录，加大惩罚性电价执行力度。三是利用降价空间，适当疏导天然气发电价格以及脱硝、除尘、超低排放等环保电价的突出结构性矛盾，促进节能减排和大气污染防治。为改善铁矿石企业生产经营环境、促进结构调整、支持上下游产业协调发展和升级、保障国家资源供应安全，会议决定，自5月1日起，依法适当下调铁矿石资源税征收比例，减按规定税额的40%征收。

4日8日

［纲　文］　**国务院印发《中国（广东）自由贸易试验区总体方案》。**

［目　文］《方案》由五部分组成：一、总体要求；二、区位布局；三、主要任务和措施；四、监管服务和税收政策；五、保障机制。

《方案》指出，在国务院的领导和统筹协调下，由广东省根据试点内容，按照总体筹划、分步实施、率先突破、逐步完善的原则组织实施。按照既有利于合力推进自贸试验区建设，又有利于各片区独立自主运作的原则，建立精简高效、统一管理、分级负责的自贸试验区管理体系。自贸试验区建设相关事宜纳入粤港、粤澳合作联席会议机制。各有关部门要大力支持，加强指导和服务，共同推进相关体制机制创新，并注意研究新情况，解决新问题，总结新经验，重大事项要及时报告国务院，共同把自贸试验区建设好、管理好。商务部、广东省人民政府要会同相关部门，对自贸试验区试点政策执行情况进行综合和专项评估，必要时委托内地和港澳第三方机构进行独立评估，并将评估结果报告国务院。对试点效果好且可复制可推广的成果，经国务院同意后推广到全国其他地区。

4月8日

［纲　文］**国务院印发《中国（天津）自由贸易试验区总体方案》。**

［目　文］《方案》由四部分组成：一、总体要求；二、区位布局；三、主要任务和措施；四、保障机制。

《方案》指出，在国务院的领导和统筹协调下，由天津市根据试点内容，按照总体筹划、分步实施、率先突破、逐步完善的原则组织实施。对出现的新情况、新问题，要认真研究，及时调整试点内容和政策措施，重大事项要及时向国务院请示报告。各有关部门要大力支持，加强指导和服务，共同推进相关体制机制创新，把自贸试验区建设好、管理好。自贸试验区要及时总结改革创新经验和成果。商务部、天津市人民政府要会同相关部门，对自贸试验区试点政策执行情况进行综合和专项评估，必要时委托第三方机构进行独立评估，并将评估结果报告国务院。对试点效果好且可复制可推广的成果，经国务院同意后率先在京津冀地区复制推广，具备条件的，进一步推广到全国其他地区。

4月8日

［纲　文］**国务院印发《中国（福建）自由贸易试验区总体方案》。**

［目　文］《方案》由四部分组成：一、总体要求；二、区位布局；三、主要任务和措施；四、保障机制。

《方案》指出，在国务院的领导和统筹协调下，由福建省根据试点内容，按照总体筹划、分步实施、率先突破、逐步完善的原则组织实施。各有关部门要大力支持，加强指导和服务，共同推进相关体制机制创新，在实施过程中要注意研究新情况，解决新问题，总结新经验，重大事项要及时报告国务院，努力推进自贸试验区更好更快发展。自贸试验区要及时总结改革创新经验和成果。商务部、福建省人民政府要会同相关部门，对自贸试验区试点政策执行情况进行综合和专项评估，必要时委托第三方机构进行独立评估，并将评估结果报告国务院。对试点效果好且可复制可推广的成果，经国务院同意后推广到全国其他地区。

4月8日

［纲　文］　**国务院批复湖南省人民政府，同意设立湖南湘江新区。**

［目　文］　批复说：一、同意设立湖南湘江新区。二、湖南湘江新区建设，要全面贯彻党的十八大和十八届三中、四中全会精神，按照党中央、国务院决策部署，突出新型工业化和新型城镇化融合发展重大主题，坚持高标准规划、高起点建设，注重科技创新和自主创新，注重保障和改善民生，注重经济社会和资源环境协调发展，推动产业转型升级和集聚发展，促进产城融合和城乡协调，提升对内对外开放水平，激发大众创业、万众创新热情，不断提高经济综合实力和竞争力，努力把湖南湘江新区建设成为高端制造研发转化基地和创新创意产业集聚区、产城融合城乡一体的新型城镇化示范区、全国“两型”社会建设引领区、长江经济带内陆开放高地。三、湖南省人民政府要切实加强组织领导，完善工作机制，明确工作责任，加大支持力度，积极探索与现行体制协调、联动、高效的管理方式，积极稳妥扎实推进湖南湘江新区建设发展。四、国务院有关部门要按照职能分工，加强对湖南湘江新区建设发展的支持和指导，在有关规划编制、政策实施、项目安排、体制机制创新等方面给予积极支持，帮助解决湖南湘江新区发展过程中遇到的困难和问题，营造良好的政策环境。

4月8日

［纲　文］　**国务院印发《进一步深化中国（上海）自由贸易试验区改革开放方案》。**

［目　文］　《方案》由三部分组成：一、总体要求；二、主要任务和措施；三、扎实做好组织实施。

《方案》强调，在国务院的领导和协调下，由上海市根据自贸试验区的目标定位和先行先试任务，精心组织实施，调整完善管理体制和工作机制，形成可操作的具体计划。对出现的新情况、新问题，认真研究，及时调整试点内容和政策措施，重大事项及时向国务院请示报告。各有关部门要继续给予大力支持，加强指导和服务，共同推进相关体制机制创新，把自贸试验区建设好、管理好。

4月8日

［纲　文］　**国务院办公厅印发《自由贸易试验区外商投资准入特别管理措施（负面清单）》。**

［目　文］　《措施》说，一、负面清单列明了不符合国民待遇等原则的外商投资准入特别管理措施，适用于上海、广东、天津、福建四个自由贸易试验区（以下统称自贸试验区）。二、《管理措施》依据《国民经济行业分类》（GB/T4754—2011）划分为15个门类、50个条目、122项特别管理措施。其中特别管理措施包括具体行业措施和适用于所有行业的水平措施。三、《管理措施》中未列出的与国家安全、公共秩序、公共文化、金融审慎、政府采购、补贴、特殊手续和税收相关的特别管理措施，按照现行规定执行。自贸试验区内的外商投资涉及国家安全的，须按照《自由贸易试验区外商投资国家安全审查试行办法》进行安全审查。四、《管理措施》之外的领域，在自贸试验区内按照内外资一致原则

实施管理，并由所在地省级人民政府发布实施指南，做好相关引导工作。五、香港特别行政区、澳门特别行政区、台湾地区投资者在自贸试验区内投资参照《管理措施》执行。内地与香港特别行政区、澳门特别行政区关于建立更紧密经贸关系的安排及其补充协议、《海峡两岸经济合作框架协议》，我国签署的自贸协定中适用于自贸试验区并对符合条件的投资者有更优惠的开放措施的，按照相关协议或协定的规定执行。六、《管理措施（负面清单）》自2015年4月8日起30日后实施，并适时调整。

4月8日

［纲　文］　**国务院办公厅印发《自由贸易试验区外商投资国家安全审查试行办法》。**

［目　文］　《办法》为做好中国（上海）自由贸易试验区、中国（广东）自由贸易试验区、中国（天津）自由贸易试验区、中国（福建）自由贸易试验区等自由贸易试验区对外开放工作，试点实施与负面清单管理模式相适应的外商投资国家安全审查措施，引导外商投资有序发展，维护国家安全而制定。

《办法》由四部分组成：一、审查范围；二、审查内容；三、安全审查工作机制和程序；四、其他规定。自2015年4月8日起30日后实施，并适时调整。

4月8日

［纲　文］　**中共中央军委副主席许其亮在北京分别会见白俄罗斯安全会议国务秘书梅茹耶夫和泰国副总理兼国防部长巴威。**

［目　文］　许其亮在会见梅茹耶夫时说，中白两国友谊源远流长，建立全面战略伙伴关系以来，双方战略互信不断加深，两军各领域交流与合作更加务实深入。中方将一如既往支持两国各领域合作，努力把两军合作的优势保持好、发挥好。梅茹耶夫表示，感谢中国对白俄罗斯经济发展和军队建设提供的帮助，希望双方继续相互支持，进一步深化人员培训、联合训练等领域务实合作。

许其亮在会见巴威时说，中泰地缘相近、文化相通、血脉相连。当前，中泰两军已经开展了多层次、宽领域的广泛合作，应保持和发展这一良好局面，探索新的增长点，进一步推动两军关系向更深层次发展。巴威说，泰中两军关系是两国全面战略合作伙伴关系的重要组成部分，泰方将大力加强两军各层次和领域的务实交流合作，维护共同安全利益和地区和平稳定。

4月8—9日

［纲　文］　**国务院副总理汪洋在辽宁调研外贸工作。**

［目　文］　国务院副总理汪洋和参加调研的人员分成7个小组，到造船、机械、电子、石化、纺织、塑胶、食品、制药等企业，现场填写调查问卷，面对面听取企业诉求，以“解剖麻雀”的方式，了解企业出口订单、生产经营、政策落实等方面的情况和问题，并召开座谈会听取辽宁省、沈阳市、大连市有关方面的意见建议。

汪洋强调，外贸工作事关国民经济发展全局，必须充分认识当前进出口形势的严峻性、复杂性，坚定信心、迎难而上，牢牢把握稳中求进的工作总基调，发挥市场和政府

"两只手"的作用，尽快遏制外贸下滑势头，防止由减速变为持续失速；大力优化进出口结构，加快培育新的竞争优势，为外贸长远发展奠定坚实基础。外贸下行压力加大，是外需不振、成本攀升等多种因素共同作用的结果，也与政策措施落实不到位有一定关系。必须坚决贯彻落实党中央、国务院的各项决策部署，一级一级抓落实，一级一级担责任，切实做到思想认识到位、政策支持到位、工作落实到位、督促检查到位。外贸降幅较大的省份，要开动脑筋，查找差距，对症施策，加强政策支持和服务保障，为企业营造宽松的发展环境，化挑战为机遇，增强外贸稳定发展的内在动力。稳增长、调结构是外贸工作的"两个轮子"，不可偏废。稳增长是调结构的基础，调结构是稳增长的持久动力。要着力优化外贸产品结构，提高出口产品的质量、档次和附加值；着力优化外贸市场结构，深耕传统市场，开拓新兴市场，布局潜力市场；着力优化外贸企业结构，扩大市场对内对外开放，调动民营企业等各类企业的积极性、创造性，为外贸发展注入新的活力。着力优化贸易方式，鼓励企业创新商业模式，培育新的外贸增长点。

4月8—9日

［纲　文］　**全国党史研究室主任会议在北京召开。**

［目　文］　中央书记处书记、中央办公厅主任栗战书出席会议并讲话。中央党史研究室主任曲青山在会上作工作报告。

栗战书指出，要深入学习贯彻习近平总书记关于党的历史和党史工作的重要论述精神，不断开创党史工作新局面。要深入学习贯彻习近平总书记关于党的历史和党史工作地位作用的重要论述，充分认识做好新形势下党史工作的重要意义，牢牢把握党史工作的正确方向，统筹推进党史工作全面发展，掌握做好党史工作的看家本领。党史工作要坚持党性原则，首要的是坚持以科学理论为指导，核心是同以习近平为总书记的党中央保持高度一致，关键是严格遵守党的政治纪律、政治规矩。党史研究要坚持"一突出""两跟进"，进一步突出开创和发展中国特色社会主义时间段历史研究，即时跟进十八大以来党中央的决策部署，即时跟进以习近平为总书记的党中央的理论发展。各级党委和党史部门要站在坚持和发展中国特色社会主义、实现中华民族伟大复兴中国梦的高度，进一步坚定对党的历史伟业的自信心和自豪感，增强做好党史工作的责任感、使命感和紧迫感，更好地肩负起以史鉴今、资政育人的历史责任和历史使命。

4月9日

［纲　文］　**新华社讯，中共中央办公厅、国务院办公厅印发《关于贯彻落实党的十八届四中全会决定进一步深化司法体制和社会体制改革的实施方案》。**

［目　文］　《方案》提出了进一步深化司法体制和社会体制改革的目标任务，着眼于加快建设公正高效权威的社会主义司法制度，完善司法管理体制和司法权力运行机制，规范司法行为，加强对司法活动的监督，保证公正司法，依法维护人民群众权益，提高司法公信力；着眼于推进国家治理体系和治理能力现代化，加快形成科学有效的社会治理体

系和公共法律服务体系，提高社会治理水平；着眼于建设高素质法治专门队伍，推进正规化、专业化、职业化，建设一支忠于党、忠于国家、忠于人民、忠于法律的社会主义法治工作队伍。进一步深化司法体制和社会体制改革，必须遵循以下基本原则：一要坚持走具有中国特色、符合司法规律的改革之路，在党的统一领导下，从基本国情出发，尊重司法规律，努力创造更高水平的社会主义司法文明。二要坚持改革的大局观，敢于担当、勇于进取，从党和国家事业全局出发谋划、提出改革举措，防止把改革简单等同于扩张权力、增加编制、提高待遇，要敢于啃硬骨头，突破利益固化的藩篱，在解决深层次体制机制性问题上取得实质性进展。三要坚持整体推进与重点突破的统一，按照统筹兼顾、先易后难、突出重点、依法有序的要求，紧紧抓住制约司法公正的最突出问题进行改革，确保司法体制和社会体制改革取得实效。四要坚持调动中央与地方两个积极性，鼓励、支持地方在符合中央确定的司法体制改革方向、目标下积极探索，创造可复制、可推广的经验。

《方案》对 84 项改革举措进行了任务分工，逐项明确了主要任务、牵头单位和参加单位、改革进度和工作成果要求等事项，为各项改革任务落实提供了基本依据。进一步深化司法体制和社会体制改革，任务艰巨，时间紧迫。要认真贯彻落实中央决策部署，加强组织领导，加强统筹协调，加强分工协作，加强舆论引导，加强督导督察，有重点、有步骤、有秩序地抓好《实施方案》的落实工作，确保各项改革措施落地生根，取得人民满意的实际效果。

4 月 9 日

［纲　文］　**国务院印发《关于实施银行卡清算机构准入管理的决定》。**

［目　文］　《决定》由五部分组成：一、对银行卡清算机构实施准入管理；二、申请成为银行卡清算机构应当符合的条件和程序；三、对银行卡清算机构的业务管理要求；四、对外资银行卡清算机构的管理规定；五、其他规定。自 2015 年 6 月 1 日起施行。

《决定》指出，本决定施行前已经在中华人民共和国境内从事银行卡清算业务的机构，应当自本决定施行之日起 1 年内，依照本决定的规定申请银行卡清算业务许可证或者向中国人民银行和中国银行业监督管理委员会报告业务开展情况。逾期未申请银行卡清算业务许可证的，不得继续从事银行卡清算业务；逾期未报告业务开展情况的，由中国人民银行责令限期改正。

4 月 9 日

［纲　文］　**质检总局公布《检验检测机构资质认定管理办法》。**

［目　文］　《办法》共 7 章 50 条，主要有总则、资质认定条件和程序、技术评审管理、检验检测机构从业规范、监督管理、法律责任、附则等内容。自 2015 年 8 月 1 日起施行，国家质量监督检验检疫总局于 2006 年 2 月 21 日发布的《实验室和检查机构资质认定管理办法》同时废止。

4 月 9 日

［纲　文］ **财政部、环境保护部发布《关于推进水污染防治领域政府和社会资本合作的实施意见》。**

［目　文］ 《意见》由五部分组成：一、总体目标；二、基本原则；三、总体要求；四、组织实施；五、保障机制。

《意见》强调，各级财政、环境保护部门要加强组织实施，统筹协调，履行责任，加强监管，切实提高水污染防治能力水平，实现水环境质量改善。建立独立、透明、可问责、专业化的 PPP 项目监管体系，实行信息公开，鼓励公众参与，接受公众监督。建立政府、服务使用者共同参与的综合性评价体系，推广第三方绩效评价，形成评价结果应用机制和项目后评价机制。环境保护部门要进一步完善水污染防治领域特许经营管理制度，降低准入门槛，清理审批限制，拓宽社会资本进入渠道。

4 月 9 日

［纲　文］ **环境保护部公布《建设项目环境影响评价分类管理名录》，自 2015 年 6 月 1 日起施行。**

4 月 9 日

［纲　文］ **全国政协在北京召开双周协商座谈会，就“加强黑土地保护”问题建言献策。**

［目　文］ 全国政协主席俞正声主持会议。全国政协副主席杜青林、张庆黎、马培华出席座谈会。全国政协委员王国发、赵雨森、李晓安、廖永林、何小平、江泽慧、王道文、董配永、徐涛、郑福田、欧阳华、姜明、黄力、张红力、方精云、万建民、王天戈，以及专家学者郑风田、李启云等在座谈会上发言。农业部部长韩长赋介绍了有关情况。国土资源部副部长王世元、水利部副部长刘宁、国家林业局副局长张永利出席会议并与委员互动交流。全国政协非常关注黑土地保护问题。此前，全国政协人口资源环境委员会就我国黑土地保护问题开展专题调研，政协委员还通过提案等方式积极推动黑土地保护。

委员们认为，加强黑土地保护要在发展中保护、在保护中发展，一是科学谋划、统筹推进；二是因地制宜、分类指导；三是推进改革、创新机制；四是强化科技支撑、政策扶持。一些委员建议，黑土地保护主要采取五项具体举措：一是推进编制保护规划，制定有关法律法规，把黑土地保护规划纳入国家“十三五”规划；二是转变黑土地耕作方式，发展循环农业，推进农业结构调整；三是加大农村产权制度改革力度，推进土地流转，加快永久基本农田的划定；四是推进黑土地保护的技术创新，建立黑土地质量监测体系；五是加强黑土地保护的政策创新和落实，加大对黑土地保护的财政支持力度，调整优化中央和地方现有支农资金的支出结构。黑土地保护的核心问题是充分调动农民的保护积极性。要建立一套可操作的农田保护支持制度，保证开展粮豆轮作、粮草轮作的农民收益不减少，鼓励发展种养结合的循环农业，支持秸秆还田、深耕深松和积造有机肥。

4月9日

［纲　文］　**公安部与美国国土安全部首次部级会晤在北京举行。**

［目　文］　国务委员、公安部部长郭声琨与美国国土安全部部长约翰逊共同主持会晤，就加强双方执法领域务实合作、构建中美新型执法合作关系坦诚深入地交换了意见。

郭声琨指出，当前，中美关系保持良好发展势头。习近平主席和奥巴马总统共同确定的构建中美新型大国关系，牢牢把握了中美关系发展大局和正确方向。中共中央政治局委员、中央政法委书记孟建柱与你会见时，就执法合作有关重大问题达成多项共识，为深化拓展中美执法安全合作指明了方向。中国公安部和美国国土安全部首次部级会晤的举行，为促进双方执法安全领域交流合作提供了宝贵的平台。希望双方认真落实两国领导人达成的重要共识，建立各层级沟通机制，增进执法互信，建设性管控分歧，照顾彼此重要关切，积极构建与中美新型大国关系相适应的新型执法合作关系。国土安全部是美国重要的执法部门，中国公安部愿与美国国土安全部着力在反恐、追逃追赃、打击网络犯罪等重点领域，取得合作的新突破，共同做中美执法合作的先行者、推动者。

约翰逊说，美方高度重视中美执法合作，愿与中方一道，加强互信与协调，扩大共识与成果，不断深化在相关领域的务实合作，将双边执法合作关系提升到新的水平。

中国公安部和美国国土安全部部级会晤是目前中美两国就执法合作开展交流对话的最高级别平台。会晤后，两部分别发表《中华人民共和国公安部与美利坚合众国国土安全部第一次部级会晤成果声明》。

同日，中央政法委书记孟建柱在北京会见约翰逊时说，过去一年，中美关系发展取得许多新进展，执法安全是中美两国开展合作的重要领域。希望双方进一步加强在打击跨国犯罪、保护公民合法权益和追逃追赃、反恐等领域的务实合作，不断把两国合作提高到新水平。约翰逊说，美方愿与中方加强互信与协调，不断扩大两国执法安全合作成果。

4月9日

［纲　文］　**外交部发言人表示，中国对南沙部分驻守岛礁的建设合情合理合法。**

［目　文］　针对近来个别国家对中国在南海岛礁的维护和建设作出消极评价，发言人表示，有关建设是中国主权范围内的事情，合情、合理、合法，不影响也不针对任何国家，无可非议。中国对南沙群岛及其附近海域拥有无可争辩的主权。

有记者问，美国国防部长卡特近日在日本声称，《美日安保条约》适用于所有日本施政范围，美方反对任何试图损害日本对钓鱼岛施政现状的单方面胁迫行为，也反对任何通过胁迫改变南海现状的行为。对此，中方发言人表示，美日同盟是冷战时期的安排，中方坚决反对利用这一同盟损害第三方利益。在南海问题上，希望美方尊重中国与直接当事国和平解决问题的努力。钓鱼岛及其附属岛屿是中国固有领土。无论任何人说什么、做什么，都无法改变钓鱼岛属于中国这一事实，也动摇不了中国政府和人民捍卫国家主权和领土完整的决心和意志。我们敦促美方谨言慎行，恪守在有关领土归属问题上不持立场的承诺，多做有利于地区和平稳定的事，而不是相反。关于南海问题，中方已多次阐明了有关立场。

希望美方尊重中国与直接当事国通过对话谈判和平解决问题的努力，停止任何可能导致问题复杂化、损害地区稳定的言行，为维护地区的和平稳定发挥建设性作用。

4 月 9 日

［纲　文］ **全国人大常委会委员长张德江在北京会见由俄罗斯国家杜马副主席热列兹尼亚克率领的俄国家杜马青年议员代表团。**

［目　文］ 张德江说，在习近平主席和普京总统的战略引领和双方共同努力下，中俄全面战略协作伙伴关系保持高水平运行。中国全国人大与俄联邦会议保持着良好关系，通过友好往来、定期交流等多种形式开展密切合作，为促进高水平国家关系做出了重要贡献。青年一代加深了解和增进友谊非常重要。中方愿同俄方一道，继续加强包括青年议员在内的两国青年交流，办好中俄青年交流年各项活动，为中俄友好合作培养后续人才，夯实中俄关系的社会和民意基础。热列兹尼亚克说，俄青年议员愿为两国及两国立法机关的合作做出贡献。

4 月 9 日

［纲　文］ **中共中央政治局常委、中央书记处书记刘云山在北京会见白俄罗斯总统办公厅主任科西涅茨率领的代表团。**

［目　文］ 刘云山说，在两国元首亲自关心和推动下，中白各领域合作取得丰硕成果，给两国人民带来实实在在的利益。中方愿与白方一道，深入落实两国全面战略伙伴关系发展规划，密切高层交往，深化互利合作，尊重彼此核心利益和重大关切，支持对方国家发展振兴，推动中白友好关系长期健康稳定发展。刘云山应询介绍了中国“四个全面”战略布局和“一带一路”建设情况，指出“一带一路”建设是开放、包容、务实的，中国愿同各国坚持共商、共建、共享，更好地促进世界和平、稳定与发展。科西涅茨说，当前白中两国全面战略伙伴关系在各领域取得重要进展，白方支持中方关于丝绸之路经济带的倡议，愿与中方加强沟通交流，促进互利合作。

4 月 9 日

［纲　文］ **国务院副总理张高丽在北京分别会见土库曼斯坦副总理霍贾穆罕默多夫和泰国副总理兼国防部长巴维。**

［目　文］ 张高丽在会见霍贾穆罕默多夫时表示，中土是友好近邻和战略伙伴。近年来，在两国元首的亲自关心和直接推动下，中土战略伙伴关系和各领域合作达到了较高的水平。两国高层交往密切，经贸、能源、安全、人文等领域合作取得了丰硕的成果。中土双方要共同努力，积极落实两国元首达成的各项共识，充分发挥中土合作委员会的作用，切实加强各领域各方面的合作，推动中土战略伙伴关系迈上新台阶。霍贾穆罕默多夫表示，土中两国传统友谊源远流长，土方珍视两国关系发展取得的丰硕成果，视发展对华关系为外交优先方向之一，愿与中方进一步深化各领域合作，更好地造福两国和两国人民。

张高丽在会见巴维时表示，中泰有着亲戚般的传统友谊，血缘相通，习俗相近，人民世代友好。两国经济互补性较强，合作成果显著，友好关系不断发展。2015 年是中泰建交 40 周年，相信中泰双方一定能在总结 40 年经验基础上，将双边关系推向新的高度。泰国是“一带一路”沿线重点国家，中泰铁路等合作项目不断推进，希望双方共同努力，推动两国项目合作不断取得新的成果，为提高亚太地区互联互通水平做出贡献。巴维说，泰方高度重视发展泰中全面战略合作伙伴关系，将继续推动泰中铁路合作，积极参与“一带一路”建设，深化各领域交流，推动泰中关系全面深入发展。

同日，中央政法委书记孟建柱在北京会见巴维时说，中方高度重视发展同泰国的友好关系。中方愿同泰方一道，落实两国领导人达成的重要共识，推动中泰全面战略合作伙伴关系不断向前发展。希望双方在执法安全领域加强交流，密切协作，为维护各自国家安全、促进地区稳定作出新贡献。巴维表示，泰方愿同中方深化包括执法安全在内的各领域务实合作，造福两国人民。

4 月 9—10 日

［纲　文］　**李克强在吉林省调研。**

［目　文］　国务院总理李克强在吉林省委书记巴音朝鲁、省长蒋超良陪同下就吉林省一季度经济形势和民生状况进行专题调研。李克强在长春新城综合交通枢纽施工现场，听取吉林省重大基础设施建设进展和项目储备情况汇报并询问正在施工的农民工，2015 年找工作难不难，收入怎么样。在中国北车长春轨道客车公司李克强了解了企业技术研发和开拓市场情况，得知公司今年海外订单和利润继续较大幅度增长后高兴地说，中国机车装备产业链条长，具有技术和劳动密集型的双重优势，不仅性价比高，走出去前景广阔，而且能够带动相关产业发展。在长春灯泡电线公司车间，李克强了解了企业用工、经营成本、员工收入和社保等情况。得知企业为多家跨国公司配套，生产的汽车电线束和出口相关零部件数量位居全国前列，吸纳了 7000 多人就业，李克强表示肯定并说，产业发展既要有骨干企业引领，也要有一批相互协作的配套企业。应对当前市场需求不足、经营成本上升的形势，要深挖潜力、降本增效，努力创新技术和工艺，用更优的产品、更佳的服务、更有竞争力的价格，赢得更多客户和市场。在吉林大学，李克强走进无机合成与制备化学国家重点实验室，详细了解科研项目进展和应用前景并说，基础研究是原始创新的根基，也是产品和装备升级的支撑。搞基础研究就要摈弃急功近利的思想，沉下心来搞研究、实验，才会有大发现、大创造，希望大家为建设创新型国家、抢占未来发展制高点多出成果。

10 日，李克强在长春主持召开东北三省经济工作座谈会。座谈会上分析了当前东北经济面临的新情况和突出问题，研究推进东北发展相关工作。吉林省委书记巴音朝鲁、省长蒋超良和辽宁省长李希、黑龙江省长陆昊汇报了本省经济社会发展情况，并就下一步工作谈了打算、提出建议。李克强说，东北在国家战略全局中举足轻重，是重要的工业基地和保障粮食安全的大粮仓。党中央、国务院对东北发展高度重视。2014 年，国家专门出台了关于近期支持东北振兴若干重大政策举措的意见，这些政策效应正在显现。对东北来说，实现新一轮振兴还要靠改革增动力、开放开拓空间。发扬东北人敢闯敢创的精神，打造大众创业、万众创新“沃土”。

4月9—10日

［纲 文］ **中国全国人大与日本国会众议院合作委员会举行第8次会议在东京举行。**

［目 文］ 全国人大常委会副委员长吉炳轩与日本国会众议院运营委员会委员长林干雄共同主持会议。双方就双边关系、议会交流、经贸合作、防灾救灾合作、环保能源合作、人文交流以及国际和地区热点问题等共同关心的话题深入交换意见，并分别介绍各自国内情况。双方表示，发展长期健康稳定的中日关系，符合两国和两国人民的根本利益。两国立法机构将以议会合作委员会为平台，加强人大代表和日本众议员之间的对话交流，推动两国妥善处理分歧和敏感问题，推动中日关系改善发展。

中方强调，近年来，中日关系经历了重大波折，两国政治互信严重受损，各领域交流合作受到严重冲击，教训十分深刻。去年底，双方达成四点原则共识，习近平主席同安倍首相实现会见，两国关系迈出改善步伐。中方一贯高度重视对日关系，愿本着以史为鉴、面向未来的精神，在中日四个政治文件基础上，继续推进中日战略互惠关系。2015年是世界反法西斯战争胜利70周年暨中国人民抗日战争胜利70周年，两国关系要持续走向改善，关键是要处理好历史问题。希望日方以负责任的态度处理好有关问题，同亚洲邻国携手发展面向未来的友好关系。日方表示，近年来日中关系面临困难。在双方共同努力下，去年11月两国领导人实现会见，各领域交流逐步重启，中断三年的议会交流机制会议得以举办，令人鼓舞。日本在战后实现了和平发展。日中两国作为亚太地区有重要影响力的大国，在经贸、能源、环保、食品安全、救灾减灾及人文、体育等方面有着广阔合作前景，希望双方为构筑战略互惠关系共同努力。

4月10日

［纲 文］ **十二届全国人大常委会第45次委员长会议在北京举行。**

［目 文］ 全国人大常委会委员长张德江主持会议。全国人大常委会副委员长李建国、王胜俊、陈昌智、严隽琪、沈跃跃、张平、向巴平措、艾力更·依明巴海、万鄂湘、张宝文、陈竺出席会议。会议决定，十二届全国人大常委会第十四次会议4月20日至24日在北京举行。委员长会议审议通过了全国人大常委会2015年工作要点和立法、监督工作计划。

4月10日

［纲 文］ **证监会发布《中国证券监督管理委员会公告（2015）8号》。**

［目 文］ 《公告》对《申请上市的企业和申请再融资的上市企业进行环境保护核查》《首发审核过程中约请保荐代表人及保荐机构投行业务负责人就申报材料有关问题进行问核（问核程序）》等155项取消或调整。

4月10日

［纲 文］ **第5届中国—新加坡领导力论坛在中国井冈山干部学院举行。**

［目 文］ 论坛以“密切联系群众、凝聚社会共识”为主题。中共中央政治局委员、

中组部部长赵乐际，新加坡副总理张志贤出席论坛开幕式并分别致辞。

8日，国务院副总理张高丽在北京会见来华出席第五届中国—新加坡领导力论坛的张志贤时表示，当前中新关系正处在快速上升期，双边务实合作迎来新一轮丰收期，呈现出以经贸投资合作为基础，以金融、人力资源和社会治理合作为亮点，科技、教育、环保等领域合作全面发展的良好局面。2015年是中新建交25周年，中方愿同新方一道，在新的历史起点上，继续坚持和发展两国传统友谊，不断增进双方政治互信，深化各领域务实合作，将中新关系提升到新的高度。张志贤表示，新中建交25年来，两国关系和务实合作取得丰硕成果。新方希望与中方共同努力，以开拓创新方式推动新中关系取得更大发展，以更好地迈向下一个25年。

4月10日

[纲　文]　**国务院副总理张高丽在北京会见瑞典副首相兼气候与环境大臣罗姆松。**

[目　文]　张高丽表示，近年来，中瑞关系稳步发展，政治互信不断加深，经贸合作日益深化。2015年是两国建交65周年，中方愿与瑞方共同努力，深化互利合作，推动双边关系不断取得新发展。中瑞双方在应对气候变化、环境保护以及中国环境与发展国际合作委员会等领域开展了广泛深入的合作，取得了丰硕成果。中国高度重视生态环境保护，将继续与瑞方加强在环保等领域的合作，为全球应对气候变化和推进世界可持续发展作出积极贡献。

罗姆松表示，瑞中关系长期友好，瑞方珍视两国合作成果，愿在气候变化、环境保护等领域深化瑞中务实合作，进一步推动两国关系取得更大发展。

4月10日

[纲　文]　**外交部发言人表示，中国乐见美拉关系在相互尊重、互不干涉内政的基础上得到进一步发展。**

[目　文]　就美洲国家首脑会议在巴拿马举行，针对个别媒体认为中美正在拉美地区展开角力，发言人指出，中方乐见美拉关系在相互尊重、互不干涉内政的基础上得到进一步发展。近年来，中拉关系持续深入发展，为中拉人民带来了实实在在的利益，也促进了地区和世界的和平、稳定与发展。2014年7月，习近平主席访问拉美并出席中拉领导人首次会晤，双方宣布建立平等互利、共同发展的全面合作伙伴关系，决定成立中国—拉共体论坛。2015年1月，中拉论坛首届部长级会议在北京成功举行，标志着中拉关系进入整体合作与双边合作并行发展、相互促进的新阶段。中国与拉美和加勒比国家都是发展中国家，中拉扩大合作基于共同利益和相互需求，是南南合作重要组成部分，秉持平等互利、开放包容、合作共赢的理念，不针对、不排斥也不影响彼此同其他国家发展关系。希望此次美洲国家首脑会议能为西半球的稳定与发展作出积极贡献。

4月11日

[纲　文]　**部分地区铁路建设工作会议在重庆市召开。**

[目　文]　国务院总理李克强对会议作出批示。批示指出，铁路是国民经济大动脉和关键基础设施，加快推进铁路建设，既利当前，又利长远，对稳增长、调结构、惠民生具有重要意义。2015年要在去年取得成绩基础上，再接再厉，继续以中西部地区为重点加强铁路重大项目建设，补短板、疏瓶颈，同时抓好资金安排落实，尤其要通过深化改革大力创新投融资机制，在吸引社会资本进入上取得更大进展。铁路总公司要切实承担起主体责任，加大组织实施力度，加强质量安全和运营管理；各地区、各部门要认真履行职责，加强协调配合，围绕项目审批、征地拆迁等重点问题提供有力支持，确保全面完成2015年铁路建设任务，增加公共产品和服务供给，为经济发展增添新动能。

会上，22个省区市、国务院有关部门和中国铁路总公司交流了工作情况，并就2015年铁路建设投资安排和计划新开工项目前期工作进行了全面对接。国务院副总理马凯出席会议时强调，要认真贯彻落实李克强总理重要批示精神，充分认识加快铁路建设工作的重要性、艰巨性、复杂性，再接再厉，加大工作力度，加快工作节奏，确保全面完成2015年铁路建设投资8000亿元以上、新投产里程8000公里以上的目标任务，为促进经济社会持续健康发展做出新贡献。2015年铁路建设目标任务与去年大体相当，但是工作难度加大、面临挑战增多，必须迎难而上，采取更加有力有效措施，扎扎实实做好各项工作。一要加大重点在建项目组织实施力度。科学配置建设资源，均衡安排好工期节点，合理优化施工组织，加强监督检查，确保如期兑现节点目标，尽可能多地完成投资和实物工作量。二要确保建成投产项目顺利开通运营。加紧做好工程收尾、竣工验收、安全评估和运营准备等工作，确保一批重点项目顺利开通运营，使新线效益尽快发挥出来。三要加快推进新开工项目前期工作。对2015年安排的60个新开工项目，要继续实行任务书管理，落实各方责任，争取早日开工。四要确保工程建设质量和施工安全。各参建单位要强化质量安全意识，全面推行项目标准化管理，健全和落实质量安全风险防控体系，提升建设质量，确保施工安全。加快推进铁路建设，是铁路系统和各地区、各部门的共同责任。各方面要认真履行职责，积极主动作为，密切协调配合，提高项目前期工作效率，深化铁路建设投融资体制改革，多渠道筹集建设资金，积极破解征地拆迁难题，推进铁路土地综合开发，强化各项保障措施落实，进一步形成加快推进铁路建设的整体合力。

4月11—13日

[纲　文]　**刘云山在广西调研。**

[目　文]　中共中央政治局常委、中央书记处书记刘云山在梧州市万秀区凤凰村、桂北社区，走进群众家中，询问生产生活情况，听取对基层党建工作的意见。大家反映，党中央抓作风抓党建带来了新变化，也给百姓带来了更多实惠。刘云山说，基层党组织是党的事业的根基，全面从严治党就要重视基层、强基固本，强化基层党组织的政治引领和服务群众功能，更好地发挥党组织战斗堡垒作用和党员干部先锋模范作用，推动党的路线方针政策落地生根；在玉林市玉东新区鹿塘村、玉州区南江社区，深入村民办事大厅、社区服务中心、党员活动室，了解便民服务情况，并就党员干部队伍建设同大家交流时说，

党员干部是社会的先进分子，党的先进性体现在每个党员干部身上。要教育引导党员干部心中有党、心中有民、心中有责、心中有戒，以更高标准要求自己，当好标杆、做好表率，带领群众创造美好生活；在梧州学院、玉林高中、李家庄码头、玉柴集团、北海市三诺电子有限公司与大家深入探讨组织建设、支部工作、党员活动的有效办法时强调，时代在发展，党建工作也应与时俱进。要把中央要求和基层实际结合起来，充分考虑农村、社区、企业、学校等不同情况，适应社会开放性、多样性、流动性增强的新特点，积极创新基层党组织的设置方式、活动形式和工作载体，增强工作的针对性实效性。

调研期间，刘云山还分别召开加强基层党建工作和落实全面从严治党要求座谈会，参会同志结合各自实际，介绍经验体会，提出意见建议。刘云山指出，全面从严治党说到底是个责任问题。各级党委要聚精会神抓党建，党委书记要落实好抓党建的第一责任，真正成为从严治党的书记。要健全党建工作考核评价机制，用责任制传导压力、激发动力。我国经济发展进入新常态，新常态就要有新状态，就需要党员干部有更强的责任担当。要把党建工作放在"四个全面"战略布局中来推进，与改革发展稳定各项任务结合起来，引导党员干部提振精气神、锤炼好作风、展现新作为，用党建工作的实际成效推动经济社会持续健康发展。

4月11日—5月9日

［纲　文］　**第22届北京大学生电影节举办**。

［目　文］　本届大影节共征集到310部国产影片,2000余部大学生原创微电影作品。举办了"主竞赛单元入围影片展映与剧组见面会"，并新增大学生摄影大赛、"星星快行动"关注自闭症儿童的公益主题征片单元、"电影大师面对面"系列活动、"青年电影展映"和"动画电影展映"。同时还将举办"立足新坐标·重读电影史——纪念中国电影110周年"学术研讨会及学术观摩、"中国电影与亚洲电影新格局"学术研讨会及学术观摩、"新世纪·新电影·新导演·新势力"学术系列活动、"反法西斯胜利70周年视野下的中国战争电影"研讨会等学术活动。

4月12日

［纲　文］　**总政治部印发新修订的《军队党组织发展党员工作规定》**。

［目　文］　《规定》要求，各级党委和政治机关要高度重视发展党员工作，加强领导，明确职责，抓好落实。要严格责任追究，对发展党员工作中出现的违纪违规问题和不正之风要严肃查处；对采取弄虚作假或者其他手段把不符合党员条件的人发展为党员，或者为非党员出具党员身份证明的，要依法依纪严肃处理；对违反规定发展的党员，一律不予承认。同时，对典型案例要及时通报。

4月12—15日

［纲　文］　**张德江在河南检查职业教育法实施情况**。

［目　文］　中共中央政治局常委、全国人大常委会委员长张德江率全国人大常委会

执法检查组到开封、许昌、郑州开展执法检查。在医药技师、农业、机电、轨道交通、技术经济等职业院校，与学生们交谈，鼓励他们牢固树立人人能成才、行行出状元的观念，增强自信，勤奋学习，服务社会，实现人生价值；在黄河水利职业技术学院、许昌学院，张德江说，我国经济发展进入新常态，在转型升级、创新发展中需要大量的高素质技术技能人才；在宇通客车公司、许继集团等企业的实训基地，张德江强调，校企联合育人是一种好方法，有利于学生实训实践，掌握一技之长，实现职业教育和企业发展双赢；在河南省人才市场服务大厅，与企业招聘方和应聘学生沟通交流时指出，河南是人口大省，在职业教育方面已经走在全国前列，应继续推动人力资源从数量型向技能数量型转变，使人力资源大省成为人力资源强省。就业是民生之本，发展职业教育首先要解决好就业问题，让劳动者掌握专门技能，实现充分就业。

检查期间，张德江在开封召开基层代表座谈会；在郑州主持河南省职业教育法实施情况工作汇报会时指出，执法检查是人大监督的法定形式和重要途径。执法检查要坚持党的领导，围绕中心任务，抓住重大问题，开展法律实施监督；要坚持依法行使职权，增强执法检查的针对性、实效性和权威性；要坚持问题导向，抓住法律实施中的突出问题和薄弱环节，推动问题解决、工作改进、法律实施；要坚持监督与支持相统一，正确处理好监督与支持的关系，寓支持于监督之中，形成推动工作的合力。

张德江强调，每一次执法检查，都要认真审视法律，总结实施经验，主动适应事业进步和时代发展要求，让法律制度更加健全完善。要大力宣传法律，树立法治观念，弘扬法治精神，形成尊法学法守法用法的社会氛围，落实好全面推进依法治国各项任务。在全面推进依法治国的新形势下，要加大监督力度，严格执法检查，实行正确监督、有效监督，让法律规定得到全面落实，让法律作用得到充分发挥，让法律威严得到切实尊重。他指出，检查职业教育法实施情况，是 2015 年全国人大常委会第一项执法检查任务。要深入了解实施情况，抓住关键问题，提出解决对策，确保职业教育法正确有效实施。

4 月 12—13 日

［纲　文］ **“2015 国家机器人发展论坛”在北京召开。**

［目　文］ 论坛由中国自动化学会和中国机电一体化技术应用协会主办。会议旨在探讨当前中国智能机器人的发展现状、机遇及挑战，并促进智能机器人基础理论研究、成果原始创新和高技术开发。

4 月 12—18 日

［纲　文］ **国务委员郭声琨应邀出席上海合作组织安全会议秘书第 10 次会议并访问俄罗斯、越南、柬埔寨。**

［目　文］ 14 日，上海合作组织成员国安全会议秘书第 10 次会议在莫斯科举行，郭声琨率中国代表团出席并发表讲话。郭声琨积极评价上合组织在维护地区安全稳定，为各国发展经济、改善民生创造良好条件方面发挥的重要作用。他指出，面对当前国际和地区形势的复杂深刻演变，各方应继续秉持“上海精神”，巩固团结互信，加大相互支持，

开展密切配合，妥善应对各种新威胁新挑战。中方愿与各方加强协调，不断深化执法安全合作，充实合作内容，共同维护国家安全、公共安全和社会稳定，为构建持久和平、共同繁荣的和谐欧亚地区，造福本地区人民不懈努力。

会议就本组织执法安全合作进行了讨论，为乌法峰会做了积极准备，签署了会议纪要。

郭声琨在俄罗斯访问期间，在莫斯科会见俄罗斯联邦安全会议秘书帕特鲁舍夫，就深化中俄全面战略协作伙伴关系，加强两国执法安全合作等深入交换意见；分别会见俄麻醉品监管总局局长伊万诺夫、安全总局局长博尔特尼科夫、警卫总局局长穆罗夫、内务部部长科洛科利采夫，并签署了部门间合作协议。

16—17日，郭声琨在越南访问期间，在河内会见了越共中央总书记阮富仲；分别会见了越南公安部、国防部部长，并出席了双边合作文件签字仪式。

18日，郭声琨在金边会见柬埔寨首相洪森；会见了柬副首相兼内政大臣萨肯，并出席了相关合作文件的签字仪式。

4月13日

[纲　文]　《习近平国防和军队建设重要论述选编（二）》印发全军，总政治部发布通知要求全军和武警部队认真组织学习。

[目　文]　《选编（二）》由解放军出版社出版发行，印发全军团以上领导干部。

通知说，该书收录习主席2014年1月至2014年12月期间的重要文稿，集中体现了习主席2014年提出的关于国防和军队建设一系列重大战略思想、重大理论观点、重大决策部署。深入学习贯彻习主席系列重要讲话精神特别是国防和军队建设重要论述，是全军一项重大政治任务和长期战略任务。要认真学好用好《选编（二）》，组织官兵特别是团以上领导干部读原著、学原文、悟原理，放在习主席系列重要讲话精神的科学思想体系中来把握，放在马克思主义中国化进程中来认识，放在进行具有许多新的历史特点的伟大斗争中来理解，理清思想脉络，把握内在逻辑。要围绕强军目标、按照“四个全面”战略布局加快推进国防和军队建设等主题，着重领悟军事战略与时俱进、新的历史条件下政治建军方略、深化国防和军队改革、深入推进依法治军从严治军、全面加强军队党的建设、实施军民融合发展战略等重大思想，切实把思想统一到党中央、中央军委和习主席的决策指示上来，凝聚践行强军目标、履行使命任务的意志力量。要精心组织《选编（二）》学习使用，与《习近平谈治国理政》和2014年总政治部编印的《习近平关于国防和军队建设重要论述选编》《习主席国防和军队建设重要论述读本》一起，纳入各级党委中心组学习、领导干部理论轮训、部队思想政治教育和院校政治理论课教学，作为学习习主席系列重要讲话精神特别是国防和军队建设重要论述，以及“学习践行强军目标，做新一代革命军人”主题教育活动和“三严三实”专题教育整顿的基本教材。军队新闻媒体要开辟专题专栏，推出系列文章、深度报道、评论言论、专家访谈等，营造浓厚的学习氛围。各级领导干部要带头深钻细研，做到学得深、用得好、跟得上，真正走在前列，并注重运用自身学习成果为官兵搞好宣讲辅导，带动部队的学习。

4月13日

［纲　文］　**国务院总理李克强在北京会见美国总统代表、商务部长普里茨克。**

［目　文］　李克强表示，当前中美关系已超出双边范畴，越来越具有全球影响。习近平主席将于2015年9月应邀对美国进行国事访问。中方愿同美方增进战略互信，加强务实合作，妥善管控分歧，共同应对地区和全球性挑战，推动两国关系取得更大发展。经贸关系是中美关系的“压舱石”，中美经济高度互补，在基础设施、能源、信息、环保等诸多领域拥有广阔合作空间。中国正在加快以人为本的新型城镇化进程，美国领先的技术和管理经验在中国拥有很大市场。同时，把美方的技术、经验与中国有竞争力的装备、产业相结合，双方共同开发第三方市场，将有助于促进中美贸易平衡发展。希望双方加快推进以准入前国民待遇和负面清单管理模式为基础的双边投资协定谈判，尽早谈成一个高水平、双向平衡的协定，提升两国贸易投资合作水平。中国政府对外开放的政策和履行世贸组织规则的承诺不会改变。中国开放的大门会越开越大，市场也将更加透明和可预期。欢迎各国企业来到中国这个巨大市场开展公平竞争。中国政府对待中外企业向来一视同仁，将更好保护知识产权，继续为外资和跨国公司来华投资和经营提供良好环境。希望美方放宽对华高技术出口限制，并采取切实措施为中国企业赴美投资创造便利条件。

普里茨克说，此次是美国首次派出总统贸易代表团访华，具有重要历史意义，表明美方高度重视发展对华经贸关系，希望加强双方商务往来。美方愿同中方加强在清洁能源、节能环保等领域的合作，欢迎美中合作开发第三方市场，也欢迎更多中国企业赴美投资。美方愿以建设态度同中方推进双边投资协定谈判，力争尽快达成双方都能接受的清单。

4月13日

［纲　文］　**交通运输部公布《关于深化公路建设管理体制改革的若干意见》。**

［目　文］　《意见》由七部分组成：一、深化改革的指导思想和基本原则；二、完善公路建设管理四项制度；三、创新项目建设管理模式；四、逐步推行设计施工总承包方式；五、建立健全统一开放的公路建设市场体系；六、强化政府监管；七、有关要求。

《意见》指出，根据公路建设管理体制改革的总体要求，结合试点情况，及时修订有关法规、规章及规范性文件，完善管理制度，细化配套措施，健全法规体系，不断提升公路建设管理水平，实现公路建设管理的法制化。

4月13日

［纲　文］　**教育部发布《关于加强高等学校在线开放课程建设应用与管理的意见》。**

［目　文］　《意见》由三部分组成：一、总体要求；二、重点任务；三、组织管理。《意见》强调，省级教育行政部门、高校根据本意见，结合本区域、本校实际，对在线开放课程的建设、应用与管理制订实施办法。

4 月 13 日

［纲　文］　**国务院副总理张高丽在北京会见白俄罗斯总统办公厅副主任、中白政府间合作委员会白方主席斯诺普科夫。**

［目　文］　张高丽表示，白俄罗斯是中国在独联体地区的重要合作伙伴和可信赖的好朋友。中白建立全面战略伙伴关系以来，双方各领域合作加速发展，取得显著成果。中方愿同白方一道，认真落实两国元首达成的共识，进一步扩大和深化务实合作，不断推动中白关系迈上更高水平。中白工业园是目前两国间最大的投资合作项目，双方要加强沟通协调，确保工业园建设尽快取得实质性进展。斯诺普科夫表示，白方高度重视发展对华关系，愿不断深化两国各领域务实合作，共同努力将中白工业园建设成为丝绸之路经济带上的典范项目。

4 月 13 日

［纲　文］　**国务院副总理汪洋在北京会见由美国总统代表、商务部长普里茨克和能源部常务副部长舍伍德·兰德尔率领的美国总统贸易代表团。**

［目　文］　汪洋表示，在双方政府和企业共同努力下，中美经贸合作势头良好，正沿着互利共赢的方向发展。能源、环保合作是双方共识最多、潜力最大的合作领域之一，美方应加大技术开放力度，推进重点领域和重点项目合作，促进形成更多实实在在的成果，为 2015 年秋天习近平主席访美创造良好氛围。美方表示，高度重视发展美中经济关系，愿深化美中能源、环保等领域合作，推动更多美国产品、技术和服务进入中国市场。

4 月 13—17 日

［纲　文］　**亚洲—非洲法律协商组织第 54 届年会在北京召开。**

［目　文］　国务院总理李克强出席年会开幕式并在题为《加强亚非团结合作，促进世界和平公正》的主旨讲话中回顾了万隆会议召开 60 年来，亚非国家联合自强，谋求公正合理国际秩序，实现国家发展和民族振兴的不平凡历程，就新形势下亚非各国继续发扬万隆精神，共同推动世界和平发展与公平正义提出重要主张，中国将出资设立“中国—亚非法协国际法交流与研究项目”。

中国代表团团长、外交部副部长刘振民担任本届年会主席并主持会议。42 个亚非法协成员国、7 个观察员国、23 个国家的副部级以上代表，以及联合国秘书长潘基文的特别代表、联合国副秘书长苏亚雷斯和联合国等有关国际组织约 250 名代表与会。代表们围绕网络空间的国际法问题、反恐及暴力极端主义、海洋法、环境与可持续发展等多项重要国际法议题广泛深入地交流了看法，取得了一批实质性成果，通过了 11 项重要决议。会间还举行了纪念万隆会议 60 周年特别会议和“《联合国宪章》与战后国际秩序”国际研讨会，外交部副部长张业遂、刘振民分别发表主旨演讲。

4 月 14 日

［纲　文］　**国家主席习近平在北京接受 9 国新任驻华大使递交国书。**

[目　文]　习近平欢迎外国使节们来华履新，请他们转达对各有关国家领导人和人民的诚挚问候和良好祝愿，并表示中国愿继续加强与各国的友好务实合作，并共同为维护人类和平、促进世界繁荣而努力。中国政府将为各位使节履职提供便利和支持，希望各位使节为推动中国同有关国家双边关系发展、促进中国同有关国家人民之间的友谊做出积极贡献。

外国使节们转达了各自国家领导人对习近平的亲切问候，祝愿中国繁荣富强，并在国际事务中发挥越来越重要的作用。使节们表示，中国的发展对世界是重要机遇，各国高度重视对华关系，赞赏和支持中方发起的“一带一路”和亚洲基础设施投资银行等倡议。使节们表示，能够在此时出使中国深感荣幸，将为增进各自国家同中国的友谊与合作积极努力。

9国大使是：马拉维驻华大使纳蒙德维、中非驻华大使姆巴佐阿、汤加驻华大使乌塔阿图、英国驻华大使吴百纳、泰国驻华大使醍乐堃、南非驻华大使姆西曼、哈萨克斯坦驻华大使努雷舍夫、韩国驻华大使金章洙、安提瓜和巴布达驻华大使斯图尔特·扬。

4月14日

[纲　文]　李克强在北京主持召开座谈会，就当前经济形势和经济工作听取专家学者和企业负责人的意见建议。

[目　文]　张高丽、刘延东、汪洋、马凯等出席会议。李扬、胡鞍钢、海闻、刘尚希、汪涛、吴晓波等专家学者和中兴、海尔、新松机器人、网易公司的负责人围绕当前经济形势和企业转型、创新发展等谈了看法。大家认为，面对当前世界经济复苏乏力和复杂严峻的国内外环境，中国经济运行开局总体平稳，结构调整亮点频现，定向调控等政策一定程度对冲了下行压力，但市场需求依然低迷，稳增长仍须持续发力。

李克强说，在全球经济深度调整和我国发展进入新常态的大背景下，中国经济砥砺前行，增速等主要指标保持在合理区间，就业基本稳定，收入同步增长，能耗强度下降。同时，新旧产业和发展动能转换正处在接续关键期，积极因素和新兴力量正在积聚，行业和区域走势分化，结构调整起步较早的企业、行业和地区走势向好，但也必须清醒看到下行压力还在持续加大。我们要科学把脉形势，既分析客观因素，又要找主观原因，既对长期向好充满信心，也要做好应对更大困难和挑战的准备。尤其要更加注重培育新生力量，抓住和用好发展的新机遇，奋力开创工作新局面。要充分认识我国发展仍具有巨大潜力、韧性和回旋余地，按照中央经济工作会议的要求，坚持稳中求进的工作总基调，保持定力，灵活施策，在区间调控的基础上加大定向调控力度，针对新情况新问题，用好多种政策工具，守住稳增长保就业增效益的基本盘。要把握好稳增长和调结构的平衡。政府工作报告确定的打造大众创业、万众创新和增加公共产品、公共服务的双引擎，推进互联网+行动计划，实施“中国制造2025”，推动中国装备走出去和国际产能合作，加强信息基础设施建设，发展现代服务业等一系列稳增长、调结构的有力措施，可以释放出巨大的内需潜力。要抓紧政策措施和相关项目落地，精准增加短板投资，完善创新创业政策组合，形成促进经济稳定增长和结构优化升级的新动能。

促进经济稳定增长要用足改革创新动力源，坚持以结构性改革推动结构调整，助力破障过坎，实现中国经济行稳致远。政府自我革命要加码，把简政放权、放管结合持续向纵深推进，通过进一步减少行政审批，破除制约市场活力和发展的各种束缚。财税、金融、价格、投融资等一系列改革也要同步推进，以形成叠加效应，释放改革红利。把开放之门开得更大，在积极参与国际合作竞争中拓展发展空间。各级干部要振奋精神，主动作为。各位专家和企业家要多谋良策、多出实招。大家共同努力，为完成2015年发展的主要目标任务打好基础，推动中国经济保持中高速发展，迈向中高端水平。

4月14日

［纲　文］　**全国涉农资金专项整治行动电视电话会议在北京召开。**

［目　文］　会议主要内容是：贯彻落实党中央、国务院决策，部署启动涉农资金专项整治行动，统一思想认识，明确步骤任务，确保整治行动取得实效。

国务院副总理汪洋出席会议时强调，开展涉农资金专项整治是当前“三农”工作中的一件大事，要明确责任、突出重点、统筹推进，坚决纠正违规违法行为，加快建立规范透明的管理制度，全面提高涉农资金管理水平和使用效益，为促进农业稳定发展、农民持续增收提供支撑，为稳增长、促改革、惠民生创造条件。近年来，国家财政对“三农”投入大幅增加，涉农资金使用和管理情况总体是好的，但存在着一些不规范、不完善、不到位的地方，有的投向不准、乱用滥用、损失浪费严重，有的滞留缓拨、结存沉淀、长期在账上“趴窝”，特别是挪用、截留、套取、贪污等问题时有发生，造成了恶劣的社会影响。要通过开展专项整治行动，查找问题、深入整改，建章立制、堵塞漏洞。对问题多发易发的地区和领域，要重点整治。对违规违法的，要严肃惩处。要以开展专项整治行动为契机，认真抓好涉农资金管理改革试点，加快推动政府涉农职能转变，逐步下放审批权限，强化绩效评价，推进信息公开，构建政府监督、群众参与、社会协同、法治保障的涉农资金综合监管格局，确保涉农资金安全、规范、高效运行。

4月14日

［纲　文］　**新华社讯，中央宣传部、中央文明办、文化部、国家新闻出版广电总局印发《关于加强基层宣传思想文化工作的意见》。**

［目　文］　《意见》指出，要坚持围绕中心、服务群众，坚持立足实际、因地制宜，坚持整合资源、共建共享，坚持改革创新、务求实效，着力加强基层思想政治工作，着力加大优质文化产品和服务供给，着力加强设施阵地和工作队伍建设，使基层宣传思想文化工作强起来。要深入学习宣传贯彻习近平总书记系列重要讲话精神，深入学习宣传贯彻“四个全面”战略布局，深化中国特色社会主义、中国道路和中国梦宣传教育，坚定干部群众的道路自信、理论自信、制度自信。要深化社会主义核心价值观学习教育实践，着力抓好法治意识、国家意识、社会责任意识、家庭意识教育，推进社会主义核心价值观建设系统化具体化，努力在全社会形成共同的价值追求。要落实《国家基本公共文化服务指导

标准（2015—2020）》，加强基层宣传文化设施阵地建设，加大优质文化产品和服务供给，推动基本公共文化服务标准化、均等化。要配齐配好基层宣传文化工作人员，积极支持民间文化人才队伍发展，加强培训工作，完善表彰激励机制，加强基层宣传思想文化队伍。要创新工作方式方法，运用分众化、对象化的方式，通过抓项目、办实事的做法，利用互联网、手机和移动客户端等平台，采用贴近性、接地气的话语，不断增强工作效果。要创新运行管理方式，坚持设施建设和运行管理并重，完善运行机制和管理方式，引导社会力量参与公共文化服务建设，提高专业化水平。

《意见》要求，各级党委政府要高度重视基层宣传思想文化工作，摆上全局工作重要位置，加强组织领导和工作指导。要健全共同推进基层宣传思想文化工作机制，完善基层宣传思想文化工作考核评价体系，落实文化经济政策，推动各项任务落地见效。要把 2015 年作为“基层工作加强年”，坚持重心下移，把更多的工作精力、更多的工作资源向基层倾斜，推动基层宣传思想文化工作不断发展。

4 月 14 日

［纲　文］　**最高人民法院办公厅印发《2014 年中国法院 10 大知识产权案件、10 大创新性知识产权案件和 50 件典型知识产权案例的通知》。**

4 月 14 日

［纲　文］　**民政部、开发银行印发《关于开发性金融支持社会养老服务体系建设的实施意见》。**

［目　文］　《意见》由六部分组成：一、指导思想；二、支持重点；三、贷款条件；四、操作流程及双方职责；五、合作机制；六、附则等部分内容。自 2015 年 4 月 14 日起执行。

4 月 14 日

［纲　文］　**农业部、中央农办、国土资源部、工商总局印发《关于加强对工商资本租赁农地监管和风险防范的意见》。**

［目　文］　《意见》由六部分组成：一、充分认识加强工商资本租赁农地监管和风险防范的重要性；二、引导工商资本到农村发展适合企业化经营的现代种养业；三、加强工商资本租赁农地规范管理；四、健全工商资本租赁农地风险防范机制；五、强化工商资本租赁农地事中事后监管；六、切实加强组织领导。

4 月 14 日

［纲　文］　**中国国际出版集团有关负责人在第 44 届伦敦书展上宣布，《习近平谈治国理政》一书全球发行量突破 400 万册，其中，海外发行 40 万册。**

4 月 14 日

［纲　文］　**国务院总理李克强应约同希腊总理齐普拉斯通电话。**

［目　文］　齐普拉斯介绍了希方对加强两国各领域合作，特别是推进比雷埃夫斯港项目的考虑。

李克强积极评价中希关系发展并指出，齐普拉斯总理先生就任以来重视对华关系，多次表达坚定推进中希在比港这一“龙头”项目上的合作，中方对此表示赞赏。推进比港项目不仅体现了中希传统友谊，有利于将双边务实合作提升到新水平，而且有利于提振希腊经济，对欧洲和欧盟都是有利的。同时，可以增强中国企业赴希腊投资兴业的信心，助推中欧陆海快线建设。中方愿同希方共同努力，将比港打造成地中海乃至欧洲的一流港口和地区重要枢纽，使其成为中希两国互利共赢合作的标志性名片。

齐普拉斯表示，希腊新政府执政以来一直致力于加强希中务实合作，对两国关系发展前景充满信心。希中两国有着传统友好关系，希腊愿成为中国在欧洲的战略合作伙伴。希中比港项目是双方互利共赢合作的标志性项目，希方坚定支持并积极推进这一项目，希望欧中陆海快线早日建成。

4月14日

［纲　文］　**国务院总理李克强在北京会见日本国际贸易促进协会会长河野洋平。**

［目　文］　李克强表示，当前中日关系仍然面临困难，同时双方也有改善两国关系的愿望。中国政府重视发展对日关系，愿本着以史为鉴、面向未来的精神，在中日四个政治文件基础上继续推进中日战略互惠关系，与地区国家共同维护东亚的和平稳定与发展繁荣。2015年是世界反法西斯战争暨中国人民抗日战争胜利70周年，中日关系既有挑战，也面临机遇，关键在于日方如何对待和处理历史问题。河野先生当年发表的“河野谈话”展现了政治家的勇气和担当，与“村山谈话”一道体现了日本政府对待历史问题应有的正确态度。当前形势下，希望日方着眼同亚洲邻国关系的长远发展，妥善处理有关问题，对外发出正视历史的积极信息。中日互为近邻，同为世界主要经济体，合作互补性强。希望日方把握好改善和发展两国关系的契机，为中日经贸关系发展创造良好条件。

河野洋平表示，日本贸促会成员长期致力于促进日中友好合作。对于70年前那场战争给亚洲邻国造成的伤害不应忘记，日本人民也是那场战争的受害者，我们没有忘记历史，也不能忘记历史。此次正是本着正视历史、面向未来的精神访华。日方乐见日中关系呈现改善势头，期待两国关系朝着更好的方向发展。日本各界关注中国经济发展，重视中方倡议成立。

4月14日

［纲　文］　**国家副主席李源潮在北京会见澳大利亚自由党主席阿尔斯通率领的澳大利亚自由党代表团。**

［目　文］　李源潮说，中澳同为亚太地区重要国家，经济互补性强，合作潜力巨大，希望双方抓住机遇，构建全方位、立体式合作格局，推动中澳全面战略伙伴关系不断发展。中国共产党愿与澳自由党保持良好交往势头，加强治国理政经验交流，促进各领域合作。

阿尔斯通说，澳方重视发展对华关系，支持中方21世纪海上丝绸之路等倡议，愿与中方加强合作，实现互利共赢。

4月14—17日

［纲　文］ **第七届“句容茅山杯”全国象棋冠军邀请赛在江苏句容举行。**

4月14—15日

［纲　文］ **外交部部长王毅应邀对南非进行正式访问。**

［目　文］ 访问期间，南非总统祖马在开普敦会见了王毅。王毅与南非外长马沙巴内举行会谈，双方就筹备第六届中非合作论坛交换意见，一致同意加强沟通配合，共同努力办好此次论坛。

4月15日

［纲　文］ **李克强主持召开国务院常务会议。**

［目　文］ 会议主要内容是：一、部署落实2015年经济体制改革重点任务，以深化改革增添发展动力。会议听取了发展改革委关于2015年经济体制改革重点任务的汇报。会议对实施简政放权、财税金融、农业农村、对外开放、民生保障等方面38项改革任务提出了具体要求。会议强调，一要围绕处理好政府和市场关系这个核心，加大简政放权、放管结合力度，再取消一批行政审批事项，深化商事制度改革，降低投资创业门槛，促进打造大众创业、万众创新和增加公共产品、公共服务“双引擎”取得更大成效，稳定和扩大就业，推动经济稳中有进和提质增效升级。二要聚焦当前面临的深层次矛盾凸显、经济下行压力加大等问题，优先推出一批激活市场、激发活力的改革举措，在公共领域大力推广特许经营、PPP等模式，吸引社会投资，着力营造释放消费潜力的体制机制环境，推进区域通关一体化改革，更好地服务稳增长、调结构、惠民生、防风险。三要着力用改革的办法，更多发挥市场机制作用，扩大教育、卫生、文化等领域基本公共服务供给，促进社会公平，更好兜住民生底线，努力在改善民生中培育经济增长新动力。四要狠抓改革发展政策措施落实不放松，强化法治意识、责任担当和督查问责，重大改革要于法有据，及时把行之有效的改革成果上升为法律法规，各项改革都要明确在哪些方面有突破、有哪些硬措施，推进改革发展要分工实施、督办评估、奖励追责环环相扣。五要充分调动各方面积极性。二、决定核准建设“华龙一号”三代核电技术示范机组，在调整能源结构中促进稳增长。“华龙一号”是以我国20多年核电建设运营成熟经验为基础，汲取世界先进设计理念的三代核电自主创新成果。会议决定，按照核电中长期发展规划，在沿海地区核准开工建设“华龙一号”示范机组。这既是顺应国际能源发展趋势，优化能源结构，构建风、光、水、核等多元化清洁能源体系的必然选择，也有利于巩固和提升我国装备制造业国际竞争力，带动有效投资，促进产业结构调整升级和经济稳定增长，推进节能减排和可持续发展。要通过实施示范工程，采取国际最高安全标准，完善应急预案和应急响应措施，确保工程建设和运营安全，形成拥有自主知识产权的关键装备与核心技术，为核电装备走出去开展第三方合作创造有利条件。

4月15日

［纲　文］ **发展改革委、国土资源部、环境保护部、住房城乡建设部印发《关于促**

进国家级新区健康发展的指导意见》。

［目　文］《意见》由七部分组成：一、总体要求；二、优化发展环境；三、推动产业优化升级；四、辐射带动区域发展；五、高效节约利用资源；六、推进体制机制创新；七、强化组织保障。

4月15日

［纲　文］ **最高法印发《关于人民法院推行立案登记制改革的意见》**。

［目　文］《意见》由六部分组成：一、立案登记制改革的指导思想；二、登记立案范围；三、登记立案程序；四、健全配套机制；五、制裁违法滥诉；六、切实加强立案监督。

《意见》指出，坚持有案必立、有诉必理。对符合法律规定条件的案件，法院必须依法受理，任何单位和个人不得以任何借口阻挠法院受理案件。发现有案不立、拖延立案、人为控制立案、“年底不立案”、干扰依法立案等违法行为，对有关责任人员和主管领导，依法依纪严肃追究责任。各级人民法院要认真贯彻本意见精神，切实加强领导，明确责任，周密部署，精心组织，确保立案登记制改革顺利进行。

4月15日

［纲　文］ **刘延东在北京、天津等地调研**。

［目　文］ 国务院副总理刘延东肯定北京、天津在发展科技服务业、推进大众创新创业、扶持科技型中小企业发展方面取得的显著成绩并强调，要按照党中央、国务院决策部署，全面实施创新驱动发展战略，深化体制机制改革，简政放权、转变职能，支持低成本、便利化、全要素、开放式的众创空间发展，激发全社会创新智慧与创造活力，掀起大众创业、万众创新的新热潮，为稳增长、调结构、惠民生增添不竭动力。当前我国处于全面建成小康社会的关键阶段，推进大众创新创业已成为实现经济中高速增长和迈向中高端水平的新动力，也是释放人才红利与实现个人梦想的重要契合点。有效利用国家自主创新示范区、高新区等资源集聚优势，促进创新创业要素自由流动，支持科技型中小企业秉持“人无我有、人有我优、人优我精”理念，走“专、精、特、新”的发展道路，努力做优做强做大，打造大众创业创新的发展新引擎。

4月15日

［纲　文］ **财政部、自然科学基金会印发《国家自然科学基金资助项目资金管理办法》**。

［目　文］《办法》共6章39条，主要有总则，项目资金开支范围，预算的编制与审批，预算执行与决算，监督检查，附则等内容。自2015年4月15日起施行。国家杰出青年科学基金项目资金管理依照本办法执行。2002年6月颁布的《国家自然科学基金项目资助经费管理办法》（财教〔2002〕65号）和《国家杰出青年科学基金项目资助经费管理办法》（财教〔2002〕64号）同时废止。

4月15日

［纲　文］ **民政部发布《关于进一步做好福利彩票专项整改工作的通知》**。

［目　文］《通知》由四部分组成：一、强化领导责任，落实整改任务；二、加强监督检查，确保整改效果；三、做好彩票发行销售工作，助推社会福利事业发展；四、及时上报整改情况，全面推动福彩事业健康发展。

《通知》要求，各省（自治区、直辖市）民政厅（局）要形成本地福利彩票专项整改情况书面报告，于2015年5月31日前报民政部。各地民政厅（局）要以此次专项整改为契机，进一步增强法治理念，深化改革创新意识，全面加强规范管理，以崇高的使命感和责任感，努力扎实工作，推动福利彩票事业持续健康发展，为我国社会福利和公益事业发展作出更大贡献。

4月15日

［纲　文］**苏州工业园综合保税区贸易功能区通过海关总署、财政部和税务总局的联合验收，这是中国首个通过验收的综合保税区贸易功能区。**

4月15日

［纲　文］**2015年劳伦斯世界体育奖颁奖典礼在上海举行。**

［目　文］塞尔维亚网球名将德约科维奇获最佳男运动员奖，埃塞俄比亚长跑运动员迪巴巴荣膺最佳女运动员奖，中国运动员李娜获特别成就奖，中国运动员姚明获最佳体育精神奖。

4月15日

［纲　文］**外交部发言人表示，中方敦促菲方切实尊重中国领土主权。**

［目　文］针对菲律宾对中国在南海问题上的指责。发言人表示，菲方指责毫无道理，中方南沙岛礁建设完全是主权范围内的事情，不影响也不针对任何国家，更不可能威胁国际航运线路和渔业活动安全。中国在南海问题上的立场是一贯的、明确的。对于有关争议，中方主张应由直接当事国在尊重历史事实和国际法的基础上通过谈判协商解决。中方也将继续致力于与东盟国家共同维护南海和平稳定。事实上，根据确定菲律宾领土范围的一系列国际条约，菲律宾领土从不包括中国南沙群岛。然而，上世纪70年代以来，菲律宾武力侵占了中国南沙群岛的部分岛礁。这是中菲南海争议的核心和根源。中方敦促菲方切实尊重中国领土主权，并恪守在中菲双边政治文件和《南海各方行为宣言》中所作承诺，回到通过直接谈判解决争议的正确轨道上来，多做有利于中菲关系和地区和平稳定的事。

4月16日

［纲　文］**新华社讯，经中央军委主席习近平批准，中央军委印发《严格军队党员领导干部纪律约束的若干规定》。**

［目　文］《规定》深入贯彻习主席系列重要讲话精神特别是关于加强纪律建设的重要指示，紧紧围绕实现党在新形势下的强军目标，认真落实依法治军、从严治军要求，对严格军队党员领导干部纪律约束作出明确规定，是新形势下严格党员领导干部纪律约束、

加强军队纪律建设的重要指导性文件。《规定》要求，必须把听党指挥落实到行动上，必须保持坚定正确的政治信仰，必须防止和纠正政治上的自由主义，必须认真贯彻民主集中制原则，必须落实党的组织生活制度，必须严格执行请示报告制度，必须纠治选人用人上的不正之风，必须严守财经纪律，必须持续反“四风”改作风，必须破除特权思想和特权现象。

总政治部、军委纪委发出《通知》，要求全军和武警部队认真抓好学习宣传和贯彻落实。《通知》指出，各级要加强学习教育，把学习《规定》与学习习主席系列重要讲话精神结合起来，与学习全军政治工作会议精神结合起来，与“三严三实”专题教育整顿结合起来，广泛搞好宣传，确保入脑入心，增强思想自觉，做到知纪、畏纪、守纪、严纪。要强化监督检查，发挥纪检、巡视、审计等部门职能作用，坚持明察暗访、问题通报、舆论引导等多手并用，织密监督之网，让违纪的“隐身人”无处藏身。要严惩违纪行为，坚持有纪必执、有违必查，“老虎”“苍蝇”一起打，不管谁违反《规定》都要严肃查处，构成犯罪的，依法追究刑事责任，特别是对顶风违纪、不收敛不收手的，露头就打、从严查处。要严明各级责任，党委切实负起主体责任，书记、副书记当好第一责任人，纪委认真履行监督责任，机关部门坚持谁主管谁负责，按领域分系统细化完善配套措施，对落实《规定》不力导致发生严重问题的要实行“一案双查”。要坚持以上率下，在遵守和执行纪律上，军委、总部要为全军作表率，机关为部队作表率，领导为部属作表率，不给出轨越界留“暗门”、开“天窗”，不站在制度“笼子”之外搞特殊，坚决做到守纪如铁、执纪如山，为实现强军目标、有效履行使命任务提供坚强纪律保证。

4月16日

［纲　文］　**俞正声主持召开政协第十二届全国委员会第28次主席会议。**

［目　文］　全国政协副主席杜青林、韩启德、林文漪、何厚铧、张庆黎、李海峰、卢展工、王家瑞、王正伟、马飚、齐续春、陈晓光、马培华、刘晓峰出席会议。会议主要内容是：会议审议通过了《政协全国委员会专门委员会通则（修订草案）》《全国政协加强和改进调研工作实施办法》，听取了全国政协制度建设征求意见情况和下一步工作安排。经济委员会驻会副主任侯建民等就有关议题作了说明。会议决定将上述有关草案提请政协十二届常委会第十一次会议审议。

会议指出，发挥政协作为协商民主重要渠道作用，必须重点推进政协履行职能的制度化、规范化、程序化建设。政协委员对政协制度建设十分关心，提出不少好的意见和建议。要继续探索和总结经验，进一步加强政协协商民主制度建设，构建科学合理的人民政协制度体系。《全国政协加强和改进调研工作实施办法》是在总结多年调研经验基础上形成的，对调研工作的选题方向、组织程序、成果转化等进行规范，同时也对调研形式进行了创新。要结合实际，认真贯彻落实。

4月16日

［纲　文］　**财政部、工业和信息化部、科技部、商务部、工商总局发布《关于支持**

开展小微企业创业创新基地城市示范工作的通知》。

［目　文］《通知》由三部分组成：一、开展小微企业创业创新基地城市示范工作的重要性；二、总体要求；三、小微企业创业创新基地城市示范奖励政策及城市选择。

《通知》要求，各地财政、工信、科技、商务、工商部门应高度重视此项工作，积极谋划、组织有关城市做好实施方案编制工作，研究制定相关配套措施，切实抓好相关组织实施工作。

4月16日

［纲　文］**国务院新闻办公室举行发布会，介绍2014年中国知识产权发展状况。**

［目　文］2014年，知识产权局共受理发明专利、实用新型和外观设计申请236.1万件，其中发明专利92.8万件，同比增长12.5%，申请量连续4年居世界第一。商标有效注册量839万件，继续保持世界第一。

4月16日

［纲　文］**环境保护部公布《突发环境事件应急管理办法》。**

［目　文］《办法》主要有总则、风险控制、应急准备、应急处置、事后恢复、罚则、附则等内容。自2015年6月5日起施行。

4月16日

［纲　文］**《人民日报》报道，中宣部、中央文明办印发《培育和践行社会主义核心价值观行动方案》。**

［目　文］《方案》提出要坚持以理想信念教育为核心，深入学习宣传贯彻习近平总书记系列重要讲话精神，学习宣传贯彻“四个全面”战略布局，深化中国特色社会主义、中国梦和中国道路学习宣传教育，引导人们坚定理想信念，增强道路自信、理论自信、制度自信。强调要在深化拓展爱国、敬业、诚信、友善公民层面活动的基础上，向国家层面和社会层面延伸，进一步围绕富强、民主、文明、和谐的价值目标，围绕自由、平等、公正、法治的价值取向，设计工作抓手，组织开展活动，着力把培育和践行社会主义核心价值观的要求具体化。

《方案》提出了15项重点活动项目，主要有：爱国主义教育活动、群众性精神文明创建活动、学雷锋志愿服务活动、诚信建设制度化、节俭养德全民节约行动、公正文明执法司法活动、平安中国建设活动、民族团结进步创建活动、文明旅游活动、全民科学素质行动、扶贫济困活动、爱国卫生运动、文明办网文明上网活动、公众人物“重品行·树形象·做榜样”活动、“三严三实”教育。

4月16日

［纲　文］**国务委员兼国防部长常万全出席第4届莫斯科国际安全会议。**

［目　文］常万全在发言中介绍了中方对当前国际安全形势的基本看法，阐述了中方对加强国际安全合作、应对全球安全挑战的三点基本主张，并介绍了中国军队为维护世界和平、稳定与发展所做的努力。他说，中国始终是国际安全事务中的建设性力量。中国

军队致力于开展全方位国际合作，广泛开展双边军事交往，积极参与多边安全合作。

本届莫斯科国际安全会议由俄罗斯国防部主办，俄国防部长绍伊古大将主持，白俄罗斯、吉尔吉斯斯坦、巴基斯坦、伊朗、塞尔维亚等14个国家的国防部长以及欧安组织等地区组织负责人和专家学者出席会议。

会议期间常万全分别会见了俄罗斯国防部长绍伊古大将，巴基斯坦、白俄罗斯、塞尔维亚、伊朗、吉尔吉斯斯坦等国国防部长，就共同关心的问题深入交换意见。

4月16日

［纲　文］　**第27届中国戏剧梅花奖现场竞演在浙江绍兴大剧院开幕。**

［目　文］　本次竞演活动由中国文联、中国戏剧家协会和绍兴市、广州市政府共同主办。进入梅花奖终评的32位演员分别在绍兴和广州两地竞演角逐梅花奖。

5月20日，第27届中国戏剧梅花奖闭幕式在广州举行，揭晓了本届梅花奖“一度梅”“二度梅”的获奖名单，欧凯明、韩再芬、华雯、朱衡、许荷英等5人获得“二度梅”，吴非凡、凌珂、张馨月等32人获得“一度梅”，吴非凡摘获“一度梅”榜首。

4月16日

［纲　文］　**《人民日报》发表题为《以新作为引领新常态——一论如何看待新常态下新变化》的评论员文章。**

4月16—17日

［纲　文］　**汪洋在河北调研供销合作社改革工作。**

［目　文］　国务院副总理汪洋在石家庄市栾城区、藁城区、平山县供销合作社基层社、联合社、社有企业，了解供销社在领办农民专业合作社、提供综合性农业服务、培育特色产业、发展农产品电子商务等方面的情况。

汪洋指出，要认真贯彻落实党中央国务院关于深化供销合作社综合改革的决策部署，坚持为农服务的根本宗旨，加快完善体制机制，激发内生动力和发展活力，深入推进服务创新、经营创新、组织创新，努力开创中国特色供销合作事业新局面。供销社要始终做到为农、务农、姓农，不断创新服务方式，拓宽服务领域，积极为农民和各类新型经营主体提供全程农业社会化服务，推进农业适度规模经营，促进农业发展方式转变和农业现代化建设。要坚持开放办社，加强与各类合作经济组织、农技推广机构、龙头企业的联合与合作，壮大社有企业，不断提高市场竞争力。供销社改革要鼓励探索，勇于创新，努力形成一批可复制、可推广的经验。供销社改革不管怎么改，不能把为农服务宗旨改丢了，不能把系统优势、规模优势改没了，不能把社有资产改少了，不能把市场经济方向改偏了。各地区各有关部门要积极支持供销社的改革发展，切实把供销社打造成为服务农民生产生活的生力军和综合服务平台。

4月16—23日

［纲　文］　**第五届北京国际电影节举办。**

［目　文］　电影节由国家新闻出版广电总局和北京市政府主办，包括主竞赛单元

“天坛奖”评奖、开幕式、北京展映、北京策划·主题论坛、电影嘉年华、闭幕式暨颁奖典礼等七大主体活动。本届“天坛奖”国际评委会主席是法国电影导演吕克·贝松。主竞赛单元“天坛奖”最佳影片奖由墨西哥影片《暮年困境》摘得。中法合拍电影《狼图腾》导演让·雅克·阿诺获最佳导演奖。

4月16—18日

［纲　文］　**应文化部邀请，新加坡文化、社区及青年部长黄循财访华。**

［目　文］　访华期间，文化部部长雒树刚在北京会见了黄循财并与其共同签署《中华人民共和国文化部与新加坡文化、社区及青年部及新加坡通信及新闻部文化合作谅解备忘录2015年至2017年交流执行计划》。全国青联和国家体育总局有关负责人会见了黄循财。

4月17日

［纲　文］　**国家主席习近平应约同沙特阿拉伯国王萨勒曼通电话。**

［目　文］　习近平表示，中沙关系发展迅速，已成为各自对外关系中重要的双边关系之一。在当前国际和地区形势复杂变化的背景下，两国有必要深化各领域合作。我愿同你保持经常性沟通，不断提高两国关系水平。也门局势关乎中东特别是海湾地区安全稳定，应该加快也门问题政治解决进程。希望有关各方切实落实联合国安理会有关决议、海合会倡议等，尽快恢复也门稳定和正常合法秩序。中方愿同有关各方保持密切沟通和协调，共同推动也门问题早日得到妥善解决。

萨勒曼表示，沙特政府和我本人高度重视发展沙中关系，愿进一步推动两国战略合作，把两国关系提高到新的水平。我愿同习近平主席就推动沙中关系发展及双方共同关心的其他问题深入交换意见。萨勒曼向习近平介绍了沙特对当前也门局势的看法，表示愿同各方一道，推动迅速落实联合国安理会有关决议，为尽快恢复也门和平稳定而努力。

4月17日

［纲　文］　**李克强考察国家开发银行和中国工商银行。**

［目　文］　国务院总理李克强在国家开发银行资金局听取向中西部铁路、水利等重大基础设施融资情况汇报；在住房金融事业部，了解棚改贷款发放进展。李克强对他们对接国家战略加强服务表示赞许，并表示着力增加公共产品和服务供给，是事关全局重大而紧迫的任务。开发性政策性金融要在这方面大展身手，有力托起相关重大工程建设。

李克强在工商银行小企业金融业务部，对他们积极开展小微贷款予以肯定，并表示小微企业是就业的主要载体，蕴藏着巨大创新活力，金融机构要拿出更加有效的举措支持小微企业，促进大众创业、万众创新；在资产管理部，李克强仔细询问金融支持“走出去”情况，勉励他们要勇于在面向世界、服务企业中提升自身竞争力，拓展发展空间。

李克强主持召开座谈会。银监会、中国农业银行、温州民商银行负责人就创新金融管理、服务“三农”、发展民营银行等发了言。

李克强指出，金融机构要以改革的方式，着力解决融资难、融资贵问题，加强对小微企业和创新创业的服务。商业银行要根据企业情况自主开展贷款展期或续贷，多措并举引导实际利率下行。大力发展政府支持的融资担保机构、基金和再担保机构，通过信贷资产证券化、贷款流转等方式盘活存量资金，发展金融租赁，支持有市场前景的企业发展，扶持“三农”等薄弱环节。扩大直接融资，推进股票发行注册制，促进多层次资本市场持续健康发展，加快银行间债券市场和交易所市场互联互通，引导更多资金投入实体经济，使金融与实体经济共享发展红利。要依靠深化改革增强金融业的活力和效率。进一步放开市场准入，实现民营银行、消费金融公司、村镇银行设立“常态化”，塑造金融新格局。推进利率、汇率市场化和人民币资本项目可兑换扎实向前。推进保险业改革创新，利用来源稳定、期限长的保险资金设立投资基金，助推实体经济发展。扩大向开发性政策性金融发放抵押补充贷款规模，支持棚改、水利、中西部铁路等稳增长调结构惠民生重大项目尽快落地。通过拓宽外汇储备运用渠道、扩大“两优”贷款规模等，推动中国装备走出去和国际产能合作，带动国内相关产业发展和升级。要支持金融创新和扩大对外开放。积极发展“互联网+金融”等新业态，开展股权众筹融资试点。进一步开展上海自贸区金融开放试点，择机推出“深港通”，增加境内机构境外发债规模并允许募集资金回流境内使用。同时，要加大不良资产核销和处置力度，强化金融监管协调，坚决守住不发生区域性系统性金融风险的底线。

4月17日

［纲　文］　**刘延东在北京出席农业科技创新座谈会时强调，加快农业科技创新为农业现代化提供不竭动力。**

［目　文］　国务院副总理刘延东在座谈会上充分肯定农业科技工作者所做贡献并指出，要贯彻落实党中央、国务院决策部署，立足国情农情，坚持数量质量效益并重，依靠科技支撑，激发农业创新活力，加快转变农业发展方式，走出一条中国特色农业现代化发展道路，为确保国家粮食安全、促进农民增收致富、实现全面建成小康社会提供有力支撑。农业是立国之本，在当前保增长、调结构、惠民生、促改革中要发挥重要作用。大幅提高农业科技创新能力，是全面实施创新驱动发展战略的重要内容，也是农业发展转型升级的必然途径。要准确把握农业科技创新方向，特别是着力攻克粮食安全、食品安全、资源环境等方面的关键核心技术，培育具有自主知识产权的重大突破性品种，提高农业生产数字化、精准化和智能化水平。深化农业科研体制改革，加强开放合作和协同创新，促进产学研、农科教、育繁推有机结合，加快农业科技成果转化，有效对接技术、资本和市场，实现专业化、品牌化和全链条增值。完善人才培养体系，健全开放竞争合作用人机制，为农业科研人员施展才华营造良好环境。

刘延东还考察了中国农科院种质资源库、基因资源与改良重大科学工程和农业科技展示园。

4月17日

［纲　文］　**统计局公布《国家科技服务业统计分类（2015）》。**

［目　文］《分类》主要由六部分组成：一、分类目的；二、分类范围；三、编制原则；四、结构编码；五、有关说明；六、国家科技服务业统计分类表。本分类自 2015 年 4 月 17 日起实施。

4 月 17 日

［纲　文］ **税务总局公布修改后的《非居民企业所得税核定征收管理办法》《境外注册中资控股居民企业所得税管理办法（试行）》《关于非居民企业股权转让适用特殊性税务处理有关问题的公告》，自 2015 年 6 月 1 日起施行。**

4 月 17 日

［纲　文］ **全国政协主席俞正声在北京会见柬埔寨国王西哈莫尼和太后莫尼列。**

［目　文］ 俞正声向西哈莫尼国王和莫尼列太后转达了习近平主席的亲切问候，并表示中柬两国长期友好，始终相互理解、相互支持，全面战略合作不断深化。西哈莫尼国王秉承西哈努克太皇陛下遗志，坚定致力于发展中柬传统友谊，为两国关系发展作出新的重要贡献。中方将继续坚定奉行对柬友好政策，愿同柬方密切配合，认真落实两国高层共识，积极构建守望相助、休戚相关的命运共同体。

西哈莫尼国王请俞正声转达他和莫尼列太后对习近平主席的良好祝愿，并表示感谢中国对柬埔寨的一贯支持，柬王室将继续传承柬中友好，积极推动两国关系发展。

4 月 17 日

［纲　文］ **《人民日报》发表题为《速度合理，保持发展定力——二论如何看待新常态下新变化》的评论员文章。**

4 月 18 日

［纲　文］ **第十三届中国国际人才交流大会暨深圳论坛在深圳召开。**

［目　文］ 本届论坛主题是：创客创新创业与城市发展。大会由国家外国专家局和深圳市人民政府联合主办。来自全球各地的政府官员、知名企业家、学者 2000 多人与会。

中共中央政治局委员、国务院副总理马凯出席开幕式并讲话指出，人才资源是第一资源。中国政府高度重视人才工作，大力实施人才强国战略，实行对外开放的人才政策，充分开发利用国内、国际两类人才资源、两个人才市场，为中国现代化建设提供了强有力的人才保障。中国经济社会发展取得的巨大成就，凝聚着中国人民的自身努力，也与世界各国优秀人才的参与和支持密不可分。中国人民正在为实现中华民族伟大复兴的中国梦而努力奋斗，中国经济正在实施创新驱动战略、实现提质增效升级、打造增长新引擎，发展的中国为国内外人才施展才华提供了更加宽广的舞台。要全面深化改革，破除不利于人才发展、束缚人才成长的体制机制障碍，极大激发各类人才创业创新创造活力。要实行更加积极开放、更加有效的人才政策，降低国外人才引进门槛，为国内外人才交流合作打通更加便捷的道路。要全面推进依法治国，健全人才领域立法，严格知识产权保护执法，切实保护人才的合法权益，为中外人才发展营造公平、公正、公开的法治环境。希望中外优秀人才抓住难得的历史机遇，奋发有为、开拓创新，在中国实现事业发展的美好未来。

4月18日

［纲　文］　**国务院办公厅印发《关于成立国务院推进职能转变协调小组的通知》。**

［目　文］　《通知》由四部分组成：一、协调小组组成人员及主要职责；二、协调小组专题组组长、副组长及主要职责；三、协调小组功能组组长、副组长及主要职责；四、有关要求。

《通知》指出，国务院各部门要增强大局意识、责任意识、紧迫意识，认真贯彻国务院简政放权、放管结合、职能转变决策部署，按照协调小组工作要求，坚持民意为先、舍利为公，找准突破口、把握着力点，在放权上求实效，在监管上求创新，以务实的举措把改革推向纵深。主要负责人要切实负起领导责任，亲自抓好部署、协调和落实。

4月18日

［纲　文］　**《人民日报》发表题为《结构优化，彰显改革活力——三论如何看待新常态下新变化》的评论员文章。**

4月18—19日

［纲　文］　**第13届中国国际人才交流大会暨"深圳论坛"在深圳召开。**

［目　文］　大会由国家外国专家局和深圳市人民政府主办，深圳市人力资源和社会保障局、国家外国专家局信息中心、中国国际人才交流协会等承办。国务院副总理马凯出席开幕式并讲话。来自72个国家和地区的4200多家海外专业组织、培训机构、高等院校、人才中介和科技企业参与，海外代表3500多人，全国各省市人力资源、外专系统、企业等单位共5800多位专业代表参会。各省市与专业组织、培训机构、留学人员达成的引智项目合作意向达2200多项，共有81000多人次进场参观洽谈。大会期间举行了第4批"外专千人计划"颁证仪式，人力资源社会保障部部长尹蔚民为入选第四批"外专千人计划"的17位专家代表颁发国家特聘专家证书。

"深圳论坛"以"创客创新大数据与城市发展"为主题，邀集国际著名城市市长以及世界知名人士，探讨世界城市的成长与发展规律，研究借鉴世界先进城市发展过程中国际化人才的经验与教训。深圳、杭州、贵阳的3位市长和10多位政界、商界中外嘉宾齐聚深圳论坛，群英论剑，探讨创业、创新及人才与中国城市成长发展的规律。

4月18—21日

［纲　文］　**中国佛教协会第九次全国代表会议在北京召开。**

［目　文］　会议总结了中国佛教协会第八次全国代表会议以来的工作，提出了今后的工作任务和目标。会议审议通过了《中国佛教协会第八届理事会工作报告》，修改通过了《中国佛教协会章程》等文件，会议推选帕巴拉·格列朗杰、一诚、传印为中国佛教协会名誉会长，选举产生了由会长学诚等37人组成的新一届领导机构。来自全国31个省、自治区、直辖市的638名代表和特邀代表参加了这次会议。

21日，全国政协主席俞正声在人民大会堂会见了中国佛教协会新一届领导班子成员，代表党中央、国务院对中国佛教协会第九次全国代表会议的召开表示热烈祝贺，向全体与会代表和全国各民族佛教信众表示诚挚问候并指出，过去5年来，中国佛教协会高举爱国爱教旗帜，广泛凝聚力量，积极引导佛教与社会主义社会相适应，为维护社会稳定、民族团结和祖国统一作出了积极贡献。当前我国正处在全面建成小康社会决定性阶段，以习近平为总书记的党中央从坚持和发展中国特色社会主义全局出发，提出并形成了“四个全面”的重大战略布局。我国宗教工作面临很好的形势和难得的机遇。希望新一届中国佛协团结佛教界人士和广大信教群众，全面贯彻党的宗教工作基本方针，充分发挥在促进经济社会发展中的积极作用，为实现“两个一百年”奋斗目标、实现中华民族伟大复兴的中国梦做出更大贡献。

4月19日

［纲　文］　**新华社讯，中央军委印发《关于建设对党绝对忠诚、聚焦打仗有力、作风形象良好政治机关和政治干部队伍的意见》。**

［目　文］　《意见》指出，习主席关于军队政治工作重要论述，科学阐明了政治机关和政治干部的地位作用、建设目标和主要任务，鲜明树立起了政治机关和政治干部队伍建设的时代标准，为加强政治工作主体力量提供了科学指南和根本遵循。加强政治机关和政治干部队伍建设，是贯彻落实习主席重要决策指示、确保党从思想上政治上建设军队的重要举措，是践行政治工作时代主题、在强军兴军中充分发挥生命线作用的必然要求，是严肃整治问题积弊、重唤政治工作威信威力的迫切需要。各级要充分认清加强政治机关和政治干部队伍建设的重要意义，把握目标要求，加强组织领导，努力建设对党绝对忠诚、聚焦打仗有力、作风形象良好的政治机关和政治干部队伍。要以马克思列宁主义、毛泽东思想、邓小平理论、“三个代表”重要思想、科学发展观为指导，深入贯彻习主席系列重要讲话精神，着眼践行军队政治工作时代主题，坚持以思想建设为根本、能力建设为核心、作风建设为重点、制度建设为保障，突出整风整改、着力除疴祛弊，弘扬优良传统、锐意改革创新，把理想信念、党性原则、战斗力标准、政治工作威信牢固立起来，不断提高政治机关和政治干部队伍建设水平，为推进新形势下政治建军提供坚强组织保证和力量支撑。各级政治机关和政治干部要锻造对党绝对忠诚的政治品格，抓住坚定理想信念这个根本，锤炼爱党忧党兴党护党的坚强党性，严格政治纪律和政治规矩约束，培育为党尽责的职业操守，确保坚决听从党中央、中央军委和习主席指挥。要锤炼聚焦打仗有力的过硬本领，牢固树立一切为了打仗的思想，扎实组织学军事学指挥学科技，在遂行重大任务中历练提高实际本领，研究掌握政治工作服务保证打仗的作用机理，提升政治工作对战斗力的贡献率。要弘扬求真务实的科学精神，培育知行合一的高尚品行，恪守公正清廉的行为准则，养成依法办事的工作习惯，履行为兵服务的基本职责，形成锐意创新的生动局面，切实做作风形象良好的模范和表率。要健全选拔配备、培养培训、交流换岗、管理监督、奖惩激励等机制，增强政治机关和政治干部队伍建设的活力效力。

《意见》要求，各级党委要把政治机关和政治干部队伍建设作为重要政治任务和长期战略任务，加强统一领导、统一部署、统一协调，科学制定规划计划，推动各项工作落实。党委正副书记、政治部（处）主任要切实履行好抓建职责，上级政治机关对下级政治机关建设要搞好业务帮带。要加快推进政治工作信息化建设，真诚关心政治干部工作、学习和生活，积极帮助解决各种实际困难和问题，营造安心政工岗位、激情干事创业的良好环境。

4月19日

［纲　文］　新华社讯，中共中央办公厅印发《关于在县处级以上领导干部中开展“三严三实”专题教育方案》。

［目　文］《方案》对2015年在县处级以上领导干部中开展“三严三实”专题教育作出安排并强调，开展“三严三实”专题教育，要深入学习贯彻党的十八大和十八届三中、四中全会精神，深入学习贯彻习近平总书记系列重要讲话精神，紧紧围绕协调推进“四个全面”战略布局，对照“严以修身、严以用权、严以律己，谋事要实、创业要实、做人要实”的要求，聚焦对党忠诚、个人干净、敢于担当，着力解决“不严不实”问题，切实增强践行“三严三实”要求的思想自觉和行动自觉，努力在深化“四风”整治、巩固和拓展党的群众路线教育实践活动成果上见实效，在守纪律讲规矩、营造良好政治生态上见实效，在真抓实干、推动改革发展稳定上见实效。坚持从严要求，强化问题导向，真正把自己摆进去，着力解决理想信念动摇、信仰迷茫、精神迷失，宗旨意识淡薄、忽视群众利益、漠视群众疾苦，党性修养缺失、不讲党的原则等问题；着力解决滥用权力、设租寻租，官商勾结、利益输送，不直面问题、不负责任、不敢担当，顶风违纪还在搞“四风”、不收敛不收手等问题；着力解决无视党的政治纪律和政治规矩，对党不忠诚、做人不老实，阳奉阴违、自行其是，心中无党纪、眼里无国法等问题，推动各级领导干部把“三严三实”作为修身做人用权律己的基本遵循、干事创业的行为准则，争做“三严三实”的好干部。中央政治局带头开展“三严三实”专题教育。全国人大常委会党组、国务院党组、全国政协党组结合各自实际开展“三严三实”专题教育。同时，对省部级领导干部，市、县党政领导班子成员特别是党政主要负责人，机关、企事业单位及其内设机构县处级以上领导干部和管理人员，分层提出要求。“三严三实”专题教育作为党的群众路线教育实践活动的延展深化，作为加强党的思想政治建设和作风建设的重要举措，要融入领导干部经常性学习教育，不分批次、不划阶段、不设环节，不是一次活动。从2015年4月底开始，在各级党政机关、人民团体及其内设机构县处级以上领导干部和事业单位、国有企业中层以上领导人员中开展，各级同步进行。结合专题教育动员部署工作，县级以上党委（党组）书记要带头讲“三严三实”专题党课。党委（党组）中心组和内设机构党组织要开展“三严三实”专题学习研讨。要强化整改落实和立规执纪，坚持边学边查边改，主要领导干部带头，列出问题清单，一项一项整改，进行专项整治，严格正风肃纪。对存在“不严不实”问题的领导干部，立足于教育提高，促其改进；对群众意见大、不能认真查摆问题、

没有明显改进的，要进行组织调整。

4 月 19 日

［纲　文］ **刘延东在北京艺术院校调研。**

［目　文］ 国务院副总理刘延东在中央音乐学院、中央戏剧学院、中央美术学院、北京舞蹈学院、北京电影学院调研并召开座谈会。她肯定近年来全国艺术院校建设和艺术教育的成绩，指出艺术教育是引领社会风尚、培育社会主义核心价值观、弘扬民族精神的重要载体，是培养艺术人才的基础工程。要切实推进艺术教育改革发展，促进学生全面成长，弘扬中国精神、中华美德、中华优秀文化。要认真贯彻习近平总书记文艺工作座谈会重要讲话精神，全面贯彻党的教育方针，把艺术教育作为素质教育不可或缺的重要内容，促进学生德智体美全面发展，为经济发展、文化繁荣提供各类艺术人才和智力支撑，为提升国家软实力做出新贡献。立业先立德、为艺先为人。要坚持立德树人的根本方向，扎根中华文化的深厚土壤，坚持以人民为中心的创作导向，遵循艺术人才成长规律，促进艺术教育与思想政治教育有机融合、专业艺术教育与普通艺术教育相辅相成，引导学生在实现中国梦伟大实践中创造出彩人生。

4 月 19 日

［纲　文］ **《人民日报》发表题为《动力强劲，更有增长底气——四论如何看待新常态下新变化》的评论员文章。**

4 月 19—22 日

［纲　文］ **《人民日报》报道，中央纪委在北京举办加强派驻机构建设工作培训班。**

［目　文］ 中共中央书记处书记、中央纪委副书记赵洪祝主持开班式。中央纪委各派驻机构、中央和国家机关各部委内设纪检监察机构主要负责人，新设 7 家派驻纪检组全体干部共约 200 人参加培训。

中共中央政治局常委、中央纪委书记王岐山出席开班式并作了学习习近平总书记系列重要讲话精神的辅导报告并强调，要把实现中华民族伟大复兴中国梦放到中华民族历史中思考，充分认识中国特色社会主义道路是历史的选择，深刻理解全面从严治党与“两个一百年”奋斗目标和实现中华民族伟大复兴的关系，切实担负起从严治党的政治责任。

培训期间，中央纪委有关负责人分别围绕落实党委的党风廉政建设主体责任和纪委的监督责任，深化转职能、转方式、转作风，加强纪律审查和巡视工作，加强派驻机构领导班子和队伍建设等专题为派驻纪检干部授课。中央纪委要求派驻机构增强责任担当，明确职能定位，全面履行党章赋予的职责，切实发挥“派”的权威和“驻”的优势，确保全面从严治党要求在中央和国家机关落到实处，派驻机构干部要做到忠诚、干净、担当，敢于监督、敢于负责，不辱使命、不负重托。

4 月 20—24 日

［纲　文］ **国家主席习近平应邀对巴基斯坦进行国事访问并出席在印度尼西亚举行**

的亚非领导人会议和万隆会议60周年纪念活动。

［目　文］　陪同习近平出访的有：习近平夫人彭丽媛、中央政策研究室主任王沪宁、中央办公厅主任栗战书、国务委员杨洁篪等。19日，习近平在巴基斯坦《战斗报》和《每日新闻报》发表题为《中巴人民友谊万岁》的署名文章。

20—21日，习近平在巴基斯坦访问期间，在伊斯兰堡会见了巴基斯坦总统侯赛因，侯赛因向习近平授予"巴基斯坦勋章"；与巴基斯坦总理谢里夫举行了会谈，双方签署并发表了《中华人民共和国和巴基斯坦伊斯兰共和国关于建立全天候战略合作伙伴关系的联合声明》，见证了50多项双边合作文件的签署，涉及交通基础设施、能源、农业、贸易、金融、卫生、地方、媒体、海洋科学、教育等领域；分别会见了巴基斯坦议会、军队和政党领导人，同巴各界人士进行了广泛接触。

22—23日，亚非领导人会议在雅加达举行，习近平出席会议并发表题为《弘扬万隆精神 推进合作共赢》的讲话。来自90多个亚非国家的领导人或代表及国际组织负责人出席会议。本次会议主题是"加强南南合作，促进世界和平繁荣"。与会各国领导人通过了《2015万隆公报》《重振亚非新型战略伙伴关系宣言》《巴勒斯坦问题宣言》等三份文件。

会议期间，习近平会见了佐科，两国元首见证了两国高速铁路项目合作文件的签署。双方发表了《中华人民共和国与印度尼西亚共和国联合新闻公报》；分别会见了缅甸总统吴登盛、伊朗总统鲁哈尼、津巴布韦总统穆加贝、柬埔寨首相洪森；应约会见了日本首相安倍晋三。

24日，习近平和彭丽媛出席纪念万隆会议召开60周年活动。纪念大会上，习近平同印尼总统佐科和斯威士兰国王姆斯瓦蒂三世共同签署《2015万隆公报》。公报正式生效。

4月20日

［纲　文］　**国家主席习近平任免驻外大使**。

［目　文］　习近平根据全国人民代表大会常务委员会的决定任免下列驻外大使：一、免去李琛的中华人民共和国驻巴林王国特命全权大使职务；任命戚振宏为中华人民共和国驻巴林王国特命全权大使。二、免去苏健的中华人民共和国驻佛得角共和国特命全权大使职务；任命杜小丛为中华人民共和国驻佛得角共和国特命全权大使。三、免去刘增文的中华人民共和国驻立陶宛共和国特命全权大使职务；任命魏瑞兴为中华人民共和国驻立陶宛共和国特命全权大使。

4月20日

［纲　文］　**交通运输部发布《公路建设市场督查工作规则》**。

［目　文］　《规则》共5章24条，主要有总则、督查内容与方式、督查工作要求、结果处理、附则等内容。自2015年4月20日起施行，原《公路建设市场督查工作规则》（交公路发〔2012〕210号）同时废止。

4月20日

［纲　文］　**财政部、交通运输部公布《关于在收费公路领域推广运用政府和社会资**

本合作模式的实施意见》。

［目　文］《意见》由四部分组成：一、总体目标；二、基本原则；三、实施要求；四、保障措施。

《意见》指出，地方各级财政、交通运输部门应当积极协调有关部门进一步完善公路收费、土地等政策，维护市场机制的决定性作用，在项目审批等相关方面为推进项目建立绿色通道。

4 月 20 日

［纲　文］ **国资委发布《关于进一步做好中央企业增收节支工作有关事项的通知》**。

［目　文］《通知》由九部分组成：一、统一认识树信心；二、开拓市场抓机遇；三、精益管理控成本；四、压缩开支降费用；五、高效融通用资金；六、效益为先配资源；七、盘活存量提效能；八、多措并举治亏损；九、强化组织重落实。

《通知》要求，各中央企业要结合本通知精神和要求，以降本为抓手，以增效为目标，以提质为重点，以升级为方向，对增收节支工作进行周密部署。

4 月 20 日

［纲　文］ **质检总局印发《出入境检验检疫报检企业管理工作规范》**。

［目　文］《规范》共 6 章 47 条，主要有总则、备案管理、报检业务、报检企业分类管理、监督管理、附则等内容。自 2015 年 4 月 20 日起施行，《出入境检验检疫代理报检单位信用等级评定与分类管理工作规范（试行）》《出入境检验检疫自理报检单位管理工作规范（试行）》（国质检通〔2004〕458 号）同时废止。

4 月 20 日

［纲　文］ **证监会公布《关于废止部分证券期货规章的决定（第十三批）》**。

［目　文］《决定》说，为适应市场发展和监管转型的需要，结合行政审批制度改革的要求，根据《规章制定程序条例》的规定，在废止前十二批规章和规范性文件（以下统称规章）的基础上，我会对自成立以来至 2014 年 12 月 31 日期间公布的证券期货类规章进行了再次清理。其中，自 2014 年 1 月 1 日至 2014 年 12 月 31 日期间，应予废止的规章 6 件，已经明令废止的规章 29 件。

4 月 20 日

［纲　文］ **纪念康世恩诞辰 100 周年座谈会在北京举行**。

［目　文］ 座谈会由国务委员王勇主持。中共中央政治局常委、国务院副总理张高丽出席座谈会并在会前会见了康世恩亲属。中共中央政治局委员、中组部部长赵乐际出席座谈会。

中共中央政治局委员、国务院副总理马凯在座谈会上回顾了康世恩的光辉业绩和卓越贡献，强调要学习他理想信念坚定、对党无限忠诚的革命意志，艰苦奋斗、开拓创新的革命精神，实事求是、密切联系群众的工作作风，艰苦朴素、廉洁奉公的优良品质，并指出要继承发扬老一辈无产阶级革命家的光荣传统，同心协力，开拓进取，扎实工作，为实现中华民族伟大复兴的中国梦作出更大贡献。

康世恩（1915年4月20日—1995年4月21日）是中国共产党十一届、十二届中央委员，原中共中央顾问委员会常委，国务院原副总理。

4月20日

［纲　文］　**中共中央政治局常委、全国人大常委会委员长张德江在北京会见捷克众议长、社民党副主席哈马切克**。

［目　文］　张德江说，当前中捷关系呈现良好局面，各领域合作取得快速发展。中方高度赞赏社民党为推进中捷友好所发挥的重要作用。习近平主席提出“一带一路”的战略构想和构建中欧四大伙伴关系的倡议，中方愿与捷方一道，牢牢把握两国关系发展的正确方向，紧紧抓住合作发展新机遇，进一步加强中国共产党与捷克社民党、中国全国人大与捷克议会的友好交往，筑牢政治基石，拓展合作领域，夯实民意基础，共同推进中捷关系健康稳定发展。哈马切克说，捷方致力于加强对华关系，积极响应中方关于中国与中东欧合作倡议，愿进一步拓展两国党际和议会间交流与合作。

4月20日

［纲　文］　**国家副主席李源潮在北京会见以梁志祥为团长的香港新界社团联会访京团**。

［目　文］　李源潮说，实现2017年行政长官普选是中央政府的真诚期望，也是香港多数市民的共同期盼。希望香港社会各界把握历史机遇，以积极、理性、务实的态度，依法推动香港迈好普选这历史性一步，保持香港的繁荣稳定和广大市民安居乐业。

4月20日

［纲　文］　**国务院副总理汪洋在北京分别会见了安哥拉国务部长兼总统府民事办公室主任达科斯塔和德国北威州州长克拉夫特**。

［目　文］　汪洋在会见达科斯塔时表示，双方应积极落实两国领导人达成的共识，充分利用中安经贸合作指导委员会等机制，加强投资、基础设施、农业、金融等领域的互利合作，不断充实两国战略伙伴关系内涵。汪洋在会见克拉夫特时表示，北威州是中德经贸投资合作的领跑者，欢迎北威州加强与中方友好省（市）在工业转型、环境治理、教育文化等领域的合作，为促进中德合作发挥更大作用。

4月20—24日

［纲　文］　**十二届全国人大常委会第14次会议在北京举行**。

［目　文］　全国人大常委会委员长张德江主持开幕会、闭幕会。常委会组成人员出席会议。

会议主要内容是：一、会议表决通过了修订后的食品安全法、广告法，习近平分别签署第21、22号主席令予以公布。二、会议还表决通过了关于修改港口法等七部法律的决定、关于修改电力法等六部法律的决定、关于修改义务教育法等五部法律的决定、关于修改计量法等五部法律的决定、关于修改药品管理法的决定、关于修改文物保护法的决定，国家主席习近平分别签署第 23、24、25、26、27、28 号主席令予以公布。三、会议表决通过了全国人大常委会关于授权在部分地区开展人民陪审员制度改革试点工作的决定、关于批准《〈中亚无核武器区条约〉议定书》的决定。四、会议表决通过了全国人大常委会代表资格审查委员会关于个别代表的代表资格的报告。

张德江在会议完成各项表决事项后发表讲话说，修改食品安全法是关系人民群众切身利益的一件大事。有关方面要广泛宣传、认真实施，共同维护“舌尖上的安全”；新修订的广告法坚持问题导向，明确了主体责任，加大对虚假违法广告行为的惩处力度，对于促进广告业健康发展、保护消费者合法权益、维护经济社会秩序将发挥重要作用；本次会议对药品管理法等 25 部法律和决定中有关行政审批、价格管理等方面的个别条款作出修改，为进一步深化行政审批制度改革和价格改革提供了法律依据和支持。本次会议还作出决定，授权最高人民法院选择部分基层和中级人民法院开展人民陪审员制度改革试点工作。设立自由贸易试验区，是党中央为推进改革开放作出的重大战略决策。本次会议听取了国务院关于自由贸易试验区工作进展情况的报告。常委会组成人员在积极评价有关工作的同时指出，自贸试验区建设是一项新探索，没有现成模式可循，工作难度大、要求高，要积极稳妥、深入推进自贸试验区建设，加强顶层设计和统筹协调，着力推进制度创新，注重运用法治思维和法治方式依法推进自贸试验区建设。

4 月 21 日

［纲　文］　**李克强主持召开国务院常务会议。**

［目　文］　会议主要内容是：一、部署进一步促进就业鼓励创业，以稳就业惠民生助发展。会议确定，一是将企业吸纳就业税收优惠的人员范围由失业 1 年以上调整为失业半年以上，把高校毕业生、登记失业人员创办个体工商户的税收减免政策扩展到个人独资企业。将小微企业新招用毕业年度高校毕业生享受 1 年社保补贴政策，由原定执行到 2015 年底改为长期执行。将失业保险基金支持企业稳岗政策扩大到所有依法参保缴费、不裁员或少裁员的企业。二是放宽新注册企业场所登记条件限制，推动“一址多照”、集群注册等改革。鼓励地方盘活闲置厂房等提供低成本的创业场所。三是将小额担保贷款调整为创业担保贷款，最高额由 10 万元或不足 10 万元统一调为 10 万元，个人贷款比基础利率上浮 3% 以内的部分由财政贴息并简化手续。四是采取鼓励农村劳动力创业的政策措施，发展农民工返乡创业园，支持农民网上创业。支持高校、科研院所等专业技术人员在职和离岗创业，对经同意离岗的可在 3 年内保留人事关系。五是加大困难人员就业援助，确保零就业家庭、最低生活保障家庭等困难家庭至少有 1 人就业。允许实现就业或自主创业的最低生活保障对象在核算家庭收入时，扣减必要的就业成本。通过多措并举确保完成全年就业目标。二、通过《基础设施和公用事业特许经营管理办法》，用制度创新激发民间投资活力。会议指出，一是在能源、交通、水利、环保、市政等基础设施和公用事业领域开展特许经营。二是境内外法人或其他组织均可通过公开竞争，在一定期限和范围内参与投资、

建设和运营基础设施和公用事业并获得收益。三是完善特许经营价格或收费机制，政府可根据协议给予必要的财政补贴，并简化规划选址、用地、项目核准等手续。政策性、开发性金融机构可给予差异化信贷支持，贷款期限最长可达30年。四是允许对特许经营项目开展预期收益质押贷款，鼓励以设立产业基金等形式入股提供项目资本金，支持项目公司成立私募基金，发行项目收益票据、资产支持票据、企业债、公司债等拓宽融资渠道。五是严格履约监督，保障特许经营者合法权益，稳定市场预期，吸引和扩大社会有效投资。三、决定清理规范与行政审批相关的中介服务，更好地服务和便利群众。以促改革、调结构，保持经济稳定增长。会议指出，清理规范中介服务是简政放权、放管结合改革向纵深推进的关键一环，有助于为创业创新减负清障。

4月21日

［纲　文］　**中组部在北京召开“三严三实”专题教育工作座谈会。**

［目　文］　中组部部长赵乐际主持会议。中共中央政治局常委刘云山出席会议并讲话。中宣部部长刘奇葆、中央党建工作领导小组成员、各省区市和新疆生产建设兵团以及各副省级城市党委组织部部长、中央和国家机关各部委、各人民团体以及各中管金融企业、部分国有重要骨干企业和高校党委（党组）负责人、解放军总政治部和武警部队政治部负责人参加会议。福建、河南、广西、审计署、航天科技集团公司、清华大学等6个省区、部门和单位的党委（党组）负责人在会上交流发言。

刘云山指出，要深入学习贯彻习近平总书记系列重要讲话精神，认真落实党中央部署，突出教育主题，强化问题导向，贯彻从严要求，坚持以上率下，注重讲究实效，确保专题教育取得实实在在的成果。“三严三实”体现着共产党人的价值追求和政治品格，明确了领导干部的修身之本、为政之道、成事之要。开展专题教育，目的是推动领导干部自觉践行“三严三实”，在深化“四风”整治、巩固和拓展党的群众路线教育实践活动成果上见实效，在守纪律讲规矩、营造良好政治生态上见实效，在真抓实干、推动改革发展稳定上见实效。要充分认识专题教育的重要意义，积极主动做好工作，把中央要求落到实处。“三严三实”专题教育不是一次活动，要把专题教育融入经常性学习教育之中。各级党委（党组）要强化责任落实，坚持从实际出发，区分层次、分类指导，坚决防止形式主义、走过场。主要负责人要担负起第一责任人的责任，既带头接受教育，又进行具体指导。要坚持围绕中心、服务大局，把开展专题教育与做好改革发展稳定各项工作结合起来，与落实“四个全面”战略布局结合起来，做到两手抓、两促进。

赵乐际作总结讲话强调，抓好专题教育，关键是要深入学习贯彻习近平总书记系列重要讲话精神，把思想和行动统一到中央部署要求上来。要把专题教育与中心组学习、“三会一课”、年度民主生活会结合起来，实现由被动向主动的转变、由“不敢”向“不想”的转变。要扎实做好专题党课、专题学习研讨、专题民主生活会和组织生活会、整改落实和立规执纪等工作，坚持问题导向，在解决不严不实的突出问题上取得新进展。要落实组织实施的责任，确保专题教育取得实效。

4月21日

［纲 文］ **国务院医改领导小组专家咨询委员会全体会议在北京召开。**

［目 文］ 本届咨询委员会由38位专家组成。咨询委员们参与政策咨询解读。

国务院副总理、国务院深化医药卫生体制改革领导小组组长刘延东出席会议时指出，要紧紧围绕“四个全面”战略布局和党中央、国务院深化医改决策部署，加强和完善医改咨询工作，促进科学民主决策，为深化医改提供有力支撑。当前医改进入攻坚期和深水区，2014年全国就诊总量就达76亿人次，要坚定决心信心，敢于冲破思想观念障碍和利益固化藩篱，奋力把改革向纵深推进。要把维护人民健康权益放在第一位，坚持保基本、强基层、建机制，精心谋划“十三五”医改工作，加强顶层设计，努力构建符合国情、惠及全民的基本医疗卫生制度。要突出问题导向，深入基层调查研究，借鉴国际经验，积极解决看病难、看病贵等突出问题，用中国式办法破解医改这一世界性难题。希望咨询委员着眼大局，立足国情，勇于担当，秉持科学精神，积极建言献策，为深化医改作出更大贡献。

4月21日

［纲 文］ **国务院办公厅转发民政部、财政部、人力资源社会保障部、卫生计生委、保监会《关于进一步完善医疗救助制度全面开展重特大疾病医疗救助工作的意见》。**

［目 文］ 《意见》由五部分组成：一、总体要求；二、完善医疗救助制度；三、全面开展重特大疾病医疗救助；四、健全工作机制；五、加强组织领导。

《意见》指出，各级民政部门要主动加强与财政、人力资源社会保障、卫生计生、保险监管等部门的协调配合，做好医疗救助方案设计、政策调整等工作，更好地发挥医疗救助救急难作用。对于医疗救助政策难以解决的个案问题，要充分利用当地社会救助协调工作机制，专题研究解决措施，避免冲击社会道德和心理底线的事件发生。

4月21日

［纲 文］ **财政部、国土资源部、住房城乡建设部、人民银行、税务总局、银监会发布《关于运用政府和社会资本合作模式推进公共租赁住房投资建设和运营管理的通知》。**

［目 文］ 《通知》由七部分组成：一、充分认识运用政府和社会资本合作模式推进公共租赁住房投资建设和运营管理的重要意义；二、运用政府和社会资本合作模式推进公共租赁住房投资建设和运营管理的基本目标和原则；三、公共租赁住房项目政府和社会资本合作模式和条件；四、公共租赁住房政府和社会资本合作项目的适用范围；五、规范运用政府和社会资本合作模式推进公共租赁住房投资建设和运营管理；六、构建政府支持政府和社会资本合作模式公共租赁住房的政策体系；七、扎实做好政府和社会资本合作模式公共租赁住房项目实施工作。

4月21日

［纲 文］ **财政部、发展改革委印发《关于重新发布中央管理的食品药品监督管理部门行政事业性收费项目的通知》。**

［目 文］ 《通知》由六部分组成：一、药品注册费；二、医疗器械产品注册费；

三、认证费；四、药品保护费；五、检验费；六、麻醉、精神药品进出口许可证费。

《通知》强调，收费单位应严格按上述规定执行，不得自行增加收费项目、扩大收费范围或调整收费标准，并自觉接受财政、价格、审计部门的监督检查。对违规多征、减免或缓征收费的，依照《财政违法行为处罚处分条例》和《违反行政事业性收费和罚没收入收支两条线管理规定行政处分暂行规定》等国家有关规定追究法律责任。自2015年4月21日起执行。此前有关规定与本通知不一致的，以本通知为准。

4月21日

［纲　文］　**保监会发布修改后的《中国保险监督管理委员会行政处罚程序规定》。**

［目　文］　《规定》共6章84条，主要有总则、管辖、立案与调查、处罚、执行、附则等内容。自2015年4月21日起实施。

4月21日

［纲　文］　**税务总局发布《关于落实“一带一路”发展战略要求做好税收服务与管理工作的通知》。**

［目　文］　《通知》由三部分组成：一、总体目标；二、主要内容；三、有关要求。

《通知》要求，各地贯彻落实情况和意见建议请及时报告税务总局（国际税务司）。

4月21日

［纲　文］　**教育部、中国残疾人联合会印发《残疾人参加普通高等学校招生全国统一考试管理规定（暂行）》。**

［目　文］　《规定》共19条。从2015年高考开始，各级教育考试机构需根据残疾考生的残疾情况和需要以及各地实际，对符合高考报名条件、通过报名资格审查的残疾人考生提供一种或几种必要条件和合理便利。包括：提供现行盲文试卷；提供大字号试卷；优先进入考点、考场；配备专门的工作人员（如引导辅助人员、手语翻译人员等）予以协助；考点、考场设置文字指示标识、交流板等；允许视力残疾考生携带答题所需的盲文笔、盲文手写板、盲文作图工具、橡胶垫、无存储功能的盲文打字机、台灯、光学放大镜、盲杖等辅助器具或设备等。

4月21日

［纲　文］　**住房城乡建设部、文物局发布《关于公布第一批中国历史文化街区的通知》。**

［目　文］　《通知》说，为了更好地保护我国优秀历史文化遗存，完善历史文化遗产保护体系，进一步做好历史文化街区保护工作，按照《住房城乡建设部 国家文物局关于开展中国历史文化街区认定工作的通知》（建规［2014］28号），在各地推荐的基础上，经专家评审和主管部门审核，住房城乡建设部、国家文物局决定公布北京市皇城历史文化街区等30个街区为第一批中国历史文化街区。请你们督促各地做好中国历史文化街区保护工作，依法编制保护规划并严格实施，完善保护管理工作机制，及时协调解决保护工作中出现的问题。要积极改善历史文化街区基础设施和人居环境，激发街区活力，延续街区

风貌，坚决杜绝违反保护规划的建设行为。住房城乡建设部、国家文物局将对中国历史文化街区的保护工作进行指导、监督和检查，并建立动态维护机制；对由于保护管理工作不力，致使历史文化街区历史文化价值受到破坏、已经不再符合规定条件的，住房城乡建设部、国家文物局将撤销其中国历史文化街区的称号。各地应积极组织开展省级历史文化街区认定工作，扩大保护范围，完善保护体系，加强历史文化街区保护利用工作。工作中有关情况及时报住房城乡建设部和国家文物局。

4月21日

［纲　文］　**中国（广东）自由贸易试验区、中国（天津）自由贸易试验区、中国（福建）自由贸易试验区同步挂牌**。

4月21日

［纲　文］　**中俄能源合作委员会双方主席会晤在北京举行**。

［目　文］　国务院副总理、中俄能源合作委员会中方主席张高丽和俄罗斯副总理、俄方主席德沃尔科维奇参加会晤。张高丽说，在两国元首的战略引领下，中俄全面战略协作伙伴关系继续保持高水平发展，进入了新的阶段。我们这次会晤，是为两国元首2015年5月莫斯科会晤做能源合作方面的准备。能源合作是中俄务实合作的重点，不断取得新的重要进展。俄罗斯已成为中国主要能源进口国，双方在石油、天然气、煤炭、电力等领域开展的一批大项目合作都取得了实质性成果。双方要本着互利共赢、长期合作的原则，不断扩大和深化中俄能源合作。按计划实施好长期原油贸易合作和东线天然气项目，积极商谈西线天然气项目，推进油气上游开发合作和天津合资炼厂等下游项目，扩大煤炭、电力贸易及煤电输一体化合作，拓展可再生能源、能源装备和技术等新的合作项目。通过双方共同努力，不断充实中俄全面战略协作伙伴关系内涵，为促进两国经济发展发挥更大作用。

德沃尔科维奇表示，俄中关系保持高水平发展，两国合作是相互平等、相互尊重、互利共赢的典范，并且具有巨大发展潜力。俄方愿与中方发展长期、稳定的全方位友好合作关系，推动各领域务实合作不断取得新成果。

张高丽与德沃尔科维奇还共同出席了中俄中小企业实业论坛并致辞。

4月21日

［纲　文］　**国务院副总理刘延东在北京会见捷克众议长、社民党副主席哈马切克**。

［目　文］　刘延东指出，中捷两国去年共同庆祝建交65周年，翻开了两国关系的崭新篇章。当前，双方在包括医疗卫生、教育文化在内的各领域互利合作取得积极进展。中捷应根据两国元首达成的重要共识，把握好双边关系深化与发展契机，推动政治互信、经贸往来、人文交流取得更丰硕成果。哈马切克说，捷克社民党和政府高度重视对华关系，愿继续推动两国各领域合作不断深化。

4月21日

［纲　文］　**老挝人民革命党中央总书记、国家主席朱马里在万象会见中央军委副主席许其亮**。

［目　文］　朱马里说，多年来，老中两国各领域合作成果丰硕，我与习近平主席等中国党和国家领导人保持经常性会晤，就发展双边关系达成许多共识。老方十分感谢长期以来中国党、政府和军队给予的各方面援助和支持。老中两党和两国军队是并肩战斗的好同志、好伙伴，面对复杂多变的国际地区形势，老方坚定不移地与中国人民站在一起，希望两国进一步加强各领域交流合作，希望两军关系不断迈上新的台阶。

许其亮说，中老两国友好交往历史悠久，中国人民十分珍惜与老挝人民兄弟般的友好情谊。中方真诚希望并祝愿老挝国家富强、人民幸福，支持老挝坚持社会主义道路，巩固党的执政地位，维护政治稳定和经济社会持续发展。中方愿与老方共同努力，贯彻落实两国元首达成的重要共识，巩固和深化两国交流合作，提升两军合作水平，构建新的对话机制，加强人员培训和双多边安全合作，推动两国关系全面深入发展。

20日下午，许其亮与老挝国防部长森暖举行会谈，就两国两军关系和共同关心的问题深入交换意见。

4月21日

［纲　文］　**国家副主席李源潮在北京会见柬埔寨奉辛比克党主席诺罗敦·拉那烈。**

［目　文］　李源潮说，中柬友好情谊深厚，中方高度重视中柬关系，愿通过共建“一带一路”，与柬埔寨等周边国家打造利益共同体、命运共同体、责任共同体。2015年是两党正式建立友好关系20周年，希望保持高层交往势头，加强交流合作，推动中柬全面战略合作伙伴关系不断发展。拉那烈说，中国是柬埔寨亲密而伟大的朋友，柬埔寨王室、奉辛比克党将一如既往地支持中国及柬中友好合作。

4月21日

［纲　文］　**外交部发言人表示，日本应当恪守历届内阁正视反省侵略历史的表态承诺。**

［目　文］　有记者问，据报道，安倍20日称，关于二战70周年谈话，他将表达继承历代内阁对历史问题基本认识的立场，但如果发表与过去一样的谈话，就没有必要发表新谈话了。中方对此有何评论？

发言人表示，希望日方恪守历届内阁关于正视和反省侵略历史的表态和承诺。我们注意到日本领导人有关表态。在二战结束70周年这一重要、敏感的年份，日本领导人就历史问题作何表态，对外发出怎样的信息，不仅事关日本同亚洲邻国的和解进程，也将成为国际社会判断日本能否坚持走和平发展道路的试金石。希望日方认真倾听国际社会和日本国内的正义呼声，恪守日本历届内阁关于正视和反省侵略历史的表态和承诺，拿出诚意，结束过去，开辟未来。

就共同社21日报道说，安倍以“内阁总理大臣安倍晋三”的名义，向靖国神社供奉了名为“真榊”的祭品，在21日至23日春季例行大祭期间，他将不参拜靖国神社。

发言人表示，中方在靖国神社问题上的立场是一贯和明确的。在二战结束70周年这一重要年份，我们敦促日方切实做到正视和深刻反省侵略历史，妥善处理有关问题，以实际行动取信于亚洲邻国和国际社会。中方敦促日方切实做到正视和深刻反省侵略历史，妥善处理有关问题。

4月21—24日

［纲　文］ **2015中国（湖北恩施）国际演出交易会在湖北恩施土家族苗族自治州举办。**

［目　文］ 交易会由中国演出行业协会、湖北省演艺集团、恩施州人民政府联合主办。来自全国各省、自治区、直辖市及美国、英国、加拿大、匈牙利、韩国等国家的700家文艺表演团体、演艺经纪机构、相关演艺企业共计1500余人参会，参会人数创下历史新高。

本次交易会设有演艺项目推介、国际演艺交流论坛、舞台实景演出展演、中国演出行业演出制作年会、现场演出观摩等多项内容丰富的活动，相比往年，国际化特征更为明显。本届交易会突破了往年“外宾参与论坛对话”的单一形式，邀请到了美国西部演艺联盟、加拿大表演艺术交流会、韩国演出制作协会等海外知名演艺机构全程参与到各类项目的推介、交易、学术交流等活动中来，真正实现了国内国际双线的充分互动。演交会高度重视国家级演艺精品的推介展示，首次举办国家艺术院团专题推介会、学术交流会等活动，文化部直属9家国家艺术院团悉数参与，为国家艺术院团的优秀演出项目更好地融入海内外市场搭建平台。

4月22日

［纲　文］ **全国政协在北京召开双周协商座谈会，就“推进京津冀协同发展中的大气污染防治”建言献策。**

［目　文］ 全国政协主席俞正声主持会议。全国政协副主席杜青林、韩启德、张庆黎出席座谈会。全国政协副主席马培华在座谈会上讲话。环境保护部副部长吴晓青介绍了推进京津冀协同发展中的大气污染防治的有关情况。北京市政协主席吉林、天津市政协主席臧献甫、河北省政协主席付志方，以及国家发展和改革委员会副主任何立峰、工业和信息化部副部长毛伟明、中国气象局副局长矫梅燕在座谈会上发言。全国政协委员徐辉、宇如聪、郭允冲、高吉喜、董胜波、秦博勇、任海泉、黎昌晋、郑广台、甘连舫、程红、方黄吉雯、魏明德、王小康，以及专家学者张小曳、林而达等在座谈会上发言。

委员就大气污染防治问题提出了建议。一要加大执法力度；二要重视城市规划与建设，明确城市功能定位，优化空间布局，避免城市无限制扩张；三要推动产业结构优化升级，进一步淘汰落后产能，压缩过剩产能；四要解决能源结构问题，控制煤炭消耗总量，加快推广天然气、洁净油等清洁能源；五要进一步完善市场机制，充分发挥价格、税收等经济杠杆作用，促进形成社会共识；六要加强京津冀区域联防联控，进一步完善京津冀协作机制；七要利用科技手段加强京津冀大气污染源监测、执法等工作；八要处理好一些具体的污染问题，如秸秆焚烧、港口污染等。

4月22日

［纲　文］　**文化部在乌鲁木齐市召开文化产业对口援疆工作会暨全国文化产业工作会。**

［目　文］　本次会议是文化部首次召开文化产业对口援疆会议。部署文化系统文化产业援疆工作，总结和部署2014年和2015年文化产业工作。省区市文化厅局负责人、19省市援疆前方指挥部负责人以及新疆维吾尔自治区相关部门、地州市文体局负责人和文化企业代表参加会议。

4月22日

［纲　文］　**外交部发言人表示，中方坚决反对日本国会议员参拜靖国神社。**

［目　文］　就日本跨党派国会议员团体“大家一起参拜靖国神社”100多名国会议员22日上午参拜了供奉有二战甲级战犯的靖国神社。

发言人表示，中方坚决反对日本国会议员参拜靖国神社。在二战结束70周年这一敏感年份，希望日本政治人物秉持正确历史观，多做有利于同亚洲邻国实现和解、增进互信的事，而不是相反。

4月22日

［纲　文］　**《人民日报》发表题为《以“三严三实”推进全面从严治党》的评论员文章。**

4月22—24日

［纲　文］　**李克强在福建考察。**

［目　文］　国务院总理李克强到刚挂牌的福建自贸试验区厦门片区，了解这里推进改革开放的进展和下一步打算，并表示当前世界经济复苏艰难，我国经济运行总体稳定在合理区间，结构优化不乏亮点，虽然面临较大下行压力，但发展的潜力、韧性、回旋余地很大，这不仅在于通过区间调控和加大定向调控力度，能够在调结构中增强发展动力，更在于推动改革开放会释放更多红利、拓展新的空间，这是创新宏观调控工具箱之外顶住下行压力的有效利器。要持续推进简政放权、放管结合，转变政府职能，有力助推大众创业、万众创新，更大激发社会活力。进一步扩大开放，把引进来和走出去更好结合起来，积极推动国际产能合作，促进经济保持中高速增长、迈向中高端水平。自贸区建设要瞄准世界最优营商环境，先行先试，在推进新一轮高水平改革开放、促进经济提质增效升级中探索经验，发挥示范带动作用。

在厦门大学，李克强参观校史馆，了解学校发展的历程和成就，同学校的老师和专家互动交流，希望他们围绕国家需要和经济社会发展重大问题努力攻关，创造更多成果。他还走进校园书店，与同学们交流读书感受，鼓励他们既要阅读前沿新知，又要多从经典书籍中汲取营养。在就业创业中心，李克强得知学校毕业生社会满意度高，目前签约率高于去年同期，希望学校继续面向社会需求，培养更多有用之才。

福州红星苑社区是棚改安置小区，李克强走进7年前造访过的住户家中，看到他们从昔日危房搬进宽敞舒适的新居，日子过得很舒心，李克强十分欣慰。他叮嘱一定要把棚改这项民生工程持续抓好，造福群众，带动发展。在考察福州三坊七巷历史文化街区时，李克强说，文化是城市的根和魂，城市规划建设既要有开放意识，注入现代元素，还要保护好历史记忆，使城市在宜业宜居中充分体现优秀文化的传承。

李克强充分肯定福建省近年来经济社会发展取得的成绩，希望福建按照“四个全面”战略布局要求，发挥沿海近台的区位优势，抓住自贸区建设的历史机遇，在新一轮改革开放中异军突起，推动科学发展，惠及广大人民。

4月22—23日

［纲　文］　**张高丽在河南调研南水北调工程建设管理有关工作。**

［目　文］　国务院副总理张高丽巡视了丹江口水库，察看现场提取的水样，了解库区水环境保护情况；在河南淅川县陶岔村实地考察南水北调中线渠首枢纽工程，察看大坝，了解并听取通水有关情况介绍；走进九重镇桦栎扒移民新村调研和看望村民。

23日，张高丽在南阳召开南水北调工程建设管理工作座谈会，传达学习中共中央总书记习近平和国务院总理李克强关于南水北调建设管理的指示批示精神，听取南水北调工程工作情况汇报，研究部署下一阶段工作。

张高丽表示，党中央、国务院高度重视南水北调工程建设和管理，历届中央领导集体都非常关心和支持。习近平总书记指出，南水北调工程功在当代，利在千秋。要继续坚持先节水后调水、先治污后通水、先环保后用水的原则，加强运行管理，深化水质保护，强抓节约用水，保障移民发展，做好后续工程筹划，使之不断造福民族、造福人民。李克强总理要求继续精心组织、科学管理，确保工程安全平稳运行，移民安稳致富。我们一定要认真学习领会，坚决贯彻落实，优化我国水资源配置，促进经济社会可持续发展。要再接再厉、科学管理，扎实做好新阶段的南水北调工作。要抓紧组建运行管理机构，加快配套工程建设，加强工程设施管理和保护，确保工程安全有序、高效科学运行。要把水污染治理和生态环境保护放到更加重要的位置，建立长效机制，加强水质监测，强化沿线污染源防控和水污染应急处置能力，确保水质稳定达标，一渠清水送往北方。要合理调配各种水源，强化节约用水，坚决限采地下水，建立良好的调水、用水分配机制，把所调之水用到最该用的地方。要视移民如亲人，加大移民后期帮扶力度，促进移民就业创业，帮助移民增收致富，确保移民群众安居乐业。要搞好对口协作，以保水质、强民生、促转型为主线，通过政策扶持和体制机制创新，增强水源区自我发展能力。

4月23日

［纲　文］　**国务院办公厅印发《关于全面推开县级公立医院综合改革的实施意见》。**

［目　文］　《意见》由十一部分组成：一、总体要求和主要目标；二、优化县域医疗资源配置；三、改革管理体制；四、建立县级公立医院运行新机制；五、完善药品供应保

障制度；六、改革医保支付制度；七、建立符合行业特点的人事薪酬制度；八、提升县级公立医院服务能力；九、加强上下联动；十、强化服务监管；十一、强化组织实施。

《意见》要求，所有县级公立医院推进医药分开，积极探索多种有效方式改革以药补医机制，取消药品加成（中药饮片除外）。同时，理顺医疗服务价格。降低大型医用设备检查治疗、检验价格，合理调整提升体现医务人员技术劳务价值的医疗服务价格，建立以成本和收入结构变化为基础的价格动态调整机制。价格调整政策与医保支付政策相互衔接。

4月23日

［纲　文］　**刘云山在北京参加中华书局读者开放日活动。**

［目　文］　在第20个“世界读书日”到来之际，中共中央政治局常委、中央书记处书记刘云山在中华书局出版精品展台，听取有关介绍，对中华书局坚守民族文化立场、弘扬优秀传统文化取得的成果给予肯定；在中华经典古籍数据库电脑终端，称赞中华书局推动传统出版与新技术新媒体融合发展的有益探索，并表示中华典籍是先人留给我们的宝贵财富，把优秀典籍整理出来、传承下去，关乎中华文脉的延续，关乎民族精神家园的构建，希望中华书局积极借助新技术新媒体，发挥“老字号”、老品牌优势，扩大中华文化的传播力和影响力；在“生生不息——传统文化与核心价值”诵读现场，同大家一起重温中华经典名句，并与参加活动的师生和文化学者亲切交谈时说，中华优秀传统文化是社会主义核心价值观的文化根脉，要引导人们多读文化经典，增强对中华文化的自豪感，以文化自信支撑道路自信、理论自信、制度自信。

中共中央政治局委员、国务院副总理刘延东，中共中央政治局委员、中宣部部长刘奇葆一同参加活动。

4月23日

［纲　文］　**第10届文津图书奖在北京揭晓。**

［目　文］　《中国古代物质文化》《沈从文的后半生：1948—1988》《耶路撒冷三千年》《瞩望新轴心时代：在新世纪的哲学思考》《是什么带来力量：乡村儿童的教育》《人类简史：从动物到上帝》《万万没想到：用理工科思维理解世界》《群体性孤独：为什么我们对科技期待更多，对彼此却不能更亲密？》《写给儿童的中国历史》《万物运转的秘密：给青少年的物理世界入门书》获得优秀图书奖，另有60种图书入选推荐图书。

文津图书奖是在国家图书馆的倡导下，由全国图书馆及读者、专家、媒体共同围绕建设学习型社会和倡导全民阅读举办的公益性优秀图书奖项。文津图书奖每年举办一届。

4月23日

［纲　文］　**外交部发言人表示，中国坚决反对日本内阁成员参拜靖国神社。**

4月23—24日

［纲　文］　**张高丽在武汉调研推进长江经济带建设工作。**

［目　文］　中共中央政治局常委、国务院副总理张高丽在长江航道规划设计研究

院，察看长江航道模型，调研长江航道疏浚整治等工作；在武汉新港阳逻集装箱港区，调研港口生产经营情况；在武汉铁路局调度指挥中心，了解铁路规划建设及“水铁联运”情况。

24日，张高丽主持召开推进长江经济带建设工作会议。会议学习中共中央总书记习近平关于推动长江经济带发展的指示批示精神，学习国务院总理李克强指示要求，审议长江经济带发展规划纲要，研究推进长江黄金水道建设工作，推动建立沿江地方政府协商合作机制。

张高丽表示，把长江经济带发展战略规划好、实施好、落实好，对于统筹区域协调发展、深化改革扩大开放、保护黄金水道环境生态、促进经济中高速增长和迈向中高端水平，具有重要意义。各有关地方和部门认真贯彻落实中央部署要求，积极推进长江经济带建设，各项工作有序顺利进行。推动长江经济带发展，必须搞好规划，主动适应经济发展新常态，引导长江经济带科学有序发展，防止圈地重复搞码头和其他项目建设，防止污染破坏黄金水道。

4月23—24日

［纲　文］　**俞正声在南京调研。**

［目　文］　中共中央政治局常委、全国政协主席俞正声考察了台资企业生产经营和两岸经贸合作情况，并召开座谈会，与企业家代表共谋台资企业发展良策。俞正声强调，要深入贯彻落实党的十八大和十八届三中、四中全会精神，紧紧围绕“四个全面”战略布局，进一步深化两岸经贸交流合作，更好造福两岸同胞，促进两岸关系和平发展，为实现“两个一百年”奋斗目标和中华民族伟大复兴的中国梦作出新的更大贡献。大陆支持和鼓励台资企业发展的政策和方向不会变，为台湾同胞办实事、办好事的政策措施不会变。大陆将继续支持和鼓励台资企业发展，继续实行涉台优惠政策，继续完善有关政策法规，依法维护台商的合法权益，为台资企业发展创造更好的环境和条件。要充分发挥各地台资企业协会服务台商的作用，帮助台资企业排忧解难，团结和引领广大台商在推动两岸经贸合作中实现更大发展。

调研期间，俞正声到基督教金陵协和神学院、莫愁路教堂、圣训堂，实地考察宗教场所、宗教院校建设情况，并与宗教界人士和宗教工作干部进行座谈。俞正声对江苏省近年来宗教工作取得的成绩给予充分肯定并强调，要全面贯彻党的宗教工作基本方针，善于按宗教规律做好宗教工作，团结广大宗教界人士和信教群众，更好地发挥他们的积极作用。要支持宗教界加强自身建设，重视培养宗教人才，着力帮助宗教团体、宗教院校解决实际困难，坚决抵御境外势力渗透，切实维护宗教领域和谐稳定。

4月23日—5月30日

［纲　文］　**第15届“相约北京”艺术节举办。**

［目　文］　艺术节是由文化部、国家广播电影电视总局、北京市人民政府主办，北京市文化局和中国对外文化集团公司承办。秉承人民艺术节的办节宗旨，坚持国际性、经

典性、创新性、公益性理念，把外国优秀文化引入中国舞台，把中国优秀原创作品推向世界。来自美国、拉美、法国、日本等 25 个国家和地区的 42 个大型表演艺术团、104 个流行乐队和 DJ，举行 100 余场室内演出和 50 余场户外演出。

4 月 24 日

［纲　文］　**习近平签署中华人民共和国第 21 号至 28 号主席令。**

［目　文］　主席（第 21 号）令说，《中华人民共和国食品安全法》已由中华人民共和国第十二届全国人民代表大会常务委员会第十四次会议于 2015 年 4 月 24 日修订通过，现将修订后的《中华人民共和国食品安全法》公布，自 2015 年 10 月 1 日起施行。

主席令（第 22 号）说，《中华人民共和国广告法》已由中华人民共和国第十二届全国人民代表大会常务委员会第十四次会议于 2015 年 4 月 24 日修订通过，现将修订后的《中华人民共和国广告法》公布，自 2015 年 9 月 1 日起施行。

主席令（第 23 号）说，《全国人民代表大会常务委员会关于修改〈中华人民共和国港口法〉等七部法律的决定》已由中华人民共和国第十二届全国人民代表大会常务委员会第十四次会议于 2015 年 4 月 24 日通过，现予公布，自公布之日起施行。

主席令（第 24 号）说，《全国人民代表大会常务委员会关于修改〈中华人民共和国电力法〉等六部法律的决定》已由中华人民共和国第十二届全国人民代表大会常务委员会第十四次会议于 2015 年 4 月 24 日通过，现予公布，自公布之日起施行。

主席令（第 25 号）说，《全国人民代表大会常务委员会关于修改〈中华人民共和国义务教育法〉等五部法律的决定》已由中华人民共和国第十二届全国人民代表大会常务委员会第十四次会议于 2015 年 4 月 24 日通过，现予公布，自公布之日起施行。

主席令（第 26 号）说，《全国人民代表大会常务委员会关于修改〈中华人民共和国计量法〉等五部法律的决定》已由中华人民共和国第十二届全国人民代表大会常务委员会第十四次会议于 2015 年 4 月 24 日通过，现予公布，自公布之日起施行。

主席令（第 27 号）说，《全国人民代表大会常务委员会关于修改〈中华人民共和国药品管理法〉的决定》已由中华人民共和国第十二届全国人民代表大会常务委员会第十四次会议于 2015 年 4 月 24 日通过，现予公布，自公布之日起施行。

主席令（第 28 号）说，《全国人民代表大会常务委员会关于修改〈中华人民共和国文物保护法〉的决定》已由中华人民共和国第十二届全国人民代表大会常务委员会第十四次会议于 2015 年 4 月 24 日通过，现予公布，自公布之日起施行。

4 月 24 日

［纲　文］　**国务院办公厅印发《中医药健康服务发展规划（2015—2020 年）》。**

［目　文］　《规划》由四部分组成：一、总体要求；二、重点任务；三、完善政策；四、保障措施。

《规划》指出，各地区、各有关部门要高度重视，把发展中医药健康服务摆在重要位置，统筹协调，加大投入，创造良好的发展环境。中医药局要发挥牵头作用，制定本规划实施方案，会同各有关部门及时研究解决规划实施中的重要问题，加强规划实施监测评估。发展改革、财政、民政、人力资源社会保障、商务、文化、卫生计生、旅游等部门要各司其职，扎实推动落实本规划。各地区要依据本规划，结合实际，制定本地区中医药健康服务发展规划，细化政策措施，认真抓好落实。依法严厉打击非法行医和虚假宣传中药、保健食品、医疗机构等违法违规行为。

4月24日

［纲　文］　**十二届全国人大常委会在北京举行第16讲专题讲座。**

［目　文］　讲座由全国人大常委会委员长张德江主持，题目是《信息技术与信息安全》。全国人大常委会副委员长李建国、王胜俊、陈昌智、严隽琪、王晨、沈跃跃、吉炳轩、张平、向巴平措、艾力更·依明巴海、万鄂湘、张宝文、陈竺，全国人大常委会委员，全国人大各专门委员会成员，各省（区、市）人大常委会负责人，部分全国人大代表等听取讲座。

主讲人是工业和信息化部副部长、中国科学院院士怀进鹏，他介绍了信息技术及其演进趋势、互联网对经济社会的影响，分析了信息安全问题面临的严峻形势，并就提升信息技术发展与信息安全保障能力谈了看法。

4月24日

［纲　文］　**最高法、司法部印发《人民陪审员制度改革试点方案》。**

［目　文］　《方案》由四部分组成：一、基本原则和改革目标；二、主要内容；三、方案实施；四、组织保障。《方案》提出，2015年5月，最高人民法院根据试点方案和全国人大常委会的授权，研究制定试点实施方案，并选择北京、河北、黑龙江、江苏、福建、山东、河南、广西、重庆、陕西10省、自治区、直辖市开展人民陪审员制度改革试点。

5月20日，最高人民法院、司法部印发《人民陪审员制度改革试点工作实施办法》。

4月24日

［纲　文］　**中央军委副主席许其亮在曼谷会见泰国总理巴育。**

［目　文］　巴育表示，泰中两国人民友谊历史悠久，泰方高度重视泰中友好合作关系，感谢中方长期对泰给予的无私帮助，支持并赞赏中方"一带一路"构想，愿将国内互联互通建设与其紧密相连，相信即将在泰建设的铁路项目将成为泰中友谊新的象征。泰方欢迎中方参与泰经济特区建设，希望双方加强农业、旅游及国防工业合作，希望两军深化联演联训等务实合作，推动两国两军关系不断向前发展。

许其亮说，中泰友谊源远流长，两国关系根基深厚，建交40年来，各领域合作成果丰硕。在新形势下，两国应携手努力，不断深化各领域合作。"一带一路"构想的逐步实施将推动沿线国家发展战略相互对接、优势互补，促进区域和平稳定与共同发展。中方愿秉持"亲诚惠容"新理念，与泰方共同努力，不断丰富全面战略合作伙伴关系内涵，加强两军在联演联训、军事医学、武器装备和技术、多边安全以及反恐等领域交流合作，推动两军关系更上一层楼。

4月24日

［纲　文］　**国家副主席李源潮在北京会见塞舌尔人民党总书记、副总统丹尼·富尔。**

［目　文］　李源潮说，中塞有着特殊友好关系，中国愿秉承“真实亲诚”方针，与塞舌尔加强海洋经济、基础设施、人文等领域合作，实现互利共赢、共同发展。中国共产党愿深化同塞舌尔人民党的关系，加强治国理政经验交流，推动两国发展目标和繁荣愿景早日实现。富尔说，塞社会、经济等各方面发展一直得到中方强有力支持，塞深表感谢并期待两国两党间更加密切的合作。

4月24—25日

［纲　文］　**刘奇葆在河北调研。**

［目　文］　中央书记处书记、中宣部部长刘奇葆在涉县、平山县、正定县等地，瞻仰一二九师司令部旧址、西柏坡纪念馆，考察社区、村镇和宣传文化单位，走访基层干部群众。

刘奇葆强调，要持续推进、不断深化习近平总书记系列重要讲话精神的学习宣传贯彻，着力在武装头脑坚定理想信念上下功夫，在全面系统掌握科学理论上下功夫，在指导实践推动实际工作上下功夫。要深化中国特色社会主义、中国梦和中国道路学习宣传教育，使之入耳入脑入心，增强道路自信、理论自信、制度自信。要深化“四个全面”战略布局宣传阐释，引导人们深刻把握重大意义、丰富内涵、内在联系和实践要求，凝聚起协调推进“四个全面”的强大力量。

4月25日

［纲　文］　**国家主席习近平、国务院总理李克强就尼泊尔地震分别向尼泊尔总统亚达夫、尼泊尔总理柯伊拉腊致慰问电。**

4月25日

［纲　文］　**习近平就尼泊尔8.1级地震和后续的余震波及西藏自治区日喀则、阿里等边境地区作出指示。**

［目　文］　灾情发生后，习近平立即作出指示，要求西藏自治区党委、政府和有关部门迅速行动、全面部署，党政军警民协调配合，全力开展抗震救灾工作。李克强作出批示，要求有关部门积极配合西藏自治区，做好抢险救灾和伤员救治，尽最大努力减轻灾害损失。

地震已造成26人死亡、3人失踪、856人受伤、近30万人受灾，2699间房屋和1座寺庙倒塌，39943户民房、242座寺庙和文物单位用房受损。

5月6日新华网讯，中共中央总书记、国家主席、中央军委主席习近平对做好西藏日喀则、阿里等地区抗震救灾工作再次作出重要指示，肯定抗震救灾工作取得阶段性胜利，要求再接再厉，继续抓紧搜救被困人员，全力救治受伤人员，妥善安置受灾群众，同时尽快修复受损基础设施，做好灾后恢复重建工作，维护西藏自治区特别是受灾地区社会大局和谐稳定。

4月25日

［纲　文］　**中共中央、国务院印发《关于加快推进生态文明建设的意见》。**

［目　文］　《意见》由九部分组成：一、总体要求；二、强化主体功能定位，优化国土空间开发格局；三、推动技术创新和结构调整，提高发展质量和效益；四、全面促进资源节约循环高效使用，推动利用方式根本性转变；五、加大自然生态系统和环境保护力度，切实改善生态环境质量；六、健全生态文明制度体系；七、加强生态文明建设统计监测和执法监督；八、加快形成推进生态文明建设的良好社会风尚；九、切实加强组织领导。

《意见》指出，各级党委和政府及中央有关部门要按照本意见要求，抓紧提出实施方案，研究制定与本意见相衔接的区域性、行业性和专题性规划，明确目标任务、责任分工和时间要求，确保各项政策措施落到实处。各地区各部门贯彻落实情况要及时向党中央、国务院报告，同时抄送发展改革委。中央就贯彻落实情况适时组织开展专项监督检查。

4月25日

［纲　文］　**发展改革委、财政部、住房城乡建设部、交通运输部、水利部、人民银行发布《基础设施和公用事业特许经营管理办法》。**

［目　文］　《办法》共8章60条，主要有总则、特许经营协议订立、特许经营协议履行、特许经营协议变更和终止、监督管理和公共利益保障、争议解决、法律责任、附则等内容。自2015年6月1日起施行。

4月25日—5月3日

［纲　文］　**第53届世界乒乓球锦标赛在苏州举行。**

［目　文］　本届世乒赛有134个国家和地区的1300多名运动员、教练员和官员参加。在比赛项目上，各个国家和地区共有546名运动员参加。男单、女单项目，中国队均包揽四强，马龙、丁宁分获冠军。男双、女双项目，均由两对中国组合会师决赛，张继科和许昕、刘诗雯和朱雨玲最终捧杯。在混双项目上，中国、韩国组合许昕和梁夏银夺冠，这也是自1977年以来跨协会组合首次登顶世乒赛。

4月25—27日

［纲　文］　**张德江率全国人大常委会职业教育法执法检查组在重庆开展执法检查。**

［目　文］　全国人大常委会委员长张德江在重庆工商学校、能源职业学院，与教师和学生亲切交谈，详细询问专业设置、学生就业等情况并强调，职业教育必须以市场需求为导向、以促进就业为目标，按照社会需要设置专业，着力培养高素质的技术技能型人才。在重庆立信职教中心、医药高等专科学校，张德江鼓励学生们勤奋钻研、学好技术，并说，技工技师是社会主义现代化建设不可缺少的人才。读职业技术学校，能使你们一技

在身、终身受益。在重庆公共运输职业学院、潍柴汽车有限公司，张德江走进实训中心、生产车间，观看学生模拟演练和岗位实习并指出，企业是职业教育办学促学的重要主体，也是受益者。要调动行业企业参与和支持职业教育发展的积极性，鼓励企业依法办职业院校或实训基地，促进产教深度融合、校企共同育人。张德江在沙坪坝区人力资源市场，了解就业指导和求职应聘情况时说，近年来重庆发展职业教育成效十分显著。要继续高度重视、大力宣传职业教育，树立正确的就业观、价值观，为职业学校的学生提供更好的就业服务、创造更好的就业环境，在全社会形成崇尚劳动、崇尚技能、崇尚贡献的良好氛围。

检查期间，张德江听取了重庆市职业教育法实施情况工作汇报，在江津区主持召开座谈会时强调，我国职业教育正处在加快发展、大有可为的关键时期。要紧紧围绕“四个全面”战略布局，充分发挥职业教育促进经济、社会发展和劳动就业的重要作用，结合执法检查，继续深入实施职业教育法，切实把发展职业教育抓紧抓好。要加强统筹规划、顶层设计，依法将职业教育纳入本地区经济社会发展规划中，制定切实有效的法规和政策。要通过多种渠道依法筹集发展职业教育的资金，加大对农村和贫困地区的支持力度，完善经费稳定投入机制，健全资助政策体系。要遵循职业教育发展规律，改革创新管理和办学体制机制，积极搭建职业教育与普通教育有机互通的“立交桥”，构建现代职业教育体系，走出一条中国特色职业教育发展之路。

4月26日

［纲　文］　**国务院办公厅印发《深化医药卫生体制改革2014年工作总结和2015年重点工作任务》。**

［目　文］　《任务》由两部分组成，一、深化医药卫生体制改革2014年工作总结：(一)综合施力，多方保障，形成医改工作合力。(二)统筹谋划，重点突破，各项改革任务有效推进。二、深化医药卫生体制改革2015年重点工作任务：(一)全面深化公立医院改革。(二)健全全民医保体系。(三)大力发展社会办医。(四)健全药品供应保障机制。(五)完善分级诊疗体系。(六)深化基层医疗卫生机构综合改革。(七)统筹推进各项配套改革。

4月26日

［纲　文］　**新华社讯，范长龙在驻内蒙古、黑龙江和吉林沿边部队调研。**

［目　文］　中央军委副主席范长龙调研时指出，要认真学习贯彻习近平主席重要决策指示，坚持睦邻友好与强边固防相统一，坚持维权与维稳相统一，做到守边有责、守边负责、守边尽责，采取有力举措把边境管控好，为维护边疆繁荣稳定贡献力量。习主席提出的“四个全面”战略布局，是对党的十八大以来我们党治国理政方略的全面总结，是中国特色社会主义理论的新发展。要把学习贯彻“四个全面”作为重大政治任务，领会科学内涵，把握精神实质，统一思想行动，指导强军实践。要深入贯彻全军政治工作会议精神，扎实开展“三严三实”专题教育整顿，持续有力正风气、改作风，彻底肃清徐才厚

案件影响，坚持有案必查、有腐必反，坚决惩治腐败。要坚持依法治军、从严治军，按照《军队基层建设纲要》抓基层、打基础，带出部队的虎虎生气、融融暖气、堂堂正气，使每个连队都过硬，每个哨所都放心。边防部队责任重大、使命光荣，要强化忧患意识、大局意识，忠诚戍边、报国奉献。要坚持依法管边控边，完善体制机制，培养专业化人才，发展专业化装备，用好信息化手段，不断提高新形势下边境管控能力。要加强战备值班，规范战备秩序，充分发挥党政军警民“五位一体”优势，切实形成边境管控的整体合力。要增进边防互信合作，积极开展双边军事交往，落实有关协定协议，协商解决问题，稳妥处置情况，营造和谐友好的边防氛围。坚如磐石的军政军民关系是建设巩固国防的可靠保证。要大力发扬我军拥政爱民的优良传统，积极支援地方经济建设，促进地方经济社会发展。要深刻理解党和国家推进“一带一路”的战略意图，认清军民融合深度发展的重大意义，结合驻地实际，发挥部队优势，找准工作抓手，积极主动作为，在统筹推进经济建设和国防建设上取得更大成绩。

4月26日

［纲　文］ **中国滑翔伞队员张树鹏在内蒙古自治区锡林郭勒盟正蓝旗乌日图塔拉成功挑战海拔8150米高空无氧翼装飞行，创造了新的世界纪录。**

4月27日

［纲　文］ **中共中央总书记、国家主席习近平，中共中央政治局常委、中央书记处书记刘云山在北京分别会见缅甸联邦巩固与发展党主席、联邦议会议长兼人民院议长吴瑞曼领导的巩发党代表团。**

［目　文］ 习近平指出，中缅传统友好关系是两国老一辈领导人亲手缔造的。两国关系历时65载仍历久弥新，根本原因就是我们一直尊重彼此核心利益和重大关切，在重大问题上给予对方充分理解和支持。双方要从战略高度和长远角度看待中缅关系，维护好中缅边境和平安宁，做好有利于中缅国家发展和人民福祉的事情。中缅务实合作基础扎实，互补性强，潜力巨大。坚持互利共赢是中国开展对外交流合作的重要原则。我们提出“一带一路”、亚洲基础设施投资银行等倡议，就是要以实际行动提升中国与沿线国家的务实合作，让各国特别是缅甸这样的周边友好国家能从中国的发展中获益。希望双方从两国人民的根本和长远利益出发，妥善处理合作中出现的困难和问题，把握好两国合作的正确方向。中国共产党珍视同巩发党的友好情谊，相信此访将为两党关系注入新的活力。希望双方继续密切高层交往和各层级人员往来，加强治党治国经验交流，推动两党关系不断迈上新台阶。

吴瑞曼表示，我一年前访华并与您会面，深切感受到中国共产党、中国人民和您本人对缅甸的深情厚意。缅甸感谢中方长期以来的无私帮助，有决心发展好缅中全面战略合作伙伴关系，巩发党也希望与中国共产党全面深化两党交流合作。

刘云山应询介绍了中国共产党的建设情况，指出执政党的根基在人民群众的支持，群众路线是我们党的生命线。党的群众路线教育实践活动结束后，我们党部署开展“三严三实”专题教育，这是全面从严治党的重要举措，是为了把作风建设的好态势保持下去，更好落实“四个全面”战略布局，促进经济社会发展。吴瑞曼表示，巩发党坚定致力于缅中友好合作，愿学习借鉴中共治国理政经验，夯实两国友好合作基础。

4 月 27 日

［纲　文］ **《习近平关于全面依法治国论述摘编》出版。**

［目　文］ 《论述摘编》由中共中央文献研究室编辑，共分 8 个专题，收入 193 段论述，摘自习近平 2012 年 12 月 4 日至 2015 年 2 月 2 日期间的讲话、报告、批示、指示等 30 多篇重要文献。其中部分论述是第一次公开发表。

4 月 27 日

［纲　文］ **李克强在北京会见中央文史研究馆馆员、香港大学荣休教授饶宗颐先生。**

［目　文］ 国务院总理李克强祝贺饶宗颐百岁艺术展在国家博物馆举行，称赞饶宗颐先生近百岁高龄仍心系国家发展，学术耕耘不辍，艺术创作不断，是香港特别行政区的骄傲，并指出文化是一个民族的血脉和灵魂。继承和发扬中华文化，建设中华民族的共同精神家园，是海内外中华儿女的共同心愿。李克强希望饶宗颐先生继续为国家文化建设建言献策，为增进香港与内地、中国与世界的人文交流作出新的贡献。

4 月 27 日

［纲　文］ **《人民日报》报道，中共中央办公厅印发《省（自治区、直辖市）纪委书记、副书记提名考察办法（试行）》《中央纪委派驻纪检组组长、副组长提名考察办法（试行）》《中管企业纪委书记、副书记提名考察办法（试行）》。**

［目　文］ 三个提名考察办法是党中央推进党的纪律检查体制改革的重大举措，是落实党章规定和十八届三中全会第三十六条的具体化，是中央纪委立足本届任期立行立改、探索实践的制度成果，为坚持党对反腐败工作的领导、增强纪委监督权的权威性提供了组织制度保障。办法紧扣提名考察作出规定，明确省（自治区、直辖市）纪委书记副书记、中央纪委派驻纪检组组长副组长、中管企业纪委书记副书记的提名、考察以上级纪委会同组织部门为主。在提名条件上，突出强调纪委书记、副书记人选要敢于监督、善于监督，注重从履行党风廉政建设主体责任、监督责任表现突出的优秀干部中选拔；在干部来源上，明确要拓宽选人视野和渠道，可以从纪检监察系统内和系统外提名，纪委书记人选一般应当交流任职。在提名、考察程序上，分别明确了提名、考察具体要求和有关各方的职责分工。三个提名考察办法着眼于打造一支忠诚、干净、担当的纪检干部队伍，紧紧抓住领导干部这个“关键少数”，强调坚持党管干部原则，坚持五湖四海，坚持高标准严要求。纪检干部是党的干部的重要组成部分。要依靠各级党委、纪委和组织部门齐心协力，全面提高知人识人、选人用人能力水平，强化责任担当，确保选拔出来的纪检领导干部过得硬、立得住，经得起考验，切实担负起监督执纪问责职责。

办法已经出台，关键在于落实。各级党委、纪委和组织部门要根据三个提名考察办法精神，紧密结合实际，切实选好配强各级纪委书记副书记、纪检组组长副组长，为党风廉政建设和反腐败斗争提供坚强组织保证。

4月27日

［纲　文］　**全国军队转业干部安置工作电视电话会议在北京召开。**

［目　文］　中共中央政治局委员、国务院副总理马凯出席会议并讲话。会议强调，健全完善自主择业政策制度，加强就业创业培训服务，大力促进军转干部就业创业。加强舆论宣传引导，继续做好部分企业军转干部解困工作，营造全社会关心支持军转工作的良好氛围。按照全面深化改革要求，深化军转安置制度改革，完善退役军官安置政策制度。军转安置工作是一项重要的政治任务，各地区、各部门、各单位要加强组织领导，严格落实责任，强化使命担当，严肃工作纪律，发挥优良传统，密切协调配合，不讲条件，不讲价钱，不搞变通，不折不扣落实好中央关于军转安置工作的方针政策和规定。要按照“三严三实”要求，切实改进作风，继续推行“阳光安置”，坚决防止和纠正不正之风，满腔热情做好军转安置各项工作任务。

4月27日

［纲　文］　**国务院办公厅转发《中药材保护和发展规划（2015—2020年）》。**

［目　文］　《规划》由三部分组成：一、发展形势；二、指导思想、基本原则和发展目标；三、主要任务。

《规划》是由工业和信息化部、中医药局、发展改革委、科技部、财政部、环境保护部、农业部、商务部、卫生计生委、食品药品监管总局、林业局、保监会等单位共同起草的。

4月27日

［纲　文］　**刘延东在江苏调研。**

［目　文］　中共中央政治局委员、国务院副总理刘延东考察基层医疗卫生服务机构和公立医院并主持召开部分省市医改工作座谈会时指出，当前医改处于从试点探索、单项突破向系统配套、全面推进转变的关键阶段，要攻坚克难，突出综合配套改革，着眼于制度创新和机制完善，加快推动医改向纵深发展。要立足于公平可及、群众受益原则，建立科学规范的现代医院管理制度，扎实推进公立医院改革。坚持“三医联动”、分级诊疗，破除以药补医，降低虚高药价，强化基本医保与医疗救助、大病保险紧密结合，监控医疗服务质量与费用，为群众提供安全有效方便价廉的基本医疗服务。加强基层医疗卫生机构、全科医生、乡村医生队伍建设，大力提高基层服务能力水平。要坚持预防为主、防治结合，加强慢性病管理，提供全过程健康管理服务。

刘延东在市民健身中心、体育公园调研，并主持召开部分省市加快发展体育产业促进体育消费工作座谈会时强调，要认真落实《国务院关于加快发展体育产业促进体育消费的若干意见》，发挥体育产业对绿色发展、扩大内需、保障民生、提升文化竞争力的促进作用。要加强政府引导，激发市场活力，优化产业布局，壮大供给主体，丰富供给内容，扩大消费需求，使体育产业成为新的经济增长点。要开放体育场馆，在农村与社区为群众提供全民健身、体育消费的场所，统筹推动竞技体育与群众体育同步推进，体育产业与体育事业协调发展，体育产业与体育消费良性互动，体育产业与相关产业融合发展。

4月27日

［纲　文］　**国务院印发《关于进一步做好新形势下就业创业工作的意见》。**

［目　文］　《意见》由五部分组成：一、深入实施就业优先战略；二、积极推进创业带动就业；三、统筹推进高校毕业生等重点群体就业；四、加强就业创业服务和职业培训；五、强化组织领导。

《意见》要求，各地区、各部门要认真落实本意见提出的各项任务，结合本地区、本部门实际，创造性地开展工作，制定具体方案和配套政策，同时要切实转变职能，简化办事流程，提高服务效率，确保各项就业创业政策措施落实到位，以稳就业惠民生促进经济社会平稳健康发展。

4月27日

［纲　文］　**国务院办公厅印发《关于清理规范国务院部门行政审批中介服务的通知》。**

［目　文］　《通知》由三部分组成：一、清理规范的范围；二、清理规范的措施；三、组织实施。

《通知》要求，地方各级人民政府要参照本通知要求，结合实际，研究制定本地区清理规范中介服务工作的具体措施并组织实施。

4月27日

［纲　文］　**司法部发布修改后的《香港、澳门特别行政区律师事务所驻内地代表机构管理办法》。**

［目　文］　《办法》共6章34条，主要有总则，代表处的设立、变更和注销，业务范围和规则，监督管理，法律责任，附则等内容。自2015年6月1日起施行。

4月27日

［纲　文］　**税务总局发布《关于金融企业涉农贷款和中小企业贷款损失税前扣除问题的公告》。**

［目　文］　《公告》的主要内容有，一、金融企业涉农贷款、中小企业贷款逾期1年以上，经追索无法收回，应依据涉农贷款、中小企业贷款分类证明，按下列规定计算确认贷款损失进行税前扣除：（一）单户贷款余额不超过300万元（含300万元）的，应依据向借款人和担保人的有关原始追索记录（包括司法追索、电话追索、信件追索和上门追索等原始记录之一，并由经办人和负责人共同签章确认），计算确认损失进行税前扣除。（二）单户贷款余额超过300万元至1000万元（含1000万元）的，应依据有关原始追索记录（应当包括司法追索记录，并由经办人和负责人共同签章确认），计算确认损失进行

税前扣除。（三）单户贷款余额超过1000万元的，仍按《国家税务总局关于发布〈企业资产损失所得税税前扣除管理办法〉的公告》（国家税务总局公告2011年第25号）有关规定计算确认损失进行税前扣除。二、金融企业涉农贷款和中小企业贷款的分类标准，按照《财政部 国家税务总局关于金融企业涉农贷款和中小企业贷款损失准备金税前扣除有关问题的通知》（财税〔2015〕3号）规定执行。三、金融企业应当建立健全贷款损失内部核销管理制度，严格内部责任认定和追究，及时收集、整理、编制、审核、申报、保存资产损失税前扣除证据材料。对不符合法定条件扣除的贷款损失，或弄虚作假进行税前扣除的，应追溯调整以前年度的税务处理，并按《中华人民共和国税收征收管理法》有关规定进行处罚。四、本公告适用2014年度及以后年度涉农贷款和中小企业贷款损失的税前扣除。

4月27日

［纲　文］　**海关总署、商务部发布废止《海关总署 国家经贸委 外经贸部关于停止保税区、保税油库成品油转口业务的通知》，自2015年4月27日起实施。**

4月27日

［纲　文］　**国务院任命马建堂为国家行政学院主持常务工作的副院长（正部长级），免去其国家统计局局长职务。**

4月27日

［纲　文］　**国家副主席李源潮在北京会见刚果劳动党总书记皮埃尔·恩戈洛率领的刚果劳动党代表团。**

［目　文］　李源潮说，中刚友谊源远流长，两国建交以来，政治互信不断加深，友好合作不断拓展。中国共产党重视发展与刚果劳动党的关系，愿密切高层交往，加强治国理政经验交流，共同推动中刚团结互助的全面合作伙伴关系不断发展。恩戈洛表示，刚果劳动党愿与中国共产党一道，落实两国元首达成的重要共识，加强各领域合作，推动两党两国友好合作关系深入发展。

4月27日

［纲　文］　**文化部在长沙召开2015年全国艺术创作工作会议。**

［目　文］　文化部部长雒树刚出席会议并讲话。文化部副部长董伟主持会议。中宣部文艺局，文化部有关司局，文化部有关直属单位和中央有关部委直属艺术院团的负责人，全国各省区市、新疆生产建设兵团、计划单列市、省会城市的文化厅局和总政宣传部艺术局负责人等参加会议。

会议强调，坚持以人民为中心的创作导向，是文艺创作和文艺工作的基本前提。深入生活是文艺繁荣发展的成功经验，也是文艺界的优秀传统。“深入生活、扎根人民”不是做做样子，要做好长期的思想准备和工作安排，把它作为文艺创作的基本方式和必修课；要以社会主义核心价值观引领艺术创作生产，把中国梦主题创作作为当前和今后一段时期的重点任务，把爱国主义作为文艺创作的主旋律，要传承弘扬中华优秀传统文化；要把文艺创作作为中心任务，坚持艺术创新，加强现实题材创作，推出更多无愧于时代的优秀作品。

4 月 27 日

［纲　文］　**中国和意大利政府委员会第 6 次联席会议在北京举行。**

［目　文］　外交部部长王毅和意大利外交部长真蒂洛尼出席会议。中意双方签署了《中华人民共和国政府和意大利共和国政府 2015—2019 文化合作执行计划》。

联席会议后，王毅与真蒂洛尼举行了会谈。王毅表示，中意全面战略伙伴关系在双方共同努力下全方位发展，投资与创新合作快速增长，旅游与人文交流更加活跃。中方愿同意方一道，以 2015 年两国建交 45 周年为契机，巩固传统友好，推进各领域务实合作；进一步发挥中意政府委员会的作用，推动双边关系迈上新台阶。真蒂洛尼表示，意方高度重视发展对华关系，尊重中方核心利益。意很高兴成为欧洲申根国家中办理对华签证时间最短的国家，愿以米兰世博会为契机，推动双边关系更加深入。

4 月 27 日—5 月 1 日

［纲　文］　**应国家主席习近平邀请，赤道几内亚共和国总统奥比昂对中国进行国事访问。**

［目　文］　访问期间，习近平在北京同奥比昂举行了会谈，两国元首决定将两国关系提升为全面合作伙伴关系并见证了外交、教育、经济技术、贸易、航空、金融等领域双边合作文件的签署。双方共同发表了《中华人民共和国和赤道几内亚共和国关于建立全面合作伙伴关系的联合声明》。国务院总理李克强、全国政协主席俞正声在北京分别会见了奥比昂。奥比昂宣布为中国云南省金平县捐建“中国—赤道几内亚友谊小学”。俞正声和奥比昂共同出席了在北京钓鱼台国宾馆举行的中赤几建交 45 周年庆祝招待会。

习近平在会见奥比昂时指出，中方愿同赤几方一道努力，将两国传统友好优势转化为共同发展的动力，共同推动中赤几友好合作关系不断迈上新台阶。双方要牢牢把握友好关系大方向，在涉及各自核心利益和重大关切问题上继续相互理解、相互支持，保持高层交往势头，密切两国各领域多层次交流合作。双方要开展产业对接和产能合作。中方愿鼓励优势产业和优质产能落户赤道几内亚，帮助赤几方建设和改善基础设施，支持中国金融机构在中赤几一揽子互惠贷款合作框架内提供相关融资支持。中方愿同赤几方加强教育、文化、医疗卫生、体育、新闻媒体等领域交流合作，为双方人员往来提供便利条件，欢迎更多赤道几内亚青年来华学习和培训。中方愿同赤几方就 2015 年后国际发展议程、非洲和平与发展等一系列地区和国际事务加强沟通。

奥比昂表示，赞同习近平对赤几同中国关系的评价，两国保持着传统的友好合作关系，一贯相互支持，积极开展平等合作。赤几感谢中方长期以来对赤几的帮助和支持，这有力地促进了赤几经济社会发展。我这次访华，旨在继续深化两国在各领域的关系，加强双方多层次的交流与合作。赤几期待着中国在国际事务中发挥更重要的作用。

4 月 27—30 日

［纲　文］　**第 10 届中国（义乌）文化产品交易会在浙江义乌举办。**

［目　文］　交易会由文化部、浙江省人民政府、中国国际贸易促进委员会主办。以“汇聚产业精英，展示产业成果，展现产业动向，引领产业潮流”为宗旨，以“打造文化产品交易平台，推动文化产业跨越发展”为主题，设国际标准展位3443个、展位面积7.1万平方米，分别较上届增加23%、29%；共有来自15个国家和地区的1184家企业参展，吸引了110个国家和地区的客商10.3万人次；实现洽谈交易额50.67亿元，同比增长3.2%，其中外贸成交额32.65亿元，同比增长8.4%。展会期间举办了10年回顾、文化产业创业创意人才扶持计划系列活动、小微文化企业发展论坛、国际电子竞技大赛、动漫衍生品授权洽拍会、全国独立设置美院研究生作品展等20余项文化经贸活动。

4月28日

［纲　文］　中共中央、国务院印发《关于表彰全国劳动模范和先进工作者的决定》。

［目　文］　《决定》说，值此“五一”国际劳动节之际，党中央、国务院决定，授予白永明等2064人全国劳动模范荣誉称号，授予吴甡等904人全国先进工作者荣誉称号。希望获得全国劳动模范和先进工作者荣誉称号的同志，珍惜荣誉、再接再厉，继续做坚定理想信念的模范、勤奋劳动的模范、增进团结的模范，努力在新的征途上再创新业、再立新功。全国各族人民要更加紧密地团结在以习近平为总书记的党中央周围，全面贯彻党的十八大和十八届三中、四中全会精神，高举中国特色社会主义伟大旗帜，以邓小平理论、“三个代表”重要思想、科学发展观为指导，深入贯彻习近平总书记系列重要讲话精神，积极培育和践行社会主义核心价值观，大力弘扬“爱岗敬业、争创一流，艰苦奋斗、勇于创新，淡泊名利、甘于奉献”的劳模精神，营造劳动光荣、知识崇高、人才宝贵、创造伟大的社会氛围，通过辛勤劳动创造更加幸福美好的生活，为实现“两个一百年”奋斗目标、实现中华民族伟大复兴的中国梦而努力奋斗！

4月28日

［纲　文］　庆祝“五一”国际劳动节暨表彰全国劳动模范和先进工作者大会在北京举行。

［目　文］　习近平出席大会并讲话。李克强主持大会。张德江、俞正声、刘云山、王岐山、张高丽出席大会。中共中央、全国人大常委会、国务院、全国政协、中央军委有关领导人出席大会。中央党政军群有关部门和北京市负责人，各民主党派中央、全国工商联负责人和无党派人士代表，特邀的历届全国劳动模范和先进工作者代表等参加大会。刘云山宣读《中共中央、国务院关于表彰全国劳动模范和先进工作者的决定》。全国劳动模范和先进工作者代表登上主席台，党和国家领导人向他们颁发荣誉证书。长春轨道客车股份有限公司转向架制造中心焊工李万君代表全国劳动模范和先进工作者宣读倡议书，向全国广大劳动群众发出倡议，用劳动为实现中国梦添砖加瓦，在推进“四个全面”伟大实践中建功立业，争做有智慧、有技术、能发明、会创新的劳动者。

习近平代表党中央、国务院，向全国各族工人、农民、知识分子和其他各阶层劳动群众，向人民解放军指战员、武警部队官兵和公安民警，向香港同胞、澳门同胞、台湾同胞和海外侨胞，致以节日的祝贺；向为改革开放和社会主义现代化建设作出突出贡献的劳动模范和先进工作者，致以崇高的敬意。习近平还代表中国工人阶级和广大劳动群众，向全世界工人阶级和广大劳动群众，致以诚挚的问候。

习近平强调，我们所处的时代是催人奋进的伟大时代，我们进行的事业是前无古人的伟大事业。全面建成小康社会，进而建成富强民主文明和谐的社会主义现代化国家，根本上靠劳动、靠劳动者创造。无论时代条件如何变化，我们始终都要崇尚劳动、尊重劳动者，始终重视发挥工人阶级和广大劳动群众的主力军作用。这就是我们今天纪念“五一”国际劳动节的重大意义。

李克强在主持大会时说，要深入学习习近平总书记重要讲话精神，按照“四个全面”战略布局，着力推动经济社会持续健康发展，着力推进改革开放，激发全社会创新创造潜力和市场活力。要以先进模范人物为示范，尊重劳动，勇于担当，积极有为，竞相贡献，力争上游，推动大众创业、万众创新，加快发展社会事业，持续改善民生，促进我国经济保持中高速增长、迈向中高端水平，为实现“两个一百年”奋斗目标、建成富强民主文明和谐的社会主义现代化国家、实现中华民族伟大复兴的中国梦做出新贡献。

4 月 28 日

［纲　文］　**国家主席习近平同哈萨克斯坦总统纳扎尔巴耶夫通电话。**

［目　文］　习近平祝贺纳扎尔巴耶夫再次当选哈萨克斯坦总统，并表示近年来，中哈政治互信和战略协作不断深化，各领域互利合作全面展开。发展睦邻友好、合作共赢的中哈关系，不仅符合两国人民共同利益，也有利于本地区安定繁荣。中方高度重视中哈关系，坚定支持哈萨克斯坦走符合本国国情的发展道路，坚定支持哈方为维护主权、安全、发展等核心利益所作努力，坚定支持哈方在国际事务中发挥重要作用。新形势下，希望中哈双方开拓进取，加强在丝绸之路经济带建设框架内合作，推动双边关系发展取得更多新成果，更好造福两国人民。在纳扎尔巴耶夫总统领导下，哈萨克斯坦各项事业得到长足发展。相信哈萨克斯坦一定会沿着“光明之路”继续前行，不断创造新成就。

纳扎尔巴耶夫感谢中方长期以来给予哈萨克斯坦的支持，并表示哈萨克斯坦愿加强同中方的战略合作，继续就双方共同关心的重大国际地区问题保持沟通和协调，愿通过哈萨克斯坦“光明之路”发展战略同中方丝绸之路经济带倡议的对接，推进两国各领域交流合作。

4 月 28 日

［纲　文］　**李克强主持召开国务院常务会议。**

［目　文］　会议主要内容是：一、部署完善消费品进出口相关政策，丰富国内消费者购物选择。会议认为，扩大国内消费需求是稳增长、调结构的重要举措。会议确定，有关部门要在科学评估基础上抓紧拿出具体方案，一是对国内消费者需求大的部分国外日用消费品，于 2015 年 6 月底前开展降低进口关税试点，逐步扩大降税商品范围。二是结合税制改革，完善服饰、化妆品等大众消费品的消费税政策，统筹调整征税范围、税率和征

收环节。三是增设和恢复口岸进境免税店，合理扩大免税品种，增加一定数量的免税购物额，方便国内消费者在境内购买国外产品。四是进一步推进境外旅客购物通关和退税便利化，严格落实进境物品依法主动申报纳税要求。制定支持跨境电商进口的检验检疫政策，清理进口环节不合理收费。五是加快推进中国产品品牌提升工程，支持实体店发展，实现线上线下互动。规范市场秩序，严打假冒伪劣，促进优胜劣汰。让消费者能就近舒心、便捷购物。二、确定加快成品油质量升级措施，推动大气污染治理和企业技术升级。会议指出，按照国务院出台的《大气污染防治行动计划》，加快推进成品油质量升级国家专项行动，适应日益严格的排放标准，是改善环境、治理雾霾等污染、促进绿色发展、增添民生福祉的重要举措，也有利于扩大投资、促进企业技术改造和消费需求。会议确定，加快清洁油品生产供应，力争提前完成成品油质量升级任务。一是将2016年1月起供应国五标准车用汽柴油的区域，从原定的京津冀、长三角、珠三角等区域内重点城市扩大到整个东部地区11个省市全境。二是将全国供应国五标准车用汽柴油的时间由原定的2018年1月，提前至2017年1月。三是增加高标准普通柴油供应，分别从2017年7月和2018年1月起，在全国全面供应国四、国五标准普通柴油。为完成上述任务，炼油企业将增加技改投资约680亿元，可以进一步带动装备等相关行业有效投资和生产。三、决定实施稀土钨钼资源税改革，促进理顺资源税费关系。为进一步推进清费立税，理顺资源税费关系，会议决定，从2015年5月1日起，将稀土、钨、钼资源税由从量计征改为从价计征，并按照不增加企业税负的原则合理确定税率。同时，进一步清理和规范收费，将稀土、钨、钼的矿产资源补偿费费率降为零，停止征收相关价格调节基金，取缔省以下地方政府违规设立的相关收费基金。研究建立矿产资源权益金制度。

4月28日

［纲　文］　国务院办公厅印发《关于贯彻落实国务院常务会议精神有关事项的通知》。

［目　文］　《通知》说，一、国务院常务会议讨论通过的拟以国务院或国务院办公厅名义印发的文件，须在会议结束后7个工作日内印发；有重大修改意见需要协调的，须在10个工作日内印发。各有关部门和国务院办公厅承办秘书局要根据会议精神对拟印发的文件抓紧修改、会签、审核、报批，文件牵头起草部门须在会议结束后3个工作日内按程序将修改、会签后的文件报国务院，有重大修改意见需要协调的，须在6个工作日内会签上报；国务院办公厅承办秘书局要在2个工作日内完成审核和跟踪传批。二、国务院常务会议讨论通过的拟以部门名义印发或联合印发的文件，须在会议结束后7个工作日内印发；有重大修改意见需要协调的，须在10个工作日内印发。以部门名义印发或联合印发的文件，须符合国务院常务会议精神，重要敏感事项在文件印发前应向国务院领导同志报告，凡与国务院决策部署和总体要求不一致的不得印发。三、对国务院常务会议讨论通过的拟印发文件，只需作文字修改的，部门间会签须在2个工作日内完成；有重大修改意见需要协调的，会签须在3个工作日内完成。会签部门未按时限会签的，视为无不同意见。

会签时有关部门如有不同意见，文件牵头起草部门应在文件及文件起草说明中明确提出处理意见，一并报批。其他文件在部门间的会签时间，原则上也要按此执行。四、以国务院或国务院办公厅名义印发的可以公开的文件，原则上要于印发当日在中国政府网公开；以部门名义印发或联合印发的可以公开的文件，原则上也要于印发当日在有关政府网站公开。文件印发后，牵头起草部门要会同有关方面同步做好政策解读和舆论引导。五、各部门要对文件贯彻落实情况及时跟踪督查，抓紧推动落实到位。各有关部门和国务院办公厅秘书局对国务院常务会议纪要明确的决定事项和常务会议上国务院领导同志交办事项，要专门布置，建立台账，跟踪督办，逐一落实，并及时报告。国务院办公厅秘书局要及时组织专项督查，确保重大决策部署和重要政策措施落地见效。六、各部门主要负责人是贯彻落实国务院常务会议精神的第一责任人。国务院办公厅将定期检查本通知执行情况，并对发现的问题予以通报。

4月28日

［纲　文］　**海关总署公布《关于修改部分规章的决定》。**

［目　文］　《决定》对《中华人民共和国海关对保税仓库及所存货物的管理规定》《中华人民共和国海关关于境内公路承运海关监管货物的运输企业及其车辆、驾驶员的管理办法》《中华人民共和国海关对保税物流中心（A型）的暂行管理办法》《中华人民共和国海关对保税物流中心（B型）的暂行管理办法》《中华人民共和国海关对出口监管仓库及所存货物的管理办法》《中华人民共和国海关监管场所管理办法》等6部规章的部分条款予以修改，自2015年4月28日起施行。

4月28日

［纲　文］　**宗教事务局公布《藏传佛教学衔授予办法（试行）》。**

［目　文］　《办法》共6章29条，主要有总则、学衔等级及评定机构设置、申请学衔条件、学衔申请与授予、罚则、附则等内容。自2015年6月1日起施行。

4月28日

［纲　文］　**国务院副总理、中俄总理定期会晤委员会中方主席汪洋在杭州与俄罗斯副总理、俄方主席罗戈津会晤。**

［目　文］　汪洋说，中俄全面战略协作伙伴关系发展势头良好。我们2014年10月索契会晤以来，两国主管部门和企业积极落实双方达成的共识，推动两国务实合作不断取得新成果，有的领域取得了突破性进展。中方愿与俄方继续努力，推进核能、航空航天、卫星导航、农产品贸易、跨境基础设施建设以及中方参与俄远东开发等领域的大项目合作，为两国元首5月莫斯科会晤做好务实合作方面的准备。罗戈津说，加强与中国的战略合作是俄外交的优先方向。俄方愿与中方一道，充分挖掘两国合作的巨大潜力，推动双方务实合作持续深入发展。

4月28日

［纲　文］　**外交部发言人表示，美日有责任确保美日同盟不损害第三方利益。**

［目　文］　就美日外长、防长“2+2”磋商 27 日在纽约举行，双方发表了修订的新版《美日防卫合作指针》，其中声称将取消美日安保合作的地理限制，以及美日外长在记者会上重申，美日安保条约适用于包括钓鱼岛在内所有日本施政范围。

发言人表示，美日双方有责任确保美日同盟不损害包括中国在内的第三方利益，不损害亚太地区的和平与稳定。钓鱼岛及其附属岛屿是中国固有领土。无论任何人说什么、做什么，都无法改变钓鱼岛属于中国这一事实，中国政府和人民将坚决捍卫国家主权和领土完整。

4 月 28 日

［纲　文］　**《人民日报》发表题为《用劳动续写光荣与梦想》的社论。**

4 月 28 日—5 月 1 日

［纲　文］　**应国务院总理李克强邀请，阿尔及利亚总理萨拉勒对中国进行正式访问。**

［目　文］　访问期间，国家主席习近平、全国政协主席俞正声在北京分别会见了塞拉勒。李克强在北京同塞拉勒举行了会谈，两国总理共同见证了双边经济技术、产业投资、文化、教育、核能等领域合作文件的签署。

习近平在会见塞拉勒时指出，中国同阿尔及利亚是兄弟，是朋友。去年，中阿宣布建立全面战略伙伴关系，标志着两国关系进入新的发展阶段。中阿两国要不断增进政治互信，加强战略沟通，在涉及彼此核心利益和重大关切问题上继续相互支持，在涉及国际体系和秩序、发展中国家权益等重大议题上密切协调和配合。中阿两国发展战略具有很强互补性和对接度，中方愿积极参与阿尔及利亚发展建设，推动双边合作不断取得新成果和新突破。两国还要扩大文化、教育、卫生、新闻等人文领域交流合作。2015 年是中非合作论坛成立 15 周年。去年中阿合作论坛第六届部长级会议期间，我提出中阿共建“一带一路”构想，得到阿拉伯朋友热情响应。中方欢迎阿方继续积极参与中国同非洲和阿拉伯国家合作，积极参与亚非国家间合作。

塞拉勒表示，我此次访华旨在落实阿中全面战略伙伴关系，特别是加大推进两国经贸合作。阿中合作同中方的“一带一路”构想能够高度契合，前景广阔。阿方对两国全面战略伙伴关系发展充满信心，相信中国会成为阿经济社会发展更强劲的伙伴。

李克强同塞拉勒会谈时表示，中方愿在钢铁、水泥、平板玻璃、建材等领域同阿方开展产能合作，同时积极参与阿公路、铁路、港口、机场等基础设施建设。中方鼓励有实力的中国企业赴阿投资兴业，开展能矿、农业等领域合作，将装备、产品、服务、人员培训等相结合，帮助阿提高产品配套能力。在核能、航天等高科技领域打造双方合作新亮点。两国政府要为中阿人员往来提供更多便利，为双方企业合作清障搭台，创造更好条件。塞拉勒表示，将落实好两国合作规划，提高经贸合作水平，开展产能合作，加强在农业、能矿、石化、基础设施建设、高科技、可再生能源、旅游等领域合作，帮助阿提升工业生产和自主发展能力，共同开发非洲乃至国际市场。

4 月 28 日—6 月 12 日

［纲　文］　**“学艺融通——饶宗颐百岁艺术展”在中国国家博物馆举办。**

［目　文］　艺术展由中国国家博物馆主办，中央人民政府驻香港特别行政区联络办公室教育科技部、香港特别行政区康乐及文化事务署、香港大学饶宗颐学术馆、饶宗颐学术馆之友协办。

本次展览是历年来饶宗颐众多展览中最具规模、展品种类最为齐全的一次，作品涵盖其超过80年的学术及艺术成果，是其学术及艺术成就的全面呈现。学术方面展品包括饶宗颐历年来近百种著作、学术论文、各种形式的手稿、信札以及学者研究“饶学”的著作。艺术类展品包含了他自20世纪50年代至2015年各种形式的书画作品，如敦煌白画、禅画，西北宗山水、荷花等画作，甲骨、金文、简帛、篆、隶、楷、行、草等各体书法，以及晋、唐、宋、元及明遗民诸家笔意的作品。此外，亦有由其书画所衍生的各种艺术品，如古琴、紫砂壶、端砚、明清式家具等。

饶宗颐是海内外著名学者、书画家，被学术界誉为“国际瞩目的汉学泰斗”“整个亚洲文化的骄傲”，曾获国内外多项荣誉。他的研究领域涉及敦煌学和古文字、音律、考古、宗教学等，书画方面造诣尤深，山水、人物、花鸟兼能，各体书法无不精通，是一位集荣誉、学问、艺术于一身的当代儒学名家。

5月26日，中央书记处书记、中宣部部长刘奇葆参观“学艺融通——饶宗颐百岁艺术展”。

4月29日

［纲　文］　国务院在北京召开2015年深化医药卫生体制改革工作电视电话会议。

［目　文］　国务院总理李克强对会议作出批示指出：“医药卫生体制改革是维护人民群众健康福祉的重大民生、民心工程。过去一年，各地区、各有关部门凝心聚力、克难奋进，推动医改各项工作取得积极进展和明显成效，谨向广大医改工作者致以诚挚问候。2015年，面对艰巨繁重的改革任务，要牢牢把握保基本、强基层、建机制的基本原则，以公平可及、群众受益为出发点和立足点，坚持医保、医药、医疗‘三医联动’，用改革的办法在破除以药养医、完善医保支付制度、发展社会办医、开展分级诊疗等方面迈出更大步伐，在县级公立医院综合改革、实施城乡居民大病保险制度等方面实现更大突破，在方便群众就医、减轻看病用药负担上取得更大实效，不断提高医疗卫生水平，满足人民群众的健康需求。”

会议主要内容是：深入贯彻落实党中央、国务院对深化医改工作的一系列指示精神，全面安排部署2015年深化医改各项工作。

国务院副总理刘延东出席会议并强调，要全面落实党中央、国务院关于医改工作的决策部署，认真贯彻李克强总理的批示精神，围绕“四个全面”战略布局，瞄准医改的重点难点焦点，勇于担当，主动作为，大力推进各项重点领域改革，加快基本医疗卫生制度建设，切实使医改红利惠及城乡居民。要以勇试深水、敢涉险滩的勇气，以尊重规律、求实创新的精神，打好医改攻坚战。2015年县级公立医院综合改革全面推开，城市公立医院改革试点扩大到100个城市，要坚持公益性、破除逐利性、保障可持续，以建立现代医院管理制度为重点，破除以药补医机制，调整医疗服务价格，严控医疗费用不合理增长，努力减轻群众看病负担。要深化医保支付方式改革，全面实施城乡居民大病保险制度，筑牢人民群众看病就医的安全网。积极稳妥地推进药品流通和价格改革，保障质量和供应，降低虚高药价。加强全科医生制度建设，推动建立分级诊疗制度，引导群众有序就医。统筹推进配套改革，形成深化医改的联动机制和强大合力。她要求各地各部门加强组织领导，强化责任担当，抓好试点示范，确保完成目标任务，切实保障人民群众的健康福祉。

4月29日

［纲　文］　**农业部公布《关于修订部分规章和规范性文件的决定》。**

［目　文］　《决定》对《农作物种子生产经营许可管理办法》《食用菌菌种管理办法》《草种管理办法》《转基因棉花种子生产经营许可规定》的部分条款予以修改。自2015年4月29日起施行。

4月29日

［纲　文］　**中央党校举行2015年春季学期第一批进修班毕业典礼。**

［目　文］　中共中央政治局常委、中央党校校长刘云山出席毕业典礼并为学员颁发毕业证书。赵乐际、赵洪祝、中央有关部门负责人、中央党校负责人出席毕业典礼。本期毕业学员共592人。学员们普遍反映，通过党校两个月的学习，深化了对中共中央总书记习近平系列重要讲话精神的认识，深化了对党和国家重大问题和重大决策部署的认识，深化了对从政经验、从政规律的认识，深化了对党的优良传统和共产党人人格风范的认识，感悟很多，收获很大，增强了对党忠诚、个人干净、敢于担当的思想自觉和行动自觉。

中央党校常务副校长何毅亭在毕业典礼上讲话。他希望学员们回到工作岗位以后，按照中央关于“三严三实”专题教育的部署和要求，带头学习提高，带头解决不严不实问题，带头加强党性修养，同时抓好本地区本部门本单位的专题教育，以追求卓越、争创一流的工作实绩，为协调推进“四个全面”战略布局、实现中华民族伟大复兴的中国梦建功立业。

4月29日

［纲　文］　**全国公安机关反恐怖工作电视电话会议在北京召开。**

［目　文］　公安部有关局级单位，各省、自治区、直辖市公安厅局和新疆生产建设兵团公安局，各省会市公安局主要负责人参加会议。会议对“五一”期间的安保维稳工作进行了部署，要求各级公安机关在严格落实各项反恐怖斗争工作措施的同时，深入排查各类矛盾纠纷，进一步强化社会治安管理，大力加强消防、道路交通和公共安全管理，确保节日期间社会大局稳定。

国家反恐怖工作领导小组组长、公安部部长郭声琨在会议上强调，要深入学习贯彻习近平总书记关于反恐怖工作的重要指示精神，保持警觉、主动作为，强化措施、落实责任，进一步提高对暴恐犯罪活动的预警预知、侦查打击和应对处置能力，确保各项重大活动安全顺利进行，确保全国社会大局持续稳定。各级公安机关要充分认识当前反恐怖形势的复杂性、严峻性，克服麻痹松懈思想，强化担当意识，加强组织领导，严格落实一把手领导责任，狠抓各项工作措施的落实。要坚持专群结合，广泛发动群众，加快整合信息资源，打破部门、警种、地区壁垒，全面加强反恐怖情报信息工作。要准确把握党的民族宗教政策，寓管理于服务之中，努力实现打击暴恐犯罪与保护群众合法权益的有机统一。

4月29日

［纲　文］　**纪念中华全国总工会成立90周年大会在北京举行。**

［目　文］　中共中央政治局委员、中华全国总工会主席李建国出席大会并作了题为《发扬优良传统，锐意改革创新，在“四个全面”伟大实践中续写中国工会新篇章》的讲话。王晨、郭声琨、卢展工出席。中央党政军群有关部门和北京市负责人、全国劳动模范代表等约700人与会。

李建国说，习近平总书记在2015年庆祝“五一”国际劳动节暨表彰全国劳动模范和先进工作者大会上的重要讲话，是指导党和国家事业发展的又一篇纲领性文献，为我国工运事业指明了前进方向，各级工会一定要认真学习领会，坚决贯彻落实。90年来工运事业之所以历经风雨、不断壮大，根本在于，始终坚持在中国共产党领导下，把马克思主义工运理论同我国工人运动的具体实际相结合，坚定不移地走自己的路，这就是中国特色社会主义工会发展道路。面对新形势新机遇新挑战，各级工会要紧紧围绕党中央“四个全面”战略布局，最广泛地把广大职工组织起来、动员起来，团结稳定鼓劲，凝神聚焦发力，汇聚起实现“两个一百年”奋斗目标、实现中华民族伟大复兴的中国梦的磅礴力量，为推进中国特色社会主义伟大事业做出新的贡献。

4月29日

［纲　文］　**外交部发言人表示，有关国家应立即停止侵犯中国主权的言行。**

［目　文］　有记者问，昨天，东盟峰会发表主席声明，对目前正在进行的南海岛礁建设活动表示关切。一些媒体认为，该声明对东盟一些成员国长期以来在南海的大规模填海造地和军事建设活动不置一词。中方对此有何评论？

对此，中方发言人表示，菲律宾、越南等个别东盟国家长期以来在其非法侵占的中国南沙岛礁上进行大规模填海造地和军事建设，中国对上述非法活动表示严重关切和坚决反对，要求有关国家立即停止一切侵犯中国主权和权益的言行。中方昨日已对东盟峰会主席声明表明严正立场。中方南沙岛礁的建设活动完全是中方主权范围内的事，不针对也不影响任何人，有关建设活动合法、合情、合理，无可非议。中方坚决反对个别国家出于一己之私绑架整个东盟和中国—东盟关系并破坏中国—东盟友好合作大局。中方在南海问题上的立场是明确的、一贯的，南海问题不是中国和东盟之间的问题。在坚定维护领土主权和海洋权益的同时，从维护地区和平稳定大局出发，中方始终致力于同直接有关的当事国在尊重历史事实和国际法的基础上，通过谈判协商解决有关争议，致力于同东盟国家共同维护南海的和平稳定，并在有关问题上保持了高度克制。长期以来，菲律宾、越南等个别东盟国家在其非法侵占的中国南沙岛礁上大兴土木，非法进行大规模填海造地，修建机场等固定设施，甚至部署导弹等进攻性武器。菲律宾在中国南沙中业岛修建机场并进行扩建，并在该岛建设码头等设施。菲律宾还在中业岛、马欢岛和费信岛等岛礁建设所谓旅游设施。菲律宾还企图对在仁爱礁非法“坐滩”的军舰进行加固以侵占该礁。越南在中国南沙20多个岛礁实施大规模填海造地，并同步建设了港池、跑道、导弹阵地、办公楼、营房、宾馆、灯塔等大批固定设施。越南还在万安滩、西卫滩、李准滩、奥南暗沙等建设多座高脚屋和直升机平台等设施。中国对上述非法活动表示严重关切和坚决反对，要求有关国家立即停止一切侵犯中国主权和权益的言行。

4月29日

［纲　文］　**中国和乌兹别克斯坦政府间合作委员会人文合作分委会第三次会议在北京举行。**

［目　文］　会议由文化部副部长丁伟和乌兹别克斯坦文化和体育部副部长穆拉扎诺夫共同主持。中乌两国文化部、乌驻华使馆及分委会中方成员单位代表参加了会议。双方回顾了中乌人文合作分委会第二次会议召开以来两国文化交流与合作情况，充分肯定了人文合作分委会机制在推动两国文化交流与合作方面发挥的重要作用。双方就本次分委会的议题充分交换了意见并达成以下共识：中乌双方将继续合作举办大型文化活动，扩大活动影响；努力推动互设文化中心政府文件的商签工作，早日实现互设文化中心；在文物古迹修复保护领域加强合作；在上合组织框架下加强交流合作；着眼未来，注重开展两国青年间的交流活动。双方商定，2016年在乌兹别克斯坦举办分委会第四次会议。会后双方主席共同签署了会议纪要。

4月30日

［纲　文］　**习近平主持召开中共中央政治局会议。**

［目　文］　会议主要内容是：一、分析研究当前经济形势和经济工作。会议认为，一季度经济增长与预期目标相符，就业形势稳定，城乡居民收入平稳增长，全面深化改革扎实推进，经济结构战略性调整逐步深化，需求结构、生产结构、企业组织结构、产品结构、商业模式发生幅度较大的调整，一些新的增长点破茧而出。会议认为，积极的财政政策要增加公共支出，加大降税清费力度。稳健的货币政策要把握好度，注意疏通货币政策向实体经济的传导渠道。要注重发挥投资的关键作用，认真选择好投资项目，做到有市场，有长期回报。要整体推进财税、金融、投融资体制改革，解决好重大基础设施项目、市政项目、实体产业部分资金循环不畅问题。要把创新驱动发展作为我国经济实现动力转换的关键，推进企业技术改造，稳步有序推进化解过剩产能工作。要注意防范和化解各类风险。中央坚持国有企业改革方向没有变，依法保护民营企业产权方针没有变，坚持对外开放和利用外资政策也没有变。二、审议通过《中国共产党统一战线工作条例（试行）》。会议提出，统一战线作为党的总路线总政策的重要组成部分，是党凝心聚力、攻坚克难、

夺取胜利的重要法宝。明确统一战线服务“四个全面”战略布局的方向原则，规定各领域统战工作的方针政策，既是贯彻落实党的十八届四中全会精神的重要举措，也是提高党的统战工作科学化水平的必然要求。条例立足党的工作全局，全面贯彻党的十八大以来以习近平为总书记的党中央关于统一战线的新思想新要求，吸收统战工作新经验新成果，注重研究解决新形势下统战工作面临的新情况新问题，坚持大团结大联合的主题，对巩固壮大爱国统一战线具有重要意义。三、审议通过《京津冀协同发展规划纲要》。会议指出，推动京津冀协同发展是一个重大国家战略。战略的核心是有序疏解北京非首都功能，调整经济结构和空间结构，走出一条内涵集约发展的新路子，探索出一种人口经济密集地区优化开发的模式，促进区域协调发展，形成新增长极。会议强调，要坚持协同发展、重点突破、深化改革、有序推进。要严控增量、疏解存量、疏堵结合调控北京市人口规模。要在京津冀交通一体化、生态环境保护、产业升级转移等重点领域率先取得突破。要加快破除体制机制障碍，推动要素市场一体化，构建京津冀协同发展的体制机制，加快公共服务一体化改革。要抓紧开展试点示范，打造若干先行先试平台。

4月30日

［纲　文］　**习近平主持中共中央政治局第22次集体学习。**

［目　文］　本次学习主题是：健全城乡发展一体化体制机制。学习会上，北京、天津、河北的负责人谈了近年来在健全城乡发展一体化体制机制方面所做工作，并谈了意见和建议。中共中央政治局委员听取了他们的发言，并就有关问题进行了讨论。

习近平强调，加快推进城乡发展一体化，是党的十八大提出的战略任务，也是落实“四个全面”战略布局的必然要求。全面建成小康社会，最艰巨最繁重的任务在农村、特别是农村贫困地区。我们一定要抓紧工作、加大投入，努力在统筹城乡关系上取得重大突破，特别是要在破解城乡二元结构、推进城乡要素平等交换和公共资源均衡配置上取得重大突破，给农村发展注入新的动力，让广大农民平等参与改革发展进程、共同享受改革发展成果。推进城乡发展一体化，是工业化、城镇化、农业现代化发展到一定阶段的必然要求，是国家现代化的重要标志。改革开放以来，我们率先推进农村改革，农村面貌发生巨大变化。近年来，党中央坚持把解决好“三农”问题作为全党工作重中之重，不断加大强农惠农富农政策力度，农业基础地位得到显著加强，农村社会事业得到明显改善，统筹城乡发展、城乡关系调整取得重大进展。同时，由于欠账过多、基础薄弱，我国城乡发展不平衡不协调的矛盾依然比较突出，加快推进城乡发展一体化意义更加凸显、要求更加紧迫。农村要发展，根本要依靠亿万农民。要坚持不懈推进农村改革和制度创新，充分发挥亿万农民主体作用和首创精神，不断解放和发展农村社会生产力，激发农村发展活力。要加快推进农业现代化，夯实农业基础地位，确保国家粮食安全，提高农民收入水平。要加快建立现代农业产业体系，延伸农业产业链、价值链，促进一、二、三产业交叉融合。要高度重视农村社会治理，加强基层党的建设和政权建设，增强集体经济组织服务功能，提高基层组织凝聚力和带动力。要继续推进新农村建设，使之与新型城镇化协调发展、互惠一体，形成双轮驱动。要坚持以改革为动力，不断破解城乡二元结构。要完善规划体制，通盘考虑城乡发展规划编制，一体设计，多规合一，切实解决规划上城乡脱节、重城市轻农村的问题。健全城乡发展一体化体制机制，是一项关系全局、关系长远的重大任务。各地区各部门要充分认识这项任务的重要性和紧迫性，加强顶层设计，加强系统谋划，加强体制机制创新，采取有针对性的政策措施，力争不断取得突破性进展，逐步实现高水平的城乡发展一体化。

4月30日

［纲　文］　**最高法印发《关于调整高级人民法院和中级人民法院管辖第一审民商事案件标准的通知》，自2015年5月1日起实施。**

4月30日

［纲　文］　**人力资源社会保障部公布《关于修改部分规章的决定》。**

［目　文］　《决定》对《人才市场管理规定》《中外合资人才中介机构管理暂行规定》《就业服务与就业管理规定》《中外合资中外合作职业介绍机构设立管理暂行规定》《中外合作职业技能培训办学管理办法》《企业年金基金管理机构资格认定暂行办法》《企业年金基金管理办法》7件规章的部分条款予以修改，自2015年4月30日起施行。

4月30日

［纲　文］　**交通运输部发布《关于促进交通一卡通健康发展加快实现互联互通的指导意见》。**

［目　文］　《意见》由三部分组成：一、总体要求；二、重点任务；三、保障措施。

《意见》强调，各级交通运输主管部门要积极争取当地人民政府的支持，与有关部门主动协调，密切配合，落实责任，推进交通一卡通健康发展，加快实现互联互通，不断提升管理和服务水平，实现好、维护好、发展好人民群众的根本利益。

4月30日

［纲　文］　**国务院办公厅印发《国家城市轨道交通运营突发事件应急预案》。**

［目　文］　《预案》由七部分组成：一、总则；二、组织指挥体系；三、监测预警和信息报告；四、应急响应；五、后期处置；六、保障措施；七、附则。自2015年4月30日起实施。

4月30日

［纲　文］　**税务总局发布《关于出口退（免）税有关问题的公告》。**

［目　文］　《公告》的主要内容有：一、企业办理退税认定时，不再需要提供银行开户许可证；二、企业办理进料加工业务退（免）税核销时，不需要再提供向报关海关查询情况的书面说明；三、企业不再填报《出口企业预计出口情况报告表》。

《公告》明确，委托出口的货物除国家取消出口退税的以外，受托方在向主管国税机关申请开具《代理出口货物证明》时，不再需要提供委托方主管国税机关出具的《委托出口货物证明》，进一步加快出口退税进度。

4 月 30 日

［纲　文］ **林业局公布《关于修改部分部门规章的决定》。**

［目　文］ 《决定》对《国家重点保护野生动物驯养繁殖许可证管理办法》《林木种子生产、经营许可证管理办法》《引进陆生野生动物外来物种种类及数量审批管理办法》《国家林业局产品质量检验检测机构管理办法》等四部规章的部分条款予以修改，自 2015 年 4 月 30 日起施行。

4 月 30 日

［纲　文］ **知识产权局公布《专利代理管理办法》。**

［目　文］ 《办法》共 5 章 46 条，主要有总则、专利代理机构及其办事机构、专利代理人的执业、专利代理监管、附则等内容。自 2015 年 5 月 1 日起施行，2003 年 6 月 6 日国家知识产权局令第 30 号发布的《专利代理管理办法》和 2011 年 3 月 28 日国家知识产权局令第 61 号发布的《关于修改〈专利代理管理办法〉的决定》同时废止。

4 月 30 日

［纲　文］ **教育部印发《学校体育运动风险防控暂行办法》。**

［目　文］ 《办法》共 5 章 21 条，主要有总则、管理职责、常规要求、事故处理、附则等内容。自 2015 年 6 月 1 日起实施。

4 月 30 日

［纲　文］ **文物局在北京召开纪念中国人民抗日战争胜利 70 周年推进抗战文物保护利用工作电视电话会议。**

［目　文］ 文化部副部长、国家文物局局长励小捷出席会议并讲话。国家文物局副局长童明康主持会议。会议主要任务就是贯彻落实中央关于举行中国人民抗日战争暨世界反法西斯战争胜利 70 周年纪念活动的通知精神，进一步推动抗战文物的保护利用工作。重庆市、辽宁省、江苏省文物局，中国人民抗日战争纪念馆负责人汇报交流了抗战文物保护利用工作情况。

4 月 30 日

［纲　文］ **国务院副总理张高丽应约同俄罗斯副总理德沃尔科维奇通电话。**

［目　文］ 张高丽说，不久前我们在北京成功举行中俄能源合作委员会双方主席会晤，希望双方有关部门和企业积极落实达成的共识，推动两国能源合作不断取得新进展。中方重视推动高铁等交通基础设施建设领域的大项目合作，希望双方本着互利共赢原则加快工作进度，为习近平主席和普京总统 5 月会晤准备更多成果。德沃尔科维奇说，俄方高度重视全面扩大对华务实合作，愿与中方继续共同努力，积极推进高铁等大项目合作，进一步深化能源各领域合作。

4 月 30 日

［纲　文］ **外交部发言人表示，中方敦促日本领导人恪守“村山谈话”承诺。**

［目　文］ 发言人表示，中方敦促日本政府和领导人本着对历史负责任的态度，恪

守“村山谈话”等历届内阁关于正视和深刻反省侵略历史的表态和承诺。唯有如此，日本才能真正取信于国际社会，日本同亚洲邻国才能发展面向未来的友好关系。

4月30日

［纲　文］**《人民日报》发表题为《让劳动创造成为时代强音——一论学习贯彻习近平全国劳模表彰大会重要讲话精神》的评论员文章。**

5 月

5月1日

［纲　文］ **习近平为2015年意大利米兰世博会中国馆开馆发表欢迎辞。**

［目　文］ 国家主席习近平通过视频表示，欢迎大家光临中国馆。米兰世博会聚焦农业和食品，这个主题关系到每一个人的生存和发展，很有意义。中国人自古就认为："民以食为天。"中国是世界上最大的发展中国家，解决好13亿多人的吃饭问题是中国发展第一位的任务。长期以来，中国人民依靠自己的努力，成功解决了这个问题，为中国发展奠定了重要基础。在中国馆，大家将了解到中国悠久的农业文明、先进的科技成果、丰富的饮食文化，这些都是中华文明的重要组成部分。中国高度重视农业、农村、农民问题，视之为国家全部工作的重中之重。中国正在大力推进农业现代化，愿同各国交流农业技术和经验，共同维护世界粮食安全，共同促进人类文明进步。祝米兰世博会成功举办。

2015年意大利米兰世博会主题为"滋养地球，生命能源"，于5月1日至10月31日举办，共有148个国家和国际组织参展。本届世博会上，中国国家馆首次以自建馆形式赴海外参展。

5月1日

［纲　文］ **《人民日报》发表题为《致敬，辛勤奉献的劳动者！——写在"五一"国际劳动节》的社论。**

5月2日

［纲　文］ **国务院办公厅印发《关于调整国务院促进中小企业发展工作领导小组组成人员的通知》。**

［目　文］ 《通知》说，根据工作需要和人员变动情况，国务院决定对国务院促进中小企业发展工作领导小组组成人员进行调整。现将调整后的名单通知如下，组长：马凯；副组长：苗圩、楼继伟、肖亚庆；成员由毛伟明等。领导小组办公室设在工业和信息化部。工业和信息化部副部长毛伟明兼任领导小组办公室主任，工业和信息化部中小企业司司长郑昕、财政部经济建设司司长曾晓安任领导小组办公室副主任。

5月2日

［纲　文］ **《人民日报》发表题为《坚守人民主体地位的根本立场——二论学习贯彻**

习近平全国劳模表彰大会重要讲话精神》的评论员文章。

5月3日

［纲　文］　**第10届两岸经贸文化论坛在上海举行。**

［目　文］　论坛由中共中央台办海峡两岸关系研究中心和中国国民党国政研究基金会共同举办。全国政协主席俞正声、中国国民党主席朱立伦出席论坛并致辞。开幕式由中共中央台办主任张志军和中国国民党副主席黄敏惠共同主持。国共两党及台湾亲民党、新党、无党团结联盟等党派和团体的代表人士，两岸有关部门和中小企业、青年及基层、经贸科技界、文化教育界代表人士、专家学者共300多人出席论坛。在一天会期中，与会人士将围绕两岸中小企业、青年与基层、经贸科技、文化教育方面的交流合作进行研讨。

俞正声代表中共中央和习近平总书记对第十届两岸经贸文化论坛的举办表示祝贺并就进一步办好论坛提出四点建议。一、继续坚持两岸关系和平发展正确方向。二、继续聚焦增进两岸同胞共同福祉。三、继续助力两岸青年实现人生梦想。四、继续推动扩大两岸各界人士广泛参与。

朱立伦在致辞中表示，中国国民党在两岸关系上要为人民负责，为下一代负责，为历史负责。两岸关系和平发展要传承，两岸交流要深化，两岸成果要普及。中国国民党将在“九二共识”基础上持续推动两岸关系向前发展。

2日下午，俞正声在上海会见了朱立伦一行。

5月3日

［纲　文］　**第18届东盟与中、日、韩（10+3）财长和央行行长会在阿塞拜疆巴库举行。**

［目　文］　财政部长楼继伟率由财政部、人民银行、外交部、香港金管局代表组成的中国代表团出席了会议。

会议重点讨论了全球和区域宏观经济形势以及10+3财金合作等议题，发表了《第18届10+3财长和央行行长会联合声明》。会议认为，当前全球经济形势有所改善，但复苏步伐缓慢，基础并不牢固，仍然面临诸多不确定性因素。东亚经济仍将保持较快增长，但须有效应对资本无序流动、发达国家货币政策分化、油价大幅波动、高债务和高泡沫等内外部风险挑战。对此，10+3各方承诺将继续采取宏观审慎措施，加强宏观经济政策协调，共同维护区域经济和金融稳定。同时，进一步加快结构性改革，提高经济韧性，挖掘经济增长潜力，推动区域经济持续健康发展。各方对区域财金合作各项倡议进展情况表示满意。会议要求进一步做好清迈倡议多边化实际运行准备工作，再次强调东盟与中日韩宏观经济研究办公室升级为国际组织的重要性，重申10+3各方应尽快履行内部核准程序，早日完成升级进程。会议肯定了亚洲债券市场倡议为区域本币债券市场发展所作出的贡献。

5月3日

［纲　文］ **《人民日报》发表题为《培养高素质的劳动者大军——三论学习贯彻习近平全国劳模表彰大会重要讲话精神》的评论员文章。**

5月3日

［纲　文］ **国务院港澳事务办公室原主任、党组书记鲁平在北京逝世，享年88岁。**

5月4日

［纲　文］ **中共中央总书记习近平在北京会见中国国民党主席朱立伦率领的中国国民党大陆访问团。**

［目　文］ 习近平对朱立伦率团来大陆访问表示欢迎，并表示10年前，在两岸关系剧烈动荡之时，国共两党为了两岸民众共同命运，冲破历史藩篱，实现和解，共商维护台海和平之道。10年来，国共两党和两岸同胞共同努力，开辟了两岸关系和平发展的光明前景，给两岸同胞带来了实实在在的好处，得到了两岸同胞的广泛支持和认同，也受到了国际社会的普遍肯定和赞扬。两岸关系和平发展成果来之不易，经验弥足珍贵。概括地说，就是要坚持走两岸关系和平发展道路，坚持“九二共识”、反对“台独”的政治基础，坚持开展两岸协商谈判、推进各领域交流合作，坚持为两岸民众谋福祉。两岸同胞同根同源、同文同种，历来是命运与共的。在经济全球化深入发展、两岸联系日益密切的今天，两岸是割舍不断的命运共同体。面对新形势，国共两党和两岸双方要坚定信心、增进互信，维护两岸关系和平发展进程，携手建设两岸命运共同体。就此提出5点主张。第一，坚持“九二共识”、反对“台独”是两岸关系和平发展的政治基础，其核心是认同大陆和台湾同属一个中国。第二，深化两岸利益融合，共创两岸互利双赢，增进两岸同胞福祉，是推动两岸关系和平发展的宗旨。第三，两岸交流，归根到底是人与人的交流，最重要的是心灵沟通。第四，国共两党和两岸双方要着眼大局，本着相互尊重的精神，不仅要求同存异，更应努力聚同化异，不断增进政治互信。第五，中华民族伟大复兴要大家一起来干。只要两岸同胞、全世界的中国人团结起来，心往一处想，劲往一处使，实现中华民族伟大复兴必定是指日可待的。

朱立伦表示，1992年在海协海基两会共同努力下，达成两岸同属一中的“九二共识”，在此基础上，双方进行多次会谈，把两岸对抗纷扰转变为合作交流。2005年后，国民党把“九二共识”纳入党纲。两岸经贸文化论坛形成的建议也逐步落实到交流合作中。海峡两岸同为中华民族，是命运共同体。两岸和平发展已取得很多成果，希望在“九二共识”基础上，两岸在区域和平、环保、经济整合等方面携手合作，让两岸关系发展成果更多惠及基层民众、中小企业和青年群体，持续推动两岸关系和平发展。

5月4日

［纲　文］ **国务院印发《关于大力发展电子商务加快培育经济新动力的意见》。**

［目　文］ 《意见》由八部分组成：一、指导思想、基本原则和主要目标；二、营造

宽松发展环境；三、促进就业创业；四、推动转型升级；五、完善物流基础设施；六、提升对外开放水平；七、构筑安全保障防线；八、健全支撑体系。

《意见》要求，各地区、各部门要认真落实本意见提出的各项任务，于2015年底前研究出台具体政策。发展改革委、中央网信办、商务部、工业和信息化部、财政部、人力资源社会保障部、人民银行、海关总署、税务总局、工商总局、质检总局等部门要完善电子商务跨部门协调工作机制，研究重大问题，加强指导和服务。有关社会机构要充分发挥自身监督作用，推动行业自律和服务创新。相关部门、社团组织及企业要解放思想，转变观念，密切协作，开拓创新，共同推动建立规范有序、社会共治、辐射全球的电子商务大市场，促进经济平稳健康发展。

5月4日

［纲　文］　**国务院办公厅印发《关于深化高等学校创新创业教育改革的实施意见》。**

［目　文］　《意见》由三部分组成：一、总体要求；二、主要任务和措施；三、加强组织领导。

《意见》强调，各地区、各高校要把深化高校创新创业教育改革作为“培养什么人，怎样培养人”的重要任务摆在突出位置，加强指导管理与监督评价，统筹推进本地本校创新创业教育工作。各地区要成立创新创业教育专家指导委员会，开展高校创新创业教育的研究、咨询、指导和服务。各高校要落实创新创业教育主体责任，把创新创业教育纳入改革发展重要议事日程，成立由校长任组长、分管校领导任副组长、有关部门负责人参加的创新创业教育工作领导小组，建立教务部门牵头，学生工作、团委等部门齐抓共管的创新创业教育工作机制。

5月4日

［纲　文］　**住房城乡建设部发布《关于修改〈房地产开发企业资质管理规定〉等部门规章的决定》。**

［目　文］　《决定》对《房地产开发企业资质管理规定》《市政公用事业特许经营管理办法》《城市房屋白蚁防治管理规定》《建设工程质量检测管理办法》《工程造价咨询企业管理办法》《工程建设项目招标代理机构资格认定办法》《城市生活垃圾管理办法》《工程监理企业资质管理规定》《建设工程勘察设计资质管理规定》《物业服务企业资质管理办法》《城乡规划编制单位资质管理规定》《房屋建筑和市政基础设施工程施工图设计文件审查管理办法》《房地产估价机构管理办法》13项部门规章的部分条款予以修改，自2015年5月4日起施行。

5月4日

［纲　文］　**民政部、财政部印发《关于加快推进社会救助领域社会工作发展的意见》。**

［目　文］　《意见》由四部分组成：一；加快推进社会救助领域社会工作发展的重要性与紧迫性；二、加快推进社会救助领域社会工作发展的总体要求；三、加快推进社会救助领域社会工作发展的任务与路径；四、切实加强社会救助领域社会工作的支持保障。

5月4日

［纲　文］　**发展改革委发布《关于公布废止药品价格文件的通知》。**

［目　文］　《通知》说，为贯彻落实发展改革委、卫生计生委、人力资源社会保障部等七部门《关于印发推进药品价格改革意见的通知》（发改价格〔2015〕904号）精神，我委对此前制定和调整药品价格的文件进行了清理，决定自2015年6月1日起，《公布废止的药品价格文件目录》《国家计委关于调整避孕药品价格的通知》（计价管〔1996〕2255号）、《国家计委关于调整部分生物制品价格的通知》（计价管〔1996〕2684号）等166件文件）中所列文件一律废止。该目录之外的药品价格文件，凡不涉及麻醉药品和第一类精神药品价格的同时废止。

5月4日

［纲　文］　**发展改革委、卫生计生委、人力资源社会保障部、工业和信息化部、财政部、商务部、食品药品监管总局公布《推进药品价格改革意见》。**

［目　文］　《意见》由四部分组成：一、总体要求；二、改革药品价格形成机制；三、强化医药费用和价格行为综合监管；四、加强组织实施。

5月4日

［纲　文］　**财政部下拨特大防汛抗旱补助费5.05亿元，支持有关省市做好2015年应急度汛及水毁水利设施修复。**

5月4日

［纲　文］　**交通运输部发布《关于深化交通运输基础设施投融资改革的指导意见》。**

［目　文］　《意见》由五部分组成：一、充分认识深化交通运输基础设施投融资改革的重要意义；二、总体要求；三、完善政府主导的交通运输基础设施公共财政保障制度；四、积极利用社会资本参与交通运输基础设施建设、管理和运营；五、科学规范资金管理，提高资金使用效率。

5月4日

［纲　文］　**共青团中央在北京召开"传播青春正能量"优秀青年座谈会。**

［目　文］　共青团中央书记处第一书记秦宜智主持座谈会。国家副主席李源潮出席座谈会并讲话。第十九届中国青年五四奖章等获奖代表参加了座谈会。

李源潮希望广大青年牢记习近平总书记的要求，自觉践行社会主义核心价值观，为实现中国梦传播青春正能量。

5月4日

［纲　文］　**国务院总理李克强在北京会见联合国副秘书长、艾滋病规划署执行主任西迪贝以及全球抗击艾滋病、结核和疟疾基金执行主任达布。**

［目　文］　李克强表示，中国还是一个发展中国家，希望联合国相关机构在资金、技术、信息、科学研究等方面给予中方支持，帮助中国提高防治艾滋病等传染性疾病的能力，同时支持中国同非洲国家开展药品研发和生产合作，更好造福地区人民。去年西非部

分国家暴发埃博拉疫情后，中方尽已所能提供了紧急资金和物资援助。我们愿继续同国际社会加强包括传染病防治在内的公共卫生领域合作。

西迪贝和达布表示，中国政府不仅推动经济发展，而且重视民众健康，这在发展中国家乃至在全球范围内起到很好的示范作用。联合国艾滋病规划署和全球基金高度赞赏中国政府在艾滋病等疾病防治方面采取积极措施，取得明显成效。感谢中国为非洲国家应对埃博拉疫情所作出的贡献。

5月4日

［纲　文］　**国务院总理李克强在北京会见联合国副秘书长、联合国开发计划署署长克拉克。**

［目　文］　李克强表示，中国政府始终把发展作为第一要务，把减贫作为重中之重，通过15年不懈努力，总体实现了千年发展目标，在南南合作框架下向其他发展中国家提供了力所能及的支持和帮助。中方愿同各方一道，以千年发展目标为基础，谋划未来15年国际发展蓝图，加大减贫力度，应对气候变化等全球性挑战，推动制定和共同落实2015年后发展议程。希望联合国开发计划署继续唱响发展和减贫“主旋律”，促进全球平衡、可持续发展。2015年是联合国成立和世界反法西斯战争胜利70周年。国际社会要以此为契机，回顾历史，开辟未来，坚持《联合国宪章》宗旨和原则。中国作为联合国创始会员国和安理会常任理事国，将一如既往支持联合国在国际事务中发挥更大作用，与各方共谋世界和平发展大计，努力构建合作共赢的新型国际关系。

克拉克表示，中国发展特别是在实现千年发展目标方面取得了举世瞩目的成就，数亿人成功摆脱贫困，有关经验值得全世界分享。联合国开发计划署感谢中方的支持，愿同中方开展更加紧密的合作，推动实现以减贫为核心的可持续发展目标。

5月4日

［纲　文］　**国务院总理李克强在北京会见马来西亚陆路公共交通委员会主席赛·哈密德。**

［目　文］　李克强表示，中国是马来西亚的最大贸易伙伴，马连续7年成为中国在东盟的最大贸易伙伴。基础设施与互联互通合作是中马全方位合作的重要组成部分，前景十分广阔。中国在基础设施建设等领域积累了丰富经验，尤其在高铁建设方面，通过大规模建设和运营实践，已形成技术先进、安全可靠、兼容性优、性价比高的综合优势。中国政府支持中方联合体积极参与马来西亚—新加坡高铁项目合作，充分利用在规划设计、综合开发、融资支持、建设运营等方面的经验和实力，拿出有竞争力的竞标方案。

赛·哈密德表示，马中友好源远流长，政治、经济关系密切而强有力。马来西亚正在推进公共交通等转型建设，相信中方完全可以在此领域发挥重要作用。马方愿进一步加强对华互利合作，推动双边关系不断向前发展。

5月4日

［纲　文］　**外交部发言人表示，菲律宾应立即停止恶意炒作和挑衅。**

［目　文］　有记者问，据报道，菲律宾外交部发言人何塞在接受采访时表示，2002年签署《南海各方行为宣言》应被视为“时间节点”，菲在中业岛的机场建设都是在《宣言》前，后来只是对机场跑道进行维修翻新，而中方的岛礁建设都是在2002年后开展的，所以菲方认为中方的填海造陆活动违反《宣言》。

对此，中方发言人表示，菲方应立即停止有关恶意炒作和挑衅，与中方和大多数东盟国家相向而行，共同维护南海的和平稳定。中方已就在南沙群岛相关岛礁上开展的合法、合情、合理的建设活动多次表明立场。对于菲律宾的说法，我想强调以下几点：一、20世纪70年代以来，菲方非法侵占了中国南沙群岛部分岛礁。这是中菲南海有关争议的核心和根源。多年来，菲方在这些岛礁上开展大规模建设，如修建机场、码头、营房等军用和民用设施。近年来，菲方违背自己的承诺拒不拖走其在中国仁爱礁非法“坐滩”的军舰，并企图对其进行加固以侵占该礁。2013年，菲方违背其在《南海各方行为宣言》中作出的承诺和中菲之前达成的有关共识，单方面就中菲南海有关争议提起国际仲裁。前不久，菲方宣布恢复其在中业岛上的非法建设活动。此外，菲方还不断阻挠各方在《宣言》框架下开展海上务实合作，扰乱南海局势，并在地区和国际场合对中方极力进行诋毁和抹黑。菲方所作所为都在明显违背《南海各方行为宣言》。它一方面为其在《宣言》签署前的非法侵占和建设活动进行辩解，另一方面又主动承认其在《宣言》签署后仍然继续进行非法建设活动的事实。菲方的诡辩欲盖弥彰，不攻自破。二、根据“非法行为不产生合法权利和效力”这一基本法律原则，中方不承认南沙群岛有关岛礁被菲方非法侵占的所谓“现状”，也反对菲方在中国南沙岛礁上开展的非法建设活动。中方重申要求菲方立即停止有关非法建设活动，并从中国岛礁上撤走一切人员和设施。三、《宣言》需要有关方共同遵守。中方在坚定维护领土主权和海洋权益的同时，始终致力于同直接有关的当事国通过谈判协商解决有关争议，这完全符合《宣言》的精神和规定。同时，中方致力于同东盟国家全面有效落实《宣言》，推进海上务实合作，稳步推进“南海行为准则”磋商进程。中方从未也不会采取“使争议复杂化、扩大化和影响和平与稳定的行动”。但《宣言》的落实要靠所有各方的共同努力。中方要求菲方立即停止有关恶意炒作和挑衅，与中方和大多数东盟国家相向而行，共同维护南海的和平稳定。

5月5日

［纲　文］　**习近平主持召开中央全面深化改革领导小组第12次会议。**

［目　文］　中央全面深化改革领导小组副组长李克强、刘云山、张高丽出席会议。中央全面深化改革领导小组成员出席，中央和国家有关部门负责人列席会议。

中央全面深化改革领导小组组长习近平强调，要教育引导各级领导干部自觉用“四个全面”战略布局统一思想，正确把握改革大局，从改革大局出发看待利益关系调整，只要对全局改革有利、对党和国家事业发展有利、对本系统本领域形成完善的体制机制有利，都要自觉服从改革大局、服务改革大局，勇于自我革命，敢于直面问题，共同把全面深化改革这篇大文章做好。

会议审议通过了以下内容：一、《关于在部分区域系统推进全面创新改革试验的总体方案》。在部分区域系统推进全面创新改革试验，是贯彻落实《中共中央、国务院关于深化体制机制改革加快实施创新驱动发展战略的若干意见》的重要举措。二、《检察机关提起公益诉讼改革试点方案》。要牢牢抓住公益这个核心，重点是对生态环境和资源保护、国有资产保护、国有土地使用权出让、食品药品安全等领域造成国家和社会公共利益受到侵害的案件提起民事或行政公益诉讼，更好维护国家利益和人民利益。三、《关于完善法律援助制度的意见》。法律援助工作是一项重要的民生工程，要把维护人民群众合法权益作为出发点和落脚点，紧紧围绕人民群众实际需要，积极提供优质高效的法律援助服务，努力让人民群众在每一个案件中都感受到公平正义。要适应困难群众的民生需求，降低门槛，帮助困难群众运用法律手段解决基本生产生活方面的问题。四、《深化科技体制改革实施方案》。为打通科技创新与经济社会发展的通道，最大限度激发科技创新的巨大潜能，制定深化科技体制改革实施方案非常重要。五、《中国科协所属学会有序承接政府转移职能扩大试点工作实施方案》。中国科协所属学会有序承接政府转移职能扩大试点工作，要围绕服务改革需要，以科技评估、工程技术领域职业资格认定、技术标准研制、国家科技奖励推荐等适宜学会承接的科技类公共服务职能的整体或部分转接为重点，加强制度和机制建设，完善可负责、可问责的职能转接机制，强化效果监督和评估，尽快形成可复制可推广的经验模式。

会议同意山西、内蒙古、黑龙江、江苏、浙江、安徽、福建、山东、重庆、云南、宁夏开展推进司法责任制、司法人员分类管理、司法人员职业保障、省以下地方法院检察院人财物统一管理4项改革试点。这是继去年上海、广东、吉林、湖北、青海、海南、贵州7个试点省市后的第二批试点。会议要求试点地方要加强组织领导，细化试点实施方案，推动制度创新。

5月5日

［纲　文］　**习近平在北京会见中国红十字会第十次全国会员代表大会全体代表。**

［目　文］　习近平强调，我国红十字事业是中国特色社会主义事业的重要组成部分，中国红十字会是党和政府在人道领域联系群众的桥梁和纽带。党和国家高度重视这支力量。希望中国红十字会适应新形势新任务，紧紧围绕党和国家中心任务，增强责任意识，推进改革创新，加强自身建设，开展人道救助，真心关爱群众，努力为国奉献、为民造福。各级党委和政府要加强对红十字工作的领导和支持，热情帮助解决红十字事业发展中遇到的困难和问题。要结合培育和践行社会主义核心价值观，在全社会弘扬人道、博爱、奉献精神，弘扬正能量，引领新风尚。在党中央、国务院高度重视下，在各级党委和政府积极支持下，在广大人民群众热情鼓励下，我国红十字事业一定能开创新局面。

国务院总理李克强、中央书记处书记刘云山、国务院副总理刘延东等参加会见。

5—6日，中国红十字会第十次全国会员代表大会在北京召开。中国红十字会十届一次理事会根据《中国红十字会章程》，聘请国家副主席李源潮为中国红十字会名誉会长。中国红十字会十届一次理事会同时聘请全国政协副主席韩启德为中国红十字会名誉副会长；选举全国人大常委会副委员长陈竺为中国红十字会会长，徐科为中国红十字会常务副会长，李保东、胡祖才、郝平、邹铭、马晓伟、郭长江、郝林娜、王海京、王汝鹏等为中国红十字会副会长，决定王汝鹏为秘书长（兼）。大会审议通过了《关于中国红十字会第九届理事会工作报告的决议》《关于中国红十字事业2015—2019年发展规划纲要的决议》《关于修改中国红十字会章程的决议》。

5月5日

［纲　文］　**中共中央、国务院印发《关于构建开放型经济新体制的若干意见》。**

［目　文］　《意见》由11部分组成：一、构建开放型经济新体制的总体要求；二、创新外商投资管理体制；三、建立促进走出去战略的新体制；四、构建外贸可持续发展新机制；五、优化对外开放区域布局；六、加快实施"一带一路"建设；七、拓展国际经济合作新空间；八、构建开放安全的金融体系；九、建设稳定、公平、透明、可预期的营商环境；十、加强支持保障机制建设；十一、建立健全开放型经济安全保障体系。

《意见》要求，各地区各部门要从全局和战略高度，深刻认识构建开放型经济新体制的重大意义，将思想和行动统一到党中央、国务院的决策部署上来，适应构建开放型经济新体制的要求，加强党的领导，落实工作责任，完善工作机制，精心组织实施。要加强对开放战略问题的研究，创新工作方法，及时总结经验，认真研究解决构建开放型经济新体制中遇到的新情况新问题，不断开创高水平对外开放新局面。

5月5日

［纲　文］　**国务院批复北京市人民政府、商务部，同意北京市服务业扩大开放综合试点总体方案。**

［目　文］　批复说，一、同意在北京市开展服务业扩大开放综合试点，试点期为自批复之日起3年。原则同意《北京市服务业扩大开放综合试点总体方案》（以下简称《方案》），请认真组织实施。二、要按照党中央、国务院的决策部署，紧紧围绕京津冀协同发展战略，着力推动北京市服务业现代化和提升服务贸易发展水平，建立健全具有中国特色、首都特点、时代特征的体制机制，构建与国际规则相衔接的服务业扩大开放基本框架，使北京市服务业扩大开放综合试点成为国家全方位主动开放的重要实践，为探索开放型经济新体制作出贡献。三、北京市人民政府要加强对《方案》实施的组织领导。要坚持主动、渐进、可控的原则，强化试点工作顶层设计，科学规划开放路径，优先选取服务业发展较为成熟、市场潜力较大的重点领域先行先试，稳步扩大试点范围，推进服务业有序开放。四、国务院有关部门要按照职责分工，积极支持北京市开展服务业扩大开放综合试点，先行试验一些重大的改革开放措施。商务部要会同有关部门加强指导和协调推进，组织开展督查和评估工作，确保《方案》各项改革开放措施落实到位。五、试点期间，暂时

调整实施相关行政法规、国务院文件和经国务院批准的部门规章的部分规定，具体由国务院另行印发。国务院有关部门根据《方案》相应调整本部门制定的规章和规范性文件。《方案》实施中的重大问题，北京市人民政府、商务部要及时向国务院请示报告。

5月5日

［纲　文］　**国务院办公厅转发文化部、财政部、新闻出版广电总局、体育总局《关于做好政府向社会力量购买公共文化服务工作的意见》。**

［目　文］　《意见》由三部分组成：一、指导思想、基本原则和目标任务；二、积极有序推进政府向社会力量购买公共文化服务工作；三、营造政府向社会力量购买公共文化服务的良好环境。

《意见》要求，各地要建立健全“方式灵活、程序规范、标准明确、结果评价、动态调整”的购买机制；健全由购买主体、公共文化服务对象以及第三方共同参与的综合评审机制；加强对购买公共文化服务项目的绩效评价，建立信用档案，完善长效跟踪机制。财政、文化、新闻出版广电、体育、监察、审计等部门要加强对政府向社会力量购买公共文化服务监督管理，建立健全行政监督、审计监督、社会监督、舆论监督制度，完善事前、事中和事后过程监督体系，确保政府向社会力量购买公共文化服务公开透明、规范有效。

5月5日

［纲　文］　**交通运输部印发《关于深化交通运输基础设施投融资改革的指导意见》。**

［目　文］　《意见》由五部分组成：一、充分认识深化交通运输基础设施投融资改革的重要意义；二、总体要求；三、完善政府主导的交通运输基础设施公共财政保障制度；四、积极利用社会资本参与交通运输基础设施建设、运营和管理；五、科学规范资金管理，提高资金使用效率。

5月5日

［纲　文］　**民政部公布修改后的《养老机构设立许可办法》《社会福利机构管理暂行办法》，自2015年5月5日起施行。**

5月5日

［纲　文］　**全国人大常委会委员长张德江在北京会见以高村正彦会长为团长的日本日中友好议员联盟代表团。**

［目　文］　张德江说，不久前，习近平主席在印尼应约会见了安倍首相，明确提出了处理中日关系的大原则，这对改善发展两国关系具有重要指导意义。中日双方要本着以史为鉴、面向未来的精神，始终坚持和平、友好、合作的正确方向，切实遵循中日四个政治文件的原则精神，推动两国关系持续走向改善。中方希望日方以负责任的态度谨言慎行，妥善处理好历史等敏感问题。加强两国立法机关、中国人大代表与日本议员的沟通交流，有助于增进理解、扩大共识，希望日中友好议员联盟在推动中日关系改善发展中发挥更大作用。高村正彦说，日中议联愿为促进日中关系改善而努力。

5 月 5 日

［纲　文］　**全国政协主席俞正声在北京会见马来西亚上议长阿布·扎哈尔。**

［目　文］　俞正声说，中马是隔海相望的友好邻邦，两国友谊源远流长。中马建交以来，两国关系经受住了国际风云变幻的考验。去年两国隆重庆祝建交 40 周年。2015 年习近平主席和纳吉布总理在博鳌成功会晤。希望双方继续加强高层交往，深化战略互信；扩大利益融合，加强在基础设施建设等方面的合作；大力推进人文交流，夯实民意基础。中国全国政协高度重视同马来西亚上议院的友好关系，愿进一步密切双方人员往来，就治国理政、参政议政等开展合作交流。阿布·扎哈尔表示，马中两国友谊深厚，希望加强与中国的互利合作，将两国全面战略伙伴关系提升到新的水平。

5 月 5 日

［纲　文］　**国务院副总理汪洋在北京会见由美中贸易全国委员会会长傅强恩率领的美中贸易全国委员会董事会代表团。**

［目　文］　汪洋说，近年来中美经贸合作规模不断扩大、领域不断拓展，美中贸易全国委员会发挥了积极的作用。中国正在构建开放型经济新体制，中美经贸合作前景广阔。希望美国工商界进一步加强对华经贸技术合作，促进双边经贸关系发展，为构建中美新型大国关系做出更大贡献。

5 月 5 日

［纲　文］　**《人民日报》发表题为《凝聚人道的力量——祝贺中国红十字会第十次全国会员代表大会召开》的评论员文章。**

5 月 5—15 日

［纲　文］　**2015“相约北京”第三届拉美艺术季之“美美与共——拉美当代艺术展”在中华世纪坛举办。**

［目　文］　艺术展由文化部与哥伦比亚、委内瑞拉、古巴、厄瓜多尔、智利、秘鲁、乌拉圭、阿根廷等国驻华大使馆共同主办，中国对外文化集团公司承办。此次展览汇集了拉丁美洲 9 个国家的约 140 幅当代绘画和摄影作品，首次邀请巴拿马艺术家参与。参展作品题材丰富，视角独特，将拉丁美洲的自然风光、历史传统、人文情怀和多元文化全景式地呈现在中国观众面前。有些参展艺术家曾在中国生活或留学，他们在创作时带有的独特视角，紧紧将拉美与中国元素融合在一起。

5 月 6 日

［纲　文］　**国家主席习近平、国务院总理李克强就中国欧盟建交 40 周年分别同欧洲理事会主席图斯克、欧盟委员会主席容克互致贺电。**

5 月 6 日

［纲　文］　**李克强主持召开国务院常务会议。**

［目　文］　会议主要内容是：一、确定进一步简政放权、取消非行政许可审批类

别，把改革推向纵深。会议指出，一是进一步取消和下放各部门审批事项，公开所有保留审批事项的流程，压缩审批时限。同时取消200项以上中央指定地方实施的审批事项。公布省级政府部门和承担行政职能的事业单位权力清单。二是制定并公开企业投资项目核准及强制性中介服务目录清单，简化报建手续，加快在线审批监管平台建设。三是完成减少职业资格许可认定任务，研究建立国家职业资格目录清单管理制度。四是深入推进收费清理改革，加快取缔和停止执行没有依据、越权设立或擅自提高征收标准、扩大征收范围的收费基金，公布全国性、中央部门和单位及省级收费目录清单。五是推进商事登记便利化，实现“三证合一”“一照一码”，开展企业简易注销登记试点，建设企业信用信息公示“全国一张网”。创新监管，改进服务，让企业和群众享受改革新红利、增添获得感。会议决定，按照依法行政要求，在去年大幅减少各部门非行政许可审批事项的基础上，彻底取消这一审批类别。分类清理剩余的非行政许可审批事项，对中小企业信用担保机构免征营业税审批等49项予以取消，对保健食品注册审批等20项按程序转为行政许可，对其他不直接涉及公众或具有行政确认、奖励等性质的事项调整为政府内部审批或通过权力清单逐一规范。二、部署推进国际产能和装备制造合作，以扩大开放促发展升级。会议要求，（一）要聚焦铁路、电力、通信、建材、工程机械等具有比较优势的领域，对接不同地区尤其是“一带一路”沿线国家需要，以国有、民营等各类企业为主体，灵活采取投资、工程建设、技术合作等方式，带动装备等出口，促进相关国家就业扩大和经济发展，用质量和信誉建口碑、树形象。（二）要构建上下游协同的产能合作链条，注重技术交流，做好后期维护服务，做到装备走出去与配套服务共推进，产能合作和技术升级双丰收。（三）要把装备走出去与融资手段紧密结合。采用市场化方式，拓宽外汇储备使用渠道，提高出口信用保险保障水平。建设人民币跨境支付系统。鼓励企业和金融机构发行股票、债券等在境内外筹资。（四）要简化境外投资管理，搭建政府和企业对外合作平台。三、决定试点对购买商业健康保险给予个人所得税优惠，运用更多资源更好保障民生。会议指出，发展商业健康保险，与基本医保衔接互补，可以减轻群众医疗负担、提高医疗保障水平，有利于促进现代服务业发展和扩内需、调结构。会议决定，借鉴国际经验，开展个人所得税优惠政策试点，鼓励购买适合大众的综合性商业健康保险。对个人购买这类保险的支出，允许在当年按年均2400元的限额予以税前扣除。

5月6日

［**纲　文**］ **国务院办公厅印发《关于城市公立医院综合改革试点的指导意见》。**

［**目　文**］ 《意见》由九部分组成：一、总体要求；二、改革公立医院管理体制；三、建立公立医院运行新机制；四、强化医保支付和监控作用；五、建立符合医疗行业特点的人事薪酬制度；六、构建各类医疗机构协同发展的服务体系；七、推动建立分级诊疗制度；八、加快推进医疗卫生信息化建设；九、强化组织实施。

《意见》明确，破除公立医院逐利机制，落实政府的领导责任、保障责任、管理责任、监督责任，充分发挥市场机制作用，建立起维护公益性、调动积极性、保障可持续的运行新机制；构建起布局合理、分工协作的医疗服务体系和分级诊疗就医格局，有效缓解群众看病难、看病贵问题。

5月6日

［纲　文］　**发展改革委、中央综治办、科技部、工业和信息化部、公安部、财政部、人力资源社会保障部、住房城乡建设部、交通部印发《关于加强公共安全视频监控建设联网应用工作的若干意见》。**

［目　文］　《意见》由六部分组成：一、指导思想、基本原则和主要目标；二、加强顶层设计，推动重点领域建设；三、加强资源整合，推动联网共享应用；四、加强机制创新，促进长效规范发展；五、加强科技创新，提升技术支撑能力；六、加强组织领导，完善综合保障体系等。

5月6日

［纲　文］　**总政治部在北京召开学习贯彻古田政工会精神形势分析会。**

［目　文］　中央军委副主席许其亮出席会议并讲话。许其亮强调，要以历史的担当落实历史性会议精神，以古田政工会承载的意蕴和使命开新突破，以新的精神风貌抓好贯彻落实，确保习主席政治建军方略在军队建设各领域落地生根、开花结果。古田政工会是新征程上继往开来、固本开新的重要节点，必将在我军发展历程中打下深刻印记。古田政工会最核心的政治意蕴是“重整行装再出发”，我们必须用历史的、前瞻的眼光，从实现新的凤凰涅槃、夺取新的伟大斗争胜利的政治和时代高位，强化自觉，抓好落实。古田政工会最根本最重要的是立起了旗帜、打牢了根基、革除了积弊、绘就了蓝图，我们必须深入学习习主席重要讲话和《关于新形势下军队政治工作若干问题的决定》，从政治建军的全局上谋划推进贯彻落实。要坚持用习主席系列重要讲话精神武装头脑、培育官兵、引领发展，要大力恢复和发扬我党我军优良传统，要狠抓思想政治领域的整风整改，彻底肃清徐才厚案流毒影响，要推进政治工作适应新时代、走出新路子，提高政治工作信息化、法治化、科学化水平。

5月6日

［纲　文］　**第8届中美政党高层论坛在北京举行。**

［目　文］　中央纪委、中宣部、国务院法制办和美国民主党、共和党代表团等共50余人出席论坛。双方围绕“法治与中美各自未来发展”的主题，就各自执政理念、政策主张和发展战略交换看法，就各自反腐与法制社会建设及举措、管党治党相关做法坦诚交流。

7日，中共中央政治局常委王岐山在北京会见与会的美国民主党和共和党代表团。王岐山指出，中美元首为双方建设新型大国关系指明了方向，两国各领域密切接触、增进了解至关重要。两国国情各具特色，双方要了解彼此的历史、认清现实，这样才能探究未来。中国特色社会主义的本质特征是中国共产党的领导，同中国打交道，不了解中国共产党不行。中国共产党正在带领人民实现全面建成小康社会的战略目标，如果组织涣散、纪律松弛，完成这样的历史重任是不可想象的。全面从严治党是办好中国一切事情的前提，必须依据党章党规管党治党。反腐败能赢得全世界共识，中美两国要寻求共识，深化合作。

5月6日

［纲　文］　**亚奥理事会发表声明，宣布中国田径运动员张文秀在2014年仁川亚运会期间的尿检结果并非阳性，并把亚运会女子链球的金牌返还给张文秀。**

［目　文］　2014年9月28日，张文秀以77米33的成绩夺得了仁川亚运会女子链球项目的金牌，然而在10月3日，亚奥理事会却宣布张文秀9月26日的兴奋剂检测结果呈阳性。随后，张文秀向国际体育仲裁法庭提起上诉。2015年4月，亚奥理事会的独立调查专家证实张文秀尿检结果并非阳性。

5月6日

［纲　文］　**国务院总理李克强在北京分别会见马来西亚上议长阿布·扎哈尔和欧盟委员会副主席、外交和安全政策高级代表莫盖里尼。**

［目　文］　李克强在会见阿布·扎哈尔时表示，中国政府高度重视发展同马来西亚的友好合作关系，愿同马方加强政府、议会、政党、民间等交往，深化各领域务实合作，共同致力于维护地区和平、稳定与发展，实现互利共赢。中马都将发展作为第一要务。中方愿同马方加强发展战略对接，助力各自经济发展。中国经济发展已处于工业化中期，在许多领域拥有充足先进产能，愿同马方开展产能合作。双方在铁路、公路、电力等基础设施建设方面也拥有广阔前景。东盟是中国周边外交的优先方向。中方乐见东盟早日建成亚洲第一个次区域共同体，希望马来西亚在担任东盟轮值主席国期间，为推动中国—东盟战略伙伴关系发展做出新贡献。阿布·扎哈尔表示，马中关系很好，两国高层交往频繁，各领域合作不断拓展。马方愿进一步加强两国交流与合作，增加人文交往，促进两国人民间相互了解，把两国关系提升到新水平。马中都致力于维护地区和平稳定。马方赞赏中方积极加强与东盟的关系。中国与东盟可在经贸、文化、教育等领域进一步深化合作。

李克强在会见莫盖里尼时积极评价中欧建交40年来双边关系取得的发展，并表示当前国际政治、经济形势下，保持一个良好的中欧关系，对本地区乃至世界的和平、稳定与繁荣都将产生积极影响。希望双方用好高级别战略对话等重要机制，增进相互理解与信任，扩大各领域务实合作，推动中欧关系更好向前发展。中国正在以改革开放推动经济稳定增长。欧盟也推出了投资计划。中欧将发展战略有效对接，以改革的思路推进彼此间的合作，可以创造更大增长空间，实现互利共赢、多赢。中方愿与欧方共同推进以准入前国民待遇加负面清单模式的双边投资协定谈判，发展更加紧密的贸易投资关系，共同反对贸易保护主义，助力经济增长，应对世界经济低迷带来的挑战。在气候变化问题上加强沟通与协调，共同努力走出一条可持续发展的路子。莫盖里尼说，很高兴在欧中建交40周年纪念日之际访华。欧中应以此为契机，进一步拓展经济合作，加强人文交流。欧方关注中国深化改革举措，期待李克强总理年内出席第十七次欧盟—中国领导人会晤，促进相互投资和经济发展。欧中有着共同利益，双方应加强协调合作，共同应对全球性挑战。双方可在气候变化问题上共同发挥积极作用。

5月6日

［纲　文］　**《人民日报》发表题为《抓好生态文明建设这项政治任务——一论深入推进生态文明建设》的评论员文章。**

5月6—9日

［纲　文］　**汪洋在贵州调研扶贫工作。**

［目　文］　国务院副总理汪在到毕节市威宁、赫章、大方、七星关、织金等区县，走进贫困村寨、农户，深入产业扶贫种植基地、扶贫移民安置点，了解群众生产生活状况，实地考察扶贫政策落实情况，并主持召开座谈会，与贫困地区干部一道研究谋划扶贫工作新举措。

汪洋强调，全面建成小康社会最艰巨最繁重的任务在农村特别是农村贫困地区。要始终把扶贫开发摆在重中之重的位置，深入实施精准扶贫、精准脱贫，使经济社会发展成果更多惠及贫困群众，加快贫困地区脱贫致富奔小康步伐。扶贫攻坚进入关键阶段，要以更大的工作力度，在深化精准扶贫上下功夫，切实提高扶贫成效。要全面准确把握贫困状况，对贫困人口的致贫原因、贫困程度、脱贫难度等心中有数，做到扶贫对象更加精准。要根据不同资源环境、不同贫困类型、不同市场条件，用科学的理念、动态的方法，不断调整完善扶贫思路，提高工作针对性，做到扶贫思路更加精准。要“一村一法、一户一策”，实施差异化扶持，优化扶贫资源配置，做到扶贫措施更加精准。要根据扶贫实绩，强化贫困县考核，完善贫困退出机制，实现扶贫对象动态管理，做到扶贫管理更加精准。

5月7—12日

［纲　文］　**国家主席习近平应邀访问哈萨克斯坦、出席在莫斯科举行的纪念卫国战争胜利70周年庆典并访问俄罗斯、对白俄罗斯进行国事访问。**

［目　文］　陪同习近平出访的有：习近平夫人彭丽媛、中央政策研究室主任王沪宁、中央军事委员会副主席范长龙、中央办公厅主任栗战书、国务委员杨洁篪等。在访问俄罗斯和白俄罗斯前夕，7日，习近平在俄罗斯《俄罗斯报》发表题为《铭记历史，开创未来》的署名文章。8日，白俄罗斯《苏维埃白俄罗斯报》发表题为《让中白友好合作的乐章激越昂扬》的署名文章。

7日，习近平在哈萨克斯坦首都阿斯塔纳，同哈萨克斯坦总统纳扎尔巴耶夫举行会谈。两国元首一致同意在平等互利基础上推进丝绸之路经济带建设同“光明之路”经济发展战略的对接，实现共同发展繁荣。加强在经贸、产能、能源、科技等领域合作。

8日，习近平在俄罗斯首都莫斯科。习近平同俄罗斯总统普京在克里姆林宫举行会谈，一致同意中俄共同维护第二次世界大战胜利成果和国际公平正义，推进丝绸之路经济带建设同欧亚经济联盟建设对接。挖掘合作潜力和优势，扩大两国能源、农业、高铁、航空、航天、金融投资领域、基础设施建设、远东开发等方面合作，扩大两国教育、文化、卫生、旅游等人文领域合作，继续办好青年友好交流年、媒体交流年活动，积极加强两军交流。加强在上海合作组织、金砖国家、二十国集团框架内的合作。会谈后签署《中俄两国关于深化全面战略协作伙伴关系、倡导合作共赢的联合声明》《关于丝绸之路经济带建设和欧亚经济联盟建设对接合作的联合声明》，见证了能源、交通、航天、金融、新闻媒体等领域多项合作文件的签署，随后举行了记者会。

9日上午，习近平和彭丽媛在普京陪同下出席莫斯科纪念卫国战争胜利70周年盛大庆典。中国、印度、独联体国家等的方队也参加了阅兵。庆典结束后，习近平夫妇同其他代表团团长夫妇一起向无名烈士墓献花。

在俄访问期间，习近平会见了俄罗斯总理梅德韦杰夫、俄罗斯东正教大牧首基里尔、俄罗斯援华专家和亲属代表、在中国东北抗日战场和苏联卫国战争浴血奋战的18名俄罗斯老战士代表并颁发纪念奖章。

10日，习近平在白俄罗斯首都明斯克。习近平同卢卡申科举行会谈，签署《中华人民共和国和白俄罗斯共和国友好合作条约》和《中华人民共和国和白俄罗斯共和国关于进一步发展和深化全面战略伙伴关系的联合声明》，双方同意，加强两国各领域合作，对接两国发展战略，开创中白全面战略伙伴关系新时代。会谈后，两国元首见证了政治、文化、经济、技术、教育、地方合作等领域双边合作文件的签署并举行了记者会。

在白俄罗斯访问期间，习近平分别会见了白俄罗斯总理科比亚科夫、白俄罗斯国民会议共和国院主席米亚斯尼科维奇和代表院主席安德烈琴科、15名白俄罗斯第二次世界大战老战士代表并颁发纪念奖章；出席中白地方经贸合作论坛开幕式、参观卫国战争历史博物馆、考察中国—白俄罗斯工业园；向白俄罗斯胜利纪念碑敬献花圈。

5月7日

［纲　文］　**国务院任命孟扬为国务院副秘书长。**

5月7日

［纲　文］　**李克强在中国科学院和北京中关村创业大街考察调研。**

［目　文］　国务院总理李克强在中科院物理所听取基础研究和原创成果介绍；在超导实验室和电子显微镜实验室对相关领域研发进展和设备自主研制情况表示肯定。李克强说，基础研究的深度和广度，决定着国家原始创新动力和活力，只有夯实这个“地基”，才能矗起国家核心竞争力的“大厦”。推动我国产业发展向中高端水平迈进，必须有基础研究支撑。要加大对基础研究的支持力度，攻克一批重大关键技术难题，以更多高水平原创性成果推动应用研究和产业升级。

李克强与院士和青年科学家代表交谈，祝贺中科院学部成立60周年，并表示大众创业、万众创新的兴起为广大科技人员施展才华提供了更加广阔的舞台，要坚守老一辈科学家的求真精神，形成奖掖后进的创新文化，不为名利所动，瞄准世界科技前沿，对接经济社会发展新需求，坐得住、钻得进、研得深，加强科技成果转化，在创新发展和全球竞争中争做领跑者。党和政府始终关心科研人员，要发挥体制机制创新的杠杆作用，让科研人员的智慧产生乘数效应，为他们解除后顾之忧，使他们获得与贡献相匹配的待遇和尊严，让创新旗帜高高扬起。

李克强在中关村创业大街考察中小企业时说，稳增长为的是保就业，创业创新是稳增长保就业的重要基础。当今时代，创业创新不再是少数人的专业，而是多数人的机会，要通过"双创"使更多的人富起来，实现人生价值。我们不仅要简政有力，把该放的放到位，更要在监管和服务上下功夫，持续为大众创业、万众创新清障搭台。推动大众创业、万众创新是充分激发亿万群众智慧和创造力的重大改革举措，是实现国家强盛、人民富裕的重要途径，要坚决消除各种束缚和桎梏，让创业创新成为时代潮流，汇聚起经济社会发展的强大新动能。

5 月 7 日

［纲　文］　**全国政协在北京召开双周协商座谈会，就"推动传统媒体和新兴媒体融合发展"建言献策。**

［目　文］　全国政协主席俞正声主持会议。全国政协副主席杜青林、张庆黎、李海峰、卢展工出席座谈会。国家新闻出版广电总局副局长田进介绍了推进媒体融合工作的情况。中宣部副部长蒋建国、国家互联网信息办公室副主任彭波、工业和信息化部副部长尚冰与委员互动交流。全国政协委员李从军、马利、陈小川、聂震宁、王涌天、李东东、邬书林、王树成、徐晓兰、周涛、左定超、赵梅、崔大庸、覃文静、于芳、刘春、翟惠生，以及齐向东等专家学者在座谈会上发言。

参加会议的委员建议：第一，传播方式要变化，内容和表达方式要创新；第二，对新媒体和传统媒体的要求要变化，新媒体要有"造血"功能，要有盈利能力；第三，技术发展建设要变化，加强信息传播技术应用开发，以新技术新应用引领和推动媒体融合发展；第四，对新闻信息的版权管理和侵权案件的审理要变化，切实加强新闻版权法制建设，加大对侵犯版权的惩戒力度；第五，人才管理和激励机制要变化，加大人才培养引进力度，大胆起用年轻人。一些委员认为，做好媒体融合工作要着重研究两方面问题。一是怎么融合，是原体制的对接，还是打破原体制创造新的融合体制。二是怎么支持传统媒体和新媒体融合。要发挥党的领导优势，按照媒体发展规律，处理好正确舆论导向和市场机制的关系。要通过深化改革创造新的机制，包括财政支持、用人机制、激励机制、组织机制等。要激发媒体的活力和动力，努力建设几家拥有强大实力和传播力公信力影响力的新型媒体集团，在市场竞争中占领制高点。

5 月 7 日

［纲　文］　**财政部、税务总局、工业和信息化部发布《关于节约能源 使用新能源车船车船税优惠政策的通知》。**

［目　文］　《通知》说，对节约能源车船，减半征收车船税，对使用新能源车船，免

征车船税。免征车船税的使用新能源汽车是指获得许可在中国境内销售的纯电动商用车、插电式（含增程式）混合动力汽车、燃料电池商用车，同时，不得使用铅酸电池作为动力电池，并符合燃料消耗量等相应标准。纯电动乘用车和燃料电池乘用车不属于车船税征税范围，对其不征车船税。对于减半征收车船税的节约能源船舶和其他车辆，以及免征车船税的使用新能源船舶，其标准将另行制定。

5月7日

［纲　文］　**发展改革委印发《关于当前更好发挥交通运输支撑引领经济社会发展作用的意见》**。

［目　文］　《意见》由八部分组成：一、全面认识交通运输发展形势；二、创新交通运输发展思路；三、加强交通规划设计；四、加快实施交通重大项目；五、积极培育新的增长点；六、满足多样化运输需求；七、深化体制机制改革；八、健全纵横协同联动机制。

《意见》要求，请各地发改部门进一步提高认识，加强组织领导，制定贯彻落实本意见的行动计划，及时总结经验，提出意见建议。我委将会同有关部门加强指导、协调和服务，共同推动各项任务顺利完成。

5月7日

［纲　文］　**交通部公布《公路建设项目代建管理办法》**。

［目　文］　《办法》共4章27条，主要有总则、代建单位选择及代建合同、代建管理、附则等内容。自2015年7月1日起施行。

5月7日

［纲　文］　**全国人大常委会委员长张德江在北京会见德国博世集团董事长登纳**。

［目　文］　张德江说，中德全方位战略伙伴关系为两国提供了良好的合作空间。经贸关系是发展两国关系的重要基础，中德经济互补性强，特别是中国经济发展进入新常态，产业转型升级任务繁重，德国的技术、研发能力等都有很强的竞争力，中方欢迎德国企业以及其他外资企业来华合作发展，并进一步为外资企业创造法治化营商环境。希望博世集团继续发挥中德高端产业对接的桥梁作用，在标准制定、技术创新、人员培训等方面加强交流合作，实现互利共赢，为促进中德务实合作提质升级作出更大贡献。登纳说，博世感谢中方对其在华业务的支持，将继续加强与中国企业的合作。

5月7日

［纲　文］　**国务院副总理刘延东在北京会见国际篮联秘书长帕特里克·鲍曼和国际篮联中国评估委员会主席波顿·希普利**。

［目　文］　刘延东积极评价国际篮联为世界篮球运动发展所做出的努力和取得的成绩，并表示中国政府十分重视三大球的发展，篮球运动广受中国人民喜爱，希望与国际篮联在篮球赛事和运动推广等方面继续加强交流合作。鲍曼对中国篮球运动的发展给予充分肯定，希望中国进一步推动篮球运动的普及与发展。

5 月 7 日

［纲　文］　**《人民日报》发表题为《推动生产生活的绿色转型——二论深入推进生态文明建设》的评论员文章。**

5 月 8 日

［纲　文］　**国务院总理李克强电贺卡梅伦领导的英国保守党在大选中获胜。**

5 月 8 日

［纲　文］　**国务院总理李克强、俄罗斯总理梅德韦杰夫分别向中俄青年联合交响乐团音乐会致电贺词。**

［目　文］　李克强指出，2015 年是世界反法西斯战争胜利 70 周年，也是中俄青年友好交流年。中俄青年联合交响乐团举办纪念二战胜利的音乐会，具有特殊意义。我们要铭记历史、缅怀先烈，更要面向未来、开创未来，把友好的接力棒由两国青年人传承下去。希望两国青年加强交流，互学互鉴，携手努力，共同成长，为中俄关系的美好未来、为两国的发展振兴不断注入新的活力。

梅德韦杰夫在贺词中对中俄青年联合交响乐团在俄罗斯演出表示热烈欢迎，指出中俄青年联合交响乐团虽然成立时间不久，但已成为俄中两国青年交流的标志。相信在世界反法西斯战争胜利 70 周年之际，中俄青年联合交响乐团的演出必将给人留下难忘印象。

同日，中俄青年联合交响乐团音乐会在莫斯科举行，音乐会是中俄青年友好交流年和两国共同庆祝二战胜利 70 周年框架内的重要活动。交响乐团由中国国家大剧院和俄罗斯圣彼得堡马林斯基剧院青年音乐家组成。国务委员杨洁篪和俄罗斯副总理戈洛杰茨出席音乐会，并分别宣读了两国总理贺词。

5 月 8 日

［纲　文］　**国务院印发《中国制造 2025》。**

［目　文］　《中国制造 2025》由四部分组成：一、发展形势和环境；二、战略方针和目标；三、战略任务和重点；四、战略支撑与保障。

《中国制造 2025》要求，各地区、各部门要充分认识建设制造强国的重大意义，加强组织领导，健全工作机制，强化部门协同和上下联动。各地区要结合当地实际，研究制定具体实施方案，细化政策措施，确保各项任务落实到位。工业和信息化部要会同相关部门加强跟踪分析和督促指导，重大事项及时向国务院报告。

5 月 8 日

［纲　文］　**国务院批转发展改革委《关于 2015 年深化经济体制改革重点工作的意见》。**

［目　文］　《意见》由十部分组成：一、总体要求；二、持续简政放权，加快推进政府自身改革；三、深化企业改革，进一步增强市场主体活力；四、落实财税改革总体方案，推动财税体制改革取得新进展；五、推进金融改革，健全金融服务实体经济的体制机

制；六、加快推进城镇化、农业农村和科技体制等改革，推动经济结构不断优化；七、构建开放型经济新体制，实施新一轮高水平对外开放；八、深化民生保障相关改革，健全保基本、兜底线的体制机制；九、加快生态文明制度建设，促进节能减排和保护生态环境；十、完善工作机制，确保改革措施落地生效。

《意见》要求，各地区、各部门要进一步强化责任意识、问题意识、攻坚意识，加强组织领导，完善务实高效的改革推进机制，建立落实责任制，强化督促评估，充分发挥试点的先行先试作用，做好改革宣传和舆论引导工作，以钉钉子精神抓好工作落实，确保完成各项改革任务。

5月8日

［纲　文］　**财政部、税务总局、保监会印发《关于开展商业健康保险个人所得税政策试点工作的通知》。**

［目　文］　《通知》说，一、对试点地区个人购买符合规定的商业健康保险产品的支出，允许在当年（月）计算应纳税所得额时予以税前扣除，扣除限额为2400元/年（200元/月）。试点地区企事业单位统一组织并为员工购买符合规定的商业健康保险产品的支出，应分别计入员工个人工资薪金，视同个人购买，按上述限额予以扣除。2400元/年（200元/月）的限额扣除为个人所得税法规定减除费用标准之外的扣除。二、适用商业健康保险税收优惠政策的纳税人，是指试点地区取得工资薪金所得、连续性劳务报酬所得的个人，以及取得个体工商户生产经营所得、对企事业单位的承包承租经营所得的个体工商户业主、个人独资企业投资者、合伙企业合伙人和承包承租经营者。三、符合规定的商业健康保险产品，是指由保监会研发并会同财政部、税务总局联合发布的适合大众的综合性健康保险产品。待产品发布后，纳税人可按统一政策规定享受税收优惠政策，税务部门按规定执行。四、为确保商业健康保险个人所得税政策试点平稳实施，拟在各地选择一个中心城市开展试点工作。其中，北京、上海、天津、重庆四个直辖市全市试点，各省、自治区分别选择一个人口规模较大且具有较高综合管理能力的试点城市。各省级财政、税务和保监部门应及时研究制定试点工作实施方案，上报省级人民政府确定，并于2015年6月30日前联合上报财政部、税务总局和保监会审核备案。

5月8日

［纲　文］　**税务总局印发《关于企业工资薪金和职工福利费等支出税前扣除问题的公告》。**

［目　文］　《公告》由四部分组成：一、企业福利性补贴支出税前扣除问题；二、企业年度汇算清缴结束前支付汇缴年度工资薪金税前扣除问题；三、企业接受外部劳务派遣用工支出税前扣除问题；四、施行时间。

5月8日

［纲　文］　**海关总署发布《关于境外旅客购物离境退税业务海关监管规定的公告》。**

［目　文］　《公告》说：一、境外旅客在出境时需要对所购物品退税的，应当主动

向海关申报，并提交退税物品、境外旅客购物离境退税申请单（以下简称申请单）、退税物品销售发票和本人有效身份证件。二、经海关验核，对旅客交验的退税物品与申请单所列相符的，海关在申请单上确认签章，并交由旅客凭以办理退税手续；对旅客交验物品的数量与申请单所列数量不符的，海关以交验物品的数量进行确认签章，并交由旅客凭以办理退税手续。三、有下列情形之一的，海关不予办理境外旅客购物离境退税签章手续：（一）出境旅客交验物品的名称与申请单所列物品不符的；（二）申请单所列购物人员信息与出境旅客信息不符的；（三）其他不符合离境退税规定的。四、办理离境退税业务的专门场所属于海关监管场所，有关场所设置标准应当符合海关监管要求。五、退税物品经海关验核后至实际离境前，应当接受海关监管。六、实施离境退税业务的口岸名单和实施日期，以财政部、海关总署和国家税务总局发布为准。七、本公告中下列用语的含义：境外旅客是指在我国境内连续居住不超过183天的外国人和港澳台同胞。退税物品是指由境外旅客本人在退税商店购买且符合退税条件的个人物品，但不包括下列物品：《中华人民共和国禁止、限制进出境物品表》所列的禁止、限制出境物品；退税商店销售的适用增值税免税政策的物品；财政部、海关总署、国家税务总局规定的其他物品。八、本公告自2015年6月5日起执行，海关总署公告2010年82号同期予以废止。

5月8日

［纲　文］　**铁路局印发《铁路运输企业准入许可实施细则》。**

［目　文］　《细则》共5章38条，主要有总则、许可条件、许可程序、监督管理、附则等内容。自2015年5月8日起施行。

5月8日

［纲　文］　**中共中央政治局常委刘云山在北京会见马来西亚华人公会总会长、政府交通部长廖中莱率领的代表团。**

［目　文］　刘云山说，当前中马关系处于历史最好时期，继续向全方位、战略性方向发展。中方愿与马方一道，用好“一带一路”建设带来的机遇，发挥好中马之间历史纽带、人文纽带作用，加强务实合作，实现互利共赢。刘云山应询介绍了党的建设等情况，指出全面从严治党、加强党的自身建设是“四个全面”战略布局的根本保证，我们愿加强党际交往，深化交流互鉴，为中马关系发展注入新动力。廖中莱表示，马华公会钦佩中共执政能力，赞赏中共贯彻群众路线、加强基层工作等经验，愿深化干部培训、智库和教育等领域合作，推动“一带一路”建设取得实质性进展。

5月8日

［纲　文］　**全国政协主席俞正声在北京会见日本自民党平成研究会会长额贺福志郎。**

［目　文］　俞正声表示，中日互为重要邻国，中方一贯主张本着以史为鉴、面向未来的精神，在中日四个政治文件基础上，发展长期健康稳定的关系。当前中日关系迈出改

善步伐，双方要在四点原则共识基础上，增强政治互信，扩大人员往来，推动两国关系持续改善。希望日方认真对待亚洲邻国人民关切，真诚吸取历史教训，以明确和负责任态度处理好历史问题，继续走和平发展道路。日本自民党平成研究会一向致力于中日友好，我们表示赞赏，希望研究会继续为中日关系做出贡献。额贺表示，重视中方立场，愿为日中关系在两国四个文件和有关共识基础上发展做出不懈努力。

5月8日

［纲　文］ **刘奇葆在清华大学调研**。

［目　文］ 中宣部部长刘奇葆考察了清华大学中国国情研究院、国学研究院、出土文献研究与保护中心等，与专家学者进行了座谈。

刘奇葆指出，我国高校人才密集、学科门类齐全、智力资源丰富，在智库建设中具有重要的地位和作用。要深入学习贯彻中央精神，认真落实《关于加强中国特色新型智库建设的意见》，进一步增强责任感和使命感，大力推进中国特色新型智库建设，着力打造一批高水平、有影响的智库，为党和政府决策提供强有力的智力支持。

5月8日

［纲　文］ **《人民日报》发表题为《凝聚中国社会的“生态共识”——三论深入推进生态文明建设》的评论员文章**。

5月8—11日

［纲　文］ **刘云山在湖南调研**。

［目　文］ 中共中央政治局常委刘云山在郴州、株洲、长沙等地，就党建工作、社会主义核心价值观建设和党校工作进行调研。刘云山走进农家、深入车间，了解群众生活和企业经营情况，就党建工作听取意见建议。大家谈到，抓党建转作风，拉近了干部同群众的距离，促进了发展环境优化。刘云山说，全面从严治党，关键是教育和管理好干部队伍。正在县处级以上领导干部中开展的“三严三实”专题教育，重要的是突出主题、聚焦问题，着力解决不严不实问题，把“严”的要求和“实”的精神立起来，推动领导干部提振干事创业、改革攻坚的精气神，落实好促进经济持续健康发展、保障改善民生的各项任务。

刘云山在长沙市委和湖南省委党校调研，参加学员党性锻炼和“驻村入户察民情”体验交流活动；在部分省委党校校长座谈会上指出，党校事业是党的事业的重要组成部分，建设高素质干部队伍、推进“四个全面”战略布局，需要党校发挥更大作用。要坚持党校姓党性质，把握正确办学方向，突出党校功能和办学主业，突出党的理论教育和党性教育，组织好党章和党规学习，把优势和特色凸显出来，引导党员干部强化党的意识和规矩意识。要坚持从严治校，弘扬理论联系实际的学风，增强问题导向，创新教学方式，提升办学质量。领导干部上讲台是党的优良传统，也是提升教育培训质量的有效之举，要在加强党校专职教师培养的同时，注意用好各方面资源，推动更多党政领导干部定期到党校讲课，坚持干部教、教干部，形成一支专兼结合的高水平教师队伍。

5月8—10日

［纲　文］　**王岐山在浙江省调研。**

［目　文］　中共中央政治局常委王岐山在嘉兴主持召开部分省区市纪委书记座谈会时强调，贯彻党的十八届三中、四中全会和习近平总书记系列重要讲话精神，落实中央纪委五次全会部署，要唤醒党章党规意识、推进制度创新，修改好《中国共产党纪律处分条例》，把纪律和规矩挺在法律前面，挺在党风廉政建设和反腐败斗争前沿。党要管党、从严治党，要靠党章党规党纪。“党纪”与“国法”不是一个概念，不能混同。党纪严于国法。党是政治组织，党规党纪保证着党的理想信念宗旨，是执政的中国共产党党员的底线；法律体现国家意志，是全体中华人民共和国公民的底线。党章规定，党员必须自觉遵守纪律、模范遵守法律。全面从严治党，就要抓全党的纪律，使纪律成为管党治党的尺子、党员不可逾越的底线。把权力关进制度的笼子，对执政党而言，这个笼子首先是纪律和规矩。修订党纪处分条例要突出两个重点，一是体现全面依法治国、全面从严治党要求，坚持问题导向，应把条例中与法律重复的内容去除，解决“纪”“法”不分的问题；二是把严肃政治纪律和政治规矩突出出来、具体化，使党纪特色更加鲜明。制度创新只有进行时，这次修订条例重在唤醒全党特别是领导干部的组织意识、纪律意识和规矩意识。落实主体责任和监督责任要密切联系本地区本部门实际，从点滴做起、积小成为大成，把全面从严治党要求落到实处。载着我们党这艘航船胜利前行的“水”，就是广大人民群众。落实中央八项规定精神关乎人心向背，关乎党对人民的承诺能否兑现，检验着党员干部对党的忠诚，必须一把尺子执纪到底、一寸不让。从严治党要敢于担当，具有“眼里不揉沙子”的严肃性、认真劲，切实解决执行纪律失之于宽、松、软的问题。纪委要在从严治党中找准职责定位，创新执纪监督方式，强化监督执纪问责。要有“啄木鸟”精神，治病树、拔烂树，保护森林。坚决惩治极少数党内的腐败分子，惩最终还是为了治。在严格执纪中，我们还是要坚持党的一贯方针，惩前毖后、治病救人。

调研期间，王岐山到南湖革命纪念馆，瞻仰南湖红船；在嘉兴市考察了五芳斋实业股份有限公司，与海宁市盐官镇桃园村党委班子成员、老党员和群众亲切交流。

5月9日

［纲　文］　**国防部新闻发言人就美国国防部发表2015年度《中国军事与安全发展态势报告》表示，中方对此坚决反对。**

［目　文］　发言人说，美国国防部发表的2015年度《中国军事与安全发展态势报告》，罔顾事实，继续渲染“中国军事威胁”的陈词滥调，在中国国防和军队建设战略意图、军兵种发展、太空、网络、军事透明度、台湾等问题上进行无端指责，特别是无视中方对维护国际和地区局势和平稳定与发展中美两国两军关系所做的积极努力，对中国和平发展战略、对外政策、东海和南海维权行动肆意歪曲。中方对此表示坚决反对。中国坚持走和平发展道路，奉行独立自主的和平外交政策和防御性国防政策。中国加强国防建设的

目的是维护国家主权、安全、领土完整，保障国家和平发展。中国军队积极参与国际安全合作，始终是维护世界和平的坚定力量。中方在涉及领土主权和海洋权益上的维权行动，正当合理合法，无可指责，任何人不应说三道四。美方连续多年发表所谓“中国军力报告”，严重损害双方互信，与两国元首关于构建中美新型大国关系和新型军事关系的重要共识背道而驰。我们要求美方立即采取措施，停止不利于中美关系和两军互信的言行，以实际行动推动两国两军关系健康稳定发展。我们将适时做出进一步反应。

10日，外交发言人就美国防部发表2015年度《涉华军事与安全发展报告》表示，美方报告罔顾事实，对中国军力发展妄加揣测和评论，继续渲染“中国军事威胁论”和“军力不透明”，质疑中国正常的国防建设和战略意图，并对中方在南海地区维护领土主权和安全利益的正当行为说三道四，中方对此表示坚决反对。中国始终不渝地走和平发展道路，奉行防御性国防政策，是维护亚太乃至世界和平与稳定的坚定力量。中国的国防建设完全是为了维护国家独立、主权和领土完整，是一个主权国家的正常权利。希望美方摒弃冷战思维，摘下有色眼镜，客观、理性看待中国的军事发展，停止发表此类报告，停止不利于中美关系和两军互信的言行，以实际行动维护中美两国两军关系健康稳定发展。

5月9日

［纲　文］《人民日报》发表题为《打造美丽中国的“制度屏障”——四论深入推进生态文明建设》的评论员文章。

5月10日

［纲　文］　国务院印发《关于税收等优惠政策相关事项的通知》。

［目　文］《通知》主要有五点内容：一、国家统一制定的税收等优惠政策，要逐项落实到位。二、各地区、各部门已经出台的优惠政策，有规定期限的，按规定期限执行；没有规定期限又确需调整的，由地方政府和相关部门按照把握节奏、确保稳妥的原则设立过渡期，在过渡期内继续执行。三、各地与企业已签订合同中的优惠政策，继续有效；对已兑现的部分，不溯及既往。四、各地区、各部门今后制定出台新的优惠政策，除法律、行政法规已有规定事项外，涉及税收或中央批准设立的非税收入的，应报国务院批准后执行；其他由地方政府和相关部门批准后执行，其中安排支出一般不得与企业缴纳的税收或非税收入挂钩。五、《国务院关于清理规范税收等优惠政策的通知》（国发〔2014〕62号）规定的专项清理工作，待今后另行部署后再进行。

5月10日

［纲　文］　国务院印发《关于取消非行政许可审批事项的决定》。

［目　文］《决定》说，国务院决定，在前期大幅减少部门非行政许可审批事项的基础上，再取消49项非行政许可审批事项，将84项非行政许可审批事项调整为政府内部审批事项。今后不再保留“非行政许可审批”这一审批类别。各地区、各有关部门要认真

做好取消事项的落实工作，加强事中事后监管，防止出现管理真空，且不得以任何形式变相审批。调整为政府内部审批的事项，不得面向公民、法人和其他社会组织实施审批；审批部门要严格规范审批行为，明确政府内部审批的权限、范围、条件、程序、时限等，严格限制自由裁量权，优化审批流程，提高审批效率。要进一步深化行政体制改革，深入推进简政放权、放管结合，加快政府职能转变，不断提高政府管理科学化、规范化、法治化水平。

5月10日

［纲　文］　**“启功教师奖”评选活动启动。**

［目　文］　该奖由北京师范大学与光明日报社联合主办。“启功教师奖”以北京师范大学已故著名教育家、国学大师启功先生命名，以此弘扬启功先生所倡导和践行的“学为人师，行为世范”的教育精神。

“启功教师奖”面向我国县以下（含县）农村地区基础教育领域，奖励长期坚守在当地教育教学第一线并作出突出贡献的杰出教师。“启功教师奖”每两年评选一次，首届“启功教师奖”将在县以下（含县）基础教育一线评选出10名教龄满30年的优秀教师，每人奖励50万元人民币。

5月10—16日

［纲　文］　**教育部、人力资源社会保障部举办首届“职业教育活动周”。**

［目　文］　国务院总理李克强作出批示：加快发展现代职业教育，是发挥我国巨大人力优势，促进大众创业、万众创新的战略之举。“职业教育活动周”的设立，目的是要在全社会弘扬劳动光荣、技能宝贵、创造伟大的时代风尚，形成“崇尚一技之长、不唯学历凭能力”的良好氛围。要坚持以提高质量、促进就业、服务发展为导向，注重改革创新，深化产教融合，推动职业教育发展实现新跨越，进一步培养形成高素质的劳动大军，进一步提高中国制造和服务的水平，进一步增强产业国际竞争力，促进经济保持中高速增长、迈向中高端水平和民生不断改善。

10日，在北京举行全国启动仪式。首届职业教育活动周主题是：支撑中国制造 成就出彩人生。国务院副总理刘延东在出席仪式并讲话。全国政协副主席马培华，国务院有关部门、北京市负责人和在京职业院校师生、职业技能大赛获奖者代表等参加启动仪式。

刘延东强调，要全面落实党中央、国务院关于加快发展现代职业教育决策部署，认真贯彻李克强总理重要批示精神，面向经济社会发展和国际竞争大局，深化改革创新，提升服务能力，培养规模宏大的高素质劳动者大军，为实现中国经济提质增效升级、促进大众创新创业提供有力人才支撑。

5月10—17日

［纲　文］　**第14届苏迪曼杯世界羽毛球混合团体锦标赛在广东东莞举行。**

［目　文］　来自35个国家和地区羽毛球队参赛。中国队获得冠军，实现了苏迪曼杯六连冠。这也是自1995年在第四届苏杯上首次夺冠后，中国队在这项世界羽毛球团体

最高赛事中的第10次捧杯。

5月11日

［纲 文］ **国务院办公厅转发财政部、人民银行、银监会《关于妥善解决地方政府融资平台公司在建项目后续融资问题的意见》。**

［目 文］《意见》由三部分组成：一、总体要求和适用范围；二、重点任务；三、组织实施。

《意见》要求，地方各级人民政府、各有关部门要从大局出发，充分认识做好融资平台公司在建项目后续融资工作的重要性，统一思想，加强领导，结合本地区、本部门实际认真抓好落实。

5月11日

［纲 文］ **工商总局印发《关于严格落实先照后证改革严格执行工商登记前置审批事项的通知》。**

［目 文］《通知》说，现就执行工商登记前置审批事项通知如下：一、严格执行法律、行政法规和国务院决定规定的工商登记前置审批调整或明确为后置审批的事项。二、实施《工商登记前置审批事项目录》动态管理。三、调整规范本地区自行公布的工商登记前置审批目录。四、明确企业变更登记、注销登记前置许可目录管理。五、切实提升登记服务水平。六、建立健全登记注册与审批部门沟通协调机制。

5月11日

［纲 文］ **财政部、工业和信息化部、交通部发布《关于完善城市公交车成品油价格补助政策加快新能源汽车推广应用的通知》。**

［目 文］《通知》由五部分组成：一、充分认识城市公交车成品油价格补助政策调整的重要意义；二、总体思路和基本原则；三、政策措施；四、资金申请和拨付；五、保障措施。本通知自2015年1月1日起实施，2009年财政部、交通运输部联合发布的《城乡道路客运成品油价格补助专项资金管理暂行办法》（财建〔2009〕1008号）中关于城市公交的内容同时废止。

5月11日

［纲 文］ **国土资源部公布《关于修改〈地质灾害危险性评估单位资质管理办法〉等5部规章的决定》。**

［目 文］《决定》对《地质灾害危险性评估单位资质管理办法》《地质灾害治理工程勘查设计施工单位资质管理办法》《地质灾害治理工程监理单位资质管理办法》《矿山地质环境保护规定》《古生物化石保护条例实施办法》的部分条款予以修改，自2015年5月11日起施行。

5月11日

［纲 文］ **质检总局发布修订后的《认证机构管理办法》，自2015年8月1日起施行。**

5 月 11—15 日

[纲 文] **2015 年 IEEE 国际磁学大会在北京召开。**

[目 文] 本届国际磁学大会由清华大学主办，中国科学院物理研究所、北京大学、中国物理学会、中国电子学会、中国材料研究会协办。大会主题是：磁学基础及工程应用。会议共设立 10 个议题，包括磁记录，自旋电子学，软磁材料，永磁材料，磁性薄膜和纳米结构，非磁记录领域的功能磁材料，模拟和计算磁学，磁性表征，传感器、高频和能源器件，以及生命科学应用。来自 44 个国家和地区的 1700 多位专家、学者及工程技术人员与会。投稿论文数和与会人数都创 IEEE 国际磁学大会的历史新高。

14 日，国务院副总理刘延东在北京会见国际电机电子工程师学会磁学协会主席布鲁斯·特里斯一行时表示，希望与会学者和世界知名高科技企业进一步加大与中国院校和科研院所的交流合作。

5 月 12 日

[纲 文] **国务院印发《2015 年推进简政放权放管结合转变政府职能工作方案》。**

[目 文] 《方案》由三部分组成：一、总体要求；二、主要任务；三、工作要求。《方案》明确了各项任务的具体分工和进度安排，要求各地区、各部门和国务院推进职能转变协调小组各专题组、功能组及时组织制定工作方案并限期出台改革文件，明确时间表、路线图和成果形式，将任务逐项分解到位、落实到人。要加强统筹协调，加强对地方的指导，形成工作合力，确保各项改革整体推进。

5 月 12 日

[纲 文] **国务院在北京召开推进简政放权放管结合职能转变工作电视电话会议。**

[目 文] 国务院总理李克强出席并作《简政放权、放管结合、优化服务、深化行政体制改革、切实转变政府职能》主题讲话。国务院副总理张高丽主持会议。国务院副总理刘延东、汪洋、马凯，国务委员常万全、郭声琨、王勇出席会议。中央编办、财政部、工商总局和天津市、安徽省政府负责人在会上发言。

李克强说，这次会议的主要任务，就是回顾总结两年多来简政放权、放管结合、政府职能转变情况，部署下一阶段的重点工作，把改革推向纵深。一、深化行政体制改革、转变政府职能，是促进发展的强大动力和重要保障；二、推动简政放权向纵深发展，进一步释放市场活力和社会创造力；三、创新和加强政府管理，使市场和社会活而有序；四、优化政府服务，更好满足人民群众和经济社会发展需求；五、抓好组织领导，确保各项改革举措落地生根。深化行政体制改革、转变政府职能，推动大众创业、万众创新，承载着亿万人民群众的期望与向往，关系着国家的繁荣和富强。我们要紧密团结在以习近平为总书记的党中央周围，按照“四个全面”战略布局要求，坚持发展是第一要务，着力推动科学发展，奋发有为，扎实工作，以实实在在的改革成果，为建设富强、民主、文明、和谐的社会主义现代化国家、实现“两个一百年”奋斗目标和中华民族伟大复兴的中国梦做出新的更大贡献。

5月12日

［纲　文］　**全国政协在北京召开"推进人民法院司法体制改革"专题协商会。**

［目　文］　全国政协主席俞正声主持会议并讲话。全国政协副主席董建华、林文漪、何厚铧、张庆黎、李海峰、卢展工、陈晓光，以及近百名全国政协委员和专家学者出席会议。34位委员和专家从不同角度对推进人民法院司法体制改革提出了意见建议。中央组织部、中央政法委、最高人民法院、人力资源社会保障部等相关部门负责人介绍了人民法院司法体制改革情况并与委员互动交流。中共中央、国务院有关部门和单位的负责人到会听取意见建议。

俞正声指出，人民法院司法体制改革是中共十八届三中、四中全会确定的全面深化改革中的一个重大课题，国内外高度关注，人民群众十分关切。人民法院司法体制改革按照中央部署稳妥推进，取得积极进展。推进人民法院司法体制改革，对贯彻实施依法治国基本方略和建设法治中国、推进国家治理体系和治理能力现代化具有十分重要的意义。从各地试点实践情况和委员专家的意见建议看，推进人民法院司法体制改革的重点难点主要反映在四个方面：一是如何通过强化司法责任制提高审判质量；二是如何在推行法官员额制时确保优秀法官进入员额；三是如何通过改革审判权力运行机制确保"让审理者裁判"，同时又能实施有效监督；四是如何通过省以下地方法院人财物统一管理更好保障依法独立公正行使审判权。人民法院司法体制改革是一项复杂系统工程，有许多问题需要协同推进。必须坚持党的领导，坚持从中国国情出发，坚持遵循司法规律，坚持顶层设计与实践探索相结合，坚持积极稳妥、循序渐进，坚持于法有据、依法有序。政协委员要做改革的支持者和参与者，为人民法院司法体制改革献计出力，广泛凝聚共识，切实支持人民法院依法独立公正行使审判权，助力法治中国建设。

最高人民法院院长周强出席专题协商会时说，人民法院将紧紧依靠党的领导，自觉接受人大监督和政协民主监督，积极争取各方面关心支持，以高度的政治责任感和敢于担当的精神，努力把人民法院各项改革落到实处。要进一步统一思想认识，引导广大干警争当改革促进派，敢于直面问题，勇于向自身开刀，坚定不移推进改革向纵深发展。要坚持改革为了人民、依靠人民、造福人民，以人民群众满意度为标准推进人民法院的司法改革。要继续扎实推进司法责任制、法官员额制、立案登记制以及人民陪审员制度等各项改革，让人民群众切实感受到司法改革的成果。

5月12日

［纲　文］　**财政部印发《节能减排补助资金管理暂行办法》。**

［目　文］　《办法》共12条，强调节能减排补助资金实行专款专用，专项管理。节能减排补助资金重点支持范围包括：节能减排体制机制创新，节能减排基础能力及公共平台建设，节能减排财政政策综合示范，重点领域、重点行业、重点地区节能减排等。财政部会同有关部门，对节能减排补助资金使用情况进行监督检查和绩效考评。

5 月 12 日

［纲　文］　**发展改革委、财政部发布《药品、医疗器械产品注册收费标准管理办法》，自 2015 年 5 月 12 日起执行。**

5 月 12 日

［纲　文］　**气象局公布《中国气象局废止和宣布失效规范性文件目录》。**

［目　文］　《目录》对 1984 年至 2014 年现行有效部门规章和规范性文件进行了清理，截止到 2014 年底应废止和宣布失效的规范性文件共计 60 件。自 2015 年 5 月 12 日起生效。

5 月 12 日

［纲　文］　**质检总局发布《产品质量国家监督抽查不合格产品生产企业后处理工作规定》。**

［目　文］　《规定》共 4 章 29 条，主要有总则、工作内容和程序、工作纪律、附则等内容。自 2015 年 7 月 1 日起施行。

5 月 12 日

［纲　文］　**交通运输部发布《关于加强交通运输行业信用体系建设的若干意见》。**

［目　文］　《意见》由四部分组成：一、总体要求；二、重点领域；三、主要任务；四、工作要求。

5 月 12 日

［纲　文］　**交通运输部公布修改后的《中华人民共和国船舶污染海洋环境应急防备和应急处置管理规定》《国内水路运输管理规定》《公路水运工程监理企业资质管理规定》，自 2015 年 5 月 12 日起施行。**

5 月 12 日

［纲　文］　**交通运输部印发《交通运输行业新闻宣传工作管理办法》。**

［目　文］　《办法》共 7 章 35 条，主要内容有总则、新闻宣传工作机制、新闻发布和宣传报道、突发事件新闻发布及舆论引导、媒体服务、责任与考核、附则等内容。自 2015 年 5 月 12 日起施行。

5 月 12 日

［纲　文］　**国务院副总理刘延东在北京会见苹果公司首席执行官蒂姆·库克。**

［目　文］　刘延东积极评价苹果公司在华业务发展，赞赏苹果公司同中国相关部门积极开展科技、教育等领域务实合作，希望苹果公司继续拓展对华投资，发挥自身优势，为推动中美科技教育等领域交流合作和两国关系发展做出贡献。库克表示，苹果公司重视并愿大力拓展在华业务，为美中科教创新合作和美中关系发展发挥建设性作用。

5 月 12 日

［纲　文］　**国家副主席李源潮在北京会见秘鲁民族主义党主席埃雷迪亚。**

［目　文］　李源潮说，中秘建交以来双边关系发展顺利，特别是近年来两国元首就

新时期两国关系发展达成重要共识，将两国关系提升为全面战略伙伴关系。中国共产党重视发展同秘鲁民族主义党的友好交往，愿加强治国理政经验交流，促进中秘各领域务实合作结出更多丰硕果实。埃雷迪亚说，此次访问见证了秘中两国两党亲密友好关系。秘正致力于国家发展，愿就治党理政与中方交流互鉴。

5月12日

［纲　文］　**外交部发言人表示，菲律宾一再违反国际法和《南海各方行为宣言》，并不断采取挑衅行动，是真正的规则破坏者和麻烦制造者。**

［目　文］　有记者问：11日，菲律宾军方邀请外国记者乘军机抵达中业岛，称此访是为表明中业岛是菲领土。中方对此有何回应？

中方发言人表示，中国对包括中业岛在内的南沙群岛拥有无可争辩的主权。根据确定菲律宾领土范围的一系列国际条约，菲领土从不包括中业岛等南沙岛礁。中方反对菲方武力侵占中国南沙群岛部分岛礁，并将坚定维护国家领土主权和海洋权益。菲律宾一再违反国际法和《南海各方行为宣言》，在南海问题上搬弄是非，并不断采取挑衅行动，损害各方互信和地区和平稳定。事实证明，菲律宾是真正的规则破坏者和麻烦制造者。菲方侵占中国南沙岛礁的企图只能是徒劳的。中方再次敦促菲方切实尊重中国领土主权，遵守相关国际法和《宣言》精神，从非法侵占的中国南沙岛礁上撤走所有人员和设施，停止一切侵犯中国主权和权益、影响地区和平稳定的挑衅行动。

5月12日

［纲　文］　**著名俄语教育家，第六、七、八、九届全国政协委员李莎在北京逝世，享年101岁。**

5月13日

［纲　文］　**李克强主持召开国务院常务会议。**

［目　文］　会议主要内容是：一、部署推广政府和社会资本合作模式，汇聚社会力量增加公共产品和服务供给。在交通、环保、医疗、养老等领域，推广政府和社会资本合作模式，以竞争择优选择包括民营和国有企业在内的社会资本，扩大公共产品和服务供给，并依据绩效评价给予合理回报，是转变政府职能、激发市场活力、打造经济新增长点的重要改革举措。会议要求，一要简化审批，保障项目用地，支持地方政府与金融机构共同设立基金，用好税收优惠、奖励资金、转移支付等手段，多措并举吸引社会资本参与公共产品和服务项目的投资、运营管理。二要鼓励项目运营主体利用资本市场直接融资。三要建立公共服务价格和补贴动态调整机制，坚持补偿成本、优质优价、公平负担，保证社会资本和公众共同受益。四要完善制度，规范流程，加强质量监管，提高公共产品和服务供给能力与效率。二、确定加快建设高速宽带网络促进提速降费的措施，助力创业创新和民生改善。会议确定，一是鼓励电信企业尽快发布提速降费方案计划，实施宽带免费提速，使城市平均宽带接入速率提升40%以上，降低资费水平，推出流量不清零、流量转

赠等服务。二是推进光纤到户和宽带乡村工程，加快全光纤网络城市和第四代移动通信网建设。2015年新增1.4万个行政村通宽带，缩小城乡“数字鸿沟”。支持互联网国际出入口带宽扩容。用网络建设带动2015年各类投资上万亿元。三是推进电信市场开放和公平竞争，年内宽带接入业务开放试点企业增加到100家以上。四是完善电信普遍服务，加大财政支持，加快农村等基础薄弱区域宽带设施升级改造。推动市政公共设施和社区等向宽带建设通行提供便利。五是加强宽带接入服务和资费监管，保护消费者权益，打击虚假宣传、窃取用户流量等行为。三、决定进一步推进信贷资产证券化，以改革创新盘活存量资金。会议决定，新增5000亿元信贷资产证券化试点规模，继续完善制度、简化程序，鼓励一次注册、自主分期发行；规范信息披露，支持证券化产品在交易所上市交易。试点银行腾出的资金要用在刀刃上，重点支持棚改、水利、中西部铁路等领域建设。四、部署对部门和地方开展督查，狠抓各项政策措施落实。会议决定，对部门和地方开展重点督查，坚决打通简政放权、放管结合、优化服务政策落实的“最先和最后一公里”，推动重大项目尽快开工、重大政策和改革尽快落地、重大民生任务尽快见效。通过抓典型、严问责，确保完成全年经济社会发展主要目标任务。

5月13日

［纲　文］　**国务院印发《关于推进国际产能和装备制造合作的指导意见》。**

［目　文］　《意见》由七部分组成：一、重要意义；二、总体要求；三、主要任务；四、提高企业“走出去”能力和水平；五、加强政府引导和推动；六、加大政策支持力度；七、强化服务保障和风险防控。

《意见》指导，要加强统筹指导和协调，完善对外合作机制，改革对外合作管理体制，做好外交服务工作，建立综合信息服务平台，积极发挥地方政府作用。完善财税支持政策，加大金融支持力度，发挥人民币国际化积极作用，扩大融资资金来源，加强和完善出口信用保险，强化服务保障和风险防控，为企业“走出去”提供支持和服务。

5月13日

［纲　文］　**国务院印发《关于中国人民抗日战争暨世界反法西斯战争胜利70周年纪念日调休放假的通知》。**

5月13日

［纲　文］　**财政部、农业部印发《关于调整完善农业三项补贴政策的指导意见》。**

［目　文］　《意见》由三部分组成：一、在全国范围内调整20%的农资综合补贴资金用于支持粮食适度规模经营；二、选择部分地区开展农业“三项补贴”改革试点；三、切实做好调整完善农业“三项补贴”政策的各项工作。

5月13日

［纲　文］　**民政部印发《关于探索建立社会组织第三方评估机制的指导意见》。**

［目　文］　《意见》主要由五部分组成：一、探索建立社会组织第三方评估的总体思路和基本原则；二、积极培育和规范社会组织第三方评估机构；三、建立社会组织第三方

评估资金保障机制；四、推进社会组织第三方评估信息公开和结果运用；五、加强对社会组织第三方评估工作的领导。

5 月 13 日

［纲　文］ **中共中央党校举行春季学期第二批进修班开学典礼。**

［目　文］ 中央党校校长刘云山出席典礼并讲话。赵乐际、赵洪祝、中央有关部门负责人、中央党校校委会成员、新入学学员、全体在校学员和教职工参加开学典礼。中国浦东、井冈山、延安干部学院同步举行开学典礼。

刘云山就深入学习贯彻习近平总书记系列重要讲话精神，努力营造良好政治生态提出要求并指出，政治生态是党风、政风、社会风气的综合反映，影响党员干部的价值取向和为政行为。营造良好政治生态是全面从严治党的题中应有之义，要坚持重在建设、立破并举，弘扬新风正气、涤荡歪风邪气，努力实现干部清正、政府清廉、政治清明，为推进“四个全面”战略布局凝聚强大正能量。营造良好政治生态，首先应从党内政治生活严起，彰显党内政治生活的本质，发挥好锻炼党性的熔炉作用。选人用人导向是从政环境的风向标，要把坚持正确的用人导向作为治本之策，严格标准、从严把关，不让投机钻营者得利，不让买官卖官者得逞，不让脚踏实地的好干部吃亏，彰显选人用人的好风气。

5 月 13 日

［纲　文］ **《人民日报》发表题为《抗震救灾见证国家价值》的评论员文章。**

5 月 13—17 日

［纲　文］ **中央组织部、中央统战部、中央党校、国家民委在北京举办省部级干部民族工作专题研讨班。**

［目　文］ 研讨班主要内容是：就 2014 年 9 月召开的中央民族工作会议精神进行交流研讨。

全国政协主席俞正声、国务院副总理刘延东、中央统战部部长孙春兰、国家民委主任王正伟出席研讨班有关活动并发表讲话。各省（区、市）、新疆生产建设兵团和副省级城市党委、政府分管民族工作负责人，国家民委兼职委员，各省（区、市）和新疆生产建设兵团民委主任，国家民委有关负责人共 131 人参加研讨班。研讨班还邀请王蒙、杜鹰、吴仕民、斯塔、刘平、郝时远、韩庆祥、葛剑雄等理论造诣深厚、实践经验丰富的领导干部和专家学者为学员作专题辅导报告。

俞正声在参加研讨班学员座谈讨论时强调，要紧紧围绕“四个全面”战略布局，坚定不移走中国特色解决民族问题的正确道路，努力开创民族团结进步事业新局面，为实现“两个一百年”奋斗目标和中华民族伟大复兴的中国梦做出新贡献。

5 月 14 日

［纲　文］ **国务院总理李克强同英国首相卡梅伦通电话。**

［目　文］　李克强祝贺卡梅伦蝉联英国首相，并表示中英关系近年不断取得新进展。我们多次会晤并通信通话，保持了良好的沟通与合作。中国政府高度重视发展同英国的关系，愿同首相先生领导的新一届英国政府一道，加强政治互信，规划落实好各层次、各领域交往和对话，推动贸易投资、金融、产能等领域务实合作迈出新步伐，为中英关系发展注入新动力，共同抵御国际经济下行带来的挑战。李克强邀请卡梅伦年内正式访华并举行新一轮中英总理年度会晤。

卡梅伦感谢李克强的祝贺和访华邀请并说，英中关系正处在发展的黄金时期。我珍视同中国领导人之间的紧密工作关系，愿继续同中方加强沟通与协作，推动两国关系在下一个五年取得更大发展。我期待早日访华并举行两国总理年度会晤，深化双边各领域务实合作，推动欧中商签自贸协定取得进展。

5月14日

［纲　文］　**俞正声主持召开政协第十二届全国委员会第二十九次主席会议。**

［目　文］　全国政协副主席杜青林、罗富和、陈元、卢展工、王家瑞、王正伟、马飚、齐续春、马培华、刘晓峰、王钦敏出席会议。会议审议通过政协第十二届全国委员会常务委员会第十一次会议议程（草案）和日程、政协全国委员会专题协商会工作办法。

5月14日

［纲　文］　**马凯在上海调研金融工作。**

［目　文］　国务院副总理马凯考察了浦发银行、交通银行、建设银行的基层网点，并召开了有金融机构、企业参加的座谈会。

马凯指出，金融系统要认真贯彻党中央、国务院的决策部署，深化改革，强化服务，主动作为，狠抓落实，全面做好各项金融工作，努力服务好稳增长、调结构、促转型、惠民生的大局。实体经济和金融相辅相成，一荣俱荣，一损俱损。要多措并举服务实体经济，千方百计降低社会融资成本。一是稳健的货币政策要根据经济形势变化，更加注重松紧适度，加强流动性管理，保持货币信贷及社会融资规模合理增长。二是优化信贷结构，提高贷款审批和发放效率，保障铁路、水利、战略新兴产业等国家重点建设项目资金投放，加大对小微企业、“三农”、科技创新型企业等薄弱环节的金融支持，对在结构调整过程中有市场前景、有订单但存在暂时困难的企业，不能简单地抽贷停贷，要采取积极措施帮助企业渡过难关。三是进一步清理和规范金融服务收费项目，降低过高的收费标准。四是加快发展多层次资本市场，运用互联网、大数据、云计算等新技术，创新金融产品，为大众创业、万众创新提供多元化金融服务。各类金融机构都要强化大局意识，练好内功，努力提高服务实体经济的能力和水平。金融风险具有复杂性、隐蔽性、突发性、传染性和长期性。要牢固树立底线思维，严厉打击非法集资等金融犯罪活动，坚决守住不发生系统性区域性金融风险的底线。

5月14日

［纲　文］　**农业部公布《香港和澳门特别行政区居民参加全国执业兽医资格考试实**

施细则（试行）》，自2015年5月14日起施行。

5月14日

［纲　文］　**证监会公布《香港互认基金管理暂行规定》。**

［目　文］　《规定》共7章29条，主要有总则、产品注册、投资运作及信息披露、基金销售、代理机构、监督管理、附则等内容。自2015年7月1日起施行。

5月14日

［纲　文］　**外交部发言人表示：中国反对日本“明治申遗”。**

［目　文］　有记者问，据报道，“国际古迹遗址理事会”已完成日本“明治工业革命遗址”申报世界文化遗产的评估，世界遗产委员会会议将对此进行审议。韩国已表示对此坚决反对，对日本申报遗址在二战期间使用强征劳工有严重关切。中方有何评论？

中方发言人表示，申报世界文化遗产应该符合联合国教科文组织和《保护世界文化和自然遗产公约》促进和平的宗旨与精神。日方申报的23处工业遗址中，有多处在二战期间使用了中国、朝鲜半岛和其他亚洲国家被强征的劳工。强征和奴役劳工是日本军国主义在对外侵略和殖民统治期间犯下的严重罪行。时至今日，许多无辜受害者的正当合理诉求仍未得到负责任的回应和解决。现在日方提出把相关工业遗址申请列入世界遗产名录，却无视其中存在的强征劳工问题，将向国际社会发出什么样的信号，值得深思。中方敦促日方正视并妥善解决有关关切。相信世界遗产委员会将以负责任的方式处理有关问题。

5月14—16日

［纲　文］　**中亚、黑海及巴尔干地区央行行长组织第33届央行行长会议在上海召开。**

［目　文］　本次会议由人民银行主办。国务院副总理马凯出席会议并致开幕辞。人民银行行长周小川、副行长易纲，其他中黑巴组织成员央行行长及副行长与会。捷克前总理、国际清算银行金融稳定学院院长托绍夫斯基等特邀嘉宾参加了会议。本次会议主要讨论了全球及区域经济金融形势、绿色金融等议题，人民银行介绍了上海金融交易中心和金融基础设施建设等有关情况。

马凯说，中国与中黑巴各国传统友谊深厚，高层交往密切，政治互信不断加深，贸易、投资、能源资源、基础设施、科技、人文等领域合作全面铺开，金融合作可圈可点。总的来看，中国与中黑巴地区蕴藏的合作潜力不断释放，经济金融联系越来越紧密。中国与中黑巴地区地处亚欧大陆，又处在相似的发展阶段，能源、资源、产业、市场等各有所长，优势互补。伴随着经济全球化和区域经济一体化快速发展，双方合作既有许多有利条件，也面临新的机遇。特别是中国正在实施“一带一路”建设，加大与中东欧国家的合作力度，推进国际产能合作，中国与中黑巴合作前景广阔，商机无限。

5月14—16日

［纲　文］　**应国务院总理李克强邀请，印度共和国总理莫迪对中国进行正式访问。**

［目　文］　访问期间，国家主席习近平在西安会见了莫迪并一同参观了大雄宝殿、

大雁塔、玄奘三藏院。李克强与莫迪在北京举行了会谈并见证了铁路、矿业、教育、航天、质检、影视、海洋、地震科学等领域和政党、智库、地方交往等24个合作文件的签署；出席首届中印地方合作论坛、天坛公园“太极瑜伽相会”中印文化交流活动并会见了记者。双方发表了《中华人民共和国和印度共和国联合声明》《中华人民共和国政府和印度共和国政府关于气候变化的联合声明》。全国人大常委会委员长张德江在北京会见了莫迪。莫迪还访问了上海。

习近平在会见莫迪时表示，双方应该顺应历史潮流和各自实现民族复兴的战略需要，构建更加紧密的发展伙伴关系。一要从战略高度和两国关系长远发展角度看待和处理中印关系，加强国际和地区事务中的战略协作，携手推动国际秩序朝着更加公正合理的方向发展。二要更加紧密地对接各自发展战略，实现两大经济体在更高水平上的互补互助，继续成为地区乃至世界经济增长“双引擎”，携手推动地区经济一体化进程，为全球经济增长作出积极贡献。三要共同努力增进两国互信，管控好分歧和问题，避免两国关系大局受到干扰。四要鼓励两国各界加强交往，继续加强智库、媒体、青年交流，扩大地方友好往来，推动构建两国全方位、多层次的人文合作大格局，使中印友好和合作成为两国社会共识。

莫迪表示，很高兴去年接待习近平主席访问印度特别是访问我的家乡古吉拉特邦，也很高兴此次访华如约来到同印度有着悠久历史联系的中国古城西安。印方视中国为伟大邻居，致力于增进两国互信，密切战略沟通，拓展各领域合作，深化人文交流，妥善处理有关分歧。印中关系发展潜力巨大，我们愿同中方共同努力，将两国关系提高到新的历史水平。

李克强在与莫迪会谈时表示，充分运用智慧处理好边界等敏感问题，保持谈判势头，建立合作框架机制，在确保边境地区和平安宁的同时，把主要精力放在推进双方战略合作和共同发展上，推动形成真正的“亚洲世纪”。经济上，充分发挥中印互补优势，对接发展战略，加快基础设施、产能和装备合作，推动加快工业化步伐和现代化进程。加紧推进孟中印缅经济走廊建设，推动区域经济发展。做好铁路、产业园区等重点领域务实合作，打造旗舰项目，推动双边贸易动态平衡。

莫迪表示，印中关系是成熟的，我们有意愿妥善处理好边境等敏感问题。印中经济互补性很强，彼此各有优势和需求，双方可以加强政策协调，在城镇化建设、制造业、基础设施、工业园区、可再生能源、金融、信息产业等领域开展合作，实现互利共赢。

5月15日

［纲　文］　**马凯在江苏调研新能源汽车产业发展。**

［目　文］　国务院副总理马凯在常州深入充电设施建设运营和研发生产企业调研，并主持召开新能源汽车推广应用座谈会时指出，2014年以来，各地区、各部门认真贯彻落实党中央、国务院决策部署，企业积极发挥主体作用，政府不断完善政策措施，新能源

汽车发展呈现喜人局面。但总体水平离实现大规模商业化应用还有不小差距，离真正形成国际竞争力还有很长的路要走，特别是充电设施建设明显滞后于产业发展，已经成为新能源汽车推广应用的“瓶颈”，必须尽快予以解决。

马凯指出，完善的充电设施是新能源汽车推广普及的重要保障，各地区、各部门和有关方面要按照市场主导、创新驱动、重点突破、协调发展的要求，加大工作力度，积极创造外部条件，激发内在发展动力，推动新能源汽车充电设施加快发展。地方政府要切实承担主体责任，坚持因地制宜、远近结合，制定完善规划指南和支持政策，有关部门要认真做好综合协调和督促指导，切实解决好规划、建设、用地、用电等环节的突出难题，为新能源汽车产业发展营造良好环境。要鼓励和支持社会资本进入充电设施建设和运营领域，创新建设运营模式，推进“互联网＋充电设施”，实现可持续发展。要加强充电技术攻关，加快修订完善有关标准，推动全国统一强制实施，切实提高充电便捷性、安全性。要坚持突出重点，分类指导，加快推进住宅小区、单位内部和社会停车场等面向个人使用的充电设施建设。与此同时，要持续推进技术创新，加强关键零部件和整车技术研发，努力实现动力电池技术的革命性突破，大力提升新能源汽车的质量和水平。

5月15日

［**纲　文**］　**证监会公布《关于加强非上市公众公司监管工作的指导意见》**。

［**目　文**］　《意见》由五部分组成：一、总体要求；二、规范市场主体行为，强化合规意识和法律责任；三、明确监管分工，加强对全国股转系统挂牌公司的监管；四、对不挂牌公司的监管；五、加强协调，提高监管的系统性和协同性。

5月15日

［**纲　文**］　**许其亮在装备质量工作会议上强调，坚持质量至上、质量强装，推进装备建设创新发展**。

［**目　文**］　中央军委委员、总装备部部长张又侠主持会议。中央军委副主席许其亮强调，要深入贯彻落实习主席重要指示，坚持质量至上、质量强装，进一步强化使命担当，突出实战化导向，走依法治装道路，在新的起点上推进装备建设创新发展。要强化使命担当，坚持“质量至上”的装备建设战略指导，努力构建新的装备质量工作体系，打造新时代的责任工程、素质工程、良心工程，做出无愧于党、国家和人民信任，无愧于国防科技和装备事业，无愧于广大官兵热切期盼的一流业绩。要以能打胜仗为全部关注点，聚焦战场抓质量，坚持部队至上、急备战之所急，抓紧建立质量信息反馈机制，用军事行动和实战演训检验质量，把官兵满意不满意作为评价装备质量的重要依据。先进的装备和装备体系是作战思想的物化，要把实战要求贯穿到装备全系统全寿命管理，转化为一整套论证设计、研制生产、试验验证和管理保障准则。要深化改革创新，首要的是创新理论，核心的是创新体制，关键的是创新技术。要健全法规制度，强化标准就是法规的思想，严格责任追究，牢固树立军工就要姓军、军品必为精品、产品折射人品、品质成就品牌的理念，切实打造中国军工品牌。

5月15日

［纲　文］　**中法高级别人文交流机制第2次会议在北京举行。**

［目　文］　会议由国务院副总理刘延东与法国外长法比尤斯共同主持。双方签署《联合宣言》并见证有关合作协议的签署，共同出席“2015年中央电视台法语大赛启动仪式”等系列配套活动。

刘延东在致辞中表示，习近平主席与奥朗德总统提出将中国梦和法国梦交织起来，携手构筑中法梦。中法梦是和平之梦、发展之梦、共赢之梦、互信之梦。两国都致力于维护世界和平，深化和拓展双边及同第三方务实合作，促进不同文明多元包容、和谐共生。双方应以开启中法关系下一个50年为主题，挖掘合作潜力，培育一批长效合作项目，打造双方人文务实合作新亮点，将青年和妇女领域纳入机制范畴，进一步扩大机制涵盖面和影响力，携手打造多层次、宽领域、广覆盖、可持续的人文交流格局，共同推动中法人文交流长期健康深入发展，服务两国关系大局，造福两国人民，携手维护世界和平与发展。法比尤斯表示，法中人文交流各领域合作取得重要进展。法方愿同中方齐心协力，密切合作，推动两国人文交流取得更大发展。

同日，国务院总理李克强在北京会见法比尤斯时表示，当前中法战略互信不断深化，各领域合作稳步推进，两国关系走在中国同西方大国关系前列。双方高级别人文交流机制为此发挥了积极推动作用。中方愿同法方一道，规划落实好下阶段高层互访安排，重点推进联合开拓第三方市场与核能合作，加强经贸、农业、航空航天等合作，推动中法全方位务实合作转型升级，并就气候变化、全球经济治理等共同关心的问题加强沟通协调，发出中法共同维护世界和平、促进共同繁荣的重要信号。

法比尤斯表示，瓦尔斯总理年初访华时双方达成的共识正在逐步落实。法方对法中关系的发展现状表示满意，愿同中方继续保持高层交往，加强民用核能、航空航天、医疗卫生、农业及食品加工等领域的合作，在非洲等地开展第三方合作，就气候变化等全球性问题保持沟通与协作。

5月15日

［纲　文］　**《人民日报》发表题为《最美家庭凝聚向上向善的力量》的评论员文章。**

5月15日

［纲　文］　**经中共中央批准，中共中央纪委对甘肃省人大常委会原副主任、党组副书记陆武成严重违纪问题立案审查。**

［目　文］　陆武成身为党的高级领导干部，严重违反党的政治规矩和组织纪律，严重违纪违法，且党的十八大后仍不收敛、不收手，性质恶劣、情节严重。依据《中国共产党纪律处分条例》等有关规定，经中央纪委审议并报中共中央批准，决定给予陆武成开除党籍、开除公职处分；收缴其违纪所得；将其涉嫌犯罪问题、线索及所涉款物移送司法机关依法处理。

2016年11月17日，西安市中级人民法院公开宣判陆武成受贿案，对被告人陆武成以受贿罪判处有期徒刑12年6个月，并处罚金人民币100万元；对陆武成受贿所得财物予以追缴，上缴国库。

5月15—17日

［纲　文］　**中越两军举行第二次边境高层会晤**。

［目　文］　此次会晤分别在越南老街和中国云南蒙自举行。国务委员兼国防部长常万全与越南国防部长冯光青进行了两个阶段的会谈并观摩了中越两军边界联合巡逻活动及中国边防部队的军事科目演练。签署了会晤纪要并联合会见了记者。

常万全说，此次会晤内容丰富、互动频繁，双方坦诚相待、友好热情，增进了互信，加深了友谊，商定了推动两军关系发展，特别是加强边防合作的具体举措。下一步，要坚决贯彻落实习近平总书记与阮富仲总书记达成的重要共识，坚持维护大局，谋求合作共赢，进一步增进两国军民感情，深化各领域务实合作，把双方陆地边防合作打造成两军合作的亮点，推动两军关系和边境合作继续向前发展。冯光青说，此次会晤是落实阮富仲总书记和习近平总书记重要共识的具体举措，举行得非常成功，有力促进了双方的交流与合作。越方高度重视越中两国两军关系，愿与中方一道，继承和发扬传统友谊，加深互信，拓展合作，为两国世代友好做出积极努力。

5月16日

［纲　文］　**国务院办公厅印发《关于加快高速宽带网络建设推进网络提速降费的指导意见》**。

［目　文］　《意见》由三部分组成：一、加快基础设施建设，大幅提高网络速率；二、有效降低网络资费，持续提升服务水平；三、完善配套支持政策，强化组织落实。

《意见》要求，各地区、各有关部门要充分认识加快宽带网络提速降费工作的重要意义，把思想和行动统一到党中央、国务院决策部署上来，按照本意见要求，加强组织领导，明确工作责任，切实落实好各项任务措施。充分发挥“宽带中国”战略实施部际协调小组作用，各有关部门要按照职责分工，加强协调配合，形成工作合力，共同推进宽带网络提速降费，积极制定实施财税、土地、建设、环评、企业经营业绩考核等方面支持政策。工业和信息化部要加强与相关部门的协调，做好统筹推动和督促检查，每年向社会公布全国和各地区实施情况，接受社会监督，重大情况及时报国务院。

5月16—24日

［纲　文］　**科技部、中央宣传部、中国科协举办“2015年全国科技活动周”**。

［目　文］　国务院总理李克强对全国科技活动周作出批示指出，全国科技活动周开展15年来，已成为公众参与度高、社会影响力大的群众性科技活动品牌，为推动全国科普事业发展发挥了重要作用。2015年的活动以“创新创业、科技惠民”为主题，契合时代大潮，很有意义。科技发展和普及是大众创业、万众创新的重要支撑。要进一步完善科技管理体制机制，进一步培育尊重知识、崇尚创造、追求卓越的创新文化，进一步激发亿万群众尤其是青年人的创业创新热情，人人皆可创新、创新惠及人人，拓展创业新空间，

汇聚发展新动能，促进经济保持中高速增长、迈向中高端水平。

16日，在北京举行了科技周的启动仪式，国务院副总理刘延东、科技部部长万钢、国家民委主任王正伟等出席。中央和国务院有关部门、北京市委市政府负责人和首都科技教育工作者、科普专家、青少年学生、社区居民等参加了科普博览活动。2015年科技活动周以“创新创业、科技惠民”为主题。

5月16—17日

［纲　文］　**应外交部部长王毅邀请，美国国务卿克里访华。**

［目　文］　国家主席习近平、国务院总理李克强、中央军委副主席范长龙、国务委员杨洁篪在北京分别会见了克里。王毅在北京与克里举行了会谈。

习近平在会见时指出，我同奥巴马总统一致同意中美共同构建新型大国关系，这符合我们双方共同利益。2014年11月，奥巴马总统对中国进行国事访问，我同他的会晤达成重要共识，富有成果。2015年9月我将应他邀请对美国进行国事访问。我期待届时同奥巴马总统就中美关系以及共同关心的重大问题继续进行坦诚、深入沟通，进一步拓展两国合作，更好造福两国人民和世界人民。当前中美关系总体稳定发展，中美新型大国关系建设取得不少“早期收获”。两国贸易、投资及人员往来去年均创历史新高，双方在能源、两军、人文等重要领域合作取得新进展，就重大国际地区和全球性问题保持了密切沟通与协调。新形势下，中美构建新型大国关系要多积累成果。双方要不断拓展务实合作，打造合作亮点。同时，双方要妥善管控和处理好分歧，避免两国关系大方向受到干扰。我曾多次讲过，宽广的太平洋有足够的空间容纳中美两个大国。希望中美双方相向而行，多沟通多对话，增信释疑，深化合作，确保中美关系始终沿着构建新型大国关系的正确轨道向前发展。

克里表示，美中一方面开展了广泛合作，向世界展示出两国在应对重大国际地区问题上的重要作用；另一方面，双方能够成熟地管控好两国之间的分歧。两国在应对气候变化、埃博拉疫情、伊朗核问题等领域保持了密切协调与合作，双方还可以进一步拓展合作的广度和深度。奥巴马总统期待着您9月对美国进行的国事访问，期待着同您就共同关心的问题继续深入交换看法。您届时同奥巴马总统的会晤将对美中关系的进一步发展产生重要的影响。美方正为此加紧准备，并将与中方密切协调配合。

李克强在会见克里时表示，中方愿同美方在相互尊重、平等相待基础上，加强交往和沟通，就双边关系、重大国际地区问题和应对全球性挑战加强协调，在亚太乃至更广阔领域实现包容合作。对于双方认识不尽一致的问题，要以建设性方式处理好、管控好，多做有利于增进中美互信、促进地区合作的事。中国要保持经济持续健康发展，向现代化迈进，将坚持走改革开放之路。我们对外开放的大门会越开越大。中方愿同美方加快双边投资协定谈判，当前特别是要建设性推进负面清单谈判，力争达成一个高水平、平衡的结果，努力将双边经济关系提升到更高水平。

克里表示，美中不是竞争关系，而应是共促发展。双方应利用好战略与经济对话等机制，加强沟通协调，加快推进双边投资协定谈判。就应对气候变化开展更多合作。美方愿与中方就非洲卫生、教育、基础设施建设等发展议题开辟合作新领域。

范长龙在会见克里时表示，中国对南沙群岛及其附近海域拥有无可争辩的主权。中国在自己的岛礁上搞建设，完全是主权范围内的事，无可非议。中方维护国家主权和领土完整的决心和意志是坚定不移的。中国坚定维护南海地区的和平稳定，坚持同直接当事国通过谈判协商解决有关争议。希望美方客观、公正看待南海问题，正确理解中方政策意图，恪守在领土主权争议问题上不选边站队的承诺，谨言慎行，多做有利于中美互信和南海和平稳定的事。

克里说，两国元首达成的加强双边合作的重要共识，对美中两军关系同样适用。

5 月 17—22 日

［纲　文］　**应全国人大常委会委员长张德江的邀请，肯尼亚众议长穆图里率团访华。**

［目　文］　访华期间，张德江在北京与穆图里举行了会谈。国家副主席李源潮在北京会见了穆图里。

张德江与穆图里会谈时说，立法机关交往是中肯关系的重要组成部分。中国全国人大与肯尼亚议会有着良好的合作传统，希望双方进一步加强交流与合作，积极推动落实两国领导人达成的共识，为促进中肯关系发展多做工作。穆图里说，肯中建交以来，两国关系发展顺利、合作领域不断拓展、肯中友好日益深入人心。肯尼亚议会高度重视发展与中国全国人大的友好关系，愿进一步密切各层级往来、加强相互了解和信任，为促进两国各领域务实合作作出新的贡献。

5 月 18 日

［纲　文］　**中共中央印发《中国共产党统一战线工作条例（试行）》。**

［目　文］　《条例》共 10 章 46 条，主要有总则、组织领导与职责、民主党派和无党派人士工作、党外知识分子工作、民族工作、宗教工作、非公有制经济领域统一战线工作、港澳台海外统一战线工作、党外代表人士队伍建设、附则等内容。自 2015 年 5 月 18 日起施行。

《条例》要求，各级党委（党组）要履行统一战线工作职责，党委（党组）主要负责人是统一战线工作第一责任人；各级统战部要切实履行党委主管统战工作职能部门的职责，发挥牵头协调作用，认真遵守和贯彻落实好本条例。要进一步推动形成全党重视、全社会支持统战工作的良好局面，为实现党的奋斗目标凝聚共识、凝聚人心、凝聚智慧、凝聚力量。

5 月 18 日

［纲　文］　**证监会公布修改后的《证券市场禁入规定》，自 2015 年 6 月 22 日起施行。**

5 月 18 日

［纲　文］　**教育部、发展改革委、卫生计生委、财政部、人力资源社会保障部、中**

医药局发布《关于进一步做好农村订单定向医学生免费培养工作的意见》。

［目　文］《意见》由九部分组成：一、继续实施农村订单定向医学生免费培养工作；二、统筹做好免费医学生招生录取工作；三、落实好免费医学生培养经费；四、改革免费本科医学生人才培养模式；五、切实做好免费医学毕业生就业安排；六、积极开展免费医学生毕业后教育培训；七、加强免费医学毕业生就业履约管理；八、完善免费医学毕业生职业发展的政策措施；九、加强免费医学生培养工作的组织领导。

5月18日

［纲　文］**“5·18国际博物馆日”中国主场城市活动在石家庄举行。**

［目　文］本年的主题为“博物馆致力于社会的可持续发展”。河北博物院作为主会场，开展丰富多彩的活动，使公众加深对博物馆的了解和认同，亲近文物，传承文化。

“国际博物馆日”由国际博物馆协会（ICOM）于1977年5月18日创立，旨在促进全球博物馆事业的健康发展，吸引全社会公众对博物馆事业的了解、参与和关注。1983年中国加入该协会，国家文物局从2009年起每年都与一个省级政府联合举办主场城市活动。

5月18日

［纲　文］**中央军委副主席许其亮在北京会见马来西亚国防部秘书长拉希姆。**

［目　文］许其亮说，中马同为维护地区和平稳定的重要力量，重视发展全面战略伙伴关系。中马两军应继续增进战略互信，开展务实交流，在涉及彼此核心关切问题上精诚合作，不断推进两国两军关系向前发展。

拉希姆表示，马中两国长期友好，两军交往基础牢固，此次访问将继续推动两军深入合作。

5月18日

［纲　文］**国家副主席李源潮在北京会见葡萄牙社会党主席塞萨尔率领的葡萄牙社会党高级考察团。**

5月18—26日

［纲　文］**国务院总理李克强应邀对巴西、哥伦比亚、秘鲁、智利进行正式访问。**

［目　文］陪同李克强出访的有：李克强夫人程虹等。17日下午，李克强在前往巴西访问途中在爱尔兰过境访问。李克强在香农同爱尔兰总理肯尼举行了会谈，见证双方便利人员往来、农业等领域合作文件的签署并会见记者、参观农场。

18—21日，应巴西总统罗塞夫的邀请，李克强对巴西进行访问。李克强在巴西利亚同罗塞夫举行了会谈并分别会见了巴西参议长雷南·卡列罗斯和众议长爱德华多·库尼亚。双方积极评价双边关系发展，并就在相互尊重、互利共赢的原则基础上进一步深化中巴全面战略伙伴关系达成重要共识。双方签署了《中华人民共和国政府与巴西联邦共和国政府2015年至2021年共同行动计划》。李克强和罗塞夫见证了双边产能、基础设施建设、金融、航空、农业、新能源、通信、科技等各领域35项合作文件的签署及共同出席中巴工商届峰会闭幕式并致辞。双方发表了《中华人民共和国政府和巴西联邦共和国政府关于气候变化的联合声明》。

李克强在里约热内卢会见了里约热内卢州州长佩藏、里约热内卢市市长帕埃斯并接受该市城市钥匙；参观中国装备制造业展览、参观体验中国产地铁列车、乘坐中国产“面包山”号渡轮并在船上同中巴企业家代表座谈。

21—22日，应哥伦比亚总统桑托斯邀请，李克强对哥伦比亚进行访问。李克强在波哥大同桑托斯就双边关系和共同关心的国际和地区问题交换了意见，达成重要共识。两国领导人见证了双边经贸、产能、基础设施建设、文化、教育、科技、农业、金融等领域合作文件的签署。双方发表了《中华人民共和国政府和哥伦比亚共和国政府联合声明》。李克强在波哥大圣卡洛斯宫与桑托斯共同出席由两国政府文化部门举办的中国—拉丁美洲人文交流研讨会并致辞。

22—24日，应秘鲁总统乌马拉邀请，李克强对秘鲁进行访问。李克强在利马同乌马拉举行会谈，双方就双边关系、日益扩大的务实合作以及共同关心的国际和地区问题交换意见。双方对访问成果感到满意，均认为此访对丰富和深化双边关系具有里程碑意义。两国领导人见证了双边产能、能源、矿业、基础设施建设、检疫、医疗、航天等领域合作文件的签署。双方发表了《中华人民共和国政府和秘鲁共和国政府联合声明》。

李克强在利马考古、人类学和历史博物馆出席中国—拉丁美洲文明互鉴系列活动；主持秘鲁中资企业座谈会，听取在秘投资的国有和民营企业代表介绍生产经营情况。

24—26日，应智利总统巴切莱特邀请，李克强对智利进行访问。李克强在圣地亚哥同巴切莱特举行了坦诚深入而富有成果的会谈，就双边关系及共同关心的问题广泛交换意见，就进一步深化两国各领域互利友好合作达成重要共识并见证了中智政府共同行动计划以及双边经贸、产能、基础设施、金融、农业、矿产、文化、科技、司法等领域合作文件的签署。双方发表《中华人民共和国政府和智利共和国政府联合声明》。

李克强在圣地亚哥联合国拉丁美洲和加勒比经济委员会发表题为《共创中拉全面合作伙伴关系新未来》的演讲并会见联合国拉丁美洲和加勒比经济委员会执行秘书巴尔塞纳。

李克强与巴切莱特出席中智建交45周年经贸研讨会暨中智企业家委员会第七次会议开幕式并发表题为《打造中智经济和友谊的铜筋铁骨》的致辞。

5月18—20日

［纲　文］　**中央统战工作会议在北京召开，习近平出席并发表讲话。**

［目　文］　习近平强调，党外知识分子工作，是统一战线的基础性、战略性工作。做党外知识分子工作，不仅要增强责任意识、配强工作力量，还要改进工作方法，学会同党外知识分子打交道特别是做思想政治工作的本领。要高度重视和做好新经济组织、新社会组织中的知识分子工作，引导他们发挥积极作用。留学人员是人才队伍的重要组成部分，也是统战工作新的着力点。要坚持支持留学、鼓励回国、来去自由、发挥作用的方针，鼓励留学人员回国工作或以多种形式为国服务。要加强和改善对新媒体中的代表性人

士的工作，建立经常性联系渠道，加强线上互动、线下沟通，让他们在净化网络空间、弘扬主旋律等方面展现正能量。

部分在京中共中央政治局委员、中央书记处书记，全国人大常委会、国务院、全国政协有关领导人出席会议。各省、自治区、直辖市和新疆生产建设兵团、副省级城市党委，中央和国家机关有关部委、有关人民团体，中央管理的部分企业、金融机构和高校党组（党委），以及军队有关单位负责人参加会议。全国政协主席俞正声出席会议并作总结讲话。中央统战部长孙春兰对《中国共产党统一战线工作条例（试行）》作了说明，中组部、北京市、天津市、湖北省、湖南省、清华大学的代表作大会交流发言。

5月18—20日

［纲　文］　**第9届中国中部投资贸易博览会在武汉市举办。**

［目　文］　本届博览会由商务部、税务总局、工商行政管理总局、新闻出版广电总局、国际贸易促进委员会、全国工商业联合会、中国工业经济联合会和山西、安徽、江西、河南、湖南、湖北省人民政府主办。以“开放合作、转型发展、振兴崛起”为主题，通过经贸合作平台搭建，促进中部地区与国内外市场的全面对接，推进中部地区开放开发和开放型经济的全面发展。国务院副总理汪洋出席开幕式并致辞强调，中部地区要再接再厉，坚持稳中求进，抓住“一带一路”、长江经济带等国家重大战略实施的机遇，全面深化改革，突出创新驱动，扩大对内对外开放，深化区域经济合作，为中部崛起培育新动力。

本届投资贸易博览会共吸收内资项目总计537个，项目总投资额7083亿元人民币，引进资金额6575亿元人民币；共吸收外资项目总投资额288.95亿美元，引进资金额269.82亿美元，同比分别增长16.87%、33.71%。

其间，汪洋在武汉分别会见了专程前来参会的坦桑尼亚副总统穆罕穆德·加里布·比拉勒以及澳门特别行政区行政长官崔世安。

5月19日

［纲　文］　**习近平会见全国国家安全机关总结表彰大会代表。**

［目　文］　中共中央总书记习近平会见全体与会代表并强调，全国国家安全机关要以受到表彰的先进单位和个人为榜样，认真学习贯彻党的十八大和十八届三中、四中全会精神，贯彻落实总体国家安全观，坚定理想信念，忠诚党的事业，与时俱进开创国家安全工作新局面，为实现“两个一百年”奋斗目标、实现中华民族伟大复兴的中国梦作出更大贡献。国家安全机关是维护国家主权、安全、发展利益，建设和发展中国特色社会主义的特殊力量，为保卫社会主义国家政权、保持社会和谐稳定、保护人民生命财产安全发挥了重要作用。党的十八大以来，在党中央领导下，各级国家安全机关围绕中心、服务大局，为维护国家安全和社会大局稳定作出了重要贡献。实践证明，国家安全干警不愧是党和人民可以信赖的忠诚卫士，不愧是甘于奉献的无名英雄，党和人民永远不会忘记。当前，我

国正处在全面建成小康社会、全面深化改革、全面依法治国、全面从严治党的重要时期，面临复杂多变的安全和发展环境，各种可以预见和难以预见的风险因素明显增多，维护国家安全和社会稳定任务繁重艰巨。要高度重视加强国家安全工作，把思想和行动统一到党中央对国家安全工作的决策部署上来，依法防范、制止、打击危害我国家安全和利益的违法犯罪活动。各级党委和政府要重视、理解、支持国家安全机关工作，同心协力开创国家安全工作新局面。坚定理想信念，对党绝对忠诚，是党和人民对国家安全机关的一贯要求，新的历史条件下仍然要坚定不移坚持和加强。要总结经验，从严管理，努力打造一支坚定纯洁、让党放心、甘于奉献、能拼善赢的干部队伍。

5月19日

［纲　文］　**国务院办公厅转发财政部、发展改革委、人民银行《关于在公共服务领域推广政府和社会资本合作模式的指导意见》。**

［目　文］　《意见》由六部分组成：一、充分认识推广政府和社会资本合作模式的重大意义；二、总体要求；三、构建保障政府和社会资本合作模式持续健康发展的制度体系；四、规范推进政府和社会资本合作项目实施；五、政策保障；六、组织实施。

《意见》强调，在公共服务领域推广政府和社会资本合作模式，事关人民群众切身利益，是保障和改善民生的一项重要工作。各地区、各部门要充分认识推广政府和社会资本合作模式的重要意义，把思想和行动统一到党中央、国务院的决策部署上来，精心组织实施，加强协调配合，形成工作合力，切实履行职责，共同抓好落实。财政部要强化统筹协调，会同有关部门对本意见落实情况进行督促检查和跟踪分析，重大事项及时向国务院报告。

5月19日

［纲　文］　**全国就业创业工作电视电话会议在北京召开。**

［目　文］　国务院总理李克强对会议作出批示：就业是民生之本，就业稳则心定、家宁、国安。近年来，各地区各部门积极作为，在经济下行压力加大的情况下实现了就业的持续增加，成绩来之不易。当前，我国经济发展进入新常态，处于动能转换"衔接期"，确保就业稳定面临新的机遇和挑战。要坚持实施更加积极的就业政策，突出抓好高校毕业生、就业困难人员等重点群体就业；坚持以大众创业、万众创新拓展就业空间，以服务业、新兴产业加快发展扩大就业容量；坚持简政放权、放管结合、优化服务，用改革的办法搭建更优创业平台，用市场的力量创造更多就业机会，推动经济持续健康发展，促进社会公平正义。

会议主要内容是：学习贯彻李克强的批示精神，对进一步做好新形势下就业创业工作和2015年高校毕业生就业创业工作进行动员部署。刘延东、马凯出席会议并讲话。

会议指出，要深入实施就业优先战略，切实抓好各项就业创业政策落实。一要保持经济稳定增长，坚持把稳定和扩大就业作为经济运行合理区间的下限，为就业增长提供坚实基础。二要推动创业创新，通过进一步简政放权、深化改革，清障减负做"减法"，搭台助力做"加法"，有效带动就业。三要完善社会托底政策，积极做好失业保险、职工安置、就业援助等工作，有效化解失业风险。四要加强职业培训，加快发展现代职业教育，扩大培训规模，提高培训质量，提升就业能力。五要强化公共服务，充分运用现代科技手段提升服务水平，营造良好的就业创业环境。

5 月 19 日

［纲　文］　**全国政协在北京召开双周协商座谈会，就“推进长江经济带开发中的湿地保护”问题协商议政、建言献策。**

［目　文］　全国政协主席俞正声主持座谈会。全国政协副主席杜青林、张庆黎、李海峰、马培华出席座谈会。国家林业局局长赵树丛介绍有关情况。国家发展和改革委员会副主任张勇、水利部副部长李国英、环境保护部总工程师刘华参加会议并与委员互动交流。全国政协委员贾治邦、谢茹、印红、潘碧灵、王光谦、杨松、康耀红、陈清华、尚勋武、王超、吴鸿、周成虎、徐旭东、陶武先、张宁、杨多良、林树哲，以及专家学者雷光春等在座谈会上发言。

委员们认为，长江经济带覆盖 11 省市，人口和生产总值均超过全国的 40%，是我国综合实力最强的区域之一。加强长江经济带的湿地保护，是贯彻中央推进生态文明建设的一个重要举措。由于人口密度大、开发强度高等原因，长江经济带的湿地保护正面临面积萎缩、生态系统退化、生物多样性减少、水污染严重等严峻问题，长江经济带的湿地保护亟待加强。解决这个问题的关键是要发挥好政府的主导作用，同时运用好市场机制。一些委员建议，一是把加强长江经济带水环境保护摆在十分重要的位置，制定科学、具体的规划，统筹考虑经济发展、人民生活和生态保护的关系，统筹考虑上中下游、江河湖海各方面关系。二是完善有关法律法规，对生态保护、生态补偿、生态修复作出明确规定。三是严格管理，落实地方责任制，包括考核和追究责任制度，完善工程项目环评机制。四是审慎推进水生态修复工程，特别是鄱阳湖、洞庭湖的治理。五是完善水生态保护补偿机制，特别是重大工程项目的生态保护补偿机制。六是加强宣传教育，广泛开展湿地科普教育，增强全民生态文明意识，从我做起，积极参与湿地生态保护和恢复。

5 月 19 日

［纲　文］　**国务院在北京召开京津冀及周边地区大气污染防治协作机制第四次会议。**

［目　文］　国务院副总理张高丽出席会议并讲话。会议听取了京津冀及周边 7 省区市 2014 年大气污染防治工作进展情况及 2015 年有关工作安排汇报，审议讨论了《北京、天津、河北散煤替代、燃煤锅炉改造专项工作方案》，京津冀协作小组部署了 2015 年联防联控重点工作，环境保护部部长陈吉宁安排了下一步深入实施“大气十条”要做好的四项工作。中共中央政治局委员、北京市委书记郭金龙主持会议。

张高丽指出，加强大气污染防治，是推进生态文明建设的重大任务。“大气十条”出台以来，京津冀及周边地区大气污染防治协作机制有效运行，重点治理任务有所突破，大气污染防治工作责任落实体系基本形成，环境监管执法手段更加有力，基础支撑工作不断夯实，工作成效正在逐步显现。但我国大气污染形势依然严峻复杂，解决这个问题是一个长期艰巨的过程。要继续落实《大气污染防治行动计划》，逐渐消除重污染天气，切实改善大气环境质量，不辜负人民群众殷切期望。做好大气污染防治工作，必须全面推进、重点突破、抓住治理工作的“牛鼻子”。一是要坚决落实《京津冀协同发展规划纲要》，在生态环保等领域率先取得突破；二是要抓住重点源、重点区域大气污染防治，全力推进燃煤控制、加强重点行业综合治理、强化机动车污染控制、加强面源污染控制；三是做好抗日战争胜利70周年重大纪念活动空气质量保障工作，要成立领导小组，制定保障方案，提前确定停限产企业，确保完成国务院交给各省区市的重大政治任务；四是严格环境执法监管，严肃查处环境违法行为；五是加大资金支持力度，确保政府投入用在“刀刃”上。各地区、有关部门和单位要落实责任、强化保障，确保目标任务圆满完成。要加强工作监督考核，定期通报各地空气质量改善情况，对不降反升的地区进行预警约谈。

5月19日

［纲　文］　**汪洋在湖北调研旅游扶贫工作。**

［目　文］　本日是第五个中国旅游日，国务院副总理汪洋在湖北恩施集中连片贫困地区调研旅游扶贫工作时强调，乡村旅游是基层和群众的创造，旅游扶贫是贫困地区扶贫攻坚的有效方式，是贫困群众脱贫致富的重要渠道。要着力推进生态保护、旅游开发、扶贫攻坚有机结合，加大对贫困人口参与旅游经营服务的扶持力度，让他们分享旅游资源开发和旅游产业发展红利，将绿水青山变为群众脱贫致富的金山银山。旅游扶贫开发要充分发挥乡村自然资源优势，保护好生态环境，突出民族文化特色，科学规划，有序开发，切实带动贫困人口脱贫致富。要适应自驾游、养生游、休闲游等旅游新业态发展需要，加强旅游基础设施建设，完善旅游服务体系，丰富旅游产品，促进品牌化经营、规范化管理。发挥乡村旅游的综合带动效应，促进一、二、三产业融合发展、集群发展，提高旅游扶贫总体效益。扶持贫困群众开展旅游创业就业，鼓励先富帮后富、先富带后富，积极探索以旅游资源、扶贫资金等入股参与旅游开发，让贫困群众从旅游业发展中获得稳定收益，提高旅游扶贫的精准度和有效性。

5月19日

［纲　文］　**文化部在北京召开全国文化法治工作会议。**

［目　文］　会议学习贯彻党的十八大和十八届三中、四中全会精神，贯彻中共中央总书记习近平系列讲话精神，研究部署下一阶段的文化法治工作。文化部党组书记、部长雒树刚出席会议并讲话。文化部党组成员、副部长项兆伦主持会议。

5月19日

［纲　文］　**铁路局发布《铁路安全生产违法行为公告办法》，自2015年5月19日起施行。**

5月19日

［纲　文］　**工业和信息化部公布《民用爆炸物品安全生产许可实施办法》。**

［目　文］《办法》共5章27条，主要有总则、申请与审批、监督管理、法律责任、附则等内容。自2015年6月30日起施行，原国防科学技术工业委员会2006年8月31日公布的《民用爆炸物品安全生产许可实施办法》(原国防科学技术工业委员会令第17号）同时废止。

5月19日

［纲　文］**工业和信息化部公布《通信短信息服务管理规定》。**

［目　文］《规定》共7章39条，主要有总则、短信息服务规范、商业性短信息管理、用户投诉和举报、监督管理、法律责任、附则等内容。自2015年6月30日起施行。

5月19日

［纲　文］**发展改革委办公厅、财政部办公厅、水利部办公厅印发《国家层面联系的社会资本参与重大水利工程建设运营第一批试点工作方案》。**

［目　文］《方案》由四部分组成：一、试点项目选择；二、试点支持政策；三、试点主要内容；四、组织实施。

5月19日

［纲　文］**外交部发言人表示，中方反对日本将复杂、敏感因素引入《不扩散核武器条约》审议大会。**

［目　文］有记者问，18日，日本外交高官参加了在纽约召开的《不扩散核武器条约》审议大会，提出在会议文件中写入希望各国领导人访问核爆炸受害地日本广岛和长崎的内容，中方表示了反对。请介绍中方立场。

中方发言人表示，目前《不扩散核武器条约》审议大会议程已进入到关键阶段。中方希望各方能本着理性、务实、协作的态度处理会议相关问题，不要把复杂、敏感因素引入进来，为推动大会在协商一致基础上达成建设性成果文件做出贡献。

5月19—21日

［纲　文］**2015世界水电大会在北京召开。**

［目　文］大会由国际水电协会主办，中国水力发电工程学会、中国长江三峡集团公司、中国大坝协会和中国水利水电科学研究院联合承办。340余位外国代表及400多位国内代表参加了开幕式，并围绕“塑造未来，推动水电建设可持续发展”这一大会主题进行深入研讨。

能源局副局长刘琦在大会开幕式致辞中介绍，2014年，中国水电装机容量突破3亿千瓦，居世界第一，约占全球水电装机总量的1/4。根据我国的可再生能源建设规划，水电总装机容量将在2020年达到4.2亿千瓦。

5月20日

［纲　文］**国家主席习近平、国务院总理李克强就哥伦比亚山体滑坡分别向哥伦比亚总统桑托斯致慰问电。**

5月20日

［纲　文］　**农业部、发展改革委、科技部、财政部、国土资源部、环境保护部、水利部、林业局印发《全国农业可持续发展规划（2015—2030年）》。**

［目　文］　《规划》由六部分组成：一、发展形势；二、总体要求；三、重点任务；四、区域布局；五、重大工程；六、保障措施。

5月20日

［纲　文］　**邮政局、商务部发布《关于推进"快递向西向下"服务拓展工程的指导意见》。**

［目　文］　《意见》由四部分组成：一、充分认识"快递向西向下"服务拓展工程的重要意义；二、指导思想、基本原则和发展目标；三、推进"快递向西向下"服务拓展工程的重点措施；四、保障措施。

5月20日

［纲　文］　**教育部、文化部、国家新闻出版广电总局印发《关于加强新时期中小学图书馆建设与应用工作的意见》。**

［目　文］　《意见》由三部分组成：一、总体要求；二、重点任务；三、保障措施。

5月20日

［纲　文］　**外交部发言人表示，中方已就缅方炮弹致中国边民受伤提出严正交涉。**

［目　文］　有记者问：据媒体报道，缅军高层近期表示，5月14日发生的缅方炮弹致中国边民受伤事件，并非缅政府军所为，而是果敢武装组织意图破坏两国关系。中方对此有何评论？

中方发言人表示，中方已就近日缅方炮弹致中国边民受伤向缅方提出严正交涉，要求缅方就事件开展认真全面负责的调查，并向中方作出负责任的说明，采取切实有效措施，杜绝此类事件再次发生，尽快平息事态，恢复中缅边境地区正常秩序。缅方表示将向中方作出正式反馈，中方正等待缅方正式通报。

5月21日

［纲　文］　**《习近平国防和军队建设重要论述基层读本》印发部队，总政治部下发通知要求全军和武警部队认真组织学习。**

［目　文］　总政治部组织编印《读本》。该书收录中央军委主席习近平2012年12月至2015年3月期间的重要文献36篇，集中体现了习近平提出的国防和军队建设一系列重大战略思想、重大理论观点、重大决策部署。

总政治部下发《关于认真组织学习〈习近平国防和军队建设重要论述基层读本〉的通知》。《通知》指出，认真学好用好《读本》，对于推动学习贯彻习主席系列重要讲话精神不断深入，进一步凝聚强军兴军的意志力量，具有重要意义。各级要以高度的政治自觉和强烈的政治责任感，把学习贯彻习主席系列重要讲话精神作为重大政治任务和长期战略任务来抓，不断激发学习贯彻的热情动力，引导广大官兵在系统学习、领悟要义、知行合一、转化运用上下功夫，真正做到学而信、学而用、学而行。作为基层理论学习和“学习践行强军目标、做新一代革命军人”主题教育活动的基本教材，引导广大官兵不断深化对习主席国防和军队建设重要论述的理解掌握，切实用以统一思想和行动，增强贯彻落实的自觉性坚定性。要针对基层官兵认知特点，用官兵听得进的话语、愿参与的形式，把理论讲生动讲明白，在潜移默化中走心入脑。要围绕官兵关注的热点问题搞好阐释解读，组织干部骨干面对面答疑解惑，帮助官兵深化理解。军队新闻媒体要加大宣传力度，不断浓厚学习氛围。

5月21日

［纲　文］　**新华社讯，习近平就人民日报海外版创刊30周年作出批示。**

［目　文］　中共中央总书记习近平批示指出，30年来，人民日报海外版积极传播中华优秀文化，宣介中国发展变化，在外宣工作中发挥了重要作用。希望人民日报海外版以创刊30年为起点，总结经验、发挥优势、锐意创新，用海外读者乐于接受的方式、易于理解的语言，讲述好中国故事，传播好中国声音，努力成为增信释疑、凝心聚力的桥梁纽带。

中共中央政治局常委刘云山，中宣部部长刘奇葆也分别作出批示，要求认真贯彻习近平总书记重要批示精神，把握正确导向，创新内容形式，发挥特色优势，进一步增强国际传播话语权、影响力。

5月21日

［纲　文］　**财政部印发《中央部门预算绩效目标管理办法》。**

［目　文］　《办法》共5章34条，主要有总则，绩效目标的设定，绩效目标的审核，绩效目标的批复、调整与应用，附则等内容。自2015年5月21日起施行。

《办法》要求，绩效目标要能清晰反映预算资金的预期产出和效果，并以相应的绩效指标予以细化、量化描述。主要包括：预期产出，是指预算资金在一定期限内预期提供的公共产品和服务情况；预期效果，是指上述产出可能对经济、社会、环境等带来的影响情况，以及服务对象或项目受益人对该项产出和影响的满意程度等。

5月21日

［纲　文］　**税务总局印发《关于严禁违规插手涉税中介经营活动的通知》。**

［目　文］　《通知》说，严禁税务人员出现强制、指定或变相强制、变相指定纳税人接受涉税中介服务等5类违规插手涉税中介经营活动行为，并对税务机关领导干部及其配偶、子女及其配偶在涉税中介机构从业提出了管理要求，彻底斩断税务干部与涉税中介行业的利益链条。各级税务机关要切实履行党风廉政建设和涉税中介监管的主体责任，建立和完善人事、纪检监察和注册税务师管理等部门密切配合的监管机制，彻底斩断税务机关和人员与涉税中介的利益链条。

5月21日

［纲　文］　**《人民日报》发表题为《充分认识新形势下统一战线重要作用——一论学**

习贯彻习近平中央统战工作会议重要讲话精神》的评论员文章。

5月22日

［纲　文］　**孙春兰受中共中央委托，向党外人士通报中央统战工作会议和《中国共产党统一战线工作条例（试行）》精神。**

［目　文］　民革中央主席万鄂湘、民盟中央主席张宝文、民建中央主席陈昌智、民进中央常务副主席罗富和、农工党中央主席陈竺、致公党中央主席万钢、九三学社中央常务副主席邵鸿、台盟中央主席林文漪、全国工商联主席王钦敏、无党派人士代表郭雷先后在会上作了发言。陈晓光、马培华、刘晓峰等出席会议。各民主党派中央、全国工商联有关同志和无党派人士代表，中国民间商会有关同志出席会议。

中央统战部部长孙春兰希望各民主党派、工商联和无党派人士原原本本、扎扎实实地学习会议精神和《条例》，特别是要认真学习习近平总书记的重要讲话，切实把思想和行动统一到中共中央决策部署上来。"共产党领导、多党派合作，共产党执政、多党派参政"是我国政党制度的显著特征。坚持中国共产党的领导是多党合作的政治准则，无论在任何时候、任何情况下都要始终不渝、毫不动摇。要坚持正确处理一致性和多样性关系的方针，在各民主党派深入开展的"坚持和发展中国特色社会主义学习实践活动"中，不断提高思想认识水平，不断巩固团结合作的共同思想政治基础。

与会党外人士就学习贯彻会议精神谈了认识体会，一致认为习近平总书记重要讲话具有很强的理论性、时代性和前瞻性，是一篇马克思主义的重要文献，是做好统战工作的行动纲领；一致赞扬了中共中央对坚持和完善多党合作制度、发挥党外人士作用的高度重视；一致认为《条例》解决了长期制约统战工作的重点难点问题，为全面加强统一战线建设提供了政治保障、组织保障、法治保障；一致表示要在中国共产党领导下，同心同德致力于实现中华民族伟大复兴的中国梦。

5月22日

［纲　文］　**证监会发布《废止的部门通知、函、指引等文件目录》**

［目　文］　《目录》所列《关于派出机构有关证券机构类行政许可事项审核工作指引》（机构部部函〔2004〕273号）、《关于证券机构类行政许可事项审核工作的若干要求》（机构部部函〔2005〕576号）等172件部函予以废止，不再执行。

5月22日

［纲　文］　**国防部长常万全在北京会见意大利空军参谋长普雷奇奥萨。**

［目　文］　常万全说，中意2004年建立全面战略伙伴关系，两国关系驶入"快车道"。作为两国关系的重要内容，两军关系近年来发展顺利。中方愿与意方加深了解与互信，推动各领域务实合作，促进各自军队建设与发展。

普雷奇奥萨说，意中两军友谊源远流长，合作紧密，希望未来双方创造更多条件加强交流与合作。

5月22日

［纲　文］　**外交部发言人说，中方对抵近南沙侦察的美国军机喊话驱离。**

［目　文］　当日外交部例行记者会上，有记者问：据报道，美军一架P-8A反潜侦察机20日飞近南沙永暑礁等岛礁侦察中方活动，中国军队通过无线电多次警告其马上离开。中方能否证实并介绍有关情况？

中方发言人说，经向中方有关部门了解，20日，美军一架P-8A反潜侦察机抵近中方南沙有关岛礁海域进行侦察活动。中方守礁部队依照规定对其进行无线电喊话驱离。需要指出的是，美军机抵近侦察的举动，对中方岛礁的安全构成潜在威胁，极易引发误判，进而导致海空意外事件，是十分不负责任，也是十分危险的，有损地区和平稳定。中方对此表示强烈不满，我们要求美方严格遵守国际法和相关国际规则，不要采取任何冒险和挑衅行动。中方将继续严密监视有关海空情况，并视情采取适当和必要措施，防止发生危害中国岛礁安全的情况和海空意外事件。

5月22日

［纲　文］　**《人民日报》发表题为《正确处理一致性和多样性的关系——二论学习贯彻习近平中央统战工作会议重要讲话精神》的评论员文章。**

5月23日

［纲　文］　**国家主席习近平在北京出席中日友好交流大会并发表讲话。**

［目　文］　习近平指出，“德不孤，必有邻。”只要中日两国人民真诚友好、以德为邻，就一定能实现世代友好。中国高度重视发展中日关系。我们愿同日方一道，在中日四个政治文件基础上，推进两国睦邻友好合作。中日友好的根基在民间，中日关系前途掌握在两国人民手里。中国政府支持两国民间交流，鼓励两国各界人士特别是年轻一代踊跃投身中日友好事业，期待两国青年坚定友好信念，积极采取行动，不断播撒友谊的种子，让中日友好长成大树、长成茂密的森林，让中日两国人民友好世世代代延续下去。

日本自民党总务会长二阶俊博在致辞中表示，习近平主席的讲话十分重要，我们要为推动日中关系发展作出更大努力。日中关系的根基在民间。保持两国民间和文化交流、特别是增进两国青少年相互了解和往来对维护双边关系长远发展十分重要，希望双方加强在这些领域的交流合作。我们愿同中方一道，为两国关系的长远发展不懈努力。

本次中日友好交流大会系中日两国民间交往的一次盛事，国务院副总理汪洋、国务委员杨洁篪等出席，3000多位来自政治、经济、旅游、文艺等各界的日本友好人士出席。大会上，中日各界人士共同发表了呼吁两国加强民间交流合作、为中日世代友好携手努力的《中日友好交流大会倡议书》。

5月23日

［纲　文］　**国务院防汛救灾专题会议在北京召开。**

［目　文］　国家防汛抗旱总指挥部总指挥汪洋主持召开专题会。会议指出，江南、华

南部分地区遭受严重洪涝灾害，并面临新一轮强降雨袭击，全国全面进入主汛期。

汪洋强调，要认真贯彻落实习近平总书记、李克强总理关于做好防汛救灾工作的重要指示批示精神，切实增强责任感和使命感，以确保群众生命财产安全为核心，立足于防大汛、抗大洪、抢大险、救大灾，各项预案要周全详尽，措施要具体可行，工作要扎实有效，最大程度减轻洪涝灾害损失。根据气象预报，受厄尔尼诺事件影响，全国进入主汛期后，极端灾害性天气可能频发重发，呈现旱涝并存、旱涝急转的特征，台风也可能登陆集中、影响偏重，各类灾害威胁大。各地区、各有关部门要以对人民高度负责的态度，克服麻痹大意思想和侥幸松懈心理，认真落实防汛抗旱行政首长负责制，密切监视天气和汛情变化，及时发布预测预警信息，全面排查大江大河防汛、防台风和山洪地质灾害防御、水库安全度汛、城市防洪等方面的安全隐患，强化应急值守、巡堤查险，做好危险地区群众转移避险准备，有力有序有效地做好防汛抗旱救灾各项工作。

5月23日

［纲　文］　**食品药品监管总局发布，中国自主研发的全球首个生物工程角膜正式投入生产，这将改变我国传统的角膜移植手术中角膜供体来源奇缺的困境，为无数角膜盲症患者带来光明。**

5月23日

［纲　文］　**《人民日报》发表题为《以改革创新精神推进统一战线工作——三论学习贯彻习近平中央统战工作会议重要讲话精神》的评论员文章。**

5月23—25日

［纲　文］　**国际教育信息化大会在青岛召开，习近平致信祝贺。**

［目　文］　国家主席习近平的贺信如下：值此国际教育信息化大会开幕之际，我谨代表中国政府和人民，并以我个人的名义，向出席会议的联合国教科文组织总干事博科娃女士、各国教育官员、专家学者及企业界人士，表示诚挚的欢迎！向首届国际教育信息化大会的召开，致以热烈的祝贺！当今世界，科技进步日新月异，互联网、云计算、大数据等现代信息技术深刻改变着人类的思维、生产、生活、学习方式，深刻展示了世界发展的前景。因应信息技术的发展，推动教育变革和创新，构建网络化、数字化、个性化、终身化的教育体系，建设“人人皆学、处处能学、时时可学”的学习型社会，培养大批创新人才，是人类共同面临的重大课题。中国坚持不懈推进教育信息化，努力以信息化为手段扩大优质教育资源覆盖面。我们将通过教育信息化，逐步缩小区域、城乡数字差距，大力促进教育公平，让亿万孩子同在蓝天下共享优质教育、通过知识改变命运。人才决定未来，教育成就梦想。中国愿同世界各国一道，开拓更加广阔的国际交流合作平台，积极推动信息技术与教育融合创新发展，共同探索教育可持续发展之路，共同开创人类更加美好的未来！

国务院副总理刘延东在开幕式上宣读了习近平的贺信并致辞，倡议要更加重视教育信息化在突破时空限制、促进教育公平方面的作用和地位，加强信息技术与教育教学深度融合，促进优质数字教育资源开发和共建共享，推动不同文明交流互鉴。

本次大会由教育部和联合国教科文组织合作举办，主题是：信息技术与未来教育变革。来自90多个国家和有关国际组织、企业的代表出席会议。会议通过了《青岛宣言》，教育部与联合国教科文组织共同签署了《关于开展教育信息化合作的谅解备忘录》。

5月23—24日

［纲　文］　**第17届中国科协年会在广州召开。**

［目　文］　本届年会由中国科协和广东省政府共同主办，主题是：创新驱动先行。年会期间举办开幕式暨大会特邀报告会、广东省党政领导与院士专家座谈会、16场学术交流分会场活动、3个系列335项科普活动、23项咨询服务活动、11个专项活动。

国家副主席李源潮出席开幕式并在讲话中指出，创新驱动科技要先行，希望广大科技工作者奋力投身科技创新创业创优，在推动创新型国家建设、推进“四个全面”战略布局中做出应有贡献。

5月24日

［纲　文］　**《人民日报》发表题为《加大党外代表人士培养使用力度——四论学习贯彻习近平中央统战工作会议重要讲话精神》的评论员文章。**

5月24—25日

［纲　文］　**李源潮在广东调研群团工作。**

［目　文］　国家副主席李源潮深入到肇庆的企业和农村调研；在广州召开群团工作座谈会，听取基层群团组织负责人的意见建议。李源潮指出，要全面落实《中共中央关于加强和改进党的群团工作的意见》，推动群团工作创新发展，动员所联系群众为推进“四个全面”战略布局、实现中国梦建功立业。要适应群众变化的新特点，扩大组织和工作有效覆盖；主动利用网络开展工作，使网络成为联系服务群众的新平台。以开展“三严三实”专题教育为动力，持续改进作风，帮助基层群众解决就业创业、权益维护等实际困难，把服务群众的好事做好、实事做实。

5月24—31日

［纲　文］　**国务院副总理刘延东应邀对孟加拉、印度尼西亚进行正式访问。**

［目　文］　刘延东在孟加拉访问期间，在达卡分别会见了孟加拉国总统哈米德、孟加拉国总理哈西娜、孟加拉国议长乔杜里。刘延东和哈西娜共同出席两国教育、广电部门及高校间有关合作文件签字仪式。刘延东在孟加拉国达卡大学发表题为《深化人文交流锻造金色友谊》的演讲。

27日，中印尼副总理级人文交流机制首次会议在雅加达举行。国家主席习近平主席和印度尼西亚共和国总统佐科分别向会议致贺信。刘延东宣读了习近平的贺信，并与印尼人力发展和文化统筹部长普安共同主持会议。双方在教育、科技、文化等领域签署了合作交流协议。建立中印尼副总理级人文交流机制系落实两国元首共识的重要举措，这也是中国与发展中国家建立的首个高级别人文交流机制。

同日，刘延东在雅加达会见印度尼西亚总统佐科。

31日，刘延东出席在印尼巴厘岛举行的第二届“中国—东南亚民间高端对话会”开幕式并致辞。对话会以“加强民间交流、共建一带一路”为主题。中国民间组织国际交流促进会会长孙家正、柬埔寨副首相索安、印尼前国会议长马祖基、东盟副秘书长穆克坦等政要、前政要、非政府组织、企业、媒体等200多名代表出席。对话会通过了《中国—东南亚民间交流合作倡议书》，呼吁建设中国—东南亚命运共同体。

5月24—27日

［纲　文］　**应全国人大常委会委员长张德江的邀请，斯洛伐克国民议会议长佩列格里尼率团访华。**

［目　文］　访华期间，张德江、国家副主席李源潮在北京分别与佩列格里尼会谈、会见。

张德江说，习近平主席提出了建设“一带一路”的战略构想，斯洛伐克是“一带一路”沿线重要国家，这给两国务实合作带来了新的发展机遇，希望双方以此为切入点，拓展全方位合作，实现战略对接。中国全国人大和斯洛伐克国民议会是两国的立法机关，应进一步加强各层次的友好交流，深化双方议员友好小组的密切交往，增进相互理解和信任，为巩固两国政治互信发挥积极作用。

佩列格里尼说，斯洛伐克钦佩中国取得的巨大发展成就，赞赏中国在地区和国际事务中发挥的重要作用。斯方愿与中方在相互尊重、平等互利的基础上进一步发展政府、议会之间的友好关系，加强各领域务实合作。他重申，斯方将一如既往坚持一个中国政策。

5月25—26日

［纲　文］　**习近平在浙江调研并接见驻浙部队师以上领导干部和建制团单位主官。**

［目　文］　中共中央总书记习近平在舟山和杭州，到企业、社区、国家战略石油储备基地等考察，就抓好经济社会发展、做好“十三五”规划编制工作进行指导；听取了浙江省委和省政府工作汇报，对浙江经济社会发展取得的成绩和各项工作给予肯定并希望浙江努力在提高全面建成小康社会水平上更进一步，在推进改革开放和社会主义现代化建设中更快一步，继续发挥先行和示范作用。

习近平指出，我国经济发展已经进入新常态，如何适应和引领新常态，我们的认识和实践刚刚起步，有的方面还没有破题，需要广泛探索。关键是要保持战略定力，应势而谋，深入研究管用的措施和办法。改革是推动发展的制胜法宝。路总是有的，路就在脚下，关键是要通过变革打通道路，释放经济发展潜力。各级领导干部要加强调研，在实践中深化规律性认识，努力在调研中吃透情况、把准脉搏，在调研中指导工作、解决问题。一个好的社会，既要充满活力，又要和谐有序。社会建设要以共建共享为基本原则，在体制机制、制度政策上系统谋划，从保障和改善民生做起，坚持群众想什么，我们就干什么，既尽力而为又量力而行，多一些雪中送炭，使各项工作都做到愿望和效果相统一。要加强对领导干部的法治教育，对社会领域出现的各种问题，要善于运用法治思维和法治方式来解决。要乐见群众用法、支持群众用法，使人民群众成为社会主义法治的忠实崇尚者、自觉遵守者、坚定捍卫者。从严治党是一个永恒课题，党要管党丝毫不能松懈，从严治党一刻不能放松。要坚持标本兼治，加大治本的工作力度，严格按照纪律和法律的尺度，把执法和执纪贯通起来。对一些干部在工作中出现的问题，要采取有针对性的措施加以解决。属于能力不足的，就要加强培训，加强实践锻炼，加强总结提高；属于担当精神缺乏的，就要明确责任、加强督查；属于不作为的，就要严肃批评教育，认真执纪问责。要从健全工作目标责任制入手，使每个岗位都职责和分工清晰、每项工作都程序和目标清晰、每项奖惩都认定和执行清晰，促使广大干部勤奋敬业、勇于担当、甘于奉献。"三严三实"专题教育要突出问题导向，贯彻从严要求，既巩固和扩大从严治党成果，又有效解决党的建设面临的新问题。

26日，习近平在浙江省军区机关接见驻浙部队师以上领导干部和建制团单位主官时强调，贯彻强军目标要出实招、用实劲，深入抓好铸魂育人、抓好练兵备战、抓好正风肃纪，努力开创部队建设新局面，坚决完成党和人民赋予的各项任务。近年来，驻浙部队坚决贯彻党中央、中央军委决策指示，扎实加强全面建设，抓好战备训练，出色完成了一系列重大任务，为维护国家安全、促进地方经济社会发展做出了重要贡献。要深入抓好铸魂育人，认真贯彻全军政治工作会议精神，掌握部队思想动态，有针对性地抓好思想教育，引导官兵坚决听党指挥，争做"四有"新一代革命军人。要深入抓好练兵备战，强化当兵打仗、带兵打仗思想，培育战斗精神，抓好实战化军事训练，不断提高履行使命任务能力。要深入抓好正风肃纪，巩固和深化群众路线教育实践活动成果，扎实开展"三严三实"专题教育整顿，坚定不移惩治腐败，坚决纠治基层和官兵身边的不正之风，凝聚起强军兴军的强大正能量。

5月25日

［纲　文］　**新华社讯，国家主席习近平就利比里亚结束埃博拉疫情向利比里亚总统瑟利夫致贺电。**

5月25日

［纲　文］　**财政部公布《关于调整4项非行政许可审批事项的通知》。**

［目　文］　《通知》说，决定将政府性基金立项审批、行政事业性收费项目审批、国际金融组织贷款捐赠事项审批、外国政府贷款事项审批等调整为政府内部审批。各地区、各单位要认真贯彻落实国务院决定精神，严格规范政府内部审批行为，明确审批的权限、范围、条件、程序、时限等，严格限制自由裁量权，优化审批流程，提高审批效率，不断提高财政管理的科学化、规范化水平。

5月25日

［纲　文］　**农业部公布修订后的《兽药生产质量管理规范检查验收办法》，自2015年5月25日起施行。**

5月25日

［纲　文］　**安全监管总局印发《暗查暗访工作细则》。**

［目　文］　《细则》共12条，主要内容包括：暗查暗访的对象为地方各级人民政府及其有关部门，各类生产经营单位、生产作业现场、从业人员密集场所。暗查暗访在方式上要采取事先不发通知、不打招呼、不听汇报、不用陪同和接待，直奔基层、直插现场，进行突击检查、随机抽查、“回头看”复查的工作方式。暗查暗访的重点则要结合安全生产重点工作部署、重点时段安全生产特点和工作中存在的、相关事故暴露出的突出问题予以明确。根据工作需要，应邀请相关行业领域安全生产专家参加，必要时可请武警部队、地方安全监管部门和驻地煤矿安监机构提供协助。自2015年5月25日起实施。

5月25日

［纲　文］　**河南省平顶山市鲁山县康乐园老年公寓发生特别重大火灾事故。**

［目　文］　19时55分左右，河南省平顶山市鲁山县康乐园老年公寓发生特别重大火灾事故，造成39人死亡、6人受伤，过火面积745.8平方米，直接经济损失2064.5万元。

26日，国家主席习近平要求河南省和有关部门全力救治受伤人员，妥善做好遇难者善后和家属安抚工作，并查明事故原因，依法追究事故责任。各地区和有关部门要牢牢绷紧安全管理这根弦，采取有力措施，认真排查隐患，防微杜渐，全面落实安全管理措施，坚决防范和遏制各类安全事故发生，确保人民群众生命财产安全。

李克强要求抓紧全力抢救伤员，做好伤亡人员家属安抚等工作，妥为善后。同时举一反三，全面排查各方面的安全隐患，坚决避免类似事故再次发生。

事故发生后，公安部、安全监管总局立即派出工作组赶赴现场指导处置工作。河南省委、省政府有关领导同志紧急赶赴事故现场组织开展抢险救援和善后处理工作。调查认定，该事故为生产安全责任事故。事故的直接原因是康乐园老年公寓不能自理区电器线路接触不良发热，高温引燃周围的电线绝缘层、聚苯乙烯泡沫、吊顶木龙骨等易燃可燃材料，造成火灾。

鲁山县康乐园老年公寓法定代表人、院长范花枝等31人已被司法机关采取措施，河南省民政厅党组书记、厅长冯昕等27人将受到党纪、政纪处分。

5月25日

［纲　文］　**中国儿童失踪预警平台成立。**

［目　文］　该平台由民政部登记主管的中社社会工作发展基金会儿童安全科技基金组织运作，基于移动互联技术和GIS（地理信息系统），建立起儿童失踪社会应急响应系统。

5月25日

［纲　文］　**新华社讯，经中央军委批准，总政治部印发《2015—2017年军队高中级干部学习规划》，要求全军和武警部队认真抓好贯彻执行。**

［目　文］《规划》充分体现党的十八大关于建设学习型、服务型、创新型马克思主义执政党的重大部署，体现习主席和中央军委领导关于加强学习的一系列重要指示要求。注重提高军队高中级领导干部政治素养、理论素养、战略素养、军事素养和科技素养，增强履行职能使命和带领部队完成各项任务的能力，坚持体系化设计、工程化推进，以3年为一个周期，把强军兴军必备的知识素养作为一个整体，对学习总的要求、主要内容、途径载体、管理考评等，作出明确规范，提出具体要求。

5月25日

［纲　文］**国务院副总理张高丽在北京会见亚洲开发银行执行董事访华团。**

［目　文］张高丽说，中国还是发展中国家，发展仍然是解决一切问题的基础和关键。中国政府将主动适应和引领经济发展新常态，推进落实全面深化改革、强化创新驱动、优化空间布局等各项措施，促进经济社会更高质量、更好效益、更加包容、更可持续发展。多年来，中国与亚行的合作成果丰硕。希望亚行围绕中国改革发展及扶贫攻坚，以贷款项目为载体，更加系统地支持中国重大发展战略的实施。中方将继续支持亚行在亚太地区减贫与发展事业中发挥重要作用。

亚行执行董事访华团表示，亚行愿继续加强与中国的合作，积极为中国经济社会发展及各项改革提供支持。

5月25日

［纲　文］**中央军委副主席范长龙、国防部长常万全在北京分别与白俄罗斯国防部长拉夫科夫会见、会谈。**

［目　文］范长龙在会见拉夫科夫时说，习近平主席前不久对白俄罗斯的历史性访问为两国关系长远发展注入了新动力。中白两军各领域务实合作成果显著，希望双方共同努力，认真落实两国元首重要共识，不断拓展合作领域，提升合作水平。拉夫科夫高度评价双边关系发展水平并说，白中各领域交流务实深入，白方视中方为值得信赖的朋友和全面战略伙伴，愿努力推动两军各领域合作不断向前发展。

常万全在与拉夫科夫会谈时说，前不久，习近平主席对白俄罗斯进行了历史性访问，中白全面战略伙伴关系发展进入新时代。中方愿与白方一道，以两国元首重要共识为指引，努力把两军关系推向更高水平。拉夫科夫表示，白方珍视同中国的友好关系，始终把发展对华关系作为对外政策优先方向。两军在各领域、各层级的交流合作既提升了两军关系水平，也为深化两国关系做出积极贡献。

5月25日

［纲　文］**外交部发言人就美军机抵近侦察中方岛礁表示，我们敦促美方纠正错误，保持理性，停止不负责任的言行。**

［目　文］有记者问，据报道，美国助理国务卿拉塞尔等官员近日声称，中国在南海的行为正挑战公平解决争端和航行自由原则，美海军需捍卫这些原则。美海军舰机将继续充分行使在国际海空域航行和飞越权利。中方对此有何评论？

中方发言人表示，美军机对中方岛礁抵近侦察的举动，极易引发误判和海空意外事件，十分危险和不负责任，中方坚决反对美方这种挑衅行为，已就此向美方提出严正交涉。长期以来，各国依国际法在南海享有的航行和飞越自由不存在任何问题，将来也不应存在问题。中国一贯重视并维护南海的航行和飞越自由及安全。但航行和飞越自由绝不等于外国军舰、军机可以违反国际法，无视他国合法权利及航空和航行安全。我要强调的是，中方维护国家主权和领土完整的意志坚如磐石。我们敦促美方纠正错误，保持理性，停止不负责任的言行。

5月25日

［纲　文］ **《人民日报》发表题为《统战工作要靠全党共同来做——五论学习贯彻习近平中央统战工作会议重要讲话精神》的评论员文章。**

5月25日

［纲　文］ **"华龙一号"全球首堆示范工程完成穹顶吊装。**

［目　文］ "华龙一号"全球首堆示范工程——中核集团福清5号核电机组穹顶吊装成功完成。"华龙一号"是中国自主创新、拥有完整自主知识产权的三代核电技术。2015年5月7日，"华龙一号"全球首堆示范工程于福建省福清市正式开工建设。

5月25—26日

［纲　文］ **马凯在贵州调研。**

［目　文］ 国务院副总理马凯在贵阳市云计算基地、呼叫中心、大数据交易所和高科技公司，调研"互联网+制造"发展情况，并召开座谈会听取地方和企业意见。

马凯指出，要牢牢把握新一轮科技革命和产业变革的历史机遇，加快建设工业互联网，大力推动智能制造，促进制造服务化转型，打造增长新引擎，实现制造业提质增效升级。在全球新一轮科技革命和产业变革中，互联网与各行业的融合发展，已经成为大趋势，必将对经济社会发展产生深刻影响。当前互联网与制造业的融合正在日益加深，成为新一轮工业革命的发展方向和国际先进制造业竞争的制高点。我国是世界制造大国和互联网大国，已经具备了推进"互联网+制造"的现实基础，但在核心技术、基础网络、标准建设、人才培养、安全保障等方面还有不小差距，要牢牢把握机遇，积极应对挑战，加快推进"互联网+制造"发展，推动我国制造业由大变强。

5月25—26日

［纲　文］ **亚洲相互协作与信任措施会议（亚信）非政府论坛首次年会在北京召开，习近平向会议发来贺词。**

［目　文］ 国家主席习近平在贺词中指出，亚信成立23年来，在建立和落实信任措施、增进不同文明对话、促进共同发展等方面作出不懈努力，取得积极进展，已成为亚洲国家探索亚洲安全治理模式的重要机制。去年5月，我在上海亚信第四次峰会上提出，亚洲各国应当寻求共同、综合、合作、可持续安全，探讨建立地区安全与合作新架构。我们在加强自身合作的同时，要坚定致力于同其他地区国家、其他地区和国际组织的合作，努力实现双赢、多赢、共赢。探索本地区安全之路，促进亚洲地区不同文明、地域、种族、宗教互尊互

信、和谐共生，民间力量可以发挥作用。我们要形成民间交流网络，为广泛传播亚信安全理念、提升亚信影响力、推进地区安全治理营造更好的条件。希望本次年会各方代表和嘉宾集思广益、坦诚交流，为推动构建亚洲命运共同体、推进亚洲和平与发展出计献力。

25 日，全国政协副主席、亚信非政府论坛首次年会主席陈元在开幕式上宣读了习近平的贺词。全国政协主席俞正声出席开幕式并作题为《促进亚洲安全 实现共同发展》的主旨讲话。

本次年会由中国人民外交学会主办，北京市人民政府承办，主题为《未来十年的亚洲：安全与发展》。来自亚信成员国、观察员国及部分域外国家的前政要、知名智库、社会团体和媒体代表及驻华使节等约 400 名中外代表与会。与会专家围绕非政府组织在不同领域的作用、构建协商平台和协商机制，促进民心相通等话题展开讨论。

5 月 25—26 日

［纲　文］ **国务委员杨洁篪在莫斯科出席中俄第 11 轮战略安全磋商和金砖国家安全事务高级代表第 5 次会议。**

［目　文］ 25 日，中俄第 11 轮战略安全磋商在莫斯科举行，杨洁篪在莫斯科同俄罗斯联邦安全会议秘书帕特鲁舍夫出席。双方就当前国际形势和双边关系中战略性、全局性重大问题深入沟通交流，达成广泛共识。双方一致同意：保持两国高层交往势头。中方将全力支持俄罗斯 7 月在乌法举行金砖国家和上海合作组织峰会。双方将为普京总统 9 月赴华出席中国人民抗日战争暨世界反法西斯战争胜利 70 周年纪念活动做好准备。继续坚定支持彼此走符合本国国情的发展道路以及在维护国家主权、领土完整及安全稳定方面的努力，反对外部干涉和单边制裁。从战略高度、以更广视野共同探讨丝绸之路经济带建设和欧亚经济联盟战略对接合作，实现共同建设，共享成果，造福两国人民。加强两军合作，倡导共同、综合、合作、可持续安全理念。不能靠牺牲其他国家安全来保障本国和国家集团安全，单方面在全球范围内发展和部署反导系统损害全球战略稳定和国际安全。在亚太地区开展建设性合作，共同维护地区和平、稳定和繁荣。推动重启六方会谈，推进半岛无核化进程。支持“阿人主导、阿人所有”的阿富汗民族和解进程，加大对阿富汗和平重建支持。推动达成伊朗核问题全面协议，维护国际核不扩散体系和中东地区和平稳定。加强网络和信息安全领域合作，对联合国框架下相关进程积极施加影响。推进乌克兰问题政治解决进程，促进乌克兰国内各方和乌克兰在东西方关系中实现平衡，尽早实现乌克兰以及整个欧洲大陆的和平与安宁。

26 日，金砖国家安全事务高级代表第 5 次会议在莫斯科举行，杨洁篪在会议上致辞。会议就加强金砖国家在国际问题上的合作深入交换意见，并达成重要共识。

会议期间，杨洁篪在莫斯科会见了俄罗斯总统普京。

5 月 26 日

［纲　文］ **中央农办、国土资源部、农业部在北京召开加强耕地保护、改进耕地占**

补平衡、规范农村土地流转工作视频会议。习近平和李克强分别作出指示、批示。

［目　文］　国家主席习近平作出指示指出，耕地是我国最为宝贵的资源。我国人多地少的基本国情，决定了我们必须把关系十几亿人吃饭大事的耕地保护好，绝不能有闪失。要实行最严格的耕地保护制度，依法依规做好耕地占补平衡，规范有序推进农村土地流转，像保护大熊猫一样保护耕地。耕地占补平衡政策是对工业化、城镇化建设占用耕地不断扩大的补救措施，是国家法律和政策允许的，但必须带着保护耕地的强烈意识去做这项工作，严格依法依规进行。要采取更有力的措施，加强对耕地占补平衡的监管，坚决防止耕地占补平衡中出现的补充数量不到位、补充质量不到位问题，坚决防止占多补少、占优补劣、占水田补旱地的现象。在农村土地制度改革试点中要把好关，不能让一些人以改革之名行占用耕地之实。对耕地占补平衡以及耕地保护中出现的新情况新问题，要加强调查研究，提出有效的应对之策。土地流转和多种形式规模经营，是发展现代农业的必由之路，也是农村改革的基本方向。在土地流转实践中，必须要求各地区原原本本贯彻落实党中央确定的方针政策，既要加大政策扶持力度、鼓励创新农业经营体制机制，又要因地制宜、循序渐进，不搞大跃进，不搞强迫命令，不搞行政瞎指挥。特别要防止一些工商资本到农村介入土地流转后搞非农建设、影响耕地保护和粮食生产等问题。要注意完善土地承包法律法规、落实支持粮食生产政策、健全监管和风险防范机制、加强乡镇农村经营管理体系建设，推动土地流转规范有序进行，真正激发农民搞农业生产特别是粮食生产的积极性。

李克强作出批示强调，要按照最严格的耕地保护制度要求，依法加强耕地占补平衡规范管理，抓紧整治存在的突出问题，把握好经济发展与耕地保护的关系，大力挖掘用地潜力，提高土地使用效率；要加强对地方的指导，规范有序探索和推进土地流转，发展多种形式适度规模经营。

中央农村工作领导小组副组长兼办公室主任陈锡文主持会议并讲话。国土资源部部长、国家土地总督察姜大明，农业部部长韩长赋分别就加强耕地保护、改进耕地占补平衡和规范农村土地流转工作讲话。全国各省、自治区、直辖市和省以下地方人民政府分管领导同志，地方各级党委农办、国土资源和农业主管部门负责人，新疆生产建设兵团国土资源局、农业局负责人，以及各派驻地方国家土地督察局有关人员通过视频参加会议。

会议传达贯彻习近平、李克强等中央领导同志的批示精神，进一步统一思想，提高认识，加强耕地保护，改进耕地占补平衡，规范农村土地流转，为保障国家粮食安全、推进“四化”同步发展、落实“四个全面”战略布局提供基础保障。着重从四个方面统一思想和行动：一要把思想和认识统一到耕地是我国最为宝贵的资源这一重要论断上来。二要把思想和认识统一到坚持和落实最严格的耕地保护制度上来。三要把思想和认识统一到带着强烈意识做好耕地保护工作的重要要求上来。四要把思想和认识统一到对经济发展与耕地保护辩证关系的科学把握上来，坚持在保障科学发展中落实最严格的耕地保护制度，坚持在保护和节约优先的原则下促进经济持续稳定发展，坚持从实际出发，把原则性和灵活性结合起来，为经济社会发展提供更为有效的服务和支撑。

5月26—29日

［纲　文］　**2015贵阳国际大数据产业博览会暨全球大数据时代贵阳峰会在贵阳举行。**

［目　文］　峰会由贵阳市人民政府、遵义市人民政府、贵安新区管委会、贵州省经济和信息化委、北京市贸促会、中国互联网协会主办，旨在通过展览展示、峰会及论坛、创新大赛三大板块，汇聚全球大数据行业领先企业和领军人物，展示国际大数据发展最新成果和技术，为全球大数据产业发展搭建一个高端、前沿、全面的交流合作平台。

国务院总理李克强向大会发来贺信。李克强代表中国政府对大会召开表示祝贺，并表示当今世界，新一轮科技和产业革命正在蓬勃兴起。数据是基础性资源，也是重要生产力。大数据与云计算、物联网等新技术相结合，正在迅疾并将日益深刻地改变人们生产生活方式，"互联网+"对提升产业乃至国家综合竞争力将发挥关键作用。中国是人口大国和信息应用大国，拥有海量数据资源，发展大数据产业空间无限。中国正在研究制定"互联网+"行动计划，推动各行各业依托大数据创新商业模式，实现融合发展，推动提升政府科学决策和管理水平，用新的思路和工具解决交通、医疗、教育等公共问题，助力大众创业、万众创新，促进中国经济保持中高速增长、迈向中高端水平。互联网缩短了时空距离，大数据产业给不同国家和地区发展带来了机遇。相信大家围绕"'互联网+'时代的数据安全与发展"这个主题交流互鉴，分享成果，深化合作，会进一步汇聚新动能，推动实现更高效、更绿色、更惠民的发展。

5月26日

［纲　文］　**食品药品监管总局发布《关于监督食品生产经营者严格落实食品安全主体责任的通告》。**

［目　文］　《通告》对食品生产经营者明确提出生产经营主体责任要求：一是应当保证生产销售的食品符合法律、法规规定以及食品安全标准的要求，并对生产销售不符合食品安全标准的产品承担相应的法律责任；二是必须严格遵守食品安全法等法律法规的禁止性规定；三是应当建立严格的生产经营质量管理体系，实现食品质量安全信息可查询、来源可追溯、过程可控制、责任可追究；四是发现生产经营的食品不符合食品安全标准或有关规定要求的，应当立即停止生产和销售，按照食品药品监管总局《食品召回管理办法》规定严格制订并执行召回计划，对召回的严重危害人体健康和生命安全的不安全食品应当立即就地销毁；五是对抽检发现的不符合食品安全标准或有关规定要求的产品，应当按照法律法规规定停止生产销售并主动召回，接受食品药品监管部门的调查处理，排查问题、分析原因、认真整改，经监管部门综合评估后才能恢复生产。

5月26日

［纲　文］　**安全监管总局公布《关于废止和修改非煤矿矿山领域9部规章的决定》。**

［目　文］　《决定》说：一、废止《非煤矿矿山建设项目安全设施设计审查与竣工验

收办法》（2004年12月28日国家安全生产监督管理局〈国家煤矿安全监察局〉令第18号公布）。二、对8部规章的部分条款予以修改：《非煤矿矿山企业安全生产许可证实施办法》《金属非金属地下矿山企业领导带班下井及监督检查暂行规定》《金属与非金属矿产资源地质勘探安全生产监督管理暂行规定》《尾矿库安全监督管理规定》《小型露天采石场安全管理与监督检查规定》《非煤矿山外包工程安全管理暂行办法》《海洋石油安全生产规定》《海洋石油安全管理细则》。本决定自2015年7月1日起施行。修改的部门规章根据本决定作相应修改，重新公布。

5月26日

［纲　文］　**财政部印发《会计师事务所从事中国内地企业境外上市审计业务暂行规定》，自2015年7月1日起施行**。

5月26日

［纲　文］　**国务院新闻办公室发表《中国的军事战略》**。

［目　文］　《战略》由六部分组成：一、国家安全形势；二、军队使命和战略任务；三、积极防御战略方针；四、军事力量建设发展；五、军事斗争准备；六、军事安全合作。

5月26日

［纲　文］　**中共中央政治局常委刘云山在北京会见古巴共产党中央政治局委员、国务委员会副主席巴尔德斯率领的古巴共产党代表团**。

［目　文］　刘云山说，中古两国是患难之交、信义之交、兄弟之交。中方坚定支持古巴党和政府探索符合古巴国情的社会主义道路，愿同古方一道，深入落实习近平主席访古时与劳尔主席达成的重要共识，巩固发展传统友谊，深化各领域互利合作。刘云山应询介绍了党的建设情况，指出执政党建设至关重要，中国共产党重视发展同古巴共产党的友好关系，愿加强全方位、多层次交流合作，深化治党治国经验互鉴，为中古友好注入新动力。巴尔德斯说，古中关系是全方位的战略伙伴关系，两党高层密切交往和治国理政经验交流为双边关系奠定了坚实基础，我们对古中关系持续全面发展充满信心。

5月26日

［纲　文］　**外交部发言人表示，中方将继续在南沙有关岛礁上建设民事设施**。

［目　文］　有记者问，今天中方在南沙华阳礁举行了灯塔建设开工仪式。请问中方建设灯塔的目的是什么？

中方发言人表示，中方在南海建设大型灯塔是履行相关国际责任和义务的重要举措，下一步将继续在南沙有关岛礁上建设其他民事设施。中方多次表明，中方南沙岛礁建设的主要目的是为了更好地履行在海上搜寻与救助、防灾减灾、海洋科研、气象观察、生态环境保护、航行安全、渔业生产服务等方面承担的国际责任和义务。南海是重要的国际海运通道，也是世界上重要的渔场之一，船舶密度大，海况复杂，海上交通事故时有发生。中方在南沙华阳礁和赤瓜礁建设灯塔是履行相关国际责任和义务的重要举措，将为航经该海域的船舶提供高效导航助航服务，大大提高南海海域船舶航行安全。下一步，中方将继续在南沙有关岛礁上建设其他民事设施，更好地服务南海沿岸国家和航经该海域的各国船只。

5月26日

［纲 文］ **《人民日报》发表题为《统一战线发展史上的里程碑》的评论员文章。**

5月27日

［纲 文］ **习近平在浙江召开华东七省市党委主要负责人座谈会，听取对“十三五”时期经济社会发展的意见和建议。**

［目 文］ 座谈会上，上海市委书记韩正、江苏省委书记罗志军、浙江省委书记夏宝龙、安徽省委书记张宝顺、福建省委书记尤权、江西省委书记强卫、山东省委书记姜异康先后发言。他们结合各自实际，既务虚又务实，既讲面临的困难和问题又讲应对的思路和举措，就转变经济发展方式、调整经济结构、实施创新驱动发展战略、推动区域协调发展、保障和改善民生、提高社会治理法治化水平、加强生态环境保护、深化改革开放、加强和改善党对经济工作的领导等谈了意见和建议。

中共中央总书记习近平指出，谋划“十三五”时期发展，要清醒认识面临的风险和挑战，把难点和复杂性估计得更充分一些，把各种风险想得更深入一些，把各方面情况考虑得更周全一些，搞好统筹兼顾。要深入研究保持经济增长的举措和办法，着力解决制约经济社会持续健康发展的重大问题，挖掘增长潜力，培育发展动力，厚植发展优势，拓展发展空间，推动经济总量上台阶。要围绕转变经济发展方式，坚持以提高经济发展质量和效益为中心，促进经济增长由主要依靠投资、出口拉动向依靠消费、投资、出口协调拉动转变，由主要依靠第二产业带动向依靠第一、第二、第三产业协同带动转变，由主要依靠增加物质资源消耗向主要依靠科技进步、劳动者素质提高、管理创新转变。要加快改造提升传统产业，深入推进信息化与工业化深度融合，着力培育战略性新兴产业，大力发展服务业特别是现代服务业，积极培育新业态和新商业模式，构建现代产业发展新体系。要着眼于加快农业现代化步伐，在稳定粮食和重要农产品产量、保障国家粮食安全和重要农产品有效供给的同时，加快转变农业发展方式，加快农业技术创新步伐，走出一条集约、高效、安全、持续的现代农业发展道路。要围绕破解经济社会发展突出问题的体制机制障碍，全面深化改革，增强改革意识，提高改革行动能力，使市场在资源配置中起决定性作用和更好发挥政府作用，形成对外开放新体制，加快培育国际竞争新优势。要采取有力措施促进区域协调发展、城乡协调发展，加快欠发达地区发展，积极推进城乡发展一体化和城乡基本公共服务均等化。要坚持经济发展以保障和改善民生为出发点和落脚点，全面解决好人民群众关心的教育、就业、收入、社保、医疗卫生、食品安全等问题，让改革发展成果更多、更公平、更实在地惠及广大人民群众。要采取超常举措，拿出过硬办法，按照精准扶贫、精准脱贫要求，用一套政策组合拳，确保在既定时间节点打赢扶贫开发攻坚战。

5月27日

［纲　文］　**国家主席习近平任免驻外大使。**

［目　文］　习近平根据全国人民代表大会常务委员会的决定任免下列驻外大使：一、免去崔建春的中华人民共和国驻科威特国特命全权大使职务；任命王镝为中华人民共和国驻科威特国特命全权大使。二、免去高有祯的中华人民共和国驻卡塔尔国特命全权大使职务；任命李琛为中华人民共和国驻卡塔尔国特命全权大使。

5月27日

［纲　文］　**张高丽在重庆调研。**

［目　文］　国务院副总理张高丽在重庆考察了微型企业创业就业情况；在重庆航运交易所，了解长江航运交易情况，并听取了重庆推进"一带一路"建设和推动长江经济带发展有关工作汇报；在长安汽车研究总院，查看产品展示、汽车碰撞实验室，看望研发人员。

张高丽强调，中小企业是国民经济中最活跃的细胞，在促进经济增长、技术创新、增加税收、吸纳就业、改善民生等方面具有不可替代的重要作用。要落实好中央促进中小企业发展的各项政策措施，不断优化中小企业发展环境，推动中小企业转型升级。科技创新是发展的内生动力，自主品牌是企业的效益源泉。要深入实施创新驱动发展战略，突出企业在技术创新中的主体地位，加快培育一批具有创新能力、知识产权和知名品牌的创新型企业，推动我国从经济大国迈向创新大国、经济强国。依托黄金水道推动长江经济带发展，要坚持处理好政府与市场、地区与地区、产业转移与生态保护等关系。要全面推进干线航道治理，加快铁路、公路、水运、航空、管道等各种运输方式发展，全力打造综合立体交通走廊。要合理引导产业转移，加强生态环境保护，促进长江经济带发展提质增效升级。要加强与"一带一路"建设之间的衔接互动，提升长江经济带开放型经济水平。要在科学论证的基础上，加快重大工程项目建设，发挥投资在稳增长中的关键作用。

5月27日

［纲　文］　**安全监管总局发布《关于废止和修改危险化学品等领域七部规章的决定》。**

［目　文］　《决定》说：一、废止《石油天然气管道安全监督与管理暂行规定》（2000年4月24日国家经济贸易委员会令第17号发布）。二、对6部规章的部分条款予以修改：《危险化学品重大危险源监督管理暂行规定》《危险化学品生产企业安全生产许可证实施办法》《危险化学品输送管道安全管理规定》《危险化学品建设项目安全监督管理办法》《危险化学品经营许可证管理办法》《危险化学品安全使用许可证实施办法》。本决定自2015年7月1日起施行。

5月27日

［纲　文］　**最高法公布《2015年国家赔偿标准》。**

［目　文］　《标准》明确，2015年作出国家赔偿决定涉及的侵犯公民人身自由权的

赔偿标准，具体数额为每日219.72元。各级人民法院在审理国家赔偿案件时按照上述标准执行。

5月27日

［纲　文］　**全国政协主席俞正声在北京会见约旦参议长拉瓦比德。**

［目　文］　俞正声说，中方高度重视中约关系，一直将约旦视为在阿拉伯世界的好朋友、好伙伴。近年来，两国关系保持健康稳定发展。中方赞赏约方对习近平主席提出中阿共建“一带一路”倡议的积极态度。双方要落实两国元首达成的重要共识，继续保持高层交往，加强政治互信，增强务实合作，增进民间友好。中国全国政协愿进一步密切与约旦参议院的联系，加强交流互鉴，推动人员往来，为两国开展务实合作提供支持。拉瓦比德表示，约方愿积极参与“一带一路”建设，拓宽双边合作领域。约旦参议院希望进一步深化同中国全国政协的合作交流。

28日，全国人大常委会委员长张德江在北京会见拉瓦比德时说，近年来，中国与约旦关系发展顺利，友谊不断加深，合作不断扩大。我们将进一步落实习近平主席与阿卜杜拉二世国王就发展两国关系达成的重要共识，加强政治上的相互信任与支持，拓展基础设施等领域的全方位合作，推动中约关系不断深入发展。中国全国人大愿与约旦参议院、众议院进一步加强交流，协调沟通，增进了解，不断巩固中约关系的政治基础；进一步深化在促进经贸合作、密切人员往来等方面的立法交流，为两国友好合作提供法律保障、夯实民意基础。拉瓦比德表示，约旦十分希望加强与中国在各方面的互利合作，为实现世界的公正与和平积极努力。

5月27日

［纲　文］　**国家副主席李源潮在北京会见阿富汗前总统卡尔扎伊。**

5月27日

［纲　文］　**外交部发言人表示，中方反对个别国家以航行自由为借口损害他国主权。**

［目　文］　有记者问，美国国防部发言人表示欢迎中国发布《中国的军事战略》白皮书，但重申美国将继续在南沙岛礁附近进行侦察活动，此举是为了维护相关区域的航空和航行自由，中方对此有何回应？

发言人表示，中方反对个别国家以航行自由为借口，无视甚至损害他国主权、合法权利和航行航空安全。近期，美方一些人提航行自由，只要认真研究相关国际法，比如说《联合国海洋法公约》，就会发现航行和飞越自由绝不等于外国的军舰、军机可以不受限制、无视甚至损害其他国家的主权和合法权利及航行航空安全。《公约》明确规定，沿海国家的和平、良好秩序和安全不得损害。《公约》并未赋予一国的军舰、军机违反国际法、肆意侵犯他国主权、合法权利和航行航空安全的权利。中方已多次表示，美方舰机对中国岛礁进行抵近侦察的举动极易引起误判和引发海空意外事件，是十分危险和不负责任的。中方希望美方能真正本着负责任的态度，本着有利于维护南海地区和平稳定的精神，理性和客观地看待有关问题，停止一切不负责任的挑衅言行。

有记者问，一些国家认为中国在南海进行岛礁建设是要重新划定边界，中方不断增强海军力量、填海造地，是否旨在强化这些新的边界？

中方发言人说，我注意到昨天美国国务院发言人也有类似言论，我认为有关言论是偷换了法律概念，混淆视听。中国对南沙群岛及其附近海域拥有无可争辩的主权。中方已多次强调，中国在南海的主权和相关权利是在长期的历史过程中形成的，并为历代中国政府所长期坚持，有着充分的历史和法理依据。中方根本无须通过岛礁建设活动来主张或者强化领土主权。中方是在自己的主权范围内进行合法、合情、合理的建设活动。就连美方一些高官也公开表示，中方的有关岛礁建设活动并不违反国际法。那么有关地区为什么会出现紧张气氛？大家对此心知肚明，这是由于个别国家出于一己私利，不断渲染、炒作紧张气氛，抹黑攻击中国。希望有关各方能够以真正负责任的态度全面、客观地认识当前形势，理性、冷静处理有关问题，真正为维护南海地区和平稳定发挥建设性作用，而不是煽风点火。

5月27日

［纲　文］　**《人民日报》发表题为《领导干部讲党课好》的评论员文章。**

5月27—28日

［纲　文］　**亚欧互联互通产业对话会在重庆举行。**

［目　文］　对话会由外交部、发展改革委、商务部共同主办。本次对话会以“创新引领行动，推进亚欧互联互通”为主题。国务院副总理张高丽出席开幕式并致辞。柬埔寨副首相尹财利、斯洛伐克副总理兼财政部长卡日米尔等应邀与会。亚欧会议成员工商、政府和学术界代表以此次会议讨论的成果，发布《重庆倡议》，呼吁推动亚欧基础设施互联互通，构建亚欧开放型贸易投资体系，促进亚欧金融市场开放和投融资创新，提升亚欧产业链、价值链和创新链合作水平，深化亚欧人文交流，完善亚欧政策沟通与协调机制。

会议期间国务院副总理张高丽分别会见了柬埔寨副首相因蔡利和斯洛伐克副总理兼财政部长卡济米尔。

5月27—28日

［纲　文］　**“一带一路”海关高层论坛在西安市召开。**

［目　文］　论坛由海关总署主办，以“互联互通，共建共赢”为主题。国务院副总理汪洋出席论坛并致辞。

来自“一带一路”沿线近70个国家和地区的海关负责人和代表、世界海关组织等8个国际及区域组织负责人和代表、国内有关部委负责人、中外商界代表等共同商讨了进一步加强国际海关间合作、实现国际海关间的互联互通、有效推进贸易便利化、促进区域经济发展的进程与举措。

5月28日

［纲　文］　**林业局印发《国家沙化土地封禁保护区管理办法》，自2015年7月1日**

起施行。

5月28日

［纲　文］　**全国人大常委会委员长张德江在北京会见约旦参议长拉瓦比德。**

［目　文］　张德江说，近年来，中国与约旦关系发展顺利，友谊不断加深，合作不断扩大。我们将进一步落实习近平主席与阿卜杜拉二世国王就发展两国关系达成的重要共识，加强政治上的相互信任与支持，拓展基础设施等领域的全方位合作，推动中约关系不断深入发展。中国全国人大愿与约旦参议院、众议院进一步加强交流，协调沟通，增进了解，不断巩固中约关系的政治基础；进一步深化在促进经贸合作、密切人员往来等方面的立法交流，为两国友好合作提供法律保障、夯实民意基础。拉瓦比德表示，约旦十分希望加强与中国在各方面的互利合作，为实现世界的公正与和平积极努力。

5月28日

［纲　文］　**全国政协主席俞正声在北京会见英国坎特伯雷大主教韦尔比一行。**

［目　文］　俞正声指出，中英两国高层往来密切，在各领域的合作不断深化，两国人民的相互了解和友谊日益增进，这不仅符合两国人民的根本利益，也为维护世界和平和稳定、促进世界发展与繁荣做出重要贡献。在中国，公民宗教信仰自由和宗教界合法权益得到法律上的保障。信教者和不信教者之间、各宗教之间彼此尊重、和睦相处。中国基督教与英国基督教之间一直保持着友好关系。我们将继续支持中国基督教在相互尊重、平等友好的基础上与包括英国教会在内的世界各国和地区教会之间交流与合作。

5月28日

［纲　文］　**国务院侨务办公室、中国海外交流协会举办的“第十届世界华裔杰出青年华夏行”在人民大会堂开幕。**

［目　文］　国务委员杨洁篪出席开幕式并讲话。全国人大华侨委员会、外交部、国务院侨办、全国政协港澳台侨委员会、致公党中央、中国侨联等中央涉侨单位有关领导出席活动。国务院侨办主任裘援平主持开幕式。为满足华裔青年了解祖籍国和中华文化的迫切需求，加强同他们的交往与交流。本届“华夏行”通过举办华裔杰出青年论坛，组织有关中国历史、文化、外交等专题演讲，开展海内外各界青年互动交流，赴北京、天津、上海、江苏、浙江、河南、江西、云南等地参观考察，让华裔青年亲身体验中华文化的博大精深，直接感受中国发展的强劲脉搏，共同畅想中国梦的灿烂愿景。以“青春中华·放飞梦想”为主题，共有82个国家和地区的500名海外华裔青年代表参加。

同日，全国政协主席俞正声在北京会见“第十届世界华裔杰出青年华夏行”全体代表。

5月28—29日

［纲　文］　**全国刑事执行检察工作会议在北京召开。**

［目　文］　这是原监所检察机构报中央编办批准更名为刑事执行检察机构后，由最高人民检察院组织召开的首次全国性刑事执行检察工作会议。会议对当前和今后一个时期刑事执行检察工作作出全面部署。曹建明检察长在会上强调，刑事执行检察工作要依法全

面正确履行刑事执行法律监督职能，着力加强对刑罚执行活动、刑事强制措施执行、强制医疗执行的监督，做到更加注重维护刑事执行公平公正、更加注重维护刑事执行场所监管秩序稳定、更加注重维护刑事被执行人合法权益、更加注重维护社会和谐稳定。

5月28日—6月10日

［纲　文］ **第8届全国儿童剧优秀剧目展演在浙江杭州举办**。

［目　文］ 剧目展演由文化部艺术司、浙江省文化厅共同主办，浙江话剧团有限公司执行承办。来自全国21个省、自治区、直辖市及中直单位的23台参演剧目和2台祝贺演出剧目，将陆续在杭州剧院、浙话艺术剧院、浙江胜利剧院、杭州红星剧院、浙江艺术职业学院实验剧场、临平剧院、萧山湘湖艺术中心等剧场上演，覆盖了杭州市的各个主要城区，让不同区域的观众共享本届展演带来的观赏乐趣。

5月29日

［纲　文］ **习近平主持召开中共中央政治局会议**。

［目　文］ 会议审议通过《中国共产党党组工作条例（试行）》。会议指出，中国共产党发挥总揽全局、协调各方的领导核心作用，必须有坚强有力的组织制度保障。在国家机关、人民团体、经济组织、文化组织、社会组织和其他组织领导机关中设立党组，是确保党的理论和路线方针政策得到贯彻落实的重要途径，体现了我们党独特的政治优势、组织优势、制度优势。在革命、建设、改革各个历史时期，党组制度都发挥了重要作用。当前，贯彻落实全面建成小康社会、全面深化改革、全面依法治国、全面从严治党的战略布局，必须牢牢坚持党的领导，把党的建设放在更加突出位置，进一步完善党组制度，提高党组工作制度化、规范化、程序化水平。《条例》对党组的设立、职责、组织原则、议事决策等作出全面规范，对监督检查、责任追究提出明确要求，是党组工作方面一部基础主干党内法规，是党组设立和运行的总依据总遵循。《条例》的制定和实施对进一步规范党组工作、加强和改善党的领导、更好发挥党的领导核心作用、巩固党的执政地位、提高党的执政能力具有十分重要的意义。会议同意公开发布《条例》全文。各级党委要从全面从严治党、制度治党、依规治党的战略高度，充分认识加强和改进党组工作的极端重要性和现实紧迫性，加强对《条例》实施的组织领导。要抓好《条例》的宣传解读和学习培训，使各级党组织和广大党员干部特别是领导干部深刻理解《条例》精神，准确掌握《条例》主要内容，增强做好党组工作的能力。要加强督促落实，确保《条例》各项规定要求落到实处。

5月29日

［纲　文］ **习近平主持中共中央政治局第23次集体学习**。

［目　文］ 本次学习的主题是：健全公共安全体系。学习会上，陈晓华、毕井泉等先后发言，他们结合本部门工作谈了公共安全面临的形势、存在的问题和下一步工作打算。中共中央政治局各位委员听取了他们的发言，并就有关问题进行了讨论。

中共中央总书记习近平在主持学习时指出，当前，我国公共安全形势总体是好的。同时，我们要安而不忘危、治而不忘乱，增强忧患意识和责任意识，始终保持高度警觉，任何时候都不能麻痹大意。维护公共安全，要坚持问题导向，从人民群众反映最强烈的问题入手，高度重视并切实解决公共安全面临的一些突出矛盾和问题，着力补齐短板、堵塞漏洞、消除隐患，着力抓重点、抓关键、抓薄弱环节，不断提高公共安全水平。要切实抓好社会治安综合治理，坚持系统治理、依法治理、综合治理、源头治理的总体思路，一手抓专项打击整治，一手抓源头性、基础性工作，创新社会治安防控体系，优化公共安全治理社会环境，着力解决影响社会安定的深层次问题。要切实提高农产品质量安全水平，以更大力度抓好农产品质量安全，完善农产品质量安全监管体系，把确保质量安全作为农业转方式、调结构的关键环节，让人民群众吃得安全放心。要切实增强抵御和应对自然灾害能力，坚持以防为主、防抗救相结合的方针，坚持常态减灾和非常态救灾相统一，全面提高全社会抵御自然灾害的综合防范能力。要切实抓好安全生产，坚持以人为本、生命至上，全面抓好安全生产责任制和管理、防范、监督、检查、奖惩措施的落实，细化落实各级党委和政府的领导责任、相关部门的监管责任、企业的主体责任，深入开展专项整治，切实消除隐患。要切实加强食品药品安全监管，用最严谨的标准、最严格的监管、最严厉的处罚、最严肃的问责，加快建立科学完善的食品药品安全治理体系，坚持产管并重，严把从农田到餐桌、从实验室到医院的每一道防线。维护公共安全，必须从建立健全长效机制入手，推进思路理念、方法手段、体制机制创新，加快健全公共安全体系。各级党委和政府要切实承担起“促一方发展、保一方平安”的政治责任，明确并严格落实责任制，落实责任追究。要坚持标本兼治，坚持关口前移，加强日常防范，加强源头治理、前端处理，建立健全公共安全形势分析制度，及时清除公共安全隐患。要把公共安全教育纳入国民教育和精神文明建设体系，加强安全公益宣传，健全公共安全社会心理干预体系，积极引导社会舆论和公众情绪，动员全社会的力量来维护公共安全。

5月29日

［纲　文］　**交通运输部公布《中华人民共和国海事行政许可条件规定》《中华人民共和国海上海事行政处罚规定》《中华人民共和国内河海事行政处罚规定》，自2015年7月1日起施行。**

5月29日

［纲　文］　**安全监管总局公布《关于废止和修改劳动防护用品和安全培训等领域十部规章的决定》。**

［目　文］　《决定》说：一、对2部规章予以废止：《劳动防护用品监督管理规定》（2005年7月22日国家安全生产监管管理总局令第1号发布）、《矿山救护队资质认定管理规定》（2005年8月23日国家安全生产监督管理总局令第2号发布）。二、对8部规章的部分条款予以修改：《生产经营单位安全培训规定》《特种作业人员安全技术培训考核管理规定》《安全生产培训管理办法》《工贸企业有限空间作业安全管理与监督暂行规定》

《食品生产企业安全生产监督管理暂行规定》《安全生产检测检验机构管理规定》《安全评价机构管理规定》《职业卫生技术服务机构监督管理暂行办法》。本决定自2015年7月1日起施行。

5月29日

［纲 文］ **人民银行发布《中国人民银行公告〔2015〕第12号》。**

［目 文］ 《公告》说：决定对《境外外汇账户管理规定》《经营、装帧流通人民币管理办法》《境内外汇划转管理暂行规定》《中国人民银行信用评级管理指导意见》《中国人民银行关于发布〈征信数据元、数据元设计与管理〉等五项行业标准的通知》《外商直接投资人民币结算业务管理办法》《中国人民银行关于明确外商直接投资人民币结算业务操作细则的通知》部分条款予以修改。

5月29日

［纲 文］ **知识产权局公布修改后的《专利行政执法办法》，自2015年7月1日起施行。**

5月29日

［纲 文］ **国家主席习近平特使、农业部部长韩长赋在阿布贾出席尼日利亚总统布哈里的就职典礼。**

5月30日

［纲 文］ **新华社讯，国家主席习近平电贺杜达当选波兰总统。**

5月30日

［纲 文］ **发展改革委发布《中华人民共和国发展和改革委员会令（第26号）》。**

［目 文］ 《委员会令》说，根据《中华人民共和国公司法》和《国务院关于印发注册资本登记制度改革方案的通知》（国发〔2014〕7号），为进一步落实注册资本登记制度改革有关事项，现决定：一、废止《关于印发〈股份有限公司规范意见〉和〈有限责任公司规范意见〉的通知》（体改生〔1992〕31号）。二、对4件规章、1件规范性文件的部分条款予以修改：（一）《工程咨询单位资格认定办法》（国家发展改革委第29号令）。（二）《中央投资项目招标代理资格管理办法》（国家发展改革委第13号令）。（三）《电力业务许可证管理规定》（电监会第9号令）。（四）《承装（修、试）电力设施许可证管理办法》（电监会第28号令）。（五）《国家发展改革委委托投资咨询评估管理办法（2009年修订）》（发改投资〔2009〕802号）。

5月30日

［纲 文］ **外交部发言人表示，中方坚决反对美方有损南海地区稳定言行。**

［目 文］ 有记者问，美国国防部长卡特5月30日在香格里拉对话会上发表讲话称，中方填海造地规模和速度史无前例，超过其他声索国总和。中方在南海的行动与国际准则和规范不“合拍”。美方对南海岛礁军事化前景及可能带来的误判和冲突风险深感忧

虑。将水下岩礁变成机场不能获得主权。美方呼吁各方立即停止“填海造地”，反对任何一方将岛礁进一步军事化的行为，将继续行使与保护航行和飞越自由，并鼓励中国与东盟2015年就“南海行为准则”达成一致。请问中方对此有何评论？

中方发言人说，中方注意到了美国国防部长卡特的有关言论。美方无视历史、法理与事实，对中国在南海早已形成的主权和权益说三道四，挑拨离间，并对中方正常合理的岛礁建设活动进行指责。中方对此坚决反对。关于南海问题，我想强调以下六点：一、中国在南海的主权和相关权利主张是在长期的历史过程中形成的，并为历代中国政府所长期坚持，有充分的历史和法理依据，无需通过岛礁建设来强化。二、中方在南沙群岛部分驻守岛礁上的建设活动完全是中方主权范围内的事情，合法、合理、合情，不影响也不针对任何国家。有关建设完成后，岛礁上的功能是多方面的、综合性的，除满足必要的军事防卫需求外，更多的是为了各类民事需求服务。三、中国作为大国，承担着更多的国际责任和义务。中方建设活动的规模、速度与在南海承担的海上搜救、防灾减灾、气象观测、生态环境保护、航行安全、渔业生产服务等方面的国际责任与义务相称，是基于实际需要，是为向中国、周边国家以及航行于南海的各国船只提供更好的服务。四、长期以来，各国依国际法在南海享有的航行和飞越自由不存在任何问题，将来也不应出现问题。但各国不应滥用航行和飞越自由的权利，更不得以此为借口损害沿岸国受国际法保护的主权、权利和安全。五、当前，中国和东盟国家已明确了处理南海问题的“双轨思路”，即有关争议应由直接当事国通过谈判协商解决，南海和平稳定由中国和东盟国家共同维护。中国和东盟国家正在全面有效落实《南海各方行为宣言》的框架下，积极推进“南海行为准则”磋商进程，争取在协商一致的基础上早日达成“准则”，并已取得重要积极进展。希望美国等域外国家充分尊重中国与东盟国家为此所做的努力，不要给“准则”磋商进程增添复杂因素。六、美国不是南海问题当事国，南海问题不是也不应成为中美之间的问题。

5月30日

［纲　文］　**“2015泰国·中国山东文化年”在曼谷中国文化中心开幕。**

［目　文］　活动由文化部主办、山东省文化厅与曼谷中国文化中心联合承办。开幕活动由“中国海瓷艺术作品展”与文艺演出两部分组成。“中国海瓷艺术作品展”以“传承与创新”为主题，展出40件海瓷作品，诠释国画艺术与瓷器艺术的完美融合，展现海瓷艺术发展和进步的成果。为了让观众近距离感受海瓷艺术的神奇魅力，展览现场特设互动体验区供观众进行海瓷创作，展览持续到6月7日。

5月30日—6月2日

［纲　文］　**刘奇葆在四川调研。**

［目　文］　中共中央政治局委员刘奇葆在成都、绵阳、德阳、阿坝、雅安、眉山等地，深入产业园区、企业、村社、学校、宣传文化单位，考察“5·12”汶川特大地震和“4·20”芦山地震灾区重建和发展情况，与基层干部群众交流。

刘奇葆强调，要深入学习宣传贯彻习近平总书记系列重要讲话精神，紧紧围绕“四个全面”战略布局，大力弘扬伟大的抗震救灾精神，推进社会主义核心价值观建设，在重建一个物质家园的同时，构建一个意义深远的精神家园。要坚持围绕大局、突出重点，扎实做好新闻舆论工作。要积极主动做好经济宣传，全面准确宣传阐释经济发展新常态，准确解读重大经济政策，唱响中国经济光明论。

5月31日

［纲　文］　**财政部发布《中央财政服务业发展专项资金管理办法》。**

［目　文］　《办法》共6章27条，主要有总则、资金支持范围和支持方式、资金分配方式、预算管理、监督管理、附则等内容。自2015年5月31日起施行。《农村物流服务体系发展专项资金管理办法》（财建〔2009〕228号）、《中小商贸企业发展专项资金管理暂行办法》（财建〔2009〕229号）、《新农村现代流通服务网络工程专项资金管理办法》（财建〔2009〕630号）以及《中央财政促进服务业发展专项资金管理办法》（财建〔2013〕469号）同时废止。

5月31日

［纲　文］　**全球首台人脸识别ATM机在中国问世。**

［目　文］　此款ATM机由清华大学与梓昆科技（中国）股份有限公司等联合研发，可与银行、公安等系统联网，持卡人只能从自己的银行卡中取款，他人银行卡即使知道密码也不能取钱。它在多国货币（包括塑料币）的识别、鉴伪、全图像分析、冠字号识别、处理速度等核心指标上实现了超越，性能比同类相关产品提高20%。

5月31日

［纲　文］　**中国选手苏炳添在国际田联钻石联赛尤金站男子百米比赛中，以9秒99的成绩摘得铜牌，成为首位跑进10秒以内的中国选手，也是首位亚洲人。**

6 月

6月1日

［纲　文］　**习近平在北京接见中国少年先锋队第7次全国代表大会全体代表。**

［目　文］　中共中央总书记习近平说，今天是全国各族少年儿童的好日子，是“六一”国际儿童节，也是第七次全国少代会开幕的日子。我代表党中央，向全国各族少年儿童致以节日祝福，向大会的召开表示热烈的祝贺，向全国各族少先队员、少先队辅导员、少先队工作者表示诚挚的问候。人们想起童年都是美好的、最难忘的，童年也是人的一生中经常会回忆的时光。我看到你们，就想到了我们民族的未来。我国社会主义现代化、中华民族伟大复兴的中国梦，将来要在你们手中实现，你们是未来的主力军、生力军。希望全国各族少年儿童都“好好学习、天天向上”。要从小学习做人。世界上最难的事情，就是怎样做人、怎样做一个好人。要做一个好人，就要有品德、有知识、有责任，要坚持品德为先。你们现在都是小树苗，品德的养成需要丰富的营养、肥沃的土壤，这样才能茁壮成长。现在把自己的品德培育得越好，将来人就能做得越好。要学会做人的准则，就要学习和传承中华民族传统美德，学习和弘扬社会主义新风尚，热爱生活，懂得感恩，与人为善，明礼诚信，争当学习和实践社会主义核心价值观的小模范。要从小学习立志。志向是人生的航标。一个人要做出一番成就，就要有自己的志向。一个人可以有很多志向，但人生最重要的志向应该同祖国和人民联系在一起，这是人们各种具体志向的底盘，也是人生的脊梁。你们要注意培养追求真理、报效祖国的志向，爱祖国、爱人民、爱劳动、爱科学、爱社会主义，时刻把祖国和人民放在心中，从小听党的话、跟着党走，努力做祖国和人民需要的好孩子，做祖国和人民事业发展的接班人。

中国少年先锋队第七次全国代表大会于1—2日在北京召开，本次全国少代会共有代表806人。会议学习了习近平接见本次少代会全体代表的讲话、李源潮代表党中央在大会开幕式上的祝词，听取了团中央、教育部的致辞，审议通过了第六届全国少工委题为《听党的话 跟党走 为实现中华民族伟大复兴的中国梦时刻准备着》的工作报告，选举产生了第七届全国少工委，由各方代表227人构成。

6月1日

［纲　文］　**国家主席习近平和韩国总统朴槿惠就中国与韩国签署自贸协定互致贺信。**

［目　文］　习近平在贺信中说，中韩两国地理相邻、人文相近、经济互补性强。目

前，中国已成为韩国最大的贸易伙伴国和最大的海外投资对象国，韩国也成为中国第三大贸易伙伴国和第五大海外投资来源地。作为东亚和亚太地区的重要经济体，中韩两国签署自贸协定，是一个具有里程碑意义的事件，不仅将推动双边经贸关系实现新的飞跃，给两国民众带来更多实实在在的好处，而且也将为东亚和亚太地区经济一体化进程乃至全球经济发展做出更大贡献。

朴槿惠在贺信中表示，韩中自贸协定是两国未来合作的制度性框架，从长期和战略层面指明了两国未来的合作方向，为两国企业和国民带来更多机会和利益，提升两国在国际社会的地位，成为深化"战略合作伙伴关系"的历史性里程碑。韩中两国应共同努力，使两国国民和企业能充分利用韩中自贸协定，享受更多优惠。韩中自贸协定不仅为两国及东亚的整体繁荣，更将为世界经济增长作出积极贡献。

同日，商务部部长高虎城和韩国产业通商资源部长官尹相直于本日在韩国首尔签署《中华人民共和国政府和大韩民国政府自由贸易协定》。该协定是中国迄今为止对外签署的覆盖议题范围最广、涉及国别贸易额最大的自贸协定。在开放水平方面，双方货物贸易自由化比例均超过税目90%、贸易额85%。协定范围涵盖货物贸易、服务贸易、投资和规则共17个领域，包含了电子商务、竞争政策、政府采购、环境等"21世纪经贸议题"。双方承诺在协定签署生效后将以负面清单模式继续开展服务贸易谈判，并基于准入前国民待遇和负面清单模式开展投资谈判。

6月1日

［纲　文］　**国务院批复江苏省人民政府，同意江苏省常州市列为国家历史文化名城。**

［目　文］　批复说：一、同意将常州市列为国家历史文化名城。常州市历史悠久，遗存丰富，文化底蕴深厚，街区特色鲜明，城区传统格局和风貌保存完好，具有重要的历史文化价值。二、江苏省及常州市人民政府要根据本批复精神，按照《历史文化名城名镇名村保护条例》的要求，正确处理城市建设与保护历史文化遗产的关系，深入研究发掘历史文化遗产的内涵与价值，明确保护的原则和重点。编制好历史文化名城保护规划，并将其纳入城市总体规划，划定历史文化街区、文物保护单位、历史建筑的保护范围及建设控制地带，制定严格的保护措施。在历史文化名城保护规划的指导下，编制好重要保护地段的详细规划。在规划和建设中，要重视保护城市格局，注重城区环境整治和历史建筑修缮，不得进行任何与名城环境和风貌不相协调的建设活动。三、江苏省和住房城乡建设部、国家文物局要加强对常州市国家历史文化名城规划、保护工作的指导、监督和检查。

6月1日

［纲　文］　**国务院批复质检总局，同意建立国务院标准化协调推进部际联席会议制度。**

［目　文］　批复说：同意建立由国务院领导同志牵头负责的国务院标准化协调推进

部际联席会议制度。联席会议不刻制印章，不正式行文，请按照国务院有关文件精神认真组织开展工作。

6月1日

［纲　文］　**民政部公布《关于指导村（居）民委员会协助做好社会救助工作的意见》。**

［目　文］　《意见》由三部分组成：一、救助工作的重要性；二、救助工作的主要内容；三、救助工作的领导和指导。

《意见》要求，各地民政部门要指导村（居）民委员会利用城乡社区公共服务信息平台、公示栏、信息宣传栏、宣传册、现场解答等群众喜闻乐见的途径和形式，不断加大社会救助政策宣传普及力度，使社会救助政策法规深入人心、家喻户晓；要在城乡社区大力弘扬中华民族团结友爱、互助共济的传统美德，引导社会公众理解、支持社会救助工作，营造良好社会舆论氛围。

6月1日

［纲　文］　**财政部、环境保护部发布《水污染防治专项资金管理办法》，自2015年6月1日起施行。**

6月1日

［纲　文］　**国务院批复国土资源部、测绘地信局，同意《全国基础测绘中长期规划纲要（2015—2030年）》。**

［目　文］　批复说：一、原则同意《全国基础测绘中长期规划纲要（2015—2030年）》（以下简称《规划纲要》），请认真组织实施。二、《规划纲要》实施要全面贯彻党的十八大和十八届二中、三中、四中全会精神，按照党中央、国务院决策部署，坚持服务大局、服务社会、服务民生宗旨，完善政策法规体系，加强体制机制建设，强化科技创新和人才培养，构建新型基础测绘体系，全面提升测绘地理信息服务能力，为经济社会平稳健康发展提供有力支撑。三、通过《规划纲要》实施，到2020年，建立起高效协调的管理体制和运行机制，营造较为完善的政策和法制环境，形成以基础地理信息获取立体化实时化、处理自动化智能化、服务网络化社会化为特征的信息化测绘体系，全面建成结构完整、功能完备的数字地理空间框架。到2030年，全面建成新型基础测绘体系，为经济社会发展提供多层次、全方位基础测绘服务。四、各省（区、市）人民政府要加强组织领导，加大支持力度，落实责任，细化政策，根据《规划纲要》确定的目标和任务，切实推进本地区基础测绘各项工作。国务院有关部门和单位要根据职责分工，密切配合，在规划计划编制、政策实施、项目安排、体制机制创新等方面给予积极支持。国务院测绘地理信息行政主管部门要牵头做好《规划纲要》的组织实施工作，加强跟踪分析和督促检查，认真研究解决《规划纲要》实施中出现的问题，重大进展及时按程序向国务院报告。

6月1日

［纲　文］　**国务院印发《乡村教师支持计划（2015—2020年）》。**

［目　文］《计划》由四部分组成：一、重要意义；二、总体要求；三、主要举措；四、组织实施。

《计划》要求，省、市、县、乡各级人民政府要制订实施办法，把准支持重点，因地制宜提出符合乡村教育实际的支持政策和有效措施，将本计划的要求进一步明确化、具体化。请各省（区、市）于2015年底前，将本省（区、市）的实施办法报教育部备案，同时向社会公布，接受社会监督。

6月1日

［纲　文］**国务院批复安徽、河南、湖北省人民政府和发展改革委，同意大别山革命老区振兴发展规划**。

［目　文］批复说：一、原则同意《大别山革命老区振兴发展规划》(以下简称《规划》)，请认真组织实施。二、《规划》实施要全面贯彻党的十八大和十八届二中、三中、四中全会精神，按照党中央、国务院决策部署，弘扬老区精神，加大扶贫攻坚力度，深化改革，扩大开放，加快推动产业结构优化升级，构建基本完善的基础设施体系，推进城乡发展一体化，促进基本公共服务均等化，加强生态文明建设，努力把大别山革命老区建设成为欠发达地区科学发展示范区、全国重要的粮食和特色农产品生产加工基地、长江和淮河中下游地区重要的生态安全屏障、全国重要的旅游目的地，使老区人民早日过上富裕幸福的生活。三、安徽、河南、湖北省人民政府要加强对《规划》实施的组织领导，制定具体工作方案，明确责任分工，完善工作机制，加强绩效考核，抓紧推动重点工作和重大项目实施。四、国务院有关部门要按照职能分工，加强工作指导，加大支持力度，全面落实《规划》提出的各项任务。要发挥好大别山集中连片特困地区定点联系机制的作用，加强调查研究，密切部门间以及与安徽、河南、湖北省的沟通联系，指导地方开展相关工作。五、发展改革委要加强对《规划》实施情况的跟踪分析和督促检查，适时组织开展《规划》实施情况评估，重大问题及时向国务院报告。

6月1日

［纲　文］**国务院在北京召开深化职业教育改革创新座谈会**。

［目　文］国务院相关部门负责人出席座谈会。国务院副总理刘延东出席会议时指出，要贯彻落实党中央、国务院决策部署，深化改革、创新模式、完善政策，加快构建现代职业教育体系，为促进大众创新创业和国家现代化建设提供有力人才支撑。“十二五”以来，职业院校为各行业输送近5000万高素质劳动者和技术技能人才，其释放的人才红利，有力促进了经济转型升级和民生改善。要面向经济社会发展和国际竞争大局，将职业教育摆在更加突出位置，加大支持力度，纳入总体规划。要创新人才培养模式，重视培养崇尚劳动、敬业守信、创新务实等职业精神和“匠人精神”，鼓励企业参与人才培养全过程，形成行业企业等多方深度参与的质量评价机制。要推进依法治教，以全国人大常委会开展职业教育法执法检查为契机，推动职业教育法修订工作，进一步完善配套法律法规和政策，努力形成职业教育可持续发展的制度标准体系。

6月1日

［纲 文］ **国家能源局、工业和信息化部、国家认监委公布《关于促进先进光伏技术产品应用和产业升级的意见》。**

［目 文］《意见》由八部分组成：一、发挥市场对技术进步的引导作用；二、严格执行光伏产品市场准入标准；三、实施“领跑者”计划；四、发挥财政资金和政府采购支持光伏发电技术进步的作用；五、加强光伏产品检测认证；六、加强工程产品质量管理；七、加强技术监测和监督；八、完善光伏发电运行信息监测体系等方面的内容。

6月1日

［纲 文］ **财政部发布，2015年26亿中央财政支持农技推广。**

［目 文］ 中央财政下拨2015年农林业科技成果转化与技术推广资金26亿元，用于支持基层农技推广体系改革与建设工作。为加强农业公共服务能力建设，在全国范围内普及乡镇或区域性基层农业技术推广等公共服务机构，从2009年起，中央财政安排资金支持基层农技推广体系改革与建设。截至目前，已累计投入资金127.7亿元。从2012年起，实现了基层农技推广体系改革与建设项目基本覆盖全国所有农业县。

6月1日

［纲 文］ **重庆东方轮船公司所属“东方之星”号客轮在长江大马州水道翻沉。**

［目 文］ 21时约32分，“东方之星”号客轮由南京开往重庆，航行至湖北省荆州市监利县长江大马洲水道（长江中游航道里程300.8千米处）时翻沉，造成442人死亡（事发时船上共有454人，经各方全力搜救，12人生还）。

中共中央总书记习近平立即作出指示，要求国务院即派工作组赶赴现场指导搜救工作，湖北省、重庆市及有关方面组织足够力量全力开展搜救，并妥善做好相关善后工作。同时，要深刻吸取教训，强化各方面维护公共安全的措施，确保人民生命安全。

国务院总理李克强批示交通运输部等有关方面迅速调集一切可以调集的力量，争分夺秒抓紧搜救人员，把伤亡人数降到最低程度，同时及时救治获救人员。

2日凌晨，李克强率国务院副总理马凯、国务委员杨晶以及有关部门负责人，在事件现场指挥救援和应急处置工作。交通运输部门、解放军、武警部队和公安干警、沿江省市等调集动员了大批专业搜救人员、消防官兵以及沿江地区群众，采取空中巡航、水面搜救、水下搜救、进舱搜救和全流域搜救相结合的方式，在事发地及下游水域开展全方位、立体式、拉网式搜寻。

4日，习近平、李克强主持召开中央政治局常务委员会会议和国务院常务会议，强调要组织各方面专家，深入调查分析，坚持以事实为依据，不放过一丝疑点，彻底查明事件原因，以高度负责精神全面加强安全生产管理。

国务院成立“东方之星”号客轮翻沉事件调查组，由安全监管总局牵头，工业和信息化部、公安部、监察部、交通运输部、中国气象局、全国总工会、湖北省和重庆市等有关方面组成，并聘请国内气象、航运安全、船舶设计、水上交通管理和信息化、法律等方面院士、专家参加。

12月30日，“东方之星”号客轮翻沉事件调查组在事故报告中认定，该事件是一起由突发罕见的强对流天气（飑线伴有下击暴流）带来的强风暴雨袭击导致的特别重大灾难性事件。

6月1日

［纲　文］ **“未来之桥”中国和拉丁美洲青年领导人千人培训计划第一期培训交流营见面会在北京举行**。

［目　文］ 2014年7月，国家主席习近平在中国—拉美和加勒比国家领导人会晤期间提出，2015年启动“未来之桥”中拉青年领导人千人培训计划，拟在未来10年内邀请1000名拉美和加勒比地区青年领导人来华参加培训，并与中国青年进行交流。

中华全国青年联合会、中国国际青年交流中心有关负责人以及来自阿根廷、巴哈马、巴西、智利、哥斯达黎加、古巴、多米尼加、厄瓜多尔、墨西哥、乌拉圭10个国家的50位青年学员参加见面会。本次交流培训营为期12天，活动期间，学员们在北京、南昌、井冈山、上海等城市参加一系列学习、参观和交流活动。

国家副主席李源潮3日在北京会见了首批“未来之桥”中拉青年领导人千人培训计划的拉美10国青年代表。

6月1日

［纲　文］ **国务院副总理刘延东在北京会见美国马里兰州州长拉里·霍根**。

［目　文］ 刘延东指出，当前中美关系总体保持稳定发展势头，双方应深化务实合作，推动中美关系始终沿着健康稳定轨道向前发展，更好造福两国和世界人民。构建中美新型大国关系离不开地方间交流合作，希望马州继续加强同中国在经贸等各领域的合作关系，为中美地方交流合作注入新内容。

拉里·霍根表示马州重视对华关系，愿意积极发展对华务实合作，为中美关系健康发展作贡献。

6月1日

［纲　文］ **国务委员杨洁篪在开罗会见埃及总统塞西**。

［目　文］ 杨洁篪说，中方愿同埃方切实落实习近平主席与塞西总统就充实中埃全面战略伙伴关系达成的重要共识，将双边关系提高到新水平。中方将一如既往地支持埃及探索符合本国国情的发展道路，支持埃及的稳定和发展。

塞西说，埃中传统友谊深厚，埃方感谢中方长期以来对埃及的大力支持。习近平主席提出建设“一带一路”倡议，是埃及发展的重要机遇，埃方愿深入参与。埃方愿与中方不断加强全面战略伙伴关系，保持高层互访势头，加强产能、基础设施等领域合作，深化在国际事务中的协调配合。

同日，杨洁篪在开罗会见阿盟秘书长阿拉比，双方就中阿共同落实习近平主席提出的中阿深化合作、共建“一带一路”倡议、推进中阿合作论坛建设达成共识。

6月1日

［纲　文］　**《人民日报》发表题为《为了梦想时刻准备着——热烈祝贺中国少年先锋队第七次全国代表大会开幕》的社论。**

6月2日

［纲　文］　**中共中央办公厅印发《事业单位领导人员管理暂行规定》。**

［目　文］　《规定》共9章40条，主要有总则、任职条件和资格、选拔任用、任期和任期目标责任、考核评价、职业发展和激励保障、监督约束、退出、附则等内容。自2015年5月28日起施行。

6月2日

［纲　文］　**财政部发布《关于加强中央部门预算评审工作的通知》。**

［目　文］　《通知》由四部分组成：一、加强预算评审工作的必要性；二、总体思路；三、重点工作；四、实施保障。

6月2日

［纲　文］　**发展改革委、财政部发布《关于改革全国性职业资格考试收费标准管理方式的通知》，自2015年6月2日起执行。**

6月2日

［纲　文］　**财政部印发《农业综合开发推进农业适度规模经营的指导意见》。**

［目　文］　《意见》由五部分组成：一、指导思想和基本原则；二、以建设高标准农田为载体推进适度规模经营；三、以农业产业化经营为抓手推进适度规模经营；四、以完善农业社会化服务为支撑推进适度规模经营；五、有关要求。

6月2日

［纲　文］　**财政部发布，中央财政下拨2015年农林业科技成果转化与技术推广资金10亿元。**

［目　文］　此次拨付资金用于华北、东北和西北旱区开展旱作农业技术推广工作，重点支持地膜覆盖技术的推广应用。同时，要求地方通过“以旧换新”的补助方式做好地膜回收再利用工作。为了提高残膜回收率，减少农田“白色污染”，从2014年起，“以旧换新”的新膜标准不得低于0.01毫米。

6月2日

［纲　文］　**人民银行公布《大额存单管理暂行办法》，自2015年6月2日起施行。**

6月2日

［纲　文］　**税务总局印发《境外旅客购物离境退税管理办法（试行）》。**

［目　文］　《办法》共7章30条，主要有总则，退税商店的备案、变更与终止，离境退税申请单管理，退税代理机构的选择、变更与终止，离境退税的办理流程，信息传递与交换，附则等内容。自2015年6月2日起执行。

6月2日

［纲　文］　**发展改革委、工业和信息化部公布《新建纯电动乘用车企业管理规定》。**

［目　文］　《规定》共4章20条，主要有总则、投资管理、准入管理、附则等内容。自2015年7月10日起实施。

6月2日

［纲　文］　**国务院在北京召开《中华人民共和国母婴保健法》实施20周年座谈会。**

［目　文］　中华全国总工会、全国妇联、国务院法制办、发展改革委、公安部、国家卫生计生委等部委相关领导出席会议。

国务院副总理刘延东出席会议时说，要深入贯彻母婴保健法，维护发展好亿万妇女儿童健康权益，为打造健康中国、实现全民健康和全面小康做出新贡献。母婴保健法实施20年来，妇幼健康制度体系更加完善，服务网络逐步健全，均等化水平不断提高，妇女儿童健康状况明显改善，主要指标提前实现联合国千年发展目标，取得了历史性成就。

6月2日

［纲　文］　**全国政协主席俞正声在北京会见塞内加尔经济、社会和环境理事会主席塔勒率领的代表团。**

［目　文］　俞正声说，中塞关系稳固，上年两国元首确立了长期友好合作伙伴关系的新定位以来，双方政治互信不断加深，友好往来频繁，互利务实合作成果显著，在国际和地区事务中密切沟通协调，两国已成为重要的合作伙伴。中方高度重视发展中塞关系，支持塞方加强基础设施建设、推动经济发展、改善社会民生的努力。中国全国政协愿积极发展与塞议会和社会各界的友好合作关系，进一步加强同塞经济、社会和环境理事会的交流与合作，共同推动两国关系全面、深入发展。塔勒表示，塞方赞赏中国对非洲合作的相关政策，愿进一步与中方保持和加强友好关系，扩大经贸及投资合作。

6月2日

［纲　文］　**国家副主席李源潮在北京会见法属波利尼西亚自治政府主席弗里奇。**

6月2日—7月4日

［纲　文］　**教育部举办2015年全国职业院校技能大赛。**

［目　文］　大赛在北京、天津、河北、山西、吉林、江苏、浙江、安徽、山东、河南、湖北、广东、广西、重庆、贵州、甘肃、青岛17个赛区举行。全国有500多万名学生参加大赛，1万多名学生参加总决赛。7月4日，在天津举行大赛闭幕式，国务院副总理刘延东、全国政协副主席马培华出席。

6月2—3日

［纲　文］　**文化部在北京召开2015年全国文化厅局对外和对港澳台文化工作会议。**

［目　文］　会议认真学习贯彻党的十八大和十八届三中、四中全会精神与习近平总书记在中央外事工作会议、中央文艺工作座谈会上的重要讲话精神，研究部署如何在新阶

段进一步推动对外和对港澳台文化工作提质增效、创新升级。文化部部长雒树刚、文化部副部长丁伟出席会议。各省区市文化厅局、新疆生产建设兵团文化广播电视局，各计划单列市文化局，文化部相关司局和直属单位，国家文物局，以及香港中联办、澳门中联办、中国文联、中国作协等单位 120 余人参加会议。

6 月 2—8 日

［纲　文］　**第 3 届中国西部交响乐周在乌鲁木齐和吉昌举行。**

［目　文］　交响乐周由文化部、新疆维吾尔自治区政府主办，文化部艺术司、新疆维吾尔自治区文化厅承办。以“音乐的盛会，人民的节日”为宗旨，汇集了来自四川、甘肃、宁夏、广西等 9 个西部省区市的 10 支交响乐团近千名艺术家。

6 月 3 日

［纲　文］　**经中央军委批准《习近平关于培养“四有”新一代革命军人重要论述摘编》印发全军。**

［目　文］　《摘编》选自中央军委主席习近平 2012 年 11 月至 2015 年 2 月期间发表的讲话、批示等重要文献，集中体现了习近平关于培养“四有”新一代革命军人的重大决策部署，全面准确反映了培养“四有”新一代革命军人的重大意义、丰富内涵和实践要求，深刻回答了新形势下培养什么样的军人、怎样培养新一代革命军人的重大问题，为培养堪当强军重任的革命军人提供了根本遵循。

6 月 3 日

［纲　文］　**发展改革委、教育部、司法部、新闻出版广电总局印发《关于下放教材及部分服务价格定价权限有关问题的通知》。**

［目　文］　《通知》说，决定将教材价格及部分服务收费标准下放到省级管理。下放到省级管理的定价项目包括：教材价格，即列入中小学用书目录的教科书和列入评议公告目录的教辅材料印张基准价；公证服务收费；司法鉴定服务收费。

6 月 3 日

［纲　文］　**教育部、发展改革委、财政部、审计署、新闻出版广电总局印发《关于 2015 年规范教育收费治理教育乱收费工作的实施意见》。**

［目　文］　《意见》由两部分组成：一、主要任务：（一）重点治理中小学违规补课及其乱收费问题。（二）深化高校违规招生等突出问题治理。（三）严格规范高等学校学费标准的调整。（四）持续巩固规范教育乱收费问题治理成果。（五）深入开展教师违规收受礼品礼金等问题治理。（六）进一步规范学校服务性收费和代收费行为。（七）加强中央教育民生工程资金使用情况监督检查。二、工作要求：（一）落实治理工作责任。（二）加大监督检查力度。（三）强化责任追究等内容。

《意见》要求，请各地将贯彻落实情况及时报送全国治理教育乱收费部际联席会议办公室。

6月3日

［纲　文］　**国务院副总理汪洋在北京会见英国前首相布莱尔。**

［目　文］　汪洋赞赏布莱尔为推动中英关系健康发展做出的努力和对中方提出的“一带一路”倡议的积极评价，并表示中英两国拥有广泛的共同利益，双方应继续深化互信，扩大合作，推动两国关系迈上新台阶。

6月3日

［纲　文］　**国家主席习近平特使、环境保护部部长陈吉宁在喀土穆出席苏丹总统巴希尔就职典礼。**

6月3日

［纲　文］　**外交部发言人表示，中国是国际法和国际规则的维护者和建设者。**

［目　文］　针对中国在南海的岛礁建设活动，日本内阁官房长官菅义伟6月1日称，避免引发紧张局势轮番升级的单方面行动、根据法治原则采取行动极其重要。中国应在遵守国际规范同时，为地区和全球问题发挥协调性作用。美国领导人也称，不应通过将他国排挤出去的方式宣示主权，也不应通过非国际法手段进行主权声索问题。

中方发言人说：近期一些国家在南海问题上不断提及国际法，如果他们仔细研究过相关国际法，那么请告诉我们，哪条国际法禁止中国在自己拥有主权的岛礁上进行合理建设？哪条国际法允许一国舰机对其他国家岛礁进行抵近侦察？哪条国际法允许一国以航行自由为名损害其他国家主权和正当合法权益？我们反对对国际法进行随意曲解，这样做如果不是“双重标准”，只能是另有所图。中方有关活动合法、合情、合理，中国是国际法和国际规则的维护者和建设者。中国不做违反国际法、损人利己的事，同时坚定依法维护国家的主权、安全和发展利益。希望有关国家客观、公正看待有关问题，真正为亚太和平稳定与繁荣发挥建设性作用。

针对菲律宾总统阿基诺在对日本的访问中，将中国在南海的行为与纳粹德国相提并论，并呼吁美国作为超级大国在南海问题上发挥作用问题，发言人表示，中方对菲方领导人有关荒谬无理言论深感震惊并强烈不满。我再次严肃正告菲方某些人丢掉幻想，回头是岸，停止挑拨挑衅，回到通过双边渠道谈判协商解决争议的正确轨道上来。只要回顾一下南海争议的事实经纬就可以看出，20世纪70年代以来武力非法侵占中国南沙群岛部分岛礁的是菲律宾；1999年以来企图以“坐滩”形式窃占中国仁爱礁的是菲律宾；2012年派遣军舰武力袭扰在中国黄岩岛海域正常作业的中国渔船、渔民的是菲律宾；2013年无视中方作为《联合国海洋法公约》缔约国应有的权利、违背《南海各方行为宣言》和两国间一系列共识，单方面将有关争议提交所谓国际仲裁的是菲律宾；近年来出于一己私利不断勾结域外国家搅浑水、抹黑攻击中国的还是菲律宾。中国是重信守诺的负责任国家，始终致力于通过同直接当事国之间的谈判协商解决有关争议，同时中国政府维护领土主权和海洋权益的意志坚定不移。

6月3日

［纲　文］　**世界高等级特高压直流输电工程在湖南湘潭开始建设。**

［目　文］　酒泉—湖南 ±800 千伏特高压直流输电工程动工。该线路是目前世界上在建的电压等级最高、送电距离最长、输送容量最大的特高压直流输电工程，也是首条直接为湖南供电的特高压线路。工程将全面采用中国自主开发的特高压直流输电技术和装备，工程开工标志着中国特高压电网进入全面提速、大规模建设的新阶段。

该输电线路起于甘肃酒泉，途经甘肃、陕西、重庆、湖北、湖南5省（市），止于湖南湘潭县，总长约2383公里，动态投资262亿元。酒泉—湖南工程对于促进甘肃能源基地开发，缓解华中地区用电供需矛盾等具有十分重要的意义。

6月3日

［纲　文］　**《人民日报》发表题为《安全防线一刻不能松懈》的评论员文章。**

6月3日

［纲　文］　**《人民日报》发表题为《事业单位领导人员管理的基本遵循》的评论员文章。**

6月3—4日

［纲　文］　**外交部部长王毅在莫斯科出席上海合作组织外长会议和上海合作组织地区安全与稳定问题高级别会议。**

［目　文］　3日，王毅出席上海合作组织外交部长会议并在发言中表示，2014年杜尚别峰会以来，上合组织各领域合作稳步推进，为维护地区发展稳定和成员国利益继续发挥重要建设性作用。中方赞赏俄罗斯作为轮值主席国为此做出的努力。上合组织的发展充分证明，本组织为保障成员国共同安全提供了可靠平台，为各方实现合作共赢带来了重要机遇。继续团结一致，做大、做实、做强上合组织，完全符合成员国发展振兴的现实需要，顺应区域一体化的时代潮流，有利于实现地区稳定与繁荣的长远目标。面对新形势，上合组织发展如“逆水行舟、不进则退”。我们必须不断深化合作，加大投入，以更加坚定的决心、明确的规划和有力的措施，推动上合组织继续沿着高效、务实、健康的方向快速发展。

各国外长积极评价上合组织一年来的发展成绩，就上合组织加强安全、经贸、人文等领域交流合作，增强在国际和地区事务中协调合作，共同纪念世界反法西斯战争胜利70周年，稳步推进扩员进程等进行深入讨论，达成广泛一致。会上，各国外长签署了为乌法上合组织峰会准备的13个成果文件草案，并通过了外长理事会新闻公报。至此，乌法上合组织峰会的政治准备工作已基本就绪。

4日，王毅出席上海合作组织地区安全与稳定问题高级别会议并在发言中表示，当前国际形势深刻演变，本地区形势总体稳定，发展经济、改善民生已成为大势所趋、人心所向。但受域内外因素影响，地区国家普遍面临经济下行压力，地区安全稳定仍面临各种威胁和挑战。

来自上合组织成员国、观察员国、对话伙伴以及上合秘书处、地区反恐机构执委会的外交部长或高级代表出席会议。各方一致认为，当前地区安全形势复杂多变，面对各种传统和非传统安全威胁和挑战，本地区国家应在上合组织框架下并同其他国际和地区组织加强合作，携手应对，共同打击极端主义、恐怖主义和分裂主义，妥善解决热点问题，积极推进阿富汗和平重建，加强区域互联互通和经贸合作，全力维护地区安全和稳定。

6月3—15日

［纲　文］ **“中国梦·太行魂——全国中国画作品展”在中国美术馆举办**。

［目　文］ 作品展由中国美术家协会、文化部艺术司、山西省文化厅主办。本次展览分设创作展区和写生展区，展出了包括杨晓阳、张仃、刘大为等120位全国知名画家的200余幅中国画作品。作品展在中国人民抗日战争暨世界反法西斯战争胜利70周年之际举办，旨在弘扬中华民族坚韧不屈的精神，促进当代中国美术的创新发展，弘扬中国画艺术的时代风貌和民族精神。

6月4日

［纲　文］ **李克强主持召开国务院常务会议**。

［目　文］ 会议主要内容是：一、听取关于“东方之星”号客轮翻沉事件救援和应急处置情况及下一步工作打算的汇报。会议指出，“东方之星”号客轮翻沉事件发生后，按照党中央、国务院部署，有关地方、部门和人民解放军、武警部队迅速行动，争分夺秒搜救人员。国务院事件调查组组织船舶结构、航行安全、气象水文等方面专家，实事求是查明事件原因。准确发布信息，做到及时、公开、透明。以高度负责的精神全面加强安全生产管理。二、确定大力推进大众创业万众创新的政策措施，增添企业活力，拓展发展新天地。会议认为，推进大众创业、万众创新，要坚持改革推动，以市场活力和社会创造力的释放促进生产力水平上新台阶、开辟就业新空间、拓展发展新天地。三、部署促进社会办医健康发展，满足群众多样化健康需求。会议指出，按照国务院部署，结合医药卫生体制改革，促进社会办医健康发展，有利于扩内需、惠民生和发展现代服务业。四、决定实施法人和其他组织统一社会信用代码制度，提高社会运行效率和信用。会议认为，对法人和其他组织统一社会信用代码，是构筑社会信用体系、建设全国统一市场的重要改革举措，能促进公共管理水平提升和交易成本下降，实现社会运行效率倍增。会议决定，实施法人和其他组织统一社会信用代码制度，在注册登记时一次性免费发放统一代码和登记证（照）。对已设立的法人和其他组织，原则上在2017年底前完成代码和证（照）转换，旧证（照）在到期前继续有效。

6月4日

［纲　文］ **环境保护部发布《2014中国环境状况公报》**。

［目　文］ 《公报》指出，2014年，在党中央、国务院的高度重视下，生态文明建设和生态环境领域改革取得积极进展，大气、水、土壤污染防治迈出新步伐，主要污染物总量减排年度任务顺利完成，环境保护优化发展的综合作用继续显现，环境法制建设、执法监管和环境风险管理更加有力，生态环境保护稳步推进，核与辐射安全可控。

6月4日

［纲　文］　**国务院办公厅印发《关于转发国家卫计委等部门制订的全国精神卫生工作规划（2015—2020年）的通知》。**

［目　文］　《通知》说，卫生计生委、中央综治办、发展改革委、教育部、公安部、民政部、司法部、财政部、人力资源社会保障部、中国残联《全国精神卫生工作规划（2015—2020年）》已经国务院同意，现转发给你们，请结合实际认真贯彻执行。

6月4日

［纲　文］　**全国政协在北京召开双周协商座谈会，就做好西部农牧区包虫病防治工作建言献策。**

［目　文］　全国政协主席俞正声主持座谈会。全国政协副主席杜青林、张庆黎、马飚出席座谈会。全国政协副主席韩启德在会上发表了意见。国家卫生和计划生育委员会主任李斌、农业部副部长于康震介绍有关情况。国家发展和改革委员会副主任张勇、财政部部长助理许宏才参加会议并与委员互动交流。全国政协委员黄洁夫、白玛、王宇、鲍义志、王正荣、洛桑山丹、丁洁、栗震亚、菊红花、杨兴平、高春芳、曹洪欣、张灼华、牛广明、刘迎龙，以及专家学者蔡金山、温浩在座谈会上发言。

委员们认为，做好包虫病防治工作，领导重视是关键。特别是包虫病高发区的领导，要把这项工作作为一件大事来抓，采取有力措施，力争取得明显成效。一些委员建议，一是完善规划，落实责任。要在科学评估《防治包虫病行动计划（2010—2015）》实施效果的基础上，制定"十三五"时期防治规划，明确防治的目标、体系及队伍建设等。二是综合防治，重在源头。解决包虫病既要治疗，更要预防，特别是要加强源头防控。三是普及知识，加强科研。包虫病高发区应从小学生开始普及预防知识，藏区要重点在村级防疫员、僧人中普及防治知识。加强科研攻关，力争在早期诊断技术、疫苗研发等方面有所突破。四是增加投入，明确重点。尤其要把川、甘、青、藏交界区域作为包虫病防治重点，从技术、资金等方面给予支持。五是部际联动、建立机制。建立部际联席会议制度，形成国家卫生和计划生育委员会牵头，有关部门参加的联控联防机制。

6月5日

［纲　文］　**习近平主持召开中央全面深化改革领导小组第13次会议。**

［目　文］　中央全面深化改革领导小组副组长李克强、刘云山、张高丽出席会议。中央全面深化改革领导小组成员出席，中央和国家有关部门负责人列席会议。

中央全面深化改革领导小组组长习近平强调，试点是改革的重要任务，更是改革的重要方法。试点能否迈开步子、趟出路子，直接关系改革成效。要牢固树立改革全局观，顶层设计要立足全局，基层探索要观照全局，大胆探索，积极作为，发挥好试点对全局性改革的示范、突破、带动作用。

会议主要内容是：一、会议审议通过了以下内容：（一）《关于在深化国有企业改革中坚持党的领导加强党的建设的若干意见》。会议强调，坚持党的领导是我国国有企业的独特优势。要坚持党管干部原则，建立适应现代企业制度要求和市场竞争需要的选人用人机制。要把加强党的领导和完善公司治理统一起来，明确国有企业党组织在公司法人治理结构中的法定地位。国有企业党组织要承担好从严管党治党责任。（二）《关于加强和改进企业国有资产监督防止国有资产流失的意见》。会议指出，防止国有资产流失，要坚持问题导向，立足机制制度创新，强化国有企业内部监督、出资人监督和审计、纪检巡视监督以及社会监督，加快形成全面覆盖、分工明确、协同配合、制约有力的国有资产监督体系。要完善制度、严肃问责，依法依规开展监督工作，完善责任追究制度。（三）《关于完善国家统一法律职业资格制度的意见》。会议指出，完善国家统一法律职业资格制度，目的是建设一支忠于党、忠于国家、忠于人民、忠于法律的高素质社会主义法治工作队伍，为全面依法治国提供人才保障。（四）《关于招录人民法院法官助理、人民检察院检察官助理的意见》。会议强调，建立从政法专业毕业生中招录法官助理、检察官助理的规范机制，对推进人民法院、人民检察院队伍正规化、专业化、职业化建设，提高司法队伍整体职业素质和专业水平具有重要意义。（五）《关于进一步规范司法人员与当事人、律师、特殊关系人、中介组织接触交往行为的若干规定》。会议指出，依法规范司法人员与当事人、律师、特殊关系人、中介组织的接触交往行为，对全面推进依法治国、建设社会主义法治国家、确保司法机关公正廉洁司法十分重要。二、会议同意海南省就统筹经济社会发展规划、城乡规划、土地利用规划等开展省域“多规合一”改革试点。

会议强调，对一些矛盾问题多、攻坚难度大的改革试点，要科学组织，在总结经验的基础上全面推广。根据改革需要和试点条件，灵活设置试点范围和试点层级。改革试点要注意同中央确定的大的发展战略紧密结合起来，为国家战略实施创造良好条件。要鼓励地方和基层在教育、就业、医疗、社会治理、创新创业等关系群众切身利益的方面积极探索。对涉及风险因素和敏感问题的改革试点，要确保风险可控。要加强改革试点统筹部署和督察指导。主责部门要落实主体责任，谁主管、谁牵头、谁负责。

6月5日

［纲　文］　**国务院批复海关总署，同意建立国务院口岸工作部际联席会议制度。**

［目　文］　批复说：同意建立由国务院领导同志牵头负责的口岸工作部际联席会议制度。联席会议不刻制印章，不正式行文，请按照国务院有关文件精神认真组织开展工作。国家电子口岸建设协调指导委员会同时撤销。

6月5日

［纲　文］　**银监会公布《中国银监会外资银行行政许可事项实施办法》等五个实施办法。**

［目　文］　五个管理办法是：《中国银监会外资银行行政许可事项实施办法》《中国银监会信托公司行政许可事项实施办法》《中国银监会中资商业银行行政许可事项实施办

法》《中国银监会农村中小金融机构行政许可事项实施办法》《中国银监会非银行金融机构行政许可事项实施办法》，自2015年6月5日起施行。

6月5日

［纲　文］　**中央统战部在北京召开非公有制经济人士建言“十三五”规划专题座谈会。**

［目　文］　会议由中央统战部部长孙春兰主持，全国政协主席俞正声出席。中央统战部、发展改革委、人民银行、证监会有关负责人参加座谈会。座谈会上，非公有企业负责人结合企业和行业发展实际，就“十三五”时期经济转型和提质增效、生态文明建设、实施“一带一路”建设、投融资体制改革、优化科技资源配置、发展现代农业、乳业规模化国际化发展等谈了意见和建议。

俞正声说，社会主义基本制度和市场经济有机结合，公有制经济和非公有制经济共同发展，是中国共产党推动解放和发展社会生产力的伟大创举。面向“十三五”，非公有制经济要抓住用好战略机遇，有效应对各种风险挑战，努力迈向中高端水平，使企业更有效率、发展更可持续，需要不断壮大企业家队伍，激发企业家精神，发挥企业家才能。希望民营企业家增强创业创新创造的责任感使命感，以发展新技术、新产品、新业态、新商业模式为重要途径和抓手，在推进结构调整、培育新增长点、加快转型升级中发挥更大作用。

6月5日

［纲　文］　**国家副主席李源潮会见厄瓜多尔政治局委员、道德纪律委员会主席卡拉斯科率领的主权祖国联盟运动代表团。**

6月5日

［纲　文］　**《人民日报》发表题为《突出问题导向，贯彻从严要求》的评论员文章。**

6月5日

［纲　文］　**《人民日报》发表题为《依法推进香港普选是中央坚定不移的立场》的评论员文章。**

6月5—6日

［纲　文］　**全国农村基层党建工作座谈会在杭州召开。**

［目　文］　中共中央政治局常委刘云山出席会议并讲话。各省区市、新疆生产建设兵团党委组织部长，中央有关部门负责人参加会议。浙江省、安徽省、湖北省和山东省齐河县、辽宁省周坨子镇、四川省两河村的负责人介绍了经验。与会人员实地考察了浙江农村基层党建情况。

刘云山强调，强化问题导向，抓好责任落实，全面提升农村基层党建工作水平。做好“三农”工作关键在农村基层党组织，要深入贯彻习近平总书记重要指示精神，围绕发挥党组织战斗堡垒作用和党员先锋模范作用，强化问题导向、抓好责任落实、加大保障力度，全面提升农村基层党建水平，为促进农村改革发展稳定、协调推进“四个全面”战略布局提供坚强保证。

6月6日

［纲 文］ **国务院任命王仲伟为国务院参事室主任，免去陈进玉的国务院参事室主任职务。**

6月6日

［纲 文］ **第5次中日财长对话在北京举行。**

［目 文］ 中国财政部部长楼继伟与日本副首相兼财务大臣麻生太郎共同主持对话。两国财长一致认为，中日财长对话平台有助于深化两国在宏观经济形势与政策方面的沟通，加强在财金领域的合作，从而在经济财金领域进一步推动中日战略互惠关系。双方一致认为，当前全球经济仍处于深度调整期，双方都认识到主动进行经济结构调整的必要性。双方同意进一步深化宏观经济政策沟通与协调，加强在应对外部风险和不确定性方面的相互沟通和合作，就重大国际经济与金融问题保持磋商。双方强调要进一步深化双边财金务实合作，加强在双边预算、税收、社保体系改革、公共债务管理以及关税政策等方面的沟通交流，进一步提升财金合作水平，支持两国在经贸、投资领域的合作。

同日，国务院副总理张高丽在北京会见麻生太郎时表示，中方始终高度重视中日关系，一贯主张在中日四个政治文件基础上，本着以史为鉴、面向未来的精神推动中日关系向前发展。上年底以来，两国领导人两次举行会见，中日关系总体延续了改善势头，双方应继续相向而行，推动两国关系持续稳定改善并取得新的发展。中日财金合作是两国经济关系的重要组成部分，加强双方在宏观经济政策和财金领域的务实合作，有利于推动中日战略互惠关系健康稳定发展。麻生太郎表示，日方重视日中关系，推动两国关系改善发展符合双方利益，愿与中方加强经济财金等领域合作，促进两国经济持续稳定增长。

6月6—8日

［纲 文］ **刘云山在福建就"三严三实"专题教育进行调研。**

［目 文］ 中共中央政治局常委、中央书记处书记刘云山在漳州、福州、平潭综合实验区走进村民家中，深入社区服务中心，了解群众生活和便民服务情况。大家赞誉党风建设的新气象，期盼好的态势巩固下去。刘云山说，开展"三严三实"专题教育，就是要深入贯彻全面从严治党的要求，在已有基础上再添把火、再加把力，彰显"严"的精神和"实"的作风，使之成为领导干部的自觉和习惯。

刘云山在东山县谷文昌纪念园，了解谷文昌带领群众苦干实干把荒岛变绿洲的感人事迹，并主持召开座谈会，交流学习谷文昌精神的感悟体会。刘云山说，政声人去后，口碑胜金杯。谷文昌离开人们那么久，依然为人们所传颂，就因为他为群众办了好事，活在了百姓心中，就因为他的精神具有永恒价值，时代需要更多谷文昌式的好干部。

调研期间，刘云山召开"三严三实"专题教育调研座谈会时强调，要把握主题、聚焦问题，既巩固扩大从严治党的成果，又有效解决党的建设面临的新问题，解决领导干部能力不足、担当精神缺乏、不作为慢作为等问题，延展深化思想政治建设和作风建设。要做好融入日常教育这篇文章，探索加强经常性教育的措施办法，边实践边总结，把好做法好经验固化下来。要贯彻从严从实的精神，认真落实领导责任，高标准严要求，重实际求实效，坚决防止形式主义、防止走过场。

6 月 7—8 日

［纲　文］　**汪洋出席米兰世博会中国国家馆日活动和联合国粮农组织“反饥饿杰出进展”特别活动**。

［目　文］　国务院副总理汪洋出席中国国家馆日活动并致辞表示，作为农业大国、人口大国、文明古国，中国对本届世博会“滋养地球，生命能源”主题有着独特的情愫和深刻理解。中国馆以“希望的田野，生命的源泉”为主题，贯穿“天、地、人、和”的设计理念，展示了中国农耕文化、现代农业科技和中国有效利用资源、保障粮食安全的努力。中国愿通过米兰世博会与世界各国交流互鉴，并增进中意人民友谊，深化多领域合作，促进中意全面战略伙伴关系深入发展。

联合国粮农组织“反饥饿杰出进展”特别活动 7 日在意大利罗马举行。中国被授予世界粮食峰会目标奖。汪洋出席时介绍了中国在农业发展和保障粮食安全方面的政策措施，并表示联合国粮农组织授予中国世界粮食峰会目标奖，表彰中国提前完成世界粮食首脑会议目标，体现了国际社会对中国农业发展和减贫成就的肯定。中国将更加重视农业可持续发展，积极开展与各国和相关国际组织的国际合作，为共同建设无饥饿的世界做出积极贡献。

6 月 7—16 日

［纲　文］　**全国人大常委会委员长张德江赴俄罗斯出席中俄议会合作委员会机制性会议和金砖国家议长首次会议并访问韩国、印度**。

［目　文］　8 日，金砖国家议会论坛在莫斯科举行，张德江、俄罗斯联邦委员会主席马特维延科和国家杜马主席纳雷什金、巴西参议长卡列罗斯和众议长库尼亚、南非省务院主席莫迪塞和国民议会副议长策诺利以及印度人民院国际事务委员会主席塔鲁尔出席。就如何应对全球政治经济问题、加强议会合作等发表看法和主张。张德江在发言中指出，金砖国家合作起步时间不长，但发展势头良好。特别是金砖国家领导人会晤机制的建立，为合作健康深入发展提供了政治指引和强大动力。当前形势下，金砖国家要秉承开放、包容、合作、共赢的精神，加强交流合作，在应对全球政治经济问题、促进人类和平发展中发挥建设性作用。为此，他提出四点建议：一是共同维护世界和平稳定和国际公平正义，推动国际秩序朝着更加公正合理的方向发展。二是携手推动共同发展，实现国家繁荣富强和民族振兴。三是深化各领域务实合作，努力构建互利共赢的利益共同体。四是推动完善全球经济治理，促进发展中国家和发达国家共同发展、平衡发展。

9 日，张德江在莫斯科出席中俄议会合作委员会第一次会议开幕式时说，中国全国人大与俄联邦会议在定期交流机制框架下，取得丰硕合作成果。新的合作委员会机制的建立，为开展更深层次、更高水平合作提供了广阔空间。俄罗斯国家杜马主席纳雷什金和俄联邦委员会主席马特维延科先后致辞。同日，张德江在莫斯科会见俄罗斯总统普京。

11—13 日，张德江对韩国进行正式友好访问。访问期间，张德江在首尔分别会见了韩国总统朴槿惠、议长郑义和、新国家党党首金武星、新政治民主联合党党首文在寅；考察了部分韩国知名企业。

13—16 日，张德江对印度进行正式友好访问。访问期间，张德江在新德里分别会见了印度总统慕克吉、总理莫迪和安萨里、马哈詹、印度国大党主席索尼娅·甘地、印度前总理辛格并向甘地墓敬献了花环。在孟买，张德江会见了马哈拉施特拉邦邦长拉奥、首席部长法德纳维斯和下院议长巴格德等。会见了柯棣华大夫亲属及柯棣华纪念委员会主要成员，参观了柯棣华大夫图片展，缅怀柯棣华大夫和印度援华医疗队为中国人民抗日战争作出的宝贵贡献。

6 月 7—10 日

［纲　文］　**国务院副总理刘延东在瑞士洛桑出席 2022 年冬季奥运会候选城市与国际奥委会委员的陈述交流会**。

［目　文］　9 日，2022 年冬奥会候选城市与国际奥委会委员的陈述交流会在瑞士洛桑举行。这是 7 月 31 日国际奥委会第 128 次全会对候选城市进行投票前，最后一次陈述活动。2022 年冬奥会候选城市北京与阿拉木图分别进行陈述并回答提问。刘延东、哈萨克斯坦总理马西莫夫分别率团出席陈述活动。

刘延东代表中国政府作陈述时表示，中国政府和社会各界一致支持北京携手张家口申办 2022 年冬奥会和冬残奥会，中国人民对冬奥会满怀激情与向往。中国政府将信守所有承诺，为北京 2022 年冬奥会提供全方位支持，在财政、法律、安保和组织运行等方面提供安全可靠的保障和完善便捷的服务。中国把建设生态文明、环境保护、实现可持续发展作为国家战略，北京 2022 年冬奥会及广大民众将成为直接受益者。中国申办冬奥会，将在世界 1/5 的人口中更好地传播奥林匹克团结、友谊、和平的宗旨和理念，将带动 3 亿中国人参与冰雪运动，并将为健康中国、国际奥林匹克运动做出新贡献。我们期待与全世界分享中国冬季运动蓬勃发展带来的新机遇，也将尽最大可能支持发展中国家发展体育事业和奥林匹克运动。中国具有悠久历史和灿烂文明，也是一片充满活力的热土。在中国举办 2022 年冬奥会，必将成就一届令人难忘的冬奥庆典。

会议期间，刘延东在洛桑会见马西莫夫时表示，中哈两国是全面战略伙伴和利益共同体。当前，中哈关系处于历史最好时期。两国领导人交往密切，产能合作迈出重要步伐，人文领域合作富有成果。希望双方进一步采取措施，促进人员往来。中哈都在申办 2022 年冬奥会，这为双方加强体育交流合作提供了新契机，希望双方共同努力推进国际奥林匹克事业。马西莫夫表示，哈中关系非常紧密，2015 年 5 月习近平主席成为纳扎尔巴耶夫总统连任后首位到访的外国元首。哈方重视发展对华关系，希与中方保持高层互访势头，加强包括体育在内的各领域合作，扎实推进“一带一路”建设。

6月8日

［纲　文］　**国务院办公厅印发《关于调整中国人民银行货币政策委员会组成人员的通知》。**

6月8日

［纲　文］　**俞正声在北京主持召开调研协商座谈会，就推进“一带一路”建设和制定“十三五”规划进行座谈交流。**

［目　文］　民革中央、民盟中央、民进中央、台盟中央、全国工商联负责人和无党派人士代表，就推进“一带一路”建设和制定“十三五”规划建言献策。中央统战部部长孙春兰出席。发展改革委、民政部、农业部、商务部、文化部、新闻出版广电总局、国台办、银监会和福建省有关负责人与会交流。

民革中央主席万鄂湘建议，明确平潭综合实验区特殊定位，支持平潭成为“一带一路”的重要起航点。民盟中央主席张宝文提出，将养老服务业确定为民生经济的支柱性产业，构建政策支持体系，推进居家养老、医养结合，鼓励民间资本进入。民进中央主席严隽琪建议，完善公共文化服务体系建设，实施“文、体、教、科普”公共文化服务联合行动、全民阅读提升计划。台盟中央副主席黄志贤提出，明确台湾农民创业园的功能定位，推动两岸农业交流、促进两岸基层民众往来。全国工商联主席王钦敏建议，引导支持民营企业参与“一带一路”建设，加快建立政策支撑体系，加大财税、金融、保险、外汇的支持力度。无党派人士林毅夫建议，建立有区别的产业政策体系，优化政府服务体系，完善促进“一带一路”发展的“软环境”。

全国政协主席俞正声指出，“一带一路”是以习近平同志为总书记的党中央提出的重大战略，希望各民主党派、工商联和无党派人士围绕一些重点难点问题，深入开展调研，积极献计出力。“十三五”规划是全面建成小康社会进入攻坚阶段的“收官”性规划，也是为第二个一百年目标全面布局的“奠基”性规划，希望大家围绕“十三五”时期经济社会发展的重大任务和改革举措，深入调查、深化研究，提出真知灼见，为制定科学完善的“十三五”规划做贡献。希望各民主党派切实加强参政党建设，不断提高履职尽责的能力和水平。相关部门要为搞好政党协商、充分发挥民主党派和无党派人士作用，创造好的条件，提供必要支持。

6月8日

［纲　文］　**税务总局公布《税收减免管理办法》，自2015年8月1日起施行。**

6月8日

［纲　文］　**安全监管总局公布《关于修改后的〈煤矿安全监察员管理办法〉等五部煤矿安全规章的决定》。**

［目　文］　《决定》对《煤矿安全监察员管理办法》《煤矿安全监察行政处罚办法》

《煤矿建设项目安全设施监察规定》《煤矿企业安全生产许可证实施办法》《煤矿领导带班下井及安全监督检查规定》的部分条款予以修改，自2015年7月1日起施行。

6月8日

［纲　文］　**安徽省第十二届人民代表大会常务委员会第二十次会议表决通过关于接受张宝顺辞去安徽省人大常委会主任职务请求的决定、关于接受王学军辞去安徽省人民政府省长职务请求的决定，决定任命李锦斌为安徽省人民政府副省长、代理省长。**

6月8—16日

［纲　文］　**中央军委副主席范长龙对美国和古巴进行正式友好访问。**

［目　文］　8—13日，范长龙对美国进行访问，与美国国防部长卡特举行了会谈；分别会见了美总统国家安全事务助理赖斯、代理国务卿布林肯、陆军参谋长奥迪尔诺，并见证了《中美陆军交流与合作对话机制框架文本》的签署。双方还就朝鲜半岛、中国台湾、日本、网络安全等交换了看法。范长龙要求美方恪守一个中国政策，不向“台独”势力发出错误信号。

会见会谈中，范长龙指出，2015年9月，习近平主席将对美国进行国事访问，这是2015年中美关系发展中的头等大事。我们将与美方共同努力，确保访问取得圆满成功。我此访的目的，就是为了落实中美两国元首达成的重要共识，推动两军关系稳步发展。范长龙提出，中美两军应积极构建“互信、合作、不冲突、可持续”的新型军事关系，进一步密切交往、加强合作、管控风险。在南海问题上，范长龙敦促美方继续秉持不选边站队立场，减少在南海地区的海空军事活动，客观公正地看待和处理问题，不做损害两国两军关系和地区和平与稳定的事情。他说，南海问题只是中美关系中的一个插曲，美中双方应登高望远，关注更多重大的国际和地区问题。

卡特说，美中两军关系有很大的发展潜力，应致力于建立可持续、务实的军事关系。赖斯表示，美方期待习主席访美，希望双方尽早完成空中相遇安全行为准则的磋商。布林肯说，一个稳定、实质性的两军关系对于美中两国发展可持续、建设性的双边关系至关重要。

美方表示，南海问题不是美中之间的问题，美方对南海主权争议不持立场，希望有关各方通过谈判协商以和平方式解决问题。

13—16日，范长龙在访问古巴期间，在哈瓦那会见了古巴国务委员会主席兼部长会议主席劳尔·卡斯特罗，转达了习近平主席对劳尔·卡斯特罗主席的亲切问候和良好祝愿，并表示中古建交55年来，在两国领导人的精心培育和亲自推动下，中古关系经受住了国际风云变幻的考验，两国关系稳定发展。2014年7月，习近平主席对古巴进行成功访问，推动双边关系进入新的发展阶段。我此访的目的，就是要落实习近平主席与劳尔主席在发展两国两军关系方面达成的共识，进一步增进中古两国两军之间的传统友谊，深化双方务实合作，推动两军关系不断向前发展。劳尔·卡斯特罗请范长龙转达对习近平主席的亲切问候和良好祝愿，并表示中国是古巴坚定可靠的朋友，古巴高度重视发展对华关系，希望两军进一步加强务实合作，不断提升两军关系水平。

范长龙在哈瓦那探望了古巴革命领导人菲德尔·卡斯特罗。菲德尔·卡斯特罗表示，中古两国传统友好，中国作为世界上人口最多的国家，政治社会稳定，经济快速发展，非常有前途。习近平主席是非常睿智的领导人，相信他会很好地处理好内政外交重大问题，确保中国发展进程稳定前进。

范长龙与古巴革命武装力量部部长辛特拉举行了会谈，就推动中古两军关系发展交换了意见，明确了深化务实合作的若干举措。

6月8—13日

［纲　文］　**应国家主席习近平邀请，安哥拉共和国总统多斯桑托斯对中国进行国事访问。**

［目　文］　访问期间，习近平在北京同多斯桑托斯举行会谈。两国元首高度评价中安友好合作，同意携手努力，全面深化中安战略伙伴关系，把两国传统友好优势转化为合作共赢的动力，更好造福两国人民并共同见证了经贸、交通、电力、金融等领域双边合作文件的签署。国务院总理李克强、全国政协主席俞正声在北京分别会见了多斯桑托斯。多斯桑托斯还赴天津参观访问。

习近平在与多斯桑托斯会谈时指出，中安合作共赢、共同发展互有需要、互有优势、互为机遇。双方应坚持从战略高度和长远角度把握中安关系发展正确方向，增强政治互信，支持对方自主选择和完善发展道路，在涉及各自核心利益和重大关切问题上相互理解和支持。中国和非洲历来是休戚与共的利益共同体和命运共同体，加强同非洲国家的团结合作是中方长期坚定的战略选择。中方愿同包括安哥拉在内的非洲友好国家保持密切沟通，通过中非合作论坛等为中非关系和互利合作作出新的规划和部署，全面推动以合作共赢为核心的中非新型战略伙伴关系，促进中非共同发展，让双方人民深切感受到中非友好带来的实实在在福祉。

多斯桑托斯表示，安哥拉同中国保持着深厚互信和互利合作，为两国战略伙伴关系奠定了牢固的基础。新形势下，双方在安中战略伙伴关系框架下加强并拓展合作，将极大推动安哥拉发展。安哥拉政府正努力致力于国家经济多元化，希望在基础设施、教育、科技、电力、人员培训、农业、工业、金融等领域加强同中方的合作。

李克强在会见多斯桑托斯时指出，要强化政府引领，推进石化、钢铁、建材、轻纺、农产品加工等重点领域产能合作。拓展合作模式，开展公路、机场、通信、电力等基础设施建设合作。提升金融合作水平，拓宽融资渠道，为产能及贸易与投资合作提供融资支持。推进人力资源开发，为产能合作培训所需人才。多斯桑托斯表示，安正处于经济重建和工业化的重要时期，十分需要并期待中国扩大对安投资，愿在基础设施和民生设施建设、技术和装备、发展经验、人员培训等多方面加强与中方合作，进一步深化工业、农业、能源、金融等领域合作，将安中战略伙伴关系推向更高水平。

俞正声在会见多斯桑托斯时说，中国全国政协愿积极发展同安哥拉议会、政党和社会各界的友好合作关系，在改革开放、发展经济等方面开展交流互鉴，动员和鼓励更多中国民营企业赴安投资兴业。多斯桑托斯说，安方感谢中方对安哥拉经济社会发展提供的帮助与支持，愿同中方进一步深化各领域互利合作，加强议会交流，推动双边关系不断向前发展。

6月8—16日

［纲　文］　**“中国—南亚博物馆高级管理人员研修班”在故宫博物院举行**。

［目　文］　研修班由故宫博物院和中国博物馆协会联合主办。本次研修班旨在促进中国与南亚地区文化遗产和博物馆领域高层管理人员之间的学术、业务交流，为中国与南亚的博物馆界搭建学习与沟通的平台，为双方今后的深入合作开启新通道，为中国及南亚地区文化遗产与博物馆事业发展贡献力量。来自南亚八国及中国云南、四川、甘肃、西藏、新疆等省、自治区主要博物馆的30名高级管理人员参加培训。

6月9日

［纲　文］　**国务院总理李克强在北京会见联合国工业发展组织总干事李勇**。

［目　文］　李克强表示，中国同工发组织的合作不断扩大，取得积极成果。中国正在推进新型工业化，坚持创新驱动，促进智能转型，推动绿色发展。我们积极开展国际产能合作，带动中国装备走出去。这既是中国经济发展到今天的客观需要，契合发展中国家工业化和发达国家再工业化的需求，也是扩大南南合作、深化南北合作的重要途径。中国重视发展同工发组织的合作，将一如既往支持工发组织和总干事的工作，愿同工发组织一道，帮助发展中国家加快工业化进程，推动包容与可持续工业发展，更好实现互利共赢。

李勇表示，工发组织感谢中国政府长期以来的支持，赞赏中方全面深化改革，推进新型工业化发展，愿同中方加强双边和三方产能合作，为全球发展事业做出贡献。

6月9日

［纲　文］　**财政部、税务总局公布《关于推广中关村国家自主创新示范区税收试点政策有关问题的通知》**。

［目　文］　《通知》说：根据国务院决定，中关村国家自主创新示范区有关税收试点政策推广至国家自主创新示范区、合芜蚌自主创新综合试验区和绵阳科技城实施，自2015年1月1日起执行。

中关村推广到示范地区的4项税收试点政策分别是：给予企业相关技术人员股权奖励，可在5年内分期缴纳个人所得税；有限合伙制创投企业投资于未上市中小高新技术企业2年以上的，可按投资额的70%抵扣应纳税所得额；对转让技术所有权或5年以上许可使用权取得的收入，免征或减征企业所得税；对中小高新技术企业向个人股东转增股本应缴纳的个人所得税，允许在5年内分期缴纳。

6月9日

［纲　文］　**发展改革委、能源局印发《输配电定价成本监审办法（试行）》**。

［目　文］《办法》共4章20条，主要有总则、输配电定价成本构成与归集、输配电定价成本核定方法、附则等内容。自2015年7月1日起施行。

6月9日

［纲　文］**食品药品监管总局公布《关于对取消和下放行政审批事项加强事中事后监管的意见》。**

［目　文］《意见》由十部分组成：一、明确取消和下放的行政审批事项；二、科学依法简政放权；三、统一规范审批标准；四、强化承接能力建设；五、加强日常监督检查；六、严厉查处违法行为；七、严格审批备案和事后评估；八、优化行政受理服务；九、深化监管信息公开；十、依法依纪严肃问责。

6月9日

［纲　文］**卫生计生委、中医药局、中国红十字会总会、总后勤部卫生部公布《关于进一步加强血液管理工作的意见》。**

［目　文］《意见》由五部分组成：一、依法推动无偿献血工作，二、稳步提高血站服务能力，三、建立血液供应保障机制，四、强化宣传教育和舆论引导，五、加强监督管理。

6月9日

［纲　文］**国家艺术基金在北京召开2015年度专家电视电话会议。**

［目　文］文化部部长雒树刚、国家艺术基金理事会理事长蔡武出席会议并讲话；国家艺术基金管理中心主任韩子勇结合2014年评审工作和2015年项目申报情况，就评审工作安排、评审程序与方法，以及评审要点等作了专题辅导；财政部部长助理、国家艺术基金理事会副理事长余蔚平出席会议。会议由国家艺术基金理事会副理事长、秘书长赵少华主持。中国文联副主席、中国美术家协会主席刘大为，中国作家协会副主席、中国艺术研究院文学院院长莫言，中国戏剧家协会主席尚长荣，中国曲艺家协会主席姜昆，文化部人事司司长张雅芳，文化部财务司司长赵雯等国家艺术基金理事会理事在北京主会场参加了会议。

6月9日

［纲　文］**全球首席执行官委员会第3届圆桌峰会在北京举办。**

［目　文］由中国人民对外友好协会主办，来自14家全球500强跨国企业的董事长、首席执行官等代表出席。峰会主题是：在世界新格局下，中国如何提升综合竞争力。

同日，国务院总理李克强在北京会见了与会代表。跨国企业负责人围绕本届峰会主题，就“中国制造2025”、中国金融政策、简政放权、放管结合与大众创业、万众创新、中国的投资环境和相关政策等议题发表看法。李克强表示，当前世界经济复苏艰难曲折，中国经济也面临较大下行压力，保持经济持续平稳增长需要新的动力。我们推进大众创业、万众创新，就是一项着眼经济长远发展、强国利民的重大改革举措，目的是把亿万民众的积极性和创造力调动起来，让蕴藏在民间的智慧冲破不合理束缚，迸发出来，形成经济发展新的动能，实现包容性增长，让全体人民共享改革发展成果，助力中国经济保持中高速增长，迈向中高端水平。

与会代表感谢李克强总理全面深入介绍中国经济形势和进一步深化改革、扩大开放的政策，表示跨国公司愿继续参与中国改革开放进程，更加深入地开展对华合作。

6 月 9 日

［纲　文］ **外交部发言人表示，强烈敦促七国集团停止发表不负责任言论。**

［目　文］ 在例行记者会上，有记者问，七国集团峰会在 8 日发表的领导人宣言中谈及东海、南海问题，对该地区紧张局势表示关切，要求各方通过和平方式解决争端并确保世界海洋的自由合法使用，反对采取恐吓胁迫或武力手段以及诸如填海造地等旨在改变现状的单方面行动。请问中方对此有何评论？

中方发言人说，关于东海、南海问题，中国政府已全面明确地阐述了原则立场。中国对钓鱼岛及其附属岛屿、南沙群岛及其附近海域拥有无可争辩的主权。中方在有关南沙岛礁上搞建设完全是中国主权范围内的事，任何外国无权干涉。有关建设完成后除具有一些防御功能外，更多的是民事功能，是为了更好履行海上导航、救援等国际义务。中方一贯致力于维护东海、南海的航行和飞越自由。长期以来，各国依据国际法在有关海域的航行和飞越并未受到任何影响。如果有人蓄意制造事端，威胁到有关海域的航行和飞越自由，中国将第一个站出来坚决反对。中国政府历来不承认钓鱼岛及其附属岛屿和南沙群岛部分岛礁被他国非法窃取和侵占的所谓“现状”。但从维护地区和平稳定大局出发，中方一直保持了极大克制。在坚持维护领土主权和海洋权益的同时，中国始终致力于同直接当事国在尊重历史事实和国际法的基础上，通过谈判协商和平解决有关争议，并同有关国家共同维护有关海域的和平稳定。当然，中国作为主权国家，对任何侵害中国主权和领土完整的行径都会作出必要反应。对于东海、南海有关问题的是非曲直，国际社会自有公论。七国集团的言论与事实和国际公理相差太远。中国强烈敦促七国集团尊重事实、摒弃偏见，停止发表不负责任的言论，多做真正有助于妥善处理和解决争议、有助于地区和平稳定的事。

6 月 9—10 日

［纲　文］ **中国“十三五”规划环境与发展国际咨询会在北京举行。**

［目　文］ 本次国际咨询会由中国环境与发展国际合作委员会和联合国环境规划署联合召开，邀请了国际上经济、社会、环境、能源等不同领域专家参加，包括联合国官员、发达国家政要、跨国企业高管、NGO 代表等。

9 日，国务院副总理张高丽在北京会见与会外方代表时表示，中国政府历来高度重视生态文明建设，把保护环境作为基本国策。“十三五”时期是中国经济社会发展非常重要的时期，中国政府正在研究“十三五”时期经济和社会发展的大政方针，将把保护生态环境、坚持绿色低碳发展摆在更加突出位置。希望各位代表积极建言献策，为推动中国“十三五”经济社会持续健康发展提供更多支持、发挥更大作用。外方代表对中国在建设生态文明、治理环境污染等方面取得的进展给予高度评价，表示愿继续支持中国环境与发展事业，共同推动中国乃至世界的可持续发展。

6月10日

［纲　文］　**习近平在北京接受班禅额尔德尼·确吉杰布拜见。**

［目　文］　国家主席习近平勉励班禅额尔德尼·确吉杰布刻苦学习、努力修行，秉承十世班禅大师遗愿，秉承佛教众生平等、慈悲为怀的理念，积极促进藏传佛教与社会主义社会相适应，努力成为一位具有精深佛学造诣和深受僧俗信众爱戴的藏传佛教活佛并指出，党中央历来高度重视西藏工作。2015年是西藏自治区成立50周年，党中央代表团赴西藏同各族人民一起庆祝这一节日。在党中央关心和全国人民大力支援下，相信到2020年西藏各族人民将同全国人民一道实现全面建成小康社会的目标，西藏各族人民的明天会更加美好。希望班禅继承藏传佛教爱国爱教的光荣传统，胸怀祖国，心系人民，坚定不移维护祖国统一和民族团结。要积极开展教义阐释，弘扬藏传佛教教义中的扬善抑恶、平等宽容、扶贫济苦等积极思想。要精进学修，不断提高宗教学识和道德修养，学习人类一切文明成果和现代科学文化知识，不断开阔自己的眼界和胸襟。最后，习近平祝班禅福慧俱增、法喜圆满。

班禅向习近平敬献了哈达，介绍坐床20年来的情况，并表示一定以十世班禅大师为榜样，庄严国土、利乐有情，坚决维护祖国统一和民族团结；一定牢记习近平总书记的谆谆教导，刻苦学习，为促进藏传佛教与社会主义社会相适应和西藏的和谐稳定贡献力量，不辜负党和人民殷切期望。

6月10日

［纲　文］　**李克强主持召开国务院常务会议。**

［目　文］　会议主要内容是：一、明确推进财政资金统筹使用措施，更好发挥积极财政政策稳增长调结构惠民生作用。会议认为：改革创新机制，加快推进财政资金统筹使用，坚决改变资金使用“碎片化”，提高使用效益，是用足用活积极财政政策的关键举措。会议确定，（一）对地区和部门结余资金及连续两年未用完的结转资金，一律收回统筹用于重点建设。（二）推进科技、教育、农业等重点科目资金整合，加快消化结转结余资金。（三）建立动态调整机制，对项目预算执行慢的，同级财政可按一定比例收回用于其他方面。（四）清理整合专项转移支付，将资金分配、项目确定权交给地方，允许地方在统筹使用上先行先试。（五）加强部门内和跨部门资金统筹协调，避免重复安排支出和固化投向。（六）将尚未使用的地方政府存量债务资金纳入预算管理，与新增债务资金统筹使用。（七）对政府性基金和专项收入实行目录清单管理，加大政府性基金和国有资本经营预算调入一般公共预算统筹使用力度。（八）统筹协调预算编制和执行，各级财政要严格控制代编预算，确需代编的事项要在当年6月30日前下达。建立跨年度预算平衡机制，在水利、社保等领域开展滚动财政规划试点。二、决定将消费金融公司试点扩至全国，增强消费对经济的拉动力。会议指出，发展消费金融，重点服务中低收入人群，有利于释放消费

潜力、促进消费升级。会议决定，放开市场准入，将原在 16 个城市开展的消费金融公司试点扩大至全国。三、部署促进跨境电子商务健康快速发展，推动开放型经济发展升级。会议指出，促进跨境电子商务健康快速发展，用“互联网 + 外贸”实现优进优出，有利于扩大消费、推动开放型经济发展升级、打造新的经济增长点。四、确定支持农民工等人员返乡创业政策，增添大众创业万众创新新动能。会议指出，支持农民工、大学生和退役士兵等返乡创业，通过大众创业、万众创新使广袤乡镇百业兴旺，可以促就业、增收入，打开工业化和农业现代化、城镇化和新农村建设协同发展新局面。

6 月 10 日

［纲　文］ **辽宁省第十二届人民代表大会第五次会议选举李希为省人大常委会主任，选举陈求发为省长。**

6 月 10 日

［纲　文］ **《人民日报》发表题为《香港普选法案合宪合法合情合理》的评论员文章。**

6 月 11 日

［纲　文］ **中共中央总书记习近平在北京会见缅甸全国民主联盟主席昂山素季。**

［目　文］ 习近平说，中方始终从战略高度和长远角度看待中缅关系，支持缅甸维护主权独立和领土完整，尊重缅甸自主选择发展道路，支持缅甸民族和解进程，坚定不移推进中缅传统友好和务实合作。希望并且相信，缅方在中缅关系问题上的立场也将是一贯的，无论国内形势如何变化，都将积极致力于推动中缅友好关系发展。中国共产党同缅甸全国民主联盟开展交往以来，两党关系取得较快发展，交流合作日益密切。希望通过这次访问，你能够更深入地了解中国和中国共产党，这有助于增进双方相互理解和信任，为两党两国关系发展打下更好基础。也希望你和全国民主联盟继续发挥建设性作用，积极引导缅甸民众，公正理性看待中国和中缅合作，为两国关系发展增添更多正能量。

昂山素季说，缅中两国是邻居，而邻居是不可选择的，致力于两国友好关系发展至关重要。缅甸全国民主联盟重视缅中友好，钦佩中国共产党领导中国取得的巨大发展成就，希望通过此访深化两党关系，推动两国人民之间的友好关系向前发展。

6 月 11 日

［纲　文］ **国务院印发《关于大力推进大众创业万众创新若干政策措施的意见》。**

［目　文］ 《意见》由十一部分组成：一、充分认识推进大众创业、万众创新的重要意义；二、总体思路；三、创新体制机制，实现创业便利化；四、优化财税政策，强化创业扶持；五、搞活金融市场，实现便捷融资；六、扩大创业投资，支持创业起步成长；七、发展创业服务，构建创业生态；八、建设创业创新平台，增强支撑作用；九、激发创造活力，发展创新型创业；十、拓展城乡创业渠道，实现创业带动就业；十一、加强统筹协调，完善协同机制。

《意见》要求，各地区、各部门要进一步统一思想认识，高度重视、认真落实本意见的各项要求，结合本地区、本部门实际明确任务分工、落实工作责任，主动作为、敢于担当，积极研究解决新问题，及时总结推广经验做法，加大宣传力度，加强舆论引导，推动本意见确定的各项政策措施落实到位，不断拓展大众创业、万众创新的空间，汇聚经济社会发展新动能，促进我国经济保持中高速增长、迈向中高端水平。

6 月 11 日

［纲　文］　**国务院批转发展改革委等部门《法人和其他组织统一社会信用代码制度建设总体方案》。**

［目　文］　《方案》由四部分组成：一、基本情况；二、统一代码设计方案；三、统一代码制度改革方案；四、组织实施。

6 月 11 日

［纲　文］　**国务院印发《关于开展第三次全国农业普查的通知》。**

［目　文］　《通知》的主要内容有：普查目的和意义、普查对象和范围、普查内容和时间、普查组织和实施、普查经费保障、普查工作要求等部分内容。

6 月 11 日

［纲　文］　**国务院办公厅印发《关于促进社会办医加快发展的若干政策措施》。**

［目　文］　《措施》由四部分组成：一、进一步放宽准入；二、拓宽投融资渠道；三、促进资源流动和共享；四、优化发展环境。

《措施》要求，各地区、各有关部门要高度重视，把发展社会办医放在重要位置，加强沟通协调，密切协作配合，形成工作合力。各有关部门要根据本通知要求，及时制订或完善配套措施，同时为地方开展差别化、多样化改革探索留出空间。各省级人民政府要结合实际制定具体工作方案，细化政策措施，确保落到实处。各级发展改革委、卫生计生委等部门要对政策落实情况进行监督检查和跟踪分析，建立重点工作跟踪机制和定期督导制度，确保促进社会办医加快发展取得成效。

6 月 11 日

［纲　文］　**国务院副总理刘延东在日内瓦会见世界卫生组织总干事陈冯富珍并与西非国家驻日内瓦代表座谈。**

［目　文］　刘延东在会见陈冯富珍时表示，防控疫病传播是国际社会的共同责任。2014 年 3 月西非暴发埃博拉疫情后，中国政府全力支持世卫组织和有关国家抗击疫情，中国医疗队也受到疫区国家政府和人民的真诚关怀。中国愿与世卫组织一道，加强“后埃博拉”时代全球公共卫生安全。中方将按照“非洲需要、非洲同意、非洲参与”原则，积极支持和参与非洲疾病防控体系和医疗卫生基础设施建设，帮助非洲国家提高应对突发公共卫生事件能力。

陈冯富珍表示，世卫组织赞赏和感谢中国在援非抗击埃博拉疫情方面提供的大力支持。中国政府在公共卫生危机应对方面已经建立起有效有力体系，希望加强与中方合作，推广中方经验。

刘延东与几内亚、利比里亚、塞拉利昂以及非盟驻日内瓦使节座谈，非洲使节表示，在西非国家遭受埃博拉疫情困难时刻，中国率先伸出援助之手，使非洲人民深刻体会到“患难见真情”。相信中国将继续支持和帮助非洲国家。

6月11日

［纲　文］　**国务院在北京召开全国加强食品安全工作电视电话会议**。

［目　文］　国务院总理李克强对会议批示指出：食品安全关系每个人的身体健康和生命安全，吃得放心、吃得安全是广大群众的心声，是全面建成小康社会的基本要求。要以贯彻落实新食品安全法为契机，创新工作思路和机制，加快建立健全最严格的覆盖生产、流通、消费各环节的监管制度，完善监管体系，全面落实企业、政府和社会各方责任。以基层为主战场加强监管执法力量和能力建设，以“零容忍”的举措惩治食品安全违法犯罪，以持续的努力确保群众“舌尖上的安全”。

国务院副总理张高丽对会议批示指出：要求加大新食品安全法宣传力度，抓好贯彻落实，建立科学完善的食品安全治理体系，严格落实生产经营者主体责任、地方政府属地管理责任，加强源头防范、全程监管、社会共治，依法严把从农田到餐桌的每一道防线，确保广大人民群众吃得放心、吃得安全、吃得健康。

国务院副总理、国务院食品安全委员会副主任汪洋出席会议并讲话。会议的主要内容是：分析研究当前食品安全形势，安排部署下一步的工作任务。会议强调，要大力加强食品安全法治建设，加快构建预防为主、风险管理、全程控制、社会共治的食品安全治理体系。

汪洋说，近年来，在各方面共同努力下，食品安全工作取得一定成效，但食品安全问题仍然易发多发，必须长抓不懈。要加强食品生产经营全程监管，强化源头治理，堵塞漏洞盲区，消除风险隐患。加快制修订食品安全标准，加大信息公开力度，建立食品质量追溯体系。健全食品安全责任制，落实地方政府属地管理责任。加强基层食品安全监管能力和队伍建设。保障食品安全，法治是根本。要抓好新修订的食品安全法的学习、宣传和培训工作，加快完善配套法规制度。各方面都要尊法用法守法，企业要依法进行生产经营，监管部门要依法履行监管责任，消费者要依法维护自身权益，切实加强社会共治，不断提升食品安全工作的法治化水平。

6月11日

［纲　文］　**第7届大湄公河次区域经济走廊论坛在昆明举行**。

［目　文］　商务部部长高虎城和亚洲开发银行副行长斯蒂芬·格罗夫共同主持论坛。商务部副部长王受文、柬埔寨国务兼商业大臣孙占托、老挝计划和投资部部长宋迪·隆迪、泰国国家经济和社会发展委员会秘书长阿空、缅甸国家计划与经济发展副部长杜莱莱登、越南计划投资部副部长阮志勇出席论坛。

本届论坛的主要任务是落实2014年大湄公河次区域第五次领导人会议成果，继续推动次区域交通走廊向经济走廊转化，积极解决在促进地方政府和企业参与次区域经济合作中面临的问题。论坛对下一步深化大湄公河次区域合作具有重要的引领和示范意义。推进大湄公河次区域经济走廊建设，有利于促进中国与其他次区域国家的经济融合，打造利益共同体、命运共同体和责任共同体。

6 月 11 日

［纲　文］　**2015“根与魂——甘肃非物质文化遗产展演”活动在香港中央图书馆开幕。**

［目　文］　活动由文化部和香港特别行政区政府民政事务局联合主办。此次活动为期 16 天，共分为展览、汇演和讲座三大板块，通过非遗作品实物陈列、传承人活态展示、文字图片和视频介绍、舞台表演等方式，向香港市民介绍洮砚制作、甘南藏医药、崆峒武术、锅庄舞等近 60 个非遗项目，涵盖传统技艺、音乐、医药、民俗等 10 多个类别。展览于 6 月 5 日至 21 日在中央图书馆举行，演出于 6 月 13 日、14 日在香港大会堂和沙田大会堂举行。活动期间举办的两场非遗知识讲座系统介绍甘肃非遗情况。此外，为推动内地与香港非遗学者之间的深度交流，举办了非遗领域学术研讨会。

6 月 11 日

［纲　文］　**《人民日报》发表题为《带着问题学习》的评论员文章。**

6 月 11—14 日

［纲　文］　**国务院副总理刘延东应邀访问芬兰。**

［目　文］　访问期间，刘延东在赫尔辛基分别会见芬兰总统尼尼斯特、总理西皮莱和议长洛赫拉。刘延东和西皮莱共同见证签署《中华人民共和国文化部与芬兰共和国教育文化部关于设立文化中心的谅解备忘录》《中华人民共和国教育部与芬兰共和国教育文化部关于加强教育全领域合作的合作备忘录》以及《中国北京清华大学同芬兰阿尔托大学校际合作谅解备忘录》。

6 月 12 日

［纲　文］　**习近平出席纪念陈云诞辰 110 周年座谈会并发表讲话。**

［目　文］　座谈会由中共中央主办，中共中央政治局常委李克强、俞正声、王岐山、张高丽出席。中共中央政治局常委刘云山主持座谈会。

中共中央总书记习近平指出，陈云同志是伟大的无产阶级革命家、政治家，杰出的马克思主义者，是中国社会主义经济建设的开创者和奠基人之一，党和国家久经考验的卓越领导人，是以毛泽东同志为核心的党的第一代中央领导集体和以邓小平同志为核心的党的第二代中央领导集体的重要成员，为新中国的建立、为社会主义基本经济制度和政治制度的确立、为改革开放和社会主义现代化建设建立的功勋，党和人民将永远铭记。在 20 世纪中国苦难而辉煌的历史进程中，涌现出一大批用特殊材料制成的优秀共产党人。陈云同志身上表现出来的坚定理想信念、坚强党性原则、求真务实作风、朴素公仆情怀、勤奋学习精神，永远值得我们学习。我们纪念陈云同志，就要学习他坚守信仰的精神。无论处于顺境还是逆境，陈云同志始终坚守对马克思主义、共产主义的信仰不动摇。全党同志一定要坚守共产党人精神家园，把改造客观世界和改造主观世界结合起来，切实解决好世界观、人生观、价值观问题，练就共产党人的钢筋铁骨，铸牢坚守信仰的铜墙铁壁，矢志不渝为中国特色社会主义共同理想而奋斗。我们纪念陈云同志，就要学习他党性坚强的精神。陈云同志认为革命的利益高于一切，严格遵守党的纪律，百折不挠地执行党的决议。今天，在全面从严治党的新形势下，全党同志一定要不断锤炼党性，不断加强纪律建设，坚定维护党的团结统一，坚决维护党中央权威，确保全党统一意志、统一行动、步调一致前进。我们纪念陈云同志，就要学习他一心为民的精神。党同人民群众的关系，是陈云同志始终高度重视的问题。陈云同志严于律己、清正廉洁，一贯反对特权，反对腐败，对同志公正公平。今天，面对艰巨繁重的全面深化改革新形势，全党同志一定要坚持同人民在一起，坚持以百姓心为心，努力解民忧、办实事，为推动党和国家事业发展汇聚强大力量。我们纪念陈云同志，就要学习他实事求是的精神。对实事求是，陈云同志践行了一生，依靠调查研究作决策是陈云同志坚持实事求是的思想方法和工作方法。他脚踏实地，反对虚夸浮躁、急功近利。全党同志一定要把实事求是贯穿到各项工作中去，经常、广泛、深入开展调查研究，努力把真实情况掌握得更多一些、把客观规律认识得更透一些，为协调推进“四个全面”战略布局打下扎实的工作基础。我们纪念陈云同志，就要学习他刻苦学习的精神。陈云同志靠在长期实践中坚持不懈的刻苦学习，具备了很高的思想理论水平和解决问题能力，在陈云同志身上学习和创新是紧密相连的。全党同志一定要把学习作为一种政治责任、一种精神追求、一种生活方式，不断接受马克思主义哲学智慧的滋养，自觉坚持和运用辩证唯物主义世界观和方法论，广泛学习各方面知识，做到学以益智、学以励志、学以立德、学以修身。

陈云（1905—1995），伟大的马克思主义者，无产阶级革命家、政治家，中国共产党和中华人民共和国主要领导人之一，中国社会主义经济建设的开创者和奠基人之一。

6月12日

［纲　文］　**李克强主持召开国家应对气候变化及节能减排工作领导小组会议。**

［目　文］　会议主题是：研究提交《联合国气候变化框架公约》缔约方会议的中国国家自主贡献文件。

国务院总理、国家应对气候变化及节能减排工作领导小组组长李克强主持会议时说，应对气候变化是国际社会的共同任务，也是中国科学发展的内在要求。中国政府高度重视应对气候变化问题，把绿色低碳循环经济发展作为生态文明建设的重要内容，主动实施一系列举措，取得明显成效。2014年，我国单位国内生产总值能耗和二氧化碳排放分别比2005年下降29.9%和33.8%，“十二五”节能减排约束性指标可以顺利完成。我国已成为世界节能和利用新能源、可再生能源第一大国，为全球应对气候变化作出了实实在在的贡献。积极应对气候变化，不仅是我国保障经济、能源、生态、粮食安全以及人民生命财产安全，促进可持续发展的重要方面，也是深度参与全球治理、打造人类命运共同体、推动共同发展的责任担当。中国作为负责任的大国，将坚持共同但有区别的责任原则、公平原则和各自能力原则，承担与自身国情、发展阶段和实际能力相符的国际义务，中国将按照2030年左右二氧化碳排放达到峰值且将努力早日达峰的目标，继续积极主动加大节能减排力度，大幅降低单位国内生产总值二氧化碳排放量，进一步提高非化石能源占一次能源消费比重和森林蓄积量，不断提高减缓和适应气候变化能力，为促进全球绿色低碳转型与发展路径创新做出自身最大努力。中国是一个发展中国家，发展是第一要务。面对当前经济下行压力和应对气候变化等多重挑战，关键是要通过结构调整和提质升级发展，拓宽经济增长与环境改善的双赢之路。必须坚持节约资源和保护环境基本国策，实施积极应对气候变化国家战略，研究制定长期低碳发展路线图。必须大力实施“中国制造2025”，积极推进“互联网+”行动，提升传统产业和社会生活的智能化、绿色化水平。必须加大政府对生态环保等公共产品和基础设施的投入，探索政府与社会资本合作等投融资新机制。必须在对接全球绿色低碳需求中扩大国际产能合作，倒逼我国产业迈向中高端水平。中国致力于《联合国气候变化框架公约》全面、有效和持续实施，愿与各方一道携手努力推动巴黎会议达成一个全面、平衡、有力度的协议。

6月12日

［纲　文］　**国务院公布修改后的《建设工程勘察设计管理条例》。**

［目　文］　《条例》共7章46条，主要有总则、资质资格管理、建设工程勘察设计发包与承包、建设工程勘察设计文件的编制与实施、监督管理、罚则、附则等内容。自2015年6月12日起施行。

6月12日

［纲　文］　**外交部发言人表示，日本蓄意插手南海问题不利于南海和平稳定。**

［目　文］　就近期日本在诸多场合炒作南海问题，渲染南海局势紧张，影射和指责中国，对中国南海岛礁建设妄加指责问题。

发言人说，中方对日方有关消极动向表示严重关切和愤慨，已多次向日方提出严正交涉。中国对南沙群岛及其附近海域拥有无可争辩的主权。中国在南沙群岛部分驻守岛礁进行建设完全是中方主权范围内的事，合法、合理、合情，不影响也不针对任何国家，无可非议。日本不是南海问题当事国，近期的表现很不正常，蓄意插手南海问题，挑动地区国家间的矛盾，恶意制造南海局势紧张。日方举动无助于南海争议解决，不利于南海和平稳定，也严重损害中日政治安全互信，与中日关系改善势头背道而驰。中方再次敦促日方恪守在南海争议问题上不持立场的承诺，立即停止炒作南海问题和对中方的无理指责，不要因一己私利挑动各方矛盾，以实际行动维护中日关系改善势头，尊重中国与东盟国家维护南海和平稳定的努力。

6月12日

［纲　文］　**中国出席第25次《联合国海洋法公约》缔约国大会代表团团长、常驻联**

合国副代表王民驳斥越南、菲律宾对中国的无端指责。

［目　文］　王民在出席缔约国大会上强调，某个国家在此次缔约国大会上大谈特谈南海问题，企图欺骗国际社会，向中国施压，迫使中国在主权和领土问题上妥协退让。我在此正告这个国家，你们打错了算盘，算错了账。中国维护国家主权、领土完整的意志坚如磐石。无论是在缔约国大会，还是在联合国，即使你们讲一千、道一万，你们的图谋永远都不会得逞。中方一贯主张，应尊重各国自主选择和平解决争端方式的合法权利，和平解决海上争端最有效的途径是由直接有关当事国在尊重历史事实和国际法的基础上进行谈判和协商。中国对这个国家单方面提起的仲裁，不接受、不参与。中方奉劝这个国家迷途知返，尽早回到双边谈判解决南海问题的正确轨道上来。就实现海洋可持续发展王民提出中方三点主张：一是充分凝聚政治意愿，树立海洋命运共同体意识；二是加强统筹协调，实现经济增长、社会发展和环境保护三者的共赢；三是加强发展中国家能力建设，保障各国平等参与国际议程和规则制订的权利。

6 月 12 日

［纲　文］　**《人民日报》发表题为《任何人都没有超越宪法法律的特权》的评论员文章。**

6 月 12—16 日

［纲　文］　**第 3 届中国—南亚博览会暨第 23 届中国昆明进出口商品交易会在昆明举行。**

［目　文］　本届博览会以“促进中国—南亚东南亚全面合作与发展”为宗旨，以“亲诚惠容、合作共赢”为主题。国家副主席李源潮出席开幕式并致辞。马尔代夫总统亚明、老挝总理通邢、孟加拉国议长乔杜里、越南副总理黄忠海等应邀出席。本届中国—南亚博览会主题国为印度，本届中国昆明进出口商品交易会主宾国为泰国。11 日，李源潮在昆明会见马尔代夫总统亚明。

6 月 13 日

［纲　文］　**2015 年“文化遗产日”主场城市活动在重庆大足举行。**

［目　文］　文化部副部长、国家文物局局长励小捷等出席相关活动。活动主要集中在大足宝顶山石刻区与重庆中国三峡博物馆举行。其中，大足宝顶山石刻区活动包括大足石刻博物馆开馆、千手观音造像抢救性保护工程竣工仪式等；在重庆中国三峡博物馆举办的活动包括“记忆·传承·中国梦——全国‘十二五’文物保护成果展”、中国传统村落摄影展、第二届“丹青记忆·守望家园——中国文化遗产美术展”，以及 2015 年白鹤梁·内水文化遗产保护与利用国际学术研讨会等。

6 月 13—21 日

［纲　文］　**第 18 届上海国际电影节在上海举办。**

6 月 13—30 日

［纲　文］　**2015“根与魂——河南非物质文化遗产展演”活动在澳门举行。**

［目　文］　活动由文化部、澳门特别行政区政府社会文化司和河南省人民政府特别支持，文化部港澳台办、澳门特别行政区政府文化局和河南省文化厅共同主办。活动主要包括展览、手工艺展示、舞台表演和讲座四大部分，展出传统美术、传统技艺类非遗代表性项目作品，现场演示朱仙镇木板年画、剪纸、汴京灯笼等制作技艺，表演太极拳、少林功夫、豫剧等多项非遗项目。在郑观应纪念馆举办的非遗知识讲座，系统介绍了河南省的非遗保护情况。

6月14日

［纲　文］　**国家主席习近平电贺非洲联盟第25届首脑会议召开。**

［目　文］　习近平在贺电中高度评价非洲联盟在非洲发展、一体化进程以及国际和地区事务中发挥的重要作用，赞赏非盟出台《2063年议程》，衷心祝愿非洲国家和人民在和平发展与民族振兴的道路上不断取得更大成就并强调，中非合作不仅有利于各自发展，也有力促进了发展中国家的团结合作。当前，中非合作共赢、共同发展迎来了历史性机遇，前景广阔。2015年下半年，中非合作论坛会议将在南非举行。中方将继续秉承“真实亲诚”的理念和正确义利观，推出更多契合中非发展需求的互利合作新举措，推动中非新型战略伙伴关系再上新台阶，更好地造福双方人民。

当地时间6月14日至15日，非洲联盟第25届首脑会议在南非最大城市约翰内斯堡召开，参会的有来自50多个非盟成员国的国家元首、政府首脑或代表。

6月14日

［纲　文］　**国务院公布修改后的《中国公民往来台湾地区管理办法》，规定台胞来往大陆免予签注，自2015年7月1日起施行。**

6月14日

［纲　文］　**乔石在北京逝世。**

［目　文］　中国共产党中央委员会、中华人民共和国全国人民代表大会常务委员会、中华人民共和国国务院、中国人民政治协商会议全国委员会沉痛宣告：中国共产党的优秀党员，久经考验的忠诚的共产主义战士，杰出的无产阶级革命家、政治家，党和国家的卓越领导人，中国共产党第十三届、十四届中央政治局常委，中央纪律检查委员会原书记，第八届全国人民代表大会常务委员会委员长乔石，在北京逝世，享年91岁。

19日，乔石的遗体在北京八宝山革命公墓火化。习近平、李克强、张德江、俞正声、刘云山、王岐山、胡锦涛等送别。

6月14—20日

［纲　文］　**第7届海峡论坛在厦门举行。**

［目　文］　本届论坛以“关注青年、服务基层”为主议题，安排大会活动、青年交流、基层交流、经贸交流共4大板块17项活动，特别新增两岸残障人士嘉年华、两岸新兴产业创业投资论坛、海峡两岸职业教育论坛、两岸社区服务恳谈会等相关活动。全国政协主席俞正声出席论坛开幕式并致辞。中国国民党副主席郝龙斌出席开幕式并讲话。

俞正声说，受习近平总书记的委托，向参加论坛的两岸同胞特别是来自台湾的乡亲们致以诚挚问候。两岸交流，归根到底是人与人的交流，最重要的是心灵沟通。60多年来两岸关系的发展历程，就是两岸同胞冲破隔绝藩篱、走向交流合作的历程，也是一家人由分离隔阂重新走向交融交心的历程。两岸同胞的交流，增进了彼此理解，拉近了心理距离，为台海摆脱动荡不安，推动两岸关系向前发展提供了强大动力，也拓展了两岸交流领域，丰富了交流内涵，给两岸同胞带来了实实在在的好处。“台独”分裂势力及其活动破坏两岸关系发展，是阻挠两岸同胞交流、实现心灵契合的最大障碍。我们将始终如一地支持两岸同胞交流，坚决维护两岸关系和平发展进程，坚决反对“台独”分裂势力的阻挠破坏。继续推动两岸同胞扩大交往，让更多台湾同胞参与到两岸交流的大潮中来。进一步为两岸同胞交流创造更好的条件，包括对台胞来往大陆免予签注，并适时实行卡式台胞证。同胞之间的交流关键要从“心”开始，促进心灵契合。心走近了，海峡就是咫尺；心走远了，咫尺也是天涯。希望两岸多举办促进同胞交流的活动，尤其是贴近基层民众生活和情感的各种交流，增加联系理解，交流生活感情，拉近心理距离。青年是两岸关系的未来，我们要更多关注两岸青年成长，为两岸青年交流创造更多机会，让两岸青年早接触、多交往，加深了解，增进友谊，成为共同打拼的好朋友好伙伴，成为进一步促进两岸关系和平发展的生力军。

6月15日

［纲　文］　**中共中央办公厅印发《关于加强人民政协协商民主建设的实施意见》。**

［目　文］　《意见》由七部分组成：一、加强人民政协协商民主建设的重要意义、指导思想和重要原则；二、明确政协协商的内容；三、规范政协协商的形式；四、加强政协协商与党委和政府工作的有效衔接；五、加强人民政协制度建设；六、提高政协协商能力；七、加强和完善党对人民政协协商民主建设的领导。

6月15日

［纲　文］　**李克强在北京考察中国核电工程有限公司、工业和信息化部。**

［目　文］　在中国核电工程有限公司，国务院总理李克强详细了解“华龙一号”等中国三代核电自主创新成果时说，核电是中国高端装备制造的佼佼者，我们推动生态文明建设、积极应对气候变化，需要发展包括核电在内的绿色清洁能源。发展核电的头等大事是安全，必须严格按照国际最高标准进行设计、验证、建设、运营，确保质量一流，绝对安全。

在工业和信息化部，李克强在听取推进“中国制造2025”、重大装备研制和标准制定、“互联网+制造”等情况介绍时说，工业制造是国民经济的重要支柱，是实现发展升级的国之重器。当前发达国家和发展中国家都在致力加快“再工业化”和工业化进程，我国经济要顶住下行压力，度过新旧产业和发展动能转换接续期，必须坚持走新型工业化和信息化融合之路，顺应互联网等新技术和产业变革新趋势，打造中国制造新优势，为我国经济保持中高速增长、迈向中高端水平提供强大支撑。

6月15日

[纲　文]　**中乌政府间合作委员会第3次会议在山东日照召开。**

[目　文]　中共中央政治局委员、中国和乌兹别克斯坦政府间合作委员会中方主席孟建柱与委员会乌方主席、乌兹别克斯坦第一副总理阿齐莫夫共同主持会议。双方主席高度评价委员会成立5年来所做工作，表示愿进一步发挥委员会统筹、规划、指导、协调两国各领域合作的核心机制作用，为推动中乌战略伙伴关系发展做出新贡献。孟建柱和阿齐莫夫共同签署了《会议纪要》，并见证《中国商务部和乌兹别克斯坦外经贸部关于在建设丝绸之路经济带倡议框架下扩大互利经贸合作的议定书》的签署。双方商定于2017年在乌兹别克斯坦举行委员会第4次会议。

6月15日

[纲　文]　**《人民日报》报道，经中共中央批准，中共中央纪委对国家工商总局原副局长、党组成员孙鸿志和中国石油天然气集团公司原总经理廖永远严重违纪问题进行立案审查。**

[目　文]　之后，于2017年2月17日，山东省泰安市中级人民法院公开宣判国家工商行政管理总局原副局长孙鸿志受贿、贪污、巨额财产来源不明案，对被告人孙鸿志以受贿罪判处有期徒刑12年，并处罚金人民币150万元；以贪污罪判处有期徒刑4年，并处罚金人民币30万元；以巨额财产来源不明罪判处有期徒刑5年，决定执行有期徒刑18年，并处罚金人民币180万元。对孙鸿志受贿所得、不能说明来源的非法所得予以追缴，上缴国库；贪污所得依法返还吉林省松原市人民政府；虎皮、豹皮各一张予以没收，上缴国库。

之后，于2017年1月19日，山东省德州市中级人民法院公开宣判中国石油天然气集团公司原总经理廖永远受贿、巨额财产来源不明案，对被告人廖永远以受贿罪判处有期徒刑12年，并处罚金人民币150万元；以巨额财产来源不明罪判处有期徒刑5年6个月，决定执行有期徒刑15年，并处罚金人民币150万元。对扣押在案的廖永远受贿所得财物和不能说明来源的财产依法上缴国库。

6月15—17日

[纲　文]　**政协十二届全国委员会常务委员会第十一次会议在北京召开。**

[目　文]　会议围绕“制定国民经济和社会发展‘十三五’规划”建言献策。国务院副总理张高丽应邀出席开幕会并作报告，中央和国家机关有关部委负责人到会听取意见和建议。会议通过了修订后的《中国人民政治协商会议全国委员会专门委员会通则》。

俞正声出席闭幕会讲话时说，“十三五”时期是实现全面建成小康社会目标的决战决胜阶段，要认真学习贯彻习近平总书记系列重要讲话精神，努力为“十三五”规划制定提出更多适应时代要求、符合发展规律、反映人民意愿的意见建议。要认真学习贯彻中共中央关于统战政协工作的新部署新要求，认真贯彻落实《关于加强社会主义协商民主建设的意见》《中国共产党统一战线工作条例（试行）》等重要文件精神，深刻把握新形势下统一战线的法宝地位作用，始终坚持中国共产党对统一战线的领导，不断巩固和发展新形势下最广泛的爱国统一战线。要进一步加强人民政协制度建设，构建科学合理的人民政协制度体系，推进人民政协事业不断发展。

6月15日—7月2日

［纲　文］　**国务院食品安全办等18单位举办2015年全国食品安全宣传周。**

［目　文］　宣传周主题是："尚德守法 全面提升食品安全法治化水平"。活动由国务院食品安全办联合工业和信息化部、农业部、卫生计生委、工商总局、质检总局、食品药品监管总局、国家网信办等共18个部委共同启动。有关部委以每天举办一个"部委主题日"的形式，开展法律法规宣讲、道德诚信教育、科学知识普及、科技成果展示等70多项食品安全主题宣传活动。

6月15—17日

［纲　文］　**首届中国—中东欧国家卫生部长论坛16日在布拉格举行。**

［目　文］　国务院副总理刘延东率中国政府代表团参加论坛。论坛由中华人民共和国国家卫生和计划生育委员会、捷克共和国卫生部以及捷中友好协会共同主办，主题是"卫生相关2015年后可持续发展目标和全民健康覆盖——传统与创新：中欧医学融合"。国务院副总理刘延东和捷克总理索博特卡、世界卫生组织总干事陈冯富珍等出席开幕式并致辞。

本次论坛是国家卫生计生委成立以来在海外举行的最高层次、最大规模的卫生外交活动。论坛通过了《中国—中东欧国家卫生合作与发展布拉格宣言》，签署的多个双边合作协议和中捷政府支持的中东欧地区第一家中医中心——中捷中医中心正式揭牌。中国与中东欧国家政府官员、专家学者等代表通过交流，展示了各国卫生事业改革发展新成就。论坛同期举办了中国卫生成就展、中国传统医药展示和中国医药行业展。

17日，刘延东在布拉格会见捷克总统泽曼时转达习近平对泽曼的问候，并表示中方愿在相互尊重、平等互利、互不干涉内政等原则基础上同捷方一道努力，加强战略对接，进一步深化各领域合作，共同做大，推进教育、科技、文化等人文领域的交流与合作，更好地造福两国人民。

泽曼请刘延东转达对习近平的问候，并表示双方合作富有成效，领域不断扩大，相信随着两国开通直航，双方人员往来将会大大增加，这有利于增进两国人民之间的友谊和各领域务实合作，进一步促进捷中关系发展。捷方愿继续为促进中东欧国家与中国合作以及欧中关系发展做出积极努力。

6月16—18日

［纲　文］　**习近平在贵州调研。**

［目　文］　中共中央总书记习近平在遵义、贵阳和贵安新区，深入农村、企业、学校、园区、红色教育基地，就做好扶贫开发工作、谋划好"十三五"时期经济社会发展进

行调研考察。

习近平指出，适应中国经济发展新常态，保持战略定力，加强调查研究，看清形势、适应趋势，发挥优势、破解瓶颈，统筹兼顾、协调联动，善于运用辩证思维谋划经济社会发展。做好保障和改善民生工作，可以增进社会消费预期，有利于扩大内需，抓民生也是抓发展。要依靠产业带动和必要的政策激励，鼓励创业、扩大就业，努力增加城乡居民收入。要抓住群众最关心的教育、医疗、社会保障、食品安全等问题，实打实地做，循序渐进地推。要通过推进就业创业，发展社会事业，打好扶贫开发攻坚战，不断打通民生保障和经济发展相得益彰的路子。要高度重视公共安全工作，牢记公共安全是最基本的民生的道理，着力堵塞漏洞、消除隐患，着力抓重点、抓关键、抓薄弱环节，不断提高公共安全水平。要关心留守儿童、留守老年人，完善工作机制和措施，加强管理和服务，让他们都能感受到社会主义大家庭的温暖。党的工作最坚实的力量支撑在基层，经济社会发展和民生最突出的矛盾和问题也在基层，必须把抓基层打基础作为长远之计和固本之策，丝毫不能放松。要重点加强基层党组织建设，全面提高基层党组织凝聚力和战斗力。要高度关注基层政权组织、经济组织、自治组织、群团组织、社会组织发展变化的特点，加强指导和管理，使各类基层组织按需设置、按职履责、有人办事、有章理事，既种好自留地、管好责任田，又唱好群英会、打好合力牌。基层干部是加强基层基础工作的关键。要关心和爱护广大基层干部，为他们创造良好工作和成长条件，保障他们的合理待遇，帮助他们深入改进作风，提高发展经济能力、改革创新能力、依法办事能力、化解矛盾能力、带领群众能力，引导他们扎根基层、爱岗敬业、争创一流。对基层干部中的先进典型，要大力宣传表彰。

18日，习近平在贵州召开部分省区市党委主要负责人座谈会，听取对“十三五”时期扶贫开发工作和经济社会发展的意见和建议时强调，“十三五”时期是我们确定的全面建成小康社会的时间节点，全面建成小康社会最艰巨最繁重的任务在农村，特别是在贫困地区。各级党委和政府要把握时间节点，努力补齐短板，科学谋划好“十三五”时期扶贫开发工作，确保贫困人口到2020年如期脱贫。

6月16日

［纲　文］　**中共中央印发《中国共产党党组工作条例（试行）》。**

［目　文］　《条例》共8章39条，主要有总则、设立、职责、组织原则、议事决策、责任追究、国家工作部门党委、附则等内容。自2015年6月11日起施行，其他有关党组（党委）规定，凡与本条例不一致的，按照本条例执行。

6月16日

［纲　文］　**国务院印发《推进财政资金统筹使用方案》。**

［目　文］　《方案》由三部分组成：一、总体目标和主要原则；二、具体措施；三、组织保障。

《方案》指出，各地区、各部门要高度重视，加强组织领导，切实抓好工作落实。国务院有关部门要发挥带头作用，积极作为、主动配合。财政部要密切关注相关工作进展情况，加强督促指导。各级审计机关要加强审计监督，切实推进各项措施落实到位。

6月16日

［纲　文］　**国务院办公厅印发《关于成立国家制造强国建设领导小组的通知》。**

［目　文］　《通知》说，为推进实施制造强国战略，加强对有关工作的统筹规划和政策协调，国务院决定成立国家制造强国建设领导小组（以下简称领导小组）。现将有关事项通知如下。一、主要职责：统筹协调国家制造强国建设全局性工作，审议推动制造业发展的重大规划、重大政策、重大工程专项和重要工作安排，加强战略谋划，指导各地区、各部门开展工作，协调跨地区、跨部门重要事项，加强对重要事项落实情况的督促检查。二、组成人员：组长，马凯；副组长，苗圩、肖亚庆、林念修、曹健林、刘昆；成员，鲁昕、毛伟明、汤涛、翟青、王昌顺、钱克明、孙志刚、潘功胜、黄丹华、张志勇、刘俊臣、陈钢、孙华山、贺化、陈左宁、周慕冰、刘新华、梁涛、刘琦、许达哲。三、工作机构：领导小组办公室设在工业和信息化部，承担领导小组的日常工作。工业和信息化部副部长毛伟明兼任办公室主任，领导小组成员单位有关司局负责人担任办公室成员。领导小组成员因工作变动需要调整的，由所在单位向领导小组办公室提出，按程序报领导小组组长批准。

6月16日

［纲　文］　**国务院办公厅印发《关于促进跨境电子商务健康快速发展的指导意见》。**

［目　文］　《意见》由十二部分组成：一、支持国内企业更好地利用电子商务开展对外贸易；二、鼓励有实力的企业做大做强；三、优化配套的海关监管措施；四、完善检验检疫监管政策措施；五、明确规范进出口税收政策；六、完善电子商务支付结算管理；七、提供积极财政金融支持；八、建设综合服务体系；九、规范跨境电子商务经营行为；十、充分发挥行业组织作用；十一、加强多双边国际合作；十二、加强组织实施。

《意见》要求，地方各级人民政府要按照本意见要求，结合实际情况，制订完善发展跨境电子商务的工作方案，切实履行指导、督查和监管责任。组建高效、便利、统一的公共服务平台，构建可追溯、可比对的数据链条，既符合监管要求，又简化企业申报办理流程。加大对重点企业的支持力度，主动与相关部门沟通，及时协调解决组织实施工作中遇到的困难和问题。

6月16日

［纲　文］　**最高法印发《关于人民法院为"一带一路"建设提供司法服务和保障的若干意见》。**

［目　文］　《意见》由四部分组成：一、统一思想，提高认识，切实增强为"一带一路"建设提供司法服务和保障的责任感与使命感；二、充分发挥审判职能作用，提升"一带一路"建设司法服务和保障的国际公信力；三、建立完善工作机制，为"一带一路"建设营造良好的法治环境；四、加强工作指导、组织保障和信息化建设，不断提高司法服务和保障"一带一路"建设的能力与水平。

6月16日

［纲　文］　**国家民委、公安部公布《中国公民民族成份登记管理办法》，自2016年1月1日起施行。**

6月16日

［纲　文］　**中国和土耳其第5次军事合作高级对话会在北京举行。**

［目　文］　中国人民解放军副总参谋长王冠中和土耳其军队副总参谋长居勒共同主持对话会，双方就双边关系及共同关心的国际和地区安全问题深入交换了意见。

王冠中说，中土两国人民友谊源远流长。近年来两国友好合作关系健康稳定发展，各领域合作富有成果。进一步深化双方全面合作，符合两国人民的根本利益，也有利于地区和世界的和平与稳定。中土两军关系长期友好，中方愿同土方一道，充分利用好对话会平台，保持高层互访势头，在专业技术交流、人员培训、联合训练等方面加强务实合作，推动两军关系全面深入发展。居勒表示，土耳其坚定奉行一个中国政策。土军愿进一步加强两军多领域交流与合作，为促进两国关系全面发展做出积极贡献。

同日，国防部部长常万全在北京会见居勒率领的军事代表团时说，中土两国友好交往历史悠久。习近平主席提出的建设"一带一路"构想与土耳其国家发展目标高度契合，双方可加强合作，促进两国共同发展和繁荣。中土两军关系保持着良好发展势头，希望不断开拓新的合作领域，将两军关系提升到更高水平。居勒说，希望加强两军各领域交流与合作，不断深化两军友谊，在互利共赢的基础上共同发展。

6月16日

［纲　文］　**中国和土库曼斯坦政府间合作委员会人文合作分委会第四次会议在北京举行。**

［目　文］　会议由文化部副部长丁伟和土库曼斯坦文化部副部长沙穆拉多夫共同主持。中土两国文化部、土驻华使馆及分委会中方成员单位代表参加了会议。会上，双方回顾了中土人文合作分委会第三次会议召开以来两国文化交流与合作情况，充分肯定了人文合作分委会机制在推动两国文化交流与合作方面发挥的重要作用。双方就本次分委会的议题充分交换了意见并达成以下共识：中土双方将继续举办"文化日"等大型交流活动，并鼓励两国文化艺术机构建立直接联系；在文化遗产保护和管理领域加强合作；支持两国奥委会和单项运动协会间开展交流与合作；注重开展两国青年间的交流活动，进一步发挥青年在中土友好中的桥梁纽带作用。双方商定，2016年在土库曼斯坦召开分委会第五次会议。会后双方主席共同签署了会议纪要。

6月16日

［纲　文］　**国务委员杨洁篪、外交部部长王毅在北京分别会见伊拉克共和国外交部长易卜拉欣·贾法里。**

6月16日

［纲　文］　**外交部发言人就中国在南沙岛礁建设方面的近况及有关立场问题表示，**

南沙岛礁建设是中国主权范围内的事。

［目　文］　发言人说，南沙岛礁建设是中国主权范围内的事，合法、合理、合情，不针对任何国家，不会对各国依据国际法在南海享有的航行和飞越自由造成任何影响，也不会对南海的海洋生态环境造成破坏，无可指责。中国在南沙群岛部分驻守岛礁上的建设将于近期完成陆域吹填工程。中国南沙岛礁建设除满足必要的军事防卫需求外，更多的是为各类民事需求服务，以更好地履行中国在海上搜救、防灾减灾、海洋科研、气象观察、生态环境保护、航行安全、渔业生产服务等方面承担的国际责任和义务。陆域吹填完成后，下阶段我们将开展满足相关功能的设施建设。中国坚持走和平发展道路，坚持与邻为善、以邻为伴的周边外交政策，始终奉行防御性的国防政策，始终是维护地区和平稳定的坚定力量。中方在坚定维护领土主权和海洋权益的同时，将继续致力于同直接有关的当事国在尊重历史事实的基础上，根据国际法，通过谈判协商解决有关争议，致力于同东盟国家在全面有效落实《南海各方行为宣言》框架下积极推进“南海行为准则”磋商进程，致力于维护南海的航行自由，致力于维护南海的和平稳定。

有记者问，日本首相安倍 6 月 15 日接受媒体采访时称，不会重蹈战争覆辙，新安保法不会造成中日军事冲突，并表示将不断努力改善中日关系。中方对此有何评价？

中方发言人表示，2015 年是一个很重要的年份，是中国人民抗日战争暨世界反法西斯战争胜利 70 周年。由于历史原因，日本在历史问题上的言行和军事安全政策动向，理所当然地值得中国及日本周边的亚洲邻国高度关注。实际上，日本国内对此也高度关注。

6 月 16 日

［纲　文］　**中国人民政治协商会议第八届全国委员会常务委员、徐悲鸿纪念馆馆长、无党派人士廖静文在北京逝世，享年 92 岁。**

6 月 16—18 日

［纲　文］　**中国音乐家协会第八次全国代表大会在北京召开。**

［目　文］　会议审议通过了中国音协第七届理事会工作报告，修改了《中国音乐家协会章程》，选举产生了由 214 人组成的中国音协新一届理事会。中国音协第八届理事会第一次会议选举产生了由 15 人组成的新一届主席团。叶小钢当选中国音协第八届主席。

6 月 17 日

［纲　文］　**国家主席习近平和澳大利亚总理阿博特就中国与澳大利亚签署自贸协定互致贺信。**

［目　文］　习近平在贺信中指出，中澳建交 43 年来，经贸合作成果丰硕，利益交融不断加深，人文交往日益密切。签署自贸协定，将为两国实现优势互补、密切互利合作，提供更高的平台和更完善的制度保障，也将为亚太地区发展高水平的经贸安排产生示范效应，有助于推动亚太经济一体化进程。中澳同为亚太大家庭的重要成员，中方愿与澳方共同努力，牢牢把握两国关系发展的正确方向，遵循相互尊重、平等互利的原则，以签

署自贸协定为契机，推动中澳全面战略伙伴关系持续稳定发展，促进亚太地区乃至世界的和平与繁荣。

阿博特在贺信中指出，今天对于澳中两国来说是一个重要的日子，澳中自贸协定正式签署是两国关系新的开始。澳中自贸协定将使两国的贸易和投资更为自由，使两国关系更为紧密，我期待着两国从中受益。澳中自贸协定也是一个历史性的协定，它不仅将促进两国经济增长，对于我们所在区域的国家来说，还将是未来经济一体化的典范。

同日，商务部部长高虎城与澳大利亚贸易与投资部长安德鲁·罗布在堪培拉分别代表两国政府签署《中华人民共和国政府和澳大利亚政府自由贸易协定》。出席签字仪式的澳大利亚总理阿博特表示，自贸协定的签署对两国来说是“重要的历史性”时刻，将使澳中两国、亚太地区和世界变得更好。高虎城表示：“中澳自贸协定将促进双边经贸关系全面及深入发展，为两国经济增长持续不断地提供动力。”罗布在签字仪式上说：“这项协定将把两国友好关系提升至新高度，促进两国经济增长，也促进亚太地区发展。”

6月17日

［纲　文］　**国务院办公厅印发《关于支持农民工等人员返乡创业的意见》。**

［目　文］　《意见》由五部分组成：一、总体要求；二、主要任务；三、健全基础设施和创业服务体系；四、政策措施；五、组织实施。

6月17日

［纲　文］　**十二届全国人大常委会第四十八次委员长会议在北京举行。**

［目　文］　全国人大常委会委员长张德江主持会议。会议决定：十二届全国人大常委会第十五次会议2015年6月24日至7月1日在北京举行。

6月17日

［纲　文］　**国务院总理李克强主持召开国务院常务会议。**

［目　文］　会议主要内容是：一、部署加大重点领域有效投资，发挥稳增长调结构惠民生的多重作用。会议决定，（一）通过调整结构、盘活存量，增加安排中央投资，重点投向农村电网升级改造、粮食仓储设施、城镇污水处理设施、城区老工业区和独立工矿区改造搬迁等，带动更多地方和社会投资。（二）在加快推进水利、中西部铁路等7类重大工程包建设的基础上，积极筹划新兴产业、增强制造业核心竞争力、现代物流、城市轨道交通四类新的工程。（三）引导金融机构建立快速通道，加快重大工程、PPP项目等贷款审批。促进有效投资持续增长。二、决定进一步强化城镇棚户区和城乡危房改造及配套基础设施建设。会议决定，按照推进以人为核心的新型城镇化部署，实施三年行动计划，改造包括城市危房、城中村在内的各类棚户区1800万套，农村危房1060万户，同步规划和建设公共交通、水气热、通信等配套设施。会议要求，要加快审批，做好土地征收、补偿安置等前期工作。加大政府投入，农村危房改造补助由县级财政直接发放到户，推进棚改货币化安置，推动市县政府购买棚改服务并列入财政预算，对存在缺口的，可依法由省级政府代发地方政府债券予以支持。三、确定实施“三证合一”登记制度改革，方便创业

创新。会议认为，推行“三证合一”，将工商、质监、税务分别核发证照，改为由工商部门一次性核发营业执照，是商事登记制度的重大改革，可以进一步便利企业注册，持续推动形成大众创业、万众创新热潮。会议强调，要简化程序，实行“一次申请、一口受理、一套材料、一表登记”，不重复填报、提交材料。积极推进全程电子化操作，实现部门间信息互联互通、档案互认，做到方便透明。在2015年底前确保实现“三证合一、一照一码”登记模式在全国推开，过渡期内老证照继续有效，让群众得实惠。四、部署运用大数据优化政府服务和监管，提高行政效能。会议确定，（一）加快政务信息化工程建设，推动政府信息开放共享，凡事关群众办事的程序和要求，凡依法应予公开的政务信息，都要上网公开。用好网络等新媒体，为企业和群众服务。（二）推进市场主体信息公示，依法及时上网公开行政许可、处罚等信息，建设信用信息共享交换平台，推动信用信息一站式查询，建立守信联合激励、失信联合惩戒机制。大力发展信用服务业。（三）在环保、食品药品安全等重点领域引入大数据监管，主动查究违法违规行为。

6月17日

［纲　文］　**国务院总理李克强在北京会见世界经济论坛主席施瓦布**。

［目　文］　李克强表示，当前世界经济处于深度调整之中，复苏进程依然曲折。面对错综复杂的外部环境和国内经济下行压力，我们通过深化简政放权、放管结合、优化服务等改革，加大定向调控力度，推动大众创业、万众创新，激发市场活力，培育经济增长新动能。2015年5月以来，工业、投资、消费、进出口等主要经济指标都稳中向好，就业保持良好势头。我们将继续转方式、调结构，提高发展质量效益，使中国经济保持中高速增长，迈向中高端水平。新一届夏季达沃斯论坛于2015年9月在大连举办，中方愿同世界经济论坛共同努力，确定富有远见、有包容性的主题，推进创新创业。其间将举办“国际产能合作与经济转型升级”分论坛，有助于探讨如何把中国产能和装备制造的比较优势同发达国家的先进技术与管理经验相对接，更好适应广大发展中国家基础设施建设及工业化需求，实现互利多赢，共同推动世界经济复苏与增长。

施瓦布表示，李克强总理年初在达沃斯世界经济论坛2015年年会发表了重要演讲，有助于提振国际社会对中国发展的信心。世界经济论坛正在筹备2015年的夏季达沃斯论坛，将聚焦创新、创业、创造主题，这同中国经济的发展方向相契合。世界经济论坛重视中国在国际事务中发挥的重要作用，愿进一步深化对华合作。

6月17日

［纲　文］　**刘云山在北京会见欧洲议会社会党主席贾尼·皮泰拉率领的党团代表团**。

［目　文］　中共中央政治局常委刘云山说，中国高度重视与欧盟的关系，愿深入落实习近平主席上年访欧时与欧方领导人达成的重要共识，以中欧建交40周年为新起点，推动中欧四大伙伴关系取得新进展。中国共产党愿与欧洲议会社会党党团相互尊重、平等相待，深化党际交往，为中欧关系发展注入新动力。刘云山说，中国经济发展进入新常

态，我们在保持经济持续健康发展同时，继续扩大对外开放，推进“一带一路”建设，与包括欧洲在内的世界各国分享发展机遇和成果。

皮泰拉说，中国是欧洲重要合作伙伴。欧洲议会各党团均致力于发展与中国共产党的友好关系，希望通过机制化党际交往推动欧中全面战略伙伴关系发展。

6月17日

［纲　文］　**国家副主席李源潮在北京会见波兰外交部部长谢蒂纳。**

6月17日

［纲　文］　**《人民日报》发表题为《党执政治国的重要组织制度保障》的评论员文章。**

6月17日

［纲　文］　**《人民日报》发表题为《依法落实普选，促进香港繁荣稳定》的评论员文章。**

6月17—18日

［纲　文］　**第11次中越两党理论研讨会在上海举行。**

［目　文］　本次研讨会的主题是：社会发展和治理创新。中宣部部长刘奇葆和越南共产党中央政治局委员、中央宣教部部长、中央理论委员会主席丁世兄出席开幕式。刘奇葆作了题为《中国社会建设的实践探索和主要经验》的主旨报告。丁世兄作了题为《革新时期越南共产党领导社会管理与发展工作》的主旨报告。

研讨会上，中越双方就两国进行改革开放和革新事业以来取得的成就和面临的挑战进行了分析，就新形势下社会主义国家经济发展和社会治理进行了深入探讨，达成广泛共识。

6月17—21日

［纲　文］　**应国务院总理李克强邀请，喀麦隆共和国总理菲勒蒙对中国进行正式访问。**

［目　文］　访问期间，国家主席习近平、全国政协主席俞正声在北京分别会见了菲勒蒙。李克强在北京与菲勒蒙举行了会谈，双方一致同意巩固传统友好、发挥互补优势、对接发展战略、深化产能等领域务实合作，推动中喀友好互利合作提质升级。两国总理共同见证双边经济技术、基础设施、中小企业合作等领域合作文件的签署。

习近平在会见菲勒蒙时表示，中方高度重视中喀关系，对两国关系发展感到满意。你这次访华，同中方就促进两国各领域友好互利合作进行了富有成果的会谈，达成广泛共识。双方要一道努力，推进中喀互利合作，更好造福两国人民。中方感谢喀方长期以来坚持一个中国政策。两国要对接彼此发展战略，不断拓展工业、农业、能源资源、区域航空、基础设施建设、人力资源开发等领域务实合作，推动互利合作迈上新台阶。中方支持喀方实现自主可持续发展。两国要加强人员往来和人文交流，加深青年、妇女、智库、学者、媒体等社会各界相互了解和友谊，夯实两国友好民意和社会基础。中方愿为喀方培养更多经济社会发展急需人才。中国和非洲国家是休戚与共的命运共同体，面临共同的发展任务。中方将秉持“真实亲诚”的对非工作方针和正确义利观，支持非洲国家提高自我发展能力，推动中非新型战略伙伴关系更好惠及双方人民。

菲勒蒙表示，喀麦隆高度重视喀中关系，坚定奉行一个中国政策，感谢中方对喀麦隆经济社会发展给予的帮助和支持。喀方希望进一步夯实两国关系，加强两国在工业、原材料加工、基础设施、教育、科研等领域的合作。

李克强在与菲勒蒙会谈时表示，中方鼓励本国建材、钢铁、纺织、平板玻璃、水泥等企业赴喀投资设厂，助推喀工业化进程。积极探讨推进中喀民用航空、农业、人力资源开发等合作，推动中喀友好互利合作提质升级。加强同包括非洲在内的广大发展中国家的团结合作，始终是中国对外政策的重要基石。本年适逢中非合作论坛成立15周年，双方将举办论坛第六届部长级会议。中方愿同非方一道，全面推进产业、金融、减贫、生态环保、人文交流、和平安全等“六大合作工程”，积极开展高速铁路、高速公路、区域航空网络以及基础设施工业化等“三网一化”合作，推动中非新型战略伙伴关系全面发展。菲勒蒙表示，中国是伟大的国家，喀中相互信任，合作成果丰硕，两国关系堪称国与国关系发展的典范。喀方感谢中方对喀经济社会发展的长期支持，愿进一步巩固两国友好关系，与中方积极开展产能合作，加强在基础设施建设、铁矿开采、水电站和体育设施建设等方面合作，欢迎中国企业赴喀投资兴业。

俞正声在会见菲勒蒙时表示，双方应抓住机遇，加强加工工业等领域合作，切实帮助喀麦隆增加就业，改善人民生活，进一步深化中喀互利合作关系。

6月17—26日

［纲　文］　**国务院副总理张高丽出席中俄投资合作委员会第2次会议、第19届圣彼得堡国际经济论坛，访问立陶宛、塞尔维亚和哈萨克斯坦。**

［目　文］　18日，张高丽和俄罗斯联邦政府第一副总理舒瓦洛夫在圣彼得堡共同主持中俄投资合作委员会第2次会议，签署了会议纪要，并共同见证了《莫斯科至喀山高铁项目勘察设计合同》的签署。

19日，张高丽出席第19届圣彼得堡国际经济论坛并发表了题为《开放合作，创新发展，促进世界经济稳定增长》的致辞。

会议期间，张高丽会见俄罗斯总统普京时说，我此行的目的是落实两国元首共识，为习近平主席出席7月上旬金砖国家和上海合作组织乌法峰会以及两国总理第20次会晤作准备，中方秉持“亲诚惠容”理念，与俄方开展平等互利、合作共赢的全方位务实合作，这对于两国乃至世界和平与发展都具有重要意义。双方要全面落实已达成的各项合作协议，造福两国和两国人民。要加强丝绸之路经济带建设和欧亚经济联盟建设对接合作，尽快成立工作机制，并商谈对接的具体领域和合作项目。积极推进莫斯科—喀山高铁、联合研制远程宽体客机等大项目，以更多的大项目带动双方投资合作。推动金融全方位合作，协调推进东、西两线天然气合作，努力扩大双边贸易。

普京说，我期待习近平主席7月上旬来俄出席金砖国家和上海合作组织乌法峰会，我

9月初赴华出席中国人民抗日战争暨世界反法西斯战争胜利70周年纪念活动。俄方愿继续加强与中方在政治、经贸、人文、高科技、基础设施建设和国际事务等领域的全面合作，积极推进欧亚经济联盟建设和丝绸之路经济带建设对接合作。

张高丽访问立陶宛期间，在维尔纽斯分别会见立陶宛总统格里包斯凯特、立陶宛总理布特克维丘斯。张高丽表示，中方鼓励本国企业赴立投资兴业，也欢迎立企业积极开拓中国市场，愿积极探讨双方在激光、生物科技、清洁能源等领域开展技术合作。

张高丽访问塞尔维亚期间，在贝尔格莱德分别会见了塞尔维亚总统尼科利奇、塞尔维亚总理武契奇。张高丽表示，双方要将推进中塞务实合作同两国发展进程结合起来，不断提升双边合作水平。中国提出的“一带一路”合作倡议将给沿线国家带来实实在在的利益。塞尔维亚区位优势突出，希望塞方积极参与“一带一路”建设，为两国务实合作赢得新的发展机遇。

张高丽访问哈萨克斯坦期间，在阿斯塔纳会见哈萨克斯坦总理马西莫夫时表示，要进一步深化能源合作，中方愿以哈方举办2017年专项世博会为契机，同哈方开展核能、风能、太阳能等清洁能源合作。继续推进基础设施互联互通，加强政策协调，提高通关效率，保障运输安全，做实做大两国运输物流合作，打造中国和中亚国家海陆联运的便捷通道。加强资金融通，与哈方在亚投行、中国—欧亚经济合作基金和丝路基金框架内开展投融资合作。充分发挥中哈合作委员会作用，为下半年两国领导人会晤做好准备。

6月18日

［纲　文］　**国务院办公厅发布《关于印发进一步做好新形势下就业创业工作重点任务分工方案的通知》。**

［目　文］　《通知》说，各省、自治区、直辖市人民政府，国务院有关部门：《进一步做好新形势下就业创业工作重点任务分工方案》（以下简称《分工方案》）已经国务院同意，现印发给你们，请认真落实。有关部门要认真贯彻实施《国务院关于进一步做好新形势下就业创业工作的意见》（国发〔2015〕23号），按照《分工方案》的要求，进一步分解细化涉及本部门的工作，抓紧制定具体措施，逐项推进落实。同一项工作涉及多个部门的，牵头部门要加强协调，有关部门要密切协作。各省、自治区、直辖市人民政府要加强组织领导，落实责任，加快推进各项工作，确保政策落地生效。人力资源社会保障部要做好跟踪分析、统筹协调、督促检查等工作，重大问题及时向国务院报告。

6月18日

［纲　文］　**全国政协在北京召开双周协商座谈会，围绕“建设工程消防审核验收”建言献策。**

［目　文］　全国政协主席俞正声主持座谈会。全国政协副主席杜青林、张庆黎、卢展工、陈晓光出席座谈会。公安部副部长李伟介绍了建设工程消防审核验收工作的情况。住房城乡建设部副部长易军、国务院法制办副主任甘藏春等与委员互动交流。

全国政协委员齐骥、杨振江、陈昌生、李建明、季允石、崔海容、王二虎、邵明立、陈莉、白鹤祥、管飞、陈世强、苏如春、李玉玲、何水法、林海燕、刘勇，以及余凌云、郑实等专家学者在座谈会上发言。

委员们认为，建设工程消防审核验收，是加强建设工程消防安全源头管控、保证建筑安全的重要手段，是事关公共安全和人民群众生命财产安全的大事。目前，审核验收工作还存在力量不足、权力集中、自由裁量权过大和内部监督制约机制不健全等问题，需要认真研究解决。

一些委员对进一步做好建设工程消防审核验收工作提出意见建议。一是责任要明晰，严格落实政府监管责任和企业主体责任，对由于消防设施质量缺陷引发火灾事故的，依法追究责任。二是标准要科学，规范消防机构审核验收的程序和标准，加强培训，确保对规范标准的统一适用。三是权力要透明，坚持公开公平公正，拆解过于集中的权力，预防和遏制腐败。四是要减少审批，简化程序，提高效率，积极推进建设工程消防行政审批制度改革。五是要加强监督，对工程质量进行全过程监督，验收过程中同期进行消防监督检查，消防部门通过日常监督检查加强督导，从源头上消除火灾隐患。六是要重视社会力量，树立全民消防意识。七是要加强队伍建设，包括专业技术力量建设和廉政建设，着力培养适应新时期需要、具有科学专业技能和丰富消防经验的专业技术人才队伍。

6月18日

［纲　文］　**全国政协主席俞正声在北京会见斯洛文尼亚国民委员会主席贝尔瓦尔。**

［目　文］　俞正声说，中斯传统友谊深厚。建交23年来，两国关系经受住了国际风云变幻的考验。中方一贯重视发展中斯关系，始终将斯洛文尼亚视为在中东欧地区值得信赖的好朋友、好伙伴。中国—中东欧国家合作平台的建立，为中斯拓展务实合作提供了更加广阔的平台。中国全国政协愿进一步加强同斯洛文尼亚国民委员会多层次、多形式的交往与合作，广泛交流参政议政经验，共同为推动中斯友好合作关系全面发展做出新的贡献。贝尔瓦尔表示，斯方对中国的发展成就表示钦佩，对中国政协的作用表示赞赏，愿拓展同中方在经济、文化、教育等领域的合作，推动两国关系深入发展。

19日，全国人大常委会委员长张德江在北京会见斯洛文尼亚国民委员会主席贝尔瓦尔时说，中国与斯洛文尼亚关系发展顺利，友谊不断加深，合作不断推进。斯洛文尼亚地处欧洲中心，习近平主席提出“一带一路”建设，给两国务实合作带来新的发展机遇。我们愿同斯洛文尼亚对接好发展战略，落实中国—中东欧国家领导人会晤成果，加强在基础设施、投资等领域合作。中国全国人大愿同斯洛文尼亚国民议会、国民委员会加强交流与合作，增进两国人民间相互了解，为推进双边关系发展贡献更多的正能量。

贝尔瓦尔说，斯中两国发展合作潜力巨大，斯愿积极参加中国—中东欧“16+1合作”框架，同中方进一步深化各领域互利合作，推动双边关系不断向前发展。

6月18日

［纲　文］　**中国作家协会与中国作家出版集团主办的中国诗歌网正式上线。**

［目　文］　中国诗歌网（www.zgshige.com）是国家重点文化工程，依托中国作家协会、全国多家诗歌专业机构、全国百家诗人社团等资源，旨在建设一个推动与繁荣当代诗歌创作、促进写诗人与读诗人更好交流的全国性诗歌服务平台；分电脑端、手机端、客户端3个端口。电脑端拥有原创诗歌写作平台，网友可以在其中以诗会友，每天可以分享数以千计的诗歌新作；手机端将方便诗歌爱好者随时随地阅读、聆听、创作、发表诗歌；客户端于本月底正式开放下载，推送文字、音频、视频等多种类诗歌产品。

6月18日

［纲　文］　**外交部发言人就朝鲜各地农村正遭受百年一遇特大旱灾表示，中国愿根据朝鲜需要提供帮助。**

6月18日

［纲　文］　**中国自主研制的首款电动力轻型载人运动飞机锐翔（RX1E）首批两架，在辽宁法库县财湖机场正式交付给企业。**

［目　文］　项目负责人、中国工程院院士杨凤田介绍，锐翔（RX1E）电动飞机以高能锂电池为能源，采用全复合材料机体结构，高效气动设计；具有环保静音，无污染，安全舒适，易操纵，运营成本低等优点。飞机最大飞行速度160km/h、巡航速度120km/h；最大起飞重量500kg、最大载荷230kg，带动力续航时间45分钟。

6月18—19日

［纲　文］　**国资委在北京召开推进中央企业参与"一带一路"建设暨国际产能和装备制造合作工作会议。**

［目　文］　国务院总理李克强批示指出：推动国际产能和装备制造合作，是新阶段下以开放促进发展的必由之路，既有利于顶住经济下行压力，实现中高速增长、迈向中高端水平，也是与全球经济深度融合，在更高层次上嵌入世界产业链条，实现优势互补、合作发展的共赢之举。近年来，中国装备"走出去"初见成效，取得积极进展，央企立足自身，主动作为，不畏艰难，勇于开拓，在其中发挥了领头羊、主力军作用，为国内经济建设和对外经济合作做出了不可替代的重要贡献，促进提升了我国国际竞争力，有效拓展了我国经济发展空间，成绩应予充分肯定。当前，利用我国优势产能，突出重点领域，推动国际产能合作，条件具备，机遇难得。希望同志们牢固树立大局意识，紧密结合"一带一路"建设，善于抓住和对接当地需求，坚持创新合作模式，坚持市场导向和商业运作原则，更加注重质量信用品牌服务提升，更加注重装备标准技术管理同进，更加注重自身发展与造福当地并重，推动形成优进优出格局，促进新一轮高水平对外开放，为我国发展增添新动能、实现经济提质增效升级做出更大贡献！

国资委、中组部负责人，中央企业主要负责人，地方国资委负责人出席会议。中国石油、中国电子、招商局集团、中国中车、中交集团和广西国资委等6家单位在会上交流了经验。国务委员王勇作会议讲话。国资委党委书记、主任张毅出席会议并讲话，会议主要内容是：深入贯彻落实党的十八大、十八届三中、四中全会精神、中央经济工作会议精神、中共中央总书记习近平系列重要讲话精神，研究部署推进中央企业参与“一带一路”建设、加强国际产能和装备制造合作以及稳增长等工作。

王勇说，国资委和中央企业要深入贯彻落实党中央、国务院的决策部署，认真学习领会李克强总理批示精神，勇挑重担，主动作为，以市场为导向，以项目为载体，以创新为动力，将企业优势与国外需求相结合，积极参与“一带一路”建设，充分发挥装备制造优势，因国因业因企施策，有力有序推进走出去战略。积极创新方式方法，灵活采取贸易、投资、园区建设、技术合作等多种方式，提高对外合作水平。强化风险防控，确保稳健经营和资产安全。狠抓质量品牌建设，加快培养和引进国际化人才，夯实走出去的人才基础。国资委和有关部门要加强指导协调，制定完善政策，提供优质服务，创造良好环境。

6月19日

［纲　文］　**工业和信息化部发布《关于放开在线数据处理与交易处理业务（经营类电子商务）外资股比限制的通告》。**

［目　文］　《通告》说，为贯彻落实党的十八届三中全会精神，支持我国电子商务发展，鼓励和引导外资积极参与，进一步激发市场竞争活力，我部决定在中国（上海）自由贸易试验区开展试点的基础上，在全国范围内放开在线数据处理与交易处理业务（经营类电子商务）的外资股比限制，外资持股比例可至100%。外商投资企业要依法依规经营，申请在线数据处理与交易处理业务（经营类电子商务）许可时，对外资的股比要求按本通告执行，其他许可条件要求及相应审批程序按《外商投资电信企业管理规定》（国务院令第534号）相关规定执行。各省、自治区、直辖市通信管理局要加强对外商投资企业的引导和监督，加大事中事后监管力度，切实维护用户合法权益，营造公平竞争的发展环境，促进电子商务持续健康发展，使之成为大众创业、万众创新的重要平台。本通告自发布之日起执行。

6月19日

［纲　文］　**质检总局发布修改后的《食品检验机构资质认定管理办法》，自2015年10月1日起施行。**

6月19日

［纲　文］　**全国征兵工作电视电话会议在北京召开。**

［目　文］　会议对2015年征兵工作进行安排部署，要求各级地方政府和军事机关牢固树立征兵为打赢、征兵保打赢的思想，确保完成2015年征兵任务。

6月19日

［纲　文］　**国家副主席李源潮在北京会见博茨瓦纳外交与国际合作部长文松。**

6月19日

［纲　文］**《人民日报》发表题为《解决问题是最好的教育》的评论员文章。**

6月19日

［纲　文］**《人民日报》发表题为《反对派应对香港民主，发展进程受阻负全责》的评论员文章。**

6月19日

［纲　文］**最高人民检察院官方网站发布，浙江省政协原副主席斯鑫良涉嫌受贿罪被检察机关立案侦查。**

［目　文］斯鑫良身为党的高级领导干部，严重违反党的政治规矩和组织纪律，严重违纪违法，且党的十八大后仍不收敛、不收手，在得知组织对其有关问题线索进行调查后，与其妻及部分行贿人订立攻守同盟，转移赃款赃物，干扰、妨碍组织审查，性质恶劣、情节严重。依据《中国共产党纪律处分条例》等有关规定，经中央纪委审议并报中共中央批准，决定给予斯鑫良开除党籍处分；收缴其违纪所得；将其涉嫌犯罪问题、线索及所涉款物移送司法机关依法处理。之后，于2016年12月13日，江西省九江市中级人民法院公开宣判斯鑫良受贿案，对被告人斯鑫良以受贿罪判处有期徒刑13年，并处没收个人财产人民币200万元；对斯鑫良受贿所得及其孳息予以追缴，上缴国库。

6月20—27日

［纲　文］**应国家主席习近平邀请，比利时王国国王菲利普对中国进行国事访问。**

［目　文］访问期间，习近平与菲利普在北京举行了会谈、会晤。两国元首高度评价中比关系发展，同意继续共同努力，巩固两国政治互信，打造务实合作新增长点，深化民间友好，推动中比关系好上加好并共同见证了航天、海关、科技、地方合作、核燃料、教育等领域双边合作文件的签署；还就应对气候变化、非洲大湖地区局势等双方共同关心的问题交换了意见。国务院总理李克强、全国政协主席俞正声在北京分别会见了菲利普。菲利普还对武汉、上海、江苏、深圳等城市进行了访问。

习近平与菲利普会谈时表示，两国建立了全方位友好合作伙伴关系，在贸易、投资、科技、教育、文化、卫生、港口、通信、旅游、司法协助、粮食安全等领域合作顺利推进。中方高度重视中比关系，视比利时为欧盟内重要合作伙伴，愿同比方保持密切高层交往和高水平政治互信，牢牢把握中比关系全方位友好大方向。中国正在实施创新驱动发展战略，在高端制造业、生物制药、环境科技、可持续发展等领域开展广泛合作。中国政府支持有实力的中国企业到比利时投资兴业，也欢迎更多比利时企业把中国作为“第二本土市场”。双方要发挥全方位互联互通优势，推进中欧、亚欧物流产业发展和跨境电子商务合作。

菲利普表示，我首次国事访问就选择了中国，表明比方对比中关系的高度重视。中国发展取得的成就和为应对挑战做出的努力令比方印象深刻。比利时赞赏中方的“一带一路”倡议，作为中国在欧洲可靠的伙伴，愿利用自身优势，成为中国进入欧洲的桥梁。比方将继续积极致力于加强同中国在经贸、创新、教育、生物技术、卫生医疗、社保等领域合作。

李克强在会见菲利普时说，中方愿同比方增进政治互信，深化贸易投资等重点领域合作，将中方优势产能和性价比高的装备同比方先进技术相结合，共同开拓第三方市场，实现互利多赢。第十七次中国欧盟领导人会晤在即，中方高度重视发展同欧盟的关系，长期支持欧洲一体化进程，乐见繁荣的欧洲、团结的欧盟、强大的欧元。当前希腊债务问题处在关键时期，中方愿意看到希腊留在欧元区，赞赏有关方面所做努力，希望相关谈判取得成功。中方愿同欧方一道，为中欧关系不断向前发展注入新动力。菲利普表示，比方高度重视比中友好关系，希望进一步加强比中经贸、投资、科技、中小企业等领域合作，扩大人文交流。比方愿同中方积极探讨参与中方“一带一路”、国际产能合作等重大倡议，并加强第三方合作。比方赞赏中方支持欧洲一体化进程和欧元区建设，愿为推动欧中关系取得新发展做出贡献。

6月21日

［纲　文］**《人民日报》报道，由中国自主研发的“海底60米多用途钻机”在南海3109米海底海试成功并顺利通过国家863计划项目海试验收专家组验收。**

6月22日

［纲　文］**国务院办公厅转发银监会《关于促进民营银行发展的指导意见》。**

［目　文］《意见》由七部分组成：一、指导思想；二、基本原则；三、准入条件；四、许可程序；五、稳健发展；六、加强监管；七、营造环境。

6月22日

［纲　文］**新华网讯，许其亮在江苏、上海、安徽等地调研时强调，坚决贯彻习主席的装备建设思想，大力推进国防科技创新发展。**

［目　文］中央军委副主席许其亮在总装备部某基地和军工企业、科研院所、地方高校等单位，调研指导全军装备工作会议和装备质量工作会议精神落实情况，看望基层官兵和科研一线工作人员，察看科研成果，并与专家进行座谈，详细了解世界新科技革命发展走势和我军装备建设发展状况，认真听取他们的意见建议，研究新思路、新对策、新举措。

6月23日

［纲　文］**国家主席习近平应约同印度尼西亚总统佐科通电话。**

［目　文］习近平指出，中国和印尼是真诚相待的好朋友、好伙伴。中方建设“21世纪海上丝绸之路”构想同印尼方打造“全球海洋支点”规划高度契合。我们一致同意，

双方要加快发展战略对接，尽快确定经贸合作优先项目，实现互利共赢。中方愿同印尼方加强在产能、电力、钢铁、造船、建材、光伏、金融等领域合作。中方对印尼的发展潜力和前景充满信心，愿继续扩大对印尼投资。

佐科表示，印尼高度重视发展同中国的关系。我同习近平主席多次会晤，就发展两国关系达成重要共识。我很高兴，两国政府有关部门正在共同努力，有条不紊落实这些共识。印尼正处在发展的重要时期，期待着同中方进一步加强各领域合作。

6月23日

［纲　文］　**中央巡视工作动员部署会议在北京召开。**

［目　文］　会议传达了中共中央总书记习近平关于巡视工作的指示。中央纪委书记、中央巡视工作领导小组组长王岐山出席会议时强调，党的十八大以来，巡视工作认真贯彻中央巡视工作方针，与时俱进、探索实践，发挥党内监督利剑作用，顺党心、合民意。要履行党章规定的职责，聚焦发现问题不动摇，为全面从严治党做出新贡献。

会议指出，全面从严治党永远在路上，一刻不能放松。各级党组织只有把管党治党的政治责任担当起来，才能坚定不移沿着中国特色社会主义道路走下去，为实现“两个一百年”奋斗目标和中华民族伟大复兴提供有力保障。巡视是全面从严治党的有力支撑和重要手段。我们党历史上就吸收了传统文化中的监督方式，探索建立巡视制度。党的十六大提出建立和完善巡视制度，深化了巡视工作实践。党的十七大把巡视制度写入党章，2009年中央颁布巡视工作条例，成立中央巡视工作领导小组和中央巡视组。党的十八大后，党中央重新明确巡视工作的定位、提出巡视方针，聚焦党风廉政建设和反腐败斗争，发现问题、形成震慑。随着党要管党、从严治党不断深化，巡视与“四个全面”紧密联系，服务全面从严治党，发现问题的能力越来越强，发挥了震慑、遏制和治本作用。

会议强调，解决中国的问题要靠中国共产党；解决党自身的问题，要靠强化党的自我监督和人民群众的监督。保持党的先进性和肌体健康，是对我们的重大考验。历史反复证明，我们党具有极强的自我纠错能力。在党长期执政条件下，要探索依靠制度创新、强化党内监督的有效途径，不断完善巡视等党内监督制度，把权力关进制度的笼子。

经中央批准，2015年中央第二轮巡视将对中共中央台湾工作办公室、中央直属机关事务管理局、交通运输部、国家机关事务管理局、国家铁路局等26家单位进行专项巡视。

6月23日

［纲　文］　**国务院办公厅印发《关于加快推进“三证合一”登记制度改革的意见》。**

［目　文］　《意见》由四部分组成：一、充分认识推行“三证合一”登记制度改革的重要意义；二、改革目标和基本原则；三、改革步骤和基本要求；四、保障措施。

6月23日

［纲　文］　**质检总局发布《关于公布现行有效规范性文件和废止部分规范性文件的公告》。**

［目　文］　《公告》说，为全面建设法治质检，提升质检系统依法行政的水平，按照

《国家质量监督检验检疫总局规范性文件管理办法》(质检总局令第125号)的要求，质检总局对规范性文件进行了清理。本次共清理规范性文件1027件。清理结果：截至2014年12月底，质检总局现行有效规范性文件849件，决定废止规范性文件33件。现予以公布，决定废止的规范性文件自公布之日起废止。国家认监委、标准委和中国纤维检验局报送质检总局备案有效规范性文件145件。依法制定并发布的规程和行政管理中的目录，按照质检总局令第125号规定不列入有效规范性文件目录，依法执行。《质检总局关于公布现行有效规范性文件和废止部分规范性文件的公告》(质检总局2014年第70号公告)自本公告发布之日起废止。

6月23日

［纲　文］　**邮政局公布《邮政企业设置和撤销邮政营业场所管理规定》《邮政企业停止办理或者限制办理邮政普遍服务业务和特殊服务业务管理规定》，自2015年6月23日起实施。**

6月23日

［纲　文］　**马克思主义理论研究和建设工程工作座谈会在北京召开。**

［目　文］　中宣部部长刘奇葆主持会议。中共中央政治局常委刘云山出席会议并讲话。中央宣传思想文化有关单位、工程主管单位负责人、工程咨询委员和课题组首席专家等参加会议。

刘云山说，实施马克思主义理论研究和建设工程是党的一项根本性建设，是强基固本的工作，要深入落实党中央部署，提升理论自觉，突出主攻方向，强化问题导向，把工程工作引向深入，更好推动马克思主义中国化时代化大众化。工程实施以来取得重要阶段性成果，高扬了伟大旗帜，发挥了引领示范效应，创新了理论工作机制，促进了党的思想理论建设。面对“四个全面”战略布局新要求，面对思想理论工作新任务，马克思主义理论研究只有进行时，没有完成时；深入实施工程不是权宜之计，而是全面推进马克思主义理论学习研究宣传。要联系新的实际，继续加强马克思列宁主义、毛泽东思想、邓小平理论、“三个代表”重要思想、科学发展观的研究，引导干部群众坚定道路自信、理论自信、制度自信。要紧跟党的理论创新步伐，深入研究阐释习近平总书记系列重要讲话的重大意义，研究阐释讲话蕴含的新思想新观点新论断，帮助人们领会精神实质；围绕讲话精神设立一批重大课题，组织力量综合研究、专题研究，与理论学习和理论宣传贯通起来，更好用讲话精神武装头脑、指导实践、推动工作。

6月23日

［纲　文］　**谭元寿先生舞台生活80周年座谈会在北京举行。**

［目　文］　全国政协主席俞正声出席座谈会并会见谭元寿及其亲属。

中宣部部长刘奇葆在会上说，谭元寿先生从艺80年，承前启后、奋力作为，始终不渝地致力于继承传承，致力于创新创造，致力于创演精品，致力于以德培艺，为振兴京剧艺术作出了重要贡献。谭先生的艺术实践告诉我们，创作是艺术家的中心任务，作品是艺术家的立身之本。只有坚守中华文化立场，坚定文化自信，推陈出新、转化创新，才能创作排演出更多思想精深、艺术精湛、制作精良的作品，留下属于我们这个伟大时代的光辉印迹。

谭元寿先生是北京京剧院德高望重的京剧表演艺术家之一，是京剧生行谭派艺术的第五代传人。

6月23日

［纲　文］　**第11届"港澳大学生文化实践活动"在北京开幕。**

［目　文］　文化部部长雒树刚出席开幕式并致辞。文化部港澳台办、香港中联办青年工作部、澳门中联办文化教育部、香港青年联会和澳门基金会有关负责人及各文博机构代表、港澳实习生约150人出席开幕式。活动由文化部港澳台办、香港中联办青年工作部、澳门中联办文化教育部、香港青年联会和澳门基金会共同主办。港澳13所高校的97名港澳在校大学生来内地，安排其在国家图书馆、国家博物馆、故宫博物院、中国美术馆、文化部恭王府管理中心、鲁迅博物馆、梅兰芳大剧院、中国科学技术馆、宋庆龄同志故居、中国电影博物馆、首都博物馆、北京自然博物馆、北京天文馆、中华世纪坛世界艺术馆14家文博机构进行为期5周的工作实习。

"港澳大学生文化实践活动"是由文化部倡议举办的内地与港澳青少年文化交流重点品牌项目，旨在促进港澳大学生专业知识与实践能力的协调发展，加深他们对中华文化和祖国国情的认知和了解。该项目自2005年推出以来已成功举办10届，得到港澳主办方的充分肯定和港澳大学生的广泛欢迎，报名人数逐年增长，岗位数量和范围逐年增加并拓宽。

6月23—24日

［纲　文］　**第7轮中美战略与经济对话和第6轮中美人文交流高层磋商在华盛顿举行。**

［目　文］　中国国家主席习近平特别代表国务院副总理汪洋、国务委员杨洁篪，与美国总统奥巴马特别代表国务卿克里、财长雅各布·卢共同主持本轮战略与经济对话。汪洋与雅各布·卢共同主持了经济对话，双方就事关两国和国际经济的全局性、长期性和战略性问题进行了坦诚深入的交流，达成70多项重要成果。杨洁篪与克里共同主持了战略对话。双方围绕推进中美新型大国关系建设、深化双边务实合作、加强中美在亚太的合作、应对地区热点和全球性挑战、建设性管控分歧等议题深入探讨，达成120多项成果。

中国国家主席习近平特别代表国务院副总理刘延东，与美国国务卿克里共同主持人文交流高层磋商。

24日，美国总统奥巴马在白宫会见了刘延东、汪洋、杨洁篪等中方代表团主要成员。

刘延东向奥巴马转达习近平的口信。习近平在口信中说，自安纳伯格庄园会晤两年多来，中美关系取得重要进展，中美合作成果日益惠及两国人民和各国人民。2015年9月，我将应总统先生邀请对美国进行国事访问。希望在访问时能够同你一道勾画中美关系未来，形成两国合作的战略规划，进一步推进两国各领域务实合作，让两国人民对发展中美关系有更强信心、更大热情。与美方共同构建新型大国关系，实现双方不冲突不对抗、相互尊重、合作共赢，是中国外交政策的优先方向。面对复杂多变的国际形势，中美双方应该合作、能够合作的领域十分广阔。我们要牢牢把握两国关系的正确方向。只要中美双方从大处着眼，尊重和照顾彼此核心利益，坚持建设性方式，避免战略误解误判，分歧就可以得到管控，共同利益就可以得到维护。

奥巴马请中方特别代表转达对习近平主席的亲切问候，表示很高兴本轮美中战略与经济对话和人文交流高层磋商取得丰硕成果，为习近平主席9月对美国进行国事访问奠定良好基础。奥巴马说，我和习近平主席在安纳伯格庄园和北京会晤期间就发展两国关系进行了深入交流，我期待在白宫接待习近平主席，进一步探讨建立长久稳定、富有成果的美中关系。过去一年中，美中关系不断提升，两国在气候变化、清洁能源、全球公共卫生、经济发展及诸多国际地区热点问题上的合作不断拓展，一些规划中的合作正在逐步落实。

6月24日

［纲　文］ **李克强主持召开国务院常务会议。**

［目　文］ 会议主要内容是：一、推进“互联网+”行动，促进形成经济发展新动能。会议通过《“互联网+”行动指导意见》，明确了推进“互联网+”，促进创业创新、协同制造、现代农业、智慧能源、普惠金融、公共服务、高效物流、电子商务、便捷交通、绿色生态、人工智能等若干能形成新产业模式的重点领域发展目标任务，并确定了相关支持措施。一是清理阻碍“互联网+”发展的不合理制度政策，放宽融合性产品和服务市场准入，促进创业创新，让产业融合发展拥有广阔空间。二是实施支撑保障“互联网+”的新硬件工程，加强新一代信息基础设施建设，加快核心芯片、高端服务器等研发和云计算、大数据等应用。三是搭建“互联网+”开放共享平台，加强公共服务，开展政务等公共数据开放利用试点，鼓励国家创新平台向企业特别是中小企业在线开放。四是适应“互联网+”特点，加大政府部门采购云计算服务力度，创新信贷产品和服务，开展股权众筹等试点，支持互联网企业上市。五是注重安全规范，加强风险监测，完善市场监管和社会管理，保障网络和信息安全，保护公平竞争。用“互联网+”助推经济保持中高速增长、迈向中高端水平。二、决定降低工伤和生育保险费率，进一步减轻企业负担。会议指出，适当降低社会保险费率，是为企业减负的定向调控重要举措，有利于稳增长、促就业。会议决定，在已降低失业保险费率的基础上，从10月1日起，将工伤保险平均费率由1%降至0.75%，并根据行业风险程度细化基准费率档次，根据工伤发生率对单位（企业）适当上浮或下浮费率；将生育保险费率从不超过1%降到不超过0.5%；工伤保险和生育保险基金超过合理结存量的地区应调低费率。实施上述政策，预计每年将减轻企业负担约270亿元。三、确定设立中国保险投资基金，以金融创新更好地服务实体经济。会议认为，改革商业保险资金运用方式，对接国家重大战略和市场需求，有利于保险业创新增

效，也可以带动社会有效投资，支持实体经济发展。会议确定，按照市场化专业化运作和商业可持续原则，设立中国保险投资基金。四、通过《中华人民共和国商业银行法修正案（草案）》。会议通过《中华人民共和国商业银行法修正案（草案）》。草案借鉴国际经验，删除了贷款余额与存款余额比例不得超过75%的规定，将存贷比由法定监管指标转为流动性监测指标。这有利于完善金融传导机制，增强金融机构扩大“三农”、小微企业等贷款的能力。会议决定将草案提请全国人大常委会审议。

6月24日

［纲　文］　**国务院办公厅印发《关于运用大数据加强对市场主体服务和监管的若干意见》。**

［目　文］　《意见》由八部分组成：一、充分认识运用大数据加强对市场主体服务和监管的重要性；二、总体要求；三、运用大数据提高为市场主体服务水平；四、运用大数据加强和改进市场监管；五、推进政府和社会信息资源开放共享；六、提高政府运用大数据的能力；七、积极培育和发展社会化征信服务；八、健全保障措施，加强组织领导。

《意见》要求，各地区、各部门要加强对本意见落实工作的监督检查，推动在服务和监管过程中广泛深入运用大数据。发展改革委负责对本意见落实工作的统筹协调、跟踪了解、督促检查，确保各项任务和措施落实到位。

6月24日

［纲　文］　**信访局印发《关于进一步加强和规范联合接访工作的意见》。**

［目　文］　《意见》由四部分组成：一、总体要求；二、方式方法；三、运行机制；四、组织管理。

6月24日

［纲　文］　**交通运输部公布修改后的《交通建设项目委托审计管理办法》《经营性公路建设项目投资人招标投标管理规定》《快递业务经营许可管理办法》，自2015年6月24日起施行。**

6月24日—7月1日

［纲　文］　**十二届全国人大常委会第十五次会议在北京举行。**

［目　文］　会议表决通过：一、《中华人民共和国国家安全法》，国家主席习近平签署第29号主席令予以公布；二、全国人大常委会关于实行宪法宣誓制度的决定；三、关于授权最高人民检察院在部分地区开展公益诉讼试点工作的决定；四、全国人大常委会关于批准《成立新开发银行的协议》《中华人民共和国和哈萨克斯坦共和国关于移管被判刑人的条约》《多边税收征管互助公约》；五、全国人大常委会关于批准2014年中央决算的决议；六、全国人大常委会代表资格审查委员会关于个别代表的代表资格的报告。

会议经表决任免了一些领导干部的职务。

全国人大常委会委员长张德江在闭幕会上说，经过广泛听取意见、反复研究论证和认真修改完善，本次会议审议通过了国家安全法。这部法律的制定与实施，对于维护国家安全，保护人民根本利益，协调推进“四个全面”战略布局，保证党和国家长治久安，具有重大而深远的意义。本次会议审议通过了关于实行宪法宣誓制度的决定，以国家立法的形式，建立了我国的宪法宣誓制度，明确了宪法宣誓的适用范围、誓词内容、组织方式、基本规程等。有关方面要抓紧制定具体办法，认真做好相关准备工作和规范工作，确保宪法宣誓制度依法顺利实施。本次会议审议通过了关于授权最高人民检察院在部分地区开展公益诉讼试点工作的决定。有关方面要加强对试点工作的组织指导和监督检查，认真总结实践经验，积极探索、稳妥推进。

6月24—25日

［纲　文］　**外交部部长王毅应邀率团出席在加德满都举行的尼泊尔重建国际会议。**

［目　文］　中国、印度、挪威、日本、欧盟、美国、联合国等50多个国家和国际组织代表出席会议。外交部部长王毅与会并代表中国政府宣布了参与尼灾后重建一揽子方案。王毅表示，4·25特大地震让中尼两国人民更深刻地认识到什么是唇齿相依，什么是命运共同体。在尼泊尔重建进程中，中国人民将坚定地与尼泊尔人民站在一起。中方愿综合利用援助、贷款等多种方式，鼓励企业和社会团体加大投入，加强人才培训和地方合作，并充分发挥中国产能优势，在尼基础设施建设、山区灾后民生恢复、文物古迹修复、灾害防治能力建设、医疗卫生等领域大力支持尼恢复与重建。王毅指出，尼泊尔重建是一项长期和浩大的工程，需要尼方与国际社会共同努力。中方始终坚持由尼方主导、充分尊重尼方意愿的原则，愿与各国及国际社会各方加强协调与合作。相信在国际社会共同帮助下，尼泊尔能够早日浴火重生。

尼政府和社会各界表示由衷感激中方的无私帮助。国际社会对中国在尼重建问题上的立场、方案和倡议普遍予以积极评价。

6月25日

［纲　文］　**国务院印发《关于进一步做好城镇棚户区和城乡危房改造及配套基础设施建设有关工作的意见》。**

［目　文］　《意见》由四部分组成：一、总体要求；二、加大改造建设力度；三、创新融资体制机制；四、加强组织领导。

《意见》要求，各地区要加强监督检查，全面落实各项工作任务和政策措施。加强对农村危房改造补助资金使用的监管，严禁截留、挤占、挪用或变相使用。加大考核和问责力度，对态度不积极、工作不主动、进度缓慢、弄虚作假的单位和责任人员予以通报批评，并明确整改期限和要求。

6月25日

［纲　文］　**财政部印发《关于进一步做好政府和社会资本合作项目示范工作的通知》。**

［目　文］　《通知》由三部分组成：一、加快推进首批示范项目实施；二、组织上报

第二批备选示范项目；三、构建激励相容的政策保障机制。

6月25日

［纲　文］　**食品药品监管总局发布《药品经营质量管理规范》。**

［目　文］　《规范》共4章187条，主要有总则、药品批发的质量管理、药品零售的质量管理、附则等内容。自2015年6月25日起施行，卫生部2013年6月1日施行的《药品经营质量管理规范》（中华人民共和国卫生部令第90号）同时废止。

6月25日

［纲　文］　**全国禁毒工作先进集体和先进个人表彰大会在北京召开，习近平会见全体代表。**

［目　文］　国家主席习近平在会见时指出，禁绝毒品，功在当代、利在千秋。禁毒工作事关国家安危、民族兴衰、人民福祉，厉行禁毒是党和政府的一贯立场和主张。各地区各有关部门要切实增强做好禁毒工作的政治责任感，以更加坚定的决心、更加有力的措施、更加扎实的工作，坚持严打方针不动摇，坚持多策并举、综合治理，坚持部门协同、社会共治，保持对毒品的“零容忍”，锲而不舍，常抓不懈，坚定不移打赢禁毒人民战争，不获全胜决不收兵。李克强、栗战书等参加会见。

表彰大会上，国务委员、公安部部长郭声琨向受表彰代表颁奖。全国100个禁毒工作先进集体和100个先进个人受到表彰。

6月25日

［纲　文］　**国家副主席李源潮在北京会见格鲁吉亚政府副总理兼能源部部长、党的总书记卡拉泽率领的“格鲁吉亚梦想—民主格鲁吉亚”党代表团。**

6月25日

［纲　文］　**“中华文化四海行——走进新疆”在乌鲁木齐市新疆国际会展中心启动。**

［目　文］　活动由国务院参事室、中央文史研究馆和新疆维吾尔自治区政府共同主办。活动包括文化论坛和美术展览。中央文史研究馆馆员王蒙为活动作了题为《民族文化与现代化》的首个讲座，讲座中所传达出的民族文化自信及文化包容性令在座千余名听众大受裨益。与此同时，“中华文化四海行——走进新疆中国书画精品联展”在新疆国际会展中心开幕。国务院参事杜鹰、中央文史研究馆馆员陈平原分别在新疆国际会议中心和新疆大学进行了学术讲座。活动持续五天。

6月25日

［纲　文］　**《人民日报》发表题为《补好扶贫开发这块短板——一论谋划好“十三五”时期扶贫开发工作》的评论员文章。**

6月25—27日

［纲　文］　**国务院副总理汪洋应邀访问古巴、巴西并主持召开中巴高层协调与合作委员会第四次会议。**

［目　文］　汪洋在访问古巴期间，在哈瓦那会见了古巴国务委员会主席劳尔·卡斯

特罗；与卡布里萨斯就落实两国元首深化中古关系共识、促进双边务实合作举行了会谈，同意将中古高水平的政治关系转化为实实在在的合作成果，为中古关系发展增添动力。

汪洋在访问巴西期间，在巴西利亚会见了巴西总统罗塞夫。汪洋与特梅尔共同主持中巴高层协调与合作委员会第四次会议，双方就推动中巴广泛领域务实合作达成共识并见证《中巴高委会第四次会议纪要》的签署。汪洋在圣保罗与在巴中资企业代表座谈，并考察了部分项目。

6月25—30日

［纲　文］ **“中国民间文化艺术之乡”民歌、山歌展演暨第12届吴江区域文化联动在苏州市吴江区举行。**

［目　文］ 本次活动由文化部公共文化司、江苏省文化厅主办，苏州市吴江区政府、苏州市文化广电新闻出版局等单位承办，包括“中国民间文化艺术之乡”民歌、山歌建设研讨会，民歌、山歌建设成果展，中国民歌、山歌专家讲座等活动。来自19个省区市的演员们以独唱、重唱、对唱等方式歌唱劳动、生活、爱情和家乡，土家族山歌、蒙古族长调等无不传递着纯净淳朴的情感、凝结着各民族的风俗习惯。参演的35个节目均是2014年被文化部命名为2014—2016年度“中国民间文化艺术之乡”中民歌、山歌之乡的优秀作品。

6月26日

［纲　文］ **习近平主持召开中共中央政治局会议。**

［目　文］ 会议审议通过：一、《中国共产党巡视工作条例（修订稿）》。会议指出，党的十八大以来，以习近平为总书记的党中央高度重视巡视工作，对加强和改进巡视工作作出系列重大决策部署，形成了中央巡视工作方针。巡视工作聚焦党风廉政建设和反腐败斗争，围绕“四个着力”，发现问题、形成震慑，做到全覆盖、全国一盘棋。巡视工作的力度、强度、效果大幅提升，成为党风廉政建设和反腐败斗争的重要平台，是党内监督和群众监督相结合的重要方式，是上级党组织对下级党组织监督的重要抓手，为全面从严治党提供了有力支撑。全面从严治党任务艰巨繁重，党要管党、从严治党，必须有坚强的制度作保证，首先是把党的纪律和规矩立起来、严起来，执行到位。贯彻习近平总书记系列重要讲话精神，充分吸收巡视工作实践创新成果，注重解决巡视工作面临的新情况新问题，进一步明确巡视工作定位，围绕党的政治纪律、组织纪律、廉洁纪律、群众纪律、工作纪律和生活纪律，深化巡视监督内容，对机构设置、工作职责、方式权限、纪律要求等作出明确规范，对于推动依法依规开展巡视，更好发挥巡视利剑作用具有重大意义。二、《关于推进领导干部能上能下的若干规定（试行）》。会议强调，推进干部能上能下，最根本的是健全完善制度机制。要坚持推进制度改革，通过激励、奖惩、问责等一整套制度安排，保证能者上、庸者下、劣者汰，形成良好的用人导向和制度环境。既要严格执行干部退休制度、领导干部职务任期制度，加大领导干部问责力

度，又要健全调整不适宜担任现职干部制度。要建立健全工作责任制，把推进领导干部能上能下作为全面从严治党、从严管理干部的重要内容。推进领导干部能上能下，党委（党组）承担主体责任，党委（党组）书记是第一责任人，组织（人事）部门承担具体工作责任。要坚持原则、敢于担当，形成一套督促检查的办法，做到真管真严、敢管敢严、长管长严。各地区各部门要结合实际，抓好《规定》的贯彻执行，把各项制度规定落到实处。

6月26日

［纲　文］　**习近平主持中共中央政治局第24次集体学习**。

［目　文］　本次学习的主题是：加强反腐倡廉法规制度建设。中央纪委宣传部部长肖培就这个问题进行讲解，并谈了意见和建议。

中共中央总书记习近平主持学习时指出，我们党长期执政，既具有巨大政治优势，也面临严峻挑战，必须依靠党的各级组织和人民的力量，不断加强和改进党的建设、管理、监督。铲除不良作风和腐败现象滋生蔓延的土壤，根本上要靠法规制度。要加强反腐倡廉法规制度建设，把法规制度建设贯穿到反腐倡廉各个领域、落实到制约和监督权力各个方面，发挥法规制度的激励约束作用，推动形成不敢腐不能腐不想腐的有效机制。党风廉政建设和反腐败斗争是全面从严治党的重要方面，是新形势下进行具有许多新的历史特点的伟大斗争的重要内容，是协调推进“四个全面”战略布局的重要保证。党的十八大以来，我们党顺应党心民意，坚持党要管党、从严治党，以猛药去疴、重典治乱的决心，以刮骨疗毒、壮士断腕的勇气，深入推进党风廉政建设和反腐败斗争，党风廉政建设和反腐败斗争取得了新的重大成效，党风政风为之一新，党心民心为之一振。同时，我们也要看到，这些成效是阶段性的，当前，党风廉政建设和反腐败斗争形势依然严峻复杂。开弓没有回头箭，反腐没有休止符。我们必须保持政治定力，以强烈的历史责任感、深沉的使命忧思感、顽强的意志品质，以抓铁有痕、踏石留印的劲头持续抓下去。法规制度带有根本性、全局性、稳定性、长期性。要贯彻全面深化改革、全面依法治国的要求，加大反腐倡廉法规制度建设力度，把中央要求、群众期盼、实际需要、新鲜经验结合起来，本着于法周延、于事有效的原则制定新的法规制度、完善已有的法规制度、废止不适应的法规制度，努力形成系统完备的反腐倡廉法规制度体系。反腐倡廉法规制度建设系统性强，要坚持问题导向、突出重点，充分体现科学性、针对性、可操作性。要坚持宏观思考、总体规划，既要注意体现党章的基本原则和精神，符合国家法律法规，也要同其他方面法规制度相衔接，提升法规制度整体效应。要系统完备、衔接配套，立治有体、施治有序，把反腐倡廉法规制度的笼子扎细扎密扎牢，做到前后衔接、左右联动、上下配套、系统集成。要健全问责机制，坚持有责必问、问责必严，把监督检查、目标考核、责任追究有机结合起来，形成法规制度执行强大推动力。要把法规制度执行情况纳入党风廉政建设责任制检查考核和党政领导干部述职述廉范围，通过严肃追究主体责任、监督责任、领导责任，让法规制度的力量在反腐倡廉建设中得到充分释放。纪律检查机关要加大监督检查力度，对有令不行、有禁不止的，不仅要严肃查处直接责任人，而且要严肃追究相关领导人员的责任。

6月26日

［纲　文］　**发展改革委、科技部、人力资源社会保障部、中科院发布《关于促进东北老工业基地创新创业发展打造竞争新优势的实施意见》。**

［目　文］　《意见》由七部分组成：一、总体要求；二、完善促进创新创业发展的体制机制；三、建立市场导向的技术创新体系；四、促进大众创业；五、打造产业竞争新优势；六、建设富有创新创业精神的人才队伍；七、加强政策保障和组织实施。

6月26日

［纲　文］　**测绘地信局发部《测绘地理信息质量管理办法》。**

［目　文］　《办法》共6章37条，主要有总则、监督管理、测绘单位的质量责任与义务、测绘质检机构的质量责任与义务、质量奖惩、附则等内容。自2015年6月26日起实施。

6月26日

［纲　文］　**交通运输部公布《公路工程设计施工总承包管理办法》，自2015年8月1日起施行。**

6月26日

［纲　文］　**交通运输部公布修改后的《公路建设市场管理办法》《水运工程施工监理规定（试行）》，自2015年6月26日起实施。**

6月26日

［纲　文］　**证监会公布《境外交易者和境外经纪机构从事境内特定品种期货交易管理暂行办法》，自2015年8月1日起施行。**

6月26日

［纲　文］　**税务总局公布修订后的《纳税服务投诉管理办法》，自2015年9月1日起施行。**

6月26日

［纲　文］　**国务院学位委员会、教育部印发《学位证书和学位授予信息管理办法》。**

［目　文］　《办法》共5章20条，主要有总则，学位证书制发，学位授予信息报送，管理与监督，附则等内容。自2016年1月1日起实行。

6月26日

［纲　文］　**"纪念徐悲鸿诞辰120周年座谈会"在人民大会堂举行。**

［目　文］　国务院副总理刘延东为此次纪念活动发来贺信。座谈会由文化部、中国文联主办，中央美术学院、中国美术家协会、徐悲鸿纪念馆承办。文化部、教育部、中宣部、中国文联、中央美术学院、中国国家画院、中国美术馆等单位的负责人，以及徐悲鸿先生的学生、家人出席了座谈会。文化部部长雒树刚宣读了刘延东的贺信。中国文联副主

席赵实代表主办单位讲话表示，徐悲鸿先生的一生光明磊落，德业彰彰，其为中国美术和美术教育事业做出的巨大贡献光照千秋，其高尚的艺术情操、科学严谨的学术气质、勤勉执着的愚公移山精神，激励着历代艺术工作者在中国文化事业发展征程中不懈求索。我们今天纪念徐悲鸿先生，就是要更好地传承和发扬老一辈艺术家光荣传统，更好地推进社会主义文化强国建设。

徐悲鸿（1895—1953），江苏宜兴人。1916年入上海复旦大学法文系，半工半读，并自修素描。1917年留学日本学习美术，不久回国，任北京大学画法研究会导师。1919年赴法国留学。1923年入巴黎国立美术学校，学习油画、素描，并游历西欧诸国。1927年回国，先后任上海南国艺术学院美术系主任、中央大学艺术系教授、北京大学艺术学院院长。中华人民共和国成立后任中华全国美术工作者协会（今中国美术家协会）主席、中央美术学院院长等职。他主张现实主义美术，创作了《田横五百士》《九方皋》《巴人汲水》《愚公移山》等一系列对现代中国画、油画的发展有着巨大影响的优秀作品。

6月26日

［纲　文］　**总参谋部原通信部政治委员张凯（正兵团职）在北京逝世，享年96岁。**

6月26日

［纲　文］　**《人民日报》发表题为《贵在精准，重在精准——二论谋划好“十三五”时期扶贫开发工作》的评论员文章。**

6月26—27日

［纲　文］　**第四届全球智库峰会在北京举行。**

［目　文］　本届峰会由中国国际经济交流中心主办，以“全球可持续发展：2015年后新路径”为主题。会议发表了《第四届全球智库峰会共同宣言》。国务院副总理刘延东在会上发表了主旨演讲表示，中国将始终奉行“互利共赢”的开放战略，对外开放的大门会越开越大，发展的环境会越来越透明、公平、规范和可预期。中国正积极构建开放型的经济新体制，正在逐步放宽投资准入，加快自由贸易区的建设，扩大内陆沿边的开放，积极探索“准入前国民待遇+负面清单”的管理模式。

26日，国务院总理李克强在北京会见出席第四届全球智库峰会的外方代表并座谈。来自世界各国知名智库和研究机构的学者和负责人、前政要、国际组织和工商企业界代表50余人出席座谈会。欧盟委员会前主席、意大利前总理普罗迪，前美国总统气候变化及能源政策顾问波德斯塔，诺贝尔经济学奖得主萨金特，新加坡国立大学教授黄靖等代表围绕本届峰会“全球可持续发展：2015年后新路径”主题，就可持续发展、全球治理、应对气候变化等全球性挑战、中国经济等议题发表看法。

李克强表示，联合国千年发展目标出台15年来，中国在发展中国家中率先实现减贫目标，在教育、就业、性别平等、公共卫生、环境保护、社会保障等领域也取得长足进展，总体实现了千年发展目标。中国作为最大的发展中国家，在南南合作框架下为其他发展中国家提供了力所能及的支持。中方愿同各方一道，以千年发展目标为基础，以消除贫困、促进发展为主题，携手制定公平、包容、可持续的2015年后发展议程。中国经过30多年改革开放和快速工业化，积累了充裕的产能、较强的装备制造能力和比较丰富的发展经验，愿同各国加强分享与合作，共促可持续发展。中国同发展中国家和发达国家开展双边和三方产能合作是一个重要路径，有助于相互促进，共同发展，推动世界经济实现可持续复苏和增长。当前中国经济的基本面是好的。2015年5月以来，工业、投资、消费、进出口等主要经济指标稳中向好，就业稳中有升，经济运行处于合理区间。我们将继续实施区间调控，加强定向调控，深化简政放权、放管结合、优化服务等改革，推动大众创业、万众创新，增加公共产品、基本公共服务。我们有能力、有条件保持中国经济中高速增长，向中高端水平迈进。希望国际智库多为中国发展建言献策，为增进中国同世界的了解与合作发挥建设性作用。

6月26—29日

［纲　文］　**中国道教协会第九次全国代表会议在北京召开**。

［目　文］　来自全国29个省、自治区、直辖市的355名代表和66名特邀代表出席。会议审议通过了《中国道教协会第八届理事会工作报告》《中国道教协会章程》《道教宫观管理办法》《道教宫观规约》《中国道教协会第九次全国代表会议决议》。会议选举产生了以李光富为会长的中国道教协会新一届领导班子。

29日，全国政协主席俞正声、中央统战部部长孙春兰会见了中国道教协会新一届领导班子成员。俞正声指出，过去5年来，中国道教协会大力弘扬爱国爱教、团结进步、服务社会的优良传统，积极与社会主义社会相适应，为促进经济社会发展、实现祖国统一作出了积极贡献。希望新一届中国道教协会全面贯彻党的宗教工作基本方针，把广大道教界人士和信教群众更加紧密地团结在党和政府周围，为实现“两个一百年”奋斗目标和中华民族伟大复兴的中国梦做出更大贡献。

6月27日

［纲　文］　**国务院批复江苏省人民政府，同意设立南京江北新区**。

［目　文］　批复说：一、同意设立南京江北新区。南京江北新区位于江苏省南京市长江以北，包括南京市浦口区、六合区和栖霞区八卦洲街道，规划面积788平方公里。二、南京江北新区建设，要全面贯彻党的十八大和十八届二中、三中、四中全会精神，按照党中央、国务院决策部署，坚持规划先行、改革先行、法治先行和生态先行，积极参与长江经济带和“一带一路”建设，更加注重自主创新，加快构建现代产业体系，推进新型城镇化建设，完善现代化基础设施，加强生态文明建设，扩大对外开放合作，与上海浦东新区、浙江舟山群岛新区、中国（上海）自由贸易试验区等联动发展，逐步建设成为自主创新先导区、新型城镇化示范区、长三角地区现代产业集聚区、长江经济带对外开放合作重要平台，努力走出一条创新驱动、开放合作、绿色发展的现代化建设道

路。三、江苏省人民政府要切实加强对南京江北新区建设的组织领导，明确工作责任，完善工作机制，加大支持力度，积极探索与现行体制协调、联动、高效的管理方式，积极稳妥扎实推进南京江北新区建设发展。四、国务院有关部门要按照职能分工，加强对南京江北新区建设发展的支持和指导，在有关规划编制、政策实施、项目安排、体制机制创新等方面给予积极支持，帮助解决南京江北新区发展过程中遇到的困难和问题，营造良好的政策环境。

6 月 27 日

［纲　文］ **财政部农业司表示，2015 年，中央财政安排农田水利设施建设和水土保持补助资金 440.86 亿元。**

［目　文］ 截至 5 月底，该项资金已全部拨付。该项资金的安排为：安排 100 亿元，支持重大水利工程建设；安排 216.86 亿元，支持农田水利建设和管护；安排 50 亿元，支持实施全国抗旱规划；安排 51 亿元，较上年增加 3 亿元，加大对河北省地下水超采综合治理试点水利项目的支持力度；安排 23 亿元，较上年增加 5 亿元，加快实施国家水土保持重点建设工程。

6 月 27 日

［纲　文］ **外交部发言人就科威特、突尼斯、法国发生恐怖袭击事件表示，中国强烈谴责针对无辜平民的袭击行为。**

6 月 27 日

［纲　文］ **《人民日报》发表题为《合力打赢扶贫攻坚战——三论谋划好“十三五”时期扶贫开发工作》的评论员文章。**

6 月 27—28 日

［纲　文］ **第 4 届世界和平论坛在北京举行。**

［目　文］ 论坛由清华大学主办、中国人民外交学会协办。本届论坛以“同舟共济：理解、协商、互助”为主题，论坛主要议题包括大国的安全合作、亚太地区安全合作、欧洲与国际安全合作、地区安全合作等。国家副主席李源潮出席开幕式并作了题为《共同构建人类和平安全命运共同体》的致辞。来自近 60 个国家和国际组织的驻华大使及代表、近百名中外国际关系领域的智库负责人和专家学者及媒体记者等中外来宾出席论坛。

6 月 28 日

［纲　文］ **中国首条时速 300 公里穿越山区的高速铁路——合福高铁（合肥—福州）开通运营。**

6 月 28 日—7 月 2 日

［纲　文］ **国务院总理李克强在布鲁塞尔出席第 17 次中国欧盟领导人会晤并顺访比利时，对法国进行正式访问并访问经济合作与发展组织总部。**

［目　文］ 陪同李克强出访的有：李克强夫人程虹等。

28—29日，李克强在布鲁塞尔期间，与比利时王国首相米歇尔举行了会谈，双方表示巩固政治互信，深化重点领域务实合作，将双方关系提升到新的水平。双方共同见证了互联互通、金融、通信、微电子、教育等12项双边合作文件的签署并会见了记者。

李克强在布鲁塞尔欧洲理事会总部同欧洲理事会主席图斯克、欧盟委员会主席容克共同主持第十七次中国欧盟领导人会晤。双方发表了《第十七次中国欧盟领导人会晤联合声明》《中欧气候变化问题联合声明》《中欧区域政策合作报告（2006—2015）》；李克强与容克共同出席中欧工商峰会，并发表《携手开创中欧关系新局面》主旨演讲；李克强还会见了欧洲议会议长舒尔茨。

29日—7月2日，李克强对法国进行正式访问。李克强在巴黎分别会见了法国总统奥朗德、法国参议长拉尔谢；与法国总理瓦尔斯举行了会谈，两国政府共同发表了开展第三方市场合作联合声明和中法核能合作联合声明。两国总理见证了核能、产能、金融和可持续发展等领域合作文件的签署。李克强在瓦尔斯陪同下来到法国西南部城市图卢兹，到空中客车公司总部考察了中法合作生产项目，共同出席中法工商峰会闭幕式并发表了“推动中法务实合作跃上新台阶”的致辞。

李克强在会见奥朗德时说，中法拥有高水平的政治互信，互利合作成果丰硕，民间友好不断深化。中方愿同法方密切高层交往，提升两国战略互信水平，推动务实合作转型升级，助力各自发展振兴，在涉及世界和平、安全、发展的问题上加强协调与合作，发挥应有的作用。中方赞赏和支持法方作为巴黎气候变化大会东道主所做的努力，中国政府已制定中国应对气候变化国家自主贡献文件，并向《联合国气候变化框架公约》秘书处提交。

奥朗德表示，法方高度赞赏中国政府宣布应对气候变化国家自主贡献，这是对巴黎气候变化大会取得成功的重要支持，也是国际社会应对气候变化、促进经济可持续发展的重要机遇。法中奉行独立自主的外交政策，双方在重大国际和地区问题上保持密切协调合作，有助于维护世界的和平与稳定。

李克强与瓦尔斯会谈时强调，中方愿同法方锐意创新，开拓进取，秉持开放共赢，扩大产业融合，发挥市场力量，将中法全方位务实合作提升到更高水平。法国是欧盟核心大国，也是中国在欧盟内特殊重要合作伙伴。中法关系的健康发展，必将对中欧关系发展产生示范效应，希望法方继续发挥积极作用，为中欧关系增添助力。瓦尔斯表示，法中务实合作成果突出，前景广阔。法方希望与中方加强经济对话，深化双方在核能、航空航天、农业、食品加工等传统领域合作，加快三方合作、生态城市等新领域合作，扩大相互投资，进一步推动双边人员往来，加强教育、旅游等人文交流合作，把法中务实合作推向更高水平。

李克强在巴黎经济合作与发展组织总部发表“聚焦发展 共创繁荣”的主旨演讲并会见经合组织秘书长古里亚。

6月28日—7月3日

［纲 文］ **应全国人大常委会委员长张德江的邀请，哥伦比亚国会主席兼参议长纳**

梅率团访华。

［目　文］　1日，张德江在北京与哥伦比亚国会主席兼参议长纳梅举行会谈。张德江说，今后两国立法机关要不断巩固政治互信，通过坦诚对话和友好合作，增进对彼此国情和政治制度的了解，加深对各自重大关切和核心利益的理解，加大相互支持力度，筑牢双边关系的政治基础；要努力为两国务实合作提供可靠的法律保障，推动两国有关部门尽早达成相关协议，不断深化、扩大两国经贸合作；要进一步密切在多边议会组织内的沟通协调，维护发展中国家共同利益；要充分发挥中哥议会友好小组的作用，带动中国全国人大代表与哥议员开展更广泛、更积极的友好往来，成为中哥友好合作的促进者，丰富中哥关系内涵，助力国家关系发展。

纳梅说，哥方高度重视对华关系，热切期盼加强与中方在贸易、农业、基建、可再生能源等领域的合作。哥参众两院全体议员对我此访寄予厚望，期待通过此访进一步密切哥国会与中国全国人大的友好关系、促进两国各领域务实合作深入开展。

3日，国家副主席李源潮在北京会见纳梅。

6月29日

［纲　文］　**国家主席习近平在北京会见出席亚洲基础设施投资银行特别财长会的各国代表团团长**。

［目　文］　习近平会见各国代表团团长时说，中国提出筹建亚洲基础设施投资银行，目的是推动亚洲地区基础设施建设和互联互通，深化区域合作，实现共同发展。这一倡议得到域内外国家积极响应。签署《亚洲基础设施投资银行协定》，标志着亚洲基础设施投资银行筹建迈出具有历史意义的步伐，展示了各方对成立亚洲基础设施投资银行的庄严承诺，体现了各方团结合作、开放包容、共谋发展的务实行动。各成员国本着团结合作、开放包容的精神，只要大家继续秉持多边合作精神，就一定能将亚洲基础设施投资银行共同建设成一个开放包容、互利共赢的新平台，为亚洲基础设施发展做出积极贡献。

同日，亚洲基础设施投资银行特别财长会在北京举行。国务院总理李克强向会议发来书面贺词。李克强的贺词写道：亚投行57个意向创始成员中既有发展中国家和新兴经济体，也有发达国家，代表性强，影响力大。各方携起手来，开展包括基础设施建设、装备制造业在内的全球产能合作，是有效应对世界经济下行压力，推动全球经济增长与繁荣的良方。亚投行的成立，有助于拓宽基础设施建设的融资渠道，高起点、低成本开展双边、三边乃至多边产能合作。中方愿同各成员一道，遵循开放、包容、透明的原则，推动亚投行与现有多边开发机构优势互补、有效合作，中方“一带一路”倡议与有关国家发展重点相衔接，做好基础设施建设和互联互通这篇大文章。希望各方以此为契机，加强宏观政策协调，把互利共赢的务实合作不断做大做强，推动地区和全球经济实现全面复苏和可持续增长。

会议由财政部部长楼继伟主持，57个亚投行意向创始成员国财长和授权代表及亚投行多边临时秘书处秘书长金立群出席会议。香港特别行政区派员作为中国政府代表团成员参加了会议。会议讨论通过了亚投行候任行长遴选程序、吸收新成员和亚投行初始资金安排。金立群秘书长向会议报告了亚投行筹建工作进展情况和下一步工作计划。

根据亚投行筹建工作计划，各意向创始成员国将履行《亚投行协定》的国内立法机构审批程序。同时，各意向创始成员国将继续通过首席谈判代表会议机制讨论亚投行业务和财务政策及银行开业准备相关事项。待合法数量的国家批准后，年底前正式成立亚投行并及早投入运作。

6月29日

［纲　文］　**中共中央办公厅、国务院办公厅印发《关于完善法律援助制度的意见》。**

［目　文］　《意见》由五部分组成：一、总体要求；二、扩大法律援助范围；三、提高法律援助质量；四、提高法律援助保障能力；五、切实加强组织领导。

《意见》指出，各有关部门和单位要形成工作合力，推动完善法律援助制度，更好地保障和改善民生。

6月29日

［纲　文］　**国务院批复保监会，同意中国保险投资基金设立方案。**

［目　文］　批复说：原则同意《中国保险投资基金设立方案》。设立中国保险投资基金，是发挥保险资金长期投资优势，对接国家重大战略和市场需求，主要投向基础设施建设，带动社会有效投资，支持实体经济发展，打造增加公共产品和公共服务新引擎的重要举措。保监会要会同相关部门，加强沟通协调和监督指导，认真做好基金筹建、监管等各项工作，抓紧组织落实。

6月29日

［纲　文］　**食品药品监管总局公布《药品医疗器械飞行检查办法》。**

［目　文］　《办法》共5章35条，主要有总则、启动、检查、处理、附则等内容。自2015年9月1日起施行。

6月29日

［纲　文］　**工商总局公布废止《外商投资广告企业管理规定》，自2015年6月29日起生效。**

6月29日

［纲　文］　**全国政协主席俞正声在北京会见日本自民党会长野田毅为团长的亚非问题研究会代表团。**

［目　文］　俞正声说，中国政府发展中日友好的政策是坚定的。要实现中日关系稳定发展，一要处理好历史问题，这是中日关系的基础。二要增强国民友好，多开展友好交流活动。三要坚持中日四个政治文件，增强互信，互做合作伙伴，互不构成威胁。四要妥善处理和管控分歧，避免误解误判。2015年是中国人民抗日战争暨世界反法西斯战争胜利70周年，希望日方抓住这一历史机遇，妥善处理有关问题，为中日关系持续改

善做出努力。

野田毅表示，日中间四个政治文件是日中关系的基础。2015年是二战结束70周年，应以此为契机，既认真反省历史，也要面向未来。希望双方为推动日中关系改善和发展而努力。

6月29日

［纲　文］　**国务院副总理张高丽在北京通过视频连线和俄罗斯总理梅德韦杰夫共同出席中俄东线天然气管道中国境内段开工仪式。**

［目　文］　开工仪式在北京人民大会堂设主会场，在莫斯科和黑龙江省黑河市施工现场设分会场，通过三地视频连线方式举行。中俄双方政府主管部门、相关地方代表及驻对方国家大使等出席开工仪式。

张高丽表示，东线天然气项目是中俄两国最大的务实合作项目，有利于促进两国能源战略多元化和保障两国能源安全，带动中俄两国沿线地区的经济社会发展。中国境内段管道开工修建，标志着这条联结中俄两国的陆上能源通道全线启动建设。中方愿同俄方共同努力，确保管道按计划于2018年建成投产。梅德韦杰夫表示，俄中东线天然气项目是世界上最大的能源合作项目之一，是俄中高水平战略协作伙伴关系的集中体现和突出成果，有利于带动双方境内管道沿线地区经济社会发展，提高人民生活水平。俄方愿进一步扩大与中方在能源等各领域的全方位务实合作，促进两国共同发展和繁荣。

6月29日—7月4日

［纲　文］　**应国家主席习近平邀请，新加坡总统陈庆炎对中国进行国事访问。**

［目　文］　访问期间，习近平在北京与陈庆炎举行了会谈。两国元首同意双方要总结经验，规划未来，进一步增强政治互信，保持高层密切交往势头，深化经贸和金融领域合作，扩大人文交流合作，一道推动中新关系上升到新高度并共同见证了教育等领域双边合作文件的签署。国务院总理李克强、全国政协主席俞正声在北京分别会见了陈庆炎。俞正声和陈庆炎共同出席中新建交25周年招待会并致辞。

习近平在会见陈庆炎时指出，中国同新加坡是亲密而特殊的伙伴。建交25年来，中新关系得到跨越式发展。中国已经成为新加坡最大贸易伙伴，新加坡则是中国最大投资来源国。两国在政府间大项目、金融、科技环保、教育文化、社会治理等领域合作不断结出新硕果。我对当前两国关系良好发展势头感到满意。中新关系长期保持健康快速发展，一些宝贵的经验值得汲取：一是两国历届领导人始终从战略高度和长远角度为双边关系做好顶层设计，并亲自关心和推动两国重点领域合作。二是双方紧密围绕两国发展战略，充分挖掘两国经济结构互补性，为两国各领域合作谋篇布局。三是双方建立了层次完善、领域全面、形式多样、运作高效的合作机制，为两国开展务实合作发挥了“孵化器”作用。

陈庆炎表示，两国始终保持着密切的高层交往，为新中双边关系的发展提供了重要保障。两国经贸关系发展迅速，新的形势下，双方可以更加充分地发挥新中自贸协定作用，进一步推动新中经贸关系以及东盟同中国经贸关系的发展。新方愿同中方加强在民航、货运、物流、金融、高科技、教育、人文、安全等领域合作。中方提出的“一带一路”和亚投行倡议十分重要，相信本地区国家将从中受益。新方很高兴能成为亚投行创始成员，愿在此框架下积极参与有关合作。

李克强在会见陈庆炎时指出，中国将东盟作为周边外交优先方向，支持东盟建成政治安全、经济和社会文化共同体。新加坡即将接任中国—东盟关系协调国。中方愿同新方一道，推动中国—东盟战略伙伴关系持续健康发展，共同维护地区和平与稳定。陈庆炎表示，新方愿顺应两国各自发展变化和新中关系发展势头，不断拓展合作新形式、新领域，希望尽早启动双边自贸协定升级进程。以互联互通和服务业为重点，加速推进新中第三个政府间合作项目。新方愿在东盟内发挥积极作用，推动东盟—中国关系不断向前发展。

6月30日

［纲　文］　**习近平在北京会见出席全国优秀县委书记表彰会的全体代表。**

［目　文］　中共中央总书记习近平在会见时指出，县委书记责任不小、压力不小，要当好县委书记是不容易的。焦裕禄、杨善洲、谷文昌等同志是县委书记的好榜样，县委书记要以他们为榜样，始终做到心中有党、心中有民、心中有责、心中有戒，努力成为党和人民信赖的好干部。给广大县委书记提出四点要求。一是要做政治的明白人，对党绝对忠诚，始终同党中央在思想上政治上行动上保持高度一致，坚定理想信念，坚守共产党人的精神家园，自觉践行社会主义核心价值观，自觉执行党的纪律和规矩，真正做到头脑始终清醒、立场始终坚定。二是要做发展的开路人，勇于担当、奋发有为，适应和引领经济发展新常态，把握和顺应深化改革新进程，回应人民群众新期待，坚持从实际出发，带领群众一起做好经济社会发展工作，特别是要打好扶贫开发攻坚战，让老百姓生活越来越好，真正做到为官一任，造福一方。三是要做群众的贴心人，坚持全心全意为人民服务的根本宗旨，自觉贯彻党的群众路线，心系群众、为民造福，心中始终装着老百姓，先天下之忧而忧，后天下之乐而乐，真正做到心系群众、热爱群众、服务群众。四是要做班子的带头人，带头讲党性、重品行、做表率，带头搞好“三严三实”专题教育，带头抓班子带队伍，带头依法办事，带头廉洁自律，带头接受党和人民监督，带头清清白白做人、干干净净做事、堂堂正正做官，真正做到率先垂范、以上率下。

中组部部长赵乐际主持全国优秀县委书记表彰会。经中共中央同意，中组部决定，对在县（市、区、旗）委书记岗位上取得优异成绩的102名同志授予全国优秀县委书记称号。

6月30日

［纲　文］　**中共中央办公厅、国务院办公厅印发《行业协会商会与行政机关脱钩总体方案》。**

［目　文］　《方案》由五部分组成：一、总体要求和基本原则；二、脱钩主体和范围；三、脱钩任务和措施；四、配套政策；五、组织实施。

6月30日

［纲　文］　**财政部、人民银行公布《关于中央和地方国库现金管理商业银行定期存款质押品管理有关事宜的通知》。**

［目　文］　《通知》说：一、质押品范围。在国债基础上，增加地方政府债券作为国库现金管理商业银行定期存款质押品。参与中央和地方国库现金管理商业银行取得国库定期存款，以记账式国债或地方政府债券现券作为质押。地方政府债券不受发行主体的限制，可以跨地域质押。二、质押计价与比例。中央和地方国库现金管理商业银行定期存款质押品按债券面值计价，国债、地方政府债券分别按存款金额的105%、115%质押。三、风险控制。财政部门会同中国人民银行加强对国库现金管理商业银行定期存款风险管理。财政部会同中国人民银行总行根据债券市场变化情况，及时调整国库现金管理质押品范围、比例等质押制度，确保存款资金安全。四、操作流程。商业银行以地方政府债券参与国库现金管理商业银行定期存款业务，按照《财政部中国人民银行关于印发〈中央国库现金管理暂行办法〉的通知》（财库〔2006〕37号）、《中国人民银行财政部关于印发〈中央国库现金管理商业银行定期存款业务操作规程〉的通知》（银发〔2006〕337号）、《财政部中国人民银行关于印发〈地方国库现金管理试点办法〉的通知》（财库〔2014〕183号）规定的招投标、质押和资金划拨等操作流程执行。五、实施日期。本通知自发文之日起施行。此前中央和地方国库现金管理商业银行定期存款按原办法规定已办理完质押操作的，不再另行调整。

6月30日

［纲　文］　**教育部发布《关于深入推进职业教育集团化办学的意见》。**

［目　文］　《意见》由四部分组成：一、充分认识深入推进职业教育集团化办学的重要意义；二、加快完善职业教育集团化办学的实现形式；三、全面提升职业教育集团的综合服务能力；四、不断强化职业教育集团化办学的保障机制。

6月30日

［纲　文］　**海洋局公布《关于取消无居民海岛使用论证、海岛保护利用规划等推荐单位名单（名录）的通知》。**

［目　文］　《通知》说：沿海各省、自治区、直辖市及计划单列市海洋厅（局），局属有关单位，其他相关单位：根据《国务院办公厅关于清理规范国务院部门行政审批中介服务的通知》（国办发〔2015〕31号）文件精神，规范海岛相关的中介服务，我局决定取消无居民海岛使用论证、海岛保护利用规划、海岛使用金评估等推荐单位名单（名录），相关文件予以废止。现就有关事宜通知如下：一、自本通知印发之日起，任何单位不得以无居民海岛使用论证、海岛保护利用规划以及海岛使用金评估推荐单位的名义开展相关工作。二、企业和个人按照《海岛保护法》第三十条规定，在提出无居民海岛开发利用申请时，根据需要自行或自主委托技术单位编制无居民海岛开发利用具体方案和无居民海岛使用项目论证报告。各级海洋主管部门不得以任何形式要求申请人委托中介服务。三、各

级海洋主管部门可通过政府购买服务方式编制海岛保护利用规划和海岛使用金评估报告。四、我局属各事业单位今后不得开展无居民海岛开发利用具体方案和无居民海岛使用项目论证报告的编写工作。对本通知印发前已签订无居民海岛开发利用具体方案或无居民海岛使用项目论证报告编制合同且尚未完成的项目，可按照合同继续完成。局属各事业单位于6月30日前将已签订合同且尚未完成的项目报我局备案。各级海洋主管部门应尽快落实本通知的要求，依法规范海岛相关技术服务工作，我局将适时开展此项工作的监督检查。

6月30日

［纲　文］ **知识产权局、科技部、工业和信息化部、商务部、国家认监委、国家标准委、国防科工局、总装备部印发《关于全面推行〈企业知识产权管理规范〉国家标准的指导意见》**。

［目　文］ 《意见》由三部分组成：一、总体要求；二、重点任务；三、保障措施。

6月30日

［纲　文］ **国家标准委发布国家标准GB/T 31888—2015《中小学生校服》，自2015年6月30日起实施**。

6月30日

［纲　文］ **刘延东在北京会见中国国家女子足球队**。

［目　文］ 国务院副总理刘延东对女足时隔八年重返世界杯舞台并挺进八强的优异表现表示祝贺，并表示在本届世界杯赛场上，中国女足不畏强手，表现出顽强拼搏的意志品质和众志成城的团队精神，展现了新一代女足风采，彰显了中华体育精神，为中国足球发展注入了新活力，给全社会带来了正能量。女足从低谷中走出，凝聚着各方心血和努力，也为振兴足球增添了信心决心。当今世界女足竞争激烈，希望中国女足发扬优良传统，借鉴世界强队先进经验，构建富有特色的打法风格，早日重返世界一流强队，重铸“铿锵玫瑰”辉煌。有关部门要为女足竞技水平提高、后备人才培养和运动员保障创造条件，促进运动员全面发展。她强调，振兴足球是球迷和群众的热切期盼，广大足球工作者要抓住历史机遇，为提高足球运动整体水平、实现中国“足球梦”贡献力量。

2015年加拿大女足世界杯于6月6日至7月5日进行，中国女子足球队排名第8名。

6月30日

［纲　文］ **国务院副总理、中俄人文合作委员会中方主席刘延东在俄罗斯驻华使馆吊唁俄前总理普里马科夫**。

［目　文］ 刘延东代表中国政府向俄方致以深切哀悼，并表示普里马科夫是俄杰出国务活动家、外交家和中俄战略协作伙伴关系缔造者之一，为中俄关系健康稳定发展奠定了坚实基础。中方愿与俄方一道，按照两国元首和总理达成的重要共识，推动中俄全面战略协作伙伴关系不断向前发展。

6月30日

［纲　文］ **外交部发言人表示，中国在南沙群岛部分驻守岛礁上的建设已完成陆域**

吹填工程。

［日 文］ 发言人说，经向有关部门了解，根据既定作业计划，中国在南沙群岛部分驻守岛礁上的建设已于近日完成陆域吹填工程，下阶段中方将开展满足相关功能的设施建设。这些建设主要是为各类民事需求服务，以更好地履行中国在海上搜救、防灾减灾、海洋科研、气象观察、生态环境保护、航行安全、渔业生产服务等方面承担的国际责任和义务，也包括满足必要的军事防卫需求。

6月30日

［纲 文］ **国家图书馆人民法院分馆正式成立并开通**。

［目 文］ 国家图书馆人民法院分馆是国家图书馆的第16家部委分馆。1999年，为了推进文献信息资源共建共享，服务国家法规制定和大政方针决策，国家图书馆创建了部委分馆模式。人民法院分馆的成立丰富了国家图书馆部委分馆的服务内涵和形式，在国家图书馆部委分馆建设中具有重要意义。

6月30日

［纲 文］ **应文化部邀请，毛里求斯文化部部长桑塔拉姆·巴布来华访问**。

［目 文］ 访问期间，文化部部长雒树刚在北京会见了巴布，双方共同签署《中华人民共和国文化部与毛里求斯共和国文化部文化合作协定2015至2017年执行计划》。

7 月

7月1日

［纲　文］　**习近平签署中华人民共和国第29号主席令。**

［目　文］　主席令说，《中华人民共和国国家安全法》已由中华人民共和国第十二届全国人民代表大会常务委员会第十五次会议于2015年7月1日通过，现予公布，自公布之日起施行。

7月1日

［纲　文］　**习近平主持召开中央全面深化改革领导小组第14次会议。**

［目　文］　中央全面深化改革领导小组副组长刘云山、张高丽，中央全面深化改革领导小组成员出席会议，中央和国家有关部门负责人列席会议。

中央全面深化改革领导小组组长习近平强调，领导干部是否做到严以修身、严以用权、严以律己，谋事要实、创业要实、做人要实，全面深化改革是一个重要检验。要把“三严三实”要求贯穿改革全过程，引导广大党员、干部特别是领导干部大力弘扬实事求是、求真务实精神，理解改革要实，谋划改革要实，落实改革也要实，既当改革的促进派，又当改革的实干家。

会议审议通过了以下内容：一、《环境保护督察方案（试行）》。要明确督察的重点对象、重点内容、进度安排、组织形式和实施办法。要把环境问题突出、重大环境事件频发、环境保护责任落实不力的地方作为先期督察对象，近期要把大气、水、土壤污染防治和推进生态文明建设作为重中之重，重点督察贯彻党中央决策部署、解决突出环境问题、落实环境保护主体责任的情况。二、《生态环境监测网络建设方案》。会议强调，完善生态环境监测网络，关键是要通过全面设点、全国联网、自动预警、依法追责，形成政府主导、部门协同、社会参与、公众监督的新格局，为环境保护提供科学依据。三、《关于开展领导干部自然资源资产离任审计的试点方案》。开展领导干部自然资源资产离任审计试点，主要目标是探索并逐步形成一套比较成熟、符合实际的审计规范，明确审计对象、审计内容、审计评价标准、审计责任界定、审计结果运用等，推动领导干部守法守纪、守规尽责，促进自然资源资产节约集约利用和生态环境安全。四、《党政领导干部生态环境损害责任追究办法（试行）》。生态环境保护能否落到实处，关键在领导干部。要坚持依法依规、客观公正、科学认定、权责一致、终身追究的原则，围绕落实严守资源消耗上限、环境质量底线、生态保护红线的要求，针对决策、执行、监管中的责任，明确各级领导干部责任追究情形。对造成生态环境损害负有责任的领导干部，不论是否已调离、提拔或者退休，都必须严肃追责。五、《关于推动国有文化企业把社会效益放在首位、实现社会效益和经济效益相统一的指导意见》。要着力推动国有文化企业树立社会效益第一、社会价值优先的经营理念，完善治理结构，加强绩效考核，推动企业做强做优做大。

会议强调，要结合"三严三实"专题教育，抓好思想政治工作，教育引导广大党员、干部看大局、明大势，深刻认识全面深化改革的重大意义，自觉站在改革全局的高度，正确看待局部利益关系调整，坚定改革决心和信心，形成推动改革的思想自觉和行动自觉。要把方案质量放在第一位，坚持问题导向，抓实问题，开实药方，提实举措，每一条改革举措都要内涵清楚、指向明确、解决问题，便于基层理解和落实。要把好改革方案的主旨和要点，把准相关改革的内在联系，结合实际实化细化，使各项改革要求落地生根。要集中力量做好督察工作，对执行不力、落实不到位的要严肃问责。

7月1日

［纲　文］　**习近平给国家测绘地理信息局第一大地测量队6位老队员、老党员回信。**

［目　文］　中共中央总书记习近平给国测一大队老队员老党员的回信写道，国测一大队邵世坤等同志：来信收悉。40年前，国测一大队的同志同军测、登山队员一起，勇闯生命禁区，克服艰难险阻，成功实现了中国人对珠峰高度的首次精确测量。你们是这项光荣任务的亲历者、参与者，党和人民没有忘记同志们建立的功勋。你们年事已高，但仍然心系党和人民事业，充分体现了老共产党员的情怀。几十年来，国测一大队以及全国测绘战线一代代测绘队员不畏困苦、不怕牺牲，用汗水乃至生命默默丈量着祖国的壮美河山，为祖国发展、人民幸福做出了突出贡献，事迹感人至深。忠于党、忠于人民、无私奉献，是共产党人的优秀品质。党的事业，人民的事业，是靠千千万万党员的忠诚奉献而不断铸就的。不忘初心，方得始终。全国广大共产党员要始终在党爱党、在党为党，心系人民、情系人民，忠诚一辈子，奉献一辈子，以自己的实际行动，团结带领亿万人民为实现"两个一百年"奋斗目标、实现中华民族伟大复兴的中国梦而共同奋斗。

国测一大队成立于1954年，主要从事大地测量工作。61年来，国测一大队完成了珠穆朗玛峰高程测量、南极重力测量、中国地壳运动观测网络建设、西部无人区测图、海岛（礁）测绘、汶川地震灾后重建测绘等工作，曾受到国务院通令嘉奖，被授予"功勋卓著、无私奉献的英雄测绘大队"称号。2015年是中国首次自主完成珠穆朗玛峰高程测量40周年，参加当年珠峰测高任务的邵世坤等6位老队员、老党员给习近平总书记写信，汇报了国测一大队的光辉历程和年轻一代薪火相传的奋斗足迹。

7月1日

［纲　文］　**国务院印发《关于积极推进"互联网+"行动的指导意见》。**

［目　文］　《意见》由三部分组成：一、行动要求；二、重点行动；三、保障支撑。

《意见》强调，各地区、各部门要主动作为，完善服务，加强引导，以动态发展的眼光看待“互联网+”，在实践中大胆探索拓展，相互借鉴“互联网+”融合应用成功经验，促进“互联网+”新业态、新经济发展。有关部门要加强统筹规划，提高服务和管理能力。各地区要结合实际，研究制定适合本地的“互联网+”行动落实方案，因地制宜，合理定位，科学组织实施，杜绝盲目建设和重复投资，务实有序推进“互联网+”行动。

7月1日

［纲　文］　**税务总局发布《煤炭资源税征收管理办法（试行）》，自2015年8月1日起施行。**

7月1日

［纲　文］　**财政部、教育部印发《中央财政支持学前教育发展资金管理办法》。**

［目　文］　《办法》共6章28条，主要有总则、资金使用范围、资金分配与拨付、资金申报、资金管理和监督、附则等部分内容。自2015年8月1日起施行。

7月1日

［纲　文］　**银监会公布《中华人民共和国外资银行管理条例实施细则》。**

［目　文］　《细则》共7章100条，主要有总则、设立与登记、业务范围、任职资格管理、监督管理、终止与清算、附则等内容。自2015年9月1日起施行。

7月1日

［纲　文］　**证监会公布《证券公司融资融券业务管理办法》。**

［目　文］　《办法》共7章53条，主要有总则、业务许可、业务规则、债权担保、权益处理、监督管理、附则等内容。自2015年7月1日起施行。

7月1日

［纲　文］　**全国政协主席俞正声在北京会见老挝建国阵线中央常务副主席董叶陶。**

［目　文］　俞正声说，中老传统友谊源远流长，两国是真正的好邻居、好朋友、好同志、好伙伴。中方将一如既往地从战略高度和长远角度看待中老关系，积极推进中老全面战略合作。希望双方加强战略沟通，深化务实合作，加强人文交流，落实好两党两国最高领导人共识，推动两国关系再上新台阶。中国全国政协愿加强与老挝建国阵线的各层次友好往来，互学互鉴，为促进两国关系发展做出贡献。董叶陶表示，感谢中方对老挝建设的帮助支持，老中友好深入两国民心，希望进一步加强老挝建国阵线与中国全国政协的交流合作。

7月1日

［纲　文］　**香港特别行政区政府和社会各界举行回归祖国暨香港特别行政区成立18周年系列庆祝活动。**

7月1日

［纲　文］　**外交部发言人表示，中方欢迎和支持古美双方推进关系正常化。**

［目　文］　发言人表示，中方欢迎和支持古巴和美国双方推进关系正常化。古美恢

复外交关系符合两国和两国人民的共同利益。希望美方尽早全面取消对古巴的封锁和制裁政策，在相互尊重、平等互利原则基础上同古巴发展正常的国家间关系。

7月1日

［纲 文］ **《人民日报》发表题为《干在实处走在前列——热烈庆祝中国共产党成立九十四周年》的社论。**

7月1日

［纲 文］ **《人民日报》发表题为《伟大事业呼唤更多好干部》的评论员文章。**

7月1—5日

［纲 文］ **“民族先锋中流砥柱美术作品展”在人民大会堂举办。**

［目 文］ 作品展由中国中共党史学会主办。展示全国数十位著名艺术家精心创作的70幅油画、国画和版画作品。这些作品尊重历史事实，热情讴歌中国共产党在70年前全民族抗战中，秉持民族大义，肩负起救亡图存的历史重任，以自己团结御侮的政治主张、坚不可摧的坚定意志和勇往直前的模范行动，一直战斗在民族解放战争最前列，发挥了中流砥柱的伟大作用。

7月2日

［纲 文］ **国家主席习近平就印尼军机坠毁事件向印尼总统佐科致慰问电。**

7月2日

［纲 文］ **财政部印发《革命老区转移支付资金管理办法》。**

［目 文］ 《办法》共5章18条，主要有总则、资金分配和下达、资金管理和使用、监督检查、附则等内容。自2015年7月2日起实行。

7月2日

［纲 文］ **发展改革委、住房城乡建设部、交通运输部、水利部、人民银行印发《基础设施和公用事业特许经营管理办法》。**

［目 文］ 《办法》共8章60条，主要有总则、特许经营协议订立、特许经营协议履行、特许经营协议变更和终止、监督管理和公共利益保障、争议解决、法律责任、附则等内容。自2015年6月1日起实施。

7月2日

［纲 文］ **全国政协在北京召开双周协商座谈会，就“农村土地确权登记和相关法律问题与对策”协商议政、建言献策。**

［目 文］ 全国政协主席俞正声主持会议。全国政协副主席杜青林、张庆黎、马飚、齐续春出席座谈会。全国政协委员傅克诚、何丕洁、陈锡文、陈章良、胡汉平、丁明山、王俊峰、梁伟华、洪天慧、张伯军、沈瑾、张全国、温雪琼、王国卿、张亚忠、李成贵、郭晋云，以及专家学者周其仁在座谈会上发言。农业部副部长陈晓华介绍有关情况。农业部部长韩长赋、国土资源部副部长王世元、国家林业局副局长张建龙、国务院法制办

副主任胡可明参加会议并与委员互动交流。全国政协非常关注农村土地确权登记和相关法律问题与对策，并将其列入2015年重点协商议题。

委员们认为，农村土地确权登记是落实土地承包关系长久不变的重要基础。党的十八届三中全会和中央有关文件对做好这项工作提出了明确要求。各地各部门高度重视，扎实推进，各项工作进展顺利。但随着范围扩大、工作深入，也存在思想认识有待深化，政策法律有待完善，工作条件保障有待加强等问题。一些委员建议，一是要高度重视农村土地确权登记工作。做好这项工作，有利于保护农民权益，有利于土地流转，有利于农村的稳定，不仅是实现城镇化、农业现代化的需要，也是深化农村改革的一项基础性工作。要按照中央部署，积极稳妥地推进。二是要坚持尊重历史、依法办事、发扬民主、依靠群众的原则。尊重历史、依法办事就是要按照法律法规，在第二轮土地承包的基础上有序推进确权登记工作；发扬民主、依靠群众是我们的优良传统，也是解决土地确权中矛盾和问题最好的办法。中央有关部门要认真总结地方创造的经验，该明确政策的要进一步明确，该指导地方的要给予有力指导。这项工作从根本上还是要依靠群众，尊重实践。三是要加快农村土地确权登记相关法律的立法步伐，完善有关法律法规配套体系，使这项工作在法治轨道上运行。四是加强对农村土地确权登记中出现问题的研究。比如，土地经营权问题、宅基地转让问题、农村集体经济组织及成员界定问题、农村土地承包关系长久不变的实现形式问题等，要深入研究，为决策和立法提供科学依据。

7月2日

［纲　文］　**国家制造强国建设领导小组第一次全体会议在北京召开。**

［目　文］　国家制造强国建设领导小组组长马凯主持会议时指出，制造业是立国之本、兴国之器、强国之基。实施《中国制造2025》，是实现稳定增长和提质增效升级的迫切需要，是应对新一轮科技革命和产业变革的战略选择，是实现“两个一百年”奋斗目标和中华民族伟大复兴中国梦的战略举措。要抢抓机遇、应对挑战，加强统筹规划，采取有效措施，发挥企业主体作用，调动社会各方力量，力争用30年时间实现制造强国目标。做优做强中国装备，是建设制造强国的重中之重。要抓住根本，坚持创新驱动，着力突破一批关键共性技术，大力提升重大装备的自主设计水平和系统集成能力；围绕核心，推动信息技术与制造技术深度融合，加快发展一批智能装备和产品；聚焦重点，加快实施一批重大工程，积极满足经济社会发展和国家重大战略需求；夯实基础，强化核心零部件、先进工艺、关键材料和产业技术等工业基础能力，打造高素质专业技术人才和职业技能人才队伍；开放合作，加快装备“走出去”步伐，增强产业整体素质和核心竞争力；创造条件，深化体制改革，完善政策支持，为企业发展营造良好环境。

7月2日

［纲　文］　**新华社讯，经中央军委批准，解放军四总部颁发《关于进一步规范基层工作指导和管理秩序若干规定》，要求全军和武警部队进一步规范基层工作指导和管理秩序。**

7月2日

［纲　文］ **全国人大常委会委员长张德江在北京会见各国议会联盟秘书长纯贡。**

［目　文］ 张德江说，议联是世界上规模最大的国际议会组织，是各国议会开展多边合作的重要平台。中国全国人大积极参与议联各项活动，为加强议联在国际事务中的影响力做出了积极贡献。中方赞赏秘书长对推动议联与中国全国人大的交流合作所发挥的积极作用。2015年，第四次世界议长大会将在联合国总部召开，各国议长将探讨如何加强议会间国际交流与合作、共同应对全球威胁与挑战等议题。中方高度重视这次会议，愿与议联秘书处及有关各方一道，为大会成功召开做出积极努力。纯贡充分肯定中国全国人大在议联事务中发挥的重要作用，期待进一步加强双方的交流合作。

7月2日

［纲　文］ **国家主席习近平特使、中共中央政治局委员、中央政法委书记孟建柱在伦敦会见英国首相卡梅伦。**

［目　文］ 孟建柱向卡梅伦转达了习近平主席和李克强总理的问候，就多名英国公民在近日突尼斯恐怖袭击中遇难表示哀悼，并表示当前中英关系进入快速发展轨道，两国各领域务实合作取得重要成果。习近平主席将于2015年10月对英进行国事访问，开启两国关系的“黄金时代”。中方愿与英方共同努力，抓住当前良好契机，全面规划新时期中英关系中长期发展，共同为维护世界和平与繁荣做出新贡献。执法安全领域合作是中英全面战略伙伴关系的重要组成部分，是两国高度政治互信的具体体现，也是新时期中英全方位合作新的亮点。面对复杂严峻的国际安全形势和共同威胁，中英需要加强沟通，携手努力，为大国开展执法安全合作树立典范。

卡梅伦请孟建柱转达他对习近平主席和李克强总理的问候，并表示近年来英中关系日益密切，两国在经贸、投资、金融领域的合作取得积极进展。2015年是英中关系的“黄金年”，英方热切期待习近平主席2015年秋天对英国进行国事访问，希望访问取得圆满成功。英方愿同中方在双边和联合国等层面加强执法安全和反恐领域合作。

7月2日

［纲　文］ **《人民日报》发表题为《筑牢国家安全的制度堤坝》的评论员文章。**

7月3日

［纲　文］ **国家主席习近平任免驻外大使。**

［目　文］ 习近平根据全国人民代表大会常务委员会的决定任免下列驻外大使：一、免去段洁龙的中华人民共和国驻新加坡共和国特命全权大使职务；任命陈晓东为中华人民共和国驻新加坡共和国特命全权大使。二、免去杨秀萍（女）的中华人民共和国驻东盟使团团长、特命全权大使职务；任命徐步为中华人民共和国驻东盟使团团长、特命全权大使。三、免去张国庆的中华人民共和国驻科特迪瓦共和国特命全权大使职务；任命唐卫斌为中华人民共和国驻科特迪瓦共和国特命全权大使。四、免去肖千的中华人民共和国驻

匈牙利特命全权大使职务；任命段洁龙为中华人民共和国驻匈牙利特命全权大使。五、免去曾宪柒的中华人民共和国驻卢森堡大公国特命全权大使职务；任命黄长庆为中华人民共和国驻卢森堡大公国特命全权大使。六、免去赵荣宪的中华人民共和国驻委内瑞拉玻利瓦尔共和国特命全权大使职务；任命赵本堂为中华人民共和国驻委内瑞拉玻利瓦尔共和国特命全权大使。

7月3日

［纲　文］　**国务院总理李克强应约同俄罗斯总理梅德韦杰夫通话**。

［目　文］　李克强表示，中俄互为最大邻国。两国总理定期会晤机制是富有成效的。中方愿同俄方共同筹备好下一次会晤，推动两国关系与合作取得新的进展。梅德韦杰夫积极评价俄中关系，表示期待年底前访华并出席俄中总理第二十次定期会晤，希望会晤取得积极成果。

7月3日

［纲　文］　**水利部印发《加快推进江河治理工程建设实施细则》**。

［目　文］　《细则》共5章22条，主要有总则、总体目标、前期工作和计划安排、建设实施、监督检查等内容。

《细则》强调，各地要加强对江河治理工程的督导检查工作。水利部对水利投资计划执行进行月调度，对于工程建设存在问题较多、投资计划执行较慢的省份，将及时进行约谈和专项督办。

7月3日

［纲　文］　**新疆维吾尔自治区和田地区皮山县发生6.5级地震**。

［目　文］　地震造成3人死亡、263人受伤、23.6万人受灾，30万间房屋受损。

国家主席习近平第一时间要求全力救治伤员，安排好群众生活，抓好抗震救灾，恢复和重建家园。国务院总理李克强要求抓紧核实灾情和人员伤亡情况，迅速开展救灾减灾工作。

地震后，习近平两次对新疆维吾尔自治区和田地区皮山县“7·3”地震灾区恢复重建工作作出指示，肯定新疆皮山县“7·3”地震发生后，新疆维吾尔自治区党委和政府组织各族干部群众积极投入抗灾救灾，最大限度减少了地震造成的损失。强调在这次震灾中有群众伤亡，基础设施和居民房屋损坏严重，给人民群众生产生活造成了很大困难，特别是灾区少数民族群众集中，自然条件差、贫困人口多、生产自救和灾后恢复重建能力弱，党中央和国务院及有关部门要把支持和帮助灾区恢复生产、重建家园作为加强民族团结、维护边疆稳定、加快少数民族脱贫步伐、加快当地经济社会发展的重大任务来抓，给予必要的特殊支持，首先要在入冬前解决受灾群众的住房问题，确保群众安全过冬。

中共中央政治局常委、国务院总理李克强作出批示，要求相关部门抓紧研究和实施支持皮山地震灾后恢复重建的相关措施，重点做好受灾各族群众的过渡性安置和越冬住房建设，通过加强薄弱环节，提高新疆防灾减灾和灾害处置能力。

7月3日

［纲　文］　**中央军委副主席许其亮在北京会见意大利国防秘书长兼装备部部长斯特法尼尼。**

［目　文］　许其亮说，中意两军关系长期以来保持良好发展势头。双方高层保持经常性往来，对话和磋商机制运转顺畅，专业领域合作逐步深化。中方高度重视两军关系，愿与意方一道，进一步促进双方各层次各领域合作不断向前发展。

斯特法尼尼表示，意中两国都是有着悠久历史文化的国家，两军的交流合作卓有成效。意方愿与中方继续保持友好合作关系，不断推动两国两军关系深入发展。

7月3日

［纲　文］　**《人民日报》发表题为《光荣属于“改革实干家”》的评论员文章。**

7月3—4日

［纲　文］　**国家主席习近平特使、国家旅游局局长李金早在努库阿洛法出席汤加国王图普六世加冕典礼并会见图普六世国王和王后。**

7月4日

［纲　文］　**发展改革委发布《国家级区域规划管理暂行办法》。**

［目　文］　《办法》共6章25条，主要有总则、立项管理、规划编制、审批实施、评估修订、附则等内容。自2015年7月4日起施行。

7月4日

［纲　文］　**在德国波恩举行的第39届联合国教科文组织世界遗产委员会会议上，中国申报的“土司遗址”获准列入《世界遗产名录》。**

［目　文］　中国本次联合申报的湖南永顺老司城遗址、湖北恩施唐崖土司城址、贵州遵义海龙屯土司遗址，是“土司”的行政与生活中心聚落遗存，是“土司制度”的珍贵物证。“土司制度”是指13世纪至20世纪初，中国元、明、清三代中央政权在西南少数民族地区推行的一种制度，中央委任当地首领担任“土司”，世袭统治当地人民。土司遗址见证了古代中国作为统一多民族国家，对西南多民族地区独特的“齐政修教、因俗而治”管理智慧。中国土司遗址展现了中央政权与地方族群在民族文化传承和国家认同方面的人类价值观交流，联合申遗的三处遗址是中国西南部地区土司管理制度的独特见证。

中国世界遗产总数由此达到48项，总数居全球第二，仅次于意大利。

7月5日

［纲　文］　**交通部、商务部公布修改后的《外商独资船务公司审批管理暂行办法》，自2015年7月5日起施行。**

7月5—8日

［纲　文］　**应全国人大常委会委员长张德江的邀请，墨西哥参议长巴尔沃萨率团**

访华。

［目 文］ 6日，张德江在北京与巴尔沃萨举行会谈时说，中国全国人大愿同墨西哥参、众两院发展友好合作关系。一是积极加强各层级交往，利用好中墨议会对话论坛这一重要平台，坦诚沟通、增信释疑，深入开展治国理政经验交流，为深化两国互信基础、推动中墨关系向更深层次和更广范围延伸做出贡献。二是加强信息沟通，帮助对方企业更好地了解本国的法律法规、市场情况、社会风俗，从法律和制度层面不断完善投资与合作环境，为推动两国贸易、投资、基础设施和产能合作提供良好的法律保障。三是充分发挥自身紧密联系人民的优势，为推动开展人文交流活动牵线搭桥，巩固和深化两国人民友谊。四是密切在多边场合的协调，加强在重大国际议题上的沟通与配合，维护共同利益。

巴尔沃萨积极评价张德江委员长成功访问墨西哥所取得的成果并说，我此次来访正是为了进一步密切两国立法机关的交往，并为促进两国务实合作寻找更多机遇。墨西哥议会愿与中国全国人大一道，办好议会对话论坛会议，加强在治国理政等方面的经验交流，推动两国各领域互利合作，为墨中关系发展作出新的贡献。

8日，全国政协主席俞正声在北京会见巴尔沃萨时说，中国全国政协愿与墨方密切人员往来，加强交流互鉴，促进务实合作，为推动中墨关系发展做出积极贡献。巴尔沃萨对中国的发展表示高度赞赏，并说墨西哥参议院愿继续为墨中全面战略伙伴关系的深化发展发挥积极作用。

7月6日

［纲 文］ **发展改革委、能源局发布《关于促进智能电网发展的指导意见》**。

［目 文］ 《意见》由四部分组成：一、发展智能电网的重要意义；二、总体要求；三、主要任务；四、保障措施。

7月6日

［纲 文］ **2015“青年汉学家研修计划”开班仪式在北京举行**。

［目 文］ 该班由文化部、中国社会科学院联合主办。共有来自美国、俄罗斯、法国、印度、以色列、尼日利亚等30个国家和地区的36位优秀青年汉学家应邀来华参加本期研修，研究方向涉及中国的文学、历史、哲学、语言、政治、当代社会、国际关系等诸多领域。他们将在北京接受为期三天的集中授课，由王蒙、厉以宁、葛剑雄、王逸舟等著名学者为其举办“中国人与中国文化”“中国文化产业”“丝绸之路—历史地理背景和未来思考”“中国新外交：趋势与挑战”等专题讲座，之后将赴中国社科院、中国艺术研究院、北京大学、北京语言大学、外交学院等合作单位，与对口领域的研究机构和专家学者开展为期两周的专题研讨和交流。

“青年汉学家研修计划”系文化部和中国社科院于2014年开始举办的针对海外青年汉学家的学术交流项目，旨在通过邀请其来华研修，帮助他们更加客观、深入地认识和研究中国，加深他们对中国方方面面的理解和认同，建立与中国学者和学术机构的联系，为汉学与当代中国研究提供便利和支持。

7月6日

［纲　文］ **《人民日报》发表题为《做政治的明白人——一论努力成为党和人民信赖的好干部》的评论员文章。**

7月6日

［纲　文］ **《人民日报》报道，经中共中央批准，中共中央纪委对新疆维吾尔自治区人大常委会原副主任、党组成员栗智严重违纪问题进行立案审查。**

［目　文］ 栗智身为党的高级领导干部，严重违反党的政治规矩和组织纪律，严重违纪违法，且党的十八大后仍不收敛、不收手，性质恶劣、情节严重。依据《中国共产党纪律处分条例》等有关规定，经中央纪委审议并报中共中央批准，决定给予栗智开除党籍处分；收缴其违纪所得；将其涉嫌犯罪问题、线索及所涉款物移送司法机关依法处理。

2016年11月18日，青海省西宁市中级人民法院公开宣判新疆维吾尔自治区人大常委会原副主任栗智受贿案，对被告人栗智以受贿罪判处有期徒刑12年，并处罚金人民币100万元；对栗智受贿所得财物予以追缴，上缴国库。

7月6—7日

［纲　文］ **中央党的群团工作会议在北京召开。习近平、李克强、张德江、俞正声、刘云山、王岐山、张高丽等党和国家领导人出席。**

［目　文］ 北京市、贵州省、全国总工会、共青团中央、全国妇联、清华大学、浙江省嘉善县负责人作大会发言。在京中共中央政治局委员、中央书记处书记，全国人大常委会有关领导同志，国务委员，最高人民法院院长，最高人民检察院检察长，全国政协有关领导同志出席会议。各省、自治区、直辖市和新疆生产建设兵团、副省级城市党委，中央和国家机关各部委，有关群团组织，中央管理的部分企业、金融机构和高校党组（党委）负责人，以及军队有关单位负责人等参加会议。

习近平指出，由党中央召开党的群团工作会议，在党的历史上还是第一次。这次会议的主要任务是分析研究新形势下党的群团工作面临的新情况新问题，贯彻落实《关于加强和改进党的群团工作的意见》，总结成功经验，解决突出问题，推动改革创新，努力开创党的群团工作新局面。中国特色社会主义事业是亿万人民的事业，党的群团工作肩负着庄严使命。工会、共青团、妇联等群团组织一定要坚持解放思想、改革创新、锐意进取、扎实苦干，切实保持和增强党的群团工作和群团组织的政治性、先进性、群众性，组织动员广大人民群众更加紧密地团结在党的周围，把广大人民群众对美好生活的追求汇聚成强大动力，共同谱写实现“两个一百年”奋斗目标、实现中华民族伟大复兴中国梦的新篇章。群团事业是党的事业的重要组成部分。党的群团工作是党通过群团组织开展的群众工作，是党组织动员广大人民群众为完成党的中心任务而奋斗的重要工作。对党的群团工作取得的显著成绩，必须充分肯定，同时必须注重解决存在的问题，特别是要重点解决脱离群众的问题。要切实保持和增强党的群团工作的政治性。中国特色社会主义群团发展道路，是中国特色社会主义道路在群团工作领域的具体展开。我们的工会、共青团、妇联等群团组织是党直接领导的群众组织，承担着组织动员广大人民群众为完成党的中心任务而共同奋斗的重大责任，必须把保持和增强先进性作为重要着力点。要切实保持和增强群团组织的群众性。群众性是群团组织的根本特点。要坚持眼睛向下、面向基层，改革和改进机关机构设置、管理模式、运行机制，坚持力量配备、服务资源向基层倾斜。群团组织要着眼党和国家工作大局，在大局下思考，在大局下行动，同时立足职责定位、立足所联系的群众，寻找工作结合点和着力点，推动群团组织职能与时俱进。各级党委要坚持德才兼备、五湖四海，加强群团干部培养管理，选好配强群团领导班子，提高群团干部队伍整体素质。要深入把握党的群团工作规律，完善党委领导群团组织的制度，提高党的群团工作科学化水平。

7月6—7日

［纲　文］　**首届世界华侨华人工商大会在北京举行。**

［目　文］　本次大会由国务院侨办、中国海外交流协会主办，以“携手全球华商，同圆中华梦想”为主题，旨在加强全球侨商和专业人士与祖籍国的联系，增进他们对中国发展现状与前景的了解，引导海外侨商侨胞积极参与中国现代化建设，促进中外各领域交流合作，助力建设“一带一路”等。共有来自世界79个国家和地区，211个华侨华人工商社团和专业协会的300余名海外嘉宾参加。与会代表中包括一批知名侨商，“一带一路”沿线各国侨商以及海外主要华侨华人工商组织和专业协会负责人。

6日，国务院总理李克强在北京会见首届世界华侨华人工商大会全体代表。李克强说，6000多万海外侨胞是中华民族大家庭的重要成员，一代又一代华侨华人自强不息，艰苦创业，用勤劳和智慧创造了不平凡的业绩。广大侨胞始终情牵桑梓，心系中华，为实现中华民族的独立和解放、为推动中国的改革开放和现代化建设，做出了特殊的重要贡献。故乡人民永远铭记你们的历史功绩！

7月7日

［纲　文］　**习近平、李克强、张德江、俞正声、刘云山、王岐山、张高丽等党和国家领导人在中国人民抗日战争纪念馆，参观纪念中国人民抗日战争暨世界反法西斯战争胜利70周年主题展览《伟大胜利　历史贡献》。**

［目　文］　习近平强调，全党全国各族人民要牢记由鲜血和生命铸就的中国人民抗日战争的伟大历史，牢记中国人民为维护民族独立和自由、捍卫祖国主权和尊严建立的伟大功勋，牢记中国人民为世界反法西斯战争胜利做出的伟大贡献，珍视和平、警示未来，坚定不移走和平发展道路，坚定不移维护世界和平，万众一心把中国特色社会主义推向前进。

《伟大胜利　历史贡献》主题展览是中国人民抗日战争暨世界反法西斯战争胜利70周年纪念活动的重要内容。展览以“铭记历史、缅怀先烈，珍爱和平、开创未来”为主题，通过 1170 幅照片、2834 件文物和大量视频影像，全景式展现了全体中华儿女冒着敌人炮火共赴国难，英勇抵抗日本军国主义侵略的光辉历史，突出表现了中国共产党在抗战中的中流砥柱作用，反映了中国作为东方主战场为世界反法西斯战争胜利做出的不可磨灭的贡献。展览共分“中国局部抗战”“全民族抗战”“中流砥柱”“日军暴行”“东方主战场”“得道多助”“伟大胜利”“铭记历史”8 个部分。

同日，纪念全民族抗战爆发 78 周年暨《伟大胜利 历史贡献》主题展览开幕式在中国人民抗日战争纪念馆举行。中央政治局常委刘云山出席开幕式并讲话。刘奇葆、范长龙、栗战书、王晨、杨洁篪、郭声琨、张庆黎等出席开幕式。郭金龙主持开幕式。在京参加过抗日战争的老战士老同志代表、抗战烈士亲属代表，中央党政军有关部门和北京市有关负责人，首都各界群众代表约 1500 人参加开幕式。

刘云山在讲话中指出，78 年前的今天，日本军国主义蓄意制造震惊中外的卢沟桥事变，悍然发动全面侵华战争。面对民族存亡的危机，中国共产党毅然担负起民族救亡的历史重任，海内外全体中华儿女万众一心、众志成城，一批批抗日勇士和爱国将领义无反顾、浴血奋战，赢得了近代以来中国反抗外敌入侵的第一次完全胜利，为世界反法西斯战争胜利做出重大贡献。隆重纪念全民族抗战爆发 78 周年，举行《伟大胜利 历史贡献》主题展览，目的是铭记历史、缅怀先烈、珍爱和平、开创未来。主题展览通过大量珍贵图片和实物，全景式展现了中华民族英勇抵抗日本军国主义侵略的光辉历史，展现了中国共产党的中流砥柱作用，展现了中国人民付出的巨大民族牺牲，展现了中国作为世界反法西斯战争东方主战场的作用，为进行爱国主义教育和革命传统教育提供了重要平台和生动课堂。要用好这个平台和课堂，引导广大干部群众从历史的艰辛奋斗中吸收养分，从民族的苦难辉煌中汲取力量。我们要紧密团结在以习近平为核心的党中央周围，弘扬伟大的民族精神和抗战精神，同心同德、团结奋进，协调推进“四个全面”战略布局，为实现“两个一百年”奋斗目标和中华民族伟大复兴的中国梦，为推进人类和平与发展的崇高事业而努力奋斗。

7 月 7 日

［纲 文］ **国务院办公厅函复体育总局、财政部，同意山西省承办 2019 年第二届全国青年运动会**。

［目 文］ 函复说：一、同意山西省承办 2019 年第二届全国青年运动会。二、筹备和举办第二届全国青年运动会的经费主要由山西省人民政府自筹，中央财政给予一次性定额补助；场馆设施建设所需资金由山西省人民政府自行负担。三、请体育总局和山西省人民政府严格按照党中央、国务院有关规定，充分结合当地经济社会发展实际，坚持量力而行、量入为出、节俭高效原则，共同组织好第二届全国青年运动会。

7 月 7 日

［纲 文］ **中韩议会定期交流机制第 10 次会议在北京举行**。

［目 文］ 全国人大常委会副委员长张平与韩国国会副议长郑甲润出席会议并作主

旨发言。双方主要就中韩双边关系、议会交往、朝鲜半岛局势、经贸合作、人文交流和纪念世界反法西斯战争胜利70周年等共同关心的议题进行了广泛深入的讨论和交流。

同日，全国人大常委会委员长张德江在北京会见郑甲润时说，加强两国立法机关合作是深化中韩战略合作伙伴关系的重要体现，也是上个月我访韩与韩国国会郑义和议长达成的共识。此次会议的召开，就是落实共识的具体举措。中国全国人大愿与韩国国会继续发挥好定期交流机制和友好小组等合作平台的作用，保持经常性沟通，增进友谊，深化合作，更好地服务中韩关系发展大局。郑甲润说，韩国国会愿与中国全国人大密切合作，助力两国关系发展。

7月7日

［纲　文］**《人民日报》发表题为《做发展的开路人——二论努力成为党和人民信赖的好干部》的评论员文章。**

7月7日—9月30日

［纲　文］**“抗战与文艺：纪念抗日战争胜利70周年馆藏文物系列展”在中国国家博物馆举办。**

［目　文］系列展由国家博物馆主办，分“文艺与抗战展”“延安电影团史料展”“抗战木刻展”“抗战摄影展”“梁又铭抗战美术作品展”五个部分。此次展览共展出历史文物、美术和摄影作品以及历史照片等1109件（套），其中有近700件（套）为首次展出。

7月8—10日

［纲　文］**国家主席习近平应邀在俄罗斯乌法出席金砖国家领导人第7次会晤和上海合作组织成员国元首理事会第15次会议。**

［目　文］陪同习近平与会的有：中央政策研究室主任王沪宁、中央办公厅主任栗战书、国务委员杨洁篪、中国人民银行行长周小川等。

9日，金砖国家领导人第七次会晤在俄罗斯乌法举行。国家主席习近平、俄罗斯总统普京、巴西总统罗塞夫、印度总理莫迪、南非总统祖马出席会晤。习近平发表了题为《共建伙伴关系 共创美好未来》的主旨讲话。五国领导人围绕“金砖国家伙伴关系”主题，就当前国际形势和金砖国家合作交换看法，达成广泛共识并出席了《金砖国家成员国外交部关于建立金砖国家联合网站的谅解备忘录》《金砖国家政府间文化合作协定》《金砖国家银行合作机制与金砖国家新开发银行开展合作的谅解备忘录》等合作文件签字仪式及金砖国家工商理事会代表对话会。会议发表《金砖国家领导人第七次会晤乌法宣言》。

同日，习近平、普京、额勒贝格道尔吉举行中俄蒙元首第二次会晤。三国元首批准了《中俄蒙发展三方合作中期路线图》。三国有关部门分别签署了《关于编制建设中俄蒙经济走廊规划纲要的谅解备忘录》《关于创建便利条件促进中俄蒙三国贸易发展的合作框架协定》《关于中俄蒙边境口岸发展领域合作的框架协定》。

10日，上海合作组织成员国元首理事会第15次会议在俄罗斯乌法举行。国家主席习近平同俄罗斯总统普京、哈萨克斯坦总统纳扎尔巴耶夫、吉尔吉斯斯坦总统阿坦巴耶夫、塔吉克斯坦总统拉赫蒙、乌兹别克斯坦总统卡里莫夫出席会议。习近平在会上发表题为《团结互助 共迎挑战 推动上海合作组织实现新跨越》的讲话中强调，要加快步伐，切实行动，打造本地区命运共同体，共同维护成员国安全和稳定，充实务实合作内容，巩固世代睦邻友好，保持开放互鉴，在新起点上推动上海合作组织实现新跨越。

会议决定，启动接纳印度、巴基斯坦加入上海合作组织的程序，同意白俄罗斯成为上海合作组织观察员国，阿塞拜疆、亚美尼亚、柬埔寨、尼泊尔成为对话伙伴国。会议决定，2016年上海合作组织峰会在乌兹别克斯坦首都塔什干举行。成员国元首签署《上海合作组织成员国元首乌法宣言》《上海合作组织成员国边防合作协定》，批准《上海合作组织至2025年发展战略》《上海合作组织成员国打击恐怖主义、分裂主义和极端主义2016至2018年合作纲要》，制订《上海合作组织反极端主义公约》草案等决议。会议发表了《上海合作组织元首理事会会议新闻公报》《上海合作组织成员国元首关于世界反法西斯战争暨第二次世界大战胜利70周年的声明》《上海合作组织成员国元首关于应对毒品问题的声明》。

会议期间，国家主席习近平分别会见了俄罗斯总统普京、印度总理莫迪、南非总统祖马、巴西总统罗塞夫、乌兹别克斯坦总统卡里莫夫、阿富汗总统加尼、巴基斯坦总理谢里夫。

7月8日

［纲　文］　**李克强主持召开国务院常务会议。**

［目　文］　会议主要内容是：一、听取国务院重大政策措施落实重点督查情况汇报，对落实不力的坚决处置整改。会议听取了国务院督查组对18个省份和35个部门、单位重点督查情况的汇报，对相关地区和部门主动有力抓好党中央、国务院各项政策落实予以充分肯定，同时要求抓紧整改发现的问题。会议确定，一是各级财政将已收回沉淀和违规资金2500多亿元，加快统筹用于急需领域；国务院将239亿元中央预算内投资存量资金调整用于在建重大项目；对闲置土地处置不力的收回年度新增建设用地指标。二是督促加快铁路、农村公路和重大水利等建设，保证完成全年目标。通过专项债券及其他市场化筹资，支持国际产能合作。三是对涉农资金整合、放宽公积金使用、政务信息共享等方面落实不到位的事项挂牌催办。四是抓紧清理阻碍改革推进、政策落地的法律法规和规范性文件，加快修订财政、投融资等管理规定和市场准入、产品服务等标准。二、部署整改审计查出问题，把宝贵的公共资金资源用到促发展惠民生上。2014年度中央预算执行和其他财政收支审计结果已向社会公布。会议指出，加强对审计查出问题的整改，对于提高公共资金统筹能力和使用效益、使积极财政政策更加有效，改进政府管理，具有重要意义。为此，一要建立整改台账，明确时限，严格问责，着力在完善制度上下功夫，坚决防止一些问题屡改屡犯。整改情况11月底前报国务院，并在向全国人大报告后公布。二要以

整改为契机，进一步加大简政放权、放管结合、优化服务的转变政府职能力度，及时修改完善与改革发展不适应的规章制度，激发大众创业、万众创新活力和社会创造力，增强经济发展“内力”和后劲。三要建立健全监督制约长效机制，加大对骗取财政资金、侵占国有权益等行为的打击力度，确保公共资金安全有效运行，发挥最大效益。三、决定加大国家助学贷款力度，为贫困学子创造公平成长环境。会议决定，一是高校学生在读期间助学贷款利息由财政全额补贴，毕业后在还款期内继续攻读学位或在校期间因病等休学的，也可申请贴息。二是将贷款最长期限由原先的10年、14年，统一延长至20年。将还本宽限期从2年延长至3年，宽限期内只需还利息、不需还本金。同时简化申请手续。三是建立还款救助机制，对因病丧失劳动能力、家庭遭遇重大变故等毕业借款学生，可申请代偿应还本息。对到艰苦边远地区基层单位就业的，代偿资金原则上由所在省级财政承担。各级财政要在年度预算中足额安排国家助学贷款贴息和风险补偿金，帮助贫困学子解决后顾之忧。

7月8日

［纲　文］　**全国政协主席俞正声、国家副主席李源潮在北京分别会见津巴布韦副总统、津巴布韦非洲民族联盟—爱国阵线副主席姆南加古瓦。**

［目　文］　俞正声在会见姆南加古瓦时说，中津两国是风雨同舟的好伙伴、好朋友、好兄弟。近年来习近平主席与穆加贝总统多次会面，两国元首为新形势下两国关系发展指明了方向。2015年是中津建交35周年，中方希与津方加强合作，将两国关系打造成平等互信、相互支持、合作共赢、共同发展的典范。中国共产党愿与津民盟加强高层往来和战略沟通，推动两国关系向纵深发展。俞正声还介绍了“一带一路”的内涵及其给世界带来的机遇。姆南加古瓦说，我就任副总统后首访就来到兄弟的中国。津方坚定奉行“向东看”政策，希望加强两国经贸务实合作。

李源潮在会见姆南加古瓦时说，中津传统友谊深厚，政治互信不断加强，务实合作有序推进。希望双方以建交35周年为契机，推动中津关系迈上新台阶。中国共产党与津民盟建立关系以来始终相互信任和支持，愿进一步加强党际交往交流，促进国家关系发展。姆南加古瓦说，津中政治上相互信任、经济上互补性强，希望深化两国两党关系，推动津中务实合作迈上新台阶。

7月8日

［纲　文］　**国务院副总理张高丽在北京会见白俄罗斯副总理加里宁。**

［目　文］　张高丽表示，白俄罗斯是中国的好朋友和重要合作伙伴。2015年5月，习近平主席对白成功进行国事访问，取得丰硕成果，对进一步丰富中白全面战略伙伴关系内涵，引领两国关系未来发展具有重要意义。双方要认真落实两国元首达成的共识，推动中白关系和各领域合作迈上更高水平。中白工业园是双方共建丝绸之路经济带的重要支点和平台，中方愿与白方加强协调配合，共同将园区建设成为丝绸之路经济带上的明珠和双方互利合作的典范。加里宁表示，白方高度重视发展对华关系，愿积极参与丝绸之路经济

带建设，落实好中白工业园等大项目，不断深化同中方各领域务实合作。

7月8日

［纲　文］　**中央军委副主席许其亮、国防部长常万全在北京分别与老挝国防部长森暖·赛雅拉会见、会谈。**

［目　文］　许其亮在会见森暖时说，多年来，中老两国两军始终团结友好，各领域合作成果丰硕，是名副其实的好邻居、好朋友、好同志、好伙伴。新形势下，我们要抓住机遇，不断提升中老全面战略合作水平，把两军合作的势头巩固好，把下一阶段合作规划好。森暖表示，老中两国两军长期以来相互支持，有着深厚情谊。老方愿学习中国军队发展建设经验，推动老中友好和两军关系不断发展。

常万全在与森暖会谈时说，中老友谊是两国老一辈领导人共同缔造的。巩固和深化中老友谊，是我们的共同愿望和责任，符合两国和两国人民的根本利益。中方愿与老方共同努力，密切两军高层交往，推进务实合作，加强边防交流，深化多边安全合作，推动两军关系不断迈上新台阶。森暖说，老方对中国军队给予的无私援助表示感激，愿进一步加强与中方交流合作，推动老中两军关系不断向前发展。

7月8日

［纲　文］　**外交部发言人就日方有关纪念抗战言论表示，日方有关言论匪夷所思。**

［目　文］　有记者问，针对中国纪念抗战爆发78周年有关活动，日本内阁官房长官菅义伟在记者会上称，中方过于强调抗日并将历史问题国际化的做法不利于地区和平稳定，日中以面向未来的态度共同应对国际社会面临的共同挑战极为重要。中方对此有何回应？

发言人说，日方有关言论令人匪夷所思。难道日方一再对历史问题闪烁其词、左顾右盼，甚至淡化、美化侵略历史，有利于地区和平与稳定？中国和国际社会共同隆重纪念世界反法西斯战争胜利暨中国人民抗日战争胜利70周年，目的是为了铭记历史、缅怀先烈，珍爱和平、开创未来，坚定不移地维护世界和平。只要是诚实坦荡面对历史并真正致力于和平发展的人，不会对此提出任何异议。习近平主席说过，历史是最好的教科书，也是最好的清醒剂。德国前总统魏茨泽克也曾讲过，谁不反观历史，谁就会对现实盲目，谁不愿反思暴行，谁将来就可能会重蹈覆辙。在2015年国际社会都在以各种方式纪念世界反法西斯战争胜利70周年之际，我们再次敦促日方以诚实和负责任的态度正视和反省历史，以实际行动取信于亚洲邻国和国际社会。这才是真正面向未来的应有之义。

7月8日

［纲　文］　**第6届俄罗斯国际创新工业展中国馆开馆。**

［目　文］　开馆仪式在叶卡捷琳堡国际展览中心举行，国务院副总理汪洋出席并宣布中国馆开馆。中国是本届展会主宾国，来自高铁、航天、航空、船舶、电力、汽车、电子、机械、核能、卫星导航等十大行业130多家中国企业应邀参展。以“智造中国”为主题，展出面积为7500平方米，分设中国形象展区、专题展区、地方展区和高新技术产业

园等展区，集中展示了中国在高铁、核能、航天、航空、电力装备、机械、船舶、汽车、电子信息以及卫星导航等科技创新和装备制造重点领域的发展成就。展览至11日。

同日，俄罗斯总理梅德韦杰夫在叶卡捷琳堡会见了应邀出席第6届俄罗斯国际创新工业展主宾国活动的汪洋时表示，感谢中方作为本届展会主宾国组织企业大规模参展。俄中关系处于高水平，俄方愿同中方密切配合，加强重点领域合作，推进战略性大项目，不断开拓合作新方向。

汪洋表示，俄方邀请中国作为首个主宾国参加本届展会，体现了中俄关系的高水平。中国政府高度重视，推动130多家重点企业参展。相信展会及主宾国活动将取得圆满成功。

6日，汪洋作为中俄总理定期会晤委员会中方主席在伊尔库茨克与俄罗斯副总理、委员会俄方主席罗戈津举行会晤。双方就加强两国经贸务实合作深入交换意见，达成广泛共识。

7月8日

［纲　文］　**《人民日报》发表题为《让抗战精神永驻民族记忆》的评论员文章。**

7月8日

［纲　文］　**《人民日报》发表题为《做群众的贴心人——三论努力成为党和人民信赖的好干部》的评论员文章。**

7月8—10日

［纲　文］　**王岐山在陕西调研。**

［目　文］　中央纪委书记王岐山在陕西主持召开部分省区党委书记、纪委书记座谈会时强调，修订廉政准则和党纪处分条例，要坚持党纪严于国法，实现纪法分开，体现党的先锋队性质，推进全面从严治党、依规治党的制度创新。瞬间铸就永恒。山沟沟里出马列主义，毛泽东在陕北分析中国革命面临的形势与任务，写下一篇篇光辉著作，实现了马克思主义中国化，毛泽东思想成为中国共产党人智慧的结晶，指导我们党领导人民推翻“三座大山”，铸就了民族解放历史的永恒。我们要从历史中汲取力量，从回放中获得启示，在实现两个百年奋斗目标和中华民族伟大复兴征程中，坚持全面从严治党，与时俱进加强党的建设、管理和监督，确保党始终成为中国特色社会主义事业的坚强领导核心。把权力关进制度笼子，首先要加强党内监督制度体系的顶层设计。中国的历史、文化、国情和现实都决定了，我们必须走中国特色社会主义道路。我们党长期执政，制度的优越性已经充分展现，但也面临不少风险和挑战。要强化党的自我监督和人民群众的监督，探索形成发现问题、纠正偏差的机制，让“三个自信”建立在坚实的基础上。要不断增强党的自我净化、自我完善、自我革新、自我提高能力，永葆共产党人的青春，推进国家治理体系和治理能力现代化。制度建设必须坚持问题导向，突出针对性和有效性。执政党的党规党纪严于国家法律。在全面依法治国大背景下，要去除现行党纪处分条例中与刑法等法律重复的内容，使条例成为管党治党、严肃纪律的尺子。党要管党、从严治党就要尊崇党

章，以严明的纪律维护党章，把党章的权威立起来。修订党纪处分条例要针对现阶段突出问题。落实中央八项规定精神关乎人心向背，是最大的政治，是一场输不起的斗争，要把享乐、奢靡等“四风”问题纳入党纪处分范围；针对一些党员干部在政治纪律和政治规矩、组织纪律上思想麻木、意识淡漠问题，要把十八大以来党中央提出的要求细化、具体化，体现作风建设和反腐败斗争的最新成果。要着眼未来、立足当前、立行立改，遵循正确方向，一步步向前迈进。全面从严治党，就是要从宽、松、软到严、紧、硬。党委要把纪律和规矩挺在前沿，把党的领导体现在日常管理和监督中，真正担负起管党治党的主体责任。纪委要在全面从严治党中找准职责定位，全面履行党章赋予的职责。

7月8日—9月27日

［纲　文］　**“来自中国美术馆的艺术”系列展在墨西哥举行。**

［目　文］　系列展由中国美术馆与墨西哥外交部、维拉克鲁斯州文化局联合举办，是中国和墨西哥两国政府文化交流的项目。系列展包括“当代中国水墨与雕塑艺术展”“当代中国版画与雕塑艺术展”“中国面具艺术展”三个部分，分别在迭戈·里维拉美术馆、哈拉帕当代艺术馆和哈拉帕市文化中心展出。

7月9日

［纲　文］　**《习近平谈治国理政》少数民族文字版出版。**

［目　文］　《习近平谈治国理政》蒙古、藏、维吾尔、哈萨克、朝鲜5种少数民族文字版，已完成全部翻译工作。该书由国务院新闻办公室会同中央文献研究室、中国外文局编辑，收入了习近平在2012年11月15日至2014年6月13日期间的讲话、谈话、演讲、答问、批示、贺信等79篇，分为18个专题，还收入习近平各个时期照片45幅。

7月9日

［纲　文］　**李克强在北京主持召开部分省（区）政府主要负责人经济形势座谈。**

［目　文］　张高丽、刘延东、马凯、王勇等出席座谈会。河北省省长张庆伟、内蒙古自治区主席巴特尔、辽宁省省长陈求发、江苏省省长李学勇、河南省省长谢伏瞻、广东省省长朱小丹、四川省省长魏宏和陕西省省长娄勤俭汇报了上半年本省（区）经济走势，提出了下一步建议。

李克强说，2015年以来，特别是二季度以来，面对国内外复杂形势，我国经济运行缓中趋稳，处于合理区间，许多指标出现回升势头，经济发展的活力动力增强，有效提振了各方面的信心。但也要看到，经济回稳的基础还需进一步巩固，尤其是世界经济复苏变数增多，各种挑战和风险对我国的影响不可忽视。促进经济稳定向好仍要付出很大努力。完成2015年经济社会发展主要目标任务，要以稳促进，保持宏观经济政策的连续性和稳定性，着力在扩大内需、优化结构、增强后劲上打开新局面。要灵活施策，针对形势变化精准发力，在区间调控基础上加大定向调控，相机实施预调微调，在改革创新中释放新红利。当前地方经济发展走势分化，越是改革步子大、结构调整起步早，越能赢得主动和先机。要时刻绷紧发展这根弦，充分发挥中央和地方两个积极性，鼓励地方对接国家战略、发挥各自优势，竞相迸发活力。一要多出深化改革开放的“硬招”。敢为人先，创新体制机制，打通政策阻点，营造有利于大众创业、万众创新的良好环境。抓住“一带一路”和国际产能合作机遇，推动装备“走出去”，在更高水平的开放中实现产业升级，打造国际竞争新优势。二要多出针对性强的“实招”。积极扩大有效投资，特别是要增加中西部地区公共产品和服务供给。既定项目要马上开工，已有资金要尽快到位，项目储备要超前谋划。这既拉动当前增长，又促进可持续发展。三要多出提升发展能力的“新招”。积极推进结构调整，实施“中国制造 2025”和“互联网 +”行动，围绕企业和群众需要，提升服务业水平，发展新产品、新技术、新业态、新模式，促进新旧动力加快转换，努力使下半年我国经济发展和民生改善继续保持向好势头。

7 月 9 日

［纲　文］　**银监会公布《中国银监会行政处罚办法》。**

［目　文］　《办法》共 11 章 97 条，主要有总则、管辖、立案、调查、取证、审理、审议、听证、决定与执行、法律责任、附则等内容。自 2015 年 9 月 9 日起施行，《中国银行业监督管理委员会行政处罚办法》（银监会令 2007 年第 5 号）同时废止。

7 月 9 日

［纲　文］　**安全监管总局公布《强化煤矿瓦斯防治十条规定》，自 2015 年 7 月 9 日起施行。**

7 月 9 日

［纲　文］　**中央军委副主席许其亮、国防部长常万全在北京分别与柬埔寨副首相兼国防大臣迪班会见、会谈。**

［目　文］　许其亮在会见迪班时说，中柬是好邻居、好朋友、好伙伴，在事关各自主权、安全、发展的重大问题上始终给予对方坚定支持。当前，中柬两军关系密切，合作富有成效，希望双方继续巩固良好势头，推动各领域务实合作深入发展，共同应对各种挑战。

迪班对中方长期以来的无私帮助和大力支持表示感谢，并说柬政府和军队高度重视对华关系，愿与中方密切合作、相互支持，推动两国两军关系取得新的发展。

常万全在与迪班会谈时说，在两国高层的共同关心和推动下，中柬关系进入历史最好时期。双方政治上高度互信，经济上互利合作，安全上密切协作，在重大问题上相互支持。我们愿与柬方共同努力，密切两军高层交往，加强军兵种交流，深化多边安全合作，共同应对挑战，推动两国两军关系不断迈上新的台阶。

迪班说，柬方致力于进一步加强柬中全面战略合作伙伴关系，愿与中方一道深化各领域务实合作，在安全上相互支持，不断推动两国两军关系健康稳定发展。

7 月 9 日

［纲　文］　**外交部发言人就联合国发布《千年发展目标 2015 年报告》表示，中国**

将会同联合国发布落实千年发展目标进展情况。

［目　文］　发言人表示，千年发展目标为促进全球发展做出了巨大贡献。15 年来，在各方共同努力下，全球在消除贫困，普及教育，防治疟疾、肺结核等传染病，提供清洁饮用水，改善贫民窟居住条件等方面取得积极进展。中国是千年发展目标积极参与者和贡献者，已经基本实现了大部分千年发展目标。1990 年到 2011 年间，中国贫困人口减少了 4.33 亿，提前 5 年实现了减贫目标。中国还在南南合作框架下支持其他发展中国家落实千年发展目标。中国在落实千年发展目标上取得的进展，中国政府将会同联合国方面于近期发布。

7 月 9 日

［纲　文］　**“文物保护理念与技术国际学术研讨会暨纪念旧都文物整理委员会成立 80 年”大会在北京举行。**

［目　文］　大会由中国文化遗产研究院主办。文化部副部长、国家文物局局长励小捷出席会议并讲话。故宫博物院院长单霁翔介绍了“故宫保护总体规划意义及实施对策”。国际文化财产保护与修复研究中心、法国国家遗产研究院、中国社会科学院考古研究所等机构的代表分别作了主题演讲。法国、意大利、日本和国内部分学术科研机构代表，中国文化遗产研究院老专家、老领导百余人参加会议。

7 月 9 日

［纲　文］　**《人民日报》发表题为《让党的群众工作“星光灿烂”——一论学习习近平在中央党的群团工作会议上的重要讲话》的评论员文章。**

7 月 9 日

［纲　文］　**《人民日报》发表题为《做班子的带头人——四论努力成为党和人民信赖的好干部》的评论员文章。**

7 月 9 日

［纲　文］　**《人民日报》发表题为《重温经典锻造更坚强的党性》的评论员文章。**

7 月 9—11 日

［纲　文］　**刘云山在宁夏调研。**

［目　文］　中共中央政治局常委刘云山在固原、石嘴山、银川等地的村镇、企业和社区，就基层党建工作进行调研并询问群众生产生活和便民服务情况，指出群众生活好不好就看基层组织强不强，有了好支部好队伍，就能搞好扶贫开发、促进农民致富。要切实发挥基层党组织政治引领、推动发展和服务群众的作用，团结带领各族群众坚定不移跟党走、齐心协力创造美好生活。要建立健全党组织领导下的村务监督委员会，加强对村务决策、村务公开和资源资产资金的监督。要统筹抓好企业党建与生产经营，使党组织真正成为企业员工的主心骨和企业发展的助推器；在宁夏区委党校，就坚持党校姓党、从严治校、质量立校等提出要求。

调研期间，刘云山召开“三严三实”专题教育调研座谈会。会上，宁夏回族自治区、市、县党委和区直部门、企业、高校负责人介绍了工作情况，普遍认为专题教育态势良好，特别是领导干部带头讲专题党课，弘扬了党性党风教育的好传统，促进了党内生活制度的完善。刘云山说，推进“三严三实”专题教育，关键是贯彻从严要求，紧扣主题、对准问题，在深入深化、务求实效上下功夫，不以一般性学习代替专题教育，不以解决一般性问题代替解决不严不实问题。要切实抓好专题学习研讨，重点学习习近平总书记系列重要讲话，学习党章和党纪党规，把学习与思考、学习与研讨结合起来，学而思、学而悟、学而改。要在解决突出问题上取得突破，让实践来检验、让基层来评判、让群众来打分，确保专题教育不虚不空。专题教育的目的是推进事业发展，要把严和实的要求贯穿改革发展稳定各项工作中，转化为干事创业的精气神，转化为攻坚克难的推动力，更好地促进经济社会发展和民生改善。

7月9—10日

［纲　文］　**中宣部、中国作协在北京召开全国儿童文学创作出版座谈会。**

［目　文］　共青团中央、教育部、国家新闻出版广电总局等有关部门负责人，29家专业少儿出版单位主要负责人和百余位儿童文学作家、评论家与会。会议主要内容是：学习贯彻中共中央总书记习近平系列讲话精神，着眼满足少年儿童阅读需要，繁荣儿童文学创作，研究如何更好地推动多出精品、多出人才，为少年儿童提供最好的精神食粮。

7月9—13日

［纲　文］　**第11届中国国际动漫游戏博览会（CCG EXPO 2015）在上海世博展览馆举行。**

［目　文］　博览会由文化部与上海市政府联合主办。本次总展区面积4.8万平方米，包括主展馆、商务馆、创客空间馆、玩偶展区，主展馆参展商共计330家，海外参展商参展面积达1.9万平方米，占总展区面积的40%。

7月10日

［纲　文］　**李克强在北京主持召开座谈会，就当前经济形势和经济工作，听取专家和企业负责人的意见建议。**

［目　文］　张高丽、刘延东、汪洋、马凯、王勇等参加座谈会。连平、刘元春、张军、祝宝良等专家和企业负责人围绕经济运行、宏观政策、企业经营和创新等谈了看法。大家认为，上半年，随着国家政策效应显现，我国经济出现回稳势头，积极因素增多，特别是大众创业、万众创新激活了千千万万个市场细胞，对宏观稳定形成了支撑。但当前一些企业生产经营困难，不少现实难题还需要化解。李克强与大家深入交流。

李克强说，科学判断经济形势，既要看到当前世界经济复苏一波三折、不确定性增多，其影响需要高度重视，又要看到中国经济呈现产业结构不断优化、发展动力加快转化、地区和行业走势分化的明显特征。虽然一些多年积累的结构性矛盾进一步显现，但经济长期向好的基本面没有改变，仍具有巨大的韧性、潜力和回旋余地。我国经济潜在增长率能够支撑中高速增长，关键要遵循发展规律，坚定发展信心，掌握发展主动权，用更大的努力和耐力来推动。我国经济增长动力和下行压力并存，要继续按照中央经济工作会议精神，落实政府工作报告部署，立足当前，着眼长远，坚持宏观调控正确取向，实施积极的财政政策和稳健的货币政策，把创新宏观调控与推进结构性改革有机结合，更加精准有效地实施定向调控和相机调控，防范和化解风险，确保经济运行在合理区间，实现增长、物价、就业、收入、环保多重目标协调发展，也为各类市场健康稳定发展创造条件。中国经济升级发展根本靠改革创新。企业是市场主体，也是创新主体，要继续实施创新驱动战略，抓住国家推出“中国制造2025”“互联网+”行动和推进“一带一路”、国际产能合作的机遇，面向市场，贴近需求，着力提升核心竞争力和品牌塑造能力。2015年是中国经济社会发展承上启下的重要一年，要推进经济持续稳中向好，实现“十二五”圆满收官，为“十三五”开局奠定好的基础。有关部门要认真研究专家和企业提出的意见建议，也希望大家多出良策，共同努力推动我国经济保持中高速增长、迈向中高端水平。

7月10日

［纲　文］　**全国政协在北京召开“深化行政审批制度改革”专题协商会。**

［目　文］　全国政协主席俞正声主持会议。全国政协副主席韩启德、万钢、罗富和、张庆黎、王家瑞、王正伟、马飚、齐续春、马培华、刘晓峰、王钦敏出席会议。国务院审改办负责人吴知论介绍了行政审批制度改革的有关情况，发展改革委、人力资源社会保障部、国土资源部、环境保护部、住房城乡建设部、工商总局等部门负责人介绍了有关情况并与委员互动交流。中共中央、国务院有关部门和单位的负责人到会听取意见建议。

委员们认为，中共十八大以来，以习近平为总书记的党中央对深化行政体制改革作出重大部署，国务院不断加大改革力度，行政审批制度改革取得重要成果。一些委员建议，一是要提高认识，适当的行政审批要有，这是政府的责任，但现在手续过多、程序繁杂、监管乏力，必须切实加以解决。二是要正确处理政府行为和市场行为的关系，政府该管的一定要管好，该放给市场的要放给市场；正确处理中央事权和地方事权的关系，属于中央的事权中央要管好，属于地方的事权要下放给地方；正确处理审批和监管的关系，不能因为减少审批就放松监管。三是既要看到行政审批制度改革成绩显著，又要看到今后的任务更加艰巨，行政审批制度改革已进入深水区，有些问题要作深入的调研，提出系统的办法，集中力量攻坚克难，有些问题可以先试点后推开。四是要把公开透明作为行政审批制度改革的前提，审批流程、过程、结果都要公开，同时要完善有关法律和制度。五是要把信息化作为行政审批制度改革的重要基础，用信息化推动并联审批、简化审批过程和在线监管等改革。六是在某些领域开展企业登记试点，把原有的审批变成登记制，对失信的依法严惩，探索审批制度改革的新措施。

7月10日

［纲　文］　**财政部、税务总局、人力资源社会保障部印发《关于扩大企业吸纳就业**

税收优惠适用人员范围的通知》。

［目　文］《通知》说，为进一步做好新形势下促进就业工作，根据国务院决定，现对《财政部 国家税务总局 人力资源社会保障部关于继续实施支持和促进重点群体创业就业有关税收政策的通知》（财税〔2014〕39 号）中企业吸纳就业税收优惠适用人员范围作如下调整：将财税〔2014〕39 号文件中“当年新招用在人力资源社会保障部门公共就业服务机构登记失业一年以上”的内容调整为“当年新招用在人力资源社会保障部门公共就业服务机构登记失业半年以上”，其他政策内容和具体实施办法不变。本通知自 2015 年 5 月 1 日起施行。各地财政、税务、人力资源社会保障部门要认真做好新旧政策的衔接工作，主动做好政策宣传工作，确保政策落实到位。

7 月 10 日

［纲　文］ **发展改革委、财政部、国土资源部、银监会、铁路局发布《关于进一步鼓励和扩大社会资本投资建设铁路的实施意见》。**

［目　文］《意见》由六部分组成：一、全面开放铁路投资与运营市场；二、推进投融资方式多样化；三、完善社会资本投资的实施机制；四、进一步改善社会资本投资环境；五、加大对社会资本投资的政策支持；六、建立健全工作机制。

7 月 10 日

［纲　文］ **工业和信息化部发布《关于进一步促进产业集群发展的指导意见》。**

［目　文］《意见》由七部分组成：一、加强规划引导，促进产业集群科学发展；二、提升龙头骨干企业带动作用，强化专业化协作和配套能力；三、加强区域品牌建设，推动要素聚集和价值提升；四、提高产业集群信息化水平，建设智慧集群；五、提升创新能力，增强集群竞争优势；六、提升公共服务能力，支撑产业集群转型升级；七、加强指导和政策支持，优化产业集群发展环境。

7 月 10 日

［纲　文］ **国家主席习近平特使、国家海洋局局长王宏在帕利基尔出席密克罗尼西亚联邦总统克里斯琴就职仪式。**

7 月 10 日

［纲　文］ **《人民日报》发表题为《切实增强政治性先进性群众性——二论学习习近平在中央党的群团工作会议上的重要讲话》的评论员文章。**

7 月 10 日—8 月 26 日

［纲　文］ **中国儿童艺术剧院联合北京东城区委、区政府和中国儿童戏剧研究会共同主办第 5 届中国儿童戏剧节。**

［目　文］ 中国儿童艺术剧院的经典剧目《东海人鱼》在开幕式上演出。戏剧节以“点亮童心 塑造未来——炫彩中国梦”为主题。北京为主会场，在济南和成都设立分会场。中国、美国、罗马尼亚、日本、芬兰、瑞典、韩国 7 个国家的 43 部国内外优秀剧目演出 194 场，16 万大小观众走进剧场。

7月11日

［纲　文］ **国务院办公厅印发《关于支持戏曲传承发展的若干政策》。**

［目　文］ 《政策》由九部分组成：一、总体要求；二、加强戏曲保护与传承；三、支持戏曲剧本创作；四、支持戏曲演出；五、改善戏曲生产条件；六、支持戏曲艺术表演团体发展；七、完善戏曲人才培养和保障机制；八、加大戏曲普及和宣传；九、加强组织领导。

7月11日

［纲　文］ **《人民日报》发表题为《让党的领导更有力更有效——三论学习习近平在中央党的群团工作会议上的重要讲话》的评论员文章。**

7月11—12日

［纲　文］ **第5届全国残疾人职业技能竞赛暨第2届全国残疾人展能节在武汉举行。**

［目　文］ 国务院总理李克强对竞赛作出批示：提升残疾人职业技能、促进他们就业和增收，既是保障基本民生、加快残疾人小康进程的要求，也是践行大众创业、万众创新的生动体现。各地区、各部门要进一步加强残疾人职业教育和技能培训，让他们掌握更多实用技术，进一步落实和完善残疾人就业创业的各项扶持政策，督促用人单位依法安排残疾人就业，进一步加大农村残疾人扶贫开发力度，兜住和筑牢底线，帮助每一个有条件的残疾人实现就业创业梦想，通过劳动创造更加幸福美好的生活。

竞赛及展能节由人力资源社会保障部、中国残联共同主办，湖北省人民政府承办。竞赛以劳动光荣、技能宝贵、创造伟大的时代风尚为指导，推动广大残疾人积极投身大众创业、万众创新的时代潮流。全国约850名各类别残疾人参加计算机、工艺美术、服装、手工制作及生活服务五大类24个项目的比赛。展能节通过成果展览、技能展示和产品展销等方式集中展现近年来残疾人就业创业成就。

7月12日

［纲　文］ **刘延东在河北调研。**

［目　文］ 国务院副总理刘延东在张家口的贫困县农村中小学、基层卫生机构和县级医院、长城遗址、古村落和文物单位调研时强调，要切实落实国家惠民富民政策，坚持教育、卫生、文化等资源向农村、边远、贫困地区倾斜，全面推开县级公立医院综合改革，提高贫困地区人才培养和医疗卫生服务水平，促进贫困地区经济提质增效升级和基本公共服务均等化。要处理好历史文物保护和城镇化及经济社会发展的关系，加强长城遗址和非物质文化遗产保护。

7月12日

［纲　文］ **成思危在北京逝世。**

［目　文］　著名的经济学家和社会活动家，中国民主建国会和中华职业教育社的杰出领导人，中国共产党的亲密朋友，第九届、十届全国人民代表大会常务委员会副委员长，中国民主建国会第六届、七届、八届中央委员会主席，中华职业教育社第八届、九届理事会理事长成思危在北京逝世，享年80岁。

20日，成思危的遗体在北京八宝山革命公墓火化。习近平、李克强、张德江、俞正声、刘云山、王岐山、张高丽等送别。

7月13日

［纲　文］　**中共中央办公厅、国务院办公厅印发《关于加强城乡社区协商的意见》。**

［目　文］　《意见》由三部分组成：一、总体要求；二、主要任务；三、组织领导。

7月13日

［纲　文］　**国务院任命张建龙为国家林业局局长；免去赵树丛的国家林业局局长职务。**

7月13日

［纲　文］　**中组部印发《关于认真学习贯彻习近平总书记重要指示精神扎实推进"三严三实"专题教育的通知》。**

［目　文］　《通知》指出，习近平总书记在浙江和贵州考察、会见全国优秀县委书记、主持召开中央全面深化改革领导小组第十四次会议时，对开展"三严三实"专题教育、践行"三严三实"要求作出重要指示。习近平总书记的重要指示精神，对于高标准高质量开展专题教育、确保取得实效，具有十分重要的指导意义。各级领导干部要认真学习深刻领会习近平总书记重要指示精神，在领会核心要义、打牢思想根基、坚持知行合一上下功夫。要始终坚持问题导向，紧密结合改革发展实际查找解决"不严不实"问题。要把"三严三实"贯穿改革全过程，用推动改革的实际成效检验专题教育成果。要以从严从实作风抓好专题教育，推动中央部署不折不扣落到位、见成效。

7月13日

［纲　文］　**国务院批复甘肃省人民政府，同意兰州市城市总体规划。**

［目　文］　批复说：一、原则同意《兰州市城市总体规划（2011—2020年）》（以下简称《总体规划》）。二、重视城乡区域统筹发展。在《总体规划》确定的5810平方公里城市规划区范围内，实行城乡统一规划管理。三、合理控制城市规模。到2020年，中心城区常住人口控制在275万人以内，城市建设用地控制在250平方公里以内。四、做好兰州新区规划建设。按照《国务院关于同意设立兰州新区的批复》（国函〔2012〕104号）要求，坚持科学规划、合理布局、有序开发，突出经济结构战略性调整，突出特色产业、循环经济和节能环保，突出对内对外开放，突出改革创新，推动兰州市在带动甘肃及周边地区发展、深入推进西部大开发、促进我国向西开放中发挥更大作用。五、完善城市

基础设施体系。要加快公路、铁路、机场等对外交通基础设施建设，疏解区域过境交通，加强城市内外交通的衔接，方便不同交通方式的换乘。六、建设资源节约型和环境友好型城市。七、创造良好的人居环境。要坚持以人为本，按照城市常住人口规模统筹安排关系人民群众切身利益的教育、医疗、市政等公共服务设施，建设宜居城市。要将城市保障性安居工程的建设目标纳入规划，确保保障性住房用地的分期供给规模、区位布局和相关资金投入。八、重视历史文化和风貌特色保护。要统筹协调发展与保护的关系，按照整体保护的原则，切实保护好城市传统风貌格局。落实历史文化遗产保护和紫线管理要求，重点保护好金天观、河口古民居历史文化街区，青城、金崖等历史文化名镇（村），兰州黄河铁桥、八路军兰州办事处旧址等文物保护单位以及近现代重要史迹、建筑。九、严格实施《总体规划》。城市建设要实现经济社会协调发展，物质文明和精神文明共同进步。城市管理要健全民主法制，坚持依法治市，构建和谐社会。

7月13日

［纲　文］　**能源局印发《关于推进新能源微电网示范项目建设的指导意见》。**

［目　文］　《意见》由四部分组成：一、充分认识新能源微电网建设的重要意义；二、示范项目建设目的和原则；三、建设内容及有关要求；四、组织实施。

7月13日

［纲　文］　**环境保护部公布《环境保护公众参与办法》，自2015年9月1日起施行。**

7月13日

［纲　文］　**民政部、中组部印发《关于进一步开展社区减负工作的通知》。**

［目　文］　《通知》由八部分组成：一、依法确定社区工作事项；二、规范社区考核评比活动；三、清理社区工作机构和牌子；四、精简社区会议和台账；五、严格社区印章管理使用；六、整合社区信息网络；七、增强社区服务能力；八、切实加强组织领导。

《通知》要求，各地区各部门开展社区减负工作的情况，请及时报送中组部、民政部。

7月13日

［纲　文］　**教育部、财政部、人民银行、银监会发布《关于完善国家助学贷款政策的若干意见》。**

［目　文］　《意见》由四部分组成：一、完善贷款政策，切实减轻借款学生经济负担；二、健全运行机制，促进国家助学贷款持续健康发展；三、加强组织领导，不断提升国家助学贷款管理水平；四、其他事项。本意见自2015年7月13日起实施。

7月13日

［纲　文］　**俞正声在北京会见台湾少数民族参访团。**

［目　文］　全国政协主席俞正声表示，中华民族是一个多民族组成的大家庭，各民族同胞共同捍卫了中华民族的独立和尊严，共同谱写了中华民族光辉灿烂的历史篇章。2015年是中国人民抗日战争胜利70周年，也是台湾光复70周年。我们永远不能忘记那

些为捍卫国家主权和领土完整而牺牲的英烈忠魂，这其中就包括许许多多为反抗日本殖民统治而牺牲的中国台湾少数民族先烈们。家和万事兴。两岸是休戚与共的命运共同体。两岸同胞都希望经济发展、社会安宁、生活幸福。只有维护和平稳定的环境，同胞们的美好愿望才能实现。两岸同胞要珍惜并努力维护两岸关系和平发展的成果，巩固坚持“九二共识”、反对“台独”的政治基础，牢牢把握两岸关系发展的正确方向，在推动两岸关系和平发展的进程中共创美好幸福生活，实现两岸各民族同胞的共同发展、共同繁荣。

7月13日

［纲　文］　**第45届“世界超级计算机500强排行榜”在德国法兰克福召开的2015国际超级计算大会上发布，天河二号超级计算机系统位居第一。**

［目　文］　天河二号超级计算机系统由国防科技大学研制。这是天河二号自2013年6月问世以来，连续5次位居世界超算500强榜首。

国防科技大学计算机专家介绍，国际超级计算机TOP500组织是发布全球已安装的超级计算机性能排名的权威机构，以系统的实测速度（Linpack测试值）为基准进行排名，每年发布两次。天河二号连续5次夺冠，表明中国超级计算机研制技术处于国际领先水平。

7月13日

［纲　文］　**新华社讯，范长龙在驻甘肃、新疆、宁夏部队调研。**

［目　文］　中央军委副主席范长龙调研时强调，要认真学习贯彻习近平主席重要决策指示精神，聚焦能打胜仗，深入开展实战化军事训练，不断提高部队战斗力水平，有效履行党和人民赋予的使命任务，在新的征程上开创强军兴军新局面。要继续在实战化训练上掀起热潮，牢固树立战斗力标准，坚持从实战需要出发从难从严训练的方针，落实环境真、内容难、考核严、演练实的要求，进一步改进训风演风考风，正确对待演习中遇到的困难、暴露的问题、最终的胜败，以问题为导向推进实战化训练。要把跨区基地化训练作为实战化训练的重要抓手，突出信息主导、体系作战，突出真打实抗、临机导调，突出指挥员训练和战法检验，增强训练的对抗性实效性。要着眼长远筹划大型训练基地建设，确立综合性的发展方向，拓展联合训练的功能，坚持成体系建设，注重建好用好现代化训练手段和专业蓝军部队，发挥训练基地战斗力“孵化器”作用和蓝军“磨刀石”作用。各级要深入贯彻全军政工会精神，按照整顿、备战、改革、规划总体思路抓好年度各项工作，深入推进依法治军从严治军，促进部队建设和军事斗争准备有效落实。要扎实做好驻艰苦偏远地区官兵的思想工作，引导他们把个人理想融入强军实践，把强军目标变成个人价值追求，坚决听党指挥，自觉为国奉献，传承“两弹一星”精神和东风精神、马兰精神，争做有灵魂、有本事、有血性、有品德的新一代革命军人。要树立长期作战思想，保持高度警惕，加强执勤巡逻，做好应对突发情况各项准备。要牢记我军根本宗旨，做好宣传群众、服务群众、团结群众的工作，加强军政军民团结和民族团结，为维护新疆社会稳定贡献力量。

7月13日

［纲　文］　**国务院副总理张高丽在北京会见新西兰副总理兼财政部长英格利希。**

［目　文］　张高丽表示，中新关系保持良好发展势头，习近平主席去年对新西兰访问取得丰硕成果。两国高层交往频繁，政治互信不断加深，经贸关系迅速发展，中国已成为新西兰第一大贸易伙伴。当前中新关系发展面临新的重要机遇，合作空间广阔。中方愿与新方共同努力，在相互尊重、平等互利等原则基础上，加强各领域对话、交流与合作，推动中新全面战略伙伴关系在新的起点上取得更大发展，更好地造福两国人民。

英格利希表示，新方高兴地看到中国在经济领域取得的巨大成就，积极参与亚洲基础设施投资银行的筹建准备工作，愿意与中方在更多领域展开合作，共同推进双边关系进一步向前发展。

7月13日

［纲　文］　**外交部发言人就美国总统高级顾问贾瑞特参加达赖"庆生"活动表示，中方对此表示强烈不满和坚决反对。**

［目　文］　有记者问：据报道，奥巴马总统高级顾问贾瑞特7月10日在纽约参加达赖80岁"庆生"活动，中方对此有何评论？

发言人说，美方不顾中方多次交涉，执意安排高官与达赖进行接触，中方对此表示强烈不满和坚决反对。我们敦促美方恪守承认西藏是中国一部分、不支持"西藏独立"的承诺，采取切实措施纠正错误、消除恶劣影响，停止为"藏独"势力提供任何便利和支持，以免对中美关系造成干扰和损害。

7月13—17日

［纲　文］　**应国家副主席李源潮邀请，南非共和国副总统拉马福萨对中国进行正式访问。**

［目　文］　访问期间，国务院总理李克强、国家副主席李源潮在北京分别与拉马福萨会见、会谈。

李克强在会见拉马福萨时表示，中方愿同南非巩固政治互信，深化互利合作，密切在国际和地区事务中的沟通协作，与非洲各国一道打造南南合作的典范，共同维护世界和平，促进地区发展。中南经济互补性强，合作前景广阔。南非正致力于推进工业化进程和开展基础设施建设。中国拥有技术先进、性价比高的钢铁、建材、日用消费品等生产线，愿同南非大力开展产能合作，进行技术交流和人员培训。在核电等领域积极开展三方合作，并推进港口、近海油气资源开发、水产养殖等海洋经济合作。拉马福萨表示，南非从战略上高度重视南中、非中关系发展，愿学习借鉴中国在工业化、经济特别行政区建设等方面的经验，重点推进双方产能、海洋经济、能源等合作，提升南非相关产业能力。欢迎中国扩大对南非投资。

李源潮与拉马福萨会谈时说，中南关系面临难得机遇，希落实好两国元首共识，推动产业产能、海洋、能源、金融等领域合作，丰富全面战略伙伴关系内涵。2015年是中非合作论坛成立15周年，希望共同办好论坛会议，促进中非新型战略伙伴关系发展。拉马福萨表示，南中友谊日益深化，南非期待在工业化进程中得到中方支持，加强两国各领域互利合作。

7月13—14日

［纲　文］ **2015年全国文化厅局长座谈会暨"十三五"规划工作座谈会在北京举行。**

［目　文］ 文化部部长雒树刚出席会议并讲话。各省（区、市）文化厅（局）和新疆生产建设兵团文化厅（局）长，计划单列市文化局长，审计署文化体育审计局负责人，文化部各司局、各直属单位主要负责人以及国家文物局有关负责人出席会议。会议围绕深入贯彻落实党的十八大和十八届三中、四中全会精神，学习贯彻中共中央总书记习近平系列讲话精神特别是关于文化工作的论述，紧紧围绕协调推进"四个全面"战略布局，总结上半年文化工作，提出下半年工作要求，深入研究分析当前文化改革发展面临的新形势，认真谋划"十三五"时期文化改革发展的总体思路、主要目标和重点任务，推动文化改革发展取得新进展。

7月13—19日

［纲　文］ **第11届北京国际体育电影周举办。**

［目　文］ 电影周由北京奥运城市发展促进会主办，以"光影中的冰雪世界"为主题，按照"冰雪之约""户外极限""环球体育""体育故事""中国力量"五大单元，精选了10余个国家和地区的42部影片进行展映。

7月14日

［纲　文］ **刘奇葆在中国社会科学院调研。**

［目　文］ 中共中央政治局委员刘奇葆考察了中国社会科学院近代史研究所，听取了有关情况介绍，并与专家学者进行了座谈。

刘奇葆指出，马克思主义是我们立党立国的根本指导思想，广大哲学社会科学工作者要始终坚持以马克思主义为指导，自觉把马克思主义的立场、观点、方法贯穿到学术研究中，贯穿到各个学科和专业建设中，把握正确方向，掌握科学方法，更好地推动哲学社会科学繁荣发展。中国社会科学院作为哲学社会科学研究的"国家队"，应该更加自觉地担负起巩固马克思主义指导地位的责任，努力成为坚持和发展马克思主义的坚强阵地。

7月14日

［纲　文］ **马凯出席在北京举办的中国制造2025专题研讨班结业式。**

［目　文］ 国家制造强国建设领导小组组长马凯指出，制定实施《中国制造2025》是党中央、国务院作出的重大战略决策。要全面贯彻党的十八大和十八届三中、四中全会精神，坚持市场主导、企业主体，政府引导、创造条件，整体推进、重点突破，自主发展、开放合作，大力推动制造业创新发展，积极推进信息技术与制造技术深度融合，夯实工业基础能力，提升数字化、网络化、智能化制造水平，努力满足经济社会发展和国防

建设需求，加快实现由制造大国到制造强国的历史转变。组织实施《中国制造2025》需要社会各方广泛参与、共同努力。企业要承担起主体责任，努力抓市场、抓创新、抓融合、抓基础、抓合作、抓改革，发挥好制造强国建设的主力军、排头兵作用；政府要加强组织引导、深化体制改革、完善政策支持，为制造业发展创造良好环境；各地区要因地制宜、科学规划、突出重点，抓好制造强国战略推进实施；科研院所和高等院校要加强基础研究，突破共性技术，推动成果转化，抓好人才培养；金融机构要强化为实体经济服务的理念，为建设制造强国提供全方位的金融服务；专家学者要积极建言献策，提供广泛智力支持。

7月14日

［纲　文］　**最高法公布《关于全面推进涉外商事海事审判精品战略为构建开放型经济体制和建设海洋强国提供有力司法保障的意见》。**

［目　文］　《意见》内容有：一、认识和明确涉外商事海事审判精品战略的意义和奋斗目标。二、狠抓执法办案第一要务，全面提升审判工作质效。三、强化对下指导工作，统一司法裁判尺度。四、加强调查研究，主动服务大局。五、加强队伍建设，增强司法能力。六、深化司法改革，完善涉外商事海事审判制度机制。七、切实加强组织领导，做好新闻宣传加强舆论引导工作。

自2015年7月14日起实施。各高级人民法院可以结合本地工作实际制定落实措施报最高人民法院备案。

7月14日

［纲　文］　**人民银行等10部门印发《关于促进互联网金融健康发展的指导意见》。**

［目　文］　《意见》由三部分组成：一、鼓励创新，支持互联网金融稳步发展；二、分类指导，明确互联网金融监管责任；三、健全制度，规范互联网金融市场秩序。

7月14日

［纲　文］　**食品药品监管总局公布《医疗器械分类规则》，自2016年1月1日起施行。**

7月14日

［纲　文］　**成都体育学院正式成立国内第一个足球运动系。**

7月14日

［纲　文］　**国家主席习近平代表、财政部部长楼继伟出席在埃塞俄比亚首都亚的斯亚贝巴举行的联合国第三次发展筹资国际会议。**

［目　文］　楼继伟在会议一般性辩论上发言时指出，发展筹资国际合作应以南北合作为主渠道，发达国家应足额、及时履行有关官方发展援助的承诺；应使相互尊重、平等互利、不附加政治条件的南南合作发挥更大作用；创新型筹资应以符合各国国情的路径循序渐进地推进；应为发展中国家营造稳定的全球宏观经济环境及公平合理的规则环境。中国是国际发展合作的成功实践者、积极参与者和重要推动者。自2002年首次国际发展筹

资会议以来，中国在南南合作框架中为发展中国家提供了全方位支持。中国还将与有关各方一道积极推动亚投行、金砖银行等多边开发机构的筹建运营工作，并将携手沿线国家落实“一带一路”等新型发展倡议，为全球发展事业贡献新的公共产品。

会议为期4天，多国国家元首、政府首脑、部长级高官、金融机构负责人、企业及媒体界代表等数千人参加。

7月14日

［纲　文］　**外交部发言人表示，中方反对菲律宾提起和推进南海问题仲裁程序。**

［目　文］　有记者问：近日，菲律宾南海仲裁案仲裁庭宣布结束对该案管辖权和可受理性问题的审理。请问中方对此有何评论？

发言人表示，对于菲律宾无视中国根据包括《联合国海洋法公约》在内的国际法享有的合法权利，违背与中国多次确认的共识及在《南海各方行为宣言》中的承诺，单方面提起的南海仲裁案，中国已多次阐明“不接受、不参与”的立场。这一立场具有充分的国际法依据，具体请参阅去年12月中国外交部受权发表的《中华人民共和国政府关于菲律宾共和国所提南海仲裁案管辖权问题的立场文件》。中菲南海有关争议的根源与核心，是菲律宾20世纪70年代以来陆续非法侵占中国南沙群岛部分岛礁引发的领土主权争议和随后产生的海洋权益争议。中国是南海问题的受害者，但从维护地区和平稳定出发，保持了高度克制。中国一向坚持并始终致力于同直接有关的当事国在尊重历史事实的基础上，根据国际法，通过谈判协商解决有关领土主权和海洋权益争议。这是中国的一贯做法，也是国际社会的普遍实践。中国反对菲律宾提起和推进仲裁程序的任何做法。在领土主权和海洋权益问题上，中国绝不接受强加于中国的任何方案，绝不接受单方面诉诸第三方争议解决办法。中国敦促菲律宾尽快回到谈判协商解决争议的正确轨道上来。

7月14—16日

［纲　文］　**中国戏剧家协会第八次全国代表大会在北京召开。**

［目　文］　中宣部部长刘奇葆出席开幕式并讲话。来自全国各省区市和新疆生产建设兵团、解放军、中央国家机关以及港澳地区的近400名戏剧工作者代表参加会议。大会审议通过了中国剧协第八次全国代表大会工作报告，修订了《中国戏剧家协会章程》，选举产生了由192人组成的中国剧协新一届理事会。会议期间举行的中国剧协第八届理事会第一次会议选举产生了由15人组成的新一届主席团。濮存昕当选中国剧协第八届主席。

7月14—24日

［纲　文］　**应国务院总理李克强邀请，斐济共和国总理姆拜尼马拉马对中国进行正式访问。**

［目　文］　访问期间，国家主席习近平在北京会见了姆拜尼马拉马。李克强在北京同姆拜尼马拉马举行了会谈，两国总理共同见证了经贸、经济技术、人文等领域双边合作文件的签署。

习近平在会见姆拜尼马拉马时表示，2014年我对斐济进行了成功的国事访问，我们共同商定建立相互尊重、共同发展的战略伙伴关系，为两国关系未来发展指明了方向。斐济是第一个同新中国建交的太平洋岛国。建交40年来，两国关系得到长足发展。两国高层和各级别交往频繁，贸易投资、经济技术、司法执法合作稳步推进，地方、人文、两军交流更加活跃，双方在国际和地区事务中保持着良好沟通和协调。中国尊重斐济人民自主选择适合本国国情的发展道路，支持斐济政府推进经济社会发展和改善民生的努力，支持斐方在国际和地区事务中的合理诉求。2015年是中斐全面建设战略伙伴关系开局之年。我们愿同斐方一道努力，增进两国政府、议会、政党、地方交往，加强治国理政经验交流和国家发展战略对接，促进各领域务实合作，推动中斐关系得到更大发展，更好造福两国人民。中方愿加强同斐济在农业技术、基础设施等领域合作，鼓励更多中国企业赴斐济投资，支持探讨商谈双边贸易协定。

姆拜尼马拉马表示，斐方感谢中方长期以来给予的大力支持。斐方视中国为自己国家发展战略的重要伙伴，在斐中建交40周年之际，希望加强同中方的全面合作，在社会经济发展中继续得到中方支持。斐方希就应对气候变化等重大国际和地区问题加强同中方的协调合作。

李克强同姆拜尼马拉马会谈时表示，中方愿同斐方深挖务实合作潜力，加强在农林渔业、交通通信、基础设施建设、新能源、旅游、环保等领域合作，实现互利共赢。中方支持中国企业在斐生态农业等领域投资兴业，也欢迎斐在华开拓优质海产品市场。希望双方开展的自贸协定联合可行性研究取得积极成果，进一步提高两国经贸合作水平。中方将继续为斐经济社会发展提供力所能及的帮助。

姆拜尼马拉马表示，我此访正值斐中建交40周年，愿以此为契机，进一步深化两国传统友谊，加强经贸、渔业、航空等领域合作。感谢中方长期以来对斐经济社会发展的帮助，斐正在制订国家发展战略，希望继续得到中方大力支持。斐方赞赏中方在应对气候变化挑战国际努力中所发挥的重要作用，愿同中方加强在国际和地区事务中的合作。

7月15日

［纲　文］ **国家主席习近平在北京会见德国社民党主席、副总理加布里尔。**

［目　文］ 习近平指出，中德建交43年来，两国关系保持平稳健康发展。双方高层交往密切，政治互信不断加强。2014年，我在访问德国时同默克尔总理达成一致，将两国关系提升为全方位战略伙伴关系，目的就是进一步丰富两国合作内涵，拓展两国利益汇合点，实现互利共赢。2015年是中欧建交40周年。德国是欧盟重要成员国，希望德方在推动中欧各领域务实合作、推动欧洲投资计划同中国“一带一路”倡议对接、推动中欧四大伙伴关系发展中，继续发挥积极引领作用。中国共产党高度重视与德国社民党的关系。1984年5月，邓小平先生同访华的德国社民党主席勃兰特进行了具有历史意义的会谈，决定本着“超越意识形态差异，谋求相互了解与合作”的精神建立党际关系。30多年

来，两党间的理解与互信不断深化，交流合作成果丰富。展望未来，我们应谋求从求同存异升华到聚同化异，聚利益、责任、挑战之同，化意识形态、政治制度、发展阶段之异，打造顺应时代发展的新型党际关系；密切高层交往和各层级人员往来，加强战略规划，巩固政治互信；在国际事务特别是重大全球性问题上加强沟通协调，推动中德关系和中欧关系平稳健康发展。

加布里尔说，您去年对德国的成功访问是德中关系上的历史性事件，掀起了双方各领域合作的高潮。德方对中国的经济新常态充满信心，热切期待进一步深化与中方在经贸、科技、人文等方面的务实合作。社民党高度评价与中共的关系，愿继续拓展交流对话，不断增进德中互信。

7月15日

［纲　文］　**李克强主持召开国务院常务会议。**

［目　文］　会议主要内容是：一、决定再取消一批职业资格许可和认定事项，以改革释放创业创新活力。会议决定，在去年以来已取消149项职业资格的基础上，再取消网络广告经纪人、注册电子贸易师、全国外贸业务员、港口装卸工等62项职业资格。会议要求，要进一步加大工作力度，继续集中取消职业资格许可和认定事项。对国务院部门设置实施的没有法律法规依据的准入类职业资格，以及国务院行业部门和全国性行业协会、学会自行设置的水平评价类职业资格一律取消；有法律法规依据，但与国家安全、公共安全、公民人身财产安全关系不密切或不宜采取职业资格方式管理的，按程序提请修订法律法规后予以取消。要抓紧建立国家职业资格管理长效机制，向社会公布国家职业资格目录清单。一方面，在目录之外不得开展职业资格许可和认定工作；另一方面，通过建立科学的国家职业资格体系，促进各类人才脱颖而出，提升更多产业、岗位的劳动和工作品质，推动大众创业、万众创新，让广大劳动者更好施展创业创新才能。二、部署促进进出口稳定增长的政策措施，在扩大开放中增强发展动力。会议确定，一是大力提高口岸通关效率，推动全国一体化通关，加快复制推广自贸试验区的贸易便利化措施，在沿海各口岸开展国际贸易“单一窗口”试点。加快出口退税进度。二是调整《鼓励进口技术和产品目录》及进口贴息政策支持范围，扩大优惠利率进口信贷覆盖面，加大先进技术、设备和关键零部件及国内需求较大的部分消费品等进口，促进国内产业升级。三是保持人民币汇率在合理均衡水平上基本稳定，促进跨境贸易人民币结算便利化，帮助企业规避汇率风险。扩大短期出口信用保险规模，加大对中小微企业和新兴市场开拓的支持。四是鼓励金融机构开展出口退税账户托管贷款等业务，扩大外汇储备委托贷款规模和覆盖范围，稳步放宽境内企业人民币境外债务融资。五是清理规范进出口环节收费，对进出口环节行政事业性收费、政府性基金以及实施政府定价或指导价的经营服务性收费实行目录清单管理，未列入清单的一律按乱收费查处。对口岸查验没有问题的企业免除吊装、移位、仓储等费用。六是大力支持外贸新型商业模式发展，扩大市场采购贸易方式试点，积极推进跨境电子商务和外贸综合服务企业发展。用便利和稳定增长的进出口助力经济发展。

7月15日

［纲　文］　**中央党校举行2015年春季学期毕业典礼。**

［目　文］　中央党校校长刘云山出席毕业典礼，并为学员颁发毕业证书。中央党校本期毕业学员1161人。毕业典礼上，8位毕业学员代表作了发言。学员们普遍反映，通过党校学习培训，对习近平总书记系列重要讲话精神学习理解进一步深化，提高了理论素养、增强了党性修养、开阔了眼界视野，精神上补了"钙"、思想上充了"电"、工作上加了"油"，理想信念进一步坚定、"三个自信"进一步增强。大家表示，一定把在党校的学习收获转化为进一步做好工作的责任和本领，以"三严三实"要求修身做人、干事创业，在各自的岗位上做出新的贡献。

7月15日

［纲　文］　**汪洋在北京主持召开全国打击侵权假冒工作领导小组第八次全体会议。**

［目　文］　国务院副总理汪洋指出，要坚持打建结合、标本兼治，建立健全政企联动、部门联动、区域联动机制，形成全产业链、供应链监管合力和社会共治格局，让侵权假冒行为无处藏身，维护公平竞争的市场环境。2015年以来，各地区、各有关部门把打击侵权假冒工作摆在重要位置，围绕药品、农资、车用燃油、建筑材料及互联网、农村市场等重点领域持续开展专项整治，查办了一批大案要案，净化了市场环境。前5个月共查办侵权假冒违法犯罪案件5.6万件，起诉5545件，生效判决7504人，有力地震慑了违法犯罪分子。下一步工作提出四点要求。一是加强互联网领域侵权假冒治理。立足中国国情，借鉴国际经验，厘清政府与市场的责任，运用大数据等技术手段创新执法监管方式，强化在线监测，查处非法网站，促进电商、微商长期健康发展。二是健全打击侵权假冒相关法律法规。积极推动电子商务等领域立法，弥补执法监管法律空白。三是深入推进行政处罚案件信息公开。四是扩大国际交流合作。重点开展联合研究、执法互助、人员培训等领域的合作，努力提升打击侵权假冒工作水平。

7月15日

［纲　文］　**农业部公布修订后的《农业机械试验鉴定办法》，自2015年7月15日起施行。**

7月15日

［纲　文］　**国家电力投资集团公司在北京成立。**

［目　文］　国家电力投资集团公司（简称国家电投）由中电投集团和国家核电重组组建。国家电投为国有大型骨干企业，注册资本金450亿元，资产总额7223亿元，是全国唯一同时拥有水电、火电、核电、新能源资产的综合能源企业集团。作为中国三大核电开发建设运营商之一，国家电投具有核电研发、设计、制造、建设和运营管理等较为完整的产业链优势，是经国务院授权引进核电技术、推进三代核电自主化的实施主体和研发平台。

7 月 15 日

［纲　文］　**统计局发布，2015 年全国夏粮总产量 14106.6 万吨（2821.3 亿斤），比 2014 年增产 447.0 万吨（89.4 亿斤），增长 3.3%。中国夏粮实现“十二连丰”。**

7 月 15 日

［纲　文］　**国家副主席李源潮在北京会见日本侵华战争遗孤代表团。**

［目　文］　李源潮说，中日近代以来经历了日本军国主义侵华的历史悲剧，战后中国人民把数以千计的日本遗孤抚养成人，展现了博大胸怀，日本遗孤也积极促进两国友好。2015 年是中国人民抗日战争暨世界反法西斯战争胜利 70 周年，中方愿在中日四个政治文件基础上，本着以史为鉴、面向未来精神，推动中日关系改善发展。

日本遗孤表示，永远铭记中国人民养育之恩，衷心希望日中世代友好，愿终身为此努力。

7 月 15 日

［纲　文］　**外交部发言人表示，中方坚决反对菲律宾对仁爱礁非法“坐滩”军舰内部整固。**

［目　文］　有记者问：13 日，菲律宾海军军官对媒体称，菲海军 2015 年初开始加固仁爱礁“坐滩”军舰船体和甲板，预计年底完工。菲外交部发言人称，为保护菲人员安全及航行安全，菲认为维修现有设施是被允许的。中方对此有何评论？

发言人说，中国对包括仁爱礁在内的南沙群岛及其附近海域拥有无可争辩的主权。菲方对在仁爱礁非法“坐滩”的军舰进行内部整固，中方对此表示强烈抗议和坚决反对。1999 年，菲律宾一艘军舰以“搁浅”为借口在中国南沙群岛仁爱礁非法“坐滩”。此后，中方就此持续向菲方提出抗议和交涉，要求其立即拖走该舰。菲方曾多次表示：菲是《南海各方行为宣言》签署国，不会也不愿成为第一个违反者；菲方没有拖走该舰是因为“缺少零部件”；菲方没有在仁爱礁上建设任何设施的打算。但时至今日，菲方不仅拒不履行承诺拖走该舰，反而变本加厉，不断在仁爱礁从事非法活动，企图达到永久侵占的目的。需要指出的是，菲律宾一方面曾多次承诺将拖走非法“坐滩”的军舰；另一方面却又通过军舰内部整固等方式企图永久侵占仁爱礁。菲方自食其言，失信于国际社会，有关行为充分暴露了菲方的虚伪性和两面性，再次证明菲律宾是地区真正的麻烦制造者和规则破坏者。

有记者问：近日，利比亚有关政治派别在摩洛哥草签《利比亚政治协议》，中方对此有何评论？

发言人表示，中方支持联合国主导的利比亚政治对话进程，欢迎利比亚有关派别在摩洛哥草签《利比亚政治协议》，呼吁利各派继续通过对话达成全面和解，尽快恢复国家和平稳定，这符合全体利比亚民众的利益，也有利于地区的安全、稳定和发展。

7 月 15 日

［纲　文］　**万里在北京逝世。**

［目　文］　中国共产党的优秀党员，久经考验的忠诚的共产主义战士，杰出的无产阶级革命家、政治家，党和国家的卓越领导人，中国共产党第十一届、十二届中央书记处书记，第十二届、十三届中央政治局委员，国务院原副总理，第七届全国人民代表大会常务委员会委员长万里，在北京逝世，享年99岁。

22日，万里遗体在北京八宝山革命公墓火化。习近平、李克强、张德江、刘云山、王岐山、张高丽、胡锦涛等送别。江泽民在外地送了花圈。

7月15—16日

［纲　文］　**全国政协在北京召开全国地方政协工作经验交流会**。

［目　文］　会议主要内容是，深入学习贯彻习近平总书记关于人民政协工作重要指示和中央有关文件精神，总结交流地方政协工作经验，进一步推动新形势下的政协工作。与会人员在讨论和发言中，普遍对十二届全国政协以来的工作给予了高度评价，认为本届政协在继承中发展，在发展中创新，在历届政协奠定的良好基础上，进一步把政协工作向前推进，人民政协事业呈现出团结奋进、民主和谐、创新发展的良好局面。

全国政协主席俞正声主持会议时强调，人民政协要毫不动摇地坚持党的领导，坚定不移走中国特色社会主义政治发展道路，确保人民政协事业始终沿着正确方向前进。党中央始终高度重视人民政协工作。党的十八大以来，习近平总书记就人民政协事业发展提出了一系列新思想新部署新要求，并多次强调要加强全国政协对地方政协的联系和指导。各地政协认真贯彻党中央关于人民政协的重大决策部署，结合实际探索创新、履行职能，取得显著成绩，积累了重要经验。要切实加强政协党组自身建设，认真贯彻“三严三实”要求，认真贯彻中央八项规定精神，认真贯彻党风廉政建设责任制，政协党组要切实负起主体责任，努力成为反腐倡廉的模范。

7月16—18日

［纲　文］　**习近平在吉林调研并视察第十六集团军**。

［目　文］　中共中央总书记习近平在延边朝鲜族自治州和长春市，就振兴东北等地区老工业基地、谋划好“十三五”时期经济社会发展进行调研考察；听取了吉林省委和省政府工作汇报，对吉林经济社会发展取得的成绩和各项工作给予了肯定。

习近平指出，适应和把握我国经济发展进入新常态的趋势性特征，保持战略定力，增强发展自信，坚持变中求新、变中求进、变中突破，走出一条质量更高、效益更好、结构更优、优势充分释放的发展新路，推动我国经济向形态更高级、分工更优化、结构更合理的阶段演进。要大力推进产业结构优化升级，加快培育新兴产业，发展服务业，扩大基础设施建设。要大力推进创新驱动发展，下好创新这步先手棋，激发调动全社会创新创业活力，加快形成以创新为主要引领和支撑的经济体系。要大力推进体制机制创新，全面深化改革，坚持社会主义市场经济改革方向，努力形成充满活力的体制机制。要大力推进生态文明建设，强化综合治理措施，落实目标责任，推进清洁生产，扩大绿色植被，让天更蓝、山更绿、水更清、生态环境更美好。任何时候都不能忽视农业、忘记农民、淡漠农村。必须始终坚持强农惠农富农政策不减弱、推进农村全面小康不松劲，在认识的高度、重视的程度、投入的力度上保持好势头。要健全城乡发展一体化体制机制，加快建设现代农业，加快推进农民增收，加快建设社会主义新农村，走出一条集约、高效、安全、持续的现代农业发展道路。

17日，习近平在长春召开部分省区党委主要负责人座谈会。辽宁省委书记李希、吉林省委书记巴音朝鲁、黑龙江省委书记王宪魁、内蒙古自治区党委书记王君等发言。他们结合各自实际，既讲振兴东北地区等老工业基地和经济社会发展面临的机遇和挑战，又讲解决问题的思路和举措，就当前东北地区经济社会发展形势、推动体制机制创新、进行经济结构调整、发展现代农业、做好保障和改善民生工作、提高对外开放水平、参与国际产能合作等谈了意见和建议。

习近平指出，无论从东北地区来看，还是从全国发展来看，实现东北老工业基地振兴都具有重要意义。振兴东北老工业基地已到了滚石上山、爬坡过坎的关键阶段，国家要加大支持力度，东北地区要增强内生发展活力和动力，精准发力，扎实工作，加快老工业基地振兴发展。党中央对东北地区发展历来高度重视。东北地区人口、资源、产业、人才、基础设施、区位等支撑能力很强，发展空间和潜力巨大。实施东北地区等老工业基地振兴战略10多年来，中央采取了一系列支持、帮助、推动东北地区发展的专门措施，各级各有关方面做了大量工作，促使东北老工业基地经济社会发展迈上新台阶。事物发展总是与各种矛盾相伴相生。目前东北地区发展遇到新的困难和挑战，这其中有全国“三期叠加”等共性方面的原因，也有东北地区产业结构、体制机制等个性方面的原因。坚决破除体制机制障碍，形成一个同市场完全对接、充满内在活力的体制机制，是推动东北老工业基地振兴的治本之策。

18日，习近平在第十六集团军机关，接见集团军机关处以上领导干部、师旅单位主官和驻长春部队师以上领导干部、建制团单位主官时指出，要坚持思想领先、坚持练兵备战、坚持严字当头、坚持以身作则，适应新形势新任务管好部队带好兵，着力培养“四有”新一代革命军人，推动强军目标在基层落地生根。

7月16日

［纲　文］　中共中央办公厅、国务院办公厅印发《中国科协所属学会有序承接政府转移职能扩大试点工作实施方案》。

［目　文］　《方案》由七部分组成：一、总体要求；二、工作原则；三、主要内容；四、组织实施；五、有关工作制度；六、工作流程；七、保障措施。

7月16日

［纲　文］　国务院总理李克强在北京会见世界银行行长金墉。

［目　文］　李克强介绍了当前中国经济形势并指出，2015年以来，面对国内外复杂形势，中国经济稳中向好，运行处于合理区间。一些主要经济指标近几个月增速回升，城

镇新增就业势头良好，内需进一步扩大，产业结构继续优化，居民收入增长与经济发展同步。这表明，我们采取的定向调控、结构性改革等措施的效应正在逐步显现。中国作为一个拥有13亿人口的最大发展中国家，经济拥有巨大的韧性、潜力和回旋余地。我们将坚持宏观政策的正确取向，引领经济新常态，坚定不移地稳增长、促改革、调结构、惠民生，特别是通过深化简政放权、放管结合、优化服务等重点领域改革激发市场活力，推动大众创业、万众创新，把亿万人的智慧和创造力调动出来。我们有条件、有能力妥善应对各种风险挑战，使市场有稳定预期，保持健康发展，促进中国经济长期中高速增长，迈向中高端水平。医改是关乎广大民众健康福祉、经济增长和就业的重大民生、民心工程。希望三方继续携手合作，将国际经验同中国实际有机结合，为推动建立具有中国特色、适合中国国情的医药卫生体制作出不懈努力。中方愿继续丰富和发展同世界银行的伙伴关系，共同抵御世界经济下行压力，促进全球经济强劲、可持续、平衡增长。

金墉表示，中国经济保持增长是对世界经济的重要贡献。世行赞赏中国政府推进改革的决心和应对挑战的积极举措，愿继续在中国城镇化和医改等领域同中方加强合作，相信中国能够建立起优质、统筹的医药卫生体系，并为其他国家的相关改革提供新路径。

7月16日

［纲　文］　**国务院批复云南省人民政府、发展改革委，同意设立云南勐腊（磨憨）重点开发开放试验区。**

［目　文］　批复说：一、同意设立云南勐腊（磨憨）重点开发开放试验区（以下简称试验区），建设实施方案由发展改革委会同有关部门负责印发。试验区位于云南省西双版纳傣族自治州最南端，是我国对中南半岛合作的重要前沿，战略地位十分重要。二、试验区建设要全面贯彻落实党的十八大和十八届二中、三中、四中全会精神，按照党中央、国务院决策部署，紧紧抓住实施“一带一路”的重大机遇，以制度创新为核心，以形成可复制可推广的经验为基本要求，解放思想、先行先试，着力促进基础设施互联互通，深化投资贸易合作，发展外向型产业，加快新型城镇化建设，保障和改善民生，推进生态文明建设，优化发展环境，努力把试验区建设成为中老战略合作的重要平台、联通我国与中南半岛各国的综合性交通枢纽、沿边地区重要的经济增长极、生态文明建设的排头兵和睦邻安邻富邻的示范区。三、云南省人民政府要切实加强对试验区建设的组织领导，健全机制、明确分工、落实责任，充分发挥市场配置资源的决定性作用，有效引导社会资源，合理配置公共资源，有力有序有效推进试验区建设发展。要认真做好试验区建设总体规划和有关专项规划研究编制工作，积极探索“多规合一”，优化空间布局，保护生态环境，集约节约利用资源。四、国务院有关部门要按照职能分工，加大对试验区建设的支持力度，在有关规划编制、政策制定、资金投入、项目安排等方面给予积极指导和倾斜。部门之间要加强沟通协调，深入调查研究，及时总结经验，指导和帮助地方切实解决试验区建设过程中遇到的问题，为试验区发展营造良好的政策环境。发展改革委要加强综合协调，

对试验区建设情况进行跟踪分析和监督检查，适时开展阶段性总结评估，重大问题和情况及时报告国务院。

7月16日

［纲　文］ **国务院办公厅印发《关于成立行业协会商会与行政机关脱钩联合工作组的通知》。**

［目　文］ 《通知》说，为落实《中共中央办公厅 国务院办公厅关于印发〈行业协会商会与行政机关脱钩总体方案〉的通知》有关要求，积极稳妥推进行业协会商会与行政机关脱钩，国务院决定成立行业协会商会与行政机关脱钩联合工作组。

《通知》主要由三部分组成：一、主要职责；二、组成人员；三、工作机构。

7月16日—9月15日

［纲　文］ **《中流砥柱——中国共产党及其领导的人民军队抗日战争主题展》在北京举办。**

［目　文］ 《主题展》由总政治部主办，有“高举全民族抗战旗帜”“八路军新四军出师抗战 开辟敌后战场”“敌后战场逐渐成为抗战主战场”“根据地军民坚持艰苦的敌后抗战”“解放区军民反攻作战夺取抗战胜利”5个部分，总面积2000平方米，展出照片、图表、画作等近430幅，文物515件，集中反映了中国共产党及其领导的人民军队浴血抗战的英雄气概和建立的卓越功勋，突出表现了中国共产党在抗战中的中流砥柱作用。

7月16日

［纲　文］ **首次中日高级别政治对话在北京举行。**

［目　文］ 国务委员杨洁篪同日本国家安全保障局长谷内正太郎共同主持对话。双方同意，中日关系关乎两国人民根本利益。开启高级别政治对话是两国加强高层战略沟通的重大举措，有助于积累共识，管控分歧，形成中日关系稳定向好的势头。

17日，国务院总理李克强在北京会见谷内正太郎时表示，过去几年，中日关系出现困难和波折，当前双方都有改善关系的愿望，但两国关系敏感性、复杂性仍然突出。中日关系的好坏，不仅事关两国人民福祉，对地区的和平、稳定、繁荣也有重要影响。希望日方着眼大局，在历史问题上信守承诺，认真对待亚洲受害国的关切，以负责任的态度处理好有关问题。加强两国各领域交流，增进国民感情，为中日关系长远发展奠定基础。2015年是中国人民抗日战争暨世界反法西斯战争胜利70周年，中日关系挑战和机遇并存。中国政府重视发展对日关系，愿本着以史为鉴、面向未来的精神，在中日四个政治文件基础上推进中日战略互惠关系，增进理解与共识，管控矛盾和分歧，稳步推进交流合作，推动两国关系回到正常发展轨道。中国坚定不移走和平发展道路，致力于同本地区以及世界各国发展友好合作。中国的发展根本上是要让13亿中国人民过上更好的生活。我们既为自身发展争取和平的国际环境和稳定的周边环境，也努力维护地区和世界的和平、稳定与发展。日本应继续奉行和平发展政策，与地区国家相向而行，为本地区持久和平、稳定与发展发挥应有作用。

谷内正太郎表示，日中加强政治、经济、文化等交流，增进相互理解非常重要。此次两国高级别政治对话取得收获。当前日中关系既有机遇，也存在问题。日本坚持走和平发展道路，愿从大局出发，正视历史问题，同中方保持对话沟通，妥善管控分歧，推动日中关系发展。

7月16日

［纲　文］　**外交部发言人就日本众议院通过新安保法案表示，郑重敦促日方不要做损害中国的主权和安全利益、危害地区和平稳定的事。**

［目　文］　发言人说，由于历史原因，日本军事安全动向一向受到亚洲邻国和国际社会的高度关注。日本众议院通过新安保法案，是战后前所未有的举动，可能使日本军事安全政策发生重大变化。人们有理由质疑日本是否要放弃专守防卫政策？是否要改变战后长期坚持的和平发展道路？我们注意到日本国内对新安保法案也有强烈反对意见。2015年是中国人民抗日战争和世界反法西斯战争胜利70周年，在世界人民铭记历史企盼和平的时刻，我们郑重敦促日方切实汲取历史教训，坚持和平发展道路，尊重亚洲邻国的重大安全关切，不要做损害中国的主权和安全利益、危害地区和平稳定的事。

7月16—18日

［纲　文］　**中共中央政治局常委、国务院副总理张高丽应邀对越南进行正式访问。**

［目　文］　访问期间，张高丽在河内分别会见了越共中央总书记阮富仲、越南国家主席张晋创、越南政府总理阮晋勇，与越南副总理阮春福举行了会谈。

张高丽在会见阮富仲时转达了习近平总书记对阮富仲的亲切问候和良好祝愿，并表示中越是山水相连、文化相通的友好邻邦。习近平总书记多次强调，中越两党、两国和两国人民相互支持、相互帮助，坚持共产党的领导和社会主义道路，是具有战略意义的命运共同体。中方将坚定奉行“长期稳定、面向未来、睦邻友好、全面合作”十六字方针和“好邻居、好朋友、好同志、好伙伴”四好精神，进一步密切友好交流合作，夯实民意基础，使两国人民世代友好下去。阮富仲说，我们高兴地看到，在以习近平为总书记的中国共产党领导下，中国的改革开放事业取得重大成就，对地区和世界和平发展做出了重要贡献。希望两党继续保持密切往来和交流合作，我诚挚邀请并热切期待习近平总书记早日访越。

张高丽与阮春福会谈时，双方围绕增进政治互信、深化两党交流互鉴、推进务实合作、扩大人文交流等问题深入交换意见，达成诸多共识，表示将推动各自有关部门加紧落实。双方同意落实好高层共识，积极推进海上合作，切实维护海上稳定并见证了两国有关文化协定的签字仪式。

7月17日

［纲　文］　**俞正声主持召开政协第十二届全国委员会第32次主席会议。**

［目　文］　会议审议通过政协第十二届全国委员会常务委员会第十二次会议议程（草案）和日程、政协第十二届全国委员会委员调整界别名单，听取关于全国政协上半年主要工作情况的汇报。第十二次常委会议议程（草案）将提请第十二次常委会议审议。政

协第十二届全国委员会常务委员会第十二次会议将于8月下旬召开，主要议题是围绕“积极培育和践行社会主义核心价值观”建言献策。

7月17日

［纲　文］ **财政部印发《中小企业发展专项资金管理暂行办法》，自2015年7月17日起施行。**

7月17日

［纲　文］ **财政部印发《关于做好政府采购信息公开工作的通知》。**

［目　文］ 《通知》由三部分组成：一、高度重视政府采购信息公开工作；二、认真做好政府采购信息公开工作；三、工作要求。

7月17日

［纲　文］ **俞正声在北京会见以港澳委员为主导的青年社团代表赴内地体验式学习考察团。**

［目　文］ 全国政协主席俞正声表示，中央一直高度重视和关心爱护港澳青年一代。邀请以政协委员为主导的港澳青年社团到内地开展体验式学习考察，是加强内地与港澳青年联系、扩大交流的一项创新举措。希望各位港澳青年通过这次活动，进一步学习历史、了解国情，增进共识和认同，在今后的成长道路上多一分宽广的视野，多一分对国家发展和民族振兴的使命与担当。港澳青年一代是“一国两制”事业薪火相传的生力军，要志存高远，勇于承担时代赋予的使命，自觉把个人的发展和港澳的前途、国家的命运结合起来。希望港澳青年深入学习宣传基本法，做港澳繁荣稳定的推动者；抓住时代机遇，做国家创业创新的开拓者；发挥表率作用，为港澳繁荣稳定和祖国建设多做贡献。

7月18日

［纲　文］ **纪念中泰建交40周年庆祝活动在曼谷举行。**

［目　文］ 活动由曼谷中国文化中心、泰中文化促进委员会和中国对外文化交流协会共同主办，中国驻泰国大使馆支持。建交庆祝活动由中泰文化关系研讨会、外交官书法绘画摄影展和文艺演出三部分组成。

7月19日

［纲　文］ **新华社讯，济南军区海防工作会议在山东威海召开。**

［目　文］ 国防部部长常万全在出席会议时强调，要深入学习贯彻习主席系列重要讲话精神，紧紧围绕“四个全面”战略布局，坚持总体国家安全观，凝神聚力，开拓创新，扎实工作，在新的起点上推动海防建设深入发展。党中央、国务院、中央军委高度重视边海防建设，作出一系列重大决策部署，特别是习主席在第五次全国边海防工作会议上的重要讲话，为推进新形势下海防建设发展指明了方向、提供了根本遵循。各级要深刻理解、认真学习，牢牢把握海防建设的正确方向。要不断强化使命意识、忧患意识、责任意

识，切实把海防工作摆到战略位置抓紧抓实抓出成效。要加强总体筹划，推动各项建设有序协调发展。要按照能打仗、打胜仗要求，不断提高海上管控的信息化水平。要注重解决问题，稳步推进管理体制、运行机制和理论创新。要推动经济建设与国防建设协调发展、平衡发展、兼容发展。要努力营造人人关心海洋、支持海防的浓厚氛围。各级要强化责任担当，真正做到守海有责、守海负责、守海尽责。

7月20日

［纲　文］　**习近平主持召开中共中央政治局会议。**

［目　文］　会议决定：2015年10月在北京召开中国共产党第十八届中央委员会第五次全体会议，主要议程是，中共中央政治局向中央委员会报告工作，研究关于制定国民经济和社会发展第十三个五年规划的建议。

会议认为，到2020年全面建成小康社会，是我们党确定的“两个一百年”奋斗目标的第一个百年奋斗目标。“十三五”时期是全面建成小康社会的决定性阶段，“十三五”规划必须紧紧围绕实现这个奋斗目标来制定。当前，和平与发展的时代主题没有变，我国经济发展进入新常态，我国发展既面临大有作为的重大战略机遇期，也面临诸多矛盾相互叠加的严峻挑战。我们要准确把握战略机遇期内涵的深刻变化，更加有效地应对各种风险和挑战，在改革开放以来打下的坚实基础上，坚定信心，锐意进取，奋发有为，继续集中力量把自己的事情办好，不断开拓发展新境界。推动“十三五”时期我国经济社会发展，必须高举中国特色社会主义伟大旗帜，全面贯彻党的十八大和十八届三中、四中全会精神，以邓小平理论、“三个代表”重要思想、科学发展观为指导，深入贯彻习近平总书记系列重要讲话精神，坚持全面建成小康社会、全面深化改革、全面依法治国、全面从严治党的战略布局，坚持发展第一要务，全面推进经济建设、政治建设、文化建设、社会建设、生态文明建设和党的建设，确保如期全面建成小康社会，为实现第二个百年奋斗目标、实现中华民族伟大复兴的中国梦奠定更加坚实的基础。“十三五”时期，我国发展的环境、条件、任务、要求等都发生了新的变化。认识新常态、适应新常态、引领新常态，保持经济社会持续健康发展，必须有新理念、新思路、新举措。发展理念是发展行动的先导，是发展思路、发展方向、发展着力点的集中体现。要认真总结经验、深入分析问题，把发展理念梳理好、讲清楚，以发展理念转变引领发展方式转变，以发展方式转变推动发展质量和效益提升，为“十三五”时期我国经济社会发展指好道、领好航。实现好、维护好、发展好最广大人民根本利益是发展的根本目的，必须把增进人民福祉、促进人的全面发展作为发展的出发点和落脚点。必须坚持以经济建设为中心，从实际出发，创新和完善宏观调控方式，保持经济中高速增长，迈向中高端水平，推动实现更高质量、更有效率、更加公平、更可持续的发展。必须按照完善和发展中国特色社会主义制度、推进国家治理体系和治理能力现代化的全面深化改革总目标，加快完善各方面体制机制，进一步转变政府职能，为发展提供持续动力。必须完善社会主义市场经济法治体系，加快法治经济和法治社会建设，把经济社会发展纳入法治化轨道。必须深化全方位对外开放，妥善应对外部环境变化，推动互利共赢、共同发展。必须贯彻全面从严治党要求，不断提高党的执政能力和执政水平，确保我国发展航船沿着正确航道破浪前进。

7月20日

［纲　文］　**国务院印发《关于取消一批职业资格许可和认定事项的决定》。**

［目　文］　《决定》说，国务院决定取消《假肢与矫形器制作师》《中小型机械操作工》等62项职业资格许可和认定事项。各地区、各部门要进一步加大工作力度，继续集中取消职业资格许可和认定事项。对国务院部门设置实施的没有法律法规依据的准入类职业资格，以及国务院部门和全国性行业协会、学会自行设置的水平评价类职业资格一律取消；有法律法规依据，但与国家安全、公共安全、公民人身财产安全关系不密切或不宜采取职业资格方式管理的，按程序提请修订法律法规后予以取消。要抓紧建立国家职业资格管理长效机制，制定公布国家职业资格目录清单，在目录之外不得开展职业资格许可和认定工作。要转变管理理念，简化程序，通过建立科学的国家职业资格体系，促进各类人才脱颖而出，提升更多产业、岗位的劳动和工作品质，推动大众创业、万众创新，让广大劳动者更好施展创业创新才能。

7月20日

［纲　文］　**国务院办公厅印发《关于对全国第二次大督查发现的典型经验做法给予表扬的通报》。**

［目　文］　《通报》说，为推动党中央、国务院重大决策部署进一步落实并取得成效，2015年5月下旬至6月中旬，国务院部署开展了对重大政策措施落实情况的第二次大督查。从督查情况看，各地区、各部门认真贯彻落实党中央、国务院重大决策部署，胸怀全局、主动作为、改革创新、不畏困难、讲求实效，围绕稳增长、促改革、调结构、惠民生出新招、出实招、出硬招，不断推动各项重点工作取得积极进展，在工作实践中创造出一些好经验、好做法。为进一步调动各方面的积极性、主动性和创造性，总结经验，宣传典型，扎实推进各项重大政策措施落地生效，经国务院同意，对天津市推动重大项目开工建设等20项地方工作典型经验做法和发展改革委加强宏观政策统筹协调等16项部门工作典型经验做法予以通报表扬，供各省（区、市）和国务院各部门学习借鉴。希望受到表扬的地区和部门珍惜荣誉，再接再厉。各地区、各部门要按照党中央、国务院的总体部署，主动适应和引领经济发展新常态，坚持稳中求进工作总基调，振奋精神，奋发有为，勇于担当，攻坚克难，学习借鉴典型经验做法，创造性开展工作，进一步推动重大稳增长工程尽快实施、重大改革政策尽快落地、重大民生举措尽快见效，确保完成全年经济社会发展主要目标任务。

7月20日

［纲　文］　**国务院办公厅印发《关于对全国第二次大督查发现问题进行整改的通知》。**

［目　文］《通知》说，为推动党中央、国务院重大决策部署进一步落实并取得成效，2015 年 5 月下旬至 6 月中旬，国务院部署开展了对重大政策措施落实情况的第二次大督查。同时，审计署进行了政策措施落实情况跟踪审计。从督查和审计情况看，各地区、各部门认真贯彻落实党中央、国务院重大决策部署，胸怀全局、主动作为、改革创新、不畏困难、讲求实效，推动重点工作取得积极进展，总体情况是好的。但个别地区和部门在贯彻落实重大政策措施中还存在工作不协调、落实不到位、工作进度慢等问题，也存在欺上瞒下、弄虚作假和工作不作为等极个别现象。这些问题和现象的存在，影响了财政预算的执行、项目投资的落地和年度各项工作任务的如期完成，更有个别问题和现象扰乱了正常工作秩序，违反了财经纪律，积聚了经济风险，损害了党和政府的形象。对此，必须认真纠正，严肃整改。为贯彻落实国务院常务会议关于对发现问题抓紧彻底整改的要求，现就需要整改的事项提出以下要求。一、报送整改方案。各有关地区和部门要针对存在的问题，认真研究分析问题产生的原因，找到解决问题的办法和路径，挽回问题造成的损失和影响，提出解决问题的意见，并逐一制定整改方案。整改方案请于 2015 年 8 月 15 日前报国务院。二、报告整改结果。各有关地区和部门要认真按照整改方案明确的目标和时限完成整改任务，整改报告请于 2015 年 12 月 31 日前报国务院。三、高度重视整改工作。各有关地区和部门要提高对整改工作的认识，主要负责人要亲自布置，分管负责人具体负责；涉及多部门的问题，由牵头部门负责协调，其他部门积极主动配合。对存在的问题要引以为戒，既要抓紧整改又要举一反三。要以整改为契机，处理解决好存在的问题，同时建立健全贯彻落实党中央、国务院决策部署的长效机制，确保类似问题不再发生。在整改过程中，国务院办公厅将有选择地进行跟踪督查，督促各有关地区和部门加快整改进度、落实整改措施。对整改不力、未能按时有效完成整改任务的，国务院领导同志对所在地区和部门的主要负责人进行约谈。

7 月 20 日

［纲　文］**财政部、发展改革委发布《关于重新发布中央管理的人力资源社会保障部门行政事业性收费项目的通知》，自 2015 年 7 月 20 日起执行。**

7 月 20 日

［纲　文］**工业和信息化部发布《关于推进化肥行业转型发展的指导意见》。**

［目　文］《意见》由三部分组成：一、充分认识推进我国化肥行业转型发展重要意义；二、指导思想和主要目标；三、化肥行业转型升级重点措施。

《意见》要求，各地区、各部门要积极推动本地区化肥行业转型发展，研究出台支持配套政策，促进行业平稳健康发展。

7 月 20 日

［纲　文］**安全监管总局公布废止《国有煤矿瓦斯治理规定》《国有煤矿瓦斯治理安全监察规定》，自 2015 年 7 月 20 日起施行。**

7 月 20 日

［纲　文］**中国首次成功主动追索文物。**

［目　文］　32件出自甘肃省礼县大堡子山遗址的春秋时期秦国金饰片正式移交甘肃省博物馆收藏。这32件金饰片于20世纪90年代初被非法盗掘、走私出境，后由法国相关人士购买并捐给法国国立吉美亚洲艺术博物馆。2014年，中法两国政府相关部门通过努力，促成文物原捐赠人同意撤销对吉美博物馆的捐赠行为，再由原捐赠人将文物返还中国。这是中国第一次主动追索文物并取得成功的典型案例，为今后文物追索工作积累了经验。

7月20—24日

［纲　文］　**应国家主席习近平邀请，新西兰总督迈特帕里对中国进行国事访问。**

［目　文］　访问期间，习近平在北京同迈特帕里举行了会谈。两国元首高度评价中新关系发展，同意继续共同努力，推动中新全面战略伙伴关系不断取得新进展。国务院总理李克强、全国人大常委会委员长张德江在北京分别会见迈特帕里。

习近平在与迈特帕里会谈时指出，双方应当继续坚持相互尊重和平等互利原则，拓展各领域互利合作，更好造福两国人民。中新双方要发挥好高层交往对两国关系的引领作用。要加强两国政府、政党、地方以及各界人士交流合作，增进两国政治互信和民意基础。努力实现两国经贸合作扩容升级，扩大农牧业等传统领域合作，并积极开辟食品安全、生物医药、新能源、基础设施建设等新的合作增长点。双方可以通过两军高层互访、防务磋商、联演联训、官兵交流等形式，提升防务合作水平。要加强司法执法合作，携手打击跨国犯罪活动。中方愿同新方拓展两国人文交流，希望双方加强学生交流、高层次人才培养、科研、汉语教学、体育等领域交流合作，构建长期稳定的合作伙伴关系。中新同为亚太地区重要国家，在促进地区稳定和发展方面拥有共同利益。中方愿同新方就地区合作机制和经济一体化进程等加强沟通和协调，深化在亚太经合组织框架内合作。中方愿同包括新方在内的有关各方一道努力，将亚洲基础设施投资银行打造成一个互利共赢、专业高效的基础设施投融资平台，促进区域互联互通和经济发展。

迈特帕里表示，新中全面战略伙伴关系十分重要。新西兰政府高度重视中国的发展和新中关系。习近平主席去年对新西兰的成功访问，将两国关系提升到新的水平。我此次访华，旨在进一步推动同中方政治、经济领域的对话合作。新方希望抓住中国发展的机遇，扩大新中双边合作。

李克强在会见迈特帕里时表示，中方愿同新方巩固传统友好，深化农牧业、生物医药、食品安全、新能源等务实合作，积极推进中新自贸协定升级，加强多层次、多渠道人文交流，推动中新关系再上新台阶。迈特帕里表示，新中政治、经济、人文等各领域交流合作富有成果，新政府和社会各界均对新中关系发展感到满意。

张德江在会见迈特帕里时说，中国全国人大愿与新西兰议会开展多层次、多渠道对话合作，开展立法、监督、治国理政等交流互鉴，搭建人文交流、地方合作的平台，夯实两国友好合作的民意和法律基础。迈特帕里说，新方愿推进两国立法机关交流合作，增进两国人民了解和友谊，为新中关系发展不断注入新动力。

7 月 20 日—8 月 5 日

［纲　文］　**第 4 届中国新疆国际民族舞蹈节在新疆举办。**

［目　文］　舞蹈节由文化部、国务院新闻办公室、新疆维吾尔自治区人民政府主办，以“中国梦想、多彩丝路”为主题。舞蹈节的主会场设在乌鲁木齐，同时在阿克苏地区、克拉玛依市设立分会场。中国歌剧舞剧院的舞剧《孔子》，新疆艺术剧院歌剧团的歌舞晚会《丝路舞魂》，广东歌舞剧院的舞剧《沙湾往事》，福建省歌舞剧院的舞剧《丝海梦寻》和澳大利亚赖瑞德现代舞团的现代舞《土木水火风》，白俄罗斯国家芭蕾舞团的芭蕾舞剧《一千零一夜》，土耳其火舞舞蹈团的舞剧《安纳托里亚的火》等国内外 25 个演出团体参与。

7 月 20 日

［纲　文］　**中共中央政治局会议审议并通过中共中央纪律检查委员会《关于令计划严重违纪案的审查报告》，决定给予令计划开除党籍、开除公职处分，对其涉嫌犯罪问题及线索移送司法机关依法处理。**

［目　文］　2014 年 12 月 22 日，中国人民政治协商会议第十二届全国委员会副主席、中共中央统战部部长令计划涉嫌严重违纪，接受组织调查。2014 年 12 月 31 日中共中央决定，免去令计划的中央统战部部长职务。2015 年 2 月 28 日，政协十二届全国委员会常务委员会第九次会议通过关于免去令计划政协第十二届全国委员会副主席职务、撤销其全国政协委员资格的决定。后于 2016 年 7 月 4 日，天津市第一中级人民法院依法对中国人民政治协商会议第十二届全国委员会原副主席、中共中央统战部原部长令计划受贿、非法获取国家秘密、滥用职权案进行了一审宣判，认定令计划犯受贿罪，判处无期徒刑，剥夺政治权利终身，并处没收个人全部财产；犯非法获取国家秘密罪，判处有期徒刑 5 年；犯滥用职权罪，判处有期徒刑 4 年，决定执行无期徒刑，剥夺政治权利终身，并处没收个人全部财产。

7 月 21 日

［纲　文］　**国家主席习近平应约同美国总统奥巴马通电话。**

［目　文］　习近平指出，当前，中美关系总体发展良好，两国保持密切交往，各领域务实合作稳步推进，在重大国际、地区和全球性问题上保持密切沟通和协调。在双方共同努力下，第七轮中美战略与经济对话和第六轮中美人文交流高层磋商取得重要成果。应总统先生邀请，我将于 9 月对美国进行国事访问。我愿同你一道努力，通过访问增进两国人民相互了解和友谊，扩大双方各领域合作。伊朗核问题全面协议的达成，有力维护了国际核不扩散体系，为国际社会提供了通过谈判解决重大争端的有益经验，向世界发出了积极信号。安理会刚刚通过决议核可全面协议，这标志着全面协议得到国际社会广泛认同和支持。在伊朗核问题谈判过程中，中美双方开展了密切沟通和协调，这是两国共同构建新型大国关系的又一重要体现。中方将继续同包括美方在内的有关各方保持建设性合作，确

保全面协议和安理会决议得到实施。

奥巴马表示，美国人民和我本人正期待着欢迎习近平主席2015年9月对美国进行国事访问。双方正为这一重要访问认真准备。今后一段时间，美方将同中方积极协商，确保访问取得丰富成果。伊朗核问题谈判达成全面协议，中方发挥的作用十分重要。美方感谢中方为达成这一历史性协议所做贡献。美方希望同中方继续协调合作、共同努力，确保全面协议得到实施。美中在伊朗核问题上的合作表明，只要双方合作努力，我们就能够共同应对气候变化、经济发展、公共卫生等全球性挑战。

7月21日

［纲　文］　**国务院任免香港特别行政区政府主要官员。**

［目　文］　依照香港特别行政区基本法的有关规定，根据香港特别行政区行政长官梁振英的提名和建议，国务院决定：任命刘江华为民政事务局局长、张云正为公务员事务局局长；免去曾德成的民政事务局局长职务、邓国威的公务员事务局局长职务。

7月21日

［纲　文］　**国务院在北京召开“一带一路”建设推进工作会议。**

［目　文］　国务院副总理张高丽主持会议并讲话。王沪宁、汪洋、杨洁篪等以及“一带一路”建设工作领导小组成员和有关部门单位负责人参加了会议。会议主要内容是：认真学习贯彻习近平总书记关于“一带一路”建设的重要讲话和指示精神，学习李克强总理指示批示要求，总结前一段的工作，围绕重点方向、重点国家、重点项目，进一步研究部署下一阶段工作。

张高丽表示，党中央、国务院高度重视“一带一路”建设落实工作，习近平总书记指出，“一带一路”建设不是空洞的口号，而是看得见、摸得着的实际举措，将给地区国家带来实实在在的利益。我们提出丝绸之路经济带和21世纪海上丝绸之路倡议，将促进中国同沿线国家的贸易和投资，促进沿线国家互联互通和新型工业化，促进各国共同发展、共享成果。在党中央、国务院正确领导下，各地区各部门统一认识、共同努力，“一带一路”建设各项工作有力有序有效推进。各地区各部门要以更大的决心、更大的努力，敢于碰硬、勇于攻坚，加强组织领导，搞好统筹协调，完善工作机制，强化分工协作，严格督促检查，加强安全保障，切实把推进“一带一路”建设各项工作抓实抓好抓出成效。

7月21日

［纲　文］　**马凯在北京与保险系统基层代表座谈。**

［目　文］　国务院副总理马凯指出，保险业将迎来新一轮发展的机遇期，保险系统的干部职工要抓住机遇，奋发有为，加快发展现代保险服务业，为改善和保障民生、促进经济提质增效提供有力支撑。保险是现代经济的重要产业和风险管理的基本手段，是经济“助推器”和社会“稳定器”。近年来，保险系统坚持服务实体经济的基本方向，坚持保险姓“保”的行业定位，坚持以改革创新为动力，服务经济社会全局能力明显提升，发展迈

上了新台阶，成为金融业的亮点，为稳增长、调结构、促改革、惠民生、防风险大局做出了贡献。加快建设保险强国，对保险系统干部职工提出了新的要求。保险工作者要坚持事业为上，带着荣誉感、使命感做工作；要坚持客户为本，带着对人民群众的深厚感情做工作；要坚持诚信为基，坚守诚信职业底线做工作；要坚持创新为源，带着改革创新精神做工作。监管工作者要努力做群众利益的守护者、金融安全的维护者、发展改革的推动者和“三严三实”的践行者。

7月21日

［纲　文］　**张德江在北京会见以港区全国政协委员杨钊先生为团长的香港中华总商会访京团全体成员。**

［目　文］　在听取香港中华总商会自身情况的介绍和对香港形势的看法之后，全国人大常委会委员长张德江表示，中央对香港的方针政策是明确的，也是坚定不移的。中央将始终坚持“一国两制”“港人治港”、高度自治方针，始终坚持按香港基本法办事，始终坚持依法循序渐进推进香港民主发展，始终坚持维护香港长期繁荣稳定，始终坚持维护国家主权、安全和发展利益。当前，香港面临的挑战与机遇并存。希望香港中华总商会继续弘扬爱国爱港光荣传统，支持行政长官和特别行政区政府依法施政，团结社会各界人士，凝神聚力谋发展、同舟共济促和谐，谱写“一国两制”实践新篇章！

7月21日

［纲　文］　**《人民日报》发表题为《共产党与腐败水火不容》的评论员文章。**

7月21—22日

［纲　文］　**中华全国供销合作社第六次代表大会在北京召开。**

［目　文］　来自各省、自治区、直辖市及计划单列市、副省级省会城市、新疆生产建设兵团供销合作社的代表，总社机关各部局、直属企事业单位、主管社团代表、革命老区供销合作社代表等近600人参加会议。会议通过了中华全国供销合作社第六次代表大会关于第五届理事会工作报告的决议案、关于第五届监事会工作报告的决议案和关于《中华全国供销合作总社章程（修订草案）》的决议案。会议选举产生了中华全国供销合作总社新一届理事会主任、副主任、常务理事、理事和监事会主任、副主任、监事。王侠当选总社第六届理事会主任。

国务院副总理汪洋出席会议时强调，供销合作社作为促进农村经济社会发展的重要力量，要全面贯彻落实党中央、国务院的决策部署，依靠改革创新激发活力，围绕服务“三农”壮大实力，努力谱写发展农业、富裕农民、繁荣城乡的新篇章。

7月21—28日

［纲　文］　**全国政协主席俞正声应邀对泰国、印尼进行正式友好访问。**

［目　文］　21—24日，俞正声泰国访问期间，在曼谷分别会见国王御代表诗琳通公主、总理巴育、枢密院主席炳，并与立法议会主席蓬贝举行会谈。

25—28日，俞正声印尼访问期间，在雅加达分别会见印尼总统佐科、人民协商会议主席祖尔基弗利、国会议长诺凡托和地方代表理事会副主席法洛克。

7月22日

［纲　文］　**李克强主持召开国务院常务会议。**

［目　文］　会议主要内容是：一、决定推广随机抽查机制，以创新事中事后监管营造公平市场环境。会议确定，一是坚持依法监管，法律法规规章没有规定的，一律不得擅自开展检查。二是各市场监管部门要公布抽查事项目录，逐项明确抽查依据、主体、内容等。重点抽查风险较高、投诉举报多、列入经营异常名录或有严重违法记录的市场主体。三是建立随机抽取被检查对象、随机选派检查人员的“双随机”机制，严格限制监管部门自由裁量权。四是及时向社会公布抽查及处理结果，与社会信用体系相衔接，建立诚信档案、失信联合惩戒和黑名单制度。使广大市场主体不为“随意执法”所扰，不越雷池合法经营。二、部署加快转变农业发展方式，走安全高效绿色发展之路。会议认为，“三农”工作事关国家全局，任何时候都要放在基础位置。一要通过改造中低产田、增加有效灌溉面积等，提高粮食安全保障水平。二要推进多种形式的适度规模经营，培育新型经营主体，加强耕地保护，引导农户依法有序流转承包地，鼓励发展规模种养业、农产品加工业和农村服务业，推进生产、加工、物流、营销等一体化发展，延伸价值链。三要强化农业科技支撑，实施现代种业提升工程，推进农业机械化、信息化，加强国际合作，提高农业综合竞争力和抗风险能力。四要大力发展节水农业，全面推行标准化生产，加强畜禽粪污、秸秆、农膜等资源化利用和农业面源污染治理，力争到2020年实现化肥和农药使用量零增长，提高农产品质量，为餐桌上的安全提供源头保障。三、确定全面实施城乡居民大病保险，更好守护困难群众生命健康。会议决定，一是从城镇居民基本医保和新农合基金中划出一定比例或额度作为大病保险资金，2015年底前使大病保险覆盖所有城乡居民基本医保参保人，对参保大病患者需个人负担的医疗费用给予保障，2015年支付比例达到50%以上，今后还要逐步提高，有效减轻大病患者就医负担。到2017年，建立比较完善的大病保险制度。二是按照收支平衡、保本微利的要求，原则上由政府招标选定商业保险机构承办大病保险，保费实行单独核算，确保资金安全和偿付能力。三是与医疗救助等紧密衔接，对经大病保险支付后自付费用仍有困难的患者，由医疗救助、慈善救助等给予帮助，共同发挥托底保障功能，有效防止发生家庭灾难性医疗支出，防范冲击社会道德底线的事情出现，显著提升城乡居民医疗保障公平性。

7月22日

［纲　文］　**《习仲勋与群众路线》出版座谈会在中央党校举行。**

［目　文］　中央党校副校长赵长茂主持座谈会。中央有关部门负责人、中央党校全体校委委员和各直属单位主要负责人、《习仲勋与群众路线》一书采访对象代表、首都各大媒体记者等近100人参加座谈会。习仲勋亲属代表习远平出席会议并发言。

《习仲勋与群众路线》（上册）是一本采访实录，包括31位曾经在习仲勋身边工作或者近距离接触过他的干部、群众的25篇采访记录，42万多字，100多幅图片，其中许多图片是首次公开发表。中央党校校委高度重视《习仲勋与群众路线》（下册）的采访编辑工作，决定抽调优秀编辑人员和专家学者组成精干力量，成立采访实录编辑室，同时聘请富有经验、德高望重的老同志和年富力强的中青年学者担任编辑室顾问。

习仲勋（1913年10月15日—2002年5月24日），曾任国务院副总理兼秘书长，负责国务院常务工作。中国共产党第十一届中央委员会书记处书记，第十二届中央政治局委员、书记处书记，第五、第七届全国人民代表大会常务委员会副委员长。

7月22日

［纲　文］　**新华社讯，中共中央办公厅、国务院办公厅印发《关于加强城乡社区协商的意见》，并发出通知，要求各地区各部门结合实际认真贯彻执行。**

［目　文］《意见》由三部分组成：一、总体要求；二、主要任务；三、组织领导。《意见》提出，到2020年，基本形成协商主体广泛、内容丰富、形式多样、程序科学、制度健全、成效显著的城乡社区协商新局面的总体目标。

7月22日

［纲　文］　**国务院办公厅印发《关于促进进出口稳定增长的若干意见》。**

［目　文］《意见》由七部分组成：一、坚决清理和规范进出口环节收费；二、保持人民币汇率在合理均衡水平上基本稳定；三、加大出口信用保险支持力度；四、加快推进外贸新型商业模式发展；五、继续加强进口工作；六、进一步提高贸易便利化水平；七、切实改善融资服务。

《意见》要求，各地区、各部门要进一步提高认识，更加重视外贸工作，加强组织领导，顾全大局，增强工作主动性、针对性和有效性。要深化与"一带一路"沿线国家的经贸合作，突出创新驱动，切实加大稳增长政策落实力度，共同推动对外贸易平稳健康发展。各地区要结合实际主动作为，多措并举，促进本地区对外贸易稳定增长和转型升级。各部门要根据本意见制订具体工作方案，并进一步在简化手续、减免收费等方面加力增效，用便利和稳定增长的进出口助力经济发展。商务部要加强指导、督促检查，确保各项政策措施落实到位。

7月22日

［纲　文］　**财政部、农业部、银监会印发《关于财政支持建立农业信贷担保体系的指导意见》。**

［目　文］《意见》由四部分组成：一、财政支持建立农业信贷担保体系的指导思想和目标原则；二、建立健全全国农业信贷担保体系；三、财政支持建立农业信贷担保体系的政策措施；四、着力做好财政支持农业信贷担保体系的组建工作。

7月22日

［纲　文］　**保监会印发《互联网保险业务监管暂行办法》。**

［目　文］《办法》共6章30条，主要有总则、经营条件与经营区域、信息披露、

经营规则、监督管理、附则等内容。自2015年10月1日起施行，施行期限为3年，《保险代理、经纪公司互联网保险业务监管办法（试行）》（保监发〔2011〕53号）同时废止。

7月22日

［纲　文］　**外交部部长王毅应约同联合国秘书长潘基文通电话**。

［目　文］　潘基文表示，中方为伊朗核问题达成历史性全面协议发挥了重要作用。安理会已于20日通过决议核可全面协议。相信中方会为全面协议和安理会决议的实施继续提供强有力支持。

王毅感谢潘基文对中国作用的积极评价并说，伊朗核问题全面协议的达成维护了国际核不扩散体系，减少了中东地区的战争风险，为解决其他国际和地区热点问题提供了有益借鉴，也是对《联合国宪章》和平解决争端宗旨的最好诠释。安理会一致通过决议核可全面协议，为协议的全面落实奠定了良好基础。各方应秉持诚意，切实履行承诺。中方愿同包括联合国在内的有关各方一道，继续以负责任态度，为全面协议的顺利落实做出新的贡献。

双方还就2015年9月联合国成立70周年系列峰会事宜及叙利亚等问题交换了意见。

7月22日

［纲　文］　**外交部发言人就日本公布中国东海油气开发有关情况表示，日方的做法是有意制造对立，对管控东海局势、推动两国关系改善不具有任何建设性意义**。

［目　文］　有记者问，据报道，日本外务省网站今天下午发布了中国东海油气平台的位置、图片等信息，中方对此有何评论？

发言人说，中国东海油气开发活动是在无争议的中国管辖海域进行，是中国主权权利和管辖权范围内的事情。我们希望日方能够对照双方去年达成的四点原则共识精神，对自己的做法冷静地作些反思。中方重视落实东海问题原则共识的立场没有变，也愿就东海有关问题继续与日方保持沟通，关键是日方要为落实原则共识创造良好的气氛和条件。日方炒作东海油气问题，显然不利于中日就东海有关问题开展对话与合作。

同日，还有记者问，据报道，缅方对中方非法越境伐木人员判处10年以上有期徒刑。中方对此有何评论？发言人说，2015年初缅方抓扣中方非法越境伐木人员后，中方多层级多渠道反复向缅方提出交涉，要求缅方考虑上述人员的实际情况，作出合法合理合情的处理，妥善了结此案并尽快将上述人员交还中方。我们对缅方有关判决高度关切，已向缅方提出交涉，要求缅方重视中方关切，综合考虑各方面因素，对此案作出妥善处理。

7月22—23日

［纲　文］　**全国妇联十一届三次执委会议在北京召开**。

［目　文］　全国妇联主席沈跃跃主持会议。会议传达了中央党的群团工作会议精神，学习了习近平总书记重要讲话。会议指出，习近平总书记重要讲话饱含着对妇联组织的殷切期望，指明了妇联改革创新的方向，一定要认真贯彻落实，团结凝聚广大妇女为党的事业贡献巾帼力量。国家副主席李源潮出席会议时表示，希望全国妇联系统认真学习贯

彻习近平总书记重要讲话精神，坚持走中国特色社会主义群团发展道路，推进妇联工作改革创新。

7月22—23日

［纲　文］　**教育部直属高校工作咨询委员会第25次会议在北京召开。**

［目　文］　以“全面提升高等学校创新能力，引领支撑创新驱动发展战略实施”为主题，深入交流分析了高校引领支撑创新驱动发展战略的机遇和挑战。国务院副总理刘延东、教育部部长袁贵仁出席会议并讲话，咨询会执行主席、吉林大学校长李元元作主题咨询报告，来自75所教育部直属高校的咨询委员、81所其他部委和地方所属高校主要负责人，教育部党组成员，相关部委负责人，以及教育部有关司局和直属单位主要负责人等参加了本次会议。

刘延东出席会议时强调，高校要围绕“四个全面”战略布局，认真贯彻党中央、国务院决策部署，增强责任感和紧迫感，把全面提升创新能力摆在高等教育综合改革的核心位置，为实施创新驱动发展战略和建设创新型国家贡献力量。

7月23日

［纲　文］　**财政部、发展改革委、环境保护部印发《排污权出让收入管理暂行办法》。**

［目　文］　《办法》共5章33条，主要有总则、征收缴库、使用管理、法律责任、附则等内容。自2015年10月1日起施行。

7月23日

［纲　文］　**环境保护部、发展改革委印发《关于贯彻实施国家主体功能区环境政策的若干意见》。**

［目　文］　《意见》由八部分组成：一、重要意义；二、总体要求；三、禁止开发区域环境政策；四、重点生态功能区环境政策；五、农产品主产区环境政策；六、重点开发区域环境政策；七、优化开发区域环境政策；八、实施保障措施。

7月23日

［纲　文］　**中国科协在北京召开所属学会有序承接政府转移职能扩大试点工作座谈会。**

［目　文］　全国政协副主席、中国科协主席韩启德主持座谈会。国家副主席李源潮出席座谈会并讲话。22个有关中央、国务院部门负责人，中国科协党组、书记处领导和有关部门负责人，试点参与学会负责人代表，省级科协负责人代表等共约130人参加会议。科技部、人力资源社会保障部和国家标准委等3个国务院部门单位，中国环境科学学会、中国土木工程学会等2个试点学会，江苏省科协、重庆市科协等2个地方科协在大会上作了交流发言。会议传达了中央党的群团工作会议精神。大家表示，习近平总书记的重要讲话指明了科协事业改革发展的前进方向，一定要深入贯彻落实，肩负起联系服务科技

工作者的职责使命，为实现中国梦凝聚强有力的科技支撑力量。全国政协副主席、中国科协主席韩启德出席会议。

李源潮指出，要深刻领会习近平总书记在中央党的群团工作会议上的重要指示精神，认真落实两办文件部署，稳妥有序推进扩大试点工作，为全面深化改革大局作出积极贡献。要从全面深化改革大局高度认识学会有序承接政府转移职能的重要意义，准确把握扩大试点的目标任务和工作要求，增强责任感使命感。要坚持试点推进，注意总结最基础最普遍的经验，探索形成可复制可推广的经验模式。注意加强与原职能主管部门协调配合，建立完善可负责可问责的职能转接机制和转移后的服务机制，确保学会承接政府转移职能程序严密、运作规范、权责明确、公开透明、制约有效，提升公共服务水平和质量，努力让政府、行业社会、科技工作者"三方满意"。

7月23日

[纲　文]　**国务院总理李克强在北京会见金砖国家新开发银行行长卡马特一行。**

[目　文]　李克强表示，金砖银行的成立标志着金砖国家合作迈出重要步伐，它是发展中国家和新兴市场国家金融合作的重要成果，也是对国际金融体系的完善和有益补充。中方愿同各成员一道努力，不断完善金砖银行治理结构，打造专业、高效、透明、绿色的21世纪新型多边开发银行。希望金砖银行发挥自身优势，将金融与实体经济紧密结合，为新兴经济体和发展中国家推进基础设施建设和工业化进程，加强国际产能合作与互联互通等提供有力支持。面对复杂严峻的国际国内环境和各种困难挑战，中国经济2015年上半年增长7%，实现比较充分的就业和居民收入同步增长，至少有以下重要特点为支撑：一是深化改革和创新驱动，通过大力推动大众创业、万众创新，极大激发了市场活力，调动了社会创造力。二是加大结构调整力度，新业态、新模式蓬勃诞生、快速发展，与传统产业转型升级共同推动了内需的扩大和新增长点的成长。三是对外开放持续加大，吸引外资势头不减，对外投资合作取得积极进展。我们有信心、有能力妥善应对各种风险和挑战，使中国经济实现"双中高"发展。

卡马特表示，我们钦佩中国发展取得的成就，对中国经济发展模式、可持续发展前景和中国金融市场发展充满信心。金砖银行将以创新的方式，充分发挥金砖国家经济发展和产能合作潜力，实现共同发展。

7月23日

[纲　文]　**刘奇葆在北京人民艺术剧院调研。**

[目　文]　中宣部部长刘奇葆参观了北京人艺戏剧博物馆，了解人艺的发展历程和艺术成就。他强调，北京人艺要保留好、传承好经典剧目，继承北京人艺特有的表演风格和艺术特色。要坚持现实主义创作道路，关注火热生活，塑造鲜活形象，反映时代精神，推出更多久演不衰的精品力作。要坚持以团育人、以德培艺，传承发扬老一辈艺术家的道德修养、人格修为，培养更多人品艺品俱佳的优秀话剧人才，为繁荣中国话剧艺术和文艺事业作出更大贡献。

7月23日

[纲　文]　**《人民日报》发表题为《变中求新，适应发展新常态——一论学习贯彻习**

近平总书记吉林调研重要讲话精神》的评论员文章。

7月24日

［纲　文］　**中共中央就当前经济形势和下半年经济工作在北京召开党外人士座谈会。**

［目　文］　中共中央总书记习近平主持会议并讲话。中共中央政治局常委李克强、刘云山、张高丽出席会议。马凯、王沪宁、刘延东、孙春兰、栗战书、王勇、周小川等以及中共中央、国务院有关部门负责人出席座谈会。

李克强通报了上半年经济工作有关情况，介绍了中共中央关于做好下半年经济工作的考虑。民革中央主席万鄂湘、民盟中央主席张宝文、民建中央主席陈昌智、民进中央主席严隽琪、农工党中央主席陈竺、致公党中央主席万钢、九三学社中央主席韩启德、台盟中央主席林文漪、全国工商联副主席黄荣、无党派人士代表林毅夫先后发言。他们赞同中共中央、国务院对当前我国经济形势的分析和下半年经济工作的考虑，并就加强宏观调控、稳步推进"一带一路"和"长江经济带"建设、促进国内统一市场法治建设、促进农村金融创新、挖掘潜力扩大内需、推动医改深化和健康服务业升级、完善环保产业政策、发展养老服务业、激发民间投资潜力、激发基层财政资金整合活力、以"互联网+"助推扶贫攻坚、加大小微企业扶持力度、推进国际产能和创新合作等内容提出意见和建议。

习近平表示，2015年是我国经济社会发展承上启下的重要一年，保持经济社会稳定发展大局，为"十二五"圆满收官，为"十三五"开局奠定好的基础，是我们面临的重要任务。大家在发言中就全面认识当前经济形势、做好经济工作提出了很好的意见和建议，我们将认真研究、积极吸纳。面对错综复杂的国际国内环境，各地区各部门坚持稳中求进工作总基调，加强和创新宏观调控，全面深化改革，结构调整继续推进，新的动力正在加快形成，就业形势基本正常，社会大局稳定。我们必须保持战略定力，主动适应增长速度换挡、发展方式转变、经济结构调整、增长动力转换的新形势，坚持用发展的办法解决前进中的问题，加快转变作风，真正把功夫下在巩固基础、增强底气上。要坚持稳中求进工作总基调，主动适应经济发展新常态，坚持以提高经济发展质量和效益为中心，狠抓工作落实。要保持宏观政策基本稳定，加强政策落实，把我们的战略定力、我们对经济发展的信心通过稳定的政策传导给全社会。希望各民主党派、工商联和无党派人士正确认识当前经济形势，把思想和行动统一到中共中央决策部署上来，广泛团结各自成员和所联系群众，形成支持改革发展的高度共识；发挥人才荟萃的智力优势、联系广泛的资源优势，紧紧围绕经济社会运行和全面深化改革、全面依法治国的重大问题，深入调查研究，为中共中央决策提供前瞻性、可操作性的意见和建议，推动我国经济社会发展行稳致远。

7月24日

［纲　文］　**京津冀协同发展工作推动会议在北京召开。**

［目　文］　国务院副总理张高丽主持会议。郭金龙、王勇、徐匡迪和京津冀协同发

展领导小组成员出席会议，有关部门和单位负责人列席会议。会议认真学习贯彻习近平总书记关于京津冀协同发展的重要讲话和指示精神，学习李克强总理重要指示批示要求，总结前一段的工作，围绕全面贯彻落实《京津冀协同发展规划纲要》，研究部署下一阶段工作。

张高丽表示，党中央、国务院高度重视京津冀协同发展。习近平总书记强调，疏解北京非首都功能、推进京津冀协同发展，是一个巨大的系统工程。目标要明确，通过疏解北京非首都功能，调整经济结构和空间结构，走出一条内涵集约发展的新路子，探索出一种人口经济密集地区优化开发的模式，促进区域协调发展，形成新增长极。思路要明确，坚持改革先行，有序配套推出改革举措。方法要明确，放眼长远、从长计议，稳扎稳打、步步为营，锲而不舍、久久为功。在党中央、国务院正确领导下，京津冀协同发展各方面工作有力有序有效向前推进。三省市和有关部门要坚持“三严三实”，敢于担当，攻坚克难，推动政策措施落地生根，把工作抓实抓好抓出水平。建立健全工作督办机制，主动沟通协调，及时解决问题。加强重大问题调研，充分发挥专家咨询委员会的作用，提高政策措施的科学性针对性，确保京津冀协同发展 2015 年实现良好开局。

7 月 24 日

［纲　文］　**人力资源社会保障部、财政部印发《关于开展企业新型学徒制试点工作的通知》。**

7 月 24 日

［纲　文］　**全国加快转变农业发展方式现场会在成都市举行，国务院副总理汪洋出席并讲话。**

7 月 24 日

［纲　文］　**张德江在北京会见以李慧琼主席为团长的香港民主建港协进联盟访京团。**

［目　文］　全国人大常委会委员长张德江听取了民建联自身情况介绍和对香港形势的看法，充分肯定了民建联的工作并指出，当前，国家发展形势保持良好势头，正在按照习近平主席提出的“四个全面”战略布局，为实现“两个一百年”奋斗目标和中国梦而努力奋斗。香港特别行政区应抓住机遇，同心同德，共同努力，实现新的发展。希望民建联在顺利完成新老交替后，始终坚持爱国爱港立场，积极支持和配合行政长官和特别行政区政府发展经济、改善民生，努力做到择善固执、奋发有为，服务香港、服务民众，不断发展壮大，为维护国家主权、安全和发展利益，保持香港长期繁荣稳定作出新贡献。

7 月 24 日

［纲　文］　**“情系青春——两岸青年吴越行”活动在浙江杭州启动。**

［目　文］　活动由中华文化联谊会、浙江省人民政府主办，浙江省文化厅、中国台湾“中国青年大陆研究文教基金会”承办。文化部副部长、中华文化联谊会会长丁伟，浙江省副省长梁黎明，中国台湾“中国青年大陆研究文教基金会”有关负责人出

席启动仪式。

浙江 5 所高校（中国美术学院、浙江大学、浙江工业大学、杭州师范大学、浙江艺术职业学院），以及台湾 13 所高校共 81 位艺术相关专业的青年在一起展开为期 9 天的行程，走访杭州、温州、绍兴、嘉兴（乌镇），全面感受吴越文化的独特气韵。

7 月 24 日

［纲　文］　**外交部发言人就美国助理国务卿拉塞尔近日关于菲律宾仲裁案有关问题的表态时说，美国不是南海问题的当事方，应恪守不选边站队的承诺，不做不利于地区和平稳定的事。**

［目　文］　发言人说，中方对菲律宾单方面提起仲裁案的立场没有变化，即不接受、不参与。菲律宾单方面提起仲裁案，违背了与中方多次确认的共识和在《南海各方行为宣言》中的承诺。中国政府已于 2006 年根据《联合国海洋法公约》第 298 条规定提交排除性声明，将涉及海洋划界、历史性所有权等争端排除在包括仲裁在内的强制争端解决程序之外。这是中国作为《公约》缔约国行使国际法赋予的权利的正当行为。中国政府 2014 年 12 月发表的有关立场文件已全面系统地阐述了中方立场及法理依据。美方有关言论试图推动菲律宾单方面提起的仲裁案，充当菲律宾仲裁案的“庭外仲裁员”，为仲裁庭的裁决指定方向，与美方声称的在南海争议问题上的立场不符。

同日，有记者问：据报道，日方近期允许李登辉窜访日本。中方对此有何评论？发言人说，李登辉是顽固“台独”分子。日方不顾中方严正交涉，为李登辉赴日从事“台独”活动放行并提供便利。中方对此表示严重关切和强烈不满。台湾问题事关中国核心利益，中方一贯坚决反对任何人以任何形式在国际上从事“台独”分裂活动，坚决反对任何国家为“台独”分子提供政治平台。我们严肃敦促日方恪守《中日联合声明》等四个政治文件的原则和向中方作出的郑重承诺，坚持一个中国原则，慎重妥善处理涉台问题，避免给中日关系制造新的政治障碍。

7 月 24 日

［纲　文］　**《人民日报》发表题为《变中求进，积聚发展新动能——二论学习贯彻习近平总书记吉林调研重要讲话精神》的评论员文章。**

7 月 24—25 日

［纲　文］　**全国青联十二届全委会、全国学联二十六大在北京召开。习近平向大会发来贺信。**

［目　文］　中共中央总书记习近平的贺信写道，青年朋友们：值此中华全国青年联合会第十二届委员会全体会议和中华全国学生联合会第二十六次代表大会开幕之际，我代表党中央，向大会的召开表示热烈的祝贺！向全国各族各界青年和青年学生、向广大海外中华青年，表示诚挚的问候！紧跟时代砥砺前行，担当责任奋发有为，是我国青年的光荣传统，也是党和人民对广大青年的殷切期望。5 年来，在党的坚强领导和共青团帮助指导下，各级青联和学联组织围绕中心、服务大局，积极组织青年、宣传青年、教育青年、引

导青年，各项工作取得可喜成绩。广大青年和青年学生响应党的号召，胸怀祖国和人民，奉献社会和他人，积极投身坚持和发展中国特色社会主义伟大实践，以实际行动证明，当代中国青年不愧为大有希望、大有作为的一代。“士不可以不弘毅，任重而道远。”国家的前途，民族的命运，人民的幸福，是当代中国青年必须和必将承担的重任。一代青年有一代青年的历史际遇。我们的国家正在走向繁荣富强，我们的民族正在走向伟大复兴，我们的人民正在走向更加幸福美好的生活。当代中国青年要有所作为，就必须投身人民的伟大奋斗。同人民一起奋斗，青春才能亮丽；同人民一起前进，青春才能昂扬；同人民一起梦想，青春才能无悔。前进要奋力，干事要努力。当代中国青年要在感悟时代、紧跟时代中珍惜韶华，自觉按照党和人民的要求锤炼自己、提高自己，做到志存高远、德才并重、情理兼修、勇于开拓，在火热的青春中放飞人生梦想，在拼搏的青春中成就事业华章。青联和学联事业是党的群团事业的重要组成部分，青联和学联组织一定要不断保持和增强政治性、先进性、群众性，不断推进自身改革，认真履行自身职能，更好组织动员广大青年坚定地跟党走。祖国的未来属于青年，重视青年就是重视未来。各级党委和政府要加强对青年工作的领导，认真研究新形势下青年运动的特点和规律，为广大青年成长成才、建功立业创造良好环境和条件，帮助和支持广大青年在时代的舞台上展现风采、发光发热，努力为实现“两个一百年”奋斗目标、实现中华民族伟大复兴的中国梦贡献青春的激情和力量。祝大会圆满成功！

会议期间，青联委员学习习近平总书记贺信和党中央祝词，审议通过了全国青联第十一届常委会工作报告，通过了《关于中华全国青年联合会章程（修正案）的决议》；学联代表学习习近平总书记贺信和党中央祝词，审议通过了《关于中华全国学生联合会第二十五届委员会工作报告的决议》和《关于中华全国学生联合会章程修正案的决议》，通过了《关于践行“勤学修德明辨笃实”要求，大力弘扬社会主义核心价值观的决议》和中华全国学生联合会会徽。会议选举团中央书记处常务书记、十一届全国青联主席贺军科当选为十二届全国青联主席；北京大学学生王圣博当选为第二十六届全国学联主席。

7月24日—8月9日

［纲　文］　**2015年游泳世锦赛在俄罗斯喀山举行，中国游泳队获得15金、10银、10铜，奖牌榜居第一。**

7月25日

［纲　文］　**国务院扶贫开发领导小组第6次全体会议在北京举行。**

［目　文］　国务院副总理、国务院扶贫开发领导小组组长汪洋在会上指出，要认真学习贯彻习近平总书记近期关于扶贫工作的重要指示精神和李克强总理的工作要求，充分认识实施脱贫攻坚战略的极端艰巨性和重要性，围绕精准扶贫精准脱贫，采取超常规政策举措，确保实现脱贫攻坚目标，决不让一个贫困地区、一个困难群众掉队。

7月25日

［纲　文］　**汪洋主持召开国家防汛抗旱总指挥部专题会议。**

［目　文］　国家防汛抗旱总指挥部总指挥汪洋就近期我国东北中西部等地持续高温少雨，旱情迅速发展，南方部分地区发生洪涝灾害，视频连线东北三省和内蒙古自治区防总，研究部署抗旱和防汛工作。

汪洋强调，要认真贯彻落实习近平总书记、李克强总理关于防汛抗旱工作的重要指示批示精神，进一步动员和行动起来，强化措施，落实责任，全力以赴做好防汛抗旱工作，将灾害损失降到最低程度。受旱地区要高度重视抗旱减灾工作，千方百计解决人饮困难，确保城乡居民饮水安全。要多渠道扩大水源，科学调度和利用水资源，加强抗旱服务和农业生产指导，努力保障农业生产用水，最大限度减少旱灾损失。根据灾区需要，中央财政将下拨部分特大抗旱经费和农业生产救灾资金，支持重旱地区抗旱和农业生产恢复。目前正处在“七下八上”的防汛关键期，在做好抗旱工作的同时，要全面加强防汛。切实做好气象监测预报，抓好防汛预案落实，强化水利工程调度，严格汛期值守，做好台风、山洪防御以及城市防洪工作，切实保障人民群众生命安全和重要基础设施的安全。

7 月 25 日

［纲　文］　**《人民日报》发表题为《变中突破，打造发展新机制——三论学习贯彻习近平总书记吉林调研重要讲话精神》的评论员文章。**

7 月 25—28 日

［纲　文］　**“2015 永远跟党走”第 10 届中国青少年艺术节在北京举行。**

［目　文］　艺术节由中国艺术家协会、中国儿童戏剧研究会、中国人生科学学会、中国教育事业促进会共同主办。本届艺术节以“学党史、知党情、感党恩、跟党走”为活动主题，包括知识竞赛、诗歌朗诵、主题绘画展等多种形式。

7 月 26 日

［纲　文］　**国务院办公厅印发《生态环境监测网络建设方案》。**

［目　文］　《方案》由六部分组成：一、总体要求；二、全面设点，完善生态环境监测网络；三、全国联网，实现生态环境监测信息集成共享；四、自动预警，科学引导环境管理与风险防范；五、依法追责，建立生态环境监测与监管联动机制；六、健全生态环境监测制度与保障体系。

《方案》要求，地方各级人民政府要加强对生态环境监测网络建设的组织领导，制定具体工作方案，明确职责分工，落实各项任务。

7 月 26 日

［纲　文］　**国家主席习近平特使、全国人大常委会副委员长沈跃跃出席在马尔代夫首都马累举行的马尔代夫独立 50 周年庆典。**

7 月 26 日

［纲　文］　**《人民日报》发表题为《保持定力，增强发展自信心——四论学习贯彻习近平总书记吉林调研重要讲话精神》的评论员文章。**

7月27日

［纲　文］　**李克强在北京出席国家科技战略座谈会。**

［目　文］　刘延东、陈竺、万钢等参加会议。中科院负责人介绍了学部发展情况，孙家栋、谢毅院士作了发言。

国务院总理李克强代表党中央、国务院对中国科学院学部成立60周年表示热烈祝贺，向全体院士和全国广大科技工作者致以问候和敬意，并表示60年来，中科院学部聚焦国家战略需求，几代院士胸怀强国富民之志，淡泊名利、刻苦钻研，创造了一项又一项世界领先的科技成果，为增强我国综合国力、提升国际地位做出了重大贡献。当前，我国进入升级发展的关键阶段，要在世界科技革命中抢占制高点，破解资源环境等约束，实现新旧动能转换，关键是要做强科技这个第一生产力，用好创新这把“金钥匙”，实现科技与经济深度融合，促进经济保持中高速增长、迈向中高端水平。实施创新驱动发展战略，要坚持把科技创新摆在国家发展全局的核心位置，既发挥好科技创新的引领作用和科技人员的骨干中坚作用，又最大限度地激发群众的无穷智慧和力量，形成大众创业、万众创新的新局面。要把科技与人民群众的创造力在更大范围、更深程度、更高层次上融合起来，既要“顶天”，努力突破核心关键技术，勇攀世界科技高峰，又要“立地”，通过大众创业、万众创新将科技成果转化为现实生产力。为此，一要持续释放改革这个最大红利。进一步推进简政放权、放管结合、优化服务等改革，坚决破除对创业创新的不合理束缚，创新科研投入、科技管理、收益分配、科研协同和政府服务等机制，使广大科研人员能够自主决策、潜心研究。二要依托“互联网+”等新技术新模式构建最广泛的创新平台。鼓励发展众创、众包、众扶、众筹等，使创新资源配置更灵活、更精准，凝聚大众智慧，形成内脑与外脑结合、企业与个人协同的创新新格局。同时，通过创新监管模式营造公开公平的竞争环境。三要用好我国人力资源这个最丰富的“本钱”。尊重知识、尊重人才，使创业创新者贡献有回报、权益有保护、社会有地位，增强全社会持久创新的动力，在创业创新实践中造就高素质的人才大军。

7月27日

［纲　文］　**中组部发出通知要求在“三严三实”专题教育中联系反面典型深入开展研讨。**

［目　文］　《通知》说，要求在“三严三实”专题教育学习研讨中，以周永康、薄熙来、徐才厚、令计划、苏荣等严重违纪违法案件为反面教材，聚焦严守党的政治纪律和政治规矩，组织县处级以上领导干部深刻总结反思，汲取教训、引以为戒，真正在思想上、工作上、作风上严起来、实起来。要组织领导干部认真学习中央精神，充分认识严肃查处这些严重违纪违法案件、彻底肃清其恶劣影响，对于严肃党纲党纪、净化党的队伍的重要意义，使党员领导干部真正把思想和行动统一到中央精神上来，从反面典型中汲取教训，知敬畏、明底线、受警醒，严守党的政治纪律和政治规矩，坚决维护党的集中统一，为协调推进“四个全面”战略布局做出新的更大贡献。要深入剖析反面典型严重违纪违法的思

想根源，针对这些反面典型政治上变质、经济上贪婪、道德上堕落、生活上腐化的严重违纪违法行为，从理想信念这个“总开关”上、从党性原则上、从权力观地位观利益观上、从道德品行上剖析根源，弄清实质。自觉坚守对党忠诚的政治品质，始终把党放在心中最高位置，遵守党章、践行誓言，坚定理想信念、对党绝对忠诚，在各种诱惑面前立场坚定，始终做到在党言党、在党忧党、在党为党。自觉严守党的政治纪律和政治规矩，始终在思想上政治上行动上同以习近平为总书记的党中央保持高度一致。自觉增强党性修养，加强从政道德和个人品行修养，慎独慎微、勤于自省，襟怀坦白、表里如一，敢于担当、真抓实干，始终做到心中有党、心中有民、心中有责、心中有戒，保持共产党人的崇高品质和浩然正气。

7 月 27 日

［纲　文］　**国务院批复福建省人民政府，同意福州市城市总体规划。**

［目　文］　批复说：一、原则同意《福州市城市总体规划（2011—2020 年）》（以下简称《总体规划》）。二、重视城乡区域统筹发展。在《总体规划》确定的 4792 平方公里城市规划区范围内，实行城乡统一规划管理。加强城中村和城乡结合部地区的规划建设管理，城镇基础设施、公共服务设施的建设应当统筹考虑为周边农村提供服务。三、合理控制城市规模。到 2020 年，中心城区常住人口控制在 410 万人以内，城市建设用地控制在 378 平方公里以内。要贯彻城乡规划法关于“先规划、后建设”的原则，禁止在《总体规划》确定的建设用地范围之外设立各类开发区和新城新区。坚持节约和集约利用土地，严格控制新增建设用地，加大存量用地挖潜力度，合理开发利用城市地下空间资源，提高土地利用效率，切实保护好耕地特别是基本农田。四、完善城市基础设施体系。要进一步完善公路、水运、铁路、机场等交通基础设施，改善城市与周边地区交通运输条件，加强城市内外交通衔接。五、建设资源节约型和环境友好型城市。六、创造良好的人居环境。要坚持以人为本，统筹安排关系人民群众切身利益的教育、医疗、市政等公共服务设施的规划布局和建设，推进城乡基本公共服务均等化。七、重视历史文化和风貌特色保护。要统筹协调发展与保护的关系，按照整体保护的原则，切实保护好城市传统风貌和格局。八、严格实施《总体规划》。城市建设要实现经济社会协调发展，物质文明和精神文明共同进步。城市管理要健全民主法制，坚持依法治市，构建和谐社会。福州市人民政府要根据本批复精神，认真组织实施《总体规划》，任何单位和个人不得随意改变。福建省和住房城乡建设部要加强对《总体规划》实施工作的指导、监督和检查。

7 月 27 日

［纲　文］　**水利部印发《关于进一步加强农村饮水安全工程运行管护工作的指导意见》。**

［目　文］　《意见》由六部分组成：一、加强组织领导，确保责任落实到位；二、明晰工程产权，落实管护主体和经费；三、建立健全农村饮水安全工程基层管理服务体系；四、强化水源保护和水质保障；五、开展关键岗位技术培训，提高工程管理水平；

六、强化监督检查和宣传科普，确保群众喝上干净水。

《意见》指出，要加强宣传科普，提高社会和受益群众对农村饮水安全及运行管护、水费收缴的认知水平。充分利用电视公益广告、新闻报纸、互联网、宣传册、宣传栏、现场会等形式广泛开展多层次、多渠道的农村饮水安全工程长效管理的舆论宣传和科普宣传，着力提高农民对饮水安全的认知水平，引导农民自觉管理和爱护工程设施，主动缴纳水费，增强农民主人翁意识和责任感。

7月27日

［纲　文］　**教育部印发《关于深化职业教育教学改革全面提高人才培养质量的若干意见》。**

［目　文］　《意见》由八部分组成：一、总体要求；二、落实立德树人根本任务；三、改善专业结构和布局；四、提升系统化培养水平；五、推进产教深度融合；六、强化教学规范管理；七、完善教学保障机制；八、加强组织领导。

《意见》强调，各省级教育行政部门要根据本意见要求，结合本地实际情况，抓紧制订具体实施方案，细化政策措施，确保各项任务落到实处。要对落实本意见和本地实施方案情况进行监督检查和跟踪分析，对典型做法和有效经验，要及时总结，积极推广。

7月27日

［纲　文］　**中国侨联九届四次常委会议在北京召开。**

［目　文］　会议传达了中央党的群团工作会议精神。大家表示，习近平总书记的重要讲话指明了侨联事业改革发展的前进方向，令广大侨联干部和侨界群众深受鼓舞，一定要认真贯彻落实，凝聚侨界力量为实现中华民族伟大复兴的中国梦做出独特贡献。

中共中央政治局委员、国家副主席李源潮出席会议时指出，中国侨联要认真学习贯彻习近平总书记在中央党的群团工作会议上的重要讲话精神，坚持走中国特色社会主义群团发展道路，大力推进侨联工作改革创新。

7月27日

［纲　文］　**外交部发言人就索马里恐怖袭击导致中方人员伤亡表示，中方对恐怖袭击深感震惊并予以强烈谴责，对中方人员遇难深感悲痛并深表哀悼，对其家属和受伤人员表示诚挚慰问。**

［目　文］　发言人说，当地时间7月26日下午4时左右（北京时间晚9时左右），索马里首都摩加迪沙半岛皇宫酒店遭到自杀式汽车炸弹袭击，造成多国多名人员伤亡。中国驻索使馆位于酒店内，正在馆内办公的中国驻索使馆1名负责安全警卫的工作人员因伤势严重医治无效不幸去世，另有3名使馆工作人员受轻伤。事件发生后，党中央、国务院高度重视，外交部立即紧急开展应急处置工作，目前使馆工作人员已全部转移至安全地区。中方已在摩加迪沙和北京分别向索方提出交涉。索方表示将采取一切必要措施，全力救治伤者，妥善处理有关问题，确保中国驻索机构和人员安全。外交部将和有关部门密切沟通，做好遇难人员的善后工作，密切跟踪形势，加强自身安保防范，保护中方在索机构

和人员的安全和利益。

7 月 27 日

［纲　文］ **《人民日报》报道，经中共中央批准，中共中央纪委对福建省原副省长徐钢严重违纪问题进行立案审查。**

［目　文］ 经查，徐钢严重违反廉洁自律规定，利用职务上的便利，为其妻的经营活动谋取利益；严重违反中央八项规定精神，由他人出资安排打高尔夫球；利用职务上的便利在干部选拔任用、企业经营等方面为他人谋取利益，收受巨额贿赂。后于 2016 年 12 月 29 日，安徽省合肥市中级人民法院公开宣判了福建省人民政府原副省长徐钢受贿案，对被告人徐钢以受贿罪判处有期徒刑 13 年，并处罚金人民币 200 万元；对徐钢受贿犯罪所得财物及其孳息予以追缴，上缴国库。

7 月 27 日

［纲　文］ **《人民日报》发表题为《凝聚风雨同舟的力量》的评论员文章。**

7 月 27 日

［纲　文］ **《人民日报》发表题为《守卫民族不灭的精神薪火》的评论员文章。**

7 月 27 日—8 月 2 日

［纲　文］ **"艺海流金——丝路寻根之旅"内地与港澳文化交流活动在陕西举行。**

［目　文］ 活动由文化部和陕西省人民政府联合主办，国务院港澳事务办公室特别支持，陕西省文化厅承办。以"感知国风秦韵、体验丝路文化、扩大交流合作、增进彼此友谊"为宗旨，以弘扬优秀民族文化传统为主线，全面展示陕西省深厚的历史文化积淀和得天独厚的自然、人文资源，包括参访文化机构、陕西文化推介、对口交流、学术论坛和座谈会、笔会、联谊等活动，行程遍及西安、宝鸡、延安、韩城等地，以期拓展内地与港澳在文化领域内的交流与合作，推动三地文化艺术的共同繁荣与发展。

7 月 28 日

［纲　文］ **中共中央办公厅印发《推进领导干部能上能下若干规定（试行）》，自 2015 年 7 月 19 日起施行。**

7 月 28 日

［纲　文］ **李克强主持召开国务院常务会议。**

［目　文］ 会议主要内容是：一、部署推进城市地下综合管廊建设，扩大公共产品供给提高新型城镇化质量。会议指出，这是创新城市基础设施建设的重要举措，可以逐步消除"马路拉链""空中蜘蛛网"等问题，用好地下空间资源。会议确定，一是各城市政府要综合考虑城市发展远景，按照先规划、后建设的原则，编制地下综合管廊建设专项规划，在年度建设中优先安排，并预留和控制地下空间。二是在全国开展一批地下综合管廊建设示范，在探索取得经验的基础上，城市新区、各类园区、成片开发区域新建道路要同步建设地下综合管廊，老城区要结合旧城更新、道路改造、河道治理等统筹安排管廊

建设。已建管廊区域，所有管线必须入廊；管廊以外区域不得新建管线。加快现有城市电网、通信网络等架空线入地工程。三是完善管廊建设和抗震防灾等标准，落实工程规划、建设、运营各方质量安全主体责任，建立终身责任和永久性标牌制度，确保工程质量和安全运行，接受社会监督。四是创新投融资机制，在加大财政投入的同时，通过特许经营、投资补贴、贷款贴息等方式，鼓励社会资本参与管廊建设和运营管理。二、确定促进旅游投资和消费的政策措施，打造稳增长调结构惠民生新支点。会议认为，一要改善旅游消费环境。支持加强中西部地区支线机场、连通景区道路、停车场、旅游厕所等建设，规范旅游市场价格和经营秩序。二要发展个性化、特色化乡村旅游，支持大学毕业生、返乡农民工等通过乡村旅游自主创业。推进乡村旅游扶贫。三要挖掘旅游消费新热点。发展老年旅游、研学旅行、健康旅游和邮轮经济等。推动各地落实带薪休假制度。四要加大政府投入，调动社会力量，鼓励采取PPP等模式投资建设和运营旅游项目，拓宽旅游企业融资渠道，鼓励金融机构加大信贷支持。让多彩的旅游丰富群众生活、助力经济发展。三、通过《中华人民共和国反家庭暴力法（草案）》。会议通过《中华人民共和国反家庭暴力法（草案）》。草案按照预防为主、教育与惩处相结合原则，规定根据情节轻重对加害人出具告诫书、给予治安管理处罚或追究刑事责任等，明确了政府、社会组织、自治组织和学校、医疗机构等各方职责，并设立人身安全保护令制度，切实保障家庭成员特别是妇女儿童权益。会议决定将草案提请全国人大常委会审议。

7月28日

［纲　文］　**国务院办公厅印发《关于全面实施城乡居民大病保险的意见》。**

［目　文］　《意见》由七部分组成：一、基本原则和目标；二、完善大病保险筹资机制；三、提高大病保险保障水平；四、加强医疗保障各项制度的衔接；五、规范大病保险承办服务；六、严格监督管理；七、强化组织实施。

《意见》要求，各省（区、市）人民政府和新疆生产建设兵团、各市（地）人民政府要将全面实施大病保险工作列入重要议事日程，进一步健全政府领导、部门协调、社会参与的工作机制，抓紧制定实施方案，细化工作任务和责任部门，明确时间节点和工作要求，确保2015年底前全面推开。

7月28日

［纲　文］　**国务院安全生产委员会在北京召开全体会议。**

［目　文］　国务院安委会主任马凯出席会议并讲话。国务院安委会副主任郭声琨主持会议。

会议指出，2015年以来，各地区、各部门和各单位认真贯彻落实习近平总书记、李克强总理关于加强安全生产工作的一系列重要指示批示精神，狠抓各项安全责任和措施落实，全方位加强安全生产，事故总量、较大以上事故和煤矿等重点行业领域事故继续下降。但形势依然严峻，重特大事故时有发生，非法违法行为仍然突出，非传统高危行业领域安全问题凸显。要按照党中央、国务院的决策部署，坚持警钟长鸣、常抓不懈，强化预防治本，从根本上提高安全发展水平。要建立健全“党政同责、一岗双责、齐抓共管”的安全生产责任体系，实现各级地方、企业和主管部门安全责任全覆盖、真落实。全面推进依法治安，加大安全监管执法力度，强化监督检查。深入开展打非治违专项行动，继续加强重点行业领域安全整治，打好油气输送管道隐患整治攻坚战，切实加强交通运输等安全监管。深化安全生产领域改革创新，建立完善安全预防控制体系，强化基层执法力量。积极推进煤矿机械化、自动化、信息化建设，加强矿山、石化罐区、内河航运等应急救援体系建设，大力提高安全保障水平。近期要集中开展安全生产大检查，深入排查整治安全隐患，加强汛期安全防范，有效遏制重特大事故发生。

7月28日

［纲　文］　**安徽省第十二届人民代表大会第五次会议选举王学军为安徽省第十二届人民代表大会常务委员会主任，选举李锦斌为安徽省人民政府省长。**

7月28日

［纲　文］　**国家副主席李源潮在北京分别会见第4次世界妇女大会秘书长杰楚德·蒙盖拉和马耳他外交部长维拉。**

［目　文］　李源潮在会见蒙盖拉时说，1995年在北京举办的联合国第四次世界妇女大会具有重要意义和深远影响。希望中国与联合国2015年9月联大期间在纽约联合国总部举办的全球妇女峰会成功举行，进一步推动落实《北京宣言》和《行动纲领》，推动全球妇女进步和2015年后发展目标实现。蒙盖拉说，第四次世妇会令人难忘，期待中国继续引领推动全球妇女进步事业，不断加强坦中、非中交流。

李源潮在会见维拉时说，中马建交以来，双方始终相互尊重、平等相待，双边关系保持长期顺利发展。希望两国加强战略对接，拓展经贸、金融、能源等方面合作，深化人文交流，推动中马友好合作关系取得更大发展，为促进中欧关系新发展做出新贡献。维拉表示，马耳他历届政府均高度重视发展对华关系，愿与中方共同努力，继续深化双方政治互信和各领域务实合作，推动两国及欧中关系更好向前发展。

7月28日

［纲　文］　**外交部发言人就朝鲜最高领导人金正恩向中国人民志愿军烈士和老兵致敬答记者问。**

［目　文］　有记者问：据朝媒报道，7月25日，朝鲜最高领导人金正恩出席在平壤举行的朝鲜第四次全国老兵大会并发表讲话，其中表示向中国人民志愿军烈士、老兵致敬。7月27日，金正恩还以其名义向桧仓中国人民志愿军烈士陵园敬献了花圈。中方对此有何评价？

发言人说，2015年7月27日是朝鲜战争停战62周年。中国人民志愿军为维护和平和中朝友谊做出的历史贡献将永远彪炳史册。

7月28—29日

［纲　文］　**第5届库布其国际沙漠论坛在内蒙古召开。**

［目　文］　论坛由科技部、国家林业局、内蒙古自治区政府、联合国环境规划署、联合国防治荒漠化公约秘书处联合主办，内蒙古鄂尔多斯市政府、中国亿利公益基金会承办。以“沙漠生态文明·共建丝绸之路”为主题，论坛围绕生态文明建设和绿色化发展“一带一路”建设战略机遇下的金融创新与合作新常态下的绿色投资等议题展开深入交流，探寻共赢绿色发展的新途径。来自多个国家和地区的相关政要、国际组织代表、商界领袖300余人参加了本次论坛。

国务院副总理汪洋出席开幕式并致辞指出，荒漠化是严重的全球性生态问题，影响经济社会可持续发展，要把荒漠化治理作为生态文明建设的重要内容、摆在重要位置，加大治理力度、加快治理步伐。经过长期不懈努力，中国荒漠化治理取得举世公认的成就，初步遏止了荒漠化扩展趋势，实现了沙化土地面积和沙化程度持续“双减少”，培育出一大批防沙治沙特色产业，实现了沙区农牧民收入和企业经济效益“双增长”。在加快推进生态文明建设的新时期，要牢固树立尊重自然、顺应自然、保护自然的理念，更加重视科学治理，强化防沙治沙科技支撑，坚持以自然修复为主并与人工治理相结合，推动治理措施综合配套。要更加重视调动社会力量参与，运用市场机制多渠道筹集治理资金，营造全社会关心和支持防沙治沙的良好氛围。要更加重视制度建设，完善防沙治沙法律体系，建立健全考核奖惩、沙区生态保护红线等制度。要加强防沙治沙国际合作，特别是与“一带一路”沿线国家和地区的合作，共同建设绿色丝绸之路。

7月28—30日

［纲　文］　**2015北京世界马铃薯大会在北京延庆召开**。

［目　文］　大会以“面向未来，共同发展”为主题，由农业部和北京市人民政府共同主办。来自中国、美国、加拿大等37个国家的世界马铃薯产业技术及市场专家到会，围绕马铃薯的品种选育、消费与市场及马铃薯主食化等十大专题领域开展专题研讨。

中国每年种植马铃薯550多万公顷，生产持续稳定发展，2014年种植面积和产量均占世界的1/4左右，已成为马铃薯生产和消费第一大国。

7月29日

［纲　文］　**国务院办公厅印发《关于推广随机抽查规范事中事后监管的通知》**。

［目　文］　《通知》由四部分组成：一、总体要求；二、大力推广随机抽查监管；三、加快配套制度机制建设；四、工作要求。

《通知》指出，随机抽查不仅要在市场监管领域推广，也要在各部门的检查工作中广泛运用。各部门要抓紧制定实施方案，细化在本部门、本领域推广随机抽查的任务安排和时间进度要求。要做好统筹协调，加强跟踪督促，务求推广随机抽查工作取得实效。

7月29日

［纲　文］　**国务院办公厅复函上海市、江苏省、浙江省、福建省、山东省、河南省、湖北省、广东省、四川省人民政府和商务部，同意在上海9个城市开展国内贸易流通**

体制改革发展综合试点。

［目　文］　复函说：一、国务院同意在上海市、南京市、郑州市、广州市、成都市、厦门市、青岛市、黄石市和义乌市9个城市开展国内贸易流通体制改革发展综合试点。二、试点工作要坚持市场化改革方向，以建设法治化营商环境为主线，以新的流通创新为引领，通过深化改革，推动政府转变职能、简政放权，打破地区封锁和行业垄断，充分发挥市场配置资源的决定性作用，优化内贸流通发展的体制机制，完善流通法规、规则和诚信体系，逐步形成政府依法行政、企业守法经营、中介组织规范自律、社会公众有效监督的法治化营商环境和分工明确、协调高效的内贸流通管理体制，增强内贸流通服务经济社会发展全局的能力。三、试点城市人民政府要根据《国内贸易流通体制改革发展综合试点方案》，围绕探索建立创新驱动的流通发展机制、建设法治化营商环境、建立流通基础设施发展模式、健全统一高效的流通管理体制等主要任务，结合实际，突出特色，制订本市试点工作方案，报商务部备案。四、试点城市人民政府要加强对试点工作的组织领导，搞好综合协调，强化政策保障，认真落实各项试点任务，及时总结报送试点工作进展及取得的经验。试点城市所在省级人民政府要高度重视，加强对试点工作的指导和政策支持。五、商务部要会同发展改革委、工业和信息化部、财政部、交通运输部、工商总局、质检总局、邮政局和供销合作总社做好宏观指导和督查落实，适时开展考核评估，并将考核结果报国务院。

7 月 29 日

［纲　文］　**中宣部在北京举办全国戏曲工作座谈会**。

［目　文］　戏曲界人士和中宣部、文化部、财政部等部门负责人共百余位代表集聚一堂，交流经验，分享体会，集思广益，建言献策。

中宣部部长刘奇葆出席座谈会时指出，振兴戏曲艺术是时代的需要、人民的需要和繁荣文艺事业的需要，要深入学习贯彻习近平总书记系列重要讲话精神特别是在文艺工作座谈会上的讲话精神，坚守中华文化立场，坚定文化自信，树立以人民为中心的工作导向，以社会主义核心价值观为引领，推出更多艺术精湛、群众喜爱的戏曲精品，不断开创戏曲事业新局面。走向民间、服务群众，是戏曲艺术创作生产、繁荣发展的内在要求。但凡有生命力的剧种，都生长在民间、活跃在民间、变革在民间。戏曲必须回到民间去，回到发展的源头，深入生活、扎根人民，把创作扎根在民间，把舞台搭建在民间，把来源于群众的戏曲回馈给群众，不断激活戏曲艺术生命力。要坚持百花齐放、推陈出新，支持不同剧种、不同流派竞相发展，重视继承传统，传艺、传神、传德，鼓励创新创造，出名家、出精品、出流派，努力展现戏曲艺术时代新风貌。要建立健全戏曲人才培养体系，注重师徒传承，培育观众群体，努力夯实戏曲发展的根基。要深化戏曲院团改革，加大政策扶持力度，增强"造血"功能和发展动力，让戏曲艺术充满生机。

7 月 29 日

［纲　文］　**最高法印发《关于建立法律实习生制度的规定》**。

7月29日

［纲　文］ **国家副主席李源潮在北京会见刚果（金）外长奇班达。**

［目　文］ 李源潮说，在双方共同努力下，中刚关系长期健康稳定发展，两国在涉及彼此核心利益和重大关切问题上相互理解相互支持。中国一贯高度重视发展对刚果关系，愿与刚果对接彼此发展战略，深化拓展互利共赢合作，推动中刚关系不断迈上新台阶。

奇班达表示，中国是刚果的好朋友好兄弟。刚果感谢中国长期以来提供的真诚帮助，愿巩固和深化双方各领域合作，实现互利共赢。

7月29日

［纲　文］ **《人民日报》发表题为《能上能下，优进劣退》的评论员文章。**

7月29—30日

［纲　文］ **共青团十七届四中全会在北京召开。**

［目　文］ 会议传达学习中央党的群团工作会议精神，研究共青团深化改革工作。中共中央政治局委员、国家副主席李源潮出席会议并讲话。李源潮指出，共青团要认真学习贯彻习近平总书记在中央党的群团工作会议上的重要讲话精神，坚持走中国特色社会主义群团发展道路，大力推进共青团工作改革创新。

7月29—30日

［纲　文］ **应国家主席习近平邀请，土耳其共和国总统埃尔多安对中国进行国事访问。**

［目　文］ 访问期间，习近平在北京同埃尔多安举行了会谈，两国元首一致认为，中土双方要明确两国关系发展大方向，筑牢政治互信根基，在彼此重大关切问题上相互支持，实现两国发展战略对接，拓宽和充实中土战略合作内涵。两国元首共同出席了中国—土耳其经贸论坛并致辞。国务院总理李克强、全国人大常委会委员长张德江在北京分别会见了埃尔多安。

习近平同埃尔多安会谈时指出，双方要深化互信，夯实两国友好基石。埃尔多安总统和土耳其政府多次重申坚决反对任何人在土耳其境内从事任何破坏中国主权和领土完整的活动，反对一切形式恐怖主义。中方对此表示赞赏，愿意加强两国执法安全合作。中方支持两国立法机构和政府部门密切交流，加强政策沟通和政治互信，确保中土战略合作关系始终在正确轨道上前行。双方应当推进各领域合作，这将造福于两国人民，也有利于世界的和平与发展。中方愿将“一带一路”倡议同土方发展战略对接，实现共同合作、共同发展、共同繁荣。双方要落实好中土经贸合作中长期发展规划，加强在经贸、投资、金融、基础设施、旅游、人文、地方等领域的合作。

埃尔多安表示，土耳其政府一直从战略高度看待同中国的关系，坚定致力于推动土中战略合作关系取得更大发展。在我们即将迎来土中建交45周年之际，土方愿同中方共同努力，深化经贸、投资、科技、产业、基础设施等各领域合作。

李克强在会见埃尔多安时表示，中方高度重视发展中土务实合作。双方要用好两国副总理级政府间合作委员会机制，协调政治、经贸、人文等领域合作；中方愿将“一带一路”倡议同土方“中间走廊”计划相衔接，加强铁路等基础设施建设、新能源、轻工、通信等产业合作，推动双边贸易均衡增长；拓展航空、航天、金融等新兴领域合作。希望土方为中方企业赴土投资提供便利和支持。

埃尔多安表示，土方发展对华关系愿望强烈、目标明确，愿进一步提升双边贸易投资合作水平。欢迎中方扩大对土基础设施建设、能源、信息通信、金融、航空、工程承包等领域投资与合作。土耳其愿成为中方企业生产、物流基地，期待与中方一道开展第三方市场合作。

张德江在会见埃尔多安时说，中国全国人大与土耳其大国民议会应始终坚持“相互尊重主权和领土完整、相互照顾彼此核心利益和重大关切”这一原则，通过开展多层次、多渠道的对话、交流与合作，增进相互了解，加强政治互信，夯实友好合作的民意和法律基础，营造友好交往的社会环境，为深化两国传统友谊提供更多“正能量”。

埃尔多安说，土中两国各领域交流密切，合作成果丰富。土方愿积极推动两国立法机关开展交流合作。

7月30日

［纲　文］　**习近平主持召开中共中央政治局会议。**

［目　文］　会议主要内容是：一、分析研究当前经济形势和经济工作。会议认为，上半年经济增长与预期目标相符，主要经济指标有所回升，结构调整继续推进，农业形势持续向好，发展活力有所增强。同时，经济下行压力依然较大，一些企业经营困难，经济增长新动力不足和旧动力减弱的结构性矛盾依然突出。会议指出，做好下半年经济工作总的要求是：全面贯彻党的十八大和十八届三中、四中全会精神，坚持以邓小平理论、“三个代表”重要思想、科学发展观为指导，深入贯彻习近平总书记系列重要讲话精神，主动适应经济发展新常态，坚持稳中求进工作总基调，坚持以提高经济发展质量和效益为中心，坚持宏观政策要稳、微观政策要活、社会政策要托底的总体思路，保持宏观政策连续性和稳定性，在区间调控基础上加大定向调控力度，及时进行预调微调，高度重视应对经济下行压力，高度重视防范和化解系统性风险，大力推进改革开放，保持稳增长、促改革、调结构、惠民生、防风险综合平衡，调动各方面积极性，狠抓工作落实，保持经济运行在合理区间，促进经济持续健康发展和社会大局稳定。二、研究进一步推进西藏经济社会发展和长治久安工作。会议强调，做好新形势下的西藏工作，必须坚持党的治藏方略，把维护祖国统一、加强民族团结作为工作的着眼点和着力点，坚定不移开展反分裂斗争，坚定不移促进经济社会发展，坚定不移保障和改善民生，坚定不移促进各民族交往交流交融，依法治藏、富民兴藏、长期建藏、凝聚人心、夯实基础，确保国家安全和长治久安，确保经济社会持续健康发展，确保各族人民物质文化生活水平不断提高，确保生态环境良

好。会议强调，要坚持把改善民生、凝聚人心作为经济社会发展的出发点和落脚点，以基础设施、特色优势产业、生态保护与建设为重点，推进经济社会协调发展、走向全面小康，推进民生显著改善、走向人民生活富裕幸福，推进生态安全屏障建设、走向生态全面改善。西藏各族干部群众要紧紧抓住机遇，充分发挥积极性、主动性、创造性，开创西藏工作新局面。三、决定设立中央统一战线工作领导小组。会议决定，设立中央统一战线工作领导小组，主要职责是对统一战线贯彻落实中央重大决策部署和中央关于统一战线重大方针、政策、法律法规情况进行研究，指导各地区各部门各单位党委（党组）贯彻落实中央关于统一战线的方针政策、法律法规，督促检查中央关于统一战线的重大方针、政策、法律法规的贯彻落实等。

7 月 30 日

［**纲　文**］　**习近平主持中共中央政治局第 25 次集体学习**。

［**目　文**］　本次学习的主题是：中国人民抗日战争的回顾和思考。军事科学院军事历史和百科研究部部长曲爱国就这个问题进行讲解，并谈了意见和建议。中共中央政治局各位委员听取了他的讲解，并就有关问题进行了讨论。

习近平强调，深入开展中国人民抗日战争研究，必须坚持正确历史观、加强规划和力量整合、加强史料收集和整理、加强舆论宣传工作，让历史说话，用史实发言，着力研究和深入阐释中国人民抗日战争的伟大意义、中国人民抗日战争在世界反法西斯战争中的重要地位、中国共产党的中流砥柱作用是中国人民抗日战争胜利的关键等重大问题。70 年前，中国人民经过艰苦卓绝的浴血奋战，打败了穷凶极恶的日本军国主义侵略者，赢得了近代以来中国抗击外敌入侵的第一次完全胜利。长期以来，对中国人民抗日战争的研究，党史部门、军史部门、高等院校、社科研究机构等单位做了大量工作，取得了许多重要成果。宣传文化部门和社会各界也做了很大努力。同时，同中国人民抗日战争的历史地位和历史意义相比，同这场战争对中华民族和世界的影响相比，我们的抗战研究还远远不够，要继续进行深入系统的研究。要坚持用唯物史观来认识和记述历史，把历史结论建立在翔实准确的史料支撑和深入细致的研究分析的基础之上。要坚持正确方向、把握正确导向，准确把握中国人民抗日战争的历史进程、主流、本质，正确评价重大事件、重要党派、重要人物。要从总体上把握局部抗战和全国性抗战、正面战场和敌后战场、中国人民抗日战争和世界反法西斯战争等重大关系。我们不仅要研究七七事变后全面抗战 8 年的历史，而且要注重研究九一八事变后 14 年抗战的历史，14 年要贯通下来统一研究。要以事实批驳歪曲历史、否认和美化侵略战争的错误言论。要加强国家层面的统筹协调，按照“总体研究要深、专题研究要细”的原则，制定中长期规划和具体工作方案，确定研究重点和主攻方向。抗战研究要深入，就要更多通过档案、资料、事实、当事人证词等各种人证、物证来说话。要通过多种形式的宣传阐释和主题教育活动，使全国各族人民牢记由鲜血和生命铸就的中国人民抗日战争的伟大历史，牢记中国人民为维护民族独立和自由、捍卫祖国主权和尊严建立的伟大功勋，牢记中国人民为世界反法西斯战争胜利做出的伟大贡献，弘扬伟大抗战精神。要加强抗战遗迹保护开发，发挥各类抗战纪念设施作用，为开展抗战研究、展示研究成果、进行爱国主义教育提供阵地。

7月30日

［纲　文］　**中共中央政治局会议审议并通过中央军委纪律检查委员会《关于对郭伯雄组织调查情况和处理意见的报告》。**

［目　文］　会议决定给予郭伯雄开除党籍处分，对其涉嫌严重受贿犯罪问题及线索移送最高人民检察院授权军事检察机关依法处理。2015年4月9日，中共中央依照党的纪律条例，决定对郭伯雄进行组织调查。经查，郭伯雄利用职务便利，为他人谋取职务晋升等方面利益，直接或通过家人收受贿赂，严重违反党的纪律，涉嫌受贿犯罪，情节严重，影响恶劣。

会议认为，严肃查处郭伯雄严重违纪涉嫌违法犯罪问题，充分体现了以习近平为总书记的党中央推进全面从严治党、依法治军、从严治军的坚定政治决心，表明了党中央坚定不移惩治腐败的坚强意志。全党全军必须充分认清当前党风廉政建设和反腐败斗争形势依然严峻复杂，坚定不移把党风廉政建设和反腐败斗争引向深入。任何人不论权力大小、职务高低，只要触犯党纪国法，都要严肃查处，绝不姑息，绝不手软。各级党委要加强对党员干部特别是高中级领导干部的教育、管理、监督，加强反腐倡廉法规制度建设，发挥法规纪律的约束作用，推动形成不敢腐、不能腐、不想腐的有效机制，不断取得党风廉政建设和反腐败斗争新成效。各级领导干部必须牢固树立马克思主义世界观、人生观、价值观，自觉加强党性修养，严守党的政治纪律和政治规矩，树立正确的权力观、地位观、利益观，带头践行“三严三实”要求，带头遵守廉洁自律各项规定，带头反对腐败，自觉经受住各种诱惑和考验，永葆党的先进性和纯洁性。人民军队始终是党和人民信赖的队伍。改革开放以来，在党中央坚强领导下，国防和军队建设取得了显著成就，人民军队在维护国家主权、安全、发展利益，保卫人民安定生活等方面做出了重大贡献。各地区各部门要一如既往关心和支持军队建设改革，维护和促进军政军民团结，为实现强军目标提供坚强保障。军队各级要深入抓好思想政治建设和作风建设，认真贯彻落实全军政治工作会议精神，坚持思想领先，坚持练兵备战，坚持严字当头，坚持以身作则，继承发扬党和军队光荣传统和优良作风，永葆人民军队政治本色，确保高度稳定和集中统一，不断凝聚强军兴军的强大正能量。之后的2016年4月5日，中国人民解放军军事检察院对中央军委原副主席郭伯雄涉嫌受贿犯罪案侦查终结，移送审查起诉。

军事检察院依法查明，郭伯雄利用职务便利，为他人职务晋升或调整提供帮助，直接和通过家人收受贿赂，数额特别巨大。郭伯雄对涉嫌受贿犯罪事实供认不讳。后于2016年5月3日，军事法院对军事检察院指控郭伯雄涉嫌受贿案立案。案件审理中，军事法院坚持以事实为根据，以法律为准绳，依法独立公正审判，确保案件裁判经得起法律和历史检验。鉴于案件中一些犯罪事实证据涉及军事秘密，依法进行不公开开庭审理。2016年7月25日，军事法院依法对中央军委原副主席郭伯雄受贿案进行了一审宣判，认定郭伯雄犯受贿罪，判处无期徒刑，剥夺政治权利终身，并处没收个人全部财产，追缴的赃款赃物上缴国库，剥夺上将军衔。

7月30日

［纲　文］　**国务院办公厅印发《关于加快转变农业发展方式的意见》。**

［目　文］《意见》由九部分组成：一、总体要求；二、增强粮食生产能力，提高粮食安全保障水平；三、创新农业经营方式，延伸农业产业链；四、深入推进农业结构调整，促进种养业协调发展；五、提高资源利用效率，打好农业面源污染治理攻坚战；六、强化农业科技创新，提升科技装备水平和劳动者素质；七、提升农产品质量安全水平，确保“舌尖上的安全”；八、加强农业国际合作，统筹国际国内两个市场两种资源；九、强化组织领导。

《意见》要求，各地、各部门要提高对转变农业发展方式重要性、复杂性和长期性的认识，制定具体实施方案，加强部门协作，狠抓工作落实，确保转变农业发展方式工作取得实效，推动现代农业发展再上新台阶。

7月30日

［纲　文］　**国务院办公厅、中央军委办公厅转发保监会、发展改革委、财政部、总参谋部、总政治部、总后勤部、总装备部《关于推进商业保险服务军队建设指导意见的通知》。**

［目　文］《通知》说，各省、自治区、直辖市人民政府，国务院各部委、各直属机构，各军区、各军兵种、各总部、军事科学院、国防大学、国防科学技术大学，武警部队：保监会、发展改革委、财政部、总参谋部、总政治部、总后勤部、总装备部《关于推进商业保险服务军队建设的指导意见》已经国务院、中央军委同意，现转发给你们，请认真贯彻执行。推进商业保险服务军队建设工作，有利于军民融合深度发展，拓宽保险服务领域，完善具有中国特色的军人保险制度体系。各地区、军地各有关部门要站在战略和全局的高度，充分认识商业保险服务军队建设的重要意义，自觉把思想和行动统一到党中央、国务院、中央军委决策部署上来，以高度负责的精神，认真履行职责，加强组织协调，抓好工作落实，提供优质高效的商业保险服务，以实际行动促进国防和军队现代化建设，维护国家改革发展稳定大局。

7月30日

［纲　文］　**税务总局、银监会印发《关于开展“银税互动”助力小微企业发展活动的通知》。**

［目　文］《通知》由三部分组成：一、开展“银税互动”助力小微企业发展的重要意义；二、“银税互动”助力小微企业发展活动的主要内容；三、工作要求。

7月30日

［纲　文］　**保监会印发《养老保障管理业务管理办法》。**

［目　文］《办法》共6章60条，主要有总则；业务规范；投资管理；风险控制；

监督管理；附则等内容。本办法自印发之日起施行，《养老保障管理业务管理暂行办法》（保监发〔2013〕43号）同时废止。

7月30日

［纲　文］　**中央军委副主席范长龙、国防部部长常万全在北京分别与波兰副总理兼国防部长谢莫尼亚克会见、会谈。**

［目　文］　范长龙在会见谢莫尼亚克时说，中波各领域交流合作持续扩大，两军高层互访频繁，务实合作取得新的突破。中方愿与波方共同努力，进一步密切两军交往，为深化中波战略伙伴关系做出贡献。谢莫尼亚克说，波方非常希望加强波中各领域友好合作，扩大两军务实交流，丰富波中战略伙伴关系的内涵。

常万全在与谢莫尼亚克会谈时说，近年来，中波战略伙伴关系保持积极发展势头。两军交往领域扩大，交流形式创新，务实合作不断深化。中方愿与波方共同努力，推动双方在军兵种交流、人员培训、军事学术等领域的合作不断发展。谢莫尼亚克说，中国是波兰重要合作伙伴，希望波中两军在训练、教育、互访等领域开展更为密切的合作。

7月30日

［纲　文］　**外交部发言人就缅方将向中方移交155名中国伐木人员表示，我们重视缅方采取的有关措施。**

［目　文］　有记者问：据报道，缅甸总统签署大赦令，将释放包括不久前被缅方判刑的中方155名非法越境伐木人员。中方对此有何评论？

发言人表示，我们重视缅方采取的有关措施。缅地方法院对中方155名非法越境伐木人员作出判决后，中方就尽快交还上述人员同缅甸有关方面保持了密集沟通。今天上午，缅方向中方通报，将于明天移交上述人员。

7月30日

［纲　文］　**《人民日报》发表题为《以反面典型为镜》的评论员文章。**

7月30日—8月7日

［纲　文］　**“中国美术馆典藏活化系列展：世相——华君武百年诞辰纪念特展”在中国美术馆举行。**

［目　文］　本次展览展出的作品是从华君武捐赠的2000余件作品中遴选出来的百余件精品。

华君武（1915—2010），著名漫画家、新中国美术事业的奠基人之一。十几岁时即开始漫画创作，抗日战争爆发后奔赴延安。历任《人民日报》美术组组长、文学艺术部主任，中国美术家协会秘书长、书记处书记、常务书记、副主席、顾问等职，曾任文化部艺术局负责人。89岁时，华君武将2000余件漫画原作全部捐赠给中国美术馆。

30日，由文化部、中国文联和中国美术家协会主办，中国美术馆承办，中央美术学院、浙江省文联协办的“纪念华君武诞辰100周年座谈会”在北京举办。文化部副部长董伟，中国文联副主席左中一，中国文联副主席、中国美术家协会主席刘大为，中国美术馆馆长吴为山，浙江省文联党组书记田宇原，美术家侯一民、常沙娜、杨力舟、邵大箴、秦龙、田世信，华君武先生亲属等出席。

7月31日

［纲　文］　**中共中央办公厅印发《关于在深化国有企业改革中坚持党的领导加强党的建设的若干意见》。**

［目　文］　《意见》指出，坚持党的建设与国有企业改革同步谋划，充分发挥党组领导核心作用、党委政治核心作用、基层党组织战斗堡垒作用和党员先锋模范作用；坚持党管干部原则，从严选拔国有企业领导人员，建立适应现代企业制度要求和市场竞争需要的选人用人机制；严格落实国有企业党建工作责任制，切实履行党风廉政建设主体责任和监督责任；把加强党的领导和完善公司治理统一起来，明确国有企业党组织在公司法人治理结构中的法定地位；坚持从严教育管理国有企业领导人员，强化对国有企业领导人员特别是主要领导履职行权的监督；适应国有资本授权经营体制改革需要，加强对国有资本投资、运营公司的领导；把建立党的组织、开展党的工作，作为国有企业推进混合所有制改革的必要前提。

7月31日

［纲　文］　**中共中央决定：赵克志任河北省委委员、常委、书记，不再担任贵州省委书记、常委、委员职务。陈敏尔任贵州省委书记。**

7月31日

［纲　文］　**李克强主持召开国务院常务会议。**

［目　文］　会议主要内容是：一、部署加快融资担保行业改革发展，更好发挥金融支持实体经济作用。会议指出，坚持市场主导和政策扶持相结合，有针对性地加快发展融资担保行业，深化金融改革，破解小微企业和“三农”融资难题，是完善定向调控的重要举措，有利于推动大众创业、万众创新，支持“三农”以增强实体经济“细胞”活力。一要探索建立政府、银行和融资担保机构共同参与、共担风险机制和可持续的合作模式，鼓励有条件的地方设立政府性担保基金，对银行业金融机构担保贷款发生的风险给予合理补偿。二要设立国家融资担保基金，推动政府主导的省级再担保机构在3年内实现基本全覆盖，与融资担保机构一起，层层分散融资担保业务风险。三要以省级、地市级为重点，以政府出资为主，发展一批经营规范、信誉较好、聚焦主业服务小微企业和“三农”的政府性融资担保机构。支持融资担保机构兼并重组，做优做强。四要加大财政支持，落实对融资担保机构免征营业税和准备金税前扣除等政策，依法为其开展抵（质）押登记，提供债权保护和追偿协助，维护合法权益。五要对政府性融资担保和再担保机构减少或取消盈利要求，适当提高对小微企业和“三农”担保贷款的风险容忍度，推动降低担保业务收费标准。健全融资担保机构信用记录，创新分类监管和差异化管理模式，建立规范融资担保的长效机制，有效防控金融风险。更好发挥融资担保为农为企分忧、助力创业创新的作用。

二、决定整合建立统一的公共资源交易平台，以管理创新促进资源配置高效透明。会议决定，在不增加企业和群众负担的前提下，整合分散设立的工程建设项目招投标、土地使用权和矿业权出让、国有产权交易、政府采购等公共资源交易市场，2016年6月底前，地方各级政府基本完成整合工作，2017年6月底前，在全国范围形成规则统一、公开透明、服务高效、监督规范的公共资源交易平台体系。一是整合平台层级。设区的市级以上政府要建立本地区统一的公共资源交易平台，县级政府不再新设，已设的转为市级分支机构。二是整合交易服务信息系统，打破信息壁垒，实现开放共享。三是整合场所资源。充分利用现有各类交易场所，严禁新建楼堂馆所。探索通过政府购买服务等方式，使用由社会力量建设并符合标准要求的场所。四是完善交易规则。清理各地公共资源交易规定，坚决纠正违法违规设置审批、变相审批、干预交易主体自主权等内容。五是强化监管。依法公开交易公告、项目审核、成交履约、行政处罚等信息，对市场主体登记注册等信息实现交换共享，不得要求重复登记、备案和验证。打击违法违规行为。

7月31日

［纲　文］　**王岐山在北京分别主持召开部分中央部委、中央国家机关部委党组主要负责人，部分专家学者座谈会，就修订廉政准则和党纪处分条例征求意见。**

［目　文］　中央纪委书记王岐山强调，全面从严治党必须推进制度创新，立足当前，着眼长远，认准正确方向，解决现阶段突出问题，实现制度建设的与时俱进。依法治国必然要求依规治党。修订廉政准则和党纪处分条例，是落实党的十八大和十八届三中、四中全会精神，贯彻习近平总书记系列重要讲话精神的具体行动。去年以来，中央纪委深入思考全面依法治国条件下党要管党、从严治党靠什么，党纪和国法的区别是什么？从研读党章入手，联系历史、把握当下，捋清来龙去脉，研究完善党内规则体系、强化自我监督的制度安排。坚持标本兼治、扎紧制度笼子，深化纪检体制改革，把纪律和规矩挺在前沿，深入推进党风廉政建设和反腐败斗争，为修订廉政准则和党纪处分条例奠定实践基础。全面从严治党永远在路上，制度创新是永恒的课题。不同时期党面临的形势和任务、特点和问题各不相同。党章党规党纪始终坚持理想信念宗旨不变，又根据变化着的形势和任务不断丰富完善。修订党规党纪永远是一个过程，迈出的每一步都是万里长征的第一步。我们要从党史中获得启示，坚持问题导向、确定正确方向，这个方向就是确保党始终成为中国特色社会主义的坚强领导核心、解决人民群众反映集中的问题。只要方向正确，立行立改，迈出一步就是胜利。要坚持纪严于法、纪在法前，实现纪法分开。严明党的纪律，首要任务就是遵守和维护党章，把政治纪律和政治规矩、落实中央八项规定精神突出出来，把党章党规的纪律要求丰富、完善、具体化。全面从严治党要管全党、治全党，准则应成为执政党廉洁自律的宣誓和向人民的承诺，党纪处分条例应成为从严治党的一把尺子、广大党员的基本底线和遵循。制度的生命在于执行，执行制度最终靠人。中国共产党是干出来，不是说出来、写出来的。离开了历史责任，没有忠诚干净担当，制度就形同虚设。把纪律和规矩挺在前沿就是治本。从善如登、从恶如崩，由俭入奢易、由奢入俭难，

从宽、松、软到严、紧、硬是一个长期的过程。各级党委和纪委要切实担负起主体责任和监督责任，敢于担当、敢于执纪，从小错抓起，动辄则咎，早发现早处置。以纪律从严治党，应该使咬耳朵、扯袖子，红红脸、出出汗成为常态，逐步让党纪轻处分、组织调整成为大多数，重处分的是少数，而严重违纪涉嫌违法立案审查的成为极少数。只有这样，才能真正实现全面从严治党。

7月31日

［纲　文］　**最高法印发《关于建立法律研修学者制度的规定》。**

7月31日

［纲　文］　**能源局印发《配电网建设改造行动计划（2015—2020年）》。**

［目　文］　《计划》由五部分组成：一、指导思想；二、行动目标；三、重点任务；四、政策保障；五、组织实施。

7月31日

［纲　文］　**农业部公布《国家农产品质量安全县管理办法（暂行）》。**

［目　文］　《办法》共5章24条，主要有总则、创建与申报、考评与命名、监督管理、附则等内容。自2015年7月31日起实施。

7月31日

［纲　文］　**证监会公布《关于落实注册资本登记制度改革修改相关规定的决定》。**

［目　文］　《决定》说，为进一步简政放权，构建公平、开放、透明的市场环境，提高资本市场竞争水平，按照《国务院关于印发注册资本登记制度改革方案的通知》（国发〔2014〕7号）要求，现就修改相关规定决定如下：一、删去《证券投资基金管理公司子公司管理暂行规定》（证监会公告〔2012〕32号）第九条中的“子公司的注册资本应当不低于2000万元人民币”。二、删去《关于保本基金的指导意见》（证监会公告〔2010〕30号）第八条第一款第（三）项“（三）注册资本不低于10亿元”。本决定自公布之日起施行。《证券投资基金管理公司子公司管理暂行规定》和《关于保本基金的指导意见》根据本决定作相应修改，重新公布。

7月31日

［纲　文］　**中央军委在八一大楼举行晋升上将军衔警衔仪式，习近平颁发命令状并向晋衔的军官警官表示祝贺。**

［目　文］　中央军委主席习近平，中央军委委员常万全、赵克石、张又侠、吴胜利、马晓天、魏凤和等出席仪式。中央军委副主席许其亮主持仪式。

中央军委副主席范长龙宣读了6月30日中央军委主席习近平签署的晋升上将军衔命令和7月2日中央军委主席习近平、国务院总理李克强签署的晋升武警上将警衔命令。

这次晋升上将军衔警衔的10位军官警官是：副总参谋长王冠中、总政治部副主任殷方龙、海军政治委员苗华、国防大学校长张仕波、北京军区司令员宋普选、兰州军区司令员刘粤军、济南军区司令员赵宗岐、南京军区政治委员郑卫平、成都军区司令员李作成、武警部队司令员王宁。

7月31日

［纲　文］ **省区市和部分部门单位“三严三实”专题教育工作座谈会在北京召开。**

［目　文］ 中组部部长赵乐际主持会议。中央书记处书记刘云山出席会议并讲话。福建、山西、云南省委，发展改革委、人力资源社会保障部、中石化党组等负责人在会上作交流发言。

刘云山指出，要深入学习贯彻习近平总书记重要指示精神，以先进典型为标杆、以反面典型为镜鉴，认真查找解决不严不实突出问题，把“三严三实”专题教育引向深入。要以周永康、薄熙来、郭伯雄、徐才厚、令计划、苏荣等严重违纪违法案件为反面教材，聚焦严守党的政治纪律和政治规矩，组织领导干部深刻总结反思，认清严重违纪违法对党的形象的巨大危害，认清反面典型所作所为给党和人民事业造成的重大损失，从理想信念、纪律规矩、党性原则等方面剖析根源、汲取教训、引以为戒。要紧密联系自身实际，举一反三、检身正己，受警醒、明底线、知敬畏，真正在思想上、政治上、作风上严起来实起来。评价专题教育成效，关键看不严不实问题查出了多少、解决了没有。要强化问题导向，把自己摆进去，聚焦对党忠诚、个人干净、敢于担当，把问题查清楚、摆具体，不能大而化之。

7月31日

［纲　文］ **国防部在北京举行招待会庆祝中国人民解放军建军88周年。**

［目　文］ 中央军委委员常万全致祝酒辞。中央军委委员赵克石、张又侠、吴胜利、马晓天、魏凤和等出席招待会。解放军四总部、驻京各大单位、武警部队负责人出席招待会。中共中央、国务院有关部门，北京市、对外友协负责人，军队离退休老干部代表，部队英模、首都民兵、军烈属、双拥模范、原国民党起义人员代表以及外国驻华使馆武官和夫人等中外嘉宾。

7月31日

［纲　文］ **国际奥委会第128次全会在马来西亚吉隆坡举行，北京获得2022年冬奥会举办权，习近平致信申办冬奥会代表团表示热烈祝贺。**

［目　文］ 国际奥委会第128次全会31日下午在马来西亚吉隆坡举行，在国际奥委会委员参加的不记名投票中，北京获得44票，赢得2022年冬奥会举办权。另一申办城市哈萨克斯坦的阿拉木图获得40票。

中共中央总书记习近平致申办冬奥会代表团的贺信写道，申办冬奥会代表团：北京携手张家口获得了2022年第二十四届冬季奥林匹克运动会的举办权，我向你们致以热烈的祝贺。你们为申办冬奥会付出了巨大的努力。希望你们再接再厉、扎实工作，在全国各族人民大力支持下，把2022年冬奥会办成一届精彩、非凡、卓越的奥运盛会。

31日上午，在国际奥委会投票表决前，习近平通过视频向国际奥委会委员致辞，代表中国政府和人民表达对举办2022年冬奥会的期盼之情和最坚定的支持，表示中国政府高度赞赏奥林匹克运动的价值观和国际奥委会的改革主张，将全面兑现每一项承诺，全方位践行《奥林匹克 2020 议程》。

北京申冬奥代表团团长、国务院副总理刘延东在国际奥委会第 128 次全会现场作了陈述报告，再次重申中国政府坚定支持北京携手张家口申办 2022 年冬奥会的立场。中国奥委会主席、国家体育总局局长刘鹏，北京冬奥申委主席、北京市市长王安顺，国际奥委会副主席于再清，中国残联主席张海迪，国际奥委会委员、冬奥会冠军杨扬，北京冬奥申委总体策划部负责人杨澜，北京申冬奥形象大使、篮球运动员姚明，北京申冬奥形象大使、女子自由式滑雪空中技巧世界冠军李妮娜等代表团成员也分别作了陈述。现场屏幕还播放了北京申冬奥宣传片。

31 日傍晚，中央书记处书记刘云山来到北京奥林匹克公园，出席在这里举行的群众庆祝活动，并代表党中央、国务院向北京市、张家口市成功申办 2022 年冬奥会表示热烈祝贺，向为申办工作付出辛勤劳动的全体同志表示亲切问候，向国际奥委会、各国际体育组织，向所有关心支持申办工作的国际友人、各界朋友和广大群众表示衷心感谢并指出，申办冬奥会是党中央、国务院作出的重大决策，是 13 亿中国人民对奥林匹克运动的又一次呼唤和拥抱，有利于促进冬季冰雪体育运动的普及发展，有利于增进与世界各国人民的了解和友谊。冬奥会申办成功，标志着筹办工作拉开帷幕。我们要紧密团结在以习近平为总书记的党中央周围，扎实做好各项筹办工作，努力办成一届精彩、非凡、卓越的冬奥会。

中央办公厅主任栗战书在庆祝活动上宣读了习近平的贺信。中宣部部长刘奇葆、北京市委书记郭金龙等出席庆祝活动。中央和国家机关有关部门、北京市负责人和首都各界群众 6000 余人参加庆祝活动。

同日，国家主席习近平致信国际奥林匹克委员会主席巴赫。习近平写道，尊敬的巴赫主席：今天，北京携手张家口获得了 2022 年冬奥会和冬残奥会举办权，我代表中国政府和中国人民，感谢国际奥委会的信任和长期以来的大力支持。举办一届精彩、非凡、卓越的冬奥会，是中国 13 亿多人民的心愿。我们将兑现全部承诺，同世界各国人民一道，同国际奥委会一起共同见证奥林匹克冬季运动发展和奥林匹克精神传播的新境界。中国政府和人民将践行《奥林匹克 2020 议程》，创造在同一个城市举办夏季和冬季两个奥运会的纪录，为弘扬奥林匹克精神做出新的贡献。

8 月 2 日，刘延东率北京申办冬委奥运会代表团回到北京。

7 月 31 日

［纲　文］　**国家副主席李源潮在北京会见第六十九届联大主席、乌干达外长库泰萨。**

7 月 31 日

［纲　文］　**张劲夫在北京逝世。**

［目　文］　中国共产党的优秀党员，久经考验的忠诚的共产主义战士，无产阶级革

命家，我国科技和财经战线的杰出领导人，原中共中央顾问委员会常务委员，原国务委员张劲夫，在北京逝世，享年 101 岁。

8 月 6 日，张劲夫遗体在北京八宝山革命公墓火化。习近平、李克强、张德江、俞正声、刘云山、王岐山、张高丽等送别。

7 月 31 日

［纲　文］ **《人民日报》报道，经中共中央批准，中共中央纪委对第十八届中央候补委员、云南省委原副书记仇和严重违纪问题立案审查，对第十八届中央候补委员、江苏省委原常委、南京市委原书记杨卫泽严重违纪问题立案审查，对内蒙古自治区政协原副主席赵黎平严重违纪问题立案审查。**

［目　文］ 仇和身为党的高级领导干部，无视党的政治规矩和组织纪律，严重违纪违法，且党的十八大后仍不收敛、不收手，性质恶劣、情节严重。依据《中国共产党纪律处分条例》和参照《行政机关公务员处分条例》有关规定，经中央纪委常委会议研究并报中共中央政治局会议审议，决定给予仇和开除党籍、开除公职处分；将其涉嫌犯罪问题、线索及所涉款物移送司法机关依法处理。后于 2016 年 12 月 15 日，贵州省贵阳市中级人民法院公开宣判了中共云南省委原常委、副书记仇和受贿案，对被告人仇和以受贿罪判处有期徒刑 14 年 6 个月，并处没收个人财产人民币 200 万元；对仇和受贿所得财物及其孳息予以追缴，上缴国库。

杨卫泽身为党的高级领导干部，无视党的政治规矩和组织纪律，严重违纪违法，且党的十八大后仍不收敛、不收手，性质恶劣、情节严重。依据《中国共产党纪律处分条例》和参照《行政机关公务员处分条例》有关规定，经中央纪委常委会议研究并报中共中央政治局会议审议，决定给予杨卫泽开除党籍、开除公职处分；将其涉嫌犯罪问题、线索及所涉款物移送司法机关依法处理。后于 2016 年 12 月 14 日，浙江省宁波市中级人民法院公开宣判了杨卫泽受贿案，对被告人杨卫泽以受贿罪判处有期徒刑 12 年 6 个月，并处没收个人财产人民币 200 万元；对杨卫泽受贿所得财物及其孳息予以追缴，上缴国库。

赵黎平身为长期从事公安工作的高级领导干部，严重违反党的政治规矩和组织纪律，知纪违纪，执法犯法，性质恶劣、情节严重，社会影响极坏。依据《中国共产党纪律处分条例》等有关规定，经中央纪委审议并报中共中央批准，决定给予赵黎平开除党籍处分；收缴其违纪所得；将其涉嫌犯罪问题、线索及所涉款物移送司法机关依法处理。后于 2016 年 11 月 11 日，山西省太原市中级人民法院一审公开宣判了赵黎平故意杀人、受贿、非法持有枪支、弹药、非法储存爆炸物案，认定被告人赵黎平犯故意杀人罪，判处死刑，剥夺政治权利终身；犯受贿罪，判处有期徒刑 15 年，并处没收个人财产人民币 200 万元；犯非法持有枪支、弹药罪，判处有期徒刑 5 年；犯非法储存爆炸物罪，判处有期徒刑 3 年，决定执行死刑，剥夺政治权利终身，并处没收个人财产人民币 200 万元。2017 年 2 月 28 日，山西省高级人民法院对赵黎平故意杀人、受贿、非法持有枪支、弹药、非法储存爆炸物一案公开宣判，裁定驳回上诉，维持原判。2017 年 5 月 26 日上午，山西省太原市中级人民法院遵照最高人民法院院长签发的执行死刑命令，对赵黎平执行了死刑。

7月31日

[纲　文] **《人民日报》发表题为《铁腕反腐凝聚党心民心》的评论员文章。**

8 月

8月1日

［纲　文］　**国务院印发《全国海洋主体功能区规划》。**

［目　文］　《规划》由五部分组成：一、规划背景；二、总体要求；三、内水和领海主体功能区；四、专属经济区和大陆架及其他管辖海域主体功能区；五、保障措施。

8月1日

［纲　文］　**甲午海战沉没舰“丹东一号”的水下考古调查在丹东启动。**

［目　文］　国家文物局水下文化遗产保护中心继续开展对沉船的水下调查工作，沉船的身份得到进一步明确。2014年，国家考古人员在丹东黄海海域发现一艘体量在1600吨左右的沉船。初步探明，为中日甲午海战沉没战舰，该战舰被命名为“丹东一号”。考古队在考古调查工作后，发现了长达50多米的沉舰上部遗物以及舰上的机关炮、弹药和瓷盆等物品。

1894年9月17日，中日双方海军主力在黄海北部海域爆发海战。此次战役，北洋水师失利，共损失五艘战舰，其中有四艘战舰都沉没在交战区，分别是致远、经远、超勇和扬威舰。根据史料，已经确认这艘沉船为甲午海战时北洋水师的一艘沉舰。

8月1日

［纲　文］　**《人民日报》发表题为《从严治军锻造钢铁长城》的评论员文章。**

8月1日

［纲　文］　**《人民日报》发表题为《新的约定，新的出发》的评论员文章。**

8月2日

［纲　文］　**财政部发布，2015年中央财政下拨农机补贴236.45亿元。**

［目　文］　为加快推进农业机械化和农业现代化，转变农业发展方式，提高农业综合生产能力，对直接从事农业生产的个人和农业生产经营组织购买使用先进、适用农业机械给予补贴。重点支持粮棉油糖等主要农作物生产关键环节所需机具，兼顾畜牧业、渔业、设施农业、林果业及农产品初加工发展所需机具。

8月3日

［纲　文］　**国务院办公厅印发《关于推进城市地下综合管廊建设的指导意见》。**

［目　文］《意见》由五部分组成：一、总体要求；二、统筹规划；三、有序建设；四、严格管理；五、支持政策。

《意见》指出，城市人民政府是地下综合管廊建设管理工作的责任主体，要加强组织领导，明确主管部门，建立协调机制，扎实推进具体工作；要将地下综合管廊建设纳入政府绩效考核体系，建立有效的督查制度，定期对地下综合管廊建设工作进行督促检查。住房城乡建设部要会同有关部门建立推进地下综合管廊建设工作协调机制，组织设立地下综合管廊专家委员会；抓好地下综合管廊试点工作，尽快形成一批可复制、可推广的示范项目，经验成熟后有效推开，并加强对全国地下综合管廊建设管理工作的指导和监督检查。各管线行业主管部门、管理单位等要各司其职，密切配合，共同有序推动地下综合管廊建设。中央企业、省属企业要配合城市人民政府做好所属管线入地入廊工作。

8月3日

［纲　文］**财政部、税务总局印发《关于一年期以上返还性人身保险产品营业税免税政策的通知》。**

［目　文］《通知》说：一、对保险公司开办的一年期以上返还性人身保险产品取得的保费收入免征营业税。二、保险公司应当对免税的人身保险产品单独核算，未单独核算的，不得享受营业税免税政策。三、本通知第一条规定的免税政策实行备案管理。四、自2015年9月1日起执行。

8月3日

［纲　文］**税务总局发布《关于部分税务行政审批事项取消后有关管理问题的公告》。**

［目　文］《公告》由六部分组成：一、关于取消“对办理税务登记（外出经营报验）的核准”后的有关管理问题；二、关于取消“偏远地区简并征期认定”后的有关管理问题；三、关于取消“出口退（免）税资格认定”“出口退（免）税资格认定变更”“出口退（免）税资格认定注销”“研发机构采购国产设备退税资格的认定”“集团公司具有免抵退税资格成员企业认定”“以边境小额贸易方式代理外国企业、外国自然人出口货物备案登记及备案核销的核准”后的有关管理问题；四、关于取消“设有固定装置的非运输车辆免征车辆购置税的审核”后的有关管理问题；五、关于取消“企业享受符合条件的固定资产加速折旧或缩短折旧年限所得税优惠的核准”后的有关管理问题；六、关于取消“企业从事农林牧渔业项目所得享受所得税优惠的备案核准”后的有关管理问题。自2015年8月3日起施行。

8月3日

［纲　文］**发展改革委、财政部、国土资源部、住房城乡建设部、交通运输部、公安部、银监会发布《关于加强城市停车设施建设的指导意见》。**

［目　文］《意见》由十六部分组成：一、总体思路；二、基本原则；三、科学编制规划；四、明确建设重点；五、鼓励社会参与；六、放宽市场准入；七、简化审批程序；

八、加强公共用地保障；九、盘活存量土地资源；十、创新投融资模式；十一、加大金融支持力度；十二、完善停车收费政策；十三、提升装备制造水平；十四、推动停车智能化信息化；十五、加强停车综合治理；十六、加强组织保障。

8月3日

［纲　文］ **国家新闻出版广电总局、教育部、发展改革委印发《关于中小学教辅材料管理办法的通知》。**

［目　文］ 《通知》由十部分组成：一、中小学教辅材料编写出版管理；二、中小学教辅材料印刷复制管理；三、中小学教辅材料发行管理；四、中小学教辅材料质量管理；五、中小学教辅材料评议管理；六、中小学教辅材料选用管理；七、中小学教辅材料价格管理；八、从事中小学教辅材料编写、出版、印制、发行活动的单位或个人须严格遵守《中华人民共和国著作权法》等有关法律法规，不得侵害著作权人的合法权益；九、中小学教辅材料监督管理；十、建立工作经费保障机制，确保有关工作顺利开展等方面的内容。自2015年10月1日起施行。

8月3日

［纲　文］ **"童眼观生态——全国青少年生态文明教育体验活动"成果展示在北戴河举行。**

［目　文］ 国家副主席李源潮、全国政协副主席杜青林参观成果展示。李源潮希望青少年牢记习近平总书记教导，发挥小主人作用，做建设生态文明的新一代。

"童眼观生态"活动由国家林业局、团中央、全国政协人口资源环境委、环境保护部、中国科协、全国少工委等单位于2014年启动，全国30多万青少年积极参与，共征集作品5万余份，成果展示在北戴河国家湿地公园举行。

8月3日

［纲　文］ **《人民日报》发表题为《保持定力，转型升级不动摇——一论做好当前经济工作》的评论员文章。**

8月4日

［纲　文］ **国务院办公厅印发《关于进一步促进旅游投资和消费的若干意见》。**

［目　文］ 《意见》由六部分组成：一、实施旅游基础设施提升计划，改善旅游消费环境；二、实施旅游投资促进计划，新辟旅游消费市场；三、实施旅游消费促进计划，培育新的消费热点；四、实施乡村旅游提升计划，开拓旅游消费空间；五、优化休假安排，激发旅游消费需求；六、加大改革创新力度，促进旅游投资消费持续增长等内容。

8月4日

［纲　文］ **安全监管总局公布《油气罐区防火防爆十条规定》。**

8月4日

［纲　文］ **《人民日报》发表题为《巩固基础，破解难题靠发展——二论做好当前经**

济工作》的评论员文章。

8 月 4 日—10 月 8 日

［纲　文］　**“华侨与抗日战争——纪念抗战胜利七十年”主题图片展在北京举行。**

［目　文］　图片展由国务院侨务办公室主办。展览共展出图片 100 幅，分为“‘七七事变’前华侨的抗日救亡运动”“全面抗战爆发，华侨抗日救亡运动掀起高潮”“参加侨居地反法西斯斗争”“永恒的纪念”“牢记历史、莫忘国耻”5 个部分，展期 2 个月。图片展在全球约 20 个国家和地区巡展。

8 月 5 日

［纲　文］　**刘云山在北戴河与暑期休假专家座谈。**

［目　文］　中组部部长赵乐际主持座谈会，54 名专家出席座谈会。南京工业大学教授欧阳平凯、中国航天科技集团公司研究员王巍、中国科学院高能物理研究所研究员王贻芳、河南省农科院研究员张新友、湖北工业大学教授汤亚杰、中国社科院研究员高培勇等发言。大家结合各自实际，介绍科研情况、交流工作体会，就推进创新驱动发展、加强基础研究和应用研究、培养青年人才等提出意见建议。

中央书记处书记刘云山在座谈会上表示受中共中央总书记习近平委托看望大家并强调，崇尚创新的民族充满希望，致力创新的社会生机勃勃。实施创新驱动发展战略，关键是发挥好人才的作用。希望广大专家人才积极适应经济发展新常态，紧跟科技进步大势，为实现更高质量、更好效益、更可持续发展贡献力量。要聚焦转方式、调结构、促改革，聚焦新型工业化、信息化、城镇化、农业现代化，聚焦“一带一路”、京津冀协同发展、长江经济带建设等重大战略，把握主攻方向、深化科研创新，更好以创新驱动赢得发展主动。实施创新驱动发展战略，既需要科技创新的支撑，也需要文化创新的引领。只有把哲学社会科学创新与自然科学、工程技术创新放在同等重要位置，发挥好自然科学人才与哲学社会科学人才的作用，才能形成创新的气象。要坚定我们的道路自信、理论自信、制度自信，保持我们的文化自信和价值观自信，更好以文化力量激发创造活力。希望各方面专家人才弘扬追求真理、严谨务实的优良传统，自觉践行社会主义核心价值观，在重大科技攻关、培养青年才俊和立德治学方面发挥引领作用。各级党委和政府要认真落实党管人才原则，完善激励机制，创造良好环境，在创新实践中发现人才、培育人才、凝聚人才。党政负责人要与专家人才交朋友，帮助解决实际困难，当好“后勤部长”。党委组织部门要加强对人才工作的组织协调，深入实施“千人计划”“万人计划”，使人才工程成为人才建功立业的重要平台。要多宣传优秀专家人才的科研成果，展示他们的科技人生，点赞他们的科学精神，推动形成崇尚科学、尊重创新、爱才重才的社会风气。

8 月 5 日

［纲　文］　**中国民航首条直飞肯尼亚航线广州至内罗毕航线正式开通。**

8月5日

［纲 文］《人民日报》发表题为《三严三实，精准发力转作风——三论做好当前经济工作》的评论员文章。

8月6日

［纲 文］ 国家主席习近平特使、文化部部长雒树刚出席埃及新苏伊士运河竣工典礼。

［目 文］ 埃及新苏伊士运河竣工典礼在运河中部城市伊斯梅利亚拉开帷幕。埃及总统塞西、法国总统奥朗德、约旦国王阿卜杜拉等多国政要参加了庆典。

8日，雒树刚在开罗会见埃及总统塞西时转达了习近平对塞西的亲切问候和良好祝愿并祝贺新苏伊士运河竣工，表示中方愿同埃方共同努力，深化合作，推动两国在“一带一路”框架下的产能合作及有关项目早日开花结果。塞西感谢习主席派特使出席新苏伊士运河竣工典礼，请雒树刚转达他对习主席的诚挚问候，并表示埃方愿积极响应习近平主席提出的共建“一带一路”倡议，不断丰富埃中全面战略伙伴关系内涵。

同日，雒树刚与埃及文化部长纳巴维举行会谈，并签署了《中埃两国政府文化合作协定2015—2018年执行计划》和《中埃两国文化部关于2016年互办文化年的谅解备忘录》。

8月6日

［纲 文］ 甘肃引洮供水二期工程在甘肃省定西市陇西县正式开工。

［目 文］ 工程将以城乡生活、工业供水为主，兼顾农业灌溉，年引水量3.13亿立方米。这是中国确定的2015年拟开工建设的27项重大水利工程之一。工程建成后，供水范围涉及兰州、定西、白银、平凉、天水5个市辖属的榆中、渭源、临洮、安定、陇西、通渭、会宁、静宁、武山、甘谷、秦安11个国家扶贫重点县（区），可解决甘肃省1/6人口的饮水困难问题。

8月6日

［纲 文］《人民日报》发表题为《以思想自觉引领行动自觉》的评论员文章。

8月7日

［纲 文］ 国务院印发《关于促进融资担保行业加快发展的意见》。

［目 文］《意见》由六部分组成：一、总体要求；二、发挥政府支持作用，提高融资担保机构服务能力；三、发挥政府主导作用，推进再担保体系建设；四、政银担三方共同参与，构建可持续银担商业合作模；五、有效履行监管职责，守住风险底线；六、加强协作，共同支持融资担保行业发展。

《意见》指出，各有关部门要根据本意见要求，按照职责分工，抓紧制定相关配套措施，确保各项政策措施落实到位。各省（区、市）人民政府要制定促进本地区融资担保行业发展的具体方案并尽快组织实施。

8月7日

［纲　文］　**保监会印发《关于取消和调整一批行政审批事项的通知》。**

［目　文］　《通知》说，各保监局，各保险公司：根据2015年4月24日全国人民代表大会常务委员会关于修改《中华人民共和国计量法》等五部法律的决定对《中华人民共和国保险法》作出的修改，“保险机构在境外设立代表机构审批”，“保险代理机构动用保证金审批”，“保险经纪机构动用保证金审批”，“保险专业代理机构分立、合并、变更组织形式、设立分支机构及解散退出审批”，“保险经纪机构分立、合并、变更组织形式、设立分支机构及解散退出审批”，“保险销售从业人员资格核准”及“保险经纪从业人员资格核准”等7项行政审批事项已无法律依据，“保险代理机构设立审批”“保险经纪机构设立审批”等2项应改为工商登记后置审批。按照《国务院审改办关于填报立法修法涉及行政审批事项调整情况和依法及时调整行政审批事项清单的函》（审改办函〔2015〕49号）要求，保监会将取消和调整上述9项行政审批事项，现就有关事项通知如下：一、中国保监会及各保监局不得受理已取消项目的申请。已经受理的申请，应继续做好相关工作。二、取消事项及改为后置审批的行政审批事项，其后续管理措施，按照《中国保监会取消和调整的行政审批项目及后续管理措施表》执行。三、请各保监局收到本通知后，及时转发辖内各保险公司分支机构、保险中介机构及其分支机构、国外保险机构驻华代表机构、保险行业协会，并按照《中国保监会行政审批事项目录》要求，做好行政审批有关工作。

8月7日

［纲　文］　**国务委员杨洁篪在成都与俄罗斯总统全权代表巴比奇共同主持中俄地方领导人座谈会。**

［目　文］　杨洁篪与巴比奇共同主持召开中国长江中上游地区和俄罗斯伏尔加河沿岸联邦区地方领导人第四次座谈会，并签署会议纪要，两地区相关省州和企业分别签署了相关合作文件。

8月7日

［纲　文］　**外交部新闻发言人就第48届东盟外长会议发表涉及南海问题的联合公报等问题答记者问。**

［目　文］　发言人回答了三个问题：一、就第48届东盟外长会发表涉及南海问题的联合公报问题，发言人说，中方注意到有关联合公报。对于其中提到的问题，外交部部长王毅在吉隆坡出席东亚合作系列外长会期间已充分阐述中方立场。中方始终致力于同直接有关的当事国在尊重历史事实的基础上，根据国际法，通过谈判协商解决有关海上争议，始终致力于与东盟国家共同维护南海的和平稳定。二、就日本首相安倍晋三私人咨询机构公布战后70周年谈话报告问题，发言人说，我们敦促日方正视和深刻反省日本军国主义发动的侵华战争，特别是要在战争性质和战争责任问题上发出清晰和正确的信息，以实际行动取信于亚洲邻国和国际社会。三、就喀布尔炸弹袭击事件，发言人说，中方强烈谴责这次恐怖袭击事件，坚定支持阿富汗政府为维护国家安全稳定所作努力。中方坚决反

对一切形式的恐怖主义，坚定支持阿富汗政府为维护国家安全稳定所作的努力，愿同国际社会一道帮助阿早日实现和平、稳定与发展。

8 月 7 日

［纲　文］ **《人民日报》发表题为《以“两面镜子”对照不严不实》的评论员文章**。

8 月 7 日

［纲　文］ **尉健行在北京逝世**。

［目　文］ 中国共产党第十四届中央政治局委员、中央书记处书记，第十五届中央政治局常委、中央书记处书记，中央纪律检查委员会原书记，中华全国总工会原主席尉健行，在北京逝世，享年 85 岁。

16 日，尉健行遗体在北京八宝山革命公墓火化。习近平、李克强、张德江、俞正声、刘云山、王岐山、张高丽、胡锦涛等送别，江泽民在外地送花圈表示哀悼。

8 月 7—9 日

［纲　文］ **第 6 届中国少年儿童合唱节在浙江省嘉兴市南湖区举办**。

［目　文］ 合唱节由文化部主办，文化部公共文化司、浙江省文化厅、嘉兴市政府、嘉兴市南湖区政府、中国合唱协会承办。来自 26 个省区市 36 支少儿合唱团的 1600 多名少年儿童为观众展现了合唱艺术的魅力。

8 月 8 日

［纲　文］ **国务院任命牛清报为常驻国际海底管理局代表；免去董晓军的常驻国际海底管理局代表职务**。

8 月 8 日

［纲　文］ **交通运输部公布修订后的《机动车维修管理规定》**。

［目　文］ 《规定》共 7 章 57 条，主要有总则、经营许可、维修经营、质量管理、监督检查、法律责任、附则等内容。自 2015 年 8 月 8 日起实施。

8 月 8 日

［纲　文］ **刘延东在内蒙古鄂尔多斯出席“全民健身日”活动时强调，以成功申办 2022 年冬奥会为契机，掀起全民健身活动新高潮**。

8 月 8 日

［纲　文］ **第 2 届“诗词中国”传统诗词创作大赛在北京举行颁奖典礼**。

［目　文］ 本届大赛由中国出版集团、中央电视台、中华书局等单位共同主办，从 11 万余首投稿中评选出 261 首年终创作奖作品。

8 月 9 日

［纲　文］ **国务院印发《关于改革药品医疗器械审评审批制度的意见》**。

［目　文］ 《意见》主要由三部分组成：一、主要目标；二、主要任务；三、保障

措施。

《意见》指出，食品药品监管总局要会同中央编办、发展改革委、科技部、工业和信息化部、财政部、人力资源社会保障部、卫生计生委、中医药局、总后勤部卫生部等部门，建立药品医疗器械审评审批制度改革部际联席会议制度，加强对改革工作的协调指导，及时研究解决改革中遇到的矛盾和问题，各地区也要加强对改革的组织领导，重大情况及时报告国务院。

8月9日

［纲　文］ **国家主席习近平特使、国家副主席李源潮出席新加坡建国50周年庆典。**

8月9—17日

［纲　文］ **第十届全国少数民族传统体育运动会在内蒙古自治区鄂尔多斯市举行。**

8月10日

［纲　文］ **国务院印发《关于开展农村承包土地的经营权和农民住房财产权抵押贷款试点的指导意见》。**

［目　文］ 《意见》由三部分组成：一、总体要求；二、试点任务；三、组织实施。

8月10日

［纲　文］ **国务院办公厅印发《整合建立统一的公共资源交易平台工作方案》。**

［目　文］ 《方案》由七部分组成：一、充分认识整合建立统一的公共资源交易平台的重要性；二、指导思想和基本原则；三、整合范围和整合目标；四、有序整合资源；五、统一规则体系；六、完善运行机制；七、创新监管体制；八、强化实施保障。

《方案》指出，地方各级政府要将公共资源交易平台整合工作纳入目标管理考核，定期对本地区工作落实情况进行检查并通报有关情况。发展改革委要会同国务院有关部门加强对本方案执行情况的督促检查，协调解决工作中遇到的问题，确保各项任务措施落实到位。

8月10日

［纲　文］ **保监会印发《个人税收优惠型健康保险业务管理暂行办法》。**

［目　文］ 《办法》共9章45条，主要有总则、经营要求、产品管理、业务管理、财务管理、信息系统管理、信息披露、监督管理、附则等内容。自2015年8月10日起施行。

8月10日

［纲　文］ **银监会、发展改革委印发《关于银行业支持重点领域重大工程建设的指导意见》。**

［目　文］ 《意见》由五部分组成：一、总体要求；二、优化信贷管理与政策；三、持续推进金融创新；四、加强风险管理与防控；五、强化监督指导与协作。

《意见》强调，各银监局要加强指导，推动当地银行业协会牵头，探索建立大额授信联合管理机制，强化银行间在项目规划、项目评审评级、授信额度核定、还款安排、贷款管理及风险化解等方面的合作协调，建立资源共享、运作顺畅、服务高效的同业合作机制，有效防范过度授信、多头授信及集团客户风险。

8月10日

［纲　文］　**文物局公布《文物违法行为举报管理办法（试行）》。**

［目　文］《办法》说，文物违法行为举报管理工作按照“属地管理，分级负责，便民高效、公开公正”的原则实施。各级文物行政部门保障举报人依法行使举报权利，保护举报人个人信息安全，举报人应保证举报信息的真实性，不得虚假举报，故意虚构或歪曲事实。

8月10日

［纲　文］　**国家主席习近平特使、发展改革委主任徐绍史在雅加达会见印度尼西亚总统佐科。**

［目　文］　徐绍史向佐科提交了中印尼合作建设雅加达—万隆高铁的可行性研究报告，介绍了报告的主要内容、突出特点和优势及建设目标并强调，中印尼以合资模式共建雅万高铁，体现了利益共享、风险共担的原则，是命运共同体。2015年是印尼独立70周年，也是两国建交65周年，中方愿以此为契机，积极推动“21世纪海上丝绸之路”构想和“全球海洋支点”规划对接，并以雅万高铁为新起点，全面深化两国投资、产能、基础设施等领域合作。佐科表示，希望通过此访进一步落实他与中国领导人达成的重要共识，推进高铁等产能和基础设施领域务实合作，印尼方将加快研究，争取雅万高铁早日奠基。

8月10日

［纲　文］　**2015年“奖学之旅”——海外中国文化中心优秀学员团访华启动仪式在北京老舍茶馆拉开帷幕。**

［目　文］　活动由文化部主办。来自毛里求斯、贝宁、开罗、巴黎、柏林、首尔、巴基斯坦、日本等16个海外中国文化中心的近60名学员在11天的时间里，访问北京、吴桥，并分组赴辽宁、黑龙江、湖北、云南、四川、广东、青海等15个省市进行文化交流。

“奖学之旅——海外中国文化中心优秀学员访华计划”是文化部自2004年以来设立的品牌项目，每年邀请在海外中国文化中心学习汉语、武术、民乐等各类中华文化技能的优秀学员来华参观访问，实地感受中华文化。

8月10日

［纲　文］　**《人民日报》发表题为《以发展成果衡量教育成效》的评论员文章。**

8月10—14日

［纲　文］　**第8届国际工业与应用数学大会在北京举办。**

［目　文］　大会由中国工业与应用数学学会联合中国数学会、中国运筹学会、中国

计算数学会、中国现场统计学会、中国系统工程学会等共同主办，得到了国家自然科学基金委员会、教育部、科技部、中国科学院的指导与大力支持。大会秘书处设在国家数学与交叉科学中心。大会吸引了来自70余个国家和地区、超过3100名海内外工业与应用数学工作者，安排了邀请报告27个、公众报告1个、分组报告2900余个、展板报告300余个。

国家副主席李源潮出席开幕式并致辞说，数学对科技的发展具有根本性意义，数学的应用是中国现代化建设的重要动力，在经济发展和科技进步中发挥了基础性作用。中国愿同世界各国一道，推进工业与应用数学发展，促进数学与多学科、多领域交叉、融合和创新；鼓励中国科学家与国际同行开展学术交流，进行科研合作，共攀科学高峰，为世界科技发展和人类文明进步作出更大贡献。

8月10—17日

［纲　文］　**全国第11届书法篆刻作品展在中国美术馆展出。**

8月11日

［纲　文］　**国务院印发《关于加快发展民族教育的决定》。**

［目　文］　《决定》由八部分组成：一、准确把握新时期民族教育的指导思想、基本原则和发展目标；二、打牢各族师生中华民族共同体思想基础；三、全面提升各级各类教育办学水平；四、切实提高少数民族人才培养质量；五、重点加强民族教育薄弱环节建设；六、建立完善教师队伍建设长效机制；七、落实民族教育发展的条件保障；八、切实加强对民族教育的组织领导。

《决定》指出，地方政府在编制区域发展战略规划和地方经济社会发展规划时，要把民族教育摆到突出位置，优先发展、重点保障，并列为政府目标考核的重要内容。研究制订民族教育发展专项规划和年度计划，明确发展目标、主要任务、改革举措、重大项目和保障措施。民族自治地方可以依据法律，结合实际，制定民族教育法规。建立健全民族教育政策落实情况监督检查机制，国务院教育行政部门要会同有关部门定期开展专项督导检查。

8月11日

［纲　文］　**国务院批复江西省人民政府，同意江西省瑞金市列为国家历史文化名城。**

［目　文］　批复说：一、同意将瑞金市列为国家历史文化名城。瑞金市历史悠久，红色文化特色突出，革命历史遗存丰富，是人民共和国的摇篮和苏区精神的主要发源地，城市传统格局保存较好，具有重要的历史文化价值。二、江西省及瑞金市人民政府要根据本批复精神，按照《历史文化名城名镇名村保护条例》的要求，正确处理城市建设与保护历史文化遗产的关系，深入研究发掘历史文化遗产的内涵与价值，明确保护的原则和重点。编制好历史文化名城保护规划，并将其纳入城市总体规划，划定历史文化街区、文物

保护单位、历史建筑的保护范围及建设控制地带，制定严格的保护措施。在历史文化名城保护规划的指导下，编制好重要保护地段的详细规划。在规划和建设中，要重视保护城市格局，注重城区环境整治和历史建筑修缮，不得进行任何与名城环境和风貌不相协调的建设活动。三、江西省和住房城乡建设部、国家文物局要加强对瑞金市国家历史文化名城规划、保护工作的指导、监督和检查。

8月11日

［纲　文］　**国务院决定免去陈小江的黄河水利委员会主任职务。**

8月11—16日

［纲　文］　**第43届世界技能大赛在巴西圣保罗举行。**

［目　文］　中国代表队32名选手参加焊接、制造团队挑战赛、美发、汽车喷漆等29个项目的比赛。这些选手大多数是1990后出生的，年龄最小的只有17岁。中国代表团取得4金6银3铜、12个优胜奖。

20日，第43届世界技能大赛中国代表团回到北京。国务院副总理马凯接见代表团成员时首先代表党中央、国务院对代表团取得的优异成绩表示热烈祝贺并指出，代表团为祖国和人民赢得了荣誉，体现了当代青年朝气蓬勃的精神风貌、顽强拼搏的意志品格、精益求精的职业精神、技能报国的理想信念。希望当代青年努力向获奖选手学习，脚踏实地、刻苦钻研，在自己的工作岗位上实现人生价值；也希望各位选手珍惜荣誉，再接再厉，为现代化建设作出更大贡献。

8月12日

［纲　文］　**国务院任命宁吉喆为国家发展改革委副主任（正部长级），免去其国务院研究室主任职务。**

8月12日

［纲　文］　**教育部办公厅发布《关于做好2015年普通高等学校录取新生入学资格复查和学籍电子注册工作的通知》。**

［目　文］　《通知》由三部分组成：一、认真做好新生入学资格复查；二、及时准确完成学生电子注册；三、加强领导，落实责任。

8月12日

［纲　文］　**天津港瑞海公司危险品仓库发生火灾爆炸事故。**

［目　文］　22时50分，天津市滨海新区天津港的瑞海国际物流有限公司危险品仓库发生火灾爆炸事故，事故造成165人遇难（参与救援处置的公安现役消防人员24人、天津港消防人员75人、公安民警11人，事故企业、周边企业员工和周边居民55人），8人失踪（天津港消防人员5人，周边企业员工、天津港消防人员家属3人），798人受伤住院治疗（伤情重及较重的伤员58人、轻伤员740人）；304幢建筑物（其中办公楼宇、厂房及仓库等单位建筑73幢，居民1类住宅91幢、2类住宅129幢、居民公寓11幢）、

12428 辆商品汽车、7533 个集装箱受损。

事故发生后，中共中央总书记习近平两次作出批示，并主持召开中央政治局常委会会议，专题听取事故抢险救援和应急处置情况汇报，要求全力搜救人员，千方百计救治伤员，有序进行现场清理，加强环境监测，做好善后处置工作，彻查事故原因并严肃追责，坚决落实安全生产责任制，有效化解各类安全生产风险，保障人民群众生命财产安全。李克强总理多次作出批示，并主持召开国务院常务会议进行研究部署，听取国务院事故调查组工作进展情况汇报，要求对现场进行深入搜救，全力救治受伤人员，注意做好科学施救，防止发生次生事故，依法依纪严肃追究事故责任，健全完善安全生产长效机制，切实防范各类重特大事故发生。

根据习近平、李克强的指示，张高丽、马凯和王勇 7 次与天津一线指挥部视频连线，指导事故抢险救援及防范发生次生事故灾害等工作，并多次作出指示批示。国务院副总理刘延东专门到天津看望慰问受伤人员及其家属，指导伤员救治工作。孟建柱、栗战书等中央领导人也多次对事故救援处置工作作出指示批示。受党中央、国务院委托，8 月 13 日凌晨至 19 日，郭声琨国务委员率国务院工作组赶赴事故现场，协调指导应急处置工作。

2015 年 8 月 18 日，经国务院批准，成立了由公安部、安全监管总局、监察部、交通运输部、环境保护部、全国总工会和天津市等有关方面组成的国务院调查组，邀请最高人民检察院派员参加，并聘请爆炸、消防、刑侦、化工、环保等方面专家参与调查工作。

2016 年 2 月 5 日，国务院批复天津港“8・12”瑞海公司危险品仓库特别重大火灾爆炸事故调查报告。经国务院调查组调查认定，天津港“8・12”瑞海公司危险品仓库火灾爆炸事故是一起特别重大生产安全责任事故。

8 月 12 日

［纲　文］　**陕西省山阳县中村镇烟家沟碾沟村发生山体滑坡。**

［目　文］　0 时 30 分许，山阳县中村镇烟家沟碾沟村突发特大山体滑坡灾害，造成 8 人遇难、57 人失踪，直接经济损失约 5 亿元。经调查认定，该滑坡是在不利地质条件下，受重力、岩溶和地质构造的长期作用而形成的特大型自然灾害。

中共中央总书记习近平指示，要求全力组织搜救被埋人员，尽最大努力减少人员伤亡，防范次生灾害发生，做好失踪人员亲属和受灾人员的安抚安置工作。

国务院总理李克强批示，要求全力开展搜救，排查周边地质灾害隐患，尽快转移受威胁群众，防止发生新的灾害并查明原因，妥为善后处置；要督促各地举一反三，切实加强各类灾害防范和安全生产工作，确保人民群众生命财产安全。

8 月 12 日

［纲　文］　**国务院副总理刘延东在北京会见美国国会众院非洲裔议员小组代表团。**

［目　文］　刘延东指出，中美关系是当今世界最重要的双边关系之一。2015 年 6 月，第七轮中美战略与经济对话和第六轮中美人文交流高层磋商在美成功举行，取得丰硕成果，其中人文交流达成 119 项重要成果，为历年之最。两国应继续加强人文交流，扩大

各领域合作，为中美构建新型大国关系提供更好支撑。

美方代表团巴特菲尔德主席表示，众院非洲裔议员小组将继续支持美中人文交流活动，为美中关系的良性互动贡献力量。

8 月 12 日

［纲　文］　**第 8 届中国国际青年艺术周在北京开幕**。

［目　文］　艺术周由文化部主办，特邀俄罗斯作为主宾国，中俄艺术家带来了以“致敬·青春——纪念中国人民抗日战争暨世界反法西斯战争胜利 70 周年”为题的开幕演出。

本届青年艺术周于 8 月 28 日结束，以北京为主会场，上海、广州、济南、兰州、西宁、厦门、珠海、德州 8 座城市为分会场同步进行。活动期间，将有 157 台中外优秀节目与观众见面，艺术形式涵盖音乐会、话剧、舞蹈、戏曲综艺等。包括中国、俄罗斯、美国、英国等 28 个国家和地区的青年艺术家参与艺术周，总演出场次达 550 场，创历届之最。

8 月 13 日

［纲　文］　**国家主席习近平主席任免驻外大使**。

［目　文］　习近平根据全国人民代表大会常务委员会的决定任免下列驻外大使：一、免去李春华的中华人民共和国驻莫桑比克共和国特命全权大使职务；任命苏健为中华人民共和国驻莫桑比克共和国特命全权大使。二、免去佟明涛的中华人民共和国驻摩尔多瓦共和国特命全权大使职务；任命张迎红为中华人民共和国驻摩尔多瓦共和国特命全权大使。三、免去杨厚兰的中华人民共和国驻缅甸联邦共和国特命全权大使职务；任命洪亮为中华人民共和国驻缅甸联邦共和国特命全权大使。四、免去田广凤的中华人民共和国驻东帝汶民主共和国特命全权大使职务；任命刘洪洋为中华人民共和国驻东帝汶民主共和国特命全权大使。五、免去杨国强的中华人民共和国驻拉脱维亚共和国特命全权大使职务；任命黄勇为中华人民共和国驻拉脱维亚共和国特命全权大使。六、免去黄松甫的中华人民共和国驻葡萄牙共和国特命全权大使职务；任命蔡润为中华人民共和国驻葡萄牙共和国特命全权大使。七、免去黄敏慧（女）的中华人民共和国驻秘鲁共和国特命全权大使职务；任命贾桂德为中华人民共和国驻秘鲁共和国特命全权大使。

8 月 13 日

［纲　文］　**中共中央印发《中国共产党巡视工作条例》**。

［目　文］　《条例》共 7 章 42 条，主要有总则、机构和人员、巡视范围和内容、工作方式和权限、工作程序、纪律与责任、附则等内容。自 2015 年 8 月 3 日起施行，2009 年 7 月 2 日中共中央印发的《中国共产党巡视工作条例（试行）》同时废止。

8 月 13 日

［纲　文］　**国务院发布《关于公布第二批国家级抗战纪念设施、遗址名录的通知》**。

［目　文］　《通知》说，为隆重纪念中国人民抗日战争暨世界反法西斯战争胜利 70

周年，经党中央、国务院批准，现将第二批100处国家级抗战纪念设施、遗址名录予以公布。各地区、各有关部门要进一步加强抗战纪念设施、遗址的保护管理，做好抗战史料文物和英烈事迹的发掘整理、宣传陈展工作，广泛组织开展群众性拜谒、参观活动，教育引导广大群众特别是青少年充分认清日本法西斯侵略者犯下的罪行，牢记中华民族抵御侵略、奋勇抗争的历史以及中国人民为世界反法西斯战争胜利做出的巨大民族牺牲和重要历史贡献，学习宣传抗日英烈的英雄事迹，大力弘扬伟大的民族精神和抗战精神，进一步增强民族凝聚力、向心力，为实现中华民族伟大复兴的中国梦不懈奋斗。

8月13日

［纲　文］　**人力资源社会保障部公布《专业技术人员继续教育规定》。**

［目　文］　《规定》共5章31条，主要有总则、内容和方式、组织管理和公共服务、法律责任、附则等内容。自2015年10月1日起施行，1995年11月1日原人事部发布的《全国专业技术人员继续教育暂行规定》（人核培发〔1995〕131号）同时废止。

8月13日

［纲　文］　**许其亮在驻重庆、西藏部队调研。**

［目　文］　中央军委副主席许其亮指出，要坚决贯彻落实习近平主席决策指示，坚持思想领先、坚持练兵备战、坚持严字当头、坚持以身作则，以新理念、新思路、新举措，推动强军目标在边防落地生根、开花结果。要坚持用习主席系列重要讲话精神武装头脑、培育官兵、引领发展，锻造“四有”新一代革命军人，推动部队在强军征程上开创新局面。要深入贯彻古田全军政治工作会议精神，大力恢复发扬优良传统，正本清源、革弊鼎新。要切实用习主席和军委决策统一思想，加强对部队的教育引导，全面彻底肃清郭伯雄、徐才厚流毒影响，领导干部要严守政治纪律和政治规矩，与党中央、中央军委和习主席保持高度一致。要以“重整行装再出发”的精神状态，持续抓好作风建设，把军委明确的整风整改任务落到实处。依法治军从严治军是我们党建军治军的基本方略。新形势下深入推进依法治军从严治军，要从时代和大布局的高度来认识、从问题导向上去反思，以变革的眼光和思路，把这一战略任务抓起来、落下去。要立起依法治军从严治军的新理念新要求，坚持党对军队绝对领导这个核心和根本要求，坚持以规范和约束权力为重点，坚持把法治作为治军带兵的基本方式，坚持体系建设、久久为功，坚持注入现代管理的理念和元素。要不断强化官兵的法治信仰法治精神，推动实现“三个根本性转变”。要扎实推动依法治军从严治军在基层落实。

8月13日

［纲　文］　**中英战略对话在北京举行。**

［目　文］　国务委员杨洁篪同英国外交大臣哈蒙德共同主持对话。双方同意以习近平主席访问英国为契机，共同开启中英关系新篇章。

杨洁篪表示，应伊丽莎白二世女王邀请，习近平主席对英国进行国事访问。此访对中英关系的长远发展将发挥重要指导作用，具有历史性意义。中方愿同英方密切协调，扎实作好访问筹备工作，积累成果，以习近平主席访英为契机，打造中英关系新定位、制订两国关系新蓝图、开辟务实合作新前景、树立国际合作新典范。希望英方奉行更加积极开放的对华政策，与中方共同构建中英全面战略伙伴关系。值此世界反法西斯战争胜利70周年和联合国成立70周年之际，中方愿同包括英方在内国际社会一道，致力于捍卫二战胜利成果，坚持《联合国宪章》宗旨和原则，推动建设以合作共赢为核心的新型国际关系。

哈蒙德强调，习近平主席对英国的国事访问使2015年成为英中关系的重要年份。英国政府正积极加紧各方面的筹备工作，愿同中方密切合作，确保此访圆满成功，取得积极成果，将英中关系提升到新的水平。

8月14日

［纲　文］　**国务院办公厅函复发展改革委，同意建立推进大众创业万众创新部际联席会议制度。**

［目　文］　函复说：国务院同意建立由发展改革委牵头的推进大众创业万众创新部际联席会议制度。联席会议不刻制印章，不正式行文，请按照国务院有关文件精神，认真组织开展工作。

8月14日

［纲　文］　**证监会发布《中国证券监督管理委员会公告〔2015〕21号》。**

［目　文］　《公告》说，股市涨跌有其自身运行规律，一般情况下政府不干预。政府的职责是建立和维护“公开、公平、公正”的市场秩序，保护投资者特别是中小投资者的合法权益，促进股市长期稳定健康发展。但在股市发生剧烈异常波动、可能引发系统性风险时，必须及时果断采取多种措施稳定股市。前一段时期，中国证券金融股份有限公司入市购买股票，对于维护股市稳定、防范系统性风险发挥了积极作用。随着市场由剧烈异常波动逐步趋向常态化波动，应更加注重发挥市场自我调节的作用，通过深化改革不断完善市场的内在稳定机制。今后若干年，中国证券金融股份有限公司不会退出，其稳定市场的职能不变，但一般不入市操作，当市场剧烈异常波动、可能引发系统性风险时，仍将继续以多种形式发挥维稳作用。中国证券金融股份有限公司依照证券交易所相关规则，通过协议转让方式向中央汇金公司转让了一部分股票，由其长期持有。这样做，有利于更好发挥中国证券金融股份有限公司稳定市场作用，也有利于更好恢复市场功能，发挥市场机制的作用，为股市长期稳定健康发展创造条件。

8月14日

［纲　文］　**全国农村精神文明建设工作经验交流会在浙江湖州召开。**

［目　文］　中宣部常务副部长黄坤明主持交流会。中宣部部长、中央文明委副主任刘奇葆出席会议并讲话。国家有关部委负责人，各省、市负责人出席会议。

刘奇葆强调，要深入贯彻落实习近平总书记系列重要讲话精神特别是关于美丽乡村建设的重要指示精神，秉持“绿水青山就是金山银山”的发展理念，牢牢把握培育和践行社会主义核心价值观这个根本任务，以美丽乡村建设为主题，深化文明村镇创建活动，以精神文明建设的新成就扮靓美丽乡村、美丽中国。建设美丽乡村，是党中央深入推进社会主义新农村建设的重大举措，是在农村落实“四个全面”战略布局的总抓手。以美丽乡村建设为主题深化农村精神文明建设，对于提高农民文明素质和农村社会文明程度具有重要意义。要推动社会主义核心价值观在农村落地生根，培育新型农民、优良家风、文明乡风和新乡贤文化，努力使乡风民风美起来。要加大农村环境综合治理力度，提高村庄布局、村落规划和民居设计水平，整治脏乱差、建设洁齐美，努力使农村人居环境美起来。要大力推动农村文化繁荣发展，加快构建农村公共文化服务体系，加大优质文化产品和服务供给，保护好农耕文明、乡土文化，努力使农民文化生活美起来。

8月14日

［纲　文］ **外交部发言人就日本首相安倍晋三发表战后70周年首相谈话等问题答记者问。**

［目　文］ 发言人回答了三个问题，一、就日本首相安倍晋三发表战后70周年谈话，发言人表示，外交部副部长张业遂已向日本驻华大使木寺昌人表明中方严正立场。日本军国主义发动的侵略战争给中国和亚洲受害国人民带来了深重灾难，在国际社会共同纪念二战胜利70周年的今天，日本理应对那场军国主义侵略战争的性质和战争责任作出交代，干净彻底地与军国主义侵略历史切割，而不应在这个重大原则问题上作任何遮掩。中方敦促日方切实恪守中日邦交正常化以来日方在历史问题上向中方做出的郑重表态和承诺，以实际行动取信于亚洲邻国和国际社会。二、就伊拉克发生爆炸袭击事件。发言人表示，中方对发生在伊拉克首都巴格达的爆炸袭击事件表示强烈谴责，中方坚决反对一切形式的恐怖主义，支持伊拉克政府为维护国家安全稳定所做的努力。三、就阿富汗和解进程。发言人表示，中方鼓励和支持阿富汗政府与塔利班开展和谈，赞赏有关方面特别是巴基斯坦方面为推进和谈所发挥的重要作用。中方愿与各方密切合作，继续为实现阿富汗广泛和包容性的和平与和解发挥建设性作用。

8月14日

［纲　文］ **国家文物局文物违法举报中心在北京正式揭牌。**

8月14日

［纲　文］ **《人民日报》报道，经中共中央批准，中共中央纪委对江苏省委原常委、秘书长赵少麟严重违纪问题立案审查。**

［目　文］ 经查，赵少麟严重违反党的政治纪律、政治规矩和组织纪律，在党内搞团团伙伙，大肆进行利益交换、利益输送，拉拢腐蚀领导干部，公开散布与全面从严治党要求相违背的言论；隐瞒个人因私出国（境）情况；严重违反廉洁自律规定，利用职务上的便利和职权影响，为其子经营活动谋取利益；严重违反中央八项规定精神，纵容其子开设私人会所，并多次在私人会所宴请有关领导干部；向他人送礼金；伙同其子行贿；参与

骗购外汇。其中，行贿、参与骗购外汇问题涉嫌犯罪。此外，赵少麟还存在干扰、妨碍组织审查的行为。依据《中国共产党纪律处分条例》等有关规定，经中央纪委审议并报中共中央批准，决定给予赵少麟开除党籍处分；将其涉嫌犯罪问题及线索移送司法机关依法处理。后于 2017 年 5 月 18 日，浙江省宁波市中级人民法院公开宣判了赵少麟单位行贿、骗购外汇一案，对被告人赵少麟以单位行贿罪判处有期徒刑 3 年；以骗购外汇罪判处有期徒刑 2 年，并处罚金人民币 1500 万元，决定执行有期徒刑 4 年，并处罚金人民币 1500 万元。

8 月 14 日—9 月 20 日

［纲　文］ **“不朽的长城——纪念中国人民抗日战争暨世界反法西斯战争胜利 70 周年馆藏文献展”在中国国家图书馆举办。**

［目　文］ 文献展由国家图书馆主办。展览展出了包括新善本、日记、手稿、报刊、图书、照片、缩微胶片、影音资料等在内的 1500 多件文献，以此缅怀献身国家独立、民族解放事业的先烈。本次展览分为“烽火连天”“血肉长城”“抗战文化”“鉴往知来”和“抗战中的国图”五个单元，通过珍贵的文献史料重温不朽抗战历史。

8 月 15 日

［纲　文］ **外交部发言人就日本内阁部分成员参拜靖国神社表示，中方对此坚决反对和强烈不满。**

［目　文］ 发言人表示，靖国神社是日本军国主义对外发动侵略战争的精神工具和象征。8 月 15 日是日本军国主义宣布无条件投降的日子。一些日本政要选择这一天对供奉有二战甲级战犯、美化侵略战争的靖国神社顶礼膜拜，再次反映出日方对待历史问题的严重错误态度，中方对此坚决反对和强烈不满。2015 年是中国人民抗日战争暨世界反法西斯战争胜利 70 周年，也是国际社会共同回顾总结历史，展望规划未来的重要年份。日本只有切实正视和深刻反省过去那段侵略历史，同军国主义划清界限，才有可能卸下历史包袱，才有可能真正面向未来。我们再次严肃敦促日方以实际行动体现迄今在历史问题上向中方和国际社会做出的郑重表态和承诺，妥善处理有关问题，真正取信于亚洲邻国和国际社会。

8 月 16 日

［纲　文］ **水利部公布，中国农村水电站建成 4.7 万座，发电量约占全国水电 24%。**

［目　文］ 农村水电站装机容量 7300 多万千瓦，相当于 3 个三峡的装机容量，年发电量 2200 多亿千瓦时，装机容量和发电量约占全国水电的 24%。农村水电站带动了水电新农村电气化县的建设。截至 2014 年底，“十二五”水电新农村电气化县建设累计发电 8500 亿千瓦时，相当于节约 2.9 亿吨标准煤，减排 7.4 亿吨二氧化碳。农村水电产

业链长，既可增加建材、机电设备需要，又可增加就业机会和农民收入，拉动地方经济增长。

8月16日

［纲　文］　**辽宁红沿河核电站3号机组结束试运行试验，具备商运条件。**

［目　文］　辽宁红沿河核电站3号机组通过168小时试运行试验，具备商业运营主要条件。辽宁红沿河核电有限公司介绍，加上这一机组之后，中国大陆地区在运或具备商运条件的核电机组增至26台，中国在运、在建核电机组数量51台，位居世界第三。通过168小时满功率试运行是新建大型发电机组进入商业运营的必备条件之一，辽宁红沿河核电有限公司后续将依据国家有关规定为这一机组办理发电业务许可及转入商业运营等手续。红沿河核电站的建设，进一步提升了我国核电自主化、国产化水平，其一期工程综合国产化率达到了80%，反应堆压力容器、蒸汽发生器等核岛主设备均已实现国产化。

8月16日

［纲　文］　**第9届茅盾文学奖在北京揭晓。**

［目　文］　5部长篇小说获奖：格非的《江南三部曲》、王蒙的《这边风景》、李佩甫的《生命册》、金宇澄的《繁花》、苏童的《黄雀记》。

8月17日

［纲　文］　**中共中央办公厅、国务院办公厅印发《关于党政领导干部生态环境损害责任追究办法（试行）》。**

［目　文］　《办法》规定实行生态环境损害责任终身追究制，对违背科学发展要求、造成生态环境和资源严重破坏的，责任人不论是否已调离、提拔或者退休，都必须严格追责。《办法》明确了25种党政领导干部生态损害追责情形。本办法自2015年8月9日起施行。

8月17日

［纲　文］　**国务院印发《基本养老保险基金投资管理办法》。**

［目　文］　《办法》共10章71条，主要有总则、委托人、受托机构、托管机构、投资管理机构、养老基金投资、估值和费用、报告制度、监督检查、法律责任等内容。自2015年8月17日起实施。

8月17日

［纲　文］　**十二届全国人大常委会第五十二次委员长会议在北京召开。**

［目　文］　全国人大常委会委员长张德江主持会议。会议决定，十二届全国人大常委会第十六次会议于8月24日至29日在北京举行。

8月17日

［纲　文］　**学习贯彻《中国共产党巡视工作条例》电视电话会议在北京召开。**

［目　文］　中共中央政治局委员、中央巡视工作领导小组副组长赵乐际主持会议。

中共中央书记处书记、中央巡视工作领导小组副组长赵洪祝出席会议。

中央纪委书记、中央巡视工作领导小组组长王岐山出席会议时强调，《中国共产党巡视工作条例》是党章关于巡视工作规定的具体化、程序化、制度化。制度的生命在于执行，执行离不开责任担当。要密切联系实际，不折不扣贯彻，强化党内监督，助力全面从严治党。十八大以来，党中央着眼于实现“两个一百年”奋斗目标，从面临的形势出发，把巡视摆上更加突出的位置，提出聚焦党风廉政建设和反腐败斗争，发现问题，形成震慑的巡视工作方针。中央政治局常委会议听取每一轮巡视情况汇报，习近平总书记对发现的问题进行了有针对性的评判，对重要的整改、处置工作作出指示。中央巡视组已巡视 118 个地方、部门和单位，与干部群众谈话 2 万余人次，受理信访 120 余万件。中央纪委立案审查的领导干部中，一半以上是根据巡视移交的问题线索查处的；中组部对巡视移交的选人用人问题进行专项督查，已处理纠正和追究问责 1100 多人。中央巡视工作领导小组破立并举、标本兼治，总结改革经验、形成制度成果，《中国共产党巡视工作条例》应运而生，为深化巡视工作提供遵循和保障。《中国共产党巡视工作条例》既是强有力的指导，也是强有力的规范；既是开展巡视的基本依据，也是对被巡视单位的有效约束。党中央已经做出表率，全党要向中央看齐，增强做好巡视工作的责任感和接受监督的自觉性。派出巡视组的党组织要落实主体责任，加强组织领导，选好配强干部，听取巡视汇报，抓好分类处置，督促整改落实。党委书记是第一责任人，要敢于担当、敢于负责，听汇报时的讲话不能只是抽象原则的表态和空泛的通用性决定意见，而要在大量归纳发现问题的基础上，有针对性地点出重点地区、重点部门，重点事、重点人，提出具体处置要求。《条例》对巡视全覆盖的对象作出明确规定，派出巡视组的党组织要在一届任期内，对所辖地方、部门和企事业单位党组织巡视一遍，形成强有力的震慑。再好的制度最终要靠人来执行。巡视组要深入学习贯彻《中国共产党巡视工作条例》，紧扣全面从严治党，用党章党规党纪去衡量，提高发现问题、综合分析的能力。要创新方式方法，使专项巡视更专、更活、更准，真正实现机动灵活、闻风而动、精准发现。要透过现象看本质，对巡视发现的问题，层层剥笋、深入挖掘，提出治标和治本的对策建议。巡视干部要以党的事业和人民利益为重，敢于监督、敢于碰硬，保持优良作风，严守巡视纪律。违反纪律就要严厉查处，失职渎职就要严肃问责。信任不能代替监督。被巡视党组织要积极配合巡视组工作，虚心听取反馈意见，制定切实可行的整改措施，抓好整改落实。要把纪律和规矩挺在前面，对巡视组移交的问题，党委书记要找干部本人谈话，抓早抓小、提醒诫勉；严重问题要认真核实、严肃查处；对违反中央八项规定精神问题，要扭住不放、严格执纪，做到件件有着落。要以全面从严治党的新成效，推动深化改革，扎牢制度的笼子，为全面建成小康社会提供有力保障。

8 月 17 日

［纲 文］ **足球改革发展工作会议在北京召开。**

［目 文］ 会议由国务院足球改革发展部际联席会议组织召开。国务院副总理刘延

东、国家体育总局局长刘鹏，国家体育总局副局长、中国足球协会主席、国务院足球改革发展部际联席会议办公室主任蔡振华出席会议并讲话。会议确定，《中国足球协会调整改革方案》正式对外公布，中国足协与体育总局脱钩，依法独立运行，在内部机构设置、工作计划制定、财务和薪酬管理、人事管理、国际专业交流等方面拥有自主权。

刘延东指出，要贯彻落实党中央、国务院关于发展体育事业、振兴足球运动的决策部署，紧紧围绕《中国足球改革发展总体方案》，改革创新，开拓进取，打好振兴中国足球这一攻坚战，开创我国体育事业新局面。足球运动深受群众喜爱、社会关注。足球改革发展对振兴中国足球、推进体育管理体制改革、建设体育强国具有重要意义和作用。要从体制机制创新入手，以中国足协自我改革为龙头，贯彻落实《总体方案》的各项任务。要加强自身建设，建立决策权、执行权、监督权既相互制约又相互协调的机制，使中国足协真正成为具有广泛代表性、专业性、权威性的社会组织；创新联赛管理模式，建立符合中国国情和足球发展规律的职业联赛管理和运营制度；大力发展青少年足球，夯实足球发展基础。加强国家队和教练团队建设，建立严格科学的队员选拔机制。通过政府购买服务、吸引社会投资等多种方式，加大足球运动保障力度。体育系统要探索新时期体育工作规律，深化体育管理体制改革，完善公共体育服务体系，促进体育产业发展和体育消费，为推动经济社会发展和提高人民健康水平贡献力量。

8月17日

［纲　文］　**汪洋在西藏调研**。

［目　文］　在西藏平均海拔最高的那曲地区，国务院副总理汪洋了解牧民生活状况及扶贫措施落实情况时强调，实施精准扶贫，最基本的是要搞清楚最贫困的人口在哪里。西藏地广人稀，贫困分散。各级扶贫干部要深入贫困地区特别是边远地区，把贫困人口和贫困状况真正摸清摸透，把扶贫政策送到所有贫困地区、惠及所有贫困人口，做到不漏一村、不漏一户。涉贫问题往往与经济、民族、宗教等问题相互交织，要探索建立重大涉贫事件处置反馈机制，注意从涉贫事件中发现问题，总结教训，完善政策，不断提高扶贫工作水平。

在拉萨市城关区等地，汪洋考察了农牧业生产和科研示范基地、扶贫龙头企业时强调，要立足资源优势，加强生态环境保护，发展特色产业，促进贫困群众脱贫致富。要优化农牧业生产结构和布局，加快形成具有区域特色的农牧业主导产品、支柱产业和知名品牌，建设一批特色鲜明、竞争力强的现代农牧业生产基地。要重视挖掘贫困地区自然风光、人文景观、民俗文化，加强旅游基础设施建设，打造高端、精品、特色旅游产品体系。要积极引导和支持贫困人口参与特色产业发展，探索贫困人口以资源、扶贫资金等入股参与现代农牧业、旅游业的开发，让他们从特色产业发展中获得稳定收益，分享发展成果。

8月17日

［纲　文］　**中国最北高铁哈尔滨至齐齐哈尔正式开通运营**。

［目　文］　哈尔滨至齐齐哈尔的运行时间由原来的约3小时缩短至约85分钟。哈

齐高铁是国家《中长期铁路网规划》的重要组成部分，是哈尔滨、大庆、齐齐哈尔三大城市间的重要快速铁路通道，也是中国目前最北端的、纬度最高的高寒高速铁路。

8月17日

［纲　文］　**全军援非抗击埃博拉疫情先进事迹报告会在北京举行。**

［目　文］　报告会上，6名报告团成员从不同侧面讲述了参加援非抗埃战斗的亲身经历和经验体会。总后勤部部长赵克石，总后机关和驻京各大单位卫生系统官兵代表1200余人听取报告。

中央军委副主席范长龙会见报告团成员及官兵代表，代表中央军委主席习近平和中央军委向参加援非抗埃任务的全体官兵表示诚挚的问候并指出，援非抗埃是一项跨国联合非战争军事行动，也是具有重要国际影响的政治任务。我军医疗队面对恶劣的自然环境、艰苦的生活条件、严峻的疫情形势，连续奋战、不怕牺牲、甘于奉献、事迹感人，涌现出很多先进典型，展现了卫勤战线攻坚克难、能打胜仗的使命担当和能力素质。全军和武警部队要广泛开展向援非抗埃任务官兵学习活动，坚持思想领先，坚持练兵备战，坚持严字当头，坚持以身作则，为实现党在新形势下的强军目标做出新的贡献。要学习他们听党指挥的坚定信念，任何时候任何情况下都听从党中央、中央军委和习主席指挥。要学习他们能打胜仗的使命担当，确保召之即来、来之能战、战之必胜。要学习他们英勇顽强的战斗作风，争当“有灵魂、有本事、有血性、有品德”的新一代革命军人，始终保持人民军队的良好形象。

8月18日

［纲　文］　**习近平主持召开中央全面深化改革领导小组第15次会议。**

［目　文］　中央全面深化改革领导小组副组长李克强、刘云山、张高丽，中央全面深化改革领导小组成员出席会议，中央和国家有关部门负责人列席会议。

中央全面深化改革领导小组组长习近平强调，2015年以来，在去年全面深化改革开局良好的基础上，各方面改革继续呈现蹄疾步稳、纵深推进的良好态势，在一些重要领域和关键环节取得新突破。各级党委和政府要增强改革定力、保持改革韧劲，加强思想引导，注重研究改革遇到的新情况新问题，锲而不舍、坚韧不拔，提高改革精确发力和精准落地能力，扎扎实实把改革举措落到实处。

会议审议通过以下内容：一、《关于改进审计查出突出问题整改情况向全国人大常委会报告机制的意见》。会议指出，全国人大常委会要把宪法法律赋予的监督权用起来，实行正确监督、有效监督，把听取和审议审计查出突出问题整改情况报告，同开展专题询问等监督形式结合起来，把督促审计查出突出问题整改工作同审查监督政府、部门预算决算工作结合起来，改进报告方式，加强督促办理，增强监督实效。二、《关于完善人民法院司法责任制的若干意见》。会议强调，要坚持问题导向，遵循司法权运行规律，着力改进审判组织形式、裁判文书签署机制、审判委员会制度。要落实法官在职责范围内对办案质量终身负责，严格依纪依法追究法官违法审判责任，同时建立健全法官履职保护机制。三、《关于完善人民检察院司法责任制的若干意见》。会议指出，要健全司法办案组织和运行机制、健全检察委员会运行机制、明晰各类检察人员职权、健全检察管理和监督机制、严格责任认定和追究等举措，形成对检察人员司法办案工作的全方位、全过程规范监督制约体系。检察人员应该对其履行检察职责的行为承担司法责任，在职责范围内对办案质量终身负责，依法履职受法律保护。四、《统筹推进世界一流大学和一流学科建设总体方案》。会议强调，要引导和支持高等院校优化学科结构，凝练学科发展方向，突出学科建设重点，通过体制机制改革激发高校内生动力和活力。五、《全面改善贫困地区义务教育薄弱学校基本办学条件工作专项督导办法》。会议指出，要依法依规开展对全面改善贫困地区义务教育薄弱学校基本办学条件工作的专项督导，明确督导内容、程序、结果应用方式，重点监督经费保障、质量管理、进展成效、社会监督等情况，建立评价、激励、问责机制，推动地方政府履行责任，保障工作进度和成效。六、《关于建立居民身份证异地受理挂失申报和丢失招领制度的意见》。会议强调，建立居民身份证异地受理、挂失申报和丢失招领制度，是一项便民利民服务举措。要考虑各地人口集聚和服务管理工作实际情况，分步实施，有序推进。要发挥公安机关人口服务管理信息化优势，让信息多跑路、让群众少跑腿，方便群众异地换领、补领居民身份证和挂失申报、丢失招领。要严密操作规程，确保公民个人信息安全。

8月18日

［纲　文］　**中共中央办公厅、国务院办公厅印发《深化科技体制改革实施方案》。**

［目　文］　《方案》由十部分组成：一、指导思想、基本原则和主要目标；二、建立技术创新市场导向机制；三、构建更加高效的科研体系；四、改革人才培养、评价和激励机制；五、健全促进科技成果转化的机制；六、建立健全科技和金融结合机制；七、构建统筹协调的创新治理机制；八、推动形成深度融合的开放创新局面；九、营造激励创新的良好生态；十、推动区域创新改革。

《方案》指出，国家科技体制改革和创新体系建设领导小组要加强统筹协调、督促落实。各有关部门、各地方要高度重视，认真落实好相关任务。各牵头单位对牵头的任务要负总责，会同其他参与单位制定具体落实方案，明确责任人、路线图、时间表，加快各项任务实施，确保按进度要求完成任务。

8月18日

［纲　文］　**税务总局发布《国家税务总局关于公布已取消的22项税务非行政许可审批事项的公告》。**

［目　文］　《公告》指出，各级税务机关应当全面落实取消22项税务非行政许可审批事项有关工作，不得以任何形式保留或者变相审批；及时修改涉及取消事项的相关规定、表证单书和征管流程，明确事中事后监管要求；进一步深化行政体制改革，深入推进简政放权，放管结合，优化服务，不断提高税收管理科学化规范化水平。

22项包括西部大开发税收优惠政策审批、企业取得的符合条件的技术转让所得享受所得税优惠核准、安置残疾人员和国家鼓励安置的其他就业人员所支付工资的加计扣除的核准、创业投资企业享受创业投资所得税优惠核准、企业享受综合利用资源所得税优惠的核准、企业享受文化体制改革中转制的经营性文化事业单位所得税优惠的核准、电网企业新建项目分摊期间费用的核准等项目。

8月18日

［纲　文］　**发展改革委公布《电力建设工程施工安全监督管理办法》。**

［目　文］　《办法》共8章53条，主要有总则、建设单位安全责任、勘察设计单位安全责任、施工单位安全责任、监理单位安全责任、监督管理、罚则、附则等内容。自2015年8月18日起30日后施行，原电监会发布的《电力建设安全生产监督管理办法》（电监安全〔2007〕38号）同时废止。

8月18日

［纲　文］　**第6次全国民族教育工作会议在北京召开。**

［目　文］　国务院副总理刘延东、国家民委主任王正伟出席会议并讲话。内蒙古、云南、新疆、北京、广东和吉林延边朝鲜族自治州有关负责人作了发言。

刘延东指出，要以社会主义核心价值观为引领，促进各族师生交往交流交融，牢固树立中华民族共同体意识；优化民族教育结构布局，加大教师培养培训力度，以义务教育和职业教育为重点，全面提升各级各类教育质量，为民族地区输送更多人才；加大投入力度，推进寄宿制学校建设，办好内地民族班，科学推行双语教育，落实好教育资助政策，推进教育信息化，让更多优质教育资源惠及各族群众。

王正伟表示，做好新形势下民族教育工作，必须始终把握打牢中华民族共同体思想基础这一重大要求、紧紧围绕全面建成小康社会这一紧迫目标，突出重点难点，对重点地区重点领域优先倾斜，加强协调配合，形成强大合力。

会前，全国政协主席俞正声会见与会代表并向长期以来奋斗在民族教育第一线的广大教职员工和关心支持民族教育的各界人士表示崇高敬意和衷心感谢，代表党中央、国务院对会议召开表示热烈祝贺并指出，党中央、国务院历来高度重视民族教育事业发展。第五次全国民族教育工作会议尤其是党的十八大以来，民族教育事业蓬勃发展，取得重大成绩，为促进民族团结进步、实现共同繁荣发展做出了重要贡献。同时要清醒看到，少数民族和民族地区教育仍面临一些困难和问题，加快发展民族教育任务仍十分艰巨。做好民族教育工作，对于保障少数民族和民族地区群众受教育权利，维护国家统一、民族团结、社会稳定，促进民族地区经济社会发展具有重要意义。要全面把握中共中央关于民族教育工作的新思想新要求，深入推进爱国主义和民族团结教育，坚持立德树人，大力培育和践行社会主义核心价值观，弘扬中华优秀传统文化，夯实中华民族共同体思想基础；按照“四个全面”战略布局，不断创新工作思路和方式，坚持民族因素与区域因素相结合，坚持普惠政策与特殊措施相结合，统筹谋划、全面推进民族教育改革发展；切实提高服务民族地区全面建成小康社会的能力，把义务教育、职业教育作为重中之重，抓好国家通用语言文字教育薄弱地区双语教育，坚持就业导向，着力培养数以百万计的创新型、应用型、技术技能型各民族优秀人才，为民族地区发展提供人才支持和智力支撑。

8 月 18 日

［纲　文］ **国务院副总理张高丽在北京会见美国彭博有限合伙企业创始人、联合国城市与气候变化问题特使布隆伯格。**

［目　文］ 张高丽说，2015 年以来，中国经济运行总体平稳、稳中有进，经济发展总体向好的基本面没有改变。我们将按照“四个全面”战略布局，积极适应和引领经济发展新常态，坚持稳中求进工作总基调，坚持以提高经济发展质量和效益为中心，促进经济保持中高速增长、迈向中高端水平。习近平主席将于 9 月对美国进行国事访问，这是 2015 年中美关系中的头等大事，希望双方共同努力，深化务实合作，推动中美新型大国关系建设不断取得新的进展。应对气候变化是人类共同的事业，中国将继续实施积极应对气候变化的国家战略，同时愿与联合国及世界各国携手合作，按照“共同但有区别的责任”原则、公平原则和各自能力原则，推进构建公平合理、合作共赢的全球气候治理体制。

布隆伯格表示，中国在应对气候变化方面做出了巨大努力，发挥了重要作用。彭博愿意在人民币国际化、绿色金融等方面与中国开展合作。

8 月 18 日

［纲　文］ **中国奶业 D20 峰会在北京召开。**

［目　文］ 本次峰会由中国奶业协会、中国奶业 D20 企业联盟发起并主办，以“优质安全发展 振兴中国奶业”为主题。政府主管部门、行业协会、企业界代表参加了本次峰会活动。国内 20 家国内奶业及乳制品企业共同宣读了“中国奶业 D20 企业联盟《北京宣言》”，在坚决执行质量至上的基本准则、坚持品牌战略增强综合竞争力、坚守诚信自律和履行社会责任、坚定走产业一体化的发展道路等四个方面作出承诺。

国务院副总理汪洋出席峰会并强调，各级政府要按照最严谨的标准、最严格的监管、最严厉的处罚、最严肃的问责的要求，落实监管责任，加大执法力度，确保乳品安全。要加强对奶业科研和技术推广的支持，大力推进奶业规模化、标准化、设施化、集约化生产。积极适应消费需求变化，调整优化生产布局，丰富完善产品结构。要推进农牧结合，延伸产业链条，建立企业与农牧民间合理的利益联结机制，让农牧民分享奶业发展成果。

8 月 18 日

［纲　文］ **行业协会商会与行政机关脱钩全国电视电话会议在北京召开。**

［目　文］ 国务委员王勇出席会议时指出，要深入贯彻落实中办、国办印发的《行业协会商会与行政机关脱钩总体方案》，扎实稳妥推进脱钩改革各项工作。行业协会商会与行政机关脱钩改革是理顺政社关系、转变政府职能、激发市场活力和社会创造力的重要举措，各地区、各部门、各行业协会商会要认真贯彻落实党中央、国务院的决策部署，切

实增强责任感和紧迫感，精心组织实施，确保脱钩政策措施落到实处。脱钩改革的核心内容是推进行业协会商会与行政机关在机构、职能、资产财务、人员、党建外事等方面“五分离五规范”，必须准确把握重点任务和关键环节。切实加强党建工作，保障行业协会商会正确发展方向；坚持改革与监管并重，建立健全综合监管体制；落实支持发展政策，增强行业协会商会发展后劲；坚持试点先行，分步稳妥推进；加强对脱钩改革的组织领导，推动行业协会商会健康有序发展。

8月18日

［纲 文］ **外交部发言人就泰国曼谷市中心发生爆炸事件表示强烈谴责。**

［目 文］ 发言人说，中方对泰国曼谷市中心发生爆炸事件表示强烈谴责，对包括中方人员在内的遇难者表示深切哀悼，对遇难者家属和受伤人员表示诚挚慰问。事发后，外交部及驻泰国使馆立即展开应急行动，全力做好相关工作。驻泰国使馆在事发后即派员赴爆炸现场及当地多家医院了解中方人员伤亡情况，并与泰国政府有关部门保持沟通，要求泰方尽快查明事件原因，全力做好伤员救治和遇难人员善后，采取有效措施，确保在泰中国人员和机构安全。

当地时间17日晚，泰国曼谷市中心著名景点四面佛神庙外发生爆炸。中国驻泰国大使馆公布，此次爆炸已造成6名中国人死亡，其中大陆居民4人、香港居民2人。

8月18—19日

［纲 文］ **“2015·中国新疆发展论坛”在新疆乌鲁木齐举行。**

［目 文］ 论坛由国务院新闻办公室、中国社会科学院和新疆维吾尔自治区人民政府共同举办。论坛的主题为“建设丝绸之路经济带——新疆的发展机遇与选择”。共有来自30多个国家和国际组织的近100名代表出席论坛。

全国政协主席俞正声致信祝贺，新疆维吾尔自治区是中国地域面积最大、陆地边境线最长、交界邻国最多的省区，也是东西方文明交汇、多民族聚居、多宗教并存、多文化交融的地区。早在公元前60年，新疆就纳入中国版图，并逐步发展为古丝绸之路的重要通道。在漫长的历史进程中，生活在这片土地上的各族人民，历经沧桑、守望相助、休戚与共，用勤劳和智慧共同书写了灿烂的中华文明。当今世界，政治多极化、经济全球化、文化多样化、社会信息化加速发展，开放、合作、共赢成为广泛共识。2013年，习近平主席提出了共建“丝绸之路经济带”和“21世纪海上丝绸之路”重大倡议。2015年3月，中国政府发布了推动“一带一路”建设的愿景与行动。“一带一路”倡议的提出和实施，受到国际社会高度关注和积极响应，对促进世界各国加强政治互信、经济融合、文化包容，建设人类命运共同体必将产生重大而深远的影响。作为“丝绸之路经济带”核心区的新疆，是中国向西开放的重要窗口，是连接亚欧大陆重要的交通枢纽、商贸物流和文化科教中心。创办“中国新疆发展论坛”，旨在为推动区域和世界各国互利合作搭建一个交流平台。希望与会的中外人士深入探讨，积极建言献策，为加强不同文明交流互鉴，推动各国深化合作，促进世界和平发展，贡献智慧和力量。

8月18—23日

［纲　文］　**第30届全国青少年科技创新大赛在香港举行。**

［目　文］　大赛由中国科学技术协会、香港特别行政区政府共同主办，香港新一代文化协会承办。全国31个省、自治区、直辖市以及香港特别行政区、澳门特别行政区和新疆生产建设兵团共34支代表队约317余名青少年、106余名科技辅导员参加。印度、瑞典、巴西、日本、德国、法国、泰国、丹麦、卢森堡、韩国、印度尼西亚、马来西亚等12个国家的58名国际代表参加项目展示和交流。

本届大赛共评选出优秀科技辅导员创新项目一等奖33项、二等奖72项、三等奖95项和10项“十佳科技辅导员奖”；中小学创新项目一等奖70项、二等奖153项、三等奖210项；青少年科技创意作品一等奖79项、二等奖131项、三等奖154项和10项“十佳科技创意之星”。在竞赛项目评审的同时，还评选出由组委会、高校、基金会、科技企业等单位委托评审的20余类专项奖。

8月19日

［纲　文］　**国家主席习近平在北京接受8个国家新任驻华大使递交国书。**

［目　文］　习近平欢迎外国使节们来华履新，请他们转达对各有关国家领导人和人民的诚挚问候和良好祝愿，并表示中国愿继续深化同各国传统友谊、加强同各国务实合作，促进共同发展与繁荣。中国政府将为各位使节履职提供便利和支持，希望各位使节为增进中国同有关国家的双边关系及人民间的友谊做出积极贡献。

8个国家新任驻华大使是：斐济驻华大使纳伊瓦卢鲁阿、塞舌尔驻华大使塔夫、波兰驻华大使林誉平、意大利驻华大使谢国谊、毛里求斯驻华大使李淼光、刚果民主共和国驻华大使奥科托、赞比亚驻华大使奇贝萨孔达、丹麦驻华大使戴世阁。

8月19日

［纲　文］　**李克强主持召开国务院常务会议。**

［目　文］　会议主要内容：一、部署发展现代流通业建设法治化营商环境，构建全国统一大市场旺消费促发展。会议指出，做强现代流通业这个国民经济大产业，可以更好对接生产和消费，促进结构优化和发展方式转变。一要坚决清除妨碍全国统一大市场建设的各种“路障”，禁止滥用行政权力限制或排除公平竞争，禁止利用市场优势地位收取不合理费用或强制设置不合理交易条件，降低社会流通总成本。二要推广电子商务等新兴流通方式，实施“互联网+流通”行动计划，鼓励流通企业发挥线下实体店的物流、服务、体验等优势，推动实体与网络市场融合发展。三要创新流通领域市场监管，推行企业产品质量承诺制度，以农产品、食品、药品等对消费者生命健康有较大影响的商品为重点，建立来源可追、去向可查、责任可究的全程追溯体系。四要完善流通设施建设管理，对公益性农产品批发市场等创新投资、运营机制，优先保障农贸市场、社区菜市场、再生资源回收等微利经营设施用地需求，鼓励社会力量参与投资。用更

加顺畅的流通“大动脉”带旺消费、支撑发展。二、通过《关于促进大数据发展的行动纲要》，提升创业创新活力和社会治理水平。会议强调，一要推动政府信息系统和公共数据互联共享，消除信息孤岛，加快整合各类政府信息平台，避免重复建设和数据“打架”，增强政府公信力，促进社会信用体系建设。优先推动交通、医疗、就业、社保等民生领域政府数据向社会开放，在城市建设、社会救助、质量安全、社区服务等方面开展大数据应用示范，提高社会治理水平。二要顺应潮流引导支持大数据产业发展，以企业为主体、以市场为导向，加大政策支持，着力营造宽松公平环境，建立市场化应用机制，深化大数据在各行业创新应用，催生新业态、新模式，形成与需求紧密结合的大数据产品体系，使开放的大数据成为促进创业创新的新动力。三要强化信息安全保障，完善产业标准体系，依法依规打击数据滥用、侵犯隐私等行为。让各类主体公平分享大数据带来的技术、制度和创新红利。三、决定进一步加大对小微企业的税收优惠，涵养就业潜力和经济发展持久耐力。会议指出，小微企业是就业的主渠道、发展的生力军。会议决定，在落实好已出台税收优惠政策的同时，一是从2015年10月1日起到2017年底，依法将减半征收企业所得税的小微企业范围，由年应纳税所得额20万元以内（含20万元）扩大到30万元以内（含30万元）。二是将月销售额2万元至3万元的小微企业、个体工商户和其他个人免征增值税、营业税的优惠政策执行期限，由2015年底延长至2017年底。

8月19日

［纲　文］　**最高法印发《人民法院落实〈领导干部干预司法活动、插手具体案件处理的记录、通报和责任追究规定〉的实施办法》的通知**。

［目　文］　通知说，现将《人民法院落实〈领导干部干预司法活动、插手具体案件处理的记录、通报和责任追究规定〉的实施办法》予以印发，自2015年8月20日起施行。请认真贯彻执行，并做好实施细则备案和执行情况定期报送工作，执行中发现的问题请及时报告最高人民法院。

8月19日

［纲　文］　**最高法印发《人民法院落实〈司法机关内部人员过问案件的记录和责任追究规定〉的实施办法》的通知**。

［目　文］　通知说，现将《人民法院落实〈司法机关内部人员过问案件的记录和责任追究规定〉的实施办法》予以印发，自2015年8月20日起施行。请认真贯彻执行，并做好实施细则备案和执行情况定期报送工作，执行中发现的问题请及时报告最高人民法院。

8月19日

［纲　文］　**财政部、开发银行印发《关于创新投融资模式加快推进高标准农田建设的通知》**。

［目　文］　《通知》由七部分组成：一、总体要求；二、试点时间、范围及扶持对象；三、具体扶持方式；四、项目申报与审批；五、项目实施与管理；六、贴息和补助资金使用；七、相关要求。

8月19日

［纲　文］　**气象局印发《全国气象现代化发展纲要（2015—2030年）》。**

［目　文］　《纲要》由七部分组成：一、指导思想和发展目标；二、大力提升气象防灾减灾和公共气象服务水平；三、积极应对气候变化；四、加快发展现代气象业务；五、着力推进气象信息化；六、加强科技创新和人才发展；七、强化气象现代化的法治保障等内容。

8月20日

［纲　文］　**发展改革委印发《关于加快配电网建设改造的指导意见》。**

［目　文］　《意见》由七部分组成：一、总体要求；二、加强规划统筹，提升发展理念；三、增强供电能力，有效服务民生；四、提高装备水平，促进节能降耗；五、推动智能互联，打造服务平台；六、加大扶持力度，完善政策保障；七、落实主体责任，加强监督管理。

《意见》指出，各级能源主管部门要密切跟踪配电网建设改造工作进展，掌握目标任务完成情况。建立健全考评机制，加强对配电网的资金投入力度、投资行为的考核与评估。加强配电网建设改造工作监督管理，建立闭环管理机制，开展配电网建设改造专项行动监督与现场检查。

8月20日

［纲　文］　**民政部、公安部印发《关于开展查找不到生父母的打拐解救儿童收养工作的通知》。**

［目　文］　《通知》由七部分组成：一、全力查找打拐解救儿童生父母；二、依法开展收养登记工作；三、妥善处理打拐解救儿童收养关系解除问题；四、扎实抓好政策落实工作。

《通知》指出，各地要通过多种渠道主动做好政策宣传工作，特别是做好与新闻媒体的沟通，使群众充分了解相关法律规定和打拐解救儿童的生活状况，知晓办理收养登记对于保护打拐解救儿童权益和打击拐卖儿童犯罪的重要意义，营造良好的社会舆论氛围。

8月20日

［纲　文］　**俞正声在北京会见台湾民意代表交流参访团。**

［目　文］　俞正声强调，巩固深化两岸关系和平发展是两岸同胞的共同心愿，要牢牢把握两岸关系发展的正确方向，巩固坚持“九二共识”、反对“台独”的政治基础；要增进两岸同胞共同福祉，扩大台湾基层民众的受益面和获得感；要加强两岸同胞交流沟通，维护两岸关系和平发展成果。我们愿意倾听台湾各界人士对两岸交流合作的意见，增进理解和共识，为两岸关系和平发展发挥积极作用。

8月20日

［纲　文］　**国务院副总理张高丽在北京会见俄罗斯总统能源发展战略和生态安全委**

员会秘书长兼俄石油公司总裁谢钦。

［目　文］　张高丽说，能源合作是中俄全面战略协作伙伴关系的重要组成部分。在两国元首的亲自关注和直接推动下，近年来两国能源合作不断取得新突破。2014年中俄原油贸易量突破3300万吨，中俄东线天然气管道建设正在积极推进，中方收购万科尔油田、天津合资炼厂、俄对华增供油等大项目也都在积极商谈和推进。中方愿同俄方共同努力，执行好双方业已商定的合作项目，积极探讨新的合作项目，推动两国能源合作取得更多成果。

谢钦表示，俄方愿进一步加强与中方在原油勘探开采、管道建设、炼化、能源装备以及安全生产等领域的合作，促进两国经济共同发展。

8月20日

［纲　文］　**全国政协主席俞正声在北京会见韩国新国家党国会议员元裕哲率领的国会文化交流代表团。**

［目　文］　俞正声说，中韩建交23年来，两国关系发展迅速，特别是习近平主席和朴槿惠总统成功实现互访，进一步增进了两国政治互信和各领域合作。双方要落实好两国元首共识，推动中韩战略合作伙伴关系不断取得新成果。中国全国政协高度重视同韩国国会的友好往来，希望加强双方在治国理政、文化合作等方面的经验交流，相互学习借鉴，为中韩关系发展做出更大贡献。元裕哲说，韩国国会愿同中国全国政协进一步加强交流，助力韩中关系发展迈上新台阶。

8月20—21日

［纲　文］　**全国律师工作会议在北京召开。**

［目　文］　本次会议由最高人民法院、最高人民检察院、公安部、司法部联合召开。中央政法委书记孟建柱、公安部部长郭声琨、最高人民法院院长周强、最高人民检察院检察长曹建明出席会议并讲话。本次会议的主要任务是全面贯彻党的十八大和十八届三中、四中全会精神，深入贯彻学习中共中央总书记习近平系列重要讲话精神，进一步研究落实保障律师执业权利、规范律师执业行为、加强律师队伍建设、深化律师制度改革的政策措施，发挥好律师队伍在全面依法治国中的重要作用。来自全国的75名律师、14名法学专家和律师协会会长参加了此次会议。

孟建柱指出，律师制度是一个国家法律制度的重要组成部分，是法治文明进步的重要标志。要深入贯彻习近平总书记系列重要讲话精神，依法保障律师执业权利，进一步规范律师执业行为，深化律师制度改革，加强律师队伍建设，充分发挥律师在全面依法治国中的重要作用。司法人员和律师职责分工不同，但都是社会主义法治工作队伍的重要组成部分，都承担着维护当事人合法权益、保障法律正确实施、促进社会公平正义的使命。各级政法机关要积极推动司法人员和律师构建新型关系，彼此尊重、平等相待，相互支持、相互监督，正当交往、良性互动，共同促进社会主义法治文明进步。保障律师执业权利，重要的是把法律已规定的律师在辩护、代理中所享有的知情权、申请权、会见通信权、阅卷权、收集证据权和庭审中质证权、辩论辩护权等执业权利落实到位。要健全侦查、起诉、审判各环节重视律师辩护、代理意见的工作机制，完善便利律师参与诉讼的机制，为律师执业创造更好环境。律师以法为业、以律为师，其执业行为是否规范，影响律师职业的整体形象，影响公众对法治的信仰、对社会公平正义的信心。希望广大律师自觉遵守宪法法律、忠于事实真相、严守执业纪律、坚持谨言慎行，做到依法诚信公正执业，发挥专业职业优势，为全面依法治国做出新的贡献。

郭声琨强调，律师制度是中国特色社会主义司法制度的重要组成部分，律师是推进依法治国、建设社会主义法治国家的重要力量。要进一步增强法治意识、强化法治思维，大力推进执法制度改革，依法充分保障律师接受委托、案件知情、会见通信、提出意见等执业权利的落实。

8月21日

［纲　文］　**中共中央召开党外人士座谈会，征求对制定国民经济和社会发展第十三个五年规划的建议**。

［目　文］　座谈会由习近平主持。李克强、俞正声、张高丽出席座谈会。民革中央主席万鄂湘、民盟中央主席张宝文、民建中央主席陈昌智、民进中央主席严隽琪、农工党中央主席陈竺、致公党中央主席万钢、九三学社中央主席韩启德、台盟中央主席林文漪、全国工商联主席王钦敏、无党派人士代表林毅夫先后发言。他们赞同中共中央关于制定国民经济和社会发展第十三个五年规划的建议的考虑，并就引领经济发展新常态、合理确定发展目标、稳定增长预期、突出创新驱动发展战略、注重发展实体经济、做好“三农”工作和扶贫工作、健全粮食安全策略、促进中西部地区扩大开放、加快新型城镇化建设、推动政府治理改革、加强教育综合改革、加大专业化人才培养力度、重视人口老龄化问题、推动健康中国建设、加强生态领域综合治理、实现绿色发展等方面提出意见和建议。

习近平说，大家提出了许多很好的意见和建议，对起草好文件很有帮助，我们将认真研究吸收。建议稿起草过程中着力把握了以下原则。一是坚持目标导向和问题导向相统一，既从实现全面建成小康社会目标倒推，厘清到时间节点必须完成的任务，又从迫切需要解决的问题顺推，明确破解难题的途径和方法。二是坚持立足国内和全球视野相统筹，既以新理念新思路新举措主动适应和积极引领经济发展新常态，又从全球经济联系中进行谋划。三是坚持全面规划和突出重点相协调，既着眼于全面推进经济建设、政治建设、文化建设、社会建设、生态文明建设、对外开放、国防建设和党的建设，又突出薄弱环节和滞后领域。四是坚持战略性和操作性相结合，既强调规划的宏观性、战略性、指导性，又突出规划的约束力和可操作、能检查、易评估。规划建议要突出前瞻性和指导性，准确把握我国基本国情和发展现状，科学预判未来5年乃至更长时期我国经济社会发展的趋势和变量，确保提出的目标和举措能够顺应发展趋势、引领发展方向。“十三五”时期，我国发展面临许多新情况新问题，最主要的就是经济发展进入新常态。在新常态下，我国发展的环境、条件、任务、要求等都发生了新的变化。适应新常态、把握新常态、引领新常态，保持经济社会持续健康发展，必须坚持正确的发展理念。建议稿分析了全面建成小康社会决胜阶段的形势和任务，提出并阐述了创新、协调、绿色、开放、共享的发展理念，强调落实这些发展理念是关系我国发展全局的一场深刻变革。发展理念是发展行动的先导，是发展思路、发展方向、发展着力点的集中体现。要直接奔着当下的问题去，体现出鲜明的问题导向，以发展理念转变引领发展方式转变，以发展方式转变推动发展质量和效益提升，为“十三五”时期我国经济社会发展指好道、领好航。广大人民群众共享改革发展成果，是社会主义的本质要求，是我们党坚持全心全意为人民服务根本宗旨的重要体现。我们追求的发展是造福人民的发展，我们追求的富裕是全体人民共同富裕。改革发展搞得成功不成功，最终的判断标准是人民是不是共同享受到了改革发展成果。

8 月 21 日

［纲　文］　**国务院总理李克强、国务院副总理刘延东在北京分别会见国际奥委会主席巴赫。**

［目　文］　李克强在会见巴赫时表示，中国的改革开放促进了经济社会发展，也带动了体育事业不断壮大。当前广大人民群众对健康生活方式的追求日益提高。中国政府希望通过发展体育运动，包括繁荣体育产业和举办各类体育赛事，提高全民族的健康水平，更好满足人民群众的体育消费需求，为全社会特别是青年人增添奋斗向上的动力。中国政府将信守申办 2022 年冬奥会所作承诺，在全国人民支持下，同国际奥委会等密切配合，办出一届节俭、可持续的冬奥会。巴赫表示，国际奥委会相信中国政府一定会兑现申奥承诺，举办一届成功、精彩的冬奥会。期待今后七年同中方密切协调配合，共同为北京冬奥会的成功举办和国际奥林匹克运动的持续发展做出新贡献。

刘延东在会见巴赫时感谢国际奥委会的信任和支持，将 2022 年冬奥会的举办权授予北京—张家口，并表示中国将全面兑现承诺，践行《奥林匹克 2020 议程》，为世界奉献一届精彩、非凡、卓越的冬奥会，为奥林匹克运动发展和世界和平做出新贡献。巴赫表示，祝贺北京获得 2022 年冬奥会举办权。相信中国将不负众望，为奥林匹克大家庭奉献一届成功的 2022 年冬奥会。

8 月 21 日

［纲　文］　**国务院总理李克强电贺维克勒马辛哈就任斯里兰卡民主社会主义共和国总理。**

8 月 21 日

［纲　文］　**俞正声在北京主持召开“流域经济发展和水资源开发利用保护”专题座谈会。**

［目　文］　民建中央主席陈昌智建议，完善协调机制，共建共享综合立体交通走廊，创新金融模式，推动长江经济带健康发展。农工党中央主席陈竺建议，发挥规划与制度的刚性约束作用，构筑权责清晰、统一高效的水资源管理和水污染防治的行政法治一体化治理体制。致公党中央主席万钢建议，大力发展淮河生态经济带，使之成为国家实施

“一带一路”、长江经济带两大发展战略的重要支撑。九三学社中央主席韩启德建议，重视长江上游水利水电工程对全流域生态环境的影响，实施河流生态修复，调整流域综合规划，改革流域管理体制与利益分配机制。

全国政协主席俞正声说，生态和环保一直是社会各界和人民群众关注的焦点。中共中央高度重视生态文明建设，2015年4月，中共中央、国务院出台《关于加快推进生态文明建设的意见》。要切实按照中央要求，把生态文明建设融入经济建设、政治建设、文化建设、社会建设各方面和全过程，大力推进绿色发展、循环发展、低碳发展，真正实现全面协调的永续发展。目前，流域经济发展成为带动一些内陆地区加快发展的“新引擎”。在推动长江、淮河等流域经济发展过程中，要认真落实中央精神，切实加强对水资源的高效利用、合理开发和有效保护，统筹做好水灾害防治、水资源节约、水生态保护修复、水环境治理等工作。希望各民主党派进一步整合好自身组织资源和社会研究力量，坚持跟踪调研，提出真知灼见，为生态文明建设贡献更多的智慧力量。

8月21日

［纲　文］　**财政部公布，中央财政53.16亿元支持少数民族地区文化事业。**

［目　文］　2015年中央财政安排的资金中，包括博物馆、纪念馆免费开放专项资金2.36亿元；公共体育场馆免费低收费开放补助资金1.02亿元；美术馆、公共图书馆、文化馆（站）免费开放专项资金3.75亿元；非物质文化遗产保护专项资金0.93亿元；国家文物保护专项资金9.60亿元；“三区”文化工作者专项资金0.91亿元；中央广播电视节目无线覆盖专项资金0.98亿元；农村文化建设专项资金3.33亿元；中央补助地方公共文化服务体系建设专项资金18.55亿元；少数民族文化事业发展补助资金11.73亿元。

中央财政还通过国家电影事业发展专项资金安排少数民族语言电影译制项目0.48亿元，用于支持新疆、西藏、云南等省份的少数民族语言电影译制工作。

8月21日

［纲　文］　**刘奇葆在北京主持召开加强抗日战争研究专题会议。**

［目　文］　中宣部部长刘奇葆强调，要认真学习贯彻习近平总书记在中央政治局第二十五次集体学习时发表的重要讲话精神，深刻认识加强抗日战争研究的重大意义和任务要求，增强责任担当、提升行动自觉，加强总体规划、加强统筹协调，把抗战研究作为一项国家工程切实抓好。历史是最好的教科书。研究抗日战争历史，就是站在当下回望中国人民抗日战争的伟大进程，记述中国抗战为世界反法西斯战争胜利做出的重大贡献，汲取蕴含在历史过往进程中的经验教训，更好警示和教育人们牢记历史、不忘过去，珍爱和平、开创未来。要始终用正确的历史观指导抗战研究，准确把握历史的本来面目，认清本质和现象、主流和支流，让历史说话、用史实发言。要下功夫做好史料收集整理，用好史料、用活史料，推动形成正确的历史认识，获取有益的历史启示和镜鉴。要把研究与宣传贯通起来，广泛传播抗战研究成果，批驳和澄清歪曲历史的错误言论。要加强对抗战研究

工作的组织领导，制定落实中长期规划及实施方案，调动学术界和社会各界的积极性，建立有效的工作机制和保障机制，确保各项任务落到实处。

8月21日

［纲　文］　**教育部印发《中小学生守则（2015年修订）》**。

8月21日

［纲　文］　**中国产ARJ21飞机演示飞行成功**。

［目　文］　中国首款完全按照国际适航标准自行研制的涡扇喷气支线客机ARJ21-700飞机，以四川成都为基地开展航线演示飞行。ARJ21-700飞机是中国自行研制的中、短航程新型涡扇支线飞机，包括基本型、货运型和公务机型等系列型号，航程2225—3700公里，主要用于满足从中心城市向周边中小城市辐射型航线的使用要求。

8月21日

［纲　文］　**外交部发言人就20日朝鲜、韩国在军事分界线附近发生炮击行为表示，中国坚定维护地区和平稳定，反对任何制造紧张的行为**。

［目　文］　发言人说，作为朝鲜半岛近邻，中方高度关注半岛局势动向，对发生的事态深表关切。中方坚定维护地区和平稳定，反对任何制造紧张的行为。我们敦促有关方面保持冷静克制，通过接触对话妥善处理当前事态，停止任何可能导致局势紧张升级的行动。中方愿同有关各方一道，共同致力于半岛的和平稳定大局。

8月21日

［纲　文］　**汪东兴在北京逝世**。

［目　文］　中国共产党的优秀党员，久经考验的忠诚的共产主义战士，无产阶级革命家，曾担任党的重要领导职务的汪东兴，因病在北京逝世，享年100岁。

汪东兴病重期间和逝世后，习近平、李克强、张德江、俞正声、刘云山、王岐山、张高丽、江泽民、胡锦涛等，前往医院看望或通过各种形式对汪东兴逝世表示沉重哀悼并向其亲属表示深切慰问。

27日，汪东兴的遗体在北京八宝山革命公墓火化。

8月21日

［纲　文］　**《人民日报》发表王岐山题为《发挥巡视监督作用　助力全面从严治党》的文章**。

8月21日

［纲　文］　**《人民日报》发表题为《让律师成为全面依法治国重要力量》的评论员文章**。

8月21日

［纲　文］　**《人民日报》报道，经中共中央批准，中共中央纪委对山西省政协原副主席令政策严重违纪问题进行立案审查**。

［目　文］　经查，令政策严重违反廉洁自律规定，收受礼金、礼品；利用职务上的

便利，为亲属经营活动谋取利益，在干部选拔任用、企业经营等方面为他人谋取利益，收受贿赂。其中，受贿问题涉嫌犯罪。此外，令政策还存在干扰、妨碍组织审查的行为。

令政策身为党的高级领导干部，本应牢记党的宗旨，严守党的纪律，保持清正廉洁，但其严重违反党的政治纪律和政治规矩、组织纪律，且党的十八大后仍不收敛、不收手，性质恶劣、情节严重。依据《中国共产党纪律处分条例》等有关规定，经中央纪委常委会议审议并报中共中央批准，决定给予令政策开除党籍、开除公职处分；收缴其违纪所得；将其涉嫌犯罪问题、线索及所涉款物移送司法机关依法处理。

2016年12月16日，江苏省常州市中级人民法院公开宣判山西省政协原副主席令政策受贿案，对被告人令政策以受贿罪判处有期徒刑12年6个月，并处罚金人民币150万元；对令政策受贿所得财物及其孳息予以追缴，上缴国库。

8月22日

［纲 文］ **国家主席习近平在北京会见国际奥委会主席巴赫。**

［目 文］ 习近平表示，国际奥委会长期以来为促进中国体育事业发展做出积极贡献，我们对此表示衷心感谢。中国政府一贯重视发展体育事业，重视奥林匹克运动在经济社会发展中的重要作用。近年来，我们先后成功举办北京奥运会、广州亚运会、深圳大运会、南京青奥会等重大国际体育赛事，极大激发了中国人民对奥林匹克运动的热情，中国政府推动全民健身的政策措施，对于推动中国体育事业发展、提升人民健康水平也起到了积极作用。2022年冬奥会在北京举办，是中国体育和经济社会发展同世界奥林匹克运动发展开创双赢局面的重要契机，也将进一步激发中国民众对奥林匹克运动的热情，带动更多中国人关心、热爱、参与冰雪运动，为奥林匹克运动发展和奥林匹克精神传播做出积极贡献。我们将全面兑现在申冬奥过程中的每一项承诺，为世界奉献一届精彩、非凡、卓越的冬奥会。

巴赫表示，祝贺北京成功获得2022年冬奥会举办权，中国申冬奥代表团的表现非常出色。中国政府积极申办冬奥会，是对奥林匹克事业和国际奥委会的宝贵支持。国际奥委会支持中国政府大力推动全民健身，坚信北京将举办一届十分精彩和成功的冬奥会，愿同中方一道为此共同努力。

8月22日

［纲 文］ **国家主席习近平在北京会见国际奥协主席、亚奥理事会主席艾哈迈德亲王。**

［目 文］ 习近平积极评价国际奥协和亚奥理事会长期以来为促进中国体育事业发展所作积极贡献，赞赏国际奥协和亚奥理事会致力于通过体育促进世界和平与发展事业并取得显著成绩并指出，北京成功获得2022年冬奥会举办权，将有利于中国体育及社会经济发展和世界奥林匹克运动发展相互促进，有利于促进中华文明同世界各国文明交流互鉴，让中国人民有机会再次为奥林匹克运动发展、奥林匹克精神传播做出贡献。中国杭州市已正式向亚奥理事会申请举办第十九届亚运会。中国政府全力支持杭州市，相信杭州有

能力举办一届成功的亚运会。

艾哈迈德祝贺北京成功申办2022年冬奥会，成为首个既举办夏奥会也举办冬奥会的城市。亚奥理事会愿同中方一道共同努力，确保2022年冬奥会圆满成功，并带动本地区的体育事业发展。

8月22日

［纲　文］　**国家主席习近平在北京会见国际田联主席迪亚克并接受国际田联金质荣誉勋章。**

［目　文］　习近平说，国际田联在世界范围内大力发展田径运动，为促进奥林匹克运动发展、增进各国各地区人民友谊发挥了十分重要的作用。中国高度重视发展体育事业，致力于提高全体人民身体素质和健康水平，把参加体育运动作为在民众中倡导和推广文明生活方式的重要途径，把体育锻炼作为促进青少年身心健康成长的重要方式。田径世锦赛是当今世界规模最大、水平最高的田径体育盛会。我们希望通过举办北京田径世锦赛，推动世界田径运动发展，弘扬“更快、更高、更强”的奥林匹克精神，开展中国同世界各国在体育以及各领域合作，表达中国人民同各国人民共享发展成果、共创美好未来的真诚愿望。

迪亚克表示，中国是个体育大国，为国际体育事业的发展做出了积极贡献，特别是在促进体育事业发展过程中推动了田径运动的大发展。国际田联愿进一步加强同中方的交流与合作。

迪亚克向习近平授予国际田联金质荣誉勋章，表彰习近平对世界田径事业所做杰出贡献。习近平感谢国际田联多年来对中国田径运动发展的支持，表示中国政府将一如既往支持田径运动发展，努力为世界田径运动发展做出更大贡献。

8月22日

［纲　文］　**国务院安全生产委员会全体会议在北京召开。**

［目　文］　会议由国务院安委会副主任王勇主持。国务院安委会主任马凯、国务院安委会副主任郭声琨出席会议并讲话。

会议指出，天津港“8·12”瑞海公司危险品仓库特别重大火灾爆炸事故教训极为深刻，再次暴露出安全生产领域问题仍然突出、形势依然严峻。要认真学习贯彻中央政治局常委会议、国务院常务会议精神和习近平总书记、李克强总理重要指示批示精神，以更加坚决的态度、更加务实的作风、更加有力的措施，全面加强安全生产工作，坚决遏制重特大事故发生。

会议强调，要扎实推进全国安全生产大检查，以危化品和易燃易爆物品安全专项整治行动为重点，一个一个企业、一个一个环节、一个一个岗位落实责任，全面排查和整治安全隐患，强化危险化学品项目规划、立项、设计、建设和日常监管等全过程监管。各地区、各部门、各单位要根据安全生产工作实际，确定检查重点，确保取得实效。要坚持以问题为导向，针对重特大安全事故和大检查中暴露出来的管理漏洞，健全安全管理体制机制法制，切实落实行业主管部门监管职责。要强化安全生产技术、基础和能力建设，加快建立安全生产预防控制体系，狠抓预防和治本。要强化安全生产责任目标考核和失职追责，依法加强安全监管执法，推动安全生产形势实现根本好转。

8月22—23日

［纲　文］ **第8届世界华文传媒论坛在贵阳举行。**

［目　文］ 论坛由国务院侨办、贵州省政府和中国新闻社共同主办。本届论坛以“海外华文媒体200年——薪火传承与时代担当”为主题，嘉宾围绕“华文媒体的历史责任和时代担当”“华文媒体在‘一带一路’建设中的机遇”等议题展开探讨。63个国家和地区454家海外华文媒体491位海外嘉宾出席论坛。中央书记处书记刘云山致信祝贺。

刘云山在贺信中说，祝贺海外华文媒体诞生200周年。作为海外华人华侨创办的华文媒体，自诞生之日起就与中华民族的历史命运唇齿相依，与中国人民的自强不息紧密相连，为推动华侨华人社会发展，为传承中华文化、促进中外交流做出了重要贡献。200年沧桑巨变，物转星移。今天的中国，已经巍然屹立于世界民族之林，比历史上任何时期都更接近中华民族伟大复兴的目标。希望广大海外华文媒体情系桑梓、融通中外，发挥自身优势，办出风格特色，更好地向世界讲述中国故事、传播中国声音、展现中华文化，成为联系海外中华儿女的精神纽带，成为增进中国与世界友谊的文化桥梁，为推动实现中华民族伟大复兴的中国梦续写新的篇章，为促进人类和平发展事业贡献新的力量。

8月22—30日

［纲　文］ **2015年国际田联世界田径锦标赛在北京举行。**

［目　文］ 国家主席习近平出席开幕式并宣布锦标赛开幕。207个国家和地区的田径协会的2000名运动员报名参赛，创造了田径世锦赛历史上的新纪录。

中国体育代表团由32名男运动员和38名女运动员组成，参加全部47个项目中的34项比赛，获得金牌1枚、银牌7枚、铜牌1枚。

8月22日—9月18日

［纲　文］ **“铸魂鉴史 珍爱和平——纪念中国人民抗日战争暨世界反法西斯战争胜利70周年美术作品展”在中国美术馆举办。**

［目　文］ 作品展由文化部、中国文联、总政宣传部、中国美协共同主办，中国美术馆承办。展览以“铭记历史、缅怀先烈、珍爱和平、开创未来”为主题，汇聚全国相关的优秀美术创作及美术馆经典藏品，铸造不屈历史之魂，明鉴悲壮丹青画卷。参展作品由三大部分构成：一是中国美术馆及全国部分省级美术馆和纪念馆藏品；二是文化部、中国美协、总政宣传部等在全国范围内征集并评选出的相关主题的优秀作品；三是根据展览内容需要，特邀部分艺术家的相关主题优秀作品。

28日，国务院副总理刘延东参观展览时指出，展览体现了铭记历史、缅怀先烈、珍爱和平、开创未来的主题，弘扬了伟大的抗战精神，突出了中国共产党的中流砥柱作用是中国人民抗日战争胜利的关键，体现了中国作为东方主战场为世界反法西斯战争胜利做出的不可磨灭的贡献。

8月23日

［纲　文］　**李克强主持国务院专题讲座，讨论加快发展先进制造与3D打印等问题。**

［目　文］　中国工程院院士、西安交通大学教授卢秉恒介绍了中国制造业发展现状、世界3D打印主流技术和将带来的科技重大突破。张高丽、刘延东、汪洋、马凯和国务院各部门、中央企业、金融机构主要负责人参加专题讲座。

李克强说，新一轮科技革命和产业变革正在世界范围内孕育兴起，各国纷纷抢占未来产业制高点，发达国家加紧实施“再工业化”，我国产业转型、提质增效迫在眉睫。当前要顶住经济下行压力实现稳增长，也必须在着力扩大需求的同时，通过优化产业结构有效改善供给，释放新的发展动能。制造业作为国民经济的重要支柱产业，必须抓住机遇，以向智能制造转型为关键，以大众创业、万众创新为依托，走在升级发展前列。推动中国制造由大变强，要紧紧依靠深化改革和创新驱动，加快实施“中国制造2025”和“互联网+”行动，努力克服创新能力弱、产品附加值不高、管理和销售服务落后、资源环境约束加剧等问题，突破发达国家先进技术和发展中国家低成本竞争的双重挤压，通过创业创新助推产业和技术变革，在转变发展方式中培育中国制造竞争新优势，促进经济中高速增长，迈向中高端水平。以信息技术与制造技术深度融合为特征的智能制造模式，正在引发整个制造业的深刻变革。3D打印是制造业有代表性的颠覆性技术，实现了制造从等材、减材到增材的重大转变，改变了传统制造的理念和模式，具有重大价值。促进中国制造上水平，既要在改造传统制造上“补课”，同时还要瞄准世界产业技术发展前沿，加快3D打印、高档数控机床、工业机器人等新技术新装备的运用和制造，以个性化定制对接海量用户，以智能制造满足更广阔市场需求，以绿色生产赢得可持续发展未来，使中国装备价格优势叠加性能、质量优势，为国际产能合作拓展更大空间，在优进优出中实现中国制造水平跃升。

8月23—29日

［纲　文］　**第22届国际历史科学大会在济南召开，习近平发贺信祝贺。**

［目　文］　国家主席习近平贺信向会议的召开表示热烈的祝贺，向国际历史学会主席玛丽亚塔·希耶塔拉女士等与会的历史学家表示诚挚的欢迎，并表示历史研究是一切社会科学的基础，承担着“究天人之际，通古今之变”的使命。重视历史、研究历史、借鉴历史，可以给人类带来很多了解昨天、把握今天、开创明天的智慧。中国人自古重视历史研究，历来强调以史为鉴，我们的前人留下了浩繁的历史典籍。每个国家、每个民族都有自己的发展历程，应该尊重彼此的选择，加深彼此的了解，以利于共同创造人类更加美好的未来。希望这次大会能够推动各国的历史研究，帮助人们从历史的启迪中更好探寻前进方向。中国有着5000多年连续发展的文明史，观察历史的中国是观察当代的中国的一个重要角度。不了解中国历史和文化，尤其是不了解近代以来的中国历史和文化，就很难全面把握当代中国的社会状况，很难全面把握当代中国人民的抱负和梦想，很难全面把握中国人民选择的发展道路。中国人民正在为实现中华民族伟大复兴的中国梦而奋斗，需要从

历史中汲取智慧，需要博采各国文明之长。欢迎各位专家从对历史的感悟中为我们提供真知灼见。

国务院副总理刘延东在开幕式上宣读了习近平的贺信并致辞说，中国5000多年的文明史，是自强不息的奋斗史、追求和平的发展史、互学互鉴的交流史，塑造了融入中华民族血脉的文化基因，形成了当代中国的价值理念、制度选择和发展道路。希望各国学者交流对话、传承创新，加强国际学术合作，为促进多样文明和谐共生做出更大贡献。

国际历史学会主席玛利亚塔·希耶塔拉在致辞中表示，本届国际历史科学大会将在促进不同文化的跨国交流中发挥重要作用。

本届大会由国际历史学会主办，中国史学会和山东大学承办。来自世界90个国家和地区的2600余名代表出席会议。大会分别在济南、青岛、泰安、淄博、济宁、聊城6个历史文化名城举行议题为“比较视野下的龙山文化与早期文明”“青岛的城市化与国际化”“全球视野下的泰山文化”“蹴鞠与齐文化”“儒家文明与当代世界”“运河文化与世界遗产保护利用”的讨论会。

8月24日

［纲　文］　**中共中央、国务院印发《关于深化国有企业改革的指导意见》。**

［目　文］　《意见》由八部分组成：一、总体要求；二、分类推进国有企业改革；三、完善现代企业制度；四、完善国有资产管理体制；五、发展混合所有制经济；六、强化监督防止国有资产流失；七、加强和改进党对国有企业的领导；八、为国有企业改革创造良好环境条件。

《意见》指出，各级党委和政府要统一思想，以高度的政治责任感和历史使命感，切实履行对深化国有企业改革的领导责任。要根据本指导意见，结合实际制定实施意见，加强统筹协调、明确责任分工、细化目标任务、强化督促落实，确保深化国有企业改革顺利推进，取得实效。

8月24日

［纲　文］　**农业部发布《关于深化农业科技体制机制改革加快实施创新驱动发展战略的意见》。**

［目　文］　《意见》由六部分组成：一、加快农业科技创新的总体思路；二、努力提升农业科技创新效率；三、推进农业科技成果转化应用；四、加强农业科技条件能力建设；五、加快农业科技人才队伍建设；六、营造良好发展环境。

《意见》指出，积极弘扬热爱农业、服务农业、献身农业和开拓创新、勇攀高峰的科学精神。及时发现、总结、提升和推广基层和农民的创新创造，采取一切可能的方式激励基层创新行为，大力营造大众创业、万众创新的环境氛围。大力宣传农业科技工作新成效，宣传各地的好经验好做法，宣传农业科技工作者的先进典型。

8月24日

［纲　文］　**财政部发布，中央财政下拨150亿元用于2015年学前教育发展。**

［目　文］　财政部表示，采取以奖代补方式引导和支持地方通过新建、改扩建、购买服务，在偏远农村地区实施巡回支教试点等多种方式扩大普惠性学前教育资源，健全幼儿资助制度，帮助家庭经济困难幼儿和孤残儿童接受学前教育。2015年，为进一步推动中西部省份实施农村偏远地区巡回支教试点工作，财政部和教育部调整相关政策，不再统一组织试点工作，改由各地因地制宜自行组织实施，相关经费继续由中央和地方共同承担。

8月24日

［纲　文］　**公安部在北京召开电视电话会议，决定从即日起至11月底，在全国范围组织开展打击地下钱庄集中统一行动。**

［目　文］　会议指出，各地公安机关要认真贯彻落实中央领导同志指示精神，充分认识当前地下钱庄对国家经济安全、金融管理秩序的危害，进一步增强政治责任感和历史使命感，严厉打击地下钱庄犯罪活动，切实维护国家金融资本市场秩序。2015年4月，公安部会同中国人民银行、国家外汇管理局等部门组织开展了打击利用离岸公司和地下钱庄转移赃款专项行动，广东、上海、辽宁、浙江、新疆等地公安机关奋力攻坚，连续破获一批重大案件。截至目前，公安机关捣毁地下钱庄窝点66个，抓获犯罪嫌疑人160余名，涉案金额达4300余亿元人民币，狠狠打击了地下钱庄犯罪。尽管打击地下钱庄专项行动取得了阶段性成果，但地下钱庄违法犯罪活动形势仍严峻复杂，涉案地区呈蔓延扩散态势。地下钱庄不但涉及金融、证券、涉众等经济犯罪，日益成为各种犯罪活动转移赃款的通道，还成为贪污腐败分子和暴力恐怖活动转移资金的“洗钱工具”和“帮凶”。一些“灰色资金”通过地下钱庄跨境流入流出，不仅对我国外汇管理造成严重影响和冲击，而且严重扰乱国家金融资本市场秩序，危及我国金融安全。各地公安机关要切实增强责任感和使命感，加强与中国人民银行、国家外汇管理局等部门的协调配合，加强线索联合研判和传递，建立完善涉案资金快速调查协作机制。要进一步明确目标责任，强化线索摸排，对有关部门移送的线索要逐起研判分析，逐起确定责任单位、责任人，查明情况，坚决依法予以查处。要进一步加强督导推动，公安部将定期通报情况，选择一批重大案件挂牌督办，并将派出工作组赴重点地区督导检查。

8月24日

［纲　文］　**外交部发言人就应菲律宾请求建立的南海仲裁案仲裁庭公布管辖权问题口头听证的庭审实录表示中方不接受、不参与的立场。**

［目　文］　发言人说，中方对菲律宾单方面提起的南海仲裁案，一再表明不接受、不参与的立场。这一立场具有充分的国际法依据，不会改变。2014年12月7日，中国外交部受权发布《中华人民共和国政府关于菲律宾共和国所提南海仲裁案管辖权问题的立场文件》，指出应菲律宾请求建立的有关仲裁庭对仲裁案没有管辖权，阐明中国政府不接受、不参与仲裁案的法理依据。需要指出的是，中菲就通过磋商和谈判解决两国在南海的

争端早有共识。1995年8月10日《中华人民共和国和菲律宾共和国关于南海问题和其他领域合作的磋商联合声明》指出，双方“同意遵守”下列原则：“有关争议应通过平等和相互尊重基础上的磋商和平友好地加以解决”；“双方承诺循序渐进地进行合作，最终谈判解决双方争议”；“争议应由直接有关国家解决，不影响南海的航行自由”。1999年《中菲建立信任措施工作小组会议联合公报》、2000年《中华人民共和国政府和菲律宾共和国政府关于21世纪双边合作框架的联合声明》、2001年《中国—菲律宾第三次建立信任措施专家组会议联合新闻声明》、2004年《中华人民共和国政府和菲律宾共和国政府联合新闻公报》、2011年《中华人民共和国和菲律宾共和国联合声明》等双边文件都确认中菲双方将通过谈判和磋商解决有关争端。2002年11月4日，中国与包括菲律宾在内的东盟各国共同签署《南海各方行为宣言》。《宣言》第四条明确规定，“有关各方承诺根据公认的国际法原则，包括1982年《联合国海洋法公约》，由直接有关的主权国家通过友好磋商和谈判，以和平方式解决它们的领土和管辖权争议”。此外，中方已于2006年根据《联合国海洋法公约》第298条有关规定作出排除性声明，将涉及海洋划界、历史性海湾或所有权、有关军事活动以及执行主权权利和管辖权的执法活动排除在《公约》规定的强制争端解决程序之外。菲方违背与中方多次确认的共识和在《南海各方行为宣言》中的承诺，无视中菲南海争议的核心是领土主权争议和海洋权益重叠问题，单方面将有关争议提交强制仲裁，违反国际法，滥用法律程序，严重侵犯中国作为主权国家和《公约》缔约国应享有的合法权利。菲方单方面提起并执意推进仲裁，企图否定中国在南海的领土主权和海洋权益，迫使中国在有关问题上妥协，不仅是不切实际的，不会有任何效果，还会损害《公约》的完整性，严重冲击国际海洋法秩序。

8月24日

［纲　文］ **《人民日报》发表题为《以协同发展引领改革大潮》的评论员文章。**

8月24—25日

［纲　文］ **中共中央第6次西藏工作座谈会在北京召开，习近平出席并讲话。**

［目　文］ 中共中央总书记习近平指出，西藏工作关系党和国家工作大局。党中央历来高度重视西藏工作。在60多年的实践过程中，我们形成了党的治藏方略，这就是：必须坚持中国共产党领导，坚持社会主义制度，坚持民族区域自治制度；必须坚持治国必治边、治边先稳藏的战略思想，坚持依法治藏、富民兴藏、长期建藏、凝聚人心、夯实基础的重要原则；必须牢牢把握西藏社会的主要矛盾和特殊矛盾，把改善民生、凝聚人心作为经济社会发展的出发点和落脚点，坚持对达赖集团斗争的方针政策不动摇；必须全面正确贯彻党的民族政策和宗教政策，加强民族团结，不断增进各族群众对伟大祖国、中华民族、中华文化、中国共产党、中国特色社会主义的认同；必须把中央关心、全国支援同西藏各族干部群众艰苦奋斗紧密结合起来，在统筹国内国际两个大局中做好西藏工作；必须加强各级党组织和干部人才队伍建设，巩固党在西藏的执政基础。依法治藏、富民兴藏、长期建藏、凝聚人心、夯实基础，是党的十八大以后党中央提出的西藏工作重要原则。西

藏工作的着眼点和着力点必须放到维护祖国统一、加强民族团结上来，把实现社会局势的持续稳定、长期稳定、全面稳定作为硬任务，各方面工作统筹谋划、综合发力，牢牢掌握反分裂斗争主动权。西藏和四省藏区已经进入全面建成小康社会决定性阶段。要牢牢把握改善民生、凝聚人心这个出发点和落脚点，大力推动西藏和四省藏区经济社会发展。要搞好对口支援西藏工作，优化援藏干部人才结构，把优秀人才选派到条件艰苦和情况复杂地区去磨炼意志、增长才干。西藏和四省藏区广大干部职工要把党和国家的关心转化为工作动力，在各自岗位上做出更大成绩。

国务院总理李克强就推进西藏和四省藏区经济社会发展作了讲话。全国政协主席俞正声在会议结束时作了讲话。中央政治局常委张德江、刘云山、王岐山、张高丽出席会议。西藏自治区、发展改革委、山东省负责人在会上发言。会议全面回顾了新中国成立以来特别是中央第五次西藏工作座谈会以来的西藏工作，明确了当前和今后一个时期西藏工作的指导思想、目标要求、重大举措，对进一步推进西藏经济社会发展和长治久安工作作了战略部署。会议还对四川、云南、甘肃、青海省藏区发展稳定工作作出全面部署。

8 月 24—29 日

［纲　文］　**十二届全国人大常委会第十六次会议在北京举行。**

［目　文］　全国人大常委会委员长张德江主持开幕会、闭幕会。常委会组成人员出席会议。

会议主要内容是：一、会议表决通过了刑法修正案（九），新修订的大气污染防治法，全国人大常委会关于修改促进科技成果转化法的决定，全国人大常委会关于修改地方组织法、选举法、代表法的决定，全国人大常委会关于修改商业银行法的决定。国家主席习近平分别签署第 30、31、32、33、34 号主席令予以公布。二、会议表决通过了全国人大常委会关于特赦部分服刑罪犯的决定。三、会议分别表决通过了全国人大常委会关于批准《2006 年海事劳工公约》《中华人民共和国和大不列颠及北爱尔兰联合王国关于刑事司法协助的条约》《中华人民共和国和比利时王国关于刑事司法协助的条约》《设立东盟与中日韩宏观经济研究办公室协议》的决定。四、会议表决通过了全国人大常委会关于批准《国务院关于提请审议批准 2015 年地方政府债务限额的议案》的决议。五、会议表决通过了全国人大常委会代表资格审查委员会关于个别代表的代表资格的报告。六、会议经表决任命田修思为全国人大外事委员会副主任委员，经表决免去奚晓明最高人民法院副院长、审判委员会委员、审判员职务。

8 月 24 日—9 月 10 日

［纲　文］　**“烽火中的中国女性——纪念中国人民抗日战争暨世界反法西斯战争胜利 70 周年”专题展在中国妇女儿童博物馆举办。**

［目　文］　专题展由中国妇女儿童博物馆主办、全国妇联支持。该展览包括民族劫难、妇女受辱，全民抗战、妇女奋勇，抗战胜利、妇女荣光三个部分，通过历史图片、文物展品以及多媒体等形式，以宏大的叙事和生动的史料真实再现了中国妇女的不朽贡献和

奋斗牺牲。以鲜明的主题、独特的视角，充分展示了中国共产党凝聚全民族力量的中流砥柱作用，展示了中国女性血战到底、坚强不屈的战斗意志和英雄气概，以及英勇无畏的革命牺牲精神和抗战必胜的革命乐观主义精神。

8月25日

［纲　文］　**国务院办公厅印发《三网融合推广方案》。**

［目　文］　《方案》由三部分组成：一、工作目标；二、主要任务；三、保障措施。

《方案》指出，研究加大资金落实等政策支持力度，加强工作能力建设，完善三网融合网络信息安全和文化安全保障体系。提高各省（区、市）有关行业主管部门安全管理能力，加快建立健全监管平台，有效维护网络信息安全和文化安全。

8月25日

［纲　文］　**国务院办公厅印发《全国地方志事业发展规划纲要（2015—2020年）》。**

［目　文］　《纲要》由五部分组成：一、发展基础与机遇；二、指导思想与基本原则；三、总体目标与主要任务；四、保障措施；五、加强组织领导。

《纲要》要求，各地区各有关部门要结合工作实际，根据本规划纲要要求，制定本地区本部门地方志事业发展规划或实施方案，切实加强分类指导，加大组织推动力度，全面提高地方志工作水平，确保全国地方志事业平稳、有序、健康发展。军事志事业发展规划由中国人民解放军军事志指导小组制定。中国地方志指导小组及其办公室要对本规划纲要落实和执行情况进行督促检查。

8月25日

［纲　文］　**质检总局公布《关于修改部分规章的决定》。**

［目　文］　《决定》对《计量违法行为处罚细则》《中华人民共和国进口计量器具监督管理办法实施细则》《计量检定人员管理办法》《气瓶安全监察规定》《设备监理单位资格管理办法》《有机产品认证管理办法》6件部门规章的部分条款予以修改，自2015年8月25日起施行。

8月25日

［纲　文］　**商务部公布《关于支持自由贸易试验区创新发展的意见》。**

［目　文］　《意见》说，天津市、上海市、福建省、广东省商务主管部门，为落实党中央、国务院部署，积极推进自由贸易试验区（以下简称自贸试验区）建设，发挥自贸试验区改革开放排头兵、创新发展先行者的作用，现提出以下意见：一、统筹协调方案实施。积极发挥国务院自由贸易试验区工作部际联席会议统筹协调职能，做好联席会议办公室工作，会同有关部门按照任务分工支持自贸试验区推进方案全面落实；对于自贸试验区在发展过程中遇到的问题，及时协调有关部门研究解决，重大问题提请联席会议协调；组织开展改革开放试点事项的总结评估，会同有关部门提出向全国复制推广的建议。二、促进对外贸易转型升级。三、降低投资准入门槛。四、完善市场竞争环境。五、做好试点

总结评估。天津市、上海市、福建省、广东省商务主管部门要坚决贯彻简政放权、放管结合、优化服务的要求，支持自贸试验区以市场为导向，先行先试，大胆创新，扎实推进商务领域各项试点任务的实施，及时总结评估试点成效。

8 月 25 日

［纲　文］ **国家制造强国建设战略咨询委员会成立大会在北京召开。**

［目　文］ 国务院副总理马凯，工业和信息化部部长苗圩，咨询委员会主任、全国人大常委会原副委员长路甬祥，咨询委员会副主任、中国工程院院长周济等领导出席会议，来自全国有关院所、企业、协会等近40位院士、专家委员参会。发展改革委、工业和信息化部、科技部、财政部、商务部、能源局、国防科工局等23个部委代表列席会议。

国务院副总理、国家制造强国建设领导小组组长马凯出席会议时强调，加快建设制造强国，是党中央、国务院着眼提升我国综合国力、保障国家安全和实现中华民族伟大复兴做出的重大战略部署。成立国家制造强国建设战略咨询委员会，是扎实推进《中国制造2025》、不断提高决策科学化民主化水平的一项重要制度安排。希望咨询委员会担负起重大责任和光荣使命，开拓创新、奋发有为，为制造强国建设做出应有贡献。咨询委员会要坚持战略前瞻、问题导向和可操作性的原则，发挥好决策咨询、行业引领和调查研究的作用，瞄准关系国家战略需要、国家经济命脉和国家安全等重点领域和行业，紧跟世界技术前沿和国际制造业发展方向，从解决制约我国制造业发展的瓶颈和薄弱环节出发，开展重大问题和政策措施研究，提出高质量的咨询意见。要认真负责、客观公正地做好有关战略规划、分阶段及年度实施计划的论证、评估，积极参与《中国制造2025》配套文件的研究编制，滚动制定好重点领域技术创新绿皮书，抓紧启动一批可形成有效投资的重大项目论证工作。有关部门要高度重视决策咨询，为专家开展工作创造条件，做好服务保障。

8 月 25 日

［纲　文］ **汪洋在北京主持召开内贸流通体制改革发展综合试点工作会议。**

［目　文］ 上海、南京、广州、成都、厦门、青岛、郑州、黄石、义乌9个试点城市负责人在会上发言。

国务院副总理汪洋主持会议时指出，开展内贸流通改革发展综合试点，是促进内贸流通现代化、建设法治化营商环境的重要探索。要认真贯彻落实党中央、国务院的决策部署，以制度创新为核心，以形成可复制、可推广经验为目标，努力破除制约流通发展的体制机制障碍，探索建立统一开放、竞争有序、畅通高效的内贸流通体系，全面增强内贸流通服务经济社会发展的功能。各试点城市要大胆试、大胆闯、自主改，结合自身实际，完善细化试点方案，明确重点任务和主攻方向，力争用一年左右时间，形成一批既有共性又有特色的改革成果。要重点推进七项工作：一是探索建立统一高效的内贸流通管理体制，充分体现市场在资源配置中的决定性作用和更好发挥政府作用；二是探索农产品流通基础设施建设、运营和管理模式，提高公益性基础设施保障能力；三是加快流通信息化标准化建设，提高流通效率；四是营造线上线下公平竞争的环境，促进电子商务与实体商业协同发展；五是探索内贸流通综合执法体制，创新执法模式；六是加强诚信体系建设，营造法治化营商环境；七是统筹规划城乡商业网点建设，构建农产品、工业品双向畅通的流通网络。

8 月 25 日

［纲　文］　**全军纪念中国人民抗日战争暨世界反法西斯战争胜利 70 周年学术研讨会在北京召开**。

［目　文］　研讨会由总政治部主办、军事科学院承办、南京政治学院协办。中央军委副主席许其亮出席会议并讲话。四总部、驻京大单位和军委办公厅领导、入选论文作者代表共 120 人参加会议。

许其亮代表中央军委主席习近平和中央军委，向为抗战胜利建立功勋的老战士、老同志致以崇高敬意并强调，要站在历史和时代高度深刻认识纪念抗战胜利的伟大意义，以新的思维、视野和眼光，把握历史精髓、汲取智慧力量，弘扬伟大的抗战精神，不断推进强军兴军伟大事业。伟大的抗战精神永远是我们战胜困难、坚毅前行的不竭动力，中国人民、中国军队永远是维护和平的坚定力量。我们坚决反对任何霸权，坚决防范军国主义死灰复燃。纪念抗战必须贯通历史、把握现实，发于启示、落于强军。要坚持党对军队绝对领导，彻底肃清郭伯雄、徐才厚流毒影响，使部队思想面貌、作风形象为之一新。要坚定不移深化国防和军队改革，加强实战化训练演练，坚决完成党和人民赋予的各项任务，决不再让战火在我们家园燃烧，决不让老祖宗留下的疆土有半寸丢失，决不让国家发展进程被打断。

8 月 25 日

［纲　文］　**纪念中国关心下一代工作委员会成立 25 周年暨全国关心下一代工作表彰大会在北京召开，习近平就做好关心下一代工作作出指示**。

［目　文］　中共中央总书记习近平代表党中央，向受到表彰的先进集体和先进个人致以衷心的祝贺，向全国从事关心下一代工作的广大老同志和关工委干部表示诚挚的问候并指出，十年树木，百年树人。祖国的未来属于下一代。做好关心下一代工作，关系中华民族伟大复兴。中国关工委成立 25 年来，为促进青少年健康成长做了大量工作。希望同志们坚持服务青少年的正确方向，着力加强青少年思想道德建设，引导青少年树立和践行社会主义核心价值观，支持和帮助青少年成长成才，团结教育广大青少年听党话、跟党走。广大老干部、老战士、老专家、老教师、老模范等离退休老同志是党和人民的宝贵财富。我们要弘扬“五老”精神，尊重“五老”，爱护“五老”，学习“五老”，重视发挥“五老”作用，推动关心下一代事业更好发展。各级党委和政府要关心和支持关心下一代工作，支持更多老同志参加关心下一代工作，在时代的舞台上老有所为、发光发热。

表彰大会上，中宣部部长刘奇葆宣读了习近平的指示。中央国家机关有关部门负责人和各省区市、新疆生产建设兵团关工委、文明办，中央国家机关有关部门关工委代表等 300 多人参加大会。会议总结了关工委 25 年来特别是近 5 年来取得的工作成绩、基本经验和体会，并对下一步工作提出意见。全国总工会、共青团中央、全国妇联、中国科协向大会发来贺信。北京市西城区陶然亭街道关心下一代工作委员会等 592 个先进集体和

1783名先进个人受到表彰。

国务院副总理刘延东出席会议并指出，希望各级关工委和老同志积极参与青少年思想道德建设，引导青少年树立社会主义核心价值观；积极参与维护青少年合法权益工作，多关爱和帮助贫困、残疾等困境儿童；积极参与营造良好的社会文化环境，支持和帮助青少年进步成才。同时，加强关工委自身建设，成为关心下一代工作的坚强堡垒。

8月25日

［纲　文］　**中哈合作委员会第7次会议在北京举行**。

［目　文］　会议由国务院副总理、中国和哈萨克斯坦合作委员会中方主席张高丽和哈萨克斯坦第一副总理、委员会哈方主席萨金塔耶夫共同主持。双方全面总结了两国在产能、能源资源、经贸投资、互联互通、科技人文等领域合作成果，就下一步工作达成一系列共识。一是加强丝绸之路经济带与“光明之路”新经济政策的全面对接，促进共同发展，尽快组建共建丝绸之路经济带联合工作组，抓紧启动两国合作规划纲要的编制工作。二是深化产能合作，尽快签署产能与投资合作政府间协议，在双方确定的产能合作项目清单框架下，推进成熟的项目尽快落地，加紧研究建立中哈产能合作基金。三是推动贸易平衡稳定发展，加强基础设施、装备制造、建材、石油化工、汽车、农业等领域合作，尽早实现双边贸易额达到400亿美元的目标。四是做大做强互联互通合作，共同推进“中国西部—欧洲西部”以及哈境内主要公路建设，为相关中欧班列的运行提供更好保障，打造顺畅稳定的亚欧铁路大通道。五是密切毗邻地区合作，充分发挥中哈霍尔果斯国际过境合作中心的优势，加紧商谈《毗邻地区合作规划纲要》。六是推进科技、地矿、人文合作，支持哈方举办2017年专项世博会，在双、多边框架内加强安全合作。张高丽和萨金塔耶夫共同签署了《会议纪要》。双方商定于2017年在哈萨克斯坦举行委员会第8次会议。

同日，国务院总理李克强在北京会见萨金塔耶夫时表示，中哈互为亲密友好邻邦。2014年12月我访哈期间，同哈方领导人就开展大规模产能合作达成重要共识，半年多来已取得诸多早期收获。中方愿同哈方对接发展战略，加强经济、贸易等政策协调。希望两国政府为中哈产能合作的推进提供政策支持，打造一批富有开创性和示范性的大项目，促成更多合作尽早落地见效。当前世界经济形势仍然扑朔迷离，市场波动较大，也使中国经济受到一些影响。但中国经济整体平稳的基本面没有变，经济运行仍保持在合理区间，而且支撑实体经济向好的积极因素正在不断积聚。我们有进一步创新和运用宏观调控的空间，国内需求也有较大余地。随着稳定经济增长、推进结构性改革、通过“双创”激发市场活力，以及惠民生、防风险等措施的陆续推出与发挥效应，中国有能力、有条件完成全年经济发展主要目标任务。这对世界经济复苏也是重要贡献。近期我们完善人民币汇率中间价报价机制，是顺应国际金融市场走势的合理举措，也是寓调整于改革之中。当前人民币汇率不存在持续贬值的基础，能够保持在合理均衡水平上的基本稳定。

萨金塔耶夫表示，哈中产能合作已取得积极进展。哈方愿落实好同中方就开展产能合作达成的重要共识，推进两国工业、能源、铁路运输、农业等领域务实合作。哈方对中国经济发展和哈中合作前景充满信心。

8月25日

［纲　文］　**第9届中华图书特殊贡献奖颁奖仪式在北京举行。**

［目　文］　颁奖仪式由国家新闻出版广电总局副局长吴尚之主持。国务院副总理刘延东出席颁奖仪式并代表中国政府向获得第9届中华图书特殊贡献奖的外国专家颁奖。中宣部、国家新闻出版广电总局、国务院新闻办公室、教育部、科技部、文化部、北京市人民政府、中国出版协会、中国作家协会等有关部门负责人，以及来自世界80多个国家和地区的参展商代表，国际出版机构负责人，部分国家驻华使馆代表，各地新闻出版广电行政部门负责人及中国500多家出版单位的代表等共700余人参加颁奖仪式。

本届中华图书特殊贡献奖评选有15位作家、翻译家和出版家获奖，他们分别是澳大利亚汉学家马克林、澳大利亚翻译家梅约翰、加拿大旅华作家李莎、法国籍华裔翻译家程抱一、法国汉学家白乐桑、德国汉学家施寒微、荷兰翻译家伊维德、老挝作家西昆·本伟莱、蒙古国翻译家其米德策耶、波兰出版家阿达姆·马尔沙维克、俄罗斯翻译家列·谢·彼列洛莫夫、斯洛伐克翻译家黑山、西班牙出版家安赫尔·费尔南德斯·菲尔默塞耶、美国纽约大学出版中心主任罗伯特·巴恩施和美国汉学家艾恺。

本届首次设立了中华图书特殊贡献奖青年成就奖，有5位青年学者获奖，他们分别是埃及青年出版家艾哈迈德·赛伊德（中文名白鑫）、缅甸籍华裔青年翻译家光民、匈牙利青年翻译家宗博莉·克拉拉、约旦青年作家萨米尔和美国青年翻译家艾瑞克·阿布汉森。

刘延东说，各位获奖专家长期从事汉学研究、撰写或出版介绍中国的图书等工作，产生了积极影响。中国重视推动中华文化与世界各国文化的交流合作、包容互鉴。希望外国专家继续深入挖掘和阐释中华优秀文化，介绍当代中国，让国际社会客观真实地了解中国，更好地感受中华文化的独特魅力。

8月25日

［纲　文］　**保监会印发《资产支持计划业务管理暂行办法》。**

［目　文］　《办法》共9章54条，主要有总则，基础资产，交易结构，发行、登记和转让，运作管理，风险控制，信息披露，监督管理，附则等内容。自2015年8月25日起施行。

8月25日

［纲　文］　**全国人大常委会委员长张德江在北京会见多哥国民议会议长德拉马尼。**

［目　文］　张德江说，中国和多哥建交43年来，两国关系发展顺利，各领域合作很有成效。在习近平主席提出的“真实亲诚”四字方针指引下，中非合作不断迈上新台阶。双方应抓住中非整体合作带来的良好机遇，进一步拓展合作领域、提升合作水平。中国全国人大愿同多哥国民议会加强交往，增进了解，深化友谊，巩固互信，共同为两国务实合作创造更好的法律环境，夯实两国友好的社会和民意基础，推动两国关系不断向前发

展。德拉马尼说，多哥人民与非洲各国人民一样，广泛受惠于与中国的互利合作，衷心感谢中方的无私帮助。多哥议会希望与中国全国人大建立更紧密的合作关系，学习借鉴中方经验。

8月25日

［纲　文］　**国务院副总理张高丽在北京会见巴基斯坦旁遮普省首席部长夏巴兹。**

［目　文］　张高丽说，中国和巴基斯坦是全天候战略合作伙伴。当前，两国高层交往频繁，各领域合作进展顺利。2015年4月习近平主席对巴基斯坦进行了国事访问，取得丰硕成果。中巴经济走廊是两国重大合作项目，事关中巴国计民生和长远发展。双方应紧密协作，把中巴经济走廊建设宏伟蓝图早日转化为美好现实，真正惠及两国人民。

夏巴兹感谢中方向巴基斯坦经济社会发展提供的支持，表示巴方愿进一步加强同中方的合作与沟通，推动中巴经济走廊建设不断取得新进展。

8月25日

［纲　文］　**外交部发言人就韩朝高级别对话达成协议表示，中方对此表示欢迎。**

［目　文］　据悉，在韩朝边界板门店韩方一侧“和平之家”举行的韩朝高级别对话于当地时间25日凌晨结束，双方就举行南北政府间会谈、朝方解除准战时状态、举行南北离散家属团聚活动等多项事宜达成协议。

发言人说，朝韩双方经过长时间磋商，就缓和紧张局势、改善南北关系达成一系列协议，中方对此表示欢迎。希望朝韩保持对话与协商，促进和解合作，有关协议得到顺利落实，共同维护半岛和平稳定。

8月25日

［纲　文］　**2015北京国际出版论坛举办。**

［目　文］　论坛由国家新闻出版广电总局、国务院新闻办公室、中国民主促进会中央委员会联合主办，中国图书进出口（集团）总公司承办。本届论坛采用主、分论坛结合的形式，围绕主题“出版国际化的战略选择”，设置了三场平行分论坛，分别以“‘一带一路’与出版业的机遇和挑战”、“出版业与资本的融合”和“互联网与大数据背景下的阅读与出版”为议题。与会人士围绕论坛主题，探讨了新时期出版业发展的国际化新趋势与动态、新方式和策略，为国际出版合作提供了新思路与新想法，为中国出版企业的国际化进程提供了借鉴与参考。

8月26日

［纲　文］　**新华网讯，中央军委主席习近平签署通令，给3个单位、28名个人记功。**

［目　文］　通令给在完成任务中做出突出贡献的92730部队90分队记一等功，给在科研工作中做出突出贡献的国防科学技术大学计算机学院计算机研究所记一等功，给在单位建设中取得突出成绩的96167部队记二等功。通令给61786部队研究员罗晓广、61886部队研究员王过中、总参谋部某研究所高级工程师周彩根、信息工程大学信息技术

研究所教授季新生等 28 名个人记功。

8 月 26 日

［纲　文］ **新华网讯，中央军委主席习近平签署命令，给 2 个单位、1 名个人授予荣誉称号。**

［目　文］ 命令授予 69316 部队天文点边防连“团结战斗模范连”荣誉称号，授予 73122 部队 61 分队“强军精武红四连”荣誉称号。命令授予 96315 部队 42 分队高级工程师谭清泉“砺剑先锋”荣誉称号。

8 月 26 日

［纲　文］ **习近平的《做焦裕禄式的县委书记》一书出版发行。**

［目　文］ 《做焦裕禄式的县委书记》一书收入习近平在中央党校县委书记研修班学员座谈会上的讲话、在会见全国优秀县委书记时的讲话等六篇文稿。党的十八大以来，习近平高度重视县域经济社会发展、县域治理和县级领导班子、党的组织建设，多次阐述怎样当好县委书记、怎样加强和改善县域党的领导。

8 月 26 日

［纲　文］ **国务院总理李克强主持召开国务院常务会议。**

［目　文］ 会议主要内容是：一、会议确定加快融资租赁和金融租赁行业发展的措施，更好地服务实体经济。二、部署进一步清理和规范进出口环节收费，为企业发展减负。三、听取重点政策措施落实第三方评估汇报，狠抓政策落地助力经济发展。四、决定全面推开中小学教师职称制度改革，为基础教育发展提供人才支撑。会议决定，将中小学教师职称制度改革在全国全面推开。（一）将分设的中学、小学教师职称（职务）系列统一为初、中、高级。（二）修订评价标准，注重师德、实绩和实践经历，改变过分强调论文、学历倾向，并对农村和边远地区教师倾斜。（三）建立以同行专家评审为基础的评价机制，并公示结果、接受监督。（四）坚持职称评审与岗位聘用相结合，实现人尽其才、才尽其用。

8 月 26 日

［纲　文］ **国务院印发《关于推进国内贸易流通现代化建设法治化营商环境的意见》。**

［目　文］ 《意见》由六部分组成：一、总体要求；二、健全内贸流通统一开放的发展体系；三、提升内贸流通创新驱动水平；四、增强内贸流通稳定运行的保障能力；五、健全内贸流通规范有序的规制体系；六、健全内贸流通协调高效的管理体制。

《意见》要求，各地区、各部门要充分认识推进内贸流通现代化、建设法治化营商环境的重要意义，切实抓好各项政策措施的落实，重要的改革要先行试点，及时总结和推广试点经验。各地区要结合本地实际，因地制宜制订实施方案，出台有针对性的具体措施，认真组织实施。各部门要明确分工，落实责任，加强协调，形成合力。商务部会同有关部门负责对本意见落实工作的统筹协调、跟踪了解、督促检查，确保各项任务措施落实到位。

8月26日

［纲　文］　**质检总局公布修订后的《计量检定员考核规则》，自2015年9月1日起实施。**

8月26日

［纲　文］　**第4届中非民间论坛在浙江义乌举行。**

［目　文］　本次论坛由中国民间组织国际交流促进会和非洲联盟经社文理事会联合主办，浙江省义乌市人民政府协办。与会代表围绕“共建中非命运共同体，开创民间友好新局面”主题，在“从民间视角看中非合作面临的新机遇”和“民间助力中非命运共同体建设”两个议题下进行了热烈、深入的讨论，达成广泛共识，发布了“中非民间交流合作倡议书”。来自非洲近30个国家的政要、前政要和非政府组织、青年组织、智库、媒体代表与中方相关人士参加了论坛活动。国家副主席李源潮出席开幕式并发表主旨讲话。浙江省省长李强、中国民间组织国际交流促进会会长孙家正、多哥国民议会议长德拉马尼、马拉维国民议会议长姆索沃亚、纳米比亚前总统波汉巴、苏丹前国家元首达哈卜出席论坛并致辞，联合国秘书长潘基文发来视频致辞。

期间，李源潮集体会见了多哥国民议会议长德拉马尼、马拉维国民议会议长姆索沃亚、纳米比亚前总统波汉巴、苏丹前国家元首达哈卜、非盟经社文理事会执行主席齐兰吉等外方代表。

8月26日

［纲　文］　**国务院副总理张高丽在北京会见俄罗斯天然气工业公司总裁米勒。**

［目　文］　张高丽说，在两国元首的亲自关注和直接推动下，双方能源合作不断取得新进展，体现了两国全面战略协作伙伴关系的高水平。中方对扩大双方包括天然气合作在内的能源合作持积极态度。要积极推进东线天然气项目并确保按期建成通气，认真商谈并推进西线天然气等战略性大项目。希望双方在落实好现有合作项目的同时，继续遵循互谅互让、互利共赢、合作发展原则，优势互补、挖掘潜力，积极寻找并开拓新的合作领域，推动双方能源合作继续向前发展。

米勒表示，俄方高度重视扩大俄中能源合作，愿与中方开展包括天然气管道贸易、开采和加工在内的全面合作，促进双方的经济发展和能源安全。

8月26日

［纲　文］　**《人民日报》发表题为《确保西藏长足发展和长治久安》的社论。**

8月26—28日

［纲　文］　**全国政协十二届常委会第十二次会议在北京召开。**

［目　文］　本次常委会议围绕“积极培育和践行社会主义核心价值观”建言献策。中央书记处书记刘云山应邀出席开幕会并作报告。中央和国家机关有关部委负责人到会听取意见和建议。常委会组成人员深入讨论，畅所欲言，积极建言献策。闭幕会追认政协第十二届全国委员会第三十二次、三十三次主席会议分别作出的关于免去黄小祥政协第十二

届全国委员会副秘书长职务、撤销其委员资格的决定和关于撤销张力军、王玉发、汪良、顾欣政协第十二届全国委员会委员资格的决定。

全国政协主席俞正声在闭幕会上说，习近平总书记强调，社会主义核心价值观把涉及国家、社会、公民的价值要求融为一体，既体现了社会主义本质要求，继承了中华优秀传统文化，也吸收了世界文明有益成果，体现了时代精神。我们要深入把握社会主义核心价值观的本质特征和丰富内涵，坚持问题导向，加强宣传引导；积极营造有利于培育和践行社会主义核心价值观的政策法律环境，把社会主义核心价值观落实到政策导向、体制机制和法治环境上；发挥关键群体和重点人群的影响和带动作用，把核心价值观的要求与党风廉政建设特别是“三严三实”专题教育结合起来，以实际行动和良好形象影响和带动全社会。人民政协和广大政协委员要为培育和践行社会主义核心价值观做贡献，必须始终坚持中国特色社会主义政治发展道路，扎实做好凝聚价值共识的工作。政协委员作为各界代表性人士，社会关注度高、影响力大，要认真落实习近平总书记的重要指示，严格要求自己，结合实际，模范践行社会主义核心价值观。

8月26—28日

［纲　文］ **李源潮在浙江义乌调研群团工作。**

［目　文］ 国家副主席李源潮到义乌的商贸城、企业和农村调研并召开群团工作座谈会，听取基层群团工作者意见建议。李源潮指出，青妇科侨组织要深入学习、广泛宣传习近平总书记重要讲话精神，使之为基层群团干部和广大群众普遍知晓，以干在实处、走在前列的精神抓好落实，确保中央决策在基层落地生根。要自觉接受党的领导，切实保持和增强党的群团工作和群团组织的政治性、先进性、群众性，满腔热情为群众服务，让群众感觉到青妇科侨是自己的组织。要按照中央部署和党委统一领导，立足自身实际，积极探索总结群团改革实践经验，努力开创群团工作新局面。青妇科侨组织要深入学习、全面贯彻习近平总书记在中央党的群团工作上重要讲话精神，确保中央群团工作决策部署在基层落实，在基层见效，让群众满意。

8月26—30日

［纲　文］ **第22届北京国际图书博览会在北京举办。**

［目　文］ 本届图书博览会由国家新闻出版广电总局、国务院新闻办公室、教育部、文化部、科学技术部、北京市人民政府、中国出版协会、中国作家协会联合主办，中国图书进出口（集团）总公司承办。

29日，中宣部部长刘奇葆参观图书博览会时指出，出版是文化传播的桥梁，书籍是心灵沟通的载体，要多措并举、多方发力，推动更多优秀中国图书走向世界，不断增强中华文化的国际影响力。

8月27日

［纲　文］ **税务总局公布《非居民纳税人享受税收协定待遇管理办法》。**

［目　文］《办法》共4章27条，主要有总则、协定适用和纳税申报、税务机关后续管理、附则等内容。自2015年11月1日起施行。

8月27日

［纲　文］**工商总局公布《企业经营范围登记管理规定》，自2015年10月1日起施行。**

8月27日

［纲　文］**交通运输部印发《船舶与港口污染防治专项行动实施方案（2015—2020年）》。**

［目　文］《方案》由三部分组成：一、总体要求；二、主要任务；三、保障措施。《方案》强调，各地交通运输管理部门和各直属海事机构要加强与有关部门的沟通协调，探索建立区域、部门联动协作机制，实现相关建设规划的有效衔接，推进联合监测、联合执法、应急联动、信息共享，确保船舶与港口污染防治工作顺利推进和工作目标如期实现。

8月27日

［纲　文］**财政部教科文司表示，2015年中央财政下拨10.8亿元支持特殊教育发展。**

［目　文］2015年特殊教育补助经费预算4.1亿元，主要用于支持地方特殊教育资源教室（中心）建设、特殊教育学校设备设施配备和“医教结合”区域实验等，改善特殊教育学校办学条件。通过“城乡义务教育补助经费”安排农村义务教育阶段特殊教育学校含随班就读学生学校公用经费补助资金6.7亿元，公用经费补助标准达到年生均4000元，约为普通中学的5倍。要求各地重点支持农村、边远、贫困和民族地区，向残疾儿童相对较多地区倾斜，推动各地提高特殊教育普及水平、提升教育教学质量。

8月27日

［纲　文］**庆祝九三学社创建70周年大会在北京举行。**

［目　文］九三学社中央常务副主席邵鸿主持大会。中央统战部部长孙春兰出席大会并代表中共中央致贺词。全国政协副主席李海峰以及各民主党派中央、全国工商联负责人和有关方面负责人出席大会。全国人大常委会副委员长、民盟中央主席张宝文代表各民主党派中央、全国工商联致贺词。全国政协副主席、九三学社中央主席韩启德回顾了九三学社成立70年来的光辉历程，号召全体社员更加紧密地团结在以习近平为总书记的中共中央周围，坚持和发展中国特色社会主义，弘扬民主与科学精神，为实现中华民族伟大复兴而奋斗。

8月27日

［纲　文］**《人民日报》发表题为《牢牢把握西藏工作重要原则——论学习习近平总书记在中央第六次西藏工作座谈会讲话精神》的评论员文章。**

8月28日

［纲　文］**国家主席习近平在北京会见美国总统国家安全事务助理赖斯。**

［目　文］　习近平指出，中美在各个层次上保持了密切交往。第七轮中美战略与经济对话和第六轮中美人文交流高层磋商成果丰硕。两国在一系列重要领域的合作取得积极进展。中美两国拥有广泛的共同利益和巨大的合作潜力。一个稳定、不断发展的中美关系，不仅符合两国和两国人民的根本利益，也有利于维护亚太乃至世界的和平和发展。我们愿同美方共同努力，不断拓展双边、地区、全球各领域务实合作，以建设性方式管控敏感问题，努力使中美关系更多更好地惠及两国和世界各国人民。中美关系既要稳定又要发展，要坚持对话合作、不断向前发展的航道。中美双方要以互信求稳定。中国坚定不移走和平发展道路，始终不渝奉行互利共赢的对外开放战略，致力于同美方共同构建新型大国关系，实现双方不冲突不对抗、相互尊重、合作共赢。中美双方要以合作促发展。双方要加快双边投资协定谈判，继续加强两军交流合作，力争在能源、基础设施等领域取得更多进展，加强在亚太事务、气候变化等全球性问题和地区热点问题上的对话与合作。中美双方要通过沟通管控分歧，要切实尊重和照顾彼此核心利益，努力扩大共同面、缩小分歧面，维护两国关系稳定发展的大局。应奥巴马总统邀请，我下个月将对美国进行国事访问。我愿意同奥巴马总统就共同关心的重大问题深入交换意见，共商加深两国人民友谊、促进双方各领域合作的大计，为两国和世界人民带来更大利益。

赖斯表示，我此访是专门为习近平主席下个月对美国的国事访问作准备。奥巴马总统期待着同您就两国关系和共同关心的重大国际问题继续深入交换意见。美方愿同中方一道共同努力，确保您对美国的访问取得圆满成功，成为两国关系史上的里程碑。在中方隆重纪念二战胜利 70 周年之际，奥巴马总统和美方高度评价中国人民在那场战争中做出的巨大贡献和美中两国结下的深厚友谊。

同日，中央军委副主席范长龙、国务委员杨洁篪分别会见美国总统国家安全事务助理赖斯。范长龙在会见赖斯时指出，习近平主席将于 9 月对美国进行国事访问，双方应共同努力，确保此访取得圆满成功。当前两军关系总体发展平稳，高层互访频繁，合作的广度和深度持续提升。下一步，双方应努力管控好分歧和风险，继续推进中美新型军事关系发展。赖斯说，美方高度重视习近平主席 9 月对美国进行的国事访问。近年来美中建立了健康稳定的两军关系，希望双方进一步加强交流对话、扩大务实合作。

杨洁篪在会见赖斯时表示，应奥巴马总统邀请，习近平主席下个月将对美国进行国事访问，此访对中美双边关系和国际形势发展都具有重大意义。中方愿同美方共同努力，精心准备，积累更多成果，营造良好氛围，确保此访取得圆满成功，推动中美新型大国关系不断取得新进展，更好造福两国人民和世界人民。赖斯表示，奥巴马总统高度重视美中关系，致力于加强和深化这一重要的双边关系。

赖斯是 8 月 28 日至 29 日访华。中美双方就中美关系及其他共同关心的重要问题交换意见，为国家主席习近平 2015 年 9 月应奥巴马总统邀请对美国进行国事访问作准备。

8 月 28 日

［纲　文］　中共中央办公厅、国务院办公厅印发《关于在部分区域系统推进全面创

新改革试验的总体方案》。

［目　文］《方案》由四部分组成：一、总体要求；二、主要任务；三、试验布局；四、组织实施。

《方案》要求，各有关部门和地方要按照本方案精神，统一思想，密切配合，强化全局和责任意识，勇于创新，主动改革，积极作为，抓好落实，确保改革试验工作取得实效。各有关方面要及时总结、宣传改革试验进展和成效，加强社会舆论导向，营造有利于改革的良好社会环境。

8 月 28 日

［纲　文］ **国务院办公厅印发《加快海关特殊监管区域整合优化方案》。**

［目　文］《方案》由五部分组成：一、总体要求；二、推进海关特殊监管区域整合；三、实现海关特殊监管区域优化；四、实施步骤；五、组织保障。

《方案》指出，海关总署要会同各有关部门做好业务指导和服务工作，及时督促检查并跟踪了解海关特殊监管区域整合优化工作进展情况；各有关部门要加强协作，密切配合，共同研究解决整合优化过程中出现的困难和问题。各省（区、市）人民政府要根据本方案和当地的实际情况，制定相应的实施方案，加强统筹，落实责任，稳妥推进相关工作，确保海关特殊监管区域整合优化取得实效。

8 月 28 日

［纲　文］ **李克强主持国务院专题会。**

［目　文］ 张高丽、刘延东、汪洋、马凯等参加会议。会议研究了国际经济金融形势新变化对中国经济的影响和对策。会议听取了前期应对国际金融和大宗商品市场异常波动、下一步工作考虑以及国内经济运行有关情况的汇报，相关部门负责人谈了看法和打算。

国务院总理李克强说，近段时间的国际市场动荡，给世界经济复苏增加了新的不确定因素，中国金融市场、进出口等受到的影响也在加深，经济运行遇到新的压力。面对扑朔迷离的国际环境和国内深层次矛盾显现的情况，我们坚持稳中求进，持续推进结构性改革，陆续出台降准降息、减税降费和稳定市场等一系列定向调控举措，效应不断显现，结构调整中积聚的积极因素也增强了发展动能，经济运行保持在合理区间，经济增长走在世界前列。我们不仅有发展的巨大潜力，也有有效管控风险的驾驭能力，能够在错综复杂的形势中始终把握工作主动权。做好当前经济工作，既要看到一些方面不断向好的趋势，坚定信心，保持定力，又要直面困难挑战，未雨绸缪，及时妥为应对，做到趋利避害。关键要贯彻落实好党中央、国务院各项部署，主动适应经济发展新常态，充分发挥中央和地方两个积极性，继续实施积极的财政政策和稳健的货币政策，在坚持区间调控基础上，见微知著，灵活施策，以更精准的定向调控、相机调控对冲经济下行压力，以更有力的改革创新激发市场活力，以更有效地抓落实巩固向好势头，稳定市场预期，做好政策储备，确保完成 2015 年经济社会发展主要目标任务。在传统增长动力减弱的情况下，要拿出更多改革开放新举措，增加公共产品、公共服务供给，促进大众创业、万众创新，增强经济发展动力。要创新投融资方式，通过设立专项基金、置换地方存量债务、发行企业债券、调整固定资产投资项目资本金比例等，提高地方和企业投资能力，推动公共设施建设等重大项目落地，支持中西部、贫困地区发展，扩大有效投资。围绕居民消费升级新需求，推出促消费、惠民生的新政策，推动快递等流通业发展，释放消费潜力。加快推进国际产能合作，取得更多共赢发展成果。支持实体经济提质增效升级，推动机械、纺织、轻工、汽车等领域加速折旧，加大对传统产业技改投资的支持力度。通过完善研发费用加计扣除、修订高新技术企业认定管理办法，支持企业研发创新活动。扩大绿色节能和低碳产品应用，推进“互联网+”向更多行业拓展，形成新增长点。以不断迸发的微观活力支撑宏观经济大局稳定。

8月28日

［纲　文］　**农业部公布《重要农业文化遗产管理办法》。**

［目　文］　《办法》共6章28条，主要有总则、申报与审核、保护与管理、利用与发展、监督与检查、附则等内容。自2015年8月28日起施行。

8月28日

［纲　文］　**人力资源社会保障部、教育部关于印发《关于深化中小学教师职称制度改革的指导意见》。**

［目　文］　《意见》由三部分组成：一、改革的指导思想和基本原则；二、改革的主要内容；三、改革的组织实施。

《意见》强调，各省要及时总结经验，发现、研究和解决改革出现的新情况、新问题，妥善处理改革、发展和稳定的关系。遇到重要情况及时向两部报告。各省改革进展情况请及时报送两部改革领导小组办公室。

8月28日

［纲　文］　**国家新闻出版广电总局公布《关于修订部分规章和规范性文件的决定》。**

［目　文］　《决定》说，对《印刷业经营者资格条件暂行规定》（新闻出版总署令第15号）、《设立外商投资印刷企业暂行规定》（新闻出版总署、对外贸易经济合作部令第16号）等18个规章和《关于印发〈广播电视有线数字付费频道业务管理暂行办法〉（试行）的通知》（广发办字〔2003〕1190号）等5个规范文件修订。

8月28日

［纲　文］　**《人民日报》发表题为《切实把握西藏工作的着眼点和着力点——二论学习习近平总书记在中央第六次西藏工作座谈会讲话精神》的评论员文章。**

8月28日—11月30日

［纲　文］　**“中国是不可征服的——宋庆龄与伟大的抗日战争”图片展在北京举办。**

［目　文］　图片展由中国宋庆龄基金会主办。此次展览共展出图片120余幅，展现了宋庆龄保卫世界和平、组织救亡运动、通联国共两党、建立统一战线、反对分裂倒退、争取国际援助、支援全民抗战等方面的突出贡献。

宋庆龄（1893 年 1 月 27 日—1981 年 5 月 29 日），伟大的爱国主义、民主主义、国际主义和共产主义战士，举世闻名的 20 世纪的伟大女性，中华人民共和国名誉主席。

8 月 29 日

［纲　文］　**习近平签署主席特赦令，对参加过抗日战争、解放战争等四类服刑罪犯实行特赦**。

［目　文］　特赦令说，为纪念中国人民抗日战争暨世界反法西斯战争胜利 70 周年，体现依法治国理念和人道主义精神，根据第十二届全国人民代表大会常务委员会第十六次会议的决定，对依据 2015 年 1 月 1 日前人民法院作出的生效判决正在服刑、释放后不具有现实社会危险性的下列罪犯实行特赦：一、参加过中国人民抗日战争、中国人民解放战争的；二、中华人民共和国成立以后，参加过保卫国家主权、安全和领土完整对外作战的，但犯贪污受贿犯罪，故意杀人、强奸、抢劫、绑架、放火、爆炸、投放危险物质或者有组织的暴力性犯罪，黑社会性质的组织犯罪，危害国家安全犯罪，恐怖活动犯罪，有组织犯罪的主犯以及累犯除外；三、年满 75 周岁、身体严重残疾且生活不能自理的；四、犯罪的时候不满 18 周岁，被判处三年以下有期徒刑或者剩余刑期在一年以下的，但犯故意杀人、强奸等严重暴力性犯罪，恐怖活动犯罪，贩卖毒品犯罪的除外。对 2015 年 8 月 29 日符合上述条件的服刑罪犯，经人民法院依法作出裁定后，予以释放。

8 月 29 日

［纲　文］　**习近平签署中华人民共和国（第 30 号至第 34 号主席令）**。

［目　文］　主席令（第 30 号）说，《中华人民共和国刑法修正案（九）》已由中华人民共和国第十二届全国人民代表大会常务委员会第 16 次会议于 2015 年 8 月 29 日通过，现予公布，自 2015 年 11 月 1 日起施行。

主席令（第 31 号）说，《中华人民共和国大气污染防治法》已由中华人民共和国第十二届全国人民代表大会常务委员会第 16 次会议于 2015 年 8 月 29 日修订通过，现将修订后的《中华人民共和国大气污染防治法》公布，自 2016 年 1 月 1 日起施行。

主席令（第 32 号）说，《全国人民代表大会常务委员会关于修改〈中华人民共和国促进科技成果转化法〉的决定》已由中华人民共和国第十二届全国人民代表大会常务委员会第 16 次会议于 2015 年 8 月 29 日通过，现予公布，自 2015 年 10 月 1 日起施行。

主席令（第 33 号）说，《全国人民代表大会常务委员会关于修改〈中华人民共和国地方各级人民代表大会和地方各级人民政府组织法〉〈中华人民共和国全国人民代表大会和地方各级人民代表大会选举法〉〈中华人民共和国全国人民代表大会和地方各级人民代表大会代表法〉的决定》已由中华人民共和国第十二届全国人民代表大会常务委员会第 16 次会议于 2015 年 8 月 29 日通过，现予公布，自公布之日起施行。

主席令（第 34 号）说，《全国人民代表大会常务委员会关于修改〈中华人民共和国商业银行法〉的决定》已由中华人民共和国第十二届全国人民代表大会常务委员会第 16 次会议于2015年8月29日通过，现予公布，自2015年10月1日起施行。

8月29日

［纲　文］　**国务院批复商务部，同意建立国务院服务贸易发展部际联席会议制度。**

［目　文］　批复说：同意建立由国务院领导同志牵头负责的国务院服务贸易发展部际联席会议制度。联席会议不刻制印章，不正式行文，请按照国务院有关文件精神认真组织开展工作。

8月29日

［纲　文］　**《人民日报》发表题为《切实把握西藏发展的出发点和落脚点——三论学习习近平总书记在中央第六次西藏工作座谈会讲话精神》的评论员文章。**

8月30日

［纲　文］　**国务院办公厅印发《贯彻实施〈深化标准化工作改革方案〉行动计划（2015—2016年）》。**

［目　文］　《计划》由十四部分组成：一、开展强制性标准清理评估；二、开展推荐性标准复审和修订；三、优化推荐性标准制修订程序；四、开展团体标准试点；五、开展企业产品和服务标准自我声明公开和监督制度试点；六、加强标准实施与监督；七、改进标准化技术委员会管理；八、提高标准国际化水平；九、推动中国标准"走出去"；十、加强信息化建设；十一、加大宣传工作力度；十二、加强标准化工作经费保障；十三、加强标准化法治建设；十四、建立国务院标准化统筹协调机制等方面的内容。

《计划》要求，各地区、各部门要按照国务院统一部署，进一步提高对深化标准化工作改革重要性的认识，加强对标准化工作的组织领导和统筹协调，强化协同配合。各地区、各部门要按照本行动计划，结合实际，落实责任分工，确保按时保质完成各项任务。

8月30日

［纲　文］　**国务院批复福建省人民政府，同意设立福州新区。**

［目　文］　批复说：一、同意设立福州新区。福州新区位于福州市滨海地区，初期规划范围包括马尾区、仓山区、长乐市、福清市部分区域，规划面积800平方公里。福州新区区位条件优越，生态环境秀美，产业基础坚实，与台湾地区交流合作紧密，战略地位重要。二、福州新区建设，要全面贯彻党的十八大和十八届二中、三中、四中全会精神，按照党中央、国务院决策部署，坚持生态优先、科学开发，以深化海峡两岸交流合作为主线，以开放合作、改革创新为动力，率先探索新型城镇化道路，推进城乡一体化发展，努力把福州新区建设成为两岸交流合作重要承载区、扩大对外开放重要门户、东南沿海重要现代产业基地、改革创新示范区和生态文明先行区。三、福建省人民政府要切实加强组织领导，明确工作责任，完善工作机制，加大支持力度，积极探索与现行体制协调、联动、高效的管理方式，积极稳妥扎实推进福州新区建设发展。要认真做好福州新区发展总体规划编制工作，规划建设必须符合土地利用总体规划、城市总体规划、镇总体规划、环境保护规划、水资源综合规划

等相关专项规划的要求。四、国务院有关部门要按照职能分工，加强对福州新区建设发展的支持和指导，在有关规划编制、政策实施、项目安排、体制机制创新等方面给予积极支持，帮助解决福州新区发展过程中遇到的困难和问题，营造良好的政策环境。

8 月 30 日

［纲　文］　**《人民日报》发表题为《依法特赦彰显国家治理理念》的社论。**

8 月 30 日

［纲　文］　**《人民日报》发表题为《切实贯彻好党的民族政策和宗教政策——四论学习习近平总书记在中央第六次西藏工作座谈会讲话精神》的评论员文章。**

8 月 30 日—9 月 2 日

［纲　文］　**全国人大常委会委员长张德江应邀出席在纽约举行的第 4 次世界议长大会。**

［目　文］　来自全世界 140 多个国家和地区的 170 多位议会领导人出席在联合国总部举行的第四次世界议长大会。张德江在开幕会上作了题为《倾听人民呼声，建设更加公正民主的世界》的发言。各国议会联盟主席乔杜里、联合国秘书长潘基文等在开幕式上致辞会议通过宣言，呼吁努力解决全球性挑战，推动落实新的发展议程，并强调纪念世界反法西斯战争胜利暨联合国成立 70 周年的重要意义。各国议长决心为克服各项全球性挑战贡献力量，呼吁通过政治对话和磋商来解决冲突，深化反恐合作。宣言还就消除核武器、打击有组织犯罪、难民和移民、气候变化、数字鸿沟、法治建设等问题申明立场。

会议期间，张德江分别会见联合国秘书长潘基文、芬兰议长洛赫拉、尼日利亚众议长多加拉、越南国会主席阮生雄和以色列议长埃德尔斯坦、议联主席乔杜里及秘书长纯贡。

8 月 31 日

［纲　文］　**中共中央办公厅、国务院办公厅印发《深化农村改革综合性实施方案》。**

［目　文］　《方案》由三部分组成：一、总体要求；二、关键领域和重大举措；三、加强组织领导。

《方案》指出，各级党委和政府要按照党中央、国务院的总体部署，切实增强领导、组织、监督农村改革工作的主动性和自觉性。要坚持问题导向，下大力气解决好农民群众最关心最直接最现实的利益问题。要完善各级党委和政府推进农村改革的领导体制和工作机制，健全和落实责任制度。主要负责人要亲自抓农村改革工作，把握好方向和路径，加强对农村改革工作的指导，确保各项农村改革措施落到实处。

8 月 31 日

［纲　文］　**国务院印发《促进大数据发展行动纲要》。**

［目　文］　《纲要》由四部分组成：一、发展形势和重要意义；二、指导思想和总体目标；三、主要任务；四、政策机制等方面的内容。

《纲要》强调，各有关部门要进一步统一思想，认真落实本行动纲要提出的各项任务，共同推动形成公共信息资源共享共用和大数据产业健康安全发展的良好格局。

8月31日

［纲　文］　**国务院办公厅印发《关于加快融资租赁业发展的指导意见》。**

［目　文］《意见》由三部分组成：一、总体要求；二、主要任务；三、政策措施。

《意见》强调，各地区、各有关部门要充分认识加快融资租赁业发展的重要意义，加强组织领导，健全工作机制，强化部门协同和上下联动，协调推动融资租赁业发展。各地区要根据本意见，结合地方实际研究制定具体实施方案，细化政策措施，确保各项任务落到实处。有关部门要抓紧研究制定配套政策和落实分工任务的具体措施，为融资租赁业发展营造良好环境。商务部与银监会等相关部门要加强协调，密切配合，共同做好风险防范工作。商务部要做好融资租赁行业管理工作，会同相关部门对本意见的落实情况进行跟踪分析和督促指导，重大事项及时向国务院报告。

8月31日

［纲　文］　**民政部、发展改革委、财政部、国土资源部、住房城乡建设部、交通运输部、商务部、质检总局、食品药品监管总局印发《关于加强自然灾害救助物资储备体系建设的指导意见》。**

［目　文］《意见》由四部分组成：一、指导思想；二、主要目标；三、主要任务；四、保障措施等方面的内容。

《意见》指出，坚持各级政府在规划编制、政策引导、资金投入、监督管理等方面发挥主导作用，加强部门间沟通和协调，优化整合各类社会救灾资源，积极寻求相关部门和社会各界帮助和支持，探索应用先进管理理念和引进市场机制等举措，完善相应激励机制、建立畅通的参与渠道，充分调动社会各方面力量参与救灾物资储备体系建设工作。

8月31日

［纲　文］　**食品药品监管总局公布《食品生产许可管理办法》。**

［目　文］《办法》共8章62条，主要有总则，申请与受理，审查与决定，许可证管理，变更、延续、补办与注销，监督检查，法律责任，附则等内容。自2015年10月1日起施行。

8月31日

［纲　文］　**食品药品监管总局公布《食品经营许可管理办法》。**

［目　文］《办法》共8章56条，主要有总则，申请与受理，审查与决定，许可证管理，变更、延续、补办与注销，监督检查，法律责任，附则等内容。本办法自2015年10月1日起施行。

《办法》强调，各省、自治区、直辖市食品药品监督管理部门可以根据本行政区域实际情况，制定有关食品经营许可管理的具体实施办法。

8月31日

［纲　文］　**财政部、新闻出版广电总局印发《国家电影事业发展专项资金征收使用**

管理办法》。

［目　文］《办法》共5章27条，主要有总则、征收缴库、使用管理、法律责任、附则等内容。自2015年10月1日起施行，《财政部 广电总局关于印发〈国家电影事业发展专项资金管理办法〉的通知》（财教〔2006〕115号）及其他与本办法不符的规定同时废止。

8月31日

［纲　文］**张高丽检查指导“9·3”纪念活动期间大气污染防治和空气质量保障工作**。

［目　文］中共中央政治局常委、国务院副总理张高丽在北京市环境保护局、中国气象局检查指导“9·3”纪念活动期间大气污染防治和空气质量保障工作。他先后听取了北京市环保局和中国气象局的汇报，并通过视频连线了解北京、天津、河北气象部门相关工作情况，向参加空气质量保障工作的广大干部职工和专家表示亲切慰问，提出进一步做好空气质量保障工作的要求。

8月31日—9月1日

［纲　文］**汪洋在吉林调研农业农村工作**。

［目　文］国务院副总理汪洋在吉林市昌邑区、永吉县以及长春市，考察粮食生产基地、农民芦笋种植合作社、畜产品加工龙头企业等。

汪洋指出，要加快转变农业发展方式，做好农业结构调整这篇大文章，建设现代农业产业体系，全面提高农业综合效益，并真正让农民从中受益。要加快发展多种形式农业适度规模经营，加强高标准农田建设，推进先进生产技术、农业机械等的推广应用，改善农业生产条件，提高粮食和农业生产综合能力。要发挥资源优势，增加市场紧缺、附加值高的农产品生产，调整种植结构，促进农牧结合、种养加结合，发展绿色农业、特色农业和品牌农业。大力推进粮食等农产品加工转化，延长产业链条，建设价值链，促进一二三产业融合发展。现代农业建设，要重视发挥农民的主体作用。要探索通过股份制、股份合作制等多种形式，让农民以土地入股，参与规模化、产业化经营，更多分享二三产业增值收益，实现先富带后富。要健全和完善龙头企业与农民的利益联结机制，使龙头企业在引领现代农业发展的同时，也成为带动农民致富的重要力量。

8月31日—9月3日

［纲　文］**应国家主席习近平邀请，哈萨克斯坦共和国总统纳扎尔巴耶夫对中国进行国事访问**。

［目　文］访问期间，习近平在北京同纳扎尔巴耶夫举行了会谈。两国元首高度评价中哈关系发展，一致决定推动双边关系向更高水平、更广空间迈进。还就加强上合组织和亚信机制的作用交换意见；共同签署了《中华人民共和国和哈萨克斯坦共和国关于全面战略伙伴关系新阶段的联合宣言》并见证了司法、产能、投资、人文、基础设施建设、矿

产开发、金融、会展等领域双边合作文件的签署。国务院总理李克强、全国人大常委会委员长张德江在北京分别会见了纳扎尔巴耶夫。纳扎尔巴耶夫出席了中国人民抗日战争暨世界反法西斯战争胜利70周年纪念活动。

习近平同纳扎尔巴耶夫会谈时指出，两国建立全面战略伙伴关系以来，双方合作呈现加速发展势头，政治互信更加牢固，务实合作更加深入，战略协作更加高效。中哈关系已经连续取得跨越式发展。新形势下，中哈双方更要携手同心，继往开来，始终从战略高度和长远角度规划和推动双边关系发展。双方要继续加大相互政治支持，维护彼此核心利益。双方要全面加强产能、投资、经贸、能源、基础设施、高技术、地方等领域务实合作，用好亚洲基础设施投资银行、丝路基金等融资机制，推动实现丝绸之路经济带建设和哈方“光明之路”新经济政策对接，促进共同发展繁荣。

纳扎尔巴耶夫表示，很高兴再次当选哈萨克斯坦总统后首次出访就来到中国并出席中国人民抗日战争暨世界反法西斯战争胜利70周年纪念活动。哈方积极推动中方丝绸之路经济带建设同哈“光明之路”新经济政策对接。哈方愿加强同中方在经贸、投资、产能、科技创新、旅游以及安全领域合作。

李克强在会见纳扎尔巴耶夫时表示，中哈就开展大规模产能合作达成重要共识并在项目建设上取得诸多成果。希望双方落实好已商定的项目，发挥好相关投融资平台的支撑作用，更好便利人员往来，使中哈产能合作发挥区域和全球示范效应，这也将有助于更好应对当前国际经济的复杂局面，促进共同发展，实现互利共赢。纳扎尔巴耶夫表示，哈中全面战略伙伴关系深入发展，以产能合作为标志的务实合作迈入新阶段。哈方愿同中方落实好产能合作这一宏伟构想，推动双边贸易多元化，加强互联互通建设，打造新欧亚大陆桥，共同开创哈中关系发展的崭新时代。

8月31日—9月6日

［纲　文］　**第6届东北亚国际书画摄影展在长春东北亚艺术博物馆举行。**

［目　文］　展览由中国文学艺术界联合会，中国—东北亚博览会秘书处主办，吉林省人民政府外事办公室、吉林省文化厅等单位承办，吉林省美术家协会、吉林省书法家协会、吉林省摄影家协会协办。展览主题为“一带一路·神韵长白山”，共展出作品3000余幅，由王书平美术馆永久性专馆、周昌新油画展专馆、刘文杰历代大师藏品专馆、朝鲜艺术馆、日本艺术馆、韩国艺术馆、俄罗斯艺术馆、蒙古国艺术馆、“一带一路·神韵长白山”艺术专馆等9个展馆构成。

9 月

9月1日

［纲　文］ **《求是》杂志2015年第17期发表习近平《在会见全国优秀县委书记时的讲话》。**

［目　文］ 《讲话》中对县一级在我们党的组织结构和国家政权结构中所处的关键作用给予充分肯定，对县委书记在发展经济、保障民生、维护稳定、促进国家长治久安中发挥的重要作用给予高度重视，指出县委是我们党执政兴国的“一线指挥部”，县委书记就是“一线总指挥”，是我们党在县域治国理政的重要骨干力量。对广大县委书记提出殷切期望。一要做政治的明白人；二要做发展的开路人；三要做群众的贴心人；四要做班子的带头人。要以受到表彰的全国优秀县委书记为榜样，始终做到心中有党、心中有民、心中有责、心中有戒，努力成为党和人民信赖的好干部。

9月1日

［纲　文］ **李克强主持召开国务院常务会议。**

［目　文］ 会议的主要内容是：一、决定设立国家中小企业发展基金，政府与市场携手增强创业创新动力。会议决定，中央财政通过整合资金出资150亿元，创新机制发挥杠杆作用和乘数效应，吸引民营和国有企业、金融机构、地方政府等共同参与，建立总规模为600亿元的国家中小企业发展基金，通过设立母基金、直投基金等，用市场化的办法，重点支持种子期、初创期成长型中小企业发展。基金原则上采取有限合伙制，其募资、设立、管理、收益分配、到期退出等均按市场化原则操作。通过社会出资人优先分红、国家出资收益适当让利等措施，更多吸引社会资本，激发中小企业“双创”活力。二、确定调整和完善固定资产投资项目资本金比例制度，促进投资结构优化。会议确定，将关系国计民生的港口、沿海及内河航运、机场等领域固定资产投资项目最低资本金比例要求由30%降为25%，铁路、公路、城市轨道交通项目由25%降为20%。为推动农产品加工转化，将玉米深加工项目由30%降为20%。城市地下综合管廊和急需的停车场项目，以及经国务院批准、情况特殊的国家重大项目资本金比例可比规定的再适当降低。同时，对钢铁、水泥、电解铝、焦炭、多晶硅等产能过剩行业，严格执行现行的30%—40%较高资本金比例要求。三、部署推进分级诊疗制度建设，合理配置医疗资源方便群众就医。会议指出，建立分级诊疗制度，是深化医改的重要举措，有利于促进优质医疗资源下沉，推进基本医疗卫生服务均等化，提高人民健康水平。会议确定，坚持群众自愿、政府引导，

以提高基层医疗服务能力为重点，以慢性病、常见病、多发病为突破口，逐步建立基层首诊、双向转诊、急慢分治、上下联动的分级诊疗制度。四、会议通过《中华人民共和国电影产业促进法（草案）》。

9月1日

［纲　文］　**全国政协在北京召开双周协商座谈会，就“促进边境经济合作区建设”建言献策。**

［目　文］　全国政协主席俞正声主持座谈会。全国政协副主席万钢、陈元在座谈会上发言。商务部副部长王受文介绍了有关情况。外交部副部长刘振民、发展改革委副主任胡祖才、国土资源部副部长王世元等与委员互动交流。全国政协委员陈健、蒋作君、李小林、李克农、蔡建国、刘晓榕、邵琪伟、许荣茂、刘斌、陈旗、尹卓、李彬、李嵘、周春玲、徐晓兰、陈俊骢，以及于晓峰等特邀代表在座谈会上发言。

委员们认为，随着中国沿边开放的发展，边境经济合作区对促进边疆地区经济社会发展、巩固边疆安全、维护民族团结、增进与周边国家的互利合作发挥了重要作用。但也要看到，受多方面因素影响，边境经济合作区经济总量小、产业基础相对薄弱、开放程度较低等问题依然比较突出。要抓住我国制定“十三五”规划和实施“一带一路”的机遇，进一步加大工作力度，推动边境经济合作区发展。

一些委员对边境经济合作区建设提出意见建议。一是坚持互利共赢原则和睦邻安邻富邻的周边外交政策，寻求边境经济合作区发展的新动力，促进边疆发展，提升沿边开放水平。二是坚持实事求是，以市场为主导开展边境经济合作，适应不同的市场需求，形成差别化的边境经济合作区发展模式。三是加强口岸建设，促进通关便利化，创新边民互市贸易监管模式，加快跨境电子商务产业发展。四是建立以政府间协议为基础的制度保障，形成鼓励投资和创新的发展环境。五是以产业、贸易、旅游和人文合作为发展重点，加强与周边国家合作，形成各具特色的优势产业。六是完善以物流、人流便利化为重点的政策措施，对利国利民利边的做法加强引导和支持，充分调动各方面的积极性。俞正声认真听取委员发言，不时与大家交流。

9月1日

［纲　文］　**刘奇葆在北京考察抗战胜利70周年纪念活动新闻中心。**

［目　文］　中宣部部长刘奇葆考察了电视服务室、联通电信服务室、图片服务室、新闻发布厅、新闻中心网站和境内外记者接待组。考察期间，刘奇葆认真了解新闻中心筹备和运行情况，同媒体记者进行交流，对新闻中心前一阶段工作给予了充分肯定。

刘奇葆指出，要突出宣传中国抗战在世界反法西斯战争中的东方主战场作用和中国共产党在抗战中的中流砥柱作用，组织好纪念大会、招待会、文艺晚会、颁发纪念章等主要纪念活动的宣传报道，组织好全国各地群众性纪念活动的宣传报道，充分展示广大群众的爱国热情，充分展示中国坚定不移走和平发展道路的决心，大力弘扬伟大的抗战精神，唱响和唱好纪念活动的主旋律。

9月1日

［纲　文］　**国务院办公厅印发《关于促进金融租赁行业健康发展的指导意见》。**

［目　文］　《意见》由八部分组成：一、加快金融租赁行业发展，发挥其对促进国民经济转型升级的重要作用；二、突出金融租赁特色，增强公司核心竞争力；三、发挥产融协作优势，支持产业结构优化调整；四、提升金融租赁服务水平，加大对薄弱环节支持力度；五、加强基础设施建设，夯实行业发展基础；六、完善配套政策体系，增强持续发展动力；七、加强行业自律，优化行业发展环境；八、完善监管体系，增强风险管理能力。

9月1日

［纲　文］　**外交部发言人表示，中国经济运行保持在合理区间。**

［目　文］　针对外国媒体称中国近期股市震荡和人民币汇率调整对中国经济发展前景造成负面影响，中国经济衰退恐造成全球金融与经济动荡问题，发言人表示，8月28日，李克强总理主持召开国务院专题会，研究国际经济金融形势新变化对中国经济的影响和对策。会议指出，近段时间，国际市场动荡给世界经济复苏增加了新的不确定因素，中国金融市场、进出口等受到的影响也在加深，经济运行遇到新的压力。中国坚持稳中求进，持续推进结构性改革。中国经济运行保持在合理区间，经济增长走在世界前列。实际上，如果按年增长率7%算，2015年中国经济增速仍是发达经济体的3倍以上，对世界经济增长的贡献仍是全球最高的。近期中国完善人民币汇率中间报价机制，这是顺应国际金融市场走势的合理举措，但人民币汇率没有持续贬值的基础，可以保持在合理均衡水平上基本稳定。近期也有许多外国专家评论认为，所谓中国经济陷入危机是个虚假警报，中国经济并无硬着陆迹象，短期起伏无法掩盖中国发展的巨大潜力，中国经济仍在增长，对中国经济充满信心。我们愿意与各国继续加强政策协调，推进结构改革，不断创造新的增长动力，共同努力促进世界经济稳定复苏。中国经济运行保持在合理区间，经济增长走在世界前列。

9月1—6日

［纲　文］　**第10届中国—东北亚博览会在长春举办。**

［目　文］　博览会经国务院批准，由商务部、发展改革委、吉林省政府共同主办。国务院副总理汪洋出席开幕式并致辞。本届博览会对外贸易成交额超8亿美元，国内贸易成交额近23亿元人民币；共签订投资合同项目325个，引资总额达到2201亿元，其中10亿元以上项目74个，超5亿元项目73个。参加客商总数逾10万人，来自东北亚、欧洲、美洲、非洲、东南亚等110多个国家和地区。韩国、日本、朝鲜、蒙古国、俄罗斯等29个国家和地区的618户境外企业参展，占总参展企业的半数以上。

9月2日

［纲　文］　**中国人民抗日战争胜利70周年纪念章颁发仪式在北京隆重举行，习近平、李克强、俞正声、刘云山、王岐山、张高丽等党和国家领导人出席。**

［目　文］　仪式由中共中央政治局常委张德江主持。中共中央总书记习近平向30名抗战老战士老同志、抗战将领、帮助和支持中国抗战的国际友人或其遗属代表颁发纪念章并强调，实现我们的目标，需要英雄，需要英雄精神。我们要铭记一切为中华民族和中国人民做出贡献的英雄们，崇尚英雄，捍卫英雄，学习英雄，关爱英雄，戮力同心为实现“两个一百年”奋斗目标、实现中华民族伟大复兴的中国梦而努力奋斗。

接受颁章的抗战老战士老同志、抗战将领或其遗属是：刘汉生、李力安、安志文、赵东宛、庄炎林、吴庆彤、万海峰、蒋顺学、刘振华、朱光、魏金山、于丁、梁斌、史保东、孙庭江、李占瑞、林上元、佟荣芳、陈立人、张素久、马·阿·加列耶夫、陈香梅、小林宽澄、塔·戈·舒德洛、杰·温雅德、尤·尼·亚斯涅夫、约瑟夫·沃伦·史迪威、托马斯·拉贝、苏曼加拉·博卡、马克·白求恩。

9月2日

［纲　文］　**国务院办公厅发布《关于印发国务院2015年立法工作计划的通知》。**

［目　文］　《通知》由四部分组成：一、主动适应全面深化改革和全面依法治国需要；二、逐步完善运用法治方式管理经济社会事务的制度；三、进一步提高政府立法质量；四、切实加强组织领导。

《通知》要求，各地区各部门要按照党的十八届四中全会要求，加强法制机构和立法队伍建设，加大人才培养、交流和使用力度，提高职业素养和专业水平，为政府立法工作提供有力的组织和人才保障。

9月2日

［纲　文］　**俞正声在北京会见全国少数民族参观团。**

［目　文］　全国少数民族参观团由2014年受国务院表彰的民族团结进步模范个人和近年涌现的英模代表组成，涵盖56个民族，来自全国31个省区市、新疆生产建设兵团和人民解放军、武警部队。2015年参观团以纪念抗战胜利和学习“一带一路”建设为主题，赴江苏、上海、福建、北京等地参观学习，参加抗战胜利70周年庆祝大会观礼等活动。国务院副总理刘延东、中央统战部部长孙春兰、国家民委主任王正伟参加会见。

全国政协主席俞正声在会见中表示，组织少数民族参观团到祖国内地参观学习，是我国民族工作的一项优良传统，是做好民族工作的一项重要举措。少数民族同胞来到首都北京，深入祖国内地和沿海地区，实地感受社会主义祖国的发展变化，亲身体会中华民族大家庭的同胞情谊，推动了各民族之间的交往交流交融，增强了中华民族的凝聚力和向心力，增进了实现中国梦的使命感和责任感。一定要把这个好传统、好经验、好做法坚持和发展好。习近平总书记明确指出，多民族是我国的一大特色，也是我国发展的一大有利因素。2015年是西藏自治区成立50周年、新疆维吾尔自治区成立60周年，更适逢中华民族抗战胜利70周年。争取民族独立和人民解放，离不开56个民族的并肩奋战；实现中华民族伟大复兴的中国梦，更离不开各族儿女的团结拼搏。

9月2日

［纲　文］　**中央统战部在北京举行港澳台同胞、海外有关人士纪念抗战胜利70周年座谈会**。

［目　文］　中央统战部部长孙春兰主持会议，全国政协主席俞正声出席会议并讲话。万鄂湘、董建华、万钢、林文漪、何厚铧、王家瑞和港澳台、海外各界爱国人士代表，中央和国家机关有关部门、有关人民团体负责人，共330人参加座谈会。著名爱国将领张治中将军之女、美国华人社团联合会荣誉主席张素久，保台志士丘逢甲侄孙女、台湾抗日志士亲属协进会理事长丘秀芷，全国人大常委、澳门立法会主席贺一诚，香港政协青年联会会长蔡加讚等在座谈会上发言。

俞正声指出，抗日战争的伟大胜利，是包括港澳台同胞、海外侨胞在内的全民族抗战的胜利，是抗日民族统一战线的胜利，是全体中华儿女的荣光。在这场伟大的反侵略战争中，港澳台同胞和海外侨胞与祖国同呼吸、共命运，不畏牺牲，以各种方式参加和支援祖国抗战，中华民族空前团结，真正结成不可分割的命运共同体，焕发出伟大的民族力量，赢得了近代以来中国反抗外敌入侵的第一次完全胜利，开辟了中华民族伟大复兴的光明前景。我们纪念这场艰苦卓绝的民族解放战争，不是要延续仇恨，而是要以史为鉴、面向未来，弘扬抗战英烈的精神，缅怀殉难的先辈烈士，探寻中华民族存续发展的启示。团结是战胜一切艰难险阻的力量源泉，中华民族必须加强团结。只要我们继承和发扬伟大的抗战精神，在民族大义基础上求同存异、体谅包容，中华民族就一定能够实现新的伟大团结，中国就一定能够实现完全统一。发展是硬道理，中国必须加快发展。我们将坚定不移地走中国特色社会主义道路，不断夯实中华民族伟大复兴的物质基础，不断提高全民族的精神文化素质。希望广大港澳台同胞和海外侨胞进一步发挥资金、技术、人才等优势，积极参与经济转型升级、扩大对外开放，共享祖国发展的难得机遇。和平是人类进步的根本前提和共同愿望，中国必须捍卫和平。中国作为负责任的大国，将始终以维护和平为己任，更加紧密地团结港澳台同胞和海外侨胞，与世界上一切热爱和平的人们携起手来，维护世界和平、促进共同发展。

9月2日

［纲　文］　**银监会公布《商业银行流动性风险管理办法（试行）》**。

［目　文］　《办法》共4章66条，主要有总则、流动性风险管理、流动性风险监管、附则等内容。自2015年10月1日起施行，《商业银行流动性风险管理办法（试行）》（中国银监会令2014年第2号）同时废止。本办法实施前发布的有关规章及规范性文件如与本办法不一致的，按照本办法执行。

9月2日

［纲　文］　**工商管理总局公布《网络商品和服务集中促销活动管理暂行规定》**。

［目　文］　《规定》共5章26条，主要有总则、网络集中促销组织者的义务、网络集中促销经营者的义务、法律责任、附则等内容。本规定自2015年10月1日起施行。

9月2日

［纲　文］　**中俄青年联合交响乐团音乐会在北京公演。**

［目　文］　为纪念中国人民抗日战争暨世界反法西斯战争胜利70周年，音乐会由国家大剧院管弦乐团与俄罗斯马林斯基交响乐团联合演出。国务院副总理刘延东与俄罗斯副总理戈洛杰茨出席音乐会。

9月2—7日

［纲　文］　**“永远的辉煌”——第17届中国老年合唱节在齐齐哈尔举办。**

［目　文］　合唱节由文化部主办，黑龙江省文化厅、齐齐哈尔市人民政府和中国合唱协会承办。来自全国25个省、直辖市、自治区的46支合唱团，2000多名老年朋友们分别在剧院、广场进行了展演和交流活动。

9月3日

［纲　文］　**纪念中国人民抗日战争暨世界反法西斯战争胜利70周年大会在北京天安门广场隆重举行。天安门广场举行盛大阅兵仪式，习近平发表讲话并检阅受阅部队。**

［目　文］　李克强主持纪念大会。习近平、张德江、俞正声、刘云山、王岐山、张高丽等党和国家领导人出席大会。65位外国国家元首、政府首脑、政府高级别代表、联合国等国际组织负责人、前政要，30个国家的外军观摩团团长等出席大会。

10时整，纪念大会开始。70响礼炮响彻云霄，200名国旗护卫队官兵护卫着五星红旗，迈着有力的步伐，从人民英雄纪念碑行进至广场北侧国旗杆前。中国人民解放军联合军乐团、合唱团奏唱《义勇军进行曲》，全场齐声高唱，五星红旗冉冉升起。

习近平发表讲话指出，今天，是一个值得世界人民永远纪念的日子。70年前的今天，中国人民经过长达14年艰苦卓绝的斗争，取得了中国人民抗日战争的伟大胜利，宣告了世界反法西斯战争的完全胜利，和平的阳光再次普照大地。我们纪念中国人民抗日战争暨世界反法西斯战争胜利70周年，就是要铭记历史、缅怀先烈、珍爱和平、开创未来。中国人民抗日战争和世界反法西斯战争，是正义和邪恶、光明和黑暗、进步和反动的大决战。在那场惨烈的战争中，中国人民抗日战争开始时间最早、持续时间最长。面对侵略者，中华儿女不屈不挠、浴血奋战，彻底打败了日本军国主义侵略者，捍卫了中华民族5000多年发展的文明成果，捍卫了人类和平事业，铸就了战争史上的奇观、中华民族的壮举。中国人民抗日战争胜利，是近代以来中国抗击外敌入侵的第一次完全胜利。在那场战争中，中国人民以巨大的民族牺牲支撑起了世界反法西斯战争的东方主战场，为世界反法西斯战争胜利做出了重大贡献。中国人民抗日战争也得到了国际社会广泛支持，中国人民将永远铭记各国人民为中国抗战胜利做出的贡献。战争是一面镜子，能够让人更好认识和平的珍贵。为了和平，我们要牢固树立人类命运共同体意识，世界各国应该共同维护以联合国宪章宗旨和原则为核心的国际秩序和国际体系，积极构建以合作共赢为核心的新型国际关系，共同推进世界和平与发展的崇高事业。为了和平，中国将始终坚持走和平发展道路，中国人民将坚持同世界各国人民友好相处，坚决捍卫中国人民抗日战争和世界反法西斯战争胜利成果，努力为人类做出新的更大的贡献。中国将裁减军队员额30万。让我们共同铭记历史所启示的伟大真理：正义必胜！和平必胜！人民必胜！

10时18分，阅兵仪式开始。习近平乘车检阅部队。首次设计八路军、新四军、东北抗联、华南游击队等英模部队代表编组受阅；首次安排将军领队参阅；安排了参加过抗日战争、仍健在的抗战老兵、支前模范和英烈子女代表、部分国民党老兵受阅。本次阅兵还邀请有关国家军队派代表和方队参加。

纪念活动期间，习近平分别会见了来华出席中国人民抗日战争暨世界反法西斯战争胜利70周年纪念活动的塞尔维亚总统尼科利奇、柬埔寨国王西哈莫尼、老挝人民革命党中央总书记、国家主席朱马里、巴布亚新几内亚总督奥吉奥、瓦努阿图总理基尔曼、苏丹总统巴希尔、委内瑞拉总统马杜罗、连战等台湾各界代表人士、埃及总统塞西、巴基斯坦总统侯赛因、韩国总统朴槿惠、东帝汶总统鲁瓦克、白俄罗斯总统卢卡申科、塔吉克斯坦总统拉赫蒙、吉尔吉斯斯坦总统阿塔姆巴耶夫、乌兹别克斯坦总统卡里莫夫、俄罗斯总统普京、联合国秘书长潘基文、越南国家主席张晋创、蒙古国总统额勒贝格道尔吉、南非总统祖马、缅甸总统吴登盛、捷克总统泽曼、波黑主席团轮值主席乔维奇、刚果民主共和国总统卡比拉、埃塞俄比亚总理海尔马里亚姆、集体会见外国领导人和国际组织负责人；李克强分别会见了老挝人民革命党中央总书记、国家主席朱马里和哈萨克斯坦总统纳扎尔巴耶夫、俄罗斯总统普京、韩国总统朴槿惠、埃及总统塞西、塞尔维亚总统尼科利奇、古巴国务委员会第一副主席兼部长会议第一副主席迪亚斯—卡内尔、乌兹别克斯坦总统卡里莫夫、联合国秘书长潘基文、法国外长法比尤斯、缅甸总统吴登盛、埃塞俄比亚总理海尔马里亚姆、阿尔及利亚民族院议长本·萨拉赫、泰国第一副总理巴维；张德江分别会见了委内瑞拉总统马杜罗、哈萨克斯坦总统纳扎尔巴耶夫、蒙古国总统额勒贝格道尔吉、阿根廷副总统布杜和波兰众议长布翁斯卡；俞正声分别会见了连战等台湾各界代表人士、阿尔及利亚民族院议长本·萨拉赫；刘云山会见了老挝人民革命党中央总书记朱马里；张高丽分别会见了苏丹总统巴希尔、白俄罗斯总统卢卡申科、巴基斯坦总统侯赛因；刘延东分别会见联合国秘书长潘基文，英国首相特使、前司法大臣克拉克；许其亮会见了泰国第一副总理兼国防部长巴维；彭丽媛会见联合国教科文组织总干事博科娃和国际女童和妇女教育研讨班学员。

9月3日

[纲 文] 纪念中国人民抗日战争暨世界反法西斯战争胜利70周年招待会在北京隆重举行，习近平、张德江、俞正声、刘云山、王岐山、张高丽等党和国家领导人出席。

[目 文] 李克强主持招待会。习近平、张德江、俞正声等党和国家领导人与来华出席中国人民抗日战争暨世界反法西斯战争胜利70周年纪念活动的外国领导人、政府高级别代表、国际和地区组织负责人、前政要、各国驻华使节、各国际组织驻华代表、外国军队观摩团团长、为中国抗日战争胜利做出贡献的国际友人或其遗属代表出席招待会。中

共中央政治局委员、中共中央书记处书记，全国人大常委会、国务院、最高人民法院、最高人民检察院、全国政协、中央军委有关领导人，香港特别行政区行政长官、澳门特别行政区行政长官，在京中央党政军群各部门负责人，各民主党派中央、全国工商联主要负责人和无党派人士代表，港澳台同胞、海外侨胞代表，参加过抗战的老战士、老同志、老民兵、地方支前模范代表，抗战烈士亲属代表等也出席招待会。

中共中央总书记习近平发表讲话强调，和平来之不易，和平必须捍卫。我们纪念中国人民抗日战争和世界反法西斯战争的胜利，是要唤起善良的人们对和平的向往和坚守。中国的发展壮大必将是世界和平力量的发展壮大。我们也真诚希望，各国都更好从历史中汲取智慧和力量，坚持和平发展，共同开创世界和平充满希望的未来。中国人民抗日战争的胜利，是中国人民同反法西斯同盟国以及各国人民并肩战斗取得的伟大胜利。作为世界反法西斯战争的东方主战场，中国人民抗日战争为世界反法西斯战争胜利做出了重大贡献。最伟大的力量是同心合力。为了自由、正义、和平，为了人民平安、安宁、幸福，在亚洲，在欧洲，在非洲，在大洋洲，在世界各个战场上，世界反法西斯同盟国军队和人民以及各种反法西斯力量，携手跨进同一条战壕，汇聚起挽狂澜于既倒的强大力量。中国人民永远不会忘记，世界上爱好和平与正义的国家和人民、国际组织对中国人民抗日战争给予的宝贵支持。习近平向所有支援和帮助过中国人民抗日战争的外国政府、国际组织和国际友人表示衷心的感谢。人类历史必然会有曲折，也必然会不断前进。历史是写在人民心中的，历史不容抹杀，也是抹杀不了的。昨天的历史不是今天的人们书写的，但今天的人们不能脱离昨天的历史来把握今天、开创明天。历史会逐渐久远，但历史的启迪和教训，不管承认不承认，永远就在那儿。无论是当年勇敢抗击侵略战争的国家的人民还是当年发动侵略战争的国家的人民，无论是经历了那个年代的人们还是在那个年代以后出生的人们，都要坚持正确历史观，牢记历史的启迪和教训。基于对历史的惨痛感知，中国人民将始终不渝走和平发展道路，始终不渝奉行互利共赢的开放战略，在和平共处五项原则基础上发展同一切国家的友好合作，坚定不移维护世界和平。

同日晚，习近平、李克强、张德江、俞正声、刘云山、王岐山、张高丽等党和国家领导人与6000名中外人士在北京观看纪念中国人民抗日战争暨世界反法西斯战争胜利70周年文艺晚会《胜利与和平》。

9月3日

［纲　文］　**习近平签署通令，嘉奖参加纪念抗战胜利70周年阅兵部队全体指战员。**

［目　文］　中央军委主席习近平签署的通令指出，在纪念中国人民抗日战争暨世界反法西斯战争胜利70周年盛大庆典活动中，受阅部队作为共和国武装力量的代表，光荣地接受了祖国和人民的检阅。各级党委领导坚决贯彻党中央、中央军委决策指示，紧紧围绕阅兵主题，精心筹划、周密组织、团结协作，保证了阅兵任务有力有序推进。受阅官兵勇于追求卓越，将军领队率先垂范，担负保障工作的同志们甘当无名英雄，高标准高质量完成了各项任务。阅兵实践中，广大官兵表现出听党指挥、绝对忠诚的政治品格，献身使

命、崇尚荣誉的价值追求，精益求精、争创一流的进取意识，顾全大局、甘于奉献的高尚情怀，埋头苦干、顽强拼搏的优良作风，立起了有灵魂、有本事、有血性、有品德的新一代革命军人的好样子。受阅部队以强军兴军的崭新风貌、威武雄壮的磅礴阵容、能打胜仗的过硬素质，向国内外集中展示了全国人民弘扬抗战伟大精神、聚力实现中国梦强军梦的豪迈意志，展示了在强军目标引领下国防和军队建设的新成就新气象，展示了人民军队捍卫国家主权、安全、发展利益和维护世界和平的坚强决心，充分激发了全党全军全国各族人民为实现中华民族伟大复兴而奋斗的强大正能量。全军指战员要向阅兵部队学习，用好这次阅兵取得的成功经验，把阅兵焕发出的爱国热情、强军壮志，转化为牢记使命担当、投身强军实践的自觉行动。各级要深入贯彻党的十八大和十八届三中、四中全会精神，坚持以邓小平理论、“三个代表”重要思想、科学发展观为指导，按照“四个全面”战略布局，加快推进国防和军队建设改革，为实现党在新形势下的强军目标努力奋斗！

9月3日

［纲　文］　**《人民日报》发表题为《凝聚和平与正义的磅礴力量》的社论。**

9月3日

［纲　文］　**张震在北京逝世。**

［目　文］　中国共产党的优秀党员，久经考验的忠诚的共产主义战士，无产阶级革命家、军事家，中国人民解放军的卓越领导人，中央军委原副主席张震，在北京逝世，享年101岁。

9日，张震的遗体在北京八宝山革命公墓火化。习近平、李克强、张德江、刘云山、王岐山、张高丽、江泽民、胡锦涛等送别。

9月3—5日

［纲　文］　**国务院副总理汪洋应邀赴俄罗斯符拉迪沃斯托克出席第一届东方经济论坛，并与俄罗斯总理特鲁特涅夫共同举行中国东北地区和俄罗斯远东地区地方合作理事会第一次会议。**

［目　文］　汪洋在出席论坛时表示，有75家中国公司出席首届东方经济论坛，他们营业额达1.7万亿美元，是中国GDP的1/6。中方代表团内还有10位部长和4位省长。

4日，汪洋在符拉迪沃斯托克会见俄罗斯总统普京时说，总统阁下刚刚在北京出席了中国人民抗日战争暨世界反法西斯战争胜利70周年纪念活动，并同习近平主席举行会晤，这必将为中俄关系进一步发展注入新的动力。中方高度重视与俄在远东地区的合作开发。我此次率领由中央、地方政府部门和大型企业组成的代表团参加东方经济论坛，就是落实两国元首达成的重要共识，推进双方在远东地区的各领域务实合作。中方愿与俄方共同努力，在资源开发、加工制造、现代农业、港口物流、基础设施建设等领域扩大投资合作，实现互利共赢，开辟中俄务实合作的新空间。

普京表示，感谢中方派出高级别政府代表团和大批有实力的企业参加东方经济论坛，表示远东开发前景广阔，意义重大。俄方愿与中方在远东地区积极实施合作项目，造福两国人民。

会见后，汪洋与普京一同参观了俄滨海边疆区海洋馆项目。

5日，汪洋同俄罗斯副总理特鲁特涅夫共同主持了中国东北地区和俄罗斯远东地区地方合作理事会第一次会议，并出席了中俄实业界圆桌会议。

9月4—5日

［纲　文］　**第2届“中俄交通大学校长论坛”在北京举行。**

［目　文］　国务院总理李克强、俄罗斯联邦委员会主席马特维延科、上海合作组织秘书长梅津采夫分别发来贺信。

李克强在贺信中表示，当前中俄全面战略协作伙伴关系深入发展，交通领域合作成为两国务实合作的新亮点。推动中俄基础设施和互联互通建设领域的合作，是丝绸之路经济带建设与欧亚经济联盟建设对接的重要内容。本届论坛聚焦中俄高铁合作，符合两国战略需求，很有意义。两国交通类高校互学互鉴、携手共进，在人才培养、科学研究、社会服务等方面进一步拓展合作领域，提高合作水平，为推进两国合作、增进民间友好做出新贡献。

论坛由中国人民对外友好协会主办，北京交通大学承办。来自中俄两国60余所交通类大学校长共100多人出席了论坛。论坛围绕“创新驱动 交融互通”的主题进行了发言和研讨，通过了中俄交通大学校长联盟章程，发表了中俄交通大学校长北京宣言。

9月5日

［纲　文］　**《人民日报》发表题为《弘扬英雄铸就的抗战精神——论学习习近平总书记纪念中国人民抗日战争暨世界反法西斯战争胜利70周年重要讲话》的评论员文章。**

9月6日

［纲　文］　**发展改革委、旅游局发布《关于开展景区门票价格专项整治工作的通知》。**

［目　文］　《通知》由六部分组成：一、开展门票价格专项整治工作；二、规范经营者价格行为；三、严格执行定价规则、程序；四、加强市场监管；五、建立景区质量等级评定与门票价格水平惩戒联动机制；六、建立健全门票价格科学管理长效机制。

《通知》要求，各省级价格、旅游主管部门接到本通知后，要立即进行部署，组织本辖区内各市县有关部门对当地各类景区门票价格情况进行系统梳理，按要求落实好各项政策规定，及时向社会公布专项整治工作进展情况等信息，防止出现新一轮涨价风。专项整治工作结束后，要将整顿治理情况报发展改革委、旅游局。

9月6日

［纲　文］　**统计局公布《国家体育产业统计分类》。**

［目　文］《分类》由五部分组成：一、分类目的；二、分类范围；三、编制原则；四、结构编码；五、有关说明。本分类自 2015 年 9 月 6 日起实施。

9 月 6 日

［纲　文］**中国作家协会在北京举办首都文学界座谈会，纪念中国人民抗日战争暨世界反法西斯战争胜利 70 周年。**

［目　文］抗战时期参加革命、积极创作的老作家，首都文学界的作家、评论家代表等出席座谈会。邓友梅、柳建伟、孟繁华等与会作家、评论家分别从不同角度表达了他们对革命先烈、文学前辈和死难者的怀念，肯定了文学的社会价值和精神力量，表示要弘扬抗战精神，推动抗战文学创作。与会代表纷纷表示，抗战胜利 70 年来，中国发生了翻天覆地的变化。站在新的历史起点上，中国作家要以强烈的使命意识、责任意识和忧患意识，创作出更多有筋骨、有道德、有温度的优秀作品，弘扬抗战精神，凝聚中国力量，鼓舞和激励人民为实现“两个一百年”奋斗目标和中华民族伟大复兴的中国梦做出更大贡献。

9 月 6 日

［纲　文］**《人民日报》发表题为《铭记历史启示的伟大真理——二论学习习近平总书记纪念中国人民抗日战争暨世界反法西斯战争胜利 70 周年重要讲话》的评论员文章。**

9 月 6—7 日

［纲　文］**张德江在广东调研并出席第 21 次全国地方立法研讨会。**

［目　文］全国人大常委会委员长张德江到佛山市人大常委会，询问立法、监督等工作情况，希望他们与时俱进、开拓创新，切实担负起宪法法律赋予的职责。他走进南海区人大常委会、顺德区乐从镇人大主席团，同基层人大代表和人大工作者亲切交谈，肯定基层人大代表联系群众的有益做法，强调人大代表不能脱离人民群众，必须把人民利益放在心中，时刻为群众着想，听取群众意见，反映群众意愿，帮助群众解决实际问题。张德江指出，县乡人大在基层治理体系和治理能力建设中具有重要作用。要贯彻落实中央关于加强县乡人大工作和建设的精神，认真实施新修改的地方组织法、选举法、代表法，不断提高基层人大工作水平，推动人大工作迈上新台阶。

第 21 次全国地方立法研讨会 9 月 7 日至 8 日在广东省广州市举行。这是立法法修改后举行的第一次全国性立法工作会议，主题是全面贯彻实施修改后的立法，重点是推进赋予设区的市地方立法权工作。张德江出席会议并讲话。参会人员包括全国人大法律委、全国人大常委会法工委负责人和有关人员；各省、自治区、直辖市人大常委会分管立法工作的副主任，法工委（法制委）负责人；立法法修改前已享有地方立法权的较大的市的人大常委会法工委（法制委）负责人；部分新赋予地方立法权的设区的市的人大常委会负责人；部分民族自治州的人大常委会负责人。

9 月 6—11 日

［纲　文］**俞正声率中央代表团出席西藏自治区成立 50 周年庆祝活动。**

［目　文］中央代表团团长是中央政治局常委、全国政协主席俞正声。中央代表团

副团长是中央政治局委员刘延东、孙春兰，中央书记处书记、全国政协副主席杜青林，全国人大常委会副委员长向巴平措，全国政协副主席帕巴拉·格列朗杰，十届全国人大常委会副委员长热地等。代表团由65人组成，成员包括中央和国家机关有关部门负责人、对口支援西藏的有关省市负责人。

8日，西藏自治区成立50周年庆祝大会在拉萨市布达拉宫广场隆重举行，西藏各族各界干部群众约2万人参加。刘延东宣读了中共中央、全国人大常委会、国务院、全国政协、中央军委关于庆祝西藏自治区成立50周年的贺电。俞正声向西藏自治区赠送了中共中央总书记习近平题词“加强民族团结 建设美丽西藏”贺匾并讲话。

中央代表团在西藏期间，俞正声在听取西藏自治区党委、政府工作汇报时强调，西藏各族干部当前首要任务是贯彻落实好中央第六次西藏工作座谈会精神和习近平总书记重要讲话精神，按照“治国必治边、治边先稳藏”的战略思想和依法治藏、富民兴藏、长期建藏、凝聚人心、夯实基础的重要原则，把会议提出的各项任务落到实处，实现西藏经济社会持续健康发展和长治久安。俞正声受党中央和习近平总书记委托，看望藏族领导干部、老同志向巴平措、帕巴拉·格列朗杰、热地和江村罗布、列确、巴桑，以及阿沛·阿旺晋美家人代表，向他们表示亲切问候。俞正声率代表团全体成员到西藏会展中心，出席《圆梦中国 西藏华章——西藏自治区成立50年成就展》开幕式并参观展览。

俞正声、刘延东、杜青林分别率代表团成员到大昭寺、扎什伦布寺看望慰问西藏宗教界爱国人士，出席拉萨至林芝高等级公路建成段开通仪式，在拉萨、昌都、林芝、那曲、阿里、日喀则等地看望各族干部群众，慰问解放军驻拉萨部队和武警西藏总队团职以上干部以及自治区、拉萨市政法系统部分县级以上干警。

9月7日

［纲 文］ **《学习时报》发表习近平《做焦裕禄式的县委书记》的讲话。**

［目 文］ 这是中共中央总书记习近平在与中央党校第1期县委书记研修班学员座谈时的重要讲话。习近平在讲话中，对县级政权在全面建成小康社会、全面深化改革、全面依法治国、全面从严治党进程中所起的重要作用给予充分肯定，对县委书记在县域治理和县域发展中的骨干作用给予高度重视，强调县委书记要以焦裕禄为榜样，自觉学习和弘扬焦裕禄精神，始终做到心中有党、心中有民、心中有责、心中有戒，努力成为党和人民信赖的好干部。讲话集中反映了以习近平为总书记的党中央对全国县委书记群体的深切关怀、严格要求与殷切期望，是新时期党中央对全国县级基层政权建设具有重大指导意义的纲领性文件。讲话的公开发表，对充分发挥县委“一线指挥部”和县委书记“一线总指挥”作用，对推动县域治理和县域发展，进而夺取全面建成小康社会决定性胜利，具有重要指导作用。

9月7日

［纲 文］ **中共中央党校举行秋季学期开学典礼。**

［目　文］　中央党校校长刘云山出席典礼并讲话。赵乐际和中央有关部门负责人、中央党校校委成员、全体学员和教职工参加开学典礼。中国浦东、井冈山、延安干部学院全体学员和教职工在分会场参加开学典礼。

刘云山指出，党校姓党是党校工作的根本原则。坚持党校姓党，重要的是坚持坚定正确的政治方向、贯彻实事求是的思想路线、落实从严治校的基本方针。要把党的基本理论教育和党性党风教育作为主课，深化中国特色社会主义理论体系学习教育，深化对习近平总书记系列重要讲话精神的学习教育，深化党章和党纪党规的学习教育。要坚持实事求是的思想方法和工作方法，弘扬理论联系实际的学风，提高教学和科研工作的针对性实效性。要严明制度、严肃纪律，把从严治校要求体现到党校工作和学员管理各方面，使党校成为不正之风的“净化器”。坚持党校姓党，既是对党校教职工的要求，也是对党校学员的要求。每一位学员都要强化党的意识，保持对党忠诚的政治品格，忠诚于党的信仰，坚定道路自信、理论自信、制度自信；忠诚于党的宗旨，牢记为了人民是天职、服务人民是本职，自觉践行党的群众路线；忠诚于党的事业，勤政敬业、先之劳之、敢于担当，保持干事创业的进取心和精气神。要强化党的纪律规矩意识，经常看一看党的政治准则、组织原则执行得怎么样，看一看党的路线方针政策落实得怎么样，看一看重大事项请示报告制度贯彻得怎么样，找差距、明不足，做政治上的明白人、遵规守纪的老实人。领导干部来党校学习，就要自觉接受党的优良作风的洗礼，修好作风建设这门大课。要重温党的光荣传统，学习革命先辈、英雄模范和优秀典型的先进事迹和崇高风范，自觉践行社会主义核心价值观，永葆共产党人的先进性纯洁性，以人格力量传递作风建设正能量。要认真落实党中央关于从严治党、改进作风的一系列要求，贯彻从严精神、突出问题导向，把自己摆进去、把职责摆进去，推动思想问题和实际问题一起解决，履行好党和人民赋予的职责使命。

9月7日

［纲　文］　**新华社讯，中共中央办公厅、国务院办公厅印发《关于在部分区域系统推进全面创新改革试验的总体方案》，并发出通知，要求各地区各部门结合实际认真贯彻执行。**

［目　文］　《方案》由四部分组成：一、总体要求；二、主要任务；三、试验布局；四、组织实施。

《方案》要求，相关区域的省级政府组织研究编制具体改革试验方案，提出改革试验的主要任务、目标、时间表、路线图和政策需求等，向发展改革委和科技部报送申请并抄送相关部门。发展改革委和科技部会同相关部门，在部际协调机制下，共同研究改革试验方案，提出试验建议，经国家科技体制改革和创新体系建设领导小组审议后，报国务院审批。

9月7日

［纲　文］　**国家行政学院举行秋季学期开学典礼。**

［目　文］　国家行政学院院长出席典礼并讲话，实施创新驱动发展是党的十八大和十八届二中、三中、四中全会明确的重大战略任务，是党中央、国务院着眼全局、面向未来作出的重大战略部署，对于激发全社会创新活力，实现经济社会可持续发展，提升国家核心竞争力，意义十分重大。加快实施创新驱动发展战略，要坚持深化改革，加快构建释放和激发创新活力的体制机制；坚持以我为主，切实提高自主创新能力；坚持市场导向，培育大众创业、万众创新的良好环境；坚持人才为本，建立健全培养、用好和吸引人才的机制；坚持开放创新，融入全球创新合作网络。要通过各方面共同努力，将创新打造成引领发展的第一动力，提升创新驱动发展的层次和水平，为我国进入创新型国家提供有力保障。

9月7日

［纲　文］　**国务院批复云南省人民政府，同意设立云南滇中新区。**

［目　文］　批复说：一、同意设立云南滇中新区。云南滇中新区位于昆明市主城区东西两侧，是滇中产业聚集区的核心区域，初期规划范围包括安宁市、嵩明县和官渡区部分区域，面积约482平方公里，区位条件优越、科教创新实力较强、产业发展优势明显、区域综合承载能力较高、对外开放合作基础良好。云南滇中新区建设重点任务有六个方面。一是推进新型城镇化建设。以人的城镇化为核心，突出产城融合，大力推进智慧城市建设，全面提升城市规划建设管理水平。二是推进产业集聚发展。加强对产业布局的统筹规划和科学引导，着力推进创新驱动发展，加快培育特色优势明显的战略性新兴产业、先进制造业、高技术产业和现代服务业。三是加快基础设施建设。加快完善内联外通、安全便捷的综合交通运输网，以及适应新区发展的能源保障、水利、信息网络等基础设施。四是加强生态文明建设。划定并严守生态保护红线，优化国土空间开发格局，构筑高原河湖湿地水网与山地生态绿网，加快建立系统完整的生态文明制度体系。五是扩大对内对外开放合作。创新开放模式，提升开放层次，拓宽开放领域，加强同南亚东南亚及印度洋周边地区的经贸、产业和人文交流合作，努力打造面向南亚东南亚辐射中心的产业集聚平台、开放合作平台和创新创业平台。六是着力改善和保障民生。按照城乡统筹、协调发展的原则，结合农民工市民化、新农村建设和现代农业发展的实际，同步推进新区新型工业化、城镇化、信息化、农业现代化进程。

9月7日

［纲　文］　**财政部、税务总局、证监会印发《关于上市公司股息红利差别化个人所得税政策有关问题的通知》，自2015年9月8日起施行。**

9月7日

［纲　文］　**住房城乡建设部发布《住房城乡建设行政复议办法》。**

［目　文］　《办法》共7章57条，主要有总则、行政复议申请、行政复议受理、行政复议审查、行政复议决定、行政复议监督、附则等内容。自2015年11月1日起实施。

9月7日

［纲　文］　**知识产权局、财政部、人力资源社会保障部、全国总工会、共青团中央印发《关于进一步加强知识产权运用和保护助力创新创业的意见》。**

［目　文］　《意见》由八部分组成：一、总体要求；二、完善知识产权政策体系降低创新创业门槛；三、强化知识产权激励政策释放创新创业活力；四、推进知识产权运营工作引导创新创业方向；五、完善知识产权服务体系支撑创新创业活动；六、加强知识产权培训条件建设提升创新创业能力；七、强化知识产权执法维权保护创新创业成果；八、推进知识产权文化建设营造创新创业氛围。

《意见》要求，各地要建立相应地协调机制，结合地方实际制定具体实施方案，明确工作部署，切实加大资金投入、政策支持和条件保障力度。各地和有关部门要结合创新创业特点、需要和工作实际，发挥市场主体作用，不断完善创新创业知识产权政策体系和服务体系，确保各项政策措施贯彻落实。

9月7日

［纲　文］　**民政部印发《全国性行业协会商会负责人任职管理办法（试行）》，自2015年9月7日起执行。**

9月7日

［纲　文］　**人力资源社会保障部、教育部在北京召开深化中小学教师职称制度改革工作部署电视电话会议。**

［目　文］　会议主要内容是：贯彻落实《关于深化中小学教师职称制度改革的指导意见》（见《中华人民共和国史编年》2015年8月28日）。会议明确了中小学教师职称制度改革时间表：2015年12月底前，各省改革实施方案报两部审批；2016年，完成人员过渡和首次评审；经过两年左右的努力，实现常态化评审，新制度完全入轨。

9月7日

［纲　文］　**外交部发言人表示：中国越强大，维护世界和平的力量就越壮大。**

［目　文］　发言人表示，中国举办“9·3”纪念活动，是为了维护历史正义，追怀英雄先烈，珍爱世界和平，开创美好未来。中国越强大，维护世界和平的力量就越壮大。国家主席习近平在纪念大会的讲话中18次提到“和平”二字，强调无论发展到哪一步，中国都永远不称霸、永远不搞扩张，永远不会把自身曾经经历过的悲惨遭遇强加给其他民族，并郑重宣布中国将裁减军队员额30万。中国发出的信息响亮而明确，那就是：和平来之不易，和平应当珍惜，和平必须捍卫。中国越强大，维护世界和平的力量就越壮大。俄罗斯总统普京、韩国总统朴槿惠、联合国秘书长潘基文等表示，中国人民为世界反法西斯战争取得最终胜利付出了巨大牺牲、做出了重大贡献。纪念活动充分展示了中国人民维护和平的心愿，发出了中国致力于和平的明确有力信息。各国人民应加强团结合作，共同维护国际公平正义和世界和平。出席纪念活动的外国嘉宾来自世界各大洲，具有广泛代表性。捷克总统、波兰众议长、法国外长、匈牙利外长、意大利外交与国际合作部长、荷兰

政府特使、英国首相特使等欧洲国家领导人和政府高级代表出席纪念活动，美国、加拿大、德国、卢森堡等欧美国家和欧盟驻华使节均代表其国家或政府出席纪念活动，表达了对纪念活动的支持。中方举行中国人民抗日战争暨世界反法西斯战争胜利 70 周年纪念活动，宣布裁减军队员额 30 万，展示了和平诚意，传递了中国维护和平的决心和意志。

9 月 7 日

［纲　文］ **《人民日报》发表题为《捍卫和平发展的人间正道——三论学习习近平总书记纪念中国人民抗日战争暨世界反法西斯战争胜利 70 周年重要讲话》的评论员文章。**

9 月 7—8 日

［纲　文］ **汪洋在重庆调研并出席全国海关特殊监管区域现场会。**

［目　文］ 国务院副总理汪洋在重庆两路寸滩保税港区、西永综合保税区实地调研，走访相关企业。

8 日，全国海关特殊监管区域现场会在重庆召开，海关总署副署长孙毅彪在会上作工作汇报。重庆市市长、上海市副市长、广东省副省长作大会发言。商务部国际贸易谈判代表兼副部长钟山，国务院副秘书长江泽林，国家相关部委领导，部分省市政府分管领导等出席会议。

汪洋在现场会上指出，海关特殊监管区域是我国开放型经济发展的先行区，为奠定我国贸易大国地位、提升国际分工水平做出了重要贡献。要认清新形势、适应新趋势、发挥新优势，牢牢把握创新升级的主线，完善政策和功能，强化监管和服务，努力提高海关特殊监管区域发展水平，为我国外贸稳增长、调结构提供新动力。要加快转变发展方式，鼓励区内产业向研发、销售、物流、结算等产业链高端延伸，促进制造业与生产性服务业深度融合，推动对外贸易由大进大出向优进优出转变。要落实海关特殊监管区域整合优化方案，加强分类指导，支持符合条件的中西部地区增设综合保税区，促进加工贸易向中西部地区转移。要解放思想，创新政策，鼓励地方结合实际大胆试、大胆闯，逐步破解制约发展的共性问题。要借鉴国际经验，转变监管理念，由注重事前审批向强化事中事后监管转变，做到放得开又管得住。2015 年以来外贸下行压力持续加大，是我国经济发展进入新常态的客观反映，也是外部需求不振、国际贸易整体低迷的直接结果。我国国际市场份额稳步上升，贸易结构全面优化，表明外贸综合竞争优势依然存在。要深刻认识外贸形势的严峻性，增强忧患意识和责任担当，也要保持定力，坚定信心，开拓进取，化危为机。要把落实政策作为重中之重，发挥中央和地方两个积极性，增强工作主动性和创造性，防止外贸由减速变失速，确保市场份额不下降。要着眼长远，坚持转方式、调结构不动摇，加快培育国际竞争新优势，为外贸长远发展打下坚实基础。

9 月 7—21 日

［纲　文］ **第 2 届“丝绸之路国际艺术节”在西安举办。**

［目　文］ 艺术节由文化部、陕西省人民政府主办，旨在立足国家“一带一路”战

略构想，展现世界文化多样性，展示中华文化的永恒魅力。本届艺术节由舞台艺术、美术展览、文化论坛、惠民巡演、专题板块五部分组成。整个艺术节总体分为国内、国外两部分。艺术节专门设置“丝绸之路国际创意动漫文化周”等专题活动，内容包括动漫产业论坛、创意设计大赛等。

9月8日

［纲　文］　**国务院办公厅通知山东省人民政府，同意烟台市城市总体规划。**

［目　文］　通知说，一、国务院原则同意《烟台市城市总体规划（2011—2020年）》（以下简称《总体规划》）。二、重视城乡区域统筹发展。在《总体规划》确定的3002平方公里城市规划区范围内，实行城乡统一规划管理。三、合理控制城市规模。到2020年，中心城区常住人口控制在230万人以内，城市建设用地控制在255平方公里以内。要贯彻城乡规划法关于“先规划、后建设”的原则，禁止在《总体规划》确定的建设用地范围之外设立各类开发区和新城新区。四、完善城市基础设施体系。要进一步完善公路、水运、铁路、机场等交通基础设施，改善城市与周边地区交通运输条件，加强城市内外交通衔接。重视城市防灾减灾工作，加强重点防灾设施和灾害监测预警系统的建设，建立健全包括消防、人防、防洪、防涝、防潮、防震和防地质灾害等在内的城市综合防灾体系。五、建设资源节约型和环境友好型城市。要按照促进生产空间集约高效、生活空间宜居适度、生态空间山清水秀的总体要求，形成合理的城市空间结构，促进经济建设、城乡建设和环境建设同步发展。要加强对栖霞牙山等自然保护区、风景名胜区、森林公园以及湿地、水源地等特殊生态功能区的保护，制定保护措施并严格实施。六、创造良好的人居环境。要坚持以人为本，统筹安排关系人民群众切身利益的教育、医疗、市政等公共服务设施的规划布局和建设，推进城乡基本公共服务均等化。七、重视历史文化和风貌特色保护。要统筹协调发展与保护的关系，按照整体保护的原则，切实保护好城市传统风貌和格局。要编制历史文化名城保护专项规划，落实历史文化遗产保护和紫线管理要求，重点保护好烟台山—朝阳街、奇山所城等历史文化街区和各级文物保护单位及其周围环境，加强对建筑高度、体量和样式的规划引导和控制。八、严格实施《总体规划》。城市建设要实现经济社会协调发展，物质文明和精神文明共同进步。城市管理要健全民主法制，坚持依法治市，构建和谐社会。

9月8日

［纲　文］　**国务院办公厅印发《关于推进分级诊疗制度建设的指导意见》。**

［目　文］　《意见》由四部分组成：一、总体要求；二、以强基层为重点完善分级诊疗服务体系；三、建立健全分级诊疗保障机制；四、组织实施。

《意见》强调，加强对基层医疗卫生机构服务能力提升和分级诊疗工作的宣传，引导群众提高对基层医疗卫生机构和分级诊疗的认知度和认可度，改变就医观念和习惯，就近、优先选择基层医疗卫生机构就诊。

9月8日

［纲　文］　**教育部在北京召开全国教书育人楷模及优秀乡村教师代表座谈会，李克强会见全体代表。**

［目　文］　教育部副部长刘利民主持座谈会。教育部部长袁贵仁出席座谈会并讲话。2015年全国教书育人楷模、首届“启功教师奖”获奖教师及优秀乡村特岗教师代表出席座谈会。教师代表结合各自从教经历，畅谈教书育人的体会感想。大家表示，党和国家始终高度重视教育事业，关爱广大教师，让他们深受感动、备受鼓舞。今后将继续践行“四有”好老师的要求，积极进取、勇于创新，在工作中不断创造新的更大业绩，培养更多的社会主义合格建设者和接班人。

会议期间，国务院总理李克强会见了全国教书育人楷模及优秀乡村教师代表并向获得表彰的代表表示祝贺，对全国广大教师和教育工作者致以节日问候。李克强说，教育承载民族的希望和未来，教师是国家大厦的基石。全国1500多万教师支撑起世界最大规模的教育体系，是最宝贵的社会财富。我国各领域发展取得的显著成就，归根结底都得益于科学知识的普及和亿万劳动者素质的提高，这都离不开广大教师的辛勤耕耘和无私奉献。提出三点希望：一要坚守教书育人的神圣职责。广大教师要立足三尺讲台，做精做细传道授业解惑的本职，百年树人，传承文明，为中国特色社会主义现代化建设输送大批高素质人才，把丰富的人力资源转化为人才红利。二要播撒创新的火种。要把激发创造活力、挖掘创新潜能作为推进教育改革和提高教育质量的重要抓手，让孩子们探求未知的兴趣不受束缚，把他们好奇的天性、求知的欲望塑造成创新的能量，为大众创业、万众创新源源不断地注入新生力量。三要促进社会公平。有教无类是优秀中华传统推崇的为师之道。政府要均衡配置城乡、区域教育资源，广大教师也要平等施教，为促进社会纵向流动铺就宽广道路，让更多孩子站在同一起跑线上，依靠勤奋学习和自身努力改变命运，开创美好人生未来。强国必先重教，重教必须尊师。各级党委和政府都要把兴学育才作为为政之先，一如既往地重视教育发展，无论财政收支压力有多大，我们对教育的支持力度不会减，向教师队伍倾斜的政策不会变，建设教育强国的决心不动摇。

9月8日

［纲　文］　**《人民日报》发表题为《坚定道路自信 建设美好西藏——热烈庆祝西藏自治区成立五十周年》的社论。**

9月8日

［纲　文］　**《人民日报》发表题为《创造民族复兴的灿烂明天——四论学习习近平总书记纪念中国人民抗日战争暨世界反法西斯战争胜利70周年重要讲话》的评论员文章。**

9月8—10日

［纲　文］　**“2015中国共产党与世界对话会”在北京举行。**

［目　文］　本次对话会由当代世界研究中心与中央纪委国际合作局联合举办，本次对话会的主题是“从严治党：执政党的使命”，会议围绕廉洁政治、惩治腐败、依规治党、

全球合作四个分议题展开探讨。国内外80余名专家学者出席对话会。

9日，中共中央政治局常委王岐山出席会见对话会的外方代表时指出，执政党的使命决定了必须从严治党，执政党对人民的承诺就是它的使命。要兑现承诺，执政党必须对自身严格要求。中国共产党的合法性源自于历史，是人心向背决定的，是人民的选择。办好中国的事情，就要看人民高兴不高兴、满意不满意、答应不答应。执政党代表人民、服务人民，就要确立核心价值观，坚守在行动上。全面从严治党，既要把理想信念宗旨这个核心价值观作为“高线”，又要守住党的纪律这条“底线”。要把纪律和规矩挺在前沿，小错提醒、动辄则咎，坚持“高线”、绝不允许突破“底线”。在全面建成小康社会、实现中华民族伟大复兴中国梦的进程中，只有增强中国共产党的凝聚力，赢得人民对党的信任和信心，才能应对严峻复杂形势、战胜各种挑战。探索中国特色社会主义需要付出艰苦卓绝的努力，离不开中国共产党的领导，离不开全面从严治党。

9月9日

［纲　文］　**国家主席习近平在北京会见约旦国王阿卜杜拉二世。**

［目　文］　两国元首就中约关系以及共同关心的国际和地区问题深入交换意见，达成广泛共识。双方决定建立中约战略伙伴关系，全面推进各领域合作，更好惠及两国人民。

习近平欢迎阿卜杜拉二世作为主宾国元首来华出席2015中国—阿拉伯国家博览会并指出，长期以来，中约双边关系保持健康稳定发展，各层次各领域交流活跃，务实合作进展顺利。两国决定建立战略伙伴关系是双边关系发展中的重要里程碑，将有力推动两国各领域合作向更高水平跨越，更好惠及两国人民。中约双方要密切各层次交往，加强政党、议会、民间交流，分享治国理政经验，在涉及对方核心利益的问题上相互支持，就重大国际和地区问题加强沟通协调。中方欢迎并积极支持约方参与“一带一路”建设，愿同约方加强发展战略对接，深化能源、基础设施建设等领域合作。中方鼓励有实力的中国企业到约旦投资兴业，支持扩大从约旦进口，希望约方继续为中国企业在约旦投资提供协助和便利。双方要扩大教育、旅游、文化、新闻、体育等领域合作，深化中约友好。

阿卜杜拉二世表示，约方珍视约中传统友谊，愿保持两国长期友好。约方愿与中方深化共建“一带一路”合作，推进能源、基础设施等领域大项目建设，共谋发展繁荣。加强在国际和地区事务中的协调配合，反对恐怖主义，维护世界和地区和平稳定。

会见后，两国元首共同签署了《中华人民共和国和约旦哈希姆王国关于建立战略伙伴关系的联合声明》，共同见证了教育、经济技术等领域双边合作文件的签署。

9月9日

［纲　文］　**习近平给“国培计划（2014）”北师大贵州研修班参训教师回信。**

［目　文］　中共中央总书记习近平在信中说，“国培计划（2014）”北京师范大学贵州研修班全体参训教师：你们好！一年前，在北京师范大学“国培”课堂上，我同大家座

谈，你们对教育的执着、对知识的渴望、对学生的关爱，给我留下了深刻印象。一年来，你们取得了新的进步，我感到很高兴。你们在来信中说，从事贫困地区教育大有可为，要让每一个孩子充分享受到充满生机的教育，让每一个孩子带着梦想飞得更高更远，让更多的孩子走出大山、共享人生出彩的机会。说得很好。到 2020 年全面建成小康社会，最艰巨的任务在贫困地区，我们必须补上这个短板。扶贫必扶智。让贫困地区的孩子们接受良好教育，是扶贫开发的重要任务，也是阻断贫困代际传递的重要途径。党和国家已经采取了一系列措施，推动贫困地区教育事业加快发展、教师队伍素质能力不断提高，让贫困地区每一个孩子都能接受良好教育，实现德智体美全面发展，成为社会有用之才。发展教育事业，广大教师责任重大、使命光荣。希望你们牢记使命、不忘初衷，扎根西部、服务学生，努力做教育改革的奋进者、教育扶贫的先行者、学生成长的引导者，为贫困地区教育事业发展、为祖国下一代健康成长继续做出自己的贡献。教师节即将来临，我向你们致以节日的祝贺！借此机会，我也祝全国广大教师身体健康、工作顺利、生活幸福！

2014 年 9 月 9 日，习近平来到北京师范大学，走进“国培”课堂，看望正在参加培训的贵州省中小学语文教师，并同他们座谈，勉励他们加强学习、提升能力，为西部教育发展多做贡献。近日，当年参加座谈的教师给总书记写信，汇报了一年来的工作、学习、思想情况。他们在信中表示，要让总书记的期盼和嘱托通过他们的辛勤付出变成现实，让每一个孩子充分享受充满生机的教育，让每一个孩子带着梦想飞得更高更远。

2010 年，国家启动实施中小学教师“国家级培训计划”（简称“国培计划”），到 2014 年培训中小学、幼儿园教师 700 多万人次，实现了对中西部 640 万农村教师培训一轮的目标。从 2015 年起，“国培计划”集中支持中西部地区乡村教师校长培训。

9 月 9 日

［纲　文］　**国务院印发《关于调整和完善固定资产投资项目资本金制度的通知》，自 2015 年 9 月 9 日起执行。**

9 月 9 日

［纲　文］　**财政部、税务总局、中国残联印发《残疾人就业保障金征收使用管理办法》。**

［目　文］　《办法》共 5 章 30 条，主要有总则、征收缴库、使用管理、法律责任、附则等内容。自 2015 年 10 月 1 日起施行，《财政部关于发布〈残疾人就业保障金管理暂行规定〉的通知》（财综字〔1995〕5 号）及其他与本办法不符的规定同时废止。

9 月 9 日

［纲　文］　**交通运输部公布修改后的《交通行政复议规定》，自 2015 年 9 月 9 日起施行。**

9 月 9 日

［纲　文］　**国务院副总理张高丽在北京会见美国总统顾问迪斯。**

［目　文］　张高丽表示，气候变化问题是国际社会面临的严峻挑战。2014 年中美两

国元首共同发表气候变化联合声明，为推动中美新型大国关系建设和气候变化多边进程做出了积极贡献。习近平主席即将对美国进行国事访问，希望中美双方相向而行，延续对话合作的良好势头，进一步加强气候变化合作。中方高度重视气候变化问题，愿与包括美方在内的各方一道，按照“共同但有区别的责任”原则、公平原则和各自能力原则，推进构建公平合理、合作共赢的全球气候治理体制。

迪斯表示，奥巴马总统期待习近平主席对美国进行国事访问，进一步深化两国气候变化领域对话合作，共同推动全球绿色低碳发展。

9月9日

［纲　文］　**外交部发言人表示：中国将坚定不移地推进改革开放**。

［目　文］　针对中国欧盟商会报告称中国在部分领域的市场化改革出现倒退问题，发言人表示，中国将坚定不移地推进改革开放。改革开放是中国的基本国策，中国将按照十八届三中全会既定部署，坚定不移地推进改革和开放。中国将发掘改革对促进经济增长的潜力，坚持向改革要增长，着力推动结构性改革，使经济增长保持在7%左右。中国新一轮高水平对外开放正在推进，开放的大门会越来越大。中国政府将继续在市场准入、金融服务、知识产权保护等方面采取更多举措，对中外企业一视同仁，营造公平竞争的市场环境。欧盟是中国的全面战略伙伴，也是中国最大的贸易伙伴。我们坚信，中欧经贸关系将在中国改革开放过程中更加强劲。

9月9—11日

［纲　文］　**2015年夏季达沃斯论坛在大连举行**。

［目　文］　论坛以“描绘增长新蓝图”为主题。来自90多个国家和地区的1700余名政商领袖、专家学者出席论坛，与会者围绕“科学的变革”“被颠覆的行业”“经济不确定性”“中国新常态”“环境界限”“人的意义”六个方面进行了深入探讨，研究如何应对增长面临的各种挑战。

9日，国务院总理李克强在大连同出席第9届夏季达沃斯论坛的中外企业家代表对话交流。对话会由世界经济论坛主席施瓦布主持。来自全球500强跨国公司负责人、工商界领袖、智库、媒体等各界200多人出席。李克强就“全球经济增长放缓，中国经济增长也出现放缓势头，如何找到中国发展的新动能”“关于中国如何应对资本市场风险和推进金融改革”“关于人民币汇率”“关于中国利用外资与投资环境”等提问发表了谈话。

10日，国务院总理李克强出席论坛开幕式并在《共绘世界经济增长新蓝图》特别致辞中表示，当前，世界经济仍然复苏乏力，作为与国际市场密切关联的经济体，中国不可能独善其身，现在总的走势是缓中趋稳、稳中向好，但稳中有难，总体上机遇大于挑战。近两个月，虽然有的指标出现下滑或波动，但前期采取的一系列政策措施正在逐步见效，经济运行中的积极因素在增多，经济稳定的基本面没有改变，可谓形有波动，势仍向好。我们有能力实现2015年中国经济社会发展主要目标任务。中国经济进入新常态，未来会更好，这是有基础、有条件、有动力的。新型工业化、信息化、城镇化、农业现代化进程处在深入推进阶段，中国地域幅员辽阔且产业类型多样，东方不亮西方亮、这业不兴那业兴，经济具有很强的抗冲击能力和韧性。我们将通过推进结构性改革，实施创新驱动发展战略，努力把经济潜在增长率充分挖掘出来，保持经济中高速增长、迈向中高端水平。金融领域改革总的是按市场化、法治化方向继续稳步推进，要积极培育公开透明、长期稳定健康发展的资本市场，加强和完善风险管理，坚决守住不发生区域性系统性金融风险的底线。年底之前，将建成人民币跨境支付系统，以利于人民币离岸市场更好地发展，支持中国装备走出去。中国最重要的结构性改革是激发全体人民的无穷创造力，推动大众创业、万众创新。“双创”不仅是推动发展的强大动力、扩大就业的有力支撑、发展分享经济的重要推手，也是收入分配模式的创新、促进社会公正的有效途径。我们提出建设“一带一路”，开展国际产能合作，就是要重塑有利于发挥各国比较优势、更加均衡和普惠的全球产业链，打造互利共赢、包容共进的世界发展和利益共同体。面对促进全球经济复苏的共同任务，国际社会应同舟共济，加强协调，携手推进结构性改革，中国将坚持走和平发展道路，坚持互利共赢的开放战略，与各国共同推动包容平衡的增长，绿色可持续的发展，共绘世界经济增长新蓝图，共创人类美好新未来！

会议期间，李克强分别会见了与会的马拉维总统穆塔里卡、蒙古国总理赛汗比勒格、格鲁吉亚总理加里巴什维利、格林纳达总理米切尔、俄罗斯副总理兼总统驻远东联邦区全权代表特鲁特涅夫。

9月9—16日

［纲　文］ **应国家主席习近平邀请，毛里塔尼亚伊斯兰共和国总统阿齐兹对中国进行国事访问并出席在银川举行的2015中国—阿拉伯国家博览会开幕式。**

［目　文］ 访问期间，习近平在北京同阿齐兹举行了会谈，两国元首一致同意共同规划双边关系未来发展，为中毛友好合作注入新动力并见证了经济技术合作、基础设施建设、医疗卫生等领域双边合作文件的签署。国务院总理李克强、全国人大常委会委员长张德江在北京分别会见了阿齐兹。

习近平同阿齐兹会谈时表示，中方感谢毛方在涉及中方核心利益和重大关切问题上一贯给予坚定支持，将继续支持毛方维护稳定、谋求发展的努力。中方愿同毛方密切两国政府、政党、议会友好往来，扩大文化、新闻、教育、青年等人文领域交流合作。我们愿同毛方继续深化两国基础设施建设、矿业、渔业等传统领域合作，拓展农业、水电、清洁能源等新兴领域合作，同毛方分享建设经济特别行政区、工业园区等方面经验。中方将继续通过派遣医疗队、提供医疗物资等方式，促进毛方医疗事业发展。双方要继续在重大国际和地区问题上保持密切沟通协调，维护两国及发展中国家共同利益。中方愿同包括毛里塔尼亚在内的中非合作论坛成员密切沟通，把将于2015年在南非召开的中非合作论坛峰会暨第六届部长级会议办成加强中非团结、促进合作共赢的一次盛会。中方也愿同毛方加强在中阿合作论坛框架内合作。

阿齐兹表示，愿在社会经济发展中进一步深化同中国合作关系，积极参与“一带一路”框架下有关合作，欢迎中国企业赴毛投资。在当前国际社会面临越来越多共同挑战的形势下，毛方希望进一步密切同中方在国际事务中的沟通和协调，愿为中非合作论坛峰会成功做出自己的努力。

李克强在会见阿齐兹时表示，中方愿同毛方通过合建钢铁、水泥厂等开展国际产能合作，参与农畜产品加工和海洋渔业资源开发利用，推动务实合作提速升级。当前西亚北非地区形势动荡造成严重人道主义危机，引起国际社会高度关注。有关各方既要处理好现实问题，更要着眼长远，从问题产生的根源入手综合施策、标本兼治、妥善应对，共同维护和促进地区的安宁、稳定和发展。阿齐兹表示，毛方认为改善民生是地区安宁稳定的重要保证，愿学习借鉴中国发展经验，尽全力落实两国合作共识，加强双方在电力、矿产、农牧业、可再生能源等领域合作，进一步推动两国关系的新发展。

张德江在会见阿齐兹时说，中国全国人大愿积极发展同毛议会的友好关系，以服务各自国内发展和深化双边合作为目标，着力加强立法合作和治国理政经验交流，推动社会各界友好往来，促进各领域合作深入发展。阿齐兹说，感谢中方多年来的支持和帮助。中国是发展中国家的典范，毛方希深化双方务实合作，期待两国立法机关加强交流。

9月10日

［纲　文］　**张高丽出席京津冀协同发展专家咨询委员会阶段性总结大会。**

［目　文］　专家咨询委员会全体成员参加会议，有关部门和单位负责人列席会议。

国务院副总理张高丽强调，要认真学习习近平总书记关于京津冀协同发展的重要讲话和指示精神，学习李克强总理的重要批示要求，把贯彻落实中央关于京津冀协同发展的战略部署作为开展咨询研究工作的基本要求，紧紧围绕京津冀协同发展相关重大问题积极建言献策，为推动京津冀协同发展提供强有力的智力支持。一年多来，专家咨询委员会以高度的全局意识、担当精神、专业素养，围绕京津冀协同发展功能定位、有序疏解北京非首都功能，以及交通、生态、产业三个重点领域率先突破和改革创新、试点示范等重大问题，精心组织专题论证，深入三省市实地调查研究，充分发扬民主、集思广益，提出了大量有价值的意见和建议，高质量地完成了各项咨询任务，为推动京津冀协同发展做出了重要贡献。专家咨询委员会要进一步找准决策咨询的切入点，推动决策咨询工作往深里、细里、实里做。要加强对京津冀协同发展有关专项规划及三省市规划的咨询指导，提升规划的前瞻性、针对性和操作性。要加强对有序疏解北京非首都功能、京津冀协同发展立法、协同发展机制、改革创新试点示范等重大问题的研究论证，提出解决问题的策略、方案与路径。要加强对重大项目和政策的分析评估，把好每一个重大项目、每一项重大决策的关口。要按照“三严三实”的要求，不断优化和创新决策咨询工作方法，进一步加强协同配合，凝聚工作合力，提高决策咨询水平。有关部门、单位、三省市和京津冀协同发展领导小组办公室要支持专家咨询委员会的工作，为有效开展决策咨询创造良好环境，继续发扬“抓铁有痕、踏石留印”的精神，推动京津冀协同发展取得新的更大成效。

9月10日

［纲　文］　**保监会印发《关于设立保险私募基金有关事项的通知》。**

9月10日

［纲　文］　**银监会办公厅印发《关于信托公司开展铁路发展基金专项信托业务有关事项的通知》。**

9月10日

［纲　文］　**全国人大常委会委员长张德江在北京会见纳米比亚全国委员会主席卡佩雷。**

［目　文］　张德江说，中纳传统友谊深厚，两国关系顺利发展。纳米比亚是中国在非洲的重要合作伙伴，中方将按照习近平主席提出的"真实亲诚"的对非工作方针和正确义利观，同纳方一道，充分发挥好两国传统友好和经济互补性强两大优势，进一步增进政治互信，深化互利合作，加强在国际事务中的协调与配合，共同推动两国关系持续健康发展。两国立法机关应进一步加强交流与合作，相互借鉴治国理政和立法经验，为巩固传统友谊、加强互利合作提供良好的法律保障和坚固的民意基础。

卡佩雷说，纳中是全天候的朋友，两国政府层面和立法机关有着良好的关系，愿进一步加强两国地方之间的交流合作。

9月10日

［纲　文］　**国家副主席李源潮在北京会见吉布提争取进步人民联盟党总书记伊利亚斯率领的代表团。**

9月10日

［纲　文］　**外交部发言人表示，对话合作始终是中美关系的主流。**

［目　文］　针对美国皮尤研究中心9日公布电话采访结果称美国民众对中国印象不尽理想，发言人表示，对话合作始终是中美关系的主流。当前中美关系总体稳定发展。双方正按照两国元首达成的重要共识，共同努力构建中美新型大国关系。由于历史文化、社会制度和发展水平不同，双方在一些问题上难免存在不同看法。但中美共同利益远远大于分歧，对话合作始终是两国关系的主流。中国坚持走和平发展道路，中国的发展是美国的重要机遇，中美经贸关系的本质是互利共赢。我们愿增进两国人民的交流，促进相互理解信任，夯实中美关系发展的民意基础。

9月10—13日

［纲　文］　**2015中国—阿拉伯国家博览会在宁夏银川举办，习近平致贺信。**

［目　文］　国家主席习近平在贺信中对会议的召开表示热烈的祝贺、向出席会议的各国领导人和嘉宾表示热烈的欢迎，并表示本届博览会以"弘扬丝路精神，深化中阿合作"为主题，推进中国同阿拉伯国家和世界其他地区国家的交流合作，对深化双方人民友谊、提高务实合作关系水平具有重要意义。习近平说，中国和阿拉伯国家是相互信任的好朋友，也是在实现共同发展道路上携手同行的好伙伴。去年，在中阿合作论坛第六届部长

级会议开幕式上，我提出中阿合作共建“一带一路”的倡议，阿拉伯国家作出了积极回应，有关各领域合作正在加快推进。中国愿秉持和平合作、开放包容、互学互鉴、互利共赢的丝路精神，同包括阿拉伯国家在内的世界各国一道，为促进共同发展、增加各国人民福祉而努力。

博览会由商务部、贸促会和宁夏回族自治区人民政府共同主办，主题为“弘扬丝路精神，深化中阿合作”。博览会围绕共建丝绸之路经济带，在经贸、信息、科技、农业、卫生、旅游、文化等领域举办相关会议论坛、对接洽谈及展览展示活动。国务委员郭声琨代表中国政府出席博览会开幕大会并发表主旨演讲。约旦国王阿卜杜拉二世、毛里塔尼亚总统阿齐兹、科摩罗副总统穆哈吉等外国领导人和有关国际组织代表以及全国政协副主席万钢出席了开幕会。

9月10—12日

［纲　文］　**首届中国（广东）国际“互联网+”博览会在广东佛山举行。**

［目　文］　博览会由中国国际贸易促进委员会广东省委员会主办，中德工业服务区、广东新浪网络科技有限公司承办。本届博览会设置了智能制造、前沿技术、大众创业、智慧商贸物流、互联网金融、智慧城市、跨境电子商贸与进出口、智能家居生活、机器人等九大展区，以及国通跨境商品报税分展区。同期，举行“互联网+”高峰论坛、中国制造2025对话德国工业4.0大会、第二届世界机器人大会等系列专题活动。百度、阿里巴巴、腾讯、华为、中兴、联想、美的等海内外456家知名互联网、机械制造企业参展。

9月11日

［纲　文］　**习近平主持召开中央政治局会议。**

［目　文］　会议主要内容是：一、审议《生态文明体制改革总体方案》。会议强调，推进生态文明体制改革首先要树立和落实正确的理念，统一思想，引领行动。推进生态文明体制改革要搭好基础性框架，构建产权清晰、多元参与、激励约束并重、系统完整的生态文明制度体系。要建立归属清晰、权责明确、监管有效的自然资源资产产权制度；以空间规划为基础、以用途管制为主要手段的国土空间开发保护制度；以空间治理和空间结构优化为主要内容，全国统一、相互衔接、分级管理的空间规划体系；覆盖全面、科学规范、管理严格的资源总量管理和全面节约制度；反映市场供求和资源稀缺程度，体现自然价值和代际补偿的资源有偿使用和生态补偿制度；以改善环境质量为导向，监管统一、执法严明、多方参与的环境治理体系；更多运用经济杠杆进行环境治理和生态保护的市场体系；充分反映资源消耗、环境损害、生态效益的生态文明绩效评价考核和责任追究制度。各地区各部门务必从改革发展全局高度，深刻认识生态文明体制改革的重大意义，增强责任感、紧迫感、使命感，扎实推进生态文明体制改革，全面提高我国生态文明建设水平。二、审议《关于繁荣发展社会主义文艺的意见》。会议指出，文艺是民族精神的火炬，是时代前进的号角。实现中华民族伟大复兴，离不开中华文化繁荣兴盛，离不开文艺事业繁

荣发展。举精神旗帜、立精神支柱、建精神家园，是当代中国文艺的崇高使命。弘扬中国精神、传播中国价值、凝聚中国力量，是文艺工作者的神圣职责。繁荣发展社会主义文艺，必须高举中国特色社会主义伟大旗帜，以马克思列宁主义、毛泽东思想、邓小平理论、“三个代表”重要思想、科学发展观为指导，学习贯彻习近平总书记系列重要讲话精神，坚持社会主义先进文化前进方向，全面贯彻“二为”方向和“双百”方针，紧紧依靠广大文艺工作者，坚持以人民为中心，以社会主义核心价值观为引领，深入实践、深入生活、深入群众，推出更多无愧于民族、无愧于时代的文艺精品，不断满足人民精神文化需求，建设社会主义文化强国，为实现“两个一百年”奋斗目标、实现中华民族伟大复兴中国梦提供强大的价值引导力、文化凝聚力、精神推动力。中国共产党的领导是文艺繁荣发展的根本保证，各级党委要把文艺工作纳入重要议事日程，抓好宏观指导，把好文艺方向。各级政府要把文艺事业纳入经济社会发展总体规划，落实中央支持文艺发展的政策，制定本地支持文艺发展具体措施。各级党委宣传部门要充分调动各方面力量做好文艺工作，形成党委统一领导，宣传部门牵头抓总，文化、教育、新闻出版广电、文联、作协等部门和团体协同推进，社会各方面积极参与的文艺工作新格局。

9月11日

［**纲　文**］　**习近平主持中共中央政治局进行第26次集体学习**。

［**目　文**］　本次学习的主题是践行“三严三实”。由中央政治局委员自学并交流体会，马凯、王沪宁、许其亮、赵乐际等就这个问题作了重点发言，中央政治局各位委员听取了他们的发言，并就有关问题进行了讨论。

中共中央总书记习近平指出，党中央在部署这次专题教育时明确提出要以上率下，中央政治局这次集体学习以“三严三实”为题，就是落实这一要求的行动。中央政治局每位同志都要以身作则，为全党做好示范。“三严三实”是我们天天要面对的要求，大家要时时铭记、事事坚持、处处上心，随时准备坚持真理、随时准备修正错误，凡是有利于党和人民事业的，就坚决干、加油干、一刻不停歇地干；凡是不利于党和人民事业的，就坚决改、彻底改、一刻不耽误地改。在县处级以上领导干部中开展“三严三实”专题教育，是2015年党的建设的一个工作重点。我们党是执政党，党的先进性和纯洁性、党的形象和威望不仅直接关系党的命运，而且直接关系国家的命运、人民的命运、民族的命运。我们要实现“两个一百年”奋斗目标，协调推进“四个全面”战略布局，必须建设一支德才兼备的高素质干部队伍。我们共产党人的根本，就是对马克思主义的信仰，对共产主义和社会主义的信念，对党和人民的忠诚。立根固本，就是要坚定这份信仰、坚定这份信念、坚定这份忠诚，只有在立根固本上下足了功夫，才会有强大的免疫力和抵抗力。修身、用权、律己，谋事、创业、做人，贯穿领导干部工作生活方方面面，严和实是一件一件事情、一点一点修为积累起来的，必须落细落小，多积尺寸之功，经常防微杜渐。每个同志都有改造自己、提高自己的职责，打扫思想灰尘、祛除不良习气、纠正错误言行永无止境，永远都是进行时。领导干部践行“三严三实”，靠自身努力，也靠党和人民监督。我们党有严密的组织性和纪律性，党的根本宗旨是全心全意为人民服务，接受组织和人民监督天经地义。要总结经验，健全体制机制，使各种监督更加规范、更加有力、更加有效。下一步，“三严三实”专题教育要从多方面继续努力。党委（党组）要强化主体责任，党委（党组）书记要敢抓敢管，在以身作则上见表现，在遵规守矩上见行动，在整改落实上见实效。要坚持以正反典型为镜子，实行组织力量、班子力量、个人力量、群众力量相结合，在查找和解决不严不实突出问题上下功夫。要开好专题民主生活会和组织生活会，联系班子和个人实际深入查摆问题，严肃认真开展批评和自我批评。在此基础上进一步立规执纪，推动领导干部践行“三严三实”制度化、常态化、长效化。

9月11日

［纲　文］　**北京市校园足球协会在首都体育学院成立。**

［目　文］　这是《全国足球改革发展总体方案》发后，中国首个校园足球协会。

9月11日

［纲　文］　**《人民日报》报道，经中共中央批准，中共中央纪委对华润（集团）有限公司原党委书记、董事长宋林严重违纪问题进行立案审查。**

［目　文］　经查，宋林严重违反政治规矩和组织纪律，利用职务上的便利在干部选拔任用、企业经营等方面为他人谋取利益，索取收受贿赂；严重违反廉洁自律规定，用公款支付应由个人支付的费用，违规兼职取酬，挥霍浪费公共财产，违规领取薪酬和项目开发奖；严重违反中央八项规定精神，用公款打高尔夫球等；贪污公款；与他人通奸。其中，贪污、受贿问题涉嫌犯罪。依据《中国共产党纪律处分条例》等有关规定，经中央纪委常委会议审议并报中共中央批准，决定给予宋林开除党籍处分；由监察部报请国务院批准，给予其行政开除处分；收缴其违纪所得；将其涉嫌犯罪问题、线索及所涉款物移送司法机关依法处理。后于2017年6月1日，广东省广州市中级人民法院公开宣判了宋林贪污、受贿一案，对被告人宋林以贪污罪判处有期徒刑10年6个月，并处罚金人民币150万元，以受贿罪判处有期徒刑12年，并处罚金人民币250万元，决定执行有期徒刑14年，并处罚金人民币400万元；贪污所得财物返还华润（集团）有限公司；受贿所得财物予以没收，上缴国库。

9月11日

［纲　文］　**《人民日报》报道，经中共中央批准，中共中央纪委对香港中旅（集团）有限公司原党委副书记、副董事长、总经理王帅廷在华润（集团）有限公司任职期间的严重违纪问题进行立案审查。**

［目　文］　经查，王帅廷在华润（集团）有限公司任职期间严重违反政治规矩和组织纪律，为谋求个人职务升迁搞利益输送；严重违反廉洁自律规定，多占住房，违规领取奖金，违规报销费用，安排其妻挂名取酬，向他人送礼；利用职务上的便利，在企业经营等方面为他人谋取利益，收受贿赂。其中，受贿问题涉嫌犯罪。依据《中国共产党纪律处

分条例》等有关规定，经中央纪委常委会议审议并报中共中央批准，决定给予王帅廷开除党籍处分；由监察部报请国务院批准，给予其行政开除处分；收缴其违纪所得；将其涉嫌犯罪问题、线索及所涉款物移送司法机关依法处理。后于2017年2月28日，广东省深圳市中级人民法院公开宣判了王帅廷受贿、贪污案，对被告人王帅廷以受贿罪判处有期徒刑9年，并处罚金人民币40万元；以贪污罪判处有期徒刑10年，并处罚金人民币80万元，决定执行有期徒刑16年，并处罚金人民币120万元。对扣押在案的受贿赃款赃物依法上缴国库，贪污赃款退还被害单位。

9月11—20日

［纲　文］　**第五届中国成都国际非遗节在成都国际非遗博览园举办。**

［目　文］　国际非遗节由文化部、四川省人民政府、联合国教科文组织、中国联合国教科文组织全国委员会主办，成都市人民政府、中国非遗保护中心、四川省文化厅承办。本届非遗节以“传承文脉、创造未来”为主题，以中国传统手工技艺为重点，聚焦“现代化进程中的非遗保护”的时代课题，探索“互联网+非遗”“文化+双创”的融合发展路径。来自全国和世界各地的400多个项目、近500位传承人参展。本届非遗节组织开展国际非遗博览会、非遗进万家、印道·第二届中国篆刻艺术双年展等5大项节会活动，举办各类非遗展示、展演、展销和交流活动400多场。65个国家（地区）应邀参加论坛、博览会以及演出活动。

9月12日

［纲　文］　**李克强在大连考察。**

［目　文］　国务院总理李克强在大连围绕产业升级、创业创新进行考察。

李克强在大连高新区众创空间考察时强调，要加快实施创新驱动战略，我们推动大众创业、万众创新，不仅要有别具一格的创意思维，抓住市场的新需求，还要有精益求精的工匠精神，追求细节和质量，两者结合起来才能开发出适应市场多样化需求的优质产品。要用“互联网+”促进工业升级，注重运用分享经济理念激发活力，借助信息技术链接千万人的创意，推动传统制造业和现代服务业紧密融合，更有效率、更低成本地实现产业转型与提质增效；在大连重工起重公司车间，与工人交流，得知企业创造了多项重大装备技术的“中国第一”时说，创新的砝码每增加一个，企业竞争力就会跃升一步。推动我国经济发展迈向中高端，重点、难点和突破口都在制造业。东北的装备制造有底蕴，但转型升级的任务也很紧迫。“双创”不仅可以拓展小微企业发展空间，大企业也可以通过“双创”优化生产经营模式，焕发勃勃生机。要把国有企业改革和“双创”结合起来，抓住国家实施“中国制造2025”机遇，瞄准市场需求，努力推动装备制造业智能转型，提高企业核心竞争力；在海洋工程公司临海装配场地，听到企业出口产品中整机设备已达六成，李克强说，当前世界经济复苏乏力，国际市场相对萎缩，中国企业要担负责任，敢于走向全球去打拼，不断彰显中国装备性价比好的优势，在国际产能合作中努力闯出世界品牌。

9月12日

［纲　文］ **《人民日报》发表题为《激荡生命力量，共创美好人生——热烈祝贺全国第9届残运会暨第6届特奥会开幕》的评论员文章。**

9月12—19日

［纲　文］ **全国第9届残疾人运动会暨第6届特殊奥林匹克运动会在成都举行。**

［目　文］ 来自全国31个省区市、新疆生产建设兵团以及香港、澳门特别行政区等共35个代表团的2382名残疾人运动员参加运动会。包括前期比赛项目，残运项目共产生772枚金牌；超世界纪录51项；破（创）全国纪录204项，平3项。

9月14日

［纲　文］ **国务院总理李克强同俄罗斯总理梅德韦杰夫通电话。**

［目　文］ 李克强表示，近期中俄高层互访和会晤频繁。中方愿同俄方加强沟通与协调，以下一轮中俄总理定期会晤和上海合作组织总理会议为契机，共同推动中俄关系以及各领域务实合作取得新成果，为实现共同发展提供新助力。

梅德韦杰夫表示，俄中关系友好。我期待年内赴华出席俄中总理定期会晤和上合组织总理会议。俄方正在积极筹备，确保会晤和会议取得成功。相信在双方共同努力下，俄中关系以及上合组织合作将取得新进展。

9月14日

［纲　文］ **国务院办公厅印发《关于推动国有文化企业把社会效益放在首位、实现社会效益和经济效益相统一的指导意见》。**

［目　文］ 《意见》由九部分组成：一、重要意义；二、总体要求；三、完善企业内部运行机制；四、推动企业做强做优做大；五、完善资产监管运营机制和评价考核机制；六、发挥文化经济政策引导、激励和保障作用；七、健全企业干部人才管理制度；八、加强企业党的建设和思想政治工作；九、加强组织领导。

《意见》要求，各地区各有关部门要高度重视，加强领导，强化措施，切实解决国有文化企业改革发展中的实际问题，做到始终坚持把社会效益放在首位、实现社会效益和经济效益相统一。要结合本地区本部门实际，抓紧制定具体实施意见，认真抓好落实。

9月14日

［纲　文］ **汪洋在北京调研“互联网+”现代农业。**

［目　文］ 国务院副总理汪洋到北京市昌平区和海淀区考察特色农产品全程信息化管理，了解通过互联网组织生猪生产、加工和销售的“猪联网+”经营模式，视察农产品电子商务线下展示体验平台，并主持召开座谈会，听取国内部分互联网公司、农业企业、信息化专家以及从事电商经营的新农民和农村基层干部的意见和建议。

汪洋指出，要认真贯彻落实《国务院关于积极推进“互联网+”行动的指导意见》有关要求，大力推进互联网技术和互联网思维在农业农村工作中的应用，为提升农业生产、经营、管理和服务水平不断注入新的动力。互联网与农业的融合发展，推进了现代要素在农业生产中的应用，拉近了生产与市场的距离，提高了效率，降低了成本，大大拓展了农业发展空间。要深入实施“互联网+”现代农业行动，从农村互联网发展的特点出发，探索可持续的商业模式，增强互联网在农资供应、技术指导、金融服务等方面的综合服务功能，积极推动农业经营模式和产业体系创新。推广和完善各地好的经验和做法，把“互联网+”现代农业成功的“盆景”变成“风景”。促进“互联网+”现代农业的发展，要加强顶层设计，完善标准规范，营造良好市场环境。要加强农村互联网基础设施建设，完善农村物流网络体系，加快培养具有互联网思维、掌握信息化技术的新型农民。建立健全农业数据采集、分析、发布、服务机制，推动政府、企业信息服务资源的共享开放，消除数据壁垒和信息孤岛，加强农业大数据的开发利用，努力缩小工农、城乡之间的“数字鸿沟”。

9月14日

［纲　文］　**住房城乡建设部发布《国家级风景名胜区规划编制审批办法》，自2015年12月1日起施行。**

9月14日

［纲　文］　**交通运输部、环境保护部、商务部、工商总局、质检总局、国家认监委、知识产权局、保监会印发《汽车维修技术信息公开实施管理办法》。**

［目　文］　《办法》共5章39条，主要有总则、汽车维修技术信息公开要求、信息用户的责任和义务、监督检查及市场监管、附则等内容。自2016年1月1日起实施。

9月14日

［纲　文］　**质检总局公布《中国质量奖管理办法》。**

［目　文］　《办法》共6章42条，主要有总则，申报、核实和受理，评选表彰，监督，异议处理，附则等内容。自2015年11月1日起施行。

9月14日

［纲　文］　**国家副主席李源潮在北京与科普科幻创作者座谈。**

［目　文］　李源潮希望大家认真贯彻中央关于繁荣发展社会主义文艺的意见，高扬理想和科学旗帜，创作更多受人民群众特别是青少年喜爱的优秀作品，为实现中华民族伟大复兴的中国梦注入科学正能量。

9月14日

［纲　文］　**全国政协主席俞正声在北京会见应中国人民对外友好协会邀请来中国访问的安提瓜和巴布达总督威廉斯一行。**

9月14日

［纲　文］　**《人民日报》发表题为《立根固本，挺起精神脊梁——一论学习贯彻习近平总书记践行“三严三实”新要求》的评论员文章。**

9月14日

［纲　文］　**《人民日报》发表题为《牢牢把握国有企业改革的正确方向》的评论员**

文章。

9月14—20日

［纲　文］　**国务院副总理刘延东应邀出席中欧高级别人文交流对话机制第三次会议、中英高级别人文交流机制第三次会议。**

［目　文］　15日，中欧高级别人文交流对话机制第三次会议在布鲁塞尔举行。刘延东与欧盟委员会教育、文化、体育和青年委员瑙夫劳契奇共同主持会议并发表致辞。刘延东表示，双方应互尊互信、以诚相待，视彼此为和平的力量、发展的机遇；互利互惠、务实合作，做大共同利益的蛋糕；互学互助、共享机遇，共同应对挑战，共享改革红利；互鉴互融，实现共同繁荣。瑙夫劳契奇表示，人文交流在欧中关系中发挥了引领作用。

刘延东和瑙夫劳契奇共同签署了《中欧高级别人文交流对话机制第三次会议联合声明》，见证签署教育、科研领域合作协议，为欧盟学校孔子课堂揭牌，并出席“中国精彩无限”征集活动颁奖仪式。会议期间，刘延东会见欧盟委员会副主席格奥尔基耶娃。

16日，刘延东在布鲁塞尔会见比利时副首相兼外交大臣雷恩代尔时表示，中方愿与比方一道，在现有良好合作基础上，进一步增进政治互信，加强人文交流，推动各领域合作取得更多成果。雷恩代尔表示，比方对中国的发展成就深感钦佩，愿与中方加强包括人文在内的各领域交流与合作，推动比中关系不断迈上新台阶。

17日，中英高级别人文交流机制第三次会议在伦敦举行。刘延东与英国卫生大臣亨特共同主持会议。刘延东表示，我们应以历史眼光，从战略高度加强顶层设计和系统谋划，坚持官民并举、植根基层、面向民众，实现人文交流的大众化、多样化、常态化。亨特表示，英中高级别人文交流机制建立3年来，在教育、科技、文化、传媒、体育、卫生、旅游、青年和地方等领域合作内容越来越丰富，成果越来越显著，增进了两国人民之间的相互了解，并展现出进一步扩大和深化的巨大潜力。

刘延东和亨特共同签署了《中英高级别人文交流机制第三次会议联合声明》，并见证相关领域合作协议签署。

同日，刘延东在伦敦会见英国首相卡梅伦时表示，下个月，习近平主席对英国进行国事访问。这将是10年来中国国家主席首次对英国进行国事访问，对中英关系未来发展具有重要历史性意义。卡梅伦表示，习近平主席对英国进行的国事访问将开启英中关系的“黄金时代”。英方高度重视此次访问，将与中方密切合作，充分准备，确保访问取得圆满成功。英方愿继续与中方加强在经济、人文等领域的交流合作。

9月15日

［纲　文］　**习近平主持召开中央全面深化改革领导小组第16次会议。**

［目　文］　中央全面深化改革领导小组副组长李克强、刘云山、张高丽出席会议。中央全面深化改革领导小组成员出席会议，中央和国家有关部门负责人列席会议。

中央全面深化改革领导小组组长习近平强调，以开放促改革、促发展，是我国改革发展的成功实践。改革和开放相辅相成、相互促进，改革必然要求开放，开放也必然要求改革。要坚定不移实施对外开放的基本国策、实行更加积极主动的开放战略，坚定不移提高开放型经济水平，坚定不移引进外资和外来技术，坚定不移完善对外开放体制机制，以扩大开放促进深化改革，以深化改革促进扩大开放，为经济发展注入新动力、增添新活力、拓展新空间。

会议主要内容是：一、会议审议通过了《关于实行市场准入负面清单制度的意见》。会议指出，实行市场准入负面清单制度，对发挥市场在资源配置中的决定性作用和更好发挥政府作用，建设法治化营商环境，构建开放型经济新体制，具有重要意义。对应该放给企业的权力要松开手、放到位，做到负面清单以外的事项由市场主体依法决定。实行市场准入负面清单制度要通过试点积累经验、逐步完善。二、会议审议通过了《关于支持沿边重点地区开发开放若干政策措施的意见》。会议强调，重点开发开放试验区、沿边国家级口岸、边境城市、边境和跨境经济合作区等沿边重点地区是我国深化同周边国家和地区合作的重要平台，是沿边地区经济社会发展的重要支撑。要以改革创新助推沿边开放，允许沿边地区先行先试，大胆探索创新跨境经济合作新模式、促进沿边地区发展新机制、实现兴边富民新途径。三、会议审议通过了《关于推进价格机制改革的若干意见》。会议指出，要完善重点领域价格形成机制，健全政府定价制度，加强市场价格监管和反垄断执法，实现竞争性领域和环节价格基本放开，政府定价范围主要限定在重要公用事业、公益性服务、网络型自然垄断环节，建立起科学、规范、透明的价格监管制度和反垄断执法体系。要推进定价项目清单化，推进政府定价公开透明。四、会议审议通过了《关于鼓励和规范国有企业投资项目引入非国有资本的指导意见》。会议强调，要按照有利于改善国有企业投资项目的产权结构，有利于国有资本放大功能、保值增值、提高竞争力，有利于各种所有制资本取长补短、相互促进、共同发展的总体要求，依法依规、公开透明，完善体制、优化环境的原则，拓宽国有企业投资项目引入非国有资本的领域，分类推进国有企业投资项目引入非国有资本工作。五、会议审议通过了《关于深化律师制度改革的意见》。会议指出，要围绕全面推进依法治国，完善律师执业保障机制，加强律师队伍建设，建设一支拥护党的领导、拥护社会主义法治的高素质律师队伍，充分发挥律师在全面依法治国中的重要作用。六、审议通过了《法官、检察官单独职务序列改革试点方案》《法官、检察官工资制度改革试点方案》。会议强调，开展法官、检察官单独职务序列和工资制度改革试点，是促进法官、检察官队伍专业化、职业化建设的重要举措。要建立与工作职责、实绩和贡献紧密联系的工资分配机制，健全完善约束机制，鼓励办好案、多办案。要加大对一线办案人员的工资政策倾斜力度，鼓励优秀人员向一线办案岗位流动。七、会议审议通过了《关于加强外国人永久居留服务管理的意见》。会议指出，要实行更加积极有效的外国人永久居留服务管理政策，进一步理顺体制机制，健全政策法规，优化申请条件，简化工作流程，落实资格待遇，加强日常管理，形成更为科学合理、开放务实的外国人永久居留管理服务工作格局。

9月15日

［纲　文］　**国务院批复北京市、天津市、河北省、山西省、内蒙古自治区、辽宁省、山东省人民政府和发展改革委，同意环渤海地区合作发展纲要。**

［目　文］　批复说：一、原则同意《环渤海地区合作发展纲要》(以下简称《纲要》)，请认真组织实施。二、《纲要》实施要全面贯彻落实党的十八大和十八届二中、三中、四中全会精神，按照党中央、国务院决策部署，牢牢把握实施"一带一路"、京津冀协同发展等国家重大战略的历史机遇，主动适应经济发展新常态，以提高经济发展质量和效益、促进区域协调发展为主要目标，立足主体功能定位和自身优势，着力调整优化经济结构，着力扩大对内对外开放，着力创新合作体制机制，以基础设施互联互通、生态环境联防联治、产业发展协同协作、市场要素对接对流、社会保障共建共享为重点，努力把环渤海地区建设成为我国经济增长和转型升级新引擎、区域协调发展体制创新和生态文明建设示范区、面向亚太地区的全方位开放合作门户。三、北京市、天津市、河北省、山西省、内蒙古自治区、辽宁省、山东省人民政府要切实加强对《纲要》实施工作的组织领导，强化责任分工，明确任务要求，积极探索实施绩效考核和奖惩激励措施，制定具体实施方案和专项规划，把《纲要》落到实处。四、国务院有关部门要按照职能分工，在规划编制、政策实施、项目安排、体制创新等方面给予积极支持，协调解决基础设施互联、生态环境治理、产业发展协作等重点领域的困难和问题，为环渤海地区合作发展创造良好政策环境。发展改革委要会同有关部门加强对《纲要》实施情况的跟踪分析和督促检查，研究新情况、解决新问题、总结推广好经验好做法，会同有关省(区、市)人民政府适时组织开展《纲要》实施情况评估，重大事项及时向国务院报告。

9月15日

［纲　文］　**国务院办公厅印发《关于全面加强和改进学校美育工作的意见》。**

［目　文］　《意见》由五部分组成：一、总体要求；二、构建科学的美育课程体系；三、大力改进美育教育教学；四、统筹整合学校与社会美育资源；五、保障学校美育健康发展。

《意见》指出，各地要将美育作为实现教育现代化的一项重要任务摆在突出位置，认真履行发展美育的职责，将美育发展纳入政府重要议事日程，结合实际制定具体实施方案，明确工作部署，切实抓紧抓好。建立健全教育部门牵头、有关部门分工负责、全社会广泛参与的美育工作机制，明确责任，按照职能分工，落实好推进学校美育改革发展的各项任务。

9月15日

［纲　文］　**工商管理总局公布《工商行政管理机关执法监督规定》，自2015年12月1日起施行。**

9月15日

［纲　文］　**国务院总理李克强电贺马尔科姆·特恩布尔就任澳大利亚联邦政府**

总理。

9月15日

［纲　文］　**全国政协在北京召开双周协商座谈会，就“推进非公有制企业走出去”协商议政、建言献策。**

［目　文］　全国政协主席俞正声主持座谈会。全国政协副主席王钦敏在座谈会上发言。商务部国际贸易谈判副代表张向晨介绍有关情况。国家发展和改革委员会副主任何立峰、外交部副部长李保东、海关总署副署长邹志武参加会议并与委员互动交流。全国政协委员谢商华、郑跃文、王红、黄淑和、陈经纬、胡克勤、徐钧健、孙荫环、南存辉、宋兰、范集湘、杨鸿生、李克穆、袁亚非，以及专家学者黄荣、陈峰、孙义为在座谈会上发言。

委员们认为，推进企业走出去是中央重大方针，具有重要意义。企业走出去是国家发展战略的需要，也是企业自身发展的需求。非公有制企业是国家实施走出去战略和建设“一带一路”的重要力量，国家有关部门很重视，制定出台了相关政策，采取了一系列举措，已经取得一定成效。但目前还面临着法律政策体系不完备、金融保险服务能力滞后等问题。

一些委员建议，推进非公有制企业走出去，一是要坚持市场导向、互利共赢、依法办事的原则。二是要进一步简化程序，完善金融、保险、税收等制度。还要注重加快咨询机构和中介组织的成长，大力推进电子政务建设，建立信息共享平台。要发挥工商联的作用，建立服务于非公有制企业走出去的商会。商务部等有关部门要加强与工商联的联系沟通，驻外使领馆要提高商务外事服务能力。在非公有制企业走出去过程中，要注意发挥海外华侨华人及其社团的作用。

9月15日

［纲　文］　**第4届全国中青年德艺双馨文艺工作者表彰大会在北京举行。**

［目　文］　大会由中宣部、人力资源社会保障部、中国文联主办。中国文联主席孙家正出席大会。中宣部常务副部长黄坤明出席大会并讲话。中国文联副主席赵实主持大会。中宣部、人力资源和社会保障部、中国文联共同授予丁寺钟等54人“全国中青年德艺双馨文艺工作者”荣誉称号。

此次接受表彰的文艺工作者，主要来自戏剧、电影、电视、音乐、舞蹈、美术、摄影、书法、曲艺、杂技、民间文艺以及文艺评论等艺术门类。自2004年启动以来，共有140名中青年文艺工作者受到该项表彰。2015年5月，第四届评选表彰工作启动，以一线和基层文艺工作者为重点对象，55个单位推荐了153名人选。经过反复协商、严格审核和媒体公示，评选工作领导小组决定对54名中青年德艺双馨文艺工作者进行表彰。

9月15日

［纲　文］　**应外交部部长王毅邀请，伊朗外交部部长扎里夫对中国进行正式访问。**

［目　文］　国务院总理李克强在北京会见扎里夫时表示，伊核问题达成全面协议，

对中东地区和平稳定，以及其他国际地区热点问题的解决都具有积极意义，希望各方共同努力落实好这一协议。中国作为负责任大国，愿为伊核问题最终全面妥善解决发挥建设性作用。中国高度重视伊朗和中伊关系，愿同伊方继续坚持从战略高度把握两国关系发展的大方向，推动中伊关系向更高水平、更深层次发展，共同维护、促进地区和两国周边的和平稳定。当前，伊朗正处在扩大基础设施建设和工业化的重要时期。中方有性价比好的装备和先进技术，中伊开展国际产能合作可以实现互利共赢。中方也愿在能源领域同伊方开展全面、长期、稳定的合作。

扎里夫表示，伊方赞赏和感谢中国在伊核问题谈判进程中所发挥的积极和建设性作用，期待中方为全面落实伊核协议继续积极发挥作用。伊中政治关系良好，在地区和国际事务中保持密切协调，能源、交通、经贸等领域合作潜力很大。伊方高度重视对华关系，愿抓住双边关系发展新机遇，推动两国各领域合作进一步发展。

王毅在北京与扎里夫会谈时指出，伊核全面协议是个好协议，有利于维护国际核不扩散体系，有助于促进中东地区和平稳定。各方都有责任和义务落实好协议。伊核问题本身十分复杂，协议执行头绪繁多，而且没有先例可循，可以预见在长达十年的执行过程中，会遇到这样那样的问题和困难甚至挑战。中方呼吁各方保持相向而行，彼此体谅理解。坚持同步对等和兼顾各方关切的原则，不能顾此失彼，失去公正与平衡。

扎里夫表示，伊方感谢中国在伊核全面协议达成过程中发挥的建设性作用，期待并相信中方在协议执行过程中将继续扮演重要角色。伊愿就阿拉克重水堆改造项目与中方加强协调配合。

9 月 15 日

［纲　文］　**第 45 届南丁格尔奖章颁奖大会在北京举行**。

［目　文］　中国红十字会会长陈竺主持会议。国家副主席、中国红十字会名誉会长李源潮为 5 名中国获奖者颁发奖章。全国政协副主席、中国红十字会名誉副会长韩启德以及有关部委的负责人出席会议。

9 月 15 日

［纲　文］　**中法战略对话在北京举行**。

［目　文］　国务委员杨洁篪与法国总统外事顾问奥迪贝尔出席。双方就中法关系和共同关心的国际、地区问题深入交换意见，达成广泛共识。就联合国成立 70 周年系列峰会、2015 年后发展议程、二十国集团峰会、发展援助、非洲和中东局势等交换看法。

杨洁篪表示，习近平主席 2014 年访问法国，与奥朗德总统共同决定开创紧密持久的中法全面战略伙伴关系新时代，为两国关系未来发展指明了方向。中方将法国视为优先和特殊战略合作伙伴，愿同法方一道努力，推动中法关系保持健康稳定快速发展。中法要切实照顾彼此核心利益和重大关切；发掘航空、能源、金融、可持续发展及更广泛领域合作潜力；加强在联合国等多边框架下合作。中方重视法方作为巴黎气候变化大会东道国的地位和作用，愿与法方加强沟通协调，按照“共同但有区别的责任”原则、公平原则、各自能力原则，共同推动巴黎大会如期达成全面、均衡、有力度的新协议。

奥迪贝尔表示，奥朗德总统高度重视法中关系，致力于积极深化两国政治互信、推进双方务实合作。中国“一带一路”倡议为法中合作提供了新的机遇。法方期待着同中方共同努力，推动巴黎气候变化大会取得成功。

同日，国务院副总理张高丽在北京会见奥迪贝尔时表示，在两国元首的推动下，中法全面战略伙伴关系已进入更加紧密持久的新时期，两国政治互信更加巩固，务实合作加速转型升级，开辟了第三方市场合作的新方向，人员往来更加便利，人文交流日趋深入，共同为促进世界和平与繁荣做出了积极贡献。中国政府高度重视气候变化问题，把推进绿色低碳循环发展作为生态文明建设的重要内容。中方愿与法方加强沟通协调，按照“共同但有区别的责任”原则、公平原则和各自能力原则，共同推动巴黎气候变化大会取得成功。奥迪贝尔表示，法中关系各领域对话合作富有成果，第三方市场合作迈出步伐。法国高度重视中国在应对气候变化问题上发挥的积极而重要的作用，愿与中方密切合作，共同为巴黎气候变化大会取得成功作出努力和贡献。

9月15日

［纲　文］　**《人民日报》发表题为《落细落小，注重细节小事——二论学习贯彻习近平总书记践行“三严三实”新要求》的评论员文章。**

9月15—16日

［纲　文］　**全国人大常委会办公厅在北京召开加强县乡人大工作和建设座谈会。**

［目　文］　座谈会由全国人大常委会办公厅举办。全国人大常委会委员长张德江出席会议并讲话。全国人大常委会副委员长王胜俊、陈昌智、严隽琪、沈跃跃、吉炳轩、张平、向巴平措、张宝文出席会议。北京、内蒙古、江苏、浙江、河南、广东、四川、贵州、甘肃等省区市人大常委会负责人在全体会议上就贯彻落实中央要求、加强县乡人大工作和建设作了交流发言。

张德江强调，加强县乡人大工作和建设，是新形势下以习近平为总书记的党中央加强人大工作、推进社会主义民主法治建设的重大部署，全国人大和地方各级人大要坚持党的领导，坚持人民主体地位，坚持从国情和实际出发，切实增强做好新形势下县乡人大工作的思想自觉和行动自觉。加强县乡人大工作和建设，要加强党对换届选举工作的领导，依法选好县乡人大代表，把好代表“入口关”，把好选举“组织关”，把好全过程“监督关”；要全面提高县乡人大依法履职工作水平，开好县乡人大会议，正确把握和加强人大监督职能，依法讨论、决定重大事项，认真做好人事选举任免工作；要密切人大代表同人民群众的联系，加强国家机关同人大代表的联系，充分发挥人大代表作用，人大代表要自觉接受人民监督；要切实加强县乡人大建设，健全县级人大组织机构，加强街道人大工作机构，积极发挥乡镇人大主席团和主席、副主席作用。

9月15—16日

［纲　文］　**第2届全球重大挑战论坛在北京举行。**

［目　文］　论坛由中国工程院、美国国家工程院、英国皇家工程院共同举办，主题为“迎接全球挑战，探索协作解决之道”。来自中、美、英三国政府，全球工程科技及产业界等领域代表800多位院士、专家及青年学生出席会议。工程科技专家们围绕可持续发展、卫生、能源、生活质量、教育、安全与灾害恢复、城市基础设施等七个议题进行深入探讨与交流。

李克强向论坛致贺信表示，当前全球面临资源短缺、环境污染、气候异常、灾害疫情频发等诸多严峻挑战，需要多领域、多学科和国际社会协同配合。中国作为最大的发展中国家，既面临繁重艰巨的发展任务，也面临各种风险挑战，需要以创新为支撑、以发展为基础有效应对。我们积极实施创新驱动发展战略，推动大众创业、万众创新，不仅调动了小微企业、成长性企业的积极性，也激发了社会各阶层包括科研人员和大企业管理人员、技术骨干的创业创新热情。这将有利于保持中国经济中高速增长、迈向中高端水平，增强应对风险挑战的能力，形成在发展中积蓄应对挑战的强大力量、在应对挑战中实现可持续发展的良性循环。希望各国工程、科学、产业等各界发挥各自优势，加强交流合作，提出更多切实可行的解决方案，为缔造一个更加美好的世界贡献力量。

9月15—16日

［纲　文］　**第一届中美气候智慧型/低碳城市峰会在洛杉矶召开。**

［目　文］　此次峰会为落实2014年11月国家主席习近平和美国总统奥巴马共同发表的《中美气候变化联合声明》，推进中美应对气候变化合作而召开。国家主席习近平特别代表、国务委员杨洁篪和美国副总统拜登出席峰会闭幕式。中国气候变化事务特别代表解振华、美国国务卿科技顾问图里奇等出席会议。中美与会的省州市在峰会上联合发表了《中美气候领导宣言》。发展改革委、北京市政府等9个单位与美方对口合作单位签署了低碳发展合作协议或谅解备忘录。会议期间，杨洁篪分别会见了美国副总统拜登和洛杉矶市市长贾塞提。

9月15—17日

［纲　文］　**应国务院副总理张高丽邀请，越南政府副总理阮春福对中国进行正式访问。**

［目　文］　国务院总理李克强、中共中央政治局常委王岐山在北京分别会见阮春福。张高丽在北京与阮春福举行会谈。阮春福出席了在广西南宁举行的第十二届中国—东盟博览会。

李克强在会见阮春福时表示，2015年适逢中越建交65周年，年初以来双方高层交往频繁，两国关系持续向好，海上、陆上、金融合作三线并举战略格局初步形成。下阶段，双方要着眼全局，加强战略沟通，增进政治互信，保持高层交往，推动中越关系稳定健康发展。在当前国际经济形势发生新的复杂变化背景下，中越双方推动“一带一路”同“两廊一圈”有效对接，以国际产能合作带动工业化和经济结构转型升级，有利于两国全面经济合作和区域互联互通，造福两国人民，惠及周边发展。双方要以维护海上稳定、推进海上合作和加强人文交流为纽带，增进两国民众对发展中越友好的信心。希望双方尽早启动北部湾湾口外海域共同考察，筹备好第三届中越青年大联欢等交流活动，将中越传统友谊维护好、发展好、传承好。阮春福表示，发展健康稳定的越中关系，是越南坚定不移的外交方针和对外关系的优先方向。越方愿同中方一道，密切高层交往，增强战略互信，加强各领域互利合作，推动海上、陆上、金融工作组继续取得新进展，促进两国民间友好往来，共同维护海上稳定并逐步开展海上合作，推动越中全面战略合作伙伴关系不断向前发展。

张高丽与阮春福会谈时表示，双方要密切党际交往，加强战略沟通。要深化执法安全合作，促进各自稳定和发展。要按照海上、陆上、金融合作“三线并举”的战略思路，用好双边合作指导委员会等机制，推动“一带一路”和“两廊一圈”实现有效对接，加强产能、跨境经济合作区建设、贸易、基础设施、投资、金融和地方务实合作，实现互利共赢。要扩大人文交流，进一步加强科技、教育、文化、青年、旅游等领域合作。要妥善管控分歧，维护海上稳定，推进海上合作。阮春福表示，越中两国山水相连，传统友谊深厚。越方始终高度重视发展对华关系，愿与中方一道，保持高层交往，增进政治互信，加强人文交流，不断深化贸易、基础设施建设、投资、产能、金融、交通互联互通、地方等各领域务实合作，管控好海上分歧，推动越中全面战略合作伙伴关系长期健康稳定发展。

王岐山在会见阮春福时指出，要坚定中国特色社会主义道路自信，这条道路是实现两个百年奋斗目标和中华民族伟大复兴的必然选择、必由之路。全面从严治党永远在路上，我们任务艰巨、决心坚定。要保持坚强定力、保持力度节奏，不刮风不搞运动。党的作风正在向好的方向转变，腐败蔓延的势头正在得到遏制，只要坚持坚持再坚持，就能取得从严治党的新成效，确保党始终成为中国特色社会主义坚强领导核心。阮春福表示，愿与中方在反腐败工作上加强交流合作。

9月16日

［纲　文］　**中国人民抗日战争暨世界反法西斯战争胜利70周年纪念活动总结大会在北京举行，习近平会见参会代表**。

［目　文］　中共中央总书记习近平在人民大会堂会见纪念活动各工作机构负责人和工作人员、演职人员、受阅部队官兵代表，向出色完成纪念活动筹办工作的全体人员表示衷心感谢和诚挚慰问。

纪念活动领导小组组长刘云山出席总结大会并讲话。纪念活动领导小组副组长刘奇葆、范长龙、栗战书、郭金龙、郭声琨等纪念活动领导小组成员、各工作机构和北京市等有关方面负责人以及工作人员、演职人员、受阅部队官兵代表等出席大会。

会上传达了习近平主持召开中央政治局常委会会议上听取纪念活动总结工作报告时的讲话。习近平指出，中国人民抗日战争暨世界反法西斯战争胜利70周年纪念活动办得很成功，有气势、有特色、有亮点，充分体现了铭记历史、缅怀先烈、珍爱和平、开创未来的主题，实现了伟大民族精神的巨大升华，凝聚了戮力同心的奋斗力量，坚定了中国特色社会主义道路自信、理论自信、制度自信，展示了我国维护和平正义的国际形象。纪念活动集中宣示了中国人民抗日战争作为世界反法西斯战争东方主战场的历史地位和对世界反法西斯战争胜利的重大贡献，增强了国际社会对我国在第二次世界大战中做出重大历史贡献的认同，必将在全国各族人民心中留下深刻的集体记忆，必将对中国发展、对世界和平与发展产生重大影响。纪念活动筹办工作千头万绪，难度很大。在党中央坚强领导下，纪念活动领导小组指挥有力，各工作机构和有关方面相互配合、精心组织，各界群众积极参与、热情支持，确保了各项纪念活动圆满成功。要把纪念活动中收获的精神财富转化为推动事业发展的强大动力，转化为做好改革发展稳定各项工作的强大力量，转化为协调推进“四个全面”战略布局的强大正能量，转化为实现“两个一百年”奋斗目标、实现中华民族伟大复兴中国梦的实际行动。

刘云山在会上指出，习近平总书记的重要讲话充分肯定纪念活动筹办工作，深刻阐述纪念活动的重大意义和深远影响，对深化拓展纪念活动成果提出明确要求，要认真学习领会、很好贯彻落实。纪念活动高扬了铭记历史、缅怀先烈、珍爱和平、开创未来的主题，极大激发了人们的爱国热情，展现了中国良好的国际形象。活动的成功举办，是以习近平为总书记的党中央坚强领导的结果，是社会各界和人民群众大力支持的结果，是各有关工作机构和一线人员团结协作的结果，要认真总结成功经验，巩固和拓展纪念活动的思想成果、理论成果、精神成果。要深入学习宣传贯彻习近平总书记在纪念抗战胜利70周年系列活动上的重要讲话精神，领会思想观点、把握精髓要义，切实用讲话精神指导实践、推动工作。

9月16日

［纲　文］　**李克强主持召开国务院常务会议。**

［目　文］　会议主要内容是：一、听取政策落实第三方评估汇报，把简政放权和放管结合等改革推向纵深。会议指出，受国务院委托，全国工商联、中国国际经济交流中心及相关高校、研究机构等对简政放权和放管结合、支持小微企业、金融服务实体经济、区域协同发展等政策落实情况作了第三方评估。评估结果显示了这些改革发展举措对推动经济增长、促进结构优化、激发企业活力等正在发挥积极效应，同时也揭示了政策落实中存在的问题。对此，会议要求，一要标本兼治，深入推进简政放权和放管结合，提高放权的含金量，增强监管的有效性，突出便民服务的主动性，打掉违法中介和不合理收费，对不负责、不作为等大力追责整改。二要落实小微企业税收优惠和清费政策，加大财政对企业贷款、担保等的支持，发展中小金融机构，降低融资成本，缓解小微企业融资难题。三要加强统筹规划，以投融资、贸易便利化等改革推动区域协同发展和产业转移承接，打造新的增长点。二、部署建设大众创业万众创新支撑平台，用新模式汇聚发展新动能。会议认为，推动大众创业、万众创新，需要打造支撑平台。一是以众智促创新。二是以众包促变革。三是以众扶促创业。四是以众筹促融资。五是在开放中促进创业创新。三、确定扩大固定资产加速折旧优惠范围，推动产业加快改造升级。为拉动有效投资、促进产业升级、

加快发展“中国智造”，会议决定，在原有生物药品、仪器仪表制造等6个行业基础上，扩大固定资产加速折旧优惠范围，对轻工、纺织、机械、汽车4个领域重点行业的企业在2015年1月1日后新购进的固定资产，允许缩短折旧年限或采取加速折旧方法。四、决定全面建立困难残疾人生活补贴和重度残疾人护理补贴制度，强化民生兜底保障。会议指出，实施困难残疾人生活补贴和重度残疾人护理补贴，是保民生、兜底线、促公平的重要举措。会议决定，按照自愿申请、公开透明、应补尽补原则，由各地对困难残疾人额外生活支出和重度残疾人长期照护支出给予补助，不计入城乡低保家庭收入，中央财政通过增加转移支付予以支持，并与社会救助、保险、慈善等有效衔接，发挥叠加效应，缓解他们的后顾之忧。

9月16日

［纲　文］　**林业局在拉萨举行“西藏羌塘藏羚羊、野牦牛国家公园”授牌仪式，中国第一个大型野生动物类型国家公园成立。**

9月16日

［纲　文］　**最高法、最高检、公安部、安全部、司法部印发《关于依法保障律师执业权利的规定》，自2015年9月16日起施行。**

9月16日

［纲　文］　**最高法印发《关于充分发挥审判职能作用切实维护公共安全的若干意见》。**

［目　文］　《意见》的内容有：一、提高思想认识，切实增强维护公共安全的责任感和使命感。二、依法严惩严重刑事犯罪，有效维护社会稳定。三、依法惩治危害安全生产犯罪，促进安全生产形势根本好转。四、做好涉民生案件审判工作，切实保障人民群众合法权益。五、依法惩治信息网络犯罪，维护社会秩序。六、积极参与社会治安综合治理，促进健全公共安全体系。

9月16日

［纲　文］　**上海合作组织成员国经贸部长第14次会议在西安市举行。**

［目　文］　本次会议以上合组织区域经济合作与“一带一路”对接为主题，围绕当前上合组织区域经济合作问题进行讨论，各方围绕落实7月上合组织乌法元首峰会取得的共建“一带一路”成果，达成了9项具体举措。

会议主席、中国代表团团长、商务部部长高虎城率团出席会议。来自上合组织成员国、观察员国、对话伙伴国的16国经贸部长，以及上合组织秘书处、实业家委员会、银行联合体、欧亚经济委员会出席了会议。

17日，国务院副总理汪洋在北京集体会见各方代表团团长时代表中国政府对会议成功举行表示祝贺并呼吁各方在共建“一带一路”、改善贸易结构、扩大产业投资、推动贸易便利化进程等方面加强合作，推动区域合作再上新台阶。

9月16日

［纲　文］　**杭州获得2022年亚运会举办权。**

［目 文］ 第 34 届亚奥理事会代表大会在土库曼斯坦阿什哈巴德举行，亚奥理事会主席艾哈迈德亲王在大会上宣布："中国杭州获得 2022 年亚运会举办权。"杭州成为继北京、广州之后，第 3 个举办亚运会的中国城市。

9 月 16 日

［纲 文］ **中央档案馆、中华书局在中国人民抗日战争纪念馆举行《中央档案馆藏日本侵华战犯笔供选编》发布会。**

［目 文］ 《选编》由中央档案馆主编，中华书局出版发行。中央档案馆保存有侦讯 1109 名日本侵华战犯的档案。本书共选收 800 多名日本侵华战犯的笔供，数量之多、内容之巨为历次之最，绝大部分供述为首次公布，具有极大的历史价值。本书共 120 册，分两辑出版。第一辑 50 册，涉及战犯 327 人，档案超过 26000 页。

9 月 16 日

［纲 文］ **《人民日报》发表题为《修枝剪叶，自觉改造提高——三论学习贯彻习近平总书记践行"三严三实"新要求》的评论员文章。**

9 月 16—17 日

［纲 文］ **"2015 · 北京人权论坛"在北京举行，习近平致信祝贺。**

［目 文］ 国家主席习近平在贺信中说，在中国人民抗日战争暨世界反法西斯战争胜利 70 周年之际，本届"北京人权论坛"以"和平与发展：世界反法西斯战争的胜利与人权进步"为主题，有利于推动各方对保障人类和平权、发展权的深入思考。我代表中国政府和中国人民，并以我个人的名义，对论坛的举行表示祝贺。70 年前，为维护人类和平、正义、尊严，全世界热爱和平与自由的国家和人民，经过艰苦卓绝的浴血奋战，付出数以千万计生命的代价，赢得了世界反法西斯战争的胜利。中国人民抗击日本军国主义的野蛮侵略长达 14 年之久，为世界反法西斯战争胜利付出了巨大牺牲、做出了重大贡献。近代以后，中国人民历经苦难，深知人的价值、基本人权、人格尊严对社会发展进步的重大意义，倍加珍惜来之不易的和平发展环境，将坚定不移走和平发展道路、坚定不移推进中国人权事业和世界人权事业。中国共产党和中国政府始终尊重和保障人权。长期以来，中国坚持把人权的普遍性原则同中国实际相结合，不断推动经济社会发展，增进人民福祉，促进社会公平正义，加强人权法治保障，努力促进经济、社会、文化权利和公民、政治权利全面协调发展，显著提高了人民生存权、发展权的保障水平，走出了一条适合中国国情的人权发展道路。实现人民充分享有人权是人类社会的共同奋斗目标。人权保障没有最好，只有更好。国际社会应该积极推进世界人权事业，尤其是要关注广大发展中国家民众的生存权和发展权。中国人民正在为实现中华民族伟大复兴的中国梦而奋斗，这将在更高水平上保障中国人民的人权，促进人的全面发展。中国主张加强不同文明交流互鉴、促进各国人权交流合作，推动各国人权事业更好发展。希望各方嘉宾积极探讨、集思广益，为促进世界人权事业健康发展做出贡献。

"2015 · 北京人权论坛"由中国人权研究会、中国人权发展基金会共同主办。主题是："和平与发展：世界反法西斯战争的胜利与人权进步"。来自世界30余个国家和地区的100多位人权高级官员、专家学者和相关机构负责人进行坦诚交流和深入讨论。中宣部部长刘奇葆出席开幕式并宣读习近平的贺信并致辞。中国人权研究会会长罗豪才、中国人权发展基金会理事长黄孟复、乌兹别克斯坦国家人权中心主任阿克曼·卡尔马托维奇·萨义多夫、英国工党上院资深议员纳尔·福布斯·戴维逊勋爵在开幕式上致辞。

9月16—18日

［纲　文］　**张高丽在南宁调研。**

［目　文］　国务院副总理张高丽在调研期间，听取了经济运行、简政放权、棚户区改造、企业生产经营等情况并主持召开"十三五"规划编制工作座谈会。

张高丽指出，制定好"十三五"规划，描绘好未来五年国家发展蓝图，具有十分重要的意义。必须深入学习贯彻习近平总书记系列重要讲话精神，贯彻李克强总理指示要求，努力制定一个与时俱进、科学管用、耳目一新的规划。要坚持把发展作为第一要务，创新和完善宏观调控，发挥消费的基础作用和投资的关键作用，促进经济持续健康发展。要坚持实施创新驱动发展战略，推进以科技创新为核心的全面创新，推动经济保持中高速增长、迈向中高端水平。要坚持城乡区域协调发展，拓宽发展新空间，培育发展新动力。要坚持深化改革扩大开放，消除制约经济社会发展的体制机制障碍，进一步解放和发展社会生产力、解放和增强社会活力。要坚持绿色循环低碳发展，扎实推进生态环境保护，打好大气、水、土壤污染防治"三大战役"，建设天蓝地绿水清的美丽中国。要坚持公平包容、共建共享，实施精准扶贫、精准脱贫，补齐民生短板，让改革发展成果更多、更公平、更实在地惠及广大人民群众。

9月16—17日

［纲　文］　**第10届中国—东盟文化论坛在广西南宁举行。**

［目　文］　论坛由文化部和广西壮族自治区人民政府共同主办，文化部外联局与广西壮族自治区文化厅承办，中国—东盟中心和东盟基金会协办。本届论坛以"新常态 新合作——东盟共同体建成后的10+1文化合作"为主题，中国与东盟各国约200名代表参会。

9月17日

［纲　文］　**国务院决定免去王仲伟的国务院副秘书长职务。**

9月17日

［纲　文］　**保监会发布《关于深化保险中介市场改革的意见》。**

［目　文］　《意见》由三部分组成：一、指导思想、总体目标和基本原则；二、主要任务；三、保障措施。

《意见》指出，深化保险中介市场改革工作，涉及监管理念转变和市场机制调整，与保险业市场化改革、保险市场运行机制变革紧密相联，各单位要加强统筹，有重点、有步骤、有秩序地抓好落实和推进工作。

9月17日

［纲　文］　**财政部、税务总局印发《关于进一步完善固定资产加速折旧企业所得税政策的通知》，自2015年1月1日起执行。**

9月17日

［纲　文］　**质检总局、发展改革委公布《节能低碳产品认证管理办法》。**

［目　文］　《办法》共5章41条，主要有总则、认证实施、认证证书和认证标志、监督管理、附则等内容。自2015年11月1日起施行，发展改革委、国家认监委于2013年2月18日制定发布的《低碳产品认证管理暂行办法》同时废止。

9月17日

［纲　文］　**国务院总理李克强、全国政协主席俞正声在北京分别会见印度尼西亚人民协商会议主席祖尔基弗利。**

［目　文］　李克强在会见祖尔基弗利时表示，中国与印尼隔海相望，互为近邻，同为东亚地区有重要影响的国家，2015年又迎来两国建交65周年。希望双方积极开展各层级友好交往，推进各领域务实合作，更好惠及两国人民，助力地区的稳定、繁荣与发展。中方愿将“21世纪海上丝绸之路”倡议同印尼“全球海洋支点”规划相衔接，开展国际产能合作，推进工业化进程，促进合作迈上新台阶。希望印尼人民协商会议同中国全国政协加强交流合作，增进两国人民之间的友谊，推动双方政府、企业间达成的协议顺利落实。祖尔基弗利表示，印尼同中国的友谊源远流长，当前两国发展愿景相近。印尼方愿同中方加强各领域交流，开展海上互联互通、投资、金融、能源等领域合作，密切企业、民间等各界联系，推动两国间合作协议得到全面落实。

俞正声在会见祖尔基弗利时表示，中国和印尼都处于国家建设和发展的关键时期，两国合作空间广阔。中方愿同印尼方一道，落实两国领导人共识，切实对接好各自发展战略，加强基础设施建设等各领域互利合作，推进人文交流与地方合作，加强在国际和地区问题上协调配合。中国全国政协重视发展同印尼人协（即印度尼西亚共和国人民协商会议）的友好关系，愿与印尼人协增进交流，为两国关系发展做出更大贡献。祖尔基弗利说，印尼愿加强和中方合作，希望通过此访进一步促进印尼人协同中国全国政协之间的交流，为两国关系发展贡献力量。

9月17日

［纲　文］　**全国人大常委会委员长张德江在北京会见哈萨克斯坦“祖国之光”党第一副主席梅尔扎赫梅托夫率领的代表团。**

［目　文］　张德江说，当前中哈两国各领域合作达到前所未有的水平。前不久，习近平主席和纳扎尔巴耶夫总统共同签署了全面战略伙伴关系新阶段的联合宣言，这必将有利于推动两国发展战略对接、深化双方务实合作、促进共同发展繁荣。中国共产党同哈萨克斯坦“祖国之光”党都是执政党，应通过合作，继续保持党际关系与国家关系高水平同

步发展。中国全国人大愿与哈议会加强友好往来，共同推动两国关系向更高水平发展。梅尔扎赫梅托夫说，哈中两国元首成功会晤使哈人民深受鼓舞。希望双方继续密切合作，落实好两国元首共识。

9月17—19日

［纲　文］ **汪洋在甘肃调研扶贫工作并出席“三西”扶贫开发现场会。**

［目　文］ “三西”包括甘肃河西、定西和宁夏西海固地区，是六盘山集中连片特困地区的核心区和最困难地区，也是中国有计划、有组织、大规模扶贫开发的发源地。国务院副总理汪洋在定西市贫困村、贫困户和扶贫龙头企业，调研了解精准扶贫、产业扶贫等情况，对“三西”扶贫取得的成就予以充分肯定并强调，“三西”开辟了开发式扶贫道路，创造了许多扶贫新思路、新模式、新经验，丰富了中国特色扶贫开发的内涵，为全国扶贫事业树立了典范。要清醒认识当前脱贫攻坚的形势和难度，弘扬和坚持“三西”扶贫开发宝贵经验，完善政策措施，加大工作力度，确保完成扶贫开发目标任务。要深化精准扶贫，不断完善建档立卡工作，让遗漏的、返贫的进来，让已脱贫的退出。因地制宜创造多样化的扶贫路径，推进资产收益扶贫，探索以财政扶贫资金作为农民股金，参股合作社或龙头企业，让懂市场会经营的人带领群众脱贫致富。创新扶贫方式方法，注重用财政扶贫资金撬动信贷资金和社会资金投入扶贫领域，调动各方面力量，形成扶贫合力。用好考核指挥棒，促进扶贫政策措施有效落实，确保取得有质量、可持续、经得起检验的扶贫成果。当前我国扶贫开发进入攻坚阶段，要认真贯彻落实党中央、国务院关于扶贫工作的决策部署，充分发挥政治优势和制度优势，深化精准扶贫、精准脱贫，不断推进改革创新，激发贫困地区和贫困群众发展的内生动力，坚定不移地将扶贫开发推向深入。

9月17—18日

［纲　文］ **第七轮中美工商领袖和前高官对话在北京举行，国家主席习近平会见中美工商领袖和前高官对话的美方代表。**

［目　文］ 习近平在会见双方代表时指出，中美关系的本质是互利共赢。中美两国在双边、地区、全球层面开展互利合作，不仅为两国和两国人民带来实实在在的利益，也为地区乃至世界和平、发展、繁荣做出重要贡献。中国经济的增长在世界主要经济体中居于前列。当前中国经济增速放缓引起国际社会关注，这实际上是我们转变发展方式、调整经济结构同前期刺激政策消化期叠加的结果。中美建交36年来，双方经贸合作的发展不仅使两国企业收获了丰厚利润和回报，也有力推动了两国经济社会发展，实现了互利共赢。未来中美双方要加强宏观经济政策协调，共同促进全球经济增长。中美作为世界上最大的两个经济体，有责任加强对国际经济合作的引领，维护国际金融稳定，推动全球经济治理改革，增强世界经济长期增长潜力。我们要积极推动双边贸易和投资便利化。中国将坚持改革开放的国策。美国工商界是中国改革开放的直接受益者，希望你们以更加积极态度支持中国改革开放。

对话由中国国际经济交流中心和美国全国商会联合举办会后，双方共同发表了《第七轮中美工商领袖和前高官对话联合声明》。中美双方代表呼吁进一步改善互惠互利的双边经贸关系。

中方代表指出，双方应加深彼此客观认识，消除猜疑和误解，坚定发展中美友好关系的信心。双方应直面分歧，真诚沟通，携手努力，不断释放正能量。中美可在宏观经济政策的沟通协调、尽快达成中美双边投资保护协定、切实改善双方投资环境、开拓产业合作新亮点、加强全球治理合作等方面推进务实合作。

美方代表表示，中美经贸合作有助于驱动创新和商业领域新增长点的形成，包括信息通信技术、农业、能效、环保技术等行业。美中两国应共同努力，大力推进经贸投资合作，采取具体行动，推动双边关系健康发展。

9月17—20日

［纲　文］　**第3届中国（绵阳）科技城国际科技博览会在四川绵阳科技城举行。**

［目　文］　科博会由科技部和四川省人民政府共同主办，科技部火炬中心、四川省级有关部门、绵阳市人民政府、中国（绵阳）科技城管委会承办。会展展览总面积8万平方米，设置了14个室内展区及部分室外展区，47个国家、地区和国内13个先行先试地区、高新区的819家单位参展，参展项目1944项、展品8647件；参会嘉宾近万人，参观人数56.3万人，其中超过8万人次专业观众参观交流。举办军民融合高新技术产品展示和交易、科技人才延揽、科技成果和专利技术发布与交易、国际军民融合创新发展论坛、国际先进制造业大会、国家高新区创新成果展等特色活动。

本届科博会首次设立了主宾国，参会参展的境外企业数、外宾数量创下新高，境外采购活动实现重大突破，专业化水平进一步提升。科博会共征集发布成果1054项，签订技术及投资合作协议60项，签约金额70.2亿元。科博会还首次发布了《中国军民融合发展报告2015》，分析解读了军民两用技术成果转化通道、军民融合体制机制等内容。

9月18日

［纲　文］　**国家主席习近平在北京会见新闻集团执行董事长默多克。**

［目　文］　习近平表示，中国和美国是世界上两个重要国家，两国拥有广泛共同利益和巨大合作潜力。我和奥巴马总统达成的重要共识是，中美两国的共同利益远远大于分歧。双方同意中美应努力构建新型大国关系。建立起不冲突不对抗、相互尊重、合作共赢的这样一种大国关系，符合两国人民共同利益。当前，中美关系总体发展良好。在两国政府和各界人士共同努力下，中美各领域交流合作不断取得积极进展，给两国人民带来了更多实实在在的好处，也有力促进了世界和平、稳定、发展。应奥巴马总统邀请，我即将对美国进行国事访问。我这次访问是为了同美方一道努力，继续拓展两国各领域务实合作，深化两国人民友谊，推动中美关系取得更大发展，更多更好地惠及两国人民和世界各国人民。我期待通过此访同奥巴马总统继续就双方共同关心的重大问题深入交换意见，保持两国高层战略沟通，为今后一个时期中美关系发展提出指导意见；展示中美在双边、地区、

全球层面的共同利益，推动双方在各个领域达成尽可能多的实质性成果；鼓励和扩大两国人民友好往来，增进两国人民相互了解，厚植中美关系民意基础。中国将继续对外国媒体持开放态度，欢迎外国媒体和记者来华采访报道，向世界介绍中国发展，帮助世界把握中国发展机遇，增进中国人民和各国人民相互理解和合作。

默多克表示，美中关系十分重要，两国共同利益日益增多，这是两国关系持续加强的重要保障。新闻集团及旗下新闻机构愿为增进美中两国人民的相互理解、促进两国合作做出积极努力。

9月18日

［纲　文］　**国家主席习近平就智利强烈地震向智利总统巴切莱特致慰问电**。

9月18日

［纲　文］　**中共中央、国务院印发《生态文明体制改革总体方案》**。

［目　文］　《方案》由十部分组成：一、生态文明体制改革的总体要求；二、健全自然资源资产产权制度；三、建立国土空间开发保护制度；四、建立空间规划体系；五、完善资源总量管理和全面节约制度；六、健全资源有偿使用和生态补偿制度；七、建立健全环境治理体系；八、健全环境治理和生态保护市场体系；九、完善生态文明绩效评价考核和责任追究制度；十、生态文明体制改革的实施保障。

《方案》强调，中央全面深化改革领导小组办公室、经济体制和生态文明体制改革专项小组要加强统筹协调，对本方案落实情况进行跟踪分析和督促检查，正确解读和及时解决实施中遇到的问题，重大问题要及时向党中央、国务院请示报告。

9月18日

［纲　文］　**国务院办公厅印发《关于推进线上线下互动加快商贸流通创新发展转型升级的意见》**。

［目　文］　《意见》由四部分组成：一、鼓励线上线下互动创新；二、激发实体商业发展活力；三、健全现代市场体系；四、完善政策措施。

《意见》指出，各地区、各部门要加强组织领导和统筹协调，结合本地区、本部门实际制订具体实施方案，明确工作分工，落实工作责任。商务部要会同有关部门做好业务指导和督促检查工作，重大情况及时报告国务院。

9月18日

［纲　文］　**李克强在北京主持召开深化国有企业改革和发展座谈会**。

［目　文］　张高丽等出席座谈会。中央和国务院有关部门、部分中央和地方企业及金融机构负责人参加会议。国资委及中国电子信息产业集团、国家开发投资公司、中国铁道建筑总公司、中国邮政集团、济南二机床集团等中央和地方国有企业负责人发了言，谈了企业当前运行、调整结构、改革创新的情况和面临的突出问题，提出了相关建议。

国务院总理李克强说，国有企业是党和国家事业发展的重要物质基础和政治基础，为推动发展、改善民生、提升国家综合实力做出了重大贡献，但也存在体制不顺、机制不活、管理不善等问题，2015年以来受各种因素影响，又出现总体利润下滑、亏损增多。要充分认识国企改革发展的重要性、紧迫性，准确把握和认真落实党中央、国务院关于国有企业改革和发展的有关精神与部署，坚持社会主义市场经济改革方向，着力推进国企改革，完善国有资产管理体制、现代企业制度和市场化经营机制，坚持和完善基本经济制度，毫不动摇巩固和发展公有制经济，毫不动摇鼓励、支持、引导非公有制经济发展，推进混合所有制改革，促进相互融合、共同发展。国有企业要把深化改革与稳增长、调结构、惠民生有机结合，围绕经济建设这个中心，主动担负起促进产业升级、扩大有效需求、提升经济竞争力等重任。要做好增量、盘活存量、主动减量，优化国有资本布局结构，推动企业兼并重组，抓紧处置“僵尸”企业、长期亏损企业和低效无效资产，提高国有资本配置和运行效率，加快技术改造和内部挖潜，减少亏损、扩大盈利，增强企业活力、竞争力和抗风险能力，确保国有资产保值增值，创造更多社会财富，促进宏观经济运行的整体改善。要坚持创新驱动发展战略，把国企改革与大众创业、万众创新紧密结合。国有企业要抓住国家推进“一带一路”建设和开展国际产能合作的机遇，充分利用中国产品性价比好、建设能力强等优势，主动对接国际市场需求，积极参与全球竞争与合作，在竞争中创出品牌，在进一步扩大开放中加强合作、拓展空间，实现企业发展水平跃升。国企改革涉及面广，要加强和改进党对国有企业的领导，充分发挥企业党组织政治核心作用。国有企业首先是企业，要落实《公司法》要求，推动完善企业法人治理结构，提高各类监督和监管的有效性，防止国有资产流失，使企业真正成为自主经营、自负盈亏、自担风险、自我约束、自我发展的独立市场主体。

9月18日

［纲　文］　**旅游局印发《关于实施“旅游+互联网”行动计划的通知》。**

［目　文］　《通知》的内容有：一、行动要求；二、重点行动；三、保障措施。

《通知》指出，到2018年，我国旅游业各个领域与互联网深度融合发展；互联网成为我国旅游产品创新和业态创新的重要动力，成为我国旅游公共服务和行业监管的重要平台；在线旅游投资占全国旅游直接投资的10%，在线旅游消费支出占国民旅游消费支出的15%。

9月18日

［纲　文］　**军队参加“9·3”纪念活动工作总结电视电话会议在北京召开。**

［目　文］　中央军委副主席范长龙、许其亮出席会议并讲话。中央军委委员赵克石、张又侠、吴胜利、马晓天、魏凤和等出席会议。

会议主内容是：传达习主席在中央政治局常委会听取中国人民抗日战争暨世界反法西斯战争胜利70周年纪念活动总结报告后的重要讲话，对军队参加纪念活动工作进行总结。

范长龙指出，习主席的重要讲话，立意高远，凝练深邃，具有很强的思想性、针对性和长远指导意义，要切实作为重要政治任务抓好贯彻落实。这次纪念活动进一步增强了人民群众对以习近平为总书记的党中央的信赖和拥护。广大官兵要把对党中央、习主席的信赖之情，转化为听党指挥、绝对忠诚的实际行动，坚决维护和自觉贯彻军委主席负责制，任何时候任何情况下都坚决听从党中央、中央军委和习主席指挥。军队和武警部队要牢记党和人民的期望重托，传承伟大抗战精神，担当起强军兴军的历史责任，扭住能打仗、打胜仗这一强军目标的核心要求，坚持战斗力这个唯一的根本的标准，大力发展先进军事技术，大力培养高素质新型军事人才，大力开展实战化军事训练，确保部队召之即来、来之能战、战之必胜。要以纪念活动为生动教材，引导官兵学历史、学传统、学英雄，激发做“四有”新一代革命军人的强大动力。要以阅兵为激励，持续抓整顿、全力抓备战、聚力抓改革、精心抓规划，彻底肃清郭伯雄、徐才厚等案件影响，把官兵在阅兵中焕发的精气神，引导到干好本职工作上来。要持续做好抓基层打基础的工作，严格落实各项安全措施和制度，再接再厉完成好年度各项任务。

许其亮指出，要按照习主席“四个转化”的指示要求，深度挖掘这次阅兵收获的思想精神财富，进一步焕发精神、汲取力量、开拓奋进。要以阅兵焕发出的崭新风貌投身强军兴军实践，在新的起点上推进军队建设、改革和军事斗争准备。要强化政治意识，深入学好习主席系列重要讲话，领悟精髓要义，转化运用到部队建设的方方面面。要强化使命意识，把练兵备战牢牢抓在手上，扎实做好各领域各方向军事斗争准备。要强化大局意识，一心一意拥护支持改革，在这场大考面前交出合格答卷。要强化严实意识，保持和发扬好阅兵中的从严、务实、朴实之风，全面彻底肃清郭伯雄、徐才厚流毒影响，坚定不移抓好整风整改，进一步纯正部队风气和政治生态，确保部队高度集中统一和安全稳定，确保各项任务圆满完成。

9月18日

［纲　文］　**军队参加和支援西部大开发领导小组第9次全体会议在北京召开。**

［目　文］　国家有关部门领导和专家分别介绍情况并观看了专题汇报片。中央军委副主席许其亮、副总参谋长孙建国，军队参加和支援西部大开发领导小组有关负责人出席会议。

许其亮指出，要深入学习领会和贯彻落实党中央、习主席战略部署，着眼服从服务“四个全面”战略布局，适应推进“一带一路”建设形势任务，树立“大支援”理念，从政治和战略的高度，主动作为，开拓创新，充分发挥我军战斗队工作队生产队作用，打造援建工作升级版。要按照党中央、习主席对推进西部地区跨越发展的新部署新要求，确立援建工作新理念新指导。要坚持把提供安全保证作为首要任务，在维护社会稳定上发挥压舱石作用。要坚持长期援建、久久为功，抓住影响发展稳定的突出矛盾问题，在打基础管长远上下功夫用力气。要倾注真情，密切党和军队与各族群众的血肉联系；抓住根本，把维护团结、凝聚人心作为着眼点；扭住关键，协助地方把基层党组织建成“钢筋铁骨”；勇于创新，不断探索援建新路子。要坚持把援建工作放在军民融合大战略中谋划，加快步伐，系统推进。更加注重重大项目互融互通，促进国防和军队建设主动服务经济社会发展；更加注重战略资源统筹利用，最大限度发挥综合效益；更加注重科技成果双向转化，共同催生新技术，孵化新产业，书写经济建设和国防建设融合发展新篇章。

9月18日

［纲　文］　**全国人大常委会委员长张德江、全国政协主席俞正声在北京分别会见津巴布韦参议长马宗圭。**

［目　文］　张德江在会见马宗圭时说，中国和津巴布韦结下的深厚友谊，已经成为中津关系发展的政治基础和可靠保证。2014年习近平主席和穆加贝总统共同规划了中津关系未来发展蓝图，双方应落实好两国元首达成的重要共识，将政治互信和经济互补优势转化为合作新动力，推动中津关系不断迈上新台阶。中国全国人大愿深化与津巴布韦参众两院的友好关系，加强各层次友好交往，开展治国理政经验交流，完善经贸合作法律保障，促进人文领域交流合作，以新的合作成果不断赋予两国传统友谊新的内涵，使中津友好薪火相传、永续发展。马宗圭说，津方高度重视发展与中国友好关系，希望通过此访进一步推动两国立法机关的交流与合作，提升各领域合作水平。

俞正声在会见马宗圭时说，中津建交35年来，双方务实合作成果丰硕，两国关系堪称中非团结合作的典范。2015年4月，习近平主席同穆加贝总统再次会面，就中津关系未来发展作出全面规划，推动两国关系发展驶上快车道。中方十分珍惜两国兄弟般的友好关系，希望双方高效落实两国元首达成的一系列重要共识，进一步增进政治互信，共同开创中津关系新局面。中国全国政协愿同津巴布韦参议院进一步增进交往，加强交流互鉴，促进各领域合作。马宗圭表示，津巴布韦参议院愿进一步加强同中国全国政协的交流合作，推动两国关系取得新的发展。

9月18日

［纲　文］　**第3次中法高级别经济财金对话在北京举行。**

［目　文］　国务院副总理马凯和法国财长萨潘共同主持对话。本次对话达成40项共识和成果。双方同意重点推动核能、航空航天、金融、共同开发第三方市场等领域合作。就人民币加入SDR货币篮子、推进大项目合作、设立第三方市场共同基金等问题达成重要共识。

马凯表示，中法关系发展势头强劲，本次对话的目的是落实两国元首的重要共识和两国总理2015年上半年互访达成的成果，加强双方宏观经济和财政金融政策协调，拓展经贸务实合作，深化金融市场与金融监管合作，共同推动全球经济复苏和全球经济治理改革进程。本次对话增进了双方对对方经济形势和前景的了解，增强了信心。中国经济稳中向好，法国经济复苏加快，两国应不断扩大双边、地区和全球层面合作，促进两国及全球经济金融稳定与发展。萨潘表示，法中关系从未如此紧密和富有成效，两国在贸易、经济、金融等领域务实合作保持高水平发展。法方对中国经济转型和经济增长有信心，期待更稳定、更公平的国际金融体系，更好反映欧元和人民币在国际经贸往来中的重要作用。法方支持中国办好2016年G20峰会。

同日，国务院总理李克强在北京会见萨潘时说，中方愿同法方加强宏观政策协调，提升民用核能、金融等领域合作，开展第三方市场合作，推动取得更多成果，开创中法合作新局面。中法为开展第三方市场合作率先成立共同基金，既是创新之举，也是开放之举。相信这一合作能够激发市场潜力，发挥示范效应，使参与合作的各方都受益。中国经济已同世界经济深度融合。中国下一步发展根本上还是要靠改革开放。我们利用外资总的政策不会改变，将继续放宽外资准入，提供更多便利。欢迎各国企业以合资、合作等方式来华投资兴业，抢抓先机，积极参与中国新兴产业发展。萨潘表示，法方高度重视李克强总理关于开展三方合作的建设性倡议，愿同中方加紧落实，争取早见成效。法方赞赏中国政府和领导层治理经济的举措，相信中国经济能够保持稳定，继续为世界经济增长作出贡献。

9月18日

［纲　文］ **《人民日报》报道，经中共中央批准，中共中央纪委对中国石油化工集团公司原董事、总经理、党组成员王天普严重违纪问题立案审查。**

［目　文］ 依据《中国共产党纪律处分条例》等有关规定，经中央纪委常委会议审议并报中共中央批准，决定给予王天普开除党籍处分；由监察部报国务院批准，给予其行政开除处分；收缴其违纪所得；将其涉嫌犯罪问题、线索及所涉款物移送司法机关依法处理。后于2017年1月24日，江西南昌中级人民法院公开宣判了王天普受贿、贪污案，对被告人数罪并罚判处有期徒刑15年6个月，并处罚金320万人民币。王天普受贿所得财物予以追缴，上缴国库，贪污所得财物返还中国石油化工集团公司。

9月18日

［纲　文］ **《人民日报》发表题为《从谏如流，自觉接受监督——四论学习贯彻习近平总书记践行“三严三实”新要求》的评论员文章。**

9月18—21日

［纲　文］ **第12届中国—东盟博览会和中国—东盟商务与投资峰会在南宁举行。**

［目　文］ 本届博览会和峰会由中国和东盟10国经贸主管部门及东盟秘书处共同主办，广西壮族自治区人民政府承办，以“共建21世纪海上丝绸之路——共创海洋合作美好蓝图”为主题。国务院副总理张高丽出席开幕式并发表《和平合作 开放包容 互利共赢 携手建设更紧密的中国—东盟命运共同体》的主旨演讲。泰国副总理塔那萨、缅甸副总统赛茂康、老挝副总理宋沙瓦和越南副总理阮春福也出席了开幕式并分别致辞。

会议期间，张高丽在南宁会见了与会的泰国副总理塔那萨、缅甸副总统赛茂康和老挝副总理宋沙瓦。

9月19日

［纲　文］ **中共中央办公厅印发《关于加强社会组织党的建设工作的意见（试行）》，并发出通知，要求各地区各部门结合实际认真贯彻执行。**

［目　文］《意见》由七部分组成：一、加强社会组织党建工作的重要意义和总体要求；二、明确社会组织党组织功能定位；三、健全社会组织党建工作管理体制和工作机制；四、推进社会组织党的组织和党的工作有效覆盖；五、拓展社会组织党组织和党员发挥作用的途径；六、加强社会组织党务工作者队伍建设；七、加强对社会组织党建工作的组织领导。

9月19—25日

［纲　文］**中国科协、教育部、科技部、工业和信息化部、中科院共同主办“第12届全国科普日”活动**。

9月20日

［纲　文］**中国新型运载火箭长征六号在太原卫星发射中心点火发射，成功将20颗微小卫星送入太空，创造了中国航天一箭多星发射的新纪录**。

9月20日—10月20日

［纲　文］**“在祖国的怀抱中——新疆维吾尔自治区成立60周年成就展”在北京举办**。

［目　文］成就展由新疆维吾尔自治区党委、人民政府主办，以“在祖国的怀抱中”为主题，分为“历程篇·发展的新疆”“成就篇·奋进的新疆”“惠民篇·幸福的新疆”“风采篇·和谐的新疆”“展望篇·希望的新疆”等板块。展览通过700多张图片、200多件实物、40多幅图表以及生动新颖的多媒体演示，充分展示了在党中央的亲切关怀和全国人民的大力支援下，新疆各族人民团结和谐、艰苦奋斗、奋发有为的精神风貌和取得的重大成就。

23日，俞正声、刘延东、张春贤、艾力更·依明巴海、张庆黎、王正伟、赵克石等参观展览。

9月21日

［纲　文］**国家主席习近平同俄罗斯总统普京分别向中俄友好、和平与发展委员会第10次全体会议致贺词**。

［目　文］习近平在贺词中表示，中俄友好、和平与发展委员会成立18年来，为增进两国人民相互了解、深化传统友谊做了大量工作，成为推动两国民间友好交流的一支生力军。当前，中俄两国人民对发展中俄关系、加强各领域合作、增进了解和友谊都有更高期待。希望中俄友好、和平与发展委员会以此次会议为契机，在扩大两国民间交流、巩固两国人民传统友谊、促进双边关系发展方面开拓创新，争取更多成果。

普京在贺词中表示，俄中友好、和平与发展委员会的积极工作巩固了两国全面战略协作伙伴关系的社会基础，增进了两国人民之间的理解和信任。希望此次全会为进一步促进双方在社会经济、科学技术和人文等领域的合作做出新的贡献。

中俄友好、和平与发展委员会第10次全体会议21日至25日在莫斯科举行。委员会中方主席戴秉国、副主席邓榕和俄副总理德沃尔科维奇、委员会俄方主席季托夫，以及双方各理事会成员及代表100余人与会。

9月21日

［纲　文］　**中组部在北京召开部分地区单位深化“三严三实”专题教育工作座谈会。**

［目　文］　中组部部长赵乐际主持会议，中共中央政治局常委刘云山出席会议并讲话。北京、内蒙古、辽宁等省区市党委组织部部长和商务部、中石油、西安交大负责人发言。座谈会上，与会人员普遍反映专题教育开展以来，领导干部党性修养有了新提高，作风有了新变化，中央政治局以“三严三实”为题进行集体学习，又一次为全党做出表率，为专题教育注入新动力。

刘云山指出，要深入学习贯彻习近平总书记在中央政治局第二十六次集体学习时的重要讲话，按照立根固本、落细落小、修枝剪叶、从谏如流的要求，从严从实推进专题教育，确保取得党和人民满意的成效。习近平总书记重要讲话明确提出践行“三严三实”的新要求，各级领导干部要时时铭记、事事坚持、处处上心，切实发挥旗帜和标杆作用。理想信念是作风的基石，深化专题教育，要突出抓好理想信念教育，深入学习习近平总书记系列重要讲话精神，深化党章和党纪党规学习，打牢践行“三严三实”的思想基础。开展学习研讨，要联系实际、注重质量，把自己摆进去，把思想晒一晒，看一看在忠诚党的理想和事业上做得怎么样，在践行党的宗旨上做得怎么样，在遵守党的政治纪律和组织纪律上做得怎么样，防止泛泛而谈、流于表面。要发挥正反两方面典型作用，既从先进典型、英雄模范中汲取正能量，又从反面典型中受警醒、知敬畏，始终保持共产党人的操守。深化专题教育，重在解决问题。要强化问题导向，把组织力量、班子力量、个人力量、群众力量结合起来，认真查找解决不严不实问题，不等不拖、落细落小，从一个个具体问题改起，从一件件具体事情做起。要高质量开好专题民主生活会和组织生活会，在深入谈心基础上认真开展批评和自我批评，把问题挖深入、把根源弄清楚、把整改措施定实在。要把解决基层干部不作为、乱作为、贪腐以及执法不公等问题，纳入县一级“三严三实”专题教育，集中开展专项整治，解决群众反映强烈的突出问题，加强基层组织和干部队伍建设，让群众看到实实在在的变化。各级党委（党组）要强化推进专题教育的主体责任，强化党委（党组）书记第一责任人的责任，强化领导班子成员一岗双责，加强督促指导，认真严肃问责，推动责任落实。要坚持两手抓两促进，把专题教育着力点放到协调推进“四个全面”战略布局上，放到推动改革发展稳定上，用经济社会发展成果检验专题教育成效。

9月21日

［纲　文］　**最高法印发《关于完善人民法院司法责任制的若干意见》。**

［目　文］　《意见》的内容有：一、目标原则；二、改革审判权力运行机制；三、明确司法人员职责和权限；四、审判责任的认定和追究；五、加强法官的履职保障；六、附则。

9 月 21 日

［纲　文］ **住房城乡建设部公布《关于推动建筑市场统一开放的若干规定》，自2016 年 1 月 1 日起施行。**

9 月 21 日

［纲　文］ **环境保护部、商务部、科技部发布《关于同意徐州高新技术产业开发区等 5 个园区建设国家生态工业示范园区的通知》。**

［目　文］ 《通知》说，按照《国家生态工业示范园区管理办法（试行）》规定的程序，徐州高新技术产业开发区、锡山经济技术开发区、吴中经济技术开发区、天津子牙经济技术开发区、长沙高新技术产业开发区创建国家生态工业示范园区建设规划和技术报告已先后通过预审、专家论证。经国家生态工业示范园区建设协调领导小组办公室审查，现批复如下：一、同意徐州高新技术产业开发区、锡山经济技术开发区、吴中经济技术开发区、天津子牙经济技术开发区、长沙高新技术产业开发区开展国家生态工业示范园区建设。二、各园区要按照工业生态学原理，结合地区和园区的现状和特色，针对园区发展的主要问题，进一步明确生态化建设与改造的目标与方向，优化规划指标，细化生态工业链网完善措施，深化区内企业在废物和能量利用方面的合作，强化项目支撑和措施保障，切实提高资源、能源利用效率，减少污染物的产生和排放量。三、各园区要加强组织领导，结合地区和行业发展及自身实际情况，依据园区建设规划和《综合类生态工业园区标准》或《静脉产业类生态工业园区标准》的要求，认真抓好规划的实施工作。严格落实责任，将规划中的重点项目逐一分解落实到具体承办单位和人员，落实实施规划工作需要的相关资源、建设资金和各项建设条件，组织好建设工作。四、各园区要及时向国家生态工业示范园区建设协调领导小组办公室报送园区建设进展情况和重大问题，每年对生态工业建设绩效进行自评价，并于次年 5 月份前将年度评价报告报送领导小组办公室。

9 月 21 日

［纲　文］ **第 7 次中英经济财金对话在北京举行。**

［目　文］ 国务院副总理马凯和英国财政大臣奥斯本共同主持对话。本次对话共达成 53 项成果。双方同意推进核能、高铁等大项目合作，并在第三方市场开展国际产能合作。双方就人民币加入 SDR 货币篮子、对接“一带一路”和英国“北方经济增长区”计划、深化两国金融合作、推动中欧投资协定谈判等达成重要共识。

马凯表示，习近平主席即将应邀对英国进行国事访问，这将是中英关系史上的重要里程碑。本次对话旨在积极落实两国政府首脑去年达成的共识，并为两国领导人会晤积极做好相关准备。中英两国经济稳步增长，结构改革成效显著，是全球经济缓慢复苏背景下的亮点。两国应加强在二十国集团、国际货币基金组织、亚投行等机构内合作，共同推动国际宏观经济政策协调和全球经济治理体系改革，促进两国和全球经济持续稳定增长。同时，深化双方贸易和投资合作，推动大项目合作取得突破性进展，并继续重点加强金融合作。

奥斯本表示，英方热切期待习近平主席访英。英方对中国经济发展前景抱有信心，愿成为西方国家中对华最开放、最理想的合作伙伴。英方支持人民币国际化、支持中国明年举办 G20 峰会。

同日，国务院总理李克强在北京会见奥斯本时表示，希望中英秉持开放共赢、开拓进取的理念，在加强双边合作的基础上，积极开展第三方市场合作，为中英共同增长、包容发展的伙伴关系增添新的内涵。前一段时间，中国股市出现异常波动，中国政府有关方面及时采取稳定市场的措施，防范住了可能发生的系统性风险。中国金融业不断深化改革的总体方向不会改变，步伐不会停止，会继续有序推进。中国完善人民币汇率中间价报价机制的目的，是使人民币汇率形成机制更加市场化。人民币不存在持续贬值的基础，我们也绝不主张打货币战。中方赞赏英方在发达国家中率先发行人民币主权债券，希望英方继续积极支持人民币按国际货币基金组织（IMF）现行标准加入特别提款权（SDR）货币篮子，推动国际货币体系多元化，促进国际金融市场稳定。

奥斯本表示，英方乐见两国加强合作的共识正在不断得到落实，愿进一步扩大相互投资和重点项目合作，使英国成为中国在西方国家中“最好的伙伴”。英方支持 IMF 份额改革和人民币加入 SDR，希望加强两国金融市场对接，将伦敦打造成人民币离岸中心。英方赞赏中国政府深化改革、扩大开放的努力，对中国经济发展前景抱有信心。

9 月 21 日

［纲　文］　**中国和平统一促进会第 9 届理事大会在北京召开。**

［目　文］　中央统战部部长孙春兰主持会议。大会审议通过了中国和平统一促进会第八届理事会工作报告。全国政协主席俞正声当选会长，孙春兰当选为执行副会长，陈昌智、严隽琪、万鄂湘、张宝文、陈竺、韩启德、帕巴拉·格列朗杰、万钢、林文漪、齐续春、王钦敏当选为副会长，林智敏当选为秘书长。大会聘请周铁农、蒋树声、桑国卫、黄孟复、厉无畏为名誉副会长。国务委员杨洁篪，中国和平统一促进会九届理事，有关方面负责人，港澳台海外统促会代表共 400 余人出席大会。

9 月 21 日

［纲　文］　**2015“一带一路”媒体合作论坛在北京举行。**

［目　文］　论坛以“命运共同体，合作新格局”为主题，由人民日报社主办。来自 60 多个国家和国际组织的近 140 家主流媒体负责人出席论坛。

22 日，中央书记处书记刘云山在北京会见论坛外方代表时说，习近平主席倡议的“一带一路”建设，与和平发展的时代主题相契合，与中国改革开放的进步大势相一致，与构建人类命运共同体的现实需要相适应。“一带一路”是互联互通、合作共赢之路，也是和平之路、发展之路，不是中国一家的独奏，而是沿线国家的合唱，给世界带来的是机遇，给各国人民带来的是福祉。媒体是沟通民心的桥梁，希望各国媒体包括新媒体，发扬丝路精神，发挥自身优势，加强人员往来、深化业务合作，促进新闻信息共享，多做增进了解和互信的工作，为“一带一路”建设发出更多好声音，注入更多正能量。

9月21日

［纲　文］　**纪念董寅初诞辰100周年座谈会在北京举行。**

［目　文］　全国政协副主席杜青林主持座谈会。全国政协主席俞正声、致公党中央主席万钢出席座谈会。

中央统战部部长孙春兰在座谈会上缅怀了董寅初为国家富强、民族振兴、人民幸福不懈奋斗的理想追求和崇高风范，强调要学习他胸怀国家、情系民族的爱国精神；学习他一生服务侨胞、献身侨务的责任担当；学习他公而忘私、致力为公的高尚品格；学习他拥护中国共产党领导、走中国特色社会主义道路的坚定信念。

董寅初（1915年9月—2009年6月23日）是第八届全国政协副主席，中国致公党第九、十届中央委员会主席，第十一、十二届中央委员会名誉主席。

9月21日

［纲　文］　**财政部、税务总局印发《关于进一步完善固定资产加速折旧企业所得税政策的通知》。**

9月21日

［纲　文］　**中央军委副主席许其亮、国防部部长常万全在北京分别与安哥拉国防部长劳伦索会见、会谈。**

［目　文］　许其亮在会见劳伦索时说，中国和安哥拉友谊源远流长。2015年6月多斯桑托斯总统成功访华，同习近平主席就深化两国战略伙伴关系作出全面规划，为中安关系发展注入了新动力。中方希望继续保持两军高层互访，扩大人员交流，深化务实合作，共同推动两国、两军友好合作关系不断向前发展。劳伦索表示，这次访问是为了落实多斯桑托斯总统的访华成果，尤其是国防领域的成果。中安之间传统的、深厚的友谊未来必然会得到进一步加强。

常万全与劳伦索会谈时说，安哥拉是非洲有重要影响的国家，是中国在非洲的好朋友、好伙伴，两国在国际和地区事务中有着密切的配合。中安两军之间友谊深厚，中方愿同安方一道，共同促进两军关系向多层次、宽领域、全方位方向发展。劳伦索说，安哥拉视中国为可靠的伙伴和朋友，感谢中方长期以来给予的无私支持和帮助，愿与中方共同努力，在各领域加强务实合作，不断推动两国、两军关系向前发展。

9月21日

［纲　文］　**外交部部长王毅同美国国务卿克里通电话。**

［目　文］　王毅说，应奥巴马总统邀请，习近平主席明天将启程对美国进行国事访问，此访举世瞩目，对中美关系走向及国际形势演变都具有重要意义。习近平主席近日多次会见美方各界人士，愿意通过此访同奥巴马总统加强战略沟通，深化战略互信，拓展互利合作，增进两国人民相互了解和友谊，推动中美新型大国关系取得新的重要进展。

克里说，美方为即将迎接习近平主席进行国事访问感到振奋。美方团队正同中方一道，加紧各方面准备工作。美方有信心、有能力确保这次访问富有建设性和积极意义，能够在当前美中关系发展的重要时刻推动两国关系取得新的重要进展。

9月21日

［纲　文］　**吉林省军区原政治委员张英在大连逝世，享年99岁。**

9月21—26日

［纲　文］　**欧亚经济论坛在西安举行。**

［目　文］　本届论坛以“创新合作模式，共享丝路繁荣”为主题，旨在探寻欧亚各国共同参与“一带一路”建设的创新模式，加快提升地区互联互通水平，引领区域合作。论坛设开幕式暨全体大会，金融、科技、文化、旅游、生态、能源和教育等平行分会，新能源国际大会、工业催化技术大会、纳米科技大会等专业性学术会议，以及丝绸之路沿线城市市长圆桌会议、浐灞金融论坛、欧亚经济综合园区研讨会、欧亚经济论坛组委会工作会议、欧亚经济论坛智库会议等系列主题活动。论坛期间共计举办各类会议活动约50场次，参会代表总人数约2000人。

22日，国务院总理李克强在北京会见来华出席欧亚经济论坛的亚美尼亚总理阿布拉米扬时表示，中方愿同亚方加强发展战略和政策对接，积极推进有色金属、建筑材料等领域的产能合作。中国政府支持本国企业积极参与亚“北南”公路、核电站等大型基础设施项目建设，不断扩大两国航空、旅游等合作，拓展互利合作新空间。中方愿不断加强人文交流在两国关系中的基础性作用。2015年“亚美尼亚文化日”在北京成功举办。中方愿以明年在亚举办“中国文化日”活动为契机，增进两国民众相互了解和传统友谊。

阿布拉米扬表示，亚中关系发展顺利，各领域合作取得积极成果。亚方欢迎中方企业参与亚公路、铁路等基础设施大项目建设，愿同中方积极开展能源矿产、水泥、平板玻璃等产能合作，加强轻工业、农业、旅游、航空等领域合作，扩大人文交流，将两国全方位合作关系推向新高度。

9月22—25日

［纲　文］　**国家主席习近平应邀对美国进行国事访问，并出席联合国成立70周年系列峰会。**

［目　文］　陪同习近平出访的有：习近平夫人彭丽媛、中央政策研究室主任王沪宁、中央办公厅主任栗战书、国务委员杨洁篪等。22日，习近平在北京接受美国《华尔街日报》书面采访，就中美关系、两国在亚太及国际地区事务中的合作、两国人民交往、完善全球治理体系、中国经济形势、中国全面深化改革、外国企业在华投资、中国互联网政策、反腐败等回答了提问。

22—25日，习近平在美国访问期间，在西雅图出席第三届中美省州长论坛、美国侨界欢迎招待会、中美企业家座谈会、华盛顿州当地政府和美国友好团体联合欢迎宴会；会见美国华盛顿州州长英斯利、西雅图市市长埃德·默里、华盛顿州联邦参议员帕蒂·默里、联邦众议员拉森、美国前驻华大使骆家辉等人士；参观波音公司商用飞机制造厂、美国塔科马市林肯中学、微软公司总部。

在华盛顿，习近平与美国总统奥巴马举行了深入、坦诚、建设性的会谈。双方达成广泛共识，取得了一系列重要成果并共同会见了记者；习近平在国会山集体会见了参议院多数党领袖麦康奈尔、参议院少数党领袖里德、众议长博纳、众议院少数党领袖佩洛西及两院主要委员会负责人；出席美国副总统拜登和国务卿克里在国务院联合举行的欢迎午宴；双方共达成49项重要共识和成果，两国企业签订一系列商业合同。

26—28日，习近平出席联合国总部举行的联合国成立70周年系列峰会的主要会议有：一、在联合国发展峰会上发表题为《谋共同永续发展 做合作共赢伙伴》的讲话，强调国际社会要以2015年后发展议程为新起点，共同走出一条公平、开放、全面、创新的发展之路，努力实现各国共同发展。中国以落实2015年后发展议程为己任，团结协作，推动全球发展事业不断向前。二、与联合国秘书长潘基文共同主持由中国和联合国举办的南南合作圆桌会，同广大发展中国家等领导人和国际组织负责人总结南南合作经验、共商合作发展大计。会议发表了《南南合作圆桌会共同主席新闻公报》。三、主持全球妇女峰会并在开幕式上发表题为《促进妇女全面发展 共建共享美好世界》的讲话，就促进全球妇女事业、加强国际合作阐述中国主张。四、在联合国气候变化问题领导人工作午餐会上强调，中国一直本着负责任的态度积极应对气候变化，将应对气候变化作为实现发展方式转变的重大机遇，积极探索符合中国国情的低碳发展道路。今年上半年，我们正式提交了国家自主贡献，宣布了相应的落实举措。五、在第70届联合国大会一般性辩论发表题为《携手构建合作共赢新伙伴 同心打造人类命运共同体》的讲话中强调，和平、发展、公平、正义、民主、自由，是全人类的共同价值，也是联合国的崇高目标。当今世界，各国相互依存、休戚与共，我们要继承和弘扬联合国宪章宗旨和原则，构建以合作共赢为核心的新型国际关系，打造人类命运共同体。六、在联合国维和峰会的讲话中指出，和平是人类共同愿望和崇高目标。联合国维和行动为和平而生，为和平而存，成为维护世界和平与安全的重要途径。维和行动给冲突地区带去信心，让当地民众看到希望。七、中国向联合国赠送“和平尊”仪式。

与会期间，习近平在纽约联合国总部分别会见联合国秘书长潘基文、罗马尼亚总统约翰尼斯、尼日利亚总统布哈里、塞拉利昂总统科罗马、孟加拉国总理哈西娜、伊朗总统鲁哈尼、丹麦首相拉斯穆森希腊总理齐普拉斯等外国领导人。

9月22日

[纲　文]　国务院印发《关于全面建立困难残疾人生活补贴和重度残疾人护理补贴制度的意见》。

[目　文]　《意见》由四部分组成：一、总体要求；二、主要内容；三、申领程序和管理办法；四、保障措施。

《意见》指出，残疾人两项补贴制度自2016年1月1日起全面实施。各地要结合实际制定贯彻实施办法，推进落实相关工作。民政部、财政部、中国残联要根据职责，抓紧制定具体政策措施。国务院将适时组织专项督查。

9月22日

［纲　文］ **住房城乡建设部发布《关于加强城市停车设施管理的通知》。**

［目　文］《通知》由七部分组成：一、总体要求；二、加强停车设施规划建设管理；三、加强停车设施经营管理；四、促进信息化、智能化管理；五、严格路内停车泊位管理；六、规范居住区停车管理；七、开展重点地区停车综合治理。

《通知》指出，城市停车行业主管部门要与相关部门加强协调和配合，切实履行职责，认真贯彻落实本通知提出的各项政策措施，做好停车管理与规划建设的统筹。省、自治区住房城乡建设主管部门要加大监督、指导和协调力度，保障城市停车管理的规范有序。

9月22日

［纲　文］ **全面推进"三证合一、一照一码"登记制度改革工作全国电视电话会议在北京召开。**

［目　文］ 国务院总理李克强批示指出：加快推进"三证合一、一照一码"登记制度改革，是深化商事制度改革之举，是顺应群众干事创业期望之举，也是创新政府行政管理之举，利民利企利国，对于激发市场内在活力、增添经济发展新动力具有重要意义。希望各地区、各相关部门的同志们按照国务院决策部署，勇于担当作为，密切协同配合，确保这项改革在2015年年底前全面顺利实施、尽快取得实效，进一步为市场主体减负助力，进一步打造法治化便利化营商环境，进一步推动大众创业、万众创新在全社会蓬勃开展。

国务委员王勇出席会议时指出，要深入贯彻李克强总理的重要批示精神，认真落实《国务院办公厅关于加快推进"三证合一"登记制度改革的意见》，加强领导、强化协同，突出重点、抓住关键，完善法制、加强宣传，以有力举措和过硬作风扎实推进工作落实。要统一编码和赋码规则、统一登记流程、统一文书格式，"一窗受理、互联互通、信息共享"，抓好部门同步实施、行业同步落实、地方同步推进，注重业务流程、新旧证照和前期试点的过渡衔接，有序有力有效推进改革工作，确保十月一日顺利启动、年内全面完成，为促进大众创业、万众创新和经济社会持续健康发展做出新贡献。要继续加大力度，统筹做好商事制度改革各项重点工作。加快推进注册登记与注销退出便利化，大力清减审批事项，着力落实扶持政策，确保完成新增企业数和初创企业活跃度"两个硬指标"。进一步强化企业信用信息公示共享和联合惩戒，加强事中事后监管，营造更加公平有序的市场发展环境。

9月22日

［纲　文］ **纪念丁光训主教诞辰100周年座谈会在北京举行。**

［目　文］ 全国政协副主席杜青林主持座谈会。全国政协主席俞正声出席座谈会，并在会前会见了丁光训亲属。

中央统战部部长孙春兰在座谈会上缅怀了丁光训主教一生的光辉事迹和突出贡献并强调，要学习他心系国家、矢志不渝的爱国情怀；学习他始终致力于宗教与社会主义社会相适应的坚定信念；学习他关爱社会、热爱和平的崇高品格。

丁光训（1915 年 9 月—2012 年 11 月 22 日）主教是第六届、七届全国人大常委会委员，第七届、八届、九届、十届全国政协副主席，中国基督教三自爱国运动委员会第三届、四届、五届主席，第六届、七届、八届名誉主席，中国基督教协会第一届、二届、三届会长，第四届、五届、六届名誉会长。

9 月 22 日

［纲　文］ **中央军委副主席许其亮、国防部部长常万全在北京分别与纳米比亚国防部长恩达科洛会见、会谈。**

［目　文］ 许其亮会见恩达科洛时说，中国和纳米比亚虽然相隔万里，但中纳友谊深深根植于两国人民心中。近年来，在两国领导人的关心和推动下，中纳政治互信不断增强，两国在国际事务中保持了很好的沟通与协调。中国军队十分重视与纳米比亚军队的友好关系，愿进一步加强双方的交流与合作，推动两军关系向更高层次发展。恩达科洛对中方长期以来无私而又宝贵的支持和帮助表示感谢，并表示纳米比亚是中国的好朋友，未来将继续寻求与中方深化合作。

常万全与恩达科洛会谈时说，中纳建交 25 年来，堪称休戚与共的“全天候”朋友。中纳两军在高层交往、人员培训和军队建设等领域开展了良好合作，中方愿与纳方继续保持和加强交往，为各自军队建设和两国两军友好关系的深入发展做出积极努力。恩达科洛说，当前，纳米比亚国内局势稳定，这得益于包括中国在内的友好国家的支持。愿双方进一步深化业已存在的战略伙伴关系，不断发展防务关系与合作。

9 月 22 日

［纲　文］ **国务院副总理刘延东在北京会见美国前国务卿赖斯。**

［目　文］ 刘延东表示，中美关系是当今世界最重要的双边关系之一。习近平主席此次访美，对于构建中美新型大国关系具有重要里程碑意义，并将对国际形势产生广泛深远的影响。我们愿与美方共同努力，加强政治互信，推进经贸合作，深化人文交流，把中美新型大国关系真正落到实处。赖斯表示，中美民间交流对发展两国关系至关重要，我今后将继续致力于美中关系的发展。

9 月 22 日

［纲　文］ **国务院副总理汪洋在北京会见美国全球生物技术工业组织代表团一行。**

［目　文］ 汪洋对美国全球生物技术工业组织在推动生物技术产业发展等方面发挥的作用表示赞赏并强调，发展生物技术产业是中国政府的战略选择，中国政府将继续加强知识产权保护，进一步完善药品审批等制度，为生物技术产业发展营造良好环境。

9 月 22 日

［纲　文］ **中国创新生物药品实现海外授权。**

［目　文］　江苏恒瑞医药股份有限公司以7.95亿美元的价格，将具有自主知识产权的创新生物药品国外权益出售给美国Incyte公司，成为中国企业第一次转让创新生物药品。

这个名为PD-1抗体SHR-1210的药品，是恒瑞医药公司自主研发的，用于肿瘤治疗。PD-1是过去5年世界上最热门的新药项目之一，能有效地提高人体抗肿瘤免疫力。恒瑞医药公司自2012年开始从事PD-1单克隆抗体的研发工作，目前已申请了SHR-1210的国内专利和国际专利。

9月22—26日

［纲　文］　**第2届丝绸之路国际电影节在福州举办。**

［目　文］　电影节由国家新闻出版广电总局、福建省人民政府、陕西省人民政府主办。本届电影节共征集到76个丝绸之路及周边国家的950部影片，其中外语片910部，最终遴选出24部传媒荣誉单元影片，81部展映影片。电影节期间举办了丝路电影合作、丝路影像城市等论坛，并以“展示·推介·交易·交流”为主题，设置了项目创投会、项目推荐会、项目签约三大板块。

9月23日

［纲　文］　**国务院印发《关于国有企业发展混合所有制经济的意见》。**

［目　文］　《意见》由八部分组成：一、总体要求；二、分类推进国有企业混合所有制改革；三、分层推进国有企业混合所有制改革；四、鼓励各类资本参与国有企业混合所有制改革；五、建立健全混合所有制企业治理机制；六、建立依法合规的操作规则；七、营造国有企业混合所有制改革的良好环境；八、组织实施。

《意见》指出，各级政府要加强对国有企业混合所有制改革的领导，根据本意见，结合实际推动改革。金融、文化等国有企业的改革，中央另有规定的依其规定执行。

9月23日

［纲　文］　**国务院印发《关于加快构建大众创业万众创新支撑平台的指导意见》。**

［目　文］　《意见》由十部分组成：一、把握发展机遇，汇聚经济社会发展新动能；二、创新发展理念，着力打造创业创新新格局；三、全面推进众创，释放创业创新能量；四、积极推广众包，激发创业创新活力；五、立体实施众扶，集聚创业创新合力；六、稳健发展众筹，拓展创业创新融资；七、推进放管结合，营造宽松发展空间；八、完善市场环境，夯实健康发展基础；九、强化内部治理，塑造自律发展机制；十、优化政策扶持，构建持续发展环境。

《意见》要求，各地区、各部门应加大对众创、众包、众扶、众筹等创业创新活动的引导和支持力度，加强统筹协调，探索制度创新，完善政府服务，科学组织实施，鼓励先行先试，不断开创大众创业、万众创新的新局面。

9月23日

［纲　文］ **国务院批复商务部，同意建立促进展览业改革发展部际联席会议制度。**

［目　文］ 批复说：同意建立由商务部牵头的促进展览业改革发展部际联席会议制度。联席会议不刻制印章，不正式行文，请按照国务院有关文件精神认真组织开展工作。

9月23日

［纲　文］ **李克强主持召开国务院常务会议。**

［目　文］ 会议主要内容是：一、听取第二批核查问责不作为情况的汇报，厉督真抓实干促发展。会议听取了对2015年国务院督查中发现的不作为行为核查问责情况的汇报，在前期第一批已有7个省对59名干部问责的基础上，针对资金沉淀、项目拖期、土地闲置、棚改迟缓等不作为问题，截至8月底，分别收回中央和地方存量资金109亿元和2966亿元，处置闲置土地31.25万亩，近期还有20多个省（区、市）将依法依规对包括厅局级在内的200多名干部问责处理。会议要求，对查出的问题要抓紧整改，收回的资金要调向主动作为的地方，投向发展和民生急需的重点领域。年底前，对各省（区、市）尚未处置完毕的闲置土地，按面积收回或扣减年度新增建设用地计划指标。要制定督查办法，推动各部门、各地方主动自查、层层督查，并把查出的问题和整改进展向社会公布，接受人民监督。要把干部能上能下机制与督查结果衔接，用问责利器祛除不作为的"病症"，让不作为的"太平官"混不下去。二、决定压减中央定价目录，以改革举措推动市场发挥更大作用。会议指出，深化价格改革，更好发挥市场配置资源的决定性作用，可以更有效地撬动扩大内需，促进产业优化升级。会议确定，在近年来陆续放开部分电信、药品、交通运输等价格的基础上，通过修订中央定价目录，将实行政府指导价、政府定价的商品和服务，从13个种（类）精简为天然气、电力、水利工程供水、重要邮政业务等7个种（类），具体定价项目从约100项减至20项，同时对保留的项目也要改进定价方法，规范定价行为，根据价格领域简政放权、放管结合等改革进展，定期修订定价目录。三、部署加快电动汽车充电基础设施和城市停车场建设，补公共服务短板促进扩内需惠民生。会议认为，建设电动汽车充电基础设施，是发展新能源汽车产业的重要保障。加快城市停车场建设，是完善城市功能、便利群众生活的迫切需要。对于打造增加公共产品和服务供给新引擎、拉动有效投资和消费、促进绿色发展，意义重大。会议确定，（一）把城市合理规划布局和建设停车场结合起来，加快配建充电桩、城市充换电站、城际快充站等设施。新建住宅停车位建设或预留安装充电设施的比例应达到100%，大型公共建筑物、公共停车场不低于10%。（二）放宽准入，鼓励民间资本以独资、PPP等方式参与。企业和个人均可投资建设公共停车场，原则上不对泊位数量做下限要求。鼓励个人在自有停车库（位）、各单位和居住区在既有停车泊位安装充电设施。（三）加大财税、金融、用地、价格等政策扶持，通过企业债券、专项基金等方式支持充电设施和停车场建设，制定相关收费办法，放开社会投资新建停车场收费，允许充电服务企业向用户收费。鼓励地方采取基金注资、投资补助等，拓宽企业融资渠道。（四）完善相关标准规范，支持移动充电、智

能停车等推广应用，通过“互联网+”盘活资源。

9 月 23 日

［纲　文］　**纪检监察干部监督工作座谈会在北京召开。**

［目　文］　中央纪委书记王岐山出席座谈会并讲话。山西纪委、山东纪委、湖北纪委、广东纪委、驻海关总署纪检组、中央国家机关纪工委、中央纪委机关党委等 7 家单位介绍了有关做法。

王岐山强调，打铁还需自身硬，在全面从严治党中，纪律检查机关担负着监督执纪问责的重要职责，自身建设更要过硬。严管就是厚爱，信任不能代替监督，要用严明的纪律管住自己，建设一支忠诚干净担当的纪检监察干部队伍。正人先正己。己不正，焉能正人？中央纪委深入贯彻党的十八大和十八届二中、三中、四中全会精神，学习贯彻习近平总书记系列重要讲话精神，特别是加强纪检监察机关自身建设的要求，密切联系实际，综合运用教育、警示、挽救、惩治方式，强化日常监督管理。在系统机关内设立干部监督机构，是纪委实施组织和制度创新、强化自我监督的成果，使之与党内监督、社会监督和群众监督结合起来，回答了“谁来监督纪委”的问题。党的十八大以来，全国纪检监察系统共处分违纪干部 3400 多人，中央纪委机关查处处置 14 人。当前，党风廉政建设和反腐败斗争形势依然严峻复杂，纪委也不是净土，有的纪检干部顶风违反中央八项规定精神，违反审查纪律和保密纪律，跑风漏气甚至以案谋私。各级纪检机关和广大纪检干部要深刻理解“四个全面”战略布局，把自己摆进去、学思践悟，内化于心、外化于行，不断加强自身建设，全面履行党章赋予的职责。子不教、父之过，干部犯错误、组织有责任。深入剖析发生在身边的典型案例就会发现，如果各级党委、纪委真正履行了党要管党、从严治党的责任，按照党章党规党纪严格要求干部，他们就不至于从违纪滑向违法的深渊。纪检机关和领导干部要切实担负起从严治党、强化干部教育管理的主体责任和监督责任。要适应全面从严治党要求，把纪律挺起来、规矩严起来，严格执行政治纪律和政治规矩、组织纪律，同一切违反纪律的行为作斗争。纪委领导干部要强化责任担当，层层传导压力，切实履行监督管理职责。信任不能代替监督。党中央和人民群众对纪检监察干部充分信任、寄予厚望。越是肩负重要使命，越要强化自我监督，自觉接受党和人民的监督。言传身教，身教重于言教。领导干部要有强烈的管理监督意识，要求别人做到的自己首先做到。要严明纪律、严格工作程序，加强基础工作、狠抓作风转变，确保领出好班子、带出好队伍、激发正能量。加强纪检监察干部队伍建设，首先要解决“不敢”问题，瞪大眼睛、拉长耳朵，提高发现问题、监督执纪的能力，坚决清理门户；把纪律挺在前面，抓早抓小、动辄则咎，深化纪检体制改革，加强制度建设，强化“不能”；把党的领导体现在坚定信仰、坚定信念、坚定宗旨上，体现在贯彻执行党的路线方针政策上，按照忠诚干净担当的标准选好人、用对人，强化“不想”。

9 月 23 日

［纲　文］　**全国社会治安防控体系建设工作会议在大连召开，习近平对公共安全工**

作作出指示。

［目　文］　中共中央总书记习近平就公共安全工作作出指示强调，当前，公共安全事件易发多发，维护公共安全任务繁重。政法综治战线要主动适应新形势，增强风险意识，坚持多方参与、合作共享、风险共担，坚持科技引领、法治保障、文化支撑，创新理念思路、体制机制、方法手段，推进公共安全工作精细化、信息化、法治化，不断提高维护公共安全能力水平，有效防范、化解、管控各类风险，努力建设平安中国。近年来，政法综治战线认真贯彻党中央决策部署，着力落实依法治国各项要求，注重运用法治思维和法治方式解决影响社会安定的突出问题，推动建设立体化社会治安防控体系，为保障人民安居乐业、服务经济社会发展做出了重要贡献。各级党委和政府要把公共安全作为重要民生工作抓紧抓好，把公共安全工作放到经济社会发展大局中谋划，加快构建全方位、立体化的公共安全网，切实承担起促一方发展、保一方平安的政治责任。

中共中央政治局委员孟建柱出席会议并讲话，国务委员郭声琨，最高人民法院院长周强，最高人民检察院检察长曹建明等出席会议。

会议指出，政法综治战线要全面贯彻党的十八大和十八届三中、四中全会精神，深入贯彻习近平总书记系列重要讲话精神，紧紧围绕“四个全面”战略布局，牢牢把握推进国家治理体系和治理能力现代化的总要求，主动适应新形势，切实增强风险意识，以提高人民群众安全感和满意度为目标，以理念、体制机制、方式手段创新为动力，以现代科学技术为引领，以基层基础建设为支撑，完善立体化社会治安防控体系，提高维护公共安全能力水平，有效防范、化解、管控影响社会安定的突出问题，防止各类风险聚积扩散，促进社会安定有序、国家长治久安。

9月23日

［纲　文］　**第5次全国对口支援新疆工作会议在北京召开**。

［目　文］　中共中央政治局常委俞正声、张高丽出席会议并讲话。杜青林、王正伟、中央有关部门和单位、19个援疆省市和新疆维吾尔自治区、新疆生产建设兵团等有关方面负责人出席会议。中组部、教育部、江苏省、湖北省和有关企业负责人在会上发言。

会议认真贯彻落实第二次中央新疆工作座谈会精神和习近平总书记关于新疆工作一系列重要指示，总结工作，分析形势，部署任务，推动对口援疆工作为维护新疆社会稳定和实现长治久安做出更大的贡献。中央统战部部长孙春兰作了总结讲话，对贯彻落实会议精神提出具体要求。

9月23日

［纲　文］　**中国伊斯兰教协会在北京举行古尔邦节招待会**。

［目　文］　国务院副总理刘延东、中央统战部部长孙春兰，艾力更·依明巴海、王正伟、马飚等到会祝贺。阿拉伯国家驻华使团团长、阿曼驻华大使阿卜杜拉·萨阿迪及40多位伊斯兰国家驻华使节，在京外国穆斯林专家代表，中央和北京市有关负责人，首

都各界穆斯林代表共300余人应邀出席了招待会。

全国政协常委、中国伊斯兰教协会会长希拉伦丁·陈广元大阿訇在招待会上致辞表示，中国伊斯兰教协会向全国和世界各国穆斯林兄弟姐妹致以节日问候和良好祝愿。2015年是中国抗日战争暨世界反法西斯战争胜利70周年，伊斯兰教是爱祖国爱和平的宗教，中国穆斯林曾为保卫祖国、抗击外敌，浴血奋战、流血牺牲。我们将继续坚持中国化的正确方向，为全面建成小康社会，为实现中华民族伟大复兴的中国梦贡献力量。值此古尔邦节喜庆时刻，祝愿伟大祖国繁荣昌盛，人类和睦，世界和平！

9月23日

［纲　文］　**第2届“中国—新西兰伙伴关系论坛”在北京举行**。

［目　文］　论坛由中国国际经济交流中心与新西兰—中国关系促进委员会共同主办，主题是“携手合作 走向成功”。来自中新两国政府、工商界、科教文化界的近120名人士参加论坛，就食品安全、旅游、人文交流、投资等议题展开了广泛深入的讨论。

22日，国务院副总理汪洋在北京会见参加论坛的新西兰代表团一行时表示，近年来中新经贸合作取得的成效，表示中新经贸合作互补性强、发展空间广阔，希望双方扎实推进中新自贸区升级谈判联合评估等工作，加强在乳制品、教育、旅游等领域合作，不断推动双边友好关系向前发展。

9月23日

［纲　文］　**体育总局公布《体育竞赛裁判员管理办法》**。

［目　文］　《办法》共8章45条，主要有总则、裁判员委员会、裁判员技术等级认证、裁判员注册管理、裁判员选派、裁判员权利和义务、裁判员考核和处罚、附则等内容。自2016年1月1日起施行，原《体育竞赛裁判员管理办法（试行）》（体竞字〔1999〕153号）废止。

9月23—25日

［纲　文］　**李克强在河南考察**。

［目　文］　国务院总理李克强在洛阳矿山机械厂，企业负责人介绍，这里以创客空间模式建立了5个大工匠工作室和16个工人创客群体，直接参与者达到500多人，并带动4000多名一线工人成长成才。李克强说，这说明国有大企业也可以搞“双创”。他勉励工人创客努力攻克重大装备技术和工艺难题，创出中国制造的金字招牌；在河南保税物流中心。负责人介绍，通过改革和创新商业模式、政府监管方式，这里的跨境电商平台已集聚近500家企业，不仅跨境贸易逆势增长，带动了消费，也带火了仓储、物流等相关产业。李克强对此予以肯定。他在几家企业询问对就业和农产品销售带动情况，并勉励他们瞄准全球市场做大做强。李克强还要求海关、质检部门持续推进简政放权、放管结合、优化服务，提高通关效率，促进更多新模式新业态脱颖而出；在收获的玉米地察看收成，询问农机服务和土地流转情况时说，农业稳，百业安。2015年又是大丰收，这是经济稳中向好的重要表现。要大力发展现代农业，加快农业发展方式转变和结构调整。各地情况不

一样，规模经营要因地制宜，探索多种形式；看望返乡创业的农民工，询问企业贷款利率、国家优惠政策是否落到身上并勉励当地干部多为返乡农民创业服务，让他们在家门口能干成事业，带动农村发展和乡亲们致富；在河南科技大学新区医院，与医护人员和患者家属交流，了解改革前后大病报销比例变化。得知这项政策使患者经济负担大大减轻，李克强说，生命是平等的，无论是职工、城镇居民还是农民，人人都应享有医保服务。大病医保顺应群众急需，不仅有利患者治病，也解决了许多家庭后顾之忧。2015年这项政策要在全国全面推开，实现城乡居民全覆盖。

9月24日

［纲　文］　**全国政协在北京召开双周协商座谈会，就“集中连片特困地区精准扶贫”协商议政、建言献策。**

［目　文］　全国政协主席俞正声主持召开座谈会。全国政协副主席杜青林、张庆黎、马飚出席座谈会。国务院扶贫办主任刘永富介绍了集中连片特困地区精准扶贫工作的情况。国家发展改革委副主任何立峰、国家民委副主任罗黎明、财政部副部长胡静林等与委员互动交流。全国政协委员王正福、杜鹰、范小建、冉霞、苏华、安纯人、陈世强、霍学喜、黄日波、姜刚杰、张健、计明南加、蒋平安、陶夏新、张周平、杨玉成、玉帕新，以及黄承伟等专家学者在座谈会上发言。

委员们认为，中央高度重视扶贫工作，对全面建成小康社会进程中的扶贫开发作出全面部署。习近平总书记作出重要讲话，要求谋划好“十三五”时期扶贫开发工作，明确了精准扶贫、精准脱贫的基本方略。在党中央、国务院的领导下，各地区各部门明确责任，强化举措，采取一系列政策措施推进片区扶贫攻坚，取得了很大成效。目前，全国还有14个集中连片特困地区，592个国家扶贫开发工作重点县，7000多万贫困人口，扶贫攻坚任务依然艰巨。

一些委员对加强集中连片特困地区精准扶贫提出了意见建议。一要高度重视，进一步提高认识，坚持精准扶贫的方向。社会主义社会的本质是共同富裕，目前最薄弱的环节是贫困地区和贫困群众，必须把扶贫脱贫问题摆在非常重要的地位，这体现了我们党坚持以人为本、执政为民的理念，也关系到2020年能否如期实现全面建成小康社会的目标。二要改进作风，这是做好精准扶贫的前提，要深入基层、实事求是、公开公正、严肃纪律。三要落实“四个坚持”，即坚持与区域发展相结合、坚持与扶贫综合措施相结合、坚持与区域生态工程相结合、坚持与可持续发展相结合。四要部门联动，明确职责，增加力度，抓好落实。五要发挥社会整体力量的作用，让全社会都关心支持扶贫工作，政府职能部门、对口支援企业、社会组织都要发挥作用，形成合力。

9月24日

［纲　文］　**发展改革委、保监会印发《关于保险业支持重大工程建设有关事项的指导意见》。**

［目　文］《意见》由四部分组成：一、加大长期资金支持；二、发挥风险保障功能；三、完善配套支持政策；四、加强风险管控。

9月24日

［纲　文］**民政部、全国妇联发布《关于做好家庭暴力受害人庇护救助工作的指导意见》。**

［目　文］《意见》主要由四部分组成：一、工作对象；二、工作原则；三、工作内容；四、工作要求。

9月24日

［纲　文］**能源局发布《关于调增部分地区2015年光伏电站建设规模的通知》。**

9月24—26日

［纲　文］**王岐山在福建调研。**

［目　文］中共中央政治局常委王岐山主持召开座谈会，听取党员和群众代表对修订廉政准则和党纪处分条例的意见建议。

王岐山指出，不能把全面从严治党等同于反腐败。从严治党要靠纪律管全党，把纪律挺在前面要靠坚强的党性和责任担当。发挥党的领导核心作用，要运用好监督执纪的“四种形态”。党内关系要正常化，批评和自我批评要经常开展，让咬耳扯袖、红脸出汗成为常态；党纪轻处分和组织处理要成为大多数；对严重违纪的重处分、作出重大职务调整应当是少数；而严重违纪涉嫌违法立案审查的只能是极少数。这“四种形态”都是为了惩前毖后、治病救人。纪委要聚焦聚焦再聚焦，围绕“四种形态”，把监督执纪问责做深做细做实。

调研期间，王岐山到古田会议会址、红四军革命旧址参观，瞻仰毛泽东主席园并向毛泽东像敬献花篮。

9月24—25日

［纲　文］**汪洋在江苏调研农业农村工作。**

［目　文］国务院副总理汪洋在徐州市铜山区、睢宁县、沛县等地考察农民专业合作社和农村集体经济发展情况时强调，要创新农业经营方式，积极探索以土地托管、土地承包权入股等多种形式推进农业适度规模经营，发展规模化、社会化服务，降低农业生产成本，提高农业效益。农民专业合作社是适度规模经营的重要形式，是农民合作与联合的组织平台，要大力扶持并促进其规范发展。完善合作社运行机制，推进民主管理，切实做到民办民管民受益，提高合作社吸引力、凝聚力和向心力，增强合作社发展内生动力和带动效应。集体经济是中国特色社会主义农村经济体系的重要组成部分，要进一步发展壮大农村集体经济，毫不动摇地坚持农村土地集体所有，加强农村集体资产管理，增强集体经济实力和服务功能。稳步推进农村集体产权制度改革，完善集体产权权能，依法保障农民集体经济组织成员权利，积极探索农村集体所有制有效实现形式。

9月24日—10月15日

［纲　文］　**第6届北京国际美术双年展在中国美术馆举行。**

［目　文］　双年展由中国文学艺术联合会、北京市人民政府和中国美术家协会联合主办，以“记忆与梦想”为主题。共有96个国家和地区的685件作品参展，涵盖当代绘画、雕塑、装置、影像以及其他综合类作品。

9月25日

［纲　文］　**税务总局印发《关于进一步完善固定资产加速折旧企业所得税政策有关问题的公告》。**

9月25日

［纲　文］　**人民银行印发《关于全面推进中小企业和农村信用体系建设的意见》。**

［目　文］　《意见》由八部分组成：一、充分认识中小（微）企业和农村信用体系建设的重要意义；二、构建多方面共同参与的工作机制；三、搭建以“数据库+网络”为核心的信用信息服务平台；四、开展信用评价和信用培育；五、强化信用信息应用与社会服务；六、健全信用正向激励和失信惩戒政策措施；七、鼓励探索市场化运作机制；八、加强数据库监测分析与管理。

9月25日

［纲　文］　**《人民日报》发表题为《中国开放的大门不会关上》的评论员文章。**

9月25日—10月1日

［纲　文］　**俞正声率中央代表团出席新疆维吾尔自治区成立60周年庆祝活动。**

［目　文］　中央代表团团长是全国政协主席俞正声。中央代表团副团长是国务院副总理刘延东、全国人大常委会副委员长艾力更·依明巴海、全国政协副主席兼秘书长张庆黎、国家民委主任王正伟、总后勤部部长赵克石。成员包括中央和国家机关有关部门负责人，内蒙古、广西、宁夏、西藏4个自治区和对口支援新疆的有关省市负责人。代表团由69人组成。

25日，俞正声率代表团出席向新疆维吾尔自治区赠送纪念品仪式。纪念品有习近平总书记题词贺匾、国泰“榴”芳尊、挂毯、瓷瓶、纪念章、小型娱乐系统、音乐器材和幼教器具、纪念茶壶、设立民族团结进步事业基金5000万元等。自治区向代表团赠送了新疆喀纳斯风光挂毯。刘延东在致辞中指出，习近平总书记十分关心挂念新疆各族人民，为庆祝新疆维吾尔自治区成立60周年题写“建设美丽新疆 共圆祖国梦想”贺匾，并决定制作国泰“榴”芳尊。贺匾表明新疆与祖国命运与共、前途相连，芳尊寓意各民族要像石榴籽那样紧紧抱在一起。

代表团在新疆期间，俞正声率代表团全体成员到乌鲁木齐市革命烈士陵园，向人民英雄纪念碑敬献花篮，参观乌鲁木齐烈士事迹陈列馆；俞正声和刘延东分别率代表团成员到新疆伊斯兰教经学院、新疆大学、喀什、莎车县、克州、阿勒泰、和田、阿克苏、伊犁看望各族干部群众，慰问新疆军区指战员、新疆生产建设兵团干部职工、武警官兵和政法干警代表。

30日，俞正声听取新疆维吾尔自治区党委、政府工作汇报并会见了新疆维吾尔自治区领导班子成员、离退休老同志和各族各界群众代表。中央代表团全体成员与2000余名各族群众代表一起观看庆祝新疆维吾尔自治区成立60周年文艺晚会《新疆礼赞》的演出。

10月1日上午，庆祝中华人民共和国成立66周年暨新疆维吾尔自治区成立60周年大会在新疆人民会堂隆重举行。刘延东宣读了中共中央、全国人大常委会、国务院、全国政协、中央军委“关于庆祝新疆维吾尔自治区成立60周年”的贺电。俞正声出席大会并发表讲话。新疆军区司令员彭勇，自治区党委副书记、新疆生产建设兵团政委韩勇，维吾尔族农民代表阿卜力孜·麦提玉素普和哈萨克族牧民代表阿依特江·帕尔曼也在会上发言。艾力更·依明巴海、张庆黎、王正伟、赵克石和中央代表团全体成员，以及新疆维吾尔自治区党政军负责人出席了大会。

9月26日

［纲　文］　**全国政协主席俞正声致信祝贺第13届世界华商大会开幕。**

［目　文］　俞正声在贺信中对第13届世界华商大会的召开致以热烈的祝贺，并预祝大会圆满成功。俞正声指出，长期以来，包括华商在内的广大华侨华人自强不息、艰苦创业，积极融入住在国社会，用勤劳和智慧创造了不平凡的业绩，为各国经济发展和社会进步做出了积极贡献。华商和气生财的态度、和衷共济的精神、和谐共赢的理念，既是中华优秀文化的体现，也是世界各国人民了解中华民族和中华文化的重要视角。

第13届世界华商大会在印度尼西亚巴厘岛登巴萨市召开。本届世界华商大会由印尼中华总商会主办，世界各地3000多名嘉宾参加。全国政协副主席、全国工商联主席王钦敏出席开幕式并发表讲话。国务院侨办主任、中国海外交流协会常务副会长裘援平在开幕式上宣读了俞正声的贺信。印尼总统代表，政治、法律和安全事务统筹部长卢胡特，印尼人民协商会议主席祖尔基弗利·哈桑，印尼前总统梅加瓦蒂等多位主办国政要出席开幕式。

9月26日

［纲　文］　**2015年度“南南合作奖”在纽约举行表彰仪式。中国第23批援助几内亚医疗队因帮助西非国家抗击埃博拉疫情做出的杰出贡献而获奖。**

9月26日

［纲　文］　**《人民日报》发表题为《中国是网络安全的坚定维护者》的评论员文章。**

9月27日

［纲　文］　**《人民日报》发表题为《中美地方合作正当其时》的评论员文章。**

9月28日

［纲　文］　**工业和信息化部、发展改革委、交通运输部、质检总局、旅游局、民航**

局公布《关于促进旅游装备制造业发展的实施意见》。

［目　文］《意见》由三部分组成：一、充分认识促进旅游装备制造业发展的意义；二、重点任务；三、政策措施。

9月28日

［纲　文］**环境保护部公布《建设项目环境影响评价资质管理办法》。**

［目　文］《办法》共7章51条，主要有总则、环评机构的资质条件、资质的申请与审查、环评机构的管理、环评机构的监督检查、法律责任、附则等内容。本办法自2015年11月1日起施行，原国家环境保护总局发布的《建设项目环境影响评价资质管理办法》（国家环境保护总局令第26号）同时废止。

9月28日

［纲　文］**中国致公党成立90周年纪念大会在北京举行。**

［目　文］致公党中央常务副主席蒋作君主持大会。中央统战部部长孙春兰出席大会并代表中共中央致贺词。民进中央主席严隽琪代表各民主党派中央、全国工商联致贺词。杨崇汇代表中央涉侨单位、陈德光代表海外侨胞和港澳台同胞致贺词。全国政协副主席马飚、王钦敏，致公党中央原主席罗豪才以及各民主党派中央、全国工商联负责人和有关方面负责人出席大会。

中共中央的贺词指出，中国共产党领导的多党合作和政治协商制度，创建了新型的政党制度和政党关系，实现了集中领导与发扬民主的有机统一。只有坚持中国共产党领导，坚持中国特色社会主义道路，坚持社会主义制度，民主党派才能实现蓬勃发展，才能拥有光明前景。中国致公党是我国最早成立的民主党派，在走过的90年不平凡历程中，始终与祖国共命运、同发展，始终与中国共产党同心同德、肝胆相照，见证了中华民族的苦难和忧患，见证了不同政治制度、政治发展道路的比较和实践，见证了中国人民追求民族复兴的奋斗和成就。以习近平为总书记的中共中央高度重视发挥统一战线的作用，把政党协商放在非常突出的位置，多党合作事业前景更加广阔。希望致公党深入学习习近平总书记系列重要讲话精神，认真落实中共中央关于统一战线和多党合作的新思想新要求，不断巩固多党合作的共同思想政治基础；充分发挥“侨”“海”特色，服务全面建成小康社会宏伟目标；继承弘扬优良传统，不断提高政治把握能力、参政议政能力、组织领导能力、合作共事能力和解决自身问题能力，建设高素质的中国特色社会主义参政党。

致公党中央主席万钢回顾了中国致公党成立90年来的光辉历程，号召全体党员更加紧密地团结在以习近平为总书记的中共中央周围，继承“致力为公”的光荣传统，勇担“侨海报国”的时代使命，提高履职能力，为实现中华民族伟大复兴而奋斗。

9月28日

［纲　文］**第5次中欧经贸高层对话在北京举行。**

［目　文］国务院副总理马凯和欧盟委员会副主席卡泰宁共同主持。双方表示对中

欧经济发展前景充满信心，积极支持并愿意参与对方经济发展规划，共创开放与公平的贸易投资环境。双方就“一带一路”倡议、国际产能合作与“欧洲投资计划”对接及推进中欧投资协定谈判、设立中欧共同投资基金等取得重要共识。双方签署了建立中欧互联互通平台的谅解备忘录和中欧在5G领域开展战略合作的联合声明。

马凯表示，2015年是中欧建交40周年，双方要认真落实两国领导人重要共识，共同深化全方位、多层次、宽领域互利合作，推动中欧全面战略伙伴关系向前发展。当前，世界经济复苏状况依然错综复杂，中欧应加强宏观政策沟通协调，推动地区和全球经济持续稳定增长。要找准“一带一路”倡议和“欧洲投资计划”契合点，加强国际产能合作，建设互联互通基础设施，并探索数字经济、网络安全等合作新领域。中欧已从单向投资进入双向投资新阶段，中方期待早日达成高水平的中欧投资协定。

卡泰宁表示，欧中关系不断向更广更深层次发展，强有力的贸易投资关系是欧中关系的核心。在全球经济发展不确定情况下，新一届欧委会致力于推动欧中加强投资等各领域合作。

同日，国务院总理李克强在北京会见欧盟委员会副主席卡泰宁时表示，中欧关系发展不断取得新成果。面对世界经济复苏艰难、国际形势复杂多变的局面，中欧携手加强合作对双方都有利，对世界也是积极信号。2015年6月我同欧盟领导人共同主持第十七次中国欧盟领导人会晤期间，就对接中欧发展战略、深化各领域合作、推进中欧投资协定谈判等达成许多共识。希望双方抓紧商谈设立中欧共同投资基金，这不仅有利于增进双方投资、金融合作，共同开拓第三方市场，而且可以向国际社会表明，中方坚定支持欧元稳定与欧盟团结发展。2015年中国经济运行仍保持在合理区间，就业比较充分，居民收入持续增长，环境有所改善，新的增长动能正在形成。中国经济长期向好的基本面没有变，通过改革开放释放改革红利、推动经济发展的方向也不会变。中国经济保持“双中高”，可以为中欧开展多领域合作开辟更广阔的空间。

卡泰宁表示，欧方愿同中方加强宏观经济政策沟通协调，认同中国改革开放进程并愿提供支持。欧方将同中方就设立共同投资基金抓紧商谈，携手推动双边投资协定谈判取得务实成果，这有助于欧中双方对外拓展互利合作，对内实施经济结构调整，更好拉动经济增长。

9月28日

［纲　文］　**中央军委副主席范长龙、国防部部长常万全在北京分别与新西兰国防部长布朗利会见、会谈。**

［目　文］　范长龙在会见布朗利时说，建交以来，两国关系全面持续发展，成为亚太国家间合作共赢的典范。中方愿同新方一道，推动两国两军关系不断迈上新台阶。目前两国防务和军队部门正在积极落实两国领导人共识，不断拓展和深化军事交往与交流合作，推动两军关系再上新台阶。布朗利说，我很荣幸见证了中国的发展以及为世界和平稳定做出的贡献，新方愿与中方不断扩大两军交流合作。

常万全与布朗利会谈时说，近年来中新两军关系始终保持积极发展势头，两军高层互访频繁，战略沟通顺畅，务实合作不断拓展。中方愿与新方共同努力，深化务实合作，推动两军关系不断向前发展。布朗利说，新西兰重视发展对华关系，两国在政治、经济、军事、人文等领域合作富有成果。新方希望不断拓展两国、两军未来合作发展空间。

9月28日

［纲　文］**《人民日报》发表题为《中国经济发展前景依然光明》的评论员文章。**

9月28—30日

［纲　文］**文化部在首都图书馆举办“意会中国——尼泊尔艺术家来华采风创作作品展”。**

9月29日

［纲　文］**李克强主持召开国务院常务会议。**

［目　文］会议的主要内容是：一、决定推出新一批简政放权、放管结合改革举措，打造公平规范便利的营商环境。会议确定，一是取消中央指定地方实施的建设项目试生产审批等62项审批事项。年底前对没有法律法规依据的此类事项，原则上全部取消。二是对快递业务员职业技能确认等89项中介服务事项，不再作为部门行政审批受理的必要条件。三是强化“先照后证”改革后的事中事后监管，工商等市场监管部门、审批部门和行业主管部门依照法律法规和分工履行职责，协同配合，防止出现监管真空。同时，探索推进综合执法模式，大幅减少市县政府执法队伍种类，充实基层一线，普遍推广随机选择被检查对象和检查人员的“双随机”监管方式。建立工商部门对申请人和审批部门的“双告知”机制，强化信用监管，对违法失信企业和个人在招投标、出入境、政府采购等方面给予限制或禁入。二、部署加快雨水蓄排顺畅合理利用的海绵城市建设，有效推进新型城镇化。会议指出，按照生态文明建设要求，建设雨水自然积存、渗透、净化的海绵城市，可以修复城市水生态、涵养水资源，增强城市防涝能力，扩大公共产品有效投资，提高新型城镇化质量。会议确定，一是海绵城市建设要与棚户区、危房改造和老旧小区更新相结合，加强排水、调蓄等设施建设，努力消除因给排水设施不足而一雨就涝、污水横流的“顽疾”，加快解决城市内涝、雨水收集利用和黑臭水体治理等问题。二是从2015年起在城市新区、各类园区、成片开发区全面推进海绵城市建设，在基础设施规划、施工、竣工等环节都要突出相关要求。三是总结推广试点经验，采取PPP、政府采购、财政补贴等方式，创新商业模式，吸引社会资本参与项目建设运营。三、确定支持新能源和小排量汽车发展措施，促进调结构扩内需。会议认为，促进新能源和小排量汽车发展，淘汰超标排放汽车，有利于缓解能源与环境压力、推动汽车产业结构优化和消费升级、培育新的经济增长点。会议决定，一是完善新能源汽车扶持政策，支持动力电池、燃料电池汽车等研发，开展智能网联汽车示范试点。机关企事业单位要落实车辆更新中新能源汽车占比要求，加大对新增及更新公交车中新能源汽车比例的考核力度，对不达标地区要扣减燃油和运营补贴。创新分时租赁、车辆共享等运营模式。各地不得对新能源汽车实行限行、限

购，已实行的应当取消。二是从2015年10月1日到2016年12月31日，对购买1.6升及以下排量乘用车实施减半征收车辆购置税的优惠政策。三是加快淘汰营运黄标车，开展清理整顿专项行动，确保完成到2017年全国基本淘汰黄标车任务。

9月29日

［纲　文］　**国务院办公厅印发《关于加快电动汽车充电基础设施建设的指导意见》。**

［目　文］　《意见》由五部分组成：一、总体要求；二、加大建设力度；三、完善服务体系；四、强化支撑保障；五、做好组织实施。

9月29日

［纲　文］　**财政部、发展改革委发布《关于取消和暂停征收一批行政事业性收费有关问题的通知》。**

［目　文］　《通知》说，一、自2015年11月1日起，在全国统一取消和暂停征收37项行政事业性收费（取消出具婚姻登记记录证明收费、注册资产评估师执业资格珠宝评估专业考试费等34项；暂停动物及动物产品检疫费等4项）。二、自2016年1月1日起，取消人力资源社会保障等部门所属公共就业和人才服务机构收取的人才集体户口管理服务费（包括经营服务性质的收费）。三、取消和暂停征收上述收费后，有关部门及所属事业单位依法履行管理职能所需经费，由同级财政预算予以统筹安排，保障工作正常开展。四、有关部门和单位要到财政部门办理财政票据缴销手续。有关收费的清欠收入，应当按照财政部门规定的渠道全额上缴国库。五、各省（区、市）财政、价格部门要抓紧对省级设立的行政事业性收费项目进行全面清理。取消属于政府提供普遍公共服务或体现一般性管理职能，以及主要目的是养人、违背市场经济基本原则的不合理收费项目。坚决取缔各种乱收费。六、各地区、有关部门和单位要严格执行本通知规定，对公布取消和暂停征收的收费项目，不得以任何理由拖延或者拒绝执行。各级财政、价格部门要加强对落实本通知情况的监督检查，对不按规定取消和暂停征收相关收费项目的，按有关规定给予处罚，并追究责任人的行政责任。

9月29日

［纲　文］　**全国政协办公厅、中央统战部、国务院侨办、国务院港澳办、国务院台办在北京举行庆祝中华人民共和国成立66周年招待会。**

［目　文］　中央书记处书记刘云山出席招待会并致辞。招待会由全国政协副主席杜青林主持。部分在京中共中央政治局委员、书记处书记，全国人大、国务院、全国政协领导同志与2800余名港澳台侨各界代表欢聚一堂，共祝国庆。

9月29日

［纲　文］　**2015年度中国政府“友谊奖”颁奖大会在北京举行。**

［目　文］　国家外国专家局局长张建国宣读了授予50名外国专家中国政府“友谊奖”的决定。国务院副总理马凯向获奖外国专家颁奖并讲话。

马凯代表中国政府向获奖专家表示热烈祝贺，向所有在华工作的外国专家及其亲属表示诚挚问候并指出，每年60余万来华工作的外国专家，已经成为中国现代化建设的一支重要力量，中国政府和人民将永远铭记外国专家为中国发展进步做出的积极贡献和对中国人民的深厚情谊。中国经济进入提质增效升级的重要时期，为外国专家事业发展提供了难得机遇，热忱欢迎国外各类优秀人才积极投入其中，做中国经济实现“双中高”的推动者，“大众创业、万众创新”的参与者，“一带一路”建设和国际产能合作的促进者，中外文化交流的友好使者。中国政府将实行更加积极开放有效的引才政策，开辟高效便捷、公开透明的用才通道，完善知识产权、收益分配等惠才机制，营造和谐包容的爱才环境，为外国专家施展才华、实现梦想提供更加广阔的舞台。

9月29日

［纲　文］**《人民日报》发表题为《发挥好党组织在社会组织中的政治核心作用》的评论员文章。**

9月29日

［纲　文］**《人民日报》报道，经中共中央批准，中共中央纪委对最高人民法院原副院长、党组成员奚晓明严重违纪问题进行立案审查。**

［目　文］依据《中国共产党纪律处分条例》等有关规定，经中央纪委常委会议审议并报中共中央批准，决定给予奚晓明开除党籍处分；由最高人民法院依据有关规定，给予其开除公职处分；责令退赔违纪款；将其涉嫌犯罪问题及所涉款物移送司法机关依法处理。后于2017年2月16日，天津市第二中级人民法院公开宣判了奚晓明受贿案，对被告人奚晓明以受贿罪判处无期徒刑，剥夺政治权利终身，并处没收个人全部财产；对奚晓明受贿所得财物及其孳息予以追缴，上缴国库。奚晓明当庭表示服判，不上诉。

9月29日

［纲　文］**第12届中国常州国际动漫艺术周在江苏常州举行。**

［目　文］艺术周由文化部、江苏省人民政府主办，文化部中外文化交流中心、中共江苏省委宣传部、江苏省文化厅等承办。以“动漫创意·融合发展”为主题，围绕品牌赛事、展览展示、交易对接、论坛峰会四大板块，重点开展“金恐龙”国际原创动漫作品大奖赛、江苏省影视动漫协会年会、中国动漫与国际市场研讨会暨“金恐龙”国际原创作品大奖赛颁奖仪式、动漫内容创意与产业化发展高峰论坛、爱艺术云集平台发布会暨2015爱艺术青年画家联展、2015嘉壹度SYB创新训练营等12项主体活动。艺术周响应国家“一带一路”倡议，探索创新办展新模式，吸引了近40个国家和地区的182家企业、机构、展团参会参展。

9月29日—10月7日

［纲　文］**第15届中国吴桥国际杂技艺术节在石家庄、沧州举行。**

［目　文］艺术节由文化部和河北省人民政府共同主办，河北省文化厅、石家庄、沧州市人民政府共同承办。29日，在石家庄举办了开幕式及开幕演出，并举办比赛、演出至10月3日；10月7日在沧州举办了闭幕式及颁奖演出。本届艺术节以“杂技艺术的

盛会，人民大众的节日”为宗旨，按照“政府主导、社会参与、市场运作、注重效益”的思路，做到“突出主题，凝聚精神，创新理念，创造价值，探索模式”。来自中国、德国、俄罗斯、美国、法国、加拿大、澳大利亚等20个国家和地区的30个节目（含3个展演节目）、300多位杂技精英参加演出。

9月30日

［纲　文］ **习近平、李克强、张德江、刘云山、王岐山、张高丽等党和国家领导人，同首都各界3000名代表出席在天安门广场隆重举行的烈士纪念日向人民英雄敬献花篮的仪式。**

9月30日

［纲　文］ **习近平在北京会见基层民族团结优秀代表。**

［目　文］ 中共中央总书记习近平邀请来自内蒙古、广西、西藏、宁夏、新疆5个自治区的13名基层民族团结优秀代表，来到北京参加国庆活动。

习近平表示，我特意把你们请过来，来京参加国庆活动，共同庆祝我们伟大祖国的生日。大家来自我国5个自治区，来自不同民族和不同岗位，你们介绍了各自的情况，我听了很受感动。你们有一个特点是共同的：你们都积极投身民族团结进步事业，事迹非常感人，贡献十分突出。借此机会，我要向你们并通过你们，向你们的乡亲们，向全国56个民族的同胞，致以节日的问候和良好的祝愿。

习近平强调，我国是统一的多民族国家。各民族多元一体，是老祖宗留给我们的一笔重要财富，也是我们国家的重要优势。我国各族人民共同缔造了中华人民共和国，都为中华民族形成和发展作出了卓越贡献。党中央历来高度重视民族工作和民族地区发展。党的十八大后，我们明确了当前和今后一个时期民族工作的大政方针和战略任务，制定出台了一系列政策举措。我多次强调：“全面建成小康社会，一个民族都不能少”。中央这么重视民族工作，这么重视脱贫工作，就是要更好维护民族地区团结稳定，更好加快民族地区发展，更好凝聚各民族智慧和力量，各民族一起来实现中华民族伟大复兴的中国梦。

代表们表示，在庆祝祖国生日之际，总书记惦记着全国各族人民特别是少数民族同胞。自治区是祖国大家庭的一员，全国各族人民是一家。我们一定牢记总书记的嘱托，把家乡建设得更好，把祖国建设得更好。维吾尔族代表哈那依先·艾尼瓦尔激动地说，我们姐妹俩用两个月时间一针一线绣出“同心共筑中国梦”的十字绣匾，就是要表达新疆各族人民对总书记的爱戴和对实现中国梦的心愿和决心。村里的乡亲们得知总书记要见我们，都嘱咐要替大家多握一握总书记的手。我们要像绣匾一样，用一个一个实际行动，绣出在以习近平为总书记的党中央领导下各族人民紧密团结、伟大祖国繁荣昌盛的美丽画景。

9月30日

［纲　文］ **国家主席习近平任免驻外大使。**

［目　文］ 习近平根据全国人民代表大会常务委员会的决定任免下列驻外大使：

一、免去王小龙的中华人民共和国驻蒙古国特命全权大使职务；任命邢海明为中华人民共和国驻蒙古国特命全权大使。二、免去高克祥的中华人民共和国驻安哥拉共和国特命全权大使职务；任命崔爱民为中华人民共和国驻安哥拉共和国特命全权大使。三、免去李燕端（女）的中华人民共和国驻萨摩亚独立国特命全权大使职务；任命王雪峰为中华人民共和国驻萨摩亚独立国特命全权大使。四、免去王士雄的中华人民共和国驻厄瓜多尔共和国特命全权大使职务；任命王玉林为中华人民共和国驻厄瓜多尔共和国特命全权大使。

9月30日

［纲　文］ **中共中央办公厅、国务院办公厅印发《关于完善国家统一法律职业资格制度的意见》。**

［目　文］ 《意见》由七部分组成：一、总体要求；二、法律职业范围和取得法律职业资格的条件；三、建立健全国家统一法律职业资格考试制度；四、建立法律职业人员统一职前培训制度；五、完善统一法律职业资格管理制度；六、做好相关制度衔接工作；七、加强组织领导。

《意见》指出，各地区各部门要把思想和行动统一到中央决策部署上来，切实加强领导，密切协调配合，形成工作合力，确保国家统一法律职业资格制度顺利建立和有效实施。

9月30日

［纲　文］ **国务院在人民大会堂举行庆祝中华人民共和国成立66周年国庆招待会。**

［目　文］ 习近平、李克强、张德江、刘云山、王岐山、张高丽等党和国家领导人与1100多位中外人士欢聚一堂，共庆共和国华诞。

国务院总理李克强指出，66年来特别是改革开放以来，在中国共产党领导下，依靠中国人民的智慧和奋斗，中国特色社会主义事业取得了举世瞩目的辉煌成就。这体现在中国综合国力、国际影响力的显著提升上，体现在普通家庭生活的日渐富裕上，也体现在人民享有更多发展机会和社会不断进步上。2015年以来，在以习近平为总书记的党中央坚强领导下，全国上下共同拼搏，各方面工作都取得新的成绩。尽管世界经济低迷，我国经济下行压力加大，但通过实施有效的区间调控、定向调控、相机调控和推进结构性改革，经济运行在波动中走势向好，仍保持在合理区间，发展质量又有新的提升，结构调整又有新的进展，人民生活水平又有新的改善，系统性风险得到有效防范。按照党中央、国务院决策部署，我们能够完成2015年经济社会发展的主要目标任务。要不断创新宏观调控方式，积极扩内需、调结构，促进经济中高速增长、迈向中高端水平。改革开放是发展的动力之源。要坚定不移全面深化改革，深入实施创新驱动发展战略，以大众创业、万众创新汇众智、聚众力，增强发展新动能。要更宽领域、更高水平扩大对外开放，全方位参与国际竞争与合作，实现共赢发展。人民幸福是衡量改革发展成效的标尺。要千方百计扩大就业，多渠道增加居民收入，努力解决困扰群众的难题，让贫困家庭的孩子不再被辍学绊倒，让普通群众不因大病陷入绝境，让心怀梦想的年轻人不被烦琐的手续挡在创业创新的门外，不断改善生态环境，持续增进群众的幸福感。法治是现代国家治理的基石。要全面推进依法治国，加快建设法治政府，大力建设法治社会，使法治精神成为推动文明进步的重要保障。我们将坚持“一国两制”、“港人治港”、“澳人治澳”、高度自治的方针，支持香港、澳门繁荣、稳定、和谐，不断创造新的辉煌。我们将坚持“和平统一、一国两制”基本方针，同台湾同胞共担民族大义，共享发展机遇，共传文化血脉，共筑海峡两岸命运共同体。让我们紧密团结在以习近平为总书记的党中央周围，高举中国特色社会主义伟大旗帜，按照“四个全面”战略布局，扎实工作、锐意进取，为建设富强民主文明和谐的社会主义现代化国家、实现中华民族伟大复兴的中国梦继续不懈奋斗。

9月30日

［纲　文］　**国务院批复江苏省人民政府、商务部，同意苏州工业园区开展开放创新综合试验总体方案。**

［目　文］　批复说：一、原则同意《苏州工业园区开展开放创新综合试验总体方案》(以下简称《方案》)，请认真组织实施。二、要按照党中央、国务院的决策部署，紧紧围绕加快实施创新驱动发展战略，主动对接自由贸易试验区并积极复制成功经验，探索建立开放型经济新体制，推动产业结构迈向中高端水平，提升在全球价值链中的地位，更好地培育参与国际经济技术合作与竞争新优势，加快建设开放引领、创新驱动、制度先进、经济繁荣、环境优美、人民幸福的国际先进现代化高科技产业新城区，成为构建开放型经济新体制的排头兵，为国家级经济技术开发区转型升级创新发展提供经验。三、要发挥中国—新加坡苏州工业园区联合协调理事会及中方理事会机制优势，协调解决《方案》实施过程中遇到的重大问题和政策诉求。国务院有关部门要按照职责分工，落实相关工作任务，加强协调指导，在体制创新、政策实施等方面给予支持。四、江苏省人民政府要加强对《方案》实施的组织领导，制定配套措施，落实工作责任，支持苏州工业园区开展系统性、整体性、协同性改革，确保开放创新综合试验取得积极成效。五、商务部要加强对《方案》实施情况的跟踪了解和督促检查，适时组织开展《方案》实施情况评估，重大问题及时向国务院请示报告。

9月30日

［纲　文］　**财政部、教育部印发《改善普通高中学校办学条件补助资金管理办法》，自2015年11月1日起施行。**

9月30日

［纲　文］　**国务院总理李克强在北京会见27国新任驻华使节。**

［目　文］　李克强欢迎他们来华履新，并请使节们转达对各自国家领导人的诚挚问候和良好祝愿，并表示中国高度重视发展同世界各国的关系，愿同各国深化政治互信，拓展务实合作，增进人文交流，密切在国际地区事务中的沟通协调，把彼此间友好互利合作关系不断推向前进。面对促进全球经济复苏的共同任务，中国愿同各国加强宏观政策协调，更好对接发展战略，积极开展国际产能合作，推动世界经济持续健康增长，实现互利

共赢。中国坚定不移走和平发展道路，愿与各国共同维护好二战后确立的国际秩序和来之不易的和平局面，促进人类和平发展事业。中国政府将为各国使节在华履职提供便利和必要协助。

使节们转达了各国领导人对中国国庆的热烈祝贺、对中国人民和中国领导人的亲切问候。

9月30日

［纲　文］　**国务院总理李克强在北京会见荣获2015年度“友谊奖”的外国专家和他们的家属。**

［目　文］　李克强代表中国政府，向获奖外国专家表示热烈祝贺，并向所有在华工作的外国专家、支持中国现代化建设的国际友人和他们的亲属致以诚挚问候和衷心感谢。

李克强表示，“友谊奖”不仅体现了中国人民同各国人民的友谊，也承载着维护世界和平、促进共同发展的重要责任。中国愿与各国共同努力，以真挚的友谊和真诚的合作，建设美好和谐的世界。当前中国正在实施创新驱动发展战略，倡导大众创业、万众创新，调动社会方方面面的积极性和创造力，使中国经济发展方式由过度依赖自然资源转向更多依靠人力资源，推动实现更高质量、更优结构、更可持续的发展。欢迎外国人才在中国为志趣而创新，为发展而创业，开展多种形式的合作。中国政府努力保障外国人的合法权益。我们实施简政放权、放管结合，破除阻碍人才流动发展的体制机制桎梏，提供更多国际化、个性化的服务，在签证、居留等方面创造更加宽松和便利的环境。中国将进一步扩大开放外国人才承担国家科研项目、参与国家科技奖励评选、评定专业职称资格、评选外籍院士等，对中外人才一视同仁，为各类人才提供自由发展的空间、自主创新的条件和实现自我价值的环境。希望外国专家继续为中国的发展建言献策，作出特有的贡献。

9月30日

［纲　文］　**中国在西昌卫星发射中心用长征三号乙运载火箭成功将1颗新一代北斗导航卫星发射升空。**

［目　文］　该星是中国第四颗新一代北斗导航卫星，也是中国发射的第二十颗北斗导航卫星，工作轨道为地球倾斜同步轨道。星上首次搭载氢原子钟，卫星入轨后，将开展星载氢原子钟、星间链路、新型导航信号体制等试验验证工作，并适时入网提供服务。

北斗卫星导航系统是中国自主建设、独立运行，与世界其他卫星导航系统兼容共用的全球卫星导航系统，可在全球范围内全天候、全天时为各类用户提供高精度、高可靠的定位、测速、授时服务，并兼具短报文通信能力。北斗卫星导航系统自2012年年底正式提供区域服务以来，系统连续稳定运行，性能指标稳中有升。根据系统全球组网建设计划，2018年可为“一带一路”沿线国家提供基本服务，2020年将形成全球服务能力。

9月30日

［纲　文］　**《人民日报》发表题为《建设美丽新疆 共圆祖国梦想——热烈庆祝新疆维吾尔自治区成立六十周年》的社论。**

10 月

10月1日

［纲　文］　**中央统战部发布关于深入学习贯彻《中国共产党统一战线工作条例（试行）》的通知。**

［目　文］　通知要求，各省、自治区、直辖市党委统战部要切实指导市、县两级党委统战部履行主体责任，抓好学习贯彻。要把学习贯彻《条例》与学习贯彻中央统战工作会议精神结合起来，原原本本地学习习近平总书记在中央统战工作会议上的重要讲话和俞正声的总结讲话精神，深刻领会以习近平为总书记的党中央关于统一战线的新思想新要求。要更加准确把握《条例》的各项政策规定，深入学习孙春兰在中央统战工作会议上关于《条例》的说明，深化对《条例》中重要理论观点、方针政策、法规规定的认识理解和实践运用。要在前一阶段宣传报道的基础上，进一步通过专题辅导、媒体解读等多种形式，加大对《条例》的宣传阐释力度，使《条例》内容更加深入人心，巩固和发展全党重视、全社会支持统一战线的良好局面。特别是要结合实际细化落实的办法和措施，把《条例》规定落到实处，切实解决统一战线各领域重点、难点问题，推进新形势下统战工作不断创新发展。

10月1日

［纲　文］　**质检总局公布《设备监理单位资格管理办法实施细则》。**

［目　文］　《细则》由六部分组成：一、企业申请；二、行政核准程序；三、资格证书管理；四、监督管理；五、关于资格证书的过渡期；六、其他事项说明。本细则自2015年10月1日起实施。

10月1日

［纲　文］　**国务院总理李克强电贺李显龙连任新加坡共和国总理。**

10月1日

［纲　文］　**《人民日报》发表题为《向着我们既定的目标继续前进——热烈庆祝中华人民共和国成立六十六周年》的社论。**

10月1日

［纲　文］　**《人民日报》发表题为《汇聚民族团结的筑梦力量》的评论员文章。**

10月2日

［纲　文］　**国务院印发《关于实行市场准入负面清单制度的意见》。**

［目　文］《意见》由六部分组成：一、重大意义；二、总体要求和适用条件；三、制定、实施和调整程序；四、确认方式及与现行制度的衔接；五、保障措施；六、加快相关体制改革和制度建设。

《意见》要求，各地区各部门要从推进国家治理体系和治理能力现代化的高度，充分认识实行市场准入负面清单制度的重要性和紧迫性，做好市场准入负面清单的制定和实施工作，加快推进相关改革和配套制度建设，及时发现并解决苗头性、倾向性、潜在性问题，确保这项改革取得实效。

10月2日

［纲　文］　**国务院办公厅印发《关于推进基层综合性文化服务中心建设的指导意见》**。

［目　文］《意见》由七部分组成：一、推进基层综合性文化服务中心建设的重要性和紧迫性；二、指导思想、基本原则和工作目标；三、加强基层综合性文化服务中心建设；四、明确功能定位；五、丰富服务内容和方式；六、创新基层公共文化运行管理机制；七、加强组织实施。

《意见》强调，县（市、区）人民政府在推进基层综合性文化服务中心建设中承担主体责任，宣传文化部门要发挥牵头作用，各相关部门要立足职责、分工合作，公共文化体育机构要加强业务指导。要鼓励群众参与建设管理，发挥群众自治组织作用，引导城乡居民积极参与中心的建设使用；要加大政府向社会力量购买公共文化服务力度，鼓励支持企业、社会组织和其他社会力量参与中心的建设管理，率先在城市探索社会化运营试点。

10月2—11日

［纲　文］　**中国人民解放军参加在韩国庆尚北道首府闻庆市举行的第六届世界军人运动会**。

［目　文］　有105个代表团的8000多名军人运动员参加了本届运动会24个大项的角逐，15个国家派员观摩。200多名中国运动员参加了16个大项的比赛。本届军运会共诞生246枚金牌、798枚奖牌。中国代表团以32金31银35铜的战绩位居金牌榜第三。

11月2日，中央军委副主席范长龙在北京会见中国人民解放军参加第六届世界军人运动会体育代表，他希望全军体育健儿戒骄戒躁、再接再厉，刻苦训练、科学训练，争取更好成绩，并表示大家积极发挥自身特长，投身军事训练实践，为推动群众性体育运动、增强官兵体能素质做出应有贡献。要搞好经验总结和训练成果转化，提高军体训练水平，促进战斗力建设。当前我军建设、改革和军事斗争准备正处在关键阶段，各项任务艰巨繁重。这次参赛代表团所表现出来的爱国奉献、爱军精武的意识，刻苦训练、勇创一流的精神，不畏强手、敢打敢拼的作风等，是我军战斗精神和优良作风的传承发扬，是推进强军兴军的宝贵精神财富。要用以教育部队、激励官兵，矢志强军实践，苦练打赢本领，确保在党和国家需要的时候，能够上得去、过得硬、打胜仗。

10月3日

［纲　文］　**中共中央印发《关于繁荣发展社会主义文艺的意见》。**

［目　文］　《意见》由六部分组成：一、做好文艺工作的重大意义和指导思想；二、坚持以人民为中心的创作导向；三、让中国精神成为社会主义文艺的灵魂；四、创作无愧于时代的优秀作品；五、建设德艺双馨的文艺队伍；六、加强和改进党对文艺工作的领导。

《意见》强调，文联、作协是党和政府联系广大文艺工作者的桥梁和纽带。各级党委和政府要加大对文联、作协的支持保障力度，切实支持其履行团结引导、联络协调、服务管理、自律维权职能，在行业建设中发挥主导作用。文联、作协要改革创新、增强活力，改进工作机制和方法手段，改进工作作风，避免机关化、脱离群众现象，真正成为文艺工作者之家，更好地团结凝聚广大文艺工作者，充分调动一切积极因素，为繁荣发展社会主义文艺、建设社会主义文化强国做贡献。

10月3日

［纲　文］　**国务院批复广东省人民政府，同意将广东省惠州市列为国家历史文化名城。**

［目　文］　批复说：一、同意将惠州市列为国家历史文化名城。惠州市历史悠久，遗存丰富，文化多元，底蕴深厚，城区传统格局和风貌保存完好，具有重要的历史文化价值。二、广东省及惠州市人民政府要根据本批复精神，按照《历史文化名城名镇名村保护条例》的要求，正确处理城市建设与保护历史文化遗产的关系，深入研究发掘历史文化遗产的内涵与价值，明确保护的原则和重点。编制好历史文化名城保护规划，并将其纳入城市总体规划，划定历史文化街区、文物保护单位、历史建筑的保护范围及建设控制地带，制定严格的保护措施。在历史文化名城保护规划的指导下，编制好重要保护地段的详细规划。在规划和建设中，要重视保护城市格局，注重城区环境整治和历史建筑修缮，不得进行任何与名城环境和风貌不相协调的建设活动。三、广东省和住房城乡建设部、国家文物局要加强对惠州市国家历史文化名城规划、保护工作的指导、监督和检查。

10月4日

［纲　文］　**国务院批复各省、自治区、直辖市人民政府和发展改革委、财政部、国土资源部、环境保护部、水利部、农业部、林业局，同意《全国水土保持规划（2015—2030年）》。**

［目　文］　批复说：一、原则同意《全国水土保持规划（2015—2030年）》（以下简称《规划》），请认真组织实施。二、《规划》实施要深入贯彻党的十八大和十八届二中、三中、四中全会精神，认真落实党中央、国务院关于生态文明建设的决策部署，树立尊重自然、顺应自然、保护自然的理念，坚持预防为主、保护优先，全面规划、因地制宜，注

重自然恢复，突出综合治理，强化监督管理，创新体制机制，充分发挥水土保持的生态、经济和社会效益，实现水土资源可持续利用，为保护和改善生态环境、加快生态文明建设、推动经济社会持续健康发展提供重要支撑。三、通过《规划》实施，到 2020 年，基本建成水土流失综合防治体系，全国新增水土流失治理面积 32 万平方公里，年均减少土壤流失量 8 亿吨；到 2030 年，建成水土流失综合防治体系，全国新增水土流失治理面积 94 万平方公里，年均减少土壤流失量 15 亿吨。四、要以全国水土保持区划为基础，全面实施预防保护，重点加强江河源头区、重要水源地和水蚀风蚀交错区水土流失预防，充分发挥自然修复作用；以小流域为单元开展综合治理，加强重点区域、坡耕地和侵蚀沟水土流失治理。五、要强化水土保持监督管理，完善水土保持监测体系，推进信息化建设，进一步提升科技水平，不断提高水土流失防治效果。将水土保持知识纳入国民教育体系，强化宣传引导，加强社会监督，增强全民水土保持意识，有效控制人为水土流失。六、各省（区、市）人民政府要按照《规划》确定的目标任务，加强组织领导，落实责任分工，加大支持力度，完善政策措施，切实推进本区域水土保持工作。

10 月 5 日

［纲 文］ **屠呦呦获 2015 年诺贝尔生理学或医学奖。**

［目 文］ 瑞典卡罗琳医学院宣布，将 2015 年诺贝尔生理学或医学奖授予中国药学家屠呦呦以及爱尔兰科学家威廉·坎贝尔和日本科学家大村智，表彰他们在寄生虫疾病治疗研究方面取得的成就。

这是中国科学家因为在中国本土进行的科学研究而首次获诺贝尔科学奖，是中国医学界迄今为止获得的最高奖项，也是中医药成果获得的最高奖项。

10 月 5 日

［纲 文］ **李克强致信国家中医药管理局祝贺屠呦呦获得诺贝尔生理学或医学奖。**

［目 文］ 国务院总理李克强在贺信中说，长期以来，我国广大科技工作者包括医学研究人员默默耕耘、无私奉献、团结协作、勇攀高峰，取得许多高水平成果。屠呦呦获得诺贝尔生理学或医学奖，是中国科技繁荣进步的体现，是中医药对人类健康事业做出巨大贡献的体现，充分展现了我国综合国力和国际影响力的不断提升。希望广大科研人员认真实施创新驱动发展战略，积极推进大众创业、万众创新，瞄准科技前沿，奋力攻克难题，为推动我国经济社会发展和加快创新型国家建设做出新的更大贡献。

国务院副总理刘延东委托中国科协、国家中医药管理局负责人 5 日晚看望屠呦呦并表示祝贺。

10 月 7 日

［纲 文］ **中国在酒泉卫星发射中心用长征二号丁运载火箭成功将 1 组“吉林一号”商业卫星发射升空，包括 1 颗光学遥感卫星、2 颗视频卫星和 1 颗技术验证卫星，标**

志着中国航天遥感应用领域商业化、产业化发展迈出重要一步。

10月8日

［纲　文］　**中共中央办公厅、国务院办公厅印发《关于全国性文艺评奖制度改革的意见》。**

［目　文］　《意见》由十部分组成：一、充分认识全国性文艺评奖制度改革的重要意义；二、全国性文艺评奖制度改革的指导思想、基本原则和总体目标；三、明确全国性文艺评奖的举办主体；四、完善全国性文艺评奖的标准和审批；五、压缩全国性文艺评奖的奖项和数量；六、加强对社会组织、学校、研究机构以及企业等举办全国性文艺评奖的管理；七、健全评审机制；八、加强监督检查；九、提供支持保障；十、抓好贯彻落实。

《意见》强调，对社会组织、学校和研究机构、报刊、出版单位和网站等加强管理，未按规定程序获批，不得举办全国性文艺评奖。此外，严禁各类企业以各种名目举办全国性文艺评奖。加强社会监督和舆论监督，充分听取社会各方面意见，评奖规则和评奖结果要向社会公示；新闻媒体对违规举办的全国性文艺评奖，以及评奖中的不正之风，要及时给予曝光、批评。加强督促检查，定期对全国性文艺评奖开展情况进行督导检查，对不符合规定的给予通报、责令整改。自2015年11月1日起施行。

10月8日

［纲　文］　**全国政协在北京召开双周协商座谈会，就“转基因农产品的机遇与风险”建言献策。**

［目　文］　全国政协主席俞正声主持召开座谈会，全国政协副主席杜青林、韩启德、张庆黎、陈元出席座谈会。农业部副部长张桃林介绍了有关情况。科技部副部长张来武、国家食品药品监督管理总局副局长滕佳材参加会议并与委员互动交流。全国政协委员陈锡文、万建民、崔永元、陈章良、伍跃时、方荣祥、李崴、史贻云、彭于发、薛亮、张德兴、肖新月、武维华，以及专家学者马荣才、张勇飞、黄大昉在座谈会上发言。

一些委员建议，要从国家全局和长远发展来考虑转基因农产品的研究、推广和监管。一是大胆研究。注重向基础研究倾斜，在应用研究上要发挥企业的积极性，要加强安全研究。二是慎重推广。要区分食用与非食用、主粮与非主粮的不同情况，对主粮的应用推广要十分慎重。要考虑转基因科技知识的普及程度、群众的接受程度以及现有的管理水平，坚持安全第一，群众信任第一。三是切实监管。严格执行法规，建立明确的分工协作和责任追究机制，建立非利益相关的第三方检测机构，加大监管资金投入。制定和完善有关规范标准，建立公开透明机制，充分保障消费者的知情权和自主选择权。欢迎各方面监督，以监督促监管。

10月8日

［纲　文］　**民政部印发《关于支持引导社会力量参与救灾工作的指导意见》。**

［目　文］　《意见》由五部分组成：一、支持引导社会力量参与救灾工作的重要意

义；二、支持引导社会力量参与救灾工作的基本原则；三、社会力量参与救灾工作的重点范围；四、支持引导社会力量参与救灾工作的主要任务；五、支持引导社会力量参与救灾的工作要求。

《意见》要求，各地民政部门要根据本意见要求，结合实际，研究制定落实措施，有关工作开展情况及时报民政部。

10月8日

［纲　文］ **发展改革委发布《中央定价目录》。**

［目　文］ 《目录》包括七个项目的定价：一、天然气；二、水利工程供水；三、电力；四、特殊药品及血液；五、重要交通运输服务；六、重要邮政业务（信函寄递资费、邮政汇兑资费、机要通信资费、国家规定报刊发行资费）；七、重要专业服务（商业银行基础服务收费、银行卡刷卡手续费）。自2016年1月1日起施行。

10月8日

［纲　文］ **外交部发言人表示，中国对促进亚太经济一体化的区域贸易安排持开放态度。**

［目　文］ 有记者问，10月5日，跨太平洋经济伙伴关系协定（TPP）成员国贸易部长发表声明宣布TPP谈判成功结束，TPP协定被称为“21世纪标准的贸易协定”，中方对此有何评论？

发言人说，中方对促进亚太经济一体化的区域贸易安排持开放态度，主张相关贸易安排应遵循世界贸易组织规则，有助于加强多边贸易体制，推进多哈发展回合谈判，服务全球发展议程。我们认为，亚太经济体发展阶段和水平不尽相同，应在充分考虑发展差异性、尊重发展中经济体特殊需求基础上，由各方在平等参与、充分协商、开放包容的基础上，合力推进本地区自贸区建设，各自由贸易安排之间应相互促进。中方积极致力于同本地区各方一道，本着互信、包容、合作、共赢的精神，积极推进亚太自贸区进程，打造开放型亚太经济格局，为全球经济健康发展注入新动力。

10月8—9日

［纲　文］ **汪洋在杭州调研外贸工作并主持召开部分省市外贸工作座谈会。**

［目　文］ 国务院副总理汪洋主持召开部分省市外贸工作座谈会时指出，要从全局和战略高度认识对外贸易的重要作用，增强做好外贸工作的责任感、使命感，切实把党中央、国务院的各项决策部署落到实处，坚持创新引领，努力扩大市场份额，促进对外贸易稳定增长和结构调整。受外需萎缩、内需放缓、价格下跌等多重因素影响，2015年外贸工作出现多年少有的困难，目前下行压力依然很大。但进出口运行基本面并没有改变，国际市场份额仍在上升，外贸结构全面优化，质量效益继续改善，对经济增长的贡献得到加强。我国外贸正处于动力转换、积蓄力量的关键阶段，仍具备综合竞争优势和持续发展的基础。要认清形势，坚定信心，变压力为动力，充分利用市场倒逼力量，着力破解制约外贸发展的深层次矛盾，把当前形势之危转化为长远发展之机。要按照“行动快、方向准、

力度大、工作实”的要求，打好四季度外贸攻坚战。要紧紧围绕企业诉求开展工作，在清理进出口环节收费、拓宽外贸融资渠道、促进贸易便利化等方面迅速出台一批含金量高、见效快、能管用的硬招。要整合政策资源，放大政策效应，引导外贸增长潜力大的地区加速发展，鼓励根植性强的企业做大做强，促进优势产品开拓国际市场。要抓紧协调跨境电子商务、市场采购贸易、外贸综合服务企业等新型商业模式试点遇到的突出问题，培育外贸新的增长点。要坚持稳中求进，坚持不懈地推进结构调整和转型升级，为外贸可持续发展创造条件。

汪洋在中国（杭州）跨境电子商务综合试验区考察，听取有关方面汇报后，充分肯定综合试验区工作进展，并表示要求进一步明确跨境电子商务发展模式，把促进产业发展作为工作重点，把做大做强 B2B 作为主攻方向，大力培育新型产业贸易服务链，创新监管方式，加大政策支持，为中国外贸发展打造新引擎、塑造新优势。

10 月 8—12 日

［纲　文］ **国务委员兼国防部部长常万全对蒙古、哈萨克斯坦进行正式友好访问。**

［目　文］ 常万全在蒙古访问期间，在乌兰巴托分别会见蒙古国总统额勒贝格道尔吉、总理赛汗比勒格时表示，中蒙是友好近邻，近年来两国两军关系不断深入发展，中方高度赞赏蒙方坚持一个中国的立场，愿与蒙方共同努力，坚决落实两国领导人达成的共识，发展两国包括防务安全领域在内的各领域各层次交流合作，不断拓展两军合作领域，为丰富两国全面战略伙伴关系内涵，造福两国人民及维护地区和平稳定做出积极努力。

额勒贝格道尔吉说，近年来，我与习近平主席多次会面，就深化两国关系、加强各领域务实合作达成一系列重要共识，希望两国防务部门和军队加强交流与合作，不断增进互信，进一步发展两国全面战略伙伴关系。

赛汗比勒格说，蒙古国重视发展与中国的友好合作关系，将发展对华关系作为蒙古国外交政策的优先方向，愿与中方加强在政治、经贸、人文等领域交流与合作。蒙方感谢中方对蒙军建设提供的支持和帮助，愿与中方进一步加强在防务安全领域的交流与合作。

常万全在哈萨克斯坦访问期间，在阿斯塔纳与哈国防部长塔斯马加姆别托夫举行会谈，就中哈两国两军关系及共同关心的国际和地区问题深入交换意见，达成广泛共识。

常万全表示，中哈是友好邻邦和全面战略伙伴，在习近平主席和纳扎尔巴耶夫总统的亲自关怀和推动下，中哈政治互信和各领域合作达到前所未有的高水平。中国军队重视发展同哈萨克斯坦军队的友好交流与合作，愿与哈方一道，坚决落实两国元首重要共识，加大团组互访、军事演训、人员培训、联合反恐等方面交流与合作力度，加强在上合组织防务安全领域的协调配合，为两国全面战略伙伴关系不断发展做出新的更大贡献。

塔斯马加姆别托夫说，首先祝贺中国抗日战争暨世界反法西斯战争胜利 70 周年系列纪念活动取得圆满成功。中国是哈重要邻国和亲密伙伴，哈方高度重视发展哈中全面战略伙伴关系，将中哈关系作为哈外交政策的重点之一。哈方感谢中方在军队建设方面给予的支持和帮助，愿继续加强与中方在各领域各层次的交流与合作，为加强两国军队建设、维护地区和平稳定做出不懈努力。

10月8—10日

［纲　文］　**应外交部部长王毅邀请，泰国外长敦·帕马威奈对中国进行正式访问。**

［目　文］　9日，国务院总理李克强在北京会见泰国外长敦·帕马威奈时表示，中泰一家亲，中方愿同泰方巩固传统友谊，统筹规划好各领域交流与合作，努力实现互利共赢，更好造福两国和地区人民。中泰铁路合作是当前双方合作的重点和亮点，不仅有利于将“一带一路”倡议同泰国发展战略相衔接，带动两国经济发展，也将为中国同泰国以及中南半岛各国深化经贸合作、密切人文往来创造有利条件，希望双方抓紧落实有关共识，确保中泰铁路早日开工建设。当前中国经济进入新常态，我们顺应和积极引领新形势，大力实施创新驱动发展战略，在推动传统产业改造升级的同时，着力为新产业、新业态的成长营造良好环境，培育经济新的增长点和新动能。这也将为包括泰国在内的地区各国带来更大发展机遇。敦·帕马威奈表示，泰方珍视同中国的友好合作关系，高度重视两国铁路合作，愿同中方共同努力，推动泰中铁路早日动工，促进两国共同发展。

同日，王毅与敦·帕马威奈在北京举行会谈，双方就双边、地区、国际问题充分交换意见，达成广泛共识。一是双方同意共同推进“一带一路”建设，争取早日商签合作文件。二是双方同意加快推进中泰铁路项目进程，争取年内尽早启动。三是双方同意启动澜沧江—湄公河合作机制。

10月8—10日

［纲　文］　**应外交部副部长张业遂邀请，美国常务副国务卿布林肯访华。**

［目　文］　8日，国务委员杨洁篪在北京会见了布林肯。张业遂与布林肯在北京举行会谈，双方就共同关心的双边和国际地区问题交换了意见。

杨洁篪在北京会见布林肯时说，习近平主席不久前对美国成功进行了国事访问。两国元首进一步确认了中美关系发展的正确方向，并有力推进了中美在双边、地区和全球层面的重要合作。下阶段，双方要共同努力，认真落实好两国元首达成的重要共识，推动中美关系继续保持健康稳定发展。布林肯表示，习近平主席成功访美向世界展示，美中可以在一系列重大问题上开展有意义的合作。美方愿与中方一道，认真落实此访共识和成果，使美中关系不断向前发展。

10月9日

［纲　文］　**中共中央总书记习近平就朝鲜劳动党成立70周年向朝鲜劳动党第一书记金正恩致贺电。**

［目　文］　习近平在贺电中说，在朝鲜劳动党成立70周年之际，我代表中国共产党中央委员会，并以我个人的名义，向你并通过你，向朝鲜劳动党中央、全体党员以及全体朝鲜人民致以热烈的祝贺。在朝鲜人民的伟大领袖金日成主席、金正日总书记领导下，

朝鲜劳动党带领朝鲜人民，克服重重困难，实现国家独立和人民解放，在朝鲜社会主义革命和建设事业中取得了令人瞩目的成就。近年来，金正恩第一书记继承金日成主席、金正日总书记遗志，领导朝鲜劳动党和朝鲜人民，在发展经济、改善民生等方面取得了积极进展。衷心祝愿朝鲜人民在以金正恩第一书记为首的朝鲜劳动党领导下，在朝鲜式社会主义建设事业中不断取得新的更大成就。中朝友谊有着光荣传统。我们愿同朝鲜同志共同努力，把中朝友谊维护好、巩固好、发展好，造福两国和两国人民，为维护地区乃至世界和平稳定发挥积极的建设性作用。衷心祝愿朝鲜劳动党不断发展，朝鲜民主主义人民共和国繁荣昌盛，中朝友谊代代相传。

同日，国家副主席李源潮出席驻华使馆举行的朝鲜劳动党成立70周年庆祝活动。

10月9日

［纲　文］　**张德江在北京会见香港特别行政区保安局局长黎栋国率领的香港纪律部队文化交流团全体成员。**

［目　文］　全国人大常委会委员长张德江认真听取了交流团成员关于香港纪律部队工作情况的介绍并给予充分肯定后指出，习近平主席提出的实现中华民族伟大复兴的中国梦，是包括香港同胞在内的全体中华儿女的共同心愿，纪律部队文化交流团把主题定为“追求梦想，成就未来”，将进一步增强实现中国梦的信心。繁荣发展是根本，法治稳定是基石，希望香港纪律部队继续恪尽职守、敢于担当、严格执法，作“一国两制”的坚决捍卫者和香港法治稳定的坚定守护者，为保持香港长期繁荣稳定和维护国家主权、安全与发展利益再立新功。

10月9日

［纲　文］　**中俄人文合作委员会第16次会议在西安举行。**

［目　文］　国务院副总理、中俄人文合作委员会中方主席刘延东与俄罗斯副总理、委员会俄方主席戈洛杰茨共同主持召开会议。

刘延东说，在习近平主席和普京总统的战略引领下，中俄全面战略协作伙伴关系持续保持高水平发展。两国元首2015年三次会晤，确定了中俄关系新阶段的发展方向和重点领域。双方共同维护二战胜利成果和国际公平正义，在国际上产生了积极反响。人文合作是两国关系的有机组成部分。双方要进一步加强战略谋划，使青年友好交流年的成果惠及长远，筹备好2016—2017年中俄媒体交流年，扎实推进中俄2020年10万人留学项目、语言教学、中共六大会址修复、传统医学、冬季体育项目、文化旅游、科技创新等领域重点项目，为推进丝绸之路经济带与欧亚经济联盟建设对接合作提供有力支撑，推动上海合作组织成员国之间的人文交流。戈洛杰茨说，俄中人文合作委员会切实落实两国领导人达成的共识，在双方努力下，俄中青年友好交流年取得圆满成功，共同举办的二战胜利70周年庆祝和纪念活动产生深远影响。希望双方密切配合，重点办好明后年的媒体交流年，推动两国人文合作取得新成果。

会议期间，两国副总理还共同参观了中国赴俄艺术类留学成果和陕西非物质文化遗产展，并共同见证双方有关部门签署教育、卫生、文化旅游、体育、电影等领域合作文件。

10 月 9 日

［纲　文］　**交通运输部在南海华阳礁举行华阳灯塔和赤瓜灯塔竣工发光仪式，宣布两座大型多功能灯塔正式发光并投入使用。**

10 月 9 日

［纲　文］　**《南京大屠杀档案》列入世界记忆名录。**

［目　文］　联合国教科文组织发布的消息称，教科文组织世界记忆工程国际咨询委员会第十二次会议经过 4 日至 6 日在阿联酋阿布扎比的评审后，决定为《世界记忆名录》新增 47 个项目，其中包括中国申报的《南京大屠杀档案》。至此，中国已有 10 份文献遗产入选世界记忆名录。

中国常驻联合国教科文组织代表团大使衔代表张秀琴表示，南京大屠杀档案项目被列入教科文组织世界记忆名录，是教科文组织对中国保存的南京大屠杀档案给予的肯定，是对该档案真实性和唯一性的认可，也是对文献遗产保存完整性的最高赞誉，具有世界意义。

2014 年，中国正式向联合国教科文组织世界记忆遗产秘书处递交了《南京大屠杀档案》列入世界记忆名录的申请。

10 月 9 日

［纲　文］　**发展改革委、能源局、工业和信息化部、住房城乡建设部印发《电动汽车充电基础设施发展指南（2015—2020 年）》。**

［目　文］　《指南》由八部分组成：一、前言；二、发展基础；三、问题挑战；四、需求预测；五、指导思想与原则；六、发展目标；七、重点任务；八、保障措施。

10 月 9 日

［纲　文］　**原中国共产党中央顾问委员会委员，原中共中央农村政策研究室主任兼原国务院农村发展研究中心主任杜润生在北京逝世，享年 102 岁。**

10 月 9—12 日

［纲　文］　**中共中央政治局常委、中央书记处书记刘云山率中国共产党代表团出席朝鲜劳动党成立 70 周年庆祝活动并对朝鲜进行正式友好访问。**

［目　文］　9 日，刘云山在平壤百花园迎宾馆会见了朝鲜劳动党第一书记金正恩时转达了中共中央总书记习近平对金正恩的亲切问候和良好祝愿并转交了习近平的亲署函。习近平在亲署函中说，中朝传统友谊由双方老一辈领导人亲自缔造和精心培育，是双方共同的宝贵财富，值得我们倍加珍惜。中国党和政府高度重视中朝关系，坚持从战略高度和长远角度看待和把握中朝关系发展，坚持维护好、巩固好、发展好两国关系。新形势下，我们愿从中朝关系大局和两国发展大计出发，同朝方密切沟通、深化合作，推动中朝关系长期健康稳定发展。

金正恩对习近平致亲署函表示诚挚感谢，并请刘云山转达对习近平的亲切问候和良好祝愿。金正恩说，在朝党庆祝成立70周年之际，以习近平同志为总书记的中共中央派出以刘云山同志为团长的中共代表团访朝，充分体现出朝中之间的深厚情谊，这是对朝鲜党和人民的巨大鼓舞，我们对此深表感谢，相信此访一定能为传承朝中友谊、发展双边关系发挥重要作用。

谈到半岛问题时，刘云山说，半岛和平稳定符合有关各方利益，有利于维护本地区乃至世界和平稳定，需要有关各方共同努力。中方坚持维护半岛和平稳定，坚持半岛无核化目标，坚持通过对话协商解决问题，将一如既往地为此发挥应有作用。我们愿同朝方共同努力，早日重启六方会谈。

金正恩表示，朝鲜正在努力发展经济、改善民生，需要和平稳定的外部环境。朝鲜愿继续为改善北南关系、维护半岛局势稳定作出努力，希望有关各方共同努力。

10日下午，刘云山出席朝鲜劳动党成立70周年庆祝活动，与金正恩等朝鲜党和国家领导人以及10万平壤各界群众一起观看了阅兵式和群众游行。当晚，金日成广场举行青年先锋火炬游行，金正恩和刘云山一同出席。

访朝期间，刘云山与朝党中央政治局委员、中央书记崔龙海举行了会谈，会见了朝鲜最高人民会议常任委员会委员长金永南；刘云山还向金日成主席和金正日总书记塑像敬献了花篮，参观了朝鲜祖国解放战争胜利纪念馆，缅怀65年前中国人民志愿军与朝鲜军民并肩作战，历尽艰辛，赢得胜利的光辉历史。

11日上午，刘云山在安州祭扫中国人民志愿军烈士陵园，向中国人民志愿军烈士敬献花篮并默哀。他瞻仰了英名墙，并考察了修缮一新的烈士墓区、纪念碑、纪念广场等设施，并在祭扫活动上发表讲话。中方陪同人员以及驻朝使馆、中资机构、华侨和留学生代表等共约200人参加祭扫活动。

10月9—11日

［**纲　文**］　**国务委员杨洁篪应邀对南非进行正式访问**。

［**目　文**］　杨洁篪此访主要目的是与南非就2015年12月在南非举行的中非合作论坛约翰内斯堡峰会筹备工作思路进行全面对接并就国家主席习近平访问南非相关安排和成果沟通，以确保峰会和访问取得成功。

访问期间，杨洁篪在约翰内斯堡分别与南非总统祖马、南非外长马沙巴内会见、会谈。双方就中非合作论坛峰会主题、成果文件、重点合作领域等筹备工作以及习近平对南非国事访问安排沟通、全面对接，达成广泛共识。双方一致认为，约翰内斯堡峰会是首次在非洲大陆举办的中非峰会，对深化中非合作、促进中非关系转型升级具有里程碑意义，中南作为共同主办国将加强协作，将本次峰会办成加强中非团结、共谋合作未来的历史性盛会，谱写中非关系新的篇章。双方要利用习近平访问南非这一契机，抓紧落实两国领导人就深化双边关系达成的共识和《中南5—10年合作战略规划》，着力深化海洋经济、经济特别行政区、制造业、资源能源、基础设施建设、人文交流等重点领域合作，为中南关系发展注入新的强劲动力。杨洁篪还接受了南非独立传媒集团专访，就中南和中非关系、金砖国家合作、南南合作、中国经济发展等问题阐述了中方立场和看法。

10月10日

［纲　文］ **国务院在北京召开全国棚户区改造工作电视电话会议。**

［目　文］ 国务院副总理张高丽出席会议并讲话。中央和国家机关有关部门、有关金融机构、企业负责人在主会场参加会议。各省、自治区、直辖市和计划单列市、新疆生产建设兵团，部分市（地）、县（市）人民政府及有关部门、单位负责人在各地分会场参加会议。住房城乡建设部、发展改革委、国家开发银行和浙江、河南、四川省政府负责人在会上发言。会议对进一步做好棚户区改造工作作出部署。

会议认真学习贯彻中共中央总书记习近平在中央经济工作会议上关于棚户区、城中村更新改造的讲话精神，并传达国务院总理李克强关于加快棚户区改造的批示：棚改寄托着千万住房困难家庭改善居住条件的希望，是推进以人为核心的新型城镇化的重要内容和抓手。近年来，在各方共同努力下，棚改取得重大进展。但行百里者半九十，在现有基础上继续推动棚改并带动新型城镇化、包括有关配套和地下基础设施建设等，面临的挑战更多，任务更艰巨。各级政府要按照党中央、国务院统一部署，以对人民群众高度负责的态度，把棚改放在民生工作的突出位置，进一步围绕重点难点、抓住“硬骨头”矢力攻坚，进一步加大财税金融支持力度、创新机制吸引社会资本参与，进一步严格资金和项目监管，确保工程质量，不折不扣地按期完成既定任务，让更多的住房困难群众受益，带动扩大有效投资，不断提升新型城镇化水平，为保障和改善民生、促进经济社会发展做出更大贡献。

张高丽指出，当前和今后一个时期棚户区改造的任务仍很繁重，要抓住关键、突出重点，扎实做好以下工作：一是确保完成2015年棚户区改造目标任务，各省（区、市）已经签订目标责任书，要严格问责考核，对资金和土地不落实、政策措施不到位、建设进度缓慢的地方要进行约谈、限期整改。二是做好棚户区改造三年计划特别是2016年工作安排，各地都要明确改造目标、工作时序和完成时间。三是抓紧研究确定明后年棚户区改造融资渠道，国务院有关部门要继续加大补助力度，地方政府要积极筹措资金，国开行、农发行等金融机构要加大融资支持。四是切实管好用好棚户区改造专项资金，完善机制、堵塞漏洞、严格审计、加强监管，对挪用套取和闲置浪费资金的要追究责任。五是大力推进棚户区改造货币化安置工作，更好地满足群众需要，促进房地产市场平稳健康发展。六是加强棚户区改造工程质量监管，严格终身质量责任追究，确保建成放心工程。

10月10日

［纲　文］ **刘延东出席故宫博物院成立90周年庆祝活动。**

［目　文］ 国务院副总理刘延东指出，要进一步加强故宫保护利用，全面提升文化遗产保护、展示传播、服务观众、学术研究和交往合作能力，并发挥好示范引领作用，不断开创我国文博事业发展的新局面。故宫是我国文化遗产的重要象征，汇聚了众多巧夺天

工、妙造自然的文物精品，积淀了博大精深、灿烂辉煌的文化内涵，是中华民族历史见证和中华文化重要载体。90年来，故宫与中华民族同呼吸共命运，一代又一代故宫人始终致力于“完整故宫”保护，着力为公众提供优质文化资源，全力开展人才培养与学术研究，积极影响了近现代中国博物馆的发展历程，为典守民族珍宝、保护中华文脉、弘扬传统文化做出了重要贡献。文化是民族生存繁衍的精神纽带，是民族发展复兴的精神力量。故宫作为世界和中国最著名博物馆之一，要进一步提升管理水平，推进“平安故宫”建设，保护传承好文化遗产；提高服务水平，提升融入社会服务社会能力；加强交流合作，大力弘扬中华优秀传统文化；加大人才培养，为故宫可持续发展提供人才支撑，切实把故宫这一中国特色、世界一流博物馆保护好、建设好、管理好、发展好，为中华文化繁荣发展做出新贡献。

10月10日

［纲　文］　**税务总局印发《税收政策合规工作实施办法（试行）》，自2015年11月1日起实施。**

10月10日

［纲　文］　**外交部发言人表示，中国对教科文组织将《南京大屠杀档案》列入世界记忆名录的决定表示欢迎。**

［目　文］　一、发言人表示，中方对教科文组织将《南京大屠杀档案》列入世界记忆名录的决定表示欢迎，将按照有关规定，确保这些珍贵文献得到保护和传播，充分发挥这些文献铭记历史、珍惜和平、共创未来、捍卫人类尊严的积极作用。南京大屠杀是第二次世界大战期间日本军国主义犯下的严重罪行，是国际社会公认的历史事实。中方申报材料完全符合世界记忆名录的评审标准，特别是真实性和完整性的标准，申报程序符合教科文组织有关规定，应成为全人类的共同记忆。二、就日本外务省10日发布“新闻官谈话”质疑中方申报材料的完整性和真实性，指责教科文组织未能保持中立和公平，将要求教科文组织进行制度改革，不再被“政治利用”，发言人表示，事实不容否认，历史不容篡改。日方有关言行再次表明了其不愿正视历史的错误态度。中方敦促日方本着对历史负责的态度，正视和深刻反省侵略历史，切实纠正错误，立即停止对中方申报说三道四和对教科文组织正常工作的干扰和无理纠缠，以实际行动取信于国际社会。三、就南沙华阳礁和赤瓜礁灯塔启用仪式。发言人说，我们从有关部门了解到，南沙华阳礁和赤瓜礁灯塔建设已按计划完工，并于昨天举行了发光启用仪式。根据中国《海上交通安全法》和国际通行做法，中方有关部门已就华阳礁和赤瓜礁灯塔启用发布航行通告和航行警告。南海是重要的国际海运通道，也是世界上重要的渔场之一，船舶密度大，海况复杂，海上交通事故时有发生。中方在南沙华阳礁和赤瓜礁建设灯塔，将为航经该海域的船舶提供高效的导航助航服务，大大提高南海海域船舶航行安全。下一步，中方将会继续在南沙群岛有关驻守岛礁上建设其他民事和国际公益设施，更好地服务南海沿岸国家和航经该海域的各国船只。

10月11日

［纲　文］　国家主席习近平、国务院总理李克强就土耳其发生爆炸事件分别向土耳其总统埃尔多安总统、土耳其总理达武特奥卢致慰问电。

10月11日

［纲　文］　国务院办公厅印发《关于推进海绵城市建设的指导意见》。

［目　文］　《意见》由五部分组成：一、总体要求；二、加强规划引领；三、统筹有序建设；四、完善支持政策；五、抓好组织落实。

《意见》指出，城市人民政府是海绵城市建设的责任主体，要把海绵城市建设提上重要日程，完善工作机制，统筹规划建设，抓紧启动实施，增强海绵城市建设的整体性和系统性，做到“规划一张图、建设一盘棋、管理一张网”。各有关部门要按照职责分工，各司其职，密切配合，共同做好海绵城市建设相关工作。

10月11日

［纲　文］　国务院印发《关于第一批取消62项中央指定地方实施行政审批事项的决定》

［目　文］　《决定》说，经研究论证，国务院决定第一批取消62项中央指定地方实施的行政审批事项。各地区、各部门要抓紧做好取消事项的落实工作，并切实加强事中事后监管。要严格落实行政许可法关于设定行政许可的有关规定，对以部门规章、规范性文件等形式设定的具有行政许可性质的审批事项进行清理，原则上2015年年底前全部取消。要继续大力推进行政审批制度改革，深入推进简政放权、放管结合、优化服务，加快政府职能转变，不断提高政府管理科学化、规范化、法治化水平。

国务院决定第一批取消中央指定地方实施的行政审批事项目录包括《不需中央政府投资、限额（规模）以下或不涉及国家有特殊规定的高技术产业发展项目审批》《境内国际科技会展审批》等，共计62项。

10月11日

［纲　文］　国务院印发《关于第一批清理规范89项国务院部门行政审批中介服务事项的决定》。

［目　文］　《决定》说，根据推进政府职能转变和深化行政审批制度改革的部署和要求，国务院决定第一批清理规范89项国务院部门行政审批中介服务事项，不再作为行政审批的受理条件。各有关部门要加强组织领导，认真做好清理规范行政审批中介服务事项的落实工作，加快配套改革和相关制度建设，加强事中事后监管，保障行政审批质量和效率。要制定完善中介服务的规范和标准，指导监督本行业中介服务机构建立相关制度，规范中介服务机构及从业人员执业行为，细化服务项目、优化服务流程、提高服务质量，营造公平竞争、破除垄断、优胜劣汰的市场环境，促进中介服务市场健康发展，不断提高政府管理科学化、规范化水平。

国务院决定第一批清理规范的国务院部门行政审批中介服务事项目录包括《企业、事业单位、社会团体等投资建设的固定资产投资项目申请报告编制》《设立民办本科学校资产审计》等，共计89项。

10月11日

［纲　文］　**中组部印发《关于深化县级“三严三实”专题教育着力解决基层干部不作为乱作为等损害群众利益问题的通知》。**

［目　文］　《通知》要求，要全面排查存在的突出问题。县级党委要高度重视、精心组织，将基层干部不作为、乱作为等损害群众利益问题摸排清楚。着力搞好“四个排查”：排查不作为的问题，重点是对群众办事态度冷漠、对上级布置的任务敷衍应付、工作不在状态、不敢担当等；排查乱作为的问题，重点是不讲规矩不按程序办事、不善于听取群众意见决策、乱收费乱罚款乱摊派、办事不公、强占强拆等；排查贪腐谋私的问题，重点是贪占挪用挥霍集体财物、套取骗取国家补贴补助款、截留克扣冒领惠民资金、滥用权力中饱私囊等；排查执法不公的问题，重点是暴力执法、选择性执法、随意性执法、办“关系案”“人情案”“金钱案”等。要在组织县直部门和乡镇（街道）、村（社区）开展自查的基础上，抽调专门力量，逐乡逐村逐单位摸底排查，尤其是群众来信来访反映的问题要一一调查核实。要分门别类列出问题清单，到事到单位到人头。

《通知》强调，要加强组织领导和督促指导。各级党委要高度重视解决基层干部不作为、乱作为等损害群众利益问题。省（区、市）党委及组织部门要结合“三严三实”专题教育，统筹安排，加强督促指导；市、县党委及组织部门要认真组织落实，对一些问题突出的县直部门和乡镇（街道）、村（社区），县级领导班子成员要挂点联系。各行业系统主管部门要加强对本行业本系统基层单位的监管，查找并解决不作为、乱作为等损害群众利益的问题。

10月11日

［纲　文］　**教育部印发《关于加强家庭教育工作的指导意见》。**

［目　文］　《意见》由五部分组成：一、充分认识加强家庭教育工作的重要意义；二、进一步明确家长在家庭教育中的主体责任；三、充分发挥学校在家庭教育中的重要作用；四、加快形成家庭教育社会支持网络；五、完善家庭教育工作保障措施。

《意见》指出，各地教育部门要开展家庭教育工作实验区和示范校创建工作，充分培育、挖掘和提炼先进典型经验，以点带面，整体推进。教育部将遴选确定部分地区为全国家庭教育实验区，部分学校为全国家庭教育示范校。各地教育部门和中小学幼儿园要树立先进家庭典型，宣传优秀家庭教育案例，引导全社会重视和支持家庭教育工作，为家庭教育工作营造良好的社会环境和舆论氛围。

10月11日

［纲　文］　**国务院副总理汪洋与俄罗斯副总理罗戈津在哈尔滨出席第二届中俄博览会开幕式并举行中俄总理定期会晤委员会双方主席会晤。**

［目　文］　汪洋表示，当前中俄全面战略协作伙伴关系在高水平上持续深入向前发

展。中方愿与俄方一道，按照两国元首和总理达成的共识，加强丝绸之路经济带建设与俄罗斯发展战略对接，重点推进航天、核能、民用航空、跨境运输等领域战略性大项目合作，争取取得新的合作成果，助推两国经济发展，并为年底举行的中俄总理第二十次定期会晤做好准备。罗戈津表示，俄方视中国为扩大务实合作的重点对象，愿为双方合作提供更加开放、更加优惠的政策环境。

双方一致表示，要把中俄博览会办得更有特色、更有成效、更有水平，使之成为促进中俄务实合作的重要平台。

10月11—18日

［纲　文］　**教育部、新闻出版广电总局举办首届全国中小学生电影周。**

［目　文］　本届电影周以纪念中国人民抗日战争暨世界反法西斯战争胜利70周年为主题，推荐了16部优秀影片，并组织300位在校中小学生担任评委，最终评选出“我最喜爱的故事片”“我最喜爱的动画片”等奖项。

10月12日

［纲　文］　**习近平主持召开中共中央政治局会议。**

［目　文］　会议主要内容是：一、会议决定，中国共产党第十八届中央委员会第五次全体会议于10月26日至29日在北京召开。二、中共中央政治局听取了《中共中央关于制定国民经济和社会发展第十三个五年规划的建议》稿在党内外一定范围征求意见的情况报告，决定根据这次会议讨论的意见进行修改后将建议稿提请十八届五中全会审议。三、会议指出，人民是推动发展的根本力量，必须坚持以人民为中心的发展思想，把增进人民福祉、促进人的全面发展作为发展的出发点和落脚点，发展人民民主，维护社会公平正义，保障人民平等参与、平等发展权利，充分调动人民积极性、主动性、创造性。要以经济建设为中心，坚持科学发展，加快转变经济发展方式，全面深化改革，全面依法治国，加快完善各方面体制机制，更好利用两个市场、两种资源，为我国发展不断提供强大动力和有效保障。四、会议强调，全面从严治党是实现党的历史使命的必然要求。加强纪律建设是全面从严治党的治本之策。党的十八大以来，党中央突出强调严明政治纪律和政治规矩、组织纪律，落实中央八项规定精神，加大反腐惩恶力度，强化巡视监督，切实解决好管党治党中存在的突出问题。丰富的实践为党内法规制度创新奠定了坚实基础。《中国共产党党员领导干部廉洁从政若干准则》和《中国共产党纪律处分条例》修订工作，坚持以党章为根本遵循，坚持问题导向，坚持纪严于法、纪在法前，汲取党的建设的历史经验，把从严治党实践成果转化为纪律和道德要求，实现了党内法规建设与时俱进。新修订的《准则》和《条例》是对党章规定的具体化。要认真落实和严格执行这两项法规，树立高尚道德情操，严明党的纪律戒尺，把党章权威立起来。《准则》紧扣廉洁自律主题，重申党的理想信念宗旨、优良传统作风，坚持正面倡导、重在立德，为党员和党员领导干部树立了看得见、摸得着的高标准，展现了共产党人的高尚道德情操。《条例》把党章对纪

律的要求整合成政治纪律、组织纪律、廉洁纪律、群众纪律、工作纪律、生活纪律，开列负面清单，重在立规，划出了党组织和党员不可触碰的底线。我们党是有革命理想和铁的纪律的马克思主义政党，组织严密、纪律严明是党的优良传统和政治优势。严明党的纪律，要把严守政治纪律和政治规矩排在首要位置。不管违反哪方面纪律，任其发展，最终都会侵蚀党的执政基础，破坏党的政治纪律。各级党委要担当和落实好全面从严治党的主体责任，严格按照《准则》和《条例》办事，广泛开展宣传教育，把党规党纪刻印在全体党员特别是党员领导干部的心上。

10 月 12 日

［纲　文］　**习近平主持中共中央政治局第 27 次集体学习。**

［目　文］　本次学习的主题是：全球治理格局和全球治理体制。外交学院秦亚青教授就这个问题进行讲解，并谈了意见和建议，中共中央政治局委员听取了他的讲解。

习近平指出，我们参与全球治理的根本目的，就是服从服务于实现“两个一百年”奋斗目标、实现中华民族伟大复兴的中国梦。要审时度势，努力抓住机遇，妥善应对挑战，统筹国内国际两个大局，推动全球治理体制向着更加公正合理方向发展，为我国发展和世界和平创造更加有利的条件。现在，世界上的事情越来越需要各国共同商量着办，建立国际机制、遵守国际规则、追求国际正义成为多数国家的共识。经济全球化深入发展，把世界各国利益和命运更加紧密地联系在一起，形成了你中有我、我中有你的利益共同体。很多问题不再局限于一国内部，很多挑战也不再是一国之力所能应对，全球性挑战需要各国通力合作来应对。随着全球性挑战增多，加强全球治理、推进全球治理体制变革已是大势所趋。这不仅事关应对各种全球性挑战，而且事关给国际秩序和国际体系定规则、定方向；不仅事关对发展制高点的争夺，而且事关各国在国际秩序和国际体系长远制度性安排中的地位和作用。我们提出“一带一路”倡议、建立以合作共赢为核心的新型国际关系、坚持正确义利观、构建人类命运共同体等理念和举措，顺应时代潮流，符合各国利益，增加了我国同各国利益汇合点。当今世界发生的各种对抗和不公，不是因为联合国宪章宗旨和原则过时了，而恰恰是由于这些宗旨和原则未能得到有效履行。要坚定维护以联合国宪章宗旨和原则为核心的国际秩序和国际体系，维护和巩固第二次世界大战胜利成果，积极维护开放型世界经济体制，旗帜鲜明反对贸易和投资保护主义。要推动变革全球治理体制中不公正不合理的安排，推动国际货币基金组织、世界银行等国际经济金融组织切实反映国际格局的变化，特别是要增加新兴市场国家和发展中国家的代表性和发言权，推动各国在国际经济合作中权利平等、机会平等、规则平等，推进全球治理规则民主化、法治化，努力使全球治理体制更加平衡地反映大多数国家意愿和利益。全球治理体制变革离不开理念的引领，全球治理规则体现更加公正合理的要求离不开对人类各种优秀文明成果的吸收。要加强能力建设和战略投入，加强对全球治理的理论研究，高度重视全球治理方面的人才培养。

10 月 12 日

［纲　文］ **中共中央、国务院印发《关于推进价格机制改革的若干意见》。**

［目　文］《意见》由六部分组成：一、总体要求；二、深化重点领域价格改革，充分发挥市场决定价格作用；三、建立健全政府定价制度，使权力在阳光下运行；四、加强市场价格监管和反垄断执法，逐步确立竞争政策的基础性地位；五、充分发挥价格杠杆作用，更好地服务宏观调控；六、保障措施。

《意见》要求，加大对全面深化价格改革、规范政府定价、强化市场价格监管与反垄断执法等方面的宣传报道力度，加强新闻发布，准确阐述价格政策，讲好“价格改革故事”，及时引导舆论，回应社会关切，传递有利于加快完善主要由市场决定价格机制、推动经济转型升级的好声音和正能量，积极营造良好舆论氛围。

10 月 12 日

［纲　文］ **最高法印发《关于在人民法院工作中培育和践行社会主义核心价值观的若干意见》。**

［目　文］《意见》的主要内容有：一、坚持司法为民；二、忠于宪法法律；三、尊重保障人权；四、坚持平等保护；五、捍卫公平正义；六、弘扬法治精神；七、维护公共利益；八、推进廉政建设；九、鼓励诚实守信；十、尊重意思自治；十一、维护公序良俗。

10 月 12 日

［纲　文］ **中国首次星载航空目标自动识别信号接收试验成功。**

［目　文］ 国防科技大学航天科学与工程学院表示，他们自主设计和研制的“天拓三号”微纳卫星发射升空后，主星“吕梁一号”星载 ADS-B（航空目标自动识别信号）接收系统成功实现对全球范围航空目标的准实时目标监控、空中流量测量，接收的报文数据可为航空安全、航线优化、航空管制和提升航空效率提供信息服务。这表明，中国首次进行的星载航空目标自动识别信号接收试验取得圆满成功。

10 月 12 日

［纲　文］ **在法国蒙彼利埃举行的世界灌排联合委员会（ICID）举行的年度会议上，诸暨赵家镇古井桔槔灌溉工程、宁波鄞州区它山堰工程、安徽寿县的芍陂三个水利工程成功入选《世界灌溉工程遗产名录》。**

10 月 12 日

［纲　文］ **国务院总理李克强电贺卡德加·普拉萨德·夏尔马·奥利就任尼泊尔新总理。**

10 月 12 日

［纲　文］ **全国人大常委会委员长张德江在北京会见俄罗斯联邦委员会副主席乌马哈诺夫。**

［目　文］ 张德江说，2015 年，习近平主席和普京总统 3 次会晤，指引中俄全面战

略协作伙伴关系继续在高水平上健康稳定向前发展。我们要按照两国元首的战略引领，推进全方位互利合作，巩固和发展全面战略协作。中俄立法机关交流合作富有活力，新的中俄议会合作委员会第一次会议取得圆满成功。双方应坚持好的做法，不断探索合作新形式，赋予合作新内容，加强治国理政经验交流，扩大青年友好交往，促进地方、企业合作，为中俄友好事业做出更大贡献。乌马哈诺夫说，俄方期待深化两国立法机关合作，加强青年议员和代表交流，更好地服务于俄中友好大局。

10月12—14日

［纲　文］　**国务院副总理张高丽应邀访问新加坡，并主持中新双边合作联委会第12次会议、中新苏州工业园区联合协调理事会第17次会议和中新天津生态城联合协调理事会第8次会议。**

［目　文］　访问期间，张高丽分别会见新加坡总统陈庆炎，新加坡总理李显龙，新加坡副总理张志贤、尚达曼等。

张高丽与张志贤共同主持中新双边合作联合委员会第12次会议、苏州工业园区联合协调理事会第17次会议和天津生态城联合协调理事会第8次会议等三个高级别合作机制会议，双方围绕两国各领域合作的新发展，重点讨论了中新第三个政府间项目、中新自贸协定升级、经济转型、金融合作、人文交流、包容和可持续发展等六大议题。双方一致认为，第三个政府间项目是两国政府在中国西部开展的一个战略性合作项目，合作将致力于以现代互联互通和现代服务经济为主题，并形成网络发挥作用。双方还充分肯定了苏州工业园区和天津生态城开发建设取得的成绩，并提出了下一步发展目标和任务，表示将对工业园区和生态城建设继续给予有力支持。张高丽和张志贤共同见证了双方有关合作文件的签署。

张高丽在会见陈庆炎、李显龙时表示，中方愿同新方始终从战略高度和长远角度规划和发展两国关系，保持高层密切交往，增加政治互信，深挖务实合作潜力，不断加强双方在经贸、投资、金融、科技创新、生态环保、人力资源和社会治理等领域合作，推动两国企业在“一带一路”沿线国家基础设施建设等领域合作，联手开拓第三方市场，促进中新关系和友好合作在新时期实现更大发展。2016年将迎来中国和东盟建立对话关系25周年，中国—东盟关系发展面临重要机遇。

陈庆炎、李显龙表示，新中传统友谊深厚，双方合作进展顺利，符合两国发展需求。新方愿与中方共同努力，以两国建交25周年为契机，保持新中关系良好发展势头，深化各领域务实合作，积极探索拓展新的合作领域，推动双方合作以及东盟—中国关系发展不断取得新成果。

10月12—19日

［纲　文］　**第6届中国昆剧艺术节在苏州举行。**

［目　文］　艺术节由文化部、江苏省人民政府共同主办。全国7大昆剧院团、3个戏曲院校、1个民营昆剧院团、2个来自台湾地区的昆剧团等共13家演出单位在苏州6大

剧院上演了 17 台优秀昆曲剧目。艺术节期间举行了《国家昆曲艺术抢救、保护和扶持工程十年成果》新书首发式暨第三届“名家传戏——当代昆曲名家收徒传艺工程”收徒仪式、第七届“昆曲学术座谈会”、2015 年虎丘曲会等活动。

10 月 13 日

［纲　文］　**习近平主持召开中央全面深化改革领导小组第 17 次会议。**

［目　文］　中央全面深化改革领导小组副组长李克强、刘云山，中央全面深化改革领导小组成员出席会议，中央和国家有关部门负责人列席会议。

中央全面深化改革领导小组组长习近平指出，中央通过的改革方案落地生根，必须鼓励和允许不同地方进行差别化探索。全面深化改革任务越重，越要重视基层探索实践。要把鼓励基层改革创新、大胆探索作为抓改革落地的重要方法，坚持问题导向，着力解决好改革方案同实际相结合的问题、利益调整中的阻力问题、推动改革落实的责任担当问题，把改革落准落细落实，使改革更加精准地对接发展所需、基层所盼、民心所向，更好造福群众。

会议审议通过了以下内容：一、《关于加强和改进行政应诉工作的意见》。会议指出，行政诉讼是解决行政争议，保护公民、法人和其他组织合法权益，监督行政机关依法行使职权的重要法律制度。做好行政应诉工作是行政机关的法定职责，既要解决掣肘行政审判工作开展、影响行政诉讼制度功能发挥的突出问题，也要考虑行政管理实际，严格要求行政机关依法履责。二、《深化国税、地税征管体制改革方案》。会议强调，深化国税、地税征管体制改革，要坚持依法治税、便民办税、科学效能、协同共治、有序推进的原则，发挥国税、地税各自优势，推动服务深度融合、执法适度整合、信息高度聚合，着力解决现行征管体制中存在的一些突出问题。三、《关于进一步推进农垦改革发展的意见》。会议指出，我国农垦是在特定历史条件下为承担国家使命而建立的。推进农垦改革发展，要坚持社会主义市场经济改革方向，坚持政企分开、社企分开，以保障国家粮食安全和重要农产品有效供给为核心，以推进垦区集团化、农场企业化改革为主线，依靠创新驱动，加快转变经济发展方式，推进资源资产整合、产业优化升级，建设现代农业的大基地、大企业、大产业，全面增强内生动力、发展活力、整体实力，发挥现代农业建设的骨干引领作用。四、《关于国有企业功能界定与分类的指导意见》。会议强调，要立足国有资本的战略定位和发展目标，结合不同国有企业在经济社会发展中的作用、现状和发展需要，根据主营业务和核心业务范围，将国有企业界定为商业类和公益类。五、《关于完善矛盾纠纷多元化解机制的意见》。会议指出，完善矛盾纠纷多元化解机制，对于保障群众合法权益、促进社会公平正义具有重要意义。要坚持党委领导、政府主导、综治协调，充分发挥各部门职能作用，引导社会各方面力量积极参与矛盾纠纷化解；坚持源头治理、预防为主，将预防矛盾纠纷贯穿重大决策、行政执法、司法诉讼等全过程；坚持人民调解、行政调解、司法调解联动，鼓励通过先行调解等方式解决问题；坚持依法治理，运用法治思维和法治方式化解各类矛盾纠纷。

10月13日

［纲　文］　**李克强在北京主持召开部分省（区、市）经济形势座谈会。**

［目　文］　刘延东、汪洋、马凯等参加会议。座谈会上，天津、上海、江苏、浙江、安徽、湖北、广西、云南等地汇报了本地形势、全年走势判断和建议。大家认为，2015年以来，国内外经济形势错综复杂，风险挑战增多，党中央、国务院调控政策及时有力、改革力度不断加大，各地顶住压力出实招、求突破，我国经济总体保持平稳发展，处在合理区间，部分指标波动没有改变经济向好的基本面，结构调整亮点纷呈，民生得到较好保障，但稳增长增效益仍需付出很大努力。

李克强与大家讨论，要求相关部门对地方建议抓紧研究并指出，当前我国经济正处在新旧动能转换的艰难进程中。旧动能的弱化加大了经济下行压力，但新动能也在加快成长，地区经济走势呈现分化。既要坚定发展信心，又要增强忧患意识，坚持稳中求进，上下同心，着力巩固向好趋势，有效对冲下行因素，确保完成全年发展主要目标任务。下一步要继续创新宏观调控方式，精准实施定向调控、相机调控，加强逆周期调节，管控好潜在风险，巩固经济基本面，培育发展新动能。一是深化结构性改革。推动大众创业、万众创新，与“互联网+”“中国制造2025”相结合，促进新型工业化与信息化深度融合，加快工业智能改造升级。二是推动以人为核心的新型城镇化与农业现代化协调并进。充分利用这个中国经济的巨大潜力和优势，带动扩大有效投资和消费。三是推进更高水平的对外开放。利用自贸区平台，积极探索适应深化开放要求的体制机制，在因应国际形势变化中趋利避害，在合作共赢中拓展发展空间。

李克强强调，给地方以更大的决策自主权、资金统筹权和改革先行先试权，让想干事、能干事的地方获得更多支持。推动国有企业深化改革、创新机制、增强活力，继续加大对小微企业和有市场有效益企业的支持，营造良好的融资和营商环境。用合理的“容错机制”和完善的激励机制，使创业创新者的活力不断涌现。形势越复杂多变，越要主动研究新情况、新问题，增强工作的前瞻性和预见性，打好政策提前量。无论是稳当前还是谋长远，都要强化各地区各部门推动发展的责任，对懒政怠政和不作为的干部要严肃追责，坚决兑现促进发展、保障民生的承诺，在完成2015年目标任务基础上，为明年发展创造条件。

10月13日

［纲　文］　**中共中央办公厅印发《关于加强政党协商的实施意见》。**

［目　文］　《意见》由六部分组成：一、政党协商的指导思想和重要意义；二、政党协商的内容；三、政党协商的形式；四、政党协商的程序；五、政党协商的保障机制；六、加强和完善党对政党协商的领导。

10月13日

［纲　文］　**国务院印发《关于“先照后证”改革后加强事中事后监管的意见》。**

［目　文］《意见》由六部分组成：一、总体要求；二、严格行政审批事项管理；三、厘清市场监管职责；四、完善协同监管机制；五、构建社会共治格局；六、加强组织实施。

《意见》指出，工商总局会同有关部门负责对本意见落实工作的统筹协调、跟踪了解、督促检查，确保改革各项工作平稳有序。审计部门要加强对政策落实情况的跟踪审计，加大对设置许可项目、履行法定监管职责等方面的审计力度。

10月13日

［纲　文］**《习近平关于协调推进“四个全面”战略布局论述摘编》出版。**

［目　文］《摘编》由中共中央文献研究室编辑，共分6个专题，收入287段论述，摘自习近平2012年11月15日至2015年9月3日期间的讲话、报告、批示、指示等110多篇重要文献。其中部分论述是第一次公开发表。

10月13日

［纲　文］**第5届全国道德模范座谈会在北京召开，习近平对全国道德模范表彰活动作出批示。**

［目　文］中共中央总书记习近平向受表彰的全国道德模范致以热烈祝贺和崇高敬意并指出，隆重表彰全国道德模范，对展示社会主义思想道德建设的丰硕成果，彰显中华民族昂扬向上的精神风貌，凝聚全国各族人民团结奋进的力量，具有重要意义。他强调，道德模范是道德实践的榜样。要深入开展宣传学习活动，创新形式、注重实效，把道德模范的榜样力量转化为亿万群众的生动实践，在全社会形成崇德向善、见贤思齐、德行天下的浓厚氛围。要持续深化社会主义思想道德建设，弘扬中华传统美德，弘扬时代新风，用社会主义核心价值观凝魂聚力，更好构筑中国精神、中国价值、中国力量，为中国特色社会主义事业提供源源不断的精神动力和道德滋养。

第5届全国道德模范和提名奖获得者，往届全国道德模范代表，中央宣传思想工作领导小组成员，中央文明委委员，有关部门负责人，各省区市和新疆生产建设兵团党委宣传部部长、文明办主任等出席会议。中宣部部长刘奇葆在座谈会上宣读了习近平总书记的批示。座谈会上宣读了表彰决定，王福昌等62人被授予第五届全国道德模范荣誉称号，廖理纯等265人被授予第5届全国道德模范提名奖。

中央文明委主任刘云山会见了第5届全国道德模范和提名奖获得者并在座谈会上指出，习近平总书记的重要批示深刻阐述了评选表彰全国道德模范的重要意义，就深入开展道德模范宣传学习活动、深化社会主义思想道德建设提出明确要求，充分体现了对道德建设的高度重视，要认真学习领会、很好贯彻落实。道德模范是时代的英雄、鲜活的价值观，推进道德建设，要用好道德模范这一“精神富矿”，发挥先进典型引领作用，更好激发实现中华民族伟大复兴中国梦的强大正能量。要坚持围绕中心、服务大局，坚持重在建设、立破并举，坚持党员领导干部带头，推动形成讲道德、尊道德、守道德的社会环境。

10月13日

［纲　文］　**国务院妇女儿童工作委员会、全国妇联在北京召开“纪念北京世妇会20周年 深入贯彻男女平等基本国策”大会。**

［目　文］　全国人大常委会副委员长、全国妇联主席沈跃跃主持会议。国务院副总理、国务院妇女儿童工作委员会主任刘延东出席大会并讲话。全国人大常委会副委员长张平、全国政协副主席陈元，以及全国人大常委会原副委员长、全国妇联原主席彭珮云、顾秀莲、陈至立出席会议。全国妇联党组书记、副主席、书记处第一书记宋秀岩作大会发言。发展改革委副主任王晓涛，人力资源社会保障部副部长信长星，江苏省副省长、省妇女儿童工作委员会主任许津荣，湖南省副省长蔡振红分别结合各自工作实际，围绕推动实现男女平等、促进妇女就业创业、建立健全性别评估机制、推动妇女参政等方面作了发言。中央和国家有关部委、国务院妇女儿童工作委员会成员单位的负责人，各省（区、市）妇女儿童工作委员会主任、妇联主席和社会各界代表，以及部分外国驻华使节、联合国驻华机构的代表共800余人参加大会。

刘延东指出，要深入学习贯彻习近平总书记在联合国全球妇女峰会上的重要讲话精神和李克强总理关于保障妇女权益的指示要求，大力弘扬北京世妇会精神，在新的历史起点上，坚定不移贯彻男女平等基本国策，推动男女平等与妇女事业发展迈上新台阶。20年来，中国认真践行北京世妇会精神，支持引导妇女发挥经济社会建设“半边天”作用，加强相关立法和重大政策制定，健全体制机制，极大地推动了妇女事业的发展进步，在妇女生存发展、权益保障、参政议政等方面取得了举世公认的显著成就。要围绕“四个全面”战略布局，将男女平等基本国策融入经济社会发展方方面面，继续推进男女平等制度建设和妇女权益保护，缩小不同妇女群体之间的发展差距，引领广大妇女积极投身大众创业、万众创新伟大实践，强化政府服务管理职责，凝聚全社会力量，开创中国男女平等事业新局面。

10月13日

［纲　文］　**中国首个新型临近空间飞艇在内蒙古锡林浩特市巴彦宝拉格机场解缆升空。**

［目　文］　飞艇在指定高度展开了包括飞行、通信、空域态势感知等多种科学实验后顺利着陆，实现了所有升空设备完好回收。临近空间是传统航空空间和航天空间的接合部，通常指距地球表面20千米到100千米之间的区域，也是普通航空飞行器最高飞行高度和天基卫星最低轨道高度之间的极为特殊区域。

10月13日

［纲　文］　**张德江在北京会见由贺一诚主席率领的澳门特别行政区立法会议员参访团。**

［目　文］　张德江听取了参访团关于澳门特别行政区立法会工作情况的介绍后给予充分肯定并指出，澳门回归祖国以来，立法会作为特别行政区的立法机关，为贯彻落实

“一国两制”方针和基本法，确保澳门特别行政区行政主导体制有效运行发挥了重要作用。希望立法会议员深入贯彻习近平主席在庆祝澳门回归祖国15周年大会上的重要讲话精神，尽职履责，团结各界，凝聚正能量，支持行政长官和特别行政区政府依法施政，不断开创澳门“一国两制”事业新局面。

10月13日

［纲　文］　**全国政协主席俞正声在北京会见柬埔寨参议院第二副主席狄诺。**

［目　文］　俞正声说，中柬友好历史悠久，基础深厚。建交50多年来，由两国老一辈领导人亲手缔造并精心培育的中柬关系历经国际风云变幻的考验，不断发扬光大，深入人心。2015年以来，习近平主席分别会见西哈莫尼国王和洪森首相，就新形势下深化两国全面战略合作达成重要共识。中方高度重视发展对柬关系，愿同柬方加强相互支持，进一步深化两国全面战略合作。中国全国政协愿同柬参议院加强合作，保持高层互访势头，相互学习和借鉴。狄诺说，柬方高度重视发展对华关系，支持“一带一路”倡议，愿在“一带一路”建设过程中加强互联互通，实现共同发展。

10月13日

［纲　文］　**外交部发言人表示，日本对联合国教科文组织进行公然威胁的言论令人震惊。**

［目　文］　有记者问，据报道，由于联合国教科文组织决定将中国申报的《南京大屠杀档案》列入世界记忆名录，日本政府考虑停止或减少向其提供经费，日方还称中方向联合国教科文组织提供的部分申报材料可能是虚假的。中方对此有何评论？

发言人表示，日方对联合国教科文组织进行公然威胁的言论令人震惊，完全不能接受，再次充分暴露出日本在历史问题上迄今仍在顽固坚持错误历史观。联合国教科文组织在《南京大屠杀档案》申报世界记忆名录问题上秉持了客观专业的立场，中方对此予以充分肯定。南京大屠杀是第二次世界大战期间日本军国主义犯下的严重罪行，是国际社会公认的历史事实。中方有关申报材料完全符合世界记忆名录的评审标准，申报程序完全符合教科文组织的有关规定，教科文组织国际咨询委员会严格按照有关程序，经过慎重讨论和研究作出了有关决定。日方可以威胁削减对联合国有关机构的经费，但是日方抹不去过去的历史污点，而且只会越抹越黑。我们严肃敦促日方本着对历史和未来负责任的态度，立即停止无理纠缠和对联合国教科文组织的干扰威胁活动，切实正视和深刻反省侵略历史，纠正错误，以实际行动来真正取信于亚洲邻国和国际社会。

10月13—14日

［纲　文］　**李源潮在济南调研党的群团工作。**

［目　文］　国家副主席李源潮调研期间，与少先队工作者和少先队员代表座谈时指出，要深入学习贯彻习近平总书记重要讲话精神，按照保持和增强政治性先进性群众性的要求，推进少先队工作务实创新。要加强少先队工作的思想性，充分发挥少先队教育“立德树人”的功能，搞好“五爱”教育，培养中国特色社会主义接班人。坚持少先队组织的

先进性，带领少先队员做学校、家庭和社会的正能量。坚持少先队组织的自主性，让孩子们在丰富多彩的自主活动中培养发展创造精神。少先队工作者要多到学校去，多和孩子们在一起，更好为孩子们健康成长服务。

李源潮与山东省委和省共青团、妇联、科协、侨联组织负责人座谈时强调，贯彻落实中央党的群团工作决策部署，首先是党委的责任。省市县党委要层层抓学习、抓贯彻、抓落实，确保中央精神落到基层，落地生根。要重视研究群团工作新情况新问题，落实党委领导群团工作各项制度，落实保障支持政策，抓好群团组织领导班子和干部队伍建设。青妇科侨等群团组织要抓好本系统特别是基层的学习贯彻，按照保持和增强政治性先进性群众性要求，积极改革创新，持续改进作风，加强基层、活跃基层，密切与群众的直接联系，更好团结带领所联系群众在改革发展稳定第一线，在实现中国梦进程中建功立业。

10月13—16日

［纲　文］　**统一战线深入学习贯彻中央统战工作会议精神和《中国共产党统一战线工作条例（试行）》研讨班在北京举行。**

［目　文］　各民主党派中央主席、副主席，全国工商联主席、专职副主席，无党派人士代表，中央国家机关和地方政府担任省部级领导职务的党外干部共120人参加研讨班。中央统战部常务副部长张裔炯作首场辅导报告。中央统战部部长孙春兰在出席研讨班开班式时指出，要重点领会习近平总书记重要讲话的丰富内容和精神实质，切实作为指导和推动统一战线事业发展的根本遵循，把中央统战工作会议精神和《条例》落到实处。

16日，中央统战部部长孙春兰主持研讨班结业座谈会，全国政协主席俞正声出席研讨会并讲话。俞正声指出，各民主党派、工商联和无党派人士在贯彻落实会议精神和《条例》中，要着力搞好政党协商，把坚持党的领导作为重要政治准则，围绕党和国家中心工作，开展扎实深入的调查研究，敢于讲真话、勇于道实情、善于建良言，真正做到民主协商、理性协商、真诚协商、和谐协商，不断提高政党协商实效性。党外领导干部作为党外代表人士中的优秀分子，其素质和能力直接影响多党合作的质量和水平，要充分认识到自身的多重身份和特殊责任，通过各种形式的学习锻炼，不断提高政治把握能力、参政议政能力、组织领导能力、合作共事能力、解决自身问题能力。新的社会阶层人士是统一战线工作新的着力点，民主党派、工商联和无党派人士与新的社会阶层人士联系紧密，应积极发挥自身优势，共同做好有关工作，将广大新的社会阶层人士团结起来，把他们的作用发挥出来。

座谈会上，民革中央常务副主席齐续春、民盟中央主席张宝文、民建中央主席陈昌智、民进中央主席严隽琪、农工党中央主席陈竺、致公党中央常务副主席蒋作君、九三学社中央主席韩启德、台盟中央主席林文漪、全国工商联主席王钦敏、无党派人士代表施一公先后发言。

10月13—18日

［纲　文］　**应国家主席习近平邀请，克罗地亚共和国总统基塔罗维奇对中国进行国**

事访问。

［目　文］　访问期间，习近平与基塔罗维奇在北京举行了会谈，两国元首一致同意，着力挖掘双方各领域合作潜力，提升中克全面合作伙伴关系。国务院总理李克强、全国人大常委会委员长张德江在北京分别会见了基塔罗维奇。基塔罗维奇出席2015年中国减贫与发展高层论坛并致辞。

习近平与基塔罗维奇会谈时指出，中克双方要坚持从战略高度和长远角度看待和处理双边关系，在涉及彼此核心利益和重大关切问题上继续相互支持。双方要保持高层交往，密切政府、立法机构、政党间各级别交流对话。克罗地亚是“一带一路”沿线重要国家，区位优势明显，正在推动经济转型。双方要探讨两国发展战略对接，更加积极参与中国—中东欧国家合作，着力挖掘双方在能源、交通、工业园区、金融、通信、农业等领域合作潜力，更好地助力双边关系提升。双方要加强文化、教育、体育、旅游、地方等人文合作，筑牢双边关系民意基础。中方赞赏克罗地亚积极致力于中欧关系发展，愿同克方一道推动中欧全面战略合作伙伴关系更好更快发展。

基塔罗维奇表示，很高兴在克中建立全面合作伙伴关系10周年之际访华并出席2015减贫与发展高层论坛。中国是国际社会重要成员，克中友谊源远流长，克罗地亚人民对中国人民怀有友好情谊。克方赞赏中方为解决中东难民问题所做积极贡献。

李克强在会见基塔罗维奇时表示，2015年是中国—中东欧国家合作的关键之年。这一合作的发展壮大，为中克深化务实合作搭建了有力平台。欢迎克方积极参与年内在华举行的第四次中国—中东欧国家领导人会晤。中方愿同克方开展国际产能合作，推进铁路、港口等基础设施建设合作，用好中国—中东欧国家合作专项贷款、基金等融资工具，确保合作顺利开展。基塔罗维奇表示，克方欢迎中国企业加大对克投资，开展互联互通建设和创新合作，并愿为此提供便利。

张德江在会见基塔罗维奇时说，中国全国人大愿与克罗地亚议会围绕经济转型、改善和保障民生等开展更多交流，推动两国在教育、文化、旅游等方面加强合作，促进各自国家法制建设，为双方人员往来和企业投资合作营造更好的政策环境、法制环境和社会环境。基塔罗维奇说，我此次访华成果丰富，克方愿同中方一道，不断深化各领域合作，加强两国立法机关交流与合作。

10月13—14日

［纲　文］　**第2次中日高级别政治对话在东京举行。**

［目　文］　国务委员杨洁篪同日本国家安全保障局长谷内正太郎共同主持对话。双方表示将充分利用高级别政治对话渠道，继续为推动两国关系持续改善发挥积极作用。双方还就共同关心的国际和地区问题交换意见。

杨洁篪表示，2015年以来，在双方共同努力下，中日关系总体朝着稳定改善方向发展。中方重视对日关系，愿同日方保持对话接触，本着以史为鉴、面向未来的精神，在中日四个政治文件基础上，继续推进中日关系的改善和发展。希望日方恪守承诺，奉行积极的对华政策，与中方相向而行，切实落实中日就处理和改善中日关系达成的四点原则共识，妥善处理历史问题、军事安全等重大敏感问题。同时，中方愿同日方共同努力，稳步推进两国经贸务实合作，拓展新的合作增长点，进一步加强两国人文领域的友好交流。谷内表示，当前日中关系总体趋于改善，双方政党、议会、地方和经济界之间的交流逐步恢复，人员往来不断增加，日方对此予以积极评价。日方将坚持四点原则共识，继续走和平发展道路，愿与中方加强对话协调，扩大交流，增进政治互信和人民间友好，保持日中关系进一步改善势头。

14日，杨洁篪在东京会见日本首相安倍晋三时表示，实现中日关系长期健康稳定发展，符合两国和两国人民根本利益，也关系到本地区的和平、稳定与发展。希望双方进一步加强对话沟通，推进两国各领域务实交流合作，为推动中日关系持续改善和发展共同做好努力。中方坚持在中日四个政治文件基础上，本着以史为鉴、面向未来的精神，推进中日战略互惠关系的方针是明确、一贯的。希望日方落实好中日就处理和改善中日关系达成的四点原则共识，妥善处理和管控重大敏感问题，坚持走和平发展道路。相信在有关各方的共同努力下，中日韩领导人会议将会取得成功。

安倍晋三表示，日方愿本着积极构建日中战略互惠关系的基本思路，保持双边高层对话接触，加强经济、文化等领域的交流合作，鼓励扩大人员往来，处理和管控好分歧，推动日中关系更紧密地发展。日本将坚定不移地走和平发展道路，在汲取历史教训的基础上为世界和平做出贡献。日方将同中方和韩方共同努力，使近期在首尔举行的日中韩三国领导人会议取得重要成果。

10月13—16日

［纲　文］　**外交部部长王毅应邀对捷克、波兰、保加利亚进行正式访问。**

［目　文］　13日，捷克总统泽曼和总理索博特卡在布拉格分别会见王毅。泽曼表示，捷中关系近两年发展得很好，务实领域合作取得重要进展。建设“一带一路”符合各国利益，捷方愿积极参加。捷方愿深化捷中经贸、金融等领域合作，促进人文交流，不断提升两国关系水平。索博特卡表示，对华合作是捷克政府对外政策的重点，两国关系有望迎来新的发展。

王毅表示，当前，中捷关系已回到正确轨道。双方应在相互尊重对方核心利益和重大关切基础上，保持双边关系良好发展势头。中方愿与捷方保持高层交往，共建“一带一路”，扩大双边贸易和投资，加强基础设施、产业、科技、金融、人文交流与合作，实现共同发展和共同繁荣。

14—15日，波兰总统杜达、总理科帕奇在华沙会见王毅。杜达说，“一带一路”建设具有历史意义，是波兰的重要机遇，波方愿积极参与。波方还愿与中方拓展人文交流，深化在中国—中东欧国家框架下合作，加强在国际事务中的协调沟通。科帕奇说，波中关系对波兰具有重要意义，波方愿与中方深化战略伙伴关系。

王毅说，中国希望中波关系走在中国同中东欧国家关系前列，希望中波成为共建“一带一路”的重要合作伙伴，希望波兰在中国—中东欧国家合作中起到发动机作用，希望波兰在中欧关系中发挥推进器功能。双方要不断深化战略互信，夯实两国关系政治基础；密切人文交流，培植两国友好民意基础；加强互利合作，拉紧利益纽带，深化利益融合。

15—16日，保加利亚总统普列夫内利埃夫、总理鲍里索夫在索非亚会见王毅。普列夫内利埃夫表示，保方愿与中方深入开展“一带一路”建设合作，深化文化、教育、旅游交流。保方愿为推动中东欧国家与中国、欧盟与中国合作做出不懈努力。我本人也愿继续做保中关系的友好使者，为推动两国关系发展做出积极贡献。鲍里索夫表示，当前保加利亚自身及与周边邻国正在进行一系列公路、铁路等基础设施建设，蕴含不少商机，真诚希望并欢迎中国企业参与其中。保中双方可以从一个个具体项目开始，一点一滴逐步注满两国互利合作的蓄水池。

王毅说，中方愿与保方切实落实两国元首确定的发展中保全面友好合作伙伴关系共识，与保方做相互信赖、相互支持的好伙伴，共同发展、共同繁荣的好伙伴，共建“一带一路”的好伙伴，推进中国—中东欧国家合作的好伙伴。

10月14日

［纲　文］　**李克强主持召开国务院常务会议**。

［目　文］　会议主要内容是：一、决定完善农村及偏远地区宽带电信普遍服务补偿机制，缩小城乡数字鸿沟。会议指出，缩小城乡差距是中国发展巨大潜力所在。改革创新电信普遍服务补偿机制，支持农村及偏远地区宽带建设，是补上公共产品和服务“短板”、带动有效投资、促进城乡协同发展的重要举措。会议决定，加大中央财政投入，引导地方强化政策和资金支持，鼓励基础电信、广电企业和民间资本通过竞争性招标等公平参与农村宽带建设和运行维护，同时探索PPP、委托运营等市场化方式调动各类主体参与积极性，力争到2020年实现约5万个未通宽带行政村通宽带、3000多万农村家庭宽带升级，使宽带覆盖98%的行政村，并逐步实现无线宽带覆盖，预计总投入超过1400亿元。二、部署加快发展农村电商，通过壮大新业态促消费惠民生。会议认为，一要扩大电商在农业农村的应用。优先在革命老区、贫困地区开展电商进农村综合示范，增加就业和增收渠道，推动扶贫开发。二要改善农村电商发展环境。完善交通、信息、产地集配、冷链等相关设施，鼓励农村商贸企业建设配送中心，发展第三方配送等，提高流通效率。三要营造良好网络消费环境，严打网上销售假冒伪劣商品等违法行为。大力培养农村电商人才，鼓励通过网络创业就业。四要加大农村电商政策扶持。对符合条件的给予担保贷款及贴息。鼓励金融机构创新网上支付、供应链贷款等产品，简化小额短期贷款手续，加大对电商创业的信贷支持。让亿万农民通过“触网”走上“双创”新舞台。三、确定促进快递业发展的措施，培育现代服务业新增长点。会议确定，一是向各类资本进一步开放国内快递市场，支持快递企业兼并重组、做优做强。二是简化快递业务经营许可和进出境快件通关手续，探索快递企业工商登记“一照多址”。三是推进“互联网+快递”，引导快递企业与电

商深度合作，服务农业订单生产、工业个性化定制等新模式，发展便民利商新业态。支持开展代收货款等业务。四是实施快递“上车上船上机”链接工程，给予快递专用车辆城市通行和作业便利。完善农村、西部地区快递服务网，构建覆盖国内外的快件寄递体系。加强寄递安全和服务质量监管，打造“放心快递”。五是加大财税、金融、用地等政策支持。中央预算内投资重点支持农村和西部地区公益性、基础性快递设施建设，鼓励金融机构开展抵押贷款、融资租赁等业务，拓宽企业融资渠道。使快递业搭上发展快车。

10月14日

［纲　文］　**坚持和发展中国特色社会主义学习实践活动经验交流暨中期推动电视电话会议在北京召开。**

［目　文］　中央统战部部长孙春兰主持会议，全国政协主席俞正声出席会议并讲话。民革中央常务副主席齐续春、民盟中央主席张宝文、民建中央主席陈昌智、民进中央主席严隽琪、农工党中央主席陈竺、致公党中央主席万钢、九三学社中央主席韩启德、台盟中央主席林文漪、无党派人士代表郭雷先后发言，介绍了各自开展坚持和发展中国特色社会主义学习实践活动的情况，交流了经验和体会，提出了下一阶段活动的思路和任务。

俞正声指出，坚持和发展中国特色社会主义学习实践活动开展两年来，取得了重要的阶段性成果，激发了广大成员的参与热情，创新了思想教育的形式载体，巩固了多党合作的政治基础，促进了参政党作用的发挥。协调推进“四个全面”战略布局，召开中央统战工作会议和颁发《中国共产党统一战线工作条例（试行）》，为发展统一战线和多党合作事业提供了难得的发展机遇。要适应形势任务变化，着眼增进政治共识，更加注重开拓创新，更加注重扩大影响，更加注重提高实效，把学习实践活动不断引向深入。在下一阶段的活动中，要正确认识和处理一致性和多样性的关系、学习和实践的关系、阶段性和长期性的关系，不断深化对活动的理解把握。要着眼搞好政治交接，积极做优良传统的传承者、弘扬者，营造学传统、讲传统、用传统的浓厚氛围。要坚持问题导向，解决好贴近成员和贴近时代两个基本问题，不断创新方式方法，提高活动实效。要积极培育和践行社会主义核心价值观，围绕热点问题正面发声，充分释放活动集聚的正能量。要注重将成熟的经验规范化、短期的举措长期化、分散的制度系统化，探索形成思想建设长效机制。各级党委关心支持民主党派加强自身建设，推动活动深入开展，取得预期效果。统战部门要履行好服务和协调职责，帮助解决实际问题和困难。

10月14日

［纲　文］　**交通运输部公布《邮政普遍服务监督管理办法》。**

［目　文］　《办法》共7章65条，主要有总则、服务保障、服务规范、用户权利与义务、监督管理、法律责任、附则等内容。自2015年12月1日起施行，2008年9月1日起施行的《邮政普遍服务监督管理办法》（交通运输部令2008年第3号）同时废止。

10月14日

［纲　文］　**中央军委副主席范长龙在北京会见印度尼西亚国防部长里亚米扎尔德。**

［目　文］　范长龙说，中方重视印尼在国际和地区事务中的重要作用，愿与印尼携手维护中国—东盟友好合作大局，促进地区和平与发展。希望两军继续保持高层密切往来，加强海上安全合作和多边协作，深入开展人员培训和联演联训。里亚米扎尔德说，在两国元首的推动下，两国两军关系取得了长足发展，印尼愿与中方一道，深化防务交流与合作，实现地区和平。

10月14日

［纲　文］　**《人民日报》发表题为《凝聚中国梦的道德力量》的评论员文章。**

10月14—16日

［纲　文］　**亚洲政党丝绸之路专题会议在北京举行。**

［目　文］　本次会议由中国共产党主办，中联部承办，30多个国家的60多个政党和政党组织参加。与会代表围绕"重塑丝绸之路，促进共同发展"主题进行了深入交流，达成广泛共识。中共中央对外联络部部长王家瑞主持了开幕式、闭幕式。

中共中央政治局常委刘云山出席开幕式并发表《深化丝路政党合作　共同开创美好未来》的主旨演讲。塞浦路斯总统阿纳斯塔夏季斯，柬埔寨人民党主席、首相洪森，蒙古民主党主席、议长赞·恩赫包勒德，格鲁吉亚议长乌苏帕什维利，亚洲政党国际会议联合主席德贝内西亚分别致辞，均表示，"一带一路"是致力于各国共同繁荣发展的伟大倡议。感谢中国共产党举办这次重要会议，为亚洲各国政党共商发展战略规划对接、共享发展机遇提供重要契机。相信会议将取得丰硕成果，凝聚各国各方共识和参与热情，为"一带一路"倡议做出亚洲各国朝野政党的积极贡献，推动相关建设广泛惠及各国人民。

国家副主席李源潮出席闭幕式并致辞。亚洲政党国际会议特别报告人穆沙希德宣读了《北京倡议》，俄罗斯国家杜马副主席列维切夫、马尔代夫副总统阿迪布、孟加拉国议长乔杜里、老挝国会主席巴妮、政党会联合主席兼秘书长郑义溶先后致辞。

会议期间，国家主席习近平在北京分别会见了与会的塞浦路斯总统阿纳斯塔夏季斯、柬埔寨首相洪森并共同出席有关合作文件签字仪式、出席亚洲政党丝绸之路专题会议的外方主要代表。全国人大常委会委员长张德江在北京分别会见了与会的格鲁吉亚议长乌苏帕什维利，蒙古民主党主席、议长赞·恩赫包勒德。刘云山在北京分别会见了与会的老挝人民革命党中央政治局委员、国会主席巴妮和印尼民主斗争党总主席、前总统梅加瓦蒂。李源潮在北京分别会见了与会的塞浦路斯总统阿纳斯塔夏季斯，孟加拉国人民联盟领导人、国民议会议长乔杜里，马尔代夫进步党常务副主席、副总统阿迪布，公正俄罗斯党议员理事会主席、国家杜马副主席列维切夫。

10月14—17日

［纲　文］　**应全国人大常委会委员长张德江邀请，孟加拉国国民议会议长乔杜里率团访问中国。**

［目　文］　访问期间，张德江与乔杜里在北京举行了会谈。乔杜里出席了在北京举行的亚洲政党丝绸之路专题会议、中国人民对外友好协会与孟加拉国驻华大使馆共同举办

的庆祝中国孟加拉国建交40周年招待会。

张德江与乔杜里会谈时说，中孟是好邻居、好朋友、好伙伴。建交40年来，两国相互尊重、相互信任、相互支持，双边关系持续取得进展。上个月联大会议期间，习近平主席与哈西娜总理举行会见，就中孟双边合作深入交换意见。为推动实现2015年后发展议程，加强中国与发展中国家合作，习近平主席提出设立南南合作援助基金等一系列重大倡议，为下阶段中孟合作提供了新的空间。中国全国人大愿同孟加拉国国民议会共同努力，加强治国理政、立法监督等方面经验交流，相互借鉴，服务好各自发展；积极探讨如何为企业相互投资、人员往来提供可靠的法律保障和制度支持，保障合作可持续发展；加强各层次交往，鼓励更多地方议员、青年议员、女议员参与，增进人民间的了解和友谊，夯实两国关系的社会和民意基础。

乔杜里说，孟方珍视孟中传统友谊，愿以两国建交40周年为契机，加强各层级友好往来，深化立法机关交流互鉴，促进基建、经贸等各领域务实合作，不断丰富孟中全面合作伙伴关系的内涵。孟方高度赞赏中方在南南合作中发挥的主导性作用，愿与中方密切配合，推动南南合作不断取得新成果。

10月15日

［纲　文］　**国务院印发《关于在北京市暂时调整有关行政审批和准入特别管理措施的决定》。**

［目　文］　《决定》说，根据《国务院关于北京市服务业扩大开放综合试点总体方案的批复》(国函〔2015〕81号)(见《中华人民共和国史编年》2015年5月21日)，国务院决定，即日起至2018年5月5日，在北京市暂时调整下列行政法规和经国务院批准的部门规章规定的行政审批和准入特别管理措施：暂时调整《营业性演出管理条例》第十一条、《外商投资民用航空业规定》第六条规定的有关行政审批、股比限制等准入特别管理措施。允许在北京市设立符合条件的中外合资旅行社经营中国内地居民出国旅游业务以及赴香港特别行政区、澳门特别行政区旅游业务。国务院有关部门、北京市人民政府要根据上述调整，及时对本部门、本市制定的规章和规范性文件作相应调整，建立与试点工作相适应的管理制度。北京市服务业扩大开放综合试点期满，国务院将根据实施情况对本决定的内容进行调整。

10月15日

［纲　文］　**中央军委副主席范长龙在北京会见马来西亚国防部长希沙姆丁。**

［目　文］　范长龙说，中方高度重视发展中马两军关系，愿与马方共同努力，继续保持高层往来，着力推进机制建设，不断深化务实合作，进一步加强国际和地区安全事务中的协调。范长龙还对马方在东盟中的重要地位作用给予积极评价。希沙姆丁说，马方愿与中方共同努力，加强安全领域合作，共同应对挑战，推动两军交流合作水平不断提升。

10月15—17日

［纲 文］ **应国家副主席李源潮邀请，多民族玻利维亚国副总统加西亚对中国进行正式访问。**

［目 文］ 加西亚访华期间，国务院副总理张高丽在北京会见了他。李源潮在北京与加西亚举行了会谈。加西亚出席了在北京举行的2015减贫与发展高层论坛并致辞。

张高丽在会见加西亚时说，玻利维亚是拉美重要国家，中方高度重视发展同玻利维亚的关系。建交30年来，两国关系发展顺利，各领域务实合作深入开展。2014年，习近平主席同莫拉莱斯总统在巴西利亚会晤，达成一系列重要共识，有力地引领和推动了双边关系的发展。中方愿同玻方一道，坚持互利共赢，加强各领域务实合作，发挥贸易和投资“双引擎”作用，稳步推进基础设施建设和资源能源领域合作，积极开拓产能合作，造福两国和两国人民。加西亚说，玻方钦佩中国发展成就，视中国为重要战略伙伴，愿同中方一道，继续落实两国元首达成的共识，不断深化各领域务实合作，实现共同发展。

李源潮与加西亚会谈时说，近年来中玻关系持续快速发展，各领域合作成果丰硕。中方愿同玻方共同落实两国元首共识，以中玻建交30周年为契机，保持高层交往，扩大金融、能矿、基础设施、产能、科技等领域合作，推动中玻关系深入发展。加西亚说，玻方高度重视发展对华关系，愿继续深化玻中全方位互利友好合作，造福两国人民。

10月15—16日

［纲 文］ **中国—东盟国防部长非正式会晤在北京举行。**

［目 文］ 国务委员兼国防部长常万全主持非正式会晤并作主旨发言。东盟10国防务部门领导人及东盟副秘书长参加会晤。此次会晤是落实中国国家领导人访问东盟国家所提倡议的具体举措，也是中国—东盟国防部长非正式会晤首次在中国举行。

常万全围绕“迈向中国—东盟命运共同体，加强防务安全合作”主题，就推进中国—东盟防务安全合作提出五点倡议：一是共同把握好合作大方向。坚定落实中国—东盟领导人共识，不断深化中国—东盟战略伙伴关系，构建更为紧密的中国—东盟命运共同体。二是共同维护地区安全稳定。坚持共同、综合、合作、可持续的亚洲安全观，持续推进对话合作，共同维护地区和平稳定，携手创造良好安全环境。三是共同推进安全机制建设。继续开展中国—东盟防长非正式会晤，加强双方在东盟防长扩大会、东盟地区论坛等多边机制下的协调合作，推动建设开放、包容、透明、平等的地区安全合作架构。四是共同深化防务领域务实合作。加强在人道主义救援、军事医学、维和、反恐、反海盗及边防等领域的务实合作，不断夯实中国—东盟命运共同体的安全基础。五是共同妥处争议管控风险。为应对共同风险挑战，中方愿与东盟国家于2016年在南海海域举行“《海上意外相遇规则》联合训练”和“海上搜救、救灾联合演练”。

东盟国家防务部门领导人对常万全的发言和倡议普遍给予积极回应。东盟轮值主席国马来西亚国防部长希沙姆丁说，当前地区各国面临恐怖主义、灾害事故等共同挑战，东盟与中国应在防务安全领域积极开展务实合作，共同维护地区安全稳定。中国—东盟关系协调国新加坡国防部长黄永宏说，新方高度重视习主席9月份在联大演讲中阐述的构建人类命运共同体重要思想，欢迎和支持构建更为紧密的中国—东盟命运共同体，愿在东盟内部发挥积极作用，促进东盟与中国防务领域合作。

10月16日

［纲　文］　**习近平在北京出席2015减贫与发展高层论坛并发表主旨演讲。**

［目　文］　论坛由国务院扶贫开发领导小组主办。本次论坛主题是：携手消除贫困，实现共同发展。

国家主席习近平在题为《携手消除贫困　促进共同发展》的主旨演讲中强调，消除贫困是人类的共同使命。改革开放30多年来，中国走出了一条中国特色减贫道路。中国在致力于自身消除贫困的同时，积极展开南南合作，同舟共济，攻坚克难，支持和帮助广大发展中国家特别是最不发达国家消除贫困，为各国人民带来更多福祉。中国人民正在为实现全面建成小康社会目标、实现中华民族伟大复兴的中国梦而努力。全面小康是全体中国人民的小康，不能出现有人掉队。未来5年，我们将使中国现有标准下7000多万贫困人口全部脱贫。这是中国落实2015年后发展议程的重要一步。消除贫困依然是当今世界面临的最大全球性挑战。未来15年，对中国和其他发展中国家都是发展的关键时期。着力加快全球减贫进程，着力加强减贫发展合作，着力实现多元自主可持续发展，着力改善国际发展环境，为共建一个没有贫困、共同发展的人类命运共同体而不懈奋斗。

乍得总统代比，克罗地亚总统基塔罗维奇，柬埔寨首相洪森，老挝国会主席巴妮，玻利维亚副总统加西亚，联合国副秘书长、开发计划署署长克拉克，世界卫生组织总干事陈冯富珍先后致辞。他们认为，中国在建设小康社会以及减贫方面取得重大成就，在较短的时间内使数亿人口脱贫，极大地推动了全球千年发展目标的实现。期待继续同中国开展减贫方面的对话和合作，共同推动《2030年可持续发展议程》的落实。联合国秘书长潘基文视频致辞表示，很高兴看到中国为减贫做出了一系列承诺，让我们携起手来，为所有人创造更有尊严的生活。包括有关国家元首、政府首脑、国际组织负责人，以及国家有关部门负责人、专家学者、企业负责人共计300余人参加了论坛。

会前，国家主席习近平会见乍得总统代比时指出，乍得是中国在非洲的重要合作伙伴。中方高度重视中乍关系，我愿同总统先生一道努力，不断深化两国各领域友好互利合作，推动中乍关系全面深入发展，更好造福两国人民。中国愿成为乍得实现工业化和现代化进程中的可靠伙伴。双方要增进战略互信，密切两国各层次、各领域友好交往，加强在重大国际问题上的沟通和协调。应充分发挥两国经济互补性强的优势，以能源合作为龙头，积极拓展产能、基础设施建设、工业园开发、农业、电信、防沙治沙、人才培训等领域务实合作。中方愿同乍方加强和平安全领域合作，帮助乍方提升自主维和维稳能力。双方应密切人文交流，推进教育、公共卫生等领域合作。代比表示，乍方愿在交通基础设施、电信、融资、农业等领域继续加强同中方的合作。作为安理会非常任理事国，乍方愿加强同中方在重大国际和地区问题上的协调与配合，共同致力于国际和平与稳定。

10 月 16 日

［纲　文］　**李克强在北京主持召开金融企业座谈会。**

［目　文］　座谈会上，农业发展银行、建设银行、邮政储蓄银行、重庆农商行、全国中小企业股份转让系统和中国人民保险集团负责人汇报了金融形势和相关建议。大家认为，2015 年以来，金融系统按照党中央、国务院部署，积极推进各项工作，努力服务经济社会发展，有效防范住了系统性风险。

李克强说，金融为促进经济平稳运行和结构调整提供了有力支撑。当前国内外经济形势依然错综复杂，要继续坚持稳健的货币政策取向，保持政策松紧适度，增强针对性和灵活性，坚持推进金融市场化改革和法治化建设，在防范风险基础上促进金融创新，为实体经济发展营造良好金融环境。要在保持宏观政策稳定的同时，引导金融机构围绕稳增长、调结构、惠民生创新服务方式，有效破解融资难、融资贵，加大对实体经济的支持。一要保持流动性合理充裕和信贷总量适度增长，加大定向调控力度，支持重点领域、薄弱环节和小微企业，降低服务收费。二要加强对信贷的分类指导，做到有扶有控。三要发挥开发性政策性金融作用，加大对棚改、水利、中西部铁路等领域的金融服务。四要发挥国家引导基金、政府融资担保体系等作用，鼓励金融机构积极提供适应大众创业、万众创新的金融产品和服务，培育经济新动能。

李克强指出，我国货币池子里的水不少，但向实体经济传导仍存在不少体制机制障碍，对此靠大水漫灌无济于事，而是要依靠改革开放加以破解，提高金融调控和服务的有效性。一是推动形成多层次、广覆盖、差异化的金融机构体系。放宽金融行业准入，加快发展中小金融机构和民营银行，鼓励互联网金融依托实体经济规范有序发展。二是健全金融产品市场化定价机制，进一步推进利率市场化改革，逐步完善人民币汇率形成机制，保持汇率在合理均衡水平上的基本稳定。三是突出加强制度建设，继续积极培育公开透明、长期稳定健康发展的多层次资本市场，规范发展区域股权交易市场，健全和完善债券市场格局，拓宽直接融资渠道。四是推进保险业创新发展，增强保险保障、资金融通和财富管理功能，运用保险投资基金扩大有效投资，更好地服务经济发展。五是促进金融业更高水平对外开放。

李克强指出，加快健全系统性风险监测评估防范体系和应急处置机制，严厉查处非法集资等违法违规行为。有关方面要进一步完善金融机构激励约束机制，并为他们核销呆坏账、查处逃废债等创造良好政策环境。金融机构要强化内部管理，深挖自身潜力，提高服务水平，增强竞争力，坚决守住不发生区域性系统性金融风险底线，为经济持续健康发展做出新贡献。

10 月 16 日

［纲　文］　**国务院办公厅印发《关于调整国务院扶贫开发领导小组组成人员的通知》。**

［目　文］《通知》说，现将调整后的名单通知如下，组长：汪洋；副组长：江泽林、刘永富、贾廷安、韩俊、何立峰、宫蒲光、胡静林、余欣荣、潘功胜；成员：吴玉良、郭卫民、冉万祥、李勇、陈存根、王超、鲁昕、张来武、辛国斌、罗黎明、邱小平、张德霖、吴晓青、赵晖、翁孟勇、矫勇、童道驰、杨志今、王培安、田进、张为民、张建龙、吴文学、黄守宏、周慕冰、周延礼、刘琦、余邦利、楼文龙、邹天敬、刘国中、徐晓、崔郁、程凯、谢经荣等。

10月16日

［纲　文］**《求是》杂志2015年第20期发表国务院总理李克强文章《催生新的动能 实现发展升级》。**

10月16日

［纲　文］**中共中央政治局常委刘云山在北京会见日本公明党党首山口那津男率领的代表团。**

［目　文］刘云山说，公明党长期致力于中日友好，我们对此表示赞赏。中国共产党和中国政府始终从战略高度和长远角度看待中日关系。2014年11月，中日两国政府就改善和发展中日关系达成四点原则共识，在此基础上，双方各领域各层次对话交往逐步恢复，两国关系总体氛围有所改善。希望日方与中方一道，继续走和平发展道路，妥善处理历史问题，改善国民感情，加强务实合作，促进中日两国人民世代友好，促进亚洲共同繁荣。中国共产党愿与公明党加强各级别交往，为中日关系改善和发展发挥重要引领作用。山口那津男说，当前日中关系出现好转势头，公明党一贯重视日中友好，今后愿在推动两国关系稳定发展特别是加强双边人员往来和各领域交流合作等方面继续发挥重要作用。

10月16日

［纲　文］**国务院副总理刘延东在北京会见美国俄勒冈州州长凯特·布朗。**

［目　文］刘延东说，当前中美关系总体保持稳定发展势头。2015年9月，习近平主席成功对美国进行历史性访问，进一步明确了中美关系发展方向。双方应深化多领域务实合作，推动中美新型大国关系建设不断取得新的进展。希望俄勒冈州同中国加强在经贸、教育、文化、环保等多领域合作，为中美地方交流合作做出积极贡献。凯特·布朗表示，俄勒冈州重视对华关系，愿意积极扩大对华务实合作，促进美中关系健康发展。

10月16日

［纲　文］**中央纪委监察部网站发布，经中共中央批准，中共中央纪委对第十八届中央委员，河北省委原书记、省人大常委会原主任周本顺严重违纪问题立案审查。**

［目　文］依据《中国共产党纪律处分条例》等有关规定，经中央纪委常委会议研究并报中共中央政治局会议审议，决定给予周本顺开除党籍、开除公职处分；收缴其违纪所得；将其涉嫌犯罪问题、线索及所涉款物移送司法机关依法处理。

2017年2月15日上午9时，福建省厦门市中级人民法院公开宣判周本顺受贿案，对被告人周本顺以受贿罪判处有期徒刑15年，并处没收个人财产人民币200万元；对周本顺受贿所得财物及其孳息予以追缴，上缴国库。

10月16日

［纲　文］　**经中共中央批准，中共中央纪委对第十八届中央委员，国家安全生产监督管理总局原党组书记、局长杨栋梁严重违纪问题立案审查。**

［目　文］　依据《中国共产党纪律处分条例》等有关规定，经中央纪委常委会议研究并报中共中央政治局会议审议，决定给予杨栋梁开除党籍处分；由监察部报国务院批准，给予其行政开除处分；收缴其违纪所得；将其涉嫌犯罪问题、线索及所涉款物移送司法机关依法处理。

2017年2月21日，北京市第二中级人民法院公开宣判杨栋梁受贿、贪污一案，对被告人杨栋梁以受贿罪判处有期徒刑13年6个月，并处罚金人民币180万元；以贪污罪判处有期徒刑3年，并处罚金人民币20万元，决定执行有期徒刑15年，并处罚金人民币200万元；对杨栋梁受贿所得财物及其孳息予以追缴，上缴国库；贪污所得财物依法返还被害单位。杨栋梁当庭表示服从判决，不上诉。

10月17日

［纲　文］　**中国成功发射亚太九号通信卫星，首次向国际成熟卫星运营商提供通信卫星在轨交付服务。**

［目　文］　10月17日零时16分，中国在西昌卫星发射中心用长征三号乙运载火箭，成功将亚太九号通信卫星发射升空。此次任务是中国首次向国际成熟卫星运营商提供通信卫星在轨交付服务，也是中国第七个卫星在轨交付项目。长征三号乙运载火箭由中国航天科技集团公司负责研制。这是长征系列运载火箭的第214次飞行。亚太九号通信卫星是香港亚太通信卫星有限公司购买的我国第一颗商业通信卫星，该卫星充分继承了东方红四号卫星平台成熟技术，设计寿命15年，是目前中国研制的民用商业卫星中转发器数量最多的卫星。卫星入轨后，将与亚太公司在轨运行的其他卫星共同为亚洲、欧洲、非洲、澳大利亚等全球约75%人口的地区，提供优质的一站式卫星转发器服务以及广播、卫星通信、电信港和数据中心服务。

10月17日

［纲　文］　**《人民日报》发表题为《携手共创没有贫困的明天》的评论员文章。**

10月17日

［纲　文］　**《人民日报》发表题为《文化连接世界，艺术沟通心灵——祝贺第十七届中国上海国际艺术节开幕》的评论员文章。**

10月17—18日

［纲　文］　**第6届香山论坛在北京举行。**

［目　文］　论坛由中国军事科学学会举办。本届论坛的主题是“亚太安全合作：现实与愿景”。与会代表就“亚太安全趋势”“亚太海上安全”“亚洲安全理念”“地区恐怖主

义”，以及“人道主义救援”“智库建设”“网络空间行为准则”等议题进行讨论。有49个国家的政府和防务部门代表团、5个国际组织代表团以及中外知名政要、专家学者共500余人出席论坛。论坛以构建亚太命运共同体为追求，关注共同利益、聚焦共同关切，努力打造地区各国增信释疑沟通平台、防务部门深化友谊的外交平台，为促进地区乃至世界和平稳定贡献智慧和力量。论坛达成三大共识：一是亚太总体安全稳定，各国间相互合作是主流，而不是相互拆台。二是分歧问题通过对话妥善解决，要对话而不是对抗。三是有分歧不能妨碍合作，安全格局需要各方共商、共建、共享。该论坛已成为亚洲安全与防务对话重要的平台之一。

中央军委副主席范长龙出席论坛并在以“亚太安全合作：现实与愿景”为主题的主旨演讲中指出，习近平主席在第七十届联合国大会上的重要讲话，勾画了当代国际关系健康发展的新愿景，为香山论坛的建设发展指明了方向。中国作为国际社会负责任大国，积极开展维和、救援和护航等国际合作，中国军队全方位发展对外军事关系，深入参与亚太地区多边安全对话与合作，为维护地区与世界和平做出积极贡献。当前，中国军队正在强军目标引领下，坚持积极防御的军事战略，加快现代化建设，深化各领域改革，以有效履行新的历史时期军队使命。中国军队强大了，是世界和平力量的壮大，不会穷兵黩武、恃强凌弱。

10月18日

［纲　文］ **《习近平总书记在文艺工作座谈会上的重要讲话学习读本》出版发行。**

［目　文］ 《读本》由中央宣传部组织编写，由学习出版社出版发行。《读本》收录了中共中央总书记习近平在文艺工作座谈会上的讲话，分五个专题全面阐述了习近平在文艺工作座谈会上的讲话的重大意义、科学内涵、精神实质和实践要求，阐述了讲话提出的一系列新思想、新观点、新要求。

中宣部发出通知，要求认真组织学习，各地区各部门要在组织党员干部认真学习习近平总书记重要讲话的同时，组织好《读本》的学习，并同学习贯彻党的十八大和十八届三中、四中全会精神结合起来，同学习贯彻习近平总书记系列重要讲话精神结合起来，坚持学用结合，把讲话精神贯穿融入文艺实践之中，推动多出精品、多出人才，开创社会主义文艺繁荣发展的新局面。各级党委宣传部门要统筹组织好《读本》的学习宣传工作，各级文化、新闻出版广电、文联、作协要组织开展多种形式的学习研讨，各级党委讲师团和宣传思想文化培训单位要把《读本》纳入培训教学内容，作为重要辅助材料。

10月18日

［纲　文］ **国家主席习近平在对英国进行国事访问前夕在北京接受路透社采访。**

［目　文］ 习近平就中英关系、两国金融合作、中欧关系、中国外交政策、中国经济形势、反腐败国际合作等回答了提问，并表示中国愿同英国一道，秉持包容开放、合作共赢理念，提高合作水平，拓展合作领域，更好造福两国人民。

10 月 18 日

［纲 文］ **中共中央印发《干部教育培训工作条例》。**

［目 文］ 《条例》共 9 章 62 条，主要有总则，管理体制，教育培训对象，教育培训内容，教育培训方式方法，教育培训机构，师资、课程、教材、经费，考核与评估，附则等内容。自 2015 年 10 月 14 日起施行，2006 年 1 月 21 日中共中央印发的《干部教育培训工作条例（试行）》同时废止。

10 月 18—27 日

［纲 文］ **第 1 届全国青年运动会在福州举行。**

［目 文］ 运动会由国家体育总局主办，福建省人民政府承办。本届青运会共设 26 个大项 305 个小项，来自全国各地 55 个代表团的 7959 名运动员参赛。

10 月 18—30 日

［纲 文］ **"向人民汇报——'深入生活、扎根人民'当代 15 位美术家作品展"在中国美术馆举行。**

［目 文］ 作品展由中国文联、中国美协和中国美术馆共同主办。展览展出了李焕民、詹建俊、刘文西、徐匡、刘大为、韩书力等 15 位长期扎根基层、深入生活的美术家代表作共 75 件。这 15 位老中青美术家，或深入边远偏僻的乡村、少数民族聚居区写生，或时刻观察身边生活，收集创作素材，力求发掘出新中国人民大众深刻的精神内涵。

10 月 19—23 日

［纲 文］ **国家主席习近平应邀对英国进行国事访问。**

［目 文］ 陪同习近平出访的有：习近平夫人彭丽媛、中央政策研究室主任王沪宁、中央办公厅主任栗战书、国务委员杨洁篪等。为欢迎习近平对英国的访问，英国《名流》杂志出版"中国专刊"，习近平和英国女王伊丽莎白二世、英国首相卡梅伦分别为专刊致辞。

访问期间，英国女王伊丽莎白二世为习近平在伦敦骑兵检阅场举行欢迎仪式并在白金汉宫举行欢迎晚宴。伊丽莎白二世女王和习近平分别致辞，高度评价中英关系不断发展利在两国、惠及世界。两国元首一致强调要不断发展中英全面战略伙伴关系。习近平会见了伊丽莎白二世女王及主要王室成员。

习近平同卡梅伦首相在唐宁街首相府、契克斯首相私人官邸及访问曼彻斯特过程中进行了广泛深入的交流。双方积极评价中英关系发展取得的成就，就双边关系及重大国际和地区热点问题深入交换意见，达成重要共识，决定共同构建中英面向 21 世纪全球全面战略伙伴关系，开启持久、开放、共赢的中英关系"黄金时代"。发表了《中英关于构建面向 21 世纪全球全面战略伙伴关系的联合宣言》。两国领导人共同见证了双边合作文件的签署，涉及金融、海关、地方合作、新兴产业、可持续发展、核电、能源、金融等领域。习近平和卡梅伦还共同会见了记者，就中英关系、"一带一路"建设等回答了提问。

习近平在英国议会发表讲话强调，中英要加强交流互鉴，增进两国人民相互理解、支持和友谊，推动两国合作再上新台阶。习近平在伦敦金融城市政厅发表题为《共倡开放包容 共促和平发展》的演讲。

在伦敦期间，习近平会见了英国前首相布朗、四十八家集团俱乐部主席佩里、英国出口商协会主席尼达姆勋爵、前副首相赫塞尔廷勋爵等英国友人，参观了中英创意产业展、福提斯米尔中学、国际移动卫星公司、帝国理工学院，看望了中资企业华为英国公司。

习近平在曼彻斯特访问期间，在卡梅伦陪同下，参观曼彻斯特城市足球学院、曼彻斯特空港城项目。两国领导人共同参观曼彻斯特空港城发展规划图片展和空港城中国园模型，听取中国海南航空公司北京—曼彻斯特航线开通情况有关介绍。

习近平参观曼彻斯特大学国家石墨烯研究院，听取了诺贝尔物理学奖获得者诺沃肖洛夫教授介绍石墨烯研究情况，参观了石墨烯产品展示和生产石墨烯的地下超净实验室。习近平肯定曼彻斯特大学国家石墨烯研究院在石墨烯领域的研究实力和国际影响力并指出，中国是石墨资源大国，也是石墨烯研究和应用开发最活跃的国家之一，中英在石墨烯研究领域完全可以实现“强强联合”。相信双方交流合作将推动相关研究和开发进程，令双方受益。

10月19日

［**纲　文**］　**十二届全国人大常委会第五十五次委员长会议在北京举行。**

［**目　文**］　全国人大常委会委员长张德江主持会议。会议决定，十二届全国人大常委会第十七次会议于2015年10月30日至11月4日在北京举行。

10月19日

［**纲　文**］　**国务院印发《关于进一步做好防范和处置非法集资工作的意见》。**

［**目　文**］　《意见》由九部分组成：一、充分认识当前形势下做好防范和处置非法集资工作的重要性和紧迫性；二、总体要求；三、落实责任、强化机制；四、以防为主、及时化解；五、依法打击、稳妥处置；六、广泛宣传、加强教育；七、完善法规、健全制度；八、深化改革、疏堵并举；九、夯实基础、强化保障。

《意见》要求，各地区、各有关部门要认真落实本意见提出的各项任务，结合本地区、本部门实际，研究制定具体工作方案，采取切实有力措施。部际联席会议要督促检查本意见落实情况，重大情况及时向国务院报告。

10月19日

［**纲　文**］　**公安部、人力资源社会保障部发布《公安机关人民警察奖励条令》。**

［**目　文**］　《条令》共9章49条，主要有总则，奖励的类别、对象和等级，奖励的条件和标准，奖励的权限，奖励的实施，获奖的标志和待遇，获奖对象的教育管理，奖励的撤销，附则等内容。自2016年1月1日起施行，2003年7月24日颁布的《公安机关人民警察奖励条令》（公安部令第66号）同时废止。

10月19日

［纲　文］　**保监会公布《关于修改〈保险公司设立境外保险类机构管理办法〉等八部规章的决定》。**

［目　文］　《决定》对《保险公司设立境外保险类机构管理办法》《保险公司管理规定》《保险专业代理机构监管规定》《保险经纪机构监管规定》《保险公估机构监管规定》《中国保险监督管理委员会行政处罚程序规定》《再保险业务管理规定》《人身保险公司保险条款和保险费率管理办法》等八部规章的部分条款予以修改，自2015年10月19日起实施。

10月19日

［纲　文］　**汪洋在山东调研海洋渔业发展情况。**

［目　文］　国务院副总理汪洋考察了烟台莱州的示范基地，对海洋牧场建设取得的成绩给予肯定并指出，发展现代海洋养殖业，对保障食物安全、改善膳食结构、促进农民增收都具有重要意义。要认真研究海洋养殖业发展战略，把海洋生态环境修复和保护放到重要位置，不断提升海洋渔业生产能力和产品质量安全水平。要加强海洋养殖科技攻关，加快成果推广转化。推进海洋养殖业产业化经营，发挥好科技创新的引领作用、龙头企业的带动作用，积极吸引农民以合作制、股份制等形式参与现代海洋渔业建设，让农民分享现代海洋渔业发展成果。促进海洋养殖与水产加工流通、休闲垂钓、旅游观光等相结合，加快一二三产业融合发展，提高海洋渔业综合竞争力。深耕海洋，发展现代海洋渔业，是我国农业现代化建设的重要战略。要认真贯彻落实党中央、国务院关于发展海洋经济和建设海洋生态文明的决策部署，加快转变发展方式，合理开发利用海洋渔业资源，加强海洋环境保护，促进海洋生态修复，走产出高效、产品安全、资源节约、环境友好的现代海洋渔业发展之路。

10月19日

［纲　文］　**《人民日报》发表题为《培养造就好干部的重要保证》的评论员文章。**

10月19—20日

［纲　文］　**国务院食品安全委员会在威海召开全国食品安全城市和农产品质量安全县创建试点工作现场会。**

［目　文］　受国务院副总理、国务院食品安全委员会主任张高丽委托，国务院副总理汪洋出席会议并讲话。各省、市、自治区、新疆生产建设兵团有关负责人，国务院食品安全委员成员单位有关人员，国家食品安全城市和农产品质量安全县创建试点单位有关负责人参加会议。

汪洋强调，食品安全事关人民群众福祉和经济社会发展大局。要认真贯彻落实党中央、国务院关于加强食品安全工作的决策部署，总结推广山东等地试点工作中形成的有效做法和成熟经验，健全农产品质量和食品安全保障体系，把好从农田到餐桌每一道防线，确保人民群众“舌尖上的安全”。2014年以来，国家食品药品监管总局、农业部启动全国食品安全城市和农产品质量安全县创建试点，取得积极成效。要深化试点探索实践，把解决好当前突出问题与建立长效机制结合起来，大力构建政府监管、行业自律、部门协同、企业负责、公众参与、媒体监督的食品安全治理格局，提高食品安全工作水平。当前我国食品安全形势稳定向好，但风险隐患依然存在。要以新《食品安全法》实施为契机，强化属地政府管理责任，全面加强源头治理，通过行政约束、法律约束、良心约束，规范食品生产经营者行为，严惩重处食品安全领域违法犯罪，确保不发生系统性、区域性食品安全风险。加强基层食品安全监管队伍建设，改善监管执法装备，增强应急处置能力。要完善监管制度，创新监管机制，不断提升监管能力。

10月19—23日

［**纲　文**］　**首届“全国大众创业万众创新活动周”举行**。

［**目　文**］　国务院决定从2015年起设立“全国大众创业万众创新活动周”，定于每年10月举行，具体时间根据年度安排确定，每年设置不同主题。本届活动周的主题为：创业创新——汇聚发展新动能。活动周在北京中关村国家自主创新示范区展示中心设立主会场，在上海、深圳、西安、成都、武汉、沈阳、合肥等城市设立分会场，同时在长春、广州等城市组织若干重大活动。各分会场城市在此期间开展创业培训、项目对接、投资洽谈、创投大赛等相关活动，总数近200项。

19日，国务院总理李克强来到中关村活动周启动仪式主会场，北京、辽宁、上海、安徽、湖北、四川、陕西、深圳等省市和计划单列市政府主要负责人通过视频汇报了当地创业创新相关情况。李克强说，当前，我国发展进入新常态，正处在发展方式和新旧动能转换的关键期，要以大众创业、万众创新这一结构性改革激发全社会创造力，打造发展新引擎。2015年在世界经济低迷和金融市场动荡的情况下，前三季度我国经济增长6.9%，保持在7%左右，尤其是就业比较充分，其中“双创”起了重要支撑作用。“双创”也有力促进结构调整，将推动发展从过度依赖自然资源转向更多依靠人力资源，促进经济中高速增长、迈向中高端水平。

同日，“全国大众创业万众创新活动周”组委会主办的“大众创业万众创新高峰论坛”在北京举办，主题是：实施创新驱动发展战略，推动大众创业万众创新。国务院副总理张高丽出席论坛并致辞。发展改革委、教育部、科技部、工业和信息化部、财政部、人力资源社会保障部、共青团中央、中国科协等部门领导人作了专题发言。有关部委、专家学者、投资机构、企业及创客、高校学生代表和媒体人员约400人参加了本次论坛。

21日，全国大众创业万众创新活动周·青年创新创业论坛在北京举行。本次论坛由共青团中央主办，主题是“创青春、创未来”，500多名青年和青年创业者、创业服务机构、政府部门的代表参加。俞敏洪、毛大庆、易鹏、李振江谈了他们创业的理想追求、艰辛奋斗和成功经验，共青团中央书记处第一书记秦宜智介绍了共青团服务青年创业创新的情况。国家副主席李源潮出席论坛时指出，青年是创业创新的生力军，国家特别需要并大力支持青年创业创新。青年创业创新要符合国家和社会发展需要，要千里之行始于足下，脚踏实地从小事做起。要经得住困难的考验、失败的考验、各种诱惑的考验，守法创业、诚信创业、合作创业，以恒心和毅力坚持不懈地创业。共青团和有关部门要共同为青年创业创新服务，大力宣传青年创业创新典型，帮助、支持和引导广大青年做大众创业、万众创新的先锋。

22日，“中国创翼”青年创业创新大赛总决赛颁奖式在北京中关村国家自主创新示范区举行。本届总决赛是首届“全国大众创业万众创新活动周”的一项重要活动，旨在搭建“双创”展示平台，推动新一轮创业创新热潮。大赛由中国宋庆龄基金会、人力资源和社会保障部联合举办。大赛采用“政府引导、公益支持、市场运作”的模式，自2015年2月启动以来，吸引了来自全国八大赛区的3000多个青年创业团队报名参赛。参赛项目涉及电子商务、节能环保、新能源、新材料、高端装备制造等多个战略性新兴产业以及金融、旅游、医疗、教育培训等多种现代服务业，其中“互联网+”项目数量占据半壁江山。各地人社部门将参赛项目纳入本地创业项目库，对符合条件的项目，在入驻创业园区、发放贴息贷款、开展培训指导、提供创业资金等方面给予优先扶持，并积极引入当地风投机构为其提供支持。经过激烈角逐，万亩重楼和深井救援设备从20个项目中脱颖而出，分获“中国创翼”青年创业创新大赛总决赛企业组和团队组一等奖。

国务院副总理马凯出席“中国创翼”青年创业创新大赛颁奖式并强调，要认真贯彻落实党中央、国务院决策部署，把青年人的智慧发挥出来、积极性调动起来，使青年创业创新、草根创业创新、大众创业创新蔚然成风，为实现中国经济“双中高”和中华民族伟大复兴的中国梦做出更大贡献。

10月19—20日

［纲　文］　**中国光彩事业促进会第5次会员代表大会在北京召开。**

［目　文］　会议审议通过《中国光彩事业促进会章程修改草案》，选举产生了第五届理事会领导机构，全哲洙当选会长，谢经荣等24人当选为副会长，114人当选为常务理事。中央统战部副部长、全国工商联党组书记全哲洙作工作报告。

中央统战部部长孙春兰在大会开幕式上讲话指出，推进光彩事业，有利于服务党和国家中心工作，有利于实现各族群众共享发展成果，有利于促进非公有制经济健康发展和非公有制经济人士健康成长。要找准新形势下光彩事业参与扶贫开发的着力点，通过精准扶贫和项目实施，推动贫困地区脱贫致富、产业发展、社会进步，让贫困群众过上更有尊严、更加幸福的生活。要把光彩事业作为教育培养非公有制经济人士的重要阵地，引导他们把个人梦、企业梦融入中国梦，把增强理想信念体现到先富带动后富、促进共同富裕的实践中，吸引凝聚更多非公有制经济人士参与光彩事业。

19日，全国政协主席俞正声会见与会代表时说，光彩事业是统一战线引导非公有制经济人士参与扶贫开发、促进共同富裕的一项创举，非公有制经济人士通过光彩事业这个平台，为党和政府分了忧，为贫困地区和贫困群众造了福，为全面建成小康社会立了功。

党中央高度重视非公有制经济健康发展和非公有制经济人士健康成长，中央统战工作会议把“两个健康”确定为非公有制经济领域统战工作主题，为进一步办好光彩事业指明了方向。他希望非公有制经济人士始终坚定理想信念，真正成为与党同心同德的中国特色社会主义事业建设者；增强发展信心，主动适应新常态，通过转型升级，不断提升企业核心竞争力，实现高质量、有效益、可持续的发展；履行社会责任，弘扬“致富思源、富而思进，义利兼顾、以义为先，扶危济困、共同富裕”的光彩精神，多做利国利民利企的实事好事。各级党委、政府和社会各界要继续关心支持光彩事业。各级统战部、工商联要加强对光彩事业的指导，及时研究解决重点难点问题。

10 月 19—20 日

［纲　文］　**首届中国“互联网 +”大学生创新创业大赛总决赛在长春举行。**

［目　文］　国务院总理李克强对大赛作出批示指出：大学生是实施创新驱动发展战略和推进大众创业、万众创新的生力军，既要认真扎实学习、掌握更多知识，也要投身创新创业、提高实践能力。中国“互联网 +”大学生创新创业大赛，紧扣国家发展战略，是促进学生全面发展的重要平台，也是推动产学研用结合的关键纽带。教育部门和广大教育工作者要认真贯彻国家决策部署，积极开展教学改革探索，把创新创业教育融入人才培养，切实增强学生的创业意识、创新精神和创造能力，厚植大众创业、万众创新土壤，为建设创新型国家提供源源不断的人才智力支撑。

本次大赛由教育部会同发展改革委、工业和信息化部、人力资源社会保障部、共青团中央和吉林省人民政府联合主办，吉林大学承办。经过校级初赛、省级复赛，最终产生300 支优秀团队进入全国总决赛，其中创意组项目 111 项，实践组项目 189 项。参赛项目分为“互联网 +”传统产业、“互联网 +”新业态、“互联网 +”公共服务、“互联网 +”技术支撑平台等四类。总决赛产生金奖 30 个、银奖 70 个、铜奖 200 个，并从金奖项目中决出冠、亚、季军。本次大赛共有 1800 余所高校、57000 多支团队、20 万名大学生参赛，并带动百万学生参与。

20 日，国务院副总理刘延东会见首届中国“互联网 +”大学生创新创业大赛获奖学生、指导老师和专家评委代表时强调，要全面落实党中央、国务院决策部署，认真贯彻李克强总理重要批示精神，切实增强深入推进高校创新创业教育改革的责任感和紧迫感，全面提高人才培养质量，为促进大众创业、万众创新和建设创新型国家提供有力人才支撑。

10 月 20 日

［纲　文］　**国务院任免国家工作人员。**

［目　文］　任命李宝荣为国家机关事务管理局局长；免去焦焕成的国务院副秘书长、国家机关事务管理局局长职务。任命刘玉珠为国家文物局局长；免去励小捷的文化部副部长、国家文物局局长职务。

10月20日

［纲　文］ **中国老科技工作者协会第6次全国会员代表大会在北京召开。**

［目　文］ 会议主要议程是：一、审议《中国老科协第五届理事会工作报告》。二、审议《中国老科协章程》（修改草案）。三、审议《中国老科协第五届理事会财务工作报告》。四、选举中国老科协第六届理事会理事。陈至立当选新一届老科协会长。国家副主席李源潮、中国科协主席韩启德出席会议并讲话。

李源潮勉励广大老科技工作者在身体允许、自觉自愿的情况下，发挥各自优势，继续为推动创新发展、实现中国梦发挥作用。老科技工作者是推动创新发展、培养科技人才、传播科学精神的重要力量，希望广大老科技工作者继续关心科技事业，发挥在科技开发、技术服务等方面积极作用，帮助企业、农民和大学毕业生在创新驱动发展大潮中实现创新创业梦想；继续关注科技问题，研究提出解决思路，为深化科技改革建言献策；继续提携青年人才，识才、爱才、惜才、助才，倾心传授所学所长，帮助青年科技人员培养良好科学道德，出一流成果，成一流人才；继续投身科普事业，多为普通群众讲科学道理、科技作用，多为孩子们讲科学奥妙、科研乐趣，当好青少年追求科学梦想的引路人。

10月20日

［纲　文］ **中宣部在北京召开繁荣发展社会主义文艺推进会。**

［目　文］ 浙江省委、北京市委宣传部负责人和作家艺术家代表发言。大家认为，在中共中央总书记习近平讲话精神鼓舞下，文艺工作者创作热情高涨，文艺领域呈现许多新气象。现在文艺工作面临极好机遇，风劲扬帆正当时，要乘势而上、积极作为，弘扬主旋律，传播正能量，以更多优秀作品为文艺繁荣发展贡献力量。

中共中央政治局常委刘云山出席会议时指出，要深入贯彻习近平总书记在文艺工作座谈会上的重要讲话精神，贯彻党中央关于繁荣发展社会主义文艺的意见，提高思想认识，强化文化担当，深化落实措施，巩固文艺繁荣发展的良好局面。推进文艺繁荣发展，要强化以人民为中心的创作导向，切实解决群众立场和群众感情问题，完善保障长期深入生活的具体经济政策，把深入生活作为文艺工作者业务考核的重要依据，建立常下基层、常在基层的长效机制。要把社会主义核心价值观生动体现在文艺创作之中，以正确历史观反映和表现历史，以正确英雄观描写和塑造英雄，激发团结奋进的精神力量。要深入实施中华文化传承工程，加强总体规划，加大政策扶持，抓好重点项目的实施，推出一批彰显中华文化精神的优秀成果，更好构筑中华民族共有精神家园。促进文艺繁荣发展，归根结底靠精品来支撑。要深化中国梦主题文艺创作活动，实施好当代文学艺术创作工程，加强重大现实题材的立项规划和资源支持，打造体现时代特色、代表国家水准的扛鼎之作。要继续深化改革，解决制约文艺发展的体制机制问题，更好配置创作资源，激发创作动力。要把社会效益放在首位，加大社会效益评估考核权重，细化衡量社会效益的措施办法，使重视社会效益、社会责任成为文化单位的自觉行动。各级党委要加强对文艺工作的领导，认真贯彻党的文艺方针政策，把握好文艺工作方向导向，规范评奖工作，推动开展积极健康的文艺批评。要加强宣传文化单位党的建设和领导班子建设，加强文艺队伍和文艺阵地建设，创造有利于文艺繁荣发展的良好环境。

10月20日

［纲　文］　**全国政协主席俞正声在北京会见越南祖国阵线中央委员会副主席裴氏清**。

［目　文］　俞正声说，中越传统友谊是两国人民共同的宝贵财富，值得倍加珍惜。2015年以来，两国领导人多次会面，就进一步深化中越全面战略合作达成重要共识，为双边关系发展指明了方向。中方高度重视对越关系，愿同越方加强战略沟通，积极推进各领域互利合作。中国全国政协与越南祖国阵线都是共产党领导的统一战线性质的组织，希望双方加强交往，深化参政议政经验交流，为加强两国友好合作和民间交流多建言献策。

裴氏清说，越南党和政府高度重视对华关系，越南祖国阵线愿加强与中国全国政协的友好合作，为发展越中睦邻友好和全面战略合作伙伴关系做出贡献。

10月20—23日

［纲　文］　**团中央在北京举办全国省级团委班子成员深入学习中央四号文件和中央党的群团工作会议精神主题读书班**。

［目　文］　全国省级团委班子成员及办公室、组织部、宣传部主要负责人200多人参加了主题读书班。团中央书记处第一书记秦宜智为全体学员作了辅导报告。

国家副主席李源潮23日与学员座谈。上海、重庆、江西、福建、江苏、四川等省市团委主要负责人作了发言。李源潮强调，贯彻落实中央关于群团工作的决策部署，共青团要积极行动，走在前头。要深入学习领会习近平总书记重要讲话精神，抓好市县和基层的贯彻落实，做到传达学习要下基层、贯彻落实要下基层、转变作风要下基层、改革创新要下基层，把中央关于群团工作决策部署变成全团的实际行动。

10月21日

［纲　文］　**中共中央印发《中国共产党廉洁自律准则》并发出通知，要求各地区各部门认真遵照执行**。

［目　文］　《准则》指出：中国共产党全体党员和各级党员领导干部必须坚定共产主义理想和中国特色社会主义信念，必须坚持全心全意为人民服务根本宗旨，必须继承发扬党的优良传统和作风，必须自觉培养高尚道德情操，努力弘扬中华民族传统美德，廉洁自律，接受监督，永葆党的先进性和纯洁性。党员廉洁自律规范共八条：一、坚持公私分明，先公后私，克己奉公。二、坚持崇廉拒腐，清白做人，干净做事。三、坚持尚俭戒奢，艰苦朴素，勤俭节约。四、坚持吃苦在前，享受在后，甘于奉献。五、廉洁从政，自觉保持人民公仆本色。六、廉洁用权，自觉维护人民根本利益。七、廉洁修身，自觉提升思想道德境界。八、廉洁齐家，自觉带头树立良好家风。

通知指出，2010年1月中共中央印发的《中国共产党党员领导干部廉洁从政若干准则》，对于促进党员领导干部廉洁从政发挥了重要作用。党的十八大以来，随着全面从严治党实践不断深化，该准则已不能完全适应全面从严治党新的实践需要，党中央决定予以修订。《准则》贯彻党的十八大和十八届三中、四中全会精神，坚持依规治党与以德治党相结合，紧扣廉洁自律主题，重申党的理想信念宗旨、优良传统作风，重在立德，是党执政以来第一部坚持正面倡导、面向全体党员的规范全党廉洁自律工作的重要基础性法规，是对党章规定的具体化，体现了全面从严治党实践成果，为党员和党员领导干部树立了一个看得见、够得着的高标准，展现了共产党人的高尚道德追求，对于深入推进党风廉政建设和反腐败斗争，加强党内监督，永葆党的先进性和纯洁性，具有十分重要的意义。各级党组织要切实担当和落实好全面从严治党的主体责任，抓好《准则》的学习宣传、贯彻落实，把各项要求刻印在全体党员特别是党员领导干部心上。各级党员领导干部要发挥表率作用，以更高更严的要求，带头践行廉洁自律规范。广大党员要加强党性修养，保持和发扬党的优良传统作风，使廉洁自律规范内化于心、外化于行，坚持理想信念宗旨“高线”，永葆共产党人清正廉洁的政治本色。《准则》自2016年1月1日起施行，《中国共产党党员领导干部廉洁从政若干准则》同时废止。

10月21日

［纲　文］　**中共中央印发《中国共产党纪律处分条例》并发出通知，要求各地区各部门认真遵照执行**。

［目　文］　《条例》共11章133条，主要内容有：一、指导思想、原则和适用范围；二、违纪与纪律处分；三、纪律处分运用规则；四、对违法犯罪党员的纪律处分；五、其他规定；六、对违反政治纪律行为的处分；七、对违反组织纪律行为的处分；八、对违反廉洁纪律行为的处分；九、对违反群众纪律行为的处分；十、对违反工作纪律行为的处分；十一、对违反生活纪律行为的处分。

通知指出，2003年12月中共中央印发的《中国共产党纪律处分条例》，对维护党的章程和其他党内法规，严肃党的纪律等发挥了重要作用。党的十八大以来，随着形势发展，该条例已不能完全适应全面从严治党新的实践需要，党中央决定予以修订。《处分条例》贯彻党的十八大和十八届三中、四中全会精神，坚持依规治党与以德治党相结合，围绕党纪戒尺要求，开列负面清单，重在立规，是对党章规定的具体化，划出了党组织和党员不可触碰的底线，对于贯彻全面从严治党要求，把纪律和规矩挺在前面，切实维护党章和其他党内法规的权威性、严肃性，保证党的路线、方针、政策、决议和国家法律法规的贯彻执行，深入推进党风廉政建设和反腐败斗争具有十分重要的意义。各级党委（党组）要担当和落实好全面从严治党的主体责任，以对党的事业和党员、干部高度负责的精神，切实抓好《处分条例》的学习宣传、贯彻落实，使党的纪律刻印在全体党员特别是党员领导干部的心上。要把严守政治纪律和政治规矩永远排在首要位置，通过严肃政治纪律和政治规矩带动其他纪律严起来。各级纪委（纪检组）要认真履行监督执纪问责职责，加大查处违反《处分条例》行为的力度，进一步探索建立不敢腐、不能腐、不想腐的有效机制。党员领导干部要以身作则，带头增强党章党规党纪意识，敢于担当、敢于较真、敢于斗争，确保把党章党规党纪落实到位。广大党员要牢固树立党章党规党纪意识，严格遵守国家法律法规，守住纪律“底线”，自觉做守纪律、讲规矩的模范。各级党委（党组）和纪委（纪检组）要适时对《处分条例》实施情况进行专项检查，确保各项规定落到实处。本条例自2016年1月1日起实施。《中国共产党党员领导干部廉洁从政若干准则》同时废止。

10月21日

［纲　文］ **《习近平谈治国理政》韩文版首发式在韩国首尔举行。**

［目　文］ 《习近平谈治国理政》由国务院新闻办公室会同中共中央文献研究室、中国外文局编辑，收入了中共中央总书记习近平在2012年11月15日至2014年6月13日这段时间内的讲话、谈话、演讲、答问、批示、贺信等79篇，分为18个专题。目前，该书已经发行到100多个国家和地区，全球发行520多万册。

《习近平谈治国理政》韩文版由中国外文出版社与韩国未来恩出版集团合作翻译出版，是第一个中方与外国出版机构合作翻译出版的版本。

10月21日

［纲　文］ **李克强主持召开国务院常务会议。**

［目　文］ 会议主要内容是：一、确定完善研发费用加计扣除政策，推动企业加大研发力度，决定在全国推广国家自主创新示范区部分所得税试点政策，推进结构调整，助力创业创新。会议指出，完善研发费用加计扣除政策，是落实创新驱动发展战略，以定向结构性减税拉动有效投资、推动“双创”、促进产业升级的重要举措。会议确定，从2016年1月1日起，（一）放宽享受加计扣除政策的研发活动和费用范围。除规定不宜适用加计扣除的活动和行业外，企业发生的研发支出均可享受加计扣除优惠。在原有基础上，外聘研发人员劳务费、试制产品检验费、专家咨询费及合作或委托研发发生的费用等可按规定纳入加计扣除。（二）允许企业追溯过去3年应扣未扣的研发费用予以加计扣除。（三）简化审核，对加计扣除实行事后备案管理。对可加计扣除的研发费用实行归并核算。会议决定，将国家自主创新示范区部分所得税试点政策推广到全国。（一）从2015年10月1日起在全国范围内，有限合伙制创投企业采取股权投资方式投资于未上市中小高新技术企业2年以上，该创投企业的法人合伙人可按投资额的70%抵扣应纳税所得额；居民企业转让5年以上非独占许可使用权取得的技术转让所得，可享受500万元以内部分免征、超过500万元部分减半征收企业所得税的优惠。（二）从2016年1月1日起在全国范围内，中小高新技术企业以未分配利润、盈余和资本公积向个人股东转增股本，高新技术企业转化科技成果给予本企业相关技术人员的股权奖励，个人股东和技术人员可在5年内分期缴纳个人所得税。二、通过《居住证暂行条例（草案）》，以法治助推新型城镇化。会议认为，落实户籍制度改革，用法治方式完善居住证管理，保障持证人合法权益，是推进以人为核心的新型城镇化、推动农业现代化、促进社会公平正义的重要举措，也有利于扩大内

需。《草案》明确了居住证持有人通过积分等方式落户的通道。三、部署进一步深化上海自贸试验区金融改革试点，为服务实体经济积累经验。会议指出，按照党中央、国务院部署，不断深化金融改革开放，把上海国际金融中心建设与上海自贸试验区金融改革试点相结合，推进金融业对内对外开放，探索积累可复制、可推广的经验，有利于推动金融服务更好适应高水平开放的实体经济发展需要。会议确定，按照积极稳妥、把握节奏、宏观审慎原则，在上海自贸试验区范围内和已有经验基础上，逐步提高人民币资本项下可兑换程度，对已经实施的自由贸易账户拓展功能。研究启动合格境内个人投资者境外投资试点，拓宽境外人民币投资回流渠道。在总结沪港通经验基础上完善金融资产交易规则和机制。创新金融监管，探索本外币一体化监管体系，加强跨部门、跨行业、跨市场金融业务监管协调，强化系统性风险预警、防范和化解。

10月21日

［纲　文］　**国务院总理李克强电贺特鲁多当选加拿大总理。**

10月21日

［纲　文］　**质检总局发布《缺陷消费品召回管理办法》，自2016年1月1日起施行。**

10月21日

［纲　文］　**环境保护部发布《关于加快推动生活方式绿色化的实施意见》。**

［目　文］　《意见》由三部分组成：一、加快推动生活方式绿色化的总体要求；二、推动生活方式绿色化的组织实施；三、加快推动生活方式绿色化的保障措施。

《意见》要求，各级环保部门要加强组织领导和工作指导，制定推进工作方案，协调和引导社会力量积极参与，形成有序推进生活方式绿色化的工作机制。积极推动和配合有关部门完善配套措施，积极引导和激励企业落实责任、公众主动参与，有效推动生活方式绿色化工作的开展与落实。

10月21日

［纲　文］　**食品药品监管总局公布《医疗器械使用质量监督管理办法》。**

［目　文］　《办法》共6章35条，主要有总则，采购、验收与贮存，使用、维护与转让，监督管理，法律责任，附则等内容。自2016年2月1日起施行。

10月21日

［纲　文］　**质检总局公布《进出境中药材检疫监督管理办法》。**

［目　文］　《办法》共6章58条，主要有总则、进境检疫监管、出境检疫监管监督管理、法律责任、附则等内容。本办法自2015年12月1日起施行。

10月21日

［纲　文］　**教育部、发展改革委、财政部印发《关于引导部分地方普通本科高校向应用型转变的指导意见》。**

［目　文］　《意见》主要由四部分组成：一、重要意义；二、指导思想和基本思路；

三、转型发展的主要任务；四、配套政策和推进机制。

《意见》指出，根据本意见精神，教育部、发展改革委、财政部建立协调工作机制，加强对转型发展工作的指导。

10月21日

［纲　文］　**科技部在北京中关村国家自主创新示范区召开“科技引领创新创业座谈会”**。

［目　文］　座谈会以“科技引领、创新创业、支撑发展”为主题，国务院副总理刘延东出席座谈会。

刘延东指出，要深入贯彻党中央、国务院的决策部署，把科技创新与大众创新创业更紧密结合起来，为经济发展注入“源头活水”，推动更多高校、科研院所、企业、金融机构及其他社会力量参与创新创业，激发全社会创业创新活力，打造发展新引擎。充分发挥科技引领作用，加快大众创业、万众创新，是促进科技成果转化、增添经济发展动力的关键举措，对于实施创新驱动发展战略、建设创新型国家具有重要意义。要找准制约创新创业的“卡脖子”问题，抓好科技成果使用处置和收益管理改革，探索适应无形资产特点的国有资产管理方式，完善科研人员创新创业的激励机制，着力破除大众创新创业障碍。要尊重创新规律和市场规律，积极运用众创、众包、众扶、众筹等新模式，建立创新创业服务平台，集聚整合资源，合力解决大众创新创业难点。要运用辩证思维谋划创新创业，充分发挥市场配置资源的决定性作用，因地制宜打造大众创新创业亮点。

座谈会前，刘延东与现场的创业者们进行了亲切交流。她勉励大家勇立时代潮头，在创新创业浪潮中砥砺前行、奋勇争先，成就个人梦想，让千千万万的创新创业梦汇聚成伟大的中国梦。

10月21日

［纲　文］　**刘奇葆在北京调研**。

［目　文］　中共中央政治局委员刘奇葆在北京京剧院、中国评剧院和北京紫禁城影业公司考察戏曲和电影繁荣发展情况，并前往延庆县考察基层公共文化服务体系和美丽乡村建设情况，与基层干部群众交流。

刘奇葆强调，要深入学习贯彻习近平总书记在文艺工作座谈会上的重要讲话精神，切实抓好《关于繁荣发展社会主义文艺的意见》的贯彻落实，紧紧扭住创作优秀作品这个中心任务，多出精品力作，攀登文艺高峰，为伟大时代创作一批立得住、传得开、留得下的优秀作品。文艺繁荣归根到底要靠作品来说话。要把抓精品创作作为文艺工作的核心要义和中心环节，增强原创意识，提高原创能力，重视和加强文学、剧本、词曲等创作基础性环节，广泛动员作家艺术家深入基层、扎根人民，不断创作高质量的优秀作品。要弘扬主旋律、提倡多样化，大力推动现实题材创作，聚焦中国梦主题，努力讲好中国故事、弘扬中国精神。要进一步深化文化体制改革，大力推动传承创新，落实好文化扶持政策，充分调动文艺团体和文艺队伍的积极性创造性，不断焕发文艺创作的活力。北京文化工作基础条件好、发展势头好，要进一步发挥全国文化中心的辐射带动作用，完善和提升服务功能，当好文化繁荣发展的排头兵。公共文化服务体系建设是重要惠民工程。要坚持需求导向，在有用、适用、综合、配套上下功夫，推动基本公共文化服务标准化、均等化。要整合文化信息资源共享、农村电影放映、农家书屋等项目，整合基层宣传文化、党员教育、科学普及、体育健身等设施，着力建好基层综合性文化服务中心。要推动公共文化服务社会化发展，在产品供给、管理运营、监督考评等方面提高专业化水平。

10月21日

［纲　文］　**文化部在北京召开繁荣艺术创作专题调研座谈会。**

［目　文］　会议主要内容是：总结推广好的做法和经验，研究制定推动艺术创作繁荣发展的措施。文化部部长雒树刚出席座谈会并讲话。文化部副部长董伟主持座谈会。文化部艺术司、文化部直属院团相关负责人参加座谈会。来自吉林省、上海市、湖北省、山西省、宁夏回族自治区、四川省的文化主管部门以及北方昆剧院、辽宁芭蕾舞团、安徽黄梅戏剧院、江苏省镇江市艺术剧院、福建仙游鲤声剧团、河南小皇后豫剧团等的相关负责人发言。雒树刚指出，要把学习贯彻习近平总书记在文艺工作座谈会上的重要讲话精神引向深入，学深、学透，并落实中央系列文件精神，以更好地推动艺术创作繁荣发展。

10月21日

［纲　文］　**国家副主席李源潮在北京会见众议员中川俊直率领的日本自民党新生代国会议员代表团。**

10月21日

［纲　文］　**《人民日报》发表题为《激发实现中国梦的文艺力量——学习贯彻〈关于繁荣发展社会主义文艺的意见〉之一》的评论员文章。**

10月21—24日

［纲　文］　**第4届反贫困与儿童发展国际研讨会在北京举行。**

［目　文］　本届研讨会由中国发展研究基金会主办，以“投资儿童发展、促进社会公平”为主题。来自全球34个国家、20多个国际组织的600多名代表出席研讨会，会议宣读了联合国秘书长潘基文的致辞。国务院副总理刘延东出席开幕式并致辞。

刘延东表示，儿童是人类的未来，重视儿童发展，是促进社会公平发展的重要基础，是消除贫困代际传递、培育未来人力资本的治本之策。多年来，中国坚持儿童优先原则，千方百计为儿童成长创造更好条件，儿童健康状况持续改善，受教育机会更加公平，成长环境不断优化。中国坚持把儿童发展与扶贫攻坚统筹推进，颁布了国家贫困地区儿童发展规划，实施重大工程项目，健全对口援助机制，出台教育医疗等专项政策，贫困地区儿童的学习和生活条件不断得到改善。中国将继续把儿童发展置于优先战略位置，探索一条符合本国国情的儿童发展之路，使每一个孩子都有实现梦想、人生出彩的机会，为中国的未来发展奠定坚实基础。各国国情不同，但保障儿童优先、促进社会公平的理念和目标是一致的。中国愿积极借鉴各国有益经验，加强交流合作，围绕儿童发展问题开展联合研究，为促进各国反贫困和儿童发展提供智力支撑、做出更大贡献。

会议期间，刘延东会见了与会的澳大利亚前总理、全球教育合作组织主席茱莉亚·吉拉德和出席会议的各国教育和卫生部长及国际组织代表。

10 月 22 日

［纲　文］ **国务院总理李克强在北京分别会见美国前财长、美国保尔森基金会主席保尔森和 IBM 董事长罗睿兰。**

［目　文］ 李克强在会见保尔森时表示，中国的发展根本上是靠改革开放。金融领域的改革始终是朝着市场化、法治化的方向推进。我们调整人民币汇率中间价报价机制，是顺应国际金融市场变化、符合市场规则的举措，人民币不存在持续贬值的基础。下一步，中国政府将扩大上海自贸区金融改革试点，加快推进人民币利率市场化，逐步完善人民币汇率形成机制，鼓励金融创新，促进金融业更高水平对外开放，使金融发展更加有效地服务实体经济增长。2015 年以来国际金融市场持续震荡，中国资本市场特别是股市也一度出现异常波动，中国政府有关部门及时采取稳定市场的措施，防范住了可能发生的系统性金融风险，这符合国际惯例，也是从中国国情出发。我们将持续推进改革，加强制度建设，积极培育公开透明、长期稳定健康发展的多层次资本市场。新型城镇化是中国内需的最大潜力，应当走绿色可持续发展的道路。希望保尔森基金会发挥积极作用，把更多先进的理念和技术带到中国。

保尔森高度赞赏中国政府积极推进金融改革、加快自贸区建设的努力，并表示乐见中国金融业稳定发展，在扩大开放中提高竞争力。美中在绿色融资、可持续城镇化等领域合作前景广阔，基金会愿为此发挥积极作用。

李克强在会见罗睿兰时表示，中国信息技术产业市场巨大，希望 IBM 抓住中方实施“中国制造 2025”“互联网 +”等战略带来的机遇，提升对华高技术产品出口与技术合作水平，同中方开展前沿领域研发合作，更好实现互利共赢。开放与合作是相互的。中国正在推动新一轮更高水平的对外开放，目的是为中外企业打造更加开放便利的营商环境。中国政府鼓励外国企业以更为开放进取的姿态同中方开展合作。希望中外企业在开放中合作、在合作中共享，与中国经济共同成长，为世界经济增长做出贡献。罗睿兰表示，IBM 愿同中方进一步深化高技术等领域合作，助力“中国制造 2025”和“互联网 +”，携手推动中国信息产业发展，更好满足中国和国际市场需求。

同日，国务院副总理汪洋在北京会见保尔森一行。汪洋高度评价保尔森基金会近年来在推进中美城市绿色低碳发展合作方面发挥的作用，希望保尔森基金会继续为促进两国可持续发展合作做出贡献。双方就当前全球及中国经济形势深入交换了意见。

10 月 22 日

［纲　文］ **全国政协在北京召开双周协商座谈会，就“规范城管执法行为”协商议政。**

［目　文］　全国政协主席俞正声主持座谈会。住房城乡建设部部长陈政高介绍有关情况。中央机构编制委员会办公室副主任何建中、住房城乡建设部副部长陆克华、国务院法制办副主任袁曙宏参加会议并与委员互动交流。全国政协委员陈冀平、栗甲、王长江、甘霖、刘新文、王彬成、朱专兴、朱孝清、刘慕仁、王菡荣、李卫东、何香久、唐一军、蔡建国、汪鸿雁、揭新民，以及专家学者应松年、熊文钊在座谈会上发言。

委员们认为，城管执法是城市管理面临的大事，与人民群众生活息息相关。中共十八届三中、四中全会强调，要理顺城管执法体制，加强城市管理综合执法机构建设，提高执法和服务水平。近年来，在中央有关部门和各地的努力探索下，城市管理和执法工作稳步推进，城市管理手段不断提升，城市面貌、环境和秩序普遍有了很大改善，但目前还面临着体制机制不顺、法律依据不足、执法水平不高等问题。

一些委员建议，规范城管执法行为，一要加强顶层设计、立法先行。要健全法律法规，明确主管部门以及各相关部门的职能边界，明确城管执法的规范。二要明确程序、明确标准、明确监管、约束权力、规范行为。要健全投诉办法和渠道，防止滥用权力。三要疏堵结合、以疏为主，鼓励群众参与，强化科技支撑。四要加强基层执法队伍建设，对经费采取全额保障，严肃纪律，文明执法。要加强正面舆论引导，营造相互理解支持、理性平和的社会氛围。

10月22日

［纲　文］　**全国节能与新能源汽车产业发展推进工作座谈会在北京召开。**

［目　文］　国务院总理李克强对全国节能与新能源汽车产业发展推进工作座谈会作出批示：加快发展节能与新能源汽车，是促进汽车产业转型升级、抢占国际竞争制高点的紧迫任务，也是推动绿色发展、培育新的经济增长点的重要举措。要突出重点、合理布局，针对产业发展的“瓶颈”和“短板”，着力突破核心技术和关键零部件制约、提升自主创新能力和技术水平，落实和完善扶持政策、优化配套环境，创新商业模式、扩大先进适用的节能与新能源汽车的市场应用，走出一条健康可持续的产业发展新路，为经济增长和民生改善注入新动力。

国务院副总理马凯出席会议并讲话。科技部部长万钢以及国务院有关部门、部分省区市负责人，重点企业、科研院所和行业协会代表参加会议。

马凯指出，要深入贯彻李克强总理重要批示精神，坚持“市场主导、创新驱动、重点突破、协调发展”，落实完善政策措施，建立公平市场秩序，从供给和需求两方面发力，加快动力电池革命性突破，大力推进充电设施建设，努力实现2020年新能源汽车规划目标，加快把我国建设成为新能源汽车强国。发展新能源汽车如逆水行舟，不进则退，要进一步增强紧迫感、责任感，采取更加有力有效措施，扎实推进各项工作，加快把新能源汽车搞上去。要抓住动力电池这个核心，明确近期发展路线，实施锂电升级工程，完善研发测试条件，推动电池技术早日实现革命性突破。要突破充电设施制约瓶颈，加强规划指导，完善标准规范，加大扶持力度，鼓励商业创新，加快建成适度超前的充电基础设施体系。要打破地方保护壁垒，取消限行限购，加强质量安全监管，建立统一开放、有序竞争的全国市场。要强化企业内生动力，研究制定燃油消耗量管理办法，建立油耗积分交易制度，形成既有激励、又有约束的长效机制。

10月22日

［纲　文］ **国务院副总理刘延东在北京会见美国前劳工部长赵小兰。**

［目　文］ 刘延东对赵小兰作为美籍华人中的杰出代表长期以来为中美友好所做的不懈努力和积极贡献表示赞赏。刘延东说，习近平主席9月成功对美国进行国事访问，双方达成了许多共识，对构建中美新型大国关系具有重要里程碑意义。中方愿与美方一道，加强政治互信，推进经贸合作，深化人文交流，共同造福两国人民和国际社会。

赵小兰表示，教育合作与人文交流是两国民意和社会基础的重要组成部分，美中有很大的合作空间和潜力。

10月22日

［纲　文］ **中央军委副主席范长龙、国防部部长常万全在北京分别与莫桑比克国防部长姆图穆克会见、会谈。**

［目　文］ 范长龙在会见姆图穆克时说，中国和莫桑比克有着深厚的传统友谊。建交后，两国各领域合作成果丰硕，在国际事务中密切协调配合。近年来，两军高层交往密切，在院校教育、人员培训等领域的合作日益深入。中国军队重视与莫桑比克军队的友好关系，愿加强双方的交流与合作，推动两国两军关系深入发展。姆图穆克说，感谢中方长期以来对莫桑比克的帮助和支持。希望双方进一步加强在人员培训、军队建设、医疗卫生等领域的务实合作，使两军关系迈上新的台阶。

常万全在与姆图穆克会谈时说，中莫两国建交40年来，两国友好合作关系健康顺利发展，双方在政治、经贸等各领域开展了卓有成效的合作。近年来，两军关系发展稳定，各领域合作日益深入。中方愿与莫方一道，继续保持各层次人员往来，不断发掘两军合作潜力，推动两国防务和军事关系进一步发展。姆图穆克说，希望今后两军加强在更多领域的合作，不断提升两军友好关系。

10月22日

［纲　文］ **著名归侨、学者，中国共产党的亲密朋友，中国致公党的优秀领导人，中国致公党中央委员会原名誉副主席，中央社会主义学院原院长杨纪珂在北京逝世，享年93岁。**

10月22日

［纲　文］ **《人民日报》发表题为《全面从严治党的治本之策——一论把党纪党规的笼子扎得更紧》的评论员文章。**

10月22日

［纲　文］ **《人民日报》发表题为《创造属于我们时代的经典——学习贯彻〈关于繁荣发展社会主义文艺的意见〉之二》的评论员文章。**

10 月 22—23 日

［纲　文］　**张高丽在山东调研扶贫工作。**

［目　文］　国务院副总理张高丽就整体搬迁脱贫实地考察了济宁东南片区还迁安置区暨东南华城棚户区改造项目，深入惠普软件人才实训基地调研教育培训脱贫，到菏泽市巨野县田庄镇后屯村、定陶县杜堂镇辘湾村、曹县大集镇了解政策保障脱贫、产业扶持脱贫和自主创业脱贫情况。

张高丽主持召开扶贫工作座谈会，山东省相关负责人、有关市县负责人和国务院有关部门负责人参加会议。张高丽强调，党中央、国务院高度重视扶贫工作。习近平总书记强调，“十三五”时期是我们确定的全面建成小康社会的时间节点，全面建成小康社会最艰巨最繁重的任务在农村，特别是在贫困地区。各级党委和政府要把握时间节点，努力补齐短板，科学谋划好“十三五”时期扶贫开发工作，确保贫困人口到 2020 年如期脱贫。李克强总理多次对扶贫工作提出要求，在《政府工作报告》中作出重要部署。扶贫开发工作已进入“啃硬骨头”“攻坚拔寨”的冲刺期，我们要认真学习贯彻习近平总书记关于扶贫工作的重要讲话精神，落实李克强总理重要指示要求，采取力度更大、针对性更强、作用更直接、效果更可持续的措施，坚决打赢扶贫攻坚战。“十三五”规划要把扶贫攻坚工作摆上更加突出的位置，切实增强历史使命感和责任感。要坚持精准扶贫基本方略，因地制宜实施扶贫攻坚行动计划，切实做到扶持对象精准、项目安排精准、资金使用精准、措施到户精准、因村派人（第一书记）精准、脱贫成效精准。要管好用好扶贫资金，把扶贫救穷的钱花在刀刃上，集中用于最贫困的地区和群体、解决最迫切的问题，对挪用扶贫资金、扶贫对象弄虚作假等问题要严肃追究责任。要加大贫困地区教育投入，落实好促进就业、鼓励创业政策措施，对丧失劳动能力的人通过低保政策实施兜底扶贫，对症下药解决贫困问题。要把扶贫开发与生态建设、环境保护有机结合起来，促进经济社会发展与人口资源环境相协调。要强化扶贫开发工作领导责任制，把中央统筹、省负总责、市（地）县抓落实的管理体制，片为重点、工作到村、扶贫到户的工作机制，党政一把手负总责的扶贫开发工作责任制，真正落到实处。切实加强基层组织，做到每个贫困村都有驻村工作队、每个贫困户都有帮扶责任人，确保贫困人口如期脱贫。

10 月 23 日

［纲　文］　**国务院印发《关于促进快递业发展的若干意见》。**

［目　文］　《意见》由四部分组成：一、总体要求；二、重点任务；三、政策措施；四、组织实施。

《意见》要求，各地区、各有关部门要充分认识促进快递业健康发展的重要意义，加强组织领导，健全工作机制，强化协同联动，加大支持力度，为快递业发展营造良好环境。各地区要根据本意见，结合本地区实际情况研究出台有针对性的支持措施并认真抓好落实。各有关部门要各负其责，按照职责分工抓紧制定相关配套措施。交通运输部、发展改革委、邮政局会同有关部门负责对本意见落实工作的统筹协调、跟踪了解、督促检查。

10月23日

［纲　文］　**李克强在中央党校就当前经济形势和重点工作作报告。**

［目　文］　国务院总理李克强在报告中说，正确认识我国经济形势，可以用“成绩来之不易、困难不可低估”来概括，我们还是要坚定信心，克难攻坚。2015年以来，世界经济和贸易低迷、国际市场动荡对我国影响加深，与国内深层次矛盾凸显形成叠加，实体经济困难加大，宏观调控面临的两难问题增多。在党中央、国务院坚强领导下，通过加强定向调控和相机调控，以结构性改革促进结构调整，实施稳定市场的有效措施，既积极化解“难”、努力巩固“稳”，又不断扩大“进”，经济运行保持在合理区间，符合预期，新的动能加速孕育形成，就业扩大、收入增长和环境改善给群众带来实惠。

李克强指出，发展仍是解决中国一切问题的基础和关键。我国虽然是世界第二大经济体，但人均水平排位还很低，家底还不厚实，决不可歇脚停步。保持经济中高速增长、迈向中高端水平，既是基于经济增长阶段性特征的规律遵循，也是实现全面建成小康社会目标和科学发展的必然选择。保持中高速增长，才能保证财政税收、企业利润、居民收入有合理的增速，为转方式、调结构创造条件；推动产业向中高端迈进，既能扩大需求又能创新供给，增强经济持续增长的动能。必须把握好稳增长和调结构的平衡，努力实现“双中高”。一方面，要继续创新宏观调控思路和方式，提高政策的针对性、灵活性，用好财政政策空间相对较大的优势，合理运用降准、定向降准、降息等货币政策手段，保持经济平稳运行，妥善应对和化解风险，促进经济筑基固稳。另一方面，要全面深化改革，推动更高水平对外开放。要围绕厘清政府与市场关系，持续推进简政放权、放管结合、优化服务，把财税、金融、国企等重点领域改革向纵深推进，破除制约发展的体制机制障碍。围绕“一带一路”建设和开展国际产能合作，构建开放型经济新体制，推动外贸向“优进优出”转变，拓展发展新空间。实现“双中高”，需要打造大众创业、万众创新和增加公共产品、公共服务“双引擎”。要突出补上民生短板、推进新型城镇化、促进产业改造升级等重点，扩大有效投资。实现“双中高”，根本目的是改善民生。政府要在保基本、兜底线上加大力度，同时发挥好市场和社会力量，切实做好关系群众切身利益的就业、教育、医疗、棚改、社会保障等各项工作，集中力量搞好产业扶贫、移民搬迁扶贫，使扩内需、抓发展与惠民生协调互动，促进人民生活不断改善。

10月23日

［纲　文］　**中央巡视工作动员部署会议在北京举行。**

［目　文］　中央纪委书记、中央巡视工作领导小组组长王岐山出席会议。会议传达了习近平总书记关于巡视工作的重要指示。王岐山出席会议时强调，巡视要聚焦全面从严治党，以党章党规党纪为利器，紧紧围绕坚持党的领导，检查党的路线方针政策执行情况，严明政治纪律和政治规矩，把巡视监督做深做细做实，让利剑作用更加凸显。中央巡视工作领导小组副组长赵乐际、赵洪祝出席会议。经中央批准，2015年中央第三轮巡视

将对教育部、国务院三峡工程建设委员会办公室、国务院南水北调工程建设委员会办公室等31家单位党组织进行专项巡视。

会议指出，落实党的十八大和十八届三中、四中全会精神，贯彻习近平总书记系列重要讲话精神，按照“四个全面”战略布局要求，我们党制定和修订了一系列党内法规制度，管党治党的尺子越来越清晰，实现了制度建设的与时俱进。依法治国、依规治党，党规党纪就是制度的笼子。新修订的《廉洁自律准则》强调“四个必须”，提出“八条规范”，确立高标准；党纪处分条例划出党员的行为底线，是管党治党的戒尺；党政领导干部选拔任用工作条例是选对人、用好人的标准；巡视工作条例是对党章确定的巡视规则的遵循和具体化，是中央巡视工作方针的制度化。这些都为深入开展巡视工作提供了有力武器。

会议强调，巡视要聚焦全面从严治党，紧紧围绕坚持党的领导这个根本。党要管党、从严治党，是管全党、治全党，首先就要尊崇党章。中国共产党只有一部党章，对8700万党员和所有党组织都有效管用。习近平总书记系列重要讲话，无论涉及哪个方面工作，都无不要求坚持党的领导、加强党的建设。巡视首先要检查被巡视党组织是否维护党章权威、贯彻从严治党方针、发挥党的领导核心作用。党的工作领域各有不同，但落实管党治党主体责任是共同的政治任务，都必须用实际行动落实党的十八大和十八届二中、三中、四中全会精神，同党中央保持高度一致。要重点检查政治纪律和政治规矩执行情况。巡视是对党组织和党员领导干部的巡视，是政治巡视不是业务巡视。党中央越是高度重视巡视工作，我们越要保持冷静清醒，如临深渊、如履薄冰，体现对党章的尊崇、对纪律的敬畏。要加强中央巡视组党组织建设，把党支部建设成坚强战斗堡垒。巡视干部要围绕全面从严治党，提高发现问题、总结归纳的能力，善于抓住个性、把握共性，掌握历史脉络、把准政策界限，体现政治性、政策性。要践行忠诚干净担当，坚持原则、敢于碰硬。要高标准、严要求，严格执行请示报告和回避制度，严禁跑风漏气、打探消息。要遵守廉洁纪律，带头落实中央八项规定精神，切实担负起这份沉甸甸的责任，不辜负党和人民的信任与重托。

10月23日

［纲　文］　**财政部公布《政府会计准则——基本准则》。**

［目　文］　《准则》共6章62条，主要有总则、政府会计信息质量要求、政府预算会计要素、政府财务会计要素、政府决算报告和财务报告、附则等内容。自2017年1月1日起施行。

10月23日

［纲　文］　**文化部印发《关于进一步加强和改进网络音乐内容管理工作的通知》。**

［目　文］　《通知》由三部分组成：一、网络音乐内容管理实行企业自主审核，文化管理部门进行事中事后监管的管理制度；二、严格执行网络音乐内容自审制度，强化网络音乐经营单位主体责任；三、加强业务指导和事中事后监管，促进网络音乐行业健康发展。

《通知》明确，本通知所称网络音乐是指通过信息网络传播的音乐产品，包括歌曲、乐曲以及有画面作为音乐产品辅助手段的音乐视频（MV）等。网络音乐经营单位是指从事网络音乐服务的经营性互联网文化单位。自2016年1月1日起施行。网络音乐经营单位自2016年4月1日起报送网络音乐自审相关信息。其他文件与本通知不符的，以本通知为准。

10月23日

［纲　文］　**纪念台湾光复70周年大会在北京人民大会堂召开。**

［目　文］　大会由中央统战部部长孙春兰主持，全国政协主席俞正声出席大会并发表题为《共同铭记历史 共圆伟大梦想》的讲话。台盟中央主席林文漪、亲历台湾光复的台湾同胞代表陈明忠、台湾青年代表张钧凯、全国青联主席贺军科先后在大会上发言。刘奇葆、李建国、汪洋、范长龙、郭金龙、杜青林、陈昌智、严隽琪、万鄂湘、陈竺、韩启德、万钢、罗富和、张庆黎、齐续春、陈晓光、马培华、刘晓峰、王钦敏，中央党政军有关部门、人民团体和北京市负责人，首都各界人士、港澳台同胞、海外侨胞、外国驻华使节代表共500余人出席大会。

俞正声指出，抗战胜利、台湾光复，洗刷了近代以来中国屡遭外来侵略的民族耻辱，重新确立了中国在世界上的大国地位，开辟了中华民族伟大复兴的光明前景。我们纪念台湾光复，就是要铭记历史教训，缅怀先烈功勋，弘扬抗战精神，共谋和平发展，同心致力于实现中华民族伟大复兴。台湾回归祖国，是包括台湾同胞在内的全体中华儿女赢得抗日战争胜利的成果。1949年以来，尽管两岸尚未统一，但中国主权和领土完整从未分裂，大陆和台湾同属一个中国的事实从未改变。维护国家主权和领土完整，维护台湾是中国领土一部分的地位不被改变，是全体中华儿女的神圣使命。两岸同胞有决心、有能力挫败一切“台独”分裂图谋，维护台海和平，推动两岸关系向前发展。要坚定走两岸关系和平发展道路。最重要的一点，就是坚持“九二共识”、反对“台独”的政治基础，认同大陆和台湾同属一个中国。两岸同胞要坚决反对一切损害两岸关系政治基础的言行，绝不能让来之不易的台海和平和两岸关系和平发展成果得而复失。两岸同胞是血脉相连的一家人，经历过共同的深重苦难，有着共同的历史记忆。我们理解台湾同胞的特殊历史遭遇，那是两岸同胞共同的历史伤痛。对两岸之间的一些复杂矛盾和分歧，我们愿意在坚持一个中国原则基础上，通过两岸平等协商探讨解决办法。我们将始终秉持两岸一家亲的理念，愿意优先与台湾同胞分享大陆发展机遇，努力为台湾同胞办实事、办好事，让两岸同胞携手开创美好未来。中华民族伟大复兴同两岸关系前途息息相关，同我们每个人对美好生活的追求息息相关。两岸同胞要牢记先辈们的梦想，看到时代发展、民族振兴的大趋势，以中华民族整体利益为重，勇于担当使命，让中华民族伟大复兴中国梦早日成真。

10月23日

［纲　文］　**中组部在北京召开培养选拔年轻干部和女干部、少数民族干部、党外干部工作座谈会。**

［目　文］　中组部部长赵乐际主持会议，中共中央政治局常委刘云山出席会议并讲话。孙春兰、沈跃跃、王正伟出席会议。

刘云山指出，年轻干部和女干部、少数民族干部、党外干部是整个干部队伍的重要组成部分，优化干部成长路径事关干部队伍良性发展。要把思想政治教育放在首位，结合不同培养对象的特点，有针对性地加强理想信念教育、政治纪律政治规矩教育和群众路线教育，引导干部更好立根固本。注重在基层一线培养干部，统筹安排干部到矛盾多、任务重、困难大的岗位经风雨、见世面、壮筋骨，在应对复杂考验中提升素质、增强本领。坚持必要台阶和递进式培养，注重不同层级、不同岗位、不同职务的锻炼，认真落实干部任期制要求，引导干部沉下心来多干实绩，防止追求短期效应。做好干部选拔工作，重要的是坚持问题导向，改进考察办法，不断完善选人用人机制。要强化党组织的领导和把关作用，强化党委主体责任、纪委监督责任和组织部门考察责任，加强经常性分析研判，说得出哪个干部强、哪个干部弱，说得出强在哪里、弱在何处，搞清楚干部从哪里选、往哪里配。要从事业发展需要出发选拔干部，坚持以事择人、人岗相适，统筹好各类干部资源，协调好岗位和干部这两个因素，把合适的干部用到合适的岗位上，不能简单为满足数量而忽视人选质量、为结构需要而影响班子整体功能。要多渠道多角度考察识别干部，突出政治素质和廉政情况考察，深入群众了解干部，把干部的一时表现与一贯表现联系起来，认真查核干部个人有关事项报告和各方面反映的突出问题，防止“带病提拔”。各级党委要把年轻干部和女干部、少数民族干部、党外干部培养选拔工作，放到整个领导班子和干部队伍建设中来谋划，纳入党建目标责任制来推进，既抓好培养选拔又从严管理监督。党委书记要切实履行抓班子、带队伍的责任，加强工作指导，推动解决培养选拔工作中遇到的问题。党委组织部门要履行好牵头抓总、统筹协调、督促指导的作用，坚持公平公正，严格按政策和程序办事，加强与统战、民委等部门和妇联组织的沟通联系，共同抓好工作落实。

10月23日

［纲　文］　**刘奇葆在北京与新任县委宣传部长培训班学员座谈。**

［目　文］　中宣部部长刘奇葆指出，思想政治工作是我们党的最大特色、最大优势，是党的全部工作的生命线。要深刻把握基层思想政治工作的新特点新要求，增强责任感、使命感和主动性、创造性，以更大的决心和力度抓好各项任务的落实，不断开创基层思想政治工作新局面。要坚持以理想信念教育为核心，深入学习贯彻习近平总书记系列重要讲话精神，不断深化中国梦宣传教育，培育和践行社会主义核心价值观，求取团结奋进的最大公约数。要坚持以理顺情绪化解矛盾为重点，扎实开展形势政策教育，抓好法治意识、国家意识、社会责任意识宣传教育，培育理性平和的社会心态。要坚持以阵地建设为依托，推进基层综合性文化服务中心建设，推动公益广告走进城乡基层，积极搭建思想政治工作平台。要坚持以创新发展为动力，注重实践育人、文化育人、典型育人，善于运用互联网开展工作，使思想政治工作更好体现时代要求、富有生机活力。要坚持以队伍建设

为支撑，按照“紧跟中央、安心热爱、钻研求索、积极作为”的要求，抓好基层工作队伍的配备和培训，努力增强做好思想政治工作的本领。

10月23日

［纲　文］　**国家副主席李源潮在北京会见新西兰工党领袖安德鲁·利特尔率领的工党代表团。**

10月23日

［纲　文］　**《人民日报》发表王岐山题为《坚持高标准 守住底线 推进全面从严治党制度创新》的文章。**

10月23—27日

［纲　文］　**首届中国—蒙古国博览会在呼和浩特举行，国家主席习近平和蒙古国总统额勒贝格道尔吉向首届中蒙博览会致贺信。**

［目　文］　习近平在贺信中向博览会的举办致以热烈祝贺，向出席博览会的各位嘉宾表示热烈欢迎并指出，中蒙博览会是中蒙两国政府共同主办、面向全球的国际性展会。中蒙博览会将成为加强中蒙乃至东北亚经贸合作和人文交流的一个重要平台，有利于推动中蒙关系朝着更高水平不断发展。中方高度重视同蒙古国的全面战略伙伴关系，愿在相互尊重、互利共赢的基础上，加强“一带一路”倡议与蒙古国“草原之路”发展战略的对接，积极推进同蒙古国各领域全方位合作，并更好造福两国人民。

额勒贝格道尔吉在贺信中表示，首届蒙中博览会的举办对于促进两国经贸合作，加强文化、艺术、卫生、体育等领域交往具有重要意义。相信这一博览会将成为两国务实合作的新平台，为推动蒙中全面战略伙伴关系发展发挥积极作用。

首届中国—蒙古国博览会的主题为“同行草原·丝绸之路、联结合作发展走廊”。来自蒙古国、俄罗斯、白俄罗斯、马来西亚、韩国、泰国、菲律宾、德国、法国、澳大利亚、日本以及中国香港、中国台湾、中国澳门等国家和地区的8000多名政商界人士及专家学者参与此次盛会。

国务院副总理刘延东在开幕式上宣读了习近平的贺信并发表主旨演讲表示，近年来中蒙两国政治互信不断加深，经贸合作持续升温，人文交流硕果累累，双边关系不断迈上新台阶。中方愿与蒙方一道，积极推动经贸、科技等各领域务实合作，丰富人文交流内涵，共同开创互利共赢的美好未来。

10月23—25日

［纲　文］　**孙春兰在江苏调研。**

［目　文］　中共中央政治局委员孙春兰在无锡、苏州考察了企业，看望了宗教界人士，参观了统战文化名街山塘街，并同部分统战干部和专家学者进行了座谈。

孙春兰强调，贯彻落实中央统战工作会议精神和《中国共产党统一战线工作条例（试行）》，是一项长期的重要任务，要以钉钉子的精神持续深入推进。新的社会阶层人士在我国经济社会发展中发挥着越来越重要的作用。团结凝聚新的社会阶层人士是党中央赋予统一战线的重要任务，是新形势下统战工作新的着力点。要在深入研究私营企业和外资企业的管理技术人员、中介组织和社会组织从业人员、新媒体从业人员、自由职业人员共性特点的基础上，具体分析各个群体的个性特征，形成清晰的工作思路，创建新的平台载体，探索新的方式方法，团结新的社会阶层人士共同致力于中国特色社会主义事业。做好宗教工作事关民族团结、社会和谐稳定。要全面贯彻党的宗教工作基本方针，坚持我国宗教中国化方向，不断提高宗教工作法制化水平，支持宗教界对教规教义作出适应时代进步要求的阐释，更好地发挥宗教界和信教群众在经济社会发展中的积极作用。

10月23日

［纲　文］　**原中央顾问委员会委员、国务院新闻办公室原主任朱穆之在北京逝世，享年99岁。**

10月24日

［纲　文］　**国务院印发《统筹推进世界一流大学和一流学科建设总体方案》。**

［目　文］　《方案》由五部分组成：一、总体要求；二、建设任务；三、改革任务；四、支持措施；五、组织实施。

《方案》要求，对世界一流大学和一流学科建设加强总体规划，鼓励和支持不同类型的高水平大学和学科差别化发展。每5年一个周期，2016年开始新一轮建设。建立健全绩效评价机制，积极采用第三方评价，提高科学性和公信度。

10月24日

［纲　文］　**《人民日报》发表题为《坚持依规治党与以德治党相结合——三论把党纪党规的笼子扎得更紧》的评论员文章。**

10月24日—11月1日

［纲　文］　**"北京国际摄影周2015"在中华世纪坛举行。**

［目　文］　活动由文化部、北京市人民政府联合主办，中国摄影家协会、中国艺术摄影学会、新华通讯社图片中心、北京歌华文化发展集团共同承办。本届摄影周以"影像·世纪"为主题，包括开幕活动、系列展览、摄影市场、摄影讲堂、专题活动等板块。摄影周主场为中华世纪坛，另有40余项展览、论坛和主题活动分布在北京市5个城区14个站点举行。

10月24—25日

［纲　文］　**第4届世界佛教论坛在无锡举办。**

［目　文］　来自52个国家和地区的千余名佛教界人士、专家学者和其他社会知名人士出席开幕式。全国政协主席俞正声致信祝贺。联合国秘书长潘基文、加拿大总理斯蒂芬·哈珀、尼泊尔总统拉姆·亚达夫、柬埔寨国王诺罗敦·西哈莫尼等国际组织领导人及外国政要，日本、韩国、泰国、斯里兰卡等国佛教组织领导人来函来电致贺。中央统战部部长孙春兰出席论坛开幕式并致辞。

本届论坛以“同愿同行，交流互鉴”为主题，旨在探讨佛教在化解人类生存发展中所面临的问题与困境的积极作用。除大会发言外，本届论坛共设8场分论坛和3场电视论坛，并首次设立3场新媒体论坛，代表们就与佛教有关的一些话题进行了广泛深入研讨。论坛还同时举办了一系列主题文化体验活动，全面展现了中国佛教悠久深厚的历史底蕴，同时也契合了世界佛教论坛展示中华佛教文化的主旨。闭幕式上，与会代表一致通过了《第四届世界佛教论坛宣言》。

10月24—25日

［纲　文］　**第11届北京—东京论坛在北京举行。**

［目　文］　本届论坛由中国外文局与日本言论NPO共同主办，主题为“困难与举措：如何发展长期健康稳定的中日关系——东亚的未来与中日两国应发挥的作用”。来自中日两国政界、经济界、学术界、媒体的代表和专家在论坛期间对政治、安全、经济、媒体、环境旅游等领域的课题展开讨论。国务院新闻办公室主任蒋建国，日本前首相福田康夫，原国务院新闻办公室主任、中国人民大学新闻学院院长赵启正，国际文化会馆理事长、原联合国副秘书长明石康，日本驻华大使木寺昌人，中国外文局局长周明伟出席开幕式并分别向论坛致辞、作主旨演讲。该论坛是中日两国间最高层次的公共交流平台之一，旨在通过官民互动，加强相互交流和了解，促进中日关系发展。

23日，全国政协主席俞正声在北京分别会见清华经管学院顾问委员会海外委员和来华参加第11届北京—东京论坛的日本前首相福田康夫及其率领的日方代表团。

俞正声在会见清华经管学院顾问委员会海外委员时介绍了中国的经济发展和改革情况，并表示中国正处于经济转型升级的关键时期，同时又是实现第一个百年目标、全面建成小康社会的最后五年，今后中国“十三五”期间的发展将更加兼顾稳增长与调结构，更加注重生态建设，使人民共享改革成果。中国的发展离不开对外开放。我们将继续放宽外资准入，欢迎各国企业来华投资，积极参与中国新兴产业发展。创新对于中国具有重要意义。我们出台了一系列重要举措，激发全社会的创业创新活力，希望海外委员为中国经济的发展多提宝贵意见。清华经管学院顾问委员会主席、凯雷集团董事总经理鲁宾斯坦等海外委员表示，愿继续为中国教育事业和经济发展贡献力量。

俞正声在会见福田康夫时说，中国经济经过30年高速发展形成的巨大市场，对日本企业是一个机遇；日本企业的先进技术，值得中国企业借鉴学习。中日经济合作对双方都是有利的，而深化双方的经济合作要以两国间的政治互信为基础。他还高度肯定了福田康夫等日本朋友对办好本届论坛、推动中日交流所做的贡献，并预祝本届论坛圆满成功。福田康夫说，日中双方希望通过论坛在各层面进行充分交流，寻求双方的共同利益，并表示论坛要为改善日中两国关系继续努力。

10月25日

［纲　文］　**国务院印发《关于改革和完善国有资产管理体制的若干意见》。**

［目　文］《意见》由五部分组成：一、总体要求；二、推进国有资产监管机构职能转变；三、改革国有资本授权经营体制；四、提高国有资本配置和运营效率；五、协同推进相关配套改革。

《意见》要求，各地区要结合本地实际，制定具体改革实施方案，确保国有资产管理体制改革顺利进行，全面完成各项改革任务。

10月25日

［纲　文］**首届世界生态系统治理论坛在北京举行**。

［目　文］本届论坛由世界自然保护联盟、国家林业局、北京市政府和亚太森林组织共同主办。与会政府代表、专家学者、国内外非政府组织代表等近300人，围绕生态系统对实现可持续发展目标和应对气候变化的重要作用展开深入探讨，分享生态治理经验，共议生态治理这个全球性话题。中国互联网企业阿里巴巴和腾讯共同宣读了《联手打击野生动物非法交易的倡议书》；世界自然保护联盟全球生态系统管理项目主任埃德蒙·巴诺和中国科学院生态环境研究中心主任欧阳志云发表了题为《全球生态系统现状与挑战》的主旨演讲。

国务院副总理汪洋在人民大会堂会见了出席论坛的世界自然保护联盟总干事英格·安德森女士等一行。汪洋对论坛的召开表示祝贺，并表示中国政府历来高度重视生态文明建设，愿加强与世界自然保护联盟在全球生态系统治理等方面的合作，希望论坛能充分发挥国际交流平台作用，推动完善全球生态系统治理体系，促进全球可持续发展目标的实现。

10月25日

［纲　文］**中国首家以冰雪体育职业教育为主要特色的高等院校——黑龙江冰雪体育职业学院在哈尔滨成立**。

［目　文］黑龙江冰雪体育职业学院与黑龙江省已经成立的哈尔滨冰雪运动学校（中小学层次）、黑龙江省体育运动学校（中专层次）形成体教结合体系。

10月25日

［纲　文］**《人民日报》发表题为《坚持把政治纪律排在首要位置——四论把党纪党规的笼子扎得更紧》的评论员文章**。

10月25—29日

［纲　文］**应国家主席习近平邀请，荷兰王国国王威廉—亚历山大对中国进行国事访问**。

［目　文］访问期间，习近平在北京同威廉—亚历山大举行会谈。两国元首高度评价中荷关系发展，同意坚持合作共赢的正确方向，将开放务实的全面合作伙伴关系做大做实，为两国人民谋求更多福祉并共同见证了金融贸易、航空航天、影视、卫生、教育、科技、大熊猫保护合作等领域双边合作文件的签署。国务院总理李克强、全国政协主席俞正声在北京分别会见了威廉—亚历山大。

习近平在会见威廉—亚历山大时表示，双方可以在水利、农牧业等领域广泛深入开展合作，在高端制造、航空航天、生物医药、新能源、智慧城市、“互联网+”、第三方市场合作等领域深入挖掘合作潜力，打造新的产业合作增长点，继续在银行、保险等领域深化合作，创新投融资模式，为双方各自经济发展和双边经贸合作提供更多支持。中方愿同荷兰以及有关各方一道，将亚洲基础设施投资银行打造成一个实现各方互利共赢和专业高效的基础设施融资平台。双方应开展更加丰富活跃的人文交流，夯实两国关系的民意基础。中方愿在大熊猫保护、博物馆管理、文化创意、影视、教育、体育等领域同荷方加强交流合作。威廉—亚历山大表示，中方发起的“一带一路”和亚洲基础设施投资银行倡议具有重要意义，荷方愿积极参与相关合作，并支持“一带一路”规划与欧洲投资计划对接合作。荷方赞同加强教育、体育等领域两国人文交流，感谢中方同意与荷兰合作开展大熊猫保护研究。

李克强在会见威廉—亚历山大时表示，荷兰在发展现代农业方面拥有成功经验，中方愿同荷方推进现代农业、水利等重点领域合作，支持两国能源企业开展合作，并共同开拓第三方市场。中国同欧盟关系的发展不仅有利于双方，对世界也十分重要。荷兰是欧盟重要成员，明年上半年将担任欧盟轮值主席国，希望荷方为促进中欧关系发挥建设性作用。威廉—亚历山大表示，荷方愿进一步发挥农牧业技术优势，加强双方在绿色发展、农牧业等领域合作，支持两国企业共同开拓第三方市场。荷方并愿同中方在国际多边舞台加强协调合作，推动欧中关系发展。

俞正声在会见威廉—亚历山大时表示，中国全国政协同荷兰议会和社会各界多年来保持着友好交往和紧密联系，愿同荷方就治国理政、社会民生、民主法治、创新创业、生态环保等主题继续保持对话交流，为各自国家的发展和各领域交流合作做出积极贡献。威廉—亚历山大表示，我每次来华都看到中国在进步，并对国家发展进行有远见的规划，希望荷中两国加强在各领域合作交流。

10 月 26 日

［纲　文］ **国家主席习近平致辞祝贺联合国教科文组织第 9 届青年论坛开幕。**

［目　文］ 习近平在贺词中说，亲爱的青年朋友们：值此第 9 届青年论坛开幕暨联合国教科文组织成立 70 周年之际，我谨代表中国政府和人民，并以我个人的名义，对论坛的举行表示热烈的祝贺！本届论坛以“推动可持续发展，塑造全球公民”为主题，对促进可持续发展、开展文明对话具有重要意义。前不久，联合国可持续发展峰会通过了 2030 年可持续发展议程。落实好这项议程确定的目标，建立一个公平、包容、可持续的地球，是包括全球青年在内的每个人都要重视和担当的责任。青年最富有朝气，最富有梦想，是未来的领导者和建设者。中国重视、关怀、信任青年，支持青年发展自身、贡献社会、造福人民，在实现中国梦的历史进程中放飞青春梦想。世界的未来属于年轻一代。全球青年有理想、有担当，人类就有希望，推进人类和平与发展的崇高事业就有源源不断的强大力量。希望各国青年用欣赏、互鉴、共享的观点看待世界，推动不同文明交流互鉴、

和谐共生，积极为构建人类命运共同体添砖献瓦。预祝本届青年论坛圆满成功！

青年论坛于10月26日至28日在巴黎举行。联合国教科文组织总干事博科娃感谢习近平为青年论坛发来贺词，并表示完全赞同。她认为，在从千年发展目标向可持续发展目标过度之际，借这个机会充分调动利用青年的能量至关重要，并鼓励全世界青年应该积极面对挑战，承担起自己的责任。

来自教科文组织195个会员国的近千名18—24岁优秀青年代表参加了论坛。通过辩论和商议，制订行动纲领，反映教科文组织工作领域中青年最迫切的需要和关注的问题，进而影响教科文组织会员国的决策，提升青年群体在全球治理问题中的参与度的必要性。中国来自北京大学、清华大学等高校及知名青年组织的31位青年代表参加论坛，人数远远高于历届。

10月26日

［纲 文］ **国务院办公厅印发《关于加强互联网领域侵权假冒行为治理的意见》**。

［目 文］ 《意见》由五部分组成：一、总体要求；二、突出监管重点；三、落实企业责任；四、加强执法协作；五、健全长效机制。

《意见》指出，要借助各类媒体和网络信息平台，广泛开展宣传报道，曝光侵权假冒行为，及时发布网络购物消费警示，震慑违法犯罪，增强消费者自觉抵制侵权假冒商品的意识。

10月26日

［纲 文］ **国务院办公厅通知江苏省人民政府，同意扬州市城市总体规划**。

［目 文］ 通知说，一、国务院原则同意《扬州市城市总体规划（2011—2020年）》（以下简称《总体规划》）。二、重视城乡区域统筹发展。在《总体规划》确定的2358平方公里城市规划区范围内，实行城乡统一规划管理。三、合理控制城市规模。到2020年，中心城区常住人口控制在210万人以内，城市建设用地控制在230平方公里以内。四、完善城市基础设施体系。要进一步完善公路、水运、铁路、机场等交通基础设施，改善城市与周边地区交通运输条件，加强城市内外交通衔接。五、建设资源节约型和环境友好型城市。要按照促进生产空间集约高效、生活空间宜居适度、生态空间山清水秀的总体要求，形成合理的城市空间结构，促进经济建设、城乡建设和环境建设同步发展。六、创造良好的人居环境。要坚持以人为本，统筹安排关系人民群众切身利益的教育、医疗、市政等公共服务设施的规划布局和建设，推进城乡基本公共服务均等化。七、重视历史文化和风貌特色保护。要统筹协调发展与保护的关系，按照整体保护的原则，切实保护好城市传统风貌和格局，防止大拆大建。八、严格实施《总体规划》。城市建设要实现经济社会协调发展，物质文明和精神文明共同进步。城市管理要健全民主法制，坚持依法治市，构建和谐社会。

10月26日

［纲 文］ **国务院副总理刘延东在北京会见古巴国务委员会科技顾问菲德尔·卡斯**

特罗·迪亚斯。

［目 文］ 刘延东高度评价古巴社会主义建设成就，赞赏两国友好关系和科技交流合作成果。刘延东说，中古科技创新合作发展良好，领域不断拓展，层次有所提高。双方应继续深化务实合作，实现互利共赢发展。

迪亚斯表示古方希望借鉴中国科技事业发展经验，愿进一步加强双边科技创新合作。

10月26日

［纲 文］ **国务委员杨洁篪在北京会见丹麦外交大臣延森**。

［目 文］ 杨洁篪说，中方重视发展同丹麦的全面战略伙伴关系。近年来，中丹各领域交往与合作保持快速发展的良好势头，中丹关系不断深化。中方愿同丹方共同努力，推动两国全面战略伙伴关系深入发展。延森表示，丹麦高度重视对华关系，坚持一个中国政策，愿进一步强化与中国各领域的务实合作，参与“一带一路”建设，促进人员与文化交流，支持欧中全面战略伙伴关系发展。

10月26日

［纲 文］ **文化部和中国社会科学院在北京召开2015“汉学与当代中国”座谈会**。

［目 文］ 来自美国、俄罗斯、新加坡、法国、南非等22个国家的26位智库学者、汉学家以及21位中国各领域的著名专家，围绕“中国国际形象与国际关系”“历史与艺术”“文学与翻译”“中国学研究”等几个议题进行了研讨。

10月26—29日

［纲 文］ **中国共产党第十八届中央委员会第五次全体会议在北京举行**。

［目 文］ 全会由中共中央政治局主持。中共中央总书记习近平作了讲话。中央委员199人、候补中央委员156人出席会议。中央纪律检查委员会常务委员会委员和有关方面负责人、党的十八大代表中部分基层代表和专家学者列席会议。

全会发表了《中国共产党第十八届中央委员会第五次全体会议公报》。全会听取和讨论了习近平受中央政治局委托作的工作报告，审议通过了《中共中央关于制定国民经济和社会发展第十三个五年规划的建议》。全会提出全面建成小康社会新的目标要求，强调必须牢固树立创新、协调、绿色、开放、共享的发展理念。习近平就《建议（讨论稿）》向全会作了说明。全会按照党章规定，决定递补中央委员会候补委员刘晓凯、陈志荣、金振吉为中央委员会委员。全会审议并通过了中共中央纪律检查委员会关于令计划、周本顺、杨栋梁、朱明国、王敏、陈川平、仇和、杨卫泽、潘逸阳、余远辉严重违纪问题的审查报告，确认中央政治局之前作出的给予令计划、周本顺、杨栋梁、朱明国、王敏、陈川平、仇和、杨卫泽、潘逸阳、余远辉开除党籍的处分。

10月27日

［纲 文］ **国家主席习近平就阿富汗地震向阿富汗加尼总统致慰问电**。

［目 文］ 习近平表示，惊悉贵国发生强烈地震，造成重大人员伤亡和财产损失。

我谨代表中国政府和人民，并以我个人的名义，对不幸遇难者表示沉痛哀悼，对遇难者家属和受伤人员表示诚挚慰问。中阿是传统友好近邻。中国人民对阿富汗人民在地震中的遭遇感同身受，中方愿向阿方提供力所能及的支持和帮助。我相信，在总统先生和贵国政府领导下，阿富汗人民一定能够战胜灾害、重建家园。

10月27日

［纲　文］　**国家主席习近平就巴基斯坦在阿富汗地震中受灾向巴基斯坦侯赛因总统致慰问电。**

［目　文］　习近平表示，惊悉阿富汗地震给贵国造成重大人员伤亡和财产损失。我谨代表中国政府和人民，并以我个人的名义，对不幸遇难者表示沉痛哀悼，对遇难者家属和受伤人员表示诚挚慰问。中巴是患难与共的全天候战略合作伙伴。中国人民对巴基斯坦人民在地震中的遭遇感同身受，中方愿向巴方提供力所能及的支持和帮助。我相信，在总统先生和贵国政府领导下，巴基斯坦人民一定能够战胜灾害、重建家园。

10月27日

［纲　文］　**国务院总理李克强在北京会见第70届联合国大会主席莫恩斯·吕克托夫特。**

［目　文］　李克强表示，当前联合国发展处在承前启后的重要时刻。中国作为安理会常任理事国，支持联合国在国际事务中发挥更大作用，愿同各国继续弘扬联合国宪章宗旨和原则，共同促进人类和平与发展事业，维护世界的安全与稳定。发展是消除全球贫困与冲突的根源、保障人民基本权利的前提和基础。对于中国这个世界上最大的发展中国家，发展更是解决一切问题的基础和关键。中方愿与世界各国共同推进落实2030年可持续发展议程，实现本国经济、社会、环境协调可持续发展，促进南南合作，加强南北对话，推动国际发展合作取得新成果，走出一条创新、开放、公平、全面的发展之路。中方愿同国际社会共同努力，坚持共同但有区别的责任原则，推动巴黎气候变化会议达成全面、均衡、有力度的新协议。

吕克托夫特高度赞赏中国为维护世界和平、促进全球发展、落实可持续发展议程所作努力，并表示期待中国在应对气候变化等全球性挑战方面继续积极发挥作用。联合国愿同中方和各国一道，落实联合国成立70周年系列峰会所达成的共识，推动全球和平与发展事业不断向前发展。

28日，国务委员杨洁篪在北京会见吕克托夫特时表示，联合国成立70周年系列峰会取得丰硕成果，将对加强联合国未来作用、引导国际关系演变产生重要深远影响。第70届联大肩负全面落实峰会成果的重任，中方将继续积极支持联大工作。吕克托夫特高度评价中方为峰会成功所做重要贡献，赞赏中方在联合国事务中发挥的积极作用，表示愿在任内与中方密切合作。

10月27日

［纲　文］　**外交部副部长张业遂召见美国驻华大使博卡斯，就美军舰进入中国南沙**

群岛有关岛礁邻近海域提出严正交涉和强烈抗议。

［目　文］　张业遂说，美方不顾中方近来多次严正交涉和再三劝阻，派“拉森”号军舰非法进入中国南沙群岛有关岛礁邻近海域，此举威胁中国主权和安全，危及礁上人员和设施安全，是对中方的严重挑衅。中方对美方上述行径强烈不满和坚决反对。中国对南沙群岛及其附近海域拥有无可争辩的主权。中国最早发现、命名、开发经营南沙群岛，并最早、持续对南沙群岛行使主权管辖。中国一向尊重和维护各国依国际法在南海享有的航行和飞越自由，但坚决反对任何国家以此为名损害中国主权和安全。南海地区迄未发生过任何妨碍航行和飞越自由的事情，今后南海航行和飞越自由也不会出现问题。美方以维护航行和飞越自由为名，行炫耀武力之实，极易引发海空意外，不仅威胁各国依法享有的航行和飞越权利，也损害南海和平稳定，是极不负责任的行为。中国政府坚定维护自己的领土主权和合法、正当的海洋权益。对于任何国家的蓄意挑衅，中方将采取一切必要措施予以坚决应对。中方强烈敦促美方认真对待中方严正立场，珍惜当前南海地区总体和平稳定的局面，珍惜中美关系来之不易的积极发展势头，停止采取任何威胁中国主权和安全利益的行动，恪守在领土主权问题上不选边站队的承诺，切实维护中美关系和地区和平稳定。

同日，外交部发言人就美国“拉森”号军舰进入中国南沙群岛有关岛礁邻近海域答记者问时说，10 月 27 日，美国“拉森”号军舰未经中国政府允许，非法进入中国南沙群岛有关岛礁邻近海域。中方有关部门依法对美方舰艇实施了监视、跟踪和警告。美方军舰有关行为威胁中国主权和安全利益，危及岛礁人员及设施安全，损害地区和平稳定。中方在自己的领土上开展建设，是主权范围内的事，不针对、不影响任何国家，不会对各国依国际法在南海享有的航行和飞越自由造成任何影响。中方强烈敦促美方认真对待中方严正交涉，立即纠正错误，不得采取任何威胁中方主权和安全利益的危险、挑衅行为，恪守在领土主权争议问题上不持立场的承诺，以免进一步损害中美关系和地区和平稳定。

国防部新闻发言人就美舰进入中国南沙群岛有关岛礁近岸水域发表谈话表示，中国国防部对此表示坚决反对并向美方提出严正交涉。中国海军“兰州”号导弹驱逐舰和“台州”号巡逻舰依法予以警告。中国对南海诸岛及其附近海域拥有主权，这有着充分的历史和法理依据。中方在驻守多年的南沙部分岛礁进行相关建设和设施维护，主要是为各类民事需求服务，为各国的共同利益服务。美军舰放着宽阔的国际航道不走，专门绕道进入中方驻守岛礁近岸水域炫耀武力，是对国际法上“航行自由”的一种滥用。当前，中国和南海周边国家正在就“南海行为准则”进行磋商，各国均表达了共同维护地区和平稳定的积极意愿。在此形势下，美方作为域外国家派军舰进入南海挑衅中国国家安全，严重破坏了地区的和平稳定，是意图制造南海地区军事化的胁迫行动。中国军队维护国家主权安全的意志坚定不移。我们将采取一切必要措施维护自身安全。

海军新闻发言人对外发布消息称，27 日上午，美国海军“拉森”号驱逐舰进入中国南沙群岛有关岛礁邻近海域，中国海军舰艇和航空兵依法对美舰进行了必要的、合法的、专业的跟踪、监视和警告。中国海军将继续严密监视有关海空情况，防止发生危害中国国家安全的情况和海空意外事件。我们敦促美方加强对本国过往船只和航空器活动的管理，防止引发不测事件。

10 月 27 日

［纲　文］ **《人民日报》发表题为《时和势都在我们这边——向着第一个百年目标迈进（一）》的评论员文章。**

10 月 27—28 日

［纲　文］ **2015 浦江创新论坛在上海召开。**

［目　文］ 论坛由科技部和上海市人民政府共同主办，主题为："全球创新网络，汇聚共同利益"。论坛围绕产业、区域、政策、文化等专题，以更广阔的视野洞察、更精彩的思想碰撞，研讨全球创新网络的价值共创，汇聚合作共赢的发展空间。论坛共设 1 场全体大会、1 个主宾国论坛、9 个专题论坛、2 个合作论坛和 2 场对接活动。来自国内外的百余位政界、科技界、产业界、金融界和学界知名人士，汇聚一堂，交流争鸣。以色列受邀担任本届论坛主宾国。国务院总理李克强和以色列总理内塔尼亚胡向 2015 年浦江创新论坛致贺信。

李克强在贺信中表示，创新是当今世界潮流。中国正在实施创新驱动发展战略，推动大众创业、万众创新，打造发展新引擎。草根与精英并肩创业，大中小微企业协同创新，有力推动了新兴产业发展和传统产业转型升级，也促进了百姓致富和社会公平。中国愿与世界各国加强创新领域合作，拓展全球创新网络，共同推动世界包容平衡增长、绿色可持续发展。李克强勉励与会代表汇众智、聚众力，激扬创新发展理念，加强创新思想交流，以创新发展促进人类共同发展与持久繁荣。以色列是全球著名的"创新国度"，在诸多科技领域取得了世界领先的创新成果。中方愿同以方挖掘合作潜力，把以科技为核心的创新合作打造成两国关系新的亮点和增长点。

内塔尼亚胡在贺信中表示，在全球经济竞争日趋激烈的形势下，必须对技术、产品和服务进行创新。浦江创新论坛为来自世界各国的专家交流思想、合作创新、研发及生产前沿技术提供了重要机会；选择以色列作为主宾国，是对以中科学技术领域合作不断拓展和深化的肯定。

10 月 28 日

［纲　文］ **中共中央办公厅印发《关于认真学习贯彻〈中国共产党廉洁自律准则〉和〈中国共产党纪律处分条例〉的通知》。**

［目　文］ 《通知》说，中共中央印发《中国共产党廉洁自律准则》（以下简称《准则》）和《中国共产党纪律处分条例》（以下简称《条例》）。《准则》和《条例》的颁布实施，是在党长期执政和全面依法治国条件下，实现依规管党治党、加强党内监督的重大举措，体现了党的十八大和十八届三中、四中全会精神以及全面从严治党实践成果。为切实抓好《准则》和《条例》的学习贯彻，经中央领导同志同意，现就有关事项通知如下：一、

充分认识学习贯彻《准则》和《条例》的重要意义；二、认真组织《准则》和《条例》的学习宣传教育；三、切实抓好《准则》和《条例》的贯彻实施。

《通知》要求，广大党员要牢固树立党章党规党纪意识，做到守纪律、讲规矩，知敬畏、存戒惧，自觉在廉洁自律上追求高标准，在严守党纪上远离违纪红线，在全党逐渐形成尊崇制度、遵守制度、捍卫制度的良好风尚。各级党委（党组）和纪委（纪检组）要紧密联系工作实际，加强日常监督和专项检查，督促两部党内法规的贯彻实施，坚决纠正随意变通、恶意规避、无视制度等现象。

10月28日

［纲　文］　**国务院总理李克强应约同加拿大当选总理特鲁多通电话。**

［目　文］　李克强首先祝贺特鲁多当选加拿大新一届政府总理，并表示45年前，你的父亲皮埃尔·特鲁多先生担任加拿大总理期间，中加正式建立外交关系，揭开了两国关系发展的新篇章。中国人民不会忘记老朋友。中加都是在亚太地区有重要影响的国家，两国关系发展良好。中方愿同加方密切高层交往，增强战略互信，拓展贸易投资、教育文化、地方和青年等各领域交流合作，密切在重大国际和地区事务中的沟通协调，推动两国关系取得新的更大发展，维护地区和世界的和平、发展、稳定与繁荣。我期待与你一道，共同为促进中加关系深入发展做出积极努力。

特鲁多表示，加中友好交往历史悠久，白求恩的故事是两国人民友谊的一段佳话。加中合作前景广阔，发展加中关系符合两国乃至世界的利益。加新政府重视对华关系，愿与中方保持高层交往对话，加强全方位合作，将加中关系提高到新水平，开辟两国友好合作的新天地。

10月28日

［纲　文］　**国务院总理李克强就阿富汗地震分别向阿富汗首席执行官阿卜杜拉、巴基斯坦总理谢里夫致慰问电。**

10月28日

［纲　文］　**商务部公布《关于修改部分规章和规范性文件的决定》。**

［目　文］　《决定》对29件规章或规范文件进行了修改：一、《关于设立外商投资股份有限公司若干问题的暂行规定》；二、《关于外商投资企业境内投资的暂行规定》；三、《关于外商投资企业合并与分立的规定》；四、《外商投资企业自动进口许可管理实施细则》；五、《中华人民共和国敏感物项和技术出口经营登记管理办法》；六、《外商投资创业投资企业管理规定》；七、《外商投资商业领域管理办法》；八、《关于外商投资举办投资性公司的规定》；九、《拍卖管理办法》；十、《外商投资租赁业管理办法》；十一、《向特定国家（地区）出口易制毒化学品暂行管理规定》；十二、《外商投资国际货物运输代理企业管理办法》；十三、《外国投资者对上市公司战略投资管理办法》；十四、《关于外商投资举办投资性公司的补充规定》；十五、《易制毒化学品进出口管理规定》；十六、《麻黄素类易制毒化学品出口企业核定暂行办法》；十七、《成品油市场管理办法》；十八、《原油市场

管理办法》；十九、《外商投资矿产勘查企业管理办法》；二十、《对外承包工程资格管理办法》；二十一、《对外援助物资项目实施企业资格管理办法》；二十二、《商务部关于涉及外商投资企业股权出资的暂行规定》；二十三、《关于开展试点设立外商投资物流企业工作有关问题的通知》；二十四、《商务部关于外商投资非商业企业增加分销经营范围有关问题的通知》；二十五、《关于进一步加强、规范外商直接投资房地产业审批和监管的通知》；二十六、《商务部办公厅关于进一步规范援外成套项目财务管理的通知》；二十七、《典当行业监管规定》；二十八、《商务部关于商业保理试点实施方案的复函》；二十九、《商务部关于在重庆两江新区、苏南现代化建设示范区、苏州工业园区开展商业保理试点有关问题的复函》。自2015年10月28日起施行。

10月28日

［纲　文］　**《人民日报》发表题为《以前瞻性引领更长远发展——向着第一个百年目标迈进（二）》的评论员文章。**

10月29日

［纲　文］　**中共中央印发《关于制定国民经济和社会发展第十三个五年规划的建议》。**

［目　文］　《建议》由八部分组成：一、全面建成小康社会决胜阶段的形势和指导思想；二、“十三五”时期经济社会发展的主要目标和基本理念；三、坚持创新发展，着力提高发展质量和效益；四、坚持协调发展，着力形成平衡发展结构；五、坚持绿色发展，着力改善生态环境；六、坚持开放发展，着力实现合作共赢；七、坚持共享发展，着力增进人民福祉；八、加强和改善党的领导，为实现“十三五”规划提供坚强保证。

《建议》指出，实现“十三五”时期发展目标，前景光明，任务繁重。全党全国各族人民要更加紧密地团结在以习近平为总书记的党中央周围，万众一心，艰苦奋斗，共同夺取全面建成小康社会决胜阶段的伟大胜利！

10月29日

［纲　文］　**人民银行、商务部、银监会、证监会、保监会、外汇局、上海市人民政府印发《关于进一步推进中国（上海）自由贸易试验区金融开放创新试点　加快上海国际金融中心建设方案》。**

［目　文］　《方案》由六部分组成：一、总体要求；二、率先实现人民币资本项目可兑换；三、进一步扩大人民币跨境使用；四、不断扩大金融服务业对内对外开放；五、加快建设面向国际的金融市场；六、不断加强金融监管，切实防范风险。

10月29日

［纲　文］　**商务部公布《对外援助项目实施企业资格认定办法（试行）》。**

［目　文］　《办法》共7章44条，主要有总则、资格条件及认定方式、资格审查、资格招标、资格管理、法律责任、附则等内容。自2015年10月29日起施行，《对外援助

成套项目施工任务实施企业资格认定办法（试行）》（商务部 2004 年第 9 号令）和《对外援助物资项目实施企业资格管理办法》（商务部 2011 年第 2 号令）同时废止。

10 月 29 日

［纲　文］　**证监会公布《中国证监会派出机构监管职责规定》。**

［目　文］　《规定》共 7 章 51 条，主要有总则、日常监管、风险防范与处置、案件调查与行政处罚、投资者教育与保护、其他职责、附则等内容。自 2015 年 12 月 1 日起施行，中国证监会《关于印发〈派出机构监管工作职责〉的通知》（证监发〔2003〕86 号）同时废止。

10 月 29 日

［纲　文］　**民政部公布废止《社会团体设立专项基金管理机构暂行规定》，自 2015 年 10 月 29 日起施行。**

10 月 29 日

［纲　文］　**国务院副总理刘延东在北京会见以色列副总理西尔万·沙洛姆。**

［目　文］　刘延东积极评价中以双边关系，肯定各领域务实合作取得的积极成果，并表示中国为全面建成小康社会，将进一步深入实施创新驱动发展战略，与以色列的创新合作具有广阔前景。双方应充分发挥中以创新合作联委会等机制的作用，推进创新合作全面发展。西尔万·沙洛姆是应邀出席 2015 浦江创新论坛的，他表示愿进一步深化两国科技、卫生、人文等领域创新合作。

10 月 29 日

［纲　文］　**第 160 届“山村对话”在北京举行。**

［目　文］　此次“山村对话”由德国科尔伯基金会和中共中央对外联络部下属的中国当代世界研究中心共同主办。前国务委员戴秉国，科尔伯基金会副会长鲍尔森，以及来自德国、法国、英国、美国、俄罗斯、印度、日本、韩国等近 30 位官员及学者参加了对话会。

30 日，国家副主席李源潮在北京会见参加“山村对话”国际研讨会的外方代表时表示，本届对话以“变动中的国际秩序”为主题很有意义。中国坚持走和平发展道路，愿与国际社会共同推动国际秩序朝着更加公正合理的方向发展，构建以合作共赢为核心的新型国际关系。中国“十三五”规划将推动中国发展，也给各国发展带来新机遇。

10 月 29 日

［纲　文］　**《人民日报》发表题为《保障和改善民生没有终点站——向着第一个百年目标迈进（三）》的评论员文章。**

10 月 29 日

［纲　文］　**《人民日报》发表题为《南海和平稳定不容破坏》的评论员文章。**

10 月 29—30 日

［纲　文］　**第二届中国与中东欧青年政治家论坛在北京举行。**

［目　文］　论坛由中共中央对外联络部主办，中华全国青年联合会协办，主题为“青春·梦想·发展·未来”。该论坛是中国—中东欧国家“16+1合作”机制框架下的一项重要活动，也是中国与中东欧青年政治家多边交往的重要平台，每两年举办一次。来自中东欧16个国家、31个政党的约50名青年政治精英、地方党政骨干和青年组织领袖，以及约30位中方代表出席。与会代表就“为丝绸之路经济带建言献策”和“中国与中东欧合作新机遇、新挑战”广泛交流，深入探讨，书写下双方青年政治家交流与合作的新篇章，为日益活跃的中国—中东欧国家合作增添了一道亮丽的风景线。

国家副主席李源潮29日在北京会见出席“第二届中国与中东欧青年政治家论坛”的外方代表时表示，中国同中东欧国家传统友好，近年来各领域合作蓬勃发展。希望双方以共建“一带一路”为契机，打造更多合作新亮点。中国共产党重视加强同中东欧国家政党的交流交往，通过举办青年政治家论坛等活动，促进中国与中东欧国家关系深入发展。

10月29—30日

［纲　文］　**应国务院总理李克强邀请，德意志联邦共和国总理默克尔对中国进行正式访问。**

［目　文］　访问期间，国家主席习近平在北京会见了默克尔，双方积极评价中德关系发展，同意进一步加强两国各领域务实合作，保持中德全方位战略伙伴关系健康、稳定、持续向前发展。李克强在北京同默克尔举行会谈，双方一致同意继续落实好上一轮中德政府磋商达成的各项共识，进一步增进互信，提升各领域合作水平，打造中德合作全面“升级版”。两国总理共同见证双方青年交流、金融、工业等领域13个合作文件签署并共同出席亚欧会议框架下残疾人合作暨全球辅助器具产业发展大会开幕式、会见记者。全国人大常委会委员长张德江在北京会见了默克尔。李克强与默克尔在合肥出席中德经济顾问委员会座谈会并参观合肥学院。

习近平在会见默克尔时说，双方要巩固政治互信，尊重彼此发展道路，理解和照顾彼此核心利益和重大关切，保持各层次密切交往势头。《中德合作行动纲要》已经产生积极成效。双方要进一步挖掘合作潜力，培育更多合作增长点，推动财政金融、城镇化、农业、电动汽车、节能环保、智能制造和生产网络化等领域合作不断取得新进展。中方赞赏德方积极支持和参与“一带一路”和亚洲基础设施投资银行倡议，愿同德方加强在二十国集团内的合作。

默克尔表示，新形势下，德方愿深化同中方在经贸、产业和金融方面务实合作，积极参与“一带一路”和亚洲基础设施投资银行建设。德中两国在国际事务中拥有许多共同利益和巨大合作潜力，可以加强协调，共同为解决有关全球性问题、维护国际地区安全与稳定作出努力。

李克强同默克尔会谈时表示，中方愿同德方携手努力，继续落实好上一轮中德政府磋商达成的各项共识，进一步增进互信，提升各领域合作水平，打造中德合作“全面升级版”。推动“中国制造2025”和“德国工业4.0”对接取得早期收获；促进双方中小企业、装备制造业、产业园区、智能制造、可再生能源等领域合作取得新成果；发挥各自优势，同广大发展中国家共同探索三方产能合作，实现互利多赢、共赢。默克尔表示，德中合作广泛而深入，经贸金融合作不断进展，在重大国际地区问题上保持密切协调。上一轮两国政府磋商达成的共识已得到很好落实。德方愿在两国现有合作的良好基础上，与中方“步调一致”，进一步加强各层级对话，拓宽合作领域，提升合作水平。

张德江在会见默克尔时表示，两国立法机关应继续保持良好交往势头，密切各层次往来，深化立法监督、治国理政经验交流，增进对彼此国情、社会制度和发展道路的了解，团结和带动一切积极力量，共同促进中德关系、中欧关系深入发展。默克尔积极评价德中各领域合作，并表示我出访时往往有议员随行，希望德中议会加强各层级交流，开展更广泛的合作。

10月29日—11月1日

［纲　文］　**第10届中国北京国际文化创意产业博览会在北京举办。**

［目　文］　文博会由文化部、国家新闻出版广电总局和北京市共同主办。文博会举办综合活动、展览展示、推介交易、论坛会议、创意活动、分会场六大系列百余场活动。文化与科技、旅游、体育、创意等深度融合的新产品、新业态有突出展示。京津冀三地将聚合文创资源集中亮相，展示区域文化产业协同发展新项目新商机。来自俄罗斯、匈牙利、伊朗、埃及、阿根廷、澳大利亚、韩国、印度等40个国家和地区的45个代表团组参会，中外参展机构和企业近1800家。

10月30日

［纲　文］　**国家主席习近平电贺比迪亚·德维·班达里就任尼泊尔新总统。**

10月30日

［纲　文］　**李克强在安徽考察。**

［目　文］　国务院总理李克强来到合肥公共资源交易中心，了解政府采购、建设工程、产权交易、土地出让等招投标程序和监管服务体系运转情况时说，公共资源是人民的资源，是宝贵的社会财富，市场越是公开透明，资源配置就越优化公平有效，通过转变政府职能、建设市场化的规范平台，不仅能发现价格、提高效率、优化资源配置，而且每一笔交易都晒在阳光下，也能促进公平竞争、防止寻租。各地要尊重基层的首创精神，探索积累经验，推动更多公共资源公开公正入场交易，逐步实现全覆盖、无遗漏，更好发挥公共资源的效用，在深化简政放权、放管结合、优化服务改革方面闯出新路。

在合肥市人力资源市场，李克强听取就业服务和职业培训等情况汇报，与正在找工作的群众和大学生交流时说，促进就业是安邦安民之本。经过各方努力，2015年城镇新增就业目标已提前完成，但当前经济下行压力较大，各级政府一定要坚持把就业工作摆在突出位置，通过推动发展，促进大众创业、万众创新，多渠道创造就业岗位，稳固就业形势，使大学毕业生有更多创业选择和更好就业机会，返乡农民创业有更好环境，把我国丰富的人力资源转化为推动发展的人才红利。特别要加大对就业困难群众尤其是零就业家庭的帮扶力度，使他们更好共享改革发展成果。

李克强走进江淮汽车集团了解新能源汽车技术研发、安全性能和续航里程等情况并说，绿色发展需要绿色产品，创新是新能源汽车真正的动力。要瞄准产业发展前沿，推动开放合作，努力攻克新能源汽车的核心关键技术，打造中国品牌。国家会从产业政策、充电桩等基础设施方面给予大力支持，为推广应用新能源汽车、促进消费升级加油助力，培育形成产业转型的重要支撑和经济发展的新增长点。

考察中，李克强充分肯定安徽省经济社会发展取得的成绩，希望安徽抓住建设长江经济带等重大战略机遇，真抓实干，奋勇争先，实现发展新跨越，为保持中国经济中高速增长、迈向中高端水平做出新贡献。

10月30日

［纲　文］　**中共十二届全国人大常委会党组在北京召开学习贯彻中共十八届五中全会精神会议。**

［目　文］　全国人大常委会委员长、中共十二届全国人大常委会党组书记张德江主持会议。

会议强调，学习贯彻中共十八届五中全会精神，是当前和今后一个时期全党全国一项重要政治任务。全国人大及其常委会要在以习近平为总书记的党中央坚强领导下，坚持依法行使职权，充分发挥人大职能作用，切实把全会精神领会好贯彻好落实好，确保“十三五”经济社会发展目标任务顺利实现。习近平总书记代表中央政治局作的工作报告，实事求是、内涵丰富、催人奋进。一年来的实践充分证明，以习近平为总书记的党中央坚定清醒、奋发有为，具有高超的政治智慧、驾驭能力和领导水平，赢得了全党全军全国各族人民的衷心拥护和高度信赖。习近平总书记就《中共中央关于制定国民经济和社会发展第十三个五年规划的建议》稿作的说明，思想深刻、论述精辟、重点突出，对于深入领会、准确把握、全面贯彻《中共中央关于制定国民经济和社会发展第十三个五年规划的建议》精神具有重要指导意义。全会描绘了我国“十三五”时期经济社会发展的宏伟蓝图，作出了战略部署，指明了前进方向，确定了行动纲领，对于推动我国经济社会持续健康发展，确保如期实现第一个百年奋斗目标，并为实现第二个百年奋斗目标打下更加坚实的基础，具有十分重大的现实意义和深远的历史意义。

全会通过的《中共中央关于制定国民经济和社会发展第十三个五年规划的建议》，立足“四个全面”战略布局和“五位一体”总体布局，鲜明提出“十三五”时期我国发展的指导思想、基本原则、目标要求、基本理念、重大举措和重点任务，特别是提出创新、协调、绿色、开放、共享的发展理念，反映了我们党对我国发展规律的新认识，回应了人民群众的诉求和期盼，是一个思想性、战略性、前瞻性、指导性很强的纲领性文件。全国人大常委会、各专门委员会和全国人大机关，要通过多种方式组织开展全会精神学习活动，切实把思想和行动统一到中央对形势的分析判断上来，统一到中央对工作的决策部署上来，统一到全会精神上来。全国人大及其常委会要以全会精神为指导，认真履行法定职责，为审查批准“十三五”规划纲要做好准备，把规划纲要审议好修改好。要坚决贯彻落实党中央的重大决策部署，把全会精神贯彻落实到立法、监督、代表等各项工作中。全国人大各级党组织要坚决落实全面从严治党要求，切实加强自身建设。

10月30日

［纲　文］　**中共全国政协党组在北京召开学习贯彻中共十八届五中全会精神和《中国共产党廉洁自律准则》《中国共产党纪律处分条例》专题会议。**

［目　文］　全国政协主席、党组书记俞正声主持会议。会议指出，中共十八届五中全会是在全面建成小康社会进入决胜阶段召开的一次重要会议，对坚持和发展中国特色社会主义、实现“两个一百年”奋斗目标、实现中华民族伟大复兴的中国梦具有十分重大的现实意义和深远的历史意义。会议通过的《中共中央关于制定国民经济和社会发展第十三个五年规划的建议》，从党和国家战略全局出发，明确提出“十三五”时期我国发展的指导思想，全面建成小康社会的目标要求，以及实现这一奋斗目标必须遵循的基本原则，提出必须牢固树立并切实贯彻创新、协调、绿色、开放、共享的发展理念，符合实际和未来发展需要，描绘了未来五年国家发展蓝图，顺应了我国经济发展新常态的内在要求，有很强的思想性、战略性、前瞻性、指导性，是动员全党全国各族人民夺取全面建成小康社会伟大胜利的纲领性文件。会议强调，学习贯彻落实十八届五中全会精神是全党的重要任务，围绕制定和实施“十三五”规划献计出力，是当前和今后一段时期全国政协的一项重要任务。全国政协要深入学习贯彻党的十八届五中全会精神和习近平总书记在全会上的重要讲话精神，把思想和行动统一到中央的决策部署上来，动员广大政协委员积极参与，围绕需要破解的发展难题开展调研、集思广益、建言献策，履行好政治协商、民主监督、参政议政职能。

会议认为，中共十八大以来，以习近平为总书记的党中央审时度势，从严治党，不断加大党风廉政建设和反腐败斗争力度，制定和修订了一系列党内法规，严肃政治纪律和政治规矩，对党内政治生态和社会风气持续向好起到了积极的推动作用。《中国共产党廉洁自律准则》和《中国共产党纪律处分条例》的颁布实施，是在党长期执政和全面依法治国条件下，实现依规管党、加强党内监督的重大举措，体现了全面从严治党的实践成果。会议要求，全国政协党组成员要带头逐条学习，身体力行，率先垂范。政协委员和政协机关中的广大党员要加强自律，牢牢树立党章党规党纪意识，把严守政治纪律和政治规矩永远放在首要位置，守住红线，不触底线，自觉做守纪律、讲规矩的模范。

10月30日

［纲　文］　**中央纪委常委会在北京召开学习贯彻中共十八届五中全会精神会议。**

［目　文］　中央纪委书记王岐山主持会议。会议强调，各级纪委要把思想和行动统一到中共十八届五中全会精神上来，全面履行党章赋予的职责，加强对全会精神贯彻情况的监督检查，坚决维护中央权威，确保中央政令畅通。

会议指出，学习领会、贯彻落实党的十八届五中全会精神，是当前和今后一个时期的重要政治任务。五中全会是我们党在全面建成小康社会决胜阶段召开的一次重要会议。学习的关键在于领会。各级纪委和广大纪检干部要集中学好全会公报，把学习领会五中全会精神与全面贯彻党的十八大和十八届一中、二中、三中、四中全会精神贯通起来，与学习贯彻习近平总书记系列重要讲话精神结合起来，把握习近平总书记系列重要讲话的理论源流和思想脉络。要联系1840年以来中华民族的奋斗史、90多年党的历史，深刻认识党的历史使命，坚定走中国特色社会主义道路、坚持党的领导的自觉性；以全心全意为人民服务为落脚点，深刻理解转变发展理念的丰富内涵。要认清坚持全面从严治党的历史责任，深入推进党风廉政建设和反腐败斗争，不断巩固党的执政基础。要把自己摆进去，联系思想、工作实际和岗位职责，学深悟透、入脑入心，做到内化于心、外化于行。

会议强调，要聚焦全面从严治党，尊崇党章、严明纪律，靠改革、靠创新、靠管理监督，加强党的建设、强化党的领导。要全面加强纪律建设，严明政治纪律和政治规矩，健全党内法规制度，完善党内监督体系，保持坚强政治定力，锲而不舍落实中央八项规定精神，坚决遏制腐败蔓延势头。要扎实做好岁末年初各项工作，收好尾、开好头，把纪律和规矩挺在前面，实践好监督执纪“四种形态”，抓好廉洁自律准则和党纪处分条例的学习宣传，为贯彻执行奠定基础。党中央关于制定国民经济和社会发展第十三个五年规划的建议，是动员全党全国各族人民夺取全面建成小康社会伟大胜利的宏伟蓝图。到2020年全面建成小康社会，是中华民族伟大复兴征程上的关键一步。各级纪委要把检查党的十八届五中全会精神贯彻落实情况，作为今后一个时期的重点工作，聚焦中心任务，强化监督执纪问责，保证全党思想统一、步调一致。

10月30日

［纲　文］　国务院在北京召开全国冬春农田水利基本建设电视电话会议。

［目　文］　国务院副秘书长江泽林主持会议，国务院副总理汪洋、水利部部长陈雷、发展改革委副主任张勇、财政部副部长余蔚平出席会议并讲话。中央有关部门负责人出席会议。各省、自治区、直辖市、计划单列市人民政府和新疆生产建设兵团分管负责人及其有关部门负责人，水利部各流域管理机构负责人在分会场参加会议。江苏、河南、云南三省人民政府负责人在分会场发言。

国务院总理李克强对会议作出批示指出：大力推进农田水利基本建设是夯实农业基础、促进农民增收的重要保障，也是拉动内需、促进协调发展的有效举措。望继续深化改革，不断创新水利投融资体制机制，发挥国家投资作用，吸引带动更多社会资金，并调动广大农民的积极性，扎实推进重大水利工程建设，加快完善水利基础设施网络，着力健全水利建设、管理和运行的机制，确保农民长期受益，为维护国家粮食安全、加快农业现代化进程、全面建成小康社会做出新的更大贡献。

汪洋强调，要深入学习贯彻党的十八届五中全会精神，认真落实习近平总书记、李克强总理关于水利建设的重要指示批示要求，加大工作力度，强化体制机制创新，加快完善水利基础设施网络，大规模推进农田水利建设。要重视山水林田湖的系统治理，促进大中小微设施的协调配套，充分发挥水利设施的整体效能。健全水利工程管护制度，确保工程长效良性运行。加快完善农业水价形成机制，建立健全用水精准补贴和节水奖励机制。各级政府要加大水利投入，吸引农民和社会资本增加投入，形成多渠道、多主体、多形式推进农田水利建设新格局。要统筹做好当前农业农村各项工作。认真落实最低收购价和临时收储政策，千方百计扩大收储能力，做好秋粮收购。扎实推进冬春农业生产，支持农民加快调整和优化种养结构。抓好植树造林、动物疫病防控和森林草原防火等工作。用创新、协调、绿色、开放、共享的发展理念，科学谋划明年和“十三五”时期农业农村工作，研究制定好农业农村发展各方面的专项规划。

10月30日

［**纲　文**］　**孙春兰受中共中央委托向党外人士通报中共十八届五中全会精神**。

［**目　文**］　万钢、林文漪、齐续春、陈晓光、马培华、刘晓峰、王钦敏、各民主党派中央、全国工商联负责人和无党派人士，中共中央统战部及统战系统单位负责人参加会议。

中央统战部部长孙春兰在传达中共中央总书记习近平讲话和关于《中共中央关于制定国民经济和社会发展第十三个五年规划的建议（讨论稿）》说明后表示，习近平总书记的重要讲话和全会通过的《建议》，在深刻分析我国面临的发展机遇和风险挑战基础上，聚焦如期全面建成小康社会既定目标，牢牢把握2020年时间节点，明确了今后5年乃至更长远时期经济社会持续健康发展的方向和任务，充分体现了以习近平为总书记的党中央运筹帷幄的政治智慧和治国理政的卓越才能。

孙春兰指出，全会强调，要全面落实党的知识分子、民族、宗教、侨务等政策，充分发挥民主党派、工商联和无党派人士作用，巩固和发展最广泛的爱国统一战线。习近平总书记在工作报告中总结了一年来统战工作的大事要事，充分体现了党中央对统一战线的高度重视和期待。统一战线要深刻领会全会精神，切实统一思想、明确方向，充分发挥凝聚人心、汇聚力量的独特优势，为如期全面建成小康社会、实现“两个一百年”奋斗目标和中华民族伟大复兴中国梦做出新的贡献。统一战线要把学习贯彻中共十八届五中全会精神作为当前和今后一个时期的重要政治任务，与贯彻落实中央统战工作会议精神和《中国共产党统一战线工作条例（试行）》结合起来。要充分发挥民主党派、无党派人士的专业和智力优势，把制定实施“十三五”规划作为议政建言的着力点，紧紧围绕“五大发展理念”深入调研、积极建言献策。要不断激发新的社会阶层人士、留学人员、非公有制经济人士等统一战线成员的创新创业热情，推动创新驱动和转型升级。要着眼推进“一带一路”建设，继续加大对少数民族和民族地区的帮扶和支持力度。要进一步畅通有序政治参与和利益表达渠道，妥善处理涉及民族、宗教因素的矛盾问题，进一步做好协调关系、增进团结的工作，维护和谐稳定的社会环境。希望各民主党派、工商联、无党派人士结合正在开展的坚持和发展中国特色社会主义学习实践活动、非公有制经济人士理想信念教育活动，深入学习贯彻中共十八届五中全会精神，不断巩固团结奋斗的共同思想政治基础。

10月30日

［纲　文］　**农业部公布修订后的《家畜遗传材料生产许可办法》，自2015年10月30日起实施。**

10月30日

［纲　文］　**纪念卢嘉锡诞辰100周年座谈会在北京举行。**

［目　文］　全国政协副主席杜青林主持座谈会。中央统战部部长孙春兰，全国人大常委会副委员长、农工党中央主席陈竺等出席座谈会并发言。全国政协主席俞正声出席座谈会，并在会前会见了卢嘉锡亲属。

孙春兰在座谈会上追思了卢嘉锡光辉的一生，强调要学习他一生致力国家振兴的使命担当、勇攀高峰的创新精神、克己奉公的崇高境界和拥护中国共产党领导的坚定信念，为实现中华民族伟大复兴中国梦做出新的贡献。

卢嘉锡（1915年10月26日—2001年6月4日）是中国著名的科学家、教育家和社会活动家，第八届全国人大常委会副委员长，第七届、第九届全国政协副主席，中国农工民主党第十届、第十一届中央委员会主席，第十二届中央委员会名誉主席。

10月30日

［纲　文］　**中国人民争取和平与裁军协会成立30周年座谈会在北京举行。**

［目　文］　全国政协副主席、和裁会会长韩启德，全国政协副主席、中联部部长王家瑞出席座谈会。国家副主席李源潮出席座谈会并讲话。

李源潮说，30年来，和裁会始终高举和平旗帜，服务国家总体外交，突出民间特色，团结和平力量，做了大量卓有成效的工作。当前，中国人民正在为实现“两个一百年”目标和中华民族伟大复兴的中国梦而奋斗。实现上述目标，离不开和平的国际环境和稳定的国际秩序，更离不开各国人民的理解、支持与帮助。希望和裁会继续发挥民间外交独特优势，广泛宣传中国的和平理念，多开展面向各国民众的和平教育活动，坚定各国人民对和平的不懈追求；广泛宣传中国是一个和平国家，加强同国外和平组织的交流合作，展示中国负责任的和平国家形象；广泛宣传中国要走和平道路，聚合对华友好的民间和平力量，推动各国一起走和平道路，促进世界安全与稳定；广泛宣传中国要实现和平发展，主动服务“一带一路”倡议等国家重大战略部署，讲好和平发展故事，为实现中国梦营造和平国际环境。

10月30日

［纲　文］　**中央书记处书记刘云山在北京会见智利执政联盟干部考察团。**

［目　文］　刘云山对智利争取民主党、社会民主激进党和共产党三党主席在中智建交45周年之际访华表示欢迎，并表示中共十八届五中全会提出创新、协调、绿色、开放、共享的发展理念，描绘了中国未来五年发展的新蓝图。贯彻好全会精神预示着全面建成小康社会目标的实现，也将为世界各国发展带来重要机遇。中方愿同智方一道落实好习近平

主席同巴切莱特总统达成的重要共识，深化各领域互利合作。中国共产党愿加强同智利执政联盟各党友好合作，交流治国理政经验，推动中智战略伙伴关系更好发展。智利执政联盟三党主席表示，祝贺中共十八届五中全会成功召开，相信全会提出的发展规划建议，将推动中国发展迈上新台阶、造福中国人民，也将对全球发展和治理产生重大积极影响。智利执政联盟高度评价智中关系，愿深化同中共的交流合作。

10月30日

［纲 文］ **国务委员杨洁篪在北京会见日本自民党总务会长二阶俊博。**

［目 文］ 杨洁篪表示，当前中日关系总体保持回稳势头。中日双方应立足当前，在中日关系四个政治文件和双方达成的四点原则共识的基础上，本着以史为鉴、面向未来的精神，共同努力推动两国关系持续改善，妥善处理分歧，早日重回健康发展轨道。中日友好的根基在民间。希望双方相向而行，群策群力，持之以恒地加强民间交流，推进经贸合作，为两国关系改善发展创造条件和环境。二阶表示，日方愿同中方一道积极推动两国在经贸、文化艺术、植树造林、青少年交流等领域的合作，为日中关系改善发展作出努力。

10月30日

［纲 文］ **《人民日报》报道，经中共中央批准，中共中央纪委对西藏自治区人大常委会原党组成员、副主任乐大克严重违纪问题进行立案审查。**

［目 文］ 乐大克身为党的高级领导干部，理想信念丧失，严重违反党的纪律，且党的十八大后仍不收敛、不收手，性质恶劣、情节严重。依据《中国共产党纪律处分条例》等有关规定，经中央纪委常委会议审议并报中共中央批准，决定给予乐大克开除党籍、开除公职处分；将其涉嫌犯罪问题、线索及所涉款物移送司法机关依法处理。

2016年12月30日，河南省郑州市中级人民法院公开宣判西藏自治区人大常委会原副主任乐大克受贿案，对被告人乐大克以受贿罪判处有期徒刑13年，并处罚金人民币200万元；对乐大克受贿所得及其孳息予以追缴，上缴国库。

10月30日

［纲 文］ **《人民日报》报道，经中共中央批准，中共中央纪委对吉林省政府原党组成员、副省长谷春立严重违纪问题进行立案审查。**

［目 文］ 谷春立身为党的高级领导干部，理想信念丧失，严重违反党的纪律，且党的十八大后仍不收敛、不收手，性质恶劣、情节严重。依据《中国共产党纪律处分条例》等有关规定，经中央纪委常委会议审议并报中共中央批准，决定给予谷春立开除党籍处分；由监察部报国务院批准，给予其行政开除处分；收缴其违纪所得；将其涉嫌犯罪问题、线索及所涉款物移送司法机关依法处理。

2017年3月31日，黑龙江省哈尔滨市中级人民法院公开宣判吉林省人民政府原副省长谷春立受贿案，对被告人谷春立以受贿罪判处有期徒刑12年，并处没收个人财产人民币200万元；对谷春立受贿所得财物及其孳息，予以追缴，上缴国库。

10月30日

［纲　文］　**《人民日报》发表题为《奋力夺取全面建成小康社会的伟大胜利》的社论。**

10月30日—11月4日

［纲　文］　**十二届全国人大常委会第十七次会议在北京召开。**

［目　文］　全国人大常委会委员长张德江主持开幕会、闭幕会。全国人大常委会副委员长李建国、王胜俊、陈昌智、严隽琪、王晨、沈跃跃、吉炳轩、向巴平措、艾力更·依明巴海、万鄂湘、张宝文、陈竺出席会议。

会议主要内容是：一、会议表决通过了新修订的《中华人民共和国种子法》，国家主席习近平签署第35号主席令予以公布。二、会议表决通过了全国人大常委会关于授权国务院在部分地方开展药品上市许可持有人制度试点和有关问题的决定、关于批准《亚洲基础设施投资银行协定》的决定。三、会议表决通过了全国人大内务司法委员会、财政经济委员会、农业与农村委员会关于第十二届全国人民代表大会第三次会议主席团交付审议的代表提出的议案审议结果的报告。四、会议表决通过了全国人大常委会代表资格审查委员会关于个别代表的代表资格的报告。五、会议表决通过了全国人大常委会关于接受崇泉辞去全国人大外事委员会委员职务的请求的决定。崇泉因工作变动提出辞职请求。

张德江在闭幕会上指出，本次会议审议通过了《种子法修订草案》，对《种子法》作出全面修改。修订后的《种子法》对于提升我国农林科技创新水平，做强做大种业，促进农民增收，推进农业现代化，将发挥重要作用。本次会议审议通过了关于授权国务院在部分地方开展药品上市许可持有人制度试点和有关问题的决定，为推进相关改革提供法律依据和支持。这是十二届全国人大常委会按照“凡属重大改革都要于法有据”的要求，依法作出的第8个有关改革试点工作的授权决定。有关方面要严格依照《药品管理法》和授权决定，积极稳妥开展试点工作，坚持创新发展，调动药品研发积极性，鼓励药品创新，提高药品质量和疗效，更好地满足人民群众用药需求。本次会议审议通过了关于批准《亚洲基础设施投资银行协定》的决定。常委会组成人员认为，成立亚洲基础设施投资银行是中国为促进亚洲基础设施发展和区域互联互通做出的切实贡献，是推动建立公开、公正、透明的国际经济治理体系的新努力，将为深化中国与其他亚洲域内及域外成员国全方位经济合作提供新平台。希望有关方面积极推动相关工作，保证亚洲基础设施投资银行按计划如期成立并投入运作。

张德江强调，党的十八届五中全会是在我国即将完成“十二五”规划、全面建成小康社会进入决胜阶段召开的一次十分重要的会议。全会通过的关于制定“十三五”规划的建议，是如期全面建成小康社会、实现第一个一百年奋斗目标的纲领性文件。全国人大及其常委会要在以习近平同志为总书记的党中央坚强领导下，依法行使职权，扎实开展工作，把五中全会确定的各项决策部署落到实处。

10月30日—11月2日

［纲　文］　**2015年中国文化馆年会在重庆举行。**

［目　文］　年会由文化部、重庆市政府主办，文化部全国公共文化发展中心、中国文化馆协会和重庆市文化委员会承办。来自全国各省区市文化厅局和第一、二、三批国家公共文化服务体系示范区的代表，各级文化馆和乡镇文化站工作者、专家学者、相关企业人士 3000 余人参加活动。

本届年会以“全民艺术普及——文化馆的责任与使命”为主题，分工作会议、主题论坛、博览会三大板块。年会就落实国务院办公厅印发的《关于推进基层综合性文化服务中心建设的指导意见》精神作了部署。重庆市文化委员会、文化部全国公共文化发展中心、黑龙江省文化厅、江苏省镇江市政府和上海浦东新区塘桥街道办事处代表在会上发言交流了经验；推出 2 场主论坛和 6 场分论坛，主要围绕戏曲动漫推广、群众文化艺术精品创作、“互联网 + 文化馆”等内容进行研讨，著名作家王蒙作了“传统文化与价值建设”的主题演讲；博览会在重庆国际展览中心举办，分为 10 个展区，设展位 3500 个，全方位展示了近年来全国文化馆（站）行业发展的最新成果。

10 月 30—31 日

［纲　文］　**第 21 次“基础四国”气候变化部长级会议在北京举行。**

［目　文］　中国气候变化事务特别代表解振华、巴西环境部长伊萨贝拉·特谢拉、印度环境森林与气候变化部部长普拉卡什·贾瓦德卡尔、南非环境事务部副司长朱迪·博蒙特女士作为南非环境事务部长莫莱瓦的代表出席了会议。会议发表了《“基础四国”第二十一次气候变化部长级会议联合声明》。

30 日，国务院副总理张高丽在北京会见“基础四国”气候变化部长级会议代表时说，“基础四国”协调机制 2009 年启动以来，在气候变化多边谈判进程中发挥了举足轻重的作用。四国加强协调、共同发声，成为维护发展中国家团结和根本利益的中流砥柱。2015 年年底的巴黎会议将是全球气候治理进程中的一个里程碑，各方目前都在加紧工作，力争推动巴黎会议取得成功。中方愿意与巴、印、南三国共同努力，进一步加强团结、协调立场，维护发展中国家的共同利益，争取巴黎会议取得于发展中国家有利的成果。

巴西、印度和南非代表表示，“基础四国”在巴黎会议前夕就气候谈判中的关键问题进行协调非常重要和及时，愿为推动巴黎会议取得成功做出最大努力。

10 月 30 日—11 月 4 日

［纲　文］　**应外交部部长王毅邀请，非洲联盟委员会主席祖马对中国进行正式访问。**

［目　文］　2 日，国务院副总理张高丽在北京会见祖马时表示，中方高度重视同非盟关系，支持非盟致力于非洲和平与发展事业。中方愿与非盟密切合作，落实好习近平主席在出席联合国维和峰会期间宣布的对非盟军事援助，推动中非“三网一化”和产能合作取得更多成果，更好地惠及非洲人民。中非合作论坛约翰内斯堡峰会将于 12 月召开，中方愿与包括非盟委员会在内的论坛成员一道，把峰会办成加强中非团结、共谋中非合作未来的一次盛会。祖马感谢中国一贯支持非盟和非洲和平发展事业，表示非盟愿

与中方加强协调配合，共同办好中非合作论坛约翰内斯堡峰会，推动中非合作取得更大发展。

3日，王毅在北京与祖马举行会谈时表示，非盟是非洲联合自强的旗帜。中国高度重视发展与非洲和非盟的关系。中国国家主席习近平首次出访就选择非洲，连续两年向非盟峰会致贺信，并在9月联合国维和峰会上宣布未来5年帮助非洲加强维和能力建设的新举措。中国国务院总理李克强2014年专门访问非盟总部，提出中非合作“六大工程”和“三大网络”倡议。中国与非盟合作有力地促进了中非关系发展，增进了发展中国家的团结合作，具有重要战略引领作用。

祖马感谢中方长期对非盟和非洲和平与发展事业的支持，感谢中方率先驰援，为非洲抗击埃博拉所做出的重要贡献，表示非盟将加强同中方协调配合，共同落实好习近平主席宣布的对非援助举措，加快推进李克强总理关于“三网一化”等合作倡议，助力非洲早日实现自主可持续发展，希望中方在农业、公共卫生、妇女赋权等领域进一步加大对非支持。中非合作论坛约翰内斯堡峰会非常重要，会议确定的主题契合非洲急迫需要。非盟与非洲国家对峰会高度期待，相信峰会必将成为中非关系史上一次历史性盛会。

10月31日

［纲　文］　**中共国务院党组召开学习贯彻中共十八届五中全会精神会议**。

［目　文］　国务院总理、党组书记李克强主持会议。会议指出，中共十八届五中全会通过的《中共中央关于制定国民经济和社会发展第十三个五年规划的建议》，顺应经济发展新常态的内在要求，围绕“四个全面”战略布局，明确了全面建成小康社会决胜阶段经济社会发展的指导思想、新的目标要求、发展理念和重大举措，是全党智慧的结晶，对凝聚全国人民的力量、推动经济社会持续健康发展、实现我们党确定的第一个百年奋斗目标，具有重要指导意义。

会议强调，要按照全会的决策部署和习近平总书记重要讲话精神，准确把握重要战略机遇期内涵的深刻变化，既坚定发展信心又保持忧患意识，有效应对各种风险挑战，坚持发展第一要务，推进改革开放，以提高质量和效益为中心，努力实现创新、协调、绿色、开放和共享发展。要多措并举，促进经济中高速增长。创新和完善宏观调控思路和方式，坚持在区间调控基础上加大定向调控力度，采取既利当前、又惠长远的政策措施，扩大有效投资和消费，稳定外贸发展，保持经济运行在合理区间；要不断改革创新，推动经济迈向中高端水平。加大结构性改革力度，加快转方式、调结构，持续推进简政放权、放管结合、优化服务，深化财税、金融、国企国资等改革。把发展基点放在创新上，以大众创业、万众创新激发全社会创造活力，培育发展新动能。大力发展现代服务业和节能环保产业，走绿色节约可持续发展道路，推动经济提质增效升级；要注重统筹布局，促进城乡区域协调发展。推进新型工业化、信息化、城镇化、农业现代化同步发展，深入实施区域发展战略，加快“一带一路”建设、京津冀协同发展和“长江经济带”建设，拓展发展新空间，增强发展整体性和协调性；要深化开放合作，发展更高层次的开放型经济。推进双向开放和内外联动，复制推广自贸试验区经验，营造法治化、国际化、便利化营商环境，加强国际产能合作，促进优进优出，形成对外开放新体制和国际竞争新优势；要努力实现包容共享，在改革发展中增进民生福祉。围绕保基本、兜底线，完善就业、教育、医疗、住房等社会保障制度，在补齐短板上多用力，坚决打赢脱贫攻坚战，把民生“安全网”织得更牢更密，促进社会公平正义。各部门要在前期已做大量准备工作基础上，抓好各专项规划编制，细化实化《建议》提出的目标要求。同时，要对标对表，抓好年终岁末各项工作，确保完成全年经济社会发展主要目标任务，实现“十二五”圆满收官和“十三五”良好开局，为实现“两个一百年”奋斗目标而努力。

10 月 31 日

［纲　文］　**国务院办公厅印发《关于促进农村电子商务加快发展的指导意见》。**

［目　文］　《意见》由五部分组成：一、指导思想；二、发展目标；三、重点任务；四、政策措施；五、组织实施。

《意见》要求，各部门要明确分工，密切协作，形成合力。商务部要会同有关部门加强统筹协调、跟踪督查，及时总结和推广经验，确保各项任务措施落实到位。

10 月 31 日

［纲　文］　**国务院办公厅印发《关于加强和改进企业国有资产监督防止国有资产流失的意见》。**

［目　文］　《意见》由六部分组成：一、总体要求；二、着力强化企业内部监督；三、切实加强企业外部监督；四、实施信息公开，加强社会监督；五、强化国有资产损失和监督工作责任追究；六、加强监督制度和能力建设。

《意见》指出，本意见适用于全国企业国有资产监督工作。金融、文化等企业国有资产监督工作，中央另有规定的依其规定执行。

10 月 31 日

［纲　文］　**国务院副总理刘延东在北京会见日本自民党总务会长二阶俊博，并共同观看日本 NHK 交响乐团访华演出。**

［目　文］　刘延东表示，中日是一衣带水的邻邦，中方高度重视中日关系，愿与日方一道，在中日间四个政治文件和四点原则共识基础上，深化人文交流，增进人民友谊，推进两国睦邻友好合作。二阶俊博表示将尽最大努力，通过文化交流，增进中日两国国民的相互理解和友好感情，为两国关系健康稳定发展做出贡献。

10 月 31 日

［纲　文］　**《人民日报》发表题为《全面建成小康社会的决胜纲领——一论夺取全面建成小康社会决胜阶段的伟大胜利》的评论员文章。**

10 月 31 日—11 月 2 日

［纲　文］　**国务院总理李克强应邀对韩国进行正式访问，并出席第 6 次中日韩领导**

人会议。

［**日　文**］　访问期间，李克强在首尔同韩国总统朴槿惠举行了会谈并见证了双边经贸、人文、科技、环保、质检等领域17个合作文件的签署；分别会见了韩国国会议长郑义和、韩国国务总理黄教安；与郑义和共同出席“中国旅游年”闭幕式并致辞；与黄教安共同出席首届中韩青年领导者论坛并与各界青年代表交流；出席了韩国经济界欢迎午餐会，发表题为《让中韩合作不断结出惠民新硕果》的主旨演讲；会见韩国主要企业负责人，参观了京畿道创造经济革新中心。

李克强同朴槿惠会谈时表示，中韩是近邻和战略合作伙伴，两国关系发展势头很好，政治、经贸、人文等领域合作齐头并进，成果丰硕，不仅造福两国人民，也惠及地区的稳定与繁荣。中国同朝鲜半岛山水相连，中方坚持维护半岛和平稳定，坚持半岛无核化目标，坚持通过对话协商解决问题。当前形势下，有关各方应共同努力，确保半岛形势总体趋缓势头不发生逆转，继续推进半岛无核化进程。中方坚定支持南北双方改善关系、推进和解合作的努力。

朴槿惠表示，当前韩中关系发展顺利。2015年以来，我与习近平主席、李克强总理等中国领导人多次会面。两国领导人之间保持密切沟通，有助于两国关系发展，有助于维护半岛和东北亚的和平稳定。韩方高度重视中方为推进半岛无核化、维护半岛和平稳定发挥的重要作用，愿同中方就半岛问题继续加强沟通与协调。

11月1日，第6次中国、日本、韩国领导人会议在首尔举行。国务院总理李克强、韩国总统朴槿惠和日本首相安倍晋三出席会议。会议由朴槿惠主持。三国领导人对中日韩合作进行了回顾与展望，并就地区和国际问题交换看法。会后三国发表了《关于东北亚和平与合作的联合宣言》并共同会见记者。李克强与朴槿惠、安倍晋三共同出席第五届中日韩工商峰会并发表了《推动中日韩合作沿着正确航道前行》的致辞。

会议期间，李克强在首尔应约会见日本首相安倍晋三时表示，过去几年，中日关系走了一段弯路，其中的原因日方是清楚的。这一深刻教训值得认真总结。2014年年底以来，在双方共同努力下，两国关系逐步走出僵局，保持回稳势头。但同时，两国关系敏感性、复杂性仍较为突出，重回正常发展轨道依然任重道远。双方要重点做好以下工作：一是牢牢把握两国关系的大方向。二是妥善处理和管控敏感问题。三是培育相互信任。四是深化务实交流合作。安倍表示，我愿坚定不移地按照日中四个政治文件的原则，沿着建立日中战略互惠关系的基本思路，进一步改善和发展日中关系。日本立足对“二战”的深刻反省，将继续走和平发展道路，坚持“专守防卫”政策。

11 月

11月1日

［纲　文］ **国家主席习近平、国务院总理李克强就俄罗斯一架客机在埃及西奈半岛失事分别向俄罗斯总统普京、俄罗斯总理梅德韦杰夫致慰问电。**

11月1日

［纲　文］ **《人民日报》发表题为《坚持创新发展，着力提高质量效益——二论夺取全面建成小康社会决胜阶段的伟大胜利》的评论员文章。**

11月1—3日

［纲　文］ **第2届“读懂中国”国际会议在北京举行。**

［目　文］ 会议由中国国家创新与发展战略研究会、中国人民外交学会、北京市人民政府和21世纪理事会共同主办。本届会议以中国“十三五”规划发展战略和中国在全球治理中的角色与作用为主题，具体议题包括：十三五规划与中国经济发展战略——中国经济能否继续保持繁荣；未来亚太秩序构建中的中美关系；十三五规划和依法治国；十三五规划和“一带一路”——新时期中国对外开放战略；十三五规划和全球治理优化——全方位打造利益共同体，谋求共同和平发展；中国的国防战略——中国和平发展的保证；十三五规划和中国区域发展战略——实现全面小康的重要战略举措等。40多位来自世界各国的前政要、战略家和企业界领袖参加会议。

国务院副总理张高丽出席开幕式并致辞。张高丽说，中共十八届五中全会通过的《中共中央关于制定国民经济和社会发展第十三个五年规划的建议》，高举中国特色社会主义伟大旗帜，深入贯彻习近平总书记系列重要讲话精神，紧紧围绕“四个全面”战略布局，提出了全面建成小康社会决胜阶段的指导方针、主要目标、重点任务、重大举措，描绘了未来五年发展的宏伟蓝图。“十三五”时期，我们将坚持创新发展，注重解决发展动力问题，推动经济保持中高速增长、迈向中高端水平；坚持协调发展，注重解决发展不平衡问题，着力增强发展的整体性；坚持绿色发展，注重解决人与自然和谐问题，建设天蓝地绿水清的美丽中国；坚持开放发展，注重解决发展内外联动问题，进一步提升开放型经济水平；坚持共享发展，注重解决社会公平正义问题，不断增进人民福祉，开创中国经济社会发展新局面。2015年以来，中国经济运行处在合理区间，经济结构在优化，质量效益在提高。中国经济虽然面临下行压力，但韧性好、潜力足、回旋余地大，经济发展长期向好的基本面没有变。我们将坚持发展是第一要务，坚持稳中求进工作总基调，坚持以提高经济发展质量和效益为中心，保持宏观政策连续性和稳定性，在区间调控基础上加大定向调控力度，及时进行预调微调，统筹稳增长、促改革、调结构、惠民生、防风险，致力于优化结构、增强动力、化解矛盾、补齐短板取得突破性进展，充分调动各方面积极性，促进经济社会持续健康发展，确保如期全面建成小康社会，为实现第一个百年奋斗目标、实现中华民族伟大复兴的中国梦而奋斗。

2 日，国务委员杨洁篪出席第二届“读懂中国”国际会议并发表主旨演讲表示，习近平主席前不久在出席联合国系列峰会期间，倡导国际社会构建以合作共赢为核心的新型国际关系，并提出“五位一体”打造人类命运共同体的重要理念。上述思想理念根植于博大精深的中华文明，契合当今时代潮流，必将对国家关系发展产生深远影响。

11 月 1—5 日

［纲　文］　**应国家主席习近平邀请，利比里亚共和国总统瑟利夫对中国进行国事访问。**

［目　文］　访问期间，习近平在北京同瑟利夫举行了会谈，两国元首同意共同努力，构建中利全面合作伙伴关系，更好造福两国人民并共同见证了两国政府间合作文件的签署，涉及签证便利化、经济技术合作和海运等领域。国务院总理李克强、全国人大常委会委员长张德江在北京分别会见了瑟利夫。

习近平同瑟利夫会谈时首先祝贺瑟利夫总统带领利比里亚政府和人民取得终结埃博拉疫情的历史性胜利，并表示患难之交才是真朋友。中国为利比里亚等西非三国战胜疫情做出了自己的贡献，我们为此感到高兴。中国政府决定继续向利比里亚等西非三国提供新的一揽子援助，支持三国疫后重建，帮助三国加强公共卫生体系和能力建设。中方愿同利方一道，全面深化基础设施建设、海洋运输、农渔业、产能和制造业等领域互利合作，帮助利方把丰富的自然资源优势转换为惠及人民的发展成果，实现自主可持续发展。中方愿同利方加强医疗卫生、教育、文化、媒体、智库等领域交流合作，不断拓展两国友好民意和社会基础。中方将帮助利方建立健全公共卫生防疫体系，增加对利比里亚政府奖学金名额，帮助利方培养培训国家经济社会发展急需的人才。中方愿同利方继续加强安全合作，将继续参与联合国利比里亚特派团，帮助利方加强维稳能力建设。我们愿同利方就 2030 年可持续发展议程、非洲和平与发展等问题加强协调和合作，维护发展中国家共同利益。瑟利夫表示，利比里亚抗击埃博拉疫情的艰难斗争，得到中国宝贵支持。中国是首先向利比里亚等西非三国伸出援手的国家，我此次访华，愿首先向中方表达感谢。中国是利比里亚真正和可以信赖的朋友。

李克强在会见瑟利夫时表示，中方愿同利方巩固友好，深化能源资源开发、木材和农产品加工、基础设施建设、人力资源开发等领域务实合作，助力利比里亚发展和减贫事业，实现互利共赢。埃博拉疫情在部分西非国家爆发后，中方高度关注，率先驰援。中利两国人民在携手抗击疫情中结下深厚情谊。瑟利夫表示，利比里亚政府高度重视对华关系，感谢中国为利比里亚经济社会发展给予的大力帮助。利比里亚正处在重建和发展的关键时期，希同中方继续落实好现有合作项目，加强矿业、渔业、木材和农产品加工业等领域合作，打造非中合作的典范。

11月1—6日

［纲 文］ **应文化部邀请，格鲁吉亚文化和古迹保护部部长吉奥尔加泽来华访问。**

［目 文］ 文化部部长雒树刚在北京会见了吉奥尔加泽，双方就进一步加强两国文化交流与合作交换了意见。双方共同签署了《中华人民共和国文化部和格鲁吉亚文化和古迹保护部2016—2019年文化合作议定书》。

11月1—12日

［纲 文］ **第2届中国国际马戏节在珠海横琴长隆国际马戏城举行。**

［目 文］ 马戏节由文化部和广东省人民政府主办，珠海市人民政府和广东长隆集团承办；坚持“政府主导、企业主体、市场运作、艺术惠民”的办节思路，打造国际杂技界权威的马戏杂技艺术盛会、竞技场和创新平台，树立国际品牌。来自中国、俄罗斯、瑞典、德国、美国、土库曼斯坦等20个国家的30支马戏杂技表演团队与观众见面。

11月2日

［纲 文］ **国家主席习近平在北京会见出席中美“二轨”高层对话第五次会议的美方主席、美国前国务卿基辛格等美方代表。**

［目 文］ 美方代表有：基辛格、前国务卿舒尔茨、前财政部长鲁宾、前贸易代表希尔斯、前参议院军委会主席纳恩、前总统国家安全事务助理哈德利、多尼伦等。

习近平指出，同美方一道努力构建中美新型大国关系，实现不冲突不对抗、相互尊重、合作共赢，符合两国和两国人民共同利益。2015年9月，我应奥巴马总统邀请对美国进行了国事访问，我们就双边关系及共同关心的国际和地区形势中的重大问题坦诚深入交换了意见，达成重要共识，取得了重要成果。当前中美关系发展面临新机遇，同时也存在一些挑战。双方要坚持从战略高度出发看待和处理两国关系，增进相互信任，积极拓展合作，妥善处理分歧，巩固友好纽带。中美双方要正确认识彼此战略意图。双方要创新思维，加强双边、地区、全球各层面的务实合作，拓展共同利益、深化利益交融。双方要相互尊重、求同存异、聚同化异。刚刚结束的中共十八届五中全会审议通过了《中共中央关于制定国民经济和社会发展第十三个五年规划的建议》，提出了一系列推进中国改革发展的重大举措。“十三五”期间，中国将贯彻创新、协调、绿色、开放、共享的发展理念，继续全面深化改革，坚持开放发展，顺应中国经济深度融入世界经济的趋势，奉行互利共赢的开放战略，发展更高层次的开放型经济。相信“十三五”规划的制定和实施，将推动中国经济在更高水平上持续发展。这将为中美挖掘合作潜力、拓展合作空间提供更多机遇。

习近平充分肯定中美“二轨”对话的积极意义，赞赏基辛格等美方代表为增进两国相互了解、推动中美关系发展发挥的积极作用，鼓励他们继续为中美关系发展献计献策、发声助阵，做出新贡献。

基辛格等表示，祝贺习近平主席访美取得巨大成功，此访在美国内引发广泛积极反响。美中“二轨”对话为双方就关乎两国关系的重大问题深入探讨、并向两国政府提供建议发挥着重要作用。我们一致认为，美中两国应通过合作精神构建双边关系，努力加强战略对话，增进相互理解，促进双方合作，并避免两国关系中的消极因素发展。

同日，中央纪委书记王岐山在北京会见基辛格。王岐山指出，讲好中国的故事，要讲好中国共产党的故事。中共十八届五中全会从目标、理念、路径上规划了中国未来五年的发展蓝图。实现“两个一百年”奋斗目标和“五位一体”协调发展，关键要把党建设好。中国的历史文化决定 13 亿人民离不开中国共产党这个坚强领导核心，党的历史使命决定了必须全面从严治党。我们党越来越冷静清醒地认识到面临的挑战和自身的问题。党员干部的作风和廉洁问题关系人心向背、关乎党的执政基础，是最大的政治。党的十八大以来，我们既治标又治本，严明政治纪律和政治规矩，严肃查处违纪行为，实施制度创新，制定包括廉洁自律准则、党纪处分条例在内的一系列规章制度。我们将与时俱进，探索党长期执政条件下强化党内监督和对国家机器监督的有效途径，在依法治国、依规治党的历史条件下，为实现党的自我净化、自我完善、自我革新、自我提高，坚定地迈出新的一步。

基辛格表示，已经观察到中共十八大以来中国所发生的深刻变化，非常敬佩中国共产党的勇气。中国的成功符合世界利益，愿为美中关系健康发展做出新贡献。

11 月 2 日

［纲　文］ **中国自主研制的 C919 大型客机在上海中国商飞公司总装下线，习近平、李克强作出指示、批示。**

［目　文］ 中共中央总书记习近平作出指示，向广大参研单位和人员表示热烈的祝贺。希望大家继续弘扬航空报国精神，坚持安全第一、质量第一，脚踏实地、精益求精，扎实做好首飞前的准备工作，为进一步提升我国装备制造能力、使自己的大飞机早日翱翔蓝天再做新贡献。

国务院总理李克强作出批示，希望继续发扬拼搏进取精神，攻坚克难，砥砺前行，集全国之智，聚万众创新，不断提升我国大型飞机自主研制生产能力，完善现代民用飞机产业体系，为增强高端装备制造实力、建设制造强国做出新贡献。

国务院副总理马凯出席总装下线活动并致辞，代表党中央、国务院，向 C919 大型客机总装下线表示热烈祝贺，向广大参研参试人员表示衷心感谢和诚挚问候，对试飞准备阶段工作提出要求。

C919 大型客机是中国首款按照最新国际适航标准研制的干线民用飞机，基本型混合级布局 158 座，标准航程 4075 公里，具有完全自主知识产权。该客机于 2008 年开始研制，计划于 2016 年首飞。

11 月 2 日

［纲　文］ **国务院在北京召开全国推进内贸流通现代化电视电话会议。**

［目　文］ 会议主要内容是：部署贯彻落实《关于推进国内贸易流通现代化建设法治化营商环境的意见》(国发〔2015〕49 号)，深入推进内贸流通创新转型发展工作。传达国务院总理李克强批示：加快推进内贸流通现代化，对于更好对接生产和消费、扩大国内有效需求、提升人民生活质量具有重要意义。各地区、各有关部门要按照国务院决策部署，大力改革创新，完善支持政策，进一步清除妨碍全国统一大市场建设的“路障”，打破地区封锁，畅通市场“经脉”，切实降低流通成本。进一步推动大众创业、万众创新，鼓励发展各类主体参与、线上线下融合的流通新兴业态。进一步提升监管效能和服务水平，规范流通秩序，强化诚信建设，营造法治化营商环境，切实把现代流通业打造成为支撑经济社会发展的重要产业，为全面建成小康社会做出新贡献。

国务院副总理汪洋出席会议并讲话。商务部、财政部、人民银行及上海市、江苏省、浙江省人民政府负责人发言。

汪洋指出，要认真贯彻落实李克强总理的重要批示精神，加快推进内贸流通现代化，将内贸流通打造成经济转型发展的新引擎、资源优化配置的新动力、大众创业就业的新平台、生态文明建设的新领域、传播优秀文化的新载体。今后一个时期，内贸流通工作要以党的十八届五中全会精神为指导，牢固树立创新、协调、绿色、开放、共享的发展理念，大力促进流通信息化、标准化、集约化，推动我国从流通大国向流通强国迈进。

11 月 2 日

［纲　文］ **财政部、税务总局、科技部印发《关于完善研究开发费用税前加计扣除政策的通知》。**

［目　文］ 本通知自 2016 年 1 月 1 日起执行。《国家税务总局关于印发〈企业研究开发费用税前扣除管理办法（试行）〉的通知》(国税发〔2008〕116 号)和《财政部 国家税务总局关于研究开发费用税前加计扣除有关政策问题的通知》(财税〔2013〕70 号)同时废止。

11 月 2 日

［纲　文］ **人力资源社会保障部、税务总局发布《税务师职业资格制度暂行规定》《税务师职业资格考试实施办法》，自 2015 年 11 月 2 日起实施。**

11 月 2 日

［纲　文］ **证监会公布《中国证券监督管理委员会行政处罚听证规则》，自 2015 年 12 月 4 日起施行。《中国证券监督管理委员会行政处罚听证规则》(证监法律字〔2007〕8 号)同时废止。**

11 月 2 日

［纲　文］ **《人民日报》发表题为《坚持协调发展，着力形成平衡结构——三论夺取全面建成小康社会决胜阶段的伟大胜利》的评论员文章。**

11月2—3日

［纲　文］　**应国家主席习近平邀请，法国总统奥朗德对中国进行国事访问。**

［目　文］　访问期间，习近平在北京同奥朗德举行会谈，两国元首高度评价中法关系发展，同意继续合力前行，不断开创两国友好合作新局面并共同发表了《中法元首气候变化联合声明》、见证了两国政府和企业间多项合作文件的签署，涉及经贸、金融、能源、环保、人文等多个领域。习近平和奥朗德还共同会见了记者，并就中法关系、气候变化等问题回答了提问。国务院总理李克强、全国人大常委会委员长张德江在北京分别会见了奥朗德。李克强与奥朗德共同出席在北京举办的中法气候与绿色经济论坛闭幕式。

习近平同奥朗德会谈时高度评价法方为筹备气候变化巴黎大会做出的巨大努力，坚定支持法方办好气候变化巴黎大会。中方也为推动大会成功作了实实在在的努力。希望法方继续发挥好东道主的协调作用，推动巴黎大会取得全面和均衡的成果并就发展中法关系提出三点建议：一是要发挥政治互信的引领和保障作用。双方应该始终坚持相互尊重、平等相待，维护好中法关系长期稳定发展大局，在更高层次上发展双边关系。二是要统筹推进务实合作和人文交流。三是要共同推动新型国际关系建设。中方愿同法方一道推进以互利共赢为核心的新型国际关系建设，弘扬相互尊重、同舟共济、合作共赢等理念，在完善全球经济治理等重大问题上保持经常性战略沟通和协调。

奥朗德表示，法方希同中方合作，推动气候变化巴黎大会取得积极成果；愿积极配合中国办好明年二十国集团峰会；支持对国际金融机构进行必要改革。法国愿同英国和德国等欧洲国家一道，积极推动欧中合作关系发展。

李克强在会见奥朗德时表示，第三方市场合作是开启新型南北合作、推动世界经济更好复苏的开创之举，凝聚了双方共识。两国企业在核能等领域开展第三方市场合作已取得积极进展，今后还需乘势而上，用好中法共同基金，从绿色环保产业入手落实好示范性项目，逐步做实、做大。希望法方发挥影响，在中方人员赴欧签证便利化、欧盟终止对中国出口产品反倾销调查中使用“替代国”做法等问题上做出积极努力。奥朗德表示，法方将同中方继续落实好在核能、第三方市场合作等方面达成的成果，加强广泛领域合作，推动双方贸易和人员往来便利化。法中在可再生能源、节能环保产业领域各有优势，双方加强合作可以发挥重大效益。相信中方将为巴黎气候变化大会的成功发挥重要作用。

张德江在会见奥朗德时说，两国立法机关应继续加强友好交往，发挥定期交流机制和友好小组的作用，丰富交流议题，完善双边合作的法律框架，促进两国社会各界友好合作，共同推动中法关系继续走在中西方关系前列。奥朗德说，中国全国人大地位重要，希法中议会加强各领域交流合作，期待各国议会和各界人士都为气候变化巴黎大会做出积极贡献。

11月3日

［纲　文］　**国家主席习近平在北京会见第2届“读懂中国”国际会议外方代表。**

［目　文］　外方代表有：墨西哥前总统、21世纪理事会主席塞迪略，贝格鲁恩研究会主席贝格鲁恩，新加坡前总理吴作栋，澳大利亚前总理陆克文，美国前财政部长萨默斯。

习近平就中国改革发展前景、“一带一路”建设、中方主办2016年二十国集团峰会等发表看法：实现中华民族伟大复兴就是中国人民的中国梦，实践证明，我们所坚持的中国特色社会主义道路是正确的。中国将坚持和平发展道路，坚持推动发展相互尊重、互利共赢的新型国际关系，坚持同世界各国建立和谐共生的命运共同体。改革是决定当代中国命运的关键。中共十八届三中全会作出全面深化改革的顶层设计，这次中共十八届五中全会，又提出了一系列重大改革任务，力度和广度前所未有。我们将继续深化各领域改革，坚持对外开放基本国策，坚定不移奉行互利共赢的开放战略，继续从世界汲取发展动力，让中国发展更好惠及世界。中共十八届五中全会明确了中国经济发展必须贯彻创新、协调、绿色、开放、共享的发展理念，提出了今后5年发展目标，提出了减少碳排放、保护环境、建设生态文明的新举措，提出了保障和改善民生的新任务，提出了扩大深化开放、积极承担国际责任和义务的新安排。中国要实现“十三五”规划确定的目标，离不开同世界各国的务实合作，同时“十三五”规划的实施将给世界带来更多发展机遇。我们愿同各国分享发展机遇，共创美好未来。“一带一路”是开放、包容的倡议，坚持共商、共建、共享原则。“一带一路”建设，有利于沿线各国创造需求和就业，推动世界经济整体复苏。目前，“一带一路”势头已经形成，前景看好。中方正深入推进各国在“一带一路”框架内合作，同各国共创发展机遇，实现互利共赢。办好2016年二十国集团峰会，就是要努力实现以下目标：一是大家对解决当前世界经济中最突出的问题、推动世界经济长期稳定增长达成积极共识，采取具体行动；二是二十国集团机制得到发展和完善，作为国际经济合作主要平台的地位得以巩固，以推动全球经济治理更加公平、包容、高效；三是各方本着相互理解、相互尊重的态度，妥善处理彼此分歧，对外传递二十国集团团结协作的积极信号。

外方代表表示，中国已成为国际社会重要力量，世界未来在很大程度上取决于中国，中国未来也与世界发展息息相关。中国发展对世界有积极意义，国际社会对中方“一带一路”倡议和构建中美新型大国关系的主张等很感兴趣，同时世界需要更准确了解中国，包括了解中国对当今国际秩序和重大全球性问题的看法。中国表明坚持改革开放十分重要，对世界是利好消息。

11月3日

［纲　文］　**国家主席习近平任免驻外大使。**

［目　文］　习近平根据全国人民代表大会常务委员会的决定任免下列驻外大使：一、免去邓锡军的中华人民共和国驻阿富汗伊斯兰共和国特命全权大使职务；任命姚敬为中华人民共和国驻阿富汗伊斯兰共和国特命全权大使。二、免去林琳的中华人民共和国驻津巴布韦共和国特命全权大使职务；任命黄屏为中华人民共和国驻津巴布韦共和国特命全

权大使。三、免去夏煌的中华人民共和国驻塞内加尔共和国特命全权大使职务；任命张迅为中华人民共和国驻塞内加尔共和国特命全权大使。四、免去关键的中华人民共和国驻刚果共和国特命全权大使职务；任命夏煌为中华人民共和国驻刚果共和国特命全权大使。五、免去董春风的中华人民共和国驻波斯尼亚和黑塞哥维那特命全权大使职务；任命陈波（女）为中华人民共和国驻波斯尼亚和黑塞哥维那特命全权大使。

11月3日

［纲　文］　**国务院办公厅印发《粮食安全省长责任制考核办法》。**

［目　文］　《办法》明确了粮食安全省长责任制考核目的、对象、组织、步骤和原则，并对监督检查、考核内容、评分办法、实施步骤、结果运用、工作要求等具体事项作了明确规定。

11月3日

［纲　文］　**住房城乡建设部、中央农办、中央文明办、发展改革委、财政部、环境保护部、农业部、商务部、全国爱卫办、全国妇联发布《关于全面推进农村垃圾治理的指导意见》。**

［目　文］　《意见》由四部分组成：一、总体要求；二、主要任务；三、保障措施；四、督导检查。

《指导意见》强调，各省（区、市）要将农村垃圾治理情况纳入改善农村人居环境年度工作报告，并报住房城乡建设部、环境保护部、农业部。各省（区、市）完成治理目标后，可向住房城乡建设部提出验收申请，由10部门组织验收，具体办法另行制定。

11月3日

［纲　文］　**纪念邹韬奋诞辰120周年座谈会在北京举行。**

［目　文］　第九届全国人大常委会副委员长邹家华作为亲属参加了座谈会。国务院副总理刘延东出席座谈会时表示，邹韬奋同志有着深厚的爱国情怀、坚定的理想信念、鲜明的人民立场、强烈的社会责任。今天我们纪念韬奋同志，就是要继承和发扬他的崇高风范，将老一辈新闻工作者开创的事业不断向前推进，更好地服务党和国家大局。她强调，新闻出版广播影视行业要深入贯彻党的十八届五中全会的新要求新部署，认真落实习近平总书记文艺工作座谈会讲话精神，坚持正确政治方向，践行社会主义核心价值观，弘扬中国精神，凝聚中国力量。要深化改革、开拓创新，多出精品力作，满足群众多样化文化需求，加快相关产业融合发展，提高对经济增长的贡献率。要围绕"一带一路"建设等国家战略，深入开展中外人文交流，推动更多优秀作品"走出去"，提升中华文化软实力。要适应创作格局、传播业态、消费方式等新变化，坚持简政放权、放管结合、优化服务，提高政府效能，创新引导管理服务的体制机制，充分激发市场活力和社会创造力。

邹韬奋（1895年11月5日—1944年7月24日）是中国现代史上伟大的爱国者、卓越的文化战士、杰出的出版家和新闻记者。

11月3日

［纲　文］　**中央军委副主席范长龙在北京会见美国太平洋总部司令哈利·哈里斯。**

［目　文］　范长龙说，近年来，中美双方在构建新型大国关系上取得一系列重要成果。但最近美方派军舰进入中国南沙群岛有关岛礁近岸水域，对中方的领土主权和岛礁安全构成威胁，引起中方的强烈不满。中国军队将坚决履行职能使命、维护国家主权安全。希望美方从中美关系大局出发，谨慎对待和处理涉及中方领土主权的重大问题，停止这种错误行径和危险举动，推动两国两军关系健康稳定发展。哈里斯说，希望双方进一步加强合作交流，推动两国两军关系不断发展。

11月3日

［纲　文］　**《人民日报》发表题为《坚持绿色发展，着力改善生态环境——四论夺取全面建成小康社会决胜阶段的伟大胜利》的评论员文章。**

11月3—7日

［纲　文］　**国家副主席李源潮应邀访问阿富汗、印度。**

［目　文］　李源潮在阿富汗访问期间，在喀布尔会见阿富汗总统加尼，并与加尼共同出席了纪念中阿建交60周年招待会；还会见了阿首席执行官阿卜杜拉、前总统卡尔扎伊。

李源潮在印度访问期间，在新德里会见了印度总统慕克吉、印度总理莫迪，并与印度副总统安萨里举行会谈；李源潮还访问了加尔各答市和奥兰加巴德市，会见了西孟加拉邦邦长特里帕蒂、首席部长班纳吉。

11月3—4日

［纲　文］　**中国杂技家协会第七次全国代表大会在北京召开。**

［目　文］　来自全国各地的200余名杂技工作者参加会议。与会代表审议并通过了第六届理事会和主席团所作的《工作报告》，修订了《中国杂技家协会章程》，并选举产生中国杂技家协会第七届理事会和主席团。

中宣部部长刘奇葆出席开幕式并讲话，强调要深入学习贯彻习近平总书记在文艺工作座谈会上的重要讲话精神，贯彻《中共中央关于繁荣发展社会主义文艺的意见》，树立以人民为中心的工作导向，以社会主义核心价值观为引领，以创作生产优秀杂技作品为中心任务，聚力创作、聚焦质量，推出更多优秀作品，推动杂技艺术更好地走进人民、走向世界。

11月3—4日

［纲　文］　**2015两岸企业家紫金山峰会在南京举行。**

［目　文］　本届峰会以“创新合作模式，促进产业融合”为主题。会议期间，峰会所设的7个产业合作推进小组举办了15场专题论坛，就深化两岸产业合作交换意见，推进合作。大陆方面两岸企业家峰会理事长曾培炎、副理事长盛华仁等出席峰会。海峡两岸850多位企业领袖、工商团体负责人、中小企业家及财经学者参加了讨论。全国政协主席

俞正声出席峰会并致辞。会议期间，俞正声会见了萧万长等台湾参会主要代表。

俞正声表示，大陆经济发展具有巨大潜力、韧性和回旋余地，长期向好的基本面没有改变。刚刚闭幕的十八届五中全会深入研究提出了关于制定“十三五”规划的建议，为未来五年的经济社会发展描绘了新的蓝图，提出了新的政策和措施。一要坚定两岸经济合作的信心。大陆经济发展具有巨大潜力、韧性和回旋余地，长期向好的基本面没有变。二要努力提升两岸经济合作层次。两岸应积极探索经济合作新模式、产业合作新途径，提升合作层次与水平。三要努力扩大两岸经济合作的参与面和受益面。鼓励有条件的地方和企业为两岸中小企业合作、两岸青年和基层民众的未来提供帮助支持，让他们更广泛地参与两岸经济交流合作，更多地分享合作成果，为两岸关系和平发展提供更强劲的动力。

11 月 4 日

［纲　文］　**习近平签署中华人民共和国主席令（第三十五号）**。

［目　文］　主席令（第三十五号）说，《中华人民共和国种子法》已由中华人民共和国第十二届全国人民代表大会常务委员会第十七次会议于 2015 年 11 月 4 日修订通过，现将修订后的《中华人民共和国种子法》公布，自 2016 年 1 月 1 日起施行。

11 月 4 日

［纲　文］　**李克强主持召开国务院常务会议**。

［目　文］　会议主要内容是：一、部署贯彻党的十八届五中全会精神，用新理念统领“十三五”规划编制。会议决定，成立国务院规划纲要编制工作领导小组，加强统筹指导和组织协调。各相关部门要广泛听取意见建议，按照创新、协调、绿色、开放、共享的发展理念，对推进生态保护、民生改善和社会公平作用显著的重大项目，编制出遵循发展规律、体现改革开放要求、反映群众意愿的规划纲要和配套专项规划，推动经济中高速增长、迈向中高端水平，确保如期实现全面建成小康社会目标。二、部署推进工业稳增长调结构，促进企业拓市场增效益。会议认为，中国工业正处在转型升级的关键时期，当前要着力稳定工业增长，优化产业结构，提高企业效益，这对稳住就业、巩固经济向好基础，意义重大。会议确定，（一）促进创新。整合财政专项资金，重点支持《中国制造 2025》关键领域、企业技术改造、城市危化品和钢铁企业搬迁改造等。（二）拓展市场。大力促进与群众需求密切相关的日用消费品等升级发展。（三）深化改革。加快推进“僵尸企业”重组整合或退出市场，加大支持国企解决历史包袱，大力挖潜增效。四是加大扶持。鼓励金融机构对有市场、有效益企业加大信贷投放，推广大型制造设备、生产线等融资租赁服务。研究设立国家融资担保基金，缓解小微企业融资难题。三、确定深化利率市场化改革，完善利率形成和调控机制。会议指出，深化金融改革，推进利率市场化。（一）要督促金融机构健全内控制度，增强自主合理定价能力和风险管理水平。（二）要继续发挥存贷款基准利率的参考和指引作用，用好短期回购利率、再贷款、中期借贷便利等工具，理

顺政策利率向债券、信贷等市场利率传导渠道，形成市场收益率曲线。（三）要加强对非理性定价行为的监督管理，采取差别存款准备金率等方式激励约束利率定价行为，强化行业自律和风险防范。四、决定精简优化企业投资和高速公路审批，推动扩内需惠民生。为持续推进简政放权、放管结合、优化服务，扩大有效投资和公共产品供给，会议决定，（一）取消和下放节能评估、压覆矿审批等，将高速公路审批前置要件从17项减为选址、用地、环评等7项，对具备条件的报建手续推行“先建后验”。（二）同一投资项目审批所涉事项要协同下放，将其中涉及重大规划布局、重要资源开发配置等项目审批核准权留在省、市级政府。（三）对必要的中介服务实行清单管理，探索整合高速公路项目节能、地质灾害等专题评价，实行联合评估评审。（四）推行网上并联审批，加快在线审批监管平台纵向贯通。用公开便捷的政府服务释放促发展、惠民生新红利。

11月4日

［纲　文］　**学习贯彻十八届五中全会精神中央宣讲团动员会在北京召开。**

［目　文］　中宣部部长刘奇葆主持会议。中共中央政治局常委刘云山、国务院副总理刘延东、中央宣传思想工作领导小组成员、中央宣讲团成员、中央宣传文化单位主要负责人出席会议。中宣部举办的省区市党委宣传部、讲师团学习贯彻党的十八届五中全会精神研讨班成员列席会议。

中共中央总书记习近平对做好宣讲工作作出批示指出：组织中央宣讲团集中宣讲，是学习宣传贯彻十八届五中全会精神的重要举措，任务重大、意义重大。希望宣讲团的同志们增强使命感和责任感，学深学透全会精神，准确把握“十三五”时期我国经济社会发展的指导思想、总体思路、目标任务、重大举措。宣讲过程中，要紧密结合实际，回答热点难点问题，回应群众关注关切，把全会精神讲全、讲准、讲透，增强宣讲的针对性、生动性和实效性。各地要广泛组织面向基层的对象化、分众化、互动化宣讲活动，通过多层次、广覆盖的宣讲，推动全会精神深入群众、深入人心，引导广大干部群众把思想和行动统一到全会精神上来，同心同德为落实好“十三五”时期各项任务、全面建成小康社会努力奋斗。

刘云山出席会议时强调，要认真贯彻习近平总书记重要批示精神，精心组织党的十八届五中全会精神宣讲活动，推动兴起学习宣传贯彻全会精神热潮，把干部群众的思想和行动统一到党中央决策部署上来。党的十八届五中全会描绘了未来5年我国发展的宏伟蓝图，在发展理念、发展举措、发展体制上有一系列新的重大突破，必将对坚持和发展中国特色社会主义产生重大而深远的影响。要围绕“十三五”规划建议和习近平总书记重要讲话，全面准确深入宣讲全会精神，把“十二五”时期我国发展的重大成就和全面建成小康社会决胜阶段的形势讲清楚，把“十三五”时期经济社会发展的指导思想、目标要求、基本理念、重大部署和政治保证讲清楚。宣讲全会精神，要联系我国发展重要战略机遇期，体现适应和引领经济发展新常态这个大逻辑，引导干部群众深刻认识以习近平同志为总书记的党中央治国理政的新理念新思想新战略，更好用党的理论创新成果统一思想和行动。

各级党委和宣传部门要统筹抓好全会精神的学习宣传贯彻工作，加强宣传阐述，营造舆论氛围，广泛开展面向基层的宣讲活动，推动全会精神深入人心。

11月4日

［纲　文］　**《习近平谈治国理政》越南文版在越南河内出版发行。**

［目　文］　《习近平谈治国理政》一书由国务院新闻办公室会同中共中央文献研究室、中国外文局编辑，中国外文出版社与越南国家政治出版社合作翻译出版。该书收入习近平总书记在2012年11月15日至2014年6月13日这段时间内的讲话、谈话、演讲、答问、批示、贺信等79篇，分为18个专题。目前，该书已经发行到100多个国家和地区，发行量达520多万册。

《习近平谈治国理政》越南文版是继韩文版之后第二个中方与外国出版机构合作翻译出版的版本，越方组织了国内顶尖翻译出版团队参与翻译出版工作。

11月4日

［纲　文］　**国务院总理李克强在北京会见日本经济界代表团。**

［目　文］　李克强欢迎日本日中经济协会会长宗冈正二、日本经济团体联合会会长榊原定征、日本商工会议所会长三村明夫率领的日本经济界三团体首次联袂访华，并表示，中日是一衣带水的近邻，双方要在中日四个政治文件基础上，本着以史为鉴、面向未来的精神，牢牢把握中日关系和平、友好、合作的大方向，妥善处理历史等敏感问题，切实管控好分歧，推动中日关系向着改善的方向发展，为两国开展互利合作提供长期稳定的市场预期。日本经济界一直是中日友好合作关系的倡导者、维护者和促进者，长期以来为促进两国交流与合作做出重要贡献，希望今后继续在各种场合积极发声，支持中日关系与合作向前发展。

李克强回答了与会日方人士关于中国经济发展、结构性改革、区域经济一体化和中国营商环境等的提问，并表示中日同为世界主要经济体，发展互为机遇。中国作为最大发展中国家，要在未来五年实现全面建成小康社会，需要保持经济中高速增长、迈向中高端水平。我们将继续加大结构性改革和结构调整力度，推进科技创新，转换经济发展动能，为实现长期可持续发展奠定基础。中方愿同包括日本在内的各国开展第三方国际产能合作，把发达国家的先进技术同中国性价比好的充裕产能相结合，更好地满足广大发展中国家基础设施建设需求，帮助他们加快工业化进程。中国致力于提高贸易投资自由化、便利化水平，愿同有关各方推进中日韩自贸区和区域全面经济伙伴关系协定谈判进程。同时，我们将继续大力推进简政放权、放管结合、优化服务等改革，放宽市场准入，加强市场监管，更好保护知识产权，为国内外企业营造更加开放、透明、公平的市场环境。

与会日本经济界三团体负责人表示，日中是近邻和重要经济伙伴。日本经济界欢迎日中关系改善，希望两国建立起长期良好稳定的关系，加快日中韩自贸区、区域全面经济伙伴关系协定谈判进程。日本经济界从中方深化改革的战略规划中深受鼓舞，愿为日中战略互惠关系发展贡献力量。

11月4日

［纲　文］　**国务院办公厅印发《关于加强金融消费者权益保护工作的指导意见》**。

［目　文］　《意见》由五部分组成：一、指导思想；二、工作要求；三、规范金融机构行为；四、完善监督管理机制；五、建立健全保障机制。

《意见》要求，各地区、各有关部门要按照党中央、国务院决策部署，加强组织领导，注重沟通协调，强化组织和能力建设，在人力、财力、物力等方面给予充分支持。各有关部门要结合实际，抓紧研究制定具体实施办法，采取有效措施，切实承担起金融消费者权益保护监管职责，保护金融消费者合法权益，共同营造良好社会氛围，促进金融业持续健康发展，为实现全面建成小康社会的宏伟目标做出贡献。

11月4日

［纲　文］　**财政部印发《农业综合开发扶持农业优势特色产业促进农业产业化发展的指导意见》**。

［目　文］　《意见》由七部分组成：一、指导思想；二、基本原则；三、目标任务；四、扶持范围；五、扶持内容；六、扶持方式；七、工作要求。

11月4日

［纲　文］　**中央军委副主席许其亮在北京会见伊朗空军司令沙赫萨菲**。

［目　文］　许其亮说，在两国领导人的共同关心和推动下，当前两国政治、经济、文化等领域合作成果丰硕，并将在"一带一路"和亚投行建设的牵引下开拓新的合作领域。两军在高层互访、海空军交流、人才培养等领域合作不断深化。中方愿与伊方一道，进一步挖掘合作潜力，加强多层次、多领域的交流与合作，将两军友好关系不断推向前进。沙赫萨菲说，希望双方进一步深化各领域交流合作，推动两军和两国空军关系不断向前发展。

11月4日

［纲　文］　**《人民日报》发表题为《坚持开放发展，着力实现合作共赢——五论夺取全面建成小康社会决胜阶段的伟大胜利》的评论员文章**。

11月5—6日

［纲　文］　**中共中央总书记、国家主席习近平对越南进行国事访问**。

［目　文］　习近平是应越南共产党中央委员会总书记阮富仲、越南社会主义共和国主席张晋创邀请对越南访问的。陪同习近平出访的有：习近平夫人彭丽媛、中央政策研究室主任王沪宁、中央办公厅主任栗战书、国务委员杨洁篪、对外联络部部长王家瑞等。

访问期间，习近平在河内同阮富仲举行会谈，双方一致同意秉持"长期稳定、面向未来、睦邻友好、全面合作"方针和"好邻居、好朋友、好同志、好伙伴"精神，推动中越全面战略合作伙伴关系持续健康稳定发展并共同见证了党际、交通、旅游、产能合作、文化、铁路、能源、金融、地方合作等领域合作文件的签署；与张晋创举行了会谈；会见了越南政府总理阮晋勇、国会主席阮生雄。习近平在阮生雄的陪同下在越南国会发表了题为《共同谱写中越友好新篇章》的演讲。双方发表了《中越联合声明》。习近平在越南《人民报》发表了题为《携手开创中越关系的美好明天》的署名文章。

习近平同阮富仲会谈时指出，中越山水相连、唇齿相依，中越是具有战略意义的命运共同体。两国在争取国家独立和民族解放斗争中并肩战斗，在社会主义革命和建设事业中相互帮助，由毛泽东主席、胡志明主席等双方老一辈领导人亲手缔造的“同志加兄弟”传统友谊历久弥坚，是中越双方必须维护好、传承好的共同财富。阮富仲表示，习近平在越中建交65周年之际对越南进行国事访问意义重大。越中两国“山连山、水连水”，彼此在革命战争和社会主义建设年代相互支持是两国传统友谊的宝贵财富。

习近平与张晋创会谈时表示，双方不仅展示了新形势下推动中越关系稳定健康发展的真诚意愿，而且就深化各领域务实合作达成一系列重要共识，为两国全面深化互利合作开辟了广阔前景。张晋创表示，我完全赞同双方应继续加强政治互信，提高两国经贸投资合作水平，通过协商妥善解决双方间存在的分歧，决不让分歧影响我们两党两国关系发展。

习近平会见阮晋勇时指出，着眼未来，无论国际风云如何变幻，双方都应该坚持从战略高度和长远角度看待和处理中越关系，共同建设命运共同体，造福两国人民，为本地区乃至世界的稳定和发展做出贡献。阮晋勇表示，越方赞同中方的“一带一路”倡议，愿为中国企业来越投资经营提供便利条件，双方可以认真研究实施口岸便利措施。

习近平在会见阮生雄时指出，两国立法机关在国家政治生活中发挥着重要作用，也是加强两国人民相互了解和友谊的重要桥梁。期待两国立法机关为夯实中越关系的民意基础做出更大贡献。习近平向阮生雄介绍了中国社会主义民主和法治建设有关情况。阮生雄表示，越南国会愿为此做出积极努力，并将同中国全国人大开展密切交流和合作。越方愿意看到一个稳定和强大的中国在国际事务中发挥更大作用。

11月5日

［纲　文］　**全国政协在北京召开双周协商座谈会，围绕“促进高校办出特色和水平”建言献策。**

［目　文］　座谈会由全国政协主席俞正声主持。全国政协副主席杜青林、张庆黎、卢展工、陈晓光出席座谈会。全国政协委员马德秀、陈群、贾庆国、朱和平、温思美、赵雨森、曹卫星、成岳冲、娄源功、郝际平、杜惠平、姜耀东、张道宏、刘建平、刘长庚、王俊峰、徐辉、李卫红，以及瞿振元等专家学者在座谈会上发言。

委员们认为，推动高等教育内涵式发展，促进高校办出特色争创一流，是党的十八大和十八届三中、四中全会提出的明确要求。十八届五中全会通过的《中共中央关于制定国民经济和社会发展第十三个五年规划的建议》提出，提高教育质量，提高高校教学水平和创新能力，推进有特色高水平大学建设，明确了“十三五”时期高等教育改革发展的主攻方向。近年来，教育部门及有关方面积极采取措施，在推动高等教育优化结构、深化改革、强化特色、提高水平方面取得新进展，但还存在高校办学与经济社会发展结合不紧密、高等教育发展不协调、分类管理不健全等问题，高校如何办出特色、提高水平仍然是一个要着力解决的问题。

一些委员围绕“促进高校办出特色和水平”提出意见建议。一要以学生为中心，以需求为导向，实事求是地确定招生规模和学科设置，努力适应社会发展需要。二要分类指导、分类评价，鼓励特色，科学确定标准，延长评估周期。促进高校更加注重内涵建设，提高办学质量和水平。三要合理放权、控制规模、优化结构，全面提升教师的能力。要坚持和完善党委领导下的校长负责制，切实加强教师队伍特别是青年教师队伍建设。在优化教育结构中，要注重培养应用型人才，提高创新创业能力，促进大学生就业。四要改进财政拨款机制。完善考核办法，实行绩效挂钩，并向中西部高校以及农林、师范专业等薄弱环节倾斜。

11月5日

［纲　文］　**第2次全国改善农村人居环境工作会议在广西恭城瑶族自治县召开。**

［目　文］　中央农村工作领导小组副组长、办公室主任陈锡文主持会议。住房城乡建设部部长陈政高汇报2013年全国改善农村人居环境工作会议以来的工作情况和下一阶段工作安排。贵州省、四川省、浙江省德清县以及江苏省常熟市分别作经验交流发言。财政部、环境保护部、农业部负责人也作了发言。会议代表参观考察了桂林市恭城县农村垃圾污水治理和传统村落保护情况。

国务院副总理汪洋出席会议时指出，要认真贯彻十八届五中全会精神，全面落实党中央国务院的决策部署，按照全面建成小康社会的总体要求，扎实开展农村人居环境整治，加快改善农村生产生活条件，建设美丽宜居乡村，提高社会主义新农村建设水平。近年来，广西以农村垃圾治理为突破口，大力开展“美丽广西”乡村建设活动，梯次推进清洁乡村、生态乡村、宜居乡村、幸福乡村建设，取得了积极成效。各地要重视学习借鉴农村建设的成功经验，从各自实际出发，着力解决影响农村人居环境的突出问题。在优先保障农民基本生活条件的基础上，集中力量解决农村垃圾污水治理和改厕等问题。积极推进美丽宜居乡村建设，遵循乡村自身发展规律，科学规划，注重体现农村特色、乡土味道、民族风情，保留田园风貌。加强传统村落民居和历史文化名村名镇保护。改善农村人居环境，是缩小城乡区域差距、实现协调发展的迫切要求，要建立“省负总责、县抓落实”的工作推进机制，落实好县一级的主体责任。要积极引导农民参与，尊重农民意愿，充分发挥农民的主体作用。要探索多种形式的治理模式，调动多方面力量增加资金投入，形成效果明显、经济可行的可持续长效机制。要通过试点试验，积累经验，形成示范，积极在面上推开。

11月5日

［纲　文］　**国家主席习近平特使、商务部国际贸易谈判代表兼副部长钟山在明斯克出席白俄罗斯共和国总统卢卡申科就职仪式。**

11月5日

［纲　文］　**国家主席习近平特使、全国人大常委会副委员长张平在达累斯萨拉姆出席坦桑尼亚新任总统马古富利就职仪式。**

11月5日

［纲　文］　**《人民日报》发表题为《坚持共享发展，着力增进人民福祉——六论夺取全面建成小康社会决胜阶段的伟大胜利》的评论员文章。**

11月5—11日

［纲　文］　**中共中央政治局委员、中央统战部部长孙春兰访问哥斯达黎加、秘鲁、智利。**

［目　文］　孙春兰在哥斯达黎加、秘鲁、智利访问期间，分别会见了哥斯达黎加总统索利斯、秘鲁总统乌马拉、智利总统巴切莱特。向他们介绍了中共十八届五中全会精神，着重阐释了创新、协调、绿色、开放、共产的发展理念，强调以中共中央总书记习近平为总书记的中共中央将在未来5年动员和带领全国人民、为如期实现小康社会目标而奋斗。

11月6—7日

［纲　文］　**国家主席习近平应邀对新加坡进行国事访问。**

［目　文］　陪同习近平出访的有：习近平夫人彭丽媛、中央政策研究室主任王沪宁、中央办公厅主任栗战书、国务委员杨洁篪等。6日，习近平在新加坡《海峡时报》和《联合早报》发表题为《承前启后 继往开来 共创中新关系美好未来》的署名文章。

访问期间，国家主席习近平在新加坡总统府会见新加坡总统陈庆炎。两国元首一致同意将中新关系定位为与时俱进的全方位合作伙伴关系，并启动中新自由贸易协定升级谈判；习近平会见新加坡总理李显龙，发表了《中华人民共和国和新加坡共和国关于建立与时俱进的全方位合作伙伴关系的联合声明》。习近平和李显龙共同见证了两国在互联互通、贸易、“一带一路”建设、城市治理规划、教育、海关等领域双边合作协议的签署；习近平在新加坡国立大学发表《深化合作伙伴关系 共建亚洲美好家园》的演讲。

习近平在会见陈庆炎时指出，中新建交25年来，双方开展了领域广泛、层次多样、务实创新的全方位合作。当前，中新关系正处在继往开来的重要机遇期。我们愿同新方共同努力，开创中新关系新未来。陈庆炎表示，新中合作关系已不仅限于经贸领域，而是与时俱进地全方位发展。新加坡赞同中国提出的亚洲基础设施投资银行倡议，认为有利于本地区的发展，愿积极参与有关合作。

习近平在会见李显龙时指出，回顾中新建交25年历程，两国关系良好发展得益于双方坚持战略规划、坚持与时俱进、坚持开拓创新。此次访问期间，我同陈庆炎总统和李显龙总理一致同意将两国关系的定位确定为与时俱进的全方位合作伙伴关系。放眼未来，双方要增强政治互信，加强高层引领，要提升务实合作，实现互利共赢和共同发展。要推进以重庆为项目运营中心的中新第三个政府间合作项目，尽快启动。要进一步扩大经贸投资合作，积极探讨两国企业在“一带一路”倡议框架内开拓第三方市场的合作模式。中国—东盟关系发展面临重要机遇。中方愿同东盟国家加强战略对话，深化各领域务实合作，共同推动中国—东盟战略伙伴关系提升到新高度。李显龙表示，新加坡一直视中国发展为全球和地区的积极因素。习主席此次访新期间，双方将两国关系定位为与时俱进的全方位合作伙伴关系，开启新中自贸协定升级谈判，将签署一系列新的重大合作协议，拓展经贸、投资、金融等领域合作，特别是将启动新中第三个政府间合作项目，这表明新加坡对中国发展充满信心。

11月6日

［纲　文］　**中央党校举行2015年秋季学期第一批进修班毕业典礼。**

［目　文］　中央党校常务副校长何毅亭主持毕业典礼。中央党校校长刘云山出席毕业典礼并为学员颁发毕业证书。中组部部长赵乐际、中央纪委副书记赵洪祝、中央有关部门和中央党校负责人出席毕业典礼。本期毕业学员共741人。

毕业典礼上，5位毕业学员代表作了发言。学员们普遍反映，通过党校学习培训，进一步深化了对习近平总书记系列重要讲话精神的理解和把握，坚定了理想信念；进一步强化了运用马克思主义立场观点方法分析研究解决问题的能力，提升了理论素养；进一步强化了忠诚、干净、担当和纪律规矩意识，提高了党性修养。大家表示，一定要把在党校学到的理论、知识运用到实际工作中去，转化为实实在在的工作成果，以踏石留印的精神、求真务实的作风贯彻落实好党的十八届五中全会精神，为协调推进“四个全面”战略布局、夺取全面建成小康社会决胜阶段的伟大胜利贡献自己的力量。

11月6日

［纲　文］　**刘延东在浙江调研。**

［目　文］　国务院副总理刘延东考察了杭州市余杭区人民医院、凯旋街道社区卫生中心、浙江省药械采购中心等单位并与医生和患者交流，召开座谈会听取地方政府、医疗机构负责人、医务人员和药企代表的意见建议。

刘延东指出，浙江聚焦医改重点难点问题，攻坚克难，稳步推进医改取得可喜成绩。要继续深化改革，扩大医改成效，探索建设完善的小康社会医疗体系。近年来，在党中央国务院领导下，全国医改取得新进展，基本医保覆盖全体居民，大病保险制度全面实施，县级公立医院综合改革全面推开，城市公立医院改革试点扩大到100个城市，分级诊疗、药品招标采购、便民惠民、促进医患和谐等工作扎实有序推进，为经济社会发展、保障改善民生做出了贡献。当前医改进入深水区，到了啃硬骨头的关键阶段，要坚定信心，主动作为，按照五中全会提出的“创新、协调、绿色、开放、共享”发展理念，深入基层调查研究，加大政策落实力度，着力解决群众反映的突出问题，为解决群众看病难、看好病、提升人民健康水平做贡献。深化医改是全面建成小康社会的重要任务。要以打造健康中国为目标，以制度建设为根本，以强基层为重点，协调推进医疗、医保、医药联动改革。要全面落实医疗卫生服务体系规划，明确各级医疗机构功能定位，促进优质医疗资源下沉，提升基层服务能力，更好地推进分级诊疗，发挥好城乡居民健康守门人作用。要坚持公益性，加大公立医院改革力度，完善人事薪酬、内部运行机制，建立现代医院管理制度。要理顺药品价格，健全采购谈判机制，降低虚高价格，保证药品质量和供应。全面实施城乡居民大病保险制度，加强与基本医保、医疗救助等制度衔接，筑牢群众健康防线，有效防止因病致贫返贫。要医教协同培养医学人才，加强医德医风建设，培育人民满意的健康卫士。

11月6日

［纲　文］　**人民银行、外汇局公布《内地与香港证券投资基金跨境发行销售资金管理操作指引》，自2015年11月6日起施行。**

11月6日

［纲　文］　**交通运输部印发《公路水运工程建设质量安全违法违规行为信息公开工作规则》，自2016年1月1日起施行，有效期至2019年1月1日。**

11月6日

［纲　文］　**住房城乡建设部印发《国家级风景名胜区管理评估和监督检查办法》。**

［目　文］　《办法》共5章32条，主要有总则、管理评估、执法检查、结果处理、附则等内容。自2015年11月6日起实施。

11月6日

［纲　文］　**国务院副总理张高丽在北京会见哈萨克斯坦第一副总理萨金塔耶夫。**

［目　文］　双方深入讨论了两国在共建丝绸之路经济带、产能、经贸、投资、金融、互联互通、人员往来等方面的合作，就下一步工作达成一系列共识。一是尽快组建共建丝绸之路经济带联合工作组并发挥好协调推动作用；二是持续推进产能合作，在落实现有项目、拓展新合作领域、解决投融资问题等方面加快工作节奏；三是促进贸易平衡发展，研究解决双方在农矿产品进出口、检验检疫、运输等方面的问题；四是加强互联互通合作，共同推进铁路、公路等基础设施建设；五是密切地方合作，充分发挥中哈霍尔果斯国际边境合作中心、连云港国际物流合作基地的优势和作用，加紧商签《毗邻地区合作规划纲要》；六是以2017年中哈建交25周年和哈萨克斯坦举办阿斯塔纳世博会为契机，增进人文合作，便利人员往来。

11月6日

［纲　文］　**外交部部长王毅同美国国务卿克里通电话。**

［目　文］　王毅表示，习近平主席9月份对美国进行成功国事访问，中美关系发展面临重要机遇。中美双方应加强协调，集中精力落实好两国领导人达成的一系列重要共识，确保中美关系健康稳定发展，我们不希望这一进程受到不必要的干扰。美方军舰在中国南海采取的行动损害双方互信，挑动地区紧张，中方对此严重关切。美方应尽快回到通过对话协商妥善管控分歧的正确道路上来。

双方还就伊朗核问题、叙利亚问题等交换意见。克里高度评价中方为解决伊朗核问题做出的积极贡献，希望美中合作，与各方协调，为落实全面协议包括推进阿拉克重水堆改造继续作出努力。王毅表示，落实伊朗核问题全面协议符合国际社会共同利益。中方愿同各方密切协调，发挥应有的作用。

关于叙利亚问题，王毅积极评价不久前维也纳部长级扩大会议达成的九点协议，强调当前形势下，加快叙利亚问题政治解决具有紧迫性。中方主张首先要推动反恐形成合力；第二要固化局部停火，并逐步扩大到全面停止军事行动；第三要尽快重启政治重建进程，核心是举行包容性民族和解对话；第四要积极推进人道救援和经济重建。中方愿积极参与叙利亚问题政治解决进程。

11月6日

［纲　文］《人民日报》发表李克强题为《全面建成小康社会新的目标要求（学习贯彻党的十八届五中全会精神）》的文章。

11月6日

［纲　文］《人民日报》发表题为《坚持深化改革，激发强大发展动力——七论夺取全面建成小康社会决胜阶段的伟大胜利》的评论员文章。

11月6日

［纲　文］《人民日报》发表题为《植根中国大地，建设一流大学》的评论员文章。

11月6—8日

［纲　文］政协十二届全国委员会常务委员会第十三次会议在北京召开。

［目　文］全国政协主席俞正声主持了开幕会、闭幕会。国务院总理李克强应邀出席开幕会并作报告。会议主要议题是：一、学习贯彻中共十八届五中全会精神，围绕制定国民经济和社会发展第十三个五年规划建言献策。二、会议通过了《关于举办纪念孙中山先生诞辰150周年活动的决定》。三、会议决定增补焦焕成为政协第十二届全国委员会委员、全国政协港澳台侨委员会副主任。

李克强在报告中指出，回顾即将过去的五年，“十二五”规划提出的目标任务可以全面完成，中国综合国力显著提升，经济总量迈上10万亿美元大台阶，人均国内生产总值达到中高收入国家平均水平；结构调整取得重大突破，城镇人口超过农村，服务业成为第一大产业；社会事业全面进步，世界上最大的基本民生保障网编织成形。特别是2015年面对错综复杂的国内外环境，通过全国上下共同努力，经济运行保持在合理区间，成绩来之不易。这都为“十三五”良好开局奠定了基础。《中共中央关于制定国民经济和社会发展第十三个五年规划的建议》提出创新、协调、绿色、开放、共享的发展理念，是对历史经验的总结和新常态下经济发展规律的深刻认识。要以创新增强发展动能，推进结构性改革，进一步解放和发展生产力，全面实施创新驱动发展战略，以大众创业、万众创新为抓手实现发展动力转化、结构优化。编制《“十三五”规划纲要》，必须向社会各界问计求策，使规划更好贯彻《建议》精神、遵循发展规律、体现人民意愿。全国政协人才荟萃，希望政协委员群策群力，为规划编制贡献更多智慧。我们要紧密团结在以习近平同志为总书记的中共中央周围，同心实干，开拓进取，为确保实现全面建成小康社会伟大目标不懈奋斗。

常委们在发言中一致拥护中共十八届五中全会通过的《中共中央关于制定国民经济和社会发展第十三个五年规划的建议》和习近平总书记在全会上的重要讲话精神，一致认为中共十八届五中全会明确了发展的指导思想、基本原则、目标要求、基本理念、重大举措，对坚持和发展中国特色社会主义、实现“两个一百年”奋斗目标、实现中华民族伟大复兴的中国梦，具有十分重大的现实意义和深远的历史意义。

俞正声在闭幕会上强调，要深入学习贯彻五中全会精神，切实把思想和行动统一到中央决策部署上来，这是当前和今后一个时期人民政协的一项重大政治任务。人民政协要充分发挥作用，为“十三五”规划纲要的制定和实施献计出力。

11 月 7 日

［**纲　文**］　**习近平与马英九在新加坡会面。**

［**目　文**］　中共中央总书记、国家主席习近平在新加坡香格里拉大酒店同台湾方面领导人马英九会面，就进一步推进两岸关系和平发展交换意见。这是 1949 年以来两岸领导人的首次会面。

习近平指出，今天是一个很特别的日子。两岸领导人见面，翻开了两岸关系历史性的一页。历史将会记住今天。曾几何时，台海阴云密布，两岸军事对峙，同胞隔海相望，亲人音讯断绝，给无数家庭留下了刻骨铭心的伤痛，甚至是无法弥补的遗憾。然而，海峡隔不断兄弟亲情，挡不住同胞对家乡故土的思念和对家人团聚的渴望。同胞亲情的力量，终于在 20 世纪 80 年代冲开了两岸封锁的大门。2008 年以来，两岸关系走上和平发展道路。过去 7 年，台海局势安定祥和，两岸关系发展成果丰硕。两岸双方和广大同胞为此付出了大量心血。正因为有了这 7 年的积累，两岸双方才能迈出今天这历史性的一步。两岸关系 66 年的发展历程表明，不管两岸同胞经历过多少风雨、有过多长时间的隔绝，没有任何力量能把我们分开。我们今天坐在一起，是为了让历史悲剧不再重演，让两岸关系和平发展成果不得而复失，让两岸同胞继续开创和平安宁的生活，让我们的子孙后代共享美好的未来。面对新形势，站在两岸关系发展的新起点上，两岸双方应该胸怀民族整体利益、紧跟时代前进步伐，携手巩固两岸关系和平发展大格局，共同实现中华民族伟大复兴。第一，坚持两岸共同政治基础不动摇。7 年来，两岸关系能够实现和平发展，关键在于双方确立了坚持“九二共识”、反对“台独”的共同政治基础。没有这个定海神针，和平发展之舟就会遭遇惊涛骇浪，甚至彻底倾覆。第二，坚持巩固深化两岸关系和平发展。近 30 多年来，两岸关系总体面貌发生了历史性变化。2008 年后，两岸关系走上和平发展道路，处于 1949 年以来最好的时期。要和平不要冲突、要交流不要隔绝、要协商合作不要零和对抗，成为两岸同胞的共同心声。两岸关系已经不再处于以前那种激烈冲突、尖锐对抗的敌对状态。第三，坚持为两岸同胞多谋福祉。两岸一家亲，家和万事兴。我们推动两岸关系和平发展，着眼点和落脚点是要增进同胞的亲情和福祉，让两岸同胞过上更加美好的生活。只要是有利于增进两岸同胞的亲情和福祉的事，只要是有利于推动两岸关系和平发展的事，只要是有利于维护中华民族整体利益的事，两岸双方都应该尽最大努力去做，并把好事办好。第四，坚持同心实现中华民族伟大复兴。中华民族有延绵5000多年的灿烂文明，但近代以来却屡遭列强欺凌。120年前，台湾惨遭外族侵占，成为全民族的剜心之痛。1945年抗战胜利，台湾光复，才洗刷了半个世纪的民族耻辱。透过历史风云变幻，可以深切体会到，两岸是不可分割的命运共同体。民族强盛，是两岸同胞之福；民族弱乱，是两岸同胞之祸。实现中华民族伟大复兴，与两岸同胞前途命运息息相关。2015年是全民族抗战胜利70周年，这是付出巨大民族牺牲才赢得的胜利。两岸双方应该支持鼓励两岸史学界携起手来，共享史料、共写史书，共同弘扬抗战精神，共同捍卫民族尊严和荣誉。两岸同胞应牢记历史、缅怀先烈、珍爱和平、团结一心，携手推动两岸关系和平发展。

马英九表示，2008年以来，两岸共同创造和平稳定的台海局势，获得两岸及国际社会普遍赞扬，要善加珍惜。“九二共识”是实现两岸关系和平发展的共同政治基础，两岸要巩固“九二共识”，扩大深化交流合作，增进互利双赢，拉近两岸心理距离，对外展现两岸关系可以由海峡两岸和平处理，同心协力，为两岸下一代创造更美好的未来。

双方肯定2008年以来两岸关系和平发展取得的重要成果。双方认为应该继续坚持“九二共识”，巩固共同政治基础，推动两岸关系和平发展，维护台海和平稳定，加强沟通对话，扩大两岸交流，深化彼此合作，实现互利共赢，造福两岸民众。两岸同胞同属中华民族，都是炎黄子孙，应该携手合作，致力于振兴中华，致力于民族复兴。

11月7日

［纲 文］ **刘延东在上海调研。**

［目 文］ 国务院副总理刘延东围绕上海建设具有全球影响力的科技创新中心、C919大飞机研发、中科院微小卫星创新等进行考察。她指出，上海按照党中央国务院的部署，统筹谋划，锐意改革，科技创新中心建设实现良好开局。建设具有全球影响力的科技创新中心是一项国家战略，要用好改革试验政策叠加优势，集聚全球创新人才，前瞻布局科技项目，加快建设创新高地和产业基地，成为改革开放排头兵和创新发展先行者。她要求各有关部门全力支持、协调配合，充分发挥上海建设科技创新中心的示范引领和辐射带动作用，打造功能完善的区域创新体系。

刘延东主持召开上海教育综合改革和上海、浙江高考综合改革试点工作座谈会。她充分肯定了改革取得的成果，强调考试招生制度改革牵一发动全身，事关亿万考生切身利益，要坚持育人为本，积极推进、稳妥实施，在保障公平基础上，探索完善科学选才体系，精心设计改革路径，建立中国特色现代教育考试招生制度。

11月7日

［纲 文］ **《人民日报》发表题为《坚持中心任务，实现经济持续增长——八论夺取**

全面建成小康社会决胜阶段的伟大胜利》的评论员文章。

11 月 8 日

［纲　文］ **第 25 届中国新闻奖颁奖报告会在北京举行。**

［目　文］ 报告会由中华全国新闻工作者协会主办。中共中央政治局常委刘云山会见获奖代表，中宣部部长刘奇葆出席报告会并讲话。中国记协主席田聪明在会上致辞。新华社、中央电视台、吉林日报、北京电视台获奖代表先后发言。中央有关部门、中央新闻单位负责人和新闻工作者代表约 400 人参加会议。来自全国报社、通讯社、电台、电视台和新闻网站的 294 件作品获中国新闻奖，其中特别奖 4 件，一等奖 47 件（含 10 个新闻名专栏），二等奖 91 件，三等奖 152 件。

刘云山会见获奖代表时指出，新闻战线要深入学习宣传贯彻党的十八届五中全会精神，聚焦“十三五”，深化“走转改”，激发正能量，为全面建成小康社会提供有力舆论支持、营造良好舆论氛围。“十三五”时期是决胜全面建成小康社会的关键时期，事关国家发展、民族振兴、人民福祉。新闻工作服务党和国家工作大局，就要聚焦“十三五”，围绕党中央的战略部署，着眼促进创新发展、协调发展、绿色发展、开放发展、共享发展，弘扬新的发展理念，展示新的奋斗实践，讲好新的中国故事，为全面建成小康社会贡献智慧和力量。“十三五”发展最生动的场景在基层，好新闻的富矿也在基层。要继续深化走基层、转作风、改文风活动，深入基层报道中央部署的落实情况，深入群众感受奔小康的生动景象，使“走转改”真正走进老百姓心里，转出对群众的真感情，改出新闻队伍的好形象，使我们的新闻报道接地气有朝气。希望新闻工作者树立正确的新闻理想，保持我们的文化自信和价值观自信，恪守职业道德，坚守社会责任，多做凝聚共识、提振士气的工作，推出更多激发正能量的好新闻，更好地凝聚广大干部群众奋发进取、干事创业的精气神。

11 月 8 日

［纲　文］ **国务院办公厅印发《编制自然资源资产负债表试点方案》。**

［目　文］ 《方案》由六部分组成：一、总体要求；二、试点内容；三、基本方法；四、试点地区；五、时间安排；六、保障措施。

《方案》要求，试点期间，统计局将会同有关部门赴试点地区指导调研，帮助解决试点过程中遇到的问题。试点过程中发现的重要问题和成功做法，请及时报送统计局。

11 月 8 日

［纲　文］ **《人民日报》发表题为《坚持党的领导，发挥中国制度优势——九论夺取全面建成小康社会决胜阶段的伟大胜利》的评论员文章。**

11 月 8 日

［纲　文］ **《人民日报》发表题为《两岸关系翻开历史性的一页》的评论员文章。**

11 月 8—15 日

［纲　文］ **第 14 届亚洲艺术节在福建泉州举行。**

［目　文］　艺术节由文化部和福建省人民政府主办，福建省文化厅和泉州市政府承办。艺术节秉承“展示、交流、共享、合作”理念，打造了具有“海丝”艺术特色的亚洲文化盛宴。来自40多个国家和地区的代表齐聚一堂，展示亚洲精彩艺术，交流各国优秀文化，为“一带一路”框架下的东西文化合作打开了新篇章。

11月9日

［纲　文］　**习近平主持召开中央全面深化改革领导小组第18次会议并发表讲话。**

［目　文］　中央全面深化改革领导小组副组长李克强、刘云山、张高丽出席会议。中央全面深化改革领导小组成员出席会议，中央和国家有关部门、上海市、重庆市负责人列席会议。

中央全面深化改革领导小组组长习近平指出，党的十八届五中全会通过的《中共中央关于制定国民经济和社会发展第十三个五年规划的建议》，是指导我国改革发展的纲领性文件。中国发展走到今天，发展和改革高度融合，发展前进一步就需要改革前进一步，改革不断前进也能为发展提供强劲动力。在全面贯彻党的十八届五中全会精神过程中，要发挥改革的突破性和先导性作用，增强改革创新精神，提高改革行动能力，着力推进国家治理体系和治理能力现代化，着力推进各方面制度更加成熟更加定型，依靠改革为科学发展提供持续动力。

会议审议通过了以下内容：一、《全国总工会改革试点方案》。二、《上海市群团改革试点方案》。三、《重庆市群团改革试点方案》。四、《关于加快实施自由贸易区战略的若干意见》。五、《关于促进加工贸易创新发展的若干意见》。六、《推进普惠金融发展规划（2016—2020年）》。七、《关于深入推进城市执法体制改革改进城市管理工作的指导意见》。八、《国家高端智库建设试点工作方案》。

会议指出，五中全会提出的创新、协调、绿色、开放、共享的发展理念，是关系中国发展全局的一场深刻变革。改革要围绕贯彻落实全会精神，加快推进有利于引领经济发展新常态的体制机制创新，加快推进有利于创新发展、协调发展、绿色发展、开放发展、共享发展的体制机制创新，加快推进有利于提高资源配置效率、提高发展质量和效益的体制机制创新，加快推进有利于充分调动各方面积极性的体制机制创新，在解决发展动力、发展不平衡、人与自然和谐、发展内外联动、社会公平正义等方面，出实招、破难题、建机制，为经济社会发展形成更有力的制度保障。《建议》以中国经济社会发展为主轴，同时也是一个通篇贯穿改革精神的文件，包含着大量改革部署，是改革和发展的“双重奏”。对五中全会提出的改革任务，要纳入改革台账，由中央全面深化改革领导小组统筹部署、推动落实。要统筹抓好党的十八届三中、四中、五中全会部署的改革任务，实现梯次接续、前后衔接、纵深推进。

11月9日

［纲　文］　**中共中央办公厅、国务院办公厅印发《开展领导干部自然资源资产离任**

审计试点方案》。

［目　文］　《方案》明确，领导干部自然资源资产离任审计试点 2015 年至 2017 年分阶段分步骤实施，2017 年制定出台领导干部自然资源资产离任审计暂行规定，自 2018 年开始建立经常性的审计制度。开展领导干部自然资源资产离任审计试点，应坚持因地制宜、重在责任、稳步推进，要根据各地主体功能区定位及自然资源资产禀赋特点和生态环境保护工作重点，结合领导干部的岗位职责特点，确定审计内容和重点，有针对性地组织实施。审计涉及的重点领域包括土地资源、水资源、森林资源以及矿山生态环境治理、大气污染防治等领域。要对被审计领导干部任职期间履行自然资源资产管理和生态环境保护责任情况进行审计评价，界定领导干部应承担的责任。

《方案》要求，中央有关部门要加强对此项审计试点的支持和配合，加快推进相关改革，建立健全制度规范，为审计试点工作提供专业支持和制度保障。同时，地方党委和政府要加强对本地区审计试点相关工作的领导，及时听取本级审计机关审计试点工作情况汇报，并主动接受、配合上级审计机关审计，保障审计试点工作的顺利开展。

11 月 9 日

［纲　文］　国务院办公厅印发《关于加快发展生活性服务业促进消费结构升级的指导意见》。

［目　文］　《意见》由三部分组成：一、总体要求；二、主要任务；三、政策措施。

《意见》要求，各地区、各部门要充分认识加快发展生活性服务业的重大意义，采取有效措施，加大支持力度。地方各级人民政府要加强组织领导，结合本地区实际，尽快研究制定加快发展生活性服务业的实施方案。国务院有关部门要围绕发展生活性服务业的主要目标任务，抓紧制定配套政策措施，组织实施一批重大工程。抓紧研究建立服务业部际联席会议制度，充分发挥专家咨询委员会作用，进一步强化政策指导和督促检查。

11 月 9 日

［纲　文］　《人民日报》发表张高丽题为《坚定不移贯彻五大发展理念　确保如期全面建成小康社会（学习贯彻党的十八届五中全会精神）》的文章。

11 月 9 日

［纲　文］　全军学习贯彻党的十八届五中全会精神宣讲团首场报告会在北京举行。

［目　文］　宣讲团是经中央军委批准，总政治部从全军抽调 11 名专家教授组成的。首场报告会后，宣讲团将分 5 个组赴全军各大单位巡回宣讲。中央军委副主席范长龙、许其亮会见宣讲团成员并讲话。中央军委委员常万全、赵克石、张又侠、马晓天、魏凤和参加有关活动。

范长龙指出，党的十八届五中全会，是我们党在全面建成小康社会决胜阶段召开的一次重要会议，是规划和开创中国未来发展的一次重要会议。习主席在全会上发表的重要讲话，为夺取全面建成小康社会决胜阶段的胜利提供了有力思想武器。深入学习宣传贯彻全会精神，是当前全军部队的一项重要政治任务，必须抓紧抓好抓出成效。宣讲团一定要按照习主席重要批示精神，以高度政治自觉和饱满政治热情，宣讲好阐释好全会精神，切实把官兵思想和行动统一到党中央、习主席的决策部署上来。要突出习主席重要讲话和规划《建议》这个重中之重，切实把全会精神讲全、讲准、讲透。要进一步增强宣讲的针对性生动性时效性，广泛开展面向基层的宣讲活动，通过宣讲活动教育引导官兵。

许其亮指出，五中全会是在改革发展关键阶段召开的一次重要会议，发出了全面建成小康社会决胜阶段的动员令，吹响了实现第一个百年目标的冲锋号。习主席对学习宣传贯彻全会精神高度重视、提出明确要求，我们一定要深刻领会习主席的决策指示，切实强化政治责任感和光荣使命感，精益求精搞好宣讲，传播好党的声音，圆满完成习主席和军委交给的光荣任务。要紧紧围绕习主席重要讲话和规划《建议》，学深学透、讲好讲活。要从认清把握实现民族复兴中国梦的历史方位和地位作用，从学习领悟党的十八大以来作出的一系列重大决策部署和习主席系列重要讲话精神中，深刻理解领会和宣讲阐释好全会精神。

11月9日

［纲　文］　**全国人大常委会委员长张德江在北京会见芬兰议长洛赫拉。**

［目　文］　张德江说，回顾中芬关系发展历程，双方始终从战略高度把握发展方向，特别是2013年，习近平主席和尼尼斯特总统就构建和推进中芬面向未来的新型合作伙伴关系达成重要共识，政治互信进一步深化，务实合作不断拓展，人文交流十分活跃。2015年是中芬建交65周年，双方应抓住机遇，提升合作水平，共同推动双边关系向前发展。中国全国人大始终重视发展同芬兰议会的关系，愿进一步密切友好往来，加强在法治建设、治国理政方面的交流互鉴，为两国友好合作营造稳定良好的政策和法律环境。洛赫拉说，芬中友好源远流长，芬议会愿为促进芬中各领域交往、合作做出贡献。

11月9日

［纲　文］　**在伦敦举办的全球“50大管理思想家”颁奖典礼上，张瑞敏被授予“最佳理念实践奖”。**

［目　文］　全球“50大管理思想家”（Thinkers50）颁奖典礼上，中国海尔集团董事局主席、首席执行官张瑞敏被授予Thinkers50杰出成就奖之“最佳理念实践奖”，是第一位获得这个奖项的中国企业家。同时，张瑞敏还入选了“2015年度Thinkers50榜单”，是唯一同时获得两个奖项的中国企业家。

11月9日

［纲　文］　**《人民日报》发表题为《坚持两岸共同政治基础不动摇》的评论员文章。**

11月9—11日

［纲　文］　**中国环境与发展国际合作委员会2015年年会在北京召开。**

［目　文］　本次年会以“绿色转型的国家治理能力”为主题。环境保护部部长、国

合会中方执行副主席陈吉宁主持了开幕式。国务院副总理、国合会主席张高丽出席开幕式并致辞。会议期间，环境保护部副部长、国合会秘书长李干杰介绍了国合会 2015 年工作及 2016 年工作计划。陈吉宁发表了题为“深入推动绿色发展，着力提升环境治理能力”的特别演讲。国合会中方首席顾问、中国工程院原副院长沈国舫院士，代表国合会汇报了 2015 年年会给中国政府的建议草案。与会专家、委员就一系列报告进行讨论，包括“国家绿色转型治理能力”“绿色金融改革与促进绿色转型”“法治与生态文明建设”“生态环境风险”“土壤污染管理”“应对气候变化与大气污染治理协同控制”等，并将形成给中国政府关于绿色发展的政策建议。

11 月 9—11 日

［纲　文］　**全国政协副主席杜青林访问捷克。**

［目　文］　在捷克访问期间，杜青林在布拉格分别会见了捷克总统泽曼，总理、社民党主席索博特卡和众议长哈马切克。杜青林和索博特卡共同出席“2015 中国投资论坛”开幕式并致辞。

11 月 9—11 日

［纲　文］　**应国家主席习近平邀请，蒙古国总统额勒贝格道尔吉对中国进行国事访问。**

［目　文］　访问期间，习近平在北京同额勒贝格道尔吉举行会谈，两国元首同意共同努力，推动中蒙全面战略伙伴关系不断向前发展，造福两国人民并共同见证了经济技术、食品安全、基础设施建设、航空、能源、金融等领域双边合作文件的签署。国务院总理李克强、全国人大常委会委员长张德江在北京分别会见了额勒贝格道尔吉。双方发表了《中华人民共和国和蒙古国关于深化发展全面战略伙伴关系的联合声明》。

习近平同额勒贝格道尔吉会谈时指出，中蒙是好邻居、好朋友、好伙伴。当前，中蒙关系正处于历史最好时期。中蒙全面战略伙伴关系的发展符合双方共同利益，得到两国人民共同支持。中方高度重视中蒙关系，始终将中蒙关系摆在中国周边外交的重要位置。中方尊重蒙古国的独立、主权、领土完整，尊重蒙古国人民自主选择的发展道路。中方将继续秉承“亲诚惠容”的理念发展中蒙关系，坚持互利共赢原则同蒙方开展务实合作。我们赞赏蒙方将发展对华关系作为对外政策首要方针，赞赏蒙方在事关中国核心利益问题上坚定奉行一个中国原则，希望双方坚定不移推进政治、经济、军事、人文等各领域交流合作，实现合作共赢、共同发展。我们赞成中蒙俄三国加强沟通和配合，尽快完成建设中蒙俄经济走廊规划纲要编制工作。中方积极支持蒙方举办 2016 年亚欧首脑会议，愿继续在重大问题上同蒙方保持沟通，开展合作，共同维护地区安全稳定，维护世界和平和正义。额勒贝格道尔吉表示，蒙方赞同并致力于发展蒙中全面战略伙伴关系，愿通过此次访华进一步推动两国关系深入发展。蒙方将发展蒙中友好关系作为对外政策首要方针，愿同中方保持高层和立法、国防、维和等各领域密切往来，以增进双方互信和互利合作。

李克强在会见额勒贝格道尔吉时表示，当前全球经济金融形势持续波动，发展中国家要携手应对经济下行压力。中方愿同蒙方进一步发挥经济互补优势，大力开展产能合作，助力蒙方资源开发、基础设施建设和工业化进程，实现中蒙合作互利共赢，将政治共识更多转化为务实成果。额勒贝格道尔吉表示，蒙中建立全面战略伙伴关系以来，双方积极落实领导人达成的共识，不断深化两国关系与各领域合作。蒙方愿进一步用好两国政府间联委会等合作机制，同中方扩大能源资源、畜产品等贸易，推动煤电、水电等大项目合作，加强金融投资合作，探索开展自贸协定谈判，加强跨境经济区和交通运输建设。

张德江在会见额勒贝格道尔吉时说，中国全国人大一直致力于促进中蒙友好，不断加强与蒙古国国家大呼拉尔的友好往来，切实发挥好本月底启动的中蒙议会定期交流机制的作用。双方应顺应中蒙关系新发展，进一步提高立法机关合作水平，不断推动两国全面战略伙伴关系向前发展。额勒贝格道尔吉表示，蒙方愿与中方不断深化各领域务实合作，进一步加强两国立法机关之间的交流。

11月10日

［纲　文］　**习近平主持召开中央财经领导小组第11次会议。**

［目　文］　李克强、刘云山、张高丽、中央财经领导小组成员出席会议，中央和国家有关部门负责人列席会议。会议主要内容是：研究经济结构性改革和城市工作。会议听取了发展改革委、财政部、人民银行等关于经济结构性改革问题的汇报，听取了住房城乡建设部关于加强城市规划建设管理的汇报。领导小组进行了讨论。

中央财经领导小组组长习近平指出，推进经济结构性改革，是贯彻落实党的十八届五中全会精神的一个重要举措。要牢固树立和贯彻落实创新、协调、绿色、开放、共享的发展理念，适应经济发展新常态，坚持稳中求进，坚持改革开放，实行宏观政策要稳、产业政策要准、微观政策要活、改革政策要实、社会政策要托底的政策，战略上坚持持久战，战术上打好歼灭战，在适度扩大总需求的同时，着力加强供给侧结构性改革，着力提高供给体系质量和效率，增强经济持续增长动力，推动我国社会生产力水平实现整体跃升。宏观政策要稳，就是要坚持积极的财政政策和稳健的货币政策，为经济结构性改革营造稳定的宏观经济环境。产业政策要准，就是要准确定位经济结构性改革方向，发展实体经济，坚持创新驱动发展，激活存量增长动力，着力补齐短板，加快绿色发展，积极利用外资，积极稳妥扩大对外投资。微观政策要活，就是要坚持和完善基本经济制度，完善市场环境、激发企业活力和消费潜能，在制度上政策上营造宽松的市场经营和投资环境，营造商品自由流动、平等交换的市场环境。改革政策要实，就是要加大力度推动重点领域改革落地，加快推进对经济增长有重大牵引作用的国有企业、财税体制、金融体制等改革。社会政策要托底，就是要守住民生底线，做好就业和社会保障工作，切实保障群众基本生活。推进经济结构性改革，要针对突出问题、抓住关键点。要促进过剩产能有效化解，促进产业优化重组。要降低成本，帮助企业保持竞争优势。要化解房地产库存，促进房地产业持续发展。要防范化解金融风险，加快形成融资功能完备、基础制度扎实、市场监管有效、投资者权益得到充分保护的股票市场。推进经济结构性改革，要坚持解放和发展社会生产力，坚持以经济建设为中心不动摇，坚持五位一体总体布局。要坚持社会主义市场经济改革方向，使市场在资源配置中起决定性作用，调动各方面积极性，发挥企业家在推动经济发展中的重要作用，充分发挥创新人才和各级干部的积极性、主动性、创造性。做好城市工作，首先要认识、尊重、顺应城市发展规律，端正城市发展指导思想。要推进农民工市民化，加快提高户籍人口城镇化率。要增强城市宜居性，引导调控城市规模，优化城市空间布局，加强市政基础设施建设，保护历史文化遗产。要改革完善城市规划，改革规划管理体制。要改革城市管理体制，理顺各部门职责分工，提高城市管理水平，落实责任主体。要加强城市安全监管，建立专业化、职业化的救灾救援队伍。

11月10日

［纲　文］　李克强在北京主持召开座谈会，就当前经济形势听取专家和企业负责人的意见建议。

［目　文］　张高丽等参加座谈会。来自宏观经济、金融、外贸等领域的专家学者和机械、服装、电子、钢铁、流通等行业的企业负责人分别发言。大家认为，2015年以来，尽管受到各种不利因素影响，但在各方努力下，中国经济仍保持了稳的基本面，一些先行指标向好，转型升级带来可喜变化，简政放权使创业创新活力前所未有地迸发，就业民生亮点明显。要增强增长动力，还需加大改革创新和结构调整力度。

国务院总理李克强说，“十三五”的核心目标是全面建成小康社会，但我们面临着世界经济短期难以走出低迷、国内长期积累的结构性矛盾日渐突出和跨越“中等收入陷阱”等多重挑战，必须上下同欲，切实把新的发展理念贯穿到经济各项工作中，着力保持经济运行在合理区间，实现中高速增长；着力加快产业升级，缩短新旧动能转换期，提高质量效益，推动经济迈向中高端水平。到2020年使13亿多中国人过上全面小康生活，城乡区域协调发展、生态文明建设、社会公平正义等取得显著进步，人均国内生产总值将跃上1.2万美元，基本跨越“中等收入陷阱”。这将创造新的发展奇迹。但离目标越近，挑战也会越尖锐，必须继续坚定信心，奋力克难攻坚。要发挥财政、货币、产业、价格等政策的作用，注重定向调控、相机调控，打好组合拳，找准平衡点，强化逆周期调节，稳定市场预期。用好积极财政政策空间，合理加大减税力度，帮助企业渡难关、调结构、增后劲。通过采取PPP等方式，扩大有效投资，加快推进基础设施尤其是中西部公共设施建设，促进均衡发展。创新货币政策工具，降低企业融资成本，更好地服务实体经济。以导向更突出的产业政策、更严格的标准和监管促进产业升级，满足多样化需求，落实对工商用电同价等政策，为服务业发展营造公平竞争市场环境，用优质产品和服务塑造中国制造、中国品牌的竞争力。要把创新摆在国家战略的核心位置，尤其要靠改革创新体制机制，进一步激发市场活力和社会创造力，把13亿多人的需求释放出来，通过发挥9亿多劳动力、1.5亿多技能人才的聪明才智，使我国发展更多依靠人力资源的优势。现在国内外环境错综复杂，有关部门要深入基层发现和研究解决问题，也希望各位专家和企业家积极提建议、创实绩，齐心协力、真抓实干，共同推动我国经济行稳致远。

11月10日

［纲　文］　**国务院批复内蒙古自治区人民政府，同意呼和浩特市城市总体规划。**

［目　文］　批复说：一、原则同意《呼和浩特市城市总体规划（2011—2020年）》（以下简称《总体规划》）。二、重视城乡区域统筹发展。在《总体规划》确定的2176.7平方公里城市规划区范围内，实行城乡统一规划管理。三、合理控制城市规模。到2020年，中心城区常住人口控制在258万人以内，城市建设用地控制在310平方公里以内。四、完善城市基础设施体系。要进一步完善公路、铁路、机场等对外交通基础设施，疏解区域过境交通，加强城市内外交通衔接。五、建设资源节约型和环境友好型城市。要按照促进生产空间集约高效、生活空间宜居适度、生态空间山清水秀的总体要求，形成合理的城市空间结构，促进经济建设、城乡建设和环境建设同步发展。六、创造良好的人居环境。要坚持以人为本，统筹安排关系人民群众切身利益的教育、医疗、市政等公共服务设施的规划布局和建设。将城市保障性住房的建设目标纳入近期建设规划，确保保障性住房用地的分期供给规模、区位布局和相关资金投入。七、重视历史文化和风貌特色保护。要编制历史文化名城保护专项规划，落实历史文化遗产保护和紫线管理要求，重点保护好塞上老街—大召、席力图召—大盛魁等历史文化街区，和林格尔土城子、云中郡故城等重要遗址，以及和硕恪靖公主府、王昭君墓等各级文物保护单位及其周围环境。八、严格实施《总体规划》。城市建设要实现经济社会协调发展，物质文明和精神文明共同进步。城市管理要健全民主法制，坚持依法治市，构建和谐社会。

11月10日

［纲　文］　**税务总局公布《关于进一步简化和规范个人无偿赠与或受赠不动产免征营业税、个人所得税所需证明资料的公告》，自2015年11月10日起施行。**

11月10日

［纲　文］　**工商管理总局公布废止《流通环节食品安全监督管理办法》《食品流通许可证管理办法》，自2015年11月10日起生效。**

11月10日

［纲　文］　**教育部公布废止《自费出国留学中介服务管理规定》《自费出国留学中介服务管理规定实施细则（试行）》《高等学校境外办学暂行管理办法》，自2015年11月10日起施行。**

11月10日

［纲　文］　**教育部公布修改后的《民办高等学校办学管理若干规定》《独立学院设置与管理办法》《中小学教材编写审定管理暂行办法》，自2015年11月10日起施行。**

11月10日

［纲　文］　**全国人大常委会委员长张德江在北京会见各国议会联盟主席乔杜里。**

［目　文］　张德江说，2015年9月，习近平主席与各国领导人共同出席了联合国

成立 70 周年系列峰会，取得一系列重要成果。其中，发展峰会通过的 2030 年可持续发展议程，将指导未来 15 年世界各国发展和全球发展合作。中共十八届五中全会通过的“十三五”规划建议明确提出，中国要主动参与 2030 年可持续发展议程。全面落实发展议程、将承诺与愿景变成务实行动，一是应由各国根据自身国情，自主制定后续落实工作，实现发展议程与本国发展战略的协调和对接；二是重点解决好贫困、卫生、教育等涉及各国人民基本生存和发展的问题，同时平衡处理经济增长、社会进步、环境保护的关系；三是国际社会要建立全面的发展伙伴关系，加强南北对话，促进南南合作，为 2030 年可持续发展议程提供保障。议联作为国际社会重要成员，应在落实发展议程方面发挥独特作用，中方支持议联把落实 2030 年发展议程作为今后工作重点。中方愿与国际社会一道，包括同议联密切合作，共同努力，实现发展议程，共同走出一条公平、开放、全面、创新的发展之路。乔杜里感谢中方对议联工作的支持和为第四次世界议长大会成功召开做出的重要贡献，表示议联愿密切与中国全国人大的合作，推动发展议程的落实。

11 月 10 日

［纲　文］　**国务委员杨洁篪在北京会见南方中心董事会主席、坦桑尼亚前总统姆卡帕。**

［目　文］　杨洁篪表示，南方中心作为发展中国家的重要智库，为促进南南合作、加强南北合作发挥了重要作用。中国重视南方中心为发展中国家参与国际发展合作提供的重要支持，愿与南方中心加强合作，就 2030 年可持续发展议程等重大国际发展问题保持密切沟通与协调，帮助发展中国家实现共同发展和繁荣。姆卡帕表示，南方中心愿继续同中方深化南南合作，为实现 2030 年可持续发展议程做出贡献。

11 月 10 日

［纲　文］　**外交部部长王毅应邀对菲律宾进行工作访问。**

［目　文］　王毅在马尼拉会见菲律宾总统阿基诺。王毅表示，习近平主席收到了总统的邀请和转达的口信，愿赴菲出席 APEC 领导人非正式会议，这体现了中方对 APEC 进程的重视和对菲方办会的支持。2014 年北京 APEC 会议就推动亚太区域合作达成重要共识，希望 2015 年会议能在此基础上进一步聚焦和推动亚太经贸合作。中菲是搬不走的邻居，应该和睦相处，共同发展。中国重视发展同菲律宾的关系，愿同菲方共同努力，重建正常、稳定和健康发展的睦邻友好关系。中方愿通过对话协商，妥善处理所有影响双边关系的问题，包括海上问题。阿基诺表示，菲方希望和平解决有关争议，愿与中方进行开放、坦诚的沟通，希望找到双方都能接受的解决办法。

阿基诺请王毅转达对习近平主席的问候，表示菲方期待习主席赴菲与会，将尽地主之谊，给予习主席最热情友好接待，采取一切措施，确保习主席马尼拉之行顺利、安全、愉快。请中方放心，菲方将当好东道主，聚焦亚太区域经济合作，会议不会也不应引入争议问题，菲方愿为习主席和其他领导人与会创造积极和舒适的氛围，确保会议取得积极成果。

11月11日

［纲　文］　**国家主席习近平、国务院总理李克强就施密特逝世分别向德国总统高克和总理默克尔致唁电。**

11月11日

［纲　文］　**李克强主持召开国务院常务会议。**

［目　文］　会议主要内容是：一、确定稳定粮食生产增加种粮收入的措施，保障粮食安全和农民利益。会议指出，中国粮食连年增产，2015年再获丰收，有力支撑了经济社会发展和民生改善，但也存在库存大幅增加、价格下降等问题。当前正值秋收冬种，要多措并举，切实保护农民利益和种粮积极性。（一）要抓好秋粮收购，加大仓储设施建设投入，加快在建粮库和维修改造进度，按需追加跨省移库计划，加大北粮南运，抓紧出台鼓励加工企业入市购粮政策，严查“打白条”、压级压价，防止“卖粮难”。（二）要稳妥消化现有库存，将符合条件的临储玉米划转为国家一次性储备。（三）要做好冬春农业生产，加快灌排设施等水利建设，加强农资保供。（四）要改革粮食价格形成和收储机制，完善玉米、大豆补贴政策，小麦、稻谷等口粮品种明年继续实行最低收购价政策。（五）要推动南方挂坡地退耕还林，推进休耕及玉米与大豆轮作，扩大“粮改饲”试点范围，促进种植结构调整。二、部署以消费升级促进产业升级，培育形成新供给新动力，扩大内需。会议认为，围绕消费新需求，创新消费品等相关产业和服务业供给，能够丰富群众生活、释放内需潜力、弥补民生短板、推动工业升级和产品质量提升。（一）以改革创新破除制约消费扩大的体制机制障碍。（二）优化消费环境。全面提高标准化水平，以更严的标准和监管强化企业主体责任，促进消费品质量的提升，建立全国统一的信用信息共享平台，推进跨地区、跨部门信用奖惩联动，营造公平竞争环境，保护知识产权，严惩假冒伪劣、价质不符等行为，维护消费者权益，使消费者放心消费，从而更好拉动内需。（三）加大财税、金融等政策支持，发展消费信贷，将消费金融公司试点推广至全国。（四）畅通商品进口渠道，扩大群众欢迎的日用消费品等进口，增设口岸进境免税店，落实和完善境外旅客购物离境退税政策。三、决定推进医疗卫生与养老服务结合，更好保障老有所医老有所养。会议指出，推进医疗卫生与养老服务相结合，是深化医改、应对老龄化、增进亿万家庭福祉的惠民举措，也能带动大量就业。会议确定，（一）促进医养融合对接。（二）鼓励社会力量兴办医养结合机构，支持医疗资源丰富地区将公立医院转为康复、老年护理等机构。（三）强化投融资、用地等支持，扩大政府购买基本健康养老服务，创新长期护理保险等产品。四、会议通过《地图管理条例（草案）》。草案对地图编制、审核、出版等作了规定。

11月11日

［纲　文］　**食品药品监管总局发布《关于药品注册审评审批若干政策的公告》。**

［目　文］　《公告》由十部分组成：一、提高仿制药审批标准；二、规范改良型新

药的审评审批；三、优化临床试验申请的审评审批；四、实行同品种集中审评；五、允许申请人主动撤回不符合条件的药品注册申请；六、严格审查药品的安全性和有效性；七、加快临床急需等药品的审批；八、严惩临床试验数据造假行为；九、引导申请人理性申报；十、规范药品注册复审工作。自2015年11月11日起实施，此前发布的《药品注册管理办法》(原国家食品药品监督管理局令第28号)等相关规定，与本公告不一致的，以本公告为准。

11月11日

［纲　文］　**交通运输部公布《农村公路养护管理办法》，自2016年1月1日起施行。**

11月11日

［纲　文］　**交通运输部公布《中华人民共和国内河船舶船员值班规则》《中华人民共和国内河船舶船员适任考试和发证规则》，自2016年5月1日起施行。**

11月11日

［纲　文］　**首届中国—北欧青年领军者论坛在浙江义乌举行。**

［目　文］　论坛是由中华全国青年联合会主办，外交部、中联部、浙江省人民政府共同承办的大型青年高端交流论坛，旨在拓展中国与北欧国家合作的新领域、新方式。论坛分为开幕式、全会及三个平行分论坛。2015年是中国与北欧的丹麦、瑞典、芬兰等国建交65周年，此次论坛为中国与北欧国家青年交流提供了契机，进一步拓展了中国与北欧各国在各个领域的合作。本届论坛主题是“创业与梦想”，中国和北欧的青年和企业界代表300多人出席。

国家副主席李源潮、芬兰议长洛赫拉等出席开幕式并致辞，丹麦首相拉斯穆森、冰岛总理京勒伊格松发来视频致贺。李源潮说，本次论坛落实中国国家主席习近平与北欧国家领导人关于促进双方青年交流的共识，探索中国同北欧合作的新方式，很有意义。当代青年赶上了创新创业的好时代。全球产业转型升级为青年创新创业提供了难得机遇，科技进步为青年创新创业提供了强大动力，互联网飞速发展使青年创业进入众创时代，各国开放合作为青年创新创业提供广阔舞台。青年是创新创业的先锋，是友好合作的有生力量。希望大家做中欧青年创新创业的引领者，做中欧互利合作的推动者，做中欧深厚友谊的传承者，努力抓住时代发展机遇，成就青春创业梦想，开创中国—北欧友好合作新未来。

开幕式前，李源潮集体会见了芬兰议长洛赫拉、瑞典北欧合作大臣佩尔松、北欧部长理事会秘书长赫布罗滕等外方代表。

11月11日

［纲　文］　**中共中央政治局常委刘云山在北京会见韩国新国家党最高委员徐清源率领的韩国超党派国会议员代表团。**

［目　文］　刘云山说，当前中韩战略合作伙伴关系发展良好，呈现政治互信、经贸合作、人文交流齐头并进的可喜局面。中共十八届五中全会提出坚持创新、协调、绿色、

开放、共享发展，强调发展更高层次的开放型经济，这将为世界各国提供更多发展机遇。中方愿同韩方一道落实好两国元首达成的重要共识，深化各领域交流合作。中国共产党愿与韩国各政党继续保持高层交往，用好中韩政党政策对话平台，为推动中韩关系发展发挥积极作用。徐清源说，韩中建交20多年来，两国关系发展迅速。去年以来，两国元首多次会晤，引领双边关系持续深入发展。韩各政党愿为推动韩中战略合作伙伴关系发展继续作出努力。

11月11日

［纲　文］**国务院副总理刘延东在北京会见日本长崎县知事中村法道一行。**

［目　文］刘延东表示，发展长期稳定的中日关系符合两国人民根本利益。中方愿同日方共同努力，在中日四个政治文件的基础上，扎实落实双方去年达成的四点原则共识，妥善处理矛盾分歧，推动中日关系早日重回健康发展轨道。希望双方加强人文交流和地方合作，进一步夯实两国关系的民意基础。中村表示，长崎县愿继续加强对华友好交流合作，为推进日中友好作出努力。

11月11日

［纲　文］**中央军委副主席许其亮、国防部部长常万全在北京与加纳国防部部长昆布尔会见、会谈。**

［目　文］许其亮在会见昆布尔时说，中加两国建交以来，双方政治互信不断增强，各领域合作取得丰硕成果，在国际事务中保持了良好的沟通与协调。中方赞赏并感谢加方在涉及中国核心利益和重大关切问题上给予中方的坚定支持。随着两国关系的不断发展，中加两军关系也日益深化，各领域合作稳步推进。中方愿与加方共同努力，不断丰富两军关系内涵，深化各领域务实合作，提升两军的合作水平。昆布尔说，希望双方加强在各领域合作与交流，推动两国两军关系迈上新台阶。

常万全与昆布尔会谈时说，中加建交55年来，在双方领导人的共同关心和推动下，两国友谊不断加深。中国军队重视与加纳军队的关系，愿与加军开展不同形式的交流与合作，进一步拓展合作领域，推动两军关系持续发展。昆布尔说，感谢中方多年来对加纳的支持和帮助。希望继续保持高层交往，加强在军事教育、国际维和、打击海盗等领域的合作，不断深化两军友好关系。

11月11—14日

［纲　文］**国务院副总理汪洋应邀对以色列、巴勒斯坦进行正式访问。**

［目　文］访问期间，汪洋在以色列耶路撒冷分别会见以色列总统里夫林和总理内塔尼亚胡，见证了双方关于加强农业合作相关文件的签署，并考察了以色列农业项目。

汪洋在巴勒斯坦拉姆安拉分别会见巴勒斯坦总统阿巴斯、总理哈姆达拉。汪洋与阿巴斯共同出席了中国援建巴外交部大楼移交仪式，并共同见证了两国相关合作协议签署。

11月11—12日

［纲　文］**应国家主席习近平邀请，土库曼斯坦总统别尔德穆哈梅多夫访华。**

［目　文］　访问期间，习近平在北京同别尔德穆哈梅多夫举行会谈，两国元首同意共同努力，提高双方各领域合作水平，不断充实中土战略伙伴关系内涵，造福两国人民。

习近平同别尔德穆哈梅多夫会谈时指出，中土是亲密的朋友和可靠的合作伙伴，两国友好合作关系拥有坚实的政治基础和良好的民意基础，希望两国领导人继续保持密切交往。中方共建丝绸之路经济带倡议得到土方积极支持。我们已正式发布推动共建“一带一路”的愿景和行动，其中拟建设的中国—中亚—西亚经济走廊将经过土库曼斯坦。我们将遵循共商、共建、共享原则，同土方一道做好这项工作。中方视土方为长期稳定的能源战略合作伙伴，愿同土方共同推动两国能源合作不断走向深入。中方愿同土方探讨优质产能合作，继续扩大从土方进口传统优势产品，推动双方在钾肥生产、电力、信息技术、农业、金融、交通等领域合作。我们愿同土方加强青年、教育、文化、体育等领域交流，增进两国人民相互了解和友谊。我们赞成双方深化安全合作。针对当前本地区复杂严峻的安全形势，中土双方应深化安全合作，共同打击“三股势力”和跨国有组织犯罪。中土双方在一系列重大国际和地区问题上立场相同，这是两国高水平战略伙伴关系的体现。中方愿同土方继续就国际能源合作等问题加强沟通。

别尔德穆哈梅多夫表示，我此次访华，专程祝贺中国人民抗日战争暨世界反法西斯战争胜利 70 周年。中国为世界反法西斯战争胜利和建立战后国际体系做出了重大贡献。土中建立战略伙伴关系以来，双方在彼此重大关切问题上相互支持，经贸、油气、电信、交通、农业、纺织、食品、化工、卫生、建筑等各领域合作稳步发展，在基础设施互联互通方面合作潜力巨大。双方教育、体育等人文领域和地方交流密切，有助于巩固两国人民传统友谊。土中双方在国际和本地区事务中许多立场相同，应继续密切沟通协调。

11 月 12 日

［纲　文］　**国务院总理李克强在北京会见比尔·盖茨。**

［目　文］　李克强表示，当前中国正在推进经济结构性改革和结构调整，走绿色可持续发展道路。在这一进程中，中国愿同世界各国携手合作，综合施策，共同应对气候变化挑战。发展包括核电在内的清洁能源是一条重要途径。中国政府支持把美方前瞻性技术和设计理念同中方工业配套和建设运营能力相结合，在确保安全、降低成本、提高可持续性的前提下，开展联合研发，不断提升中国核电产业水平。同时，助力中美开展第三方市场核电合作，为全球可持续发展贡献力量。盖茨表示，中国积极应对气候变化，发展新能源产业取得的成就有目共睹。美中两国企业强强联合，将有力加快技术创新和产业化进程，为全球特别是发展中国家实现可持续发展提供清洁、可靠、价格低廉的能源供给。

11 月 12 日

［纲　文］　**财政部印发《政府投资基金暂行管理办法》。**

［目　文］　《办法》共 8 章 35 条，主要有总则、政府投资基金的设立、政府投资基金的运作和风险控制、政府投资基金的终止和退出、政府投资基金的预算管理、政府投资

基金的资产管理、监督管理、附则等内容。自2015年11月12日起实施。

11月12日

［纲　文］　**税务总局印发《国税系统政府采购供应商信用管理办法》和《企业所得税优惠政策事项办理办法》。**

［目　文］　《办法》共5章26条，主要有总则、信用评价、评价标准、结果应用、附则等内容。自2016年6月1日起施行。

11月12日

［纲　文］　**税务总局印发《企业所得税优惠政策事项办理办法》。**

11月12日

［纲　文］　**人力资源社会保障部公布废止《招用技术工种从业人员规定》（劳动和社会保障部令第6号），自2015年11月12日起生效。**

11月12日

［纲　文］　**全国人大常委会委员长张德江在北京会见佩洛西率领的美国众议院代表团。**

［目　文］　张德江说，中美关系十分重要。不久前，习近平主席应奥巴马总统邀请对美国进行了国事访问，双方一致同意继续构建中美新型大国关系，进一步确认了中美关系发展的正确方向，达成了一系列共识成果，向外界发出了中美致力于加强对话合作的积极信号。中国全国人大与美国国会应本着相互尊重、求同存异的精神，加强沟通交流，增进相互了解，推进务实合作，多做促进互信和合作的事，推动中美关系不断取得新进展，惠及两国人民和世界人民。佩洛西高度评价两国元首的会晤及成果，期待两国立法机关加强交流合作，增进两国人民之间的友谊。

11月12日

［纲　文］　**李源潮在上海调研群团工作。**

［目　文］　中共中央政治局委员、国家副主席李源潮调研时指出，青妇科侨组织要按照习近平总书记重要讲话要求，积极稳妥推进自身改革，动员所联系群众为全面建成小康社会建功立业。

11月12日

［纲　文］　**中央党校举行2015年秋季学期第二批入学学员开学典礼。**

［目　文］　刘云山出席开学典礼并讲话，赵乐际、赵洪祝、中央有关部门负责人、中央党校校委成员、全体学员和教职工参加开学典礼。中国浦东、井冈山、延安干部学院学员和教职工通过视频会议系统同步收看开学典礼。

中央党校校长刘云山强调，领导干部要认真学习贯彻党的十八届五中全会精神，牢固树立和自觉践行五大发展理念，努力锻造推动经济社会发展的过硬能力，肩负起决胜全面建成小康社会的历史使命。要深入学习以习近平同志为总书记的党中央治国理政新理念新思想新战略，用党的理论创新成果武装头脑，增强把握大势大局大事、推动经济社会发展的素养和能力；认真贯彻“三严三实”要求，以严的精神改进作风，以实的干劲落实改革发展稳定任务。各级党委要加强领导班子和干部队伍建设，强化守纪律讲规矩意识，强化敢于担当的要求，完善政绩考核评价体系，健全追责问责机制，推动干部能上能下，既解决干部不作为、乱作为的问题，又解决面对新形势不适应不会为不善为的问题，更好地激发干部干事创业的精气神。

11 月 12 日

［纲　文］　**巴基斯坦总理谢里夫在伊斯兰堡会见中央军委副主席范长龙。**

［目　文］　范长龙说，习近平主席 2015 年 4 月访巴期间，与巴领导人将中巴关系提升为全天候战略合作伙伴关系，推动两国关系进入新的历史时期。中巴经济走廊建设对于中国的“一带一路”建设具有重要推动作用，是中巴两国互利共赢的战略选择，也将惠及地区各国人民。中方高度评价巴方在国际反恐斗争中做出的巨大努力和取得的显著成效，愿继续加强双方反恐合作，共同维护地区和平稳定。中国军队愿与巴方同行一道，积极落实两国领导人重要共识，不断深化两军在高层交往、人员培训、联合训练等领域务实合作，为中巴经济走廊建设和两国全方位合作做出应有贡献，造福两国人民。谢里夫表示，两国领导人共同确定的巴中经济走廊项目对巴中关系的长远发展具有重要引领意义，不仅有助于巴经济发展，推动两国经贸合作，也将加强南亚与中亚的互通互联。巴方始终将发展与中国的传统友谊作为外交政策的基础，感谢中方在巴基础设施、能源开发和国防建设方面给予的巨大支持。

11 月 12—15 日

［纲　文］　**2015 两岸文学对话在南京举行。**

［目　文］　对话由中华文化联谊会和中国作家协会共同主办，来自“两岸四地”120 名作家以“新媒体环境下的文学变革”和“文学写作与民族记忆”为主题展开对话，探讨文学发展，传承民族记忆，共商在中华民族伟大复兴进程中如何发挥文学的作用。

11 月 13 日

［纲　文］　**国务院办公厅印发《国家大面积停电事件应急预案》。**

［目　文］　《预案》主要有总则、组织体系、监测预警和信息报告、应急响应、后期处置、保障措施、附则等内容。自 2015 年 11 月 13 日起实施。

11 月 13 日

［纲　文］　**国务院总理李克强向第 2 届中国—中东欧国家文化合作论坛致贺信。**

［目　文］　李克强在贺信中表示，文化具有跨越时空、直抵心灵的强大力量。中国与中东欧 16 国都拥有悠久的历史和灿烂的文化，传统友谊源远流长。近年来，双方政治互信不断加强，各领域务实合作蓬勃发展，其中文化交流成果丰硕，发挥了不可替代的重要作用。中国与中东欧国家是久经考验的老朋友，也是面向未来的新伙伴。中国提出“一带一路”倡议，大力推动国际产能合作，帮助中东欧国家进行基础设施建设，实现发展蓝

图。“16+1合作”互补性强、契合度高、发展潜力巨大。第四次中国—中东欧国家领导人会晤年内将在华举行，中东欧16国领导人将首次会聚中国，共商发展战略对接、共促合作共赢大计。打造好、利用好文化论坛平台，坦诚对话、开拓创新。促进各国优秀文化互学互鉴、交相辉映，让世代友好的种子在各国民众心中生根发芽，为深化“16+1合作”、促进共同发展与繁荣不断注入生机和活力。

第2届中国—中东欧国家文化合作论坛在保加利亚首都索非亚举行。本届论坛由保加利亚文化部主办。中国文化部部长雒树刚率中国政府文化代表团出席论坛，阿尔巴尼亚、波黑、保加利亚、克罗地亚、捷克、爱沙尼亚、匈牙利、拉脱维亚、立陶宛、马其顿、黑山、波兰、罗马尼亚、塞尔维亚、斯洛伐克、斯洛文尼亚16国的文化部代表出席。雒树刚作了题为《深化务实合作、实现互利共赢》的主旨发言。论坛上，与会各方围绕“当前文化遗产管理面临的挑战和文物交流的前景”“如何为开拓文化创意产业的国际市场提供必要条件”“如何促进艺术家人才流动以及当代艺术作品的交流”3个主题展开了热烈讨论、提出了建设性建议。与会各国一致通过了《中国—中东欧国家2016—2017年文化合作索非亚宣言》。

11月13日

［纲　文］　**国务院总理李克强在北京会见佩洛西率领的美国众议院代表团。**

［目　文］　李克强表示，中美关系虽历经风雨，但总体上不断前行。2015年9月，习近平主席成功访美，有力推动了两国关系发展。中美分别是世界上最大的发展中国家和最大的发达国家，由于历史文化、社会制度、发展阶段不同，在一些问题上有不同看法甚至分歧是正常的。应当看到，中美共同利益远大于分歧，关键是要把握两国关系发展的大方向，坚持相互尊重、平等相待，拓展共同利益，促进务实合作，扩大人文交流，加强在国际事务中的沟通与协调，通过对话磋商建设性地管控好分歧。中美关系长期稳定健康发展，不仅将造福中美两国人民，也是对世界和平、稳定与发展的特有贡献。气候变化是全人类面临的共同挑战。中国政府已经向联合国有关机构提交了应对气候变化国家自主贡献文件，提出到2030年左右二氧化碳排放达到峰值，并努力早日达峰，将继续采取多种措施降低能耗强度、发展清洁能源，坚定不移地走绿色可持续发展道路。中方愿同美方在清洁能源和节能技术等领域开展合作，为应对气候变化的共同事业贡献力量。立法机构在中美两国政治生活和双边关系中发挥着重要的作用。中方高度重视两国议会间的交流与合作，这对增进两国人民相互了解，夯实中美关系的民意基础十分重要。希望双方扩大交流，促进了解，构筑共识，为中美关系健康稳定发展创造有利条件。

佩洛西等表示，美方赞赏中国发展特别是减贫方面取得的巨大成就。美中作为世界前两大经济体，发挥着举足轻重的国际影响。双方就气候变化、网络安全、国际和地区热点问题开展的合作卓有成效。美方愿以友好、坦诚的方式同中方加强接触，增进理解，扩大共识，在友好合作的道路上相向而行。

11月13日

［纲　文］ **最高法、银监会发布《人民法院、银行业金融机构网络执行查控工作规范》。**

11月13—29日

［纲　文］ **第21届全国版画作品展在重庆美术馆举办。**

11月14—16日

［纲　文］ **国家主席习近平应邀出席在土耳其安塔利亚举行的二十国集团领导人第十次峰会。**

［目　文］ 陪同习近平与会的有：中央政策研究室主任王沪宁、国务院副总理汪洋、中央办公厅主任栗战书、国务委员杨洁篪、中国人民银行行长周小川等。

15日，二十国集团领导人第十次峰会在安塔利亚举行。习近平在第一阶段会议上发表了题为《创新增长路径 共享发展成果》的讲话，强调二十国集团要加强宏观经济政策沟通和协调，推动改革创新，构建开放型世界经济，落实2030年可持续发展议程；在第二阶段会议上，阐述中国主办2016年峰会总体思路和设想，二十国集团是每个成员的二十国集团。中方将保持开放、透明、包容姿态，同各成员加强沟通和协调，共同把二十国集团维护好、建设好、发展好。相信2016年峰会将呈现历史和现实交汇的独特韵味。

本次峰会的主题是：共同行动以实现包容和稳健增长。峰会发表了《二十国集团安塔利亚峰会公报》和《二十国集团安塔利亚峰会关于反恐问题的声明》。与会各领导人表示，各方要加强宏观政策协调，应对全球经济增长动力不足问题。要解决不平衡问题，完善社保体系，增强中低收入人群购买力。要加强国际金融监管，加快国际金融机构改革。鼓励发展中国家融入全球经济治理，发掘非洲国家潜力，加强在基础设施建设领域的合作。各成员要在《联合国气候变化框架公约》下开展磋商，制定合理、平衡、可持续的方案，共同应对气候变化问题。国际社会要团结合作，共同打击恐怖主义。与会各领导人对中国主办2016年二十国集团领导人峰会表示支持，一致同意中方提出的会议主题和筹备重点。与会领导人还就国际货币基金组织改革、税收、反腐败、国际贸易和能源等议题交换了意见，呼吁尽快落实国际货币基金组织改革方案。

会议期间，习近平分别会见了土耳其总统埃尔多安、俄罗斯总统普京、印度尼西亚总统佐科、墨西哥总统培尼亚、澳大利亚总理特恩布尔、加拿大总理特鲁多、西班牙首相拉霍伊。

习近平与俄罗斯总统普京、印度总理莫迪、南非总统祖马、巴西总统罗塞夫举行了金砖国家领导人非正式会晤。五国领导人就加强金砖国家沟通协调、共同应对全球挑战深入交换意见。习近平在题为《开拓机遇 应对挑战》的讲话中提出四点建议：一是塑造有利的外部发展环境，共同完善全球经济治理。二是加强协调，相互支持，共同应对各种全球性挑战。三是推动互利共赢的国际发展合作，共同倡导新型全球发展伙伴关系。

四是携手推进经济优化升级，共同实现长远发展，结合落实金砖国家经济伙伴战略，携手打造利益共享的价值链和大市场。中国愿同其他金砖国家共享发展机遇，提高经济合作水平。

金砖国家领导人强烈谴责巴黎系列恐怖袭击事件，重申致力于加强打击恐怖主义的国际合作。领导人表示，要在开放、团结、平等、相互理解、包容、合作、共赢等原则指导下，加强金砖国家战略伙伴关系，继续就二十国集团议程交换意见、协调立场，维护新兴市场经济体和发展中国家利益，建设包容、有序和开放的世界经济，敦促落实国际货币基金组织2010年改革方案。金砖国家要在落实2030年可持续发展议程进程中加强合作，改善国际发展合作架构。金砖国家其他领导人都表示，对中国担任2016年二十国集团主席国给予支持。

11月14日

［纲　文］ **国家主席习近平、国务院总理李克强就法国巴黎系列恐怖袭击事件分别向法国总统奥朗德、法国总理瓦尔斯致慰问电。**

11月14日

［纲　文］ **财政部、教育部印发《特殊教育补助资金管理办法》，自2015年11月14日起30天后施行。原《少数民族教育和特殊教育中央补助资金管理办法》同时废止。**

11月16日

［纲　文］ **国务院办公厅印发《关于调整国务院安全生产委员会组成人员的通知》。**

11月16日

［纲　文］ **证监会发布《关于进一步推进全国中小企业股份转让系统发展的若干意见》。**

［目　文］ 《意见》由七部分组成：一、充分认识加快发展全国股转系统的重要意义和目标任务；二、进一步提高市场效率，增强市场融资功能；三、坚持和完善主办券商制度和多元化交易机制；四、实施全国股转系统内部分层和差异化管理；五、大力发展和培育机构投资者队伍；六、持续加强投资者权益保护工作；七、加强市场监管。

11月16日

［纲　文］ **科技部、保密局公布《科学技术保密规定》。**

［目　文］ 《规定》共5章43条，主要有总则，国家科学技术秘密的范围和密级，国家科学技术秘密的确定、变更和解除，国家科学技术秘密保密管理，附则等内容。本规定自2015年11月16日起施行，1995年颁布的《科学技术保密规定》（国家科学技术委员会、国家保密局令第20号）同时废止。

11月16日

［纲　文］ **全国人大常委会委员长张德江在北京会见巴基斯坦参议院主席拉巴尼。**

［目　文］ 张德江说，中巴是全天候战略合作伙伴。2015年4月，习近平主席成功

访巴，两国领导人就深化全方位合作达成广泛共识，有力推动、深化了中巴友好合作。当前，两国关系发展势头强劲，中巴经济走廊建设和其他合作取得积极进展、成效显著。中国全国人大与巴基斯坦议会愿进一步密切友好往来，加强法治建设、治国理政等经验交流，不断营造友好合作的良好安全和法律环境，不断充实中巴命运共同体的内涵，把中巴传统友谊维护好、传承好、发展好，促进中巴关系可持续发展，更好地造福两国和两国人民。

拉巴尼说，巴中传统友谊历久弥坚，愿加强两国议会外交，推动两国关系深入发展。

20日，全国政协主席俞正声在北京会见拉巴尼。俞正声说，中巴建交64年来，一贯相互尊重，相互信任，在涉及彼此核心利益的问题上相互支持，建立了高度的政治互信，开展了全天候、全方位合作。2015年4月，习近平主席访巴取得丰硕成果，两国领导人就深化务实合作、打造中巴命运共同体达成广泛共识。希望两国维护和传承好中巴友谊，推进中巴经济走廊建设，加强在经济、能源、交通基础设施、反恐、人文等领域的交流与合作。中国全国政协愿与巴基斯坦议会加强在发展经济、改善民生等方面的交流，促进中巴关系稳定发展。拉巴尼说，发展对华友好关系是巴基斯坦外交政策基石，希望双方共同努力，推动两国关系深入发展。

11月16日

［纲　文］　**中俄能源合作委员会第12次会议在北京举行。**

［目　文］　国务院副总理、中俄能源合作委员会中方主席张高丽与俄罗斯副总理德沃尔科维奇共同主持会议，双方一致认为，2015年中俄能源合作继续积极深入向前发展，取得了一批重要新成果。双方商定，要以丝绸之路经济带建设和欧亚经济联盟建设对接为契机，推进能源合作对接，做好能源合作长期规划，实现双方能源合作可持续发展。一是按照双方商定计划推进东线天然气管道建设，根据能源上下游一体化合作共识推动西线天然气、亚马尔液化天然气项目。二是切实保障中俄原油管道顺利运营，积极实施增供油项目，推进中国境内段复线管道建设，认真落实好合资建设天津炼厂项目。三是积极推进电力、煤炭、核能、可再生能源合作，拓展能源技术、本币结算、工程服务等领域合作新项目。四是加快开展能源装备合作，加强能源各领域的标准对接交流。

张高丽说，在两国元首的战略引领下，中俄全面战略协作伙伴关系继续保持高水平发展。习近平主席和普京总统年内举行四次会晤，确定了新形势下扩大包括能源合作在内的中俄全方位务实合作的重点方向和领域。我们要在全面总结过去一年中俄能源合作工作的基础上，进一步落实好两国元首达成的能源合作重要共识，积极打造更多的标志性能源合作项目，为即将举行的中俄总理第二十次定期会晤做好相关准备。德沃尔科维奇表示，俄中两国高层交往密集，政治互信持续加深，为双方各领域务实合作奠定了坚实基础。俄方愿与中方一道，按照两国元首达成的共识，本着互利共赢精神不断开拓两国能源合作新局面，为两国实现共同发展提供更大助力。

会谈后，张高丽与德沃尔科维奇共同签署了《中俄能源合作委员会第12次会议纪要》。

11 月 16 日

［纲　文］　**国家副主席李源潮在北京会见亚美尼亚共和党干部考察团。**

11 月 16—18 日

［纲　文］　**俞正声在湖南调研。**

［目　文］　全国政协主席俞正声在湖南湘西土家族苗族自治州，到企业、民族村寨、学校医院，就民族地区扶贫开发进行调研。

俞正声指出，民族地区的发展关系全面建成小康社会全局。要以提高发展质量和效益为中心，加快转变经济发展方式，积极发展特色优势产业，努力实现更高质量、更有效率、更加公平、更可持续的发展。要深入实施创新驱动发展战略，支持企业转型升级，推动新技术、新产业、新业态蓬勃发展。要坚持绿色发展，保护好生态环境，为子孙后代留下绿水青山的美好家园。

调研期间，俞正声分别召开湘西州委州政府有关负责人、部分乡镇党委书记和贫困村支部书记座谈会，听取关于扶贫脱贫工作的意见建议并指出，要认真实施脱贫攻坚工程，在精准扶贫、精准脱贫上下更大功夫，着力提高扶贫实效，确保民族地区贫困人口到 2020 年如期脱贫。要切实加强基层组织，真正把基层党组织建设成为带领群众脱贫致富的坚强战斗堡垒。

11 月 17 日

［纲　文］　**环境保护部公布《限制进口类可用作原料的固体废物环境保护管理规定》。**

［目　文］　《规定》由五部分组成：一、适用范围；二、加工利用企业环境保护要求；三、申请、审批和监督管理；四、变更、遗失和延期处理；五、经营情况和年度环境保护报告备案。本规定自发布之日起施行，《进口废钢铁环境保护管理规定》（环境保护部公告 2009 年第 66 号）、《进口可用作原料的固体废物环境保护管理规定》（环境保护部公告 2011 年第 23 号）同时废止。

11 月 17 日

［纲　文］　**崔世安在澳门特别行政区立法会发表《2016 财政年度施政报告》。**

［目　文］　澳门特别行政区行政长官崔世安在报告中强调“促经济、重民生、稳发展”是 2016 年的施政重点。他说，博彩业经历持续 10 年的高速增长后进入调整期，博彩业收益持续下降。但综观全局，澳门整体经济运作健康，公共财政稳健，政府保持盈余预算，各项大型建设有序进行，失业率仍保持较低水平，通胀有所回落，我们对澳门经济的长远发展仍然充满信心。

目前澳门财政储备总额达 4335.57 亿元（以下均为澳门元），外汇储备达 1453.43 亿元。因此，崔世安在报告中宣布继续实行“现金分享计划”——永久居民每人 9000 元，非永久居民 5400 元，与上年持平。同时在敬老金、家庭困难学生补助、残疾津贴，以及针对困难家庭的最低维生指数津贴和短期食物补助等方面，均有不同程度的提高。

11月17日

［纲　文］　**第8届中英政党对话在北京举行。**

［目　文］　对话由中国对外联络部和英国英中协会共同主办。中联部部长王家瑞，中联部副部长陈凤翔，国务院发展研究中心副主任隆国强以及中央和国家机关有关负责人，英国下院议员、前司法大臣克拉克，上院议员、前工党政府首席大臣曼德尔森，保守党、工党、自民党、苏格兰民族党的议员、政要，以及两国工商界人士共50余名代表出席对话。

对话期间，与会代表围绕“国事访问后的中英伙伴关系前景”为主题，就如何落实习近平主席访英重要成果，加强两国发展战略对接，深化经贸、投资、全球治理等领域合作展开深入探讨，一致认为两国关系发展前景光明，政党作为领导国家前进的核心力量，应做中英关系的引领者、中英合作的推动者、中英友好的践行者，牢牢把握两国关系的正确方向，助力彼此改革发展进程，推动两国务实合作不断取得新成果，为中英关系再上新台阶作出应有贡献。

18日，国家副主席李源潮在北京会见出席第八届中英政党对话的英方代表时说，中英有着广泛共同利益，巩固和深化中英关系成为两国各界共识。希望双方政治家积极落实两国领导人重要共识，推动各领域务实合作，加强党际交流与对话，共同致力于构建中英面向21世纪全球全面战略伙伴关系。

英方表示，英各政党在发展对华友好关系方面高度一致，将继续努力推动英中关系发展和两国各领域合作。

11月17日

［纲　文］　**俄罗斯总统普京在莫斯科会见中央军委副主席许其亮。**

［目　文］　许其亮转达了习近平主席对普京总统的亲切问候和良好祝愿。普京表示感谢并请转达对习近平主席的诚挚问候和美好祝愿。

普京说，2015年我同习近平主席多次会晤，就共同关心的重大问题达成广泛共识，俄中全面战略协作伙伴关系得到进一步提升，俄中两国全方位合作是维护当今世界和平与稳定的重要因素。两国军事领域合作在两国关系中具有特殊的重要地位，俄方对两军关系现状表示满意，希望双方继续深化联合演习、部队训练等各领域务实合作。

许其亮说，在习近平主席和普京总统的亲自关心和直接推动下，中俄全面战略协作伙伴关系进入新的发展阶段，呈现良好发展势头。两军关系是两国战略协作的重要内容，两军交流与务实合作成果丰硕。中方愿同俄方一道，坚决落实两国元首达成的重要共识，把中俄高水平政治互信优势转化为防务领域务实合作成果，为维护两国共同利益、促进地区和世界的和平与稳定做出新贡献。

11月17—19日

［纲　文］　**中国舞蹈家协会第10次全国代表大会在北京召开。**

［目　文］　来自全国各地的200余名舞蹈工作者参加会议。与会代表审议并通过了第九届理事会和主席团所作的《工作报告》，修订了《中国舞蹈家协会章程》，并选举产生了中国舞协第十届理事会和主席团。

11月18日

［纲　文］　**李克强主持召开国务院常务会议。**

［目　文］　会议主要内容是：一、确定改进公共服务措施，以持续简政放权便利群众办事创业。会议对一些部门和地方回应社会关切、推出便民举措给予肯定，要求持续下功夫、力求新成效。一是全面梳理和公开各地区、各部门及相关中介、国有企事业单位公共服务目录清单，并动态调整。对服务事项逐项编制指南，列明流程、示范文本和时限等。二是简化办事程序，探索将部门分设的办事窗口整合为综合窗口，变“多头受理”为“一口受理”。三是加快推进各级政府间、部门间及国有企事业单位间涉及公共服务事项的信息互通共享、校验核对。依托“互联网+”，促进办事部门相互衔接，变“群众来回跑”为“部门协同办”，会议决定，在首批清理2001年到2013年国务院文件的基础上，对与现行法律法规不一致、已被新规定涵盖或替代、已过时的489件文件宣布失效。二、部署加快企业技术升级改造，推动产业迈向中高端。会议认为，加快企业技术升级改造，使“中国制造”强筋健骨、提质增效，形成竞争新优势，是改善供给和扩大需求的重要举措，既是当务之急，更是长远大计。会议确定，聚焦《中国制造2025》重点领域，发挥企业主体作用，按照有保有压的原则，以市场为导向，以提高质量效益为目标，启动实施一批重大技改升级工程，支持轻工、纺织、钢铁、建材等传统行业有市场的企业提高设计、工艺、装备、能效等水平，有效降低成本，扶持创新型企业和新兴产业成长。为此，一要发布工业企业技改升级指导目录，编制年度重点技改升级项目导向计划，引导社会资金等要素投向，激发企业对接市场需求自主升级改造的动力。二要简化前期手续，推动并联审批，加快项目落地，研究推广对符合条件且不需要新增建设用地的技改升级项目实行承诺备案管理。三要推进落实财税支持措施，创新中央财政技改资金使用方式，提高资金使用效益，鼓励地方财政加大对技改升级的支持。三、决定统一城乡义务教育经费保障机制，推进教育领域公共服务均等化。会议指出，顺应新型城镇化发展要求，整合农村义务教育经费保障机制和城市义务教育奖补政策，建立统一的城乡义务教育经费保障机制，实现“两免一补”经费随学生流动可携带，是深化改革、推进基本公共服务均等化、促进社会公平迈出的新步伐。会议决定，一是从2016年春季学期开始，国家统一确定生均公用经费基准定额，对城乡义务教育学校（含民办学校）按不低于定额标准给予补助。适当提高寄宿制学校、北方取暖地区学校和规模较小学校补助水平。鼓励各地结合实际提高公用经费补助标准。二是从2017年春季学期开始，统一对城乡义务教育学生（含民办学校学生）免除学杂费、免费提供教科书、补助家庭经济困难寄宿生生活费。实施上述政策，由中央和地方统一分项目、按比例分担经费，明后年将新增财政投入150多亿元。

11月18日

［纲　文］ **国务院办公厅转发卫生计生委、民政部、发展改革委、财政部、人力资源社会保障部、国土资源部、住房城乡建设部、全国老龄办、中医药局《关于推进医疗卫生与养老服务相结合的指导意见》。**

［目　文］ 《意见》由五部分组成：一、充分认识推进医疗卫生与养老服务相结合的重要性；二、基本原则和发展目标；三、重点任务；四、保障措施；五、组织实施。

《意见》要求，各地区、各有关部门要建立以落实医养结合政策情况、医养结合服务覆盖率、医疗卫生机构和养老机构无缝对接程度、老年人护理服务质量、老年人满意度等为主要指标的考核评估体系，加强绩效考核。卫生计生、民政部门要会同相关部门加强对医养结合工作的督查，定期通报地方工作进展情况，确保各项政策措施落到实处。

11月18日

［纲　文］ **中组部、人力资源社会保障部、公务员局印发《公务员录用面试组织管理办法（试行）》。**

［目　文］ 《办法》共10章46条，主要有总则、面试试题命制与管理、面试考场管理、面试考官管理、面试工作人员管理、面试考生管理、面试实施、安全与保密、纪律与监督、附则等内容。自2015年11月18日起施行。

11月18日

［纲　文］ **在巴黎召开的国际能源署2015年部长级会议上，中国成为国际能源署联盟国。**

11月18日

［纲　文］ **国务委员兼国防部部长常万全在北京与厄瓜多尔国防部部长科尔德罗举行会谈。**

［目　文］ 常万全说，2014年以来，习近平主席和科雷亚总统两次会面，共同决定建立中厄战略伙伴关系，掀开了两国关系的新篇章。近年来，两军在后勤、医疗和人员培训等领域开展了富有成效的合作。中方愿继续加强与厄方在军事领域的交流与合作，将两军关系提升到新的水平。

科尔德罗说，希望双方进一步深化在防务和军事领域的合作，不断推动两军关系向前发展。

11月18日

［纲　文］ **第10届中国音乐金钟奖在广州举办。**

［目　文］ 金钟奖由中国文联、中国音协、中共广州市委、广州市人民政府共同主办。本届金钟奖设美声唱法、民族唱法、小提琴和手风琴4个组别的比赛。314名参赛选手经过复赛、半决赛和决赛共43场的比拼，最终决出金、银、铜奖共14名。中国文联、中国音协授予傅庚辰、谷建芬“终身成就音乐艺术家”称号。

11月19日

［纲　文］　**习近平、李克强就“伊斯兰国”杀害中国人质事件发表讲话。**

［目　文］　国家主席习近平表示，中国强烈谴责“伊斯兰国”极端组织残忍杀害中国公民这一暴行。我向遇害者家属表示深切慰问。恐怖主义是人类的公敌，中国坚决反对一切形式的恐怖主义，坚决打击任何挑战人类文明底线的暴恐犯罪活动。

国务院总理李克强表示，中国政府强烈谴责“伊斯兰国”极端组织杀害中国公民的残暴行径。我向遇害者家属表示深切慰问。有关部门要协助家属做好善后工作。中国政府高度重视海外中国公民的安全，将一如既往加强境外中国公民和机构安全保护工作。

同日，外交部发言人表示，中国公民樊京辉被“伊斯兰国”极端组织绑架并残忍杀害，我们谨向遇害者表示哀悼，向遇难者家属表示深切慰问。樊京辉被绑架后，中国政府和人民十分牵挂他的安危。中国政府有关部门第一时间启动应急机制，想方设法开展营救工作。但恐怖组织无视人类良知和道德底线，仍然采取惨无人道的暴力行径。中国政府对这一泯灭人性的暴行予以强烈谴责，一定要将犯罪分子绳之以法。恐怖主义是人类的公敌，中国政府坚决反对一切形式的恐怖主义，坚决打击任何挑战人类文明底线的暴恐犯罪活动。中方将继续同国际社会加强反恐合作，维护世界和平与安宁。

11月19日

［纲　文］　**国务院总理李克强在北京会见印度内政部长辛格。**

［目　文］　李克强表示，中印是世界上两个最大的发展中国家，两国比邻而居，高层交往密切，发展互为机遇。中印深化政治互信，开展友好互利合作，保持边境地区和平与安宁，不仅有利于两国25亿人民，也有利于地区和世界的发展与繁荣。当前中国经济运行处于合理区间。我们在保持经济平稳运行的同时，积极推进结构性改革和结构调整，努力实现经济长期持续健康发展。我们将进一步扩大开放，努力营造良好的营商环境，更好地保护知识产权，继续成为最有吸引力的投资目的地。欢迎包括印度在内的各国企业来华投资兴业，希望印方也为中国企业在印开展业务提供更多便利。当前世界各国传统与非传统安全挑战交织，国际和地区反恐形势日趋复杂严峻。中国政府支持中印两国执法部门与国际社会一道，在反恐、打击跨国犯罪等领域加强交流合作，维护好两国社会治安，为经济发展和民生改善创造条件，共同促进地区和世界的和平、稳定与安宁。

辛格表示，印中同为发展中大国，在国际上发挥着重要作用。近年来，双边关系取得很大发展。印方愿同中方在反恐和打击跨国犯罪等安全执法领域加强双边机制性交流合作，深化多边层面协调配合，通过对话谈判妥善处理分歧，保持边境地区的和平与安宁。相信双方共同努力，将翻开印中关系新的篇章。

11月19日

［纲　文］　**全国政协在北京召开双周协商座谈会，围绕“非物质文化遗产传承与保护”建言献策。**

［目　文］　全国政协主席俞正声主持座谈会。全国政协副主席杜青林、罗富和、张庆黎出席座谈会。文化部副部长项兆伦介绍了有关情况。教育部副部长刘利民、财政部副部长余蔚平、住房城乡建设部总经济师赵晖参加会议并与委员互动交流。全国政协委员冯骥才、朱永新、单霁翔、刘兰芳、王旭东、龙新民、李延声、王文章、田青、杨承志、励小捷、郑福田、高培芬、何星亮、高云，以及专家学者李选生、邓丽丽、陈四光在座谈会上发言。

委员们认为，非物质文化遗产是民族的文化印记，是民族智慧的结晶，对传承中华优秀传统文化具有重要意义。在党中央、国务院高度重视和社会广泛参与下，我国非物质文化遗产的传承保护工作取得了显著成绩。但是随着经济社会转型加快，一些非遗代表性项目生存土壤和空间不断萎缩，个别门类的项目与现代生活逐渐脱离，后继乏人，受众急剧减少，可持续的保护传承机制不健全，生存和发展面临严峻形势。要按照中共十八届五中全会关于“构建中华优秀传统文化传承体系，加强文化遗产保护，振兴传统工艺”的要求，进一步完善制度，调动社会各方面的积极性，努力扩大非遗受众，增强传承活力，推动非遗保护事业可持续发展。一些委员建议，一是要全面调查、建档立案。推进国家级非遗项目代表性传承人抢救性记录工程，加快非物质文化遗产档案和相关数据库建设，完善常态化交流展示基地。二是传承为重、关键在人。完善非遗传承人认定标准和工作程序，提高待遇，加快抢救性保护进度。三是政府主导、社会参与，分类管理、区别对待，重点扶持，关键在省（区、市）的重视和支持。对缺乏市场支持的非遗项目，政府要发挥主导作用；对市场化程度比较高的非遗项目，政府要关注它的传承性，加强监督，保护好优秀的文化基因不要被破坏。

11月19日

［纲　文］　**国务院印发《关于积极发挥新消费引领作用加快培育形成新供给新动力的指导意见》。**

［目　文］　《意见》由七部分组成：一、重要意义；二、总体要求和基本原则；三、消费升级重点领域和方向；四、加快推进重点领域制度创新；五、全面改善优化消费环境；六、创新并扩大有效供给；七、优化政策支撑体系。

《意见》要求，各地区、各部门要高度重视并主动顺应消费升级大趋势，积极发挥新消费引领作用，加快培育形成新供给新动力，推动经济实现有质量、有效益、可持续发展。要加强组织领导和统筹协调，强化部门协同和上下联动，推动系统清理并修订或废止不适应新消费新投资新产业新业态发展的法律法规和政策，加快研究制定具体实施方案和配套措施，明确责任主体、时间表和路线图，形成政策合力。要完善政策实施评估体系，综合运用第三方评估、社会监督评价等多种方式，科学评估实施效果。加大督查力度，确保积极发挥新消费引领作用、加快培育形成新供给新动力各项任务措施落到实处。

11月19日

［纲　文］　**国务院批复卫生计生委，同意建立国务院防治重大疾病工作部际联席会**

议制度。

［目　文］　批复说，同意建立由国务院领导同志牵头负责的国务院防治重大疾病工作部际联席会议制度。联席会议不刻制印章，不正式行文，请按照国务院有关文件精神认真组织开展工作。精神卫生工作部际联席会议、血吸虫病防治工作部际联席会议及部门间协商成立的重大疾病防治工作相关协作机制同时撤销，职能并入国务院防治重大疾病工作部际联席会议。

11月19日

［纲　文］　**国务院办公厅印发《关于加快发展生活性服务业促进消费结构升级的指导意见》**。

［目　文］　《意见》由三部分组成：一、总体要求；二、主要任务；三、政策措施。

《意见》要求，各地区、各部门要充分认识加快发展生活性服务业的重大意义，把加快发展生活性服务业作为提高人民生活水平、促进消费结构升级、拉动经济增长的重要任务，采取有效措施，加大支持力度，做到生产性服务业与生活性服务业并重、现代服务业与传统服务业并举，切实把服务业打造成经济社会可持续发展的新引擎。地方各级人民政府要加强组织领导，结合本地区实际尽快研究制定加快发展生活性服务业的实施方案。国务院有关部门要围绕发展生活性服务业的主要目标任务，抓紧制定配套政策措施，组织实施一批重大工程，为生活性服务业加快发展创造良好条件。发展改革委要会同有关部门，抓紧研究建立服务业部际联席会议制度，充分发挥专家咨询委员会作用，进一步强化政策指导和督促检查，重大情况和问题及时向国务院报告。

11月19日

［纲　文］　**国务院办公厅印发《关于调整河北昌黎黄金海岸等6处国家级自然保护区的通知》**。

［目　文］　《通知》说，一、国务院同意调整河北昌黎黄金海岸、内蒙古西鄂尔多斯、辽宁努鲁儿虎山、湖南乌云界、广西防城金花茶和重庆大巴山国家级自然保护区的范围和功能区划。调整后保护区的面积、范围和功能分区等由环境保护部予以公布。二、有关地区要按照批准的调整方案组织勘界，落实自然保护区土地权属，并在规定的时限内标明区界，予以公告。三、有关地区和部门要严格执行《中华人民共和国自然保护区条例》和《国家级自然保护区调整管理规定》等有关规定，切实加强对自然保护区工作的领导、协调和监督，妥善处理好自然保护区管理与当地经济建设及居民生产生活的关系，确保各项管理措施得到落实。

11月19日

［纲　文］　**国家教育体制改革领导小组在北京召开第2次全国教育信息化工作电视电话会议**。

［目　文］　会议主题是：深入贯彻党的十八大和十八届三中、四中、五中全会精

神，深入学习贯彻中央领导有关教育信息化的指示精神，系统总结第一次全国教育信息化工作电视电话会议召开三年来的工作情况，全面部署“十三五”教育信息化工作，动员各地进一步加快教育信息化进程，促进信息化技术和教育教学深度融合，为推进教育现代化提供有力支撑。

国家教育体制改革领导小组组长刘延东出席会议并在题为《巩固成果 开拓创新 以教育信息化全面推动教育现代化》的讲话中指出，“十二五”以来，教育信息化成绩显著，“宽带网络校校通”“优质资源班班通”“网络学习空间人人通”三项工程取得突破性进展，教育资源和教育管理两大平台广泛应用，有力促进了教育改革和发展。“十三五”时期，要大力推进教育信息化，运用现代信息技术，让农村、边远、贫困和民族地区的孩子们共享优质教育资源，缩小区域、城乡、校际差距。要提高教师运用信息技术的能力，创新教育理念和教学模式，提高人才培养质量。要把握“互联网+”潮流，通过开放共享教育、科技资源，为创客、众创等创新活动提供有力支持，为全民学习、终身学习提供教育公共服务。要推进学生、教职工、教育机构等管理信息系统建设，形成覆盖全国、互联互通的云服务体系，深化改革、创新机制，提升教育治理能力。

11月19日

［纲　文］　**汪洋在北京主持召开全国打击侵犯知识产权和制售假冒伪劣商品工作领导小组第九次全体会议。**

［目　文］　汪洋指出，打击侵权假冒是深入实施创新驱动发展战略和推动大众创业、万众创新的重要保障。要以党的十八届五中全会精神为指导，坚持打建结合、标本兼治，建立健全长效机制，提升综合治理能力，推动打击侵权假冒工作再上新台阶。在党中央、国务院正确领导和各地区、各有关部门共同努力下，“十二五”以来打击侵权假冒工作取得明显成效。累计开展150多次专项整治，查办违法犯罪案件100余万件，起诉5.9万件，判决7万余人，全面兑现政府机关软件正版化承诺，维护了广大企业和人民群众的切实利益。打击侵权假冒是一项长期而艰巨的任务，“十三五”时期打击侵权假冒工作只能加强不能削弱。要围绕互联网、农村市场等重点领域，持续开展专项整治，查找薄弱环节，完善监管措施。要加强跨区域综合执法、联合执法，对侵权假冒生产、流通、销售形成全链条打击。要切实落实地方政府属地责任、企业主体责任和中介组织自律责任，构建社会共建共治共享新模式。要积极开展打击侵权假冒国际合作，履行国际责任，维护自身权益。要健全相关法律法规，落实行政处罚信息公开制度，大力推进行政执法与刑事司法的衔接，探索治本之策。

11月19日

［纲　文］　**交通运输部公布《铁路专用设备缺陷产品召回管理办法》，自2016年1月1日起施行。**

11月19日

［纲　文］　**外交部公布《领事认证办法》。**

［目　文］《办法》共6章39条，主要有总则、印鉴和签名式样的备案、领事认证程序、领事认证效力和异议处理、法律责任、附则等内容。自2016年3月1日起施行。

11月19日

［纲　文］**中央军委副主席范长龙在北京会见马里国防部长库里巴利。**

［目　文］范长龙说，马里是中国在非洲的好伙伴、好朋友、好兄弟。多年来，两国在国际事务中一贯相互支持，密切配合。中方愿为实现马里的持久和平与发展发挥积极作用。近年来，两军关系发展顺利，各领域合作稳步推进。中国军队重视与马里军队的友好关系，愿与马军继续加强交流与合作，推动两军关系不断向前发展。

库里巴利说，感谢中方长期以来给予马里的支持与帮助，希望双方进一步加强在维和及人员培训等领域的务实合作，不断促进两军友好关系。

11月20日

［纲　文］**中共中央在北京举行纪念胡耀邦同志诞辰100周年座谈会。**

［目　文］习近平、李克强、张德江、俞正声、王岐山、张高丽出席座谈会，刘云山主持座谈会。中组部常务副部长陈希、中央党校常务副校长何毅亭、中央党史研究室主任曲青山、共青团中央书记处第一书记秦宜智、湖南省委书记徐守盛先后发言。部分中共中央政治局委员、中央书记处书记，中央党政军群有关部门、湖南省负责人，各民主党派中央、全国工商联负责人和无党派人士代表，胡耀邦同志亲属、生前友好、原身边工作人员和家乡代表等出席了座谈会。

中共中央总书记习近平在讲话中回顾了胡耀邦同志一生的丰功伟绩，总结了胡耀邦同志为中国革命、建设、改革做出的卓越贡献，强调胡耀邦同志是久经考验的忠诚的共产主义战士，伟大的无产阶级革命家、政治家，中国人民解放军杰出的政治工作者，长期担任党的重要领导职务的卓越领导人，为中华民族独立和解放、为社会主义革命和建设、为中国特色社会主义探索和开创建立了不朽功勋。胡耀邦同志把自己的一生献给了党和人民。他的一生，是光辉的一生、战斗的一生。在为党和人民事业的不懈奋斗中，他夙夜在公、呕心沥血，鞠躬尽瘁、死而后已，书写了无愧于共产党员称号的人生。我们纪念胡耀邦同志，就是要学习他坚守信仰、献身理想的高尚品格；学习他实事求是、勇于开拓的探索精神；学习他公道正派、廉洁自律的崇高风范。公道正派才能出清风正气，廉洁自律才能塑良好形象。党风和社会风气的根本好转，良好政治生态的营造，要靠全党上下不懈努力。全党同志要严守清正廉洁的政治本色，以良好党风带动政风民风，用实实在在的行动赢得人民群众信任和拥护，从而凝聚起推动党和人民事业不断从胜利走向胜利的强大力量。

刘云山在主持会议时说，习近平总书记重要讲话全面回顾了胡耀邦同志光辉、战斗的一生，高度评价了胡耀邦同志在中国革命、建设、改革事业中建立的不朽功勋，对学习胡耀邦同志的革命精神和崇高风范提出要求。讲话对于激励全党全国各族人民团结一心、锐意进取，深入推进中国特色社会主义伟大事业，具有重要指导意义，要认真学习领会、很好贯彻落实。我们要紧密团结在以习近平同志为总书记的党中央周围，认真落实党中央决策部署，为实现“十三五”发展宏伟蓝图、夺取全面建成小康社会决胜阶段的伟大胜利做出新贡献。

胡耀邦（1915 年 11 月 20 日—1989 年 4 月 15 日）是中国共产党和中华人民共和国的主要领导人之一，曾任中共中央主席和中共中央总书记。

11 月 20 日

［纲　文］　**国务院决定：依照《中华人民共和国香港特别行政区基本法》的有关规定，根据香港特别行政区行政长官梁振英的提名和建议，任命杨伟雄为香港创新及科技局局长。**

11 月 20 日

［纲　文］　**经国务院批准，并报经中国银行业监督管理委员会核准同意，建信养老金管理有限责任公司成立。这是中国首家成立的专业养老金管理公司。**

11 月 20 日

［纲　文］　**国家副主席李源潮在北京会见欧亚青年领导人代表团。**

11 月 20—23 日

［纲　文］　**国务院总理李克强应邀出席第 18 次中国—东盟领导人会议、第 18 次东盟与中日韩领导人会议和第 10 届东亚峰会，并对马来西亚进行正式访问。**

［目　文］　陪同李克强出访的有李克强夫人程虹等。

21 日，第 18 次中国—东盟（10+1）领导人会议在吉隆坡召开，李克强与东盟轮值主席国马来西亚总理纳吉布共同主持。与会各方就中国—东盟合作、地区发展进行深入讨论，达成广泛共识。东盟愿同中方共同聚焦政治、经贸、互联互通、产能和文教等广泛领域合作，通过和平对话，建设性妥处分歧，不以个别的问题影响东盟与中国关系的大局，愿与中方共同努力，推动双方关系达到新的水平，共同促进地区的和平与发展。李克强在发言中强调，中国和东盟关系超越双边范畴，日益成为东亚地区和平、稳定与发展的重要基石。中方始终将东盟作为周边外交优先方向，将坚定支持东盟一体化，支持东盟共同体建设，支持东盟在区域合作中的中心地位。

同日，李克强出席在吉隆坡举行的第 18 次东盟与中日韩（10+3）领导人会议，东盟 10 国领导人以及韩国总统朴槿惠、日本首相安倍晋三出席。马来西亚总理纳吉布主持会议。李克强在发言中表示，10+3 合作多年来秉承的宗旨是维护《联合国宪章》的原则，尊重国际法，遵循我们之间达成的宣言、协议，用和平对话而非相互指责的方式解决分歧。

与会各国领导人积极评价中方为推动 10+3 合作所做的积极努力，以及不久前举行的中日韩领导人会议的重要意义和作用。各国应进一步采取务实合作举措，推进东亚一体化建设，深化经贸、金融、投资合作，增进区域互联互通，加快《区域全面经济伙伴关系协定》（RCEP）谈判进程，鼓励人文交流，积极应对非传统安全挑战，携手促进东亚地区的和平与繁荣。

22日，第10届东亚峰会在吉隆坡举行。东盟10国领导人、中国国务院总理李克强、韩国总统朴槿惠、日本首相安倍晋三、美国总统奥巴马、俄罗斯总理梅德韦杰夫、印度总理莫迪、澳大利亚总理特恩布尔、新西兰总理约翰·基和联合国秘书长潘基文出席会议。马来西亚总理纳吉布主持会议。与会各国领导人出席了《2015建成东盟共同体吉隆坡宣言》和《东盟迈向2025年吉隆坡宣言：团结奋进》签字仪式。

与会期间，李克强同澳大利亚总理特恩布尔举行中澳总理年度定期会晤，一致同意中澳自贸协定尽快生效；会见了印度总理莫迪、老挝总理通邢、新西兰总理约翰·基；出席了RCEP领导人联合声明发布仪式。

在对马来西亚正式访问期间，李克强与纳吉布举行了会谈，见证了双边经贸、产能、司法、港口、人文、市场准入、食品安全、智库合作等领域合作文件的签署并共同会见了记者。双方发表了《中华人民共和国和马来西亚联合声明》。李克强出席了中马经济高层论坛并发表题为《推动中马合作迈上新台阶》的主旨演讲。

11月21日

［纲　文］　**习近平、李克强就三名中国公民在马里人质劫持事件中遇害作出批示。**

［目　文］　国家主席习近平批示指出，对这一残暴行径予以强烈谴责，向遇难者家属表示深切慰问，要求有关部门加大投入和保障，加强境外安全保护工作，确保我国公民和机构安全。中国将加强同国际社会的合作，坚决打击残害无辜生命的暴力恐怖活动，维护世界和平与安宁。

李克强批示指出，向我遇难人员家属表示深切慰问，要求有关部门妥善做好相关后续工作，切实加强我驻外机构和企业安全防范措施，保护好我在外人员的安全。

同日，外交部发言人表示，中方对这一暴行表示愤慨和强烈谴责。马里20日发生武装人员大规模劫持人质事件，27人遇害，其中包括3名中国公民，另有4名中国公民获救。我们向遇难者表示沉痛哀悼，向他们的家属表示深切慰问。事件发生后，党和国家领导人高度重视并作出重要批示，外交部和驻马里使馆第一时间启动应急机制，全力协调相关方面开展营救工作。马里政府及国际社会为营救工作付出了积极努力，但暴徒漠视人类良知，仍然犯下惨无人道的罪行。中方对这一暴行表示愤慨和强烈谴责。中国政府将继续同国际社会加强合作，切实维护境外中国公民和机构安全与合法权益。

当地时间20日晚，中国驻马里大使馆发布消息，在当天发生的巴马科丽笙酒店人质劫持事件中，3名中国公民不幸遇难。遇难的3名中国公民是到马里进行商业考察的中国铁建员工，使馆向遇难同胞表示沉痛哀悼。

11月21日

［纲　文］　**中共中央总书记、国家主席习近平同老挝人民革命党中央总书记、国家主席朱马里互致贺电庆祝中老合作通信卫星发射成功。**

［目　文］　习近平在贺电中说，老挝一号通信卫星项目是新形势下中老全面战略合作伙伴关系的重要体现，开创了发展中国家在航天领域开展合作的又一成功范例，将为推动老挝经济发展、民生改善、社会进步发挥重要作用。中方愿同老方共同努力，不断加强各领域交流合作，深入推进高度互信互助互惠的中老全面战略合作伙伴关系，打造牢不可破的中老命运共同体，造福两国和两国人民，并为维护本地区的和平、稳定、繁荣做出积极贡献。

朱马里在贺电中说，老挝一号卫星将为老挝国内外客户提供卫星通讯信息与技术服务，必将对老挝经济社会发展做出重要贡献。老挝一号卫星研制生产和成功发射，离不开中国党、政府的支持与帮助，在此表示衷心感谢。老挝一号卫星是老中友好和务实互利合作的成果，必将给两国人民带来实实在在利益。

11月21日零时7分，中国在西昌卫星发射中心用长征三号乙运载火箭成功发射老挝一号通信广播卫星。

11月21日

［纲　文］　**最高法印发《关于新形势下加强人民法院文化建设的指导意见》。**

［目　文］　《意见》的内容有：一、加强法院文化建设的总体思路和原则要求；二、培育和弘扬社会主义核心价值观；三、发挥法院文化功能，推进司法为民、公正司法；四、发挥法院文化功能，促进干警全面发展；五、发挥法院文化功能，服务国家法治建设；六、提高法院文化建设信息化水平；七、加强对法院文化建设的组织领导。

11月21日

［纲　文］　**中国广州恒大队在主场以1:0战胜阿联酋阿尔阿赫利队，最终以两回合总比分1:0战胜对手，获得2015赛季亚冠联赛冠军。**

11月22日

［纲　文］　**第26届中美商贸联委会中美企业家CEO圆桌会在广州陈家书院举行。**

［目　文］　会议由商务部、美国商务部、美国贸易代表办公室共同主办。国务院副总理汪洋出席会议并致辞。商务部国际贸易谈判代表兼副部长钟山、相关部委负责人，美国商务部长普利兹克、贸易代表弗罗曼、农业部长维尔萨克，以及来自中美两国的26位企业家代表出席会议。

汪洋在致辞中表示，中国现代企业制度建设迈出了坚实步伐，中国将进一步促进企业与政府间的良性互动，建设法治化、国际化的营商环境。地方合作是中美经贸合作的基石，希望双方充分挖掘省州和城市间经贸合作的巨大潜力，让中美合作大厦越盖越高。十八届五中全会提出共享发展的新理念和建设健康中国的新目标，将有力促进中国卫生保健产业快速发展，欢迎包括美国在内的各国企业抓住商机，实现共赢。农业是中美间稳定的合作面，双方要发挥各自优势，照顾彼此关切，共同做大农业合作的“蛋糕”。中方愿与美方共同努力，把习近平主席2015年9月访美的各项成果落到实处。

美方表示，中国改革开放的目标越来越清晰，有着远大的发展愿景，美中在省州、健康、农业等领域合作商机无限。希望中方进一步放宽市场准入，改善贸易投资环境，建设更加强劲、健康的美中经贸伙伴关系。

11月22—27日

［纲 文］ **应国务院总理李克强邀请，捷克共和国总理索博特卡对中国进行正式访问。**

［目 文］ 26日，国家主席习近平在北京会见了索博特卡时表示，中方愿同捷方在相互尊重、平等互利等原则基础上，加强高层交往和各层级对话，巩固双边政治互信，牢牢把握双边关系发展大方向。中捷双方签署了共同推进“一带一路”建设的谅解备忘录。我们应以此为契机，深挖潜力，扩大各领域交流合作。中方愿同捷方加强各自发展战略对接，拓展制造业、核电、金融、航空、纳米、生物等领域交流合作。捷克是“一带一路”沿线重要国家，中方愿同捷方探讨在高铁、路桥等交通基础设施建设领域开展合作的可行性，构建全方位互联互通。双方应加大文化、旅游、体育、卫生、科研、教育等领域合作，为中捷人文交流注入更多动力。中方赞赏和欢迎捷方积极参与“16+1合作”，希望捷方为中欧四大伙伴关系深入发展做出更大贡献。

索博特卡表示，捷中建交60多年来关系发展迅速，目前正呈现良好发展势头。双方刚刚签署共建“一带一路”谅解备忘录，为进一步深化两国关系带来了更多契机。捷方愿加强同中方在经贸、工业、环保、金融、航空、物流、科技、教育、卫生、体育等领域交流合作。

27日，李克强与索博特卡在北京举行会谈，两国总理共同见证了工业、金融、文化、体育、医药、旅游等领域多个双边合作文件的签署。索博特卡出席了在苏州举行的第四次中国—中东欧国家领导人会晤。

李克强表示，中方愿同捷方对接发展战略，推进互利合作。发挥工业互补优势，在钢铁、汽车、机床等领域开展合作，提升中捷产业水平，开展第三方市场合作；运用互联网、大数据等工具，把工业合作同技术创新有机结合，通过中捷科技合作委员会机制加强统筹。中国核电技术和装备安全性好、性价比高，具有国际竞争力，愿积极参与捷克核电建设。中方愿同捷方探讨在布拉格建立人民币业务清算机制，希望双方在本次中国—中东欧国家领导人会晤探讨建立16+1金融公司框架下，创新和拓宽投融资合作方式，为务实合作提供有力支撑。

索博特卡表示，捷方希进一步提升两国关系水平，愿同中方加强工业和高新技术研发合作，提议建立联合基金为此提供资金支持；欢迎中方参与捷克核电建设，并探讨开展第三方市场核电合作可能性；发挥区位优势，将捷克打造成中国—中东欧国家合作区域金融中心以及交通、物流枢纽；促进人文交流，拓展教育、体育、旅游、医药卫生等领域合作，进一步便利人员往来。

11月23日

［纲　文］　**习近平主持召开中共中央政治局会议。**

［目　文］　会议主要内容是：一、审议通过《关于打赢脱贫攻坚战的决定》。会议认为，改革开放以来，党和国家实施大规模扶贫开发，使7亿农村贫困人口摆脱贫困，取得了举世瞩目的伟大成就，谱写了人类反贫困历史上的辉煌篇章。各级党委和政府必须把扶贫开发工作作为重大政治任务来抓，切实增强责任感、使命感、紧迫感，到2020年确保我国现行标准下的农村贫困人口实现脱贫，贫困县全部摘帽，解决区域性整体贫困。到2020年通过产业扶持、转移就业、易地搬迁、教育支持、医疗救助等措施，解决5000万人左右贫困人口脱贫，完全或部分丧失劳动能力的2000多万人口全部纳入农村低保制度覆盖范围，实行社保政策兜底脱贫。会议强调，必须切实加强党的领导，为脱贫攻坚提供坚强政治保障。实行中央统筹、省（自治区、直辖市）负总责、市（地）县抓落实的领导体制和片区为重点、精准到村到户的工作机制。要加强财政监督检查和审计、稽查等工作，建立扶贫资金违规使用责任追究制度。纪检监察机关对扶贫领域虚报冒领、截留私分、贪污挪用、挥霍浪费等违法违规问题，坚决从严惩处。二、审议通过《关于加强和改进新形势下党校工作的意见》。会议认为，党校在提高干部队伍素质方面使命光荣、责任重大。加强和改进党校工作，最重要的是把党校姓党原则贯彻到党校各项工作中，特别要抓好党的理论教育和党性教育这个主业，不断提高教学水平。要建立健全领导干部到党校讲课制度，推动领导干部到党校讲课常态化。各级党委要履行办党校的主体责任，把党校工作放在全面从严治党大格局下来谋划，研究解决党校改革发展中的重要问题，帮助党校解决实际困难，聚精会神把党校办出新气象。三、听取关于巡视55家国有重要骨干企业有关情况的专题报告。会议指出，在党中央坚强领导下，巡视工作聚焦全面从严治党，发现问题、形成震慑，倒逼改革、促进发展，发挥了尖兵和利剑作用。党的十八大以来，中央巡视组已经开展8轮巡视，巡视了149个地区和单位，实现了对地方和中管央企的全覆盖，工作成效显著。管党治党根子在党委、关键靠担当，各级领导干部要落实全面从严治党主体责任，做到敢管敢治、严管严治、长管长治，营造风清气正的政治生态。要坚持依规治党，把加强纪律建设摆在更加突出的位置，尊崇党章、敬畏党纪，严守政治纪律和政治规矩。对党绝对忠诚是最重要的政治纪律，管党治党责任是最根本的政治责任，守住纪律底线是最基本的政治要求。

11月23日

［纲　文］　**习近平主持中共中央政治局第28次集体学习。**

［目　文］　本次学习的主题是：马克思主义政治经济学基本原理和方法论。教育部社会科学委员会顾海良教授就这个问题进行讲解，并谈了意见和建议，中共中央政治局委员听取了讲解。

中共中央总书记习近平在主持学习时强调，要立足我国国情和我国发展实践，揭示新特点新规律，提炼和总结我国经济发展实践的规律性成果，把实践经验上升为系统化的经济学说，不断开拓当代中国马克思主义政治经济学新境界。马克思主义政治经济学是马克思主义的重要组成部分，也是我们坚持和发展马克思主义的必修课。我们党历来重视对马克思主义政治经济学的学习、研究、运用，在新民主主义时期创造性地提出了新民主主义经济纲领，在探索社会主义建设道路过程中对发展我国经济提出了独创性的观点，如提出社会主义社会的基本矛盾理论，提出统筹兼顾、注意综合平衡，以农业为基础、工业为主导、农轻重协调发展等重要观点。这些都是我们党对马克思主义政治经济学的创造性发展。党的十一届三中全会以来，我们党把马克思主义政治经济学基本原理同改革开放新的实践结合起来，不断丰富和发展马克思主义政治经济学，形成了当代中国马克思主义政治经济学的许多重要理论成果，比如，关于社会主义本质的理论，关于社会主义初级阶段基本经济制度的理论，关于树立和落实创新、协调、绿色、开放、共享的发展理念的理论，关于发展社会主义市场经济、使市场在资源配置中起决定性作用和更好地发挥政府作用的理论，关于我国经济发展进入新常态的理论，关于推动新型工业化、信息化、城镇化、农业现代化相互协调的理论，关于用好国际国内两个市场、两种资源的理论，关于促进社会公平正义、逐步实现全体人民共同富裕的理论，等等。这些理论成果，是适应当代中国国情和时代特点的政治经济学，不仅有力指导了我国经济发展实践，而且开拓了马克思主义政治经济学新境界。

习近平指出，学习马克思主义政治经济学，是为了更好指导我国经济发展实践，既要坚持其基本原理和方法论，更要同我国经济发展实际相结合，不断形成新的理论成果。要坚持和完善社会主义基本经济制度，毫不动摇巩固和发展公有制经济，毫不动摇鼓励、支持、引导非公有制经济发展，推动各种所有制取长补短、相互促进、共同发展，同时公有制主体地位不能动摇，国有经济主导作用不能动摇，这是保证我国各族人民共享发展成果的制度性保证，也是巩固党的执政地位、坚持我国社会主义制度的重要保证。要坚持社会主义市场经济改革方向，坚持辩证法、两点论，继续在社会主义基本制度与市场经济的结合上下功夫，把两方面优势都发挥好。实践是理论的源泉。我国经济发展进程波澜壮阔、成就举世瞩目，蕴藏着理论创造的巨大动力、活力、潜力，要深入研究世界经济和我国经济面临的新情况新问题，为马克思主义政治经济学创新发展贡献中国智慧。

11月23日

［纲　文］　**国家主席习近平电贺“声援巴勒斯坦人民国际日”纪念大会。**

［目　文］　习近平向大会致贺电表示，早日实现巴勒斯坦问题全面、公正解决，符合巴勒斯坦等地区各国人民的利益，有利于促进世界和平与稳定。解决巴勒斯坦问题应当坚定不移地走和平谈判道路。中国衷心希望有关各方拿出远见卓识，从地区人民的根本和长远利益出发，克服障碍，早做政治决断，争取早日实现复谈并谈出成果。中国对巴勒斯坦人民正义事业的支持是真诚的、无私的。中国是巴以和平的坚定支持者和真心斡旋方。

中国愿同国际社会一道，继续为早日实现中东全面、公正、持久和平做出不懈努力。

同日，联合国举行“声援巴勒斯坦人民国际日”纪念大会。

11月23日

［纲　文］　**中共中央办公厅、国务院办公厅印发《深化国税、地税征管体制改革方案》。**

［目　文］　《方案》由三部分组成：一、总体要求；二、主要任务；三、组织实施。

《方案》指出，深化国税、地税征管体制改革是一项系统工程，要在党中央、国务院统一领导下组织实施，稳妥推进。各级党委和政府要建立健全深化国税、地税征管体制改革的领导机制，明确和落实工作责任。税务部门要加强组织协调，抓好具体方案的研究制定、贯彻推进和督促落实工作。各相关部门要结合职责分工，落实具体支持措施。结合深化财税体制改革进程，明确改革的路线图和时间表，确保2016年基本完成重点改革任务，2017年年底前努力把各项改革举措做实。重视和加强宣传工作，及时回应社会关切，正确引导社会预期，最大限度凝聚共识，为深化国税、地税征管体制改革营造良好环境。

11月23日

［纲　文］　**质检总局公布《进口旧机电产品检验监督管理办法》。**

［目　文］　《办法》共6章34条，主要有总则、装运前检验、进口旧机电产品检验、监督管理、法律责任、附则等内容。自2016年1月1日起施行。国家质量监督检验检疫总局于2002年12月31日发布的《进口旧机电产品检验监督管理办法》和2003年8月18日发布的《进口旧机电产品检验监督程序规定》同时废止。

11月23日

［纲　文］　**质检总局公布修改后的《进出口商品数量重量检验鉴定管理办法》《进出口玩具检验监督管理办法》，自2015年11月23日起施行。**

11月23日

［纲　文］　**税务总局发布《关于规范行政审批行为改进行政审批有关工作的意见》。**

［目　文］　《意见》由十部分组成：一、全面实行“一个窗口”受理；二、加快实现行政审批事项网上办理；三、推行受理单制度；四、实行办理时限承诺制；五、编制和提供服务指南；六、制定审查工作细则；七、加大行政审批公开力度；八、建立申请人评议制度；九、工作要求；十、组织领导。

《意见》要求，各省税务局应将规范和改进行政审批工作中好的做法和经验、遇到的困难和问题，及时向税务总局（政策法规司）报告。对各省税务局工作进展和落实情况，税务总局将适时组织督查。

11月23日

［纲　文］　**档案局、民政部公布《城市社区档案管理办法》，自2016年1月1日起施行。**

11月23日

［纲　文］　**中国青海长拉山隧道建成通车。**

［目　文］　长拉山隧道由中国铁建十四局集团一公司建设者历时4年建成，全长2400米，位于海拔4500米的青海省玉树州杂多县境内，是青海省道309线多拉麻科至杂多段公路的关键控制性工程，是世界目前海拔最高的公路隧道。

11月23日

［纲　文］　**外交部发言人就国务院总理李克强与日本首相安倍晋三在吉隆坡交谈事答记者问。**

［目　文］　发言人说，在吉隆坡召开的东亚合作领导人系列会议间隙，李克强与安倍进行了简短交谈。李克强表示，中日关系近来有所改善，这符合两国人民的利益。但这种改善势头仍然脆弱，能否持续下去，要看日方是否切实遵守承诺。日方应多说有利于增进两国相互理解的话，多做有利于改善两国关系的事，以免影响中日关系进一步改善和发展。

11月23日

［纲　文］　**《人民日报》发表题为《用行动传递中国信心和力量》的评论员文章。**

11月23—27日

［纲　文］　**应国家主席习近平邀请，波兰共和国总统杜达对中国进行国事访问。**

［目　文］　访问期间，习近平在北京同杜达举行了会谈，两国元首一致同意，努力提高中波战略伙伴关系发展水平，为中欧关系以及中国和中东欧国家的“16+1合作”增添新动力，并共同见证了旅游、金融、贸易、产能合作等领域双边合作文件的签署。国务院总理李克强在苏州会见了杜达。全国人大常委会委员长张德江在北京会见了杜达。杜达出席了在苏州举行的第四次中国—中东欧国家领导人会晤。

习近平同杜达会谈时表示，2011年两国建立战略伙伴关系以来，双边各领域务实合作不断取得新进展。双方要进一步提高政治互信水平，继续保持高层交往，密切政府、立法机构、政党等交流合作，加强在国际事务中的沟通和协调。双方要夯实务实合作基础，加快“一带一路”倡议同波兰国家发展战略对接。中方鼓励有实力的中国企业继续赴波兰开拓市场，欢迎波兰企业来华发展。中国从战略高度和长远角度看待和发展同欧盟的关系。中欧双方正以建交40周年为契机，全面推进和平、增长、改革、文明四大伙伴关系落地生根，推动“一带一路”倡议同欧盟发展战略对接。希望波方在欧盟内部发挥积极影响力，推动中欧全面战略伙伴关系向前发展。希望波方继续关注和支持“16+1合作”。

杜达表示，波方赞同加强两国高层交往和经贸、人文等各领域合作，愿为积极推动欧中关系发展、包括“16+1合作”做出自己的努力。波兰地处欧洲交通物流枢纽，愿意在“一带一路”建设合作中发挥重要作用，并积极参与亚洲基础设施投资银行工作。

李克强在会见杜达时表示，希望波兰新一届政府继续奉行对华友好政策，共同推动中波关系走在中国同中东欧乃至欧洲国家关系的前列。中方愿同波方对接发展战略，扩大经贸投资，开展产能合作，拓展在基础设施建设、交通物流、清洁能源等领域的合作。中方提出开展“三海港区合作”的新倡议，希望波方支持并积极参与。杜达表示，波兰新政府高度重视发展对华关系，愿成为中国与中东欧合作的重要伙伴，推动双方在波兰交通、能源等基础设施建设方面的合作，助力波兰再工业化进程。进一步加强经贸、科技、文化、教育等领域的合作，扩大农产品贸易。

张德江在会见杜达时说，中国全国人大愿加强与波兰参众两院的友好合作，紧紧围绕两国元首会晤成果，共同推动“一带一路”倡议同波兰国家发展战略对接，积极支持波方在中国和中东欧及欧盟合作中发挥重要作用。杜达表示，中国的发展取得了不起的成就，波兰希望与中国不断扩大务实合作，加强两国议会交流。

11月23—28日

［纲　文］　**应国务院总理李克强邀请，塞尔维亚共和国总理武契奇对中国进行正式访问。**

［目　文］　访问期间，国家主席习近平在北京会见了武契奇。李克强在北京同武契奇举行了会谈，两国总理共同见证了双方基础设施、建材、科技、质检、教育等领域多个合作文件的签署。武契奇出席了在苏州举行的第四次中国—中东欧国家领导人会晤。

习近平在会见武契奇时表示，中方愿同塞方一道，继续深化两国战略伙伴关系，加强政治、经济、文化合作，不断造福两国人民。塞尔维亚正在实施“再工业化战略”，中方正在推进“一带一路”倡议，双方可以积极推进两国发展战略的对接，着力挖掘能源、金融、电信、农业等领域合作潜力，加快推进重点合作项目。我们愿以中塞签署《关于共同推进“一带一路”建设的谅解备忘录》为契机，扎实推进两国互利合作，发掘和培育新的合作增长点。密切人文交流是中塞友谊历久弥坚的关键所在。双方要加强相互了解，拉紧友谊纽带，多做民心相通工作，扩大文化、教育、旅游合作，筑牢两国长期友好的民意基础。希望塞方继续在“16+1合作”中发挥骨干作用，不断推进“16+1合作”，使双边关系和次区域合作取得惠及双方人民的成果。武契奇表示，塞方视中国为最可靠的合作伙伴，愿密切同中方高层和各层级交往，深化同中方经贸、人文合作，并加快推进基础设施、产能、工业园区等领域重点合作项目。

李克强在同武契奇会谈时表示，中国愿同塞尔维亚对接发展战略，实现共同发展。希望双方落实好业已达成的铁路、公路、电站等项目建设。积极创造条件，确保塞匈铁路项目尽早开工。中国政府支持本国企业同塞方开展钢铁等领域产能合作，为塞方基础设施建设提供高质量、低成本的建材，助力塞经济社会发展，对周边发挥辐射和带动作用。希望双方共同推进多瑙河沿岸工业园区建设，进一步拓宽合作领域，挖掘农业科技、中小企业、文化、教育、旅游等广泛领域合作潜力，实现互利双赢。武契奇高度赞同李克强总理在第四次中国—中东欧国家领导人会晤期间提出的“1+6合作”框架，并表示塞方积极发展塞中友好合作关系，不是单纯出于利益考量，而是源自塞人民对中国的真诚热爱。塞方将加快塞匈铁路筹建相关工作，希望中方扩大参与塞高速公路、工业园区、钢铁等领域发展建设，共同推动双边以及“16+1合作”不断取得新的成果。

11月23—25日

［纲 文］ **2015世界机器人大会在北京举行，国家主席习近平致贺信。**

［目 文］ 习近平在贺信中说，值此2015世界机器人大会开幕之际，我谨代表中国政府和人民并以我个人的名义向大会的召开表示热烈的祝贺，向出席会议的国际机构负责人及专家学者、企业家等各方来宾表示诚挚的欢迎！在人类发展进程中诞生了大量具有里程碑意义的创新成果。巴比伦的计时漏壶、古希腊的自动机、中国的指南车就是古代人类创造的自动装置中的精妙之作。这些创作发明源于丰富多彩的生产生活实践，体现了人类创造生活、利用自然的执着追求和非凡智慧。当前，世界正处在新科技革命和产业革命的交汇点上。科学技术在广泛交叉和深度融合中不断创新，特别是以信息、生命、纳米、材料等科技为基础的系统集成创新，以前所未有的力量驱动着经济社会发展。随着信息化、工业化不断融合，以机器人科技为代表的智能产业蓬勃兴起，成为现代科技创新的一个重要标志。中国将机器人和智能制造纳入了国家科技创新的优先重点领域。我们愿加强同各国科技界、产业界的合作，推动机器人科技研发和产业化进程，使机器人科技及其产品更好地为推动发展造福人民服务。

李克强对大会作出批示指出，机器人是衡量现代科技和高端制造业水平的重要标志，也是抢占智能社会发展先机的战略领域。世界机器人大会在北京召开对促进中国和全球机器人技术与产业发展具有重要意义。中国正在实施创新驱动发展战略，大力推动大众创业万众创新、“互联网+”和“中国制造2025”，这将有力促进机器人新兴市场的成长，创造世界上最大的机器人市场。希望各国科学家、企业家携手加强合作，共享智慧成果，推动机器人科技创新和产业发展实现更大的突破，为全球经济注入新动力，为开创人类社会的智能时代做出新贡献。

23日，中国科学技术协会主席韩启德主持了大会开幕式。国家副主席李源潮在开幕式上宣读了习近平的贺信、李克强的批示并致辞。大会由中国科学技术协会、工业和信息化部、北京市人民政府主办，以“协同融合共赢，引领智能社会”为主题，12个机器人国际组织，58家国内科研机构参与大会。来自10多个国家及港澳台地区的100多名专家学者参与主旨报告会和专题论坛。100多家国内外企业参加机器人博览会，集中展示机器人产品。

11月24日

［纲 文］ **张高丽在北京主持召开第24届冬奥会工作领导小组第1次全体会议。习近平、李克强对办好北京冬奥会作出指示、批示。**

［目 文］ 国家主席习近平指示指出，办好2022年北京冬奥会，是我们对国际奥

林匹克大家庭的庄严承诺，也是实施京津冀协同发展战略的重要举措。要坚持绿色办奥，提升全社会环保意识，加强环境治理和污染防控，把绿色发展理念贯穿筹办工作始终。坚持共享办奥，积极调动社会力量参与办奥，提高城市管理水平和社会文明程度，加快冰雪运动发展和普及，使广大人民群众受益。坚持开放办奥，借鉴北京奥运会和其他国家办赛经验，弘扬奥林匹克精神，加强中外体育交流，推动东西文明交融，展示中国良好形象。坚持廉洁办奥，严格预算管理，控制办奥成本，强化过程监督，让冬奥会像冰雪一样纯洁干净。要加强组织领导，统筹推进各项工作，确保把北京冬奥会办成一届精彩、非凡、卓越的奥运盛会。

李克强批示指出，筹办好 2022 年北京冬奥会，对于促进奥林匹克事业发展、进一步提升中国的国际影响力，意义重大。相关地方和部门要按照党中央、国务院部署，把创新、协调、绿色、开放、共享发展理念贯穿筹办全过程，主动对接京津冀协同发展战略，有序高效抓好重点设施、重点项目建设，积极借鉴各方经验，广泛动员社会力量，节约用好宝贵资金，确保工程优质安全，把这一届冬奥会办好办精彩，推动冰雪运动普及、体育产业发展、生态环境改善和城市治理水平提升，让更多群众参与体育健身，共享美好生活。

第 24 届冬奥会工作领导小组副组长刘延东、郭金龙出席会议。第 24 届冬奥会工作领导小组组成人员参加会议。发展改革委、体育总局和北京市、河北省政府负责人在会上发言。

第 24 届冬奥会工作领导小组组长张高丽在主持会议时指出，习近平总书记关于办好 2022 年冬奥会的重要指示精神，李克强总理的重要批示要求，为做好冬奥会筹办工作指明了方向。冬奥会工作领导小组和有关省、市、部门单位要认真学习领会，坚决贯彻落实，以高度的政治责任感和历史使命感，认真履行职责，不折不扣完成中央交给的光荣任务，实现对国际奥林匹克大家庭的庄严承诺，为实现“两个一百年”奋斗目标、实现中华民族伟大复兴的中国梦做出贡献。

11 月 24 日

［纲　文］　**证监会公布《关于进一步规范发行审核权力运行的若干意见》。**

［目　文］　《意见》由九部分组成：一、落实职能转变要求，全面简化发行条件；二、公开裁量判断标准，杜绝“口袋”政策；三、严格审核流程管理，明确审核期限要求；四、强化集体决策机制，规范重大问题决策程序；五、畅通服务渠道，建立预约接待制度；六、规范审核全程留痕，强化审核过程约束；七、加强履职回避管理，有效防止利益冲突；八、严格发审委工作纪律，强化发审委工作监督；九、强化审核监督管理，落实执纪问责要求。

《意见》指出，进一步完善并切实落实执纪监督制度和内部控制制度，全面加强对审核工作和审核人员的监督管理，发现违反审核工作纪律的行为，及时纠正。严格执行违纪问责制度，对违反审核工作纪律的人员，依规予以党纪政纪处分，处理结果及时向社会公开；涉嫌违法犯罪的，坚决移送有关部门处理。自 2015 年 11 月 24 日起施行。

11月24日

［纲　文］　**证监会公布《关于加强发行审核工作人员履职回避管理的规定》《关于加强发审委委员履职回避管理的规定》，自2015年11月24日起施行。**

11月24日

［纲　文］　**林业局公布《林业工作站管理办法》。**

［目　文］　《办法》共5章22条，主要有总则、林业工作站的职责、林业工作站的建设、林业工作站的管理、附则等内容。自2016年1月1日起施行，2000年3月13日国家林业局发布的《林业工作站管理办法》同时废止。

同日，林业局还公布修改后的《突发林业有害生物事件处置办法》《大熊猫国内借展管理规定》，自2015年11月24日起施行。

11月24日

［纲　文］　**首届国务院发展研究中心与印度国家转型委员会对话会暨中印发展圆桌研讨会在北京召开。**

［目　文］　国务院发展研究中心主任李伟、印度国家转型委员会副主席阿文德·帕纳加里亚出席会议并致辞。国务院发展研究中心副主任张来明主持会议。与会代表围绕“全球经济调整下的中印经济：机遇与挑战”“区域贸易机制：对中国和印度的启示”“加强中印经济合作：构建更紧密的发展伙伴关系”三个议题进行了专题研讨。

11月24日

［纲　文］　**外交部发言人表示，中国坚定支持东盟一体化和共同体建设。**

［目　文］　发言人表示，中方欢迎东盟共同体的建成，这是东盟国家一体化建设的里程碑，也是亚洲建成的首个次区域共同体，标志着地区合作水平迈上新台阶。中方将继续坚定支持东盟一体化和共同体建设，支持东盟在区域合作中的中心地位。

11月24—26日

［纲　文］　**中央军委改革工作会议在北京举行，习近平出席并讲话。**

［目　文］　24日，中央军委深化国防和军队改革领导小组组长习近平出席会议时强调，深化国防和军队改革是实现中国梦、强军梦的时代要求，是强军兴军的必由之路，也是决定军队未来的关键一招。要深入贯彻党在新形势下的强军目标，动员全军和各方面力量，坚定信心、凝聚意志，统一思想、统一行动，全面实施改革强军战略，坚定不移走中国特色强军之路。2020年前在领导管理体制、联合作战指挥体制改革上取得突破性进展，在优化规模结构、完善政策制度、推动军民融合发展等方面改革上取得重要成果，努力构建能够打赢信息化战争、有效履行使命任务的中国特色现代军事力量体系，完善中国特色社会主义军事制度。着眼于贯彻新形势下政治建军的要求，推进领导掌握部队和高效指挥部队有机统一，形成军委管总、战区主战、军种主建的格局。着眼于深入推进依法治军、从严治军，抓住治权这个关键，构建严密的权力运行制约和监督体系。着眼于打造精锐作战力量，优化规模结构和部队编成，推动我军由数量规模型向质量效能型转变。着眼于抢

占未来军事竞争战略制高点，充分发挥创新驱动发展作用，培育战斗力新的增长点。着眼于开发管理用好军事人力资源，推动人才发展体制改革和政策创新，形成人才辈出、人尽其才的生动局面。着眼于贯彻军民融合发展战略，推进跨军地重大改革任务，推动经济建设和国防建设融合发展。中央国家机关、地方各级党委和政府要强化大局观念，把支持深化国防和军队改革当作分内的事，拿出一些特殊措施和倾斜政策，主动帮助解决好退役军人、职工安置工作，党政军民齐心协力，共同落实深化国防和军队改革各项任务，推动全面实施改革强军战略不断取得新的进展，为实现中国梦、强军梦做出新的更大的贡献。

中央军委深化国防和军队改革领导小组副组长范长龙，就贯彻习主席重要讲话精神，落实阶段性改革任务提出要求。中央军委深化国防和军队改革领导小组常务副组长许其亮，就深化国防和军队改革总体方案作说明，并部署领导指挥体制改革任务。中央军委委员常万全、赵克石、张又侠、吴胜利、马晓天、魏凤和等出席会议。解放军四总部、各大单位、武警部队和军委办公厅领导等参加会议，中央国家机关有关部门负责人列席会议。

11 月 24—25 日

［纲　文］　**第 2 次全国高校统战工作会议在北京召开。**

［目　文］　中央和国家机关有关部门，各省、自治区、直辖市和新疆生产建设兵团党委统战部门、教育工作部门、部分高校党委负责人参加会议。这是继 2007 年之后召开的又一次高校统战会议，是对高校统战工作的又一次总结和部署，目的在于在新形势下继续推动高校统战工作取得新进展、开创新局面。

全国政协主席俞正声会见全体代表并讲话，国务院副总理刘延东主持会见活动。中央统战部部长孙春兰参加会见，出席第一次全体会议并讲话。

俞正声肯定这些年来高校统战工作取得的显著成绩并强调，高校党外知识分子集中，是统战工作的战略要地。做好新形势下的高校统战工作，不仅对于推进高校改革发展、巩固壮大统一战线，而且对于如期全面建成小康社会、维护社会和谐稳定、巩固党的执政地位，都具有重要意义。要认真贯彻中央统战工作会议、特别是习近平总书记重要讲话精神，全面落实《中国共产党统一战线工作条例（试行）》。各级党委、政府和统战、教育工作部门加强对高校统战工作的领导和支持，高校党委要切实履行好统战工作的主体责任，真正把党中央关于统一战线的方针政策落到实处，努力开创高校统战工作新局面。

孙春兰指出，要坚持正确处理一致性和多样性关系的方针，以强化党外知识分子思想政治引导为主线，以加强党外代表人士队伍建设为重点，做好高校民主党派、无党派人士工作，促进各民族师生交往交流交融，抵御利用宗教对高校进行渗透和防范校园传教，引导高校港澳台侨学生增进国家认同和中华民族意识。要加强对高校统战工作的领导，创新思路举措，完善机制载体，改进方式方法，配强工作力量，形成开展工作的合力。

11 月 24—25 日

［纲　文］　**第 4 次中国—中东欧国家领导人会晤在苏州举行。**

［目　文］　国务院总理李克强主持会晤。此次会晤的主题是“新起点新领域新愿

景”。新起点是指中方首次举办领导人会晤，“16+1 合作”正处于承前启后的重要发展时期。新领域是指此次会晤旨在推出新举措，打造新亮点，开辟新领域。新愿景是指此次会晤将重在顶层设计，规划未来五年发展。阿尔巴尼亚、波黑、保加利亚、克罗地亚、捷克、爱沙尼亚、匈牙利、拉脱维亚、立陶宛、马其顿、黑山、波兰、罗马尼亚、塞尔维亚、斯洛伐克、斯洛文尼亚 16 国领导人与会。李克强与 16 国领导人着重讨论如何加强互联互通、贸易投资、金融、农业质检、人文等领域合作。会议发表了《中国—中东欧国家合作中期规划》和《中国—中东欧国家合作苏州纲要》两份文件。

李克强与中东欧 16 国领导人还共同出席了作为此次会晤组成部分的“第五届中国—中东欧国家经贸论坛”。李克强在论坛上作了《携手开创互利共赢合作新局面》的主旨发言。波兰总统杜达、匈牙利总理欧尔班在论坛开幕式上致辞。

25 日，李克强邀请中东欧 16 国领导人共同乘坐中国高铁，从苏州北站到上海虹桥站，100 公里的路程，20 多分钟的车程。李克强说，中国幅员辽阔，人口众多，交通基础设施建设切实关乎民生改善。中国政府高度重视铁路、公路等交通基础设施建设和升级改造。如今高铁已成为广大民众出行、旅游最为方便快捷的交通工具之一，也是中国装备制造的一张“黄金名片”。中国在交通基础设施领域拥有优势产能，技术先进、性价比高、具有国际竞争力，这是我们多年来经济发展、技术进步、装备升级、工程建设人才成长等多方面因素累积的成果。现在，中方愿同有需求的国家分享这一成果，与中东欧国家携手合作，在交通基础设施等领域开展产能合作，在高铁和铁路设计、建设上为中东欧国家提供量身定制的方案和产品，将助推各国工业化和地区一体化进程。

16 国领导人听取中国高铁建设发展以及相关装备设计和性能等情况，赞赏中国高铁运行得很平稳、很舒适。他们从沿途风光中感受中国城市发展和现代化建设的勃勃生机，赞赏中国经济社会发展所取得的巨大成就。

会议期间，李克强在苏州分别会见爱沙尼亚总理罗伊瓦斯、斯洛文尼亚总理采拉尔、立陶宛总理布特克维丘斯、匈牙利总理欧尔班。

26 日，李克强在北京分别会见与会的保加利亚总理鲍里索夫、阿尔巴尼亚总理拉马、波黑部长会议主席兹维兹迪奇、马其顿总理格鲁埃夫斯基、黑山总理久卡诺维奇、拉脱维亚总理斯特劳尤马、克罗地亚议长莱科。

11 月 25 日

［纲　文］　国务院印发《关于进一步完善城乡义务教育经费保障机制的通知》

［目　文］　《通知》由五部分组成：一、重要意义；二、总体要求；三、主要内容；四、实施步骤；五、组织保障。

《通知》要求，各地区、各有关部门要高度重视统一城乡义务教育经费保障机制的宣传工作，广泛利用各种宣传媒介，采取多种方式，向社会进行深入宣传，使党和政府的惠民政策家喻户晓、深入人心，确保统一城乡义务教育经费保障机制各项工作落实到位。本通知自 2016 年 1 月 1 日起执行。凡以往规定与本通知规定不一致的，按本通知规定执行。

11 月 25 日

［纲　文］　**质检总局公布修改后的《进境动植物检疫审批管理办法》《出入境口岸食品卫生监督管理规定》，自 2015 年 11 月 25 日起施行。**

11 月 25 日

［纲　文］　**埃博拉出血热疫情防控工作表彰大会在北京举行，习近平对埃博拉出血热疫情防控总结表彰作出指示。**

［目　文］　中共中央总书记习近平指示指出：西非部分国家暴发埃博拉出血热疫情以来，党中央、国务院从中非友好大局出发，立即作出决定，全力援助非洲疫区国家抗击疫情。相关部门、地方和军队坚决贯彻中央决策部署，军地医务人员发扬“不畏艰苦、甘于奉献、救死扶伤、大爱无疆”的崇高精神，同受援国人民并肩奋战，帮助疫区国家控制了疫情，成功实现了“打胜仗、零感染”目标。同时，有关方面及时启动联防联控工作机制，有效防止疫情输入，保障了我国广大人民群众生命安全和经济社会发展。我国全力援助非洲疫区国家的行动，彰显了我国负责任大国的形象，为巩固和发展中非友谊做出了重要贡献。希望军地各方面始终把广大人民群众健康安全摆在首要位置，总结经验，常抓不懈，切实做好传染病防控和突发公共卫生事件应对工作，为建设健康中国、实现中华民族伟大复兴的中国梦做出新的更大的贡献。

国务院副总理刘延东在会上宣读习近平的指示并指出，抗击埃博拉疫情是中国卫生应急能力的大检验，也是中国特色大国外交的成功实践，彰显了社会主义的制度优势和中华民族的优良品格。要大力弘扬先进模范的崇高精神，加强卫生应急机制与能力建设，深化医药卫生体制改革，为推进健康中国建设、全球卫生合作再立新功。

国务委员杨洁篪和中央军委委员赵克石出席大会。60 个先进集体和 280 个先进个人受到表彰。6 位受表彰代表在大会上发言。受表彰先进集体代表和先进个人，卫生计生委等联防联控工作机制各成员单位负责人，人力资源社会保障部、解放军总政治部、解放军总后勤部负责人，各援非抗疫医疗队负责同志，首都医疗卫生人员代表，军队医疗卫生人员代表等约 700 人参加了会议。

11 月 25 日

［纲　文］　**李克强在上海自贸试验区考察。**

［目　文］　从上海自贸区酝酿到建设，李克强连续三年来这里考察。

李克强在陆家嘴片区行政服务中心，得知一年来自贸区在改革举措上又推出权力清单和责任清单，负面清单也比上年减少，境外投资项目已全部改为备案制给予了肯定，并表示，中国经济要培育新动能，必须进一步深化改革、扩大开放。自贸区要勇于承担先行先试的职责，当好改革的掘进机、开放的破冰船，以“三个清单”为突破口，大胆地试，使权力做减法，给责任做加法，为市场做乘法，用更高水平的改革开放释放经济发展的潜力；对自贸区又出台了不少提升贸易便利化水平的新举措给予肯定并指出，一个国家的繁荣发展在于广大人民群众创造力的充分发挥；在境外人员永久居留证办理窗口，现场见证了两位国外引进人才领取“中国绿卡”时说，推动中国经济升级发展、全面建成小康社会，不仅要引进外资和技术，还要注重引进先进的管理模式和优秀人才，要用更开放的举措、更畅通的渠道、更有吸引力的环境，使中国成为全球英才汇集之地。

李克强在人民银行上海总部，听取自贸区在银行、证券、保险等方面改革开放、监管创新情况的汇报时说，在防范住了系统性金融风险的基础上，要继续有力推进金融改革，加强和改善基础性制度，这也是为了更好地建设和发展多层次资本市场。金融改革开放是上海建设国际金融中心的重要内容，也可为全国积累经验。这是一个复杂的系统工程，既要做好顶层设计，又要鼓励地方积极探索。要把自贸区可复制、可推广的经验尽快向其他地方特别是中西部地区推广。他充分肯定上海经济社会发展取得的新成就和坚持改革创新、敢闯善为的进取精神，希望继续努力跑出改革开放加速度，为中国经济保持中高速增长、迈向中高端水平做出新贡献。

11月25日

［纲　文］　**纪念邓力群诞辰100周年座谈会在北京举行。**

［目　文］　中共中央政治局常委刘云山出席并在座谈会前会见了邓力群亲属。

中宣部部长刘奇葆在座谈会上深切缅怀了邓力群同志的崇高品格和革命风范，强调要学习他坚守崇高理想信念的革命精神、坚持理论联系实际的优良作风、刻苦学习敏于求知的可贵品质、严于律己廉洁奉公的高尚情操。强调要紧密团结在以习近平同志为总书记的党中央周围，万众一心、艰苦奋斗，为实现中华民族伟大复兴的中国梦做出更大贡献。

邓力群（1915年11月—2015年2月10日）是中国共产党第十二届中央委员、中央书记处书记，原中顾委委员。

11月25日

［纲　文］　**全国人大常委会委员长张德江在北京与阿根廷副总统兼参议长布杜举行会谈。**

［目　文］　张德江说，近两年来，习近平主席和克里斯蒂娜总统成功实现互访，分别签署和发表了建立和加强两国全面战略伙伴关系的联合声明，这为中阿开展互利友好合作指明了方向。立法机关交流合作是中阿全面战略伙伴关系的重要组成部分。中国全国人大将继续与阿根廷议会加强友好交流与合作，为中阿关系发展做出积极贡献。双方应尽早启动政治对话机制，推动两国立法机关交流实现机制化、常态化，扩大双方高层往来和各层级对口交流，加强在立法、监督等方面的治国理政经验交流，更好地服务于各自发展。应共同为中阿合作营造更加稳定、透明、公正的法律和舆论环境，保障双方投资者合法权益，同时加快政府间合作协议的批准进程，推动尽早落实双方重大合作项目，积极为两国地方和企业合作牵线搭桥，助力中阿经贸合作实现提质升级。应密切在议联、拉美议会、二十国集团议长大会等多边议会组织内的合作，加强在全球治理、气候变化等重大议题上的协调配合，维护共同利益。布杜说，阿根廷人民对中国人民怀着友好感情。阿根廷议会

与中国全国人大即将建立政治对话关系，不仅将对两国立法机关的交流合作起到重要促进作用，也将进一步丰富阿中全面战略伙伴关系的内涵。他重申，阿方将一如既往地坚持一个中国原则。

张德江与布杜共同出席了《关于中国全国人民代表大会与阿根廷议会建立政治对话关系的协议》的签字仪式。

26日，国家副主席李源潮在北京会见阿根廷副总统兼参议长布杜。

11月25日

［纲　文］　**第9届中国—东盟成员国总检察长会议在广西南宁举行。**

［目　文］　本次会议主题是"国际追讨追踪合作"。中央政法委书记孟建柱出席开幕式并致辞。中国最高人民检察院检察长曹建明、文莱总检察长哈雅提·赛勒、柬埔寨总检察长谢梁、老挝总检察长坎山·苏冯、马来西亚总检察长阿班迪·阿里、泰国总检察长允萨潘博瑞庞、越南总检察长阮和平、印度尼西亚总检察长普拉赛托、新加坡副总检察长陈祥泰、缅甸副总检察长吞吞沃、菲律宾副总检察长塞维里诺·加纳等与会。会议一致认为，随着经济全球化深入发展，一些腐败犯罪呈现出有组织、跨国化的发展趋势，特别是有的腐败分子潜逃境外，跨境转移腐败资产，不仅影响区域内各国政治、经济、社会的健康发展，而且损害各国人民的切身利益。

与会的各国总检察长共同签署了《第9届中国—东盟成员国总检察长会议联合声明》，表明了共同打击跨国腐败犯罪的决心和立场，表达在国际追逃追赃合作上达成的共识。

11月25日

［纲　文］　**联合国教科文组织成立70周年暨中国加入《世界遗产公约》30周年成果发布会在故宫博物院举办。**

［目　文］　会议由联合国教科文组织驻华代表处主办。故宫博物院院长单霁翔、联合国教科文组织驻华代表处代理代表施瑞思等出席会议。此次发布的成果有：联合国教科文组织世界遗产资源手册（共4册）的中文版，包括《世界遗产灾害风险管理》《世界自然遗产管理》《世界遗产地申报筹备》《世界文化遗产管理》，以及《中国世界自然遗产事业发展公报（1985—2015）》《中国文化遗产30年》《联合国教科文组织—梅赛德斯—奔驰星愿基金—中国世界遗产地保护和管理项目成果报告书（2007—2015）》。

自1985年加入《世界遗产公约》以来，中国致力于通过务实有效的方式在中国国情下实现保护世界遗产的使命。截至2015年11月，中国拥有世界遗产48项，总数位居全球第二。目前，已初步建立了具有中国特色的世界遗产保护体制与管理模式，在遗产保护和可持续发展方面积累了很多经验。

11月26日

［纲　文］　**国家主席习近平在北京集体会见出席第4次中国—中东欧国家领导人会晤的中东欧16国领导人。**

［目　文］　阿尔巴尼亚、波黑、保加利亚、克罗地亚、捷克、爱沙尼亚、匈牙利、拉脱维亚、立陶宛、马其顿、黑山、波兰、罗马尼亚、塞尔维亚、斯洛伐克、斯洛文尼亚16国领导人与会。

习近平赞赏中东欧国家政府为推动中国和中东欧国家“16+1合作”发展做出的积极努力并指出，“16+1合作”诞生以来，形成了全方位、宽领域、多层次的合作格局，开辟了中国同传统友好国家关系发展的新途径，创新了中国同欧洲关系的实践，搭建了具有南北合作特点的南南合作新平台。下一步，中国同中东欧国家要本着互利共赢、开放包容的精神，加强各领域的互利合作。一是实现“16+1合作”同“一带一路”建设充分对接。中方欢迎16国遵循共商共建共享的原则共同参与“一带一路”建设，实现共同发展和共同繁荣。中方支持中欧互联互通合作尽早在“16+1合作”框架内开花结果。二是实现“16+1合作”同中欧全面战略伙伴关系全面对接。中方坚定支持欧洲一体化进程，希望欧洲团结、稳定、繁荣。“16+1合作”是中欧全面战略伙伴关系的重要组成部分和有益补充，完全可以为构建中欧和平、增长、改革、文明四大伙伴关系做出应有贡献。三是实现“16+1合作”同各自发展战略有效对接。中国同中东欧国家在发展理念、务实合作、改善民生等方面目标高度契合，加强合作符合大家的共同利益。中方支持将“16+1合作”同各自发展进程结合起来，对接发展规划和战略，将各自合作需求转化为看得见、摸得着的合作项目，实现优势互补、共同发展。中国高度关注近期的难民问题，相信欧盟和有关国家能够团结一致共同应对。中方愿同包括中东欧国家在内的各方加强沟通合作，共同推动难民问题的妥善解决。

波兰总统杜达、塞尔维亚总理武契奇、拉脱维亚总理斯特劳尤马等领导人表示，中东欧国家同中国有着传统友好，当前都面临着经济转型和发展的相同任务，“16+1合作”为中东欧国家同中国开展更广泛合作提供了新的平台。中东欧国家在产业现代化、节能环保、交通物流、基础设施等领域同中方合作潜力巨大，支持并愿积极参与“一带一路”建设。

会见后，习近平和波兰总统杜达、塞尔维亚总理武契奇、捷克总理索博特卡、保加利亚总理鲍里索夫、斯洛伐克副总理瓦日尼见证了中国同五国分别签署政府间共同推进“一带一路”建设的谅解备忘录。

11月26日

［纲　文］　**国务院公布《居住证暂行条例》，自2016年1月1日起施行。**

11月26日

［纲　文］　**国务院公布《地图管理条例》。**

［目　文］　《条例》共8章58条，主要有总则、地图编制、地图审核、地图出版、互联网地图服务、监督检查、法律责任、附则等内容。自2016年1月1日起施行，国务院1995年7月10日发布的《中华人民共和国地图编制出版管理条例》同时废止。

11月26日

［纲　文］　**国务院批复四川省人民政府，同意成都市城市总体规划。**

［目　文］　批复说，一、原则同意《成都市城市总体规划（2011—2020年）》（以下简称《总体规划》）。二、重视城乡区域统筹发展。在《总体规划》确定的3753平方公里城市规划区范围内，实行城乡统一规划管理。三、合理控制城市规模。到2020年，中心城区常住人口控制在620万人以内，城市建设用地控制在436平方公里以内。四、做好天府新区规划建设。按照《国务院关于同意设立四川天府新区的批复》（国函〔2014〕133号）要求，创新体制机制，着力促进要素有序自由流动、资源高效配置、市场深度融合，提升国际综合竞争能力。五、完善城市基础设施体系。要进一步完善公路、铁路、机场等对外交通基础设施，加强城市内外交通衔接，推进成渝交通一体化。加强轨道交通的规划建设，建立以公共交通为主体，各种交通方式相结合的多层次、多类型的城市综合交通体系，方便不同交通方式的换乘。六、建设资源节约型和环境友好型城市。要按照促进生产空间集约高效、生活空间宜居适度、生态空间山清水秀的总体要求，形成合理的城市空间结构，促进经济建设、城乡建设和环境建设同步发展。七、创造良好的人居环境。要坚持以人为本，统筹安排关系人民群众切身利益的教育、医疗、市政等公共服务设施的规划布局和建设。八、重视历史文化和风貌特色保护。九、严格实施《总体规划》。城市建设要实现经济社会协调发展，物质文明和精神文明共同进步。城市管理要健全民主法制，坚持依法治市，构建和谐社会。

11月26日

［纲　文］　**国务院办公厅函复发展改革委，同意建立促进投资部际联席会议制度。**

［目　文］　函复说，国务院同意建立由发展改革委牵头的促进投资部际联席会议制度。联席会议不刻制印章，不正式行文，请按照国务院有关文件精神，认真组织开展工作。

11月26日

［纲　文］　**发展改革委、住房城乡建设部印发《关于城市地下综合管廊实行有偿使用制度的指导意见》。**

［目　文］　《意见》由三部分组成：一、建立主要由市场形成价格的机制；二、关于费用构成；三、完善保障措施。

《意见》要求，各省、自治区、直辖市价格主管部门应会同住房城乡建设主管部门，根据本意见和当地实际情况制定具体实施办法，建立健全本地区管廊有偿使用制度，形成合理的收费机制，促进城市地下综合管廊建设发展。

11月26日

［纲　文］　**税务总局发布《关于推行通过增值税电子发票系统开具的增值税电子普通发票有关问题的公告》，自2015年12月1日起施行。**

11月26日

［纲　文］　**税务总局发布《车船税管理规程（试行）》。**

［目　文］　《规程》共6章25条，主要有总则、税源管理、税款征收、减免税退税

管理、风险管理、附则等内容。自 2016 年 1 月 1 日起施行。

11 月 26 日

［纲　文］　**住房城乡建设部公布《世界自然遗产、自然与文化双遗产申报和保护管理办法（试行）》。**

［目　文］　《办法》共 4 章 31 条，主要有总则、申报、保护和管理、附则等内容。自 2015 年 11 月 26 日起施行。

11 月 26 日

［纲　文］　**国务院在北京召开推动长江经济带发展工作会议。**

［目　文］　国务院副总理张高丽主持会议。马凯、韩正等和推动长江经济带发展领导小组成员、领导小组办公室以及有关部门负责人参加了会议。会议主要内容是：认真学习中共中央总书记习近平关于推动长江经济带发展的重要讲话精神，学习李克强总理重要指示要求，总结 2015 年推动长江经济带发展工作，研究 2016 年总体工作思路，审议《关于进一步加强长江航道治理工作的指导意见》等 8 个文件，部署下一步工作。

张高丽表示，《中共中央关于制定国民经济和社会发展第十三个五年规划的建议》提出，要推进长江经济带建设，改善长江流域生态环境，高起点建设综合立体交通走廊，引导产业优化布局和分工协作。2016 年是“十三五”开局之年，也是长江经济带建设全面推进之年。要认真贯彻落实创新、协调、绿色、开放、共享发展理念，抓住机遇，扎实工作，推动长江经济带发展取得更大成效。要强化规划引导，努力形成长江经济带发展规划纲要、专项规划、相关省市规划相互衔接、有机统一的规划体系，坚决防止重复建设和盲目开发。要坚持把长江黄金水道建设作为首要任务，深入推进航道畅通、枢纽互通、江海联通和关检直通。要坚持创新发展，优化产业布局，打造产业新优势，着力建设现代产业走廊。要坚持绿色发展，切实把控制和治理长江水污染摆在突出位置，建立健全长江水环境联防联控机制，大力构建沿江绿色生态廊道。要坚持走新型城镇化道路，以长江三角洲、长江中游、成渝三大城市群为中心，全面提高长江经济带城镇化质量和水平。要完善项目推进机制，确保合理有效重大项目及时开工建设，发挥对稳增长和推动长江经济带发展的重要作用。要抓紧建立沿江 11 省市政府协商合作机制，共同协商解决区域合作中的重要事项，形成推动长江经济带发展的强大合力。长江经济带建设已经进入全面推进阶段，我们要紧密团结在以习近平同志为总书记的党中央周围，开拓进取，协同联动，扎实做好推动长江经济带发展工作，为实现“两个一百年”奋斗目标、实现中华民族伟大复兴的中国梦做出更大贡献。

11 月 26 日

［纲　文］　**公共卫生与传染病防控工作座谈会在北京召开。**

［目　文］　国务院副总理刘延东主持会议。国务院防治艾滋病工作委员会、国务院防治重大疾病工作部际联席会议、联防联控工作机制成员单位、部分地方负责人，埃博拉出血热疫情防控工作先进集体和先进个人代表以及有关专家参加会议。

国务院总理李克强对公共卫生与传染病防控工作座谈会作出批示指出：公共卫生和传染病防治关系人民群众身体健康和生命安全。近年来，重大疾病防治、卫生应急等各项工作取得明显成效，特别是在抗击埃博拉疫情中实现了国内防控“零输入”和援非抗疫“零感染”，谨向广大同志们致以衷心感谢和诚挚慰问！当前，我国公共卫生服务体系建设和传染病防治任务依然艰巨，要坚持人民利益至上，坚持预防为主、防治结合、依法科学，以高度负责的精神毫不松懈抓好这项工作。要深入总结经验，不断完善联防联控工作机制，创新工作方法，加大投入力度，加强薄弱环节，提高基本公共卫生服务水平，做到重点区域、重点人群传染病防治和重大疫情防控两手抓，全力保障人民群众身体健康，为全面建成小康社会作出新贡献。

刘延东主持会议时指出，要认真贯彻落实李克强总理重要批示精神，坚持预防为主、以农村为重点、中西医并重的卫生方针，加大深化医改力度，全面提升公共卫生和传染病防控水平，加快构建中国特色公共卫生安全防控屏障。在党中央国务院高度重视和各方共同努力下，我国公共卫生和传染病防治工作成绩显著，有效保障了公众健康和社会安全，为经济社会发展做出了重要贡献。倡导健康生活方式，加强高血压、糖尿病、心脑血管病等疾病的防治与管理，推进分级诊疗和公共卫生服务均等化，筑牢公共安全第一道防线。要做好重点地区重点人群艾滋病、结核病、地方病、精神疾病、职业病、癌症、乙肝等疾病预防救治。要减轻患者负担，通过基本医保、大病保险、医疗救助、财政补助等渠道，对贫困传染病患者救治兜住底，防止因病致贫返贫。要加强公共卫生人员培养培训，保障合理待遇，打造防控铁军。要秉持大健康、大卫生理念，推动形成政府主导、部门协作、社会参与、专群结合、群防群控的工作新格局。要主动参与国际公共卫生治理和传染病防治，提升我国在全球重大疾病防控领域的影响力。

11月26日

[纲　文]　**全国古籍保护工作部际联席会议在北京举行。**

[目　文]　文化部部长雒树刚出席会议并讲话。文化部副部长杨志今主持会议。全国古籍保护工作部际联席会议成员单位代表出席会议。与会代表分别听取了国家图书馆馆长、国家古籍保护中心主任韩永进关于第五批《国家珍贵古籍名录》和“全国古籍重点保护单位”评审工作汇报，文化部公共文化司司长张永新关于“十二五”以来古籍保护工作以及下一步重点工作汇报。大家结合各自职能和工作实际，对第五批《国家珍贵古籍名录》和全国古籍重点保护单位名单进行了审议，介绍了各自领域推动古籍保护工作取得的进展和成效，并就下一步工作进行了研讨。

11月27日

[纲　文]　**中共中央、国务院印发《关于进一步推进农垦改革发展的意见》。**

[目　文]　《意见》由五部分组成：一、深刻认识新时期农垦的特殊地位和重要作用；二、明确新时期农垦改革发展的总体要求；三、深化农垦管理体制和经营机制改革；

四、加快推进农垦现代农业发展；五、加强对农垦改革发展的领导。

《意见》指出，推进农垦改革发展，根本上要靠农垦自身努力。农垦各级领导干部要率先垂范、廉洁奉公、敢于担当，团结带领广大干部职工积极投身农垦改革发展。农垦干部职工要以主人翁精神，克服“等靠要”思想，发扬农垦优良传统作风，牢固树立开拓创新和市场竞争意识，增强推进农垦改革发展的自觉性主动性。加强农垦经营管理人才引进和培训，着力培养一批懂市场、善经营、会管理的优秀企业家，造就一支热爱农垦、献身农垦的高素质干部职工队伍。大力弘扬“艰苦奋斗、勇于开拓”的农垦精神，推进农垦文化建设，汇聚起推动农垦改革发展的强大精神力量。

11 月 27 日

［纲　文］ **国务院办公厅印发《关于简化优化公共服务流程方便基层群众办事创业的通知》。**

［目　文］ 《通知》由三部分组成：一、总体要求；二、主要任务；三、工作措施。《通知》要求，各地区、各部门要把简化优化公共服务流程、方便基层群众办事创业摆到突出位置，尽快推出新举措，回应关切促服务，协同推动抓落实。

11 月 27 日

［纲　文］ **财政部、税务总局、保监会发布《关于实施商业健康保险个人所得税政策试点的通知》。**

［目　文］ 《通知》由四部分组成：一、关于试点地区问题；二、关于商业健康保险产品规范及若干管理问题；三、关于个人所得税税前扣除征管问题；四、关于个人所得税政策征管协作问题。自 2016 年 1 月 1 日执行。凡购买符合条件健康保险产品的纳税人，应按本通知规定程序享受税前扣除政策。

11 月 27 日

［纲　文］ **质检总局公布《缺陷汽车产品召回管理条例实施办法》。**

［目　文］ 《办法》共 6 章 43 条，主要有总则、信息管理、缺陷调查、召回实施与管理、法律责任、附则等内容。自 2016 年 1 月 1 日起施行。

11 月 27 日

［纲　文］ **质检总局、发展改革委、商务部、海关总署发布废止《缺陷汽车产品召回管理规定》，自 2016 年 1 月 1 日起施行。**

11 月 27 日

［纲　文］ **环境保护部、发展改革委公布《关于加强企业环境信用体系建设的指导意见》。**

［目　文］ 《意见》主要由十部分组成：一、指导原则和目标任务；二、明确记入企业环境信用记录的信息范围；三、建立和完善企业环境信用记录；四、完善企业环境信用信息公开制度；五、完善企业环境信用评价制度；六、探索企业环境信用承诺制度；七、加强企业环境信用信息系统建设；八、推动建立环保守信激励、失信惩戒机制；九、

开展环境服务机构及其从业人员环境信用建设；十、加强企业环境信用体系建设的支持和保障。

11月27日

［纲　文］　**全国人大常委会委员长张德江在北京分别会见密克罗尼西亚联邦议长西米纳和克罗地亚议长莱科。**

［目　文］　张德江在会见西米纳时说，密克罗尼西亚是中国在太平洋岛国地区的好朋友、好伙伴。近年来，中密关系取得了长足发展，特别是2014年11月，习近平主席与太平洋岛国领导人会晤，一致同意构建相互尊重、共同发展的战略伙伴关系。中方一贯积极支持密经济建设和社会发展，密方可利用中方提供的各项优惠贷款，扩大双方在农渔业、基础设施、清洁能源等领域的互利合作。中国全国人大重视发展与密联邦议会的友好关系，愿进一步加强沟通交流和务实合作，共同推进两国关系取得更大发展。西米纳表示，密方重视发展对华关系，坚持“一个中国”原则，愿加强议会交流，促进双边关系发展。

张德江在会见莱科时说，议长先生此次来华出席第四次中国—中东欧国家领导人会晤，将对深化双边合作起到积极作用。2015年是中克建立全面合作伙伴关系十周年，中国全国人大愿与克罗地亚议会保持友好交流合作的传统，进一步巩固政治互信，以落实习近平主席和基塔罗维奇总统达成的共识为主线，充分利用“一带一路”建设、16+1机制和中欧合作等平台，推动两国各领域的友好合作，为促进中克关系实现新的发展发挥应有的作用。莱科表示，克罗地亚希望通过双边和区域合作，与中国建立更紧密的伙伴关系，扩大在基础设施、投融资等方面的合作，并加强两国立法机关间各层级的交流。

11月27日

［纲　文］　**外交部发言人就朝韩政府间会谈表示，希望朝韩政府间会谈取得积极成果。**

［目　文］　就朝鲜、韩国政府间会谈预备会议已经结束，双方决定于12月11日在开城工业园区举行朝韩政府间副部长级会谈，主题是有关改善朝韩关系的问题，外交部发言人表示，我们对朝韩双方达成有关共识表示欢迎，希望朝韩政府间会谈能够顺利举行并取得积极成果。

11月28日

［纲　文］　**中央军委印发《关于深化国防和军队改革的意见》。**

［目　文］　《意见》由三部分组成：一、改革的重大意义、指导思想和基本原则；二、改革的总体目标和主要任务；三、改革的组织领导。

《意见》强调，深化国防和军队改革是一场整体性、革命性变革，必须始终在党中央、中央军委和习主席的统一领导下，深入贯彻中央军委改革工作会议精神，坚持把加强教育、统一思想贯穿始终，把强化责任、落细落实贯穿始终，把依法推进、稳扎稳打贯穿始终，把底线思维、管控风险贯穿始终，以坚强有力的组织领导保证各项改革任务圆满完成。

11月29—30日

［纲　文］　**国家主席习近平应邀出席气候变化巴黎大会开幕活动。**

［目　文］　习近平是应法国总统奥朗德和气候变化巴黎大会主席法比尤斯邀请出席活动的。陪同习近平出席大会活动的有：习近平夫人彭丽媛、中央政策研究室主任王沪宁、中央办公厅主任栗战书、国务委员杨洁篪等。

29日，习近平在巴黎会见法国总统奥朗德时表示，双方要调动两国地方政府合作的积极性，在经贸、文化、科技、教育、旅游等领域开展形式多样的交流活动，夯实两国关系民意基础。中方将主办2016年二十国集团领导人峰会，愿同法方保持密切沟通，共同推动峰会成功，并加强在全球经济治理问题上的战略性协调和合作。我这次出席气候变化巴黎大会，是希望向国际社会表明，中国坚定支持法国办好气候变化巴黎大会，坚定支持大会达成一项适用于所有缔约方的国际协议，希望会议成果体现共同但有区别的责任原则，构建2020年后全球应对气候变化机制。会议进程体现公开公正，凝聚共识。奥朗德表示，我本月初对中国的国事访问取得丰硕成果，双方要积极落实两国元首达成的重要共识，深入推动投资、经贸、核能等领域合作，鼓励两国人民密切往来。

习近平在巴黎期间还分别会见了美国总统奥巴马、俄罗斯总统普京、巴西总统罗塞夫。

30日，习近平在巴黎出席气候变化巴黎大会开幕式并在《携手构建合作共赢、公平合理的气候变化治理机制》的讲话中强调，各方要展现诚意、坚定信心、齐心协力，推动建立公平有效的全球应对气候变化机制，实现更高水平全球可持续发展，构建合作共赢的国际关系。巴黎大会要加强《联合国气候变化框架公约》的实施，达成一个全面、均衡、有力度、有约束力的气候变化协议。巴黎协议应该着眼于强化2020年后全球应对气候变化行动，也要为推动全球更好实现可持续发展注入动力。协议应该有利于实现公约目标，有效控制大气温室气体浓度上升，引领绿色发展；应该有利于凝聚全球力量，鼓励广泛参与，提高公众意识；应该有利于加大投入，强化行动保障，发达国家要落实承诺，向发展中国家提供更加强有力的资金支持，并向发展中国家转让气候友好型技术；巴黎大会要推动各国尤其是发达国家多一点共享、多一点担当，实现互惠共赢；要确保国际规则的有效遵守和实施，坚持民主、平等、正义，建设国际法治，遵守共同但有区别的责任原则；要允许各国寻找最适合本国国情的应对之策。中国一直是全球应对气候变化事业的积极参与者，目前已成为世界节能和利用新能源、可再生能源第一大国。中国将落实创新、协调、绿色、开放、共享的发展理念，形成人与自然和谐发展现代化建设新格局。

约150个国家领导人出席气候变化巴黎大会开幕活动。与会领导人表示，气候变化问题是全人类面临的共同挑战，攸关人类未来，需要各方携手应对。气候变化巴黎大会为全球共同应对气候变化提供了重要契机。巴黎大会要取得成功，就要确保大会达成全面、均衡、有力度、有约束力的协议。各国要加大对清洁能源、低碳经济等领域的投资，制定有雄心的减排计划，减缓气候变化过程。

11月29日

［纲　文］ **中共中央、国务院印发《关于打赢脱贫攻坚战的决定》。**

［目　文］ 《决定》由八部分组成：一、增强打赢脱贫攻坚战的使命感紧迫感；二、打赢脱贫攻坚战的总体要求；三、实施精准扶贫方略，加快贫困人口精准脱贫；四、加强贫困地区基础设施建设，加快破除发展瓶颈制约；五、强化政策保障，健全脱贫攻坚支撑体系；六、广泛动员全社会力量，合力推进脱贫攻坚；七、大力营造良好氛围，为脱贫攻坚提供强大精神动力；八、切实加强党的领导，为脱贫攻坚提供坚强政治保障。

11月29日

［纲　文］ **民政部发布《关于进一步做好“寒冬送温暖”专项救助工作的紧急通知》。**

［目　文］ 《通知》由五部分组成：一、强化部门联动，切实提高专项救助工作成效；二、完善服务体系，健全城乡一体化快速响应机制；三、创新工作方式，多渠道提升救助服务能力；四、强化宣传引导，加强寒冬救助信息传播；五、加强组织领导，帮助救助管理机构解决实际问题。

《通知》要求各地民政部门在及时启动寒冬救助工作的基础上，进一步做好“寒冬送温暖”专项救助工作，切实加大流浪乞讨人员等困难群众救助力度，保障困难群众基本生活。各地要通过在乡镇（街道）、村（居）设立救助服务站所、救助咨询点等方式，加强市、县（区）、乡镇（街道）、村（居）四级联动救助。

11月29日

［纲　文］ **“中国梦与中华优秀传统文化”座谈会在北京召开。**

［目　文］ 座谈会由中宣部文艺局主办、国家博物馆承办。中宣部副部长景俊海主持座谈会。中央党校、中国社会科学院、北京大学、清华大学、复旦大学、中国艺术研究院等机构和高校的10余名专家，就中国梦与中华优秀传统文化的关系、如何运用中华优秀传统文化资源阐释和研究中国梦进行了深入交流和广泛讨论。大家表示，弘扬和传承中华优秀传统文化是全社会的共同责任，应加快建构中华优秀传统文化传承创新体系，在礼敬传统、文明互鉴、创新发展中不断增强中华文化的生命力，为实现中华民族伟大复兴中国梦贡献智慧、凝聚力量。

11月29日—12月1日

［纲　文］ **张高丽在广东调研。**

［目　文］ 国务院副总理张高丽在中国（广东）自由贸易试验区深圳前海蛇口片区，察看集装箱码头和前海自贸区规划展示厅；到中兴、华为、广州数控等公司，看望研发人员，了解广东省实施创新驱动发展战略和高端装备制造业发展情况。

张高丽表示，创新是国家发展的必由之路。要推动大众创业、万众创新，实施“互联网+”行动计划和“中国制造2025”，促进新技术、新产业、新业态蓬勃发展。要强化企业创新主体地位，加快形成一批有国际竞争力的创新型领军企业。要高起点规划、高标准建设自贸试验区，积极探索深化改革扩大开放的新鲜经验，打造参与国际竞争新优势、对外开放新高地。习近平总书记提出的“一带一路”建设得到沿线国家积极响应和参与，实现了良好开局。要进一步发挥规划引领作用，确保把国家战略规划和地方实施方案确定的目标任务抓实抓好抓出成效。要在“六廊六路多国多港”框架下，瞄准重点方向和重点国家，着力打造“一带一路”建设支点和标志性合作项目。

11月30日

［纲　文］　**12月1日，中国将正式接任二十国集团主席国，国家主席习近平就2016年二十国集团峰会发表致辞。**

［目　文］　习近平在致辞中说，2016年正在向我们走来，在新的一年里，中国将主办二十国集团峰会。这既体现了国际社会对中国的高度信任，也展示了中国愿为国际社会作出贡献的真诚愿望。二十国集团峰会机制诞生于2008年国际金融危机最紧要的关头。当时，全体成员同心协力，努力营造世界经济企稳复苏的新局面，确立二十国集团作为国际经济合作主要论坛的地位。回顾这段历程，最珍贵的是各成员同舟共济的伙伴精神。实践昭示我们，在经济全球化深入发展的形势下，合作是各国应对挑战、实现发展的必然选择。现在，世界经济和国际经济合作又走到一个重要转折点，能否夯实世界经济复苏和增长的基础、摆脱危机影响？能否把握科技进步和新工业革命的历史机遇、引领世界经济迈向新一轮增长？答案取决于我们的共同选择和共同行动。值此时刻，国际社会将目光投向二十国集团。作为发达国家和新兴市场国家及发展中国家开展合作的重要论坛，二十国集团在引领和推动国际经济合作方面具有举足轻重的影响，理应谋大势、做实事，推动解决世界经济的突出问题，为实现强劲、可持续、平衡增长目标而努力。我们应该致力于构建创新、活力、联动、包容的世界经济，通过创新驱动发展和结构性改革，为各国增长注入动力，使世界经济焕发活力。我们要树立人类命运共同体意识，推进各国经济全方位互联互通和良性互动，完善全球经济金融治理，减少全球发展不平等、不平衡现象，使各国人民公平享有世界经济增长带来的利益。在2016年峰会筹办过程中，中方将同各方一道，发扬同舟共济、合作共赢的伙伴精神，集众智、聚合力，落实安塔利亚峰会及历届峰会成果，共同开创国际经济合作新局面。我期待着明年9月在浙江杭州同各国领导人见面，共商国际经济合作大计。杭州是一座历史名城，也是一座创新之城，既充满浓郁的中华文化韵味，也拥有面向世界的宽广视野。我相信，大家共同努力，杭州2016年峰会将呈现给世界一份别样的精彩。

中国于2016年9月4日至5日，在浙江杭州举办二十国集团领导人第十一次峰会。

11月30日

［纲　文］　**国务院办公厅转发公安部、交通运输部《〈关于推进机动车驾驶人培训考试制度改革意见〉的通知》。**

［目　文］《通知》说，公安部、交通运输部《关于推进机动车驾驶人培训考试制度改革的意见》已经国务院领导同志同意，请认真贯彻执行。

11 月 30 日

［纲　文］**国务院办公厅印发《关于改革完善博士后制度的意见》。**

［目　文］《意见》由六部分组成：一、总体要求；二、改革管理制度；三、完善管理办法；四、提高培养质量；五、支持创新创业；六、做好保障工作。

《意见》要求，各地区和有关部门要充分认识改革完善博士后制度的重要意义，加强组织领导，密切协同配合，确保改革完善博士后制度的各项目标任务落实到位。

11 月 30 日

［纲　文］**国务院在北京召开中国博士后青年创新人才座谈会。**

［目　文］国务院副总理马凯主持召开座谈会。会议主要内容是：认真贯彻落实党的十八大和十八届三中、四中、五中全会精神，回顾总结中国博士后制度建立30周年来的发展历程，座谈交流博士后工作取得的成绩经验，研究部署今后一个时期重点工作。

马凯强调，博士后工作是建设人才强国的重要内容，肩负着为国选才育才的光荣使命。要全面贯彻党中央、国务院决策部署，深入实施创新驱动和人才优先发展战略，以解决制约博士后事业发展的重大问题为导向，以提高博士后研究人员培养质量为核心，聚焦创新引领发展，深化体制机制改革，积极扩大国际合作，加大政策支持力度，大力扶持创新创业，更好地发挥博士后制度在培养创新型青年人才、推动大众创业万众创新中的重要作用。

同日，国务院总理李克强会见了座谈会代表时表示，30年来，在各方面高度重视和共同努力下，博士后制度从无到有、从小到大，走过了不平凡的历程，博士后群体已成为国家创新型人才中的一支骨干力量。目前，博士后科研流动站和工作站覆盖全部学科门类和经济社会发展主要领域，广大博士后活跃在经济发展、社会事业、科学研究、产业升级一线，做出了独特贡献。“十三五”时期，我们要有效应对发展面临的能源资源和环境等刚性约束，提高全要素劳动生产率，在世界新一轮科技革命和产业变革中抢占先机，实现跨越“中等收入陷阱”，都必须把创新驱动放在更加突出的位置，更多依靠人才资源支撑，以大众创业万众创新增强发展新动能，在供给和需求两个方面推进结构性改革，促进经济中高速增长、迈向中高端水平。三点希望：一要争做创新突破的探索者，二要争做创业创新的践行者，三要争做世界创新潮流的弄潮者。要树立世界眼光，加强国际交流与合作，敢于在国际上参与竞争，在开放发展中提升自身能力。博士后制度是改革开放的产物，要在深化改革中实现更好发展。进一步解放思想，开拓思路，以提高博士后研究人员培养质量为核心，构建符合青年人才成长规律的管理制度。完善评估机制和创新创业激励政策，资助创业孵化和科技成果转化。着力营造有利于尊重人才、尊重创造、鼓励创新、宽容失败的氛围。广大博士后导师要奖掖后学、甘为人梯，为国家未来发展培育更多人才种子。

11月30日

［纲　文］ **新华网讯，12月1日是第28个世界艾滋病日，李克强就加强艾滋病防治工作作出批示。**

［目　文］ 国务院总理李克强批示指出，艾滋病防治事关人民群众健康与社会和谐稳定，是建设健康中国的重要内容。我国艾滋病防治已取得显著成效，但任务依然艰巨。要贯彻十八届五中全会关于共享发展的要求，针对艾滋病流行的新特征，抓紧制定遏制与防治艾滋病“十三五”行动计划。进一步加大投入力度，保障防治经费，重点支持疫情严重地区、中西部贫困地区的防治工作，完善对定点防治医院的补偿机制。发挥防艾基金引导作用，积极支持社会组织参与。加快艾滋病防治药物研发、审批和生产供应，调整免费抗病毒治疗药品目录，认真落实医疗保障、社会救助等关怀帮扶政策，减轻感染者和病人负担，最大限度发现感染者并减少传播，将我国艾滋病疫情持续控制在低流行水平，为全面建成小康社会做出新贡献。

11月30日

［纲　文］ **《人民日报》发表题为《坚决打赢脱贫攻坚战——一论学习贯彻习近平总书记中央扶贫开发工作会议重要讲话》的评论员文章。**

12 月

12 月 1—2 日

［纲　文］　**国家主席习近平应邀对津巴布韦、南非进行国事访问，并主持中非合作论坛约翰内斯堡峰会。**

［目　文］　陪同习近平出访的有：习近平夫人彭丽媛、中央政策研究室主任王沪宁、中央办公厅主任栗战书、国务委员杨洁篪等。11 月 30 日，习近平在津巴布韦《先驱报》发表题为《让中津友谊绽放出更加绚丽的芳华》的署名文章。

1—2 日，习近平在津巴布韦访问期间，在哈拉雷同津巴布韦共和国总统穆加贝举行会谈。两国元首高度评价中津传统友谊，共同规划未来两国关系发展，就深化务实合作达成重要共识并共同见证了两国政府经济技术合作协定及基础设施建设、产能、投融资、野生动物保护等领域合作文件的签署。习近平和彭丽媛等考察了津巴布韦野生动物救助基地。

2—5 日，习近平对南非进行国事访问。1 日，习近平在南非《星报》发表题为《让友谊、合作的彩虹更加绚丽夺目》的署名文章。

访问期间，习近平在比勒陀利亚会见了南非共和国总统祖马。两国元首一致认为，中南关系面临历史性发展机遇，双方要以落实两国高层共识和《中南 5—10 年合作战略规划》为抓手，以中非合作论坛约翰内斯堡峰会为新起点，推动中南关系再上新台阶。两国元首共同出席了双方经贸、文化、科技等领域多项合作文件签字仪式并共同会见了记者。

习近平在比勒陀利亚会见非洲联盟委员会主席祖马时指出，中方高度重视发展同非盟关系，支持非盟在非洲发展、一体化进程、国际和地区事务中发挥重要作用。

4—5 日，中非合作论坛约翰内斯堡峰会举行。本次峰会由中国和南非共同主办。习近平同南非总统祖马，非盟轮值主席、津巴布韦总统穆加贝等共 50 位非洲国家的国家元首、政府首脑和代表团团长以及非盟委员会主席祖马出席。习近平在开幕式发表了主题为《开启中非合作共赢、共同发展的新时代》的致辞，全面阐述中国发展对非关系的政策理念，宣布未来一段时期中非合作重要举措，提出把中非关系提升为全面战略合作伙伴关系，携手迈向合作共赢、共同发展的新时代。

会议通过了《中非合作论坛约翰内斯堡峰会宣言》和《中非合作论坛——约翰内斯堡行动计划（2016—2018）》。与会各国领导人高度评价峰会及峰会通过的宣言和行动计划，一致同意将中非关系提升为全面战略合作伙伴关系，一致表示决心共同致力于做强和夯实支撑中非关系新定位的“五大支柱”——政治上平等互信、经济上合作共赢、文明上交流互鉴、安全上守望相助、国际事务中团结协作。

习近平、南非总统祖马与50位非洲国家领导人还出席了中非领导人与工商界代表高层对话会暨第五届中非企业家大会闭幕式，习近平发表题为《携手共进，谱写中非合作新篇章》讲话，强调中国真诚希望同非洲国家分享中国工业化经验，愿为非洲工业化进程提供支持。中非应该继承真诚友好的光荣传统，把互助合作精神发扬光大，共同创造中非人民的美好未来。

峰会期间，《中国与非洲》杂志出版专刊，习近平和南非总统雅各布·祖马分别为专刊致辞。中国政府发表了第二份《中国对非洲政策文件》，全面阐述新形势下中国对非洲政策新理念、新主张、新举措。

12月1日

［纲　文］　**中共中央总书记、国家主席习近平向老挝人民革命党中央总书记、国家主席朱马里致亲署函，祝贺老挝人民民主共和国成立40周年。**

［目　文］　习近平在亲署函中说，在老挝人民民主共和国成立40周年之际，我代表中国党、政府和人民，并以我个人的名义，向朱马里总书记同志，向老挝党、政府和人民致以热烈祝贺。40年来，在老挝人民革命党的坚强领导下，老挝各族人民自力更生、艰苦奋斗，在社会主义建设和有原则的全面革新事业中取得巨大成就。我们为你们取得的成就感到由衷高兴，并衷心祝愿老挝人民革命党带领老挝各族人民，在建设国强民富、社会团结和谐、民主公正文明的社会主义国家的征程上不断取得更大成就。在双方共同努力下，中老政治互信日益深化，经贸合作快速发展，人文交流空前活跃，两党两国关系进入历史最好时期。我们愿同老方一道，在长期稳定、睦邻友好、彼此信赖、全面合作方针和好邻居、好朋友、好同志、好伙伴精神指引下，深入推进高度互信互助互惠的中老全面战略合作伙伴关系，打造牢不可破的中老命运共同体，为维护本地区乃至世界的和平、稳定、发展做出更大贡献。

1—3日，受中共中央和中共中央总书记习近平委派，中共中央政治局常委、全国人大常委会委员长张德江应邀率中国党政代表团出席老挝人民民主共和国成立40周年庆典活动并对老挝进行正式友好访问。访问期间，张德江在万象分别会见了老挝人民革命党中央总书记、国家主席朱马里，老挝总理通邢、国家副主席本南和国会主席巴妮；出席老挝国庆40周年庆典；和朱马里出席中老铁路开工奠基仪式。

张德江在会见朱马里时转达了习近平对朱马里的亲切问候和良好祝愿，并转交了习近平的亲署函。朱马里对习近平致亲署函表示诚挚感谢，并请张德江转达对习近平的亲切问候和良好祝愿，并表示回顾老挝40年来的发展历程和建设成就，离不开兄弟的中国党和人民真心实意地帮助和支持，中国始终是老挝党、政府和人民值得信赖的战略伙伴。

12月1日

［纲　文］　**国家主席习近平致信祝贺2015中非媒体领袖峰会召开。**

［目　文］　习近平在贺信中指出，这次峰会以“开创中非媒体合作共赢新时代”为

主题，中国同非洲各国的媒体人士共聚一堂，开展研讨，交流思想，对巩固和扩大中非友好合作具有重要意义。中非是休戚与共的命运共同体，中非友好合作有助于增进24亿人民的福祉。在追求和平与发展的道路上，中非要做永远的可靠朋友和真诚伙伴。中非携手共进，有助于构建以合作共赢为核心的新型国际关系，促进全球治理体系朝着更加公正更加合理的方向发展。媒体是中非交流互鉴的渠道、民心相通的桥梁。近年来，中非媒体交流合作蓬勃发展。展望未来，双方媒体合作空间广阔、大有可为。希望中非媒体以这次峰会为契机，拓宽交流领域，深化合作内涵，为推动中非友好扎根双方人民的心田、促进中非友谊之树不断开花结果做出新的更大的贡献。

同日，2015中非媒体领袖峰会在南非开普敦举行，由国务院新闻办公室主办。国务院新闻办公室主任蒋建国在开幕式上宣读了中国国家主席习近平的贺信并发表题为《把握中非友好事业新形势 开创媒体合作共赢新时代》的主旨演讲。南非总统府部长哈迪拜宣读了南非总统祖马的贺信。

来自非洲47个国家120家媒体的负责人与中国媒体代表一道，就中非媒体在合作发展时代潮流中如何肩负起加强中非相互了解、促进共同发展的使命展开热烈讨论，并达成广泛共识。

12月1日

［纲　文］　**中俄执政党对话机制第5次会议在北京召开，中共中央总书记习近平和俄罗斯总统普京分别致贺信。**

［目　文］　习近平在贺信中对会议举行表示祝贺，向与会的中俄两党代表表示欢迎并说，我和普京总统对发展中俄全面战略协作伙伴关系有高度共识，共同推动两国关系进入相互提供重要发展机遇、互为主要优先伙伴的新阶段。政党交往作为中俄全面战略协作伙伴关系的重要组成部分，对两国关系发展具有独特作用。中国共产党和统一俄罗斯党负有引领各自国家发展的重要使命。两党保持机制化交往，办好中俄执政党对话机制会议和中俄政党论坛，为两党就两国关系和执政党建设等战略性问题进行交流搭建了有效平台。这次会议以“党的执政能力与国家治理体系现代化”为主题，体现了两党的责任感和使命感，有利于两党加强自身建设、推进国家治理体系和治理能力现代化，促进中俄关系深入发展。

普京在贺信中表示，在俄中全面战略协作伙伴关系的发展进程中，两国执政党的合作发挥着重要作用，成功推动解决双边关系中的重大问题，协调两国在地区和国际事务中的立场。双方就党的建设等定期交流相关实践经验，也具有重大意义。祝你们的讨论富有成效。

会议由中国共产党和俄罗斯统一俄罗斯党共同举办。全国政协副主席王家瑞和统一俄罗斯党最高委员会主席格雷兹洛夫分别宣读习近平和普京的贺信。

中共中央政治局常委、中央书记处书记刘云山出席会议并作了题为《中共加强党的执政能力建设、推进国家治理体系现代化的做法与经验》的主旨讲话。刘云山说，中国共产党在加强执政能力建设中，坚持以马克思主义为指导，积极推进理论创新，为党治国理政提供科学的理论指南；不断完善党的执政方略，协调推进“四个全面”战略布局，明确党和国家事业发展的总遵循；抓好发展这个党执政兴国的第一要务，树立和贯彻创新、协调、绿色、开放、共享的发展理念，以新的发展理念引领发展实践；大力培育和弘扬社会主义核心价值观，增强全民族团结奋进的精神力量；坚持科学执政、民主执政、依法执政，完善党的领导方式和执政方式；坚持全面从严治党，密切党同人民群众的血肉联系，确保党始终成为中国特色社会主义事业的坚强领导核心。希望两党用好执政党对话机制会议这个平台，深化经验交流，相互学习借鉴，更好落实两国元首重要共识，促进中俄关系向前发展。

格雷兹洛夫在致辞中表示，两党相互交流治国理政经验，探讨合作中的重大问题，有利于增进政治互信。相信两党关系的发展，将推动两国各领域务实合作。

会前，刘云山会见了格雷兹洛夫。

12月1日

［纲　文］　**国务院在北京召开全国易地扶贫搬迁工作电视电话会议。**

［目　文］　国务院总理李克强对会议作出批示：易地扶贫搬迁是实施精准扶贫、精准脱贫的有力抓手，是全面建成小康社会、跨越中等收入陷阱的关键举措。各地区和相关部门要紧密结合新型城镇化和农业现代化，扎实推进这项工作。坚持尊重群众意愿，注重因地制宜，搞好科学规划。坚持加大中央财政支持和多渠道筹集资金相结合，用好各类扶贫资源，合力攻坚。坚持搬迁和发展“两手抓”，妥善解决搬迁群众的居住、看病、上学等问题，统筹谋划安置区产业发展与群众就业创业，确保他们生活有改善、发展有前景。汪洋出席会议并讲话。他强调，要深入学习贯彻党的十八届五中全会、中央扶贫开发工作会议精神，认真落实李克强总理重要批示要求，充分认识这项工作的艰巨性，充分利用我们的政治优势、制度优势和当前的有利时机及条件，强化政策扶持，加大工作力度，加快推进实施。

汪洋指出，今后5年，对生存条件恶劣的1000万贫困人口实施易地扶贫搬迁，是打赢脱贫攻坚战的关键举措。要规划先行，合理确定搬迁规模，区分轻重缓急，有序组织实施。要依据建档立卡数据，精准实施搬迁，搬迁一户，脱贫一户。要尊重农民群众意愿，因地制宜确定安置方式，可以在移民新村、小城镇、乡村旅游区等集中安置，也可以采取插花等方式分散安置，还可以通过进城务工、投亲靠友等自行安置。要与推进城镇化和农业现代化紧密结合，支持搬迁群众发展特色种养产业，加强培训提高搬迁群众就业能力，改善搬迁安置区基础设施和公共服务，确保搬得出、稳得住、有事做、能致富，逐步融入当地社会。要管好用好扶贫搬迁资金，加强对项目实施、资金使用和搬迁成效的监督考核，确保如期完成易地扶贫搬迁任务。

12月1日

［纲　文］　**中宣部在北京召开国家高端智库建设试点工作会议。**

［目　文］ 中宣部部长刘奇葆主持会议。中共中央政治局常委刘云山出席会议并讲话。国家高端智库理事会成员、高端智库建设试点单位负责人和首席专家、中央有关宣传文化单位负责人参加会议，八位负责任人就做好高端智库建设试点工作作了发言。

刘云山在会议上强调，建设中国特色新型智库是推进国家治理体系和治理能力现代化、提升国家软实力的重要举措，要深入贯彻党中央精神，精心组织试点工作，着力建设一批国家急需、特色鲜明、制度创新、引领发展的高端智库，推动我国智库建设实现新的发展。服务决策是智库的基本职责，推进国家高端智库建设，重要的是围绕党和国家发展战略，提升咨政建言能力，以科学咨询支撑科学决策。要把握正确政治方向，把坚持党的领导、坚持中国特色社会主义道路、坚持国家和人民利益至上、坚持按国家宪法和法律办事贯穿到智库工作之中。要坚持高端定位，凝练主攻方向、突出专业特色、注重成果质量，增强理论和政策创新能力，努力推出原创性研究成果。要聚焦“四个全面”战略布局，强化问题导向、应用导向，开展前瞻性、针对性、储备性政策研究。当前要围绕党的十八届五中全会作出的重大战略部署来确定研究的方向和重点，为贯彻五大发展理念、决胜全面建成小康社会多献务实之策。开展高端智库建设试点，要在体制机制创新上先行先试。要注重解决吸引人才、凝聚人才的问题，选好首席专家，建设好研究团队，形成开放、竞争、流动的人才机制。要创新智库内部治理，完善制度设计，激发智库活力，加快形成灵活高效的管理运行机制。要加强智库与决策部门的沟通联系，搭建常态化互动平台，做到供需有效对接、工作一体联动。要开门办智库、开放办智库，完善国际合作交流机制。智库建设主管部门、国家高端智库理事会要加强对试点工作的统筹协调，各级党委、政府和各方面都要关心支持智库发展，为智库发挥作用创造良好条件。

12月1日

［纲　文］ **税务总局发布《关于公布税务行政许可事项目录的公告》。**

［目　文］《公告》说，根据国务院深化行政审批制度改革要求，现将税务行政许可事项予以公告。各级税务机关应当依据《中华人民共和国行政许可法》的相关规定实施税务行政许可，认真落实《国家税务总局关于进一步深化税务行政审批制度改革工作的意见》(税总发〔2015〕102号)，深入推进简政放权、放管结合、优化服务，不断提高税收管理和服务效能。

12月1日

［纲　文］ **刘延东在北京市考察艾滋病防治工作。**

［目　文］ 在第28个世界艾滋病日来临之际，国务院副总理、国务院防治艾滋病工作委员会主任刘延东来到北京市石景山区疾病预防控制中心时指出，要全面落实党中央国务院决策部署，认真贯彻李克强总理重要批示精神，立足健康中国目标，切实做好艾滋病防治工作，为人民健康筑牢“防护网”；在戒毒药物维持治疗门诊和自愿咨询检测门诊，慰问和感谢医务人员和基层工作者，勉励各级防治工作人员继续投身艾滋病防治事业；在看望接受治疗的患者和前来咨询的人员时说，全社会都要关心艾滋病患者和感染者，积极

采取措施，帮助他们坚定信心，科学治疗，恢复健康。

刘延东与医疗卫生机构代表、有关专家、基层工作者、社会组织、志愿者和世界卫生组织代表进行座谈，听取他们对防治艾滋病工作的意见建议时指出，各级政府要抓紧制定遏制与防治艾滋病“十三五”行动计划，进一步完善政府组织领导、部门各负其责、全社会共同参与的工作机制，加大投入，调动各级防治人员和社会组织参与艾滋病防治工作的积极性。

12月1日

［纲　文］　**首届金砖国家媒体峰会在北京召开。**

［目　文］　峰会由新华通讯社倡议并联合巴西国家传播公司、今日俄罗斯国际新闻通讯社、印度教徒报、南非独立传媒集团共同发起，新华通讯社承办，以“创新发展、合作互信”为主题。来自金砖五国的25家媒体负责人出席峰会。中宣部部长刘奇葆出席峰会并致辞，强调要始终秉持开放、包容、合作、共赢的金砖精神，加强机制化交流合作，共同塑造金砖国家媒体业合作发展的美好未来。峰会通过了《金砖国家媒体峰会北京宣言》。

11月30日，中共中央政治局常委刘云山在北京会见峰会代表时说，金砖国家是国际关系中的重要力量和国际体系的积极建设者。打造金砖国家利益共同体，符合时代进步潮流，契合人民福祉。

12月1日

［纲　文］　**首次中美打击网络犯罪及相关事项高级别联合对话在华盛顿举行。**

［目　文］　对话由国务委员郭声琨与美国司法部部长林奇、国土安全部部长约翰逊共同主持。中央政法委和公安部、网信办、外交部、安全部、工业和信息化部和司法部等部门负责人出席了对话。

郭声琨表示，习近平主席2015年9月成功访美，两国元首在网络安全问题上达成重要共识，决定建立打击网络犯罪及相关事项高级别联合对话机制。近日，两国元首在巴黎再次举行会晤，就加强中美网络安全合作提出重要指导意见。中美在维护网络安全方面拥有重要共同利益，完全有能力把分歧摩擦转化为合作亮点。双方应以此次对话为契机，把两国元首达成的共识落到实处。当前，中美网络安全执法合作进入新的发展阶段，双方通过务实合作和坦诚交流，解决了一些实际问题，增进了双方了解和互信。中方愿本着“依法、对等、坦诚、务实”的原则，与美方一道，推动构建合作共赢的中美网络安全执法合作机制。双方应坚持把对话机制作为中美就网络安全问题开展交流沟通的主渠道，及时、有效回应彼此关切，建设性管控分歧。希望双方共同努力，把网络安全执法合作打造成中美关系的新亮点。

林奇和约翰逊表示，美中作为世界上最大的两个经济体，在网络安全领域具有共同利益。美方愿以坦诚和建设性态度，用实际行动落实两国元首达成的共识。双方应加强信息交流，共同打击网络恐怖主义和商业窃密等网络犯罪行为，发挥对话机制的积极作用，并取得实质性成果。

对话达成了《打击网络犯罪及相关事项指导原则》，决定建立热线机制，就网络安全个案、网络反恐合作、执法培训等达成了广泛共识，取得积极成果，在落实两国元首达成的共识方面取得重要进展。双方决定 2016 年 6 月在北京举行第二次对话。

12 月 1 日

［纲 文］ **《人民日报》发表题为《脱贫攻坚贵在精准重在实效——二论学习贯彻习近平总书记中央扶贫开发工作会议重要讲话》的评论员文章。**

12 月 1 日

［纲 文］ **《人民日报》发表题为《加快提升安全生产法治化水平》的评论员文章。**

12 月 2 日

［纲 文］ **李克强主持召开国务院常务会议。**

［目 文］ 会议的主要内容是：一、听取人民币加入特别提款权（SDR）情况和下一步金融改革开放相关工作汇报。会议指出，国际货币基金组织决定将人民币纳入特别提款权（SDR）货币篮子，这是国际社会对中国改革开放成就的认可，中国政府表示欢迎。这有利于助推人民币逐步国际化进程，促进我国在更深层次和更广领域参与全球经济治理，实现合作共赢。二、部署在多地开展金融改革创新试点，提升金融服务实体经济能力。会议决定，（一）建设浙江省台州市小微企业金融服务改革创新试验区，通过发展专营化金融机构和互联网金融服务新模式、支持小微企业在境内外直接融资、完善信用体系等举措，探索缓解小微企业融资难题。（二）在吉林省开展农村金融综合改革试验，围绕分散现代农业规模经营风险、盘活农村产权，对农村金融组织、供应链金融服务、扩大农业贷款抵质押担保物范围、优化农业保险产品等进行探索。（三）支持广东、天津、福建自由贸易试验区分别以深化粤港澳合作、发展融资租赁、推进两岸金融合作为重点，在扩大人民币跨境使用、资本项目可兑换、跨境投融资等方面开展金融开放创新试点，成熟一项、推进一项。有关部门和试点地方要向国务院专题报告试点工作情况。三、决定全面实施燃煤电厂超低排放和节能改造，大幅降低发电煤耗和污染排放。会议决定，在 2020 年前，对燃煤机组全面实施超低排放和节能改造，使所有现役电厂每千瓦时平均煤耗低于 310 克、新建电厂平均煤耗低于 300 克，对落后产能和不符合相关强制性标准要求的坚决淘汰关停，东、中部地区要提前至 2017 年和 2018 年达标。改造完成后，每年可节约原煤约 1 亿吨、减少二氧化碳排放 1.8 亿吨，电力行业主要污染物排放总量可降低 60% 左右。会议要求，对超低排放和节能改造要加大政策激励，改造投入以企业为主，中央和地方予以政策扶持，并加大优惠信贷、发债等融资支持。中央财政大气污染防治专项资金向节能减排效果好的省份适度倾斜。同时，要结合“十三五”规划推出所有煤电机组均须达到的单位能耗底限标准。四、通过《中华人民共和国人口与计划生育法修正案（草案）》和提请全国人大常委会授权国务院在部分行政区域暂时调整实施有关法律规定的决定草案。会

议还通过关于授权国务院在北京市大兴区、天津市蓟县等试点县（市、区）暂时调整实施物权法、担保法有关规定的决定草案，为推进农村承包土地经营权和农民住房财产权抵押贷款试点提供法律保障。会议决定将上述草案提请全国人大常委会审议。

12月2日

［纲　文］　**李克强在北京主持召开经济工作专家座谈会。**

［目　文］　仇保兴、肖凤桐、李稻葵、宋国青、张长春、林泽炎等专家围绕当前经济运行中的突出问题及建议在座谈会上发言。

国务院总理李克强说，2015年以来，我们坚持稳中求进，精准实施定向调控、相机调控，克服多重困难，保持了经济运行在合理区间，持续从供需两端推进结构性改革，促进新的发展动能加速成长。但当前国内外形势依然复杂严峻，面临的挑战风险不可低估，我们要坚持创新、协调、绿色、开放、共享的发展理念，继续用改革的办法综合施策，保持经济平稳发展。明年要实现“十三五”良好开局，必须继续从供需两端加大结构性改革力度，以创新供给带动需求扩展，以扩大有效需求倒逼供给升级，实现稳增长和调结构互为支撑、互促共进。在供给方面，继续运用好结构性减税等手段，推动“双创”和“中国制造2025”、“互联网+”行动计划，促进服务业、先进制造业发展，扶持小微企业成长，发挥制度创新和技术进步对供给升级的倍增效用，扩大有效供给。在需求方面，要以更优品质的产品、更加丰富的新业态、更便利的服务，引领和创造消费需求，支持信息、绿色、旅游等领域新消费发展，在消费升级中释放需求潜力。积极增加有效投资，更好发挥政府资金对社会资本的带动作用和放大投资的乘数效应，加快补短板项目建设，支持新型城镇化、产业升级、重大民生工程等，立足长远，实现投资综合效益递增。

李克强指出，提高发展质量和效益，厚植发展优势，必须着力培育壮大新动能，下定决心提升改造传统动能。要两促进，不能一头沉。一方面，要持续深化简政放权、放管结合、优化服务改革，实施创新驱动发展战略，更大程度激发大众创业、万众创新的潜力和活力，在全社会大力培育创业创新精神和企业家精神，打破行业垄断，保护公平竞争，促进新兴产业成长和就业扩大。另一方面，要更大力度加快传统行业改造升级，选择部分重点行业，用好技术、安全、环保、能耗等标准，加大政府引导和金融支持，尊重市场规律，推动兼并重组，加快落后产能淘汰和“僵尸企业”退出，促进企业效益和资源配置效率回升。面对错综复杂的经济发展形势，各地方各部门既要狠抓各项决策部署的落实，又要敏锐捕捉经济运行中的苗头性倾向性问题。要加强重大问题研究，多向基层企业、专家学者问计求策，以新理念引领发展行动，以新举措支撑提质升级，努力推动中国经济保持中高速增长、迈向中高端水平。

12月2日

［纲　文］　**《人民日报》发表题为《把脱贫攻坚责任扛在肩上——三论学习贯彻习近平总书记中央扶贫开发工作会议重要讲话》的评论员文章。**

12月3日

［纲　文］　**国家主席习近平和俄罗斯总统普京为《铭记历史 同护和平——纪念世界反法西斯战争胜利70周年》画册致辞。**

［目　文］　习近平在致辞中说，中俄两国分别作为第二次世界大战亚洲和欧洲两个主战场，中国人民和俄罗斯人民作为亚洲战场和欧洲战场两支主力军，为世界反法西斯战争胜利建立了难以磨灭的历史功勋。中国为打败日本军国主义侵略付出了巨大民族牺牲，军民伤亡3500万人以上。在俄罗斯卫国战争最艰苦的时期，包括毛泽东主席的儿子毛岸英在内的诸多中华儿女投身到抗击德国法西斯侵略的英勇战斗中。俄罗斯军民也为中国人民抗日战争提供了宝贵支持，许多俄罗斯优秀儿女埋骨中国土地。中国人民永远铭记着他们为和平和自由建立的功勋。中国人民和俄罗斯人民在世界反法西斯的共同事业中，用鲜血和生命凝成了战斗友谊。中俄两国人民患难与共，中国人民将同俄罗斯人民一道，同护和平，共促发展，坚定不移捍卫用鲜血和生命写下的历史，为构建人类命运共同体、促进世界和平与发展做出更大贡献。

普京在致辞中说，画册记录了我们的人民共同抗击阴险而残忍的敌人的历史，再现了苏联和中国官兵英勇作战的场景，同时也展现了爱好和平的人们自我牺牲的精神。今天，一些国家试图篡改历史，为纳粹分子及其帮凶正名。这种无耻的行为极其危险——他们在挑唆新的争端，制造新的仇恨与暴力。正因如此，我们更应该珍视共同的历史记忆，坚定不移地维护战争的真相。我相信，这本画册将引起社会的广泛关注，它将进一步促进俄中两国在文化和人文领域的合作。

画册由中国外文局人民画报社与俄罗斯国家通讯社塔斯社合作出版，收录珍贵历史图片200余张，回顾了中俄两国在世界反法西斯战争中并肩战斗的历史，展现了中俄两国人民捍卫世界和平与正义的决心。

12月3日

［纲　文］　**李克强在北京主持召开国家科技教育领导小组第2次全体会议。**

［目　文］　会议主要内容是：研究科技创新2030——重大项目，听取国家中长期教育改革和发展规划纲要中期总结评估情况汇报，谋划今后五年教育改革发展。科技部、教育部分别作了汇报，国家科技教育领导小组成员进行了讨论。

国务院总理李克强说，“十二五”时期我国科技和教育事业取得显著成就，有力支撑了经济社会发展大局。“十三五”时期科技教育发展要有新突破，必须在实施科教兴国战略中更好地贯彻落实创新、协调、绿色、开放、共享的发展理念，更好地发挥科教对增强发展新动能、提高发展质量效益、提升国民素质、促进社会进步的重要作用，努力保持经济中高速增长、迈向中高端水平。顶住当前经济下行压力稳增长，加快转变发展方式调结构，跨越“中等收入陷阱”和实现“两个一百年”奋斗目标，都要靠创新驱动发展，必须远近结合、梯次接续，从全局上作好前瞻部署。一要面向世界科技前沿和经济社会发展主战场，在国家战略必争领域超前布局，选择实施一批牵一发动全身的重大科技项目和重大工程，让更多中青年领军人才担当大任。二要广泛运用众创、众包、众扶、众筹，推动大众创业、万众创新，汇聚全社会的资源和“智源”，调动大中小企业和各类创新主体积极性，推动新兴产业成长，形成尊重知识、尊重人才、尊重创造的浓厚氛围，使重大科技突破有广阔的社会沃土。三要加快科技体制创新，既要加大统筹力度，打破条块分割、部门局限，集中力量协同攻坚，又要充分发挥市场机制作用，推进产业链、创新链、资金链有机融合，形成多元投入格局，建立“沿途下蛋”机制，边出成果边应用，不断提升科技资源配置和科技创新效率。四要搭建国际科技合作的重要平台，不仅支持本土高端人才勇攀高峰，还要注重吸引海归人才、外国人才来华开展科研联合攻关，拓展开放合作的深度和广度。

李克强指出，“十三五”时期我国教育改革发展面临新的繁重任务，必须在保障教育公平和提升教育质量上下大功夫。要通过深化改革加快发展，进一步缩小教育资源配置的城乡、区域、校际差距，特别是要加强中西部农村教育能力建设，使更多的孩子能受到良好的基础教育。

12月3日

［纲　文］　**中共中央办公厅、国务院办公厅印发《生态环境损害赔偿制度改革试点方案》。**

［目　文］　《方案》由五部分组成：一、总体要求和目标；二、试点原则；三、适用范围；四、试点内容；五、保障措施。

12月3日

［纲　文］　**保监会公布《关于保险业服务京津冀协同发展的指导意见》。**

［目　文］　《意见》由五部分组成：一、指导思想；二、基本原则；三、充分发挥保险功能作用，服务京津冀协同发展大局；四、推进保险市场一体化，促进京津冀保险业协同发展；五、发挥监管引领作用，强化协同发展政策支撑。

12月3日

［纲　文］　**农业部发布《兽药产品批准文号管理办法》，自2016年5月1日起施行。**

12月3日

［纲　文］　**安全监管总局印发《煤矿重大生产安全事故隐患判定标准》。**

［目　文］　《标准》确定了15个方面的煤矿重大事故隐患：超能力、超强度或者超定员组织生产；瓦斯超限作业；煤与瓦斯突出矿井，未依照规定实施防突出措施；高瓦斯矿井未建立瓦斯抽采系统和监控系统，或者不能正常运行；通风系统不完善、不可靠；有严重水患，未采取有效措施；超层越界开采；有冲击地压危险，未采取有效措施；自然发火严重，未采取有效措施；使用明令禁止使用或者淘汰的设备、工艺；煤矿没有双回路供电系统；新建煤矿边建设边生产，煤矿改扩建期间，在改扩建的区域生产，或者在其他区

域的生产超出安全设计规定的范围和规模等重大事故隐患。该标准对每个方面的重大事故隐患都进行了细化。自2015年12月3日起施行。国家安全监管总局、国家煤矿安监局2005年9月26日印发的《煤矿重大安全生产隐患认定办法（试行）》（安监总煤矿字〔2005〕133号）同时废止。

12月3日

［纲　文］　**全国政协在北京召开双周协商座谈会，就"仿制药的质量问题与对策"建言献策。**

［目　文］　全国政协主席俞正声主持座谈会。全国政协委员何维、蒋作君、蔡威、邵一鸣、陈凯先、周然、牛广明、刘文伟、曲凤宏、花亚伟、段惠军、侯艳宁、温建民，以及专家学者李大魁、宋瑞霖、肖红在座谈会上发言。国家食品药品监管总局局长介绍有关情况。工业和信息化部副部长辛国斌、人力资源社会保障部副部长游钧、国家卫生计生委副主任刘谦参加会议并与委员互动交流。全国政协非常关注仿制药的质量问题。此前，许多政协委员通过提案等形式提出意见建议，农工党中央、全国政协教科文卫体委员会开展了专题调研。

委员们认为，提高仿制药质量水平是一件大事，关乎人民群众的身体健康，关乎医保的可持续，关乎人民群众能否用上优质廉价的仿制药。党中央、国务院高度重视药品质量问题。中央有关部门不断加强政策指导及监管力度，推动提高仿制药质量和标准。目前，仿制药基本满足了公众用药需要，但还面临着仿制药质量参差不齐、仿制标准较低、部分药品疗效不确切等问题。要进一步加大改革和政策调整力度，提高药品质量，确保用药安全。

一些委员建议，一是提高药品审批标准，鼓励药品研发，简化程序，加快审批。二是加快推进仿制药质量一致性评价工作，进一步完善标准，淘汰落后。通过一致性评价的药品，允许在外包装上予以标识，医疗机构优先采购，在技术改造等方面予以支持。三是在医保政策和招标政策上要有利于优质仿制药的使用。要及时调整药物政策，优化医保目录，完善药品招标采购相关制度，发挥好医保杠杆作用。四是改进医院管理，改进医院的考核办法，实行医疗、医保、医药联动，健全鼓励使用优质仿制药的激励机制，切实保障人民群众健康权益。五是重视仿制药创新，加强上市后的监管，推动医药产业升级。

12月4日

［纲　文］　**国务院办公厅印发《关于第一次全国政府网站普查情况的通报》。**

［目　文］　《通报》说，一、总体情况：（一）摸清了全国政府网站底数，实现整体达标合格。截至2015年11月，各地区、各部门共开设政府网站84094个。（二）提高了政府网站管理服务水平，有序推进集约化建设。（三）建立了政府网站基本信息数据库，社会公信力稳步提升。二、整改工作的成效：（一）信息更新更加及时。（二）内容准确性普遍提高。（三）互动回应情况明显改善。（四）办事功能不断完善。三、需要进一步解决

的问题:(一)部分基层网站仍不合格，少数网站问题严重。(二)个别地方检查走过场、整改不彻底。(三)一些网站便捷性、实用性亟待提升。四、各地区、各部门要高度重视，加强对政府网站建设和管理工作的领导，并针对普查发现的问题举一反三，进一步查漏补缺，加大对本地区、本部门网站的检查力度，巩固普查成效，避免出现整改不彻底、问题反弹等情况。要切实把办好政府网站摆到服务人民群众、提高治理能力、提升政府公信力的高度，加强督查考核，按照推进“互联网+政务服务”的工作要求，扎实推动各级政府网站持续健康发展。

12月4日

［纲　文］　**中组部在南昌召开部分省市“三严三实”专题教育工作座谈会。**

［目　文］　中组部部长赵乐际主持座谈会。中共中央政治局常委刘云山出席座谈会并讲话。江西、上海、浙江、安徽、湖北、湖南、广东、四川、贵州、陕西等省市党委负责人在座谈会上发言。与会者反映，专题教育扎实推进、不断深入，同时一些地方和单位也存在联系实际不够、解决问题不力的现象。

刘云山说，要清醒认识专题教育进展态势，牢牢把握“三个见实效”的目标要求，找差距、补短板，把工作责任落到实处。要深入学习贯彻习近平总书记系列重要讲话精神，从严从实推进专题教育，精心组织专题民主生活会和组织生活会，抓好突出问题整改，确保专题教育取得扎实具体的成效。专题民主生活会是专题教育的重中之重，要坚持高标准、严要求，开出高质量。要继续深化“三严三实”学习教育，使准备民主生活会的过程成为思想认识再提高的过程。要认真查摆不严不实问题，开展深入的谈心交心，把问题找准找实找具体。专题民主生活会是严肃的党内政治生活，要突出政治纪律和政治规矩，对照党中央关于守纪律讲规矩的明确要求，对照党章规定，对照《中国共产党廉洁自律准则》和《中国共产党纪律处分条例》，以领导干部严重违纪违法案件为反面教材，进行深刻的党性分析，深入检视理想信念是否坚定、纪律观念是否强化、党性修养是否增强，认真开展有辣味的批评和自我批评，切实做到对症下药、不走过场。要把落实“三严三实”同贯彻党的十八届五中全会精神结合起来，推动领导干部提振精气神、树立好作风、增强执行力，切实解决不作为、乱作为和不会为、不善为的问题，提高落实五大发展理念的能力。各级党委(党组)要把专题教育作为履行党建主体责任的重要方面，纳入党建工作述职评议考核的重要内容，保持工作力度，做到敬终如始、善作善成。

在江西期间，刘云山到九江、南昌的农村、社区、企业和文化单位调研，对江西经济社会发展、党的建设和文化建设成效给予肯定，强调要建好建强基层党组织，善谋发展良策、多出惠民实招，切实做好扶贫帮困工作，努力为群众排忧解难，发挥好党员干部在脱贫攻坚、全面建成小康社会中的先锋模范作用。要积极发展文化事业和文化产业，坚持正确方向、加快文化创新，引导文化资源向城乡基层倾斜，推动物质文明和精神文明协调发展。

12月4日

［纲　文］　**中国民主促进会成立70周年纪念大会在北京举行。**

［目　文］　全国政协副主席、民进中央常务副主席罗富和主持大会。中央统战部部长孙春兰出席大会并代表中共中央致贺词。全国人大常委会副委员长、民进中央主席严隽琪回顾了中国民主促进会70年的光辉历程，号召民进广大成员继承和弘扬优良传统，更加紧密地团结在中共中央周围，同心同德，为实现中华民族伟大复兴的中国梦再作新贡献。全国人大常委会副委员长、民建中央主席陈昌智代表各民主党派中央和全国工商联致贺词。全国政协副秘书长、民进中央副主席朱永新宣读了《民进中央关于表彰民进全国先进集体、先进个人的决定》。各民主党派中央、全国工商联和有关部门负责人出席了大会。

孙春兰指出，中国多党合作制度重要优势在于，既有中国共产党的统一领导，又有各民主党派的广泛参与，体现了团结民主的制度理念、合作协商的制度设计、和衷共济的制度实践，是经济发展和社会稳定的重要保障。中国民主促进会70年的历史，是一部与中国共产党肝胆相照、荣辱与共，致力于国家富强、民族复兴、人民幸福的光辉历史。70年来，民进始终与中国共产党一路同行，在反内战、反独裁的爱国民主运动中并肩战斗，在巩固新生人民政权、推动社会主义建设中通力合作，在坚持和发展中国特色社会主义征程中同心奋斗，为中国革命、建设和改革事业做出重要贡献。以习近平为总书记的中共中央绘就了“十三五”时期国家发展蓝图，赋予了民主党派新的时代使命。希望民进以凝聚共识为根本，把思想和行动统一到中共中央决策部署上来，巩固团结奋斗的共同思想政治基础。以集智聚力为重点，立足教育文化出版界知识分子集中的优势，为实施“十三五”规划积极作为。以思想政治建设为核心，努力打造更加符合时代要求的中国特色社会主义参政党，承担起中国特色社会主义事业亲历者、实践者、维护者、捍卫者的政治责任。

12月4日

［纲　文］　**全国政协主席俞正声在北京会见日本执政党代表团。**

［目　文］　俞正声欢迎日方来华参加中日执政党交流机制第五次会议，并表示中日执政党交流机制建立于两国关系面临严重政治困难之际，多年来为推动中日关系改善发展发挥了重要作用。当前中日关系有所改善，但这种势头仍然脆弱，两国执政党应切实发挥政治引领作用，推动双方恪守中日关系四个政治文件和双方达成的四点原则共识精神，妥善处理历史等敏感问题，不断增进政治互信，深化经贸合作，扩大人文交流，推动中日关系持续稳定健康发展。日方表示，日中执政党交流机制是双方加强政治沟通、增进政治互信的重要管道。日方愿与中方努力维护和巩固日中关系的改善势头，拓展合作领域，为两国和本地区人民造福。

12月4日

［纲　文］　**中国美国商会年度研讨会在北京举行。**

［目　文］　研讨会旨在庆祝两国政府和在华美国企业之间长期的双边互惠合作关

系。国务院副总理汪洋出席研讨会并发表主旨演讲。美国驻华大使博卡斯等中美政商界代表约450人与会。汪洋强调，中国经济增速有所变化，但巨大的发展空间和机遇不会改变；中国改革开放的方式有所变化，但强力推进改革开放的决心不会改变；中国的投资环境有所变化，但积极有效利用外资的方针不会改变。

12月6日

［纲　文］　**国务院印发《关于加快实施自由贸易区战略的若干意见》。**

［目　文］　《意见》由六部分组成：一、总体要求；二、进一步优化自由贸易区建设布局；三、加快建设高水平自由贸易区；四、健全保障体系；五、完善支持机制；六、加强组织实施。

《意见》要求，通过深化自由贸易试验区试点，完善外商投资法律法规，完善事中事后监管的基础性制度，做好贸易救济工作，研究建立贸易调整援助机制等措施，健全加快实施自由贸易区战略的保障体系。

12月6日

［纲　文］　**《人民日报》发表题为《共同开创中非携手并进新时代》的社论。**

12月6—7日

［纲　文］　**第10届全球孔子学院大会在上海举行。**

［目　文］　本届大会由孔子学院总部——国家汉办、上海市政府联合主办，以“适应需求、融合发展”为主题。国务院副总理、孔子学院总部理事会主席刘延东出席大会开幕式并为全球孔子学院先进个人和先进单位颁奖。来自130多个国家和地区的大学校长、孔子学院代表共2300多人出席大会。

刘延东在致辞中首先向为孔子学院建设与发展付出努力的中外人士和有关方面表示感谢并指出，2015年在中外双方共同努力下，孔子学院办学水平不断提升，运行模式日益健全，吸引力凝聚力进一步增强，在中国人民与各国人民之间架设了沟通的桥梁，撒播了友谊的种子。当今时代，世界各国日益成为你中有我、我中有你的利益共同体和命运共同体。文明交流互鉴的大趋势、中国与各国合作共赢的大潮流，为孔子学院发展带来难得的历史机遇和广阔发展空间。要突出特色，贴近各国不同的文化传统、习俗习惯，因地因校制宜，改革教材内容和教学方法，逐步实现孔子学院本土化。要适应需求、融合发展，服务民众、拓展领域，为中外合作共赢服务。要以提高办学质量为重点，树立品牌意识，大力提升中外院长和教师素质，打造人文交流精品项目。要整合资源、共建共享，创新管理体制机制，加强院校支撑能力建设，为推进孔子学院持续发展，为促进多样文明和谐共生做出新贡献。

12月6—13日

［纲　文］　**应全国人大常委会委员长张德江的邀请，意大利参议长格拉索率团访华。**

［日　文］　访华期间，国务院总理李克强、全国政协主席俞正声在北京分别会见格拉索。张德江在北京与格拉索举行了会谈。格拉索一行还访问了中央党校、中国政法大学、复旦大学等。

李克强在会见格拉索时表示，2014年两国总理成功互访，就深化双方合作达成重要共识，有关成果正在得到积极落实。中方愿同意方进一步增进高层交往与政治互信，推动务实合作不断深化，密切在国际地区事务中的沟通协调，加强议会友好交流合作，夯实双边关系的民意基础。当前中国经济平稳运行，处于合理区间。虽面临挑战，但稳中向好，尤其是新动能和结构调整亮点纷呈。我们有把握实现全年经济社会发展主要预期目标，为未来中国经济长期健康稳定发展打好基础。相信这将为中国同欧洲乃至世界各国深化合作提供新的机遇，拓展更广阔的空间。格拉索表示，中国在国际事务中发挥重要作用，发展成就令人钦佩。意方坚信中国经济将保持良好发展势头，愿在双多边各层面、各领域加强对华交流与合作，分享经验，深度参与中国发展进程。

张德江与格拉索会谈时说，中方愿与意方以2015年两国建交45周年为契机，密切在“一带一路”倡议、亚投行等框架下的合作，落实好环保、农业、可持续城镇化、卫生、航空航天五大优先领域的重大合作项目，推动中意合作不断迈上新台阶、中意全面战略伙伴关系持续深入发展。中国全国人大愿继续加强与意大利参议院的友好合作关系，密切各层次往来，发挥定期交流机制作用，加强在治国理政、立法监督等方面的交流互鉴。积极推动投资便利化，简化人员往来的相关措施，共同为促进两国各领域合作创造良好的法律环境。继续加强在多边议会组织中的协调，保持密切沟通与配合，维护共同利益。格拉索说，很高兴来华出席意中建交45周年庆祝活动。意中交往源远流长，两国友好深入人心。意方愿参与“一带一路”项目建设，支持亚投行发展，促进欧中友好合作，与中方携手推动两国经济、文化、科技等各领域合作不断取得新进展，更好地造福两国和两国人民。

12月7日

［纲　文］　**李克强在发展改革委考察并主持召开“十三五”规划编制工作国内外专家座谈会。**

［目　文］　国务院总理李克强在发展改革委政务服务大厅，看到这里通过实施统一窗口、网上国务院各部门并联和部门地方纵向贯通等措施，大大方便了企业投资项目申报，显著提高了审批、监管和服务效率并现场启动投资项目在线审批监管平台，与正在这里办事的企业人员互动交流说，简政放权、放管结合、优化服务是个持续深入的过程，要进一步转变政府职能，能放给市场的尽可能放给市场，避免横向转移，防止“中梗阻”，以激发市场活力和社会创造力，使政府有更多精力加强事中事后监管，通过互联网＋政务，使审批更加简便，以透明高效的政府服务换取更具活力的市场和更强劲持久的发展动能。

在“十三五”规划编制座谈会上，发展改革委负责人就规划编制进展作了汇报，诺贝尔经济学奖获得者斯蒂格利茨、世界银行郝福满、麦肯锡公司华强森以及蔡昉、薛澜、黄海洲等发了言。

李克强说，“十三五”规划要落实《中共中央关于制定国民经济和社会发展第十三个五年规划的建议》，这次国务院首次邀请国内外专家一起对五年规划编制出谋划策，就是要使规划既立足国情、符合实际，又借鉴国际经验，经过努力实现基本跨越“中等收入陷阱”。编制好规划，必须深入分析判断国际经济走势和国内面临的主要矛盾，把握好稳增长调结构的平衡。既要通过稳增长为结构调整创造空间，又要以结构调整提高可持续增长能力，推动解决产能过剩、人口老龄化、社会保障体系薄弱、公共服务不足等深层次矛盾，把发展成果更好体现在增进民生福祉上。规划要把创新驱动放在核心位置，围绕加快培育新动能、改造提升传统动能，以大众创业、万众创新带动产业转型升级，使更多新产业、新业态、新模式涌现出来，适应市场需要并带动更多就业。运用政府购买服务等方式，充分调动社会力量，增加公共产品和服务供给。

李克强要求发展改革委会同有关部门，坚持开门编规划，深入研究提出一批重点政策、重大工程、重要举措，既做好顶层设计，也尊重基层首创精神，为地方因地制宜发挥创造性留出空间，编制一个遵循规律、体现民意、促进发展的好规划，充分调动中央和地方两个积极性，激发广大人民群众和千千万万市场主体的积极性与创造力，确保如期全面建成小康社会。

12月7日

［纲　文］　**国务院在北京召开京津冀协同发展工作推进会。**

［目　文］　国务院副总理张高丽主持会议。会议主要内容是：总结2015年京津冀协同发展工作，研究2016年总体工作思路，审议京津冀“十三五”规划和相关专项规划，听取北京行政副中心建设规划编制工作汇报，部署下一步重点工作。王沪宁、郭金龙、王勇、徐匡迪和京津冀协同发展领导小组成员、领导小组办公室以及有关部门负责人参加了会议。

张高丽说，习近平总书记强调通过疏解北京非首都功能，调整经济结构和空间结构，走出一条内涵集约发展的新路子，探索出一种人口经济密集地区优化开发的模式，促进区域协调发展，形成新增长极。李克强总理要求树立大局意识，以疏解北京非首都功能为重点，统筹推进各项工作。中央“十三五”规划建议提出，京津冀协同发展要优化城市空间布局和产业结构，有序疏解北京非首都功能，推进交通一体化，扩大环境容量和生态空间，探索人口经济密集地区优化开发新模式。2016年是“十三五”开局之年，也是京津冀协同发展加快推进的关键一年。要全面贯彻落实创新、协调、绿色、开放、共享五大发展理念，实施《京津冀协同发展规划纲要》，推动京津冀协同发展取得新的更大进展。要编制实施好京津冀“十三五”规划，通过科学合理总体布局，努力推动三地“一张图”规划、“一盘棋”建设、“一体化”发展。要抓紧出台控增量、疏存量政策，深入谋划和科学论证承接平台规划建设，有序疏解北京非首都功能。要突出绿色、宜居、人文、智慧发展，注重创业就业与居住功能均衡，高水平规划建设北京市行政副中心。

12月7日

［纲　文］　**国资委、财政部、发展改革委印发《关于国有企业功能界定与分类的指导意见》。**

［目　文］　《意见》由三部分组成：一、划分类别；二、分类施策；三、组织实施。《意见》要求，各地要结合实际，合理界定本地国有企业功能类别，实施分类改革、发展和监管。金融、文化等国有企业的分类改革，中央另有规定的依其规定执行。

12月7日

［纲　文］　**汪洋出席在福建宁德召开的东部地区扶贫工作座谈会。**

［目　文］　国务院副总理汪洋与会议代表在福安、福鼎、霞浦等市县贫困村，了解群众生产生活情况，考察整村搬迁“造福工程”、乡村旅游扶贫、特色产业扶贫等工作。

汪洋在座谈会上指出，要认真贯彻落实中央扶贫开发工作会议精神，深入学习领会习近平总书记扶贫开发战略思想，进一步增强使命感和责任感，充分发挥政治优势和制度优势，不断提高扶贫开发精准度和有效性，坚决打赢脱贫攻坚战。东部地区是国家发展的“排头兵”，要以更高标准、更严要求、更实措施，在深化精准脱贫、加快脱贫进度、提高脱贫水平、健全脱贫机制、探索脱贫路子等方面走在前面，为全国脱贫攻坚积累经验。东西部扶贫协作是打赢脱贫攻坚战的重要举措。东部地区要加大对西部地区的帮扶力度，不断丰富内容、拓宽领域，提高东西部扶贫协作水平。要建立精准对接机制，紧紧围绕建档立卡贫困人口脱贫，增加对口帮扶资金和人才等的投入，实施好经济强县和贫困县“携手奔小康”行动，发挥好市场机制和社会帮扶的作用，加快西部地区贫困群众脱贫步伐。

12月7日

［纲　文］　**国家副主席李源潮在北京会见日本众议院议员平将明率领的年轻议员代表团。**

［目　文］　李源潮说，中日关系保持长期稳定健康发展，符合两国人民根本利益。双方应在中日关系四个政治文件和双方达成的四点原则共识基础上，本着以史为鉴，面向未来的精神，推动中日关系向前发展。希望日本青年政治家从战略和长远角度出发，为中日关系改善和发展贡献力量。平将明说，青年政治家有责任传承好、维护好日中友好，愿为进一步改善双边关系不懈努力。

12月7日

［纲　文］　**国家副主席李源潮在北京会见厄瓜多尔副总统格拉斯。**

［目　文］　李源潮说，2015年是中厄建交35周年，两国元首共同宣布建立中厄战略伙伴关系，双边关系进入全新发展阶段。中方愿与厄方一道，认真落实两国元首共识，努力打造利益共同体和命运共同体。两党共同举办中拉政党论坛首次会议，必将推动中厄

关系发展和中拉整体合作。格拉斯说，拉中政党论坛首次会议将有力推动厄中和拉中执政党交流，互利合作必将更多造福拉中人民。

12月7日

［纲　文］ **“亚洲文化合作论坛2015”在香港举办。**

［目　文］ 论坛由香港特别行政区政府民政事务局举办。亚洲多国的文化部长及代表就“社会支持无界，文化发展无限”这一主题展开交流，鼓励社会各界积极参与并推动文化事业的发展，进而增进国家之间的友谊。文化部部长雒树刚出席论坛并发表主旨演讲。其间，雒树刚与香港特别行政区政府政务司司长林郑月娥共同见证签署《内地与香港特别行政区2016—2018年文化交流与合作执行计划》。

12月7日

［纲　文］ **中国首架极地固定翼飞机“雪鹰601”在南极中山站附近成功试飞。**

［目　文］ 固定翼飞机在南极考察，特别是内陆考察中发挥着快速运输、应急救援等重要保障作用。目前世界上只有少数几个国家在南极拥有此种多功能固定翼飞机。

12月7—9日

［纲　文］ **中国书法家协会第七次全国代表大会在北京召开。**

［目　文］ 来自全国各省、自治区、直辖市、解放军、中直系统以及港澳台地区的400余名书法工作者代表参加会议。会议主要内容是：听取、审议中国书法家协会第七次全国代表大会工作报告；分析当前我国书法事业面临的新形势，规划部署今后五年的工作任务；审议、通过修改后的《中国书法家协会章程》；选举新一届中国书法家协会领导机构。

中宣部部长刘奇葆出席开幕式时指出，要深入学习贯彻习近平总书记在文艺工作座谈会上的重要讲话精神，坚持以人民为中心的创作导向，挥毫运笔传承文化基因，饱蘸浓墨书写时代风骨，努力攀登书法艺术高峰，推出更多力透纸背、有精气神的经典大作，让书法这一中华文化瑰宝大放异彩。书法浓缩了中华文化的基本精神，是中华民族最具代表性的文化标识。

12月8日

［纲　文］ **习近平、李克强就机关企事业单位做好定点扶贫工作作出指示和批示。**

［目　文］ 中共中央总书记习近平指出，党政军机关、企事业单位开展定点扶贫，是中国特色扶贫开发事业的重要组成部分，也是我国政治优势和制度优势的重要体现。多年来，各有关单位围绕定点扶贫做了不少工作，取得了积极成效。做好新形势下定点扶贫工作，要深入贯彻中央扶贫开发工作会议精神，切实增强责任感、使命感、紧迫感，坚持精准扶贫、精准脱贫，坚持发挥单位、行业优势与立足贫困地区实际相结合，健全工作机制，创新帮扶举措，提高扶贫成效，为坚决打赢脱贫攻坚战做出新的更大贡献。

国务院总理李克强指出，定点扶贫是中央单位积极参与扶贫、推动贫困地区加快发展的有力抓手，30年来发挥了重要作用。“十三五”时期是我国脱贫攻坚的决战决胜期，加大定点扶贫力度至关重要。各相关单位要按照中央部署，再接再厉，主要领导直接抓，创新工作机制，多方筹措资源，选派优秀干部，进一步提高定点扶贫的精准度和有效性，着力增强贫困地区造血功能，使贫困群众更好实现自我发展、参与发展、共享发展，在推进全面建成小康社会的进程中坚决全力打赢脱贫攻坚的硬仗。

11日，国务院扶贫开发领导小组组长汪洋出席中央单位定点扶贫工作会议时指出，各部门、各有关单位要认真贯彻落实习近平总书记重要指示精神和李克强总理的批示，进一步强化帮扶责任，切实做好定点扶贫考核工作。要按照精准扶贫的工作要求，进一步加大资金投入、智力支持、技术服务以及信息与政策指导，把工作目标瞄准建档立卡贫困户，帮扶资金和措施落到贫困人口，不断提高扶贫实效。

据统计，党的十八大以来，参与定点扶贫的中央单位达到320个，实现了对贫困县的全覆盖，累计向贫困县选派挂职干部1266人次，投入帮扶资金69亿元，帮助引进资金363亿元。

12月8日

［纲　文］　**中共中央办公厅、国务院办公厅印发《关于完善审计制度若干重大问题的框架意见》**。

［目　文］　《意见》由三部分组成：一、总体要求；二、主要任务；三、加强组织领导。

《意见》指出，有关部门和地方各级党委、政府要从党和国家事业发展全局出发，充分认识完善审计制度的重大意义，加强工作统筹，形成合力，推动各项改革措施贯彻落实。

12月8日

［纲　文］　**中共中央办公厅、国务院办公厅印发《关于实行审计全覆盖的实施意见》**。

［目　文］　《意见》由七部分组成：一、实行审计全覆盖的目标要求；二、对公共资金实行审计全覆盖；三、对国有资产实行审计全覆盖；四、对国有资源实行审计全覆盖；五、对领导干部履行经济责任情况实行审计全覆盖；六、加强审计资源统筹整合；七、创新审计技术方法。

12月8日

［纲　文］　**财政部印发《关于实施政府和社会资本合作项目以奖代补政策的通知》**。

12月8日

［纲　文］　**交通运输部公布《公路工程建设项目招标投标管理办法》**。

［目　文］　《办法》共7章74条，主要有总则、招标、投标、开标、评标和中标、监督管理、法律责任、附则等部分的内容。自2016年2月1日起施行。

12月8日

［纲　文］　**国务院副总理张高丽在北京会见俄罗斯天然气工业公司总裁米勒**。

［目　文］　张高丽说，双方要进一步积极落实两国元首和总理达成的合作共识，加强中俄能源战略合作关系，实施好东线天然气管道项目建设，加快商谈西线天然气合作项目，搞好油气项目对接和先进装备制造合作，按照利益共享、风险共担、互利共赢原则推进上下游一体化合作，同时进一步开拓新的合作领域和合作项目，巩固中俄全面战略协作伙伴关系的物质基础，促进两国共同发展，造福两国人民。米勒表示，俄方视中方为长期、稳定、可靠的能源合作伙伴，愿在现有合作成果的基础上，扩大双方包括天然气在内的能源全面合作关系。

12月8—9日

［纲　文］　**中拉政党论坛首次会议在北京举行。**

［目　文］　本次政党论坛会议以“创新、发展、合作与未来”为主题。由中联部和拉共体轮值主席国厄瓜多尔执政党主权祖国联盟运动联合主办，拉美和加勒比地区的27个政党的60多位代表出席。与会拉美政党表示，中拉合作的战略性更加突出，希望学习中国共产党的治国理政经验，加强双方贸易、投资等领域合作。

9日，国家副主席李源潮在北京集体会见参加中拉政党论坛首次会议的外方代表时说，近年来中拉关系全面快速发展，希望双方落实中拉领导人重要共识，深化战略互信，加强务实合作，扩大交流互鉴。中国共产党愿与拉美和加勒比国家政党加强友好交往和治国理政经验交流，共同推进平等互利、共同发展的中拉全面合作伙伴关系不断发展。

外方代表表示，拉美和加勒比各国希望学习中共治国理政经验，加强政党交往，推动此次会议成果转化为具体行动。

12月8—11日

［纲　文］　**应国家主席习近平邀请，阿塞拜疆共和国总统阿利耶夫对中国进行国事访问。**

［目　文］　访问期间，习近平在北京同阿利耶夫举行了会谈。两国元首同意，共同引领中阿关系持续健康稳步发展，更好造福两国人民并共同签署了《中华人民共和国和阿塞拜疆共和国关于进一步发展和深化友好合作关系的联合声明》，见证了《中阿关于共同推进丝绸之路经济带建设的谅解备忘录》及经贸、司法、民航、教育、交通、能源等领域双边合作文件的签署。国务院总理李克强、全国人大常委会委员长张德江在北京分别会见了阿利耶夫。阿利耶夫还访问了西安。

习近平在会见阿利耶夫时指出，中方愿同阿方共同规划两国关系发展方向，推动各领域合作不断取得新进展。中方赞赏阿方积极响应和支持中方关于共建丝绸之路经济带的倡议。今天双方签署中阿政府间关于共同推进丝绸之路经济带建设的谅解备忘录，标志着两国务实合作迈入新阶段。中阿双方在一系列重大国际和地区问题上立场相同或相近，中方愿同阿方在国际和地区事务中加强沟通，加强在亚信机制、上海合作组织内的协作，推动国际秩序朝着更加公正合理的方向发展。阿利耶夫表示，我完全赞同习主席对我们两国关系的评价。阿中是好朋友、好伙伴。近年来，两国政治、经济、人文交流合作快速发展。

我此次访华期间双方还将签署一系列合作文件，相信将推动双边关系进一步深入发展。

李克强在会见阿利耶夫时表示，当前中阿都处在经济社会发展的关键阶段，面临稳增长、调结构、促民生的重要任务。中方愿同阿方更好地对接发展战略，深挖经贸、能源等领域合作潜力，培育新的增长点；加强产能和基础设施建设等合作，助力阿塞拜疆工业化进程；密切人文交往，推进教育、文化、旅游等合作。中国政府支持本国有实力的企业赴阿投资兴业，希望阿方为中方人员赴阿提供更多便利。阿利耶夫表示，阿塞拜疆欢迎中方企业在阿投资建厂，利用阿塞拜疆区位优势大力发展过境运输业，将为此提供政策支持。阿方还愿在航天、信息技术等高科技领域加强对华合作，不断推进文化、教育等人文交流，便利两国人员往来。

张德江在会见阿利耶夫时表示，中国全国人大愿与阿塞拜疆议会加强友好合作，开展立法监督等交流互鉴，营造友好合作和人民往来的良好法律环境，落实好两国元首达成的重要共识，不断推动两国关系持续健康发展。阿利耶夫说，将加强两国议会交流，加大相互政治支持，共同促进本地区发展和稳定。

12月9日

［纲　文］　**习近平主持召开中央全面深化改革领导小组第19次会议。**

［目　文］　中央全面深化改革领导小组副组长李克强、刘云山、张高丽出席会议。

中央全面深化改革领导小组组长习近平指出，2015年以来，在党中央领导下，各地区各部门全面贯彻落实党的十八届三中、四中、五中全会精神，推动出台了一大批有力度、有分量的改革成果，改革呈现全面发力、多点突破、蹄疾步稳、纵深推进的良好态势。明年是“十三五”开局之年，各项改革任务、制度建设要向全面建成小康社会这个目标聚焦、向构建发展新体制聚焦，扭住关键，精准发力，严明责任，狠抓落实，确保各项改革取得预期成效。

会议审议通过了以下内容：一、《国务院部门权力和责任清单编制试点方案》。推行国务院部门权力和责任清单编制试点，要按照简政放权、放管结合、优化服务、转变政府职能的要求，以清单形式列明试点部门行政权责及其依据、行使主体、运行流程等，推进行政权责依法公开，强化行政权力监督和制约，加快形成边界清晰、分工合理、权责一致、运转高效、依法保障的政府职能体系。二、《关于做好新时期教育对外开放工作的若干意见》。教育对外开放是我国改革开放事业的重要组成部分，要服务党和国家工作大局，统筹国内国际两个大局，提升教育对外开放质量和水平。三、《关于整合城乡居民基本医疗保险制度的意见》。整合城镇居民基本医疗保险和新型农村合作医疗两项制度，建立统一的城乡居民基本医疗保险制度，是推进医疗卫生体制改革、实现城乡居民公平享有基本医疗保险权益、促进社会公平正义、增进人民福祉的重大举措。四、《关于解决无户口人员登记户口问题的意见》。依法登记户口是法律赋予公民的一项基本权利，是公民参与社会事务、行使各项权利义务的前提。要完善户口登记政策，把计划生育等政策与户口登记脱钩，加强户口登记管理，全面解决无户口人员登记户口问题。五、《中国三江源国家公园体制试点方案》。在青海三江源地区选择典型和代表区域开展国家公园体制试点，实现三江源地区重要自然资源国家所有、全民共享、世代传承，促进自然资源的持久保育和永续利用，具有十分重要的意义。六、《关于在全国各地推开司法体制改革试点的请示》。完善司法人员分类管理、完善司法责任制、健全司法人员职业保障、推动省以下地方法院检察院人财物统一管理，是司法体制改革的基础性措施。七、《公安机关执法勤务警员职务序列改革试点方案》《公安机关警务技术职务序列改革试点方案》。开展公安机关执法勤务警员职务序列和警务技术职务序列改革试点，是推进人民警察管理制度改革的重要内容。要注重向基层一线倾斜，突出对实绩的考核。八、《中央全面深化改革领导小组2015年工作总结报告》。九、《中央全面深化改革领导小组2016年工作要点》。2016年改革工作的总体思路是，要抓好部门和地方两个责任主体，把改革责任理解到位、落实到位，以责促行、以责问效，抓紧抓实改革方案制定、评估、督察、落实等各个环节，做到全程跟进、全程负责、一抓到底。

12月9日

［纲 文］ **李克强主持召开国务院常务会议。**

［目 文］ 会议主要内容有：一、部署促进中央企业增效升级，听取监事会对央企监督检查情况汇报。对中央企业取得成绩应予肯定，对面临困难不容低估，还是要坚持深化改革，以提高质量效益为中心，综合施策，促进央企纾难解困，在市场拼搏中提质升级，更好发挥对经济社会发展的骨干作用。今后两年要以提质增效为重点，一是紧盯市场需求强化创新，改善供给增效益，建设央企专业化“双创”平台，推动优势产业集团与中央科研院所深度合作，对主要承担行业共性技术研究的科研院所探索组建科技集团。二是加强分类指导，对不符合国家能耗、环保、质量、安全等标准和长期亏损的产能过剩行业企业实行关停并转或剥离重组，对持续亏损三年以上且不符合结构调整方向的企业采取资产重组、产权转让、关闭破产等方式予以“出清”，清理处置“僵尸企业”，到2017年末实现经营性亏损企业亏损额显著下降。三是推进管理增效，开展“成本管控、效益否决”专项行动，加大存货和应收账款清理，大力压缩非生产性支出，减少管理层级，实行工资效益联动，强化业绩考核和激励约束，落实提质增效责任。四是加快混合所有制等改革，剥离企业办社会职能，2016年在全国全面推开供水、供电、供热和物业管理分离移交，启动剥离医疗、教育等公共服务机构试点。五是创新政策支持，推动商业银行落实不良资产处置政策，加大产能过剩行业呆坏账核销力度。二、确定改革完善知识产权制度的措施，保障和激励大众创业万众创新。用改革的办法加快建设知识产权强国，是实施创新驱动发展战略和激励大众创业、万众创新的重要支撑。一要实行更加严格的知识产权保护，完善快速维权机制，加大侵权行为查处力度，提高法定赔偿上限，将故意侵犯知识产权纳入企业和个人信用记录。依法查处滥用知识产权排除和限制竞争等行为。二要简化审查和注册流程，实现知识产权在线登记、申请和审批，降低专利申请和维持费用。三要健全职

务发明、专利许可等制度，强化电商、大数据等新领域、新业态知识产权保护。三、通过提请全国人大常委会授权国务院在实施股票发行注册制改革中调整适用《中华人民共和国证券法》有关规定的决定草案和《中医药法（草案）》。待全国人大常委会授权后，有关部门将制定相关规则，在公开征求意见后实施，并加强事中事后监管，切实保护投资者合法权益。会议通过了《中医药法（草案）》。

12 月 9 日

［纲 文］ **中共中央印发《关于加强和改进新形势下党校工作的意见》。**

［目 文］《意见》由七部分组成：一、加强和改进党校工作的重要意义；二、坚持党校姓党根本原则；三、把党的理论教育和党性教育作为党校教学首要任务；四、提升党校科研水平和影响力；五、加强党校师资队伍和干部队伍建设；六、充分发挥党校系统整体优势；七、加强和改善党委对党校工作的领导。

12 月 9 日

［纲 文］ **商务部公布《对外援助成套项目管理办法（试行）》。**

［目 文］《办法》共 15 章 107 条，主要有总则、中方代建项目实施方式、中方代建项目采购管理、中方代建项目管理、中方代建项目质量管理、中方代建项目进度管理、中方代建项目投资管理、中方代建项目安全生产管理、中方代建项目风险管理、中方代建项目技术资料管理、中方代建项目检查和验收、受援方自建项目管理、监督管理、法律责任、附则等内容。自 2016 年 1 月 8 日起施行。施行之日起，《对外援助成套项目管理办法（试行）》（商务部令 2008 年第 18 号）、《对外援助成套项目安全生产管理办法（试行）》（商务部令 2006 年第 15 号）同时废止。

12 月 9 日

［纲 文］ **商务部公布《对外援助物资项目管理办法（试行）》。**

［目 文］《办法》共 12 章 62 条，主要有总则、供货指导目录、项目采购管理、实施管理程序、进度管理、质量保证和售后服务、监造、风险管理、中方代理采购、监督管理、法律责任、附则等内容。自 2016 年 1 月 8 日起施行。施行之日起，《对外援助物资项目管理办法》（商务部令 2011 年第 1 号）同时废止。

12 月 9 日

［纲 文］ **商务部公布《对外技术援助项目管理办法（试行）》。**

［目 文］《办法》共 12 章 63 条，主要有总则、项目采购管理、项目管理程序、技术专家管理、智力成果管理、附带物资管理、附带工程管理、风险管理、受援方组织实施项目的管理程序、监督管理、法律责任、附则等内容。自 2016 年 1 月 8 日起施行。

12 月 9 日

［纲 文］ **人民银行发布《关于金融支持中国（天津）自由贸易试验区建设的指导意见》。**

［目 文］《意见》由七部分组成：一、总体原则；二、扩大人民币跨境使用；三、

深化外汇管理改革；四、促进租赁业发展；五、支持京津冀协同发展；六、完善金融服务功能；七、加强监测与管理。

《意见》强调，中国人民银行天津分行和国家外汇管理局天津市分局，加强与有关金融监管部门派出机构的沟通，按照宏观审慎、风险可控、稳步推进的原则，依据本意见制定实施细则和操作规程，报中国人民银行总行备案。

12月9日

［纲　文］　**人民银行发布《关于金融支持中国（福建）自由贸易试验区建设的指导意见》。**

［目　文］　《意见》由六部分组成：一、总体原则；二、扩大人民币跨境使用；三、深化外汇管理改革；四、拓展金融服务；五、深化两岸金融合作；六、完善金融监管。

《意见》强调，中国人民银行和国家外汇管理局授权派出机构，加强与有关金融监管部门派出机构的沟通，按照宏观审慎、风险可控、稳步推进的原则，依据本意见制定实施细则和操作规程，报中国人民银行总行备案。

12月9日

［纲　文］　**人民银行发布《关于金融支持中国（广东）自由贸易试验区建设的指导意见》。**

［目　文］　《意见》由六部分组成：一、总体原则；二、扩大人民币跨境使用；三、深化外汇管理改革；四、深化以粤港澳为重点的区域金融合作；五、提升金融服务水平；六、风险监测与管理。

《意见》强调，中国人民银行广州分行会同深圳市中心支行，加强与有关金融监管部门派出机构的沟通，按照宏观审慎、风险可控、稳步推进的原则，依据本意见制定实施细则和操作规程，报中国人民银行总行备案。

12月9日

［纲　文］　**孙春兰受中共中央委托向党外人士通报中央扶贫开发工作会议精神。**

［目　文］　陈昌智、严隽琪、万鄂湘、张宝文、万钢、林文漪、罗富和、齐续春、马培华、刘晓峰、王钦敏等出席会议。各民主党派中央、全国工商联负责人和无党派人士代表，中央统战部领导班子成员参加会议。

中央统战部部长孙春兰首先传达了习近平总书记和李克强总理在中央扶贫开发工作会议上重要讲话和会议主要精神，并表示这次中央扶贫开发工作会议，是在全面建成小康社会进入决胜阶段、脱贫攻坚进入冲刺之际召开的一次重要会议。习近平总书记的重要讲话，是对全国人民实现幸福美好生活的庄严承诺，为动员和凝聚全党全社会力量打赢脱贫攻坚战提供了根本遵循。参与国家扶贫开发，是统一战线围绕中心、服务大局的重要内容。长期以来，各民主党派、工商联和无党派人士围绕扶贫开发重大问题深入考察调研，积极建言献策，提出了许多真知灼见；踊跃参与毕节试验区建设，通过项目协调、招商引资、示范基地等方式，推动经济社会发展和民生改善；配合国家扶贫开发重要部署，加大对革命老区、民族地区、边疆地区、集中连片特困地区帮扶力度，深入开展光彩事业、温暖工程、智力支边等活动，组织党外院士、律师、留学人员服务团，在职业教育发展、卫生条件改善等方面做了大量好事实事。会议制定的《中共中央国务院关于打赢脱贫攻坚战的决定》提出，充分发挥各民主党派、无党派人士在人才和智力扶贫上的优势和作用，工商联系统组织民营企业开展“万企帮万村”精准扶贫行动，对统一战线服务脱贫攻坚提出了新的要求。希望各民主党派、工商联和无党派人士引导各自成员和所联系群众全面领会中共中央所明确的重要思想、所阐释的重大问题、所强调的战略重点、所提出的任务要求，切实把智慧和力量统一到中共中央的重大决策部署上来。按照精准扶贫、精准脱贫的要求，突出精准施策、精准推进、精准落地，切实把人才智力、资源资金、管理信息等要素组织好配置好，增强工作实效。用好政党协商等各种平台，积极推动有关部门落实西藏、四省藏区、新疆等地的扶贫开发项目，为编制好与“十三五”规划配套的民族事业发展规划提出意见建议，继续做好毕节试验区精准脱贫工作。着眼整合优质资源，实现优势叠加，合力打造统一战线扶贫开发的工作品牌，加强统筹协调、服务指导和经验交流，充分彰显统一战线和多党合作的独特优势作用。

12月9日

［纲　文］　**全国大学生纪念“一二·九”运动80周年座谈会在清华大学召开。**

［目　文］　座谈会由共青团中央和全国学联举办，团中央书记处第一书记秦宜智主持。全国100多名大学生代表参加，大家缅怀“一二·九”运动光荣历史，表示要沿着党指引的中国特色社会主义青年运动方向前进，把青春奋斗融入国家和民族的发展进步。

国家副主席李源潮出席会议时指出，青年学生要牢记“一二·九”运动的历史启示，坚定跟党走的政治方向，为中国特色社会主义共同理想而奋斗。弘扬爱国报国优良传统，把爱国理想化为脚踏实地的行动，努力掌握新知识新本领，准备到祖国建设最需要的地方去建功立业。坚持走与人民群众相结合的成长道路，虚心向群众学习，自觉为群众服务。发挥时代先锋作用，勤奋学习、追求上进，自觉践行社会主义核心价值观，勇于创新创业创优，为实现中华民族伟大复兴做出当代青年的贡献。

12月9日

［纲　文］　**《人民日报》发表题为《牢牢把握“三个见实效”的目标要求——一论持续用力深化“三严三实”专题教育》的评论员文章。**

12月10日

［纲　文］　**习近平主持召开中共中央党外人士座谈会，征求对经济工作的意见和建议。**

［目　文］　中共中央政治局常委李克强、俞正声、刘云山、张高丽出席座谈会。李克强通报了2015年经济工作有关情况，介绍了中共中央关于做好2016年经济工作的

考虑。

民革中央主席万鄂湘、民盟中央主席张宝文、民建中央主席陈昌智、民进中央主席严隽琪、农工党中央常务副主席刘晓峰、致公党中央主席万钢、九三学社中央主席韩启德、台盟中央主席林文漪、全国工商联主席王钦敏、无党派人士代表李稻葵先后发言。他们赞同中共中央对当前我国经济形势的分析和2016年经济工作的考虑，并就深化改革、加强消费品工业产能国际合作、深化金融体制改革、降低企业成本、推进健康中国美丽中国建设、推动产业优化升级、推动京津冀协同发展、推进税收体制改革、降低实体经济成本、深化两岸经济合作等提出意见和建议。

习近平指出，一年来，我们坚持稳中求进工作总基调，主动适应经济发展新常态，牢牢把握经济社会发展主动权，推动经济建设、政治建设、文化建设、社会建设、生态文明建设和党的建设取得重大进展。2015年主要目标任务的完成，使"十二五"规划胜利收官。"十二五"规划目标的实现，使我国经济实力、科技实力、国防实力、国际影响力迈上一个新台阶。这是我们接续奋斗、接力探索的结果。2016年是全面建成小康社会决胜阶段的开局之年，做好经济工作十分重要。我们牢固树立和贯彻落实创新、协调、绿色、开放、共享的发展理念，适应经济发展新常态，坚持改革开放，坚持稳中求进总基调，推动社会生产力水平整体跃升。2015年是统一战线和多党合作成果丰硕的一年。我们召开了中央统战工作会议，颁布实施了《中国共产党统一战线工作条例（试行）》《关于加强社会主义协商民主建设的意见》《关于加强政党协商的实施意见》，为统一战线和多党合作事业发展提供了重要遵循。希望各民主党派、工商联和无党派人士，把思想和行动统一到中共中央决策部署上来，把智慧和力量凝聚到改革发展稳定上来，充分发挥人才荟萃、智力密集的优势，深入考察调研，深化对发展规律的认识，积极建言献策。

12月10日

［纲　文］　中国科学家屠呦呦出席在瑞典首都斯德哥尔摩音乐厅举行的2015年诺贝尔奖颁奖仪式。

［目　文］　来自瑞典王室、政府内阁、诺贝尔评奖机构、各国驻瑞使团和社会各界人士1500多人出席这场颁奖典礼。屠呦呦从瑞典国王卡尔十六世·古斯塔夫手中接过了诺贝尔奖的奖章和证书，成为中国首位获得诺贝尔生理学或医学奖的科学家。

诺贝尔生理学或医学奖评委汉斯·弗斯伯格在致颁奖辞时高度评价了屠呦呦的科学贡献并表示："在20世纪60和70年代，屠呦呦参与了中国一个开发抗疟药品的重要项目。青蒿素的发现带动了对抗疟新药品的研制，这种药品已经挽救了上百万人的生命。"

12月10日

［纲　文］　国务院办公厅印发《关于2016年部分节假日安排的通知》。

12月10日

［纲　文］　银监会公布《中国银监会现场检查暂行办法》。

［目　文］　《办法》共有8章68条，主要有总则、职责分工、立项管理、检查实施、

检查方式、检查处理、考核评价、附则等内容。自2016年2月14日起施行，本办法施行前有关规定与本办法不一致的，以本办法为准。

12月10日

［纲　文］　**国资委公布《废止的规范性文件目录》。**

［目　文］　《目录》包括《关于在财务统计工作中执行新的企业规模划分标准的通知》（国资厅评价函〔2003〕327号）等8件规范性文件。

12月10日

［纲　文］　**国资委公布《宣布失效的规范性文件目录》。**

［目　文］　《目录》包括《国资委、财政部关于做好执行〈企业会计制度〉工作的通知》（国资评价〔2003〕45号）、《国资委关于加强中央企业领导人员培训工作的意见》（国资发党建〔2004〕204号）等23件规范性文件。

12月10日

［纲　文］　**环境保护部公布《建设项目环境影响后评价管理办法（试行）》，自2016年1月1日起施行。**

12月10日

［纲　文］　**环境保护部印发《建设项目环境影响评价信息公开机制方案》。**

［目　文］　《方案》由四部分组成：一、总体要求；二、建立建设单位环评信息公开机制；三、健全环境保护主管部门环评信息公开机制；四、建立健全环评信息公开监督约束机制。

12月10日

［纲　文］　**汪洋在北京主持召开国务院第3次全国农业普查领导小组全体会议。**

［目　文］　国务院副总理、国务院第三次全国农业普查领导小组组长汪洋指出：一、充分认识开展第三次全国农业普查的重大意义。二、准确把握第三次农业普查的总体目标和重点任务。三、通力合作，确保普查取得圆满成功。做好第三次全国农业普查，意义重大，任务也很艰巨。希望大家大力弘扬求真务实精神，通力协作，密切配合，扎实工作，确保如期、高质量地完成普查任务。

12月10日

［纲　文］　**中央政法委和国家反恐怖工作领导小组在新疆乌鲁木齐市召开反恐怖工作会议。**

［目　文］　中央政法委书记孟建柱、公安部部长郭声琨、最高人民法院院长周强、最高人民检察院检察长曹建明出席会议并讲话。中央和国家机关19个部门以及新疆维吾尔自治区、新疆生产建设兵团负责人参加会议。

孟建柱指出，要深刻把握当前暴恐活动新变化新特点，把反恐怖工作放在更加突出位置，下大气力攻坚克难，全面提升反恐怖斗争能力水平，切实保障人民群众生命财产安全，全力维护国家安全和社会稳定。反恐怖工作关系党和国家工作大局，关系国家安全和社会稳定。要充分认识反恐怖斗争的尖锐性、复杂性、长期性，把反恐怖措施进一步落实到位，切实补齐反恐怖工作短板，有效防范暴力恐怖风险。要进一步加强反恐怖情报体系建设，坚决打掉暴恐音视频，加强边境和口岸管控，有效防止境内外暴恐分子相互勾连、渗透，将暴恐犯罪摧毁在行动之前。要深入推进“去极端化”工作，消除宗教极端氛围。要完善扁平化应急指挥体系，强化反恐怖安全防范工作，提高有效防范、快速反应能力。要深化国际反恐执法合作，最大限度地维护我国家利益和公民、机构在海外的安全。要充分发挥我们的政治优势和制度优势，加强协调配合，打好主动仗、整体仗、持久仗，形成反恐怖斗争整体合力，确保国家长治久安和社会大局稳定。

12月10日

［纲　文］　**住房城乡建设部、开发银行印发《关于推进开发性金融支持海绵城市建设的通知》。**

［目　文］　《通知》由四部分组成：一、充分认识开发性金融支持海绵城市建设的重要意义；二、建立健全海绵城市建设项目储备制度；三、加大对海绵城市建设项目的信贷支持力度；四、建立高效顺畅的工作协调机制。

12月10日

［纲　文］　**国家主席习近平特使、全国人大常委会副委员长吉炳轩在布宜诺斯艾利斯出席阿根廷新当选总统毛里西奥·马克里就职仪式。**

12月11日

［纲　文］　**国家主席习近平应约同美国总统奥巴马通电话。**

［目　文］　习近平表示，不久前，我们在巴黎举行会晤，就中美关系和共同关心的问题深入交换意见，达成不少新共识。新的一年即将开始，中美关系面临重要发展机遇，也存在一些挑战。保持中美关系持续健康稳定发展，符合两国共同利益。希望美方同中方一道，推进各领域务实交流合作，以建设性方式管控分歧和敏感问题，确保中美关系朝着构建新型大国关系的正确方向发展。我们共同出席了气候变化巴黎大会开幕活动，就气候变化问题保持频繁沟通，向国际社会发出了中美在气候变化领域加强合作的积极信息。巴黎大会谈判接近尾声，中美双方要同各方加强协调、共同努力，确保巴黎大会如期达成协议，这对国际社会有利。

奥巴马表示，很高兴不久前同习主席在巴黎举行成功会晤。双方经常就重大国际和地区问题保持协调，对美中关系发展有重要积极意义。气候变化巴黎大会各方正密集磋商，为最终达成积极、强有力的协议凝聚共识。美方愿同中方保持密切协调，推动气候变化巴黎大会取得成功。

12月11日

［纲　文］　**国家主席习近平就土库曼斯坦获得永久中立国地位20周年向土库曼斯坦总统别尔德穆哈梅多夫致贺信。**

［目　文］　习近平表示，在土库曼斯坦隆重庆祝获得永久中立国地位20周年之际，我谨代表中国政府和人民，并以我个人的名义，向你致以热烈的祝贺。20多年来，土库曼斯坦在国际事务中秉持中立原则，积极同世界各国发展友好合作关系，为维护地区乃至世界和平稳定作出重要贡献。中土是真诚互信、热忱互助的好朋友、好伙伴。建交以来，两国关系始终保持健康快速发展，政治互信、互利合作、战略协作全面深化。我高度重视中土关系发展，愿同你一道努力，推动两国各领域合作不断迈上新台阶，更好造福两国和两国人民。

同日，应邀出席土库曼斯坦获得永久中立国地位20周年庆典活动的中国国家主席习近平特使、国家副主席李源潮在阿什哈巴德会见了土库曼斯坦总统别尔德穆哈梅多夫。

12月11日

［纲　文］　**汪洋在北京主持召开国务院扶贫开发领导小组第8次全体会议**。

［目　文］　国务院副总理、国务院扶贫开发领导小组组长汪洋在主持会议时指出，各地区各部门要认真学习贯彻中央扶贫开发工作会议精神，深刻领会打赢脱贫攻坚战的重大意义，不折不扣落实《中共中央国务院关于打赢脱贫攻坚战的决定》确定的目标任务，加快出台过硬管用的政策举措，扎实做好扶贫开发各项工作。脱贫攻坚要取得实效，关键在坚持精准扶贫、精准脱贫。要完善建档立卡工作，做实做细扶贫台账，开展定期核查，实施动态管理，打牢精准基础。要瞄准建档立卡贫困人口，因户因人施策，精准落实帮扶资源和措施。要强化脱贫责任，完善精准脱贫考核督查问责机制。加快推进扶贫资金统筹整合，形成精准脱贫合力。各地区各相关部门要认真组织编制"十三五"脱贫攻坚规划，健全扶贫政策体系，扎实推进易地扶贫搬迁、特色产业脱贫、劳务输出脱贫等，加快完善贫困地区基础设施和公共服务。国务院扶贫领导小组各成员单位要在落实脱贫攻坚责任上做出表率，履行好部门职责，认真落实扶贫项目、资金、措施，加强调查研究，强化政策统筹衔接，及时总结推广各地好的经验和创新做法，不断将脱贫攻坚推向深入。

12月11日

［纲　文］　**文化部在北京召开全国艺术职业教育工作会议**。

［目　文］　本次会议系新中国成立以来首次以艺术职业教育为主题的全国性业务工作会议，主题为"深化改革创新，提高教育质量，更加自觉主动地为繁荣发展社会主义文艺服务，为建设文化强国提供智力支持和人才支撑"。会议以贯彻落实《国务院关于加快发展现代职业教育的决定》，提高我国艺术职业教育支持文化建设能力为目的。全国各省级文化行政部门相关处室、全国文化艺术职业教育教学指导委员会、相关艺术职业院校、文化行业企业有关负责人和代表参会。

12月11日

［纲　文］　**教育部发布《关于颁发第七届高等学校科学研究优秀成果奖（人文社会科学）的决定》**。

［目　文］　《决定》说，第七届高等学校科学研究优秀成果奖（人文社会科学）的

评奖工作已经完成。按照我部《高等学校科学研究优秀成果奖（人文社会科学）奖励办法》，经专家评审、面向社会公示和奖励委员会审核通过，共有 908 项成果获奖，其中一等奖 50 项，二等奖 251 项，三等奖 596 项，成果普及奖 11 项。现将获奖名单予以公布。开展高校科学研究优秀成果奖（人文社会科学）评奖工作，是教育部为表彰全国高校哲学社会科学工作者所取得的突出成绩，鼓励和引导广大科研人员积极探索、勇于创新、严谨治学、铸造精品，深入推进高校哲学社会科学事业繁荣发展的一项重要工作。各地教育行政部门、各高等学校和广大科研工作者，要全面贯彻落实党的十八大和十八届三中、四中、五中全会精神，深入学习贯彻习近平总书记系列重要讲话精神，认真总结经验，牢固树立创新意识和质量导向，充分发挥哲学社会科学认识世界、传承文明、创新理论、咨政育人、服务社会的重要功能，加快推进高等学校哲学社会科学创新体系建设，为实现中华民族伟大复兴的中国梦做出更大的贡献。

12 月 11 日

［纲　文］　**国家电网重大科技示范工程、江苏南京 220 千伏西环网“统一潮流控制器”工程正式投运。**

［目　文］　这是中国首个自主知识产权的“统一潮流控制器”工程，标志着我国在柔性交流输电技术上已经走在了世界前列。对城市电网中电能的流量、流向进行灵活控制，一直是世界性难题。“统一潮流控制器”工程投运后，可以通过“红绿灯”式的智能调节，控制电流的流向和流量，让电流高效流动，减少损耗，实现运行更经济。

12 月 11 日

［纲　文］　**《人民日报》发表题为《抓好民主生活会这个“关键动作”——二论持续用力深化“三严三实”专题教育》的评论员文章。**

12 月 11 日

［纲　文］　**《人民日报》发表了题为《从教育大国向教育强国迈进》的评论员文章。**

12 月 11—12 日

［纲　文］　**全国党校工作会议在北京召开，习近平出席并讲话。**

［目　文］　中共中央总书记习近平指出，党校承担着为领导干部补钙壮骨、立根固本的重要任务，必须坚持党校姓党这个党校工作根本原则，更加重视干部教育培训工作，切实做好新形势下党校工作。党校事业是党的事业的重要组成部分，党校是我们党教育培训党员领导干部的主渠道。从中央到地方建立党校体系，专门教育培训干部，是我们党的一大政治优势。党校姓党，就是要坚持一切教学活动、一切科研活动、一切办学活动都坚持党性原则、遵循党的政治路线，坚持以党的旗帜为旗帜、以党的意志为意志、以党的使命为使命，严守党的政治纪律和政治规矩，坚持在党爱党、在党言党、在党忧党、在党为党，归根到底一句话，就是要在思想上政治上行动上自觉同党中央保持高度一致。党校姓党，首先要把党的旗帜亮出来，让党的旗帜在各级党校上空高高飘扬。党校是教育培训干部的地方，不断把领导干部集中到党校来学习培训，一个重要目的就是帮助大家向党中央

看齐。党校增强看齐意识，就要坚持党校一切工作都必须围绕党中央决策部署来进行。党性教育是共产党人修身养性的必修课。各级党校要把党性教育作为教学的主要内容，深入开展理想信念教育、党的宗旨教育，把党章和党规党纪学习教育作为党性教育的重要内容。党校姓党，决定了党校科研要紧紧围绕党的中心工作展开，在党的思想理论研究方面有所作为，为坚持和巩固党对意识形态工作的领导、巩固马克思主义在意识形态领域的指导地位做出积极贡献。党校教师是我们党直接掌握的一支教师队伍，是我们党一支不可多得的理论力量。对党校教师来说，首先要做到自觉坚持党校姓党、党校教师姓党，时刻牢记自己党校教师的身份，热爱党校，珍惜荣誉，在自身党性锻炼上更要严格，用实际行动影响和带动学员。要实施党校系统“名师工程”，着力培养政治强、业务精、作风好的知名教师，培养造就一批马克思主义理论大家，一批忠诚于马克思主义、在学科领域有影响的知名专家。要加大党校教师到党政机关或基层挂职锻炼力度，加强党校同其他党政机关和单位干部交流的力度。要对领导干部到党校讲课作出制度性安排。要选聘政治素质过硬、理论水平较高、善于课堂讲授的党政军领导干部、企事业单位领导人员，选聘先进典型人物、知名专家学者，担任党校兼职教师。

中共中央政治局常委李克强、张德江、俞正声、王岐山、张高丽出席会议，中共中央政治局常委、中央党校校长刘云山作总结讲话。天津、浙江、湖南、贵州、陕西、新疆6个省区市的负责人作大会发言。部分中共中央政治局委员、中央书记处书记出席会议。

刘云山指出，习近平总书记的重要讲话从加强党的建设、更好地实现党的执政使命的战略高度，紧紧围绕坚持党校姓党，深刻回答了事关党校事业长远发展的一系列重大问题，是指导做好新形势下党校工作的纲领性文献。要深入学习领会、全面贯彻落实，切实把思想和行动统一到讲话精神上来。

12月12—16日

［纲　文］　**应国务院总理李克强邀请，哈萨克斯坦总理马西莫夫对中国进行正式访问并出席上海合作组织成员国政府首脑（总理）理事会第14次会议。**

［目　文］　访问期间，国家主席习近平在浙江省乌镇会见马西莫夫。李克强在北京同马西莫夫举行了会谈，两国总理见证了产能、金融、能源、海关、质检、旅游等领域十余个双边合作文件的签署，双方签署《中华人民共和国政府和哈萨克斯坦共和国政府联合公报》。马西莫夫出席了在浙江乌镇举行的第二届世界互联网大会。

习近平在会见马西莫夫时表示，今天是哈萨克斯坦独立日，我代表中国政府和人民向哈萨克斯坦人民致以节日祝贺。2015年是中哈全面战略伙伴关系快速发展的一年，双方各领域合作取得很多亮点和成果。我们要再接再厉，开拓进取，把两国政治上的高度互信和战略上的密切协作转化为更多富有实效的合作成果，更好地惠及两国人民。中哈合作具有扎实基础和巨大发展前景。双方要通过对接丝绸之路经济带建设和“光明大道”发展战略，加深两国利益融合。要搞好产能合作，推动商定的合作项目尽快落地，实现互利共赢。要做强互联互通，中方将支持中哈连云港国际物流合作基地以及霍尔果斯国际边境合作中心建设，积极参与哈萨克斯坦国内交通基础设施项目。要促进贸易自由化，中方愿同哈方共同探讨自由贸易安排。要便利人员往来，增进人文交流。要加强安全合作，共同打击“三股势力”以及毒品和武器走私等跨国有组织犯罪。双方要密切同域内国家多边安全协作。马西莫夫表示，哈方全力支持丝绸之路经济带建设倡议，正将哈方“光明大道”发展战略同丝路建设对接，并愿以此为契机，推动双方经贸、产能、基础设施等各领域合作取得积极成果。哈方支持中方举办二十国集团杭州峰会。

李克强在同马西莫夫会谈时表示，一年来，经过两国政府、企业界、金融机构等各方积极努力，双方签署了中哈产能与投资合作政府间框架协议，建立起部门间工作机制，启动设立产能合作基金，在确定的52个早期收获项目中，汽车组装、聚丙烯项目已经开工，阿斯塔纳轻轨项目将于2015年年底前开工，钢铁、冶炼、水泥等领域十余个项目有望于明年启动。中方愿同哈方继续落实好双方共识，探索建立涵盖投资、生产、销售、配套服务的一条龙产能合作模式。中方由丝路基金公司负责中哈产能合作基金设立及运作。马西莫夫表示，哈方高度重视中方倡议的丝绸之路经济带、“中国制造2025”、“互联网+”等一系列发展战略，愿同中方积极对接发展战略，深入推进产能合作，并从金融、人力资源等方面加大支持力度。

12月13日

［纲　文］　**中共中央、国务院在南京举行2015年南京大屠杀死难者国家公祭仪式。**

［目　文］　国务委员王勇主持仪式，全国人大常委会副委员长李建国出席仪式并讲话。全国政协副主席刘晓峰、中央军委委员赵克石出席仪式。参加过抗日战争的老战士老同志代表，中央党政军群有关部门负责人，各民主党派中央、全国工商联负责人和无党派人士代表，港澳台同胞代表，为中国人民抗日战争胜利做出贡献的国际友人或其遗属代表，南京大屠杀幸存者及遇难同胞亲属代表，江苏省各界群众代表等参加公祭仪式。

李建国表示，我们在这里隆重举行公祭仪式，悼念南京大屠杀死难者，悼念所有惨遭日本侵略者杀戮的死难者，缅怀为中国人民抗日战争胜利献出生命的革命先烈和民族英雄。此时此刻，抚今追昔，人类历史上最黑暗、最惨痛的一幕再次浮现在我们眼前。无论时间过去多么久远，历史都会记住这一天。南京大屠杀惨案这一具有世界意义和重大影响的历史教科书，将向所有世人和来者表明“昭昭前事，惕惕后人”“永矢弗谖，祈愿和平”。我们公祭遇难同胞，缅怀抗战先烈，谴责侵略暴行，不是为了延续仇恨，而是为了唤起善良的人们对和平的向往和坚守，是为了携手开创和平美好的未来。但同时，我们必须坚决反对任何美化侵略战争、试图开历史倒车的言行，防止历史悲剧重演。让我们更加紧密地团结在以习近平为总书记的党中央周围，全面贯彻党的十八大和十八届三中、四中、五中全会精神，弘扬伟大的民族精神，弘扬伟大的抗战精神，万众一心，攻坚克难，为夺取全面建成小康社会决胜阶段的伟大胜利、实现“两个一百年”奋斗目标和中华民族伟大复兴的中国梦而努力奋斗。

12月13日

［纲　文］　**国务院批复青海省人民政府，同意西宁市城市总体规划。**

［目　文］　批复说，一、原则同意《西宁市城市总体规划（2001—2020年）（2015年修订）》（以下简称《总体规划》）。二、重视城乡区域统筹发展。在《总体规划》确定的5177平方公里城市规划区范围内，实行城乡统一规划管理。根据市域内不同地区的条件，重点发展县城和基础条件好、发展潜力大的重点镇，建设农村社区，促进牧民定居。逐步推进城乡基本公共服务均等化，改善农牧民生产生活条件。加强与海东市的合作对接，发挥西宁对全省的引领带动作用。三、合理控制城市规模。到2020年，中心城区常住人口控制在143万人以内，城市建设用地控制在140平方公里以内。要贯彻《城乡规划法》关于“先规划、后建设”的原则，禁止在《总体规划》确定的建设用地范围之外设立各类开发区和新城新区。四、完善城市基础设施体系。要进一步完善公路、铁路、机场等对外交通基础设施，发挥西宁联通西部边疆、青藏高原与内地的交通枢纽作用，加强城市内外交通衔接。加强轨道交通的规划建设，建立以公共交通为主体，各种交通方式相结合的多层次、多类型的城市综合交通体系，方便不同交通方式的换乘。五、建设资源节约型和环境友好型城市。要按照促进生产空间集约高效、生活空间宜居适度、生态空间山清水秀的总体要求，形成合理的城市空间结构，促进经济建设、城乡建设和环境建设同步发展。要切实做好节能减排工作，明确责任主体，落实工作措施，淘汰落后产能，严格控制污染物排放总量，支持发展绿色建筑。六、创造良好的人居环境。要坚持以人为本，统筹安排关系人民群众切身利益的教育、医疗、市政等公共服务设施的规划布局和建设。将城市保障性住房的建设目标纳入近期建设规划，确保保障性住房用地的分期供给规模、区位布局和相关资金投入。七、重视历史文化和风貌特色保护。要统筹协调发展与保护的关系，按照整体保护的原则，切实保护好城市传统风貌和格局。八、严格实施《总体规划》。城市建设要实现经济社会协调发展，物质文明和精神文明共同进步。城市管理要健全民主法制，坚持依法治市，构建和谐社会。

批复要求，西宁市人民政府要根据本批复精神，认真组织实施《总体规划》，任何单位和个人不得随意改变。青海省和住房城乡建设部要加强对《总体规划》实施工作的指导、监督和检查。

12月13日

［纲　文］　**刘奇葆在北京出席加强国际传播能力建设工作座谈会。**

［目　文］　中宣部部长刘奇葆出席会议时强调，要深入学习贯彻习近平总书记关于讲好中国故事的重要指示精神，坚持国家站位、树立全球视野，对外阐释好中国梦的深刻内涵和世界意义，阐释好中国特色社会主义的制度优势和发展成就，阐释好当代中国价值观念及其对人类文明的独特贡献，引导国际社会全面客观认识中国，塑造中国良好形象。

加强国际传播能力建设是对外宣传一项重要而紧迫的战略任务。要进一步明确总体思路、发展方向和布局要求，紧紧围绕实现高端覆盖、本土化覆盖、口岸覆盖，优化调整总体布局，有效统筹资源力量，充分发挥集合效应。要着力打造重点外宣媒体，提升议题设置水平，推进媒体深度融合，实施本土化战略，加强改进周边传播，增强合作传播能力，推动国际传播能力建设取得突破性进展。国际传播能力建设是一项系统工程，要增强大局意识、责任意识，加强统筹协调，精心组织实施，全力以赴加以推进。要落实好相关政策，加强项目实施效果评估，推出更多优势项目、亮点项目、精品项目，不断开拓国际传播事业发展的广阔空间。

12月13日

［纲　文］ **《人民日报》发表题为《用好党校教育这个独特优势》的评论员文章。**

12月13—16日

［纲　文］ **应国家副主席李源潮邀请，阿拉伯联合酋长国阿布扎比酋长国王储穆罕默德对中国进行正式访问。**

［目　文］ 访问期间，国家主席习近平在北京会见穆罕默德时指出，两国要在共建“一带一路”框架内加强务实合作，实现互利共赢和共同发展。中方愿同阿方加快政策和项目对接，推动双方在能源、基础设施建设、贸易投资、航天等领域产业合作取得新成果。相信中阿共同投资基金的设立将为两国深化务实合作发挥重要作用，成为中阿合作新亮点。中方愿同阿方一道，将亚洲基础设施投资银行打造成互利共赢的基础设施投融资平台，促进区域互联互通和经济发展，愿同阿方积极探讨在非洲开展三方合作。中阿要加强安全合作，在重大国际和地区事务中密切沟通协调。穆罕默德表示，阿联酋致力于深化同中国战略伙伴关系，加大对华投资，加强在基础设施建设、可再生能源、航空和科技等领域合作，积极支持和参与“一带一路”建设，也愿在亚洲基础设施投资银行建设中发挥积极作用，探讨同中方开展对非洲三方合作。阿联酋愿密切同中国安全合作，加强在国际和中东地区事务中沟通协调。习近平和穆罕默德共同见证了《关于设立中国—阿联酋投资合作基金（有限合伙）的备忘录》的签署。

李源潮在北京与穆罕默德会谈时说，希望双方巩固政治互信，在“一带一路”框架内加强能源、产能、金融、高科技、人文等领域合作，推动中阿战略伙伴关系全面深入发展。穆罕默德说，阿中战略伙伴关系牢固，阿愿积极参与“一带一路”建设，深化务实合作，提升战略关系水平。

12月14日

［纲　文］ **习近平主持召开中共中央政治局会议。**

［目　文］ 会议主要内容是：一、分析研究2016年经济工作，2015年以来，我国经济运行总体平稳，稳中有进、稳中有好，完成了2015年主要目标任务，使“十二五”规划胜利收官、画上圆满句号，也为“十三五”时期发展顺利开局和到2020年实现全

面建成小康社会奋斗目标奠定了坚实基础。2016年是全面建成小康社会决胜阶段的开局之年，做好经济工作十分重要。坚持改革开放，坚持稳中求进总基调，坚持稳增长、调结构、惠民生、防风险，实行宏观政策要稳、产业政策要准、微观政策要活、改革政策要实、社会政策要托底的总体思路，推动我国社会生产力水平整体改善，努力实现“十三五”发展的良好开局。2016年经济社会发展要抓住关键点、打好歼灭战。二、研究部署城市工作。城镇化是现代化的必由之路，既是经济发展的结果，又是经济发展的动力。要坚持把“三农”工作作为全党工作重中之重，同时要更加重视做好城市工作。三、审议通过《关于建立健全党和国家功勋荣誉表彰制度的意见》。党和国家功勋荣誉表彰制度是国家激励奖赏的一种制度性安排。四、审议通过了《中国共产党地方委员会工作条例》。省市县三级地方党委作为本地区的领导核心，在贯彻落实党中央决策部署、推动党的奋斗目标的实现上居于关键位置、负有重大责任。地方党委工作必须加强，地方党委领导能力必须提高。五、审议通过了《关于实施全面两孩政策改革完善计划生育服务管理的决定》。经过长期努力，我国人口过快增长的势头得到有效控制，妇女儿童发展状况极大改善，人口素质明显提高。实施全面两孩政策、改革完善计划生育服务管理，是促进人口均衡发展的重大举措，有利于优化人口结构、增加劳动力供给、减缓人口老龄化压力，有利于更好落实计划生育基本国策，促进家庭幸福与社会和谐。

12月14日

［**纲　文**］　**国家主席习近平同美国总统奥巴马通电话。**

［**目　文**］　习近平指出，在国际社会共同努力下，联合国气候变化巴黎大会成功通过了《巴黎协定》，为2020年后全球合作应对气候变化问题指明了方向和目标，这是一件造福世界人民的大好事。中美两国及有关各方保持密切沟通，共同为巴黎大会成功做出了积极贡献。巴黎大会是应对气候变化国际合作的新起点，中方愿同包括美方在内有关各方保持协调合作，确保《巴黎协定》有效实施，拓展应对气候变化领域双边务实合作，更多更好惠及中美两国人民和世界各国人民。中方愿同美方就重大国际问题保持沟通和合作。

奥巴马表示，联合国气候变化巴黎大会达成历史性协定，值得祝贺。这是美中两国及有关各方加强协调、通力合作的结果。美方愿同中方及各方共同努力，确保协定生效和落实。美中两国在气候变化问题上的沟通合作表明，我们两国完全能够在广泛国际事务中开展建设性合作。

12月14日

［**纲　文**］　**国家主席习近平同法国总统奥朗德通电话。**

［**目　文**］　习近平首先对联合国气候变化巴黎大会取得成功表示祝贺并指出，巴黎大会成功通过《巴黎协定》，为2020年后全球合作应对气候变化指明了方向，具有历史性意义。中方一直坚定支持法方办好大会，与法方及有关各方密切沟通，赞赏法方作为东道主付出的巨大努力。中方为大会成功做出了自己的贡献。中法双方应该同各方一道，推动

《巴黎协定》有效实施，推动国际应对气候变化向前发展。巴黎大会的成功表明，国际社会完全可以通过合作对话解决重大国际问题。2015年中法全面战略伙伴关系取得新进展。希望2016年双方继续努力，保持高水平政治交往和战略互信，深化核能、航空、金融、人文等交流合作，提高绿色、低碳、可持续发展领域合作水平，推动改善全球治理，并就重大国际和地区问题密切沟通和协调。中方愿同法方加强在二十国集团框架内合作，共同促进全球经济增长。

奥朗德表示，赞同习主席对法中关系的评价。再次感谢习主席出席联合国气候变化巴黎大会开幕活动，感谢中方为大会成功达成《巴黎协定》做出突出贡献。《巴黎协定》是有力度、有雄心的，符合国际社会共同利益。各方应该共同努力，有效落实协定，努力实现巴黎大会确定的目标。《巴黎协定》也为法中两国在绿色增长、民用核能等领域深化合作开辟了新前景。法方赞同加强两国在国际事务中合作，将全力支持中方办好2016年二十国集团杭州峰会。

12月14日

［纲　文］　**国家主席习近平在北京接受10国新任驻华大使递交国书。**

［目　文］　习近平欢迎外国使节们来华履新，请他们转达对各有关国家领导人和人民的诚挚问候和良好祝愿。习近平积极评价中国同各国的良好关系，指出中国高度重视发展同各国的关系，愿进一步巩固传统友谊，加强政治互信，深化互利合作，增进人文交流，实现共同繁荣。中国政府将为各位使节履职提供便利和支持，希望各位使节为增进中国同有关国家的双边关系及人民间的友谊做出积极贡献。

外国使节们转达了各自国家领导人对习近平的亲切问候和对中国人民的友好祝福。使节们表示，在即将过去的一年里，中国经济社会快速发展，在国际事务中发挥积极作用。各国高度重视发展对华关系，将对华关系视为外交工作的优先方向。他们对出使中国深感荣幸，愿全力以赴，推动各自国家增进同中国的友谊与合作，加深各国人民同中国人民的相互了解，实现互利共赢。

10国新任驻华大使是：佛得角驻华大使罗穆阿尔多、立陶宛驻华大使玛邱罗尼塔、斯洛文尼亚驻华大使普瑞泽、芬兰驻华大使马寰雅、越南驻华大使邓明魁、巴西驻华大使江豹、斯里兰卡驻华大使科迪图瓦库、乌拉圭驻华大使卢格里斯、密克罗尼西亚联邦驻华大使阿皮斯、玻利维亚驻华大使基斯佩。

12月14日

［纲　文］　**中华医学会第25次全国会员代表大会暨成立100周年纪念活动在北京举行。**

［目　文］　全国人大常委会副委员长、中华医学会会长陈竺主持会议，全国政协副主席韩启德及有关部门负责人，中华医学会会员代表，相关学会、协会和国际组织代表共计700人出席会议。全体代表选举产生了中华医学会第25届理事会理事；授予了巴德年等30位资深医学科学工作者“中华医学会百年纪念荣誉状”；通报表彰了30个优秀专科

分会、16个优秀地方医学会、55种优秀期刊。重庆市医学会获得了优秀地方医学会称号。

中共中央政治局委员、国务院副总理刘延东出席会议并讲话，强调要贯彻党中央、国务院决策部署，组织广大医疗卫生工作者投身健康中国建设，为全面建成小康社会、实现中国梦作出新贡献。中华医学会成立百年，见证了中国从缺医少药到病有所医、从“东亚病夫”走向健康中国的历史进程。新中国成立和改革开放以来，广大医卫工作者秉持爱国情怀，报国为民，救死扶伤，积极参与医疗卫生事业发展，为维护人民健康、促进经济社会发展做出了重要贡献。深化医改、推进卫生事业发展、建设健康中国，对医疗卫生类社会组织赋予了新机遇新使命。

12月14日

［纲　文］　**国务院在北京召开全国农垦改革发展电视电话会议。**

［目　文］　会议主要议程是贯彻落实《中共中央国务院关于进一步推进农垦改革发展的意见》精神，全面部署深化农垦改革、加快农垦事业发展、落实政策措施等各项工作，提出工作要求。

国务院副总理汪洋出席会议时指出，要认真贯彻落实党中央、国务院关于进一步推进农垦改革发展的决策部署，坚持社会主义市场经济改革方向，坚持以农为本，深化体制机制创新，加快转变发展方式，促进垦区率先基本实现农业现代化、率先全面建成小康社会。农垦改革发展，对于推进农业现代化、保障国家粮食安全、完善中国特色农业经济体系，具有不可或缺、不可替代的重要作用。要加快垦区集团化改革，推进国有农场生产经营企业化和社会管理属地化，不断增强农垦内生动力和发展活力，打造有国际竞争力的现代农业企业集团。要重视建设大型农产品生产基地，发展多种形式的农业规模经营，发展农产品加工流通，推动一二三产业融合发展，构建现代农业产业体系、生产体系、经营体系，努力把农垦建设成为保障国家粮食安全和重要农产品供给的国家队、现代农业建设的示范区。要加快垦区基础设施建设，提高公共服务水平，完善社会保障机制，逐步提高职工收入水平。

12月14—17日

［纲　文］　**应国务院总理李克强邀请，俄罗斯总理梅德韦杰夫对中国进行正式访问并出席上合组织成员国政府首脑（总理）理事会第十四次会议。**

［目　文］　访问期间，国家主席习近平在浙江省乌镇会见了梅德韦杰夫。李克强与梅德韦杰夫在北京举行中俄总理第二十次定期会晤并共同签署《中俄总理第二十次定期会晤联合公报》，见证能源、投资、金融、高科技、海关、质检、教育、旅游等领域30余项双边合作文件的签署，还共同出席了中俄青年友好交流年闭幕式暨中俄媒体交流年开幕式并致辞。全国人大常委会委员长张德江在北京会见了梅德韦杰夫。梅德韦杰夫出席了在浙江乌镇举行的第二届世界互联网大会。

习近平在会见梅德韦杰夫时表示，2015年以来，中俄全面战略协作伙伴关系保持高水平发展，各领域合作取得新成果。我和普京总统达成共识，无论国际和地区形势怎么变，我们坚持巩固和深化中俄全面战略协作伙伴关系的方针不会变，致力实现两国共同发展振兴的目标不会变，携手捍卫国际公平正义和世界和平稳定的决心不会变。希望新的一年里，双方继续齐心协力，推动中俄关系发展得更好，给两国人民带来更多实实在在的好处。梅德韦杰夫表示，俄方愿同中方密切在国际事务中沟通和协调，加强在上海合作组织、亚洲基础设施投资银行框架内合作。

李克强与梅德韦杰夫会晤时表示，中俄总理定期会晤机制建立20年来不断发展、完善，为推动中俄各领域合作在平等、互利、共赢的基础上向前迈进发挥了重要作用，给两国人民带来了实实在在的利益。深化中俄人文交流，在成功举办中俄青年友好交流年基础上，筹划和落实好中俄媒体交流年各项活动。面对日益突出的各种传统、非传统安全威胁，中方愿同包括俄方在内的世界各国携手努力，共同应对各种风险和挑战，维护地区和世界的和平、稳定与安宁，促进全人类共同发展繁荣。梅德韦杰夫表示，两国高层往来密切，经济关系不断加强。俄方愿同中方回顾和总结两国关系与合作发展取得的成果，共同制定未来合作规划，探索合作新模式和新领域，加强贸易投资、矿产资源、石油、天然气、核能、航空航天、农业、金融、军技等重点领域务实合作，进一步密切人文、科技交流，扩大地方合作，实现互利共赢，共御挑战，共同发展。

12月14—15日

［纲　文］　**上海合作组织成员国政府首脑（总理）理事会第十四次会议在郑州举行。**

［目　文］　国务院总理李克强主持会议。哈萨克斯坦总理马西莫夫、吉尔吉斯斯坦总理萨里耶夫、俄罗斯总理梅德韦杰夫、塔吉克斯坦总理拉苏尔佐达、乌兹别克斯坦第一副总理阿齐莫夫、上合组织秘书长梅津采夫、上合组织地区反恐怖机构执行委员会主任张新枫、上合组织实业家委员会理事会主席卡特林和上合组织银行联合体理事会授权代表德米特里耶夫出席会议。

上合组织观察员国代表阿富汗伊斯兰共和国首席执行官阿卜杜拉、白俄罗斯共和国总统办公厅副主任斯诺普科夫、印度共和国外交国务部长辛格、伊朗伊斯兰共和国通讯与信息技术部长瓦埃齐、蒙古国副总理奥云巴特尔、巴基斯坦伊斯兰共和国总理谢里夫，以及联合国亚太经社会执行秘书、联合国副秘书长阿赫塔尔、亚洲相互协作与信任措施会议秘书处执行主任宫建伟与会。

李克强在会上表示，上合组织成立14年来，走过了不平凡的历程，始终以平等互信、合作共赢为宗旨，为增进成员国福祉、维护地区稳定做出了重要贡献。2015年7月，习近平主席出席乌法峰会，同各国领导人通过了《上海合作组织至2025年发展战略》，规划了中长期合作路线图，上合组织扩员进程正式启动，自身发展进入新阶段。当前世界经济增长动力不足，不少国家经济面临下行压力，国际和地区形势又增加复杂因素，新的地缘政治危机不断发酵，国际社会需要应对的全球性挑战前所未有。上合组织成员国位于亚欧大陆结合部，本地区能否长治久安，不仅关乎地区各国人民的切身利益和福祉，也将对世界和平稳定与繁荣发展产生重要影响。中方愿推动丝绸之路经济带建设同上合组织各国发展战略及欧亚经济联盟等机制对接，促进地区开放、包容、共享发展。在关注安全、经济、人文三大传统领域基础上，重点强化本组织六大合作平台，即筑牢安全合作平台、搭建产能合作平台、加快建设互联互通平台、创新金融合作平台、构建区域贸易合作平台、打造社会民生合作平台，推进各方友好合作取得扎实成果。

各代表团团长就国际和地区经济发展的广泛议题交换了意见，讨论了深化上合组织经济合作和人文合作的前景与措施，表示愿进一步巩固上合组织成员国人民相互理解与传统友谊，并达成共识发表了《上海合作组织成员国政府首脑（总理）理事会第十四次会议联合公报》《上海合作组织成员国政府首脑（总理）关于区域经济合作的声明》。

会议期间，李克强在分别会见了与会的塔吉克斯坦总理拉苏尔佐达、巴基斯坦总理谢里夫、阿富汗首席执行官阿卜杜拉。

12月14—17日

［纲　文］　**应国务院总理李克强邀请，吉尔吉斯共和国总理萨里耶夫对中国进行正式访问并出席上海合作组织成员国政府首脑（总理）理事会第十四次会议。**

［目　文］　李克强在北京同萨里耶夫举行了会谈并签署了《中华人民共和国政府和吉尔吉斯共和国政府联合公报》，见证了金融、文化、能源等领域多个双边合作文件的签署。

李克强表示，我们愿同吉方发挥经济互补优势，保持经贸合作的良好势头，进一步优化贸易结构。积极探讨启动产能和投资等领域合作，中方愿向吉方提供技术和生产设备，助力吉工业化进程和自主可持续发展。加快推进基础设施建设合作，尽早恢复中吉乌铁路项目三方工作组会议，推进吉南北公路、伊塞克湖环湖公路等大项目建设，积极开展跨境运输通道和口岸合作机制建设。加强农业、能源等领域合作，拓展人文交流，使两国人民从中吉合作中更多受益。在当前国际地区安全形势复杂严峻的背景下，中吉需要加强执法安全合作，共同应对恐怖主义威胁，打击跨国有组织犯罪，共同维护本地区和平与安宁，为经济发展营造良好环境。

萨里耶夫祝贺中方成功举办上海合作组织成员国总理第十四次会议，并表示吉中传统友谊深厚，是睦邻友好的亲密邻邦。发展对华关系是吉政府外交政策优先方向，吉方感谢并欢迎中方在吉交通运输、能源、社会设施建设等领域开展投资合作，愿与中方对接发展战略，积极开展产能合作，推动基础设施建设等领域大项目合作，尽快落实中吉乌铁路项目，扩大双边贸易，加强反恐安全合作，推动两国战略伙伴关系进一步发展。

12月15日

［纲　文］　**教育部科学技术委员会公布2015年度“中国高等学校十大科技进展”。**

［目　文］　经过形式审查、学部初评、项目终审评选专项工作和项目公示决定：“人类原始生殖细胞发育过程中基因表达网络的表观遗传学调控”等10项入围。

12月15日

［纲　文］**北京2022年冬奥会和冬残奥会组织委员会成立大会在北京举行。**

［目　文］国务院副总理、第24届冬奥会工作领导小组组长张高丽出席成立大会并讲话。刘延东、郭金龙、王晨、张庆黎出席会议。第24届冬奥会工作领导小组成员，国家体育总局、中残联、北京市、河北省有关领导和相关单位负责人，中央国家机关有关部门负责人，北京冬奥组委有关领导参加会议。会上宣读了国际奥委会主席巴赫的贺词。

张高丽表示，党中央、国务院高度重视2022年冬奥会筹办工作。习近平总书记强调，要坚持绿色办奥、共享办奥、开放办奥、廉洁办奥，加强组织领导，统筹推进各项工作，确保把北京冬奥会办成一届精彩、非凡、卓越的奥运盛会。李克强总理要求，把创新、协调、绿色、开放、共享发展理念贯穿筹办全过程。办好这次冬奥会，是我们对国际奥林匹克大家庭的庄严承诺，也是实施京津冀协同发展战略的重要举措，我们要切实把思想认识行动统一到党中央、国务院重要决策部署上来，扎扎实实做好筹办工作。

12月15日

［纲　文］**中华职教社温暖工程20周年总结大会在北京举行。**

［目　文］全国政协副主席、中华职业教育社副理事长马培华主持会议。中央统战部、国务院有关部门、各省区市党委统战部、中华职业教育社负责人等约300人参加会议。全国人大常委会副委员长、中华职业教育社理事长陈昌智作总结讲话。联合国公共信息部发来贺信。

中央统战部部长孙春兰出席会议时指出，温暖工程始终践行“为国分忧、为民效力，急人所急、雪中送炭，灯亮一盏、光洒成片”的理念，以职业教育培训为抓手，帮助贫困群众提高就业本领，实现脱贫致富，用善举传递党和政府对贫困人口的关怀，用温暖激发贫困地区走向共同富裕的热情，用爱心点燃受助群众对美好生活的希望，是一项惠及百姓、功在千秋的民心工程。

12月15日

［纲　文］**汪洋在北京调研全国供销合作总社电子商务发展情况。**

［目　文］国务院副总理汪洋考察供销合作总社建设的全国性涉农电子商务平台“供销e家”时强调，供销合作社长期扎根农村，了解农民，熟悉农村市场，有比较完整的组织体系和经营服务网络，发展农村电子商务有独特的优势。要坚持为农服务根本宗旨，充分利用电商平台，促进农产品销售，促进农业生产标准化和质量安全水平的提高，推进农产品加工、储藏及农业社会化服务发展。要坚持市场化原则，用好供销合作社现有组织系统和流通体系，加快推进信息化改造，强化物流配送功能，推进形成线上线下融合发展的现代流通网络。

12月15日

［纲　文］**《人民日报》发表题为《解决突出问题才有说服力——三论持续用力深化“三严三实”专题教育》的评论员文章。**

12月16日

［纲　文］　**国家主席习近平在浙江省乌镇集体会见上海合作组织成员国领导人。**

［目　文］　参加会见的上海合作组织成员国领导人是：哈萨克斯坦总理马西莫夫、吉尔吉斯斯坦总理萨里耶夫、俄罗斯总理梅德韦杰夫、塔吉克斯坦总理拉苏尔佐达、乌兹别克斯坦第一副总理阿齐莫夫，上海合作组织秘书长梅津采夫、上海合作组织地区反恐怖机构执委会主任张新枫。

习近平表示，刚刚在郑州结束的上海合作组织成员国第十四次总理会议就推动各领域合作达成新共识。上海合作组织作为欧亚地区重要多边合作机制，为维护本地区安全稳定、促进成员国共同发展发挥了独特作用。当前，国际形势复杂变化，世界经济深度调整，各国只有携手同心、团结聚力，才能在发展的道路上走得更快、更稳、更远。我们要深挖上海合作组织多边务实合作潜力。要推动丝绸之路经济带建设同欧亚经济联盟和各国发展战略对接，协调产业结构调整，发挥经济互补优势，寻找新的多边合作增长点。要协同推动重点和新兴领域合作，巩固和推进能源、交通、农业、基础设施建设等本组织传统优势领域合作，探讨在电子商务等高新技术产业方面的合作前景。要加强民间商贸交流和人员往来，鼓励和扶持成员国中小企业加强合作，加紧研究人员往来便利化具体举措，充分释放民间合作潜力。上海合作组织各种机制完备，各领域合作基础扎实，合作前景广阔。中方愿同各方一道努力，建设好上海合作组织大家庭，为本地区安全稳定和发展繁荣多做贡献。

参加会见的上海合作组织领导人表示，上海合作组织是本地区重要稳定因素，国际事务中的一支重要力量。上海合作组织成员国第十四次总理会议十分成功。成员国应该以此为契机，加强经贸、金融、能源、交通、卫生、教育、科技、人文、安全、网络信息技术等各领域务实合作。上合组织各成员国支持中方“一带一路”倡议，愿加快欧亚经济联盟建设同丝绸之路经济带建设对接。

12月16日

［纲　文］　**李克强主持召开国务院常务会议。**

［目　文］　会议主要内容是：一、决定深化“先照后证”改革，开展“证照分离”试点，着力缓解办证难，激发“双创”活力。深化“先照后证”改革，推进“证照分离”，聚焦加快破解办证难，是深入推进简政放权、放管结合、优化服务的重要举措。选取一批与企业经营活动密切相关、审批频次较高的许可事项，在上海浦东新区开展“证照分离”改革试点。一是对市场竞争机制能够有效调节、行业组织或中介机构能够有效实现自律管理的许可事项，包括设立旧机动车鉴定评估机构审批、户外广告登记等，取消办证审批，允许企业取得营业执照后按规定直接开展相关经营活动。二是对加工贸易合同审批等许可事项，将办证审批改为备案，企业按规定将材料报送行政部门后即可开展相关经营活动。三是对一批暂时不能取消审批，但通过事中事后监管能够纠正不符合审批条件的行为，且

不会产生严重后果的许可事项，包括机动车维修经营许可等，以告知承诺制简化办证审批。二、核准一批水电核电等清洁能源重大项目，以绿色发展促结构调整民生改善。加快建设水电、核电等清洁能源基础设施，是稳定经济增长、优化能源结构、改善民生的绿色发展重要举措，对促进节能减排和污染防治，增加公共产品供给和有效投资需求，推动提升中国装备品质和竞争力，具有重要意义。对已列入国家相关规划、具备建设条件的金沙江乌东德水电站、广西防城港红沙核电二期工程“华龙一号”三代核电技术示范机组和江苏连云港田湾核电站扩建工程项目予以核准。三、批准2015年度国家科学技术奖励评审结果。会议听取了关于2015年度国家科学技术奖励审评结果的汇报，批准了获奖人选、奖励种类和等级。四、通过《中华人民共和国澳门特别行政区行政区域图（草案）》。草案调整了澳门特别行政区的陆地界线，明确了水域管理范围，将为澳门保持繁荣稳定、实现经济社会可持续发展提供有力支持。

12月16日

［纲　文］　**国务院批复黑龙江省人民政府，同意设立哈尔滨新区。**

［目　文］　批复说，一、同意设立哈尔滨新区。哈尔滨新区包括哈尔滨市松北区、呼兰区、平房区的部分区域，规划面积493平方公里。二、哈尔滨新区建设，要全面贯彻落实党的十八大和十八届二中、三中、四中、五中全会精神，按照党中央、国务院决策部署，牢固树立并切实贯彻创新、协调、绿色、开放、共享的发展理念，进一步释放改革红利，增强开放动力，激发创新活力，畅通对外贸易通道，搭建国际合作平台，构建外向型产业体系，努力把哈尔滨新区建设成为中俄全面合作重要承载区、东北地区新的经济增长极、老工业基地转型发展示范区和特色国际文化旅游聚集区。三、黑龙江省人民政府要切实加强组织领导，明确工作分工，完善工作机制，加大支持力度，积极探索与现行体制协调、联动、高效的新区管理方式，扎实稳妥推进新区建设发展。四、国务院有关部门要按照职能分工，加强对哈尔滨新区建设发展的支持和指导，在有关规划编制、政策实施、项目安排、体制机制创新、开放合作等方面给予积极支持，帮助解决哈尔滨新区建设发展过程中遇到的困难和问题，营造良好的政策环境。

12月16日

［纲　文］　**水利部公布《关于废止和修改部分规章的决定》。**

［目　文］　《决定》说，一、废止《水文水资源调查评价资质和建设项目水资源论证资质管理办法（试行）》（2003年2月21日水利部令第17号发布，2005年7月8日水利部令第24号修改）。二、对《建设项目水资源论证管理办法》《开发建设项目水土保持设施验收管理办法》《入河排污口监督管理办法》《水工程建设规划同意书制度管理办法（试行）》《水利工程建设监理单位资质管理办法》《取水许可管理办法》《水利工程启闭机使用许可管理办法》《水文监测环境和设施保护办法》等8件部门规章的部分条款与予修改。三、本决定自2015年12月16日起施行。

12月16日

［纲　文］　**环境保护部、商务部、科技部发布《国家生态工业示范园区管理办法》。**

［目　文］　《办法》共6章33条，主要有总则、申报与创建、验收与命名、监督与管理、其他事项、附则等内容，自2015年12月16日起实施，《国家生态工业示范园区管理办法（试行）》（环发〔2007〕188号）同时废止。

12月16日

［纲　文］　**财政部、水利部印发《农田水利设施建设和水土保持补助资金使用管理办法》。**

［目　文］　《办法》共15条，自2015年12月20日起施行。财政部、水利部印发的《中央财政小型农田水利设施建设和国家水土保持重点建设工程补助专项资金管理办法》（财农〔2009〕335号）、《关于修改〈中央财政小型农田水利设施建设和国家水土保持重点建设工程补助专项资金管理办法〉有关条文的通知》（财农〔2012〕54号）、《中央财政统筹从土地出让收益中计提的农田水利建设资金使用管理办法》（财农〔2013〕14号）、《中央财政补助中西部地区、贫困地区公益性水利工程维修养护经费使用管理暂行办法》（财农〔2011〕463号）同时废止。

12月16日

［纲　文］　**中国民主建国会成立70周年纪念大会在北京举行。**

［目　文］　全国政协副主席、民建中央常务副主席马培华主持大会。全国人大常委会副委员长、民建中央主席陈昌智回顾了民建成立70年走过的光辉历程，号召全体会员更加紧密地团结在以习近平为总书记的中共中央周围，践行爱国、民主、建设、团结、创新、奉献理念，为实现中华民族伟大复兴的中国梦做出新的贡献。

中央统战部部长孙春兰出席大会并代表中共中央致贺词。全国政协副主席、民进中央常务副主席罗富和，全国政协副主席卢展工，各民主党派中央、全国工商联负责人和有关部门负责人出席大会。全国人大常委会副委员长、农工党中央主席陈竺代表各民主党派中央、全国工商联致贺词。民建中央副主席张少琴宣读了《中国民主建国会中央委员会关于表彰全国优秀会员、先进集体的决定》。

孙春兰表示，中国共产党领导的多党合作制度，能够最大限度地实现集中领导与广泛参与的统一、国家稳定与社会进步的统一、充满活力与富有效率的统一，充分彰显中国特色社会主义的制度优势。中国民主建国会自成立以来，始终与中国共产党风雨同舟、肝胆相照，历经风雨考验愈加成熟，顺应时代要求不断进步，为夺取中国革命、建设、改革事业胜利，为推进统一战线和多党合作事业发展做出了重要贡献。希望民建深入学习习近平总书记系列重要讲话精神，发挥密切联系经济界的优势，着眼实施“创新、协调、绿色、开放、共享”五大发展理念，凝聚广泛共识，发挥智库作用，推动大众创业、万众创新，深入开展社会服务，协助党委政府共同打赢脱贫攻坚战；准确把握建设中国特色社会主义参政党的基本要求，抓住思想建设这个核心和领导班子建设这个重点，着力提升履职尽责的能力和本领，巩固团结奋斗的思想政治基础。

12月16日

［纲　文］ **中俄总理定期会晤委员会第19次会议在北京举行。**

［目　文］ 国务院副总理、中俄总理定期会晤委员会中方主席汪洋与俄罗斯副总理罗戈津共同主持会议。双方就核合作、民用航空、航天、贸易、跨境通道建设、农业等领域的合作问题坦诚深入地交换了意见。

汪洋说，2015年是中俄全面战略协作伙伴关系深入发展的一年。习近平主席和普京总统五次会晤，规划了中俄关系和各领域合作的发展方向。双方要切实落实两国元首达成的重要共识，扩大和深化各领域务实合作。2015年是中俄总理定期会晤机制建立20周年，具有承前启后的重要意义。该机制自建立以来高效运转，推动两国务实合作持续深入发展。尽管当前世界经济形势复杂严峻，但双方合作仍取得丰硕成果。双边贸易结构更加优化，相互投资规模逐步扩大，战略性大项目不断取得新突破。双方应在锁定和扩大现有成果基础上，创新合作理念，丰富合作模式，加紧实施各领域重大合作项目，推动双方合作不断取得新进展。

罗戈津说，俄中是全面战略协作伙伴，双方在维护主权、安全和领土完整等重大问题上相互支持。中俄总理定期会晤机制为推动两国务实合作发挥了重要作用，希望双方加紧工作，不断创造双方合作新的增长点。

12月16日

［纲　文］ **外交部副部长郑泽光奉命召见美国驻华使馆临时代办李凯安，就美国政府宣布向台湾出售总额约18.3亿美元的武器装备向美方提出严正交涉。**

［目　文］ 郑泽光指出，台湾是中国领土不可分割的一部分。中方坚决反对美国向台湾出售武器。美方向台湾出售武器严重违反国际法和国际关系基本准则，严重违反中美三个联合公报原则，严重损害中国主权和安全利益。为了维护国家利益，中方决定采取必要措施，包括对参与此次美方向台湾出售武器的企业实施制裁。任何人都不能动摇中国政府和人民捍卫国家主权和领土完整、反对外来干涉的坚定意志。中方敦促美方恪守在中美三个联合公报中作出的明确承诺，撤销上述售台武器计划，停止美台军事联系，以免给中美关系和双方重要领域的合作造成进一步损害。

17日，国防部新闻发言人表示，台湾问题事关中国主权和领土完整，涉及中国核心利益。中方坚决反对任何外国政府向台湾出售武器。美方行径违反中美三个联合公报特别是“八一七公报”原则，公然干涉中国内政，损害中国主权和安全利益，损害两岸关系和平发展和台海和平稳定。中国军队在维护国家主权和领土完整问题上的立场是坚定的、明确的。美国在售台武器上的错误做法将不可避免地使中美两军关系受到影响。我们强烈敦促美方恪守中美三个联合公报和在台湾问题上向中方作出的严肃承诺，撤销有关对台军售项目，停止售台武器和美台军事联系，以免给中美两国两军关系及台海和平稳定造成进一步损害。

12月16—18日

［纲　文］　第2届世界互联网大会在浙江省乌镇召开，国家主席习近平出席大会开幕式并发表主旨演讲。

［目　文］　大会由国家网信办和浙江省人民政府共同举办，主题是“互联互通·共享共治——构建网络空间命运共同体”。

习近平指出，互联网是人类的共同家园，各国应该共同构建网络空间命运共同体，推动网络空间互联互通、共享共治，为开创人类发展更加美好的未来助力。以互联网为代表的信息技术日新月异，引领了社会生产新变革，创造了人类生活新空间，拓展了国家治理新领域，极大提高了人类认识世界、改造世界的能力。中国正处在信息化快速发展的历史进程之中。“十三五”时期，中国将大力实施网络强国战略，让互联网发展成果惠及13亿多中国人民，更好地造福各国人民。互联网是人类的共同家园。举办世界互联网大会，就是希望搭建全球互联网共享共治的一个平台，共同推动互联网健康发展。让我们携起手来，共同推动网络空间互联互通、共享共治，为开创人类发展更加美好的未来助力。

巴基斯坦总统侯赛因、俄罗斯总理梅德韦杰夫、哈萨克斯坦总理马西莫夫、吉尔吉斯斯坦总理萨里耶夫、塔吉克斯坦总理拉苏尔佐达、乌兹别克斯坦第一副总理阿齐莫夫、国际电信联盟秘书长赵厚麟、世界经济论坛创始人兼执行主席施瓦布等在开幕式上分别致辞，联合国副秘书长吴红波宣读了联合国秘书长潘基文的致辞。

中央书记处书记刘云山在主持开幕式时说，习近平主席出席大会并发表主旨演讲，充分体现了中国政府对这次大会的高度重视。构建网络空间命运共同体，是国际社会的共同责任。

来自120多个国家和地区的2000多位代表与会，发布了《乌镇倡议》，互联网金融发展报告，“互联网＋扶贫”联合倡议，“数字丝路”建设合作宣言，海峡两岸及香港、澳门互联网发展倡议等20多项成果。

16日，国家主席习近平在乌镇会见与会的巴基斯坦总统侯赛因时指出，2015年4月，我对巴基斯坦进行国事访问，双方决定将中巴关系提升为全天候战略合作伙伴关系，确定了以中巴经济走廊为中心，以瓜达尔港、能源、交通基础设施、产业合作为重点的“1+4”合作布局，为中巴关系下阶段发展作出战略规划。我们愿同巴方共同努力，不断充实和深化中巴全天候战略合作伙伴关系内涵，将中巴友好更多转化为深化和拓展务实合作的动力。中巴双方要保持高层交往传统，并鼓励两国政府、立法机构、政党、军队开展对口交流。要做好中巴经济走廊早期收获项目建设，发展产业合作，释放走廊潜力，带动沿线地区经济社会发展，惠及广大民众。要深化人文交流，规划好明年中巴建交65周年庆祝活动。要加强安全合作，在国际和地区事务上保持密切沟通和协调，维护两国共同利益。

侯赛因表示，2015年是巴中友好交流年，2016年是两国建交65周年。巴方对巴中关系发展感到满意。感谢中方对巴基斯坦发展经济、改善民生的支持。双方经贸、基础设施、安全等领域合作稳步推进，巴中经济走廊建设正取得令人满意的成果。巴方愿扩大同中方各领域合作，在国际和地区事务中更加密切地沟通协调。

12月17日

［纲 文］ **国务院批复辽宁省人民政府、发展改革委，同意中德（沈阳）高端装备制造产业园建设方案。**

［目 文］ 批复说，一、原则同意《中德（沈阳）高端装备制造产业园建设方案》（以下简称《方案》），请认真组织实施。二、要按照党中央、国务院的决策部署，牢固树立创新、协调、绿色、开放、共享的发展理念，创新装备制造业发展模式，创新园区开发建设管理模式，创新对外开放合作模式，加强“中国制造2025”与“德国工业4.0”战略的高效对接，实现中国市场与德国技术优势互补，将中德（沈阳）高端装备制造产业园打造成为国际化、智能化、绿色化的高端装备制造业园区，加快培育沈阳经济区新的增长点，为促进辽宁省经济社会发展乃至东北地区老工业基地全面振兴发挥积极作用。三、辽宁省人民政府要加强组织领导，完善工作机制，制定配套措施，落实工作责任，确保《方案》确定的目标任务如期实现。四、国务院有关部门要按照职责分工加强协调指导，在政策实施、项目建设、资金投入、体制创新特别是开展国际产能和装备制造合作等方面给予支持，切实帮助解决《方案》实施中遇到的实际问题和困难，为园区发展创造良好的政策环境。五、发展改革委要加强对《方案》实施情况的跟踪了解和督促检查，适时组织开展《方案》实施情况评估，重大问题及时向国务院报告。

12月17日

［纲 文］ **国务院批复食品药品监管总局，同意建立药品医疗器械审评审批制度改革部际联席会议制度。**

［目 文］ 批复说，同意建立药品医疗器械审评审批制度改革部际联席会议制度。联席会议不刻制公章，不正式行文，请按照国务院有关文件精神认真组织开展工作。

12月17日

［纲 文］ **国务院办公厅印发《国家标准化体系建设发展规划（2016—2020年）》。**

［目 文］ 《规划》由五部分组成：一、总体要求；二、主要任务；三、重点领域；四、重大工程；五、保障措施。

《规划》要求，各地区、各部门可依据本规划，制定本地区、本部门标准化体系建设发展规划。

12月17日

［纲 文］ **财政部、税务总局印发《关于体育场馆房产税和城镇土地使用税政策的通知》。**

［目 文］ 《通知》说，自2016年1月1日起，国家机关、军队、人民团体、财政补助事业单位、村民委员会等拥有的体育场馆，其用于体育活动的房产、土地，免征房产税和城镇土地使用税；经费自理事业单位、体育社会团体、体育类民办非企业单位等拥有

并运营管理的体育场馆，符合向社会开放且取得的收入主要用于场馆的维护、管理等条件的，其用于体育活动的房产、土地，免征房产税和城镇土地使用税；企业拥有并运营管理且向公众开放、达到有关规模规定的体育场（观众座位数20000座及以上）、体育馆（观众座位数3000座及以上）等体育建筑，其用于体育活动的房产、土地，减半征收房产税和城镇土地使用税。

12月17日

［纲　文］　**证监会、人民银行公布《货币市场基金监督管理办法》。**

［目　文］　《办法》共7章43条，主要有总则、投资范围与投资限制、基金份额净值计价与申购赎回、宣传推介与信息披露、风险控制、监督管理与法律责任、附则等内容。自2016年2月1日起施行。《货币市场基金暂行规定》（证监发〔2004〕78号）、《关于货币市场基金投资等相关问题的通知》（证监基金字〔2005〕41号）、《关于货币市场基金投资短期融资券有关问题的通知》（证监基金字〔2005〕163号）、《关于货币市场基金投资银行存款有关问题的通知》（证监发〔2005〕190号）、《关于加强货币市场基金风险控制有关问题的通知》（基金部通知〔2011〕41号）等文件同时废止。

12月17日

［纲　文］　**税务总局公布《市场采购贸易方式出口货物免税管理办法（试行）》，自2015年12月17日起施行。**

12月17日

［纲　文］　**民政部公布《军队无军籍退休退职职工服务管理办法》，自2016年2月1日起施行。**

12月17日

［纲　文］　**全国政协在北京召开双周协商座谈会，就“促进家庭服务业发展”建言献策。**

［目　文］　全国政协主席俞正声主持会议。全国政协委员甄砚、杨志明、谢茹、崔郁、杨衍银、方方、刘珂、王新宪、邓小虹、张世平、张世珍、赵光育、周安达源、高美琴，以及汤敏、卓长立、周珏珉等专家学者在座谈会上发言。人力资源社会保障部副部长邱小平介绍了促进家庭服务业发展的情况。发展改革委副主任连维良、民政部副部长顾朝曦、商务部副部长钱克明等与委员互动交流。

委员们认为，家庭服务业与人民群众的生活关系密切，涉及老人、儿童、双职工家庭、残障人士家庭等生活质量问题，对增加就业、改善民生、扩大内需、调整产业结构具有重要作用，是一件应该引起高度重视的事业。2010年，国务院办公厅印发了《关于发展家庭服务业的指导意见》，以家政服务、养老服务、社区照料服务和病患陪护服务4个业态为重点，明确了发展目标和政策措施。随着我国居民收入提高、人口老龄化以及农村劳动力转移等因素变化，家庭服务业发展很快。但目前还存在供需失衡，支持力度不够，服务的标准化、服务的能力、职业化、家政服务企业的发展还比较散乱等问题。

一些委员围绕“促进家庭服务业发展”提出意见建议。一是坚持市场主导，家庭服务业的特点是多种需求、多种供给、多种来源、多种方法，要从市场需求出发，制定多种办法，不能靠一种办法包打天下。二是政府要高度重视，将家庭服务业作为重点发展的服务产业列入“十三五”规划，在人员培训、税收政策、政府购买服务等方面制定一些行业标准特别是推荐性标准，落实扶持政策，发挥政府联席会议制度的作用，加强各部门分工协作。三是鼓励社会力量广泛参与，发挥社区、行业协会、非公经济人士等作用，发挥好妇联等人民团体和社会组织的作用，形成社会合力。四是要加强平台支撑，鼓励创新，支持家庭服务业发展新业态，发挥好互联网平台的中介服务和教育培训等功能。五是要提供法律、政策保障，有关部门要针对家庭服务从业人员社保、保险、培训等问题，制定指导性、规范性文件。

12月17日

［纲　文］　**国家反恐怖工作领导小组和公安部在北京召开反恐怖工作电视电话会议。**

［目　文］　会议主要内容是：部署当前和春节期间反恐安保维稳工作。国家反恐怖工作领导小组副组长汪永清、王宁，国家反恐怖工作领导小组成员单位、工作联系单位、中央有关部门和公安部有关负责人出席会议。各省、自治区、直辖市和新疆生产建设兵团反恐怖工作领导小组组长、副组长、成员和公安厅局主要负责人在各地分会场参加会议。

国家反恐怖工作领导小组组长、公安部部长郭声琨出席会议时指出，各地、各有关部门要以高度的政治责任感，细化措施、狠抓落实、务求实效，全力以赴做好当前和春节期间的反恐安保维稳工作，确保社会大局持续稳定和人民群众幸福安宁。要提前谋划、统筹安排，认真落实源头预防、矛盾化解和社会治安防控措施，坚决打击各类违法犯罪活动，严肃查处恶意欠薪案件，努力从源头上消除影响公共安全和社会稳定的安全隐患。要认真学习贯彻《反恐怖主义法》，进一步加强反恐怖情报信息、基础管理、应急处置等工作，做到预警在前、防范在先，打早打小打苗头，严防发生暴力恐怖事件。要紧盯目标抓落实，聚焦问题抓落实，强化责任抓落实，确保各项工作措施落到实处、见到实效，切实担负起确保一方平安、维护一方稳定的重大责任。

12月17日

［纲　文］　**文化部在北京举行第2批国家重点美术馆授牌仪式。**

［目　文］　文化部向浙江美术馆、广州艺术博物院（广州美术馆）、武汉美术馆、中国美术学院美术馆颁发“国家重点美术馆”标牌。此外，2011年评定的9家首批国家重点美术馆，包括中国美术馆、中华艺术宫（上海美术馆）、江苏省美术馆、广东美术馆、陕西省美术博物馆、湖北美术馆、深圳市关山月美术馆、北京画院美术馆、中央美术学院美术馆，也在本次评估中通过复审。至此，“国家重点美术馆”的阵容扩充到13家。

12月17日

［纲　文］　**2015年高层次文化人才论坛在北京举行。**

［目　文］　论坛由文化部主办，主题为“新时期、新机遇、新挑战——建设德艺双馨的文化人才队伍”，主要探讨在新的时代背景下如何建设高层次文化人才队伍。文化部部长雒树刚出席论坛并讲话。来自全国文化系统的高层次文化人才代表，历届文化部优秀专家参加了论坛。

12月17日

［纲　文］　**中国在酒泉卫星发射中心用长征二号丁运载火箭成功将暗物质粒子探测卫星“悟空”发射升空，卫星顺利进入预定转移轨道。**

［目　文］　“悟空”暗物质粒子探测卫星是中国科学院空间科学战略性先导科技专项中首批立项研制的4颗科学实验卫星之一，是目前世界上观测能段范围最宽、能量分辨率最优的暗物质粒子探测卫星。卫星上装载的暗物质粒子探测器，将在太空中开展高能电子及高能伽马射线探测任务，探寻暗物质存在的证据，研究暗物质特性与空间分布规律。

12月17日

［纲　文］　**《人民日报》发表题为《让互联网发展成果惠及全体人民——一论“共同构建网络空间命运共同体”》的评论员文章。**

12月17日

［纲　文］　**《人民日报》发表题为《用发展成果检验教育成效——四论持续用力深化“三严三实”专题教育》的评论员文章。**

12月17日—2016年1月19日

［纲　文］　**“全国地方戏优秀中青年演员汇报演出”在北京举办。**

［目　文］　汇报演出由文化部主办，文化部艺术司、北京市文化局承办。19个省区市的20名优秀中青年演员领衔主演20台优秀剧目，涵盖越剧、豫剧、评剧、吉剧、扬剧、祁剧等18个剧种。

12月18日

［纲　文］　**国务院印发《关于新形势下加快知识产权强国建设的若干意见》。**

［目　文］　《意见》由七部分组成：一、总体要求；二、推进知识产权管理体制机制改革；三、实行严格的知识产权保护；四、促进知识产权创造运用；五、加强重点产业知识产权海外布局和风险防控；六、提升知识产权对外合作水平；七、加强组织实施和政策保障。

《意见》要求加强宣传引导，各地区、各有关部门要加强知识产权文化建设，加大宣传力度，广泛开展知识产权普及型教育，加强知识产权公益宣传和咨询服务，提高全社会知识产权意识，使尊重知识、崇尚创新、诚信守法理念深入人心，为加快建设知识产权强国营造良好氛围。

12月18日

［纲　文］　**财政部、税务总局印发《关于中国（杭州）跨境电子商务综合试验区出**

口货物有关税收政策的通知》。

12月18日

［纲　文］　**海关总署公布《〈中华人民共和国政府和澳大利亚政府自由贸易协定〉项下进出口货物原产地管理办法》，自2015年12月20日起施行。**

12月18日

［纲　文］　**第4届“中华之光——传播中华文化年度人物”颁奖典礼在中央电视台举行。**

［目　文］　典礼由文化部、国务院新闻办公室、国务院侨务办公室、中国人民对外友好协会、孔子学院总部/国家汉办、中国文联和中央电视台共同主办。中央社会主义学院党组书记、第一副院长叶小文，国务院侨务办公室副主任何亚非，国家汉办主任许琳，中国文联副主席左中一等各主办单位领导出席了颁奖典礼，并为获得第4届“中华之光——传播中华文化年度人物”奖的13位个人和1个集体颁奖。

获奖者来自世界五大洲，代表了不同的文化领域，每一位都是推动中华文化走向世界的代表性人物。其中有：在世界范围内传播道家文化的著名学者陈鼓应，法国最有影响力的华语电视媒体创办人陈世明，保护和传播中国民间文化的领军人物冯骥才，在意大利推广中医文化的代表人物何嘉琅，中国著名翻译家许渊冲，等等；获奖集体是：推动汉语走向世界的汉语教师志愿者团体。与往届不同的是，第4届“中华之光”新增加了三个特别贡献奖，以此来表彰为传播中华文化做出突出贡献的外国友人，他们分别是：俄罗斯中国文化学者和社会活动家季塔连科，三十年坚持不懈在日本推广中国京剧的津田忠彦，二十年寂寞耕耘的美国“汉字叔叔”理查德·西尔斯。

12月18日

［纲　文］　**《人民日报》发表题为《建立新的全球互联网治理体系——二论“共同构建网络命运共同体”》的评论员文章。**

12月18—21日

［纲　文］　**中央经济工作会议在北京举行。**

［目　文］　习近平、李克强、张德江、俞正声、刘云山、王岐山、张高丽出席会议。中共中央政治局委员、中央书记处书记，全国人大常委会有关领导，国务委员，最高人民法院院长，最高人民检察院检察长，全国政协有关领导人以及中央军委委员等出席会议。各省、自治区、直辖市和计划单列市、新疆生产建设兵团党政主要负责人，中央和国家机关有关部门主要负责人，中央管理的部分企业和金融机构负责人，军队及武警部队有关负责人参加会议。

中共中央总书记习近平在会上发表讲话，总结2015年经济工作，分析当前国内国际经济形势，部署2016年经济工作，重点是落实“十三五”规划建议要求，推进结构性改革，推动经济持续健康发展。国务院总理李克强在讲话中阐述了2016年宏观经济政策取向，具体部署了2016年经济社会发展重点工作，并作总结讲话。

会议指出，2015年以来，面对错综复杂的国际形势和艰巨繁重的国内改革发展稳定任务，我们按照协调推进“四个全面”战略布局的要求，贯彻落实去年中央经济工作会议决策部署，加强和改善党对经济工作的领导，坚持稳中求进工作总基调，牢牢把握经济社会发展主动权，主动适应经济发展新常态，妥善应对重大风险挑战，推动经济建设、政治建设、文化建设、社会建设、生态文明建设和党的建设取得重大进展。经济运行总体平稳，稳中有进，稳中有好，经济保持中高速增长，经济结构优化，改革开放向纵深迈进，民生持续改善，社会大局总体稳定。今年主要目标任务的完成，标志着“十二五”规划可以胜利收官，使我国站在更高的发展水平上。同时，由于多方面因素影响和国内外条件变化，经济发展仍然面临一些突出矛盾和问题，必须高度重视，采取有力措施加以化解。推进结构性改革，必须依靠全面深化改革。要加大重要领域和关键环节改革力度，推出一批具有重大牵引作用的改革举措。要加快金融体制改革，尽快形成融资功能完备、基础制度扎实、市场监管有效、投资者合法权益得到充分保护的股票市场，抓紧研究提出金融监管体制改革方案；加快推进银行体系改革，深化国有商业银行改革，加快发展绿色金融。要加快养老保险制度改革，完善个人账户，坚持精算平衡，提高统筹层次。要加快医药卫生体制改革，在保基本、强基层的基础上，着力建立新的体制机制，解决好群众看病难看病贵问题。

12月18—21日

［纲　文］　**外交部部长王毅出席叙利亚国际支持小组外长会和联合国安理会叙利亚问题部长级会议、首轮中德外交与安全战略对话，并对塞浦路斯进行正式访问。**

［目　文］　18日，王毅在纽约出席叙利亚国际支持小组第三次外长会上就启动和谈、停火止暴、合力反恐、人道救援和经济重建五大方面提出中方政治解决叙利亚问题的主张和建议。

同日，在联合国安理会叙利亚问题部长级会议上，安理会一致通过核可叙利亚国际支持小组外长会成果的第2254号决议，中国投了赞成票。王毅在决议通过后发言表示，中方欢迎安理会一致通过政治解决叙问题决议。这份决议凝聚了国际社会的广泛共识，体现了安理会的重要作用，反映了叙利亚人民的殷切期待，为政治解决叙问题注入了新动力。我们要抓好落实，尽快将共识转为行动，早日将期待变为现实。

会议期间，王毅会见联合国秘书长潘基文时表示，2015年是联合国成立70周年和世界反法西斯战争胜利70周年，通过各方共同努力，人类的和平与发展事业取得了一系列重要进展和成果。中国为此履行了责任，发挥了作用。潘基文表示，2015年以来，无论在气候变化、可持续发展还是伊朗核等问题上，多边外交努力均取得积极进展，中国在其中发挥了重要作用，我对此表示高度赞赏并对中方出色的领导力表示祝贺。

19日，王毅在柏林与德国外长施泰因迈尔举行首轮中德外交与安全战略对话。双方就叙利亚、伊朗核、阿富汗等共同关心的地区热点问题深入交换了意见。

王毅表示，中方重视德国的欧洲大国地位及重要国际影响，愿同德方进一步增进战略互信，加强战略协调，开展战略合作，提升中德全方位战略伙伴关系水平。双方应继续保持高层交往，充实双边合作战略内涵，落实“中国制造2025”同德国“工业4.0”对接，尽快建立部级协调机制，积极推进中德在“一带一路”框架内的合作，开展面向第三方市场的国际产能合作，深入推进两国人文交流，推进签证便利化工作，就多边和国际事务加强战略沟通，希望德方为促进中欧四大伙伴关系发展、推动中欧实现发展战略对接以及中国—中东欧国家合作发挥更大和更加积极的作用。

施泰因迈尔表示，德方高度重视发展对华关系，希望继续密切两国高层交往，高克总统和默克尔总理期待明年访华。德方对同中方实现各自发展战略对接抱有很高期待，支持中方的“一带一路”倡议，认为这对促进欧亚地区的经济发展和安全稳定具有重要意义，希就此加强与中方的沟通合作，此外，德方亦希在欧盟、亚投行等框架内加强合作。德方愿继续为促进欧中关系发展发挥积极作用。

21日，王毅在尼科西亚分别会见了塞浦路斯总统阿纳斯塔夏季斯、议长奥米鲁，与塞外长卡苏利季斯举行会谈。

12月19日

［纲　文］　**中共中央办公厅印发《关于在全体党员中开展“学党章党规、学系列讲话，做合格党员”学习教育方案》，并发出通知，要求各地区各部门认真贯彻执行。**

［目　文］　《方案》的内容有：一、总体要求；二、学习教育内容；三、主要措施；四、组织领导。

通知指出，“两学一做”学习教育不是一次活动，要突出正常教育，区分层次，有针对性地解决问题，依托“三会一课”等党的组织生活制度，发挥党支部自我净化、自我提高的主动性，真正把党的思想政治建设抓在日常、严在经常。各地区各部门各单位要结合实际确定学习方式，为基层留出空间。要紧紧围绕党的中心工作和全党工作大局开展学习教育，坚持两手抓，防止“两张皮”。要进一步严密党的组织体系、严肃党的组织生活、严格党员教育管理、严明党建工作责任制，激励基层党组织和广大党员干事创业、开拓进取，为协调推进“四个全面”战略布局、贯彻落实五大发展理念提供坚强组织保证。

12月19日

［纲　文］　**中泰铁路合作项目启动仪式在泰国大城府隆重举行，国务院总理李克强与泰国总理巴育互致贺信。**

［目　文］　李克强表示，中泰开展铁路合作符合两国发展需要和共同利益，对促进地区互联互通具有重要意义。经过双方一年的共同努力，合作取得重要进展。希望双方再接再厉，确保铁路合作项目顺利实施，为连接中国、老挝、泰国的“大动脉”早日贯通打下坚实基础，促进地区共同发展和人民福祉。2015年适逢中泰建交40周年。中方愿同泰方继续携手努力，以中泰铁路项目合作为新的起点，不断拓展和深化两国互利务实合作，

推动中泰友好关系迈上新台阶。巴育表示，泰中两国关系密切，文化相通。铁路合作项目是两国务实合作又一成功典范，将为未来两国开展更加密切的合作奠定重要基础，有助于提升民众福祉和国家竞争力，促进地区经济发展繁荣。

同日，国务委员王勇和泰国副总理巴金代表两国政府出席启动仪式。

12月19日

［纲　文］　**外交部发言人就美国军机进入中国南沙岛礁邻近空域表示，美方应认真反省、纠正错误。**

［目　文］　有记者问：据美国媒体报道，美国B-52轰炸机本月10日凌晨误入中方有关岛礁邻近空域，美国国防部官员表示此次B-52轰炸机飞行路线并非预先计划，系因天气原因偏离航线误入中方有关空域，美方内部正就此开展调查。请问中方有何评论？

发言人表示，中方再次敦促美方认真反省、纠正自己的错误，采取有效措施制止任何类似危险、挑衅行动，停止任何损害中方主权和安全利益、影响南海地区和平稳定的行为。中方严肃对待上述事件，并已向美方提出了严正交涉。美方表示，将对美国军机进入有关空域这一事件进行调查。

12月19日

［纲　文］　**《人民日报》发表题为《互联网是人类的共同家园——三论“共同构建网络空间命运共同体”》的评论员文章。**

12月20日

［纲　文］　**国务院公布《中华人民共和国澳门特别行政区行政区域图》，自发布之日起施行。1999年12月20日国务院公布的《中华人民共和国澳门特别行政区行政区域图》同时废止。**

12月20日

［纲　文］　**外交部部长王毅应约同美国国务卿克里通电话。**

［目　文］　王毅向克里阐述了中方关于台湾及南海问题的严正立场，要求美方停止售台武器，停止派舰机到中国南沙岛礁邻近海域炫耀武力。克里表示，美方愿认真对待中方关切，将坚持一个中国政策，恪守中美三个联合公报，美愿就可能影响美中合作的所有问题与中方认真交换意见，维护好双方合作势头。

12月20日

［纲　文］　**广东深圳光明新区渣土受纳场发生特别重大滑坡事故。习近平、李克强作出指示和批示。**

［目　文］　11时40分许，位于深圳市光明新区的红坳渣土受纳场发生滑坡事故，造成73人死亡，4人下落不明，17人受伤（重伤3人，轻伤14人），33栋建筑物（厂房24栋、宿舍楼3栋，私宅6栋）被损毁、掩埋，90家企业生产受影响，涉及员工4630人。事故造成直接经济损失为8.81亿元。

事故发生后，中共中央总书记习近平立即作出指示，要求广东省、深圳市迅速组织力量开展抢险救援，第一时间抢救被困人员，尽最大努力减少人员伤亡，做好伤员救治、伤亡人员家属安抚等善后工作。注意科学施救，防止发生次生灾害。中央有关部门指导地方加强各类灾害和安全生产隐患排查，制定预案，加强预警及应急处置等工作，确保人民群众生命财产安全。

国务院总理李克强作出批示，要求抓紧核实情况，全力组织搜救，全力救治受伤人员，尽最大努力减少伤亡。全面排查周边安全隐患，防止发生二次灾害。同时，查清灾害原因，做好善后处置。国土资源部、住房城乡建设部等部门要派员指导地方做好抢险救援工作。

受习近平总书记、李克强总理委派，国务委员王勇代表党中央、国务院，率国务院有关部门紧急赶赴广东省深圳市，指导应急救援、善后处理和灾害调查工作。

2016年7月15日，国务院批复了广东深圳光明新区渣土受纳场“12·20”特别重大滑坡事故调查报告。调查组认定，该事故是一起特别重大生产安全责任事故。

12月20—21日

［**纲　文**］　**中央城市工作会议在北京举行**。

［**目　文**］　习近平、李克强、张德江、俞正声、刘云山、王岐山、张高丽出席会议。中共中央政治局委员、中央书记处书记，全国人大常委会有关领导，国务委员，最高人民法院院长，最高人民检察院检察长，全国政协有关领导人以及中央军委委员等出席会议。各省、自治区、直辖市和计划单列市、新疆生产建设兵团党政主要负责人和城市工作负责人，中央和国家机关有关部门主要负责人，中央管理的部分企业和金融机构负责人，军队及武警部队有关负责人参加会议。

中共中央总书记习近平在会上发表讲话，分析城市发展面临的形势，明确做好城市工作的指导思想、总体思路、重点任务。李克强在讲话中论述了当前城市工作的重点，提出了做好城市工作的具体部署，并作总结讲话。

会议指出，我国城市发展已经进入新的发展时期。城市发展带动了整个经济社会发展，城市建设成为现代化建设的重要引擎。城市是我国经济、政治、文化、社会等方面活动的中心，在党和国家工作全局中具有举足轻重的地位。我们要深刻认识城市在我国经济社会发展、民生改善中的重要作用；城市工作是一个系统工程。做好城市工作，要顺应城市工作新形势、改革发展新要求、人民群众新期待，坚持以人民为中心的发展思想，坚持人民城市为人民。这是我们做好城市工作的出发点和落脚点。同时，要坚持集约发展，框定总量、限定容量、盘活存量、做优增量、提高质量，立足国情，尊重自然、顺应自然、保护自然，改善城市生态环境，在统筹上下功夫，在重点上求突破，着力提高城市发展持续性、宜居性。第一，尊重城市发展规律。第二，统筹空间、规模、产业三大结构，提高城市工作全局性。第三，统筹规划、建设、管理三大环节，提高城市工作的系统性。第四，统筹改革、科技、文化三大动力，提高城市发展持续性。第五，统筹生产、生活、生态三大布局，提高城市发展的宜居性。第六，统筹政府、社会、市民三大主体，提高各方推动城市发展的积极性；城市是我国各类要素资源和经济社会活动最集中的地方，全面建成小康社会、加快实现现代化，必须抓好城市这个“火车头”，把握发展规律，推动以人为核心的新型城镇化，发挥这一扩大内需的最大潜力，有效化解各种“城市病”。

12月21日

［纲　文］　**财政部印发《关于对地方政府债务实行限额管理的实施意见》。**

［目　文］　《意见》由三部分组成：一、切实加强地方政府债务限额管理；二、建立健全地方政府债务风险防控机制；三、妥善处理存量债务。

《意见》强调，各地区、各部门要进一步统一思想认识，高度重视，严格执行地方政府债务管理的各项规定，结合本地区、本部门实际，明确任务分工、落实工作职责，积极研究解决新问题，及时总结经验做法，加强舆论引导，切实发挥规范地方政府债务管理对“稳增长”和“防风险”的积极作用，推动各项政策措施落实到位。

12月21日

［纲　文］　**人力资源社会保障部、财政部印发《在京中央国家机关事业单位工作人员养老保险制度改革实施办法》。**

［目　文］　《办法》由十二部分组成：一、改革的目标和基本原则；二、改革的范围；三、基本养老保险基金筹集；四、基本养老保险个人账户；五、基本养老金计发办法；六、基本养老金调整；七、基金管理和监督；八、养老保险关系转移接续；九、职业年金制度；十、其他政策；十一、养老保险经办能力建设；十二、组织实施工作要求。自2014年10月1日起实施，已有规定与本办法不一致的，按本办法执行。

12月21日

［纲　文］　**食品药品监管总局公布《医疗器械通用名称命名规则》，自2016年4月1日起施行。**

12月21日

［纲　文］　**外交部发言人就菲律宾请求建立的南海仲裁庭公布庭审实录问题表示，中国的领土主权只能由全体中国人民自己做主，任何其他人和机构都无权处置。**

［目　文］　发言人表示，中方对菲律宾单方面提起的南海仲裁案，一再表明不接受、不参与的立场。这一立场具有充分的国际法依据，不会改变。菲方在庭审中罔顾历史事实、国际法和国际正义，妄图否定中国对南海诸岛的主权，否定《开罗宣言》和《波茨坦公告》的效力，这恰恰说明中菲南海争议的本质就是领土争议，仲裁庭对本案完全没有管辖权，也恰恰说明所谓仲裁案是披着法律外衣的政治挑衅，其目的不是为了解决争议，而是妄图否定中国在南海的主权和海洋权益。中国的领土主权只能由全体中国人民自己做主，任何其他人和机构都无权处置。

12月21—27日

［纲　文］　**十二届全国人大常委会第18次会议在北京举行。**

［目　文］　全国人大常委会委员长张德江主持开幕会、闭幕会。全国人大常委会副委员长李建国、王胜俊、陈昌智、严隽琪、王晨、沈跃跃、吉炳轩、张平、向巴平措、艾力更·依明巴海、万鄂湘、张宝文、陈竺及常委会组成人员出席会议。

会议主要内容有：一、会议表决通过了《中华人民共和国反恐怖主义法》《中华人民共和国反家庭暴力法》《中华人民共和国国家勋章和国家荣誉称号法》《全国人大常委会关于修改教育法的决定》《全国人大常委会关于修改高等教育法的决定》《全国人大常委会关于修改人口与计划生育法的决定》，国家主席习近平分别签署第36号、37号、38号、39号、40号、41号主席令予以公布。二、会议表决通过了全国人大常委会关于提请审议慈善法草案的议案。委员长会议建议，委托李建国副委员长代表常委会向十二届全国人大四次会议作说明。三、会议分别表决通过了全国人大常委会关于授权国务院在北京市大兴区等232个试点县（市、区）、天津市蓟县等59个试点县（市、区）行政区域分别暂时调整实施有关法律规定的决定，关于授权国务院在实施股票发行注册制改革中调整适用证券法有关规定的决定，关于授权国务院在广东省暂时调整部分法律规定的行政审批试行期届满后有关问题的决定。四、会议表决通过了全国人大常委会关于召开第十二届全国人民代表大会第四次会议的决定。根据决定，十二届全国人大四次会议于2016年3月5日在北京召开。五、会议分别表决通过了全国人大常委会关于批准中国和伊朗关于移管被判刑人的条约的决定、中国和白俄罗斯友好合作条约的决定。六、会议分别表决通过了全国人大民族委员会、法律委员会、教育科学文化卫生委员会、华侨委员会、环境与资源保护委员会关于十二届全国人大三次会议主席团交付审议的代表提出的议案审议结果的报告。七、会议表决通过了全国人大常委会代表资格审查委员会关于个别代表的代表资格的报告。根据会后发表的公告，现有全国人大代表2934人。八、会议经表决，任命李学勇为十二届全国人大财政经济委员会副主任委员。九、会议经表决，免去黄尔梅的最高人民法院副院长、审判委员会委员、审判员职务，任命张述元为最高人民法院副院长、审判委员会委员、审判员。

12月21—22日

［纲　文］　**全国政府秘书长和办公厅主任会议在北京召开。**

［目　文］　21日，国务院总理李克强会见代表时表示，各级政府要做这方面的表率，全面贯彻中央经济工作会议精神，紧紧围绕全面建成小康社会目标，牢牢抓住发展这个第一要务不放松，着力保持经济运行在合理区间，扎实推进结构性改革，着力培育新的发展动能和改造提升传统动能，推进民生持续改善，实现“十三五”良好开局。办公厅系统是政府运转的枢纽，他对进一步做好办公厅系统工作提出三点要求：一是当好政府工作的“第一参谋助手”。要观大势、谋大局，围绕破解发展难题和突出矛盾加强调查研究，反映基层、企业实情，抓住牵一发动全身的关键环节，多提实招建议，为政府科学决策和

施政提供有力支撑。二是当好政府工作的“大服务员”。办公厅系统既要有宏观思维又要扑下身子承担具体操作，办务实的事、开有效的会、发管用的文。三是当好政府工作的“高效督办员”。好政策千条万条不落实等于白条。要围绕政府重大决策，将督办落实放在更加突出的位置，敢于担当、敢于碰硬，防止以会议落实会议、文件贯彻文件，确保政策举措落地生根、惠民利国。

会议提出了要按照“四个方面”战略布局，牢固树立创新、协调、绿色、开放、共享的发展理念，积极服务经济社会发展，为实现“十三五”良好开局做贡献。要强化大局观念和“一盘棋”思想，践行“三严三实”要求，把党中央、国务院各项决策部署不折不扣落到实处。

12月22日

［纲　文］　**中国中医科学院举行成立60周年纪念大会，习近平致信祝贺。**

［目　文］　国家主席习近平在信中指出，60年来，中国中医科学院开拓进取、砥砺前行，在科学研究、医疗服务、人才培养、国际交流等方面取得了丰硕成果。以屠呦呦研究员为代表的一代代中医人才，辛勤耕耘，屡建功勋，为发展中医药事业、造福人类健康做出了重要贡献。中医药学是中国古代科学的瑰宝，也是打开中华文明宝库的钥匙。当前，中医药振兴发展迎来天时、地利、人和的大好时机，希望广大中医药工作者增强民族自信，勇攀医学高峰，深入发掘中医药宝库中的精华，充分发挥中医药的独特优势，推进中医药现代化，推动中医药走向世界，切实把中医药这一祖先留给我们的宝贵财富继承好、发展好、利用好，在建设健康中国、实现中国梦的伟大征程中谱写新的篇章。

国务院总理李克强在批示中指出，中国中医科学院成立60年来，薪火相传，矢志攻关，汇聚各方力量，研发出以青蒿素为代表的一批重大成果，在中医药科研、教学、技术服务等方面成绩斐然。以屠呦呦为代表的杰出科研人员不仅是中医药界的骄傲，而且是整个科技界的骄傲。广大中医药工作者要进一步增强使命感，勇担中医药振兴发展重任，适应群众健康需求日益增长的趋势，坚持中西医并重，突出中医药的特色与优势，借助现代技术，推动重大新药创制、重大传染病防治等取得新进展，在深入推进医改中发挥更大作用，培养更多优秀人才，提升中医药在世界上的影响力，做到在继承中创新发展，在发展中服务人民，为丰富祖国医学宝库、增进人民健康福祉、全面建成小康社会做出新贡献。

纪念大会总结了建院60周年的成就，并进行了系列表彰活动。国务院副总理刘延东、国务院副秘书长江小涓、中国中医科学院院长张伯礼、中国医学科学院院长曹雪涛、中国中医科学院研究员屠呦呦、中国中医科学院中药研究所所长陈士林在会上先后发言。教育部、科技部、卫生计生委、食品药品监管总局、中医药管理局等部委局相关负责人以及行业内外的近300名代表出席。

刘延东在会上宣读了习近平的贺信和李克强的批示，并表示在党和国家重视关怀下，中医药事业发展焕发出新的生机。要贯彻创新、协调、绿色、开放、共享的发展理念，坚持中西医并重，促进中医药传承创新，加强多学科联合科研攻关，增强服务能力，推动中医药走出去，为健康中国建设和人类健康事业做出独特贡献。

12月22—23日

［纲　文］　**应国务院总理李克强邀请，伊拉克共和国总理阿巴迪对中国进行正式访问。**

［目　文］　访问期间，国家主席习近平在北京会见了阿巴迪，双方决定进一步提升双边关系水平，建立战略伙伴关系。李克强在北京同阿巴迪举行会谈，两国总理共同见证人员往来便利化、经济技术合作、能源等领域双边合作文件的签署。全国人大常委会委员长张德江在分别会见了阿巴迪，双方发表了《中华人民共和国和伊拉克共和国关于建立战略伙伴关系的联合声明》。

习近平在会见阿巴迪时指出，中伊宣布建立战略伙伴关系，为两国关系今后发展奠定了更加坚实的基础。双方应以此为契机，推动中伊关系在更高水平上更好发展。西亚北非局势有全球性影响。叙利亚问题的根本出路是政治解决。国际社会应该推动地区热点问题政治解决进程，支持地区国家探索符合本国国情的发展道路，有序加强社会经济治理能力建设，实现地区长治久安。中方愿同伊方加强沟通和协调，共同致力于维护地区和平、稳定、发展。

阿巴迪表示，我此次访华旨在加强两国在经济、能源、电力、通信、基础设施、安全等领域合作，进一步推动两国人民友好往来。

李克强在同阿巴迪会谈时表示，中方愿同伊方扩大能源合作，积极参与伊拉克油田开发和炼厂建设，建立上下游一体、长期稳定的能源合作伙伴关系。开展产能合作，重点在水泥、钢铁、平板玻璃、工程机械等领域帮助伊拉克提高生产能力，培训技术人员。参与伊拉克电力、机场、港口、通信等基础设施建设，助力伊拉克经济重建。加强农业经验技术交流，扩大农产品贸易规模。深化人力资源开发合作，促进人员交流和物资往来便利化。希望伊方采取有力措施，确保在伊中方人员和企业安全，并为他们提供便利。阿巴迪表示，当前伊拉克正面临重建经济、改善民生的迫切任务，愿加强两国在基础设施建设、石油、电力、通信等领域的长期互利合作，进一步拓展和深化双边友好合作关系。期待中国企业扩大对伊上述领域的投资合作。

张德江在会见阿巴迪时说，中国全国人大愿与伊拉克国民议会一道，立足两国关系发展战略大局，深化议会间友好关系，加强各层次友好往来，开展治国理政、立法经验交流，不断优化合作的安全、法治环境，传承中伊传统友谊，夯实中伊关系发展的民意和社会基础，为中伊关系深入发展做出积极贡献。阿巴迪表示，伊中传统友好关系历久弥坚。伊方期待与中方加强在能源、反恐等领域合作，促进议会间交流。

12月22日

［纲　文］　**国务院批复上海市人民政府，同意上海市开展“证照分离”改革试点总体方案。**

［目　文］　批复说，一、同意在上海市浦东新区开展“证照分离”改革试点，试点期为自批复之日起3年。原则同意《上海市开展“证照分离”改革试点总体方案》（以下简称《总体方案》），请认真组织实施。二、要按照党中央、国务院决策部署，紧紧围绕推进简政放权、放管结合、优化服务，通过开展“证照分离”改革试点，进一步清理和取消一批行政许可事项，推动一批行政许可事项由审批改为备案，推动一批行政许可事项实行告知承诺制，提高办理行政许可事项的透明度和可预期性，释放企业创新创业活力，增强经济发展动力，营造法治化、国际化、便利化的营商环境，为全国进一步推进行政管理体制改革积累可复制推广的经验。三、上海市人民政府要加强对《总体方案》实施的组织领导。四、国务院有关部门要按照职责分工，积极支持上海市开展“证照分离”改革试点，先行试验一些重大的行政审批制度改革措施。五、试点期间，暂时调整实施相关行政法规、国务院文件和国务院批准的部门规章的部分规定，具体由国务院另行印发；国务院有关部门要根据《总体方案》相应调整本部门制定的规章和规范性文件；上海市人民政府可根据试点情况，大胆探索，稳步扩大试点领域。

12月22日

［纲　文］　**俞正声主持召开全国政协第十二届全国委员会第三十八次主席会议。**

［目　文］　会议决定，2016年2月28日至29日召开政协第十二届全国委员会常务委员会第十四次会议，为召开政协第十二届全国委员会第四次会议作准备。

12月22日

［纲　文］　**国务院办公厅印发《关于成立北京2022年冬奥会和冬残奥会组织委员会的通知》。**

［目　文］　《通知》说，经国务院批准，成立北京2022年冬奥会和冬残奥会组织委员会（以下简称组委会），领导成员如下，主席：郭金龙（北京市委书记）；执行主席：刘鹏（体育总局局长、中国奥委会主席）、王安顺（北京市市长）、张庆伟（河北省省长）、张海迪（中国残联主席）；执行副主席：张建东（北京市副市长）；副主席：杨树安（体育总局副局长）、许宁（河北省副省长）、鲁勇（中国残联理事长）。组委会成员由中央和国家机关有关部门单位负责人，中国奥委会、北京市、河北省等有关方面人员组成，经组委会执行委员会决定，由组委会主席审批。

12月22日

［纲　文］　**财政部、教育部印发《中小学幼儿园教师国家级培训计划专项资金管理办法》，自2016年1月1日起施行。**

12月22日

［纲　文］　**测绘地信局印发《关于加强测绘地理信息科技创新的意见》。**

［目　文］　《意见》由七部分组成：一、总体思路和主要目标；二、创新科技体制机制；三、明确科技创新重点；四、强化科技创新平台建设；五、发挥企业技术创新主体作用；六、促进科技成果转化；七、加强科技人才队伍建设。

12月22日

［纲　文］ **国家副主席李源潮在北京会见巴基斯坦青年代表团。**

12月22日

［纲　文］ **国务委员兼国防部部长常万全在北京与马其顿国防部部长约莱夫斯基举行会谈。**

［目　文］ 常万全说，近年来，中马传统友谊更加巩固，各领域合作进展顺利。中马两军关系始终保持健康发展势头，专业交流与合作取得新进展。中方愿与马方一道，共同挖掘合作潜力，推动两军在人员培训、国际维和等领域的务实合作不断发展。约莱夫斯基说，马方珍视马中关系，愿进一步拓展两军交往领域，使两军合作提高到新水平。

12月22日

［纲　文］ **《人民日报》发表题为《着力加强结构性改革　全面提高经济发展质量》的社论。**

12月23日

［纲　文］ **习近平、李克强在北京分别会见梁振英。**

［目　文］ 国家主席习近平听取了来京述职的香港特别行政区行政长官梁振英对香港当前形势和特别行政区政府工作情况的汇报。

习近平表示，一年以来，梁振英行政长官带领特别行政区政府贯彻落实“一国两制”方针和基本法，为依法推进香港政制发展、发展经济、改善民生付出了艰辛努力，在许多领域取得了积极进展，香港经济社会大局保持总体稳定。中央对你和特别行政区政府的工作是充分肯定的。近年来，香港“一国两制”实践出现了一些新情况。我想强调的是，中央贯彻“一国两制”方针坚持两点：一是坚定不移，不会变、不动摇。二是全面准确，确保“一国两制”在香港的实践不走样、不变形，始终沿着正确方向前进。当前，谋发展、保稳定、促和谐是香港广大市民的共同愿望，也是特别行政区的主要任务。希望特别行政区政府团结社会各界，稳健施政，维护香港社会政治的稳定；抓住国家发展进入“十三五”时期的机遇，发展经济，改善民生；积极谋划，长远发展，为“一国两制”的成功实践和香港的长期繁荣稳定打下坚实基础。

国务院总理李克强在会见梁振英时表示，中央政府对你和特别行政区政府的工作是充分肯定的。中央政府高度重视香港的繁荣、稳定与发展，一如既往支持香港特别行政区政府和行政长官依法施政，全力支持特别行政区发展经济、改善民生。不久前内地与香港在更紧密经贸关系安排（CEPA）框架下签署服务贸易协议，如期完成两地基本实现服务贸易自由化的目标。国家制定的“十三五”规划将进一步发挥香港优势，提升香港在国家经济发展和对外开放中的地位和功能。希望香港特别行政区政府和社会各界抓住机遇，注重发展，发挥优势，做好香港发展与国家发展战略的对接，找到“国家所需、香港所长”的交集，谋划好香港长远发展，服务国家经济建设大局。维护香港经济金融体系稳定，切实防范系统性风险，巩固和提升香港作为重要国际金融、贸易、航运中心的地位。

梁振英表示，香港过去一年经济社会取得发展，是在中央政府大力支持下，在全体香港市民的共同努力下达成的。在新的一年，香港将继续发挥自身优势，配合好“十三五”规划、“一带一路”等战略，重点加强与内地金融、科技等领域的合作，与国家共同发展，为香港发展寻求新的动力。

12月23日

［纲　文］　**习近平、李克强在北京分别会见崔世安。**

［目　文］　国家主席习近平听取了来京述职的澳门特别行政区行政长官崔世安对澳门当前形势和特别行政区政府工作情况的汇报。

习近平表示，一年来，崔世安行政长官带领新一届特别行政区政府稳健施政、勤勉工作，积极谋划长远发展，展现了新面貌，社会各界对你们充满期待。中央对你和特别行政区政府的工作是充分肯定的。中央高度重视澳门的繁荣稳定。2014年我到澳门出席回归祖国15周年庆典活动时宣布，中央决定启动明确澳门特别行政区习惯水域管理范围相关工作。现在，经过一年努力，这项工作已顺利完成，不仅明确了澳门习惯水域管理范围，还明确了澳门陆地界线。这必将对促进澳门经济社会发展产生积极影响。同时，国家制定“十三五”规划、实施“一带一路”建设也将发挥澳门作用。当前，澳门经济受多种因素影响连续下滑，但澳门经济具有较强的抗压能力，社会保持稳定，发展也有许多新的机遇。希望澳门特别行政区政府团结社会各界增强信心，抓住国家发展提供的重大机遇，推动经济适度多元化、可持续发展，不断改善民生；增强忧患意识，保持澳门社会政治稳定；与时俱进，进一步提高施政能力和水平；开拓创新，积极进取，推动“一国两制”事业和澳门各项事业稳步向前发展。

国务院总理李克强在会见崔世安时表示，中央政府对你和特别行政区政府的工作是充分肯定的。祖国内地是澳门繁荣稳定的坚强后盾，中央政府将一如既往支持澳门特别行政区政府和行政长官依法施政，继续支持澳门一个中心、一个平台的建设，促进澳门经济适度多元可持续发展，支持澳门参与国家双向开放、“一带一路”、“走出去”等战略，推动内地与澳门深化互利合作，实现共同发展繁荣。希望澳门特别行政区政府坚定信心，抓住国家制定“十三五”规划等带来的机遇，奋发有为，发挥好澳门作为自由港和中国与葡语国家商贸合作服务平台的作用，统筹推进经济发展和着力改善民生，把中央政府支持澳门发展的政策措施用足用好，不断提高澳门竞争力和抗风险能力，开创经济社会发展新局面。崔世安表示，澳门一年来的经济社会发展得益于中央政府大力支持和全体市民共同努力。特别行政区政府感谢中央政府公布澳门特别行政区行政区域图，明确了澳门习惯水域管理范围和陆地界线，这为澳门发展带来新的机遇。特别行政区政府将继续促进经济多元发展、民生改善和建设好世界旅游休闲中心，办好第五届中国—葡语国家经贸合作论坛，推动澳门取得新的发展。

12月23日

［纲　文］ **中共中央、国务院印发《法治政府建设实施纲要（2015—2020年）》。**

［目　文］ 《纲要》由三部分组成：一、总体要求；二、主要任务和具体措施；三、组织保障和落实机制。

《纲要》指出，国务院法制办要牵头做好督促检查。各地区各部门在实施本纲要的过程中，要注意研究法治政府建设的新情况新问题，解放思想、大胆实践、开拓进取、久久为功，运用法治思维和法治方式引领改革发展破障闯关、推动民生改善和社会公正，以更加奋发有为的精神状态，推动法治政府建设一步一个脚印向前迈进，为全面推进依法治国、建设社会主义法治国家做出扎扎实实的贡献。

12月23日

［纲　文］ **李克强主持召开国务院常务会议。**

［目　文］ 会议主要内容是：一、部署推进农村一二三产业融合发展，以结构性改革强农惠农。深化结构性改革，实施创新驱动激发"双创"活力，推动农村一二三产业交叉融合，是促进农业现代化与新型城镇化相衔接，推进农业增效、农民增收和农村繁荣的重要举措。（一）要鼓励各地因地、因业制宜，探索多种融合方式。促进农业与旅游、健康养老等深度融合，培育农村电商、农产品定制等"互联网+"新业态。（二）要壮大多元经营主体。能够商业化运营的农村服务业，要向社会资本全面开放。（三）要建立利益联结机制。强化龙头企业联农带农与国家扶持政策挂钩的激励机制。（四）要强化政策支持。中央财政安排资金支持农村产业融合发展试点，中央预算内投资向产业融合发展项目倾斜。二、确定进一步显著提高直接融资比重措施，提升金融服务实体经济效率。加大金融体制改革力度，优化金融结构，积极发展直接融资，有利于拓宽投融资渠道，降低社会融资成本和杠杆率，推进供给侧结构改革，支持大众创业、万众创新，促进经济平稳运行。（一）完善股票、债券等多层次资本市场。建立上海证券交易所战略新兴板，支持创新创业企业融资。（二）丰富直接融资工具。积极发展项目收益债及可转换债券、永续票据等股债结合产品，推进基础设施资产证券化试点，规范发展网络借贷。（三）加强资信评级机构和会计、律师事务所等中介机构监管，研究证券、基金、期货经营机构交叉持牌，稳步推进符合条件的金融机构在风险隔离基础上申请证券业务牌照。（四）促进投融资均衡发展。逐步扩大保险保障资金在资本市场的投资，规范发展信托、银行理财等投融资功能，发展创投、天使投资等私募基金。（五）强化监管和风险防范，坚决依法依规严厉打击金融欺诈、非法集资等行为，切实保护投资者合法权益。三、决定下调全国燃煤发电上网电价，减轻企业负担，促进结构优化。通过疏导电价矛盾，促进减轻企业负担、节能减排和工业结构调整。从2016年1月1日起下调燃煤发电上网电价，全国平均每千瓦·时降低约3分钱，降价金额重点用于同幅度降低一般工商业销售电价、支持燃煤电厂超低排放改造和可再生能源发展，并设立工业企业结构调整专项资金，支持地方在淘汰煤炭、钢铁行业落后产能中安置下岗失业人员等。

12月23日

［纲　文］　**中共中央办公厅、国务院办公厅印发《关于加大脱贫攻坚力度支持革命老区开发建设的指导意见》。**

［目　文］　《意见》由五部分组成：一、总体要求；二、工作重点；三、主要任务；四、支持政策；五、组织领导。

《意见》指出，各级党委和政府要认真抓好《意见》的贯彻落实，明确工作任务和责任分工，加大政策项目实施力度，确保年年有总结部署、有督促检查。中央和国家机关有关部门要按照职责分工，抓紧制定实施方案，细化实化具体政策措施，全面落实意见提出的各项任务。发展改革委要负责牵头协调解决工作中遇到的困难和问题，会同民政部、国务院扶贫办等部门和单位加强对意见执行情况的跟踪检查，重大问题及时向党中央、国务院报告。充分发挥各级老区建设促进会的监测评估作用，适时组织第三方机构对本意见实施情况进行评估。

12月23日

［纲　文］　**中共中央办公厅、国务院办公厅印发《关于做好2016年元旦春节期间有关工作的通知》。**

12月23日

［纲　文］　**财政部印发《关于进一步规范和加强行政事业单位国有资产管理的指导意见》。**

［目　文］　《意见》由十一部分组成：一、总体要求；二、进一步强化和落实管理职责，合力推进行政事业单位资产管理工作；三、完善行政事业单位资产管理制度体系，提升管理的规范化、制度化水平；四、加强行政事业单位资产配置管理，切实把好资产“入口关”；五、加强行政事业单位资产使用管理，提高国有资产使用效率；六、加强行政事业单位资产处置管理，进一步规范资产处置行为；七、加强行政事业单位资产收益管理，确保应收尽收和规范使用；八、夯实基础工作，为行政事业单位资产管理提供有效支撑；九、加强政府经管资产研究，规范政府经管资产管理；十、以管资本为主，加强行政事业单位所属企业管理；十一、加强组织队伍建设，不断提高行政事业单位资产管理工作水平。

《意见》要求，各级财政部门、主管部门和行政事业单位应当通过政策宣传、组织培训等多种方式，搭建学习和交流平台，提高行政事业单位资产管理干部队伍的素质和能力，有效推动行政事业单位资产管理工作。

12月23日

［纲　文］　**财政部、海关总署、税务总局公布《慈善捐赠物资免征进口税收暂行办法》，自2016年4月1日起施行。**

12月23日

［纲　文］　**国务院总理李克强致信祝贺匈塞铁路项目塞尔维亚段正式启动。**

［目　文］　李克强在贺信中表示，匈塞铁路作为中国同塞尔维亚、匈牙利三方合作的旗舰项目，它的启动标志着中、匈、塞合作迈出新的重要步伐，也表明中国同中东欧国家务实合作站在了新的历史起点上。中方愿同塞方以及匈方携手努力，按照业已达成的共识和协定，扎实高效推进匈塞铁路项目建设，确保高质量按期完工，力争早日通车。相信这不仅将有力推动地区基础设施建设和互联互通，增进当地人们福祉，促进欧洲一体化进程，也有利于更好对接中欧发展战略，深化中欧国际产能与投资等重点领域合作，实现互利共赢。

塞尔维亚总理武契奇出席启动仪式并致辞表示，感谢塞中双方工作团队为匈塞铁路项目推进付出的辛勤努力，匈塞铁路项目的启动，是塞中务实合作的又一个重大突破，也是两国战略伙伴关系水平进一步提升的充分体现，对“16+1合作”深入发展具有重要意义。匈塞铁路大大拉近了塞与欧洲中心地带的距离，有助于将塞打造成为地区交通、物流枢纽。塞尔维亚愿与中国伙伴继续共同努力，确保实现匈塞铁路2018年通车的目标。

12月23日

［纲　文］　**汪洋在北京主持召开2019年北京世界园艺博览会组委第2次会议**。

［目　文］　会议审议通过了《2019年中国北京世界园艺博览会行动纲要》《2019年中国北京世界园艺博览会园区综合规划及周边基础设施规划方案》《2019年中国北京世界园艺博览会国际招展工作总体方案》。

国务院副总理、组委会主任委员汪洋主持会议时指出，北京世园会是展示中国生态文明建设成就的窗口，也是建设美丽中国的生动实践。要以党的十八届五中全会精神为指导，紧扣“绿色生活、美丽家园”的办会主题，扎实做好各项筹备工作，把北京世园会办成一届具有时代特征、中国特色、首都特点的精彩盛会，为新中国成立70周年献礼。世园会不仅是中国发展成就的展示，也是践行发展新理念的展示。要把创新、协调、绿色、开放、共享的发展理念融入办会的全过程和各环节，要结合我国悠久的园林文化和园艺传统，创新办会理念和方式，坚持节约办会，注重以新颖的创意吸引人、启迪人，留下一些弥足珍贵的精神遗产。要以筹备世园会为契机，广泛宣传绿色生产、绿色消费、绿色生活理念，使绿色意识深入人心。要学习借鉴世界各国先进的办会经验和园艺理念，遵守国际园艺展览组织规则，使筹办工作更加专业化、规范化、国际化。从2016年起世园会筹办工作将全面展开。各成员单位要各司其职、各负其责，密切协作，相互补台。要加快推进交通等基础设施建设，完善住宿、医疗、休闲等服务保障设施。启动招展、招商工作，既重视数量，更注重质量。加大宣传推介力度，提高世园会的认知度、关注度和参与度。

12月23日

［纲　文］　**孙春兰受中共中央委托向党外人士通报中央经济工作会议和中央城市工作会议精神**。

［目　文］　陈昌智、严隽琪、万鄂湘、张宝文、陈竺、韩启德、罗富和、齐续春、陈晓光、马培华等出席。各民主党派中央负责人、全国工商联有关同志和无党派人士代

表，中央统战部领导班子成员参加会议。

中央统战部部长孙春兰指出，中央经济工作会议是在“十二五”规划收官、“十三五”规划即将开局、全面建成小康社会进入决胜阶段召开的重要会议。习近平总书记重要讲话立足经济发展新常态这个大逻辑，深刻分析国内外经济形势，明确了明年和今后一个时期经济工作的方向思路、总体要求、着力重点和重要原则，抓住了当前我国经济发展的主要矛盾，体现了时代性、规律性、创新性的有机统一。统一战线要深入学习领会中央经济工作会议和中央城市工作会议精神，特别是习近平总书记重要讲话精神，深化对经济发展新常态、推进结构性改革、“五大政策”、“五大任务”和中国特色社会主义政治经济学的认识，深刻理解加强和改善城市工作的新要求，自觉把思想和行动统一到中共中央决策部署上来。希望民主党派、工商联和无党派人士着眼增强发展信心，开展好坚持和发展中国特色社会主义学习实践活动、非公有制经济人士理想信念教育实践活动等，做好各自成员及所联系群众的思想引导工作，及时反映统一战线成员在就业、劳动关系、社会保障等方面的利益诉求，协助党和政府做好维护社会和谐稳定的各项工作。

12 月 23 日

［纲　文］ **《人民日报》发表题为《让城市和谐宜居更美好》的社论。**

12 月 23 日

［纲　文］ **《人民日报》发表题为《扎实稳妥“十二五”胜利收官——一论贯彻落实中央经济工作会议精神》的评论员文章。**

12 月 23—27 日

［纲　文］ **应全国人大常委会委员长张德江的邀请，越南国会主席阮生雄率越南国会代表团对中国进行正式友好访问。**

［目　文］ 访问期间，国家主席习近平、全国政协主席俞正声在北京分别会见了阮生雄。张德江在北京与阮生雄举行会谈并签署了《中华人民共和国全国人民代表大会和越南社会主义共和国国会合作协议》。

习近平在会见阮生雄时说，双方要密切配合，共同抓好落实，重点做好以下工作：一是筑牢中越关系的政治基础。中国和越南都是共产党领导的社会主义国家，巩固党的执政地位、维护社会主义制度、实现国家发展目标，是我们共同的努力方向，也是中越关系大局所在。二是夯实双边关系物质基础。双方要加紧对接发展战略，推进产能合作，全力做好大型基建项目，加紧推动跨境经济合作区建设。三是妥善处理双方存在的分歧。两国的共同利益远远大于分歧，我们完全有经验有能力把分歧管控好，把问题解决好。阮生雄说，越方愿与中方共同努力，积极落实两国领导人共识，进一步深化政治互信，扩大经济、人文、防务、地方等领域务实合作，加强在多边场合的协调配合和相互支持，推动越中全面战略合作伙伴关系深入发展。越南国会将同中国全国人大密切交流合作，相互学习借鉴治国理政经验，为越中友好事业发展做出更大贡献。

张德江与阮生雄会谈时说，中国全国人大愿与越南国会保持良好的合作传统，密切各层次友好往来，加深双方特别是青年代表间的相互了解，增进互信，厚植友谊；深入开展推进改革与加强法治的经验交流，为各自国内改革发展、法治建设提供借鉴，为两国务实合作创造更有利的法律环境。阮生雄说，越方愿与中方保持交往、扩大互利合作，有效管控分歧，共同实现越中传统友谊的万古长青。越南国会愿与中国全国人大落实好签订的合作协议，为促进越中友好事业发展发挥更大作用。

俞正声在会见阮生雄时说，中国全国政协重视发展同越南祖国阵线的友好关系，愿同越方加强各层次友好往来，不断提升合作水平。阮生雄说，加强越中传统友好，发展两国全面战略合作，是越南党、国家和人民的愿望，希望与中方共同努力，使双边关系取得新进展。

12月24日

［纲　文］　**中共中央、国务院印发《关于深入推进城市执法体制改革改进城市管理工作的指导意见》。**

［目　文］　《意见》由八部分组成：一、总体要求；二、理顺管理体制；三、强化队伍建设；四、提高执法水平；五、完善城市管理；六、创新治理方式；七、完善保障机制；八、加强组织领导。

《意见》要求，住房城乡建设部、中央编办、国务院法制办要及时总结各地经验，切实强化对推进城市管理执法体制改革、提高城市管理水平相关工作的协调指导和监督检查。重大问题要及时报告党中央、国务院。中央将就贯彻落实情况适时组织开展专项监督检查。

12月24日

［纲　文］　**国务院印发《关于支持沿边重点地区开发开放若干政策措施的意见》。**

［目　文］　《意见》由八部分组成：一、深入推进兴边富民行动，实现稳边安边兴边；二、改革体制机制，促进要素流动便利化；三、调整贸易结构，大力推进贸易方式转变；四、实施差异化扶持政策，促进特色优势产业发展；五、提升旅游开放水平，促进边境旅游繁荣发展；六、加强基础设施建设，提高支撑保障水平；七、加大财税等支持力度，促进经济社会跨越式发展；八、鼓励金融创新与开放，提升金融服务水平。

《意见》强调，沿边重点地区开发开放事关全国改革发展大局，对于推进“一带一路”建设和构筑繁荣稳定的祖国边疆意义重大。各地区、各部门要坚持扩大对外开放和加强对内监管同步推进，在禁毒、禁赌、防范打击恐怖主义等方面常抓不懈，坚决打击非法出入境、拐卖人口、走私贩私，避免盲目圈地占地、炒作房地产和破坏生态环境，抓好发展和安全两件大事，不断提高沿边开发开放水平。国务院有关部门要高度重视、各司其职、各负其责，不断加大对沿边重点地区开发开放的支持力度。沿边省（区）和沿边重点地区要充分发挥主体作用，强化组织领导，周密安排部署，确保促进开发开放的各项工作落到实处。

12月24日

［纲　文］　**财政部印发《中央补助地方公共文化服务体系建设专项资金管理暂行办法》。**

［目　文］　《办法》共7章41条，主要有总则、支出范围、分配办法、申报与审批、管理与使用、资金监管与绩效评价、附则等内容。自2016年1月1日起施行。《财政部关于印发〈中央补助地方文化体育与传媒事业发展专项资金管理暂行办法〉的通知》（财教〔2008〕141号）、《财政部广电总局关于印发〈中央广播电视节目无线覆盖专项资金管理办法〉的通知》（财教〔2009〕36号）、《财政部关于印发〈中央补助地方农村文化建设专项资金管理暂行办法〉的通知》（财教〔2013〕25号）同时废止。

12月24日

［纲　文］　**发展改革委、中国科协发布《关于共同推动大众创业万众创新工作的意见》。**

［目　文］　《意见》由七部分组成：一、建立协同推进工作机制；二、搭建创新创业活动平台；三、推动建设创新创业服务基地；四、支持科技工作者创新创业；五、加强创新创业宣传工作；六、拓展创新创业融资渠道；七、加强创新创业监测评估。

《意见》要求，各地发展改革委、科协、学会要按照本意见要求，加强统筹协调，探索创新，完善服务，科学组织，不断拓展大众创业、万众创新的空间，打造“双创”蓬勃发展新局面，培育经济发展新动能，加快实现发展动力转换，促进我国经济保持中高速增长、向中高端水平迈进。

12月24日

［纲　文］　**工商总局公布《房地产广告发布规定》《农药广告审查发布标准》《兽药广告审查发布标准》，自2016年2月1日起施行。**

12月24日

［纲　文］　**汪洋在北京出席农村改革试验区工作交流汇报会。**

［目　文］　国务院副总理汪洋指出，要认真贯彻落实党的十八届五中全会、中央经济工作会议、中央农村工作会议精神，围绕中央深化农村改革总体部署，进一步拓展农村改革试验广度和深度，大力推进制度创新，充分发挥农村改革试验区的示范、突破、带动作用，促进各项农村改革措施落到实处。“十三五”时期深化农村改革任务艰巨紧迫，要以创新、协调、绿色、开放、共享发展理念为指导，坚持问题导向，聚焦突出矛盾，明确试验主题，寻求体制突破，积累可复制、可推广的经验，为全局改革探索路子。要优化改革资源配置，精准试验，精细管理，确保改革试验取得成效。要认真总结试验区改革实践，推广好的做法，成熟的经验要及时转化为政策，推动面上的制度创新。试验区的试点工作直接关系农村改革进程，使命重大。要认真落实部门和地方的改革责任，层层传导压力，完善工作机制，健全考核评估机制和退出机制。要加大对改革试验的指导和支持力度，鼓励基层和农民群众探索创新，营造改革良好氛围，切实做到真改革、真试验、出

实效。

12月24日

［纲　文］　**阎肃先进事迹报告会在人民大会堂举行。**

［目　文］　报告会由中宣部、文化部和解放军总政治部联合举办，首都文艺工作者代表、驻京部队官兵代表等约750人参加。五位报告团成员作报告。

报告会前，中央书记处书记刘云山看望报告团成员，代表习近平总书记、代表党中央，向阎肃同志表示敬意，向阎肃家属表示慰问。中宣部部长刘奇葆、中央军委副主席许其亮等一同看望。

阎肃是空军政治部文工团创作员。他始终坚定爱党报国的理想信念，牢记以人民为中心的工作导向，创作了一大批脍炙人口的经典之作，参与策划许多重大文艺活动，为繁荣发展社会主义文艺做出了突出贡献。

12月24日

［纲　文］　**国务委员杨洁篪在北京会见叙利亚副总理兼外长穆阿利姆。**

［目　文］　杨洁篪表示，当前，政治解决叙利亚问题正处于关键阶段，中方认为应坚持政治解决这一大方向。中方愿为推动叙问题妥善解决发挥建设性作用，并继续向叙方提供人道援助。穆阿利姆高度评价中方为推动叙利亚问题政治解决所做的积极努力，感谢中方一直以来向叙人民提供人道援助。

12月24日

［纲　文］　**《人民日报》发表题为《审时度势“十三五”崭新开局——二论贯彻落实中央经济工作会议精神》的评论员文章。**

12月24—26日

［纲　文］　**中央军委改革工作会议在北京举行。**

［目　文］　中共中央总书记、国家主席、中央军委主席、中央军委深化国防和军队改革领导小组组长习近平出席会议并讲话。中共中央政治局委员、中央军委副主席、中央军委深化国防和军队改革领导小组副组长范长龙，就贯彻习主席重要讲话精神，落实阶段性改革任务提出要求。中共中央政治局委员、中央军委副主席、中央军委深化国防和军队改革领导小组常务副组长许其亮，就深化国防和军队改革总体方案作说明，并部署领导指挥体制改革任务。

习近平指出，深化国防和军队改革是实现中国梦、强军梦的时代要求，是强军兴军的必由之路，也是决定军队未来的关键一招。要深入贯彻党在新形势下的强军目标，动员全军和各方面力量，坚定信心、凝聚意志，统一思想、统一行动，全面实施改革强军战略，坚定不移走中国特色强军之路。人民军队发展史，就是一部改革创新史。要正确认识和全面把握深化国防和军队改革的总体要求。要着眼于贯彻新形势下政治建军的要求，推进领导掌握部队和高效指挥部队有机统一，形成军委管总、战区主战、军种主建的格局。要着眼于深入推进依法治军、从严治军，抓住治权这个关键，构建严密的权力运行制约和监督体系。要着眼于打造精锐作战力量，优化规模结构和部队编成，推动我军由数量规模型向质量效能型转变。要着眼于抢占未来军事竞争战略制高点，充分发挥创新驱动发展作用，培育战斗力新的增长点。要着眼于开发管理用好军事人力资源，推动人才发展体制改革和政策创新，形成人才辈出、人尽其才的生动局面。要着眼于贯彻军民融合发展战略，推进跨军地重大改革任务，推动经济建设和国防建设融合发展。深化国防和军队改革是一场整体性、革命性变革。要着力统一思想认识，把思想政治工作贯穿改革全过程，引导各级强化政治意识、大局意识、号令意识，引导官兵积极拥护、支持、参与改革。

12月24—25日

［纲　文］　**中央农村工作会议在北京召开。**

［目　文］　党中央、国务院高度重视这次会议。会前，中共中央政治局会议、中共中央政治局常委会会议和国务院常务会议就开好本次会议，做好农业农村工作提出了明确要求。中共中央总书记习近平对做好“三农”工作作出指示。国务院总理李克强作出批示。

习近平批示指出，重农固本，是安民之基。“十二五”时期，我国农业农村发展成果丰硕，为我们赢得全局工作主动发挥了重要作用。同时，必须看到，我国农业农村发展面临的难题和挑战还很多，任何时候都不能忽视和放松“三农”工作。“十三五”时期，必须坚持把解决好“三农”问题作为全党工作重中之重，牢固树立和切实贯彻创新、协调、绿色、开放、共享的发展理念，加大强农惠农富农力度，深入推进农村各项改革，破解“三农”难题、增强创新动力、厚植发展优势，积极推进农业现代化，扎实做好脱贫开发工作，提高社会主义新农村建设水平，让农业农村成为可以大有作为的广阔天地。

李克强批示指出，“十二五”以来，“三农”工作取得显著成绩，成为经济社会发展的突出亮点。“十三五”时期，要落实发展新理念，破解发展新难题，夯实现代农业基础，调整优化农业结构，发挥多种形式适度规模经营引领作用，着力提高农业质量效益和竞争力。要注意分析粮食丰收后出现的新情况，有针对性地采取措施，继续调动农民发展现代农业的积极性。要加快农村基础设施建设，把社会事业发展的重点放在农村和接纳农业转移人口较多的城镇，推动新型城镇化与新农村建设协调发展。推进体制机制创新，激发亿万农民创业创新活力，培育新产业新业态，不断拓展农业农村发展新空间、农民增收致富新渠道。

国务院副总理汪洋出席会议并讲话。中央农村工作领导小组成员，各省、自治区、直辖市和计划单列市、新疆生产建设兵团负责人，中央和国家机关及军队有关单位负责人等出席会议。

会议总结“十二五”时期“三农”工作，分析当前农业农村形势，部署2016年和“十三五”时期农业农村工作。会议讨论了《中共中央、国务院关于落实发展新理念加快农业现代化实现全面小康目标的若干意见（讨论稿）》。

会议指出，要着力加强农业供给侧结构性改革，提高农业供给体系质量和效率，使农产品供给数量充足、品种和质量契合消费者需要，真正形成结构合理、保障有力的农产品有效供给。当前，要高度重视去库存、降成本、补短板。地方各级党委和政府要坚持不懈厚植重农氛围，把农业农村工作放到重中之重位置。优先保障财政对农业农村投入，确保力度不减弱、总量有增加。要加大涉农资金的整合力度，发挥财政投入对结构性改革的引导作用，撬动更多社会资金投入农业农村。要挖掘农业内部潜力，促进一二三产业融合发展，用好农村资源资产资金，多渠道增加农民收入。深入推进精准扶贫、精准脱贫，确保完成脱贫攻坚目标任务。

12月24—29日

［纲　文］　**应外交部部长王毅邀请，尼泊尔副总理兼外长塔帕对中国进行正式访问。**

［目　文］　24日，国家副主席李源潮在北京会见塔帕时说，建交60年来，中尼关系始终健康稳定发展。中方支持尼泊尔为维护国家独立、主权和领土完整所做的努力，愿与尼新政府一道，在互联互通、能源、产能合作、灾后重建、旅游等领域拓展合作，互利共赢、共同发展，推动中尼世代友好的全面合作伙伴关系迈上新台阶。塔帕表示，尼泊尔处于政治社会转型的关键时期。尼新政府将继续奉行一个中国政策，深化尼中互利合作，共享发展机遇。

25日，王毅在北京与塔帕举行会谈。双方就如何进一步扩大中尼友好合作深入交换意见，同意继续保持高层交往，加快推进灾后重建，进一步拓展在贸易、互联互通、油气和能源以及人文、旅游等方面合作。

王毅表示，2015年对于尼泊尔和中尼关系都是具有继往开来意义的一年。尼已顺利完成国内政治转型，国家发展建设站在了一个新的历史起点上。中方愿响应尼方愿望和需要，以尼新政府成立为契机，以两国建交60周年为动力，进一步加强各领域密切合作，帮助尼加快经济发展，实现共同繁荣。

塔帕表示，中国在尼政治经济转型进程中一直给予尼巨大帮助，特别是在特大地震后第一时间提供慷慨援助，尼方对此深表感谢，此次我受尼总理委托专程访华，希望中方继续积极参与和帮助尼经济建设，不断巩固和提升尼中友好合作关系水平。

12月25日

［纲　文］　**习近平视察解放军报社。**

［目　文］　中共中央总书记、中央军委主席习近平参观了《解放军报》创刊60周年主题展；在报社网络宣传中心，通过视频系统观看记者小分队“新春走基层”主题采访活动，察看快速出版系统，了解《解放军报》媒体融合发展情况；在军报微博微信发布平台，发出了一条微博：“值此新年即将到来之际，我代表党中央、中央军委，向全体解放军指战员、武警部队官兵和民兵预备役人员祝贺新年。希望大家践行强军目标，有效履行使命，为实现中国梦强军梦做出新的更大贡献！”

习近平在听取解放军报社工作情况汇报后指出，新形势下办好《解放军报》，必须坚持军报姓党。《解放军报》是党领导和掌握、直接为党领导的人民军队服务的，必须在恪守党性原则上坚持最高标准、最严要求。要毫不动摇坚持党对军队的绝对领导，始终不渝从思想上政治上行动上同党中央保持高度一致，高度自觉维护党中央和中央军委权威，坚定不移传播党中央和中央军委声音。这是《解放军报》必须坚守的政治灵魂，任何时候都不能忘、不能丢。军报姓党，就要爱党、护党、为党，为巩固和壮大主流思想舆论竭尽全力，让党的主张成为时代最强音。新形势下办好《解放军报》，必须坚持强军为本。为军队服务、为军人服务，这是《解放军报》的最大特色和最大优势。新形势下办好《解放军报》，必须坚持创新为要。现在，媒体格局、舆论生态、受众对象、传播技术都在发生深刻变化，特别是互联网正在媒体领域催发一场前所未有的变革。新形势下办好《解放军报》，要建设一支听党指挥、业务精湛、作风过硬的人才队伍。包括解放军报社在内的全军新闻工作者要自觉践行“三严三实”，加强党性修养，提高专业素质，弘扬战地记者优良传统，努力成为名记者、名编辑、名评论员。

12月25日

［纲　文］　**财政部印发《关于财政资金注资政府投资基金支持产业发展的指导意见》。**

［目　文］　《意见》由五部分组成：一、指导思想、总体要求及基本原则；二、合理运用政府投资基金，聚焦支持重点产业；三、规范设立运作支持产业的政府投资基金；四、切实履行财政资金出资人职责；五、积极营造政府投资基金支持产业发展的良好环境。

《意见》强调，要合理控制政府投资基金规模，不得在同一行业或领域重复设立基金。结合产业发展阶段性特点和要求，适时调整政府投资基金作用的领域；对市场能够充分发挥作用的领域，要及时退出。

12月25日

［纲　文］　**财政部、发展改革委、国土资源部、水利部、农业部印发《关于以高标准农田建设为平台开展涉农资金整合试点的意见》。**

［目　文］　《意见》由五部分组成：一、把握试点的目标任务和基本原则；二、明确纳入整合试点的资金范围；三、探索创新资金整合有效机制；四、制定资金整合试点工作方案；五、抓好资金整合试点组织实施。

《意见》要求，建立试点工作信息反馈机制，加强对试点工作的跟踪了解，及时将试点进展情况向中央有关部门报告反映。积极宣传试点工作成效，发现典型，树立标杆，凝聚共识，努力营造良好舆论氛围。

12月25日

［纲　文］　**亚洲基础设施投资银行正式成立。**

［目　文］　历经800余天筹备，由中国倡议成立、57国共同筹建的亚洲基础设施投

资银行正式成立，全球迎来首个由中国倡议设立的多边金融机构。

中国财政部部长楼继伟在北京宣布，《亚洲基础设施投资银行协定》正式生效，标志着亚投行在法律意义上正式成立。截至12月25日，包括缅甸、新加坡、文莱、澳大利亚、中国、蒙古国、奥地利、英国、新西兰、卢森堡、韩国、格鲁吉亚、荷兰、德国、挪威、巴基斯坦、约旦在内的17个意向创始成员国（股份总和占比50.1%）已批准《协定》并提交批准书，从而达到《协定》规定的生效条件，即至少有10个签署方批准且签署方初始认缴股本总额不少于总认缴股本的50%，亚洲基础设施投资银行正式成立。

根据筹建工作计划，亚投行开业仪式暨理事会和董事会成立大会于2016年1月16日至18日在北京举行。此外，亚投行初期投资重点领域包括能源与电力、交通和电信、农村和农业基础设施、供水与污水处理、环境保护、城市发展以及物流等，首批贷款计划在2016年年中左右批准。

12月25日

［纲　文］　**财政部印发《国家农业综合开发县管理办法》，自2016年2月1日起施行。**

12月25日

［纲　文］　**《人民日报》发表题为《遵循逻辑主动引领经济发展新常态——三论贯彻落实中央经济工作会议精神》的评论员文章。**

12月26日

［纲　文］　**外交部发言人就法国《新观察家》一名驻北京记者记者证不再获准延期表示，不适合继续留在中国工作。**

［目　文］　发言人说，法国《新观察家》驻京记者郭玉于2015年11月18日发表报道，公然为恐怖主义行径、为残忍杀害无辜平民行径张目，引发了中国民众的公愤。郭未能就她为恐怖主义行径张目的错误言论向中国民众作出严肃道歉，已不适合继续留在中国工作。中国一贯依法保障外国常驻新闻机构和外国记者在华采访报道的合法权益，但决不容忍为恐怖主义张目的自由。

12月26日

［纲　文］　**《人民日报》发表题为《用发展新理念引领农业现代化》的社论。**

12月26日

［纲　文］　**《人民日报》发表题为《改革创新，坚持解放和发展社会生产力——四论贯彻落实中央经济工作会议精神》的评论员文章。**

12月27日

［纲　文］　**习近平签署中华人民共和国主席令（第三十六号至第四十一号）。**

［目　文］　主席令（第三十六号）说，《中华人民共和国反恐怖主义法》已由中华人

民共和国第十二届全国人民代表大会常务委员会第十八次会议于2015年12月27日通过，现予公布，自2016年1月1日起施行。

主席令（第三十七号）说，《中华人民共和国反家庭暴力法》已由中华人民共和国第十二届全国人民代表大会常务委员会第十八次会议于2015年12月27日通过，现予公布，自2016年3月1日起施行。

主席令（第三十八号）说，《中华人民共和国国家勋章和国家荣誉称号法》已由中华人民共和国第十二届全国人民代表大会常务委员会第十八次会议于2015年12月27日通过，现予公布，自2016年1月1日起施行。

主席令（第三十九号）说，《全国人民代表大会常务委员会关于修改〈中华人民共和国教育法〉的决定》已由中华人民共和国第十二届全国人民代表大会常务委员会第十八次会议于2015年12月27日通过，现予公布，自2016年6月1日起施行。

主席令（第四十号）说，《全国人民代表大会常务委员会关于修改〈中华人民共和国高等教育法〉的决定》已由中华人民共和国第十二届全国人民代表大会常务委员会第十八次会议于2015年12月27日通过，现予公布，自2016年6月1日起施行。

主席令（第四十一号）说，《全国人民代表大会常务委员会关于修改〈中华人民共和国人口与计划生育法〉的决定》已由中华人民共和国第十二届全国人民代表大会常务委员会第十八次会议于2015年12月27日通过，现予公布，自2016年1月1日起施行。

12月27日

［纲　文］　**纪念歌剧《白毛女》70周年座谈会在北京举行。**

［目　文］　座谈会由文化部组织召开，文化部部长雒树刚、中宣部副部长景俊海、中国人民解放军总政治部宣传部部长禹光、国家新闻出版广电总局电影局局长张宏森等出席会议并致辞。歌剧表演艺术家郭兰英、解放军艺术学院原政委乔佩娟等老一辈艺术家和新版歌剧《白毛女》的主创人员等与会研讨。

12月27日

［纲　文］　**《人民日报》发表题为《锐意进取，注重供给侧结构性改革——五论贯彻落实中央经济工作会议精神》的评论员文章。**

12月27日—2016年1月5日

［纲　文］　**“写意中国——2015中国国家画院美术作品年展”在中国美术馆举办。**

［目　文］　年展由中国国家画院主办。作为中国国家画院建院35周年的活动之一，此次展览包括近300位艺术家的700余件新作，涵盖了中国画、书法篆刻、油画、版画、雕塑、公共艺术等多种艺术形式。这也是中国国家画院启动“‘一带一路’国际美术工程”以来，创作成果的阶段性展示。年展以“大美为真”为宗旨，强调“一人一品”，其目的在于以每位艺术家独特的思维方式和语言形式，表现中国人的当代追求，推进以“大美为真的写意精神”为核心的当代中国美术价值体系研究与实践，向社会展示国家画院最新创作成果。

12月28—29日

［纲　文］　**习近平主持召开中共中央政治局“三严三实”民主生活会。**

［目　文］　会议主要内容是：一、审议《关于三年来中央政治局贯彻执行中央八项规定、落实加强作风建设措施情况的报告》。党的十八大以来，以习近平为总书记的新一届中央领导集体一开始就把党风廉政建设紧紧抓在手上，连续采取了一系列行动，工作是扎实的，成效是显著的。从中央做起，坚持领导带头、以上率下，层层立标杆、作示范；见事见人，既抓思想引导又抓行为规范，不搞形式、不放空炮；上下互动，强化组织管理和群众监督，形成强大势场；执纪问责，严肃查处和曝光典型案件，形成高压态势，形成严的标准和氛围；驰而不息，一环扣一环抓，不间断抓，努力形成长效机制。二、审议《关于对中央政治局践行“三严三实”要求、加强自身建设征求意见情况的报告》。会议对“三严三实”专题教育给予肯定，认为这次专题教育聚焦“三严三实”，突出问题导向，对县处级以上领导干部在思想、作风、党性上进行了又一次集中“补钙”和“加油”。特别是绷紧了政治纪律和政治规矩这根弦，使深化党风廉政建设有了更加明确的方向。会议要求，要一鼓作气、敬终如始抓好专题教育靠后阶段的工作，推动领导干部践行“三严三实”常态化、长效化。三、中央政治局同志按照党中央要求进行对照检查，有交流讨论，有思想碰撞，有批评和自我批评，体现了“严”和“实”的要求，体现了对党和人民高度负责的态度，体现了开诚布公、团结和谐的精神。四、会议强调，周永康、薄熙来、徐才厚、郭伯雄、令计划等人的所作所为说明：一个党员的党性，不是随着党龄增长和职务提升而自然提高的，不加强修养和锤炼，党性不仅不会提高，反而会降低，甚至可能完全丧失。

习近平指出，中央政治局召开专题民主生活会，要动真格，开展批评和自我批评，群策群力，改进中央政治局的工作。这次专题民主生活会开得很好，大家讲认识、谈体会，摆问题、查不足，出主意、说措施，启发了思考和感悟，触动了思想和灵魂，很多意见建议对进一步做好中央政治局的工作很有帮助。习近平就中央政治局当好“三严三实”表率提出四点要求：第一，自觉把“三严三实”要求体现到坚持坚定正确的政治方向上。第二，自觉把“三严三实”要求体现到落实党中央重大决策部署上。第三，自觉把“三严三实”要求体现到对分管方面的管理上。第四，自觉把“三严三实”要求体现到严格要求自己上。中央政治局的同志不能有权力上、地位上的优越感。无论公事私事，都要坚持党性原则，都要加强自我约束，鼓励和欢迎下级和身边工作人员监督，不折不扣执行党的纪律和规矩。对亲属子女和身边工作人员，要严格教育、严格管理、严格监督，发现问题及时提醒、坚决纠正。

12月28日

［纲　文］　**国务院办公厅印发《国务院部门权力和责任清单编制试点方案》。**

［目　文］　《方案》由三部分组成：一、基本要求；二、试点任务；三、组织实施。《方案》要求，试点工作要在2016年12月底前完成。中央编办、国务院法制办会同

有关方面，组织对试点情况进行跟踪和评估，总结经验，在此基础上研究提出全面开展国务院部门权力和责任清单编制工作的意见。

12月28日

［纲　文］　**发展改革委公布《关于进一步加强区域合作工作的指导意见》。**

［目　文］　《意见》由六部分组成：一、总体要求；二、积极贯彻落实三大国家战略；三、深入推进重点领域合作；四、充分发挥合作平台作用；五、创新区域合作机制；六、切实加强组织领导。

《意见》强调，发挥政府对区域合作的引导作用，结合本地实际，建立健全区域合作管理体制，区域合作主管部门要加强与同级政府部门、有关金融机构和社会组织的沟通衔接，共同推进各项重点任务贯彻实施。充分发挥省部联席会议、地方行政首长联席会议以及各层面沟通交流机制的作用，强化对合作的统筹协调和督促落实。加强区域合作系统能力建设，支持开展各类培训交流活动。支持有条件的地区在区域合作监督约束、绩效评估和考核体系建设方面开展研究探索。

12月28日

［纲　文］　**人民银行公布《非银行支付机构网络支付业务管理办法》。**

［目　文］　《办法》共7章46条，主要有总则、客户管理、业务管理、风险管理与客户权益保护、监督管理、法律责任、附则等内容。自2016年7月1日起施行。

12月28日

［纲　文］　**税务总局公布修改后的《车辆购置税征收管理办法》《税务行政复议规则》，自2016年2月1日起施行。**

12月28日

［纲　文］　**第30届电视剧飞天奖颁奖典礼在浙江杭州举行。**

［目　文］　颁奖典礼由国家新闻出版广电总局、浙江省人民政府主办。《毛泽东》《历史转折中的邓小平》《平凡的世界》《父母爱情》《琅琊榜》等17部优秀作品获优秀电视剧奖。孔笙获最佳导演奖，刘和平获最佳编剧奖，陈宝国、梅婷摘得优秀男女演员奖。

本届飞天奖参评剧目为2013年3月1日至2015年9月30日播出的剧目，共计200部7534集，其中入围提名荣誉作品的48部，最终获奖的有17部。《毛泽东》《历史转折中的邓小平》《北平无战事》《寻路》《太行山上》《东北抗日联军》获重大题材和革命历史题材优秀电视剧奖，《平凡的世界》《父母爱情》《马向阳下乡记》《湄公河大案》《于无声处》《嗨！老头》《大路上》《舰在亚丁湾》《原乡》获现实题材优秀电视剧奖，《大秦帝国之纵横》《琅琊榜》获历史题材优秀电视剧奖。

12月28日

［纲　文］　**《人民日报》报道，经中共中央批准，中共中央纪委对宁夏回族自治区政府原党组成员、副主席白雪山严重违纪问题立案审查。**

［目　文］　经查，白雪山严重违反政治纪律，党员意识淡漠，对抗组织审查，长期

搞迷信活动；严重违反组织纪律，在组织函询时不如实向组织说明问题，利用职务上的便利在干部选拔任用中为他人谋取利益并收受财物；严重违反廉洁纪律，在企业经营等方面为他人谋取利益并收受财物，为亲友经营活动谋取利益。其中，利用职务上的便利为他人谋取利益，收受财物问题涉嫌犯罪。白雪山身为党的高级领导干部，理想信念丧失，严重违反党的纪律，且党的十八大后仍不收敛、不收手，性质恶劣、情节严重。依据《中国共产党纪律处分条例》等有关规定，经中央纪委常委会议审议并报中共中央批准，决定给予白雪山开除党籍处分；由监察部报国务院批准，给予其行政开除处分；将其涉嫌犯罪问题、线索及所涉款物移送司法机关依法处理。

2017年4月28日下午，陕西省西安市中级人民法院公开宣判白雪山受贿案，对被告人白雪山以受贿罪判处有期徒刑15年，并处罚金人民币350万元：对白雪山受贿所得财物及其孳息予以追缴，上缴国库。

12月29日

［纲　文］　**国务院办公厅印发《关于优化学术环境的指导意见》。**

［目　文］　《意见》由三部分组成：一、总体要求；二、任务要求；三、保障措施。《意见》要求，各地区和有关部门要增强大局意识、责任意识，把优化学术环境作为重要内容纳入工作日程，加强组织领导，强化协同合作，狠抓任务落实，以更好的学术环境，激励广大科技工作者投身创新实践，为建设创新型国家、实现中华民族伟大复兴的中国梦做出更大贡献。

12月29日

［纲　文］　**国务院办公厅函复体育总局、财政部，同意陕西省承办2021年第十四届全国运动会。**

［目　文］　函复说，一、同意陕西省承办2021年第十四届全国运动会。二、筹备和举办第十四届全国运动会的经费主要由陕西省人民政府自筹，中央财政给予一次性定额补助；场馆设施建设所需资金由陕西省人民政府自行负担。三、体育总局和陕西省人民政府要严格按照党中央、国务院有关规定，充分结合当地经济社会发展实际，坚持量力而行、量入为出、节俭高效原则，共同组织好第十四届全国运动会。

12月29日

［纲　文］　**国务院办公厅函复发展改革委，同意建立公共资源交易平台整合工作部际联席会议制度。**

［目　文］　函复说，国务院同意建立由发展改革委牵头的公共资源交易平台整合工作部际联席会议制度。联席会议不刻制印章，不正式行文，请按照国务院有关文件精神，认真组织开展工作。

12月29日

［纲　文］　**最高法印发《关于依法切实保障律师诉讼权利的规定》。**

［目　文］《规定》的内容有：一、依法保障律师知情权。人民法院要不断完善审判流程公开、裁判文书公开、执行信息公开“三大平台”建设，方便律师及时获取诉讼信息。二、依法保障律师阅卷权。三、依法保障律师出庭权。四、依法保障律师辩论、辩护权。五、依法保障律师申请排除非法证据的权利。六、依法保障律师申请调取证据的权利。七、依法保障律师的人身安全。八、依法保障律师代理申诉的权利。九、为律师依法履职提供便利。十、完善保障律师诉讼权利的救济机制。

12月29日

［纲　文］**农业部公布《关于推进农业农村大数据发展的实施意见》。**

［目　文］《意见》由六部分组成：一、深刻认识农业农村大数据发展和应用的重要意义；二、明确农业农村大数据发展和应用的总体要求；三、夯实农业农村大数据发展和应用的基础；四、把握农业农村大数据发展和应用的重点领域；五、明确实施进度安排；六、加强组织领导和保障。

《意见》强调，研究制定农业农村大数据公开、开放、保护等方面的规章制度，实现对农业农村数据资源采集、传输、存储、利用、开放、共享的规范管理，促进数据在风险可控原则下最大程度开放共享。推动出台相关法律法规，加强对农业农村大数据基础信息网络和重要信息系统的安全保护。

12月29日

［纲　文］**交通运输部、发展改革委印发《港口收费计费办法》，自2016年3月1日起执行，有效期为5年。**

12月29日

［纲　文］**税务总局发布《关于企业研究开发费用税前加计扣除政策有关问题的公告》。**

［目　文］《公告》由八部分组成：一、研究开发人员范围；二、研发费用归集；三、委托研发；四、不适用加计扣除政策行业的判定；五、核算要求；六、申报及备案管理；七、后续管理与核查；八、执行时间。

12月29日

［纲　文］**全国地方志系统先进模范座谈会在北京召开。**

［目　文］国务院总理李克强对座谈会作出批示指出：全国广大地方志工作者赓续传统，创新理念，涌现出一大批优秀人才。谨向受表彰的先进集体和先进工作者表示祝贺！方志流传绵延千载，贵在史识，重在致用。各级政府都要关心和支持地方志事业发展，也希望地方志工作者继续发扬方志人精神，志存高远，力学笃行，直笔著信史，彰善引风气，为当代提供资政辅治之参考，为后世留下堪存堪鉴之记述。中共中央政治局委员、国务院副总理刘延东接见与会代表并讲话。她强调，要认真贯彻落实李克强总理重要批示精神，扎实推进地方志事业科学发展，为弘扬社会主义核心价值观、建设社会主义文化强国做出新贡献。

国务院副总理刘延东会见与会代表并指出，要认真贯彻落实李克强总理重要批示精神，扎实推进地方志事业科学发展，为弘扬社会主义核心价值观、建设社会主义文化强国做出新贡献。地方志是历史智慧的结晶，是维系中华民族血脉亲情的重要力量。编修地方志是中华民族的优秀文化传统，在当代，其存史、育人、资治功能日益彰显。

座谈会由中国社会科学院副院长、中国地方志指导小组常务副组长李培林主持。各省（自治区、直辖市）、新疆生产建设兵团、全军、武警部队、副省级城市地方志工作机构的代表参加会议。国家公务员局副局长卢雍政宣读《关于表彰全国地方志系统先进集体、先进工作者的决定》。银川市地方志办公室主任戴亮代表全国地方志系统先进集体、深圳市史志办公室主任黄玲代表全国地方志系统先进工作者分别发言。中国社会科学院院长、中国地方志指导小组组长王伟光出席座谈会并讲话，

12 月 29 日

［纲　文］ **中国在西昌卫星发射中心用长征三号乙运载火箭成功发射“高分四号”卫星。**

［目　文］ “高分四号”是一颗地球同步轨道高分辨率光学成像卫星，具有可见光和红外成像能力。将重点针对国内用户对高时间分辨率（高覆盖周期）遥感图像数据的要求，为综合防灾减灾、气象预警预报、地质灾害调查、林业灾害监测等应用领域提供高时间分辨率遥感数据，并为海洋、农业、国土、水利等提供遥感数据服务。中国航天 2015 年共实施 19 次航天发射任务，将 45 颗中外航天器成功送入太空。

12 月 30 日

［纲　文］ **习近平主持中共中央政治局第 29 次集体学习。**

［目　文］ 本次学习的主题是：中华民族爱国主义精神的历史形成和发展。清华大学陈来教授就此问题进行讲解，并谈了意见和建议。中共中央政治局委员听取了他的讲解。

中共中央总书记习近平强调，伟大的事业需要伟大的精神。实现中华民族伟大复兴的中国梦，是当代中国爱国主义的鲜明主题。要大力弘扬伟大爱国主义精神，大力弘扬以改革创新为核心的时代精神，为实现中华民族伟大复兴的中国梦提供共同精神支柱和强大精神动力。爱国主义是中华民族精神的核心。爱国主义精神深深植根于中华民族心中，是中华民族的精神基因，维系着华夏大地上各个民族的团结统一，激励着一代又一代中华儿女为祖国发展繁荣而不懈奋斗。5000 多年来，中华民族之所以能够经受住无数难以想象的风险和考验，始终保持旺盛生命力，生生不息，薪火相传，同中华民族有深厚持久的爱国主义传统是密不可分的。中国共产党是爱国主义精神最坚定的弘扬者和实践者，始终把实现中华民族伟大复兴作为自己的历史使命。90 多年来，我们党团结带领全国各族人民进行的革命、建设、改革实践，是爱国主义的伟大实践，写下了中华民族爱国主义精神的辉煌篇章。要充分利用我国改革发展的伟大成就、重大历史事件纪念活动、爱国主义教育基

地、中华民族传统节庆、国家公祭仪式等来增强人民的爱国主义情怀和意识，运用艺术形式和新媒体，以理服人、以文化人、以情感人，生动传播爱国主义精神，唱响爱国主义主旋律，让爱国主义成为每一个中国人的坚定信念和精神依靠。要结合弘扬和践行社会主义核心价值观，在广大青少年中开展深入、持久、生动的爱国主义宣传教育，让爱国主义精神在广大青少年心中牢牢扎根，让广大青少年培养爱国之情、砥砺强国之志、实践报国之行，让爱国主义精神代代相传、发扬光大。弘扬爱国主义精神，必须坚持爱国主义和社会主义相统一，必须维护祖国统一和民族团结，必须尊重和传承中华民族历史和文化。对祖国悠久历史、深厚文化的理解和接受，是人们爱国主义情感培育和发展的重要条件，必须坚持立足民族又面向世界。中国的命运与世界的命运紧密相关。我们要把弘扬爱国主义精神与扩大对外开放结合进来，尊重各国的历史特点、文化传统，尊重各国人民选择的发展道路，善于从不同文明中寻求智慧、汲取营养，增强中华文明生机活力。我们要积极倡导求同存异、交流互鉴，促进不同国度、不同文明相互借鉴、共同进步，共同推动人类文明发展进步。

12月30日

［纲　文］　**习近平主持召开中共中央政治局会议。**

［目　文］　会议的主要内容是：一、听取中央纪律检查委员会2015年工作汇报，研究部署2016年党风廉政建设和反腐败工作。全面从严治党是协调推进“四个全面”战略布局、实现“两个一百年”奋斗目标和中华民族伟大复兴中国梦的重要保障。2015年，党中央坚定不移推进全面从严治党，坚定不移推进党风廉政建设和反腐败斗争，严肃查处周永康、令计划等人严重违纪违法案件，坚决消弭隐患、杜绝后患，党风廉政建设和反腐败斗争取得重大阶段性成果，凝聚了党心民心，增强了人民群众对党的信心和信任。中央纪委和各级纪律检查机关聚焦中心任务，强化监督执纪问责，坚持纪严于法、纪在法前，完善党内法规制度，深化纪检体制改革，推进巡视和派驻监督全覆盖，坚决遏制腐败蔓延势头。要坚决把全面从严治党的主体责任压下去，加大问责力度，让失责必问成为常态。要探索党长期执政条件下强化自我监督的有效途径，完善党内监督制度。会议同意2016年1月12日至14日召开十八届中央纪律检查委员会第六次全体会议。二、审议通过《关于全面振兴东北地区等老工业基地的若干意见》。党中央、国务院对东北地区发展历来高度重视，2003年作出实施东北地区等老工业基地振兴战略的重大决策。10多年来，东北老工业基地振兴取得明显成效和阶段性成果。实践证明，党中央、国务院关于实施东北地区等老工业基地振兴战略重大决策是正确的，东北老工业基地实现全面振兴的前景是广阔的。到2020年，东北地区要在重要领域和关键环节改革上取得重大成果，转变经济发展方式和结构性改革取得重大进展，经济保持中高速增长，同步实现全面建成小康社会目标。产业迈向中高端水平，自主创新能力大幅提升，重点行业和企业具备较强国际竞争力；新型工业化、信息化、城镇化、农业现代化协调发展新格局基本形成；城乡居民收入增长和经济发展同步；资源枯竭、产业衰退地区转型发展取得显著成效。在此基础上，争

取再用10年左右时间，东北地区要成为全国重要的经济支撑带，具有国际竞争力的先进装备制造业基地和重大技术装备战略基地，国家新型原材料基地、现代农业生产基地和重要技术创新与研发基地。

12月30日

［纲　文］　**国务院办公厅印发《关于推进农村一二三产业融合发展的指导意见》。**

［目　文］　《意见》由六部分组成：一、总体要求；二、发展多类型农村产业融合方式；三、培育多元化农村产业融合主体；四、建立多形式利益联结机制；五、完善多渠道农村产业融合服务；六、健全农村产业融合推进机制。

《意见》要求，要加大财税、土地等政策支持力度，开展试点示范，落实地方责任，强化部门协作，健全农村产业融合推进机制。地方各级人民政府要切实加强组织领导，把推进农村产业融合发展摆上重要议事日程，纳入经济社会发展总体规划和年度计划，加强分类指导，因地制宜探索融合发展模式。

12月30日

［纲　文］　**国务院办公厅印发《关于加快推进重要产品追溯体系建设的意见》。**

［目　文］　《意见》由六部分组成：一、总体要求；二、统一规划，分类推进；三、统一标准，互联互通；四、多方参与，合力推进；五、挖掘价值，扩大应用；六、完善制度，强化保障。

《意见》要求，地方各级人民政府要将重要产品追溯体系建设作为一项重要的民生工程和公益性事业，结合实际研究制定具体实施方案，明确任务目标及工作重点，出台有针对性的政策措施，落实部门职责分工及进度安排，确保各项任务落到实处。有关部门要按照职责分工，加强协调，密切配合，共同推进。商务部要会同有关部门加强对地方工作的检查指导。

12月30日

［纲　文］　**新年戏曲晚会在国家大剧院举行。习近平、李克强、张德江、俞正声、刘云山、王岐山、张高丽等党和国家领导人，与首都近千名群众一起观看演出。**

12月30日

［纲　文］　**财政部印发《中央对地方专项转移支付管理办法》。**

［目　文］　《办法》共8章56条，主要有总则，设立和调整，预算编制，资金申报、审核和分配，资金下达、拨付和使用，预算绩效管理，监督检查和责任追究，附则等内容。自2015年12月30日起施行，2000年8月7日印发的《中央对地方专项拨款管理办法》（财预〔2000〕128号）同时废止。

12月30日

［纲　文］　**财政部、人力资源社会保障部印发《就业补助资金管理暂行办法》。**

［目　文］　《办法》共6章31条，主要有总则、资金支出范围、资金分配、资金使用、资金管理、附则等内容。自2016年1月1日起施行，《财政部人力资源社会保障部关

于进一步加强就业专项资金管理有关问题的通知》(财社〔2011〕64号)同时废止。

12月30日

［纲　文］　**人民银行印发《中国人民银行支农再贷款管理办法》。**

［目　文］　《办法》共6章33条，主要有总则、支农再贷款的申请、支农再贷款的发放与收回、支农再贷款的管理、支农再贷款的监督、附则等内容。自2015年12月30日起实施,《中国人民银行对农村信用社贷款管理办法》(银发〔2002〕204号)同时废止。中国人民银行关于支农再贷款管理有关规定与本办法不符的，以本办法为准。

12月30日

［纲　文］　**证监会发布《关于首发及再融资、重大资产重组摊薄即期回报有关事项的指导意见》，自2016年1月1日起施行。**

12月30日

［纲　文］　**证监会公布修改后的《证券发行与承销管理办法》《首次公开发行股票并上市管理办法》《首次公开发行股票并在创业板上市管理办法》，自2016年1月1日起施行。**

12月30日

［纲　文］　**工商管理总局公布《严重违法失信企业名单管理暂行办法》，自2016年4月1日起施行。**

12月30日

［纲　文］　**新年戏曲晚会在国家大剧院举行。习近平、李克强、张德江、俞正声、刘云山、王岐山、张高丽等党和国家领导人，与首都近千名群众一起观看演出。**

12月30日

［纲　文］　**住房城乡建设部、农业发展银行印发《关于推进政策性金融支持海绵城市建设的通知》。**

12月30日

［纲　文］　**《人民日报》发表题为《全党要向中央看齐》的评论员文章。**

12月31日

［纲　文］　**习近平发表2016年新年贺词。**

［目　文］　贺词说，再过几个小时，新年的钟声就要敲响了。我们即将告别2015年，迎来2016年的第一缕阳光。在这辞旧迎新的时刻，我向全国各族人民，向香港特别行政区同胞和澳门特别行政区同胞，向台湾同胞和海外侨胞，向世界各国和各地区的朋友们，致以新年的祝福！有付出，就会有收获。2015年，中国人民付出了很多，也收获了很多。我国经济增长继续居于世界前列，改革全面发力，司法体制改革继续深化，“三严三实”专题教育推动了政治生态改善，反腐败斗争深入进行。经过全国各族人民共同努力，“十二五”规划圆满收官，广大人民群众有了更多获得感。这一年，我们隆重纪念了中国

人民抗日战争暨世界反法西斯战争胜利70周年，举行了盛大阅兵，昭示了正义必胜、和平必胜、人民必胜的真理。我们全面实施改革强军战略，宣布裁军30万。我和马英九先生在新加坡会面，实现了跨越66年时空的握手，表明两岸关系和平发展是两岸同胞的共同心愿。这一年，北京获得第24届冬奥会举办权，人民币纳入国际货币基金组织特别提款权（SDR）货币篮子，我国自主研制的C919大型客机总装下线，中国超级计算机破世界纪录蝉联“六连冠”，我国科学家研制的暗物质探测卫星发射升空，屠呦呦成为我国首位获得诺贝尔奖的科学家……这说明，只要坚持，梦想总是可以实现的。这一年，我们有欣喜，也有悲伤。“东方之星”号客轮翻沉、天津港特别重大火灾爆炸、深圳滑坡等事故造成不少同胞失去了生命，还有我们的同胞被恐怖分子残忍杀害，令人深感痛心。我们怀念他们，愿逝者安息、生者安康！群众的生活中还有一些困难和烦恼，党和政府一定会继续努力，切实保障人民生命财产安全、保障人民生活改善、保障人民身体健康。2016年是我国进入全面建成小康社会决胜阶段的开局之年。中共十八届五中全会明确了未来5年我国发展的方向。前景令人鼓舞、催人奋进，但幸福不会从天降。我们要树立必胜信念、继续埋头苦干，贯彻创新、协调、绿色、开放、共享的发展理念，着力推进结构性改革，着力推进改革开放，着力促进社会公平正义，着力营造政治上的绿水青山，为全面建成小康社会决胜阶段开好局、起好步。全面建成小康社会，13亿人要携手前进。让几千万农村贫困人口生活好起来，是我心中的牵挂。我们吹响了打赢扶贫攻坚战的号角，全党全国要勠力同心，着力补齐这块短板，确保农村所有贫困人口如期摆脱贫困。对所有困难群众，我们都要关爱，让他们从内心感受到温暖。我们只有一个地球，这是各国人民共同的家园。这一年，我国领导人参加了不少国际会议，开展了不少外交活动，推动“一带一路”建设取得实质性进展，参与了联合国2030年可持续发展议程、应对全球气候变化等国际事务。世界那么大，问题那么多，国际社会期待听到中国声音、看到中国方案，中国不能缺席。面对身陷苦难和战火的人们，我们要有悲悯和同情，更要有责任和行动。中国将永远向世界敞开怀抱，也将尽己所能向面临困境的人们伸出援手，让我们的“朋友圈”越来越大。我衷心希望，国际社会共同努力，多一份平和，多一份合作，变对抗为合作，化干戈为玉帛，共同构建各国人民共有共享的人类命运共同体。

12月31日

［纲　文］　**国家主席习近平和俄罗斯总统普京互致新年贺电。**

［目　文］　习近平在贺电中代表中国政府和中国人民，向普京总统和俄罗斯人民致以诚挚的祝贺和美好的祝愿，并表示2015年，中俄全面战略协作伙伴关系保持高水平运行。双方共同举办第二次世界大战胜利70周年庆祝和纪念活动，开展丝绸之路经济带建设和欧亚经济联盟建设对接合作，深化两国人文交流特别是青年交流，密切在国际事务中的协作，推动两国关系和各领域合作取得新的丰硕成果，促进了两国发展，促进了世界和平与发展，为推动构建以合作共赢为核心的新型国际关系注入了正能量。希望双方在新的一年里携手努力，弘扬中俄世代友好的和平理念，增进政治互信，加大相互支持，将双方

高水平的政治关系优势转化为更多互利共赢的合作成果，造福两国人民和各国人民。

普京在贺电中向习近平主席和全体中国人民致以新年的祝贺，祝中国繁荣昌盛，全体中国人民幸福安康，并表示即将过去的一年，俄中关系经历了一系列重大事件。高层会晤为扩大两国全面战略协作伙伴关系注入了强大动力，共同庆祝第二次世界大战胜利70周年巩固了俄中两国人民的传统友谊，互办青年友好交流年取得巨大成功，媒体交流年业已启动。希望双方继续保持密切交往和合作，进一步推进俄中关系全方位发展。

12月31日

［纲　文］　**全国政协在北京举行新年茶话会。**

［目　文］　茶话会由全国政协主席俞正声主持。习近平、李克强、张德江、俞正声、刘云山、王岐山、张高丽等同各民主党派中央、全国工商联负责人和无党派人士代表、中央和国家机关有关方面负责人以及首都各族各界人士出席茶话会。

习近平代表中共中央、国务院和中央军委，向各民主党派、工商联和无党派人士、各人民团体，向全国广大工人、农民、知识分子、干部和各界人士，向人民解放军指战员、武警官兵和公安干警，向香港特别行政区同胞、澳门特别行政区同胞、台湾同胞和海外侨胞，向关心和支持中国现代化建设的国际友人，致以节日的祝福，祝大家新年好。

习近平指出，决胜全面建成小康社会的历史大幕已经拉开，向全面建成小康社会冲刺的艰巨任务落在我们这一代人肩上。冲刺是咬紧牙关的时候，是屏息聚力的时候，是比拼意志的时候。决胜全面建成小康社会的伟大进军，每一个中国人都有自己的责任。全党全国各族人民要拧成一股绳，以必胜的信心、昂扬的斗志、扎实的努力投身新的历史进军，朝着全面建成小康社会的宏伟目标奋勇前进。2015年，是党和国家事业发展很不平凡的一年。中共中央团结带领全国各族人民，把握国内外发展大势，协调推进“四个全面”战略布局，经济增长继续居于世界前列，推动经济建设、政治建设、文化建设、社会建设、生态文明建设和党的建设取得了新进步。我们加快推进各领域改革，2015年中央全面深化改革领导小组确定的101个重点改革任务基本完成，中央有关部门完成153个改革任务，各方面共出台改革成果415条，改革呈现全面发力、纵深推进的良好态势。我们深入贯彻党在新形势下的强军目标，全面实施改革强军战略，部署深化国防和军队改革。我们重点抓了“三严三实”专题教育，继续推进反腐败斗争，彰显了有腐必惩、有贪必肃的决心，进一步赢得党心民心。新的一年里，我们要巩固和发展最广泛的爱国统一战线，坚持和完善中国共产党领导的多党合作和政治协商制度，不断为事业发展凝聚人心、增添力量。人民政协要建真言、谋良策、出实招，为全面建成小康社会、加快推进社会主义现代化做出新的更大贡献。

12月31日

［纲　文］　**中国人民解放军陆军领导机构、中国人民解放军火箭军、中国人民解放军战略支援部队成立大会在八一大楼隆重举行。**

［目　文］　中央军委主席习近平，中央军委副主席范长龙，中央军委委员常万全、

赵克石、张又侠、吴胜利、马晓天等出席大会。四总部、驻京各大单位和军委办公厅领导参加大会。中央军委副主席许其亮主持大会。

习近平将军旗授予陆军司令员李作成、政治委员刘雷，火箭军司令员魏凤和、政治委员王家胜，战略支援部队司令员高津、政治委员刘福连。陆军、火箭军、战略支援部队主要领导军容严整、精神抖擞，向习近平敬礼，从习近平手中接过军旗。全场官兵向军旗敬礼。

授旗仪式后，习近平致训词指出，成立陆军领导机构、火箭军、战略支援部队，是党中央和中央军委着眼实现中国梦强军梦作出的重大决策，是构建中国特色现代军事力量体系的战略举措，必将成为我军现代化建设的一个重要里程碑，载入人民军队史册。陆军是党最早建立和领导的武装力量，历史悠久，敢打善战，战功卓著，为党和人民建立了不朽功勋。陆军对维护国家主权、安全和发展利益具有不可替代的作用。陆军全体官兵要弘扬陆军光荣传统和优良作风，适应信息化时代陆军建设模式和运用方式的深刻变化，探索陆军发展特点和规律，按照机动作战、立体攻防的战略要求，加强顶层设计和领导管理，优化力量结构和部队编成，加快实现区域防卫型向全域作战型转变，努力建设一支强大的现代化新型陆军。火箭军是我国战略威慑的核心力量，是我国大国地位的战略支撑，是维护国家安全的重要基石。火箭军全体官兵要把握火箭军的职能定位和使命任务，按照核常兼备、全域慑战的战略要求，增强可信可靠的核威慑和核反击能力，加强中远程精确打击力量建设，增强战略制衡能力，努力建设一支强大的现代化火箭军。战略支援部队是维护国家安全的新型作战力量，是我军新质作战能力的重要增长点。战略支援部队全体官兵要坚持体系融合、军民融合，努力在关键领域实现跨越发展，高标准高起点推进新型作战力量加速发展、一体发展，努力建设一支强大的现代化战略支援部队。

刘雷、王家胜、刘福连分别代表陆军、火箭军、战略支援部队表示，坚决贯彻习主席训词，任何时候任何情况下都坚决听从党中央、中央军委和习主席指挥，牢记职责使命，忠诚履职尽责，带领部队圆满完成各项任务。

范长龙宣读了习近平主席签发的中央军委关于组建陆军领导机构、火箭军、战略支援部队及其领导班子成员任职命令和决定。

12月31日

［纲　文］　**李克强主持召开会议，再次听取“十三五”《规划纲要》编制工作情况汇报。**

［目　文］　发展改革委就《规划纲要》初稿作了汇报。张高丽等参加会议。

李克强说，科学编制《规划纲要》必须坚持发展这个第一要务，做到高站位、有前瞻、可操作。要科学论证重要目标指标，瞄准发展短板，聚焦战略制高点，抓住对全局有牵引作用的关键领域和环节，集中力量打攻坚战，构建发展新体制，塑造开放新格局。要适应新技术新产业变革趋势，推动信息技术与经济社会发展深度融合，以“互联网+”“中国制造2025”等促进先进制造业、战略性新兴产业和现代服务业加快发展，着力培育新增长点，形成新竞争力，拓展新发展空间。要促进人民生活在改革发展中进一步改善，确保实现就业、脱贫攻坚等目标，推动科学决策、社会管理、市场监管、防灾减灾、社会保障等各项国家能力上新水平，更好地体现全面建成小康社会丰富内涵。科学编制《规划纲要》必须做到有效衔接。一是规划编制和实施要有效衔接，好的规划不能只是墙上挂挂，要把规划编制作为规划实施的前奏和序曲，围绕目标任务确定推动实施的政策措施、重大工程和条件保障，确保规划顺利落地和推进。二是《规划纲要》和各专项规划、地方规划要有效衔接，在主线、原则和重大改革、重大工程等方面遵循《规划纲要》的要求，促进全国发展一盘棋，在地方发展和其他具体方面要立足实际、体现差异，给各地各部门充分施展的空间，实现整体升级和局部发展的协调统一。三是规划落实和年度工作要有效衔接，完成未来五年任务目标需要一步一个脚印走、一坡一坎过，明年是“十三五”第一年，要扎实做好中央经济工作会议部署的各项工作，确保在“十三五”起步之时有一个良好开局。要精益求精抓紧完善《规划纲要》，在党中央、国务院讨论通过后，提交全国人大审议，最终形成凝聚共识、催人奋进、助力发展的行动指南。

12 月 31 日

［纲　文］　**中共中央、国务院印发《关于实施全面两孩政策，改革完善计划生育服务管理的决定》**。

［目　文］　《决定》主要由六部分组成：一、充分认识实施全面两孩政策、改革完善计划生育服务管理的重大意义；二、指导思想、基本原则和主要目标；三、稳妥扎实有序实施全面两孩政策；四、大力提升计划生育服务管理水平；五、构建有利于计划生育的家庭发展支持体系；六、切实加强组织领导。

《决定》指出，各地区各有关部门要按照本决定要求，制定实施方案，细化改革任务，明确实施步骤。加强对各项改革措施的跟踪评估，及时发现和解决改革中的苗头性、倾向性问题。各省（自治区、直辖市）党委和政府每年要向中央专题报告本地区计划生育工作情况，中央将定期开展督查。

12 月 31 日

［纲　文］　**国务院印发《推进普惠金融发展规划（2016—2020 年）》**。

［目　文］　《规划》由八部分组成：一、总体思路；二、健全多元化广覆盖的机构体系；三、创新金融产品和服务手段；四、加快推进金融基础设施建设；五、完善普惠金融法律法规体系；六、发挥政策引导和激励作用；七、加强普惠金融教育与金融消费者权益保护；八、组织保障和推进实施。

《规划》指出，发展普惠金融应坚持借鉴国际经验与体现中国特色相结合、政府引导与市场主导相结合、完善基础金融服务与改进重点领域金融服务相结合的指导思想，按照“健全机制、持续发展，机会平等、惠及民生，市场主导、政府引导，防范风险、推进创新”等原则，有效提高金融服务的覆盖率、可得性和满意度，明显增强人民群众对金融服务的获得感，到 2020 年，要建立与全面建成小康社会相适应的普惠金融服务和保障体系，特别是要让小微企业、农民、城镇低收入人群、贫困人群和残疾人、老年人等及时获取价格合理、便捷安全的金融服务，使我国普惠金融发展居于国际中上游水平。

12月31日

［纲　文］ **国务院印发《关于调整证券交易印花税中央与地方分享比例的通知》。**

［目　文］ 《通知》说，从2016年1月1日起，将证券交易印花税由现行按中央97%、地方3%比例分享全部调整为中央收入。有关地区和部门要从全局出发，继续做好证券交易印花税的征收管理工作，进一步促进我国证券市场长期稳定健康发展。

12月31日

［纲　文］ **国务院办公厅印发《关于解决无户口人员登记户口问题的意见》。**

［目　文］ 《意见》由三部分组成：一、总体要求；二、依法为无户口人员登记常住户口；三、切实抓好组织实施。

《意见》要求，各地区、各有关部门要充分认识做好无户口人员落户工作的重要性、紧迫性，加强组织领导，周密研究部署，细化政策措施，确保各项政策落到实处。要深入开展摸底调查，摸清本行政区域无户口人员底数及有关情况，规范受理审批程序，严格工作要求，及时办理无户口人员户口登记。有关部门要抓紧按程序修订户口登记、流浪乞讨救助、计划生育等方面的法律法规和政策，完善相关规章制度。各省、自治区、直辖市人民政府要结合本地实际，出台具体实施办法，并向社会公布。要加强督查指导，对责任不落实、工作不力的，依法依规严肃追究责任。

12月31日

［纲　文］ **发展改革委、国管局发布《公共机构能源审计管理暂行办法》，自2016年3月1日起施行。**

12月31日

［纲　文］ **交通运输部公布《中华人民共和国防治船舶污染内河水域环境管理规定》。**

［目　文］ 《规定》共8章55条，主要有总则、一般规定、船舶污染物的排放和接收、船舶作业活动的污染防治、船舶污染事故应急处置、船舶污染事故调查处理、法律责任、附则等内容。自2016年5月1日起施行，2005年8月20日以交通部令2005年第11号公布的《中华人民共和国防治船舶污染内河水域环境管理规定》同时废止。

12月31日

［纲　文］ **国务院总理李克强同俄罗斯总理梅德韦杰夫互致新年贺电。**

［目　文］ 李克强表示，不久前我们共同主持中俄总理第20次定期会晤，就双边关系和共同关心的问题达成广泛共识，推动中俄各领域交流合作取得新的成果。在新的一年即将到来之际，中俄全面战略协作伙伴关系正呈现出愈发蓬勃的发展气象。当前中俄都处于发展振兴的关键阶段。在世界经济复苏乏力的大背景下，中俄深化务实合作，扩大相互开放，实现共同发展潜力巨大，前景广阔。在新的一年里，我愿同你继续保持密切沟

通，共同引领双边关系和全方位合作深入发展，更好造福两国人民。

梅德韦杰夫表示，俄中传统友好伙伴关系正处在前所未有的高水平。我们在北京举行的第 20 次定期会晤非常成功，确定了双边合作新的重要方向。在新的一年里，我愿继续同您保持有益而富有建设性的交流。

12 月 31 日

［纲　文］ **《人民日报》发表题为《定位准，标杆高，行之笃》的评论员文章。**

附　录

［附录一］

2015年中国行政区划变动一览表

批准日期	批准机构	省、市、自治区	变动内容
2月16日	国务院批复	广西壮族自治区	撤销武鸣县，设立南宁市武鸣区，以原武鸣县的行政区域为武鸣区的行政区域，武鸣区人民政府驻城厢镇兴武大道245号。
		江 西	撤销广丰县，设立上饶市广丰区，以原广丰县的行政区域为广丰区的行政区域，广丰区人民政府驻永丰街道府前街1号。
		青 海	撤销平安县，设立海东市平安区，以原平安县的行政区域为平安区的行政区域，平安区人民政府驻平安镇平安大道199号。
		河 南	撤销陕县，设立三门峡市陕州区，以原陕县的行政区域为陕州区的行政区域，陕州区人民政府驻大营镇陕州大道18号。
2月17日	民政部批复	四 川	撤销康定县，设立县级康定市，以原康定县的行政区域为康定市的行政区域。康定市人民政府驻炉城镇茶马路1号。康定市由甘孜藏族自治州管辖。
2月19日	国务院批复	海 南	撤销县级儋州市，设立地级儋州市，以原县级儋州市的行政区域为地级儋州市的行政区域，儋州市人民政府驻那大镇中兴大街中1号。
3月16日	国务院批复	西藏自治区	撤销林芝地区和林芝县，设立地级林芝市，市人民政府驻新设立的巴宜区广福大道18号。林芝市设立巴宜区，以原林芝县的行政区域为巴宜区的行政区域，区人民政府驻双拥路街道尼池路4号。 林芝市辖原林芝地区的工布江达县、米林县、墨脱县、波密县、察隅县、朗县和新设立的巴宜区。
		新疆维吾尔自治区	一、撤销吐鲁番地区和县级吐鲁番市，设立地级吐鲁番市，市人民政府驻新设立的高昌区绿洲东路495号。吐鲁番市设立高昌区，以原县级吐鲁番市的行政区域为高昌区的行政区域，区人民政府驻老城路街道老城东路690号。吐鲁番市辖原吐鲁番地区的鄯善县、托克逊县和新设立的高昌区。 二、设立县级可克达拉市。可克达拉市人民政府驻幸福路1号。可克达拉市由新疆维吾尔自治区直辖，管理方式按有关文件规定执行。

续表

批准日期	批准机构	省、市、自治区	变动内容
4月28日	国务院批复	河北	一、撤销保定市北市区、南市区，设立保定市莲池区，以原北市区、南市区的行政区域为莲池区的行政区域，莲池区人民政府驻五四路街道七一中路789号。 二、撤销满城县，设立保定市满城区，以原满城县的行政区域为满城区的行政区域，满城区人民政府驻满城镇中山西路1号。 三、撤销清苑县，设立保定市清苑区，以原清苑县的行政区域为清苑区的行政区域，清苑区人民政府驻清苑镇迎宾中街301号。 四、撤销徐水县，设立保定市徐水区，以原徐水县的行政区域为徐水区的行政区域，徐水区人民政府驻安肃镇永兴中路11号。 五、保定市新市区更名为竞秀区。
		重庆	一、撤销潼南县，设立重庆市潼南区，以原潼南县的行政区域为潼南区的行政区域，潼南区人民政府驻桂林街道兴潼大道108号。 二、撤销荣昌县，设立重庆市荣昌区，以原荣昌县的行政区域为荣昌区的行政区域，荣昌区人民政府驻昌元街道人民路2号。
		江苏	一、撤销常州市武进区和戚墅堰区，设立新的武进区，以原武进区（不含奔牛镇、郑陆镇、邹区镇）和戚墅堰区的行政区域为新设立的武进区的行政区域，武进区人民政府驻湖塘镇延政中大道28号。 二、撤销县级金坛市，设立常州市金坛区，以原金坛市的行政区域为金坛区的行政区域，金坛区人民政府驻西城街道华阳南路88号。 三、将原武进区的奔牛镇划归常州市新北区管辖，将原武进区的郑陆镇划归常州市天宁区管辖，将原武进区的邹区镇划归常州市钟楼区管辖。
		广东	撤销高要市，设立肇庆市高要区，以原高要市的行政区域为高要区的行政区域，高要区人民政府驻南岸街道府前大街25号。
7月23日	国务院批复	天津	一、撤销宁河县，设立天津市宁河区，以原宁河县的行政区域为宁河区的行政区域，宁河区人民政府驻芦台镇光明路76号。 二、撤销静海县，设立天津市静海区，以原静海县的行政区域为静海区的行政区域，静海区人民政府驻静海镇迎宾大道99号。
		江苏	撤销县级大丰市，设立盐城市大丰区，以原大丰市的行政区域为大丰区的行政区域，大丰区人民政府驻大中镇大华东路1号。

续表

批准日期	批准机构	省、市、自治区	变动内容
7月23日	国务院批复	河北	撤销抚宁县，设立秦皇岛市抚宁区，以原抚宁县的行政区域（不含石门寨镇、驻操营镇、杜庄镇、牛头崖镇）为抚宁区的行政区域，抚宁区人民政府驻抚宁镇金山大街2号。将原抚宁县的石门寨镇、驻操营镇、杜庄镇划归秦皇岛市海港区管辖，将原抚宁县的牛头崖镇划归秦皇岛市北戴河区管辖。
		浙江	撤销洞头县，设立温州市洞头区，将温州市龙湾区灵昆街道划归洞头区管辖。以原洞头县和龙湾区灵昆街道的行政区域为洞头区的行政区域，洞头区人民政府驻北岙街道县前路12号。
		江西	撤销新建县，设立南昌市新建区，以原新建县的行政区域为新建区的行政区域，新建区人民政府驻长堎镇新建大道239号。
8月1日	民政部批复	广西壮族自治区	撤销靖西县，设立县级靖西市，以原靖西县的行政区域为靖西市的行政区域，靖西市人民政府驻新靖镇新华街339号。靖西市由广西壮族自治区直辖，百色市代管。
		云南	撤销腾冲县，设立县级腾冲市，以原腾冲县的行政区域为腾冲市的行政区域，腾冲市人民政府驻腾越镇山源社区官厅小区81号。腾冲市由云南省直辖，保山市代管。
9月12日	国务院批复	辽宁	沈阳市人民政府驻地由沈阳市沈河区市府大路260号迁至沈阳市浑南区沈中大街206-3号市规划大厦3号楼。
10月13日	国务院批复	安徽	一、将安庆市枞阳县划归铜陵市管辖。 二、撤销铜陵市铜官山区、狮子山区，设立铜陵市铜官区，以原铜官山区、狮子山区的行政区域为铜官区的行政区域，铜官区人民政府驻乌木山社区木鱼山大道666号。 三、设立六安市叶集区，将霍邱县的叶集镇、三元镇、孙岗乡划归叶集区管辖，以叶集镇、三元镇、孙岗乡的行政区域为叶集区的行政区域，叶集区人民政府驻叶集镇花园路88号。
		北京	一、撤销密云县，设立北京市密云区，以原密云县的行政区域为密云区的行政区域，密云区人民政府驻鼓楼街道鼓楼西大街3号。 二、撤销延庆县，设立北京市延庆区，以原延庆县的行政区域为延庆区的行政区域，延庆区人民政府驻儒林街道湖北西路1号。
		上海	撤销上海市闸北区、静安区，设立新的上海市静安区，以原闸北区、静安区的行政区域为新的静安区的行政区域，静安区人民政府驻江宁路街道常德路370号。

续表

批准日期	批准机构	省、市、自治区	变动内容
10 月 13 日	国务院批复	江苏	一、撤销无锡市崇安区、南长区、北塘区，设立无锡市梁溪区，以原崇安区、南长区、北塘区的行政区域为梁溪区的行政区域，梁溪区人民政府驻崇安寺街道解放南路 688 号。 二、设立无锡市新吴区，将无锡市锡山区的鸿山街道和滨湖区的江溪、旺庄、硕放、梅村、新安 5 个街道划归新吴区管辖，以鸿山、江溪、旺庄、硕放、梅村、新安 6 个街道的行政区域为新吴区的行政区域，新吴区人民政府驻新安街道和风路 28 号。
		西藏自治区	撤销堆龙德庆县，设立拉萨市堆龙德庆区，以原堆龙德庆县的行政区域为堆龙德庆区的行政区域，堆龙德庆区人民政府驻东嘎镇团结路 1 号。
		陕西	撤销华县，设立渭南市华州区，以原华县的行政区域为华州区的行政区域，华州区人民政府驻华州街道新华大街 1 号。
		辽宁	撤销县级普兰店市，设立大连市普兰店区，以原普兰店市的行政区域为普兰店区的行政区域，普兰店区人民政府驻南山街道府前路 12 号。
11 月 2 日	民政部批复	四川	撤销马尔康县，设立县级马尔康市，以原马尔康县的行政区域为马尔康市的行政区域。马尔康市人民政府驻马尔康镇达萨街 299 号。马尔康市由阿坝藏族羌族自治州管辖。
12 月 3 日	国务院批复	安徽	一、将六安市寿县划归淮南市管辖。 二、撤销铜陵县，设立铜陵市义安区，以原铜陵县的行政区域为义安区的行政区域，义安区人民政府驻五松镇人民大道 95 号。
		四川	撤销双流县，设立成都市双流区，以原双流县的行政区域为双流区的行政区域，双流区人民政府驻东升街道顺城街 1 号。
		云南	撤销江川县，设立玉溪市江川区，以原江川县的行政区域为江川区的行政区域，江川区人民政府驻大街街道宁海路 34 号。
		陕西	撤销横山县，设立榆林市横山区，以原横山县的行政区域为横山区的行政区域，横山区人民政府驻横山街道北大街 9 号
12 月 15 日	民政部批复	云　南	盐津县人民政府驻地由盐井镇政通路 14 号迁至盐井镇通和路 7 号。
		黑龙江	撤销东宁县，设立县级东宁市，以原东宁县的行政区域为东宁市的行政区域，东宁市人民政府驻东宁镇通政路 1 号。东宁市由黑龙江省直辖，牡丹江市代管。

资料来源于民政部网站。

［附录二］

2015年国民经济和社会统计资料

项目	单位	数量	比上年增长（%）
一、全国行政区划			
省级区划数	个	34	0
地级区划数	个	334	0.3
地级市	个	291	1.04
县级区划数	个	2850	–0.14
市辖区	个	921	2.68
县级市	个	361	0
县	个	1397	–1.96
自治县	个	117	0
二、全国人口及就业状况			
年底总人口	万人	137462	0.5
男	万人	70414	0.48
女	万人	67048	0.52
城镇	万人	77116	2.94
乡村	万人	60346	–2.46
人口出生率	‰	12.07	–2.43
人口死亡率	‰	7.11	–0.7
人口自然增长率	‰	4.96	–4.8
就业人员总数	万人	77451	0.26
城镇	万人	40410	2.8
乡村	万人	37041	–2.38
第一产业	万人	21919	–3.82
第二产业	万人	22693	–1.76
第三产业	万人	32839	4.7
三、国内生产总值及构成（按当年价格计算）			
国内生产总值			
国民总收入	亿元	686449.6	6.46
国内生产总值	亿元	689052.1	7
第一产业	亿元	60862.1	4.32
第二产业	亿元	282040.3	1.61
第三产业	亿元	346149.7	12.36
农林牧渔业	亿元	62911.8	4.56
工业	亿元	236506.3	1.13

续表

项目	单位	数量	比上年增长（%）
建筑业	亿元	46626.7	3.89
批发和零售业	亿元	66186.7	6.03
交通运输、仓储和邮政业	亿元	30487.8	6.97
住宿和餐饮业	亿元	12153.7	8.92
金融业	亿元	57872.6	24.02
房地产业	亿元	41701	9.74
其他	亿元	134605.5	13.76
人均国内生产总值	元／人	50251	6.46
国内生产总值构成			
国内生产总值	%	100.0	0
第一产业	%	8.8	–3.3
第二产业	%	40.9	–5.1
第三产业	%	50.2	5.02
农林牧渔业	%	9.1	–2.15
工业	%	34.3	–5.51
建筑业	%	6.8	–2.86
批发和零售业	%	9.6	–1.03
交通运输、仓储和邮政业	%	4.4	0
住宿和餐饮业	%	1.8	5.88
金融业	%	8.4	16.67
房地产业	%	6.1	3.39
其他	%	19.5	5.98
支出法国内生产总值			
支出法国内生产总值	亿元	699109.4	8.02
最终消费	亿元	362266.5	10.34
居民消费	亿元	265980.1	9.66
政府消费	亿元	96286.4	12.26
资本形成总额	亿元	312835.7	3.34
固定资本形成总额	亿元	301503	3.95
存货变动	亿元	11332.7	–10.52
四、全社会固定资产投资			
全社会固定资产投资	亿元	561999.83	9.76
城镇固定资产投资	亿元	551590.04	10.04
五、农林牧渔业生产状况			
总产值（绝对数按当年价格计算）	亿元	107056.36	4.73

续表

项目	单位	数量	比上年增长（%）
农作物播种面积	千公顷	166373.81	0.56
粮食播种面积	千公顷	113342.93	0.55
全国主要农业产品产量			
粮食	万吨	62143.92	2.37
棉花	万吨	560.3415	–9.31
油料	万吨	3536.98	0.84
麻类	万吨	21.08	–8.71
甘蔗	万吨	11696.8	–6.88
甜菜	万吨	803.16	0.39
烟叶	万吨	283.24	–5.41
茶叶	万吨	224.9	7.31
水果	万吨	27375.03	4.72
六、工业生产状况			
全国主要工业产品产量			
纱	万吨	3538.0	4.7
布	亿米	892.58	–0.12
化学纤维	万吨	4831.71	10.17
成品糖	万吨	1474.11	–10.26
彩色电视机	万台	14475.73	2.45
家用电冰箱	万台	7992.75	–9.13
房间空气调节器	万台	14200.35	–1.82
原煤	亿吨	37.47	–3.28
原油	万吨	21455.58	1.48
天然气	亿立方米	1346.1	3.42
发电量	亿千瓦·时	58105.8	0.3
粗钢	万吨	80382.5	–2.25
钢材	万吨	112349.6	–0.15
十种有色金属	万吨	5155.82	6.77
水泥	万吨	235918.83	–5.33
硫酸（折 100%）	万吨	8975.7	0.83
烧碱（折 100%）	万吨	3020.66	–1.4
乙烯	万吨	1714.6	1.06
汽车	万辆	2450.35	3.28
大中型拖拉机	万台	68.82	6.91
集成电路	万块	10872000	7.06

续表

项目	单位	数量	比上年增长（%）
程控交换机	万线	1880.3	-12.47
移动通信手持机	万台	181261.4	7.76
微型计算机设备	万台	31418.7	-10.44
七、全国能源生产和消费状况			
全国能源生产情况			
能源生产总量	万吨标准煤	361476.00	0.11
原煤生产总量	万吨标准煤	260985.67	2.01
原油生产总量	万吨标准煤	30725.46	1.08
天然气生产总量	万吨标准煤	17350.85	2.02
水电、核电、风电生产总量	万吨标准煤	52414.02	8.91
全国能源消费情况			
能源消费总量	万吨标准煤	429905.10	0.96
煤炭消费总量	万吨标准煤	273849.49	-1.96
石油消费总量	万吨标准煤	78672.62	6.18
天然气消费总量	万吨标准煤	25364.40	4.51
水电、核电、风电消费总量	万吨标准煤	52018.51	8.11
八、交通运输及邮电状况			
运输线路长度			
铁路	万公里	12.1	8.23
公路	万公里	457.73	2.54
高速公路	万公里	12.35	10.37
内河航道	万公里	12.7	0.55
定期航班航线	万公里	531.72	14.66
管道输油（气）	万公里	10.87	2.84
全国客运情况			
客运总量	万人	1943271	-4.38
铁路客运量	万人	253484	9.99
公路客运量	万人	1619097	-6.75
水运客运量	万人	27072	2.96
民航客运量	万人	43618.4	11.29
全国旅客周转总量	亿人公里	30058.9	4.93
铁路旅客周转量	亿人公里	11960.6	6.39
公路旅客周转量	亿人公里	10742.66	-2.31
水运旅客周转量	亿人公里	73.08	-1.69
民航旅客周转量	亿人公里	7282.55	14.97

续表

项目	单位	数量	比上年增长（%）
全国货运量			
货运总量	万吨	4175886	0.21
铁路货运量	万吨	335801	−11.94
公路货运量	万吨	3150019	1.18
水运货运量	万吨	613567	2.55
民航货运量	万吨	629	5.89
管道货运量	万吨	75870	2.87
全国货物周转总量	亿吨公里	178355.9	−1.82
铁路货物周转量	亿吨公里	23754.31	−13.72
公路货物周转量	亿吨公里	57955.72	1.95
水运货物周转量	亿吨公里	91772.45	−1.08
民航货物周转量	亿吨公里	208.07	10.81
管道货物周转量	亿吨公里	4665.35	7.79
全国民用汽车拥有量			
民用汽车拥有量	万辆	16284.45	11.55
私人汽车	万辆	14099.10	14.26
其他机动车拥有量	万辆	9570.42	−2
民用运输船舶拥有量	艘	149659	−3.43
沿海规模以上港口货物吞吐量	万吨	784578	1.95
全国邮电业务情况			
邮电业务总量	亿元	28425.00	30.18
邮政业务总量	亿元	5078.72	37.41
电信业务总量	亿元	23346.3	28.71
函件数	亿件	45.81	−18.34
包裹数	万件	4243.4	−29.56
报刊期发数	万份	15539.5	4.04
九、商业、物价及外贸状况			
全国社会消费品零售情况			
社会消费品零售总额	亿元	300930.8	10.68
批发和零售业商品销售额	亿元	515567.5	−4.76
住宿和餐饮业营业额	亿元	8512.23	4.44
全国各种价格指数（以上年为 100）			
居民消费价格指数		101.4	−0.59
商品零售价格指数		100.1	−0.89

续表

项目	单位	数量	比上年增长（%）
工业生产者出厂价格指数		94.8	–3.36
工业生产者购进价格指数		93.9	–3.99
固定资产投资价格指数		98.2	–2.29
全国进出口贸易情况			
进出口总额（人民币）	亿元	245502.93	–7.09
出口总额（人民币）	亿元	141166.83	–1.89
进口总额（人民币）	亿元	104336.1	–13.31
进出口差额（人民币）	亿元	36830.73	56.56
进出口总额（美元）	百万美元	3953032.72	–8.1
出口总额（美元）	百万美元	2273468.22	–2.94
进口总额（美元）	百万美元	1679564.5	–14.27
差额（美元）	百万美元	593903.73	55.04
十、财政状况			
财政收入	亿元	152269.23	8.4
财政支出	亿元	175877.77	1.58
收支差额	亿元	–23608.54	106.81
中央财政收入	亿元	69267.19	7.4
地方财政收入	亿元	83002.04	9.39
中央财政支出	亿元	25542.15	13.17
地方财政支出	亿元	150335.62	16.34
国家财政主要收入项目			
国家税收收入	亿元	124922.20	4.82
国家非税收入	亿元	27347.03	29.03
国家专项收入	亿元	6985.08	88.21
国家行政事业性收费	亿元	4873.02	–6.4
国家罚没收入	亿元	1876.86	9
国家其他收入	亿元	2067.97	–31.35
国家财政主要支出项目			
国家财政一般公共服务支出	亿元	13547.79	2.11
国家财政国防支出	亿元	9087.84	9.63
国家财政公共安全支出	亿元	9379.96	12.24
国家财政教育支出	亿元	26271.88	14.02
国家财政科学技术支出	亿元	5862.57	10.31
国家财政文化体育与传媒支出	亿元	3076.64	14.31
国家财政社会保障和就业支出	亿元	19018.69	19.1

续表

项目	单位	数量	比上年增长（%）
国家财政医疗卫生支出	亿元	11953.18	17.46
国家财政环境保护支出	亿元	4802.89	25.88
国家财政城乡社区事务支出	亿元	15886.36	22.58
国家财政农林水事务支出	亿元	17380.49	22.62
国家财政交通运输支出	亿元	12356.27	18.81
国家财政其他支出	亿元	3670.55	12.78
中央财政债务余额	亿元	106599.59	11.44
国内债务	亿元	105467.48	11.4
国外债务	亿元	1132.11	15.62
十一、金融状况			
货币和准货币（M2）供应量	亿元	1392278.11	13.34
货币（M1）供应量	亿元	400953.44	15.2
流通中现金（M0）供应量	亿元	63216.58	4.91
货币供应量中活期存款供应量	亿元	337736.86	17.35
黄金储备	万盎司	5666	67.19
外汇储备	亿美元	33303.62	−13.34
十二、人民生活			
居民人均可支配收入	元	21966.19	8.92
城镇居民人均可支配收入	元	31194.83	8.15
农村居民人均可支配收入	元	11421.71	8.89
居民人均消费支出	元	15712.41	8.43
城镇居民人均消费支出	元	21392.36	7.13
农村居民人均消费支出	元	9222.59	10.02
十三、教育状况			
普通高等学校			
研究生培养机构学校数	所	792	0.51
普通高校研究生培养机构学校数	所	575	0.7
科研机构研究生培养机构学校数	所	217	0
普通高等学校学校数	所	2560	1.23
本科院校学校数	所	1219	1.41
专科院校学校数	所	1341	1.06
普通中学			
中等教育学校数	所	78421	−1.57
高中阶段教育学校数	所	24945	−2.85
高中学校数	所	13743	−0.41

续表

项目	单位	数量	比上年增长（%）
普通高中学校数	所	13240	–0.1
初中阶段教育学校数	所	53476	–0.96
初等教育学校数	所	205283	–6.53
普通小学学校数	所	190525	–5.39
高中在校学生数	万人	2374.3992	–1.09
高中招生数	万人	796.6066	0
高中毕业生数	万人	797.6535	–0.25
普通小学			
普通小学数量	所	190525	–5.39
普通小学教职工数	万人	91093.5118	–5.37
普通小学专任教师数	万人	568.5118	0.91
普通小学在校学生数	万人	90525	–5.39
普通小学招生数	万人	1729.0429	4.26
普通小学毕业生数	万人	1437.2517	–2.67
特殊教育学校			
特殊教育学校数量	所	2053	2.65
特殊教育学校教职工数	万人	49.2557	11.19
特殊教育学校专任教师数	万人	5.0334	4.59
特殊教育学校在校学生数	万人	44.2223	11.99
特殊教育学校毕业生数	万人	5.2899	7.89
幼儿园			
幼儿园数量	所	223683	6.58
幼儿园教职工数	万人	4469.9305	5.54
幼儿园专任教师数	万人	205.1021	11.22
幼儿园在校学生数	万人	4264.8284	5.29
研究生和留学人数			
研究生在学人数	万名	191.1406	3.45
研究生招生数	万名	64.5055	3.82
研究生毕业生数	万名	55.1522	2.92
出国留学人数	万名	52.37	13.9
学成回国留学人数	万名	40.91	12.14
十四、文化事业状况			
文化文物机构数	个	299149	4.1
公共图书馆业机构数	个	3139	0.71
群众文化服务业机构数	个	44291	–0.3

续表

项目	单位	数量	比上年增长（%）
艺术教育业机构数	个	131	–2.96
文化市场经营机构数	个	222262	4.08
图书、期刊和报纸出版情况			
图书种数	种	475768	6.1
图书新种数	种	260426	1.77
图书总印数	亿册	86.62	5.83
期刊种数	种	10014	0.48
期刊总印数	亿册	28.78	–7.01
报纸种数	种	1906	–0.31
报纸总印数	亿份	430.09	–7.29
十五、卫生事业状况			
医疗卫生机构数	个	983528	0.21
医院数	个	27587	6.68
综合医院数	个	17430	5.54
中医医院数	个	3267	4.88
专科医院数	个	6023	9.95
基层医疗卫生机构	个	920770	0.37
社区卫生服务中心 / 数	站 / 个	34321	0.24
卫生人员数	万人	1069.39	4.49
卫生技术人员数	万人	800.75	5.5
执业（助理）医师数	万人	303.91	5.07
执业医师数	万人	250.84	5.62
注册护士数	万名	324.15	7.9
药师数	万张	42.33	3.34
乡村医生和卫生员数	万人	103.15	–2.52
卫生机构床位数	万张	701.52	6.27
医院床位数	万张	533.06	7.45
专业公共卫生机构床位数	万张	23.63	5.96
妇幼保健院（所、站）床位数	万张	19.54	5.74
专科疾病防治院（所、站）床位数	万张	4.03	7.18

资料来源于 2018 年 3 月 2 日国家统计局国家年度数据表。

[附录三]

2015年中国对外缔结的主要双边条约一览表

条约或协定名称	签订时间 / 地点	核准时间 / 生效时间
中华人民共和国政府和澳大利亚政府自由贸易协定	2015年6月17日 堪培拉	2015年11月26日 2015年12月20日
中华人民共和国政府和朝鲜民主主义人民共和国政府关于共同建设、管理和维护中朝图们—南阳口岸新界河公路桥的协定	2015年9月15日 平壤	
中华人民共和国政府和越南社会主义共和国政府关于合作保护和开发德天（板约）瀑布旅游资源的协定	2015年11月5日 河内	
中华人民共和国政府和越南社会主义共和国政府关于北仑河口自由航行区航行的协定	2015年11月5日 河内	

资料来源于外交部网站。

[附录四]

2015年中国参加的多边条约情况

序号	中英文名称	签订日期 / 地点	生效日期	中国参加及声明情况	适港澳
1	经第25届邮联大会修订的《万国邮政联盟总规则》 General Regulations of the Universal Postal Union, as Amended by the 25th Congress of the Universal Postal Union	2012年10月11日 多哈	2014年1月1日	2012年10月11日签署 2015年8月2日核准	适用于香港及澳门特别行政区
2	经第25届万国邮政联盟大会修订的《万国邮政公约》 Universal Postal Convention as Amended by the 25th Congress of the Universal Postal Union	2012年10月11日 多哈	2014年1月1日	2012年10月11日签署 2015年8月2日核准 对公约第18条2款1项3目声明：1. 国家根据法令和其对世贸组织的承诺，在严格遵守由服务贸易总协定产生的对世贸组织的权利和义务以及涉及贸易的知识产权各方面协定的情况下，执行本届大会通过的法规和其他规定；2. 前款声明不适用香港特别行政区	适用于香港及澳门特别行政区，但声明不适用于香港特别行政区

续表

序号	中英文名称	签订日期 / 地点	生效日期	中国参加及声明情况	适港澳
3	经第25届邮联大会修订《邮政业务支付协定》 Postal Payment Services Agreement As Amended by the 25th Congress of the Universal Postal Union	2012年10月11日 多哈	2014年1月1日	2012年10月11日签署 2015年8月2日核准	适用于香港及澳门特别行政区
4	多边税收征管互助公约(经2010.5.27议定书修订) Multilateral Convention on Mutual Administrative Assistance in Tax Matters	1988年1月25日 斯特拉斯堡 2010年5月27日经议定书修订	2011年6月1日	2013年8月27日签署 2015年7月1日批准 声明对公约中有些条款作出解释性说明。(略) 2015年10月16日交存批准书，2016年2月1日对中国生效	暂不适用香港及澳门特别行政区
5	上海合作组织成员国政府间科技合作协定 Agreement among the Governments of the SCO Member States on Scientific and Technical Cooperation	2013年9月13日 比什凯克	2015年10月20日	2013年9月13日签署 2015年6月1日核准 2015年10月20日对所有成员国生效	暂不适用香港特别行政区，适用于澳门特别行政区
6	2006年海事劳工公约 Maritime Labour Convention, 2006	2006年2月23日 日内瓦	2013年8月20日	2015年8月29日全国人大批准 同时声明：1. 根据公约标准A4.5第10条规定，中国适用社会保险类别：养老保险、医疗保险、工伤保险、失业保险和生育保险。2. 在另行通知前，不适用香港、澳门	通知前不适用香港及澳门特别行政区
7	政府间陆港协定 Intergovernmental Agreement on Dry Ports	2013年5月1日 曼谷	尚未生效	2013年11月7日签署 2015年11月30日核准	不适用于香港特别行政区，适用于澳门特别行政区

续表

序号	中英文名称	签订日期/地点	生效日期	中国参加及声明情况	适港澳
8	《中亚无核武器区条约》议定书 Protocol to the Central Asia Nuclear Free Zone Treaty	2014年5月6日 纽约	2015年8月17日对我国生效	2014年5月6日签署 2015年4月24日批准 声明任何安全协定或条约不得影响无核区地位；议定书各条款的解释和适用均应符合议定书支持建立无核区的宗旨和目的	适用于香港及澳门特别行政区
9	成立新开发银行的协议 Agreement on the New Development Bank	2014年7月15日 福塔莱萨	2015年7月3日	2014年7月15日签署 2015年7月1日批准 声明暂不适用于香港特别行政区	暂不适用于香港特别行政区，适用于澳门特别行政区
10	关于建立金砖国家应急储备安排的条约 Treaty for the Establishment of a BRICS Contingent Reserve Arrangement	2014年7月15日 福塔莱萨	2015年7月30日	2014年7月15日签署 2015年1月3日核准	不适用香港及澳门特别行政区
11	设立东盟与中日韩宏观经济研究办公室协议 Agreement establishing ASEAN +3 Macroeconomic Research Office	2014年10月10日 华盛顿	2016年2月9日	2014年10月10日签署 2015年8月29日全国人大批准	适用于澳门特别行政区，香港特别行政区以“中国香港”名义签署
12	亚洲基础设施投资银行协定 Articles of Agreement of the Asian Infrastructure Investment Bank	2015年6月29日 北京	2015年12月2日	2015年6月29日签署 2015年11月4日批准	适用于香港及澳门特别行政区
13	修正《马拉喀什建立世界贸易组织协定》议定书 Protocol Amending the Marrakesh Agreement Establishing the World Trade Organization	2014年11月27日 日内瓦	尚未生效	2015年7月16日接受	香港特别行政区和澳门特别行政区为单独关税区

资料来源于外交部网站。

［附录五］

2015 年国家科学技术奖励情况

2015 年度国家自然科学奖获奖项目目录

一等奖

序号	编号	项目名称	主要完成人	推荐单位
1	Z-102-1-01	多光子纠缠及干涉度量	潘建伟（中国科学技术大学），彭承志（中国科学技术大学），陈宇翱（中国科学技术大学），陆朝阳（中国科学技术大学），陈增兵（中国科学技术大学）	安徽省、中国科学院

2015 年度国家技术发明奖获奖项目目录
（通用项目）

一等奖

序号	编号	项目名称	主要完成人	推荐单位
1	F-30902-1-01	硅衬底高光效 GaN 基蓝色发光二极管	江风益(南昌大学),刘军林(南昌大学),王　立(南昌大学),孙　钱[晶能光电(江西)有限公司]，熊传兵（南昌大学），王　敏（中节能晶和照明有限公司）	江西省

2015 年度国家科学技术进步奖获奖项目目录
（通用项目）

特等奖

序号	编号	项目名称	主要完成人	主要完成单位	推荐单位
1	J-223-0-01	京沪高速铁路工程	何华武，卢春房，蔡庆华，赵国堂，郑健，李志义，刘学文，孙树礼，王玉泽，康熊，高宗余，江明，程先东，徐海锋，尤忠涛，马云双，赵明花，姜春林，李树德，郭志勇，王澜，张志辉，易伦雄，文武松，高治双，杨忠，李海鉴，李昌宁，杜嘉俊，安爱军，韦国，郝又猛，孙福洋，王峰，李光林，刘波，孙帮成，宁滨，张卫华，田红旗，赵维刚，杨国伟，荣智林，张涵，靖仕元，姚建伟，宋晓风，梁建英，李军，王悦明	中国铁路总公司，京沪高速铁路股份有限公司，铁道第三勘察设计院集团有限公司，中铁第四勘察设计院集团有限公司，中国铁道科学研究院，中铁大桥勘测设计院集团有限公司，中国铁路通信信号股份有限公司，南车青岛四方机车车辆股份有限公司，长春轨道客车股份有限公司，中铁电气化勘测设计研究院有限公司，中铁大桥局集团有限公司,中铁十二局集团有限公司,中国水利水电建设集团公司，中铁三局集团有限公司,中铁一局集团有限公司,中铁十七局集团有限公司，中国交通建设股份有限公司，中铁电气化局集团有限公司，中铁四局集团有限公司，中铁六局集团有限公司，上海铁路局，济南铁路局，北京铁路局，唐山轨道客车有限责任公司，北京交通大学，西南交通大学，中南大学，石家庄铁道大学，中国科学院力学研究所，南车株洲电力机车研究所有限公司	中国铁路总公司

续表

序号	编号	项目名称	主要完成人	主要完成单位	推荐单位
2	J-213-0-01	高效环保芳烃成套技术开发及应用	戴厚良，孙丽丽，王辉国，彭光勤，张明龙，孔德金，修振东，刘永芳，王德华，王少兵，汪琦，吴德飞，于海斌，杨旭东，李强，苏为群，董昌宏，邢波，李旭灿，杨卫胜，臧甲忠，余富海，于向真，冷家厂，张江洪，李啸东，朱振兴，夏志武，梁战桥，任奎富，毛俊义，方志平，杨仁建，姜晓花，程相民，赵锦波，郭宏利，朱兵，马坚，马剑锋，蔡建光，冯旭，朱宁，董海芳，侯强，王雨勃，徐向荣，周辉，秦永强，顾昊辉	中国石油化工股份有限公司石油化工科学研究院，中国石化工程建设有限公司，中国石化扬子石油化工有限公司，中国石化海南炼油化工有限公司，中国石油化工股份有限公司上海石油化工研究院，中海油天津化工研究设计院，中石化洛阳工程有限公司，中国石化催化剂有限公司，中国石油化工股份有限公司天津分公司，中国石油化工股份有限公司镇海炼化分公司	中国石油化工集团公司
一等奖					
序号	编号	项目名称	主要完成人	主要完成单位	推荐单位
1	J-210-1-01	5000万吨级特低渗透-致密油气田勘探开发与重大理论技术创新	杨华，李安琪，张明禄，何顺利，朱天寿，李忠兴，付金华，徐永高，雷群，谭中国，沈复孝，赵勇，卢涛，慕立俊，赵继勇	中国石油天然气股份有限公司长庆油田分公司，中国石油天然气股份有限公司勘探开发研究院，中国石油大学（北京），中国石油集团川庆钻探工程有限公司，中国石油集团测井有限公司，中国石油集团东方地球物理勘探有限责任公司，西南石油大学，西安石油大学	中国石油天然气集团公司

续表

序号	编号	项目名称	主要完成人	主要完成单位	推荐单位
2	J-216-1-01	汽车制造中的高质高效激光焊接、切割关键工艺及成套装备	邵新宇，李斌，黄禹，段正澄，安进，邓家科，程愿应，谈明强，于淼，王春明，彭惠平，付远兵，黄正坤，李建军，李彦波	华中科技大学，武汉华工激光工程有限责任公司，神龙汽车有限公司，安徽江淮汽车股份有限公司，上海通用汽车有限公司，江铃汽车股份有限公司，长城汽车股份有限公司，武汉法利莱切焊系统工程有限公司，湖北中航精机科技有限公司，凌云工业股份有限公司	中国机械工业联合会
3	J-221-1-01	建筑结构基于性态的抗震设计理论、方法及应用	谢礼立，翟长海，马玉宏，郑文忠，徐龙军，娄宇，孙景江，冯远，胡进军，李爽，韩淼，李亚琦，公茂盛，杨永强，周宝峰	中国地震局工程力学研究所，哈尔滨工业大学，中国电子工程设计院，中国建筑西南设计研究院有限公司，北京建筑大学	中国地震局
4	J-222-1-01	水库大坝安全保障关键技术研究与应用	张建云，蔡跃波，李云，贾金生，汪小刚，盛金保，李雷，顾冲时，宣国祥，杨正华，王士军，魏迎奇，卢正超，彭雪辉，王晓刚	水利部交通运输部国家能源局南京水利科学研究院，中国水利水电科学研究院，河海大学，长江水利委员会长江科学院，黄河水利委员会黄河水利科学研究院，长江勘测规划设计研究有限责任公司，南京大学，中国人民解放军理工大学，江苏南大先腾信息产业有限公司，杭州市青山水库管理处	水利部
5	J-235-1-01	小分子靶向抗癌药盐酸埃克替尼开发研究、产业化和推广应用	丁列明，石远凯，孙燕，黄岩，张力，胡蓓，刘晓晴，张玲，胡云雁，周建英，赵琼，张树才，秦叔逵，张沂平，王东	贝达药业股份有限公司，中国医学科学院肿瘤医院，中山大学肿瘤防治中心（中山大学附属肿瘤医院、中山大学肿瘤研究所），中国医学科学院北京协和医院，浙江大学医学院附属第一医院（浙江省第一医院），中国人民解放军第三〇七医院，上海市肺科医院（上海市职业病防治医院），浙江省肿瘤医院，首都医科大学附属北京胸科医院，中国人民解放军第三军医大学第三附属医院	浙江省

续表

序号	编号	项目名称	主要完成人	主要完成单位	推荐单位
6	J-253-1-01	中国人体表难愈合创面发生新特征与防治的创新理论与关键措施研究	付小兵，程天民，陆树良，李校堃，刘先成，吕国忠，姜玉峰，冉新泽，谢挺，肖健，许樟荣，徐岩，吕强，杨继勇，张宏宇	中国人民解放军总医院第一附属医院，中国人民解放军第三军医大学，上海交通大学医学院附属瑞金医院，温州医科大学，深圳普门科技有限公司，无锡市第三人民医院，中国人民解放军第三〇六医院，上海交通大学医学院附属第九人民医院，苏州大学，中国人民解放军总医院	北京市
7	J-234-1-01	人工麝香研制及其产业化	于德泉，朱秀媛，柳雪枚，李世芬，姚乾元，严崇萍，刘厚起，高益民，王文杰，程桂芳，沈祥龙，肖宣，郭经，庾石山，章菽	中国医学科学院药物研究所，中国中药公司，山东宏济堂制药集团有限公司，上海市药材有限公司，北京联馨药业有限公司	卫生和计划生育委员会
创新团队					
序号	编号	团队名称	主要成员	主要支持单位	推荐单位
8	J-207-1-01	浙江大学医学院附属第一医院终末期肝病综合诊治创新团队	郑树森，李兰娟，王伟林，陈智，徐骁，张珉，沈岩，周琳，吴健，徐凯进，严盛，俞军，杜维波，李君，胡振华	浙江大学	浙江省
9	J-207-1-02	海军工程大学电力集成创新团队	马伟明，肖飞，王东，付立军，鲁军勇，汪光森，赵治华，聂子玲，张磊，孟进，潘启军，李卫超，马凡，刘德志，胡安	中国人民解放军海军工程大学	总装备部

续表

序号	编号	团队名称	主要成员	主要支持单位	推荐单位
10	J-207-1-03	解放军信息工程大学网络通信与交换技术创新团队	邬江兴，陈鸿昶，季新生，郭云飞，罗兴国，鲁国英，汪斌强，兰巨龙，彭建华，金 梁，汤红波，陈福才，刘勤让，黄开枝，刘彩霞	中国人民解放军信息工程大学	总参谋部
中华人民共和国国际科学技术合作奖					
一、杨克里斯特·杨森（瑞典） 二、冲村宪树（日本） 三、叶甫盖尼·维利霍夫（俄罗斯） 四、彼得·史唐（美国） 五、维尔特·伊恩·利普金（美国） 六、卡洛·鲁比亚（意大利） 七、约翰尼斯·弗兰肯（荷兰）					

资料来源于国家体育总局网站。

[附录六] **2015 年我国运动员创世界纪录和获世界冠军情况**

项目	举办地	运动员	性别	赛事	产生时间	成绩
2015 年我国运动员打破和超过世界纪录情况						
女子场地团体竞速赛	法国巴黎	宫金杰	女	2015 年场地自行车世界锦标赛	2 月 18 日	32 秒 44
		钟天使	女			
女子 50 米步枪 3 种姿势	美国本宁堡	常 静	女	2015 年射击世界杯分站赛第二站	5 月 28 日	585 环
女子气步枪（10 米）	德国慕尼黑	陈东琦	女	2015 年射击世界杯分站赛第三站	5 月 28 日	422.9 环
女子 20 公里竞走	西班牙拉科鲁尼亚	刘 虹	女	2015 年国际田联竞走挑战赛	6 月 6 日	1 小时 24 分 38 秒
动力艇 F1-E-1kg	波兰华沙	周建明	男	2015 年航海模型动力艇项目世界锦标赛	8 月 20 日	9 秒 57

续表

<table>
<tr><th>项目</th><th>举办地</th><th>运动员</th><th>性别</th><th>赛事</th><th>产生时间</th><th>成绩</th></tr>
<tr><td>动力艇 F1-E+1kg</td><td>波兰华沙</td><td>周建明</td><td>男</td><td>2015年航海模型动力艇项目世界锦标赛</td><td>8月23日</td><td>9秒41</td></tr>
<tr><td>动力艇 F3-E</td><td>波兰华沙</td><td>张林强</td><td>男</td><td>2015年航海模型动力艇项目世界锦标赛</td><td>8月29日</td><td>147.18</td></tr>
<tr><td rowspan="3">女子短距离集体滑</td><td rowspan="3">日本、韩国、德国、荷兰、挪威</td><td>张　虹</td><td>女</td><td rowspan="3">2015年速度滑冰世界杯</td><td rowspan="3">11月22日</td><td rowspan="3">180</td></tr>
<tr><td>李奇时</td><td>女</td></tr>
<tr><td>于　静</td><td>女</td></tr>
<tr><td>男子56公斤级抓举</td><td>美国休斯敦</td><td>吴景彪</td><td>男</td><td>2015年举重世界锦标赛</td><td>11月21日</td><td>139公斤</td></tr>
<tr><td>男子62公斤级挺举</td><td>美国休斯敦</td><td>谌利军</td><td>男</td><td>2015年举重世界锦标赛</td><td>11月22日</td><td>183公斤</td></tr>
<tr><td>男子62公斤级挺举总成绩</td><td>美国休斯敦</td><td>谌利军</td><td>男</td><td>2015年举重世界锦标赛</td><td>11月22日</td><td>333公斤</td></tr>
<tr><td>女子63公斤级挺举</td><td>美国休斯敦</td><td>邓薇</td><td>女</td><td>2015年举重世界锦标赛</td><td>11月22日</td><td>146公斤</td></tr>
</table>

2015年我国运动员获国际主要赛事世界冠军情况

<table>
<tr><th>项目</th><th>举办地</th><th>运动员</th><th>性别</th><th>赛事</th><th>产生日期</th><th>成绩</th></tr>
<tr><td>男子400米自由泳</td><td>俄罗斯喀山</td><td>孙　杨</td><td>男</td><td>2015年游泳世界锦标赛</td><td>8月2日</td><td>3分42秒58</td></tr>
<tr><td>男子800米自由泳</td><td>俄罗斯喀山</td><td>孙　杨</td><td>男</td><td>2015年游泳世界锦标赛</td><td>8月5日</td><td>7分39秒96</td></tr>
<tr><td>男子100米自由泳</td><td>俄罗斯喀山</td><td>宁泽涛</td><td>男</td><td>2015年游泳世界锦标赛</td><td>8月6日</td><td>47秒84</td></tr>
<tr><td>女子50米仰泳</td><td>俄罗斯喀山</td><td>傅园慧</td><td>女</td><td>2015年游泳世界锦标赛</td><td>8月9日</td><td>21秒11</td></tr>
<tr><td rowspan="6">女子4×100米混合泳接力</td><td>俄罗斯喀山</td><td>陈欣怡</td><td>女</td><td>2015年游泳世界锦标赛</td><td>8月9日</td><td rowspan="6">3分54秒41</td></tr>
<tr><td>俄罗斯喀山</td><td>陆　滢</td><td>女</td><td>2015年游泳世界锦标赛</td><td>8月9日</td></tr>
<tr><td>俄罗斯喀山</td><td>傅园慧</td><td>女</td><td>2015年游泳世界锦标赛</td><td>8月9日</td></tr>
<tr><td>俄罗斯喀山</td><td>沈　铎</td><td>女</td><td>2015年游泳世界锦标赛</td><td>8月9日</td></tr>
<tr><td>俄罗斯喀山</td><td>史婧琳</td><td>女</td><td>2015年游泳世界锦标赛</td><td>8月9日</td></tr>
<tr><td>俄罗斯喀山</td><td>邱钰涵</td><td>女</td><td>2015年游泳世界锦标赛</td><td>8月9日</td></tr>
</table>

续表

项目	举办地	运动员	性别	赛事	产生日期	成绩
男子 1 米板	俄罗斯喀山	谢思埸	男	2015 年游泳世界锦标赛	7 月 27 日	480.5 分
女子 3 米跳板	俄罗斯喀山	施廷懋	女	2015 年游泳世界锦标赛	8 月 1 日	383.55 分
男子 3 米跳板	俄罗斯喀山	何　超	男	2015 年游泳世界锦标赛	7 月 31 日	555.05 分
男子 10 米跳台	俄罗斯喀山	邱　波	男	2015 年游泳世界锦标赛	8 月 2 日	587 分
混合 3 米板	俄罗斯喀山	杨　昊	男	2015 年游泳世界锦标赛	8 月 2 日	339.9 分
	俄罗斯喀山	王　涵	女	2015 年游泳世界锦标赛	8 月 2 日	339.9 分
混合 10 米台	俄罗斯喀山	司雅杰	女	2015 年游泳世界锦标赛	7 月 25 日	350.88 分
	俄罗斯喀山	台晓虎	男	2015 年游泳世界锦标赛	7 月 25 日	350.88 分
女子双人 3 米跳板	俄罗斯喀山	施廷懋	女	2015 年游泳世界锦标赛	7 月 25 日	351.3 分
	俄罗斯喀山	吴敏霞	女	2015 年游泳世界锦标赛	7 月 25 日	351.3 分
女子双人 10 米跳台	俄罗斯喀山	陈若琳	女	2015 年游泳世界锦标赛	7 月 27 日	359.52 分
	俄罗斯喀山	刘蕙瑕	女	2015 年游泳世界锦标赛	7 月 27 日	359.52 分
男子双人 3 米跳板	俄罗斯喀山	秦　凯	男	2015 年游泳世界锦标赛	7 月 28 日	471.45 分
	俄罗斯喀山	曹　缘	男	2015 年游泳世界锦标赛	7 月 28 日	471.45 分
男子双人 10 米跳台	俄罗斯喀山	陈艾森	男	2015 年游泳世界锦标赛	7 月 26 日	495.72 分
	俄罗斯喀山	林　跃	男	2015 年游泳世界锦标赛	7 月 26 日	495.72 分
女子 20 公里竞走	中国北京	刘　虹	女	2015 年田径世界锦标赛	8 月 28 日	1 小时 27 分 45 秒
男子单打	印度尼西亚雅加达	谌　龙	男	2015 年羽毛球世界锦标赛	8 月 16 日	第一

续表

项目	举办地	运动员	性别	赛事	产生日期	成绩
女子双打	印度尼西亚	田　卿	女	2015年羽毛球世界锦标赛	8月16日	第一
	印度尼西亚	赵芸蕾	女	2015年羽毛球世界锦标赛	8月16日	第一
混合双打	印度尼西亚	赵芸蕾	女	2015年羽毛球世界锦标赛	8月16日	第一
	印度尼西亚	张楠	男	2015年羽毛球世界锦标赛	8月16日	第一
混合团体	中国东莞	李雪芮	女	2015年羽毛球苏迪曼杯	5月17日	第一
	中国东莞	徐　晨	男	2015年羽毛球苏迪曼杯	5月17日	第一
	中国东莞	蔡　赟	男	2015年羽毛球苏迪曼杯	5月17日	第一
	中国东莞	林　丹	男	2015年羽毛球苏迪曼杯	5月17日	第一
	中国东莞	王仪涵	女	2015年羽毛球苏迪曼杯	5月17日	第一
	中国东莞	马　晋	女	2015年羽毛球苏迪曼杯	5月17日	第一
	中国东莞	于　洋	女	2015年羽毛球苏迪曼杯	5月17日	第一
	中国东莞	柴　飚	男	2015年羽毛球苏迪曼杯	5月17日	第一
	中国东莞	刘　成	男	2015年羽毛球苏迪曼杯	5月17日	第一
	中国东莞	洪　炜	男	2015年羽毛球苏迪曼杯	5月17日	第一
	中国东莞	张　楠	男	2015年羽毛球苏迪曼杯	5月17日	第一
	中国东莞	谌　龙	男	2015年羽毛球苏迪曼杯	5月17日	第一
	中国东莞	赵芸蕾	女	2015年羽毛球苏迪曼杯	5月17日	第一
	中国东莞	唐渊渟	女	2015年羽毛球苏迪曼杯	5月17日	第一
	中国东莞	傅海峰	男	2015年羽毛球苏迪曼杯	5月17日	第一

续表

项目	举办地	运动员	性别	赛事	产生日期	成绩
女子场地团体竞速赛	法国巴黎	宫金杰	女	2015 年场地自行车世界锦标赛	2 月 18 日	第一
	法国巴黎	钟天使	女	2015 年场地自行车世界锦标赛	2 月 18 日	第一
女子重剑团体	俄罗斯莫斯科	孙一文	女	2015 年击剑世界锦标赛	7 月 17 日	第一
	俄罗斯莫斯科	郝佳露	女	2015 年击剑世界锦标赛	7 月 17 日	第一
	俄罗斯莫斯科	许安琪	女	2015 年击剑世界锦标赛	7 月 17 日	第一
	俄罗斯莫斯科	孙玉洁	女	2015 年击剑世界锦标赛	7 月 17 日	第一
女子 +78 公斤级	哈萨克斯坦阿斯塔纳	于　颂	女	2015 年柔道世界锦标赛	8 月 29 日	第一
现代五项女子接力赛	德国柏林	陈　倩	女	2015 年现代五项世界锦标赛	6 月 30 日	1418 分
	德国柏林	梁婉霞	女	2015 年现代五项世界锦标赛	6 月 30 日	1418 分
女子高低杠	英国格拉斯哥	范忆琳	女	2015 年体操世界锦标赛	10 月 31 日	15.366 分
男子双杠	英国格拉斯哥	尤　浩	男	2015 年体操世界锦标赛	11 月 1 日	16.216 分
女子单跳个人	丹麦欧登泰	贾芳芳	女	2015 年蹦床世界锦标赛	11 月 29 日	71.8 分
男子单跳个人	丹麦欧登泰	杨　松	男	2015 年蹦床世界锦标赛	11 月 29 日	79.1 分
女子网上个人	丹麦欧登泰	李　丹	女	2015 年蹦床世界锦标赛	11 月 29 日	56.6 分
男子网上个人	丹麦欧登泰	高　磊	男	2015 年蹦床世界锦标赛	11 月 29 日	62.245 分
女子双人同步	丹麦欧登泰	钟杏平	女	2015 年蹦床世界锦标赛	11 月 28 日	50.3 分
	丹麦欧登泰	李　丹	女	2015 年蹦床世界锦标赛	11 月 28 日	50.3 分
男子双人同步	丹麦欧登泰	涂　潇	男	2015 年蹦床世界锦标赛	11 月 28 日	52.9 分
	丹麦欧登泰	董　栋	男	2015 年蹦床世界锦标赛	11 月 28 日	52.9 分

续表

项目	举办地	运动员	性别	赛事	产生日期	成绩
女子网上团体	丹麦欧登泰	李　丹	女	2015 年蹦床世界锦标赛	11 月 27 日	165.235 分
	丹麦欧登泰	钟杏平	女	2015 年蹦床世界锦标赛	11 月 27 日	165.235 分
	丹麦欧登泰	何雯娜	女	2015 年蹦床世界锦标赛	11 月 27 日	165.235 分
	丹麦欧登泰	刘灵玲	女	2015 年蹦床世界锦标赛	11 月 27 日	165.235 分
女子单跳团体	丹麦欧登泰	陈凌茜	女	2015 年蹦床世界锦标赛	11 月 27 日	103.5 分
	丹麦欧登泰	贾芳芳	女	2015 年蹦床世界锦标赛	11 月 27 日	103.5 分
	丹麦欧登泰	蔡琪子	女	2015 年蹦床世界锦标赛	11 月 27 日	103.5 分
	丹麦欧登泰	杨玉洁	女	2015 年蹦床世界锦标赛	11 月 27 日	103.5 分
女子帆板 RS：X	阿曼	陈佩娜	女	2015 年帆板世界锦标赛	10 月 24 日	第一
女子运动手枪（25 米）	德国慕尼黑	张靖婧	女	2015 年射击步手枪世界杯总决赛	9 月 1 日	7
男子手枪慢射（50 米）	德国慕尼黑	张博文	男	2015 年射击步手枪世界杯总决赛	9 月 1 日	192.6 环
男子气步枪（10 米）	德国慕尼黑	杨浩然	男	2015 年射击步手枪世界杯总决赛	9 月 1 日	207.0 环
女子排球	日本	丁　霞	女	2015 年排球世界杯	9 月 6 日	第一
	日本	袁心玥	女	2015 年排球世界杯	9 月 6 日	第一
	日本	杨珺菁	女	2015 年排球世界杯	9 月 6 日	第一
	日本	颜　妮	女	2015 年排球世界杯	9 月 6 日	第一
	日本	魏秋月	女	2015 年排球世界杯	9 月 6 日	第一
	日本	张晓雅	女	2015 年排球世界杯	9 月 6 日	第一

续表

项目	举办地	运动员	性别	赛事	产生日期	成绩
女子排球	日本	王梦洁	女	2015年排球世界杯	9月6日	第一
	日本	林　莉	女	2015年排球世界杯	9月6日	第一
	日本	曾春茜	女	2015年排球世界杯	9月6日	第一
	日本	刘晓彤	女	2015年排球世界杯	9月6日	第一
	日本	朱　婷	女	2015年排球世界杯	9月6日	第一
	日本	沈静思	女	2015年排球世界杯	9月6日	第一
	日本	刘晏含	女	2015年排球世界杯	9月6日	第一
	日本	张常宁	女	2015年排球世界杯	9月6日	第一
乒乓球混合双打	中国苏州	许　昕	男	2015年乒乓球世界锦标赛	5月1日	第一
乒乓球女子单打	中国苏州	丁　宁	女	2015年乒乓球世界锦标赛	5月2日	第一
乒乓球女子单打	日本	刘诗雯	女	2015年乒乓球世界锦标赛	11月1日	第一
乒乓球男子单打	瑞典哈木尔斯塔德	马　龙	男	2015年乒乓球世界锦标赛	10月18日	第一
乒乓球男子单打	中国苏州	马　龙	男	2015年乒乓球世界锦标赛	5月3日	第一
乒乓球女子双打	中国苏州	朱雨玲	女	2015年乒乓球世界锦标赛	5月3日	第一
	中国苏州	刘诗雯	女	2015年乒乓球世界锦标赛	5月3日	第一
乒乓球男子双打	中国苏州	许　昕	男	2015年乒乓球世界锦标赛	5月2日	第一
	中国苏州	张继科	男	2015年乒乓球世界锦标赛	5月2日	第一
乒乓球女子团体	阿联酋迪拜	李晓霞	女	2015年乒乓球世界团体赛	1月11日	第一
	阿联酋迪拜	朱雨玲	女	2015年乒乓球世界团体赛	1月11日	第一

续表

项目	举办地	运动员	性别	赛事	产生日期	成绩
乒乓球女子团体	阿联酋迪拜	陈　梦	女	2015年乒乓球世界团体赛	1月11日	第一
	阿联酋迪拜	丁　宁	女	2015年乒乓球世界团体赛	1月11日	第一
	阿联酋迪拜	刘诗雯	女	2015年乒乓球世界团体赛	1月11日	第一
乒乓球男子团体	阿联酋迪拜	张继科	男	2015年乒乓球世界团体赛	1月11日	第一
	阿联酋迪拜	许　昕	男	2015年乒乓球世界团体赛	1月11日	第一
	阿联酋迪拜	方　博	男	2015年乒乓球世界团体赛	1月11日	第一
	阿联酋迪拜	马　龙	男	2015年乒乓球世界团体赛	1月11日	第一
	阿联酋迪拜	樊振东	男	2015年乒乓球世界团体赛	1月11日	第一
女子75公斤抓举	美国休斯敦	康　月	女	2015年举重世界锦标赛	11月27日	127公斤
女子75公斤总成绩	美国休斯敦	康　月	女	2015年举重世界锦标赛	11月27日	282公斤
女子69公斤抓举	美国休斯敦	向艳梅	女	2015年举重世界锦标赛	11月26日	120公斤
女子69公斤抓举	美国休斯敦	向艳梅	女	2015年举重世界锦标赛	11月26日	143公斤
女子69公斤总成绩	美国休斯敦	向艳梅	女	2015年举重世界锦标赛	11月26日	263公斤
女子63公斤抓举	美国休斯敦	邓　薇	女	2015年举重世界锦标赛	11月25日	113公斤
女子63公斤抓举	美国休斯敦	邓　薇	女	2015年举重世界锦标赛	11月25日	146公斤
女子63公斤总成绩	美国休斯敦	邓　薇	女	2015年举重世界锦标赛	11月25日	259公斤
女子48公斤抓举	美国休斯敦	蒋惠花	女	2015年举重世界锦标赛	11月21日	88公斤
女子48公斤总成绩	美国休斯敦	蒋惠花	女	2015年举重世界锦标赛	11月21日	198公斤
女子53公斤抓举	美国休斯敦	陈晓婷	女	2015年举重世界锦标赛	11月22日	101公斤

续表

项目	举办地	运动员	性别	赛事	产生日期	成绩
男子85公斤抓举	美国休斯敦	田　涛	男	2015年举重世界锦标赛	11月25日	178公斤
男子77公斤抓举	美国休斯敦	吕小军	男	2015年举重世界锦标赛	11月24日	175公斤
男子56公斤抓举	美国休斯敦	吴景彪	男	2015年举重世界锦标赛	11月21日	139公斤
男子69公斤抓举	美国休斯敦	石智勇	男	2015年举重世界锦标赛	11月23日	190公斤
男子69公斤总成绩	美国休斯敦	石智勇	男	2015年举重世界锦标赛	11月23日	348公斤
男子62公斤挺举	美国休斯敦	谌利军	男	2015年举重世界锦标赛	11月22日	183公斤
男子62公斤总成绩	美国休斯敦	谌利军	男	2015年举重世界锦标赛	11月22日	333公斤
女子500米	俄罗斯莫斯科	范可新	女	2015年短道速滑世界锦标赛	3月14日	43秒461
男子500米	俄罗斯莫斯科	武大靖	男	2015年短道速滑世界锦标赛	3月15日	40秒799
男子5000米接力	俄罗斯莫斯科	武大靖	男	2015年短道速滑世界锦标赛	3月15日	6:55:228
	俄罗斯莫斯科	许宏志	男	2015年短道速滑世界锦标赛	3月15日	6:55:228
	俄罗斯莫斯科	韩天宇	男	2015年短道速滑世界锦标赛	3月15日	6:55:228
	俄罗斯莫斯科	石竟男	男	2015年短道速滑世界锦标赛	3月15日	6:55:228
	俄罗斯莫斯科	陈德全	男	2015年短道速滑世界锦标赛	3月15日	6:55:228

资料来源于国家体育总局网站。

［附录七］

2015年全国道德模范名单

第五届全国道德模范名单	
全国助人为乐模范	
王福昌	解放军总参谋部军训部北京第八干休所离休干部
毛秉华	井冈山革命博物馆离休干部
嘎罗（藏族）	西藏自治区昌都市芒康县盐井中学校长
周丽娜（女）	新疆维吾尔自治区克孜勒苏柯尔克孜自治州阿图什市上阿图什镇亚维勒克双语幼儿园园长
高君芷（女）	国家电网福建省电力有限公司管理培训中心离休干部
孔胜东	浙江省杭州公交集团驾驶员
张　宝	九鼎环球集团淮南分公司经理
房泽秋（女）	山东省济南市历下区泉城路街道贡院墙根社区居民
文　兵	海南子豪酒业公司三亚事业部业务员
盛春德	黑龙江省佳木斯市桦南县闫家镇大张家村村民
全国见义勇为模范	
周美玲（女）	湖南省长沙市望城区茶亭镇西华小学学生
秦开美（女）、王林华	秦开美系湖北省潜江市浩口镇第三小学教师，王林华系湖北省潜江市广华寺办事处党委副书记、主任
彭伟平（女）	安徽省灵璧县高楼镇张场村村民
金汉（朝鲜族）	北京人民艺术剧院演员
阿不力孜·买买提尼牙孜（维吾尔族）	新疆和田地区和田市残疾人工贸发展中心董事长
刘发燕（苗族）	贵州省黔东南苗族侗族州天柱县瓮洞镇巨潭村村民
张青彬	河北省曲周县四疃镇李西头村村民
任凤祥	陕西省榆林市佳县峪口乡南河底村村民
吴永秀（女）	四川省成都市成华区青龙街道白莲社区居民
王喜阳	辽宁省朝阳市喀左县南公营子镇大三家村村民
赵勇波	武警贵州总队安顺支队一中队政治指导员
全国诚实守信模范	
江玉珍（女）、江远斌姐弟	湖北省武汉市新洲区邾城街清安社区居民
杜长胜	江苏省徐州市睢宁县梁集镇梁集村村民
李江福	河南新城建设有限公司项目经理
刘真茂	湖南省郴州市宜章县瑶岗仙镇退休干部
朱国萍（女）	上海市长宁区虹桥街道虹储居民区党总支书记
刘平贵（女）、李继林夫妇	山西省晋城市城区北石店镇南石店村村民

续表

方联海	重庆市江津区中山镇三合社区居民
杜正云	云南省曲靖市沾益县花山街道遵化铺社区兴发村村民
刘萌刚	广西壮族自治区桂林市导游协会会长
孙世福	天津市桂顺斋糕点有限公司董事长、总经理
全国敬业奉献模范	
于 敏	中国科学院院士、中国工程物理研究院高级科学顾问
官 东	海军大连舰艇学院学员旅145队学员，原籍安徽省宣城市
高德荣（独龙族）	云南省怒江傈僳族自治州人大常委会退休干部
许 光	生前系河南省新县人大常委会退休干部
高宝来	生前系北京市公安局海淀分局恩济庄派出所驻区民警
王忠心	中国人民解放军96213部队69分队班长
朱彦夫	山东省沂源县西里镇张家泉村原党支部书记
赵亚夫	江苏省镇江市人大常委会原副主任、镇江农科所原所长
黄志丽（女）	福建省漳州市芗城区人民法院民事审判第一庭副庭长
胡双钱	中国商飞上海飞机制造有限公司数控机加车间钳工组组长
沙吾尔·芒力克（维吾尔族）	新疆维吾尔自治区巴音郭楞蒙古自治州尉犁县兴平乡达西村党支部书记、村委会主任
吉日嘎拉（蒙古族）	生前系内蒙古自治区锡林郭勒盟西乌珠穆沁旗农牧业局局长
俞复玲（女）	浙江省宁波市江东区百丈街道划船社区党委书记
马善祥	重庆市江北区观音桥街道办事处调研员
郑久强	河北钢铁集团唐山钢铁集团有限责任公司首席操作技能专家
全国孝老爱亲模范	
李玉枝（女）	广东省广州市海珠区江海街居民
宁宏昌	江西省抚州市崇仁县政协退休干部
樊桂英（女，满族）	吉林省白城市通榆县育才社区居民
米德格玛（女，蒙古族）	内蒙古自治区呼伦贝尔市新巴尔虎右旗克尔伦苏木耐日莫德勒嘎查妇代会主任
陈春林（女）	广西壮族自治区贺州高级中学学生
陈 明	新疆生产建设兵团第三师四十一团社区政工员
陈若星（女）	陕西省文化艺术报总编辑
陈如豪、吴清琴（女）夫妇	广东省深圳市福田区莲花街道景田社区居民
周淑琴（女，回族）	宁夏回族自治区石嘴山市大武口区丽日社区居民
冷木（女，藏族）	甘肃省甘南州迭部县尼傲乡原妇联主任
由艳丽（女）	黑龙江省牡丹江市西安区先锋医院护士
王峥嵘（女）	辽宁省丹东市振安区汤山城镇佛山村村民
赵小参（女）	河南省驻马店市平舆县万金店镇王寨村村民

续表

任全来	北京市石景山区五里坨街道高井社区居民
姜威威（女）	天津市西青区大寺镇王村村民
贺　频	青海省小岛文化教育发展基地信息宣传科科长

资料来源于中国文明网。

[附录八]

2015年全国自然灾害情况

灾害情况	单位	数量
农作物受灾面积	千公顷	21769.8
农作物绝收面积	千公顷	2232.7
旱灾受灾面积	千公顷	10609.7
旱灾绝收面积	千公顷	1046.1
洪涝、山体滑坡、泥石流和台风受灾面积	千公顷	7341.3
洪涝、山体滑坡、泥石流和台风绝收面积	千公顷	841.0
风雹灾害受灾面积	千公顷	2918.0
风雹灾害绝收面积	千公顷	309.1
低温冷冻和雪灾受灾面积	千公顷	900.3
低温冷冻和雪灾绝收面积	千公顷	36.5
自然灾害受灾人口	万人次	18620.3
自然灾害受灾死亡人口	人	967
自然灾害直接经济损失	亿元	2704.1

资料来源于2018年3月2日国家统计局国家年度数据表。

［附录九］

2015年国务院机构简称

中华人民共和国国务院办公厅	
全称	简称
中华人民共和国国务院办公厅	国务院办公厅
国务院组成部门	
中华人民共和国外交部	外交部
中华人民共和国国防部	国防部
中华人民共和国国家发展和改革委员会	发展改革委
中华人民共和国教育部	教育部
中华人民共和国科学技术部	科技部
中华人民共和国工业和信息化部	工业和信息化部
中华人民共和国国家民族事务委员会	国家民委
中华人民共和国公安部	公安部
中华人民共和国国家安全部	安全部
中华人民共和国监察部	监察部
中华人民共和国民政部	民政部
中华人民共和国司法部	司法部
中华人民共和国财政部	财政部
中华人民共和国人力资源和社会保障部	人力资源社会保障部
中华人民共和国国土资源部	国土资源部
中华人民共和国环境保护部	环境保护部
中华人民共和国住房和城乡建设部	住房城乡建设部
中华人民共和国交通运输部	交通运输部
中华人民共和国水利部	水利部
中华人民共和国农业部	农业部
中华人民共和国商务部	商务部
中华人民共和国文化部	文化部
中华人民共和国国家卫生和计划生育委员会	卫生计生委
中国人民银行	人民银行
中华人民共和国审计署	审计署
监察部与中共中央纪律检查委员会机关合署办公，机构列入国务院序列，编制列入中共中央直属机构。教育部对外保留国家语言文字工作委员会牌子。工业和信息化部对外保留国家航天局、国家原子能机构牌子。环境保护部对外保留国家核安全局牌子。	
国家语言文字工作委员会	国家语委
国家航天局	航天局
国家原子能机构	原子能机构

续表

全称	简称
国家核安全局	核安全局
国务院直属特设机构	
国务院国有资产监督管理委员会	国资委
国务院直属机构	
中华人民共和国海关总署	海关总署
国家税务总局	税务总局
国家工商行政管理总局	工商总局
国家质量监督检验检疫总局	质检总局
国家新闻出版广电总局	新闻出版广电总局
国家体育总局	体育总局
国家安全生产监督管理总局	安全监管总局
国家食品药品监督管理总局	食品药品监管总局
国家统计局	统计局
国家林业局	林业局
国家知识产权局	知识产权局
国家旅游局	旅游局
国家宗教事务局	宗教局
国务院参事室	参事室
国家机关事务管理局	国管局
国家预防腐败局列入国务院直属机构序列，在监察部加挂牌。国家新闻出版广电总局加挂国家版权局牌子。	
国家预防腐败局	预防腐败局
国家版权局	版权局
国务院办事机构	
国务院侨务办公室	侨办
国务院港澳事务办公室	港澳办
国务院法制办公室	法制办
国务院研究室	国研室
国务院台湾事务办公室与中共中央台湾工作办公室、国务院新闻办公室与中共中央对外宣传办公室、国务院防范和处理邪教问题办公室与中央防范和处理邪教问题领导小组办公室，一个机构两块牌子，列入中共中央直属机构序列。	
国务院台湾事务办公室	台办
国务院新闻办公室	新闻办
国务院防范和处理邪教问题办公室	防范办
国务院直属事业单位	
新华通讯社	新华社

续表

全称	简称
中国科学院	中科院
中国社会科学院	社科院
中国工程院	工程院
国务院发展研究中心	发展研究中心
国家行政学院	行政学院
中国地震局	地震局
中国气象局	气象局
中国银行业监督管理委员会	银监会
中国证券监督管理委员会	证监会
中国保险监督管理委员会	保监会
全国社会保障基金理事会	社保基金会
国家自然科学基金委员会	自然科学基金会
国务院部委管理的国家局	
国家信访局	信访局
国家粮食局	粮食局
国家能源局	能源局
国家国防科技工业局	国防科工局
国家烟草专卖局	烟草局
国家外国专家局	外专局
国家公务员局	公务员局
国家海洋局	海洋局
国家测绘地理信息局	测绘地信局
国家铁路局	铁路局
中国民用航空局	民航局
国家邮政局	邮政局
国家文物局	文物局
国家中医药管理局	中医药局
国家外汇管理局	外汇局
国家煤矿安全监察局	煤矿安监局
国家档案局与中央档案馆、国家保密局与中央保密委员会办公室、国家密码管理局与中央密码工作领导小组办公室，一个机构两块牌子，列入中共中央直属机关的下属机构序列。	
国家档案局	档案局
国家保密局	保密局
国家密码管理局	密码局

资料来源于国办秘函〔2013〕12号文件。

图书在版编目(CIP)数据

中华人民共和国史编年．2015年卷／当代中国研究所，中央档案馆编．-- 北京：当代中国出版社，2019.9
ISBN 978-7-5154-0939-9

Ⅰ．①中… Ⅱ．①当… ②中… Ⅲ．①中国历史—现代史—编年体—2015 Ⅳ．①K270.43

中国版本图书馆CIP数据核字(2019)第116852号

出 版 人　曹宏举
责任编辑　王　争
特约编辑　陈立旭
责任校对　康　莹
装帧设计　海　洋
出版发行　当代中国出版社
地　　址　北京市地安门西大街旌勇里8号
网　　址　http://www.ddzg.net　邮箱：ddzgcbs@sina.com
邮政编码　100009
编 辑 部　(010)66572264　66572154　66572132　66572180
市 场 部　(010)66572281　66572161　66572157　83221785
印　　刷　北京润田金辉印刷有限公司
开　　本　787毫米×1092毫米　1/16
印　　张　59.5印张　2插页　1292千字
版　　次　2019年9月第1版
印　　次　2019年9月第1次印刷
定　　价　350.00元

ISBN 978-7-5154-0939-9